2024年

国家统一法律职业资格考试

客观题180分过关讲义

法律考试中心/组编

法律出版社
LAW PRESS·CHINA
北京

图书在版编目(CIP)数据

2024年国家统一法律职业资格考试客观题180分过关讲义 / 法律考试中心组编. -- 北京 : 法律出版社, 2024

ISBN 978-7-5197-8826-1

Ⅰ. ①2… Ⅱ. ①法… Ⅲ. ①法律工作者-资格考试-中国-自学参考资料 Ⅳ. ①D920.4

中国国家版本馆CIP数据核字(2024)第021946号

2024年国家统一法律职业资格考试客观题180分过关讲义
2024 NIAN GUOJIA TONGYI FALÜ ZHIYE ZIGE KAOSHI KEGUANTI 180 FEN GUOGUAN JIANGYI

法律考试中心 组编

策划编辑 田亚飞
责任编辑 田亚飞
装帧设计 李 瞻

出版发行 法律出版社
编辑统筹 法律考试·职业教育出版分社
责任校对 王晓萍 裴 黎
责任印制 胡晓雅
经 销 新华书店

开本 787毫米×1092毫米 1/16
印张 35 **字数** 1162千
版本 2024年2月第1版
印次 2024年2月第1次印刷
印刷 固安华明印业有限公司

地址:北京市丰台区莲花池西里7号(100073)
网址:www.lawpress.com.cn
投稿邮箱:info@lawpress.com.cn
举报盗版邮箱:jbwq@lawpress.com.cn
版权所有·侵权必究
销售电话:010-83938349
客服电话:010-83938350
咨询电话:010-63939796

书号:ISBN 978-7-5197-8826-1
定价:108.00元

凡购买本社图书,如有印装错误,我社负责退换。电话:010-83938349

前　　言

《2024 年国家统一法律职业资格考试客观题 180 分过关讲义》(以下简称《客观题 180 分过关讲义》)由法律考试中心根据法考官方教材体系,结合客观题考试命题规律、重要考点精心编写而成,是针对客观题考试设计的,对官方教材的考点精要的编写。

一、客观题考试备考阶段对法考的重要性。

国家统一法律职业资格考试分为两个阶段:客观题考试 + 主观题考试。通过客观题考试后,才具备参加主观题考试的资格。客观题备考阶段是第一阶段,也是战线最长的阶段。客观题考试涉及 18 个科目,是对官方教材的全面考查,反映考生对知识点的整体掌握情况。能否在客观题备考阶段打下良好的知识基础,不仅决定了客观题考试的过关与否,也直接影响主观题考试的成绩。其对法考的重要性不言而喻。

二、《客观题 180 分过关讲义》的应运而生。

虽然,大多数过关考生都明白官方教材("九分册")对于客观题考试的不平凡意义:对习近平法治思想、法理学、刑法、民法、中国法律史、国际法科目的考查中,大量"九分册"的原句以及所举范例在真题中直接作为题干或题支出现。但是,九本官方教材洋洋洒洒 500 多万字,涉及的法条数以万计。如何在短短的几个月内掌握如此多的知识点,这是几十万考生所面临的困惑。为此,法律考试中心特推出针对 2024 年法考客观题考试、浓缩官方教材精华的精品书籍——《客观题 180 分过关讲义》。

三、《客观题 180 分过关讲义》的科目、章节设置。

根据司法部发布的考试公告,客观题考试共两卷,分为试卷一和试卷二。试卷一考查科目为:习近平法治思想、法理学、宪法、中国法律史、国际法、司法制度和法律职业道德、刑法、刑事诉讼法、行政法与行政诉讼法;试卷二考查科目为:民法、知识产权法、商法、经济法、环境资源法、劳动与社会保障法、国际私法、国际经济法、民事诉讼法(含仲裁制度)。本书参照上述科目设置收录 18 个科目的内容。同时,在章节设置上与 2023 年"九分册"做到一一对应。

四、《客观题 180 分过关讲义》的栏目设置。

复习指引:统计本学科近 5 年法考客观题的考查情况,根据不同学科的特点引领考生用高效的方式复习并掌握得分点。

重点标星:统计相关考点近 5 年的考查情况,用星星标注。星星数量越多,考查频率越高。考生可据此来确定投入的时间和精力。

命题点拨:预测 2024 年本章考查的考点,供考生参考。

最后,根据考试大纲及法律法规变化,我们将及时发布增补的法律法规的标准电子文本,届时请读者扫封底二维码免费获取。

本书编写组

2023 年 11 月

目　　录

试卷一

刑事诉讼法

行政法与行政诉讼法

试卷二

民法

第一编 总则

第二编 物权

第三编 合同

第四编 人格权

第五编 婚姻家庭

第六编 继承

第七编 侵权责任

知识产权法

商法

经济法

环境资源法

劳动与社会保障法

国际私法

国际经济法

民事诉讼法与仲裁制度

第一编　导　论

第二编　诉讼制度

第三编　诉讼程序

第四编　非讼程序与执行程序

第五编　仲裁制度

试 卷 一

习近平法治思想

【复习指引】 针对2024年客观题考试,复习该部分内容要求考生能够熟读教材,识记和理解相关知识点。考生备考本科目时应注意以下几点:(1)该部分内容备考应以考试大纲为依据,并应熟读官方辅导用书原文;(2)该部分考查重点会比较突出,复习时要明确重点,具体而言要重点关注习近平法治思想的核心要义,即"十一个坚持";(3)该部分与时事联系密切,考生要对2023~2024年与本科目重要考点相联系的时事特别关注;(4)注意该科目与部门法结合的出题方式。

第一章 习近平法治思想的形成发展及重大意义

项 目	内 容	
习近平法治思想形成发展的逻辑	历史逻辑	习近平法治思想凝聚着中国共产党人在法治建设长期探索中形成的经验积累和智慧结晶,标志着我们党对共产党执政规律、社会主义建设规律、人类社会发展规律的认识达到了新高度,开辟了中国特色社会主义法治理论和实践的新境界
	理论逻辑	习近平法治思想坚持马克思主义法治理论的基本原则,贯彻运用马克思主义法治理论的立场、观点和方法,继承我们党关于法治建设的重要理论,传承中华优秀传统法律文化,系统总结新时代中国特色社会主义法治实践经验,是马克思主义法治理论中国化时代化的新发展新飞跃,反映了创新马克思主义法治理论的内在逻辑要求
	实践逻辑	习近平法治思想是从统筹中华民族伟大复兴战略全局和世界百年未有之大变局、实现党和国家长治久安的战略高度,在推进伟大斗争、伟大工程、伟大事业、伟大梦想的实践之中完善形成的,并会随着实践的发展而进一步丰富
习近平法治思想的鲜明特色	原创性	马克思主义创造性地揭示了人类社会发展规律,并随着实践的变化而发展。习近平总书记以马克思主义政治家、思想家、战略家的深刻洞察力、敏锐判断力和战略定力,在理论上不断拓展新视野、提出新命题、作出新论断、形成新概括,为发展马克思主义法治理论作出了重大原创性贡献
	系统性	系统观念是马克思主义基本原理的重要内容。习近平总书记强调全面依法治国是一个系统工程,注重用整体联系、统筹协调、辩证统一的科学方法谋划和推进法治中国建设,科学指出当前和今后一个时期推进全面依法治国十一个重要方面的要求,构成了系统完备、逻辑严密、内在统一的科学思想体系
	时代性	时代性是马克思主义的一个基本特性。习近平总书记立足中国特色社会主义进入新时代的历史方位,立时代之潮头,发思想之先声,科学回答了新时代我国法治建设向哪里走、走什么路、实现什么目标等根本性问题,在新时代治国理政实践中开启了法治中国新篇章
	人民性	人民性是马克思主义最鲜明的品格。习近平总书记强调法治建设要为了人民、依靠人民、造福人民、保护人民,推动把体现人民利益、反映人民愿望、维护人民权益、增进人民福祉落实到全面依法治国各领域全过程,不断增强人民群众获得感、幸福感、安全感
	实践性	实践性是马克思主义理论区别于其他理论的显著特征。习近平总书记明确提出全面依法治国并将其纳入"四个全面"战略布局,以破解法治实践难题为着力点,作出一系列重大决策部署,解决了许多长期想解决而没有解决的难题,办成了许多过去想办而没有办成的大事,社会主义法治国家建设取得历史性成就、发生历史性变革

续表

项　目	内　容
习近平法治思想的重大意义	习近平法治思想是马克思主义法治理论同中国法治建设具体实际相结合、同中华优秀传统法律文化相结合的最新成果
	习近平法治思想是对党领导法治建设丰富实践和宝贵经验的科学总结
	习近平法治思想是在法治轨道上全面建设社会主义现代化国家的根本遵循
	习近平法治思想是引领法治中国建设实现高质量发展的思想旗帜

第二章　习近平法治思想的核心要义

核心要义	内　容
坚持党对全面依法治国的领导	(1)党的领导是中国特色社会主义法治之魂； (2)全面依法治国是要加强和改善党的领导； (3)坚持党的领导、人民当家作主、依法治国有机统一； (4)坚持党领导立法、保证执法、支持司法、带头守法； (5)健全党领导全面依法治国的制度和工作机制
坚持以人民为中心	(1)以人民为中心是中国特色社会主义法治的根本立场； (2)坚持人民主体地位； (3)牢牢把握社会公平正义的价值追求； (4)推进全面依法治国的根本目的是依法保障人民权益
坚持中国特色社会主义法治道路	(1)中国特色社会主义法治道路是建设中国特色社会主义法治体系、建设社会主义法治国家的唯一正确道路。 (2)中国特色社会主义法治道路的核心要义： ①坚持党的领导：坚定不移走中国特色社会主义法治道路，最根本的是坚持中国共产党的领导。 ②坚持中国特色社会主义制度。中国特色社会主义制度是中国特色社会主义法治体系的根本制度基础，是全面推进依法治国的根本制度保障。 ③贯彻中国特色社会主义法治理论。中国特色社会主义法治理论是中国特色社会主义法治体系的理论指导和学理支撑，是全面推进依法治国的行动指南
坚持依宪治国、依宪执政	(1)坚持依法治国首先要坚持依宪治国，坚持依法执政首先要坚持依宪执政： ①这是宪法的地位和作用决定的； ②坚持依宪治国，是推进全面依法治国、建设社会主义法治国家的基础性工作，科学回答了宪法如何更好促进全面建设社会主义现代化国家的关键性问题； ③坚持依宪执政，体现了中国共产党作为执政党的执政理念，体现了我们党对执政规律和执政方式的科学把握； (2)宪法是国家的根本大法，是治国理政的总章程，是党和人民意志的集中体现，具有最高的法律地位、法律权威、法律效力。 (3)全面贯彻实施宪法，是建设社会主义法治国家的首要任务和基础性工作。 (4)推进合宪性审查工作：完善宪法监督制度，必须积极稳妥推进合宪性审查工作，加强备案审查制度和能力建设，依法撤销和纠正违宪违法的规范性文件，维护宪法权威。 (5)深入开展宪法宣传教育
坚持在法治轨道上推进国家治理体系和治理能力现代化	(1)全面依法治国是国家治理的一场深刻革命； (2)法治是国家治理体系和治理能力的重要依托； (3)更好发挥法治固根本、稳预期、利长远的保障作用； (4)坚持依法治军、从严治军； (5)坚持依法保障“一国两制”实践与推进祖国统一； (6)坚持依法治网

续表

核心要义	内　容
坚持建设中国特色社会主义法治体系	(1)推进全面依法治国的总目标和总抓手； (2)建设完备的法律规范体系； (3)建设高效的法治实施体系； (4)建设严密的法治监督体系； (5)建设有力的法治保障体系； (6)建设完善的党内法规体系
坚持依法治国、依法执政、依法行政共同推进，法治国家、法治政府、法治社会一体建设	(1)全面依法治国是一个系统工程； (2)法治国家是法治建设的目标； (3)法治政府是建设法治国家的主体； (4)法治社会是构筑法治国家的基础。 要坚持系统观念，准确把握全面依法治国工作布局，坚持依法治国、依法执政、依法行政共同推进，法治国家、法治政府、法治社会一体建设。依法治国、依法执政、依法行政是一个有机整体，关键在于党要坚持依法执政、各级政府要坚持依法行政。法治国家、法治政府、法治社会三者各有侧重、相辅相成；法治国家是法治建设的目标，法治政府是建设法治国家的主体，法治社会是构筑法治国家的基础
坚持全面推进科学立法、严格执法、公正司法、全民守法	(1)科学立法、严格执法、公正司法、全民守法是推进全面依法治国的重要环节； (2)推进科学立法； (3)推进严格执法； (4)推进公正司法； (5)推进全民守法
坚持统筹推进国内法治和涉外法治	(1)统筹推进国内法治和涉外法治是全面依法治国的迫切任务； (2)加快涉外法治工作战略布局； (3)加强对外法治交流合作； (4)为构建人类命运共同体提供法治保障
坚持建设德才兼备的高素质法治工作队伍	(1)建设一支德才兼备的高素质法治工作队伍至关重要； (2)加强法治专门队伍建设； (3)加强法律服务队伍建设； (4)加强法治人才培养
坚持抓住领导干部这个“关键少数”	(1)领导干部是全面依法治国的关键； (2)领导干部应做尊法学法守法用法的模范； (3)领导干部要提高法治思维和法治方式的能力； (4)党政主要负责人要履行推进法治建设第一责任人职责

第三章　习近平法治思想的实践要求

项　目	内　容
充分发挥法治对经济社会发展的保障作用	(1)以法治保障经济发展； (2)以法治保障政治稳定； (3)以法治保障文化繁荣； (4)以法治保障社会和谐； (5)以法治保障生态良好
正确认识和处理全面依法治国一系列重大关系	(1)政治和法治； (2)改革和法治； (3)依法治国和以德治国； (4)依法治国和依规治党

命题点拨　习近平法治思想的核心要义。

法　理　学

【复习指引】 法理学属于部门法的基础理论，对考生理解和学习其他法律学科提供理论支持。客观题考试中法理学的考查多为常规性题目，知识点不偏，复习时要注意重点明确。大纲中当年新增的内容要给予高度关注，对大纲中的相似概念要能够区分，要多研习历年真题。

第一章　法的本体

第一节　法的概念

一、法的概念的学说★★

依据人们在界定法的概念时对法与道德的关系的不同主张，大致可以将那些形形色色的法的概念区分出两种基本立场，即实证主义的法的概念和非实证主义或自然法的法的概念。

法实证主义者是以下列两个要素定义法的概念的：权威性制定（authoritative issuance）和社会实效（social efficacy）。可以将法实证主义者定义的法的概念区分为两大类：以社会实效为首要定义要素的法的概念，以权威性制定为首要定义要素的法的概念。

非实证主义者以内容的正确性作为法的概念的一个必要的定义要素。大体上，我们可以将非实证主义的法的概念分为两类：(1)以内容的正确性作为法的概念的唯一定义要素；(2)以内容的正确性与权威性制定或社会实效性要素同时作为法的概念的定义要素。

二、马克思主义关于法的本质的基本观点

马克思主义运用辩证唯物主义与历史唯物主义科学地分析、揭示了“法是什么”。辩证唯物主义认为：任何事物都有现象与本质两个方面，本质是决定特定事物是其所是或存在的内在根据，是事物的内在联系，现象是事物的外在表现与形式。这两个方面是相互关联的，本质总是要通过一定的现象表现出来，而现象总是特定事物的本质的呈现。

法的本质首先反映为法的阶级性。所谓法的阶级性，是指在阶级对立的社会中，法是国家意志的体现实质上是掌握国家政权阶级即统治阶级意志的体现。

法的本质最终反映为法的物质制约性。所谓法的物质制约性，是指法是统治阶级意志的体现，但是统治阶级意志的内容是由特定社会的物质生活条件或物质生产方式决定的。

三、法的定义（内涵与外延）

任何特定国家的法律人在其工作过程中都必须以该国家现行有效的法律作为处理法律问题的出发点和前提。所谓特定国家现行有效的法，笼统地讲，乃是指“国法”（国家的法律）。其外延包括：(1)国家专门机关（立法机关）制定的“法”（成文法）；(2)法院或法官在判决中创制的规则（判例法）；(3)国家通过一定方式认可的习惯法（不成文法）；(4)其他执行国法职能的法（如教会法）。

四、法的特征★★

（一）法是调整人的行为的一种社会规范

1. 法首先是一种规范，因此，它不是一种国家机构或社会组织，更不是自然法则。

2. 法作为规范，是一种特殊的规范，即社会规范。社会规范是用来调整人们的相互行为或交互行为的规范。这就意味着它所调整的人的行为是人们的相互行为或交互行为，所处理的是人与人之间的社会关系。

3. 在日常社会生活中，有各种各样的调整人们相互行为或交互行为的社会规范，如道德规范、政治规范、宗教规范、习俗、纪律等。因此，法只是这些社会规范中的一种社会规范。这就必然意味着法与其他社会规范之间存在不同。

（二）法是由国家制定或认可的社会规范

1. 国家是通过下列两种途径或方式创制法的：(1)制定，它是指国家立法机关按照法定程序创制规范性文件的活动。通过这种方式创制的法，称为制定法或成文法。(2)认可，它是指国家通过一定的方式承认其他社会规范（道德、宗教、风俗、习惯等）具有法律效力的活动。法的认可主要有两种方式：明示认可与默示认可。

2. 法是由国家制定或认可的，具有国家意志性，因此，法具有统一性与权威性。

3. 法具有国家意志性，但是国家意志并不总是通过法来表达的。国家意志的表现形式是多方面的，它可以表现为法，也可以在政治(政策)、伦理等领域得以体现，法只是国家意志的表现方式之一。而反映国家意志的一些口号、声明、决定、照会等，其本身不能视为国家的法。

(三)法是以国家强制力保证其实施的社会规范

1. 法是国家制定或认可的，具有国家意志性，因此，国家以国家的强制力作为保证法实施的力量，它具有国家的强制性。

2. 法的国家强制性与其他社会规范的强制性的不同在于，它不管人们守法与违法的内在动机是什么，只强调人们的外在的行为是否符合法的规定，它以外在的国家强制力强迫人们守法。

(四)法是具有普遍性的社会规范

1. 法的普遍性，是指法作为一般的行为规范在国家主权管辖范围内具有普遍适用的效力和特性。

2. 法在国家主权管辖范围内普遍有效，具有普遍性，是从法作为一个整体的属性来讲的。

(五)法是具有严格、明确的程序的社会规范

法的创制、执行、适用、监督等都是严格按照一定的明确的程序来进行的。法是强调程序、规定程序和实行程序的规范体系。

(六)法是具有可诉性的社会规范

法的可诉性包括两个方面的含义：(1)可争讼性。即任何人均可以将法律作为起诉和辩护的根据。(2)可裁判性(可适用性)。即合格的法庭可以将法作为司法裁判的直接依据。

五、法的作用★★

1. 规范作用。

(1)指引作用是指法对本人的行为具有引导作用。

(2)评价作用是指法律作为一种行为标准，具有判断、衡量他人行为合法与否的评判作用。

(3)教育作用是指通过法的实施使法律对一般人的行为产生影响。

(4)预测作用是指凭借法律的存在，可以预先估计到主体相互之间会如何行为。

(5)强制作用是指法可以通过制裁违法犯罪行为来强制人们遵守法律。

2. 社会作用。

法的社会作用主要涉及三个领域和两个方向。三个领域即社会经济生活、政治生活、思想文化生活领域；两个方向即政治职能(通常说的阶级统治的职能)和社会职能(执行社会公共事务的职能)。

3. 虽然法在社会生活中具有重要作用，但是，法律不是万能的，原因在于：(1)法的作用的范围不可能是无限的；(2)法律是社会规范之一，必然受到其他社会规范以及社会条件和环境的制约；(3)法律与事实之间的对应难题也不是法律自身所能够完全解决的；(4)法律自身条件的制约，如表达法律的语言具有开放性结构。在法的实施中，法律必须结合自身特点发挥作用。

第二节　法 的 价 值

一、法的价值的含义

法的价值是指法能够以及应该促进和实现的人的价值。

二、法的价值的种类

(一)秩序

作为社会规范的法能够维持社会秩序。正如前述，法具有其他社会规范不具有的特性，即正式性、国家强制性、普遍性、程序性与可诉性，这些特性决定了法能够维持更确定更稳定的社会秩序。

(二)自由

与其他社会规范不同，法是以国家的强制力作为保证其实施的最终力量，是对行为者的一种他律，不管行为者的守法还是不守法的内在动机与目标。这就意味着法不仅能够保证一个行动者的自由的外在运用不会侵犯或干涉其他每一个人的自由的外在运用，而且能够保证其他每一个人不干涉或侵犯行为者的自由的外在运用，也能够保证国家不干涉或侵犯行为者的自由的外在运用。

(三)人权

所谓人权，是指每个人作为人应该享有或者享有的权利。这个定义包括以下三方面的含义：第一，人权是一种权利。第二，人权来自“人自身”。第三，人之作为人应该享有哪些权利即人权的具体内容包括什么。为了尽可能地保证人们在事实上享有与实现人权，人权就必须尽可能地被转化为法律权利。

(四)正义

法与正义的关系主要有以下几种：(1)正义是内在于法律中的某种东西。(2)法与正义之间形成了鲜明对比。(3)正义是检测法律的一种尺度或标准。

三、法的价值冲突及其解决★★

1. 法的各种价值在特定时空条件下必然会发生碰撞、抵触，甚至冲突与矛盾的。例如，秩序与自由、人权之间的冲突，自由与正义之间的冲突，人权与正义之间的冲突,等等。法的价值之间的抵触或冲突在事实层面发生,在抽象层面一般不会发生。

2. 在法律制度体系之中,司法是一种具有最终性的作法律决定的制度。因此,司法者针对具体案件事实所作的法的不同价值之间的衡量与抉择也具有最终性。司法者应该按照哪些原则对法的不同价值进行衡量与抉择呢?(1)个案中的比例原则。这个原则是指:与其他法的价值相比较,哪一个法的价值在具体案件的情境下更具有优先性或分量。(2)价值位阶原则。这个原则是指:在不考虑具体案件的情境下,法的各个价值之间的优先性关系。

第三节 法的要素

一、法律规则★★★

法律规则是指以一定的逻辑结构形式具体规定人们的法律权利、法律义务以及相应的法律后果的一种法律规范。

(一)法律规则的逻辑结构

根据新"三要素说",认为任何法律规则均由假定条件、行为模式和法律后果三个部分构成。

1. 所谓假定条件,是指法律规则中有关适用该规则的条件和情况的部分,即法律规则在什么时间、空间、对什么人适用以及在什么情境下对人的行为有约束力的问题。

2. 所谓行为模式,是指法律规则中规定人们如何具体行为之方式或范型的部分。法律规则中的行为模式分为三种:(1)可为模式。指在什么假定条件下,人们"可以如何行为"的模式。(2)应为模式。指在什么假定条件下,人们"应当或必须如何行为"的模式。(3)勿为模式。指在什么假定条件下,人们"禁止或不得如何行为"的模式。从另一个角度看,可为模式亦可称为权利行为模式,而应为模式和勿为模式又可称为义务行为模式。它们的内容是所有法律规则的核心部分。

3. 所谓法律后果,是指法律规则中规定人们在作出符合或不符合行为模式的要求时应承担相应的结果的部分,是法律规则对人们具有法律意义的行为的态度。根据人们对行为模式所作出的实际行为的不同,法律后果又分为两种:(1)合法后果,又称肯定式的法律后果,是法律规则中规定人们按照行为模式的要求行为而在法律上予以肯定的后果,它表现为法律规则对人们行为的保护、许可或奖励。(2)违法后果,又称否定式的法律后果,是法律规则中规定人们不按照行为模式的要求行为而在法律上予以否定的后果,它表现为法律规则对人们行为的制裁、不予保护、撤销、停止,或要求恢复、补偿等。

(二)法律规则与语言

1. 一切法律规范都必须以作为"法律语句"的语句形式表达出来,具有语言的依赖性。

2. 法律规则是通过特定语句表达的,但是,法律人适用法律解决具体案件时适用的不是语句自身或语句所包含的字和词的本身,而是语句所表达的意义。因此,我们要将法律规则与表达法律规则的语句予以区分。

3. 表达法律规则的特定语句往往是一种规范语句。根据规范语句所运用的助动词不同,规范语句可以被区分为命令句和允许句。命令句是指使用了"必须"(must)、"应该"(ought to/should)或"禁止"(must not)等这样一些道义助动词的语句,如"要求结婚的男女双方必须亲自到婚姻登记机关进行结婚登记""出卖的标的物,应当属于出卖人所有或者出卖人有权处分"。允许句是指使用了"可以"(may)这类道义助动词的语句,如"当事人协商一致,可以变更合同"。但是,这并不意味着所有法律规则的表达都以规范语句的形式表达,也可以用陈述语气或陈述句表达。

(三)法律规则与法律条文

法律条文是一种表达法律规范(特别是法律规则)的语句。从其表述的内容来看,法律条文可以分为规范性条文和非规范性条文。规范性条文是直接表述法律规范(法律规则和法律原则)的条文,非规范性条文是指不直接规定法律规范,而规定某些法律技术内容(如专门法律术语的界定、公布机关和时间、法律生效日期等)的条文。

(四)法律规则的分类

1. 授权性规则和义务性规则。按照规则的内容规定不同,法律规则可以分为授权性规则和义务性规则。所谓授权性规则,是指规定人们有权作一定行为或不作一定行为的规则,即规定人们的"可为模式"规则。所谓义务性规则,是指在内容上规定人们的法律义务,即有关人们应当作出或不作出某种行为的规则。它也分为两种:(1)命令性规则,是指规定人们的积极义务,即人们必须或应当作出某种行为的规则。(2)禁止性规则,是指规定人们的消极义务(不作为义务),即禁止人们作出一定行为的规则。

2. 确定性规则、委任性规则和准用性规则。按照规则内容的确定性程度不同,可以把法律规则分为确定性规则、委任性规则和准用性规则。所谓确定性规则,是指内容本已明确肯定,无须再援引或参照其他规则来确定其内容的法律规则。法律条文中规定的绝大多数法律规则属于此种规则。所谓委任性规则,是指内容尚未确定,而只规定某种概括性指示,由相应国家机关通过相应途径或程序加以确定的法律规则。所谓准用性规则,是指内容本身没有规定人们具体的行为模式,而是可以援引或参照其他相应内容规定的规则。

3. 强行性规则和任意性规则。按照规则对人们行为规定和限定的范围或程度不同,可以把法律规则分为强行性规则和任意性规则。所谓强行性规则,是指内容规定具有强制性质,不允许人们随便加以更改的法律规则。所谓任意性规则,是指规定在一定范围内,允许人们自行选择或协商确定为与不为、为的方式以及法律关系中的权利义务内容的法律规则。

二、法律原则★

法律原则,是指为法律规则提供某种基础或本源的综合性的、指导性的原理或价值准则的一种法律规范。

(一)法律原则的种类

1. 公理性原则和政策性原则。按照法律原则产生的基础不同,可以把法律原则分为公理性原则和政策性原则。公理性原则,即由法律原理(法理)构成的原则,是由法律上之事理推导出来的法律原则,是严格意义的法律原则,如法律平等原则、诚实信用原则、等价有偿原则、无罪推定原则、罪刑法定原则等,它们在国际范围内具有较大的普适性。政策性原则是一个国家或民族出于一定的政策考量而制定的一些原则,如我国《宪法》中规定的"依法治国,建设社会主义法治国家"的原则,"国家实行社会主义市场经济"的原则,等等。政策性原则具有针对性、民族性和时代性。

2. 基本原则和具体原则。按照法律原则对人的行为及其条件之覆盖面的宽窄和适用范围大小,可以把法律原则分为基本原则和具体原则。基本法律原则是整个法律体系或某一法律部门所适用的、体现法的基本价值的原则,如宪法所规定的各项原则。具体法律原则是在基本原则指导下适用于某一法律部门中特定情形的原则,如(英、美)契约法中的要约原则和承诺原则、错误原则等。

3. 实体性原则和程序性原则。按照法律原则涉及的内容和问题不同,可以把法律原则分为实体性原则和程序性原则。实体性原则是指直接涉及实体法问题(实体性权利和义务等)的原则,例如,宪法、民法、刑法、行政法中所规定的多数原则属于此类。程序性原则是指直接涉及程序法(诉讼法)问题的原则,如诉讼法中规定的"一事不再理"原则、辩护原则、非法证据排除原则、无罪推定原则等。

(二)法律原则与法律规则的区别★

1. 在性质上,法律规则是一种"应该做"的规范,它直接要求规范主体"做"或"实施"某行为或活动(do action)。法律原则是一种"应该是"的规范,它不直接要求规范主体做或实施某行为或活动,而是要求规范主体的行为或活动符合某种性质或实现某个目标以及行为或活动的结果符合某种性质或达到某种性质状态。法律规则是以法律原则为前提或基础的,是法律原则或理念和价值的具体化和详细化,是对在事实情况下的许多法律原则与目标进行平衡或衡量的结果。法律原则处于法律的深层面,而法律规则处于法律的浅层面。

2. 在内容上,法律规则的规定是明确具体的。法律原则的要求比较笼统、模糊,在适用时具有较大的余地供法官选择和灵活应用。

3. 在适用范围上,法律规则只适用于某一类型的行为。法律原则具有宏观的指导性,其适用范围比法律规则宽广。

4. 在适用方式上,法律规则以"全有或全无的方式"(all or nothing fashion)或涵摄的方式应用于个案当中。而法律原则的适用则不同,它不是以"全有或全无的方式"或是以衡量的方式应用于个案当中的,因为不同的法律原则是具有不同的"强度"(weight,分量)的,而且这些不同强度的原则甚至冲突的原则都可能存在于一部法律之中。

(三)法律原则的适用条件

1. 穷尽法律规则,方得适用法律原则。

2. 除非为了实现个案正义,否则不得舍弃法律规则而直接适用法律原则。

3. 没有更强理由,不得径行适用法律原则。

三、法律概念

法律规范,无论法律规则还是法律原则,它们作为命题也是由法律概念组成的。法律概念是指任何具有法律意义的概念。它既包括了法律和法学中所特有的具有专门法律意义的概念,如"法人""债权"等;也包括了来自日常生活但具有法律意义的概念,如"故意""自然人"等。

四、权利与义务

权利和义务的相互联系:

1. 从结构上看,两者是紧密联系、不可分割的。

2. 从数量上看,两者的总量是相等的。

3. 从产生和发展看,两者经历了一个从浑然一体到分裂对立再到相对一致的过程。

4. 从价值上看,权利和义务代表了不同的法律精神,它们在历史上受到重视的程度有所不同,因而两者在不同国家的法律体系中的地位是有主次之分的。一般而言，在等级特权社会(如奴隶社会和封建社会)，法律制度往往强调以义务为本位，权利处于次要的地位。而在民主法治社会，法律制度较为重视对个人权利的保护。此时，权利是第一性的，义务是第二性的，义务设定的目的是保障权利的实现。

第四节 法的渊源

一、法的渊源的概念

(一)法的渊源的含义

从法律人职业或法律推理的角度看，所谓法的渊源，就是指特定法律共同体所承认的具有法的约束力或具有法律说服力并能够作为法律人的法律决定之大前提的规范或准则来源的那些资料，如制定法、判例、习惯、法理等。

(二)正式的法的渊源与非正式的法的渊源

1. 所谓正式的法的渊源是指具有明文规定的法律效力并且直接作为法律人的法律决定的大前提的规范来源的那些资料，如宪法、法律、法规等，主要是制定法，即不同国家机关根据具体职权和程序制定的各种规范性文件。

2. 所谓非正式的法的渊源则指不具有明文规定的法律效力，但具有法律说服力并能够构成法律人的法律决定的大前提的准则来源的那些资料，如正义标准、理性原则、公共政策、道德信念、社会思潮、习惯、乡规民约、社团规章、权威性法学著作，还有外国法等。

二、当代中国法的正式渊源★

当代中国法的渊源主要为以宪法为核心的各种制定法，包括宪法、法律、行政法规、地方性法规、自治条例和单行条例、规章、国际条约和国际惯例等。

三、正式的法的渊源的效力原则

1. 正式的法的渊源是以宪法(或根本法)为核心，由不同层次或等级的法律有机结合组成的整体。在这个整体中，宪法(或根本法)位于第一等级；法律、国际公约位于第二等级；行政法规位于第三等级；地方性法规、自治条例、单行条例和行政规章位于第四等级。解决不同位阶的法的渊源之间的冲突应遵循上位法优于下位法原则。

2. 解决同一位阶的法的渊源之间的冲突的原则主要包括新法优于旧法原则和特别法优于一般法原则。如果出现新的一般规定与旧的特别规定不一致的情况，需要由特定机关作出裁决。具体而言，法律之间对同一事项的新的一般规定与旧的特别规定不一致，不能确定如何适用时，由全国人民代表大会常务委员会裁决。行政法规之间对同一事项的新的一般规定与旧的特别规定不一致，不能确定如何适用时，由国务院裁决。

3. 根据立法法的规定，解决位阶出现交叉时的法的渊源之间的冲突，应遵循如下原则：(1)自治条例和单行条例依法对法律、行政法规、地方性法规作变通规定的，在本自治地方适用自治条例和单行条例的规定。(2)经济特区法规根据授权对法律、行政法规、地方性法规作变通规定的，在本经济特区适用经济特区法规的规定。(3)地方性法规、规章之间不一致时，由有关机关依照下列规定的权限作出裁决：①同一机关制定的新的一般规定与旧的特别规定不一致时，由制定机关裁决。②地方性法规与部门规章之间对同一事项的规定不一致，不能确定如何适用时，由国务院提出意见，国务院认为应当适用地方性法规的，应当决定在该地方适用地方性法规的规定；认为应当适用部门规章的，应当提请全国人民代表大会常务委员会裁决。③部门规章之间、部门规章与地方政府规章之间对同一事项的规定不一致时，由国务院裁决。④根据授权制定的法规与法律规定不一致，不能确定如何适用时，由全国人民代表大会常务委员会裁决。

四、当代中国法的非正式渊源

(一)习惯

习惯虽然可以作为法的非正式渊源被适用，但其不得违背公序良俗。我国民事法律规定，处理民事纠纷，应当依照法律；法律没有规定的，可以适用习惯，但是不得违背公序良俗。

(二)判例(或指导性案例)

判例在英美法系属于法的正式渊源。一方面，判例或指导性案例是当代中国的一种非正式的法的渊源；另一方面，作为非正式的法的渊源的指导性案例只能由最高人民法院发布。

(三)政策

在中国，作为法的非正式渊源的政策也是指那些没有被整合到法律之中的政策，它既包括了国家政策，也包括了中国共产党的政策。

第五节 法的效力★

一、法的效力的含义

法的效力，即法的约束力，指人们应当按照法律规定的行为模式来行为，必须予以服从的一种法律之力。

二、法的效力的根据

1. 法的效力来自法律。法律有国家强制力，法律规定了具体的否定性法律后果，任何明显的违法行为都会受到国家相应的制裁;法律保障社会成员的利益满足,因此法律具有效力。

2. 法的效力来自道德。法律与人们的道德观念相一致,法律建立在社会主流道德基础之上,法律体现了公平、正义,因而人们服从政府、遵守法律。

3. 法的效力来自社会。民众从小就养成了模仿他人所为的习惯,包括按照别人的行为守法的习惯。法律维护社会秩序,社会要求人们的行为符合法律。

三、法的效力范围

法的效力范围,是指法的生效范围或适用范围,包括法对人的效力范围、空间效力范围和时间效力范围。

四、法对人的效力

法对人的效力,是指法律对谁有效力,适用于哪些人。在世界各国的法律实践中先后采用过四种对人的效力的原则:(1)属人主义,即法律只适用于本国公民,无论其身在国内还是国外;非本国公民即便身在该国领域内也不适用。(2)属地主义,即法律适用于该国管辖地区内的所有人,无论是否本国公民,都受法律约束和法律保护;本国公民不在本国,则不受本国法律的约束和保护。(3)保护主义,即以维护本国利益作为是否适用本国法律的依据。任何侵害了本国利益的人,无论其国籍和所在地域,都要受该国法律的追究。(4)以属地主义为主,与属人主义、保护主义相结合。这是近代以来多数国家所采用的原则。我国也是如此。

五、法的空间效力

法的空间效力,是指法在哪些地域有效力,适用于哪些地区。一般来说,一国法律适用于该国主权范围所及的全部领域,包括领土、领水及其底土和领空,也包括延伸意义的领土,如驻外使领馆、该国的境外飞行器和停泊在外的船舶。一国法律除了域内效力之外,其中的某些法律还具有域外效力。如我国在民事和婚姻家庭等方面的法律,实行有条件的域外效力原则。根据我国刑法规定,一些发生在我国境外的犯罪行为,可以适用我国刑法追究刑事责任。

六、法的时间效力

法的时间效力,是指法何时生效、何时失效以及法对其生效以前的事件和行为有无溯及力。

1. 法的生效时间。法律的生效时间主要有三种:(1)自法律公布之日起生效;(2)由该法律规定具体生效时间;(3)规定法律公布后符合一定条件时生效。

2. 法的失效时间。法的失效,即法被废止,指法的效力消灭。它一般分为明示的废止和默示的废止两类。

明示的废止,即在新法或其他法律文件中明文规定废止旧法。

默示的废止,即在适用法律过程中出现新法与旧法冲突时,适用新法而使旧法事实上被废止。从理论上讲,立法机关有意废止某项法律时,应当是清楚而明确的。如果出现立法机关所立新法与旧法发生矛盾的情况,应当按照“新法优于旧法”“后法优于前法”的办法解决矛盾,旧法因此被新法“默示地废止”。

3. 法的溯及力。它也被称为法溯及既往的效力,是指法对其生效以前的事件和行为具有约束力。

关于法的溯及力问题,现代法治社会实行的是法不溯及既往的原则。但是,法律不溯及既往原则也有例外。例如,在刑法领域,目前各国采用的通例是“从旧兼从轻”的原则,即新法原则上不溯及既往,但是新法不认为构成犯罪或者处刑较轻的,适用新法。在某些有关民事权利的法律中,法律也有溯及力。这些不溯及既往原则的例外情形,被称为“有利追溯”,它同样具有其正当性或合理性基础。

第六节 法律部门与法律体系

一、法律部门

(一)法律部门的含义

法律部门,又称部门法,是根据一定标准和原则对一国现行的全部法律规范进行划分所形成的同类法律规范的总称。

(二)划分法律部门的标准

通常按照法律所调整的社会关系的性质和种类的不同来划分法律部门,这是划分法律部门的主要标准。

(三)公法、私法与社会法之分

公法与私法的划分,是大陆法系国家的一项基本分类,最早是由古罗马法学家乌尔比安提出来的。现在公认的公法部门包括了宪法和行政法等,私法包括了民法和商法等。

(四)实体法与程序法之分

前述所谓公法所包括的宪法、行政法与私法所包括的民法、商法等部门法都属于实体法,跟这些实体法相对应的另一种类的部门法就是所谓的程序法,如刑事诉讼法、行政诉讼法、民事诉讼法等。

二、法律体系

法律体系,又称部门法体系,是指一国的全部现行法律规范,按照一定的标准和原则,划分为不同的法律部门而形成的内部和谐一致、有机联系的整体。

三、当代中国法律体系

当代中国的法律体系主要由七个法律部门构

成:宪法及宪法相关法、行政法、民商法、经济法、社会法、刑法、诉讼与非诉讼程序法。

第七节 法律关系

一、法律关系的概念与种类★★★★

法律关系是在法律规范调整社会关系的过程中所形成的人们之间的权利和义务关系。

(一)法律关系的性质和特征

1. 法律关系是根据法律规范建立的一种社会关系,具有合法性。

2. 法律关系是体现意志性的特种社会关系。

3. 法律关系是特定法律关系主体之间的权利和义务关系。

(二)法律关系的种类

1. 调整性法律关系和保护性法律关系。调整性法律关系是基于人们的合法行为而产生的、执行法的调整职能的法律关系,它所实现的是法律规范(规则)的行为规则(指示)的内容。保护性法律关系是由于违法行为而产生的、旨在恢复被破坏的权利和秩序的法律关系,它执行着法的保护职能,所实现的是法律规范(规则)的保护规则(否定性法律后果)的内容,是法的实现的非正常形式。

2. 纵向的法律关系和横向的法律关系。纵向的法律关系是指在不平等的法律主体之间所建立的权力服从关系(旧法学称"特别权力关系")。横向法律关系是指平等法律主体之间的权利义务关系。

3. 单向(单务)法律关系、双向(双边)法律关系和多向(多边)法律关系。所谓单向(单务)法律关系,是指权利人仅享有权利,义务人仅履行义务,两者之间不存在相反的联系。双向(双边)法律关系,是指在特定的双方法律主体之间,存在两个密不可分的单向权利义务关系,其中一方主体的权利对应另一方的义务;反之亦然。所谓多向(多边)法律关系,又称"复合法律关系"或"复杂的法律关系",是三个或三个以上相关法律关系的复合体,其中既包括单向法律关系,也包括双向法律关系。

4. 第一性法律关系(主法律关系)和第二性法律关系(从法律关系)。第一性法律关系(主法律关系),是人们之间依法建立的不依赖其他法律关系而独立存在的或在多向法律关系中居于支配地位的法律关系。由此而产生的、居于从属地位的法律关系,就是第二性法律关系或从法律关系。

二、法律关系主体

(一)法律关系主体的含义和种类

法律关系主体是法律关系的参加者,即在法律关系中一定权利的享有者和一定义务的承担者。在每一具体的法律关系中,主体的多少各不相同,但大体上都归属于相对应的双方:一方是权利的享有者,称为权利人;另一方是义务的承担者,称为义务人。

在中国,根据各种法律的规定,能够参与法律关系的主体包括以下几类:

1. 公民(自然人)。

2. 机构和组织(法人)。

3. 国家。在特殊情况下,国家可以作为一个整体成为法律关系主体。

(二)权利能力和行为能力

1. 权利能力,又称权义能力(权利义务能力),是指能够参与一定的法律关系,依法享有一定权利和承担一定义务的法律资格。它是法律关系主体实际取得权利、承担义务的前提条件。

(1)公民的权利能力是任何人取得公民法律资格的基本条件,通常从出生时起到死亡时止,不能被任意剥夺或解除。

(2)法人的权利能力与公民的权利能力不同。一般而言,法人的权利能力自法人成立时产生,至法人解体时消灭。其范围是由法人成立的宗旨和业务范围决定的。

2. 行为能力,是指法律关系主体能够通过自己的行为实际取得权利和履行义务的能力。

公民的行为能力问题是由法律予以规定的。世界各国的法律,一般都把本国公民划分为完全行为能力人、限制行为能力人和无行为能力人。(1)完全行为能力人。这是指达到一定法定年龄、智力健全、能够对自己的行为负完全责任的自然人(公民)。例如,在民法上,18 周岁以上的公民是成年人,具有完全的民事行为能力,可以独立进行民事活动,是完全民事行为能力人。(2)限制行为能力人。这是指行为能力受到一定限制,只具有部分行为能力的公民。例如,在民法上,8 周岁以上的未成年人,不能完全辨认自己行为的精神病人,是限制行为能力人。(3)无行为能力人。这是指完全不能以自己的行为行使权利、履行义务的公民。在民法上,不满 8 周岁的未成年人,完全的精神病人是无行为能力人。

法人组织也具有行为能力,但与公民的行为能力不同。表现在:第一,公民的行为能力有完全与不完全之分,而法人的行为能力总是有限的,由其成立宗旨和业务范围所决定。第二,公民的行为能力和权利能力并不是同时存在的。也就是说,公民具有权利能力却不一定同时具有行为能力,公民丧失行为能力也并不意味着丧失权利能力。与此不同,法人的行为能力和权利能力却是同时产生和同时消灭的。法人一经依法成立,就同时具有权利能力和行为能力;法人一经依法撤销,其权利能力和行为能力也就同时消灭。

三、法律关系的内容

法律关系的内容就是法律关系主体之间的法律权利和法律义务。

四、法律关系客体

(一)法律关系客体的概念

笼统地讲,法律关系客体是指法律关系主体之间权利和义务所指向的对象。它是构成法律关系的要素之一。

(二)法律关系客体的种类

1. 物。法律意义上的物是指法律关系主体支配的、在生产上和生活上所需要的客观实体。在我国,大部分天然物和生产物可以成为法律关系的客体。但有以下几种物不得进入国内商品流通领域,成为私人法律关系的客体:(1)人类公共之物或国家专有之物,如海洋、山川、水流、空气;(2)除了集体、私人所有的文物之外的文物;(3)军事设施、武器(枪支、弹药等);(4)危害人类之物(如毒品、假药、淫秽书籍等)。

2. 人身。人身是由各个生理器官组成的生理整体(有机体)。但须注意的是:第一,活人的(整个)身体,不得视为法律上之“物”,不能作为物权、债权和继承权的客体,禁止任何人(包括本人)将整个身体作为“物”参与有偿的经济法律活动,不得转让或买卖。第二,权利人对自己的人身不得进行违法或有伤风化的活动,不得滥用人身,或自贱人身和人格。第三,对人身行使权利时必须依法进行,不得超出法律授权的界限,严禁对他人人身非法强行行使权利。

3. 精神产品。精神产品是人通过某种物体(如书本、砖石、纸张、胶片、磁盘)或大脑记载下来并加以流传的思维成果。

4. 行为结果。作为法律关系客体的行为结果是特定的,即义务人完成其行为所产生的能够满足权利人利益要求的结果。

五、法律关系的产生、变更与消灭

(一)法律关系产生、变更与消灭的条件

最主要的条件有二:一是法律规范;二是法律事实。法律规范是法律关系形成、变更和消灭的法律依据,没有一定的法律规范就不会有相应的法律关系。所谓法律事实,就是法律规范所规定的、能够引起法律关系产生、变更和消灭的客观情况或现象。

(二)法律事实的种类

1. 法律事件。法律事件是法律规范规定的、不以当事人的意志为转移而引起法律关系形成、变更或消灭的客观事实。法律事件又分成社会事件和自然事件两种。

2. 法律行为。法律行为可以作为法律事实而存在,能够引起法律关系形成、变更和消灭。

第八节　法律责任

一、法律责任的概念

法律责任,是指行为主体因违法行为、违约行为或仅因法律规定而应该承担的一种不利的法律后果。由此可见,法律责任是由三种原因引起的:(1)违法行为;(2)违约行为;(3)仅仅法律特别规定,虽然行为人在主观上没有过错,但是只要在客观侵犯了别人的法律权利,也要承担法律责任。

二、法律责任的竞合★

法律责任的竞合是指一个法律主体的同一个法律行为导致了两种或两种以上的法律责任的产生而且这些法律责任之间是冲突的。

法律责任竞合既可能是同一个部门法之中的不同法律责任的竞合,如民法中的违约责任与侵权责任的竞合;也可能是不同部门法的不同法律责任的竞合,如民事责任与行政责任的竞合,或者民事责任与刑事责任的竞合,甚至是刑事责任、民事责任与行政责任的竞合。

三、归责与免责★

(一)法律责任的归责原则

法律责任的归结,简称为归责,它是指特定国家机关根据法定职权与程序对行为人应该承担的法律责任进行判断与认定。在我国,特定国家机关归结法律责任应该遵循下列原则:

1. 责任法定原则。它包括下列几个方面:(1)法律责任作为否定性法律后果必须由法律规范予以明确的规定。(2)特定国家机关既要按照实体法,又要按照程序法确定责任主体是否承担责任、承担什么责任以及承担多大责任。(3)禁止特定国家机关擅断责任和法外责罚。

2. 公正原则。它包括下列几个方面:(1)坚持法律面前人人平等原则,任何主体的任何违法行为都应该被依法追究责任,不允许有凌驾或超越法律之上的特殊主体。(2)法律责任的性质或种类应该与违法行为的性质或种类相一致,即法律责任的定性要公正。(3)法律责任的轻重或多少要公平,即法律责任的定量要公正。

3. 效益原则。它是指应当对法律责任的认定与追究进行成本收益分析，追求法律责任的效益最大化。

4. 责任自负原则。它是指谁违法谁负责，反对株连或变相株连。

(二) 法律责任的免责条件

法律责任的免除，简称免责，是指由于出现了法律上规定的条件或法律上允许的条件，责任人所应承担的法律责任被部分免除或被全部免除。根据这个定义，法律责任免除的条件可以被区分为法定免除条件与意定免除条件，前者是指法律上规定的免除条件，后者是指法律上允许的免除条件。

根据我国的法律规定与法律实践，法律责任免除的条件主要有：(1)时效免责；(2)不诉免责；(3)自愿协议免责；(4)不可抗力、正当防卫、紧急避险免责；(5)自首、立功免责；(6)人道主义免责；等等。

四、法律制裁

法律制裁是指特定国家机关依照法定职权与程序对应该承担法律责任的主体依其法律责任而实施的强制性惩罚措施。

与民事责任、刑事责任、行政责任和违宪责任相对应，法律制裁也被区分为：民事制裁、刑事制裁、行政制裁和违宪制裁。

命题点拨 准确理解法的概念、法的要素和法的渊源。

第二章 法的运行

第一节 立 法

一、立法的定义

1. 立法有广义、狭义两种理解。广义的立法概念，泛指一切有权的国家机关依法制定、认可、修改和废止不同效力等级的法律、法规的活动，它既包括国家最高权力机关及其常设机关制定宪法和法律的活动，也包括有权的地方权力机关制定地方性法规的活动，还包括国务院、国务院各部委等机构和有权的地方行政机关制定行政法规和规章的活动。狭义的立法是国家立法权意义上的概念，仅指享有国家立法权的国家机关的立法活动，即国家的最高权力机关及其常设机关依法制定、修改和废止宪法和法律的活动。

2. 立法是国家机关的专有活动和基本职能，是随着国家的产生和发展而出现和发展起来的，并且日益完善和制度化。

3. 立法是法治的重要内容，制定完备而良善的法律是进行法治建设的前提和基础。依法治国，建设社会主义法治国家应当高度重视立法工作。

二、立法体制

立法体制包括立法权限的划分、立法机关的设置和立法权的行使等各方面的制度，其核心内容是立法权限的划分。

三、立法指导思想与立法原则★★★

(一) 立法指导思想

我国《立法法》规定的立法指导思想是：坚持中国共产党的领导，坚持马克思列宁主义、毛泽东思想、邓小平理论、"三个代表"重要思想、科学发展观、习近平新时代中国特色社会主义思想，建设中国特色社会主义法治体系，保障在法治轨道上全面建设社会主义现代化国家。

(二) 立法原则

1. 科学立法原则。在我国，科学立法原则要求健全立法起草、论证、协调和审议机制，健全向下级人大征询立法意见机制，建立基层立法联系点制度，推进立法精细化，完善立法项目征集和论证制度，健全立法机关主导、社会各方有序参与立法的途径和方式。

2. 民主立法原则。在我国，民主立法原则要求：一方面，健全人大代表在法律法规规章起草与修改等立法活动中发挥作用的制度与机制。另一方面，健全立法机关与社会公众沟通机制，开展立法协商，充分发挥政协委员、民主党派、工商联、无党派人士、人民团体、社会组织在立法协商中的作用；拓宽公民有序参与立法途径，健全法律法规规章草案公开征求意见和公众意见采纳情况反馈机制。

3. 依法立法原则。依法立法原则要求一切立法活动都必须以宪法为依据，遵循宪法的基本原则，符合宪法的规定、原则和精神；立法活动都要有法律根据，立法主体、立法权限、立法内容、立法程序都应符合法律的规定，立法机关必须严格按照法律规范的要求行使职权，履行职责；立法应当从国家整体利益出发，维护社会主义法制的统一、尊严和权威。

四、立法程序

立法程序，是指特定的国家机关制定、修改和废除法律和其他规范性法律文件及认可法律的法定步骤和方式。

我国的立法程序：

(一) 法律议案的提出

提出法律案(又称立法议案、法律议案)是立法程序的开始。法律案是指依法享有法律案提案权的机关或个人向立法机关提出的关于制定、修改、废止某项法律的正式提案。法律案是议案的一种,即国家立法机关予以审议、讨论和通过的具有法律性质的议案。除法律案外,议案还有其他许多种类,如预算案、决算案、质询案等。提出法律案,应当同时提出法律草案文本及其说明,并提供必要的参阅资料。

提出法律案的关键是谁享有法律案的提案权。根据我国宪法和立法法的规定,有权向全国人民代表大会提出法律案的主体包括:(1)全国人大主席团;(2)全国人大常委会;(3)全国人大各专门委员会;(4)国务院;(5)中央军事委员会;(6)国家监察委员会;(7)最高人民法院;(8)最高人民检察院;(9)一个代表团或者30名以上的代表联名。有权向全国人大常委会提出法律案的主体包括:(1)委员长会议;(2)全国人大各专门委员会;(3)国务院;(4)中央军事委员会;(5)国家监察委员会;(6)最高人民法院;(7)最高人民检察院;(8)全国人大常委会组成人员10人以上联名。

全国人大主席团除了可以向全国人民代表大会提出法律案外,还有权听取和审议关于议案处理意见的报告,决定会议期间提出的议案是否列入会议议程。

(二)法律案的审议

法律案的审议是指立法机关对已经列入议事日程的法律案正式进行审查和讨论。审议法律案,是保证立法质量、体现立法民主的重要环节,它可以使法律更加完备和成熟。

全国人大审议法律案的步骤包括:第一,在全体会议上,由提案机关或人员或者指派有关人员向大会作法律草案的说明。第二,各代表团、宪法和法律委员会及有关的专门委员会进行审议。第三,宪法和法律委员会根据各代表团和有关专门委员会的审议意见,对法律案进行统一审议,向主席团提出审议结果报告和法律草案修改稿,对重要的不同意见应当在审议结果报告中予以说明,经主席团会议审议通过后,印发会议。第四,法律草案修改稿经各代表团审议,由宪法和法律委员会根据各代表团的审议意见进行修改,提出法律草案表决稿,由主席团提请大会全体会议表决。

列人常务委员会会议议程的法律案,一般应当经三次常务委员会会议审议后再表决。但是,如果各方面对特定的法律案的意见比较一致,那么可以经两次常务委员会会议审议;如果法律案的调整事项较为单一或者部分修改的法律案,各方面的意见比较一致,或者遇有紧急的情形的,那么可以经一次常务委员会会议审议。常务委员会会议第一次审议法律案,在全体会议上听取提案人的说明,由分组会议进行初步审议。常务委员会会议第二次审议法律案,在全体会议上听取宪法和法律委员会关于法律草案修改情况和主要问题的汇报,由分组会议进一步审议。常务委员会会议第三次审议法律案,在全体会议上听取宪法和法律委员会关于法律草案审议结果的报告,由分组会议对法律草案修改稿进行审议。常务委员会审议法律案时,根据需要,可以召开联组会议或者全体会议,对法律草案中的主要问题进行讨论。

(三)法律的表决和通过

法律的表决和通过是立法机关以法定多数对法律案所附法律草案表示最终的赞同,从而使法律草案成为法律。这是法的制定程序中具有决定意义的一个步骤。全国人大常委会既可以针对整个法律草案进行表决,也可以针对法律草案中个别意见分歧较大的重要条款进行单独表决。表决除了通过外,还可能产生另外一种结果,就是没有获得法定数目以上人数的赞同,使法律案不通过。

根据我国宪法和立法法规定,宪法的修正案,由全国人大全体代表的2/3以上的多数通过;全国人大通过法律案,是由主席团提请大会全体会议表决,由全体代表的过半数通过;全国人大常委会通过法律案,由委员长会议提请常委会全体会议表决,由常委会全体组成人员的过半数通过。

全国人大表决法律案,采用无记名按表决器方式。如表决器系统在使用中发生故障,采用举手方式。宪法的修改,采用无记名投票方式表决。

(四)法律的公布

法律的公布是指立法机关或国家元首将已通过的法律以一定的形式予以公布,以便全社会遵守执行。法律的公布是立法程序中的最后一个步骤,它是法律生效的前提。法律通过后,凡是未经公布的,都不能发生法的效力,从而无法在社会生活中发挥作用。未经正式公布的"法律",不为人们所知晓,就不具有普遍约束力,也不可能得到人们的普遍遵守。

我国宪法规定,中华人民共和国主席根据全国人民代表大会的决定和全国人民代表大会常务委员会的决定,公布法律。公布后的法律生效问题,依照法律规定。我国公布法律的载体是《全国人大常委会公报》和"中国人大网"以及"在全国范围内发行的报纸",在《全国人大常委会公报》上刊载的法律文本为标准文本。

五、立法技术

立法技术是指在立法过程中所形成的一切知识、经验、规则、方法和技巧的总和。立法技术直接影响立法质量。根据立法的进程，立法技术可以分为立法预测技术、立法规划技术和立法表达技术。立法预测技术是指对立法的发展状况、趋势和各种情况进行预计、测算的科学方法、手段和规则。立法规划技术是指对经过立法预测的立法项目进行计划、部署、编制、安排的科学方法、手段和规则。立法表达技术是指对法律规范的结构、形式、概念、术语、语言、文体等进行表述的科学方法、手段和规则。

其中就立法表达技术方面的要求而言，其主要内容包括：法的名称的表达要规范和统一；法律规范的表达要完整、概括和明确；法的体例安排要规范和统一；立法语言要做到准确、严谨和简明。

我国的《立法法》《行政法规制定程序条例》《规章制定程序条例》等法律、行政法规对立法表达技术作出了明确规定。此外，全国人大常委会法制工作委员会专门制定了《立法技术规范（试行）（一）》和《立法技术规范（试行）（二）》，中国民用航空局制定了《民航规章立法技术规范》，一些地方立法机关也制定了相关规定。

第二节 法的实施

一、法的实施的概念

（一）法的实施

法的实施，亦称法律的实施或法律的施行，是指法律在社会现实生活中具体运用的过程。法律作为调控人们行为的社会规范，在被创制出来之初仅是一种文本意义上的法律，是处于应然状态的法律。通过法的实施，法律文本才转化为现实的行为规范，从应然状态进入实然状态。法律实施包括执法、司法、守法和法律监督四个环节。

法的实施是实现法的作用和目的的重要途径和保障，制定法律的目的在于通过法律的实施，建构符合统治阶级预期的社会秩序。法的实施也是建立法治国家的必要条件，法治国家不仅要通过民主程序制定良法，还要通过正当程序实施良法，使法律获得普遍的服从。

（二）法的实现

法的实现，是指法的要求在社会生活中被转化为现实。法的实现与法的实施不同，法的实施是人们施行法律，使法从应然状态到实然状态的过程和活动；它也不同于法的实效，法的实效是法律被人们实际施行的状态和程度，侧重于结果。法的实现是将法的实施的过程性与法的实效的结果性结合的一个概念。

二、执法

（一）执法的含义

执法，又称法的执行。在日常生活中，人们通常在广义与狭义两种含义上使用这个概念。广义的执法，或法的执行，是指所有国家行政机关、司法机关及其公职人员依照法定职权和程序实施法律的活动。如人们在讲到社会主义法制的基本要求“有法可依、有法必依、执法必严、违法必究”时，指的是广义的执法。狭义的执法，则专指国家行政机关及其公职人员依法行使管理职权、履行职责、实施法律的活动。人们把行政机关称为执法机关，就是在狭义上使用“执法”概念的。这里所讲的执法，是狭义的执法。

（二）执法的特点★

1. 执法活动具有国家权威性和国家强制性。行政机关执行法律的过程就是代表国家进行社会管理的过程，具有国家权威性和强制性，社会大众应当服从。

2. 执法主体具有特定性。执法权是宪法和法律赋予的职权，在我国，只有行政机关及其公职人员、法律或法规授权的组织及其工作人员、行政机关委托的组织才能作为执法的主体。

3. 执法内容具有广泛性。执法是以国家名义对社会实行全方位的组织管理的行为，涉及政治、经济、外交、国防、文化、教育、卫生等各个领域。在现代社会，社会关系和社会事务日益复杂，执法的内容和范围日益广泛。

4. 执法具有主动性和单方面性。执行法律既是国家行政机关进行社会管理的权力，也是它对社会、对民众承担的义务；既是职权，也是职责。因此，行政机关在进行社会管理时，应当以积极的行为主动执行法律、履行职责，而不一定需要行政相对人的请求和同意。如果行政机关不主动执法并因此给国家或社会造成损失，就构成失职，要承担法律责任。

5. 执法权的行使具有优益性。执法机关在行使执法权时，依法享有法定的行政优益权，即执法权具有优先行使和实现的效力。

（三）执法的基本原则

1. 合法性原则。这是指行政机关必须根据法定权限、法定程序和法治精神进行管理，越权无效。这是现代法治国家行政活动的一条最基本的原则。

2. 合理性原则。这是指行政机关在执法时应当权衡多方面的利益因素和情境因素，在严格执行规则的前提下做到公平、公正、合理、适度，避免由于滥用自由裁量权而形成执法轻重不一、标准失范的结果。

3. 效率原则。这是指行政机关应当在依法行政的前提下，讲究效率，主动有效地行使其权能，以取得最大的行政执法效益。

三、司法

(一) 司法的含义

司法，又称法的适用，通常是指国家司法机关根据法定职权和法定程序，具体应用法律处理案件的专门活动。司法是实施法律的一种方式，对实现立法目的、发挥法律的功能具有重要的意义。

(二) 司法的特点

1. 司法是由特定的国家机关及其公职人员，按照法定职权实施法律的专门活动，具有国家权威性。在我国，人民法院和人民检察院是代表国家行使司法权的专门机关，其他任何国家机关、社会组织和个人都不得从事这项工作。在中国，司法权包括审判权和检察权。审判权即适用法律处理案件，作出判决和裁定；检察权包括代表国家批准逮捕、提起公诉、抗诉等。司法机关依照法律代表国家独立行使职权，不受行政机关、社会团体和个人的干涉。

2. 司法是司法机关以国家强制力为后盾实施法律的活动，具有国家强制性。由于法的适用总是与法律争端、违法的现象相联系，总是伴随着国家的干预、争端的解决和对违法者的法律制裁，没有国家强制性，就无法进行上述活动。司法机关依法所作的决定，所有当事者都必须执行，不得违抗。

3. 司法是司法机关依照法定程序、运用法律处理案件的活动，具有严格的程序性及合法性。

4. 司法必须有表明法的适用结果的法律文书，如判决书、裁定书和决定书等。

(三) 司法与执法的区别

1. 主体不同。司法是由司法机关及其公职人员适用法律的活动，而执法是由国家行政机关及其公职人员来执行法律的活动。

2. 内容不同。司法活动的对象是案件，主要内容是裁决涉及法律问题的纠纷和争议及对有关案件进行处理，而执法是以国家的名义对社会进行全面管理，行政管理的事务涉及社会生活方方面面，执法的内容远比司法广泛。

3. 程序性要求不同。司法活动有严格的程序性要求，司法机关的活动一般都有相应的较为严格的程序性规定，如果违反程序，将导致司法行为的无效和不合法。而执法活动虽然也有相应的程序规定，但由于执法活动本身的特点，特别是基于执法效能的要求，其程序性规定没有司法活动那样严格和细致。

4. 主动性不同。司法活动具有被动性，案件的发生是引起司法活动的前提，司法机关（尤其是审判机关）不能主动去实施法律，只有在受理案件后才能进行应用法律的专门活动；而执法则具有较强的主动性，对社会进行行政管理的职责要求行政机关应积极主动地去实施法律，而并不基于相对人的意志引起和发动。

(四) 当代中国司法的基本要求和原则

在当代中国，司法的基本要求可以归纳为：正确、合法、及时、合理。司法的过程和结果要尽可能正确无误；司法机关在其活动中必须做到依法司法；司法机关必须在法定期限内完成司法活动；司法行为必须做到合理公正。

司法的原则是指在司法过程中必须遵循的准则。司法原则具体包括：

1. 司法公正原则。
2. 司法平等原则。
3. 司法合法原则。
4. 司法机关依法独立行使职权原则。
5. 司法责任原则。

四、守法

(一) 守法的含义

守法，是指公民、社会组织和国家机关以法律为自己的行为准则，依照法律行使权利、履行义务的活动。守法的含义并不仅限于不违法，不做法律所禁止的事情或做法律所要求做的事情。这是消极的、被动的守法。除此之外，守法还包括根据授权性法律规范积极主动地去行使自己的权利，实施法律。

(二) 守法的构成

守法的构成要素有：守法主体、守法范围、守法内容等。

1. 守法的主体，即要求谁守法，与法律的本质、政体的性质、社会力量对比关系、历史及文化传统有着直接的关系。全民守法是社会主义法治的必要组成部分，全体人民都是社会主义法治的忠实崇尚者、自觉遵守者和坚定捍卫者。在当今的中国，党政领导干部带头学法、模范守法，是树立法治意识的关键。

2. 守法的范围，即所要遵守的法律的种类及范围。在我国，它不仅包括宪法和全国人民代表大会及其常委会制定的基本法律和非基本法律，而且包括与宪法和法律相符合的行政法规、地方性法规、行政规章等。

3. 守法内容包括行使法律权利和履行法律义务，两者密切联系，不可分割。守法是行使法律权利和履行法律义务的有机统一。

五、法律监督★

（一）法律监督的概念

1. 狭义上的法律监督，是指由特定国家机关依照法定权限和法定程序，对各种法律活动的合法性所进行的检查、监察、督促和指导以及由此形成的法律制度。

2. 广义上的法律监督，是指由所有国家机关、各政党、各社会组织、媒体舆论和公民对各种法律活动的合法性所进行的监督。

（二）法律监督的构成

一般来说，法律监督由下列五个要素构成：（1）法律监督的主体，即由谁来实施监督。在我国，监督主体具有广泛性和多元性。（2）法律监督的对象，即监督谁或谁被监督。在我国，所有国家机关、政党、社会团体、社会组织、媒体舆论和公民既是监督的主体，也是监督的对象。（3）法律监督的内容，监督对象行为的合法性是法律监督的核心内容。（4）法律监督的依据，宪法和法律是法律监督的依据。（5）法律监督的方式，法律监督的方式因监督主体和对象的不同而有所不同。这五个要素共同构成一个完整的法律监督机制。

（三）法律监督体系

我国的法律监督体系由国家法律监督体系和社会法律监督体系两部分构成。

1. 国家法律监督体系。国家法律监督，具体包括国家权力机关、行政机关、监察机关和司法机关的法律监督。我国宪法和有关法律明确规定了国家法律监督的权限和范围。这类法律监督都是依照法定程序，以国家名义进行的，具有国家强制力和法的效力，是我国法律监督体系的核心。

2. 社会法律监督体系。社会法律监督，具体包括各政党、各社会组织和公民依照宪法和有关法律，对各种法律活动的合法性所进行的监督。社会法律监督具有广泛性和人民性，在我国的法律监督体系中发挥着重要作用。根据社会法律监督的主体不同，可以将其具体分为以下几种：中国共产党的监督、人民政协的监督、各民主党派的监督、人民团体和社会组织的监督、公民的监督、媒体舆论的监督等。

第三节　法适用的一般原理

一、法适用的目标★

法律人适用法律的最直接的目标就是要获得一个合理的法律决定。在法治社会，所谓合理的法律决定就是指法律决定具有可预测性和正当性。法律决定的可预测性是形式法治的要求，它的正当性是实质法治的要求。

（一）可预测性

可预测性意味着作法律决定的人在作决定的过程中应该尽可能地避免武断和恣意。避免作法律决定的人的武断和恣意就是要求他们必须将法律决定建立在既存的一般性的法律规范的基础上，而且他们必须要按照一定的方法适用法律规范，如推理规则和解释方法。

（二）正当性

法律决定的正当性是指按照实质价值或某些道德考量，法律决定是正当的或正确的。

（三）法的可预测性和法的正当性之间的关系

法律决定的可预测性与正当性之间存在一定的紧张关系，原因在于，有的法律决定不是作决定的人武断地和恣意地作出的，即实现了可预测性，然而该决定与特定国家的法秩序所承认的实质价值或道德相背离。在现代的法治社会，人们总是要求法律决定具有高度的可预测性，同时具有高度的正当性。法律决定的可预测性的程度越高，人们有效地安排和计划自己的生活的可能性越大。法律决定的正当性程度越高，人们安排和计划自己满意的生活的可能性越大。任何正常的人都希望能够安排和计划满意的生活。如果法律决定不具有可预测性或可预测性的程度非常低，生活在社会中的人就不可能在理性的基础上计划和安排自己的生活，社会生活也就不可能正常进行。如果法律决定不具有正当性或正当性程度非常低，一个社会就不可能是一个和谐的、长治久安的社会。也就是说，该社会的秩序最终可能解体。但是，对在特定的一个时间段内的特定国家的法律人来说，法律决定的可预测性具有初始的优先性。因为对于特定国家的法律人来说，首先理当崇尚的是法律的可预测性。

二、法的发现与法的证成

法律人将现行有效的一般法律规范适用于特定案件不仅仅是获得一个法律决定或判断，而且获得的这个决定或判断应该而且必须是合理的。就后者而言，法律人必须要对其所得的决定或判断提供尽可能充足的理由支持，换言之，要保证作为结论命题的决定或判断是推理或论证的结果。在这个意义上，后者就是我们所谓的“法的证成”。法律人获得法律决定或判断的事实过程就是我们所谓的“法的发现”。

三、内部证成与外部证成★

法律证成可分为内部证成和外部证成，即法律决定必须按照一定的推理规则从相关前提中逻辑地推导出来,属于内部证成;对法律决定所依赖的前提的证成属于外部证成。前者关涉的只是从前提到结论之间推论是否有效,而推论的有效性或真值依赖于是否符合推理规则或规律。后者关涉的是对内部证成中所使用的前提本身的合理性,即对前提的证立。

在法律适用中,内部证成和外部证成是相互关联的。外部证成是将一个新的三段论附加在论证的链条中,这个新的三段论是用来支持内部证成中的前提。

法律的推理或法律适用在整体框架上是一个三段论,而且是大三段论套小三段论。这就意味着在外部证成的过程中也必然涉及内部证成。也就是说,对法律决定所依赖的前提的证成本身也是一个推理过程,亦有一个内部证成的问题。因此,法律人在证成前提的过程中也必须遵循一定的推理规则。即使法律决定所依赖的前提得到一定的法的渊源和法律解释规准的支持,但是这个前提作为一个法律判断或结论不是从该前提所依赖的前提中逻辑地得出的,就是不正当或不合理的前提。也就是说,法律人在法律适用或作法律决定的过程中所确立的每一个法律命题或法律判断都必须能够被重构为逻辑上正确的结论。总之,我们不能够将内部证成只理解为通常所谓的法律规范、案件事实与法律决定之间的推理规则,而包括了确立前提本身所要遵循的推理规则。

第四节　法律解释

一、法律解释的概念

(一)法律解释的含义和特点

1. 法律解释的定义

一定的人、组织以及国家机关在法律实施或适用过程中对表达法律的语言文字的意义进行揭示、说明和选择的活动。

2. 法律解释的特点

与一般解释相比,法律解释具有以下三个特点:

(1)法律解释的对象是特定的,即是那些能够作为法律决定大前提来源的文本或资料,在现代国家主要有制定法(包括宪法、法律和法规),判例,私法上、行政法上、国家法上和国际法上的协议、习惯等。在这些解释对象中,除了习惯,其他对象都是制度性行为的结果。因此,一般来说,法律解释的对象具有制度性。

(2)法律解释与具体案件密切相关。首先,法律解释往往由有待处理的案件所引起。其次,法律解释需要将表达法律的语言文字与案件事实结合起来进行,案件事实是表达法律的语言文字的意义的语境。最后,法律解释的主要任务就是法律解释者必须针对特定案件事实来说明与选择表达法律的语言文字的意义。

(3)法律解释具有实践性和目的性。法律解释始终直接或间接地涉及在一个法律体系中应为什么、勿为什么、可为什么以及被授权做什么。因此,法律解释所涉及的总是实践命题或规范命题,而不是事实命题或描述性命题。前种命题是有关人的行动的,而后种命题是有关自然或客观事物的。所以,法律解释具有实践性。法律解释不是为了证明某个事实命题或描述命题的真与假,而是为了证成某个实践命题或规范命题的正当性,因此,法律解释具有强烈的目的性。

(二)法律解释的种类

根据法律解释主体与解释结果效力的不同,法律解释可以被区分为正式解释与非正式解释。

1. 正式解释,又被称为法定解释或有权解释,是指有法律解释权的国家机关、官员对法律作出了有法律约束力的解释。这里的"法律约束力"是指解释结果具有普遍性的约束力。根据解释的国家机关的不同,正式解释被区分为:立法解释、司法解释与行政解释。

2. 非正式解释是指没有法律解释权的机关、团体、组织或个人对法律作出的不具有法律约束力的解释。在这里,"没有法律解释权"是指未经法律明确授权。非正式解释通常被区分为两种:(1)学理解释。它是指由学者或其他个人及组织对法律规定所作出的学术性和常识性的解释。(2)任意解释。它是司法活动中的当事人、代理人或者公民个人在日常生活中对法律所作的理解与解释。

二、法律解释的方法、适用模式与位阶★★★

(一)法律解释的方法

1. 文义解释,也称语法解释、文法解释、文理解释。它是指解释者按照表达法律的语言文字的日常意义和技术意义来揭示和说明某个法律文本或资料的含义。语义学解释的首要功能就是确保法律的确定性。

2. 立法者的目的解释,又被称为主观目的解释。它是指根据参与立法的人的意图或立法资料揭示和说明某个法律文本或资料的意义,或者说将对某个法律文本或资料的解释建立在参与立法的人的意图或立法资料的基础之上。这种方法本身预设了立法者目的的存在和有效,因此,这个方法的运用要求解释者对立法者的目的或意图进行证成。而要完成这个任务，解释者必须要以一定的立法资料如会议记录、委员会的报告等为根据。

3. 历史解释，是指依据正在讨论的法律问题的历史事实对某个法律规定进行解释。它的具体内容是：第一，正在讨论的法律问题的特定解决方案在过去曾被实施过；第二，该方案导致了一个后果 F；第三，F 是不合乎社会道德标准的；第四，过去与现在的情形不同不能充分地排除 F 在目前情形下不会出现；第五，该解决方案在目前也许不被称赞。这种方法要求解释者要对历史事实及其与现实情形的差异进行证成，而且要对“F 是不符合社会道德标准”的命题进行证成。

4. 比较解释，是指根据外国的立法例和判例学说对某个法律规定进行解释。如果说历史解释是利用历史上已发生的法律状况证成某个解释结果，那么比较解释是利用另一个社会或国家的法律状况证成某个法律解释结果。无论是英美法系还是大陆法系国家的法院，都有利用外国的立法情况及判例学说解释本国法律的例子。对于中国这样的大规模地移植其他国家法律制度及法学的国家的法治实践来说，比较解释的重要性是不言而喻的。

5. 体系解释，也称逻辑解释、系统解释。这是指将被解释的法律条文放在整部法律中乃至整个法律体系中，联系此法条与其他法条的相互关系来解释法律。它的具体形式是指对某个法律规定的解释结果 R1 与已被承认的、有效的其他法律规定的含义 R2 相矛盾，那么 R1 必须被承认为无效。也就是说，它是利用逻辑中的矛盾律来支持或反对某个解释结果。因此，也被称为逻辑解释。

6. 客观目的解释，是指根据“理性的目的”或“在有效的法秩序的框架中客观上所指示的”目的，即法的客观目的，而不是根据过去和目前事实上存在的任何个人的目的，对某个法律规定进行解释。

（二）法律解释方法的适用模式

1. 单一模式，是指法律人针对特定案件事实对特定法律文本或法的渊源进行解释时忽略了其他法律解释方法而只适用一种法律解释方法。从法律证成的角度来看，单一模式是法律人将一个主要的法律解释方法作为证成法律解释结果的唯一理由或首要理由。一般来说，这个模式中的那个主要的法律解释方法就是语义学法律解释方法，也就是说，该方法能够产生证成法律解释结果的唯一决定性理由。这就意味着法律人运用单一模式的条件是：那个单一的解释方法是证成对某个法律文本或法渊源的解释结果的充分理由，从而证成法律决定并使人们能够在理性上接受该法律决定。相反，如果法律人适用单一法律解释方法不能充分证成法律解释结果与法律决定，不能使人们在理性上接受解释结果，那么，法律人就必须而且必然地要适用其他法律解释方法了。

2. 累积模式，是指法律人针对特定案件事实同时适用两种以上的法律解释方法对特定法律文本或法的渊源进行解释，而且在最终意义上得到了相同的解释结果。从法律证成的角度来看，法律人运用几种不同的法律解释方法证成对某个法律文本或法的渊源的解释结果，而且所有的这些法律解释方法在最终的分析意义上都支持对该法律文本或法的渊源的相同解释结果。这个模式不是不同的法律解释方法偶然地遭遇到或碰在一起，而是它们相互独立地证成了相同法律解释结果；不是指各种相互的法律解释方法的证成力简单地叠加在一起，而是它们各自的证成力累积在一起而形成了一个整体的证成力，该整体证成力往往大于巧合在一起的相互独立的法律解释方法的各自证成力加在一起的和。

3. 冲突模式，是指法律人针对特定案件事实同时适用两种以上的法律解释方法对特定法律文本或法的渊源进行解释而得到至少两个相互对立、冲突的解释结果，而且这些解释结果证成了不同法律决定。由此可见，冲突模式的适用中存在两个层面的操作：一方面，法律人运用不同的相互独立的法律解释方法证成各自的相互对立的法律解释结果；另一方面，法律人必须运用其他论据证成哪一个法律解释结果具有优先性。因此，冲突模式运用的关键和根本之处不在于法官或法律适用者运用不同的相互独立的法律解释方法证成不同的法律解释结果，而在于证成哪一个法律解释结果具有优先性，即解决冲突问题。这就必然涉及法律解释方法的位阶问题了。

（三）法律解释方法的位阶

1. 各种法律解释方法之所以具有不同的功能，是因为它们各自指出了在法律解释中考虑的因素不同或提出问题的视角不同。而这就意味着在具体的情景下按照不同的解释方法对同一个法律文本或法的渊源进行解释可能会得出完全不同的解释结果。也就是说，不同的法律解释方法可以被用来证成不同的法律决定。这种结果的出现就是法律解释方法冲突的出现。消除这种冲突的最好或最终方法是在各种法律解释方法之间确立一个位序或位阶关系。

2. 现今大部分法学家都认可下列位阶：（1）语义学解释→（2）体系解释→（3）立法者意图或目的解释→（4）历史解释→（5）比较解释→（6）客观目的解释。

3. 这个位阶所确定的各种方法之间的优先性关系是相对的,而不是绝对的,即这种优先性关系是可以被推翻的。但是,法律人在推翻上述位阶所确定的各种方法之间的优先性关系时,必须要充分地予以论证,即只有存在更强理由的情况下,法律人才可推翻那些优先性关系。

三、当代中国的法律解释体制

我国当代的法律解释体制的具体内容是:(1)全国人大常委会的解释,又被称为立法解释。全国人大常委会享有解释宪法与法律的权力。这里所谓的“法律”是指狭义的法律。(2)国家最高司法机关的解释,又被称为司法解释,是指最高司法机关有权对司法机关在法律适用过程中的具体法律应用问题进行解释。它被分为审判解释与检察解释。所谓审判解释是指最高人民法院有权对人民法院在审判过程中的具体法律应用问题进行解释。所谓检察解释是指最高人民检察院有权对人民检察院在检察工作中的具体法律应用问题进行解释。按照前述的规定,如果最高人民法院与最高人民检察院对有关具体法律应用问题的解释发生原则分歧,则需要报请全国人大常委会解释或决定。在司法实践中,最高人民法院与最高人民检察院有时采取联合解释的形式,共同发布司法解释文件。(3)最高国家行政机关的解释,又被称为行政解释,是指国务院及其主管部门有权对有关法律与法规进行解释。它包括两个方面:一方面,国务院及其主管部门有权对不属于审判和检察工作中的其他具体法律应用问题进行解释;另一方面,国务院及其主管部门有权对其在行使职权时对自己所制定的法规进行解释。(4)地方国家机关的解释,是指有关地方国家机关有权对地方性法规进行解释。它包括两个方面:一方面,凡属于地方性法规条文本身需要进一步明确界限或作补充规定的,由制定该地方性法规的人民代表大会常务委员会进行解释;另一方面,凡属于地方性法规如何具体应用的问题,由同级的地方人民政府进行解释。

第五节　法律推理

一、法律推理的概念

法律推理,就是指法律人在从一定的前提推导出法律决定的过程中所必须遵循的推论规则。

二、法律推理的种类★

(一)演绎推理

演绎推理是从一般到个别的推论。它是一种必然性推理,所谓“必然”,意味着只要前提为真(正确),则结论一定为真(正确)。换言之,它的结论能否成立取决于其前提。这是因为它是一种分析性推论,它的结论已然蕴含在前提之中。这就意味着演绎推理并没有扩展我们的认识。

演绎推理的经典形式是三段论。

(二)归纳推理

归纳推理是从个别到一般的推论。归纳推理可以分为完全归纳推理与不完全归纳推理,完全归纳推理是在某个集合中所有特称判断的基础上得出全称判断的过程,而不完全归纳推理是在某个集合中部分特称判断的基础上得出全称判断的过程。

尽管归纳推理是或然的,但我们可以尽可能地提高结论的可信度。为此,要遵守下列推论规则:(1)被考察对象的数量要尽可能得多;(2)被考察对象的范围要尽可能的广;(3)被考察对象之间的差异要尽可能的大。在法律领域,这意味着所举的案例越具有足够的代表性,案例的数量越大,推论所得的结论的正确性就越高。

(三)类比推理

1. 类比推理是从个别到个别的推论。它又称“相似性论证”,即根据两个或两类不同事物的相似性,或者说在某些属性上是相同的,从而推导出它们在另一个或另一些属性上也是相同的。它在本质上是一种比较,一般形式为:A(类)事物具有 a、b、c、d 等属性,B(类)事物也具有 a、b、c 属性,因此 B(类)事物也具有 d 属性。

2. 法律领域的类比推理是根据两个案例在事实特征方面的相似性,推导出将其中一个案例的法律后果也适用于另一个案件的推论。它同样与案例推理联系密切,但与归纳推理的不同之处在于,它并不要求先提炼出一般性的法律原则,而是直接将某个先例的法律后果适用于待决案件。与一般类比推理相比,法律中类比推理的风险更大。因为案例的事实特征与法律后果之间是否相关,并非因果判断,而是价值判断。例如,小汽车和电动自行车拥有共同点,即它们都以机动力发动、都是行驶速度较快的工具,那么能否从“禁止小汽车驶入公园”推导出“禁止电动自行车驶入公园”?这取决于“禁止小汽车驶入公园”这一规定所欲实现的目的是保护游人的人身安全,还是保护公园的环境,或是别的。不同的法律适用者可能会对此作出不同的评价。

(四)反向推理

1. 反向推理的含义。

反向推理,又称“反面推论”,是指从法律规范赋予某种事实情形以某个法律后果推出,这一后果不适用于法律规范未规定的其他事实情形。

2. 反向推理的适用情形。

一是高度重视法律安定性或确定性价值的法律规范。例如,有针对特定国家机关的职权性规范,还有针对公民的义务性规范等。在刑法领域,由于“罪刑法定”这一准则的存在,也往往需要对刑法条款进行反向推理,只有在某个条款所规定的构成要件全部得到满足时才可能发生相应的法律后果。二是例外条款。例外条款由于其本身的性质要作严格推理,不能任意扩大,否则就将危及与例外相对的规则。

(五)当然推理

1. 当然推理的含义。

当然推理指的是由某个更广泛的法律规范的效力推导出某个不那么广泛的法律规范的效力。

2. 当然推理的形式。

(1)举轻以明重。例如,我国《宪法》第10条第3款规定,国家为了公共利益的需要,可以依照法律规定对土地实行征收或者征用并给予补偿。如果国家“连”进行合法征收都要给予补偿,那么,在国家权力违法侵害财产时“更加”要给予赔偿了。

(2)举重以明轻。例如,假如故意协助他人自杀不受刑事处罚,那么就可以推导出,出于过失促使他人自杀同样不受刑事处罚。

3. 当然推理与类比推理的区别。

有一定的近似性,两者都是基于两种情形的相似性将其中一种情形的法律后果适用于另一种情形。但类比推理中的相似性是根据案件事实上的共同点以及相关性来确定的,而当然推理中的相似性则是根据两类案件事实之性质轻重程度来判断。当然推理并非逻辑上有效的推论,而依赖于实质判断。

(六)设证推理

1. 设证推理的含义。

设证推理又称“推定”,是指从某个结论或事实出发,依据某个假定的法则推导出某个前提或曾发生的事实的推论。设证推理包括经验推定与规范推定两类。经验推定在日常生活中很常见。例如,某人早上起床发现门前地面是湿的,并且他知道“如果昨晚下雨了,今早地面就会湿”,所以他推导出“昨晚下雨了”。但是,能够用来解释某个事实的经验法则未必只有一个,如除了“天下雨地面会湿”,我们还知道“洒水车经过地面会湿”“水管破裂地面会湿”等。所以推理者往往需要尽可能广泛地去提出各种假设,并一一排查求证,留下可能性最大的那个。这也说明了经验推定的两个特征:一方面,经验推定是可错的,其正确或错误取决于提出的经验法则能否适用于当下事实。另一方面,经验推定依赖于推理者的知识,而这决定了他能提出什么样的经验法则。例如,除了上述经验法则,生活在西双版纳地区的人还知晓“过泼水节地面会湿”这一常识法则,但生活在其他地区的人也许并不知晓。经验推定是刑警的典型思维方式,因为它经常被用来侦破案件。规范推定的依据来自法律规范本身,而非经验法则。例如,法官感觉某人持盐酸进行抢劫应当要比一般抢劫加重处罚,然后找到了刑法中“持武器抢劫的加重处罚”条款,推导出“在本案中盐酸构成武器”这一前提。规范推定严重依赖于法官的法感或前理解。

2. 增强设证推理可信度的要求。

(1)推理者必须形成一些假定背景以及相关的感性事实,即具有待解释现象所属领域的知识或关于法律的体系性观念。

(2)推理者必须尽可能将待解释现象所有可能的原因寻找出来。

(3)推论者必须尽可能地使推论结论与待解释现象之间形成单一的因果关系或最恰当的规范关系。

第六节　法律漏洞的填补

一、法律漏洞的概念

法律漏洞指的就是违反立法计划(规范目的)的不圆满性。换言之,也就是关于某个法律问题,法律依其规范目的应有所规定,却未设规定。法律漏洞不同于法外空间。漏洞不是简单的缺失状态,而必须是不合目的的、或者说依其目的被评价为不好的缺失状态。例如,花瓶和花盆上可能都存在一个洞,但花盆有洞是合乎目的的,而花瓶有洞却是不合乎目的的,只有后者才被认为是“漏洞”。所以,是否存在法律漏洞并不是简单的事实判断,毋宁说是需要评价性的认定。关键即在于确定立法计划或规范目的,而这需要使用历史解释和目的论解释的方法来求得。

二、法律漏洞的分类

1. 全部漏洞和部分漏洞。

根据法律对于某个事项是否完全没有规定,法律漏洞可分为全部漏洞和部分漏洞。如果被判断为有被规范之需要的问题根本就未被法律规范,那就出现了全部漏洞。相反,如果被判断为有被规范之需要的问题虽已为法律所规范但并不完全,则为部分漏洞。

2. 明显漏洞和隐藏漏洞。

根据漏洞的表现形态,可以将法律漏洞分为明显漏洞和隐藏漏洞。明显漏洞是指关于某个法律问题,法律依其规范目的或立法计划,应积极地加以规定却未设规定。隐藏漏洞是指关于某个法律问题,法律虽已有规定,但依其规范目的或立法计划,应对该规定设有例外却未设例外。

3. 自始漏洞和嗣后漏洞。

根据漏洞产生的时间,可以将法律漏洞分为自始漏洞和嗣后漏洞。自始漏洞是指法律漏洞在法律制定时即已存在。嗣后漏洞是指在法律制定和实施后,因社会客观形势的变化发展而产生了新问题,但这些新问题在法律制定时并未被立法者所预见以致没有被纳入法律的调控范围,由此而构成法律漏洞。以立法者在立法时对法律规定的欠缺是否已有认知为标准,又可分将自始漏洞分为明知漏洞与不明知漏洞。明知漏洞是指立法者在制定法律时,已意识到法律的规定存在不完善或缺漏,但却有意不作规定,而将这一问题保留给其他机关或部门来决定。这么做或是出于立法时的政治、经济和社会情势之考量,或是出于立法技术之考量。由于这种有意的沉默属于法政策上的考量,因此也可被称为“法政策漏洞”。不明知漏洞是立法者在制定法律时或是因疏忽或因认知能力的限制没有意识到法律规定存在欠缺,或是对应予规定的事项误认为已予规范而致形成法律漏洞。

三、法律漏洞的填补方法★

1. 目的论扩张。

目的论扩张,是指法律规范的文义所未能涵盖某类案件,但依据其规范目的应该将相同的法律后果赋予它,因而扩张该规范的适用范围,以将它包含进来。目的论扩张面对的是法律之“潜在包含”的情形,也即是法律文义所指的范围窄于规范目的所指的范围,或者说立法者“词不达意”的情形。它的意旨在于将原本不为规范文义所涵盖的案件类型包含进该规范的适用范围之内,或者说逾越语义,将该规范的法律后果扩张适用于规范明文规定的案件类型之外。目的论扩张有别于法律解释中的扩张解释。目的论扩张是将原本未被规范文义所涵盖的案件类型择取其合乎规范目的的部分包括在内,使所包含的案件类型逾越文义,故而属于漏洞填补的方法。而扩张解释则是因为文义失之过狭,不足以表示出立法意旨,所以扩张语词之意义,以期正确适用,属于法律解释中文义解释的一种情形。

2. 目的论限缩。

目的论限缩,是指虽然法律规范的文义涵盖了某类案件,但依据其规范目的不应该赋予它与文义所涵盖的其他情形相同的法律后果,因而限缩该规范的适用范围,以将它排除出去。目的论限缩面对的是法律之“过度包含”的情形,也即是法律文义所指的范围宽于规范目的所指的范围,或者说立法者“言过其实”的情形。目的论限缩的基本法理,在于非相类似之事件,应作不同之处理,可将不符合规范目的之部分排除在外,使剩余的法律意义更为准确。它的意旨在于将原为法律文义所涵盖的案件类型剔除其不合规范目的的部分,使之不在该法律适用范围之内。法官在进行目的论限缩时,要完成两方面的任务:一是提出理性论据来证立待限缩适用之法律规范的规范目的或者说立法计划为何;二是必须证明规范文义已包含的某类案件类型与其余案件类型不为同一规范目的所涵盖,或者法律规范的目的与其文义所包含的某类案件并不兼容。目的论限缩有别于法律解释中的限缩解释。目的论限缩是将不符合规范目的的案件类型积极地剔除出规范的适用范围,而限缩解释则是因为文义过于宽泛,消极地将文义局限于其核心部分,以期正确适用。目的论限缩端在添加限制性的规范,而限缩解释则在采取较窄的文义限缩规范的适用范围。在实务上,如文义可切割,直接分类而不损及其核心意义时,多采限缩解释,若不能将文义予以切割分类,则一般采取目的论限缩。

命题点拨 法律解释、法律推理以及法律漏洞的填补。

第三章 法的演进

第一节 法的起源与历史类型

一、法的产生

1. 法的产生过程。

法作为一种文明现象,是人类历史发展到一定阶段的产物。马克思主义法学认为,法不是从来就有的,也不是永恒存在的,它是人类历史发展到奴隶社会阶段才出现的社会现象。法是随着生产力的提高、社会经济的发展、私有制和阶级的产生、国家的出现而产生的,经历了一个长期的渐进的过程。法产生的主要标志包括国家的产生、权利和义务观念的形成以及法律诉讼和司法审判的出现。

原始社会没有法律,人们的生活由习惯和宗教等原始规范予以调整。法律产生之后,逐步在社会生活中发挥着越来越重要的作用。

2. 法律与原始社会规范的区别。

(1)产生的方式不同。法是由国家制定或认可的,原始社会规范是先民在长期的生产和生活过程中自发形成的。

(2)反映的利益和意志不同。法反映统治阶级的利益和意志,原始社会规范反映原始社会全体成员的利益和意志。

(3)实施的机制不同。法以国家强制力保证实施,原始社会规范主要依靠社会舆论、传统力量和民族部落领袖的威信保证实施。

(4)适用的范围不同。法适用于国家主权范围内的所有居民,原始社会规范只适用于相同血缘的本氏族部落成员。

二、法产生的一般规律

从原始社会规范到国家的法律,是一个长期的社会历史发展过程,总结世界不同民族和地区法的产生历史,可以归纳出如下一般规律:

1. 从调整机制上来看,法的产生经历了从个别调整到规范性调整、一般规范性调整到法的调整的发展过程。

2. 从形式上来看,法的产生经历了从习惯到习惯法、再由习惯法到制定法的发展过程。

3. 从内容上来看,法的产生经历了法与宗教规范、道德规范的浑然一体到不断分化、相对独立的发展过程。

三、法的历史类型

马克思主义法学认为,法的发展表现为从一个历史类型向另一个历史类型依次更替的过程。

法的历史类型是按照法所体现的国家意志的性质以及法赖以建立的经济基础对人类历史上的法所作的类别划分。根据这一标准,凡是建立在相同经济基础、反映相同阶级意志的法就属于同一个历史类型。据此,人类历史上的法可以划分为奴隶制法、封建制法、资本主义法和社会主义法四大历史类型。与前三类建立在生产资料私有制基础上的剥削阶级类型的法不同,社会主义法建立在生产资料公有制的经济基础之上,反映和维护了广大劳动人民的利益和意志,因而是更高历史类型的法。

人类社会的法之所以能够从一个旧的历史类型进化为一个新的历史类型,其根本原因在于社会基本矛盾的运动。随着生产力的不断提高,新的生产方式取代了旧的生产方式,于是新的历史类型的法取代了旧的历史类型的法,这是新法对旧法的否定,但并不意味着新法与旧法之间不存在历史联系性和批判继承关系。马克思主义法学认为,法作为一种社会现象,有其产生与发展的历史过程,但最终会随着生产力的高度发展而消亡。

第二节　法的传统与法律文化

一、法的传统

1. 一般来说,法的传统,就是指特定国家和民族世代相传、辗转相承的有关法的制度和观念的总和。法的传统也可以以法律观念或法律意识的方式体现和传承。

2. 法律意识是人们关于法律现象的思想、观念、知识和心理的总称,它体现了人们对现实法律现象的认知,反过来也指引和约束着人们的行为。法律意识在结构上可以分为两个层次:法律心理和法律思想。法律心理是人们对法律现象表面的、直观的感性认识,属于法律意识的初级形式和初级阶段;而法律思想则属于法律意识的高级阶段,它以理论化、知识化和体系化为特征,是人们对法律现象理性认识的产物,一般以著作、论文等方式呈现出来。

二、中国和西方的传统法律文化★

1. 中华法系特点:(1)礼法结合、德主刑辅。(2)等级有序、家族本位。(3)以刑为主,民刑不分。(4)重视调解、无讼是求。

2. 西方传统法律文化特点:(1)法律受宗教的影响较大。(2)强调个体的地位和价值。(3)私法文化相对发达。(4)以正义为法律的价值取向。

三、法的继承与法的移植★★★

(一)法的继承的含义与根据

1. 法的继承指不同历史时代的法律制度之间的延续和继受,一般表现为旧法对新法的影响和新法对旧法的继受。

2. 法的继承的根据:(1)社会生活条件的历史延续性决定了法的继承性。(2)法的相对独立性决定了法的发展过程的延续性和继承性。(3)法作为人类文明成果决定了法的继承的必要性。

(二)法的移植

1. 法的移植的含义。

是指在鉴别、认同、调适、整合的基础上,引进、吸收、采纳、摄取、同化外国法,使之成为本国法律体系的有机组成部分。

2. 法的移植的必然性和必要性。

(1)社会和法的发展的不平衡性决定了法的移植的必然性,落后的国家往往通过移植先进国家的某些法律,促进法制和社会的发展。

(2)经济全球化决定了法的移植的必要性。

(3)法律移植有助于推动法的现代化发展。

3. 法律移植的类型。

(1)经济、文化和政治处于相同或基本相同发展阶段和发展水平的国家相互吸收对方的法律，以致融合和趋同。

(2)落后国家或发展中国家采纳先进国家或发达国家的法律。

(3)区域性法律统一运动和世界性法律统一运动或法律全球化，比如欧盟成立以来其成员国之间在法律领域的相互借鉴，不断促进了地区法律的统一。

4. 法的移植是一项十分复杂的工作，在移植他国法律时，应选择优秀的、适合本国国情和需要的法律，还要注意国外法与本国法之间的同构性和兼容性，注意法律体系的系统性，同时法的移植要有适当的超前性。

第三节　法　　系

一、法系的概念与标准

一般来说，凡属于同一法律传统或具有某些共同特征的各个国家或民族的法律就构成一个法系。

法系划分的标准，主要包括法的历史来源、主导性的法学思想方法、法的表现形式及其解释方法、特定的法律制度等。

二、大陆法系和英美法系★

(一)大陆法系

大陆法系，是指以古罗马法，特别是以19世纪初《法国民法典》为传统产生和发展起来的法律的总称。由于该法系的影响范围主要是在欧洲大陆国家，特别是法国和德国，且主要法律的表现形式均为法典，所以又称为民法法系、罗马—德意志法系、法典法系。

(二)英美法系

英美法系，是指以英格兰中世纪所形成的普通法为基础和传统产生与发展起来的法律的总称。由于它主要渊源于英国普通法，又称为普通法系、普通法法系；由于它以判例法为法的主要表现形式，因而也被称为判例法系；由于在现代它是由英国法与美国法两大分支构成，又称英美法系。

(三)两大法系的主要区别

1. 在法的渊源方面：大陆法系中法的正式渊源只是制定法，法院的判例是非正式的法的渊源；而英美法系中制定法、判例法都是法的正式渊源。

2. 在法律思维方面：大陆法系属于演绎型思维；英美法系属于归纳式思维，注重类比推理。

3. 在法律的分类方面：大陆法系国家一般都将公法与私法的划分作为法律分类的基础，公法主要包括宪法、行政法、刑法等，私法主要包括民法、商法等；英美法系则是以普通法与衡平法为法的基本分类，普通法处理一般案件，衡平法处理特殊案件。

4. 在诉讼程序方面：大陆法系与教会法的诉讼程序比较接近，均属于纠问制诉讼，法官在审判中处于主导性地位；英美法系则采用对抗制诉讼程序，法官在庭审中的地位相对消极和中立，律师的作用比较突出。

5. 在法典编纂方面：大陆法系的主要发展阶段都有代表性的法典，比如《法国民法典》和《德国民法典》等；英美法系虽然在近代以来制定法的数量也在不断增加，但从总体上看，不倾向进行系统的法典编纂。

第四节　法的现代化

一、法的现代化的标志

(一)法的现代化的内涵

1. 法的现代化意味着法与道德的相互分离。

2. 法的现代化意味着法成为形式法。

3. 法的现代化意味着法对现代价值的体现和保护。

4. 法的现代化意味着法具有形式合理性，即具有可理解性、精确性、一致性、普遍性、公开性、法律一般是成文的以及不具有溯及既往的效力。

(二)法的现代化的类型

根据推动法的现代化的动力来源不同，法的现代化过程大致可以分为内发型法的现代化和外源型法的现代化。

1. 内发型法的现代化是指由特定社会自身力量产生的法的内部创新，表现为一个自发的、自下而上的、缓慢的、渐进变革的过程。

2. 外源型法的现代化是指在外部环境影响下，社会受外力冲击，引起思想、政治、经济领域的变革，最终导致法律领域的变革与转型。这一模式通常以日本、印度、俄国为代表。

二、当代中国法的现代化的历史进程与特点

1. 以收回领事裁判权为契机的清末修律，标志着中国走上了法律转型之路，开启了中国法的现代化之门。

2. 中国近百年法的现代化的历史，既与所有外源型法的现代化有共同之处，但也有自己的独特之处：

(1)由被动接受到主动选择。

(2)由模仿大陆法系到建立中国特色的社会主义法律制度。

(3)法的现代化的启动形式是立法主导型。

(4)法律制度变革在前,法律观念更新在后。

第五节　法治理论

一、法治的含义

1. 法制与法治。

法制一般指一国法律和制度的总称,凡是有国家的地方,就一定有法制。法治则是指以民主为基础,以法律为最高权威,尊重和保障人权的现代政治文明。

2. 作为一种现代治国方略,法治的内涵:

(1)法治意味着法律在社会生活中具有最高权威。

(2)法治意味着是良法之治。

(3)法治意味着人权应得到尊重和保障。

(4)法治意味着国家权力必须依法行使。

二、社会主义法治国家的基本条件

1. 社会主义法治国家的社会结构条件。

首先,社会主义法治国家必须以生活世界结构的分化或理性化为前提条件和基础。其次,社会主义法治国家需要以社会主义市场经济体制的形成为基础。再次,社会主义法治国家需要以社会主义民主制度的确立为基础。最后,社会主义法治国家必须以社会主义文化领域的功能专门化为前提条件和基础。

2. 社会主义法治国家的制度条件。★★

首先,社会主义法治国家必须有完备优良的法律体系。其次,社会主义法治国家必须有相对平衡和相互制约的权力运行机制。再次,社会主义法治国家必须有独立、公正、权威的司法体制。最后,社会主义法治国家必须有健全的法律职业制度。

3. 社会主义法治国家的思想条件。

首先,树立法律至上观念。其次,树立权利本位观念。最后,树立人人平等观念。

命题点拨　法产生的一般规律,法的继承和法治的含义,大陆法系与英美法系的区别。此外,内发型法的现代化与外源型法的现代化的区别,中国法的现代化的独特之处,社会主义法治国家的基本条件等内容也需注意。

第四章　法与社会

第一节　法与社会的一般理论

法律是一种社会现象,但社会现象不限于法律。从系统的角度来看,社会是由不同的要素或子系统组成的,如经济、政治与文化等。要准确地理解法律的特性,就必须一方面澄清法律与作为整体的社会之间的关系,另一方面阐明法律与其他的社会要素或子系统之间的关系。

一、法以社会为基础

1. 社会的性质决定法的性质,不同性质的社会就有不同性质的法律。社会的发展阶段及其特征决定法的发展阶段及其特征。

2. 社会是法的基础。首先,法的发展重心不在立法、法学或判决,而在社会本身。其次,制定、认可法律的国家以社会为基础,国家权力以社会力量为基础。

3. 总之,社会决定法律的性质与功能,法律变迁与社会发展的进程基本一致。

二、法对社会的调整

1. 社会需要通过法来调和社会冲突,分配社会资源,维持社会秩序。

2. 法律不仅具有维护社会稳定与秩序的作用,也具有促进社会变迁和变化的作用。

3. 社会需要通过法来纠正自身存在的各类问题。具体而言,就是运用法律解决经济、政治、文化、科技、道德、宗教等方面的各种社会问题,由此实现法的价值,发挥法的功能。

4. 社会需要使法律与其他的资源分配系统(宗教、道德、政策等)相互配合来一起调整。

5. 总之,法律是一种社会工程,是社会控制的工具之一,其任务在于调整各种相互冲突的社会利益。它虽然由社会决定,但也反作用于社会。

第二节　法与经济

一、法与经济的一般关系

(一)经济基础对法具有决定作用

法由经济基础所决定的,并为经济基础服务。这种决定作用也不意味着法总是会自动体现经济基础的客观要求,或者说不会出现违反经济生活规律的法。从历史上看,仅体现个人意志或违反经济生活要求的法可能会在一定时期存在,但最终必然会被淘汰。

(二)法对经济基础具有反作用

1. 法对于经济基础具有能动的反作用,并且通过生产关系反作用于生产力。

2. 法对经济基础具有指引和预测的作用。

3. 法对经济基础也可能具有限制和削弱作用。

4. 社会主义法对社会主义经济基础的作用体现

在:其一,确认和维护社会主义基本经济基础;其二,对社会主义市场经济进行法律规制;其三,通过调整生产关系促进生产力的发展。

二、法与科学技术

(一)科技进步对法的影响

1. 科技对立法的影响。

(1)科技的发展扩大了法律调整的社会关系的范围。

(2)科技的发展在一定程度上提高了立法的质量和水平。

2. 科技对司法的影响。司法过程中事实认定和法律适用的环节越来越深刻地受到了现代科学技术的影响。

(二)法对科技进步的作用

1. 可以运用法律管理科技活动,推动科技的进步。

2. 可以通过法律促进科技成果的商品化。

3. 法律要对科技可能导致的问题进行必要的限制,以防止产生不利的社会后果。

第三节　法与政治

一、法与政治的一般关系

(一)政治对法的作用

1. 法的产生和实现往往与一定的政治活动相关,反映和服务于一定的政治。

2. 政治可以为法的发展提供条件和环境。

3. 政治可以影响和制约法的内容。

4. 政治关系的发展变化也在一定程度或意义上影响法的发展变化。

(二)法对政治的作用

1. 法具有确认和调整政治关系并直接影响政治发展的作用。

2. 法可以确认社会各阶层和集团在国家生活中的地位。

3. 法可以反映和实现一定阶级和集团的政治目的和要求。

4. 法可以为一定阶级和国家的中心任务服务。

5. 法还可以对危害统治阶级的行为采取制裁措施,捍卫政治统治。

6. 在社会主义国家中,法可以确认和保障人民的民主权利和自由,确认和保障人民当家作主的制度,规范民主政治的运行。

二、法与政策的联系与区别

(一)法与政策的联系

1. 党的政策对法有指导作用。

2. 社会主义法对党的政策有制约作用。

(二)法与政策的区别

党的政策与法具有一致性,但是两者的区别也很明显,主要表现为:

1. 规范形式不同。法表现为规范性法律文件或国家认可的其他渊源形式,内容一般具有确定性,权利义务的规定具体、明确;党的政策则一般表现为决议、宣言、决定、声明、通知等,内容相对规定得比较笼统,更多具有纲领性、原则性和方向性。

2. 实施方式不同。法依靠国家强制力即法律制裁保证实施;党的政策依靠宣传动员和党的组织工作等方式实施,违反政策会受到批评教育或党纪制裁。

3. 调整范围不尽相同。法只调整具有交涉性和可诉性的社会关系;党的政策调整的社会关系和领域比法律要广,对党的组织和党的成员的要求也比法的要求要高。但两者有时也相互分离,法有其相对独立的调整空间(如犯罪活动)。

4. 稳定性、程序化程度不同。法具有较高的稳定性,任何变动都须遵循严格、固定的程序;党的政策可应形势变化作出较为迅速的反应和调整,具有较大灵活性。

三、法与国家

(一)法与国家权力相互依存、相互支撑

1. 法表述和确认国家权力,是国家权力结构化与制度化的主要方式之一,以赋予国家权力合法性的形式强化和维护国家权力。

2. 同时,国家权力是法的必要支持和背后力量。国家义务的实现需要权力,个体权利的保护需要权力,社会的整合需要权力,制度的创设和实施也需要权力。

(二)法与国家权力的紧张或冲突关系

法对权力合法性的确认是以制度、规范和程序的方式进行的,同时也是对权力的约束和限制。而国家权力总是具有扩张性,总是具有使权力凌驾于法之上的倾向。近现代法治的实质和精义在于控权,即对权力在形式和实质上的合法性的强调。法律的制约是一种权限、程序和责任的制约。

第四节　法与道德★★

一、法与道德的联系

1. 在概念上的联系。(1)肯定说,以自然法学为代表。它肯定法与道德在概念上存在必然联系,认为实在法只有在符合自然法、具有道德上的善时,才具有法的属性。一个同道德严重对立的"法"压根就不是法，即“恶法非法”。(2)否定说，以法律实证主义为代表。它否定法与道德在概念上存在必然联系，主张某事物是不是法与它是否符合正义，是两个必须分离的问题。法律不会因违反道德而丧失法的效力，即“恶法亦法”。

2. 在内容上的联系。法与道德在内容上相互渗透。一般来说，近现代法在确认和体现道德时大多注意二者重合的限度，倾向于只将最低限度的道德要求转化为法律义务，明确法与道德的调整界限，因而将法律视为最低限度的道德。

3. 在功能上的联系。法与道德在功能上相辅相成，共同调整社会关系。近现代法学家们一般都倾向于强调法律在社会中的首要作用。因为：第一，现代社会利益关系的复杂性决定了只能由法律发挥主要作用。第二，现代社会利益分化的加剧和价值冲突的普遍化、常态化决定了只能主要依靠强制性更大、程序更严格的法律来解决纠纷，因为利益表达和价值的衡平与选择是缺乏程序机制的道德难以胜任的。

二、法与道德的区别

作为联系最密切的两类社会规范，法与道德的区别在于：

1. 产生方式不同。法在形式上由国家机关按照法定程序主动制定或认可，是立法者自觉建构的产物。道德是在社会生产生活中自然演进生成的，是自发和非建构的产物。

2. 表现形式不同。法一般以国家机关创制的规范性文件的形式来表现，如宪法、法律、行政法规等。道德则通常存在于人们的内心和社会舆论之中，或以语言形式被记载下来。

3. 调整范围不同。首先，道德的调整范围要比法的调整范围广。一般而言，法律调整的社会关系道德要调整，而法律不调整的社会关系道德也要调整，如友谊关系、爱情关系。其次，道德对人的行为的调整要比法律的调整更有深度。法一般只关注和规范外在行为，而不问动机。道德虽然也调整外在行为，但首先和主要关注内在动机，它可以单独评价人的动机而不问行为后果。

4. 内容结构不同。法有肯定明确的行为模式和法律后果，规定具体的权利义务，在规范形态上以规则为主。道德无特定、具体的表现形式，对行为的要求笼统、原则，标准模糊，在规范形态上以原则为主。法的可操作性较强，但较为僵硬；道德的灵活度大，但易生歧义。

5. 实施方式不同。法依靠国家强制力保证实施，专门机构、暴力后盾、程序设置、行为针对性和物质结果构成法的外在强制标志。道德在本质上是良心和信念的自由，主要依靠人们的内心信念和社会舆论等方式加以强制实施。

第五节 法与宗教

一、宗教对法的影响

1. 宗教可以推动立法。许多宗教教义实际上都表达了人类的一般价值追求。部分教义被法律吸收，成为立法的基本精神。

2. 宗教影响司法程序。在政教合一的国家，教会行使司法权，法官本身即为教会人士。从诉讼审判来看，宗教宣誓有助于简化审判程序。

3. 宗教信仰有助于提高守法的自觉性。

4. 宗教对法律也有消极的影响。由于宗教信仰产生的激情，会导致过分的狂热，某些宗教甚至妨碍司法公正的实现。

二、法对宗教的影响

1. 在政教合一的国家里，法与宗教的关系是法律的宗教化与宗教的法律化。法律的宗教化是指法律依靠宗教神学的辩护和支持，从而获得一种宗教性或神圣性，以作为法律合法性的终极根据，法律借助宗教得以实施。宗教的法律化是指宗教规范被赋予法律效力成为法律规范。

2. 在近现代政教分离的国家里，法与宗教分离，法对各种宗教之争持中立态度。法在观念、体系，甚至概念、术语等方面，客观上都对宗教产生了重大影响。权利观念被引进宗教法规，与宗教义务构成一个有机整体，宗教法典不断地系统化、规范化。

1776 年美国弗吉尼亚州的《权利宣言》第一次规定了宗教信仰自由。

我国的宗教政策：(1)法律保障公民的宗教信仰自由。每个公民既有信仰宗教的自由，也有不信仰宗教的自由；有信仰这种宗教的自由，也有信仰那种宗教的自由。(2)依法管理宗教事务。首先，法律禁止有人利用宗教从事破坏社会秩序、损害公民身体健康、妨害国家教育制度的活动。其次，国家依法取缔邪教组织，惩治邪教活动。最后，国家通过法律确保宗教团体和宗教事务不受外国势力的支配。

命题点拨 法与社会的一般关系，法与经济的关系，以及法与道德的联系与区别。

宪　　法

【复习指引】 近几年宪法部分注重考查《宪法》文本，还有大量题目涉及其他宪法性文件的内容，考查知识点的时政性强。针对2024年法考客观题考试，考生在复习时应当以《宪法》法条为核心，同时将《宪法》与其他宪法性文件结合起来学习。《宪法》法条及其宪法性文件的内容繁杂，应清楚区分、联系记忆，只有注意细节、精确记忆才能在宪法部分获得高分。

第一章　宪法基本理论

第一节　宪法的概念

一、宪法的词源

在中国，将"宪法"一词作为国家根本法意义上使用始于19世纪80年代。

在西方，"宪法"一词是在多重意义上使用的。一是指有关规定城邦组织与权限方面的法律。二是指皇帝的诏书、谕旨，以区别于市民会议制定的普通法规。三是指有关确认教会、封建主以及城市行会势力的特权以及他们与国王等相互关系的法律。

二、宪法与法律的关系★

1. 无论是形式意义上的法律，还是实质意义上的法律，它与宪法具有一定的共性：(1)宪法与法律体现国家意志；(2)宪法与法律具有共同的经济基础，其性质主要取决于社会的物质文化条件；(3)宪法与法律由国家制定并以国家强制力保障实施；(4)宪法和法律通过规定社会关系参加者的权利义务来确认和保护社会秩序和法律秩序；(5)宪法和法律都具有制裁性。

2. 在法律体系中，宪法是国家的根本法，被称为"法律的法律"，是法律体系的基础与核心，法律的制定和修改不得违背宪法。

三、宪法的基本特征★★★

(一)宪法是国家的根本法

1. 在内容上，宪法规定一个国家最根本、最核心的问题。

2. 在法律效力上，宪法具有最高法律效力：(1)宪法是法律的制定依据，法律是宪法的具体化。(2)任何法律都不得与宪法的内容、原则和精神相违背。(3)宪法是一切国家机关、社会团体和全体公民的最高行为准则。

3. 在制定和修改的程序上，宪法比法律更加严格。我国《宪法》第64条第1款规定："宪法的修改，由全国人民代表大会常务委员会或者五分之一以上的全国人民代表大会代表提议，并由全国人民代表大会以全体代表的三分之二以上的多数通过。"

(二)宪法是公民权利的保障书

1. 从宪法与国家的关系看，国家根本法最重要、最核心的价值是保障公民的基本权利。

2. 从宪法的基本内容看，宪法的规定涉及国家生活的主要方面，但其基本内容主要分为两个部分，即对国家权力的限制和对公民权利的保障。

(三)宪法是民主事实法律化的基本形式

我国宪法对民主制度的规定主要表现为：以根本法的形式确认人民当家作主的宪法地位；规定人民代表大会制度的基本原则和组织形式；通过选举制度、基层群众自治制度等形式，不断扩大社会主义民主的基础；随着社会主义民主制度的发展，宪法在内容和形式上不断完善。总之，宪法与民主紧密相连，民主事实的普遍化是宪法得以产生的前提之一。当然，宪法与民主之间有时会出现冲突。对于多数人意志可能存在的非理性因素，要通过宪法程序加以预防或解决，既要以民主程序确认多数人的合法利益，同时也要依据宪法尊重少数人的合法利益。

四、宪法的本质

宪法和其他法律一样，具有阶级性。在宪法制度的设计以及具体运行过程中，政治力量的对比关系会产生重要影响。

五、宪法的分类★★

(一)传统的宪法分类

1. 成文宪法与不成文宪法。

(1)分类标准：是否具有统一的法典形式。

(2)定义：①成文宪法是具有统一法典形式的

宪法,有时也叫文书宪法或制定宪法。1787 年《美国宪法》是世界历史上第一部成文宪法,1791 年《法国宪法》则是欧洲大陆第一部成文宪法。②不成文宪法则不具有统一法典的形式,是散见于多种法律文书、宪法判例和宪法惯例的宪法。英国是典型的不成文宪法国家。

2. 刚性宪法与柔性宪法。

(1)提出者:英国学者 J. 蒲莱士。

(2)分类标准:宪法有无严格的制定、修改机关和程序。

(3)定义:①刚性宪法是指制定、修改的机关和程序不同于一般法律的宪法。制定或修改宪法的机关不是普通立法机关,而往往是特别成立的机关。制定或者修改宪法的程序通常也严于一般的立法程序。实行成文宪法的国家往往也是刚性宪法的国家。②柔性宪法是指制定、修改的机关和程序与一般法律相同的宪法。英国即其典型。

3. 钦定宪法、民定宪法和协定宪法。

(1)分类标准:制定宪法的机关。

(2)定义:①钦定宪法是指由君主或以君主的名义制定和颁布的宪法,如 1889 年《大日本帝国宪法》,即明治宪法。②民定宪法是指由民意机关或者由全民公决制定的宪法。当今世界上多数国家的宪法都属于这一类。③协定宪法则指由君主与国民或者国民的代表机关协商制定的宪法。如 1830 年《法国宪法》是在 1830 年革命中,国会同国王路易·菲利浦共同颁布的。

(二)马克思主义宪法学的分类

1. 马克思主义宪法学以国家的类型和宪法的阶级本质为标准,把宪法分为资本主义类型的宪法和社会主义类型的宪法。

2. 与本质分类相联系,列宁曾经指出:当法律同现实脱节的时候,宪法是虚假的;当它们是一致的时候,宪法便不是虚假的。这一论断被宪法学者概括为以宪法是否与现实相一致为标准对宪法进行的分类。

六、宪法的制定

(一)制宪权与修宪权

制宪权与修宪权是两种不同性质的权力。修宪权是依据制宪权而产生的权力形态。修宪权受制宪权的约束,不得违背制宪权的基本精神和原则。而与立法权、行政权、司法权等相比较,制宪权、修宪权属于根源性的国家权力,即能够创造其他具体组织性国家权力的权力。

(二)宪法制定的程序

1. 设立制宪机关。制宪机关通常包括宪法起草机关(如我国 1954 年成立的中华人民共和国宪法起草委员会)和宪法通过机关(如美国的制宪议会、我国的全国人大)等。

2. 提出宪法草案。宪法草案的起草要遵循一定的指导思想或原则,以保证草案内容的民主性和科学性。

3. 通过宪法草案。

4. 公布宪法。

第二节　宪法的历史

一、近代意义宪法的产生

近代意义宪法的产生有着深刻的经济、政治和思想文化等方面的基础。

二、中国宪法的历史发展★★★

(一)新中国宪法的产生与发展

1949 年制定了起临时宪法作用的《中国人民政治协商会议共同纲领》,1954 年制定了新中国第一部社会主义类型的宪法——1954 年宪法,后于 1975 年、1978 年和 1982 年对其进行了全面修改,并有多次部分修改。

(二)1982 年宪法的历次修改

全国人民代表大会分别于 1988 年、1993 年、1999 年、2004 年和 2018 年通过了 52 条修正案。具体内容如下所示:

1. 1988 年第一次修正:

比较项目	原条文	修改后条文
第十一条第三款	—	国家允许私营经济在法律规定的范围内存在和发展。私营经济是社会主义公有制经济的补充。国家保护私营经济的合法的权利和利益,对私营经济实行引导、监督和管理
第十条第四款	任何组织或者个人不得侵占、买卖、出租或者以其他形式非法转让土地	任何组织或者个人不得侵占、买卖或者以其他形式非法转让土地。土地的使用权可以依照法律的规定转让

2. 1993 年第二次修正：

比较项目	原条文	修改后条文
序言第七自然段后两句	今后国家的根本任务是集中力量进行社会主义现代化建设。中国各族人民将继续在中国共产党领导下，在马克思列宁主义、毛泽东思想指引下，坚持人民民主专政，坚持社会主义道路，不断完善社会主义的各项制度，发展社会主义民主，健全社会主义法制，自力更生，艰苦奋斗，逐步实现工业、农业、国防和科学技术的现代化，把我国建设成为高度文明、高度民主的社会主义国家	我国正处于社会主义初级阶段。国家的根本任务是，根据建设有中国特色社会主义的理论，集中力量进行社会主义现代化建设。中国各族人民将继续在中国共产党领导下，在马克思列宁主义、毛泽东思想指引下，坚持人民民主专政，坚持社会主义道路，坚持改革开放，不断完善社会主义的各项制度，发展社会主义民主，健全社会主义法制，自力更生，艰苦奋斗，逐步实现工业、农业、国防和科学技术的现代化，把我国建设成为富强、民主、文明的社会主义国家
序言第十自然段末尾	—	中国共产党领导的多党合作和政治协商制度将长期存在和发展
第七条	国营经济是社会主义全民所有制经济，是国民经济中的主导力量。国家保障国营经济的巩固和发展	国有经济，即社会主义全民所有制经济，是国民经济中的主导力量。国家保障国有经济的巩固和发展
第八条第一款	农村人民公社、农业生产合作社和其他生产、供销、信用、消费等各种形式的合作经济，是社会主义劳动群众集体所有制经济。参加农村集体经济组织的劳动者，有权在法律规定的范围内经营自留地、自留山、家庭副业和饲养自留畜	农村中的家庭联产承包为主的责任制和生产、供销、信用、消费等各种形式的合作经济，是社会主义劳动群众集体所有制经济。参加农村集体经济组织的劳动者，有权在法律规定的范围内经营自留地、自留山、家庭副业和饲养自留畜
第十五条	国家在社会主义公有制基础上实行计划经济。国家通过经济计划的综合平衡和市场调节的辅助作用，保证国民经济按比例地协调发展。 禁止任何组织或者个人扰乱社会经济秩序，破坏国家经济计划	国家实行社会主义市场经济。 国家加强经济立法，完善宏观调控。 国家依法禁止任何组织或者个人扰乱社会经济秩序
第十六条	国营企业在服从国家的统一领导和全面完成国家计划的前提下，在法律规定的范围内，有经营管理的自主权。 国营企业依照法律规定，通过职工代表大会和其他形式，实行民主管理	国有企业在法律规定的范围内有权自主经营。 国有企业依照法律规定，通过职工代表大会和其他形式，实行民主管理
第十七条	集体经济组织在接受国家计划指导和遵守有关法律的前提下，有独立进行经济活动的自主权。 集体经济组织依照法律规定实行民主管理，由它的全体劳动者选举和罢免管理人员，决定经营管理的重大问题	集体经济组织在遵守有关法律的前提下，有独立进行经济活动的自主权。 集体经济组织实行民主管理，依照法律规定选举和罢免管理人员，决定经营管理的重大问题
第四十二条第三款	劳动是一切有劳动能力的公民的光荣职责。国营企业和城乡集体经济组织的劳动者都应当以国家主人翁的态度对待自己的劳动。国家提倡社会主义劳动竞赛，奖励劳动模范和先进工作者。国家提倡公民从事义务劳动	劳动是一切有劳动能力的公民的光荣职责。国有企业和城乡集体经济组织的劳动者都应当以国家主人翁的态度对待自己的劳动。国家提倡社会主义劳动竞赛，奖励劳动模范和先进工作者。国家提倡公民从事义务劳动
第九十八条	省、直辖市、设区的市的人民代表大会每届任期五年。县、不设区的市、市辖区、乡、民族乡、镇的人民代表大会每届任期三年	省、直辖市、县、市、市辖区的人民代表大会每届任期五年。乡、民族乡、镇的人民代表大会每届任期三年

3. 1999 年第三次修正：

比较项目	原条文	修改后条文
序言第七自然段	中国新民主主义革命的胜利和社会主义事业的成就，都是中国共产党领导中国各族人民，在马克思列宁主义、毛泽东思想的指引下，坚持真理，修正错误，战胜许多艰难险阻而取得的。我国正处于社会主义初级阶段。国家的根本任务是，根据建设有中国特色社会主义的理论，集中力量进行社会主义现代化建设。中国各族人民将继续在中国共产党领导下，在马克思列宁主义、毛泽东思想指引下，坚持人民民主专政，坚持社会主义道路，坚持改革开放，不断完善社会主义的各项制度，发展社会主义民主，健全社会主义法制，自力更生，艰苦奋斗，逐步实现工业、农业、国防和科学技术的现代化，把我国建设成为富强、民主、文明的社会主义国家	中国新民主主义革命的胜利和社会主义事业的成就，是中国共产党领导中国各族人民，在马克思列宁主义、毛泽东思想的指引下，坚持真理，修正错误，战胜许多艰难险阻而取得的。我国将长期处于社会主义初级阶段。国家的根本任务是，沿着建设有中国特色社会主义的道路，集中力量进行社会主义现代化建设。中国各族人民将继续在中国共产党领导下，在马克思列宁主义、毛泽东思想、邓小平理论指引下，坚持人民民主专政，坚持社会主义道路，坚持改革开放，不断完善社会主义的各项制度，发展社会主义市场经济，发展社会主义民主，健全社会主义法制，自力更生，艰苦奋斗，逐步实现工业、农业、国防和科学技术的现代化，把我国建设成为富强、民主、文明的社会主义国家
第五条第一款	—	中华人民共和国实行依法治国，建设社会主义法治国家
第六条	中华人民共和国的社会主义经济制度的基础是生产资料的社会主义公有制，即全民所有制和劳动群众集体所有制。 社会主义公有制消灭人剥削人的制度，实行各尽所能，按劳分配的原则	中华人民共和国的社会主义经济制度的基础是生产资料的社会主义公有制，即全民所有制和劳动群众集体所有制。社会主义公有制消灭人剥削人的制度，实行各尽所能、按劳分配的原则。 国家在社会主义初级阶段，坚持公有制为主体、多种所有制经济共同发展的基本经济制度，坚持按劳分配为主体、多种分配方式并存的分配制度
第八条第一款	农村中的家庭联产承包为主的责任制和生产、供销、信用、消费等各种形式的合作经济，是社会主义劳动群众集体所有制经济。参加农村集体经济组织的劳动者，有权在法律规定的范围内经营自留地、自留山、家庭副业和饲养自留畜	农村集体经济组织实行家庭承包经营为基础、统分结合的双层经营体制。农村中的生产、供销、信用、消费等各种形式的合作经济，是社会主义劳动群众集体所有制经济。参加农村集体经济组织的劳动者，有权在法律规定的范围内经营自留地、自留山、家庭副业和饲养自留畜
第十一条	在法律规定范围内的城乡劳动者个体经济，是社会主义公有制经济的补充。国家保护个体经济的合法的权利和利益。 国家通过行政管理，指导、帮助和监督个体经济。 国家允许私营经济在法律规定的范围内存在和发展。私营经济是社会主义公有制经济的补充。国家保护私营经济的合法的权利和利益，对私营经济实行引导、监督和管理	在法律规定范围内的个体经济、私营经济等非公有制经济，是社会主义市场经济的重要组成部分。 国家保护个体经济、私营经济的合法的权利和利益。国家对个体经济、私营经济实行引导、监督和管理
第二十八条	国家维护社会秩序，镇压叛国和其他反革命的活动，制裁危害社会治安、破坏社会主义经济和其他犯罪的活动，惩办和改造犯罪分子	国家维护社会秩序，镇压叛国和其他危害国家安全的犯罪活动，制裁危害社会治安、破坏社会主义经济和其他犯罪的活动，惩办和改造犯罪分子

4.2004 年第四次修正：

比较项目	原条文	修改后条文
序言第七自然段第三句、第四句	国家的根本任务是，沿着建设有中国特色社会主义的道路，集中力量进行社会主义现代化建设。中国各族人民将继续在中国共产党领导下，在马克思列宁主义、毛泽东思想、邓小平理论指引下，坚持人民民主专政，坚持社会主义道路，坚持改革开放，不断完善社会主义的各项制度，发展社会主义市场经济，发展社会主义民主，健全社会主义法制，自力更生，艰苦奋斗，逐步实现工业、农业、国防和科学技术的现代化，把我国建设成为富强、民主、文明的社会主义国家	国家的根本任务是，沿着中国特色社会主义道路，集中力量进行社会主义现代化建设。中国各族人民将继续在中国共产党领导下，在马克思列宁主义、毛泽东思想、邓小平理论和"三个代表"重要思想指引下，坚持人民民主专政，坚持社会主义道路，坚持改革开放，不断完善社会主义的各项制度，发展社会主义市场经济，发展社会主义民主，健全社会主义法制，自力更生，艰苦奋斗，逐步实现工业、农业、国防和科学技术的现代化，推动物质文明、政治文明和精神文明协调发展，把我国建设成为富强、民主、文明的社会主义国家
序言第十自然段第二句	在长期的革命和建设过程中，已经结成由中国共产党领导的，有各民主党派和各人民团体参加的，包括全体社会主义劳动者、拥护社会主义的爱国者和拥护祖国统一的爱国者的广泛的爱国统一战线，这个统一战线将继续巩固和发展	在长期的革命和建设过程中，已经结成由中国共产党领导的，有各民主党派和各人民团体参加的，包括全体社会主义劳动者、社会主义事业的建设者、拥护社会主义的爱国者和拥护祖国统一的爱国者的广泛的爱国统一战线，这个统一战线将继续巩固和发展
第十条第三款	国家为了公共利益的需要，可以依照法律规定对土地实行征用	国家为了公共利益的需要，可以依照法律规定对土地实行征收或者征用并给予补偿
第十一条第二款	国家保护个体经济、私营经济的合法的权利和利益。国家对个体经济、私营经济实行引导、监督和管理	国家保护个体经济、私营经济等非公有制经济的合法的权利和利益。国家鼓励、支持和引导非公有制经济的发展，并对非公有制经济依法实行监督和管理
第十三条	国家保护公民的合法的收入、储蓄、房屋和其他合法财产的所有权。 国家依照法律规定保护公民的私有财产的继承权	公民的合法的私有财产不受侵犯。 国家依照法律规定保护公民的私有财产权和继承权。 国家为了公共利益的需要，可以依照法律规定对公民的私有财产实行征收或者征用并给予补偿
第十四条第四款	—	国家建立健全同经济发展水平相适应的社会保障制度
第三十三条第三款	—	国家尊重和保障人权
第五十九条第一款	全国人民代表大会由省、自治区、直辖市和军队选出的代表组成。各少数民族都应当有适当名额的代表	全国人民代表大会由省、自治区、直辖市、特别行政区和军队选出的代表组成。各少数民族都应当有适当名额的代表
第六十七条第二十项	（二十）决定全国或者个别省、自治区、直辖市的戒严	（二十）决定全国或者个别省、自治区、直辖市进入紧急状态
第八十条	中华人民共和国主席根据全国人民代表大会的决定和全国人民代表大会常务委员会的决定，公布法律，任免国务院总理、副总理、国务委员、各部部长、各委员会主任、审计长、秘书长，授予国家的勋章和荣誉称号，发布特赦令，发布戒严令，宣布战争状态，发布动员令	中华人民共和国主席根据全国人民代表大会的决定和全国人民代表大会常务委员会的决定，公布法律，任免国务院总理、副总理、国务委员、各部部长、各委员会主任、审计长、秘书长，授予国家的勋章和荣誉称号，发布特赦令，宣布进入紧急状态，宣布战争状态，发布动员令
第八十一条	中华人民共和国主席代表中华人民共和国，接受外国使节；根据全国人民代表大会常务委员会的决定，派遣和召回驻外全权代表，批准和废除同外国缔结的条约和重要协定	中华人民共和国主席代表中华人民共和国，进行国事活动，接受外国使节；根据全国人民代表大会常务委员会的决定，派遣和召回驻外全权代表，批准和废除同外国缔结的条约和重要协定

续表

比较项目	原条文	修改后条文
第八十九条第十六项	（十六）决定省、自治区、直辖市的范围内部分地区的戒严	（十六）依照法律规定决定省、自治区、直辖市的范围内部分地区进入紧急状态
第九十八条	省、直辖市、县、市、市辖区的人民代表大会每届任期五年。乡、民族乡、镇的人民代表大会每届任期三年	地方各级人民代表大会每届任期五年
第四章章名	国旗、国徽、首都	国旗、国歌、国徽、首都
第一百三十六条第二款	—	中华人民共和国国歌是《义勇军进行曲》

5. 2018 年第五次修正：

比较项目	原条文	修改后条文
序言第七自然段	在马克思列宁主义、毛泽东思想、邓小平理论和“三个代表”重要思想指引下	在马克思列宁主义、毛泽东思想、邓小平理论、“三个代表”重要思想、科学发展观、习近平新时代中国特色社会主义思想指引下
	健全社会主义法制	健全社会主义法治
	自力更生，艰苦奋斗	贯彻新发展理念，自力更生，艰苦奋斗
	推动物质文明、政治文明和精神文明协调发展，把我国建设成为富强、民主、文明的社会主义国家	推动物质文明、政治文明、精神文明、社会文明、生态文明协调发展，把我国建设成为富强民主文明和谐美丽的社会主义现代化强国，实现中华民族伟大复兴
序言第十自然段	在长期的革命和建设过程中	在长期的革命、建设、改革过程中
	包括全体社会主义劳动者、社会主义事业的建设者、拥护社会主义的爱国者和拥护祖国统一的爱国者的广泛的爱国统一战线	包括全体社会主义劳动者、社会主义事业的建设者、拥护社会主义的爱国者、拥护祖国统一和致力于中华民族伟大复兴的爱国者的广泛的爱国统一战线
序言第十一自然段	平等、团结、互助的社会主义民族关系已经确立，并将继续加强	平等团结互助和谐的社会主义民族关系已经确立，并将继续加强
序言第十二自然段	中国革命和建设的成就是同世界人民的支持分不开的	中国革命、建设、改革的成就是同世界人民的支持分不开的
	中国坚持独立自主的对外政策，坚持互相尊重主权和领土完整、互不侵犯、互不干涉内政、平等互利、和平共处的五项原则	中国坚持独立自主的对外政策，坚持互相尊重主权和领土完整、互不侵犯、互不干涉内政、平等互利、和平共处的五项原则，坚持和平发展道路，坚持互利共赢开放战略
	发展同各国的外交关系和经济、文化的交流	发展同各国的外交关系和经济、文化交流，推动构建人类命运共同体
第一条第二款	社会主义制度是中华人民共和国的根本制度	社会主义制度是中华人民共和国的根本制度，中国共产党领导是中国特色社会主义最本质的特征
第三条第三款	国家行政机关、审判机关、检察机关都由人民代表大会产生，对它负责，受它监督	国家行政机关、监察机关、审判机关、检察机关都由人民代表大会产生，对它负责，受它监督
第四条第一款	国家保障各少数民族的合法的权利和利益，维护和发展各民族的平等、团结、互助关系	国家保障各少数民族的合法的权利和利益，维护和发展各民族的平等团结互助和谐关系
第二十四条第二款	国家提倡爱祖国、爱人民、爱劳动、爱科学、爱社会主义的公德	国家倡导社会主义核心价值观，提倡爱祖国、爱人民、爱劳动、爱科学、爱社会主义的公德

续表

比较项目	原条文	修改后条文
第二十七条	增加一款，作为第三款："国家工作人员就职时应当依照法律规定公开进行宪法宣誓。"	
第六十二条	"全国人民代表大会行使下列职权"中增加一项： （七）选举国家监察委员会主任 第七项至第十五项相应改为第八项至第十六项	
第六十三条	"全国人民代表大会有权罢免下列人员"中增加一项： （四）国家监察委员会主任 第四项、第五项相应改为第五项、第六项	
第六十五条第四款	全国人民代表大会常务委员会的组成人员不得担任国家行政机关、审判机关和检察机关的职务	全国人民代表大会常务委员会的组成人员不得担任国家行政机关、监察机关、审判机关和检察机关的职务
第六十七条	（六）监督国务院、中央军事委员会、最高人民法院和最高人民检察院的工作	（六）监督国务院、中央军事委员会、国家监察委员会、最高人民法院和最高人民检察院的工作
第六十七条	增加一项，作为第十一项"（十一）根据国家监察委员会主任的提请，任免国家监察委员会副主任、委员" 第十一项至第二十一项相应改为第十二项至第二十二项	
第七十条第一款	全国人民代表大会设立民族委员会、法律委员会、财政经济委员会、教育科学文化卫生委员会、外事委员会、华侨委员会和其他需要设立的专门委员会	全国人民代表大会设立民族委员会、宪法和法律委员会、财政经济委员会、教育科学文化卫生委员会、外事委员会、华侨委员会和其他需要设立的专门委员会
第七十九条第三款	中华人民共和国主席、副主席每届任期同全国人民代表大会每届任期相同，连续任职不得超过两届	中华人民共和国主席、副主席每届任期同全国人民代表大会每届任期相同
第八十九条	（六）领导和管理经济工作和城乡建设	（六）领导和管理经济工作和城乡建设、生态文明建设
第八十九条	（八）领导和管理民政、公安、司法行政和监察等工作	（八）领导和管理民政、公安、司法行政等工作
第一百条	增加一款，作为第二款："设区的市的人民代表大会和它们的常务委员会，在不同宪法、法律、行政法规和本省、自治区的地方性法规相抵触的前提下，可以依照法律规定制定地方性法规，报本省、自治区人民代表大会常务委员会批准后施行。"	
第一百零一条第二款	县级以上的地方各级人民代表大会选举并且有权罢免本级人民法院院长和本级人民检察院检察长	县级以上的地方各级人民代表大会选举并且有权罢免本级监察委员会主任、本级人民法院院长和本级人民检察院检察长
第一百零三条第三款	县级以上的地方各级人民代表大会常务委员会的组成人员不得担任国家行政机关、审判机关和检察机关的职务	县级以上的地方各级人民代表大会常务委员会的组成人员不得担任国家行政机关、监察机关、审判机关和检察机关的职务
第一百零四条	监督本级人民政府、人民法院和人民检察院的工作	监督本级人民政府、监察委员会、人民法院和人民检察院的工作
第一百零七条第一款	县级以上地方各级人民政府依照法律规定的权限，管理本行政区域内的经济、教育、科学、文化、卫生、体育事业、城乡建设事业和财政、民政、公安、民族事务、司法行政、监察、计划生育等行政工作，发布决定和命令，任免、培训、考核和奖惩行政工作人员	县级以上地方各级人民政府依照法律规定的权限，管理本行政区域内的经济、教育、科学、文化、卫生、体育事业、城乡建设事业和财政、民政、公安、民族事务、司法行政、计划生育等行政工作，发布决定和命令，任免、培训、考核和奖惩行政工作人员

续表

<table>
<tr><th>比较项目</th><th>原条文</th><th>修改后条文</th></tr>
<tr><td>第三章“国家机构”中增加一节,作为第七节“监察委员会”</td><td colspan="2">第七节　监察委员会
第一百二十三条　中华人民共和国各级监察委员会是国家的监察机关。
第一百二十四条　中华人民共和国设立国家监察委员会和地方各级监察委员会。
监察委员会由下列人员组成:
主任,
副主任若干人,
委员若干人。
监察委员会主任每届任期同本级人民代表大会每届任期相同。国家监察委员会主任连续任职不得超过两届。
监察委员会的组织和职权由法律规定。
第一百二十五条　中华人民共和国国家监察委员会是最高监察机关。
国家监察委员会领导地方各级监察委员会的工作,上级监察委员会领导下级监察委员会的工作。
第一百二十六条　国家监察委员会对全国人民代表大会和全国人民代表大会常务委员会负责。地方各级监察委员会对产生它的国家权力机关和上一级监察委员会负责。
第一百二十七条　监察委员会依照法律规定独立行使监察权,不受行政机关、社会团体和个人的干涉。
监察机关办理职务违法和职务犯罪案件,应当与审判机关、检察机关、执法部门互相配合,互相制约</td></tr>
<tr><td colspan="3">第七节相应改为第八节,第一百二十三条至第一百三十八条相应改为第一百二十八条至第一百四十三条</td></tr>
</table>

第三节　宪法的基本原则

一、人民主权原则

人民主权是指国家中绝大多数人拥有国家的最高权力。社会主义国家宪法普遍规定了“一切权力属于人民”的原则。“一切权力属于人民”实质上就是人民主权。

二、基本人权原则

1. 人权是指作为一个人所应该享有的权利。

2. 人权在各国宪法文本中有不同的含义与表述方式。概括起来有以下三种:(1)宪法文本中直接规定人权;(2)在宪法中规定公民的具体的权利和义务,并不出现人权的字样或概念;(3)宪法文本中同时出现人权与基本权利、基本的权利等表述,在实践中主要通过宪法解释确定其具体内涵。

3. 除规定尊重和保障基本人权原则外,《宪法》还规定了公民参与国家政治生活的权利和自由、人身自由和宗教信仰自由、社会经济文化方面的权利等具体的基本权利。

三、法治原则★★

1. 法治,是指统治阶级按照民主原则把国家事务法律化、制度化,并严格依法进行管理的一种方式。法治思想的核心在于依法治理国家,法律面前人人平等,反对任何组织和个人享有法律之外的特权。

2.“法治国家”概念本质上与宪法秩序有着密切联系,它经过了不同的历史发展阶段。以自由、平等与正义的实现为基本内容的法治国家理念可追溯到古罗马时代。到了18世纪,法治国家成为与自由主义宪法国家相同的概念。自19世纪以后,法治国家进入市民的法治国家阶段。第二次世界大战后,随着宪法价值的普及,以正义、平等与自由价值为基础的法治概念成为法治国家的实质内容,成为区分一般法律国家概念的价值体系。

3. 法治是治国理政的基本方式。我国《宪法》第5条第1款规定:“中华人民共和国实行依法治国,建设社会主义法治国家。”其中的“法治国家”既包括实质意义的法治内涵,也包括形式意义的法治要素。

四、权力制约原则★★

1. 权力制约原则是指国家权力的各部分之间相互监督、彼此牵制,从而保障公民权利。它既包括公民权利对国家权力的制约,也包括国家权力相互之间的制约。

2. 在资本主义国家的宪法中,权力制约原则主要表现为分权原则。在社会主义国家的宪法中,权力制约原则主要表现为监督原则。

3. 分权原则是指把国家权力分为若干部分并由不同的国家机关独立行使,这些国家机关在行使权力的过程中保持互相牵制和平衡的关系。1787年《美国宪法》就按照典型的分权制衡原则确立了国家的政权体制。

4. 社会主义国家的监督原则是由第一个无产阶级专政政权巴黎公社首创的。巴黎公社所首创的这一原则,后来被社会主义国家普遍确立为一项民主原则,并在宪法中作出了明确规定。宪法要求国家机关分工行使国家权力并对人民负责，接受广泛的监督。

第四节　宪法的基本功能

一、宪法的一般功能

宪法功能包括：(1)确认功能；(2)保障功能；(3)限制功能；(4)协调功能。

二、宪法在社会主义法治国家建设中的作用★

宪法是中国特色社会主义法治建设的法律基石。依法治国首先要依宪治国，依法执政首先要依宪执政。依宪治国、依宪执政就是要坚持宪法原则，落实宪法制度，遵守宪法规范，弘扬宪法精神。

(一)宪法在立法中的作用

宪法在立法中的作用主要表现在：(1)宪法确立了法律体系的基本目标。(2)宪法确立了立法的统一基础。(3)科学的法律体系的建立是实现宪法原则的基本形式之一。(4)宪法规定了解决法律体系内部冲突的基本机制。(5)宪法是立法体制发展与完善的基础与依据。

(二)宪法在执法中的作用

1. 宪法不仅是立法的基础，同时也是执法的基础。一切执法活动不能违反宪法的原则与具体规定。

2. 宪法意识和宪法思维对于发挥宪法在执法过程中的作用具有引领的意义。

(三)宪法在司法中的作用

1. 宪法是审判权和检察权的来源，是人民法院和人民检察院活动的基本准则。

2. 宪法和法律规定了司法机关进行活动的基本原则。

3. 法官和检察官的宪法意识对法治的发展产生重要影响。

(四)宪法在守法过程中的作用

1. 认真遵守宪法、树立宪法权威是提高守法意识的重要途径。

2. 2014 年 11 月 1 日第十二届全国人大常委会第十一次会议决定将 12 月 4 日设立为国家宪法日。目前，宪法教育已经纳入国民教育体系。这些都有助于在全社会普及宪法理念。

第五节　宪法的渊源与结构

一、宪法的渊源★★

(一)宪法典

宪法典是绝大多数国家采用的渊源，是指将一国最根本、最重要的问题由统一的法律文本加以明确规定而形成的成文宪法。

(二)宪法性法律

宪法性法律是指一国宪法的基本内容不是统一规定在一部法律文书之中，而是由多部法律文书表现出来的宪法。主要有两种情况：(1)在不成文宪法国家中，国家最根本、最重要的问题不以宪法典的形式规定，而由多部单行法律文书规定。(2)在成文宪法国家中，国家立法机关制定的、有关宪法内容的具体规定的法律。

(三)宪法惯例

1. 宪法惯例是指宪法条文无明确规定，但在实际政治生活中已经存在，并为国家机关、政党及公众所普遍遵循，且实际上与宪法具有同等效力的习惯或传统。

2. 宪法惯例多见于不成文宪法国家，但成文宪法国家也不鲜见。

(四)宪法判例

1. 宪法判例是指宪法条文无明文规定，而由司法机关在审判实践中逐渐形成并具有实质性宪法效力的判例。

2. 在不成文宪法国家，法院在宪法性法律没有明确规定的前提下，就有关宪法问题作出的判决是宪法的表现形式之一。在成文宪法国家，尽管法院的判决必须符合宪法的规定，因而不能创造宪法规范，但有些国家的法院享有宪法解释权，因此，法院在具体案件中基于对宪法的解释而作出的判决对下级法院也有约束力。

(五)国际条约

国际条约是国际法主体之间就权利义务关系缔结的一种书面协议。国际条约是国际法的主要渊源，但能否成为国内法的渊源以及宪法的渊源，则取决于一个国家的认可。

二、宪法典的结构★

(一)序言

宪法序言是宪法精神和内容的高度概括，内容包括揭示制宪的机关和依据、揭示制宪的基本原则、揭示制宪的目的和价值体系等。

(二)正文

宪法正文基本包括以下方面：(1)国家和社会生活诸方面的基本原则。(2)公民的基本权利和义务与国家机构。(3)国旗、国歌、国徽和首都。

(三)附则

1. 宪法附则是指宪法对于特定事项需要特殊规定而作出的附加条款。我国现行宪法没有规定附则。

2. 附则的法律效力有两个特点：(1)特定性，即只对特定的条文或事项适用，超出范围无效；(2)临时性，即只对特定的时间或情况适用，一旦时间届满或者情况发生变化，其法律效力自然终止。

第六节 宪法规范

一、宪法规范的概念

宪法规范是由国家制定或认可的、宪法主体参与国家和社会生活最基本社会关系的行为规范。

二、宪法规范的主要特点

1. 根本性：宪法规定国家生活中的根本问题。

2. 最高性：宪法规范的效力高于其他法律规范。

3. 原则性：宪法规范只规定有关问题的基本原则。

4. 纲领性：宪法规范明确表达对未来目标的追求。

5. 稳定性：宪法规范必须具有稳定性。但这种稳定性是相对的。随着社会历史条件的变化发展，宪法规范也要相应变化发展。

三、宪法规范的分类★

（一）确认性规范

确认性规范是对已经存在的事实的认定，其主要意义在于根据一定原则和程序，确立具体宪法制度和权力关系，以肯定性规范为主要特征。确认性规范依其作用的特点，又可分为宣言性规范、调整性规范、组织性规范、授权性规范等形式。

（二）禁止性规范

禁止性规范是指对特定主体或行为的一种限制，也称为强制性规范。

（三）权利性规范与义务性规范

1. 权利性规范与义务性规范主要是在调整公民基本权利与义务的过程中形成的，同时为行使权利与履行义务提供依据。

2. 从我国宪法看，权利性与义务性规范有下列三种形式：(1) 权利性规范。宪法赋予特定主体权利，使之具有权利主体资格。(2) 义务性规范，集中表现在公民应履行的基本义务。(3) 宪法中的权利性与义务性规范相互结合为一体。如宪法规定，我国公民有劳动的权利和义务、有受教育的权利和义务。

（四）程序性规范

程序性规范具体规定宪法制度运行过程的程序，主要涉及国家机关活动程序方面的内容。程序性规范主要有两种表现形式：(1) 直接的程序性规范，即宪法中对有关行为的程序做了具体规定。(2) 间接的程序性规范，即宪法本身对程序性规范不做具体规定，而通过法律规定具体程序。

第七节 宪法效力

一、宪法效力的概念

宪法效力是指宪法作为法律规范所发挥的约束力与强制性。宪法主要调整国家与公民的关系，其效力范围直接涉及国家权力的活动领域。

二、宪法效力的表现★

（一）宪法效力的特点

宪法效力具有最高性、直接性与强制性。在整个法律体系中，宪法效力是最高的，不仅成为立法的基础，同时对立法行为与依据宪法进行的各种行为产生直接的约束力。我国《宪法》序言最后一个自然段明确规定了这一点。

（二）宪法对人的适用

中华人民共和国宪法适用于所有中国公民。外国人和法人在一定的条件下可以成为某些基本权利的主体，在其享有基本权利的范围内，宪法效力适用于外国人和法人的活动。

（三）宪法对领土的效力

任何一个主权国家的宪法的空间效力都及于国土的所有领域，这是由主权的唯一性和不可分割性所决定的，也是由宪法的根本法地位所决定的。

三、宪法与条约的关系

在宪法与条约的关系上，各国的规定不尽相同。我国现行宪法没有具体规定宪法与条约的关系，但《宪法》序言表明了基本的原则，即我国以和平共处五项基本原则为基础，坚持和平发展道路，坚持互利共赢开放战略，发展同各国的外交关系和经济、文化的交流，推动构建人类命运共同体。

命题点拨 现行宪法的基本特点与历次修改的内容。

第二章 国家的基本制度（上）

第一节 人民民主专政制度

一、人民民主专政的内涵

人民民主专政的内涵具体包括：(1) 工人阶级成为国家政权的领导力量是人民民主专政的根本标志；(2) 人民民主专政的国家政权以工农联盟为阶级基础；(3) 人民民主专政是对人民实行民主与对敌人实行专政的统一。

二、人民民主专政的性质

《宪法》序言规定，工人阶级领导的、以工农联盟为基础的人民民主专政，实质上即无产阶级专政。

三、我国人民民主专政的主要特色★

(一)中国共产党领导的多党合作和政治协商制度

1. 中国人民政治协商会议是中国人民爱国统一战线的组织,是中国共产党领导的多党合作和政治协商的重要机构。

2. 中国共产党是中国特色社会主义事业的坚强领导核心。中国共产党对各民主党派、无党派人士的领导是政治领导,即政治原则、政治方向和重大方针政策的领导。中国共产党支持各民主党派、无党派人士独立自主地开展工作。各民主党派是中国特色社会主义参政党。中国共产党与各民主党派互相监督,主要是对中国共产党的监督。

(二)爱国统一战线

我国新时期的爱国统一战线是由中国共产党领导的,有各民主党派和各人民团体参加的,包括全体社会主义劳动者、社会主义事业的建设者、拥护社会主义的爱国者、拥护祖国统一和致力于中华民族伟大复兴的爱国者的广泛的政治联盟。

爱国统一战线的组织形式是中国人民政治协商会议,简称"政协"。政协不同于一般的人民团体,它是在我国政治体制中具有重要地位和影响的政治性组织,是在我国政治生活中发展社会主义民主和实现各民主党派之间互相监督的重要组织载体。

四、中国共产党领导是中国特色社会主义最本质的特征★★

2018年《宪法修正案》将"中国共产党领导是中国特色社会主义最本质的特征"写入《宪法》第1条第2款:(1)这是对中国近代历史进程和对中国特色社会主义所取得的伟大成就的总结。(2)这是对新时代中国特色社会主义建设发展需求的客观回应。(3)这是对如何实现"富强民主文明和谐美丽的社会主义现代化强国"建设目标的科学判断。

五、维护国家安全★★★

(一)总体国家安全观

《国家安全法》第3条规定:"国家安全工作应当坚持总体国家安全观,以人民安全为宗旨,以政治安全为根本,以经济安全为基础,以军事、文化、社会安全为保障,以促进国际安全为依托,维护各领域国家安全,构建国家安全体系,走中国特色国家安全道路。"

(二)维护国家安全工作的原则

《国家安全法》明确了维护国家安全工作的原则,包括:遵守宪法和法律,坚持社会主义法治原则,尊重和保障人权,依法保护公民的权利和自由;维护国家安全与经济社会发展相协调和统筹各领域安全;坚持预防为主、标本兼治,专门工作与群众路线相结合。

(三)维护国家安全的任务

《国家安全法》第二章依次明确了政治安全、人民安全、国土安全、军事安全、经济安全、金融安全、资源能源安全、粮食安全、文化安全、科技安全、网络与信息安全、社会安全、生态安全、核安全、外层空间及国际海底区域和极地安全、海外利益安全等领域的重点任务,基本覆盖了涉及国家安全的领域。

(四)维护国家安全的职责

《国家安全法》明确了全国人大及其常委会、国务院、中央军委、中央各部门和地方各级人大和人民政府包括香港特别行政区、澳门特别行政区均负有维护国家安全的责任。

(五)国家安全制度

《国家安全法》第四章规定了国家安全制度。中央国家安全领导机构实行统分结合、协调高效的国家安全制度与工作机制。《国家安全法》规定了风险预防、评估和预警制度。《国家安全法》规定了审查监管制度。《国家安全法》还规定了情报信息、危机管控等方面的制度。

(六)公民、组织的义务和权利

《国家安全法》第77条规定,公民和组织应当履行下列维护国家安全的义务:一是遵守宪法、法律法规关于国家安全的有关规定;二是及时报告危害国家安全活动的线索;三是如实提供所知悉的涉及危害国家安全活动的证据;四是为国家安全工作提供便利条件或者其他协助;五是向国家安全机关、公安机关和有关军事机关提供必要的支持和协助;六是保守所知悉的国家秘密;七是法律、行政法规规定的其他义务;八是任何个人和组织不得有危害国家安全的行为,不得向危害国家安全的个人或者组织提供任何资助或者协助。

第二节　国家的基本经济制度

一、经济制度的概念

经济制度,是指一国通过宪法和法律调整以生产资料所有制形式为核心的各种基本经济关系的规则、原则和政策的总称。

二、社会主义市场经济体制★★★

经济体制即国家的经济管理体制。1993年通过的《宪法修正案》规定"国家实行社会主义市场经济"。1999年通过对宪法序言的修正案,将"发展社会主义市场经济"作为一项重要的国家任务写进宪法。

（一）中国特色的社会主义市场经济体制

（二）社会主义公有制是我国经济制度的基础

1. 全民所有制经济。全民所有制经济即国有经济，是指由代表人民利益的国家占有生产资料的一种所有制形式。

2. 集体所有制经济。集体所有制经济是指生产资料归集体经济组织内的劳动者共同所有的一种所有制形式。

公有制经济是我国社会主义市场经济的主体，其内容详见下表：

绝对全民所有	既可全民所有，又可集体所有	绝对集体所有
矿藏、水流	森林、山岭、草原、荒地、滩涂（根据法律规定）	农村集体经济组织的水塘和由农村集体经济组织修建管理的水库中的水，归该农村集体经济组织使用
城市的土地	农村和城市郊区的土地（依照法律规定）	宅基地、自留地、自留山

（三）非公有制经济是社会主义市场经济的重要组成部分

《宪法》第11条第1款规定："在法律规定范围内的个体经济、私营经济等非公有制经济，是社会主义市场经济的重要组成部分。"这样，在我国形成了以公有制为主体、多种所有制经济共同发展的基本经济制度。其内容详见下表：

性质	地位	国家保护政策
全民所有制经济	基础，主导力量	国家保障国有经济的巩固和发展
集体所有制经济	基础	国家保护集体经济组织的合法的权利和利益，鼓励、指导和帮助集体经济的发展
其他所有制经济	重要组成部分	国家保护非公有制经济的合法的权利和利益。国家鼓励、支持和引导非公有制经济的发展，并对非公有制经济依法实行监督和管理。国家保护在中国境内的外国企业和其他外国经济组织以及中外合资经营的企业的合法权益

三、国家保护社会主义公共财产和公民合法私有财产★★

（一）社会主义公共财产的宪法保障

《宪法》第12条规定："社会主义的公共财产神圣不可侵犯。国家保护社会主义的公共财产。禁止任何组织或者个人用任何手段侵占或者破坏国家的和集体的财产。"第9条第2款还规定："国家保障自然资源的合理利用，保护珍贵的动物和植物。禁止任何组织或者个人用任何手段侵占或者破坏自然资源。"这些规定都是国家保护社会主义公共财产的重要内容。

（二）私有财产权的宪法保障

《宪法》第13条规定："公民的合法的私有财产不受侵犯。国家依照法律规定保护公民的私有财产权和继承权。国家为了公共利益的需要，可以依照法律规定对公民的私有财产实行征收或者征用并给予补偿。"该条规定表明，我国宪法不仅将私有财产权明文确定为公民的基本权利，而且将私有财产权的平等保障上升为一项重要的宪法原则。

第三节　国家的基本文化制度

一、文化制度的概念与特点

文化制度，是指一国通过宪法和法律调整以社会意识形态为核心的各种基本关系的规则、原则和政策的综合。文化制度具有以下特点：阶级性、历史性、民族性。

二、文化制度在各国宪法中的表现

三、我国宪法关于基本文化制度的规定★

现行《宪法》第19～22条对文化制度的原则、内容等做了比较全面和系统的规定。具体内容包括：(1)国家发展教育事业；(2)国家发展科学事业；(3)国家发展文学艺术及其他文化事业；(4)国家倡导社会主义核心价值观，开展公民道德教育。

第四节　国家的基本社会制度

一、社会制度的概念与特征

社会制度的特征包括：(1)以维护平等为基础；(2)以保障公平为核心；(3)以捍卫和谐稳定的法治秩序为关键。

二、宪法与社会的关系

1. 国家的基本社会制度是国家制度体系中的重要环节，调整国家的社会关系，规范国家的社会行为。它体现了国家的性质，反映了社会文明进步的程度。

2. 近代资本主义宪法诞生之初，资本主义国家正处于自由资本主义时期，各国宪法极少具体规定社会制度的内容。19世纪末以后，尤其是20世纪30年代世界资本主义经济危机以来，社会制度与政治制度、经济制度和文化制度一样，成为宪法规范和保障的国家制度的重要组成部分。

3. 社会主义宪法自产生之日起就确立了重视社会建设、重视民生的基本理念，有关社会建设和社会制度的规定成为国家制度的重要内容。

4. 我国对社会发展规律的认识经历了一个不断深化的过程，社会制度也经历了一个逐步从国家政策上升到宪法层面的发展过程。

三、我国宪法关于基本社会制度的规定★

1. 社会保障制度。这是基本社会制度的核心内容，甚至说狭义上的社会制度就是指社会保障制度。

2. 医疗卫生事业。

3. 劳动保障制度。

4. 人才培养制度。

5. 婚姻家庭制度。

6. 计划生育制度。

7. 维护社会秩序。

命题点拨 国家对公共财产和公民合法私有财产的保护有所区别。

第三章 国家的基本制度(下)

第一节 人民代表大会制度

一、政权组织形式的概念与种类

政权组织形式是指掌握国家权力的阶级组织国家机关以实现其阶级统治的形式。

(一)资本主义国家的政权组织形式

在资本主义国家，其政权组织形式主要分为二元君主立宪制、议会君主立宪制、总统制、议会共和制、委员会制和半总统半议会制等。

(二)社会主义国家的政权组织形式

社会主义国家的政权组织形式都是人民代表制。这种单一化的政权组织形式是由社会主义国家的一切权力属于人民决定的。

二、我国的政权组织形式★

我国的政权组织形式是人民代表大会制度。人民代表大会制度是指拥有国家权力的人民根据民主集中制原则，通过民主选举组成全国人民代表大会和地方各级人民代表大会，并以人民代表大会为基础，建立全部国家机构，对人民负责，受人民监督，以实现人民当家作主的政治制度。人民代表大会制度是实现我国全过程人民民主的重要制度载体。

(一)人民代表大会制度的基本内容

1. 人民主权原则。

2. 人民掌握和行使国家权力的组织形式与制度。

3. 人大代表由人民选举，受人民监督。

4. 各级人大是国家权力机关，其他国家机关都由人大选举产生，对其负责，受其监督。

(二)人民代表大会制度的性质

1. 人民代表大会制度是我国的根本政治制度。

2. 人民代表大会制度是实现社会主义民主的基本形式。

第二节 选举制度

一、我国选举制度的基本原则★

(一)选举权的普遍性原则

1. 在我国享有选举权的基本条件是：(1)具有中国国籍，是中华人民共和国公民；(2)年满18周岁；(3)依法享有政治权利。

2. 被判处有期徒刑、拘役、管制而没有被剥夺政治权利的；被羁押，正在受侦查、起诉、审判，检察院或者法院没有决定停止当事人行使选举权利的；正在取保候审或者被监视居住的；正在受拘留处分的人员，享有选举权和被选举权。

3. 精神病患者不能行使选举权利的，经选举委员会确认，不列入选民名单。

(二)选举权的平等性原则

1. 内容。选举权的平等性是指每个选民在每次选举中只能在一个选区享有一个投票权，不承认也不允许任何选民因民族、种族、职业、财产状况、家庭出身、居住期限的不同而在选举中享有特权，更不允许非法限制或者歧视任何选民对选举权的行使。

2. 2010年《选举法》作出修改，规定实行城乡按相同人口比例选举人大代表："全国人民代表大会代表名额，由全国人大常委会根据各省、自治区、直辖市的人口数，按照每一代表所代表的城乡人口数相同的原则，以及保证各地区、各民族、各方面都有适当数量代表的要求进行分配。"

(三)直接选举和间接选举并用的原则

《选举法》第3条规定，不设区的市、市辖区、县、自治县、乡、民族乡、镇的人民代表大会代表，由选民直接选举；全国人民代表大会代表，省、自治区、直辖市、设区的市、自治州的人民代表大会代表，由下一级人民代表大会选举。

（四）秘密投票原则

《选举法》第 40 条规定："全国和地方各级人民代表大会代表的选举，一律采用无记名投票的方法。选举时应当设有秘密写票处。选民如果是文盲或者因残疾不能写选票的，可以委托他信任的人代写。"

二、选举机构★★

根据选举法的规定，我国的选举组织机构体系包括：

（一）直接选举的主持机构

1. 在实行直接选举的地方，设立选举委员会主持本级人大代表的选举。不设区的市、市辖区、县、自治县的选举委员会的组成人员由本级人民代表大会常务委员会任命；乡级选举委员会的组成人员由不设区的市、市辖区、县、自治县的人民代表大会常务委员会任命。

2. 选举委员会履行下列职责：(1)划分选举本级人民代表大会代表的选区，分配各选区应选代表的名额。(2)进行选民登记，审查选民资格，公布选民名单；受理对于选民名单不同意见的申诉，并作出决定。(3)确定选举日期。(4)了解核实并组织介绍代表候选人的情况；根据较多数选民的意见，确定和公布正式代表候选人名单。(5)主持投票选举。(6)确定选举结果是否有效，公布当选代表名单。(7)法律规定的其他职责。

（二）间接选举的主持机构

间接选举由本级人大常委会主持。特别行政区全国人大代表的选举由全国人大常委会主持。

三、代表名额的分配

（一）人大代表名额的分配的一般规定

1.《选举法》规定，全国人大代表的名额不超过 3000 人。根据《选举法》第 17 条第 2 款、第 3 款的规定，省、自治区、直辖市应选全国人民代表大会代表名额，由根据人口数计算确定的名额数、相同的地区基本名额数和其他应选名额数构成，全国人民代表大会代表名额的具体分配，由全国人民代表大会常务委员会决定。

2.《选举法》第 15 条第 1 款规定，地方各级人民代表大会代表名额，由本级人民代表大会常务委员会或者本级选举委员会根据本行政区域所辖的下一级各行政区域或者各选区的人口数，按照每一代表所代表的城乡人口相同的原则，以及保证各地区、各民族、各方面都有适当数量代表的要求进行分配。在县、自治县的人民代表大会中，人口特少的乡、民族乡、镇，至少应有代表一人。第 2 款规定，地方各级人民代表大会代表名额的分配办法，由省、自治区、直辖市人民代表大会常务委员会参照全国人民代表大会代表名额分配的办法，结合本地区的具体情况规定。

（二）各少数民族选举人大代表名额的分配

根据《选举法》，各少数民族选举地方人大代表的名额分配遵守以下规则：

1. 有少数民族聚居的地方，每一聚居的少数民族都应有代表参加当地人大。

2. 在聚居境内同一少数民族的总人口占境内总人口 30% 以上的，每一代表所代表的人口数应相当于当地人大每一代表所代表的人口数。

3. 在聚居境内同一少数民族的总人口占境内总人口数的 15% 以上、不足 30% 的，每一代表所代表的人口数，可以适当少于当地人大每一代表所代表的人口数，但是该少数民族的代表名额不得超过代表总名额的 30%。

4. 聚居境内同一少数民族的总人口数不足境内总人口数 15% 的，每一代表所代表的人口数可以适当少于当地人大每一代表所代表的人口数，但不得少于 1/2；实行区域自治的民族人口特少的自治县，经省、自治区的人大常委会决定，可以少于 1/2。人口特少的其他聚居民族，至少应有代表一人。

5. 散居的少数民族应选当地人大的代表，每一代表所代表的人口数可以少于当地人大每一代表所代表的人口数。

全国少数民族应选全国人大代表，由全国人大常委会参照各少数民族的人口数和分布等情况，分配给各省级人大选出。人口特少的民族，至少应有代表一人。

（三）军队人大代表名额的分配

各地驻军应选县级以上地方各级人大代表的名额，由驻地各该级人大常委会决定；人民解放军应选全国人大代表的名额，由全国人大常委会决定。

（四）特别行政区、台湾省人大代表名额的分配

香港特别行政区和澳门特别行政区应选全国人大代表的名额和代表产生办法，由全国人大规定。台湾省全国人大代表名额的分配由全国人大决定，代表产生办法由全国人大常委会规定。

四、选举程序★★★

（一）选举机构

全国人大常委会主持全国人大代表的选举。省、自治区、直辖市、设区的市、自治州的人大常委会主持本级人大代表的选举。

不设区的市、市辖区、县、自治县、乡、民族乡、镇设立选举委员会，主持本级人大代表的选举。县级选举委员会受本级人大常委会的领导。乡级选举委员会受县级人大常委会的领导。

（二）选民登记

1. 选区划分。

2. 选民登记。

凡年满18周岁没有被剥夺政治权利的公民都应列入选民名单。

每次选举前对上次选民登记以后新满18周岁的公民，以及被剥夺政治权利期满后恢复政治权利的选民，予以登记；对选民经登记后迁出原区的，列入新迁入的选区的选民名单；对死亡的和依照法律被剥夺政治权利的人，从选民名单上除名。

选民名单应在选举日的20日以前公布。对公布的选民名单有不同意见的，可以向选举委员会提出申诉。选举委员会对申诉意见，应在3日内作出处理决定。申诉人如果不服，可以在选举日的5日以前向人民法院起诉，人民法院在选举日以前作出判决。人民法院的判决是最后的决定。

（三）候选人制度

1. 实行差额选举。

全国和地方各级人大代表实行差额选举，代表候选人的人数应多于应选代表的名额。《选举法》规定了差额选举的比例：由选民直接选举人大代表的，代表候选人的人数应多于应选代表名额1/3至1倍；由县级以上地方各级人大选举上一级人大代表的，代表候选人的人数应多于应选代表名额1/5至1/2。

2. 直接选举中代表候选人的确定。

由选民直接选举人大代表的，代表候选人由各选区选民和各政党、各人民团体提名推荐。

3. 间接选举中代表候选人的确定。

县级以上地方各级人大在选举上一级人大代表时，代表候选人不限于各该级人大的代表。

4. 介绍代表候选人情况。

（四）投票选举

1. 投票。人大代表的选举一律采用无记名投票的方法。选民如果是文盲或者因残疾不能写选票的，可以委托他信任的人代写。选民如果在选举期间外出，经选举委员会同意，可以书面委托其他选民代为投票。每一选民接受的委托不得超过3人，并应当按照委托人的意愿代为投票。

（1）在直接选举时，选民根据选举委员会的规定，凭身份证或者选民证领取选票。

（2）县级以上地方各级人大在选举上一级人大代表时，由各该级人大主席团主持。

2. 计票。

（1）每次选举所投的票数，多于投票人数的无效，等于或者少于投票人数的有效。

（2）每一选票所选的人数，多于规定应选代表人数的作废，等于或者少于规定应选代表人数的有效。

3. 代表候选人的当选。

（1）选举有效与当选：

①直接选举时，选区全体选民的过半数参加投票，选举有效。代表候选人获得参加投票的选民过半数的选票时，始得当选。

②县级以上的地方各级人大在选举上一级人大代表时，代表候选人获得全体代表过半数的选票时，始得当选。

（2）应当选人数超额或不足时的处理：

①获得过半数选票的代表候选人的人数超过应选代表名额时，以得票多的当选。如遇票数相等不能确定当选人时，应当就票数相等的候选人再次投票，得票多的当选。

②获得过半数选票的当选代表的人数少于应选代表的名额时，不足的名额另行选举。另行选举时，根据在第一次投票时得票多少的顺序，按照法定的差额比例，确定候选人名单。如果只选1人，候选人应为2人。

A. 另行选举县级和乡级人大代表时，代表候选人以得票多的当选，但是得票数不得少于选票的1/3；

B. 县级以上地方各级人大在另行选举上一级人大代表时，代表候选人获得全体代表过半数的选票，始得当选。

4. 确认和宣布。

选举结果由选举委员会或者人大主席团确定是否有效并予以宣布。

当选代表名单由选举委员会或者人大主席团予以公布。

公民不得同时担任两个以上无隶属关系的行政区域的人大代表。

5. 当选代表的资格审查。

县级以上各级人大常委会或者乡级人大主席团根据代表资格审查委员会提出的报告，确认代表的资格或者确定代表的当选无效，在每届人大第一次会议前公布代表名单。

（五）代表的罢免、辞职与补选

1. 罢免。

全国和地方各级人大代表受选民和原选举单位的监督。选民或者选举单位都有权罢免自己选出的代表。罢免代表采用无记名的表决方式。

（1）对于县级人大代表，原选区选民50人以上联名，对于乡级人大代表，原选区选民30人以上联名，可以向县级人大常委会书面提出罢免要求。罢免县级和乡级人大代表，须经原选区过半数的选民通过。

(2)县级以上地方各级人大举行会议的时候,主席团或者1/10以上代表联名,可以提出对由该级人大选出的上一级人大代表的罢免案。在人民代表大会闭会期间,县级以上地方各级人大常委会主任会议或者常委会1/5以上组成人员联名,可以向常委会提出对由该级人大选出的上一级人大代表的罢免案。罢免由县级以上地方各级人大选出的代表,须经各该级人大过半数的代表通过;在代表大会闭会期间,须经常委会组成人员的过半数通过。罢免的决议,须报送上一级人大常委会备案、公告。

(3)县级以上各级人大常委会组成人员,县级以上各级地方人大专门委员会成员的代表职务被罢免的,其常委会组成人员或者专门委员会成员的职务相应撤销,由主席团或者常务委员会予以公告。

2. 辞职。

(1)全国人大代表,省、自治区、直辖市、设区的市、自治州人大代表,可以向选举他的人大常委会书面提出辞职。常委会接受辞职,须经常委会组成人员的过半数通过。

(2)县级人大代表可以向本级人大常委会书面提出辞职,乡级人大代表可以向本级人大书面提出辞职。县级人大常委会接受辞职,须经常委会组成人员的过半数通过。

3. 补选。

代表在任期内因故出缺,由原选区或者原选举单位补选。县级以上地方各级人大闭会期间,可以由本级人大常委会补选上一级人大代表。

五、特别行政区、台湾省全国人大代表的产生(略)

六、选举的物质保障和法律保障

1.《选举法》第8条明确规定:“全国人民代表大会和地方各级人民代表大会的选举经费,列入财政预算,由国库开支。”

2.《选举法》第36条规定:“全国人民代表大会和地方各级人民代表大会代表的选举,应当严格依照法定程序进行,并接受监督。任何组织或者个人都不得以任何方式干预选民或者代表自由行使选举权。”

第三节　国家结构形式

一、国家结构形式概述

(一)国家结构形式的概念和种类

1. 概念。国家结构形式是指特定国家的统治阶级根据一定原则采取的调整国家整体与部分、中央与地方相互关系的形式。

2. 种类。现代国家的国家结构形式主要有单一制和联邦制两大类。

(二)决定国家结构形式的因素

一个国家究竟采取何种结构形式取决于综合因素,其中起决定作用的则是统治阶级的统治需要。

二、我国实行单一制的国家结构形式★

(一)我国实行单一制国家结构形式的原因

1. 历史原因。我国自秦始皇统一中国以来建立的就是统一的中央集权制国家。

2. 民族原因。我国是一个多民族国家,各民族的历史状况和民族关系决定了在我国的具体条件下不适宜采取联邦制,而应该采取单一制的国家结构形式。

(二)我国实行单一制国家结构形式的主要特点

1. 通过建立民族区域自治制度解决民族单一制下的问题。

2. 通过建立特别行政区制度解决单一制下的历史遗留问题。

三、我国的行政区域划分★★

(一)我国行政区域划分的原则

1. 有利于人民参加国家管理。

2. 有利于经济发展。

3. 有利于巩固国防。

4. 有利于民族团结。

5. 综合考虑自然条件和历史状况。

(二)我国宪法规定的行政区划

根据宪法的规定,我国的行政区域划分为:全国分为省、自治区、直辖市,国家在必要时设立的特别行政区。省、自治区分为自治州、县、自治县、市;直辖市和较大的市分为区、县。自治州分为县、自治县、市;县、自治县分为乡、民族乡、镇。

(三)行政区域变更的法律程序

1. 省、自治区、直辖市的设立、撤销、更名,特别行政区的成立,应由全国人大审议决定。

2. 省、自治区、直辖市行政区域界线的变更,自治州、县、自治县、市、市辖区的设立、撤销、更名或者隶属关系的变更,自治州、自治县的行政区域界线的变更,县、市的行政区域界线的重大变更,都须经国务院审批。

3. 县、市、市辖区部分行政区域界线的变更,由国务院授权省、自治区、直辖市人民政府审批。

4. 乡、民族乡、镇的设立、撤销、更名或者变更行政区域的界线,由省、自治区、直辖市人民政府审批。

第四节 国家标志

一、国家标志的内涵

国家标志又称国家象征,一般是指由宪法和法律规定的,代表国家的主权、独立和尊严的象征和标志,主要包括国旗、国歌、国徽和首都等。

二、国旗、国歌、国徽、首都

我国国旗是五星红旗。我国国歌是《义勇军进行曲》。我国国徽,中间是五星照耀下的天安门,周围是谷穗和齿轮。我国首都是北京。

第五节 民族区域自治制度

一、民族自治地方的自治机关★

民族自治地方是指实行民族区域自治的行政区域。根据《宪法》第30条的规定,民族自治地方包括自治区、自治州和自治县。民族乡不是民族自治地方。

二、民族自治地方的自治权★★

1. 制定自治条例和单行条例。

自治区制定的自治条例和单行条例须报全国人大常委会批准后生效;自治州、自治县制定的自治条例和单行条例,须报省、自治区、直辖市人大常委会批准后生效,并由批准机关报全国人大常委会和国务院备案,报送备案时应当说明对法律、行政法规、地方性法规作出变通的情形。

2. 根据当地民族的实际情况,贯彻执行国家的法律和政策。

3. 自主地管理地方财政。

4. 自主地管理地方性经济建设。

5. 自主地管理教育、科学、文化、卫生、体育事业。

基于少数民族地区的特殊性,《宪法》第119条规定:"民族自治地方的自治机关自主地管理本地方的教育、科学、文化、卫生、体育事业,保护和整理民族的文化遗产,发展和繁荣民族文化。"

6. 组织维护社会治安的公安部队。

7. 使用本民族的语言文字。

第六节 特别行政区制度

一、特别行政区的概念和特点★★

1. 概念。特别行政区是指在我国版图内,根据宪法和基本法的规定而设立的,具有特殊的法律地位,实行特别的政治、经济制度的行政区域。

2. 主要特点:(1)特别行政区享有高度自治权。包括行政管理权、立法权、独立的司法权和终审权以及自行处理有关对外事务的权力。(2)特别行政区保持原有资本主义制度和生活方式50年不变。(3)特别行政区的行政机关和立法机关由该地区永久性居民依照基本法的有关规定组成。(4)特别行政区原有的法律基本不变。

二、中央与特别行政区的关系★★★

中央对特别行政区行使的权力主要有:中央人民政府负责管理与特别行政区有关的外交事务;中央人民政府负责管理特别行政区的防务;中央人民政府任命特别行政区行政长官和行政机关的主要官员;全国人大常委会有权决定特别行政区进入紧急状态;全国人大常委会享有对特别行政区基本法的解释权;全国人大对特别行政区基本法享有修改权等。

三、特别行政区的政治体制★★

(一)特别行政区行政长官

1. 特别行政区行政长官是特别行政区的首长,代表特别行政区,根据基本法的规定,对中央人民政府和特别行政区负责。

2. 特别行政区行政长官由年满40周岁,在香港通常居住连续满20年并在外国无居留权的香港特别行政区永久性居民中的中国公民,或在澳门通常居住连续满20年的澳门特别行政区永久性居民中的中国公民担任。澳门特别行政区行政长官在任期内不得具有外国居留权。

3. 香港特别行政区和澳门特别行政区的行政长官任期为5年,均可以连选连任一次。

(二)特别行政区行政机关

1. 特别行政区行政机关即特别行政区的政府。特别行政区行政长官为特别行政区政府首长,通称特首。特别行政区政府下设政务司、财政司、律政司和各局、厅、处、署等。

2. 香港特别行政区和澳门特别行政区政府的主要官员均由行政长官提名并报请中央人民政府任命,其免职也由行政长官向中央人民政府提出建议。

3. 根据两部基本法的规定,特别行政区政府行使下列主要职权:(1)制定并执行政策;(2)管理各项行政事务;(3)办理基本法规定的中央人民政府授权的对外事务;(4)编制并提出财政预算、决算;(5)拟定并提出法案、议案、附属法规;(6)委派官员列席立法会会议听取意见或者代表政府发言。

(三)特别行政区立法机关

特别行政区立法会是特别行政区立法机关,行使立法权。特别行政区立法会的职权主要有:

1. 立法权。

2. 财政权。

3. 监督权。

4. 其他职权。

（四）特别行政区司法机关

1. 香港特别行政区的司法机关只有法院，律政司主管刑事检察工作。澳门特别行政区的司法机关除法院外，还包括检察机关。

2. 各级法院是香港特别行政区的司法机关，行使香港特别行政区的审判权。根据该法第 81 条，香港特别行政区设立终审法院作为最高法院；将香港原最高法院更名为高等法院、区域法院、裁判署法庭和其他专门法庭。高等法院，内部仍设上诉法庭和原讼法庭；将原地方法院更名为区域法院；原裁判司署法庭和其他专门法庭仍予以保留。终审法院法官和高等法院首席法官的任免还须行政长官征得立法会同意，并报全国人大常委会备案。

3.《澳门特别行政区基本法》第 84 条规定，澳门特别行政区设初级法院、中级法院和终审法院三级，终审法院行使终审权。终审法院法官的免职由行政长官根据立法会议成员组成的审议委员会建议决定。终审法院法官的任免须报全国人大常委会备案。

（五）特别行政区公职人员就职宣誓

特别行政区公职人员就职宣誓是公职人员就职的法定条件和必经程序，未进行合法有效宣誓或者拒绝宣誓，不得就任相应公职，不得行使相应职权和享受相应待遇。

1.《香港特别行政区基本法》第 104 条规定："香港特别行政区行政长官、主要官员、行政会议成员、立法会议员、各级法院法官和其他司法人员在就职时必须依法宣誓拥护中华人民共和国香港特别行政区基本法，效忠中华人民共和国香港特别行政区。"

2.《澳门特别行政区基本法》也有公职人员就职宣誓的明确要求。第 101 条规定："澳门特别行政区行政长官、主要官员、行政会委员、立法会议员、法官和检察官，必须拥护中华人民共和国澳门特别行政区基本法，尽忠职守，廉洁奉公，效忠中华人民共和国澳门特别行政区，并依法宣誓。"第 102 条规定："澳门特别行政区行政长官、主要官员、立法会主席、终审法院院长、检察长在就职时，除按本法第一百零一条的规定宣誓外，还必须宣誓效忠中华人民共和国。"

四、特别行政区的法律制度★★

（一）特别行政区基本法

特别行政区基本法是以《中华人民共和国宪法》为根据、由全国人大制定的基本法律，它反映了包括香港同胞和澳门同胞在内的全国人民的意志和利益，是"一国两制"基本方针的法律化。

（二）予以保留的原有法律

《香港特别行政区基本法》第 8 条规定："香港原有法律，即普通法、衡平法、条例、附属立法和习惯法，除同本法相抵触或经香港特别行政区的立法机关作出修改者外，予以保留。"《澳门特别行政区基本法》也作了类似规定。但原有法律予以保留必须具备一定条件，即不与基本法相抵触或者未经特别行政区的立法机关作出修改。

（三）特别行政区立法机关制定的法律

特别行政区享有立法权，除有关国防、外交和其他根据基本法的有关规定不属于特别行政区自治范围的法律之外，立法会可以制定任何它有权制定的法律，包括民法、刑法、诉讼法、商法等法律。

（四）适用于特别行政区的全国性法律

适用于特别行政区的全国性法律即列入基本法附件三的法律。

五、特别行政区维护国家安全的宪制责任★★★

1. 根据 2020 年通过的《香港特别行政区维护国家安全法》，中央人民政府对香港特别行政区有关的国家安全事务负有根本责任。香港特别行政区负有维护国家安全的宪制责任，应当履行维护国家安全的职责。

2. 香港特别行政区设立由行政长官担任主席的香港特别行政区维护国家安全委员会，负责维护国家安全事务，承担维护国家安全的主要责任，并接受中央人民政府的监督和问责。香港特别行政区维护国家安全委员会的职责为：(1) 分析研判香港特别行政区维护国家安全形势，规划有关工作，制定香港特别行政区维护国家安全政策；(2) 推进香港特别行政区维护国家安全的法律制度和执行机制建设；(3) 协调香港特别行政区维护国家安全的重点工作和重大行动。香港特别行政区维护国家安全委员会的工作不受香港特别行政区任何其他机构、组织和个人的干涉，工作信息不予公开。香港特别行政区维护国家安全委员会作出的决定不受司法复核。

3. 香港特别行政区政府警务处设立维护国家安全的部门，配备执法力量。

4. 中央人民政府在香港特别行政区设立维护国家安全公署。中央人民政府驻香港特别行政区维护国家安全公署依法履行维护国家安全职责，行使相关权力。驻香港特别行政区维护国家安全公署人员由中央人民政府维护国家安全的有关机关联合派出。驻香港特别行政区维护国家安全公署的职责为：(1) 分析研判香港特别行政区维护国家安全形势，就维护国家安全重大战略和重要政策提出意见和建议；(2) 监督、指导、协调、支持香港特别行政区履行维护国家安全的职责；(3) 收集分析国家安全情报信息；(4) 依法办理危害国家安全犯罪案件。

5. 有以下情形之一的，经香港特别行政区政府或者驻香港特别行政区维护国家安全公署提出，并报中央人民政府批准，公署对《中华人民共和国香港特别行政区维护国家安全法》规定的危害国家安全犯罪案件行使管辖权：(1)案件涉及外国或者境外势力介入的复杂情况，香港特别行政区管辖确有困难的；(2)出现香港特别行政区政府无法有效执行本法的严重情况的；(3)出现国家安全面临重大现实威胁的情况的。上述案件由驻香港特别行政区维护国家安全公署负责立案侦查，最高人民检察院指定有关检察机关行使检察权，最高人民法院指定有关法院行使审判权。

第七节　基层群众自治制度

一、村民委员会★★★

1. 村民委员会的设置。村民委员会的设立、撤销、范围调整，由乡、民族乡、镇的人民政府提出，经村民会议讨论同意后，报县级人民政府批准。

2. 村民委员会的任务。主要有：(1)办理本村公共事务和公益事业，调解民间纠纷，协助维护社会治安，向人民政府反映村民的意见、要求和提出建议；(2)协助乡、民族乡、镇的人民政府开展工作；(3)支持和组织村民依法发展各种形式的合作经济和其他经济，承担本村生产的服务和协调工作，促进农村生产建设和经济发展；(4)依照法律的规定，管理本村属于村民集体所有的土地和其他财产，教育村民合理利用自然资源，保护和改善生态环境；(5)尊重并支持集体经济组织依法独立进行经济活动的自主权，维护以家庭承包经营为基础、统分结合的双层经营体制，保障集体经济组织和村民、承包经营户、联户或者合伙的合法财产权和其他合法权益；(6)宣传宪法、法律、法规和国家的政策，教育和推动村民履行法律规定的义务、爱护公共财产，维护村民的合法权益，发展文化教育，普及科技知识，促进村与村之间的团结、互助，开展多种形式的社会主义精神文明建设活动；(7)多民族村民居住的村，村民委员会应当教育和引导各民族村民增进团结、互相尊重、互相帮助。

3. 村民委员会的组织。

(1)村民委员会由主任、副主任和委员共3～7人组成，其中，应当有妇女成员，多民族村民居住的村应当有人数较少的民族的成员。

(2)村民委员会成员由年满18周岁未被剥夺政治权利的村民直接选举产生。每届任期5年，成员可以连选连任。选举村民委员会，有登记参加选举的村民过半数投票，选举有效；候选人获得参加投票的村民过半数的选票，始得当选。本村1/5以上有选举权的村民或者1/3以上的村民代表联名，可以要求罢免村民委员会成员，罢免须有登记参加选举的村民过半数投票，并须经投票的村民过半数通过。村民委员会成员应当接受村民会议或者村民代表会议对其履行职责情况的民主评议，民主评议每年至少进行一次，由村务监督机构主持。村民委员会成员连续两次被评议不称职的，其职务终止。村民委员会成员实行任期和离任经济责任审计。

(3)村民委员会根据需要设人民调解、治安保卫、公共卫生与计划生育等委员会。

(4)村民会议由本村18周岁以上的村民组成。召开村民会议，应当有本村18周岁以上村民的过半数，或者有本村2/3以上的户的代表参加，必要时可以邀请驻本村的企业、事业单位和群众团体派代表列席。

(5)村民委员会向村民会议、村民代表会议负责并报告工作。

(6)村民自治章程、村规民约由村民会议制定和修改，并报乡、民族乡、镇的人民政府备案。

二、居民委员会★

1. 居民委员会的设置。居民委员会的设立以实现居民自治为目的，根据居民居住状况，按照便于居民自治为原则，以100～700户的范围设立。居民委员会的设立、撤销、规模调整，由不设区的市、市辖区的人民政府决定。

2. 居民委员会的组织。居民委员会由主任、副主任和委员共5～9人组成。多民族居住地区，居民委员会中应当有人数较少的民族的成员。居民委员会成员既可以由本居住地范围内全体年满18周岁没有被剥夺政治权利的居民选举产生，也可以由每户派代表选举产生，还可以由每个居民小组选举代表2～3人选举产生。居民委员会每届任期5年，其成员可以连选连任。

居民委员会根据需要设人民调解、治安保卫、公共卫生等委员会，也可不设下属委员会，由居民委员会成员分工负责有关工作。

3. 居民委员会的任务。主要有：(1)宣传宪法、法律、法规和国家的政策，维护居民的合法权益，教育居民履行法律规定的义务，爱护公共财产，开展多种形式的社会主义精神文明建设活动；(2)办理本居住地区居民的公共事务和公益事业；(3)调解民间纠纷；(4)协助维护社会治安；(5)协助人民政府或者它的派出机关做好与居民利益有关的公共卫生、计划生育、优抚救济、青少年教育等项工作；(6)向人民政府或者它的派出机关反映居民的意见、要求和提出建议。此外,还应对编入居民小组的被依法剥夺政治权利的人进行监督和教育。

命题点拨 对各项基本制度具体内容与相互关系的清楚把握,尤其是选举制度、特别行政区制度,要基于相应法律进行理解。

第四章 公民的基本权利和义务

第一节 公民基本权利和义务概述

一、基本权利和基本义务的概念

(一)基本权利的概念

基本权利是指由宪法规定的公民享有的重要的、必不可少的权利。

(二)基本义务的概念

基本义务也称宪法义务,是指由宪法规定的公民必须遵守的法律义务。

(三)基本权利主体

基本权利的主体主要是公民。有些国家的宪法规定,法人和外国人也可以成为基本权利的主体。公民是指具有一国国籍的自然人。我国《宪法》第33条第1款规定:“凡具有中华人民共和国国籍的人都是中华人民共和国公民。”

二、基本权利效力★

(一)基本权利效力的概念

所谓基本权利效力,是指基本权利对社会生活领域产生的拘束力,其目的在于有效地保障人权。基本权利效力具有如下特点:(1)广泛性,即基本权利拘束一切国家权力活动与社会生活领域。(2)具体性,即基本权利效力通常在具体的事件中得到实现,通过具体的事件解决围绕效力而发生的宪法争议。(3)现实性,即基本权利为未来立法活动提供法律基础。

(二)基本权利效力的体现

1. 对立法权的制约效力。

2. 对行政权的制约效力。

3. 对司法权的制约效力。

三、基本权利限制★★★

(一)限制基本权利的概念与依据

1. 剥夺一部分主体的基本权利。一般作为刑罚的附加刑采用,如剥夺罪犯的政治权利。

2. 停止行使某种基本权利。出于某种原因,对基本权利主体的活动加以必要的限制,等条件恢复时再准予行使基本权利。

3. 为了维护社会公共利益,对基本权利特殊主体的活动进行限制,如对公务员的政治活动、军人的政治权利进行限制等。

(二)限制基本权利的目的

从各国宪法的规定看,限制基本权利主要有三个方面的目的,即维护社会秩序、保障国家安全和维护公共利益。

(三)限制基本权利的形式

1. 基本权利的内在限制。

2. 宪法和法律对基本权利的限制。

(四)紧急状态下公民基本权利的限制

根据《宪法》第51条的规定,限制基本权利只能基于维护公共利益和他人的基本权利的目的才具有正当性。

四、“国家尊重和保障人权”的意义★

1. 人权是基本权利的来源,基本权利是人权宪法化的具体表现。人权与基本权利的区别主要在于:人权是自然权,而基本权利是实定法上的权利;人权具有道德和价值上的效力,而基本权利是法律和制度上保障的权利,其效力与领域受到限制;人权表现为价值体系,而基本权利是具体的权利体系;人权源于自然法,而基本权利源于人权等。

2. 我国宪法在规定基本权利的同时,2004年宪法修正案写入“国家尊重和保障人权”的规定,其意义在于:(1)“尊重和保障人权”作为宪法原则对立法起到重要的指导作用。(2)有利于国家机关及其工作人员树立保障人权的意识。(3)有利于推动人与社会的协调发展。(4)有利于推动人与环境和资源的协调发展。

五、我国公民基本权利和义务的主要特点

我国宪法关于公民基本权利和义务的规定,合理地反映了公民与国家的关系,体现了公民的宪法地位,并成为公民其他权利义务的法律基础。我国公民的基本权利和义务具有广泛性、平等性、现实性和一致性四大特点。

第二节 我国公民的基本权利

一、平等权★★

(一)平等权的概念

平等权,是指公民依法平等地享有权利,不受任何差别对待,要求国家给予同等保护的权利。

(二)平等权的基本内容

1. 法律面前一律平等。

2. 禁止差别对待。

3. 允许合理差别。

二、政治权利和自由

(一)选举权和被选举权

选举权是指选民依法选举代议机关代表的权利;被选举权则指选民依法被选举为代议机关代表的权利。

《宪法》第34条规定:“中华人民共和国年满十八周岁的公民,不分民族、种族、性别、职业、家庭出身、宗教信仰、教育程度、财产状况、居住期限,都有选举权和被选举权;但是依照法律被剥夺政治权利的人除外。”

(二)政治自由

1. 言论自由。我国宪法规定的言论自由具有特定的范围与表现形式。

2. 出版自由。出版自由是指公民可以通过公开出版物的形式,自由地表达自己对国家事务、经济和文化事业、社会事务的见解和看法。出版自由一般包括两个方面的内容:一是著作自由,即公民有权自由地在出版物上发表作品;二是出版单位的设立与管理必须遵循国家宪法和法律的规定。

3. 结社自由。根据《社会团体登记管理条例》的规定,我国公民结社自由保障与限制的具体内容和程序主要包括以下几个方面:(1)社会团体的成立实行核准登记制度。(2)社会团体必须遵守国家宪法、法律、法规和国家政策,不得反对宪法确定的基本原则,不得危害国家的统一、安全和民族的团结,不得损害国家利益、社会公共利益以及其他组织和公民的合法权益,不得违背社会道德风尚。社会团体不得从事以营利为目的的经营性活动。国家保护社会团体依照其登记的章程进行活动,其他任何组织和个人不得非法干涉。(3)登记管理机关、业务主管单位对社会团体的活动进行监督管理。

4. 集会、游行、示威自由。集会自由是指公民为共同目的,临时聚集于露天公共场所,发表意见、表达意愿的自由。游行自由,是指公民在公共道路、露天公共场所列队行进,表达共同愿望的自由。示威自由是指公民在露天公共场所或者公共道路上以集会、游行、静坐等方式,通过抗议或者支持、声援等表达共同意愿的自由。

公民在行使这些权利时,要遵循法律规定的条件,不得损害国家的、社会的、集体的利益和其他公民的合法的自由和权利。

三、宗教信仰自由

其含义包括公民有信教或者不信教的自由,有信仰这种宗教或者那种宗教的自由,有信仰同宗教中的这个教派或那个教派的自由,有过去不信教而现在信教或者过去信教现在不信教的自由。

四、人身自由★

(一)生命权

生命权是享有生命的权利,体现着人类的尊严与基本价值。

(二)人身自由

《宪法》第37条第1款规定:“中华人民共和国公民的人身自由不受侵犯。”

人身自由与其他自由一样并不是绝对的。必要时,国家可以依法采取搜查、拘留、逮捕等措施,限制甚至剥夺特定公民的人身自由。

(三)人格尊严不受侵犯

《宪法》第38条规定:“中华人民共和国公民的人格尊严不受侵犯。禁止用任何方法对公民进行侮辱、诽谤和诬告陷害。”

(四)住宅不受侵犯

《宪法》第39条规定:“中华人民共和国公民的住宅不受侵犯。禁止非法搜查或者非法侵入公民的住宅。”

(五)通信自由和通信秘密受法律保护

《宪法》第40条规定:“中华人民共和国公民的通信自由和通信秘密受法律的保护。除因国家安全或者追查刑事犯罪的需要,由公安机关或者检察机关依照法律规定的程序对通信进行检查外,任何组织或者个人不得以任何理由侵犯公民的通信自由和通信秘密。”

五、社会经济权利★★

(一)财产权

《宪法》第13条第1款、第2款规定:“公民的合法的私有财产不受侵犯。”“国家依照法律规定保护公民的私有财产权和继承权。”《宪法》第13条第3款规定:“国家为了公共利益的需要,可以依照法律规定对公民的私有财产权实行征收或者征用并给予补偿。”

(二)劳动权

《宪法》第42条第1款规定:“中华人民共和国公民有劳动的权利和义务。”

(三)劳动者休息的权利

《宪法》第43条第1款规定:“中华人民共和国劳动者有休息的权利。”

(四)获得物质帮助的权利

《宪法》第45条第1款第1句规定:“中华人民共和国公民在年老、疾病或者丧失劳动能力的情况下,有从国家和社会获得物质帮助的权利。”

六、文化教育权利

(一)受教育的权利

《宪法》第46条第1款规定:“中华人民共和国

公民有受教育的权利和义务。”

（二）进行科学研究、文学艺术创作和其他文化活动的自由

七、监督权和获得赔偿权

（一）监督权

《宪法》第41条第1款规定：“中华人民共和国公民对于任何国家机关和国家工作人员，有提出批评和建议的权利；对于任何国家机关和国家工作人员的违法失职行为，有向有关国家机关提出申诉、控告或者检举的权利，但是不得捏造或者歪曲事实进行诬告陷害。”

（二）获得赔偿权

《宪法》第41条第3款规定：“由于国家机关和国家工作人员侵犯公民权利而受到损失的人，有依照法律规定取得赔偿的权利。”

第三节　我国公民的基本义务

1. 维护国家统一和民族团结。

2. 遵守宪法和法律，保守国家秘密，爱护公共财产，遵守劳动纪律，遵守公共秩序，尊重社会公德。

3. 维护祖国的安全、荣誉和利益。

4. 保卫祖国、依法服兵役和参加民兵组织。

5. 依法纳税。

6. 其他基本义务：我国宪法还规定了劳动的义务、受教育的义务、夫妻双方计划生育的义务、父母抚养教育未成年子女的义务、成年子女赡养扶助父母的义务等。

命题点拨　考试命题有可能围绕对权利性质的把握，要结合宪法文本和相关法律规定分析宪法案例、宪法事例或法条。相对而言，公民的基本义务部分比较清晰明确。

第五章　国家机构

第一节　国家机构概述

一、国家机构的概念和分类

国家机构是国家为实现其职能而建立起来的一整套有机联系的国家机关的总和。

从行使权力的属性来看，我国国家机构可分为国家权力机关、国家主席、国家行政机关、国家军事机关、国家监察机关、国家审判机关和国家检察机关。从行使权力的范围看，可分为中央国家机关和地方国家机关。

二、我国国家机构的组织和活动原则★

（一）民主集中制原则

《宪法》第3条第1款规定：“中华人民共和国的国家机构实行民主集中制的原则。”民主集中制是一种民主与集中相结合的制度，是指在民主基础上的集中和在集中指导下的民主的结合。

根据宪法的规定，我国国家机构贯彻民主集中制原则主要体现在以下几方面：(1)在国家机构与人民的关系方面，由人民组织国家机构体现了国家权力来自人民——人民代表大会是由人民民主选举产生人民代表组成的。(2)在同级国家机构中，国家权力机关居于主导地位。《宪法》第3条第3款规定：“国家行政机关、监察机关、审判机关、检察机关都由人民代表大会产生，对它负责，受它监督。”(3)在中央与地方国家机构的关系方面，实行“中央和地方的国家机构职权的划分，遵循在中央的统一领导下，充分发挥地方的主动性、积极性的原则”。

（二）社会主义法治原则

坚持有法可依、有法必依、执法必严、违法必究，坚持科学立法、严格执法、公正司法、全民守法，是社会主义法治原则的基本要求。

（三）责任制原则

1.《宪法》第27条明确规定了国家机关实行工作责任制的原则，要求国家机关及其工作人员无论是行使职权，还是履行职务，都必须对其产生的后果负责。

2. 责任制原则基于国家机关行使国家权力的性质的不同而具体表现为集体负责制和个人负责制两种形式。

3. 集体负责制是指由全体组成人员集体讨论，并且按照少数服从多数的原则作出决定，集体承担责任的一种体制。各级人大及其常委会、监察委员会、人民法院和人民检察院等是实行集体负责制的机关。

4. 个人负责制是指由首长个人决定问题并承担相应责任的领导体制。在我国，国务院及其各部委，中央军委和地方各级人民政府等都实行个人负责制。

（四）为人民服务原则

《宪法》第27条第2款规定：“一切国家机关和国家工作人员必须依靠人民的支持，经常保持同人民的密切联系，倾听人民的意见和建议，接受人民的监督，努力为人民服务。”

（五）精简和效率原则

根据《宪法》第27条第1款的规定，一切国家机关实行精简的原则，实行工作人员的培训和考核制度，不断提高工作质量和工作效率，反对官僚主义。

第二节 全国人民代表大会

一、全国人民代表大会★★★

(一)全国人大的性质和地位

全国人大是最高国家权力机关,同时也是最高国家立法机关。

(二)全国人大的组成和任期

1. 根据宪法和法律规定,全国人大由省、自治区、直辖市、特别行政区和军队选出的代表组成。全国人大代表的名额总数不超过3000名,由全国人大常委会确定各选举单位代表名额比例的分配。港澳地区全国人大代表的名额和代表产生办法由全国人大另行规定。省、自治区、直辖市应选全国人大代表的名额,由全国人大常委会根据各省、自治区、直辖市的人口数,按照每一代表所代表的城乡人口数相同的原则,以及保证各地区、各民族、各方面都有适当数量代表的要求进行分配。各少数民族在全国人民代表大会中都应当有适当名额的代表,人口特少的其他聚居民族至少应有代表1人。

2. 全国人大每届任期为5年。在任期届满前的2个月以前,全国人大常委会必须完成下届全国人大代表的选举工作。如果遇到不能进行选举的非常情况,由全国人大常委会以全体组成人员2/3以上的多数通过,可以推迟选举,延长本届全国人大的任期;但在非常情况结束后1年以内,全国人大常委会必须完成下届全国人大代表的选举。

(三)全国人大的职权★★

1. 修改宪法、监督宪法实施。

2. 制定和修改基本法律。

3. 选举、决定和罢免国家机关的重要组成人员。全国人大有权选举全国人大常委会委员长、副委员长、秘书长和委员,选举中华人民共和国主席、副主席,中央军事委员会主席,国家监察委员会主任,最高人民法院院长,最高人民检察院检察长;有权根据国家主席的提名决定国务院总理的人选,根据国务院总理的提名决定国务院副总理、国务委员、各部部长、各委员会主任、审计长和秘书长的人选;根据中央军事委员会主席的提名决定中央军事委员会副主席和委员的人选。对于上述人员,全国人大有权依照法定程序予以罢免。按照法律规定,罢免案必须由全国人大主席团或者3个以上的代表团或者1/10以上的代表提出,由主席团提请大会审议,并经全体代表的过半数同意,才能通过。

4. 决定国家重大问题。全国人大有权审查中央和地方预算草案及中央和地方预算执行情况的报告;审查和批准中央预算和中央预算执行情况的报告;改变或者撤销全国人大常委会关于预算、决算的不适当的决议;审查和批准国民经济和社会发展计划以及计划执行情况的报告;批准省、自治区和直辖市的建置;决定特别行政区的设立及其制度;决定战争与和平问题等。

5. 最高监督权。全国人大有权监督由其产生的国家机关的工作。全国人大常委会、国务院、最高人民法院和最高人民检察院必须对全国人大负责并报告工作。中央军事委员会、国家监察委员会须对全国人大负责。

6. 其他应当由它行使的职权。

(四)全国人大的会议制度和工作程序

1. 全国人大开展工作的主要方式是举行会议。根据宪法和法律的规定,全国人大会议每年举行一次,由全国人大常委会召集。如果全国人大常委会认为有必要或者1/5以上的全国人大代表提议,可以临时召集。

2. 全国人大的会议形式主要有预备会议、全体会议和小组会议等。首先是由全国人大常委会主持召集预备会议,选举产生本次大会主席团和秘书长,讨论本次会议的议程以及其他准备事项。预备会议后,全国人大便由主席团正式主持全体会议。在全体会议期间,根据需要举行小组会议,审议和讨论有关事项。全体会议一般公开举行,必要时,经主席团征求各代表团的意见后,由有各代表团团长参加的主席团会议决定,可以举行秘密会议。

3.《全国人民代表大会议事规则》(以下简称《全国人大议事规则》)第16条规定:"国务院的组成人员,中央军事委员会的组成人员,国家监察委员会主任,最高人民法院院长和最高人民检察院检察长,列席全国人民代表大会会议;其他有关机关、团体的负责人,经全国人民代表大会常务委员会决定,可以列席全国人民代表大会会议。"

4. 全国人大通过法律案以及其他议案要经过以下四个阶段:第一,提出议案。根据《全国人民代表大会组织法》和《全国人大议事规则》,全国人大主席团、全国人大常委会、全国人大各专门委员会、国务院、中央军事委员会、国家监察委员会、最高人民法院、最高人民检察院以及一个代表团或者30名以上的代表联名,可以向全国人大提出属于全国人大职权范围内的议案。第二,审议议案。对国家机关提出的议案,由主席团决定列入会议议程;对代表团和代表提出的议案,则由主席团审议决定是否列入大会议程,或者先交有关专门委员会审议、提出是否列入大会议程的意见,再决定是否列入大会议程。

第三，表决通过议案。议案经审议后，由主席团决定提交大会表决。表决议案采用无记名按表决器方式，如表决器系统在使用中发生故障，采用举手方式。宪法的修改，采用无记名投票方式表决。《宪法》规定，宪法修正案由全国人大全体代表2/3以上的多数通过；法律和其他议案由全国人民代表大会全体代表过半数通过。第四，公布法律、决议。法律议案通过后即成为法律，由国家主席以发布命令的形式加以公布；选举结果及重要议案，由全国人大主席团以公告公布或由国家主席以命令形式公布。

二、全国人大常委会★★★

（一）全国人大常委会的性质和地位

全国人大常委会是全国人大的常设机关，是最高国家权力机关的组成部分，是行使国家立法权的机关。全国人大常委会对全国人大负责并报告工作，接受其监督。在全国人大闭会期间，国务院、最高人民法院、最高人民检察院对全国人大常委会负责并报告工作。

（二）全国人大常委会的组成、任期和机构设置

1. 全国人大常委会由委员长、副委员长若干人、秘书长和委员若干人组成。这些组成人员必须是全国人大代表，并由每届全国人大第一次会议选举产生。为保证全国人大常委会集中精力开展本职工作，《宪法》规定，全国人大常委会的组成人员不得担任国家行政机关、监察机关、审判机关和检察机关的职务。同时，《宪法》还规定，在全国人大常委会的组成人员中，应当有适当名额的少数民族代表。

2. 全国人大常委会的每届任期与全国人大每届任期相同，即5年。常委会的委员长、副委员长、秘书长和委员可连选连任，但委员长、副委员长连续任职不得超过两届。

3. 根据《宪法》和《全国人大组织法》，全国人大常委会委员长主持全国人大常委会的工作，召集全国人大常委会会议。副委员长、秘书长协助委员长工作。委员长、副委员长、秘书长组成委员长会议，处理全国人大常委会的重要日常工作。

4. 常委会设立代表资格审查委员会，其主任委员、副主任委员和委员均来自常委会组成人员。

（三）全国人大常委会的职权

1. 解释宪法，监督宪法的实施。

2. 根据宪法规定的范围行使立法权。

3. 解释法律。

4. 审查和监督规范性文件。为维护社会主义法制统一，全国人大常委会有权撤销同宪法、法律相抵触的行政法规、决定和命令；有权撤销同宪法和法律相抵触的监察法规；有权撤销同宪法、法律和行政法规相抵触的地方性法规和决议；有权撤销省、自治区、直辖市人大常委会批准的违背宪法和立法法关于立法权限规定的自治条例和单行条例。为加强对司法解释活动的监督，全国人大常委会还可对最高人民法院、最高人民检察院作出的属于审判、检察工作中具体应用法律的解释进行监督。

5. 预算监督权。

6. 监督国家机关的工作。

一是在全国人大常委会会议期间，常委会组成人员10人以上联名，可以向常务委员会书面提出对国务院及其部门、国家监察委员会、最高人民法院、最高人民检察院的质询案，委员长会议可以决定由受质询机关在常委会会议上或者有关专门委员会会议上口头答复，或者由受质询机关书面答复。

二是全国人大常委会根据年度工作计划和需要听取国务院、国家监察委员会、最高人民法院和最高人民检察院的专项工作报告，定期听取国民经济和社会发展计划、预算执行情况，国务院有关工作的报告等报告。常委会组成人员对各项报告的审议意见交由有关机关研究处理，有关机关应当将研究处理情况向常委会提出书面报告。

三是开展对法律法规实施情况的检查。

7. 决定、任免国家机关组成人员。在全国人大闭会期间，全国人大常委会根据国务院总理的提名，可以决定国务院其他组成人员的任免；根据中央军事委员会主席的提名，可以决定中央军事委员会其他组成人员的任免；根据委员长会议、国务院总理的提请，可以决定撤销国务院其他个别组成人员的职务；根据中央军事委员会主席的提请，可以决定撤销中央军事委员会其他个别组成人员的职务。在全国人大闭会期间，全国人大常委会根据国家监察委员会主任的提请，任免国家监察委员会副主任、委员；根据最高人民法院院长的提名，任免最高人民法院副院长、审判员、审判委员会委员和军事法院院长；根据最高人民检察院检察长的提名，任免最高人民检察院副检察长、检察员、检察委员会委员、军事检察院检察长，并且批准省、自治区、直辖市的人民检察院检察长的任免。

8. 国家生活中其他重要事项的决定权。在全国人大闭会期间，全国人大常委会有权决定批准或废除同外国缔结的条约和重要协定；决定驻外全权代表的任免；规定军人和外交人员的衔级制度和其他专门衔级制度；规定和决定授予国家的勋章和荣誉称号；决定特赦；如果遇到国家遭受武装侵犯或者必须履行国家间共同防止侵略的条约的情况，有权决定宣布战争状态；决定全国总动员和局部动员；决定

全国或者个别省、自治区、直辖市进入紧急状态。

9. 全国人大授予的其他职权。

(四)全国人大常委会的会议制度与工作程序

1. 全国人大常委会主要通过举行会议、作出会议决定的形式行使职权。全国人民大常委会会议一般每两个月举行一次,必要时可以加开会议,有特殊需要时可以临时召集会议。委员长主持常务委员会会议和常务委员会的工作。

2. 委员长会议可以向常委会提出属于常委会职权范围内的议案,由常委会会议审议。全国人大各专门委员会、国务院、中央军事委员会、国家监察委员会、最高人民法院、最高人民检察院,可以向常委会提出属于常委会职权范围内的议案,由委员长会议决定列入常委会会议议程,或者先交有关的专门委员会审议、提出报告,再决定列入常委会会议议程。常委会组成人员10人以上联名,可以向常委会提出属于常委会职权范围内的议案,由委员长会议决定是否列入常委会会议议程,或者先交有关的专门委员会审议、提出意见,再决定是否列入常委会会议议程;不列入常委会会议议程的,应当向常委会会议报告或者向提案人说明。审议后的议案由常委会全体会议进行表决,获得全体组成人员的半数以上方能通过。法律通过后由国家主席公布,其他决议、决定由常委会公布。

三、全国人大各委员会

(一)常设性委员会

全国人大的常设性委员会主要是指各专门委员会。根据《宪法》和《全国人民代表大会组织法》以及工作实践的需要,目前全国人大设有民族委员会、宪法和法律委员会、监察和司法委员会、财政经济委员会、教育科学文化卫生委员会、外事委员会、华侨委员会、环境与资源保护委员会、农业与农村委员会、社会建设委员会共10个专门委员会。

(二)临时性委员会

临时性委员会主要是指全国人大及其常委会组织的关于特定问题的调查委员会。调查委员会由主任委员、副主任委员若干人和委员若干人组成,由主席团在代表中提名,提请大会全体会议通过。

四、全国人民代表大会代表

(一)全国人大代表的权利

1. 出席全国人大会议,参加审议各项议案、报告和其他议题,发表意见。

2. 提出议案、质询案、罢免案等。一个代表团或者30名以上代表联名,可以向全国人大提出属于全国人大职权范围内的议案。

3. 提出对各方面工作的建议、批评和意见。

4. 参加各项选举和表决。

5. 获得信息、物质等各项保障。

6. 人身受特别保护。在全国人大开会期间,没有经过全国人大会议主席团的许可,在全国人大闭会期间,没有经过全国人大常委会的许可,全国人大代表不受逮捕或者刑事审判。

7. 言论免责权。宪法规定,全国人大代表在全国人大各种会议上的发言和表决不受法律追究。

8. 其他权利,如参观、视察等。

(二)全国人大代表的义务

第三节　中华人民共和国主席

一、国家主席的性质和地位

中华人民共和国主席是我国国家机构的重要组成部分,对内对外代表国家,依法行使宪法规定的国家主席职权。1954年宪法规定,国家主席与全国人大常委会共同行使国家元首的职权。1975年宪法、1978年宪法均未设置国家主席。1982年宪法恢复了国家主席的设置。

二、国家主席的产生和任期

1. 国家主席、副主席由全国人大选举产生。

2. 具体程序是:首先由全国人大会议主席团提出国家主席和副主席的候选人名单,然后经各代表团酝酿协商,再由会议主席团根据多数代表的意见确定候选人名单,最后由会议主席团把确定的候选人交付大会表决,由大会全体代表中过半数以上的代表选举通过。

3.《宪法》规定:有选举权和被选举权的年满45周岁的中华人民共和国公民可以被选为中华人民共和国主席、副主席。

4. 国家主席、副主席的任期同全国人大每届任期相同。

三、国家主席的职权★

1. 公布法律,发布命令。(1)法律在全国人大或全国人大常委会正式通过后,由国家主席予以颁布施行。(2)国家主席根据全国人大及其常委会的决定,发布特赦令、动员令、宣布进入紧急状态、宣布战争状态等。

2. 任免国务院的组成人员和驻外全权代表。

3. 外交权。(1)国家主席代表国家,进行国事活动,接受外国使节,接受外国使节的仪式也叫递交国书仪式。(2)国家主席根据全国人大常委会的决定,宣布批准或废除条约和重要协定。

4. 荣典权。

四、国家主席职位的补缺

国家主席缺位时,由副主席继任主席的职位;副主席缺位时，由全国人大补选；国家主席、副主席都缺位时，由全国人大进行补选；补选之前，由全国人大常委会委员长暂时代理国家主席的职位。

第四节 国 务 院

一、国务院的性质和地位

中华人民共和国国务院，即中央人民政府，是最高国家权力机关的执行机关，是最高国家行政机关。

二、国务院的组成和任期

1. 国务院由总理、副总理若干人、国务委员若干人、各部部长、各委员会主任、审计长、秘书长组成。国务院总理根据国家主席的提名，由全国人大决定。副总理、国务委员、各部部长、各委员会主任、审计长和秘书长根据国务院总理的提名，由全国人大决定。在全国人大闭会期间，全国人大常委会有权根据国务院总理的提名，变更除副总理、国务委员以外的国务院其他组成人员。国务院总理、副总理、国务委员、各部部长、各委员会主任、审计长和秘书长的任免决定作出以后，由国家主席宣布任免。

2. 国务院的任期与全国人大的任期相同，即每届为5年。宪法还规定，总理、副总理、国务委员连续任职不得超过两届。

三、国务院的领导体制★

（一）总理负责制

具体内容为：

1. 领导权。国务院总理领导国务院的工作。

2. 提名权。国务院其他组成人员的人选由总理提名，由全国人大或全国人大常委会决定。

3. 召集主持会议权。国务院的常务会议和全体会议由总理召集和主持，会议议题由总理确定，重大问题必须经全体会议或常务会议讨论，总理在集体讨论的基础上形成国务院的决定。

4. 签署权。国务院发布的决定、命令，国务院制定的行政法规，国务院向全国人大或者全国人大常委会提出的议案，国务院任免的政府机关工作人员，均须由总理签署才有法律效力。

（二）会议制度

1. 国务院全体会议由国务院全体成员组成，一般每两个月召开一次。

2. 国务院常务会议由总理、副总理、国务委员、秘书长组成，一般每周召开一次。

四、国务院的职权

1. 行政法规制定权、决定和命令发布权。国务院根据宪法和法律制定行政法规，行政法规的效力低于宪法和法律，其内容不能与宪法和法律相抵触。

2. 行政措施的规定权。国务院在行政管理中认为需要的时候，或者为了执行法律和执行最高国家权力机关的决议，有权采取各种具体办法和实施手段。

3. 提出议案权。

4. 对所属部、委和地方各级行政机关的领导权及监督权。

5. 对国防、民政、文教、经济等各项工作的领导权和管理权；对外事务的管理权。

6. 行政人员的任免、奖惩权。

7. 全国人大及其常委会授予的其他职权。《立法法》第12条对于授权国务院立法作了规定："本法第十一条规定的事项尚未制定法律的，全国人民代表大会及其常务委员会有权作出决定，授权国务院可以根据实际需要，对其中的部分事项先制定行政法规，但是有关犯罪和刑罚、对公民政治权利的剥夺和限制人身自由的强制措施和处罚、司法制度等事项除外。"

五、国务院所属各部、各委员会

（一）各部、各委员会的性质和地位

1. 国务院各部、各委员会的设立、撤销或者合并，经总理提出，由全国人大决定；在全国人大闭会期间，由全国人大常委会决定。

2. 各部设部长1人，副部长2～4人；各委员会设主任1人，副主任2～4人，委员5～10人。

（二）各部、各委员会的领导体制

各部、各委员会实行部长、主任负责制。

（三）各部、各委员会的职权

各部、各委员会根据法律和国务院的行政法规、决定、命令，在本部门的权限内，发布命令、指示和规章。

六、审计机关★

国务院各部门和地方各级人民政府及其各部门的财政收支，国有的金融机构和企业事业组织的财务收支，以及其他依法应当接受审计的财政收支、财务收支接受审计监督。审计机关依照法律规定独立行使审计监督权，不受其他行政机关、社会团体和个人的干涉。

审计署是国务院设立的审计机关，是国务院的组成部门，在国务院总理领导下，主管全国的审计工作。审计长是国务院的组成人员。

第五节 中央军事委员会

一、中央军事委员会的性质和地位

中央军事委员会领导全国武装力量。中央军事委员会是全国武装力量的最高领导机关，享有对国家武装力量的决策权和指挥权。

二、中央军事委员会的组成和任期

1. 中央军事委员会由主席、副主席若干人、委员若干人组成。中央军事委员会主席由全国人大选举产生。全国人大根据中央军事委员会主席的提名，决定中央军事委员会其他组成人员的人选。中央军事委员会主席对全国人大及其常委会负责。

2. 中央军事委员会每届任期同全国人大每届任期相同，即5年。

三、中央军事委员会的领导体制

《宪法》规定，中央军事委员会实行主席负责制。

第六节 地方各级人民代表大会和地方各级人民政府

一、地方各级人民代表大会

(一)地方各级人大的性质和地位

1. 地方各级人大是地方国家权力机关，本级的地方国家行政机关、监察机关、审判机关、检察机关都由人民代表大会选举产生，对它负责，受它监督。

2. 地方各级人大是本地方人民行使国家权力的机关，并保证宪法、法律、行政法规在本地方的执行，依照法律规定的权限决定本行政区域内的重大事项。

(二)地方各级人大的组成和任期

1. 地方各级人大由人民选举产生的代表组成。

2. 不设区的市、市辖区、县、自治县、乡、镇的人大代表，由选民直接选举产生；省、自治区、直辖市、设区的市、自治州的人大代表，由下一级人大选举产生。

3. 地方各级人大的每届任期均为5年。

(三)地方各级人大的职权

1. 保证宪法、法律、行政法规的遵守和执行，保护公民、法人或者其他组织的合法权利。

2. 选举和罢免地方国家机关负责人。(1)县级以上的地方各级人大选举本级人大常委会的组成人员；(2)选举省长、副省长，自治区主席、副主席，市长、副市长，州长、副州长，县长、副县长，区长、副区长；(3)选举本级监察委员会主任、本级法院院长和检察院检察长。选出的检察长须报上级检察院检察长提请该级人大常委会批准。乡、民族乡、镇的人大有权选举乡长、副乡长，镇长、副镇长。地方各级人大有权罢免由它选举产生的地方国家行政机关、监察机关、审判机关和检察机关的负责人。

3. 决定重大的地方性事务。

4. 监督权。地方各级人大监督本级政府的工作，听取和审查本级政府的工作报告，撤销本级政府不适当的决定和命令；县级以上人大还有权监督本级监察委员会、本级法院和检察院的工作，有权改变或者撤销本级人大常委会不适当的决定和命令。

5. 制定地方性法规。(1)省、自治区、直辖市人大有权制定和颁布地方性法规，地方性法规不得与宪法、法律和行政法规相抵触，并须报全国人大常委会和国务院备案；(2)设区的市、自治州人大有权对城乡建设与管理、生态文明建设、历史文化保护、基层治理等方面的事项制定地方性法规，但该地方性法规不得与宪法、法律、行政法规及本省、自治区的地方性法规相抵触，且须报本省、自治区人大常委会批准，并由省、自治区人大常委会报全国人大常委会和国务院备案。省、自治区、直辖市以及设区的市、自治州的人大根据区域协调发展的需要，可以协同制定地方性法规，在本行政区域或者有关区域内实施。

(四)地方各级人大的会议制度和工作程序

1. 会议制度。地方各级人大主要以召开会议的方式进行工作。地方各级人大每年至少举行一次，乡级人大会议一般每年举行两次。县级以上地方各级人大常委会或者乡级人大主席团认为必要，或者经1/5以上代表的提议，可以临时召集本级人大会议。

2. 工作程序。

(1)议案通过程序。县级以上地方各级人大举行会议时，主席团、人大常委会、各专门委员会、本级政府都可以向大会提出属于本级人大职权范围内的议案。议案由主席团决定提交大会审议，或并交有关的专门委员会审议、提出报告，再由主席团审议决定提交大会表决。县级以上人大代表10名以上，乡级人大代表5名以上联名，也可以向本级人大提出属于本级人大职权范围内的议案。各项议案在表决时，须以全体代表的过半数通过。

(2)选举地方国家机关负责人的程序。地方各级国家机关负责人的产生一般由人大主席团或代表依照法律规定联合提名。人大常委会主任、秘书长、乡、民族乡、镇人大主席、人民政府正职领导人、监察委员会主任、人民法院院长、人民检察院检察长的候选人数可以多1人，进行差额选举。如果提名的候选人只有1人，也可以等额选举。其余领导人员的选举均应依法具有一定差额比例。

(3)罢免程序。县级以上人大开会期间，大会主席团、常务委员会或1/10以上代表联名，可以提出对本级人大常委会组成人员、人民政府组成人员、监察委员会主任、人民法院院长、人民检察院检察长的罢免案，由主席团提请大会审议。乡镇人大主席团或1/5以上代表联名，可以提出对人大主席及副主席、乡长及副乡长、镇长及副镇长的罢免案，由主席团提请乡镇人大会议审议。被提出罢免的人员有权在主席团会议或者大会全体会议上提出申辩意见，或者书面提出申辩意见。罢免案均须经全体代表过半数通过。

（五）专门委员会和调查委员会

1. 省、自治区、直辖市、自治州、设区的市的人大根据需要，可以设法制委员会、财政经济委员会、教育科学文化卫生委员会、环境与资源保护委员会、社会建设委员会和其他需要设立的专门委员会；县、自治县、不设区的市、市辖区的人大根据需要，可以设法制委员会、财政经济委员会等专门委员会。

2. 县级以上地方各级人大主席团或者1/10以上的代表书面联名，可以向本级人大提议组织关于特定问题调查委员会，由主席团提请全体会议决定。

二、县级以上地方各级人大常委会★

（一）地方各级人大常委会的性质、地位、组成和任期

1. 性质、地位：是本级人大的常设机关，是同级国家权力机关的组成部分，地方各级人大常委会对本级人大负责并报告工作。

2. 组成：省、自治区、直辖市、自治州、设区的市的人大常委会由本级人大在代表中选举主任、副主任若干人、秘书长、委员若干人组成；县、自治县、不设区的市、市辖区的人大常委会由本级人大在代表中选举主任、副主任若干人和委员若干人组成。各级人大常委会的名额按照该法的规定确定。常委会组成人员不得担任国家行政机关、监察机关、审判机关和检察机关的职务。

3. 任期：县级以上地方各级人大常委会的任期与本级人大任期相同，均为5年。

（二）地方各级人大常委会的职权

1. 在本行政区域内，保证宪法、法律、行政法规和上级人大及其常委会决议的遵守和执行。

2. 领导或主持本级人大代表的选举；召集本级人大会议。

3. 决定本行政区域内政治、经济、教育、科学、文化、卫生、生态环境保护、自然资源、城乡建设、民政、社会保障、民族等工作的重大事项和项目；根据本级政府的建议，审查和批准本行政区域内的国民经济和社会发展规划纲要、计划和本级预算的调整方案；监督本行政区域内的国民经济和社会发展规划纲要、计划和预算的执行，审查和批准本级决算，监督审计查出问题整改情况，审查监督政府债务；监督本级政府对国有资产的管理，听取和审议本级政府关于国有资产管理情况的报告；听取和审议本级政府关于年度环境状况和环境保护目标完成情况的报告；听取和审议备案审查工作情况报告。

4. 监督本级政府、监察委员会、法院和检察院的工作。

5. 依法任免本级政府、监察委员会、法院和检察院的有关工作人员，审议对本级部分国家机关工作人员的撤职案；在本级人大闭会期间，补选上一级人大出缺的代表和撤换个别代表；在地方国家机构正职领导人员因故不能担任职务的时候，根据主任会议的提名，从副职领导人员中决定代理人选。

6. 省、自治区、直辖市的人大常委会，在不违背宪法、法律和行政法规的前提下，依法制定和颁布地方性法规；设区的市、自治州的人大常委会对城乡建设与管理、生态文明建设、历史文化保护、基层治理等方面的事项制定地方性法规；省、自治区、直辖市以及设区的市、自治州的人大常委会根据区域协调发展的需要，可以协同制定地方性法规，在本行政区域或者有关区域内实施。

（三）地方各级人大常委会的会议制度

1. 常委会会议由主任召集，至少每两个月举行一次。

2. 主任会议由常委会主任、副主任、秘书长（县级由主任、副主任）组成，处理常委会日常工作。

三、地方各级人大代表

（一）地方人大代表的权利

根据《宪法》和《代表法》等的规定，地方人大代表主要有以下权利：

1. 出席本级人民代表大会会议，参加审议各项议案、报告和其他议题，发表意见。

2. 参加本级人大的选举和表决。

3. 提出议案、质询案、罢免案等。

4. 提出对各方面工作的建议、批评和意见。

5. 进行视察。

6. 人身特别保护。

7. 言论免责权。

8. 获得信息、物质等各项保障。

9. 其他依法享有的权利。

（二）地方人大代表的义务

1. 模范地遵守宪法和法律，保守国家秘密，在自己参加的生产、工作和社会活动中，协助宪法和法律的实施；

2. 按时出席本级人大会议，认真审议各项议案、报

告和其他议题,发表意见,做好会议期间的各项工作;

3. 积极参加统一组织的视察、专题调研、执法检查等履职活动;

4. 加强履职学习和调查研究,不断提高执行代表职务的能力;

5. 与原选区选民或者原选举单位和人民群众保持密切联系,听取和反映他们的意见和要求,充分发挥在发展全过程人民民主中的作用,并应当向原选区选民或者原选举单位报告履职情况;

6. 自觉遵守社会公德,廉洁自律,公道正派,勤勉尽责;

7. 法律规定的其他义务。

(三)对地方人大代表的监督

1. 人大代表应当采取多种方式经常听取人民群众对代表履职的意见,回答原选区选民或者原选举单位对代表工作和代表活动的询问,接受监督。

2.《代表法》第 49 条规定,代表有下列情形之一的,其代表资格终止:(1)地方各级人大代表迁出或者调离本行政区域的;(2)辞职被接受的;(3)未经批准两次不出席本级人大会议的;(4)被罢免的;(5)丧失中华人民共和国国籍的;(6)依照法律被剥夺政治权利的;(7)丧失行为能力的。

四、地方各级人民政府

(一)地方各级人民政府的性质和地位

地方各级政府是地方各级国家权力机关的执行机关,是地方各级国家行政机关。

(二)地方各级人民政府的组成、任期和领导体制

1. 组成:(1)省、自治区、直辖市、自治州和设区的市的政府分别由省长、副省长、自治区主席、副主席、市长、副市长、州长、副州长和秘书长、厅长、局长、委员会主任等组成。(2)县、自治县、不设区的市、市辖区政府分别由县长、副县长、市长、副市长、区长、副区长和局长、科长等组成。(3)乡、民族乡、镇政府,分别由乡长、副乡长、镇长、副镇长组成。

2. 任期:5 年。

3. 领导体制:首长负责制。

(三)地方各级人民政府的职权

1. 执行决议、发布决定和命令。

2. 领导和监督权。

3. 管理各项行政工作。

4. 依法保障各方面的权利。

(四)地方各级人民政府的机构设置

1. 地方政府根据工作需要和优化协同高效以及精干的原则,设立必要的工作部门,如厅、局、委员会、办公室、科等。县级以上地方各级政府工作部门的设立、增加、减少或者合并,按照规定程序报请批准,并报本级人大常委会备案。

2. 县级以上政府设审计机关,依法独立行使审计监督权,对本级政府和上一级审计机关负责。

3. 县级以上地方各级政府可以共同建立跨行政区划的区域协同发展工作机制,加强区域合作;上级政府应当对下级政府的区域合作工作进行指导、协调和监督。县级以上地方各级政府根据应对重大突发事件的需要,可以建立跨部门指挥协调机制。

4. 省、自治区政府在必要的时候,经国务院批准,可以设立若干派出机关。县、自治县政府在必要的时候,经省、自治区、直辖市政府批准,可以设立若干区公所,作为它的派出机关。市辖区、不设区的市政府,经上一级政府批准,可以设立若干街道办事处,作为它的派出机关。

第七节 监察委员会

一、监察委员会的性质和地位

中华人民共和国各级监察委员会是国家的监察机关。

二、监察委员会的组成和任期

1. 组成。中华人民共和国设立国家监察委员会和地方各级监察委员会。监察委员会由下列人员组成:主任,副主任若干人,委员若干人。

2. 任期。监察委员会主任每届任期同本级人民代表大会每届任期相同。国家监察委员会主任连续任职不得超过两届。监察委员会的组织和职权由法律规定。

3. 国家监察委员会由全国人大产生,负责全国监察工作。国家监察委员会对全国人大和全国人大常委会负责,并接受监督。《立法法》规定,国家监察委员会根据宪法和法律、全国人大常委会的有关决定,制定监察法规,报全国人大常委会备案。

4. 监察法规可以就下列事项作出规定:(1)为执行法律的规定需要制定监察法规的事项。(2)为履行领导地方各级监察委员会工作的职责需要制定监察法规的事项。监察法规不得与宪法、法律相抵触。监察法规应当经国家监察委员会全体会议决定,由国家监察委员会发布公告予以公布。监察法规应当在公布后的30日内报全国人大常委会备案。全国人大常委会有权撤销同宪法和法律相抵触的监察法规。

5. 地方各级监察委员会由本级人大产生,负责本行政区域内的监察工作。地方各级监察委员会由主任、副主任若干人、委员若干人组成,主任由本级人大选举,副主任、委员由主任提请本级人大常委会任免。地方各级监察委员会对本级人大及其常委会和上一级监察委员会负责,并接受监督。

三、监察委员会的领导体制★

中华人民共和国国家监察委员会是最高监察机关。国家监察委员会领导地方各级监察委员会的工作。监察委员会既要对同级国家权力机关负责,又要对上一级监察委员会负责。

国家监察委员会领导地方各级监察委员会的工作,上级监察委员会领导下级监察委员会的工作,地方各级监察委员会要对上一级监察委员会负责。

四、监察委员会与审判机关、检察机关、执法部门的关系

监察委员会依照法律规定独立行使监察权,不受行政机关、社会团体和个人的干涉。监察机关办理职务违法和职务犯罪案件,应当与审判机关、检察机关、执法部门相互配合、相互制约。

五、对监察委员会的监督

对监察委员会的监督,主要包括国家权力机关的监督、社会监督和自我监督。

第八节　人民法院和人民检察院(略)

命题点拨　考试有可能围绕全国人大、全国人大常委会和国务院在立法权、人事任免权和国家重大事项决定权等职权上的区别进行命题。

第六章　宪法的实施与监督

第一节　宪法实施概述

宪法实施是指宪法规范在实际生活中的具体落实,是宪法制定颁布后的运行状态,也是宪法作用于社会关系的基本形式。宪法实施通常包括宪法的遵守、宪法的适用和宪法实施的保障三个方面。

第二节　宪法解释

一、宪法解释的机关★

1. 代议机关。由代议机关解释宪法的制度源自英国。

2. 司法机关。由司法机关按照司法程序解释宪法的体制起源于美国。

3. 专门机关。解释宪法的专门机关是指由依据宪法或其他宪法性法律的授权而专门成立的有权解释宪法的机关,如宪法法院、宪法委员会。

二、宪法解释的原则

就具体原则来说,主要有以下几项:(1)依法解释原则;(2)符合制宪目的原则;(3)符合宪法精神原则;(4)适应社会发展需要原则;(5)字面解释原则;(6)体系解释原则。

三、宪法解释的方法

宪法解释的方法是指具体解释宪法的技术手段。主要是以下四种:统一解释、逻辑解释、补充解释和扩大解释。

四、宪法解释的程序

各国宪法解释程序通常包括:(1)提起宪法解释请求;(2)受理宪法解释请求;(3)审查宪法解释请求;(4)起草宪法解释案;(5)通过宪法解释案。

第三节　宪法修改

一、宪法修改的含义

宪法修改是指在宪法实施过程中,由于社会现实的变化发展导致宪法内容与社会现实不相适应,或者宪法规范在实施过程中出现漏洞,由有权机关依照宪法规定的程序删除、增加或变更宪法内容的行为。

二、宪法修改的方式

1. 全面修改。全面修改即对宪法全文进行修改,如1958年法兰西第五共和国宪法和我国1975年宪法、1978年宪法、1982年宪法都属于全面修改。

2. 部分修改。部分修改亦即对宪法原有的部分条款加以改变,或者新增若干条款,而不在整体上变动宪法的修改方式。

三、宪法修改的程序

从各国宪法规定和实践看,宪法修改程序一般包括提案、先决投票、起草和公布修宪草案、通过修正案和公布修正案五个阶段,但并非所有国家都必经这些程序。

四、我国宪法的修改★★★

我国宪法修改制度包括五个方面:

(1)宪法修改的机关是全国人民代表大会;(2)宪法修改的提案主体是全国人大常委会或者1/5以上的全国人大代表;(3)宪法修改的通过条件是全国人大以全体代表的2/3以上的多数通过;(4)宪法修改采用无记名投票方式解决;(5)宪法修正案以全国人民代表大会公告予以公布。

第四节　宪法监督

一、宪法监督的内容

1. 规范性文件的合宪性审查和监督,即审查法律、法规、规章等规范性文件的合宪性,使其与宪法

及上位法不抵触。

2. 行为的合宪性审查和监督，即对国家机关及其工作人员和各政党等主体的行为进行审查，追究违宪责任。

二、宪法监督的体制★

宪法监督主要有以下三种体制：(1) 由普通司法机关作为宪法监督机关的体制。(2) 由代议机关作为宪法监督机关的体制。(3) 由专门机关作为宪法监督机关的体制。

三、宪法监督的方式★★★

1. 事先审查和事后审查。

2. 附带性审查和宪法控诉。

四、我国的宪法监督制度

(一) 宪法监督的机关

在宪法监督体制上，我国属于代议机关作为宪法监督机关的模式。

(二) 宪法监督的方式

我国采取事先审查与事后审查相结合的方式。

1. 事先审查。主要体现为自治条例和单行条例、地方性法规等规范性文件经批准后生效，有权机关在批准过程中要审查其是否抵触宪法。(1) 自治区人大制定的自治条例和单行条例报全国人大常委会批准后生效；(2) 自治州、自治县人大制定的自治条例和单行条例报省、自治区、直辖市人大常委会批准后生效；设区的市、自治州人大及其常委会制定的地方性法规报省、自治区人大常委会批准后施行。

2. 事后审查。

(1) 规范性文件的备案。法规、规章等规范性文件的备案审查是我国宪法监督的重要方式。

(2) 规范性文件的审查请求。规范性文件的审查请求包括要求审查和建议审查两种情况。

(三) 违宪的制裁措施

根据《宪法》和《立法法》的规定：(1) 全国人大有权改变或者撤销全国人大常委会制定的不适当的法律和决定，有权撤销全国人大常委会批准的违背宪法和立法法的自治条例和单行条例；(2) 全国人大常委会有权撤销国务院制定的同宪法、法律相抵触的行政法规、决定和命令，有权撤销同宪法、法律和行政法规相抵触的地方性法规，有权撤销省、自治区、直辖市国家权力机关制定的同宪法、法律和行政法规相抵触的决议，有权撤销省、自治区、直辖市人大常委会批准的违背宪法和立法法的自治条例和单行条例；(3) 国务院有权改变或者撤销不适当的部门规章和地方政府规章，有权改变或者撤销各部、各委员会发布的不适当的命令、指示，有权改变或者撤销地方各级国家行政机关不适当的决定、命令；(4) 县级以上地方各级人大有权改变或者撤销本级人大常委会不适当的决定；(5) 省、自治区、直辖市人大有权改变或者撤销其常委会制定的和批准的不适当的地方性法规；(6) 地方人大常委会有权撤销本级政府制定的不适当的规章，有权撤销本级政府不适当的决定和命令，有权撤销下一级人大不适当的决议；(7) 县级以上地方各级政府有权改变或者撤销所属各工作部门和下级政府不适当的决定；(8) 省、自治区政府有权改变或者撤销下一级政府制定的不适当的规章；(9) 授权机关有权撤销被授权机关制定的超越授权范围或者违背授权目的的法规，必要时可以撤销授权。

第五节　宪法宣誓

一、宣誓主体

各级人大及县级以上各级人大常委会选举或者决定任命的国家工作人员，以及各级政府、监察委员会、法院、检察院任命的国家工作人员，在就职时应当公开进行宪法宣誓。

二、誓词内容

宪法宣誓的誓词为："我宣誓：忠于中华人民共和国宪法，维护宪法权威，履行法定职责，忠于祖国、忠于人民，恪尽职守、廉洁奉公，接受人民监督，为建设富强民主文明和谐美丽的社会主义现代化强国努力奋斗！"

命题点拨 我国宪法监督制度、宪法宣誓制度的具体内容。

中国法律史

【复习指引】 中国法律史注重史实，记忆的内容多而零散，但综观历年考题，不难发现中国法律史考核的重点比较明确。复习该部分内容的高效方法就是熟读教材，因为这门课程属于历史学科的分支，不涉及法学理论，所有的考试内容基本都在教材中。在熟读教材的基础上重点复习，重点内容就是历年考题涉及的知识点。

第一章 先秦时期的法律思想与制度

第一节 西周时期的法律思想与制度

一、西周以降的法律思想★★★

（一）西周“以德配天，明德慎罚”思想

1.“以德配天，明德慎罚”思想的内容。

（1）周初统治者认为，“上天”只把统治人间的“天命”交给那些有“德”者，一旦统治者“失德”，也就会失去上天的庇护，新的有德者即可应运而生，取而代之。因此，作为君临天下的统治者应该“以德配天”。

（2）“德”的要求，主要包括三个基本方面：敬天，尊祖，保民。要求统治者恭行天命，尊崇天帝与祖宗的教诲，爱护天下的百姓，做有德有道之君。在这种“以德配天”基本政治观之下，周初统治者具体提出了“明德慎罚”的法律主张。

（3）“明德慎罚”的主张要求统治者首先要用“德教”的办法来治理国家，也就是通过道德教化的办法使天下人民臣服，在适用法律、实施刑罚时应该宽缓、谨慎，而不应一味用严刑峻法来迫使臣民服从。“明德慎罚”的具体要求可以归纳为“实施德教，用刑宽缓”。其中“实施德教”是前提，是第一位的。“德教”的具体内容，周初统治者逐渐归纳成内容广博的“礼治”，即要求君臣上下父子兄弟都按既有的“礼”的秩序去生活，从而达到一种和谐安定的境界，使天下长治久安。

2.“以德配天，明德慎罚”思想的影响。

（1）代表西周初期统治者的基本政治观和基本治国方针。

（2）在这种思想的指导下，形成了西周时期礼刑结合的宏观法制特色，被后世奉为政治法律制度理想的原则与标本。

（3）这一思想汉代中期后被儒家发挥成“德主刑辅，礼刑并用”的基本策略，从而为以“礼律合一”为特征的中国传统法制奠定了理论基础。

（二）“出礼入刑”的礼刑关系

1. 礼的内容与性质。

（1）礼的内容。

礼是中国古代社会长期存在的、维护血缘宗法关系和宗法等级制度的一系列精神原则以及言行规范的总称。

中国古代的礼有两层含义：

①抽象的精神原则。可归纳为“亲亲”与“尊尊”两个方面。

“亲亲”，即要求在家族范围内，按自己身份行事，不能以下凌上，以疏压亲。而且“亲亲父为首”，全体亲族成员都应以父家长为中心。

“尊尊”，即要在社会范围内，尊敬一切应该尊敬的人，君臣、上下、贵贱都应恪守名分。而且“尊尊君为首”，一切臣民都应以君主为中心。在“亲亲”“尊尊”两大原则下，又形成了“忠”“孝”“义”等具体精神规范。

②具体的礼仪形式。西周时期主要有五个方面，通称“五礼”：吉礼（祭祖之礼）；凶礼（丧葬之礼）；军礼（行军打仗之礼）；宾礼（迎宾待客之礼）；嘉礼（冠婚之礼）。

（2）礼具有法律的性质。

第一，周礼完全具有法的三个基本特性，即规范性、国家意志性和强制性。

第二，周礼在当时对社会生活各个方面都有着实际的调整作用。

2.“礼”与“刑”的关系：

（1）“出礼入刑”。西周时期，“刑”多指刑法和刑罚。“礼”正面积极规范人们的言行，而“刑”则对一切违背“礼”的行为进行处罚。二者共同构成西周法律的完整体系。

(2)“礼不下庶人,刑不上大夫”。“礼不下庶人”强调礼有等级差别,禁止任何越礼的行为;“刑不上大夫”强调贵族官僚适用刑罚上有特权,而不是不适用刑罚。

二、西周以降的主要法制内容★★★

(一)五刑、刑书和刑罚适用原则

(1)五刑。西周的常刑为墨、劓、剕、宫、大辟,均为“残人肢体的肉刑”;此外还有流、扑、鞭、赎及非常刑等其他酷刑手段。

(2)虽有刑书,但不布之于众。据史料所载,基于两点:第一,《左传·昭公六年》载杜预注:“先王议事以制,不为刑辟。”所谓“临事制刑,不豫设法”,便于灵活用刑。第二,《左传·昭公六年》载孔颖达疏语:“刑不可知,则威不可测”,以形成一种无所不在的威慑。

(3)刑罚适用原则。西周时期已有区分故意与过失、惯犯与偶犯的原则。将过失与故意称为“眚”与“非眚”;将惯犯与偶犯分为“惟终”与“非终”。

(二)契约与婚姻继承法律

1. 西周的契约法规。

(1)买卖契约。西周的买卖契约称为“质剂”。“质”是买卖奴隶、牛马所使用的较长的契券;“剂”是买卖兵器、珍异之物所使用的较短的契券。“质”“剂”由官府制作,并由“质人”专门管理。

(2)借贷契约。西周的借贷契约称为“傅别”。“傅”是把债的标的和双方的权利义务等写在契券上;“别”是在简札中间写字,然后一分为二,双方各执一半,札上的字为半文。

2. 西周的婚姻制度。

(1)婚姻缔结的三大原则:

①一夫一妻制:西周婚姻制度的基本要求,但是并不排除男子纳妾。

②同姓不婚:“男女同姓,其生不蕃”;“附远厚别”。

③父母之命,媒妁之言:违背此原则为“淫奔”,不为宗族和社会承认。

(2)“六礼”。

西周时期“六礼”是婚姻成立的必要条件。合礼合法的婚姻,必须通过“六礼”程序来完成:①纳采:男家请媒人向女方提亲;②问名:女方答应议婚后男方请媒人问女子名字、生辰等,并卜于祖庙以定凶吉;③纳吉:卜得吉兆后即与女家订婚;④纳征:男方送聘礼至女家,故又称纳币;⑤请期:男方携礼至女家商订婚期;⑥亲迎:婚期之日男方迎娶女子至家。至此婚礼始告完成,婚姻也最终成立。

(3)“七出”。

西周时期解除婚姻的制度,称为“七出”。所谓“七出”,又称“七去”,是指女子若有下列七项情形之一的,丈夫或公婆即可休弃之:①不顺父母:逆德;②无子:不孝;③淫:乱族;④妒:乱家;⑤恶疾:不能共祭祖先;⑥多言:离间亲属;⑦盗窃:反义。

(4)“三不去”。

按照周代的礼制,女子若有“三不去”的理由,夫家即不能离异休弃。“三不去”是:①有所娶而无所归,不去;②与更三年丧,不去;③前贫贱后富贵,不去。

西周婚姻立法的原则和制度多为后世法律所继承和采用,成为中国传统法律的重要组成部分。

3. 继承制度。

西周时期,在宗法制下已经形成了嫡长子继承制。由于实行一妻多妾制,王位的继承必须是妻所生长子,无论其贤与否;如妻无子,则不得不立贵妾之子,不管其年龄如何。这种继承主要是王、贵族政治身份的继承,土地、财产的继承是其次。

(三)司法诉讼制度

1. 大司寇。

周天子是最高裁判者。中央设大司寇,负责实施法律法令,辅佐周王行使司法权。大司寇下设小司寇,辅佐大司寇审理具体案件。大、小司寇下设专门的司法属吏。此外,基层设有乡士、遂士等负责处理具体司法事宜。

2. 具体的诉讼制度。

(1)西周时期的“狱”与“讼”。

民事案件→讼→听讼。

刑事案件→狱→断狱。

(2)“五听”。

“五听”制度指判案时判断当事人陈述真伪的五种方式,即通过观察当事人的言语表达、面部表情、呼吸、听觉、眼睛与视觉确定其陈述真假,说明西周时已注意到司法心理问题并将其运用到审判实践中。具体内容是:①辞听:理屈则言语错乱;②色听:理屈则面红;③气听:理屈则喘息;④耳听:理亏则法官的话听不清;⑤目听:无理则双目失神。

关键词记忆:辞、色、气、耳、目。

(3)“三宥”“三赦”。“三宥”指:因主观上不识,过失,遗忘而犯罪者,应减刑。“三赦”指:幼弱,老耄,蠢愚者(智障者),犯罪从赦。

(4)“三刺”制度。

西周时凡遇重大疑难案件,应先交群臣讨论,群臣不能决断的,再交官吏们讨论,还不能决断的,交给所有国人商讨决定。该制度是“明德慎罚”思想在司法实践中的体现。

第二节　春秋战国时期的法律思想与制度

一、铸刑书与铸刑鼎★

1. 铸刑书。公元前536年，郑国执政子产将郑国的法律条文铸在金属鼎上，向全社会公布，史称“铸刑书”。这是中国历史上第一次公布成文法的活动。

2. 铸刑鼎。公元前513年，晋国赵鞅把前任执政范宣子所编刑书正式铸于鼎上，公之于众。这是中国历史上第二次公布成文法。

二、《法经》★★★

1.《法经》的内容及特征。

《法经》是中国历史上第一部比较系统的封建成文法典，是战国时魏国李悝在总结春秋以来各国制定成文法经验的基础上制定的。共分六篇：

(1)《盗法》和《贼法》是关于惩罚危害国家安全、危害他人及侵犯财产的法律规定；

(2)《网法》又称“囚法”是关于囚禁和审判罪犯的法律规定；

(3)《捕法》是关于追捕盗贼及其他犯罪者的法律规定；

(4)《杂法》是关于“盗贼”以外的其他犯罪与刑罚的规定，主要是“六禁”的规定，即淫禁、狡禁、城禁、嬉禁、徒禁、金禁等；

(5)《具法》相当于近代刑法典的总则部分，主要是关于定罪量刑中从重从轻法律原则的规定。

2.《法经》的历史地位。

(1)《法经》是中国历史上第一部比较系统、比较完整的封建成文法典。它是战国时期政治变革的重要成果，也是战国时期封建立法的典型代表和全面总结。

(2)它的体例和内容对后世封建成文法典的完善奠定了重要基础。从体例上看，《法经》六篇为秦汉直接继承，成为秦汉律的主要篇目。

三、商鞅变法与法家思想★★

(一)商鞅变法的主要内容

1. 改法为律，扩充法律内容。

2. 运用法律手段推行“富国强兵”的措施，如颁布的《分户令》《军爵律》。

3. 用法律手段剥夺旧贵族的特权。

4. 全面贯彻法家“以法治国”和“明法重刑”的思想主张。在变法过程中，法家的一些基本思想主张皆得以贯彻。(1)强调“以法治国”。(2)“轻罪重刑”。(3)不赦不宥。(4)鼓励告奸。鼓励臣民相互告发奸谋，规定“告奸者与斩敌首同赏”。(5)实行连坐。

(二)商鞅变法的历史意义

商鞅变法是一次极为深刻的社会变革，秦国的法制也在变法过程中得以迅速发展与完善。秦国在商鞅变法之后迅速强盛起来，最终一统六国，建立了历史上第一个中央集权的帝制王朝。

> **命题点拨**　西周时期的法律思想、法制的主要内容，西周的司法制度与原则，春秋战国时期的法律思想与制度。

第二章　秦汉至魏晋南北朝时期的法律思想与制度

第一节　秦汉时期的法律思想与制度

一、秦代的法律★

(一)秦代的罪名与刑罚

1. 罪名。

(1)危害皇权罪。如谋反，泄露皇帝行踪、住所、言语机密；偶语《诗》《书》、以古非今；诽谤、妖言；诅咒、妄言；非所宜言；投书(投寄匿名信)；不行君令等。

(2)侵犯财产和人身罪。

秦代侵犯财产方面的罪名主要是“盗”，盗窃在当时被列为重罪，按盗窃数额量刑。

秦代侵犯人身方面的罪名主要是贼杀、伤人、斗伤、斗杀。

(3)渎职罪。一是官吏失职造成经济损失的犯罪，二是军职罪，三是有关司法官吏渎职的犯罪。

①“见知不举”罪。见知不举是指看见违法犯罪行为而不纠举。

②“不直”罪(罪应重而轻判，罪应轻而重判)和“纵囚”罪(应当论罪而故意不论罪)。

③“失刑”罪：因过失而量刑不当。

(4)妨害社会管理秩序罪。

①《田律》中规定的违令卖酒罪。

②逃避徭役，在《法律答问》中包括“逋事”(已下达征发徭役的命令而逃走不报道)与“乏徭”(到达服徭役的地点又逃走)。

③逃避赋税。

(5)破坏婚姻家庭秩序罪。

①关于婚姻关系的，包括夫殴妻、夫通奸、妻私

逃等。

②关于家庭秩序的,包括擅杀子、子不孝、子女控告父母、卑幼殴尊长、乱伦等。

2. 刑罚。

(1)笞刑。笞刑是以竹、木板责打犯人背部的轻刑,是秦代经常使用的一种刑罚方法。

(2)徒刑。徒刑即剥夺罪犯人身自由,强制其服劳役的刑罚。在秦代主要包括以下几种:①城旦舂:男犯筑城,女犯舂米,但实际从事的劳役并不限于筑城舂米;②鬼薪、白粲:男犯为祠祀鬼神伐薪,女犯为祠祀择米;③隶臣妾:将罪犯及其家属罚为官奴婢,男为隶臣,女为隶妾,其刑轻于鬼薪、白粲;④司寇:伺察寇盗,其刑轻于隶臣妾;⑤候:发往边地充当斥候,是秦代徒刑的最轻等级。

(3)流放刑。包括迁刑和谪刑,都是将犯人迁往边远地区的刑罚,其中谪刑适用于犯罪的官吏,但两者都比后世的流刑要轻。

(4)肉刑。即黥(或墨)、劓、刖(或斩趾)、宫4种残害肢体的刑罚。

(5)死刑。包括:①弃市,即所谓杀之于市,与众弃之;②戮,即先对犯人使用痛苦难堪的羞辱刑,然后斩杀;③磔,即裂其肢体而杀之;④腰斩;⑤车裂;⑥枭首,即处死后悬其首级于木上;⑦族刑,通常称为夷三族或灭三族;⑧具五刑:《汉书·刑法志》载:"当夷三族者,先黥、劓、斩左右趾、笞杀之,枭其首,菹其骨肉于市,其诽谤詈诅者,又先断其舌。"

(6)耻辱刑。秦时经常使用"髡""耐""完"等耻辱刑作为徒刑的附加刑。"髡"是指剃光犯人的头发和胡须。此外,死刑中的"戮"刑也含有羞辱之意。

(7)赀赎刑。

"赀"是用经济制裁来惩治官吏的一般失职和普通百姓的一般违法行为的独立刑种,它包括三种:①纯属罚金性质的"赀甲""赀盾";②"赀戍",即发往边地作戍卒;③"赀徭",即罚服劳役。

赎刑不是独立刑种,而是一种允许已被判刑的犯人用缴纳一定金钱或服一定劳役来赎免刑罚的办法。从云梦秦简来看,秦代的赎刑范围非常广泛,从"赎耐""赎黥""赎迁",到"赎宫""赎死",均可赎免。

(8)株连刑:族刑和"收"。

收,亦称收孥、籍家,就是在对犯人判处某种刑罚时,还同时将其妻子、儿女等家属没收为官奴婢。

(二)秦代的刑罚适用原则

1. 以身高确定刑事责任能力:未成年犯罪不负刑事责任,判断成年与否的标准为身高,身高在六尺五寸以上者为成年人,低于六尺五寸者为未成年人。

2. 区分故意与过失原则。

3. 盗窃按赃值定罪的原则。

4. 共同犯罪与集团犯罪加重处罚原则。

5. 累犯加重处罚原则。

6. 教唆犯加重处罚原则。

7. 自首减轻处罚原则。

8. 诬告反坐原则:故意捏造事实与罪名诬告他人,即构成诬告罪。诬告者实行反坐原则,即以被诬告人所受的处罚,反过来制裁诬告者。

二、汉代的法律★★

(一)汉代文帝、景帝废肉刑

1. 背景:西汉建立后,重视总结秦亡教训。汉文帝时鉴于当时继续沿用黥、劓、斩左右趾等肉刑,不利于政权的稳固,开始考虑改革肉刑。

2. 导火线:缇萦上书救父。

文帝开始刑罚改革的直接起因是在文帝十三年,齐太仓令获罪当施黥刑,其小女缇萦上书请求将自己没官为奴,替父赎罪,并指出肉刑制度断绝犯人自新之路的严重问题。文帝为之所动,下令废除肉刑。

3. 刑制改革的内容。

(1)文帝:①"黥刑"改为"髡钳城旦舂"(去发颈部系铁圈服苦役五年);②"劓刑"改为"笞三百";③"斩左趾"改为"笞五百";④"斩右趾"改为"弃市"(死刑)。

(2)景帝:①"笞三百"改为"笞二百";②"笞五百"改为"笞三百"。

《箠令》,规定笞杖尺寸,以竹板制成,削平竹节,以及行刑不得换人等,使得刑制改革向前迈了一大步。

4. 刑制改革的意义。

文帝、景帝时期的刑制改革,顺应了历史发展,为结束奴隶制肉刑制度,建立封建刑罚制度奠定了重要基础。尽管这次改革还有缺陷,但同周秦时期广泛使用肉刑相比,无疑是历史性的进步,在法制发展史上具有重要的意义。

(二)汉代的法律思想

1. 上请与恤刑。

汉高祖刘邦七年下诏:"郎中有罪耐以上,请之。"即通过请示皇帝给有罪贵族官僚某些优待。其后,宣帝、平帝相继规定上请制度,几百石以上官吏、公侯及子孙犯罪,均可以享受"上请"优待。东汉时"上请"适用面越来越宽,遂成为官贵的一项普遍特权,从徒刑二年到死刑都可以适用。

统治者以"为政以仁"相标榜,强调贯彻儒家矜老恤幼的恤刑思想。年80岁以上的老人,8岁以下的幼童,以及怀孕未产的妇女、老师、侏儒等,在有罪监禁期间,给予不戴刑具的优待。老人幼童及连坐妇女,除犯大逆不道诏书指明追捕的罪犯外,一律不再拘捕监禁。

2. 亲亲得首匿。

亲亲得首匿原则,是汉宣帝时期确立的。主张亲属间首谋藏匿犯罪可以不负刑事责任。源于儒家"父为子隐,子为父隐,直在其中"的理论,对卑幼亲属首匿尊长亲属的犯罪行为,不追究刑事责任。尊长亲属首匿卑幼亲属,罪应处死的,可上请皇帝宽贷。

(三)诉讼制度与汉律的儒家化

1.《春秋》决狱。

"《春秋》决狱"是法律儒家化在司法领域的反映。其特点是依据《春秋》等儒家经典著作审理案件,而不仅仅依据汉律。

"《春秋》决狱"的内容是:必须根据案情事实,追究行为人的动机;动机邪恶者即使犯罪未遂也不免刑责;首恶者从重惩治;主观上无恶念者从轻处理。这里强调审断时应重视行为人在案情中的主观动机,在着重考察动机的同时,还要依据事实,分别首犯、从犯和已遂、未遂。

"《春秋》决狱"实行"论心定罪"原则,如犯罪人主观动机符合儒家"忠""孝"精神,即使其行为构成社会危害,也可以减免刑事处罚。相反,犯罪人主观动机严重违背儒家倡导的精神,即使没有造成严重危害后果,也要认定犯罪给予严惩。

以《春秋》经义决狱为司法原则,对传统的司法和审判是一种积极的补充。但是,如果专以主观动机"心""志"的"善恶",判断有罪无罪或罪行轻重,也往往会成为司法官吏主观臆断和陷害无辜的口实,在某种程度上为司法擅断提供了依据。

2."秋冬行刑"。

汉代对死刑的执行,实行"秋冬行刑"制度。汉统治者根据"天人感应"理论,规定春、夏不得执行死刑。除谋反大逆等"决不待时"者外,一般死刑犯须在秋天霜降以后、冬至以前执行。秋冬行刑制度,对后世有着深远影响,唐律规定"立春后不决死刑",明清律中的"秋审"制度亦溯源于此。

三、秦汉时期的司法机关★

1. 中央司法机关廷尉。

皇帝掌握最高审判权;廷尉为中央司法机关的长官,审理全国案件。汉承秦制,廷尉仍是中央司法长官。

2. 地方司法长官郡守。

郡守为地方行政长官也是当地司法长官,负责全郡案件审理;县令兼理本县司法,负责全县审判工作;基层设乡里组织,负责本地治安与调解工作。

3. 御史制度。

秦代御史大夫与监察御史,对全国进行法律监督。汉代时期御史大夫(西汉)、御史中丞(东汉),还负责法律监督;西汉武帝以后设立司隶校尉,监督中央百官与京师地方司法官吏;刺史,专司各地行政与法律监督之职。

第二节　魏晋南北朝时期的法律思想与制度

一、律学法律思想★

(一)律学对传统法律发展的影响

两汉引经注律,律学与政治伦理结合而日兴。律学在魏晋之时,开始从伦理政治的束缚中解脱出来,研究的对象也不再仅仅是对古代法律的起源、本质与作用的一般论述,而是侧重于律典的体例、篇章逻辑结构和概念,以及定罪量刑等具体问题的研究,如张斐在《律注要略》一书中对《晋律》20 个名词的解释,特别是他对确定犯罪性质,区分犯罪情节的15 个名词的解释(他所解释的 20 个名词中,罪名五:谩、诈、不敬、不道、恶逆;其余是:戏、斗、贼、盗、强、略、故、失、过失、戕、造意、谋、率、群、赃),多为后世法律所遵奉。其中对"故""失""过失"的解释,与当代刑法典对故意和两种过失的说明,也是大同小异。这一时期的律学成果逐渐为传统律法所吸收,《北魏律》的"累犯加重""共犯以造意为首"就是例证。

杜预在《律解》的上奏中说:"法者,盖绳墨之断例,非穷理尽性之书也。"这使律学亦成为注释之学,加之东晋以降官方注释的确立,私家言论大受限制,从而使律学研究走向衰微,法理学意义上的探讨大大落后于对律文的注释,结果是律学也回到了传统经学训诂之类的老路,像张斐这样的律学家也渐次消失了。此后,注释章句的律学内容继续发展,律学不失其在中国法律史中的重要地位。

(二)法律解释的规范化

随着传统法律和律学的发展,这一时期的法律解释也趋于规范化,对后世立法、司法和法制的统一影响深远。具有代表性的如晋代张斐、杜预对《泰始律》的解释,对法律概念的科学化与规范化作出了贡献。

特别是张斐对一些法律名词的说明,如"故意"是"知而犯之谓之故意";"过失"是"不意误犯谓之过失";"谋"指"二人对议";"群"是指三人以上;"赃"是以图利为目的;"戏"重在双方相和斗;"斗"着重在双方争执;"诈"是以背信为要件;"率"指力能指挥众人;“强”是以不和为原则;“造意”重在首先倡议;等等。

对晋律中一些相类易混的罪名也作了解释。如《晋书·刑法志》载,“无变斩击谓之贼……取非其物谓之盗”,“以威势得财”的犯罪,“不求自与为受求,所监求而后取为盗赃”,“敛人财物积藏于官为擅赋”,“将中有恶言为恐吓”。此外,对刑名类别也作了简明解释。如“意善功恶,以金赎之”,“律制,生罪不过十四等,死刑不过三……刑等不过一岁,金等不过四两”,便是对晋律刑罚体制通俗明白的概括。

二、魏晋南北朝时期法典的发展变化★

(一)法典结构的发展变化

1.《魏律》。

鉴于汉代律令繁杂,魏明帝下诏改定刑制,作新律18篇,后人称为《魏律》或《曹魏律》。新律对秦汉旧律有较大改革:首先,将《法经》中的“具律”改为“刑名”置于律首;其次,将“八议”制度正式列入法典;最后,调整律典篇目,对其重新归纳整理、分类合并,使律典的结构与内容更为科学合理。

2.《晋律》颁行与张杜注律。

西晋泰始三年,晋武帝诏颁《晋律》,又称《泰始律》。《晋律》对汉魏法律继续改革,精简法律条文,形成20篇602条的格局。

《晋律》在刑名后增加法例律,丰富了刑法总则的内容。同时对刑法分则部分重新编排,向着“刑宽”“禁简”的方向迈了一大步。

在《晋律》颁布的同时,律学家张斐、杜预为之作注,总结了历代刑法理论与刑事立法经验,经晋武帝批准颁行,成为与《晋律》具有同等法律效力的官方法律解释。故《晋律》及该注解合称“张杜律”。

3.《北魏律》。

北魏统治者吸收汉晋立法成果,采诸家法典之长,经过综合比较,“取精用宏”,修成《北魏律》20篇,成当时著名的法典。

4.《北齐律》。

《北齐律》共12篇,其将刑名与法例律合为名例律一篇,充实了刑法总则;精练了刑法分则,使其成为11篇,即禁卫、婚户、擅兴、违制、诈伪、斗讼、贼盗、捕断、毁损、厩牧、杂律。

《北齐律》在中国封建法律史上起着承前启后的作用,对封建后世的立法影响深远。

(二)法律形式与法典内容的发展变化

1.法律形式的变化。

这一时期法律形式发生了比较大的变化,形成了律、令、科、比、格、式相互为用的立法格局。

(1)科起着补充与变通律、令的作用;

(2)格与令相同,起着补充律的作用,均带有刑事法律的性质,与隋唐时期的“格”不同;

(3)比是比附或类推,比照典型判例或相近律文处理法律无明文规定的同类案件;

(4)式是公文程式。

2.法典内容的发展变化。

(1)“八议”入律。

魏明帝在制定《魏律》时,以《周礼》“八辟”为依据,正式规定了“八议”制度。“八议”制度是对封建特权人物犯罪判处刑罚后,实行减免处罚的法律规定。它包括:①议亲(皇帝亲戚);②议故(皇帝故旧);③议贤(有传统德行与影响的人);④议能(有大才能);⑤议功(有大功勋);⑥议贵(贵族官僚);⑦议勤(为国事勤劳服务);⑧议宾(前代皇室宗亲)。

(2)“官当”制度确立。

“官当”是封建社会允许官吏以官职爵位折抵徒罪的特权制度。它正式出现在《北魏律》与《陈律》中。

(3)“重罪十条”的产生。

《北齐律》中首次规定“重罪十条”,是对危害统治阶级根本利益的十种重罪的总称。把“重罪十条”置于律首,作为严厉打击的对象,增加了法律的威慑力量。“重罪十条”分别为:①反逆(造反);②大逆(毁坏皇帝宗庙、山陵与宫殿);③叛(叛变);④降(投降);⑤恶逆(殴打谋杀尊亲属);⑥不道(凶残杀人);⑦不敬(盗用皇室器物及对皇帝不尊重);⑧不孝(不侍奉父母,不按礼制服丧);⑨不义(杀本府长官与授业老师);⑩内乱(亲属间的乱伦行为)。“重罪十条”成为后世法典“十恶”罪名的直接渊源。

《北齐律》规定:“其犯此十者,不在八议论赎之限。”

(4)刑罚制度改革。

①规定绞、斩等死刑制度。

②规定流刑。北周时规定流刑分5等,每等以500里为基数,以距都城2500里为第一等,至4500里为限,同时还要施加鞭刑。

③规定鞭刑与杖刑。北魏时期开始改革以往的五刑制度,增加鞭刑与杖刑,北齐、北周相继采用。

④废除宫刑制度。西魏与北齐相继宣布废除宫刑,自此结束了使用宫刑的历史。

(5)“准五服制罪”的确立。

《晋律》与《北齐律》中相继确立“准五服制罪”的制度。

服制是中国封建社会以丧服为标志,区分亲属的范围和等级的制度。按服制依亲属远近关系分为五等:斩衰、齐衰、大功、小功、缌麻。服制不但确定继承与赡养等权利义务关系，同时也是亲属相犯时确定刑罚轻重的依据。依五服制罪成为封建法制制度的重要内容，影响广泛，直到明清。

在刑法适用上，凡服制越近，以尊犯卑，处罚越轻；以卑犯尊，处罚越重。凡服制越远，以尊犯卑，处罚变重；以卑犯尊，处罚变轻。

(6)死刑复奏制度。

死刑复奏制度是指奏请皇帝批准执行死刑判决的制度，北魏太武帝时正式确立这一制度，为唐代的死刑三复奏奠定了基础，这一制度的建立既加强了皇帝对司法审判的控制，又体现了皇帝对民众的体恤。

(7)妇女犯罪行刑上享有特殊规定。

魏明帝时，为免对女犯用刑使身体裸露，改妇人加笞还从鞭督之例，以罚金代之。《晋律》规定："女人当罚金杖罚者，皆令半之。"《梁律》加以沿用，且扩大对女子的照顾，规定："女人当鞭杖罚者，皆半之。""女子怀孕，勿得决罚。"《北魏律》则进一步明确："妇人当刑而孕，产后百日乃决。"这其中有礼教因素，但也是社会文明程度提高的结果。

三、司法制度

(一)司法机关

北齐的大理寺。北齐正式设置大理寺，以大理寺卿和少卿为正副长官。大理寺的建立增强了中央司法机关的审判职能，也为后世健全这一机构奠定了重要基础。这个时期进一步提高尚书台的地位，其中的"三公曹"与"二千石曹"执掌司法审判，同时掌囚帐。这为隋唐时期刑部尚书执掌审判复核提供了前提。

晋以御史台主监察，权能极广，受命于皇帝，有权纠举一切不法案件，又设治书侍御史，纠举审判官吏的不法行为。

(二)诉讼制度

1. 皇帝直接参与司法审判。

秦汉以降，皇帝亲自断案渐成常制；两汉以降的"虑囚制度"也得以延续。魏晋时期，《三国志·魏书·明帝纪》载魏明帝太和三年(公元229年)改"平望观"为"听讼观"，史载"每断大狱，常幸观临听之"。《太平御览·后周书》载南朝宋武帝常"折疑狱"，"录囚徒"，仅永初二年(公元421年)即有五次之多。北周武帝常"听讼于正武殿，自旦及夜，继之以烛"。

2. 直诉制的形成。

直诉作为制度成于西晋。直诉，即不依诉讼管辖的层级直接诉于皇帝或钦差大臣，是诉讼中的特别上诉程序。传说西周有路鼓、肺石之制，汉代有缇萦上书文帝，以己身赎父罪，但均非一种定制。《晋书·武帝纪》载晋武帝设登闻鼓，悬于朝堂外或都城内，百姓可击鼓鸣冤，有司闻声录状上奏。此后历代相承。如北魏太武帝时，于宫阙左面悬鼓，人有冤则挝之，由公车上奏其表，南朝梁亦有"击鼓乞代父命"的记载。

3. 上诉制度的变化。

《晋书·刑法志》载，曹魏时为简化诉讼，防止讼事拖延，改汉代上诉之制，特别规定："二岁刑以上，除以家人乞鞫之制。"晋律允许上诉，规定："狱结竟，呼囚鞫语罪状，囚若称枉，欲乞鞫者，许之也。"《魏书·刑罚志》载北魏律规定："狱已成及决竟，经所管(绾)，而疑有奸欺，不直于法，及诉冤枉者，得摄讯覆治之。"

4. 死刑复核制度形成。

《三国志·魏书·明帝纪》载魏明帝青龙四年(公元236年)诏："廷尉及天下狱官，诸有死罪具狱以定，非谋反及手杀人，亟语其亲治，有乞恩者，使与奏当文书俱上。"《晋书·孝武帝纪》载南朝曾规定："其罪甚重辟者，皆如旧先上须报。"

《魏书·刑罚志》载北魏律规定，"诸州国之大辟，皆先谳报乃施行"，"当死者，部案奏闻"。又"狱成皆呈，帝亲临问，无异辞怨言乃绝之"。从而使死刑决定权专属皇帝，一方面是慎刑，另一方面也是控制。

5. 加强自上而下的审判监督。

秦汉时郡县有权判决死刑，至曹魏、晋代，县令审判权受到限制，凡重囚，县审判后须报郡，由郡守派督邮案验。南朝宋改为将案卷及人犯一并送郡，由郡太守复审后方可执行。如郡太守不能决，再送州刺史，州刺史不能决则上交中央廷尉。对此，各代还普遍施行特使察囚制度，"如有枉滞以时奏闻"，以加强对地方审判的监督。

四、御史台对司法的监督

这一时期，监察机关仍为御史台，但已从少府独立出来，成为皇帝直接掌握的独立监察机关。长官仍为御史中丞(北魏称御史中尉，南朝叫南司)，职权广大，"自皇太子以下，无所不纠"。因地位渐高，中丞以下，设有名目繁多的御史，自魏以后，地方不设监察机关，由中央派御史监察，成为御史出巡制度。御史甚至可"风闻言事"，对各级官吏进行弹奏。但御史中丞失纠则要免官。

东汉时的司隶校尉，魏晋时仍设，与御史中丞"分督百僚"。至东晋废，分其行政权归扬州刺史(京师在扬州)，分其监察权归御史台。司隶校尉一职不复存在。

命题点拨 秦汉律的主要内容，魏晋南北朝时期的律学与法典结构内容的发展变化。

第三章 隋唐宋元时期的法律思想与制度

第一节 隋唐时期的法律思想与制度

一、隋代《开皇律》的特点与历史意义

1. 改革刑罚制度确立传统五刑。

《开皇律》正式确立了新五刑体例。在继承北魏、北齐刑罚体系的基础上,《开皇律》对前代刑罚种类进行系统总结与整理,废“前代鞭刑及枭首,轘裂之法”。流徒罪较前为轻。以笞、杖、徒、流、死作为基本的刑罚手段,并形成了完善的轻重有序的刑罚体系,定刑罚为五种二十等。自唐以后迄于明清,笞、杖、徒、流、死五种刑罚一直是历代法典中所规定的基本刑罚体系。

2. 继承发展贵族官僚特权法律的“议请减赎当免之法”。

其一,延续了《魏律》“八议”制度,此八种人犯罪享受减免刑罚的特权。其二,规定“例减”制度,凡“八议”之人及七品以上官员,犯非“十恶”之罪,皆“例减”一等。其三,规定“赎刑”制度,九品以上官员犯罪,皆可以铜赎罪;律在五刑二十等下分列赎铜的具体数量;并规定九品以上官吏犯罪,除若干重罪,如十恶、受财枉法、奸、盗、杀人等之外,一般皆可以铜赎刑。从此使自古以来以钱财抵刑罚的方式制度化与法律化。其四,继续规定“官当”制度,并增加区别公罪与私罪的官当标准。

3. 创设“十恶”之条。

《开皇律》在北齐律“重罪十条”的基础上加以删增,创设了“十恶”条款。把十种严重危害统治秩序及悖逆传统纲常名教的犯罪归纳起来,称为“十恶”,置于律之首篇《名例律》予以特别规定,作为刑罚的重点。

二、唐律与中华法系★★★★

(一)唐律的制定过程

1.《武德律》是唐代首部法典,武德律以隋《开皇律》为蓝本,共12篇500条。

2.《贞观律》基本确定了唐律的主要内容和风格,增设加役流,确定了五刑、十恶、八议以及类推原则与制度。

3.《永徽律疏》。★

又称《唐律疏议》,高宗永徽二年(公元651年),长孙无忌等在《贞观律》的基础上修订。唐高宗在永徽三年(公元652年)下令召集律学通才和一些重要臣僚对《永徽律》进行逐条逐句的解释,于永徽四年(公元653年)十月经高宗批准,将疏议分附于律文之后颁行。计分12篇,共30卷,称为《永徽律疏》。至元代后,人们以疏文皆以“议曰”二字始,故又称为《唐律疏议》。

《永徽律疏》总结了汉魏晋以来立法和注律的经验,不仅对主要的法律原则和制度作了精确的解释与说明,而且尽可能引用儒家经典作为律文的理论根据。《永徽律疏》的完成,标志着中国古代立法达到了最高水平。作为中国封建法制的最高成就,《永徽律疏》全面体现了中国古代法律制度的水平、风格和基本特征,成为中华法系的代表性法典,对后世及周边国家产生了极为深远的影响。

《永徽律疏》是迄今保存下来的最完整、最早、最具社会影响的古代成文法典。

(二)十恶

1. 从“重罪十条”到“十恶”。

所谓“十恶”是隋唐以后历代法律中规定的严重危害统治阶级根本利益的常赦不原的十种最严重犯罪,渊源于《北齐律》的“重罪十条”。隋《开皇律》在“重罪十条”的基础上加以损益,确定了十恶制度。

2. 唐律中“十恶”的具体内容:

(1)谋反:谓谋危社稷,指谋害皇帝、危害国家的行为;

(2)谋大逆:指图谋破坏国家宗庙、皇帝陵寝以及宫殿的行为;

(3)谋叛:谓背国从伪,指背叛本朝、投奔敌国的行为;

(4)恶逆:指殴打或谋杀祖父母、父母等尊亲属的行为;

(5)不道:指杀一家非死罪三人及肢解人的行为;

(6)大不敬:指盗窃皇帝祭祀物品或皇帝御用物、伪造或盗窃皇帝印玺、调配御药误违原方、御膳误犯食禁以及指斥皇帝、无人臣之礼等损害皇帝尊严的行为;

(7)不孝:指控告祖父母、父母,未经祖父母、父母同意私立门户、分异财产,对祖父母、父母供养有缺,为父母尊长服丧不如礼等不孝行为;

(8)不睦:指谋杀或卖五服(缌麻)以内亲属,殴打或控告丈夫大功以上尊长等行为;

(9)不义:指杀本管上司、受业师及夫丧违礼的行为;

(10)内乱:指奸小功以上亲属等乱伦行为。

唐律中“十恶”制度所规定的犯罪大致可以分为两类:一为侵犯皇权与特权的犯罪,二为违反伦理

纲常的犯罪。而且,唐律规定凡犯十恶者,不适用八议等规定,且为常赦所不原,此即俗语所谓“十恶不赦”的渊源。

(三)六杀、六赃与保辜

1. 六杀。

《唐律》贼盗、斗讼篇中依犯罪人主观意图区分了“六杀”,指“谋杀”“故杀”“斗杀”“误杀”“过失杀”“戏杀”。

2. 六赃。

六赃指《唐律》规定的六种非法获取公私财物的犯罪。

(1)“受财枉法”,指官吏收受财物导致枉法裁判的行为。

(2)“受财不枉法”,指官吏收受财物,但无枉法裁判行为。

(3)“受所监临”,指官吏利用职权非法收受所辖范围内百姓或下属财物的行为。

(4)“强盗”,指以暴力获取公私财物的行为。

(5)“窃盗”,指以隐蔽的手段将公私财物据为己有的行为。

(6)“坐赃”,指官吏或常人非因职权之便非法收受财物的行为。

明清律典中有“六赃图”的附配。

3. 保辜。

指对伤人罪的后果不是立即显露的,规定加害方在一定期限内对被害方伤情变化负责的一项特别制度。

唐律规定:“手足殴伤人限十日,以他物殴伤人者二十日,以刃及汤火伤人者三十日,折跌肢体及破骨者五十日。”在限定的时间内受伤者死去,伤人者承担杀人的刑责;限外死去或者限内以他故死亡者,伤人者只承担伤人的刑事责任。

唐代确定保辜期限,用以判明伤人者的刑事责任,尽管不够科学,但较之以往却是一个进步。

(四)五刑与刑罚原则

1. 唐律中的五刑。

唐律承用隋《开皇律》中所确立的五刑即笞、杖、徒、流、死五种刑罚,作为基本的法定刑,其规格与《开皇律》稍有不同:

(1)笞刑:由10到50,每等加10。

(2)杖刑:由60到100,每等加10。

(3)徒刑:由1年到3年,每等加半年。

(4)流刑:由2000里到3000里,每等加500里;另外有加役流。

(5)死刑:分绞、斩二等。

2. 唐律中的刑罚原则。

(1)区分公、私罪的原则。

公罪是指“缘公事致罪而无私曲者”,即在执行公务中,由于公务上的关系造成某些失误或差错,而不是为了追求私利而犯罪。

私罪包括两种:一种是指“不缘公事私自犯者”,即所犯之罪与公事无关,如盗窃、强奸等;另一种是指“虽缘公事,意涉阿曲”的犯罪,即利用职权,徇私枉法,如受人嘱托、枉法裁判等,虽因公事,也以私罪论处。

(2)自首原则。

①严格区分自首与自新的界限。唐代以犯罪未被举发而能亲自到官府或父兄代为到官府交代罪行的,叫作自首或遣人代首。即“若於法得相容隐者为首及相告言者,各听如罪人身自首法”;“其轻罪虽发,因首重罪者,免其重罪;即因问所劾之事而别言馀罪者,亦如之”。但犯罪被揭发或被官府查知逃亡后,再投案者,唐代称作自新。即“其知人欲告及亡叛而自首者,减罪二等坐之;即亡叛者虽不自首,能还归本所者,亦同”。

②规定谋反等重罪或造成严重危害后果无法挽回的犯罪不适用自首。

③规定自首可以免罪,但赃物必须按法律如数偿还。

④自首不彻底的叫“自首不实”,对犯罪情节交代不彻底的叫“自首不尽”。对于不实不尽者,只处罚其不实不尽的那部分行为,如实交代的部分不再处罚。

⑤轻罪已发,能首重罪,免其重罪;审问他罪而能自首其余罪的,免其余罪。

(3)类推原则。

即对律文无明文规定的同类案件,凡应减轻处罚的,则列举重罪处罚规定,比照以解决轻案。凡应加重处罚的罪案,则列举轻罪处罚规定,比照以解决重案。例如,盗贼篇规定:夜间无故入人家者,主人当时将其杀死,不负刑事责任;今主人将其折伤,当然无罪,此为“举重明轻”;又如,盗贼篇规定:谋杀期亲尊长者,不论已伤、未伤,皆斩。今若有人实行杀、伤其期亲尊长,比已伤未伤更重,自应处死无疑,此为“举轻明重”。

(4)化外人原则。

即同国籍外国侨民在中国犯罪的,由唐王朝按其所属本国法律处理,实行属人主义原则;不同国籍侨民在中国犯罪者,按唐律处罚,实行属地主义原则。

(五)唐律体现的法律思想与中华法系

1.“礼律合一”。

2. 科条简要与宽简适中。

3. 立法技术完善。

4. 唐律是中国传统法典的楷模与中华法系形成的标志。

唐律是我国传统法典的楷模，在中国法律史上具有继往开来、承前启后的重要地位，对东南亚各国均有影响。唐朝承袭秦汉立法成果，吸收汉晋律学成就，《唐律疏议》这部集古代中国传统法典之大成的法典，无论就刑名概念的解释，还是法律适用原则的确定；无论是其语言特色及注释风格，还是其内容的周密与完整等，均受到传统律学的浸润。没有汉魏律学的发展，唐律及其疏议有如此卓著之成就是不可能的。唐律因具有传统法律的典型性和高度的成熟性，故对宋元明清产生了深刻影响。

作为中华法系的代表作，唐律超越国界，对亚洲诸国产生了重大影响。朝鲜《高丽律》篇章内容都取法于唐律。日本文武天皇制定《大宝律令》，也以唐律为蓝本。越南李太尊时期颁布的《刑书》，大多参用唐律。可见唐律不仅在本国，而且在世界法制史上也占有重要地位。

三、隋唐时期的司法制度★

（一）隋唐时期的司法机关

唐代沿袭隋制，皇帝以下设大理寺、刑部、御史台三大司法机构。

1. 大理寺。

大理寺以正卿和少卿为正副长官，行使中央司法审判权，审理中央百官与京师徒刑以上案件。凡属流徒案件的判决，须送刑部复核；死刑案件必须奏请皇帝批准。同时，大理寺对刑部移送的死刑与疑难案件具有重审权。

2. 刑部。

唐代刑部以尚书、侍郎为正副长官，下设刑部、都官、比部和司门四司。刑部有权参与重大案件的审理，对中央、地方上报的案件具有复核权，并有权受理在押犯申诉案件。

3. 御史台。

御史台以御史大夫和御史中丞为正副长官，下设台、殿、察三院，作为中央监察机构。御史台有权监督大理寺、刑部的审判工作，同时参与疑难案件的审判，并受理行政诉讼案件。御史台中分设台院、殿院、察院，统辖下属的诸御史。

台院是御史台的基本组成部分，设侍御史若干人，执掌纠弹中央百官，参与大理寺的审判和审理皇帝交付的重大案件。

殿院，设殿中侍御史若干人，执掌纠察百官在宫殿中违反朝仪的失礼行为，并巡视京城及其他朝会、郊祀等，以维护皇帝的神圣尊严为其主要职责。

察院，设监察御史若干人，执掌纠察州县地方官吏的违法行为。

4. 唐代的“三司推事”。

刑部侍郎、御史中丞、大理寺卿共同审理中央或地方发生的重大案件，称为“三司推事”。

大理寺评事、刑部员外郎、监察御史审理地方不便于解往中央的案件，称为“司法使”。

每逢重大死刑案件，皇帝下令“中书、门下四品以上及尚书九卿议之”，以示慎刑。

5. 唐代的地方司法机关。

唐代地方司法仍由行政长官兼理。州县长官在进行司法审判时，均设佐史协助处理。州一级设法曹参军或司法参军，县一级设司法佐史等。县以下乡官、里正对犯罪案件具有纠举责任，对轻微犯罪与民事案件具有调处的权力，结果须呈报上级。

（二）诉讼制度

1. 刑讯的条件与证据。

唐律规定在拷讯之前，必须先审核口供的真实性，然后反复查验证据。证据确凿，仍狡辩否认的，经过主审官与参审官共同决定，可以使用刑讯；未依法定程序拷讯的，承审官要负刑事责任。同时规定，对那些人赃俱获，经拷讯仍拒不认罪的，也可“据状断之”，即根据证据定罪。

2. 刑讯方法。

（1）刑讯必须使用符合标准规格的常行杖，以杖外他法拷打甚至造成罪囚死讯者，承审官要负刑事责任。

（2）拷囚不得超过3次，每次应间隔20天，总数不得超过200下，杖罪以下不得超过所犯之数。若拷讯数满仍不招供者，必须取保释放。凡有违犯，承审官须负刑事责任。

（3）拷讯数满，被拷者仍不承认的，应当反拷告状之人，以查明有无诬告等情形，同时规定了反拷的限制。

3. 规定对两类人禁止使用刑讯，只能根据证据来定罪：

（1）具有特权身份的人，如应议、请、减之人；

（2）老幼废疾之人，指70岁以上15岁以下、一肢废、腰脊折、痴哑、侏儒等。

4. 司法官回避制度。

唐代为防止审判官因亲属或仇嫌关系故意出入人罪，唐代《狱官令》第一次以法典的形式，肯定了法官的回避制度，即所谓“鞫狱”，官与被鞫人有亲属仇嫌者，皆听更之。

第二节 宋元时期的法律思想与制度

一、宋代的法律思想与制度★

(一)礼律合一思想的发展

1. 强化中央集权——律法注重“吏治”。

2. “义利之辩”——“治簿书当如举子之治本经”。

3. 程朱理学——“正风俗而防祸乱”必以“礼律之文”为根本。

4. “法深无善治”的法律思想。

(二)《宋刑统》与编敕

1.《宋刑统》。

宋太祖建隆三年(公元962年),在工部尚书判大理寺卿窦仪等人的奏请下,开始修订宋朝新的法典。同年七月完成,由太祖诏“付大理寺刻板摹印,颁行天下”,成为历史上第一部刊印颁行的法典。全称《宋建隆重详定刑统》,简称《宋刑统》。

刑统的编纂体例可以追溯至唐宣宗时颁布的《大中刑律统类》。北宋初期一度沿用的《大周刑统》,便是刑统体例在五代时发展的结果。刑统在编纂上,以传统的刑律为主,同时将有关敕令格式和朝廷禁令、州县常科等条文编附于后,使其成为一部具有统括性和综合性的法典。

《宋刑统》和《唐律疏议》相比有以下特点:

(1)两者的篇目、内容大体相同。

(2)《宋刑统》在12篇的502条中又分为213门,将性质相同或相近的律条及有关的敕、令、格、式、起请等条文作为一门。

(3)《宋刑统》收录了五代时通行的部分敕、令、格、式,形成一种律令合编的法典结构。

(4)《宋刑统》删去《唐律疏议》每篇前的历史渊源部分,因避讳对个别字也有改动,如将“大不敬”的“敬”字改为“恭”等。

2. 编敕。

敕的本意是尊长对卑幼的一种训诫。南北朝以后成为皇帝诏令的一种。宋代的敕是指皇帝对特定的人或事所作的命令。敕的效力往往高于律,成为断案的依据。依宋代成法,皇帝的这种临时命令须经过中书省“制论”和门下省“封驳”,才被赋予通行全国的“敕”的法律效力。

编敕,是将一个个单行的敕令整理成册,上升为一般法律形式的一种立法过程。神宗时设有专门的编敕机构“编敕所”。

3. 律与敕的关系。

(1)仁宗前基本是“敕律并行”,编敕一般依律的体例分类,但独立于《宋刑统》之外。

(2)神宗朝敕地位提高,“凡律所不载者,一断于敕”,敕已到足以破律、代律的地步。

(3)敕主要是关于犯罪与刑罚方面的规定,所谓“丽刑名轻重者,皆为敕”。

(三)刑罚的变化

1. 折杖法。

建隆四年(公元963年)颁行“折杖法”,改变五代以来刑罚严苛的弊端。新的“折杖法”规定:除死刑外,其他笞、杖、徒、流四刑均折换成臀杖和脊杖。折杖法对缓和社会矛盾曾有一定作用,但对反逆、强盗等重罪不予适用。

2. 配役。

配役刑渊源于隋唐的流配刑。推行折杖法之后,原有的流刑实际上便称为配役。为补死刑和折杖后的诸刑刑差太大,有轻重失平之弊,朝廷遂增加配役刑的种类和一些附加刑,使配役刑成为一种非常复杂的刑名。

配役刑在两宋多为刺配,刺是刺字,即古代黥刑的复活;配指流刑的配役。刺配源于后晋天福年间的刺面之法,太祖时偶尔用之,仁宗后成为常制。刺配对后世刑罚制度影响极坏,是刑罚制度上的一种倒退,在宋代和后世都曾颇遭非议。

3. 凌迟。

(1)作为死刑的一种,凌迟始于五代时的辽。是一种碎而割之,使被刑者极端痛苦、慢慢致人死亡的一种酷刑。

(2)仁宗时使用凌迟刑,神宗熙宁以后成为常刑。

(3)至南宋,在《庆元条法事类》中,正式作为法定死刑的一种。

(4)《大清现行刑律》废除。

(四)契约法规

1. 债的发生。宋代因契约所生之债占多数,当然还有其他形式引发的债权,《宋刑统》与《庆元条法事类》在买卖之债发生的法律规定上,强调双方的“合意”性,维护家长的支配权。

2. 买卖契约。宋代买卖契约分为绝卖、活卖与赊卖三种。

(1)绝卖为一般买卖。

(2)活卖为附条件的买卖,当所附条件完成,买卖才算最终成立。

(3)赊卖是采取类似商业信用或预付方式,而后收取出卖物的价金。

这些重要的交易活动,都须订立书面契约,取得官府承认,才能视为合法有效。

3. 租赁契约。

(1)对房宅的租赁:"租"、"赁"或"借"。

(2)对人畜车马的租赁:"庸""雇"。

4. 租佃契约。宋代租佃土地行为十分普遍。地主与佃农签订的租佃土地契约中,必须明定纳租与纳税的条款,或按收成比例收租(分成租),或实行定额租。地主同时要向国家缴纳田赋。若佃农过期不交地租,地主可于每年十月初一到正月三十日向官府投诉,由官府代为索取。

5. 典卖契约。宋代典卖又称"活卖",即通过让渡物的使用权收取部分利益而保留回赎权的一种交易方式。

6. 借贷契约。

(1)借指使用借贷,把不付息的使用借贷称为负债。

(2)贷指消费借贷,把付息的消费借贷称为出举。

(五)婚姻与继承法规

1. 婚姻法规。

(1)婚姻的缔结主要受以下三个因素的限制:

①婚龄。宋承唐律,规定:"男年十五,女年十三以上,并听婚嫁。"违犯成婚年龄的,不准婚嫁。

②血缘。宋律禁止五服以内亲属结婚,但对姑舅两姨兄弟姐妹结婚并不禁止。

③州县官员。《宋刑统》规定:"诸州县官人在任之日,不得共部下百姓交婚,违者虽会赦仍离之。其州上佐以上及县令,于所统属官亦同。其订婚在前,任官居后,及三辅内官门阀相当情愿者,并不在禁限。"

(2)离婚:仍然实行唐"七出"与"三不去",但有少许变通。例如,《宋刑统》规定:夫外出3年不归,6年不通问,准妻改嫁或离婚;但是"妻擅走者徒三年,因而改嫁者流三千里,妾各减一等"。

2. 继承制度。

(1)宋代除沿袭以往的遗产兄弟均分制外,允许在室女(未嫁女)享受部分财产继承权,同时承认遗腹子与亲生子享有同样的继承权。

(2)户绝财产继承办法。

①户绝指家无男子承继。

②户绝立继承人有两种方式:

a. 凡"夫亡而妻在",立继从妻,称"立继"。

b. 凡"夫妻俱亡",立继从其尊长亲属,称为"命继"。

(3)继子与户绝之女均享有继承权,但:

①只有在室女的,在室女享有3/4的财产继承权,继子享有1/4的财产继承权。(3/4+1/4)

②只有出嫁女的(已婚女),出嫁女享有1/3的财产继承权,继子享有1/3,另外的1/3收为官府所有。(1/3+1/3+1/3)

(六)司法制度

1. 三法司与提点刑狱司。

宋沿唐制,在中央设大理寺、刑部、御史台分掌中央司法职能。但宋代在司法机关设置方面的特殊之处在于:

(1)宋代刑部负责大理寺详断的全国死刑已决案件的复核及官员叙复、昭雪等事。神宗后,刑部分设左右曹,左曹负责死刑案件复核,右曹负责官吏犯罪案件的审核。其职能有所扩大,处理有关刑法、狱讼、奏谳、赦宥、叙复等事。

(2)"台谏合一"。将御史台纠举百官职权与谏院规谏君主职权合二为一。

(3)宋代的地方司法机关。宋代地方州县仍实行司法与行政合一之制,但从太宗时起加强地方司法监督,在州县之上,设立提点刑狱司,作为中央在地方各路的司法派出机构。提点刑狱司定期巡视州县,监督审判,详录囚徒。凡地方官吏审判违法,轻者,提点刑狱司可以立即处断;重者,上报皇帝裁决。

2. 宋代的翻异别勘制度与证据勘验制度。

在诉讼中,人犯否认口供(称"翻异"),事关重大案情的,由另一法官或另一司法机关重审,称"别勘"。两宋注重证据,原被告均有举证责任。重视现场勘验,南宋地方司法机构制有专门的"检验格目",并产生了《洗冤集录》等世界最早的法医学著作。

二、元代法制中的"四等人"原则

元初,依据不同民族将民众的社会地位划分为四等:蒙古人社会政治地位最优越;色目人次之;汉人再次之;南人(原南宋统治的民众)最低。

元代法律规定宗室及蒙古人的案件,由中央大宗正府专门负责。汉人、南人诉案归刑部,且审判机关的正职由蒙古人担任。汉人与蒙古人纠纷多偏袒蒙古人,同罪异罚。

命题点拨 唐宋律的主要内容,司法制度的发展变化。

第四章　明清时期的法律思想与制度

第一节　明至清中期的法律思想与制度

一、明清时期的立法★

(一)律例与大诰

1. 明律与明大诰。

(1)《大明律》。《大明律》是明太祖朱元璋在建国初年开始编修，于洪武三十年(公元1397年)完成并颁行天下的法典，共计7篇30卷460条。它一改传统刑律体例，更为名例、吏、户、礼、兵、刑、工七篇格局，用以适应强化中央集权的需要。

(2)《明大诰》。朱元璋在修订《大明律》的同时，为防止"法外遗奸"，又在洪武十八年(公元1385年)至洪武二十年(公元1387年)间，首订四编《大诰》，共236条，具有与《大明律》相同的法律效力。《明大诰》集中体现了朱元璋"重典治世"的思想。

大诰是明初的一种特别刑事法规。大诰之名来自儒家经典《尚书·大诰》。

大诰的特征：

(1)大诰对于律中原有的罪名，一般都加重处罚。

(2)大诰的另一特点是滥用法外之刑，四编大诰中开列的刑罚如族诛、枭首、断手、斩趾等，都是汉律以来久不载于法令的酷刑。

(3)"重典治吏"是大诰的又一特点，其中大多数条文专为惩治贪官污吏而定，以此强化统治效能。

(4)《大诰》也是中国法制史上空前普及的法规，每户人家必须有一本《大诰》，科举考试中也列入《大诰》的内容。

2. 清代律例的编撰。

(1)《大清律例》的制定与颁行。

《大清律例》于乾隆元年(公元1736年)开始重新修订。乾隆即位之初，命律令总裁官对原有律例进行逐条考证，重加编辑，于乾隆五年(公元1740年)完成，颁行天下。

《大清律例》的结构、形式、体例、篇目与《大明律》基本相同，共分名例律、吏律、户律、礼律、兵律、刑律、工律七部分。其中《律目》《诸图》《服制》各1卷，《大清律例》正文36卷，律文436条。自乾隆五年颁律以后律文部分基本定型，极少修订，后世各朝只是不断增修律文之后的"附例"。

《大清律例》是中国历史上最后一部封建成文法典。《大清律例》以《大明律》为蓝本，是中国传统封建法典的集大成者。

(2)清代的例。

清代最重要的法律形式就是例。例是统称，可分为：

①条例。

条例一般而言是专指刑事单行法规，大部分编入《大清律例》，附于某一律条之后。条例是由刑部或其他行政部门就一些相似的案例先提出一项立法建议，经皇帝批准后成为一项事例，指导类似案件的审理判决。然后，经"五年一小修，十年一大修"的条例纂修活动，由律例馆编入《大清律例》，或单独编为某方面的刑事单行法规。

②则例。

则例指某一行政部门或某项专门事务方面的单行法规汇编。它是针对政府各部门的职责、办事规程而制定的基本规则。"则例"作为清代重要法律形式之一，对于国家行政管理起着重要作用。

③事例。

事例指皇帝就某项事务发布的"上谕"或经皇帝批准的政府部门提出的建议。事例一般不自动具有永久的、普遍的效力，但可以作为处理该事务的指导原则。

④成例。

成例，也称"定例"，指经过整理编订的事例，是一项单行法规。成例是一种统称，包括条例及行政方面的单行法规。

(二)明清会典

1.《大明会典》。

《大明会典》。明英宗时开始编修、孝宗弘治十五年(公元1502年)初步编成，但未及颁行。武宗、世宗、神宗三朝重加校刊增补。《大明会典》基本仿照《唐六典》以六部官制为纲，分述各行政机关职掌和事例。在每一官职之下，先载律令，次载事例。故《大明会典》就其内容、性质与作用来看，仍属行政法典，起着调整国家行政法律关系的作用。

2.《大清会典》与清代行政法。

《大清会典》仿效《明会典》编定，记述各朝主要国家机关的职掌、事例、活动规则与有关制度。计有康熙、雍正、乾隆、嘉庆、光绪五部会典，合称"五朝会典"，统称《大清会典》。

二、立法思想与刑罚原则★★

(一)明刑弼教的立法思想

1."明刑弼教"一词，最早见于《尚书·大禹谟》："明于五刑，以弼五教"之语。宋以前论及"明刑弼教”多将其附于“德主刑辅”之后，其着眼点是“大德小刑”和“先教后刑”。

2. 宋代以后，在处理德、刑关系上有突破。朱熹有意提高了礼、刑关系中刑的地位，认为礼律二者对治国同等重要。刑与德的关系不再是“德主刑辅”中的“从属”“主次”关系，德对刑不再有制约作用，而只是刑罚的目的，刑罚也不必拘泥于“先教后刑”的框框，而可以“先刑后教”行事。

3. 这一变通意味着中国封建法制指导原则沿着“德主刑辅—礼律结合—明刑弼教”的发展轨道，进入了一个新的阶段。“德主刑辅”本意是注重道德教化限制严苛，往往同轻刑主张相联系。而经朱熹阐发，朱元璋身体力行的“明刑弼教”思想，则完全是借“弼教”之口实，为推行重典治国政策提供思想理论依据。

(二) 从重从新与“重其所重，轻其所轻”的原则

1. 实行刑罚从重从新原则。汉唐以来在刑罚适用上强调从轻原则。《大明律·名例》规定：“凡律自颁降日为始，若犯在已前者，并依新律拟断。”

2. “重其所重，轻其所轻”的原则。对于贼盗及有关钱粮等事，明律较唐律处刑为重。唐律一般根据情节轻重作出不同处理，牵连范围相对较小；而明律则不分情节，一律处以重刑，且扩大株连范围，此即“重其所重”原则。对于“典礼及风俗教化”等一般性犯罪，明律处罚轻于唐律，此即“轻其所轻”的原则。对某些危害不大的“轻罪”从轻处罚是为了突出“重其所重”的原则。清律扩大和加重对“十恶”中“谋反”“谋大逆”等侵犯皇权的犯罪的惩罚。凡谋反大逆案中只要参与共谋，即不分首从一律凌迟处死；其父子、祖孙、兄弟及同居之人(不论同姓异姓)、伯叔父、兄弟之子(不限户籍之同异)，年16岁以上者(不论笃疾、废疾)皆斩；15岁以下者及犯人之母女妻妾、姊妹及子之妻妾，“皆给付功臣之家为奴，财产入官”。

三、罪名与刑罚

(一) 奸党罪与充军刑

1. “奸党”罪的创设。

朱元璋洪武年间创设“奸党”罪，用以惩办官吏结党危害皇权统治的犯罪。“奸党”罪无确定内容，实际是为皇帝任意杀戮功臣宿将提供合法依据。

2. 在流刑外增加充军刑，即强迫犯人到边远地区服苦役，远至4000里，近至1000里，并有本人终身充军与子孙永远充军的区分。

(二) 故杀与谋杀

1. 故杀。

按《唐律》规定，故杀是“非因斗争，无事而杀”，即双方并非因为斗殴，而是一方突然起意杀人。以后明清都继承了唐律对故杀的这一定义，并对之进行更进一步的阐释，从而将谋杀和与谋杀关系最为密切的故杀概念相区别。

2. 谋杀。

在《唐律》中谋杀的含义已经发生了很大变化，即谋杀不再是必要共犯，单独一人也可以成为谋杀罪的主体。明律仍然以为谋杀首先是二人以上共同犯罪。同时，明律也承认一个人也可以成为谋杀罪的主体，而且明律中对一个人进行的谋杀即单独谋杀的解释与唐律也基本相同。

至清代，传统法律谋杀的概念已经定型。即谋杀是有预谋的故意杀人，而故杀是没有预谋、突然起意的故意杀人。有无事先预谋是区分谋杀和故杀的根本标准。

四、明代的司法制度★

(一) 司法机关

1. 中央司法机关。

明清时期，中央司法机构为刑部、大理寺、都察院，一改隋唐以来的大理寺、刑部、御史台体系。

(1) 明代刑部增设十三清吏司，分掌各省刑民案件，加强对地方司法控制。

(2) 明代大理寺掌复核驳正，发现有“情词不明或失出入者”，驳回刑部改判，并再行复核。如此三改不当者，奏诸皇帝裁决。

(3) 明代都察院掌纠察。主要是纠察百司，司法活动仅限于会审及审理官吏犯罪案件，并无监督法律执行的原则。设有十三道监察御史。

2. 地方司法机关。

明朝地方司法机关分为省、府(直隶州)、县三级。沿宋制，省设提刑按察司，“掌一省刑名按劾之事”。有权判处徒刑及以下案件，徒刑以上案件须报送中央刑部批准执行。府、县两级仍是知府、知州、知县实行行政司法合一体制，掌管狱讼事务。明代越诉受重惩。明朝还在各州县及乡设立“申明亭”，张贴榜文，申明教化，由民间德高望重的耆老受理当地民间纠纷，加以调处解决，有力地维护了社会秩序。

3. 管辖原则。

(1) 明朝在交叉案件的管辖上，继承了唐律“以轻就重，以少就多，以后就先”的原则，同时又规定：“若词讼原告、被论在两处州县者，听原告就被论官司告理归结”，反映出明朝实行被告原则，减少推诿的立法意图。

(2) 明朝实行军民分诉分辖制，凡军官、军人有犯，“与民不相干者”，一律“从本管军职衙门自行追问”。“在外军民词讼”有涉“叛逆机密重事”者,可允许“镇守总兵参将守备等官受理”。若军案与民相干者,由管军衙门与当地官府“一体约问”。反映出明代军事审判程序的健全与管辖制度的完善。

4. 廷杖与厂卫。

(二)诉讼制度

明代的会审制度。

(1)九卿会审(明代又称“圆审”)。这是由六部尚书及通政使司的通政使,都察院左都御使,大理寺卿九人会审皇帝交付的案件或已判决但囚犯仍翻供不服之案。

(2)朝审。始于天顺三年(公元1459年),英宗命每年霜降之后,三法司会同公侯、伯爵,在吏部尚书(或户部尚书)主持下会审重案囚犯,从此形成制度。清代秋审、朝审皆渊源于此。

(3)大审。始于成化十七年(公元1481年)宪宗命司礼监(宦官二十四衙之首)一员在堂居中而坐,尚书各官列居左右,从此“九卿抑于内官之下”。会同三法司在大理寺共审囚徒,《明史·刑法志》载:“自此定例,每五年辄大审。”

五、清代的司法制度★

1. 清代的刑部。

清代刑部是清朝的主审机关,为六部之一,执掌全国“法律刑名”事务,下设十七清吏司分掌京师和各省审判事务。刑部是清朝最重要的司法机构,主要负责:一是审理中央百官犯罪;二是审核地方上报的重案(死刑应交大理寺复核);三是审理发生在京师的笞杖刑以上案件;四是处理地方上诉案及秋审事宜;五是主持司法行政与律例修订事宜。

2. 清代的地方司法机关。

在清代,地方司法分州县、府、省按察司、总督(及巡抚)四级。其中州或县为第一审级,有权决定笞杖刑,徒以上案件上报。府为第二审级,负责复审州县上报的刑事案件,提出拟罪意见,上报省按察司。省按察司为第三审级,负责复审各地方上报之徒刑以上案件,并审理军流、死刑案的人犯,对于“审供无异”者,上报督抚,如发现有遗漏,则可驳回重审,或改发本省其他州县、府更审。总督(或巡抚)为第四审级,有权批复徒刑案件,复核军流案件,如无异议,定案并谘报刑部。对死刑案件则须复审,并上报中央。

3. 清代的会审制度。

(1)秋审:是最重要的死刑复审制度,对象为全国上报的斩、绞监候案件。每年秋八月在天安门金水桥西由九卿、詹事、科道以及军机大臣、内阁大学士等重要官员会同审理。

(2)朝审:对刑部判决的重案及京师附近绞、斩监候案件进行的复审,其审判组织、方式与秋审大体相同,每年霜降后十日举行。经过秋审和朝审后,案件分四种情况:①情实,即罪情属实,罪名恰当,则奏请执行。②缓决,案情属实、危害不大,减为流放或充军或再押监候。③可矜,免予死刑,减为徒、流刑。④留养承嗣,即案情属实、罪名恰当但有亲老丁单情形,合乎留养条件者按留养奏请皇帝裁决。

(3)热审:对发生在京师的笞杖刑案件进行重审的制度。

第二节　清末的法律思想与制度

一、清末的法律思想与“预备立宪”★★★★

(一)清末的法律思想

1. 清末法律思想观念的变化。

(1)清末律学的余绪。

传统律学的考证严谨、比较研究的旧学特点得以传承。他们能够直面现实,以开放包容的态度接受西方法学理论,古今对照,批判旧律之不足,慎选西法之可行者,奠定了近代法学的最初基础。如沈家本所言:“方今环球学说,月异日新,苟非会而通之,又乌能折中而归一。”

(2)君主立宪与国体之争。

“国体”一词是中国自古已有之,意指国家典章制度。晚清变法修律,清廷以维护天朝体制为依归,在戊戌变法、清廷预备立宪的过程中,国体的意涵逐渐发生变化。国体的议论相伴至清帝退位,莫衷一是。至1915年袁世凯称帝前仍有激烈的“国体之争”。

(3)朝贡体制式微与国际公法的确立。

2. 代表人物的法律思想。

(1)康有为、梁启超的宪政思想。

康有为以托古改制倡导变法维新,利用传统儒学宣传变法的新思想。梁启超则明确主张,以资产阶级宪政制度取代传统帝制专制,倡导仿英国君主立宪制。

(2)张之洞、刘坤一的“变法三折”。

1901年年初,清廷颁布“变法上谕”。时任湖广总督的张之洞和两江总督的刘坤一联合上奏“变法奏议三折”,强调适应形势,实行变法;要求“整顿中法”,“采西法以补中法之不足”。

(3)修律大臣沈家本的法律思想。

沈家本认为,法律是“天下之程式,万事之仪表”,强调治理国家虽不可“偏重乎法,然亦不能废法而不用”,主张实行资产阶级法治。

(4)劳乃宣与“礼法之争”。

在清末变法修律过程中,以张之洞、劳乃宣为代表的礼教派与以修订法律大臣沈家本为代表的法理派,围绕大清新刑律等新式法典的修订产生了一系列争论,即所谓“礼法之争”。礼教派的劳乃宣认为“风俗者,法律之母也”,因此法律不能与风俗相违背。

(5)伍廷芳与西方法律思想的引入。

伍廷芳认为“中西法律,固不能强同”,主张“采各国通行之律”,以西法为鉴,变革旧制。他认为“治国之道,以仁政为先”,主张轻刑慎罚,废除酷刑,重视证据,严禁刑讯。他坚持中外交涉应当主权平等,主张收回治外法权。

清末时他认同君主立宪,辛亥革命后,认为须实行共和立宪。他坚决反对行政干涉司法和无视司法独立。

(6)袁世凯的法律思想。

在国家治理上,袁世凯认为“律例者,治法之统纪,而举国上下胥奉为准绳者也”。因此,立法应当慎重,法令不能随意更改。袁世凯强调道德为体,法律为用,提出“共和国家以道德为基础,以法律为范围”的治国主张。

(二)“预备立宪”与《钦定宪法大纲》和“十九信条”

1.“预备立宪”的主要活动。

1900年以后清王朝实行“新政”。1905年清廷提出“仿行宪政”,派遣以载泽为首的五大臣赴欧洲、日本等地考察各国宪政,史称“五大臣出洋”。1906年9月1日(光绪三十二年七月十三日)清廷以光绪皇帝的名义颁布《预备立宪上谕》,以“大权统于朝廷,庶政公诸舆论”为立宪根本原则。随后进行官制改革,宣布仿照资产阶级国家“三权分立”原则“更定官制”,使司法与行政分离,一改几千年来司法行政合一的体制。1908年8月27日公布了“预备立宪”计划——《钦定逐年筹备事宜清单》宣布从1917年始行宪政。这显然是以“预备”为借口,缓和国内外矛盾。1909年各省设立谘议局,1910年成立资政院,1911年11月匆匆发布《宪法重大信条十九条》,但也未挽回颓局,“预备立宪”即告破产。

“预备立宪”活动中,谘议局与资政院的设立及《钦定宪法大纲》和“十九信条”的颁布最为重要。

2.《钦定宪法大纲》(1908年)。

(1)定义与性质:清廷宪政编查馆编订,于1908年8月颁布,是中国近代史上第一个宪法性文件。

(2)结构与主要内容:《钦定宪法大纲》共23条,分正文“君上大权”和附录“臣民权利义务”两部分。第一部分14条规定了君主在立法、行政、司法、统军等各方面的绝对权力,维护皇帝尊严,保障皇权,限制议会权力等。第二部分规定了臣民的诸项义务,并加以种种限制。

(3)特点:皇帝专权,人民无权。

(4)实质:给封建君主专制制度披上“宪法”的外衣,以法律的形式确认君主的绝对权力,体现了满洲贵族维护专制统治的意志及愿望。

3.“十九信条”(1911年)。★

(1)定义:全称《宪法重大信条十九条》,是清政府于辛亥革命武昌起义爆发后抛出的又一个宪法性文件。

(2)公布背景:1911年清王朝迫于武昌革命风暴,匆匆命令资政院迅速起草宪法,企图渡过危机,资政院仅用3天时间即拟定,并于11月3日公布。

(3)内容:形式上被迫缩小了皇帝的权力,相对扩大了议会和总理的权力,但仍强调皇权至上,且对人民权利只字未提。

(三)谘议局与资政院

1.谘议局。

(1)定义:清末“预备立宪”时期清政府设立的地方咨询机关。筹建于1907年,1908年7月颁布《谘议局章程》及《谘议局议员选举章程》,1909年开始在各省设立。

(2)实质:各省督抚严格控制下的附属机构。

(3)宗旨、权限:以“指陈通省利病、筹计地方治安”为宗旨。权限包括讨论本省兴革事宜、决算预算、选举资政院议员、申复资政院或本省督抚的咨询等。

2.资政院。

(1)定义:清末“预备立宪”时期清政府设立的中央咨询机构。筹建始于1907年,1908年以后陆续完成《资政院院章》,1910年正式设立。

(2)性质:是承旨办事的御用机构,与近现代社会的国家议会有根本性的不同。

(3)内容:可以“议决”国家年度预决算、税法与公债,以及其余奉“特旨”交议事项等。但一切决议须报请皇帝定夺,皇帝还有权谕令资政院停会或解散及指定钦选议员。

二、清末修律的主要内容★★★★

(一)《大清现行刑律》(1910年5月15日颁行)

1.公布的原因与过程。《大清现行刑律》是清政府在《大清律例》的基础上稍加修改,作为《大清新刑律》完成前的一部过渡性法典,于1910年5月15日颁行。

2. 主要内容及变化。内容基本秉承旧律例，与《大清律例》相比，有如下变化：①改律名为"刑律"；②取消了六律总目，将法典各条按性质分隶30门；③对纯属民事性质的条款不再科刑；④废除了一些残酷的刑罚手段，如凌迟；⑤增加了一些新罪名，如妨害国交罪等。

(二)《大清新刑律》(1911年1月25日公布)

1. 特点与地位。是清廷于1911年1月25日公布的中国历史上第一部近代意义上的专门刑法典，但仍保持着旧律维护专制制度和封建伦理的传统。

2. 制定过程及篇章结构。起草工作始于1906年，由于引发了礼教派的攻击和争议，至1911年1月才正式公布，但并未真正施行。《大清新刑律》分总则和分则两篇，后附"暂行章程"5条，规定对侵犯皇室罪、内乱罪和外患罪加重处罚；对无夫奸罪科以刑事处罚；尊长亲属有犯，卑幼子孙不得使用"正当防卫权"。

3. 主要内容及发展变化：

(1)抛弃了旧律诸法合体的编纂形式，以罪名和刑罚等专属刑法范畴的条文作为法典的唯一内容，在体例上抛弃了旧律的结构形式，将法典分为总则和分则；

(2)确立了新刑罚制度，规定刑罚分主刑、从刑；

(3)采用了一些近代西方资产阶级的刑法原则和刑法制度，如罪刑法定原则和缓刑制度等。

(三)《大清商律草案》

清末的商事立法，分为两个阶段：

第一阶段，商事立法主要由新设立的商部负责。1903年修订的《商人通例》9条和《公司律》131条，在1904年1月(清光绪二十九年十二月)奏准颁行，定名为《钦定大清商律》，是清朝第一部商律。此外，清政府还陆续颁布了有关商务和奖励实业的法规、章程，如1904年6月颁行的《公司注册试办章程》、同年7月颁布的《商标注册试办章程》、1906年5月颁行的《破产律》等。

第二阶段，主要商事法典改由修订法律馆主持起草；单行法规仍由各有关机关拟订，经宪政编查馆和资政院审议后请旨颁行。在此期间，修订法律馆于1908年9月起草了《大清商律草案》，1911年9月农工商部起草了《改订大清商律草案》，此外还草拟了《交易行律草案》《保险规则草案》《破产律草案》等，但均未正式颁行。在此期间公布的单行商事法规有《银行则例》《银行注册章程》《大小轮船公司注册章程》等。

关于清末商事立法主要见下表：

年份	起草机构	法律名称
1904	商部	《钦定大清商律》
1908	修订法律馆	《大清商律草案》
1911	农工商部	《改订大清商律草案》

(四)《大清民律草案》

1. 主持修订者：沈家本、伍廷芳、俞廉三。

2. 结构：总则、债权、物权、亲属、继承五编；其中：

(1)总则、债权、物权三编由日本法学家松冈义正等仿照德国、日本民法典的体例和内容草拟而成，吸收了大量的西方资产阶级民法理论、制度和原则；

(2)亲属、继承两编由修订法律馆会同保守的礼学馆起草，其制度、风格带有浓厚的封建色彩，保留了许多封建法律的精神。

3. 修订民律的基本思路，仍然没有超出"中学为体、西学为用"的思想格局，并未正式颁布和实施。

(五)诉讼法律与法院编制法

1.《大清刑事诉讼律草案》六编与《大清民事诉讼律草案》四编。

此是沈家本等人在《大清刑事民事诉讼法》遭否决后起草的两部诉讼法草案，于1910年年底完成，且均系仿德国诉讼法而成，后未及颁行。

2.《大理院编制法》。

清廷为配合官制改革，于1906年制定的关于大理院和京师审判组织的单行法规。

3.《各级审判厅试办章程》。

清廷1907年颁行的关于审级、管辖、审判制度等诉讼体制和规则的一部过渡性法典。

4.《法院编制法》。

1910年清廷仿效日本制定的关于法院组织的法规，共16章，并吸收了公开审判等一系列新的司法原则，但并未真正实施。

三、清末司法体制的变化★

(一)司法机构的变革与四级三审制

1. 清末司法机关的变化：

(1)改刑部为法部，掌管全国司法行政事务；

(2)改大理寺为大理院，为全国最高审判机关；

(3)实行审检合署。

2. 实行四级三审制：确立一系列近代意义上的诉讼制度，实行四级三审制，制定了刑事案件公诉制、证据、保释制度；审判制度上实行公开、回避等制度。

3. 初步规定了法官及检察官考试任用制度，改良监狱及狱政管理制度。

(二)领事裁判权与观审和会审公廨

1. 外国在华领事裁判权的主要内容。

(1)外国在华领事裁判权是外国侵略者在强迫中国订立的不平等条约中所规定的一种司法特权。治外法权不同于领事裁判权,是指凡在中国享有领事裁判权的国家,其在中国的侨民不受中国法律管辖,只由该国的领事或设在中国的司法机构依其本国法律裁判。

(2)确立时间:《中英五口通商章程》、《海关税则》及随后签订的《虎门条约》以及其他条约的扩充。

(3)具体内容:①中国人与享有领事裁判权国家的侨民间的诉讼:依被告主义原则。②享有领事裁判权国家的侨民之间的诉讼:由所属国审理。③不同国家的侨民之间的争讼:适用被告主义原则。④享有领事裁判权国家的侨民与非享有领事裁判权国家的侨民之间的争讼:前者是被告则适用于被告主义原则;后者是被告,则由中国法院管辖。

(4)审理机构:①一审由在华领事法院或法庭审理。②二审上诉案件由各国建立的上诉法院审理。③终审案件由本国最高审判机关受理。

(5)后果:严重破坏了中国的司法主权。

2. 观审制度。

观审制度是西方列强强行干预中国审判的制度,即外国人是原告的案件,其所属国领事官员也有权前往观审,如认为审判、判决有不妥之处,可以提出新证据等。这种制度是原有领事裁判权的扩充。

3. 会审公廨。

1864年清廷与英、美、法三国驻上海领事协议在租界内设立的特殊审判机关。按照1868年《上海洋泾浜设官会审章程》的规定会审公廨名义上为中国官府派驻租界的基层法庭,但凡涉及外国人案件,必须有领事官员参加会审;凡中国人与外国人诉讼案,由本国领事裁判或陪审,甚至租界内纯属中国人之间的诉讼也由外国领事审判并操纵判决。这是外国在华领事裁判权的扩充和延伸。

四、清末变法修律的主要特点与影响★★

(一)清末变法修律的主要特点

1. 在立法指导思想上,清末修律自始至终贯穿着"仿效外国资本主义法律形式,固守中国法制传统"的方针。

2. 在内容上,清末修订的法律表现出皇权专制主义传统与西方资本主义法学最新成果的混合。

3. 在法典编纂形式上,清末修律改变了传统的"诸法合体"形式,明确了实体法之间、实体法与程序法之间的差别。

4. 它是统治者为维护其摇摇欲坠的反动统治,在保持皇权专制政体的前提下进行的,既不能反映人民群众的要求和愿望,也没有真正的民主形式。

(二)清末变法修律的主要影响

1. 标志着延续几千年的中华法系开始解体。

2. 为中国法律的近代化奠定了初步基础。

3. 在一定程度上引进和传播了西方近现代的法律学说和法律制度,促进了部分中国人的法治观念的形成。

4. 在客观上有助于推动资本主义经济的发展和教育制度的近代化。

命题点拨 明清律的主要内容,司法制度的发展变化,清末变法修律的主要内容。

第五章　中华民国时期的法律思想与制度

第一节　中华民国时期的法律思想

一、孙中山的法律思想

(一)三民主义

三民主义是民族主义、民权主义与民生主义的简称,即资产阶级革命派的政治纲领,也是孙中山政治法律思想的核心内容。三民主义历经旧三民主义与新三民主义两个阶段。

旧三民主义的民族主义,其主要内容为"驱除鞑虏,恢复中华"。1924年孙中山对于民族主义进行了进一步的阐释:一是中国民族自求解放,二是中国境内各民族一律平等。

民权主义是三民主义的核心,是"政治革命的根本"。

民生主义是孙中山颇有特色的创造,他认为不解决民生问题,就谈不上民权。

(二)五权宪法

按照五权宪法理论,中央政府以五院制构成,即"一曰行政院,二曰立法院,三曰司法院,四曰考试院,五曰监察院"。孙中山认为这样的政府"才是世界上最完全最良善的政府"。

二、章太炎与宋教仁的法律思想

(一)章太炎的法律思想

章太炎推崇民主共和,坚决反对君主专制与国家至上的观念。

(二)宋教仁的法律思想

他主张建立民主的立宪政体，认为当务之急是在中国推行议会政治。他认为在共和立宪国家，法律上的国家主权属于国民全体，但真正能够发出意思或指示的，则为事实上的政党。他主张建立责任内阁制。他将地方行政主体划分为地方自治行政主体与地方官治行政主体，认为应以政务的性质与施行方便为标准，对中央与地方的权限进行划分。

第二节　南京临时政府的法律制度

一、《修正中华民国临时政府组织大纲》与《中华民国临时约法》★★

(一)《修正中华民国临时政府组织大纲》

主要内容特点：

1. 受美国宪法影响，基本上采用总统制共和政体。

2. 中央国家机关权力分配实行资产阶级三权分立原则。

3. 采取一院制的议会政治体制，参议院是国家立法机关。

(二)《中华民国临时约法》的制定

南京临时政府于1912年3月11日公布的一部重要的宪法文件，是中国历史上最初的资产阶级宪法性文件。

1.《中华民国临时约法》的内容。

(1)辛亥革命的产物，以孙中山的民权主义学说为指导思想，使民权主义所确立的政治方案和原则通过法律的形式进一步具体化；

(2)确定了资产阶级共和国的国家制度，更广泛地宣传了资产阶级共和国的思想；

(3)肯定了资产阶级民主共和国的政治体制和组织原则，依照三权分立原则，采用责任内阁制；

(4)体现了资产阶级宪法中一般民主自由原则，规定了人民享有人身、财产、居住、信教等项自由和选举、被选举、考试、请愿、诉讼等权利；

(5)确认了保护私有财产的原则。

2.《中华民国临时约法》的主要目的：设定条款，对袁世凯加以限制和防范。

3.《中华民国临时约法》的意义。

(1)中国历史上第一部资产阶级共和国性质的宪法文件；

(2)否定了中国封建君主专制制度，肯定了资产阶级民主共和制度和资产阶级民主自由原则；

(3)在一定程度上反映了广大人民的民主要求。

二、其他法令的主要内容和特点

(一)保障人权废除帝制社会等级特权

1. 解除"贱民"身份禁止买卖人口。

2. 提高女权。

3. 取消官僚特权与革除官厅陋习。

(二)革除传统社会陋习

1. 禁烟禁赌。

2. 劝禁缠足。

3. 临时政府发布《晓示人民一律剪辫文》。

(三)整饬吏治任人唯贤

三、南京临时政府的司法制度

第三节　北京政府的法律制度

一、北京政府的立法概况

(一)制宪活动

1."天坛宪草"的制定。

1913年10月31日国会"宪法起草委员会"三读通过《中华民国宪法草案》("天坛宪草")共11章113条。这部"宪草"采用了资产阶级宪法的形式和原则，肯定中华民国为资产阶级共和国。

2.《中华民国约法》的实质。

与《临时约法》相比，其显著特点是：(1)废除责任内阁制，行总统制。(2)无限扩张总统权力。(3)废除国会制，设立立法院。

3.《中华民国宪法》的制定和公布。

《中华民国宪法》，史称"贿选宪法"。该宪法分13章141条，主要内容及特点是：(1)以资产阶级共和国粉饰军阀独裁。(2)以资产阶级民主自由掩盖军阀独裁。

(二)其他立法活动

1. 行政立法。

一是关于行政体制方面法律的修订。

二是修订颁布了一些单行行政法规，对官吏的考试、甄选、官等、官俸及纠弹、惩戒诸方面多有具体立法规定。

2. 刑事立法。

3. 民、商事立法。

4. 诉讼法与法院组织法。

1921年编成《民事诉讼条例》，1922年1月编成《刑事诉讼条例》，在"东省特别区法院"试行。同时，从1912年到1927年，大理院汇编的判例、解释例也成为其时诉讼法规的重要法律渊源。

二、北京政府法律的主要内容与特点

1. 援用前清旧律的刑法原则。

2. 严刑处罚内乱罪。

3. 维护地主、官僚买办利益。

三、司法制度

(一)司法机关体系

1. 普通法院系统:大理院、高等审判厅、地方审判厅、初等审判厅。

2. 兼理司法法院。

3. 特别法院。

4. 平政院。

(二)诉讼审判的主要特点

1. 运用判例和解释例。

2. 四级三审制。

3. 县知事兼理司法。

4. 军事审判取代普通审判。

5. 在华领事裁判权的沿用。

第四节 南京国民政府的法律制度

一、"六法全书"的主要内容及特点

(一)约法和宪法

1.《训政纲领》和《训政时期约法》。

1928 年 10 月 3 日国民党中常会召开 172 次会议,制定并通过《训政纲领》六条,作为"训政时期"政纲。1931 年 5 月 12 日"国民会议"讨论并通过《中华民国训政时期约法》,6 月 1 日由政府正式公布。

2.《中华民国宪法草案》("五五宪草")。

《中华民国宪法草案》于 1936 年 5 月 5 日由国民政府公布。因其公布日期,又称"五五宪草"。

3.《中华民国宪法(1947)》。

1946 年 12 月 25 日国民大会通过了以"五五宪草"为底本的《中华民国宪法》,定于 1947 年 1 月 1 日公布、12 月 25 日施行。该法共 14 章 175 条,基本精神与《训政时期约法》和"五五宪草"一脉相承。

(二)民法及其相关法规

1.《中华民国民法》的制定及其结构。

1928 年南京民国政府开始起草民法典。分别于 1929 年 5 月 23 日公布民法第 1 编"总则",11 月 22 日公布第 2 编"债",1930 年 11 月 30 日公布第 3 编"物权",12 月 26 日公布第 4 编"亲属"、第 5 编"继承";共 1225 条,从 1929 年 10 月 10 日起陆续施行。

2. 民法特点。

(1)承认习惯和法理可作为判案依据。

(2)维护土地权益。

(3)保护债权人利益。

(4)承认所有权法律关系。

(5)保护传统婚姻家庭关系。

(6)确认父家长权。

(7)确认继承制度。

(8)确认外国人在华权益。

3. 商事单行法规。

(1)《公司法》的制定。

(2)《票据法》与《银行法》的制定。

(3)《海商法》与《保险法》的制定。

(三)刑法及其相关法

1. 刑法与刑事特别法。

1928 年《中华民国刑法》是我国历史上首部以"刑法"相称的刑法典。1935 年"新刑法"特别增加了《保安处分》专章。此外,"新刑法"将刑事责任年龄提高为 18 岁,对于普通犯罪采从轻处罚原则,而对触犯"内乱罪""外患罪""杀人罪""强盗罪""渎职罪"等"危险极大者",从严、从重惩处。此外,在不同时期还颁布大量单行刑事法规。

在颁行的判例法中关于刑法方面的判例与解释例占有重要地位,仅司法院关于 1928 年《刑法》的解释例就有 340 件。它们共同构成了南京国民政府的刑法体系。

2. 刑法的主要内容和特点。

(1)镇压危害政权与社会秩序的犯罪。

(2)保护社会经济秩序。

(3)维护社会秩序。

(4)"依据最新刑法学说,并采取世界各国最新立法例",大量援用资产阶级刑法原则。

(5)援用"保安处分"。

(6)维护传统宗法家庭制度。

二、司法制度★

(一)司法机关体系

1. 司法院。

1947 年《中华民国宪法》规定:司法院为国家最高司法机关,有掌握民事、刑事、行政诉讼之审判及公务员之惩戒、解释宪法,并有统一解释法律及命令之权。司法院之下设立各级法院。

2. 普通法院。

普通法院皆隶属于政府司法院,分地方、高等、最高法院三级,实行三级三审制。

3. 特别法庭。

4. 其他特殊审判机关。

(二)审判制度

1. "一告九不理"——对九种提起的诉讼不予

立案处理。

2."自由心证"。

即对证据的取舍和对证明力的判断,法律不预先规定,由法官据其法律意识和内心确信自由判断。

3."不干涉主义"。

这是指诉讼活动依当事人意思决定,不得就当事人未申明的事项判决,一切全凭当事人意思行事。

第五节　新民主主义时期中国共产党民主政权宪法性文件与审判制度的特点

一、《中华苏维埃共和国宪法大纲》的主要内容

1. 规定苏维埃国家性质是"工人和农民的民主专政国家"。

2. 规定苏维埃国家政治制度是工农兵苏维埃代表大会制度。

3. 规定苏维埃国家公民的权利和义务,包括政治、经济、文化等各方面。

4. 规定苏维埃国家外交政策。

二、《陕甘宁边区施政纲领》的主要内容

1. 保障抗战的规定。团结边区内各阶级、党派,发动一切人力、物力、财力抗战。严厉镇压汉奸及反共分子。

2. 加强团结的规定。

3. 健全民主制度的规定。

4. 发展经济的规定。

5. 普及文化教育的规定。

三、《陕甘宁边区宪法原则》的主要内容

1. 确立边区、县、乡人民代表会议为管理政权机关,各级权力机关开始由抗日时的参议会过渡为人民代表会议制度。

2. 规定人民政治上行使的各项自由权利,受政府指导与物质帮助。

3. 规定除司法机关、公安机关依法执行职务外,任何机关、团体不得有逮捕审讯行为。

4. 应保障耕者有其田的原则。

5. 普及提高人民文化水准。从速消灭文盲,减少疾病与死亡。

四、马锡五审判方式

1942年至1943年,马锡五担任边区陇东专区专员兼高等法院陇东分庭庭长,在陕甘宁边区长期的司法审判实践中,形成了马锡五审判方式。马锡五审判方式是把群众路线的工作方法,创造性地运用到审判工作中去的司法民主的崭新形式,也是从一系列司法案件中总结归纳出的经验成果。

马锡五审判方式的特点:

1. 深入农村调查研究,实事求是了解案情。

2. 依靠群众,教育群众,尊重群众意见。

3. 方便群众诉讼;手续简便、不拘形式。

命题点拨　南京临时政府、北京政府、南京国民政府的主要法律内容,司法制度的发展变化;中国共产党民主政权宪法性文件的主要内容。

国　际　法

【复习指引】 结合近几年考试中的客观题题目分析，国际法部分考查的知识点分散，重点不突出。考生在备考时要重点掌握国际法的理论体系，不必识记具体的法律法规内容，对于相关的法条只需简单地阅读和理解；备考过程中注意历年高频考点。

第一章　导　　论

第一节　国际法的概念、渊源与基本原则

国际法是国家间交往中形成的，调整国家之间关系的，有拘束力的原则、规则和制度的总体。国际法是一个与国内法相对应的法律体系，它与国内法共同构成了当代人类社会完整的法律秩序。

一、国际法渊源★

1. 国际条约。条约是两个或两个以上国际法主体之间缔结的、以国际法为准的、规定当事方权利义务的协议。条约是当代国际法规则的主要表现形式，是现代国际法最主要的法律渊源。

2. 国际习惯。国际习惯是指在国际交往中由各国前后一致地不断重复所形成，并被广泛接受为有法律拘束力的行为规则或制度。国际习惯是不成文的，它是国际法最古老、最原始的渊源。国际习惯的构成要素有两个：一是物质要素或客观要素，即存在各国反复一致地从事某种行为的实践；二是心理要素或主观要素，它要求上述的重复一致的行为模式被各国认为具有法律拘束力，即存在所谓法律确信。一项国际习惯必须同时具备这两个要素，特别是心理要素。要证明一项国际习惯是否确立和存在，必须提出相关的证据。实践中应特别注意以下三个方面：第一，国家间的各种文书和外交实践；第二，国际组织和机构的各种文件，包括决议、判决等；第三，国家的国内立法、司法、行政实践和有关文件。

3. 一般法律原则。“一般法律原则”是指各国法律体系中所共有的一些原则，如善意、禁止反言等。对于一般法律原则是否构成独立的国际法渊源这一问题，学界尚存在不同看法，但一般认为它在国际司法实践中处于补充和辅助地位。

4. 确立国际法原则的辅助方法。

(1) 司法判例。司法判例不仅包括国际法院的判例，还包括其他国际司法机构和仲裁机构的判例以及各国国内的司法判例。司法判例不是法律的渊源之一，而只能作为确立法律规则的辅助材料或证据。

(2) 各国国际法权威学者的学说。各国国际法权威学者的学说也是确立国际法原则的辅助资料。

(3) 国际组织通过的或在政府间会议上通过的决议。一般认为，国际组织或政府间会议通过的决议特别是联合国大会的决议，也是一种确立国际法原则的辅助资料，并且其作用和地位高于学者学说。

二、国际法基本原则★★

国际法基本原则是指那些各国公认的，贯彻到国际法各领域的，构成现代国际法基础而具有强行法性质的国际法原则。国际法基本原则的主要内容包括：

（一）国家主权平等原则

主权，是国家的根本属性，是一个国家独立自主地处理其对内、对外事务的权力。主权是国家固有的，具有不可分割、不从属于外来意志和神圣不可侵犯的性质。主权主要表现为对内最高权、对外独立权和自保权三个方面。

国家主权平等原则，也称国家主权原则，是指任何国家都拥有主权，各国都有义务相互尊重主权。在国际社会和国际关系中，各国都有平等的国际人格，在国际法面前地位平等。

（二）不干涉内政原则

1. 任何国家或国际组织，在国际关系中，不得以任何借口或任何方式直接或间接地干涉本质上属于任何国家国内管辖的事件，即一国内政；也不得以任何手段强迫他国接受自己的意志，维持或改变被干涉国的社会制度和意识形态。

2. 国际法允许国家在平等和自愿的基础上，根据国际条约或国际义务，对他国进行援助；也承认各国对他国违背国际法义务的行为有权采取相应的单

独或集体的行动;但这些行动必须具有公认的法律根据并且应严格在国际法律框架中进行。

(三)不使用武力威胁或武力原则

该原则是指各国在其国际关系上不得以武力或武力威胁,侵害任何国家的政治独立和领土完整;不得以任何与联合国宪章或其他国际法原则所不符的方式使用武力。

(四)和平解决国际争端原则

和平解决国际争端原则是指国家间在发生争端时,各国都必须采取和平方式予以解决,争端的当事国及其他国家应避免任何使争端或情势恶化的措施或行动。禁止将武力或武力威胁的方式付诸任何争端的解决过程。

(五)民族自决原则

民族自决原则是指在帝国主义殖民统治和奴役下的被压迫民族具有自主决定自己的命运,摆脱殖民统治,建立民族独立国家的权利。

(六)善意地履行国际义务原则

善意履行国际义务是指国家对于公认的国际法原则和规则产生的义务,既包括对于其作为缔约国参加的条约而产生的义务,也包括对于习惯国际法产生的义务。这种履行应真诚、善意、全面,即所谓“约定必守”。

第二节　国际法与国内法的关系

一、国际法与国内法关系概述★

1. 在国际层面:国内立法不能改变国际法的原则、规则;国家不得以其国内法规定来对抗其承担的国际义务,或以国内法规定作为违背国际义务的理由来逃避其国际责任。

2. 在国内层面:

(1)除了牵扯由此产生的因违背国际法义务而承担国家责任的情况以外,国际法并没有在这个问题上加以具体要求。

(2)国际法包括成文的条约,也包括不成文的国际习惯。各国对于国际法的两种不同的渊源形式在国内法中的地位、处理也不尽相同。

(3)条约一般只对缔约国具有拘束力,并且有不同的种类和内容。条约是当代国际法的主要渊源,这个问题在实践中无疑显得更加重要和紧迫。

一些学者基于认为国内法与国际法分属不同的法律体系的“两元论”理论模式出发,归纳出两种极端的或典型的条约在国内适用的方式:转化和采纳。所谓“转化”,是指采取这种方式的国家,要求所有条约内容都必须逐个经过相应的国内立法程序转化成为国内法,才能在国内适用;所谓“采纳”或称“并入”,是指国家在原则上认为,该国缔结的所有条约,都可以在其国内具有国内法的地位。采用“并入”方式的国家,一般是在其宪法中作出这种“一揽子”规定。

(4)关于国际法与国内法冲突的解决,也包括习惯和条约两个方面。各国的做法也不一致,大体有以下一些做法:①推定为不冲突;②修改国内法;③优先适用国际法;④优先适用国内法;⑤以后法优于先法原则处理。从国际法的角度来看,如果一国在国际法与国内法发生冲突时,由于优先适用其国内法造成其对国际法的违背,该国应对此承担相应的国家责任。

二、国际法在中国国内的适用问题★

1. 在处理国际法与国内法关系问题时,原则上,我国在参与制定国际法规则时,要根据和考虑本国国内法的规定和立场;而在制定国内法时,又充分考虑和尊重所承担的国际法义务,力争使二者协调互补,有机配合。

2. 对于条约和国际习惯在国内的适用和地位,目前我国宪法没有作出统一明确的规定。从一些涉及条约适用的国内立法和司法实践来看,条约的直接适用、条约与相关国内法并行适用、条约须经国内立法转化才能适用几种情况都存在。同时也有相当一部分法律对于条约事项未作出任何规定。

有的法律作出了有关条约可直接适用的规定,这种情况如《民事诉讼法》第 270 条规定。

条约和相关法律同时适用的情况,如 1961 年《维也纳外交关系公约》(我国 1975 年加入),1963 年《维也纳领事关系公约》(我国 1979 年加入)与 1986 年《中华人民共和国外交特权与豁免条例》,1990 年《中华人民共和国领事特权与豁免条例》。

规定需要经国内法转化才能适用的情况,如《中华人民共和国香港特别行政区基本法》第 39 条规定,《公民权利和政治权利国际公约》《经济、社会及文化权利国际公约》和国际劳工公约适用于香港的有关规定仍然有效,通过香港特别行政区的法律予以实施。

3. 目前一般认为,在民商事范围内,中国缔结的条约与国内法有不同规定的部分,在国内可以直接适用。

4. 在民商事法律范围以外,由于对此缺乏宪法或基本法的依据,同时也存在不一致的实践和不同方面的认识,所以尚不能简单笼统地认为,条约的直接适用已经或必将作为任何条约在中国适用的唯一方式。

5. 关于条约与国内法的冲突解决，上述民事诉讼法中的规定很典型，其他有些法律中也有类似的规定。因此，在民商事范围内，条约与国内法冲突时，条约可以优先适用。与条约的适用问题相似，在整个法律范围内，条约与国内法冲突时的优先适用问题，也还没有统一全面的明确规定，司法实践也不尽相同。所以，在实际问题上也要根据有关条约和我国相关法律的具体情况来判断。

命题点拨 国际法在中国国内的适用问题。

第二章 国际法的主体与国际法律责任

第一节 国际法主体

一、国际法主体的范围

（一）国际法主体的一般条件

第一，具有独立参与国际关系的资格。

第二，具有直接享有国际法上权利的能力。

第三，具有直接承担国际法上义务的能力。

（二）国际法主体的范围

1. 主权国家。主权国家是国际法的基本主体。

2. 国际组织。作为国际法主体的国际组织主要是政府间的国际组织。

3. 其他。某些特定的民族解放组织或民族解放运动，在殖民地民族争取民族独立的过程中，作为其未来民族国家的过渡性实体，参与某些国际关系，从而被国际社会接受为国际法的主体。

4. 个人作为国际法主体。这是一个存在争论的问题，就国际社会的普遍情况而言，个人尚不是国际法主体。

5. 除了上述传统的国际法主体作为行为者以外，还有非政府国际组织和个人等行为者。

二、国家的构成要素与类型

（一）国家的要素

1. 定居的居民。

2. 确定的领土。

3. 政府。

4. 主权。即对内的最高权和对外的独立权。主权作为国家固有的根本属性，是国家区别于其他实体的根本标志。

（二）现代国家的主要类型

1. 单一国。单一国是由若干行政区域组成的统一的主权国家。它拥有单一的宪法，其人民拥有单一的国籍。中国是单一制国家。

2. 复合国。复合国是两个或两个以上成员组成的国家或国家联合体，目前有联邦和邦联两种形式。

联邦国家是指由两个或两个以上的成员单位根据联邦宪法组成的国家，它是复合国中最主要、最典型的形式。邦联是两个或两个以上主权国家由于特殊的目的根据条约组成的国家联合体。

三、国家的基本权利

（一）独立权

独立权是指国家依照自己的意志处理内外事务并不受他国控制和干涉的权利。

（二）平等权

平等权是指国家在参与国际法律关系时，具有平等的地位和法律人格。

（三）自保权

自保权是指国家保卫自己存在和独立的权利。它分为国防权和自卫权两方面。

（四）管辖权

管辖权是指国家基于主权的行使而采取立法、行政、司法等方式，对于特定的人、物和事件进行管理和处置的权利。

四、国家的管辖权与国家主权豁免★

（一）国家的管辖权

国家的管辖权是国家对特定的人、物和事件进行管理和处置的权利。它以国家主权为根据，又是国家主权的最直接体现。

1. 属地管辖权。又称属地优越权，是指国家对于其领土及其领土内的一切人、物和事件，都有进行管辖的权利，除非国际法另有规定。

2. 属人管辖权。或称国籍管辖权，是指国家对于具有其国籍的人，具有管辖的权利，无论他们是在其领土范围内还是领土范围外。

3. 保护性管辖权。保护性管辖权是指国家对于在其领土范围以外从事严重侵害该国或其公民重大利益行为的外国人进行管辖的权利。

4. 普遍性管辖权。它是指根据国际法的规定，对于危害国际安全与和平及全人类利益的某些国际犯罪行为，无论行为人国籍及行为发生地，各国都有进行管辖的权利。

（二）管辖权的冲突和解决

在国家实践中，通常采用以下方法：

1. 国内立法中采用多种管辖权相互配合，尽量减少冲突的可能，增加处理冲突的灵活性；同时，比较结合其他国家有关法律，制定不同范围的法律冲突适用规则，包括管辖权冲突时的适用规则。

2. 通过多边国际公约划定缔约国之间某些管辖

权或协调管辖权冲突。

3. 通过有关国家间的双边条约协商调整。

(三)国家主权豁免

国家主权豁免是指国家的行为及其财产不受或免受他国管辖。

实践中,国家主权豁免主要表现在司法豁免方面,其中包括:一国不对他国的国家行为和财产进行管辖;一国的国内法院非经外国同意,不受理以外国国家作为被告或外国国家行为作为诉由的诉讼,也不对外国国家的代表或国家财产采取司法执行措施。

五、国际法上的承认与继承★

(一)国际法上的承认

国际法上的承认一般是指既存国家对于新国家、新政府或其他事态的出现,以一定的方式表示接受或同时表明愿意与其发展正常关系的单方面行为。

1. 承认的表示形式:明示和默示两种。(1)明示承认形式是指承认者以明白的语言文字直接表达承认的意思。包括通过正式通知、函电、照会、声明等单方面表述,也包括在缔结的条约或其他正式国际文件中进行明确表述。(2)默示承认形式是指承认者不是通过明白的语言文字,而是通过与承认对象有关的行为表现出承认的意思。主要包括:与承认对象建立正式外交关系;与承认对象缔结正式的政治性条约;正式接受领事或正式投票支持参加政府间国际组织的行为一般也被认为是一种默示承认。

2. 新国家的承认和新政府的承认。

(1)新国家的承认:①独立,指殖民地独立而建立起自己的新国家;②合并,两个或两个以上国家合并为新国家;③分立,一国分解为两个或几个新国家,原来的国家不复存在;④分离,一国的一部分从该国分离出去而成立一个新国家,母国仍然存在。

(2)对新政府的承认。对新政府的承认是承认者对他国新政府出现所作出的一种单方面行为,表示愿意把该新政府作为其国家的代表,从而与其建立或保持正常关系。

3. 对交战团体和叛乱团体的承认。实践中,被承认为交战团体的反政府一方应满足下列条件:(1)其与政府已发生全面武力敌对行动,内战状态已经形成;(2)其已经控制了领土的相当大的部分;(3)其对控制的领土实施有效管理;(4)遵守战争法相关规则。对反政府一方承认其为交战团体,引起承认国的中立的义务,而同时,交战团体在其控制地区有义务保障承认国国家和侨民的利益。

(二)国际法上的继承

国际法上的继承是指在某些特定情况下,国际法上的权利义务由一个承受者转移给另一个承受者所发生的法律关系。国际法上继承包括国家继承、政府继承和国际组织的继承,其中最重要和基本的是国家继承。

国家继承是指由于领土变更的事实,导致国际法上的权利义务在相关国家之间的转移而发生的法律关系。国家继承的对象是国家在国际法上的权利义务,涉及问题十分复杂,一般分为两大类:关于条约方面的继承和非条约事项的继承。

1. 条约的继承。条约继承的实质是在领土发生变更时,被继承国的条约对于继承国是否继续有效的问题。一般地,与领土有关的"非人身性条约",如有关领土边界、河流交通、水利灌溉等条约,属于继承的范围;而与国际法主体人格有关的所谓"人身性条约"以及政治性条约,如和平友好、同盟互助、共同防御等条约,一般不予继承。但这并不排除有关国家达成协议或根据《条约法公约》的规定来决定或解决条约的继承问题。

2. 对于条约以外事项的继承。

(1)国家财产的继承。国家财产是指在继承发生时,按照被继承国的国内法为该国国家所拥有的财产权利和利益。

(2)国家档案的继承。这里的国家档案是指继承发生时,由被继承国作为国家档案收藏的一切文件。

(3)国家债务的继承。国家债务是指一国对他国、国际组织或其他国际法主体所负担的任何财政义务。

六、国际组织★

(一)政府间国际组织及其一般制度

1. 国际组织的概念和法律地位。

作为国际法主体的国际组织一般是指政府间的国际组织。它通过政府间协议成立,具有常设的机构。通常被赋予国际法律人格。具体国际组织的法律地位体现在其组织章程中。

2. 国际组织的一般制度。

(1)成员。国际组织的成员一般可分为正式成员和非正式成员两种。

(2)机构。国际组织的机构由其职能和成员国约定而设立。通常包括三个主要机构:①权力和决策机构;②执行机构;③行政机构。

(3)表决制度。国际组织采用的表决制度由其章程决定。通过后文件的名称和拘束力,取决于不同组织及其对相关事项的具体规定。

(二)联合国体系

联合国组织根据1945年在美国旧金山签订的《联合国宪章》成立,是世界反法西斯战争胜利之后国际秩序构建的重要支柱。

1. 会员国。联合国的创始会员国为包括中国在内的51个国家。目前,联合国会员国为193个。

2. 主要机关及专门机构。

(1)联合国的主要机关。

①大会。大会由全体会员国组成,具有广泛的职权,可以讨论宪章范围内或联合国任何机关的任何问题,但安理会正在审议的除外。

大会表决实行会员国一国一票制。对于一般问题的决议采取简单多数通过;对于重要问题决议采取2/3多数通过。

②安全理事会。安理会是联合国在维持国际和平与安全方面负主要责任的机关,也是联合国中唯一有权采取行动的机关。安理会由15个理事国组成,其中中、法、俄、英、美五国为常任理事国。其他理事国按照地域分配名额由大会选出,任期2年,不得连任。

根据《联合国宪章》的规定,安理会表决采取每一理事国一票。对于程序事项决议的表决采取9个同意票即可通过。对于非程序事项或称实质性事项的决议表决,要求包括全体常任理事国在内的9个同意票,此又称为"大国一致原则",即任何一个常任理事国都享有否决权。

③经济及社会理事会。经社理事会是在大会权力下,负责协调联合国及各专门机构间经济社会工作的机关。

④托管理事会。托管理事会是在大会权力下负责监督托管领土行政管理的机关。

⑤国际法院。国际法院是联合国的司法机关,有关内容在第七章中介绍。

⑥秘书处。秘书处是联合国的常设行政管理机关,为联合国的其他机关提供服务,并执行这些机关制订的计划和委派的任务。

(2)联合国专门机构。联合国专门机构是指根据特别协定同联合国建立固定关系,或根据联合国决定成立的负责特定领域事务的政府间国际组织。

(三)非政府国际组织

1. 国际非政府组织的主要特点:(1)跨国性;(2)非政治性和非政府性;(3)非营利性;(4)志愿性。

2. 联合国与一些国际非政府组织的联系机制:(1)普遍咨商地位;(2)特别咨商地位;(3)注册咨商地位。

第二节 国际法律责任的构成和形式

一、国际责任的构成

(一)国家不法行为的构成要件

国家不法行为是指国家违背国际法义务的行为。根据联合国国际法委员会编纂,并于2001年二读通过的《国家对国际不法行为的责任条款草案》,国家不法行为必须具备两个条件:

1. 归因于国家:(1)国家机关的行为;(2)经授权行使政府权力的其他实体的行为;(3)实际上代表国家行事的人的行为;(4)别国或国际组织交予一国支配的机关的行为;(5)上述可归因于国家行为的国家机关和国家授权人员的行为,一般也包括他们以此种资格执行职务内事项时的越权或不法行为;(6)叛乱运动机关的行为;(7)一个行为可以归因于几个国家时,相关国家对于其各自相关的行为承担单独或共同的责任;(8)国家当局暂不存在时的行为。

2. 违背国际义务。

(二)不法性的排除

1. 同意。

2. 对抗与自卫。

3. 不可抗力和偶然事故。

4. 危难或紧急状态。

二、国际责任的形式

国际责任的形式通常包括以下几种:终止不法行为、恢复原状、赔偿、道歉、保证不再重犯、限制主权等。这些方式既可以单独适用,也可以同时适用。

第三节 国际责任制度的新发展

一、国际刑事责任问题

传统国际法中对于国家刑事责任基本持否定态度。"二战"以后进行的纽伦堡审判和东京审判中创立了"双罚原则",即对于从事严重违反国际法的国际罪行的国家,在国家承担国家责任的同时,也追究负有责任国家的领导人的个人刑事责任。

二、国际赔偿责任问题

国际赔偿责任是指国家行为本身没有违反国际义务,但对他国造成了损害,受害国有权要求其给予赔偿,加害国由此所承担的责任。依赔偿责任主体不同,现行制度可分为三类:一是国家责任制度,即由国家承担对外国损害的责任。如《空间物体造成损害的国际责任公约》规定,发射国对本国或在本国境内发射的空间物体对他国的损害承担责任。二是双重责任制度,即国家与营运人共同承担对外国损害的赔偿责任。如《关于核损害的民事责任的维也纳公约》和《核动力船舶经营人公约》规定,国家保证营运人的赔偿责任,并在营运人不足赔偿的情况下,对规定的限额进行赔偿。三是营运人赔偿。无论营运人是国家或者私人企业,都由营运人直接承担有限赔偿责任。

命题点拨 一是国家各项权利之间和各项制度间的联系,国家间各项管辖权间的冲突;二是国际法律责任制度与国内法上的责任在构成、归因原则、形式等方面都有所不同。

第三章 国际法上的空间划分

第一节 国家领土

一、领土和领土主权★

国家领土是指国家主权支配和管辖下地球的特定部分。国家领土由领陆、领水、领空和底土四部分组成。

(一)领土的构成

1. 领陆指国家主权管辖下的地球表面的陆地部分,包括大陆和岛屿。领陆是国家领土的最基本部分。

2. 领水是国家主权管辖下的全部水域,包括内水和领海。

3. 领空是领陆和领水上方一定高度的空间。

4. 底土是领陆和领水下面的部分,理论上一直延伸到地心。

(二)领土主权

领土是构成国家的要素之一,是国家行使主权的基本空间。国家的领土主权是指国家对领土的最高的排他的权利,包括领土所有权和领土管辖权两方面内容。

(三)领土主权的限制

领土主权虽然是排他的,但是国家间可以通过国际法或国际条约对领土主权加以若干限制:第一,一般限制。适用于一切国家或者大多数国家。比如边境制度中的相邻权,领海无害通过权,外交特权和豁免等。第二,特别限制。根据条约产生,适用于特定国家。包括共管(合法)、租借(依条约平等自愿与否效力不同)、国际地役、势力范围(已经废弃)四种。

(四)河流制度

1. 内河。从源头到入海口或终结地完全流经一国的河流是该国的内河。国家对其内河拥有主权,外国船舶未经许可不得在内河航行。我国的长江和黄河均为内河。

2. 界河。界河是将两个不同的国家彼此隔开的河流。界河分属两个国家,一般以主航道或河道中心线作为疆界线。界河分属沿岸国家的部分为该国的领土,处于该国的主权之下,各国在所属水域行使管辖权。有关界河的利用不得损害邻国利益。

3. 多国河流。多国河流是流经两个或两个以上国家领土的河流。多国河流流经各国的河段分别属于各国领土,各国分别对位于其领土的一段拥有主权。对多国河流的航行、使用、管理等事项,一般都应由有关国家协议解决。多国河流一般对所有沿岸国开放,而非沿岸国船舶未经许可不得航行。

4. 国际河流。通过条约规定对所有国家开放航行的多国河流被称为国际河流。国际河流一般允许所有国家的船舶特别是商船无害航行。国际河流的管理一般由条约成立的专门机构进行。

5. 国际运河。运河是指人工开凿的水道。国际运河的地位和航行制度由有关的条约确立,一般对所有国家开放。

6. 领海。领海是连接国家陆地领土及内水或群岛水域的一定宽度的海水带,是沿海国领土的重要组成部分。内水与领海的区别:外国船舶未经允许不得进入内水,但可以在领海中享有无害通过权。领海有关其具体的法律制度将在海洋法中讲解。

二、领土的取得方式★★

(一)传统方式

1. 先占。先占是指国家对无主土地实施有效占领,从而取得领土主权。先占必须具备两个条件:一是先占的对象必须为无主土地;二是对无主土地实施“有效占领”,即国家应公开地表现出来具有取得该无主地主权的意思,并要对该地采取实际的控制措施。目前,世界上已基本不存在先占的对象。

2. 时效。时效是指由于国家公开地、不受干扰地、长期持续地占有他国领土,从而获得该领土的主权。关于其性质是否合法,存在很大争议。

3. 添附。添附是指由于自然形成或人造的新土地出现而使国家领土增加。其性质是合法的。但人工添附不得损害他国利益。

4. 征服。征服是指一国直接以武力占有他国领土的全部或一部,并将其纳入自己的版图从而取得该土地的主权。其性质是非法的。

5. 割让。割让是一国根据条约将部分领土转移给另一国。割让分为强制割让和非强制割让。强制割让是非法的,非强制割让是合法的。

(二)现代方式

1. 殖民地独立。殖民地独立是指由于殖民地人民根据民族自决原则从前殖民国或宗主国独立出来成立新国家或加入其他国家而带来的领土变更。

2. 公民投票。公民投票是指在符合国际法原则的前提下,根据有关条约或国内法规定,领土主权争议地区的居民以投票的方式决定领土的归属。

三、边界和边境制度★

边界是指分割一国领土与他国领土、一国领土与非国家领土的界限。边境是指国家设立的边界两侧的区域。为了维护领土主权,设立边境地区,其具体制度如下:

(一)界标的维护

相邻国家双方都应采取必要措施防止界标被移动、损坏或灭失。若一方发现界标出现上述情况,应尽快通知另一方,在双方代表在场的情况下修复或重建。国家有责任对移动、损坏或毁灭界标的行为给予严厉惩罚。

(二)边境土地的使用

国家对本国边境地区土地的利用,不得使对方国家的利益遭受损害。

(三)界水的利用

通常情况下,沿岸国对界水有共同的使用权。一国在使用界水时,不得采取可能使河流枯竭或泛滥的措施,更不得单方故意使河水改道。渔民一般只能在界水的本国一侧捕鱼。船舶在航行时应该具有明显的国籍标志,除遇难或有其他特殊情况外,一方船舶未经允许不得在对方靠岸停泊。一方如欲在界水上建造工程设施,应取得另一方的同意。

(四)边民的往来

相邻国家一般都给予双方边民一些交往的特殊方便。

(五)边境事件的处理

一般的事件如偷渡、违章越界、损害界标等,由双方代表成立处理边境地区事项的机构专门处理。重大的或未能解决的问题,则通过双方更高级别的外交机关进行交涉和处理。

四、两极地区的法律地位

(一)南极地区

1. 南极只用于和平目的。禁止有关军事行动,但是为科学研究或其他和平目的使用军事人员或设施不被禁止。

2. 科学考察自由和科学合作。

3. 冻结对南极的领土要求。第一,对南极领土不得提出新的或扩大现有要求;第二,《南极条约》不构成对任何现有的对南极领土主张的支持或否定;第三,条约有效期间进行的任何活动也不构成主张支持或否定对南极领土要求的基础。

4. 维持南极地区水域的公海制度。

5. 保护南极环境与资源。

6. 建立南极协商会议。会议每两年召开一次,交换有关情报。

(二)北极地区

北极地区的主要部分是北冰洋,北冰洋应适用海洋法的有关原则和制度,其中大部分为公海。

第二节　海　洋　法

一、海洋水域的划分及制度★★★

(一)内海及有关法律制度

1. 内海的概念。内海是一国陆地领土以外领海基线以内的海域,包括内陆海、内海湾、内海峡和其他位于海岸与领海基线之间的海域。

2. 内海的法律地位。内海的法律地位与一国领陆相同,沿海国对其享有完全的、排他的主权,外国船舶非经允许不得进入。

3. 沿海国的权利。第一,内海湾和内海峡。内海湾是指沿岸属于一国,且其天然湾口两端的低潮点之间的连线不大于 24 海里的海湾。但是历史性海湾作为内海湾不受此 24 海里的限制。历史性海湾指沿岸属于一国、湾口宽度超过 24 海里,但历史上一向被承认是沿海国内海的海湾。内海峡是指位于一国领海基线以内的海峡。第二,港口制度。外籍船进港应先获批准,国家对于位于其港口的外籍船舶具有管辖权,军舰和政府公务船除外。但是实践中,沿岸国一般不介入船舶内部事件的管辖,除非:相关刑事案件扰乱港口安宁、受害者为沿岸国或其国民、案情重大或船旗国领事或船长提出请求;或者有关的民事案件涉及港口国公民的利益或其他船舶以外的因素。

4. 非沿海国的权利。通常情况下,船舶内部案件由船旗国管辖。

(二)领海及有关法律制度

1. 领海的概念。领海是指一国领海基线以外邻接该国领陆和内水,或群岛国群岛水域的,一国主权支配和管辖下的一定宽度的海域。领海的宽度不应超过12海里。

领海基线是指测算领海宽度的起算线。国际实践中的领海基线有三种：一是正常基线，即以落潮时海水退到离海岸最远的潮位线作为基线；二是直线基线，即选取海岸或近海岛屿最外缘的若干适当基点，用直线连接而成的折线作为基线；三是混合基线，即兼采正常基线和直基线两种方法作为领海起算线。

2. 领海的法律地位。领海是国家领土的一部分，沿海国对其享有完全主权，但是外国船舶在领海中享有无害通过权。

3. 沿海国的权利。沿海国对领海内发生的民事、刑事案件拥有管辖权。但对领海内外籍船舶上刑事案件的管辖仅限于以下几种情况：第一，刑事案件罪行后果及于沿海国；第二，罪行扰乱当地安宁或沿海国良好秩序；第三，经船长或船旗国外交代表或领事官员请求当地政府予以协助；第四，取缔违法贩运麻醉品或精神调理物质所必要。此外，沿海国对通过其领海的外国船舶的民事管辖权也受到一定的限制。

4. 非沿海国的权利。根据长期形成的国际习惯，外国船舶在领海内可以享有无害通过权。无害通过权是指外国船舶在不损害沿海国和平安宁和正常秩序的条件下，拥有无须事先通知或征得沿海国许可而连续不断地通过其领海的航行权利。但是无害通过必须满足以下条件：第一，无害通过要求连续不停地迅速通过，不得停泊和下锚，除非不可抗力、遇难和救助。第二，通过必须是无害的，有下列行为之一的即为有害：(1)对沿海国进行任何武力威胁或使用武力、军事演习、搜集情报、进行危害国防安全的宣传；(2)在船上起落或接载任何飞机或任何军事装置；(3)违反沿海国海关卫生财政移民的法律和规章，以及上下任何商品、货币或人员；(4)任何故意和严重的污染行为；(5)任何捕鱼活动、研究或测量、干扰沿海国通讯系统的行为；(6)与通过没有关系的其他任何行动。第三，潜水艇或其他潜水器通过领海须浮出水面并展示其船旗。第四，军用船舶一般不享有无害通过权。

(三)毗连区及有关法律制度

1. 毗连区的概念。沿海国可以在领海以外毗邻领海划定一定宽度的海水带，在此区域中，沿海国对海关、财政、移民和卫生等特定事项行使某种管制权，这个区域称为毗连区。毗连区的宽度从领海基线量起不得超过24海里。

2. 毗连区的法律地位。毗连区不是国家领土，国家对毗连区不享有主权，只是在毗连区范围进行管制，而且国家对于毗连区的管制不包括其上空。

3. 沿海国的权利。沿海国对毗连区内海关、财政、移民和卫生等特定事项行使管制权。毗连区的其他性质取决于其所依附的海域，或为专属经济区或为公海。

4. 非沿海国的权利。如国家设立专属经济区，则毗连区首先是专属经济区的一部分，非沿海国权利同专属经济区。如无专属经济区，则属公海。

(四)群岛水域和国际海峡

1. 群岛水域及其制度。

(1)群岛水域。群岛水域是群岛国的群岛基线所包围的内水之外的海域。群岛基线的确定需要满足《海洋法公约》规定的条件：①基线应包括主要岛屿和一个区域；②基线范围内包括环礁在内的陆地面积与水域面积之比应在1∶1到1∶9；③基线超过100海里的线段最多不能超过基线总数的3%；④基线不能明显偏离群岛轮廓，不能将其他国家的领海与公海或专属经济区隔断。群岛水域的划定不妨碍群岛国可以按照《海洋法公约》划定内水，及在基线之外划定领海、毗连区、专属经济区和大陆架。

(2)群岛水域制度。群岛国对其群岛水域包括其上空和底土拥有主权，同时作为《海洋法公约》规定的一个特定区域，群岛国应尊重与其他国家间的现有协定，以及其他有关国家在该区域内的传统合法权益或现有情况。群岛水域的航行分为无害通过和群岛海道通过两种情况。第一种是所有国家的船舶享有通过除群岛国内水以外的群岛水域的无害通过权；第二种是指群岛国可以指定适当的海道和其上的空中通道，以便其他国家的船舶或飞机连续不停地迅速通过或飞越其群岛水域及其邻接的领海。

2. 国际航行海峡的通行制度。国际航行海峡，主要是指两端都是公海或专属经济区，而又用于国际航行的海峡。海峡根据其水域的地位，一般可以划分为内海峡、领海峡和非领海峡。国际航行的海峡主要连接公海或专属经济区，构成世界航海的通道。由于地理位置、历史等方面的不同情况，不同的国际航行海峡可能适用不同的通过制度。通常有过境通行制度、公海自由航行制度、无害通过制度以及特别协定制度四种。

(五)专属经济区及有关法律制度

1. 专属经济区的概念。专属经济区是领海以外毗邻领海的一定宽度的水域，它从领海基线量起不得超过200海里。

2. 专属经济区的法律地位。专属经济区不是国家领土，沿海国对于专属经济区不拥有领土主权，只享有公约规定的某些主权权利。专属经济区并不是本身自然存在权利，而需要国家以某种形式宣布建立并说明其宽度。

3. 沿海国的权利。第一，沿海国拥有以勘探、开发、养护和管理海床和底土及其上覆水域自然资源为目的的主权权利，以及关于在该区域内从事经济性开发和勘探的主权权利。第二，沿海国对建造和使用人工岛屿和设施、海洋科学研究、海洋环境保护事项拥有管辖权。第三，沿海国可以制定与公约规定一致的专属经济区法规。并可采取必要的措施以确保其法规得到遵守，包括登临、检查、逮捕和进行司法程序。但在逮捕或扣留外国船只时，沿海国应通过适当途径将所采取措施和随后进行的处罚迅速通知船旗国。

4. 非沿海国的权利。非沿海国在这个区域享有航行和飞越、铺设海底电缆和管道的自由以及与此有关的其他合法活动的权利。

（六）公海及有关法律制度

1. 公海的概念。公海是指内海、领海、专属经济区、群岛水域以外的全部海域。

2. 公海的法律地位。公海对所有国家开放，包括沿海国和内陆国，任何国家不得有效地声称将公海的任何部分置于其主权之下。

3. 公海自由。公海自由包括6项：航行自由（在公海中航行的船舶必须在一国进行登记并悬挂该国国旗，在公海航行的船舶必须并且只能悬挂一国旗帜，悬挂两国或两国以上旗帜航行或视方便而换用旗帜的，可视为无国籍船舶）、飞越自由、铺设海底电缆和管道自由（铺设时，不应影响其他国家已铺设的电缆和管道）、捕鱼自由（在捕鱼中应遵守本国根据有关条约和协议就鱼种、数量、方法、区域等方面承担的义务）、建造人工岛屿和设施自由、科学研究自由。

4. 公海管辖权。在公海上的船舶内部事务一般由船旗国专属管辖。但对发生在公海的某些特定国际罪行或违反国际法的行为，各国都有管辖权，包括：海盗、非法广播、贩奴和贩毒。

国家管辖权在公海上实现的措施包括临检权和紧追权两种：

（1）临检权。临检权是指一国的军舰、军用飞机或其他得到正式授权、有清楚标志可识别的政府船舶或飞机，对公海上的外国船舶（军舰等享有豁免权的除外），有合理根据认为其从事不法情况时，拥有登船检查及采取相关措施的权利。

行使临检权的主体只能是军舰、军用飞机或经正式授权的政府船舶或飞机；被临检的对象是公海上除军舰等享有豁免权的船舶以外的外国船舶；临检权的理由包括：海盗、贩奴、非法广播、船舶无国籍、虽然该船悬挂外国旗或拒不展示船旗但事实上与临检军舰属于同一国籍；临检不当，临检国承担国际责任。

（2）紧追权。紧追权是沿海国拥有对违反其法规并从该国管辖范围内的海域向公海行驶的外国船舶进行追逐的权利。

行使紧追权的主体与临检权相同；被紧追的对象是违反本国法规并从该国管辖范围内的海域向公海行驶的外国船舶；紧追可以始于一国内水、领海、毗连区或专属经济区，止于他国领海；必须先警告，然后才可开始紧追；紧追可以追入公海中继续进行，直至追上并依法采取措施，但必须是连续不断的。

二、海洋下覆底土的划分及制度★★

（一）内海和领海的下覆底土

内海和领海的下覆底土是国家领土的一部分，国家对其享有完全的主权。

（二）大陆架及有关法律制度

1. 大陆架的概念。沿海国的大陆架是指其领海以外依其陆地领土的全部自然延伸，扩展到大陆边外缘的海底区域的海床和底土。如果从领海基线量起到大陆边外缘的距离不足200海里，则扩展至200海里；如果超过200海里，则不得超出从领海基线量起350海里或不超出2500米等深线100海里。

2. 大陆架的法律地位。大陆架不是沿海国领土，但是国家在此享有某些排他性的主权权利。而且这些权利是沿海国固有的，无须宣告或占领。

3. 沿海国的权利。（1）沿海国可勘探、开发大陆架上的自然资源。但在开发200海里以外大陆架的非生物资源时，应通过国际海底管理局并缴纳一定的费用或实物。（2）沿海国拥有在其大陆架上建造使用人工岛屿和设施的专属权利及对上述设施进行管辖的权利。

4. 非沿海国的权利。非沿海国有权在其他国家的大陆架上铺设电缆和管道，但其线路的划定须经沿海国同意。

（三）国际海底区域及有关法律制度

1. 国际海底区域的概念。国际海底区域是指国家管辖范围以外的海床、洋底及其底土，即国家领土、专属经济区及大陆架以外的海底及其底土。

2. 国际海底区域的管理和开发。国际海底区域内的资源由国际海底管理局代表全人类加以管理。区域内资源的开发实行“平行开发制”，具体做法是:在区域内的一个矿区被勘探后,开发申请者向海底局提供两块价值相当的矿址,海底局选择一块作为“保留区”,另一块作为“合同区”,与申请者签订合同进行开发。

第三节 国际航空法与外层空间法

一、领空及其界限问题

领空是指一国领土上空一定高度的空间,作为国家领土的一部分处于国家主权之下。

(一)领空的水平界限

一国领空从与地球表面平行方向看,止于其领土边境线的上方,其领土边界线向上立体延伸构成领空的水平扩展界限。

(二)领空的垂直界限

领空的垂直界限是指领空自地球表面向上扩展的外缘,这是领空与外层空间的界限问题。迄今,国际法尚未就领空与外空的具体界限作出准确的划定。

二、国际航空法体系★

现代国际民用航空法律体系主要包括三个部分:围绕《芝加哥公约》形成的国际民用航空基本制度;围绕《华沙公约》形成的国际航空民事责任制度;围绕三个反劫机公约(《东京公约》《海牙公约》《蒙特利尔公约》)构成的国际民航安全制度。

(一)国际航空的基本制度(《芝加哥公约》)

1. 领空主权原则:国家可以对非法入境的外国民用航空器行使主权,但不得危及航空器内人员的生命和航空器的安全,避免使用武器。

2. 航空器国籍制度。《芝加哥公约》将航空器分为国家航空器和民用航空器,公约的制度仅适用于民用航空器。国家航空器指用于军队、海关和警察部门的航空器。航空器的登记国对航空器上的事件和事故拥有管辖权。

3. 将国际航空飞行分为定期航班飞行和不定期航班飞行,并规定定期航班飞行须经领空国许可,不定期航班飞行则可以不经领空国许可(但相当多国家对此进行保留)。

(二)国际民航的损害赔偿责任

《华沙公约》规定了国际民航活动中损害赔偿责任制度。目前国际民航损害责任的认定采取了推定过失原则。

(三)国际民航安全制度

1. 国际民航安全制度建立在《东京公约》、《海牙公约》和《蒙特利尔公约》的基础上。2010 年 8 月通过的《北京公约》和《北京议定书》对于民航安全的法律规则进行了全面补充和系统完善。

2. 危害民航安全罪行是一种可引渡的罪行,但各国没有强制引渡的义务。

3. 关于“飞行中”:是指航空器从装载完毕、其外部所有舱门都已关闭时开始,直到其任一外部舱门打开准备卸货时止。

4. 关于“使用中”:是指自地面或机组人员为某一飞行进行飞行前准备时起,到飞机降落后 24 小时内止。

三、外层空间法律体系

(一)外空活动的主要原则

1. 共同利益原则。
2. 自由探索和利用原则。
3. 不得据为己有原则。
4. 和平利用原则。
5. 救援宇航员原则。
6. 外空物体登记和管辖原则。
7. 国际责任原则。
8. 保护空间环境原则。
9. 国际合作原则。

(二)外空活动的主要法律制度

1. 登记制度。

(1)空间物体由两个以上发射国发射,应由其共同决定向其中的一个国家进行登记。

(2)若登记国切实知道其所登记的物体已不复在轨道上存在,应尽快通知联合国秘书长。

2. 营救制度。

发现航空器及其人员发生意外、遇难或紧急降落,应立即通知其发射国及联合国秘书长。

3. 责任制度。

(1)国家对其外空活动承担国际责任,并应保证本国活动的实施符合国际法的规定。

(2)发射国对其空间物体在地球表面或给飞行中的飞机造成的损害应负有赔偿的绝对责任。

(3)发射国的空间物体在地球表面以外的地方,对另一发射国的空间物体造成损害,并因此对第三国或第三国的自然人或法人造成损害时:如果是在第三国的地球表面和对飞行中的飞机造成的,则前两国对第三国负绝对责任;如果对于地球表面以外的其他地方的第三国外空物体和所载人员财产造成损害,则前两国依各自的过失承担相应的责任。

第四节　国际环境保护法

一、国际环境法的主要原则★

（一）国家环境主权和不损害其管辖范围以外环境的原则

各国享有按照自主的环境政策和本国的环境法律开发本国资源的权利，同时又有义务保证其活动不损坏别国或国家管辖范围以外的环境。

（二）国际环境合作原则

国际环境问题的解决有赖于国际社会成员的普遍参与，各国在环境保护方面应加强合作。

（三）共同但有区别的责任原则

责任的共同性是指环境作为全人类共同利益所在，保护环境需要所有国家的合作与努力。责任的区别性是指由于各国经济、科技发展水平不同，其在环境恶化成因中所起作用不同，因此不应要求所有国家都承担完全相同的责任。

（四）可持续发展原则

各国应以可以持续的方式利用和开发自然资源，发展不能以牺牲环境为代价，而应充分考虑后代人类的利益。

二、国际环境保护的主要制度★★

（一）大气环境保护

1. 防止气候变化。

（1）《联合国气候变化框架公约》确定了控制温室气体的排放，延缓全球变暖效应的基本方向，重申和体现了国际环境保护的基本原则，特别是共同但有区别的责任原则。

（2）2015 年 12 月通过的《〈联合国气候变化框架公约〉巴黎协定》，明确了 2020 年后应对气候变化致力于降低碳排放国际机制的整体框架。

2. 臭氧层保护。《保护臭氧层维也纳公约》和《关于消耗臭氧层物质的蒙特利尔议定书》规定了有关管制措施，以及相关的报告制度、消费水平限制和淘汰时间表。

（二）海洋环境保护

1. 防止船舶污染。《国际防止海上油污公约》和《国际防止船舶污染公约》确立了对船舶污染海洋的责任和管辖制度。

2. 防止海洋倾倒废物。《防止倾倒废物及其他物质污染海洋的公约》采用了物质分类名单和许可证制度。对于向海洋倾倒的废物，分为禁止倾倒的"黑名单"物质、需国家颁发"特别许可证"的"灰名单"物质和需得到"一般许可证"的"白名单"物质，以此控制向海洋倾倒废物。

（三）自然生态和资源保护

1. 生物资源保护。《联合国生物多样性公约》对生物资源保护作了全面广泛的规定。《濒危野生动植物种国际贸易公约》以三个附条件的形式建立了濒危物种清单基础上的许可证制度。

2. 世界文化和自然遗产保护。《保护世界文化和自然遗产公约》承认国家领土内的文化和自然遗产的确定、保存、保护等，主要是有关国家的责任。但是这类遗产同时也是世界的一部分，整个国际社会都有进行保护的责任。

（四）控制危险废物的越境转移

《控制危险废物的越境转移及其处置公约》（《巴塞尔公约》）对于列举在其附件中的危险废物的越境转移，规定了严格的条件和程序。

1. 危险废物越境转移的条件。（1）缔约国禁止向另一缔约国出口危险废物，除非进口国没有一般地禁止该废物的进口，且以书面形式向出口国表示同意。（2）出口国有理由认为拟出口的废物不会被以符合有关标准的对环境无害的方式在进口国或其他地方处理，则不得出口。（3）不得向非缔约国出口或自非缔约国进口危险废物。

2. 危险废物越境转移的程序。

（1）通知与答复。出口国或者危险废物的生产者或出口者，应向进口国进行书面通知，进口国应作出书面答复。

（2）证实要求。出口国应当证实通知人已得到进口国书面同意；进口国应证实出口者和处置者之间已订立合同，详细说明对废物的无害环境的处置办法。

（3）废物无法处置时的处理。危险废物如果不能按照合同的规定处置，如无其他合法安排，应运回出口国。

（4）担保要求。危险废物的任何越境转移都必须有相关的保险、保证或担保。

（5）公约不适用于其他国际制度管制放射性废物。

命题点拨　一是领土涉及的各项规则以及之间的联系；二是国家在海洋各个区域上的权利差别；三是南北极和外空特有的法律状态和相应制度。

第四章　国际法上的个人

第一节　国　　籍

国籍是指一个人属于某个国家的国民或公民的法律资格，对国家行使管辖权具有重要意义，是一个人同特定国家的固定的法律联系，是国家实行外交保护的法律依据。

一、国籍的取得与丧失★★

（一）国籍的取得

1. 因出生取得。

（1）血统主义原则。即根据父母的国籍来确定一个人出生时的国籍。血统主义又分为仅以父亲国籍决定的单系血统主义和双亲任一方国籍决定的双系血统主义。

（2）出生地主义原则。即根据出生地来确定一个人的国籍，而不管其父母国籍情况如何。

（3）混合制原则。即兼采血统主义和出生地主义来确定国籍。

2. 因加入取得。

（1）自愿申请入籍。指外国人或无国籍人按入籍国的法律规定，自愿申请并经批准而取得该国国籍。

（2）基于法律事实的发生，根据入籍国法律规定而入籍。这些法律事实主要有：跨国婚姻、收养、取得住所、领土转移等。

（二）国籍的丧失

1. 自愿丧失。自愿丧失包括自愿退籍和自愿选择放弃两种做法：

（1）退籍。退籍是某人依据其原国籍国立法规定主动申请退出该国国籍，如得到批准从而丧失该国国籍。

（2）选择放弃。选择放弃是指根据某人原国籍国立法或与他国签订的有关条约的规定，允许自愿选择一种国籍并且这种选择意味着对以前国籍的放弃。

2. 非自愿丧失。非自愿丧失一般有两种情况：

（1）由于某种法律事实出现，导致当事人根据有关国家立法的规定丧失其原有国籍。这些法律事实一般有涉外婚姻、收养、已归化加入外国国籍等。

（2）由于主管机关的剥夺。有些国家规定，在符合某些法定条件时，国家可依法剥夺个人的该国国籍。

二、国籍的冲突和解决

（一）国籍的冲突

国籍的冲突包括积极冲突和消极冲突两种。积极冲突是指一个人同时具有两个或两个以上国家国籍的状态。消极冲突是指一个人不具有任何国家国籍的状态。

（二）国籍冲突的解决

实践中，防止和解决国籍冲突的方式有两种：

1. 国内立法解决。各国在制定国籍法时，应充分注意防止和解决可能产生的国籍冲突问题。

2. 双边或多边条约解决。这是各国广泛采取的解决双边国籍问题的方式。

三、中国国籍法实践★

我国现行的国籍制度主要规定在1980年《国籍法》中。该法体现了中国各族人民平等地拥有中国国籍、男女平等、因出生获得国籍采取混合制、因加入获得国籍时采取申请和审批相结合等原则。对于防止和消除国籍的冲突，该法也作出了相关规定，包括不承认双重国籍、在中国出生的无国籍人子女具有中国国籍等。我国《国籍法》第9条规定，定居外国的中国公民，自愿加入或取得外国国籍的，即自动丧失中国国籍。对于实际拥有两个以上外国国籍的人，其在中国境内被认为的国籍状态，通常以其被许可入境时所使用的某一国籍为准。此外，中国还与有关国家以双边条约的形式，积极妥善地解决有关国籍冲突问题。

第二节　外国人的法律地位

一、外国人的入境、居留和出境★

根据国际法的原则，国家有权对外国人入境、居留和出境等事项以国内法的形式予以规定。

（一）外国人的入境

外国人入境一般要经过两个步骤：

1. 持有有效护照并获得入境签证。签证手续也可以由有关国家之间协议免去。

2. 在入境口岸接受有关安全、卫生等方面的检查。国家有权作出规定，对可能危及本国安全、社会秩序或国民健康的外国人，拒绝入境。

（二）外国人的居留

外国人的居留应该办理申请和批准手续，以规定的地区、期限、目的和方式居留。外国人在居留国居留期间的权利和义务由居留国的法律规定。

注意：《外国人入境出境管理条例》关于非法居留的规定。外国人在中国境内有下列情形之一的，属于非法居留：（1）超过签证、停留居留证件规定的停留居留期限停留居留的；（2）免办签证入境的外国人超过免签期限停留且未办理停留居留证件的；（3）外国人超出限定的停留居留区域活动的；（4）其他非法居留的情形。

(三)外国人的出境

1. 国家一般不禁止外国人的合法出境,但可以对外国人离境规定某些条件。

2. 外国人出境前应办理出境手续,依法付清捐税或债务,了结诉讼。

3. 国家可以在特定情况下依法令外国人限期离境或将其驱逐出境。

二、外国人的待遇

外国人的待遇,是指国家对于外国人,特别是长期或永久居留的外国人所设定的权利义务。

(一)国民待遇

国民待遇指在一定事项或范围内,国家给予其境内的外国人与其本国国民同等的待遇。国民待遇通常都是在互惠的前提下给予的。一般地,国民待遇限于民商事权利和诉讼权利方面,而不包括政治权利。

(二)最惠国待遇

最惠国待遇是指国家之间在条约的基础上一方在自己领域内给予缔约国另一方的自然人和法人的待遇,不低于或不少于给予任何第三国的自然人和法人的待遇。最惠国待遇主要适用于国家间的经济和贸易活动领域。

(三)差别待遇

差别待遇指一国给予外国人不同于本国人的待遇,或给予不同国家的外国人不同的待遇。国际法承认差别待遇,但禁止基于宗教种族等原因的歧视待遇。

(四)互惠原则

互惠原则是指一国给予外国国民某种权利、利益或优惠须以该外国人的国籍国给予该国在其境内的国民同等的权利、利益或待遇为前提。在上述国民待遇或最惠国待遇的采用中,一般都同时遵循这项原则。但是,基于某种原因,国家自愿同意的片面优惠待遇不受此限制,普惠制就是一个典型。

(五)普惠制

普惠制是指为减少经济发展的极端不平衡,发达国家在与发展中国家的经济交往中,单方面给予发展中国家某些特殊优惠,而不要求发展中国家给予发达国家同样的优惠。

三、外交保护★

外交保护,是指国家对于在外国的本国国民的合法权益遭到所在国违反国际法的侵害而得不到救济时,通过外交机关向加害国提出求偿的行为。外交保护是国家的一项权利,是国家主权含有的属人优越权的体现。

(一)外交保护的条件

1. 侵害行为的国家性。侵害必须是由于所在国的国家不当行为所致。也就是说,该侵害行为可以引起国家责任。如果损害仅仅涉及外国私人的行为,所在国家不存在任何直接或间接责任,则不得行使外交保护。

2. 国籍连续原则。受害人自受害行为发生起到外交保护结束的期间内,必须持续拥有保护国国籍。这称为“国籍连续原则”。

3. 用尽当地救济。在提出外交保护之前,受害人必须用尽当地法律规定的一切可以利用的救济办法,包括行政和司法救济手段。在这些手段用尽之后仍未得到合理救济时,才可以提出外交保护。此为“用尽当地救济原则”。

(二)外交保护的范围

外交保护的范围实践中主要包括:国民被非法逮捕或拘禁、国民的财产或利益被非法剥夺、国民受到歧视性待遇、国民被“拒绝司法”等情况。

第三节 引渡和庇护

一、引渡★★

引渡是指一国应某外国的请求,把在其境内被该外国指控为犯罪或判刑的外国人,移交给该外国审判或处罚的一种国际司法协助行为。

(一)引渡的主体

引渡的主体是国家,但是在国际法中,国家没有一般的引渡义务,因此引渡需要根据有关的引渡条约进行。当他国在没有引渡条约的情况下提出引渡时,一国可以自由决定是否引渡。

(二)引渡的对象

引渡的对象是被请求国指控为犯罪或被其判刑的人,可能是请求国人、被请求国人和第三国人。但一般情况下,各国有权拒绝引渡本国公民,即“本国国民不引渡”。

(三)可引渡的罪行

引渡针对的通常是普通刑事犯罪,“双重犯罪原则”和“政治犯罪不引渡原则”是被一般接受的原则。

1. 双重犯罪原则。双重犯罪原则是指被请求引渡人的行为必须是请求国和被请求国的法律都认定为是犯罪的行为。

2. 政治犯不引渡原则。绝大多数国家的现有立法和已形成的双边条约以及全部的多边引渡条约,都明确规定政治犯不引渡。但对于什么是政治犯,至今没有统一明确的定义。国际上通过多边条约采用排除法，规定某些犯罪行为不视为政治犯罪，包括：战争罪、反和平罪和反人类罪；种族灭绝或种族隔离罪行；非法劫持航空器；侵害包括外交代表在内的受国际保护人员罪行等。

（四）引渡的程序

引渡的程序包括：引渡请求的提出和答复、负责引渡的机构、引渡文件材料的传送、移交被引渡人的条件方式等。

（五）引渡的效果

请求引渡国把罪犯引渡回国后，只能就其请求引渡时所指控的犯罪行为对该被引渡者进行审判或处罚。这也称为“罪名特定原则”。如果以其他罪名进行审判或将被引渡人转引给第三国，则一般应经原引出国的同意。

二、庇护

庇护是指国家对于因政治原因而遭受追诉或受迫害而来避难的外国人，准其入境和居留，给予保护，并拒绝将其引渡给另一国。庇护是国家的权利，以其属地优越权为依据。

庇护的对象主要是政治犯。庇护是基于领土的行为，因此，域外庇护即庇护国利用其在外国的外交或领事机构馆舍、船舶或飞机等场所进行的庇护一直未得到国际社会的普遍接受。

第四节　国际人权法

一、国际人权法的主要内容★

（一）1966 年联合国两个人权公约

1966 年联合国大会通过了《经济、社会及文化权利国际公约》和《公民权利和政治权利国际公约》。

（二）专门领域或区域的人权条约

1. 专门领域的人权条约主要包括：（1）消除各种歧视方面：《防止及惩治灭绝种族罪行公约》《消除一切形式种族歧视公约》《禁止并惩治种族隔离罪行公约》《关于就业和职业歧视公约》《反对体育领域种族隔离公约》等；（2）妇女儿童权利保护方面：《妇女政治权利公约》《消除对妇女一切形式歧视公约》《儿童权利公约》等；（3）禁止奴隶制和强迫劳动方面：《废止奴隶制奴隶贩卖及类似奴隶制之制度与习俗补充公约》《废止强制劳动公约》等；（4）保护被拘禁者权利方面：《禁止酷刑和其他不人道或有辱人格的待遇或处罚公约》等。

2. 区域性的人权条约主要有《欧洲人权公约》及其一系列议定书、《欧洲社会宪章》、《美洲人权公约》、《非洲人权和人民权利宪章》等。

（三）人权的国际习惯法规则

国际人权法的习惯法规则，主要体现在以《世界人权宣言》为代表的国际人权文件中。

二、国际人权保护的监督机制

（一）联合国体系内的人权机制

1. 联合国人权理事会。

2. 联合国人权高级专员。

3. 其他专门机构。

（二）国际人权条约机构

1. 国际人权条约机构是指由国际人权条约设立的，旨在促进国家间合作以监督保障缔约国履行其在某项条约内的国际义务相关机构。

2. 国际人权条约机构的典型制度。

（1）报告及审查制度。

（2）缔约国之间的指控制度。

（3）个人来文申诉制度。

命题点拨　国籍的取得与丧失；外交保护；引渡和庇护。

第五章　外交关系法与领事关系法

第一节　概　　述

外交关系是指为实现其对外政策，国家之间通过访问、谈判、签约、派遣使节等对外活动而形成的关系。领事关系是指根据国家间协议，互派执行领事职务的常驻机构而形成的一种国家关系。外交关系和领事关系都属于国家对外关系的范畴。

一、驻外外交常设机构和领事常设机构的联系

（一）外交机构和领事机构的性质相同

二者都是根据国家协议为执行对外政策而常驻外国的机构。国家间同意建立外交关系即包含同意建立领事关系。

（二）外交机构和领事机构的领导机构相同

在派遣国的国内行政中，二者都由一国的外交部领导。在接受国，领事机构通常接受同一派遣国在该国的外交机构的领导。

二、驻外外交常设机构和领事常设机构的区别

（一）外交机构和领事机构的交涉对象不同

外交机构全面代表其国家与接受国中央政府进行交往和交涉；领事机构一般是与相关的地方政府进行交涉。

(二)外交机构和领事机构的职务范围不同

外交机构的职务范围为接受国全境,其保护的利益是派遣国全局性的重大利益;领事机构的职务范围则仅限于其辖区,其保护的主要是派遣国和其国民的商业利益。

(三)外交机构和领事机构的特权与豁免不同

二者享有的特权与豁免的程度与范围不同。具体内容在本章第二节和第三节讲述。

第二节　外交关系法

一、外交机关★

外交机关是为了实现国家对外政策而进行外交活动的国家机关。外交机关可分为国家中央外交机关和派出外交代表机关。

(一)国家中央外交机关

国家中央外交机关包括国家元首、政府及其首脑和外交部门。其中,国家元首在国家对外关系上是国家的最高机关,他在外国享有全部外交特权与豁免。政府是国家的最高行政机关,也是国家对外政策的制定机关,还是外交事务的领导机关。政府首脑是政府的最高行政首长,他在国外时享有全部外交特权与豁免。外交部是执行国家对外政策、处理本国外交事务的专门机构。在外国期间,外交部长享有完全的外交特权与豁免。

(二)派出外交代表机关

派出外交代表机关分为常驻的派出外交代表机关和临时的派出外交代表机关两类。

常驻的派出外交代表机关。常驻的派出外交代表机关又包括派往某一国家的驻外使馆和派往国际组织的常驻使团两类。

1. 使馆的职务。根据《维也纳外交关系公约》的规定,使馆主要有以下五项职务:

(1)代表,即在接受国中代表派遣国。

(2)保护,即在国际法许可的限度内,在接受国中保护派遣国及其国民的各项利益。

(3)谈判和交涉,即代表派遣国政府与接受国政府进行各项事务的谈判和交涉。

(4)调查和报告,即以一切合法的手段调查接受国之状况及发展情形,并及时向派遣国报告。

(5)促进,即促进派遣国和接受国之间的友好关系,发展两国政治、经济、文化关系。

2. 使馆的人员。使馆由使馆馆长、一般外交人员、行政技术人员及服务人员等组成。

(1)使馆馆长。使馆馆长是使馆的最高首长,是一国派驻另一国的使节。根据《维也纳外交关系公约》,使馆馆长分为大使、公使、代办三级。大使是派遣国元首向接受国元首派出的最高一级的使节,他享有使馆馆长中的最高礼遇;公使作为馆长是一国元首向接受国元首派出的第二级使节,他的礼遇上稍逊于大使;代办是派遣国外交部长向接受国外交部长派遣的使节,实践中较少。使馆馆长因等级的不同,在外交活动中位次的排列和享有的礼遇也随之不同,但在职务、特权、豁免等方面并不因等级的差异而在接受国有任何差别待遇。

(2)一般外交人员。一般外交人员是指使馆中除馆长外,具有外交职衔的人员,包括参赞、武官、外交秘书和随员。参赞(政务、商务、文化等)是协助馆长处理外交事务的高级别外交人员;武官(陆、海、空)是作为武装力量的代表,专门处理有关军事合作事务的人员;秘书是秉承馆长旨意办理外交事务及文书的外交官,分为一、二、三等;随员是最低一级的外交人员。

(3)行政技术人员。行政技术人员包括译员、工程师、行政主管、会计等。

(4)服务人员。服务人员包括司机、清洁工、修理工等。

3. 外交代表的派遣。

(1)使馆馆长和武官的派遣:须事先征得接受国同意。

(2)其他人员:可直接委派,一般无须事先征求接受国同意,但如果委派接受国国籍的人或第三国国籍的人为外交人员,则仍须经接受国的同意方得派遣。

4. 使馆和外交代表职务的开始与终止。

(1)职务的开始。递交国书是接受国确认使馆馆长身份、接受其履行职务的依据。使馆馆长开始执行职务视为使馆职务的开始。使馆的其他人员职务以其到达接受国担任使馆职务为开始。

(2)职务的终止。使馆人员的职务因下列情形而终止:派遣国通知接受国其外交代表职务业已终止;接受国通知派遣国拒绝承认该外交代表为使馆人员;派遣国与接受国断绝外交关系或暂时中断外交关系;派遣国或接受国主体资格灭失;因革命产生新政府。

二、外交特权与豁免★★★

(一)使馆的特权与豁免

1. 使馆馆舍不得侵犯。使馆馆舍不得侵犯包括以下三方面的含义:(1)接受国官员非经使馆馆长许可,不得进入使馆馆舍,也不得在使馆内行使任何职能;(2)接受国负有特殊责任,采取一切适当步骤保护使馆馆舍免受侵入或损害,并防止一切扰乱使馆安宁或有损尊严的事情;(3)使馆馆舍及设备,以及馆舍内其他财产与使馆交通工具免受搜查、征用、扣押或强制执行。

2. 使馆财产及档案不得侵犯。使馆的档案及文件无论何时何处,均不得侵犯。“无论何时”,既包括两国保持正常外交关系之时,也包括断绝外交关系或发生武装冲突之时。“无论何处”,指无论是在使馆馆舍内还是在使馆馆舍外,也无论是否装在外交邮袋内。

3. 通讯自由。

4. 使馆免纳捐税。

5. 使馆人员有行动和旅行自由。

6. 使用派遣国的国家标志。

(二)外交人员的特权与豁免

1. 外交人员特权与豁免的范围。

(1)人员范围。

①外交人员。

②外交人员的家属。与外交人员构成同一户口的家属(配偶、未成年子女),如系非接受国国民,亦享有与外交人员相同的特权与豁免。

③行政技术人员及其家属。行政技术人员及与其构成同一户口的家属,如系非接受国国民且不在该国永久居留者,也享有一般的特权与豁免,但需受到一定限制。

④服务人员。使馆的服务人员如系非接受国国民且不在该国永久居留者,仅享有一定的优遇。

(2)时间范围。

①开始。享有外交特权与豁免的人员,自其被接受国接受而进入接受国国境就任之时起享有此等特权与豁免。

②结束。享有特权与豁免人员的职务如已终止,其特权与豁免通常是在该人员离境之时或给予其离境的合理期间结束之时终止。这里需要注意两种特殊情形:一种是如果两国发生武装冲突,该特权与豁免也应继续有效至上述时间为止;另一种是如果使馆人员死亡,其家属应继续享有其应享有的特权与豁免直到给予其离境的合理期间结束时为止。

2. 外交人员特权与豁免的内容。

(1)人身不可侵犯。外交人员的人身不可侵犯表明接受国具有以下两方面义务:其一,对外交代表的一般保护。接受国不得对外交人员的人身实施搜查、逮捕或拘留。其二,对外交代表的特别保护。接受国有责任保护外交人员人身不受侵犯。但是,对外交代表的一般保护和特别保护,并不排斥对外交人员的违法和犯罪行为采取必要的措施。

(2)寓所、财产和文书信件不可侵犯。

(3)管辖豁免。

①刑事管辖豁免。外交人员享有完全的对接受国刑事管辖的豁免,接受国的司法机关不得对其进行刑事审判和处罚。

②民事管辖豁免。接受国的法院原则上不对外交人员进行民事管辖,但存在以下四种情况的例外:外交人员在接受国境内私有不动产物权的诉讼(但代表派遣国为使馆购置的不动产除外);外交人员以私人身份参与的继承诉讼;外交人员在接受国内在公务范围以外所从事的专业或商务活动的诉讼;外交人员主动起诉而引起的与该诉讼直接有关的反诉。

③行政管辖豁免。接受国免除外交人员的户籍和婚姻登记,对其违反行政法规的行为不实行行政制裁。

④作证义务的免除。外交人员免除作证义务,没有出庭作证的义务,也没有提供证词的义务。

⑤豁免的放弃。这种放弃只能由派遣国明示作出,外交人员本身没有作出这种放弃的权利。并且,对管辖豁免的放弃,不视为对执行豁免的放弃。

(4)某些方面免税和免验。

(5)其他特权与豁免。

(三)使馆及享有外交特权与豁免人员的义务

1. 尊重接受国的法律规章。

2. 不得干涉接受国的内政。

3. 使馆馆舍不得用于与使馆职务不相符合的其他用途。

4. 使馆与接受国洽谈公务,应经与接受国外交部或另经商定的其他部门按照相关程序办理。

5. 外交代表不应在接受国内为私人利益从事任何专业或商业活动。

第三节 领事关系法

一、领事机构

领事馆分为总领事馆、领事馆、副领事馆和领事代理处。领馆人员包括领事官员、领事雇员及服务人员。其中,领馆馆长由派遣国委派,但需由接受国承认才可执行职务。领馆的其他人员原则上由派遣国自由委派。

二、领事特权与豁免★★★

(一)领馆的特权与豁免

1. 领馆馆舍在一定限度内不受侵犯。领馆馆舍享有的不可侵犯权内容与使馆馆舍有相似之处,但也有不同。主要包括以下几方面内容:

(1)接受国人员非经领馆馆长或其指定人员或派遣国使馆馆长同意,不得进入领馆馆舍中专供领馆工作之用的部分,馆舍其他部分不包括在内。但如遇火灾或其他灾害须迅速采取保护行动时,得推定馆长已同意进入。

(2)接受国负有特殊责任。采取一切适当步骤保护领馆馆舍免受侵入或损害,并防止任何扰乱领馆安宁或有损领馆尊严的情事。

(3)领馆馆舍、馆舍设备以及领馆的财产与交通工具,应免除任何方式的征用。但如为国防或公用目的而确有征用的必要,接受国应采取一切可能步骤防止领馆职务的执行受到妨碍,并应向派遣国作出迅速、充分和有效的赔偿。

2. 领馆档案及文件不得侵犯。领馆的档案和文件无论何时,亦无论位于何处,均不得侵犯。

3. 通讯自由。

4. 行动自由。

5. 免纳关税和捐税。

6. 与派遣国国民通讯及联络的权利。

(二)领事官员的特权与豁免

1. 人身不得侵犯。接受国对领事官员不得予以逮捕或羁押候审、不得监禁或以其他方式拘束领事官员的人身自由,但对犯有严重罪行或司法机关已裁判执行的除外。

2. 管辖豁免。原则上领事官员执行职务行为,不受接受国的司法和行政管辖。但下列几种情况例外:

(1)因领事官员未明示或默示以派遣国代表身份订立的契约而发生的诉讼。

(2)第三者对因车辆、船舶或航空器在接受国内所造成的意外事故而要求损害赔偿的诉讼。

(3)领事官员主动起诉引起的与本诉直接有关的反诉。

另外,领事官员作证义务的免除仅限于其执行职务所涉及的事项,除此之外领事官员不得拒绝作证。与外交人员特权和豁免的放弃一样,上述领事官员的特权和豁免的放弃也必须由派遣国明示作出,并以书面通知接受国,对管辖豁免的放弃也不视为对执行豁免的放弃。

3. 某些方面的免税和免验。

4. 其他特权与豁免。

命题点拨 一是区分外交关系法中对不同性质的机构和不同身份人员其权利义务的具体规定的不同;二是区分外交特权豁免与领事特权豁免规则的不同之处。

第六章 条 约 法

第一节 概 述

条约是指国家间所缔结而以国际法为准之国际书面协定,不论其载于一项单独文书或两项以上相互有关之文书内,亦不论其特定名称为何。条约为缔约各方创设权利和义务,其形式主要是书面的。条约有效成立必须具备三个实质要件:

一、具备缔约能力和缔约权

二、自由同意

三、符合强行法规则

第二节 条约的缔结

一、条约的缔结程序★★

(一)谈判

缔结条约首先从谈判开始。谈判是有关各方为就条约的内容达成一致的协议而进行的交涉。谈判的最终目的在于有关各方就其拟缔结的条约内容和形式达成协议,最后形成一个完整的文本。谈判代表通常须持有"全权证书",但是国家元首、政府首脑、外交部长谈判缔约时,或使馆馆长议定派遣国和接受国之间的条约约文时,或国家向国际组织派遣的代表议定该组织中的一个条约约文时除外。

(二)签字

条约的签字,是表示缔约国同意接受条约的约束,具有严肃而且重要的法律效果。条约在正式签字之前可以先进行草签。

(三)批准

批准是指缔约国的有权机关对其全权代表所签署的条约的认可,表示同意承受条约的拘束。是否批准条约、由哪一机关批准条约,这些都由主权国家自己决定。

(四)交换或存放批准书

交换批准书,是指缔约双方互相交换各自国家权力机关批准该条约的证明文件。多边条约因签字国众多,无法交换批准书,国际上的惯例做法是存放批准书。

二、多边条约缔结的特殊程序★

(一)条约的加入

条约的加入是指未在条约上签字的国家在多边条约签署或生效后成为该条约缔约国的一种方式。以加入表示同意承受条约的拘束可以有三种情况:条约规定一国可以用加入来表示这种同意;另经谈判国协议确定,某些国家可以用加入表示同意;全体当事国嗣后协议,某些国家可以用加入表示这种同意。

（二）条约的保留

条约的保留是指一国在签署、批准、接受、赞同或加入一个条约时所作的单方声明，无论措辞或名称如何，其目的在于排除或更改条约中某些规定对该国适用时的法律效果。

1. 不得提出保留的情形。包括三种：条约规定禁止保留；条约准许特定的保留，而有关保留不在条约准许的保留范围内；保留与条约的目的和宗旨不符。

2. 保留的接受。《维也纳条约法公约》把条约分为四类，不同的条约适用不同的规则。

（1）明文准许保留的条约。对这类条约的保留一般不需要其他缔约国事后予以接受。

（2）谈判国数目有限的条约。对于这类条约，如果从谈判国的有限数目以及条约的目的和宗旨，可知该条约在全体当事国的全部适用是每一当事国同意受该条约拘束的必要条件时，保留须经全体当事国接受。

（3）国际组织的组织约章。这类条约的保留须经该组织的有权机关接受，除非条约另有规定。

（4）不属于上述三类的条约，由缔约国决定是否接受保留。但在这里要特别注意：①保留经另一缔约国接受时，就该国而言，保留国即成为该条约的当事国；②保留经另一缔约国反对时，并不妨碍条约在保留国和反对保留国之间生效，除非反对保留国明确表示反对条约在两国间生效；③一国表示同意受该条约拘束而附有保留的行为，只要至少有一缔约国接受该项保留，就称为有效。

3. 保留的法律效果。保留产生的法律效果是：在保留国与接受保留国之间，适用保留后的规定；在保留国与反对保留国之间，若反对保留国并不反对该条约在两国之间生效，则保留所涉及的规定，在保留的范围内不在该两国之间适用；在未提出保留的国家之间，适用原来条约的规定。

第三节　条约的效力、适用和解释

一、条约的生效★

通常规定条约生效的日期和方式有：（1）条约经签署后生效；（2）经批准通知或交换批准书后生效；（3）交存批准书或加入书后生效；（4）条约规定于一定的日期生效；（5）条约的暂时适用。

二、条约的适用★★

（一）条约必须遵守原则

（二）条约适用范围

1. 时间范围。条约一般都自生效之日起开始适用，原则上没有追溯力，除非缔约国有特别的规定或用其他方法确定该条约有追溯力。

2. 空间范围。一项条约适用的空间范围可以依据各缔约国的协议及有关当事国的意思决定。

（三）条约的冲突

条约的冲突是指一国就同一事项先后参加的两个或几个条约的规定相互冲突。解决条约的冲突一般采取以下几种方法：

1. 先后就同一事项签订的两个条约的当事国完全相同时，无论是双边还是多边条约，一般适用后约取代先约的原则，即适用后约，先约失效。

2. 先后就同一事项签订的两个条约的当事国部分相同，部分不同时，在同为两条约当事国之间，适用后约优于先约的原则。在同为两条约当事国与仅为其中一条约的当事国之间，适用两国均为当事国的条约。

3. 适用条约本身关于解决条约冲突的规定。

三、条约对第三国的效力★

某个条约的第三国是指不是这个条约当事国的国家。根据《维也纳条约法公约》的规定，条约未经第三国同意对第三国既不创设义务，亦不创设权利。

1. 如果一个条约有意为第三国创设一项义务，必须经第三国以书面形式明示接受，才能对第三国产生义务。

2. 当一个条约有意为第三国创设一项权利时，原则上仍应得到第三国的同意。但是，如果第三国没有相反的表示，应推断其同意接受这项权利，不必须以书面形式明示接受。

3. 条约使第三国担负义务时，该项义务一般必须经条约各当事国与该第三国的同意方得取消或变更。条约使第三国享有权利时，如果经确定原意为非经该第三国同意不得取消或变更该项权利，当事国不得随意取消或变更。

四、条约的解释

（一）条约解释的一般规则

1. 根据通常含义和上下文。

2. 符合条约的目的和宗旨。

3. 善意解释。

（二）条约解释的辅助规则

1. 条约解释的补充资料。如果以上述规则解释条约，意义仍不明确或难以解释，或所得结果显属荒谬或不合理时，可以使用解释条约的补充资料，包括条约的准备工作及缔约的情况在内，如谈判记录、历次草案、讨论纪要等。但这些材料仅仅是作为上述解释方法的辅助和补充，本身不具有决定性。

2. 两种以上文字的条约的解释。（1）经两种以上文字认证作准的条约，除条约中规定或当事国协议当遇到意义分歧时应以某种约文为根据外，每种文字的约文应同样作准。(2)作准文本以外的条约译本，不能作为作准文本，仅可以在解释条约时作为参考。(3)在各种文字的作准约文中，条约的用语应被推定为有相同的意义。(4)除按规定应以某一约文为准外，在几个作准约文中发现意义有分歧，而适用以上解释规则不能消除分歧时，应采用顾及条约目的及宗旨的最能调和各约文的意义。

第四节 条约的修订和终止

一、条约的修订★

条约的修订主要涉及多边条约。多边条约的修订可分为两种：修正和修改。前者是指在多边条约的全体当事国之间修订条约；后者是指在多边条约的部分当事国之间修订条约。

(一)多边条约的修正

1. 条约修正后，凡有权成为条约当事国的国家，也应有权成为修正后的该条约的当事国。

2. 修正条约的协定对于是条约当事国而非该协定当事国的国家无拘束力。

3. 对于修正条约的协定生效后成为条约当事国的国家，如果该国没有相反的表示，应视为修正后条约的当事国；在该国与不受修正条约协定拘束的当事国之间，适用未修正的条约。

(二)多边条约的修改

条约的修改是在部分当事国之间进行的，只有在条约本身允许修改的情况下才能修改条约。

二、条约的终止和暂停施行

条约终止和暂停施行的原因主要包括：条约本身规定、条约当事方共同的同意、单方解约和退约、条约履行完毕、条约因被代替而终止、条约履行不可能、条约当事方丧失国际人格、断绝外交关系或领事关系、战争、一方违约、情势变迁等。

命题点拨 理解条约法与国内合同法律规定的规则的诸多不同：反映在条约的缔结、效力、保留、解释、终止等各个方面，要对各项规则细致理解。

第七章 国际争端的和平解决

第一节 国际争端与解决方法

一、国际争端的特点和类型

1. 国际法上的国际争端特点是：(1)争端的主体主要是国家，争端涉及的利益或权利往往重大；(2)争端往往包括多种因素，情况复杂，国际社会不存在超国家的裁决机构，国家在解决争端中仍起决定作用；(3)争端解决受各种政治力量的制约和影响。

2. 争端类型包括：(1)政治性争端。它是指直接涉及当事国主权独立等重大政治利益的争端。(2)法律性争端，也称为“可法律裁判”的争端。(3)事实性争端。它是指国家间对某种情况或事项的事实真相发生争执的争端，这种争端需要的是对事实本身的澄清而不是对其是非曲直作出判定。解决国际争端的传统方法分为强制性和非强制性两种。

二、解决国际争端的强制性方法

解决国际争端的强制性方法是一个国家为使另一个国家同意其所要求的解决争端途径而采取的某种强制性的行为。

(一)战争或非战争武力解决

使用战争或武力解决违反了现代国际法中和平解决国际争端的基本原则，因此不是解决争端的合法方式，是被禁止的。

(二)平时封锁

平时封锁是指和平时期一国的海军对一国的海岸进行封锁，禁止有关船只的出入。平时封锁也不是一种国家解决争端采用的合法方式。

(三)干涉

干涉是指第三方擅自或片面介入其他国家间的争端，并强迫按照干涉国的方式解决争端。这种方式在现代国际法中，也不能被认为是合法的。

(四)反报

反报是指一国对于他国的不礼貌、不友好但不违法的行为，采取相同或相似的不礼貌、不友好但不违法的行为予以回报。反报在不违背国际法原则和相关规则的条件下，是合法的。

(五)报复

报复是一国对于他国的国际不法行为，采取与之相应的措施作为回应。报复是一种对于不法行为的对抗，其在符合必要和成比例以及其他国际法规则的前提下，可以被使用。

三、解决国际争端的非强制性方法★

解决国际争端的非强制性方法，是指对于国际争端以和平的方法在平等的基础上求得解决，它又分为政治解决方法和法律解决方法，前者包括谈判、协商、斡旋、调停、调查、和解，后者包括仲裁和法院解决。这里先介绍政治解决方法，法律解决方法将在本章第二节中阐述。这类方法是现代国际法所要求的解决国际争端的方法。

(一)谈判与协商

谈判是争端当事国直接地进行交涉，以求达成协议,解决它们之间争端的一种方式。协商与谈判相近似,其特点是可以扩大参与协商的成员,邀请一些中立国介入。

(二)斡旋与调停

斡旋是指由第三方以各种有助于促成当事国进行直接谈判的行动,导致或促成争端当事国开始谈判或继续业已中断的谈判。调停是指第三方以调停人的身份,就争端的解决提出方案,并直接参加或主持谈判,以协助争端解决。

(三)调查与和解

调查是指组织调查委员会就争执事实进行查证并提出报告,交当事国自行解决争端的方法。和解是指争端当事国将争端提交给一个由若干人组成的和解委员会,委员会客观地查明争端中的问题,阐明事实,提出解决争端建议,做成报告书,促进当事国就解决争端达成协议。

第二节 国际争端的法律解决方法

一、仲裁

仲裁或称公断,是指根据争端当事国之间的协议,将争端交与它们选定的仲裁人作出对争端当事方具有拘束力的裁决,从而解决争端的方法。仲裁裁决是终局性决定,当事国应在裁决规定的期限内执行裁决中的义务。1899年《和平解决国际争端的公约》(《海牙公约》)为使仲裁成为一种经常性的国际制度,特别设立了"常设仲裁法院"。1900年国际常设仲裁法院在海牙成立。

二、法院方式★★

(一)国际法院

国际法院是根据《国际法院规约》,于1946年成立的联合国的司法机关,是法律方法解决国际争端的主要机构。

1.国际法院的组成。法院由15名法官组成,其中不得有两人为同一国家的国民。法官在联合国大会和安理会中分别独立进行选举,只有在这两个机关同时都获得绝对多数票方可当选。法官任期9年,可以连选连任。

法官对于涉及其国籍国的案件,不适用回避制度,除非其就任法官前曾参与该案件。在法院受理案件中,如果一个当事国有本国籍的法官,他方当事人也可以选派一人作为"专案法官",参加本案的审理。如果当事双方都没有本国籍的法官,则双方都可各选派一名"专案法官"参与该案件的审理。"专案法官"在该案审理中与正式法官具有完全平等的权利。

2.国际法院的职权。国际法院的职权主要是诉讼管辖权和咨询管辖权。

(1)诉讼管辖权。

①诉讼当事者。只有国家才能充当国际法院的诉讼当事者。国际法院的诉讼当事者可分为三类:联合国的会员国;非联合国的会员国但为《国际法院规约》的当事国;既非联合国的会员国也非《国际法院规约》的当事国,但根据安理会决定的条件,预先向国际法院书记处交存一份声明,表示愿意接受国际法院管辖、保证执行法院判决及履行相关其他义务的国家。

②法院管辖案件的范围。国际法院管辖的案件范围,主要包括以下三个方面:自愿管辖,即各当事国事先协议将一切案件提交国际法院管辖;协定管辖,即各当事国根据对本国有拘束力的条约规定,将特定的争端或问题提交国际法院管辖;任意强制管辖,即《国际法院规约》当事国,可以通过发表声明,就某些争端,对于接受同样义务的任何其他国家,承认国际法院的强制管辖权,而无须另行订立特别协议。这些争端指:对于条约的解释、违反国际义务的任何事实、违反国际义务而产生的赔偿的性质和范围等。

(2)咨询管辖权。

①咨询主体:联合国大会、大会临时委员会、安理会、经社理事会、托管理事会等经大会授权的联合国专门机构或其他机构。其他任何国家、团体、个人包括联合国秘书长,都无权请求法院提供咨询意见。

②咨询事项:执行职务中的任何法律问题。

③咨询意见:没有法律拘束力,但对有关问题的解决及国际法的发展具有重要影响。

3.国际法院的判决。

(1)判决的解释与复核。国际法院作出判决后,应在法院公开宣读,并自宣读之日起生效。该判决是终局性的,不得上诉。但是如果当事国对判决的意义或范围发生争执,可以请求国际法院作出解释。当事国在判决作出后,如发现能够影响判决的、决定性的,且在诉讼过程中不可能获知的新事实,可申请法院复核。

(2)判决的执行。判决一经作出,即对当事国产生拘束力,当事国必须履行。如有一方拒不履行判决,他方得向安理会提出申诉,安理会可以作出有关建议或决定采取措施执行判决。

(二)国际海洋法法庭

1.国际海洋法法庭的性质。国际海洋法法庭是根据《联合国海洋法公约》设立的,在海洋活动领域的全球性国际司法机构。海洋法法庭的建立,不排除国际法院对海洋活动争端的管辖,争端当事国可以自愿选择将海洋争端交由哪个机构来审理。《联合国海洋法公约》规定，一国在签署、批准或加入本公约时，或在其后任何时间，可以自由用书面声明方式选择海洋法法庭的管辖。只有争端各方都选择了法庭程序，法庭才有管辖权。

2. 国际海洋法法庭的诉讼当事人。国际海洋法法庭的诉讼当事人包括：公约所有缔约国；国际海底管理局和平行开发合同的自然人或法人（自然人或法人作为当事人提交争辩，必须满足两个条件："用尽当地救济"以及自然人和法人的担保国或国籍国应邀参加司法程序）；规定将管辖权授予海洋法法庭的任何其他条约的当事者。

命题点拨 一是关于解决争端的强制方法的运用条件；二是国际法院的管辖权成立的条件。

第八章 战争与武装冲突法

第一节 概 述

一、战争和战争法

战争主要是指两个或两个以上的敌对国家，以击败对方并使对方接受自己的和平条件为目的，以武力推行国家政策引起的武装冲突和由此产生的法律状态。战争法是调整交战国之间，交战国与中立国和其他非交战国之间的关系以及规范战争中交战方行为的规则和制度的总体。传统的战争法可以分为两个部分：第一部分是关于战争状态和战时中立等的规则和制度；第二部分是关于作战中的规则。

二、武装冲突和武装冲突法

武装冲突是指未构成战争状态的武装对立，其往往表现为局部的，有时是偶然发生的、短暂时间的、未经宣布战争状态的武装斗争形式。由于非战争的武装冲突没有法律上战争状态的存在，因此它不能适用传统战争法的第一部分内容而只能适用其第二部分的内容。

三、战争状态与战时中立

（一）战争状态

1. 战争的开始。

（1）战争开始的方式。战争开始的方式可以是交战双方或一方的宣战，也可以是一方的不宣而战。

（2）战争开始的法律后果。

①外交和领事关系的断绝。战争开始后，交战国间的外交关系和领事关系一般自动断绝。

②条约关系发生变化。第一，政治友好条约（同盟条约、互助条约等）立即废止。第二，一般的政治和经济类条约（引渡条约、商务条约等），除条约另有规定外，停止效力。第三，规定缔约国间固定或永久状态的条约（边界条约、割让条约等）一般应继续维持，除非这类条约另有规定或缔约方另有协议。第四，涉及战争规范的条约开始适用。

③经贸往来的禁止。交战国人民之间的贸易和商务往来被禁止，但已履行的契约或已结算的债务则并不废除。

④对敌产和敌国公民的影响。第一，对敌产的影响：交战国对于其境内的敌国国家财产，除属于使馆的财产档案等外，可予没收；对于其境内的敌国人民的私产可予以限制（禁止转移、冻结或征用等），但不得没收；交战国对于占领区内的敌国国家财产，动产可以征用，不动产可以使用，但不得处置；对桥梁、要塞等可于必要时予以破坏；对于占领区内的敌国人民之私产不应以任何方式干涉或没收，但对军需财产可以征用。第二，对敌国公民的影响：交战国对其境内的敌国公民可实行各种限制，如进行敌侨登记，强制集中居住等。

2. 战争的结束。

（1）战争结束的步骤。

①停止敌对行动（停战、无条件投降、停火或休战）。

②结束战争状态（缔结和平条约、单方面宣布结束战争、发表联合声明）。

（2）战争结束的法律后果。交战国之间的战争状态结束后，两国的关系恢复为正常的和平关系。

（二）战时中立

战时中立是指非交战国交战时不参加战争的任何一方并对各方采取不偏不倚同等对待态度的法律地位。战时中立不同于永久中立，它只是一种临时状态，开始于非交战国声明其选择中立地位，结束于战争的结束，或中立国宣布结束中立地位开始参加战争。

1. 中立国的权利。

（1）中立国的领土主权应得到交战国的尊重。

（2）中立国人员的权益应得到保护。

（3）中立国有权与交战国的任一方保持正常的外交和商务关系。

2. 中立国的义务。

（1）不作为的义务，即中立国不得直接或间接地向任何交战国提供军事支持或帮助（上述支持或帮助即使是平等地给予交战双方，也是中立地位不允许的）。

（2）防止的义务，即中立国有义务采取一切可能的措施，防止交战国在其领土内从事与战争有关的行为。

（3）容忍的义务，指中立国须容忍交战国根据战争法对其国家和人民采取的有关措施（如对其有关船舶的临检、对其违反中立义务船舶的拿捕审判、处罚或征用）。

第二节　对作战手段的限制和对战时平民及战争受难者的保护

一、对作战手段和方法的限制

限制作战手段和方法的国际法规则，也被称作战争法中的“海牙体系规则”。

(一)限制作战手段和方法的基本原则

1.“条约无规定”不解除当事国义务。即使在条约没有规定的情况下，交战国在战争中也不能为所欲为，还要遵守国际习惯、人道原则等。

2.“军事必要”不解除当事国义务。交战国必须遵守战争法所施加的义务，不得以“军事必要”来对抗和破坏战争法规定的义务。

3.区分对象原则。在战时，必须对不同性质的目标和人员进行区分，并在战争或武装冲突中分别给予不同的对待。

4.限制作战手段和方法原则。在战争与武装冲突中应对一些作战手段和方法加以限制，如禁止大规模屠杀等。

(二)对作战手段和方法限制的主要内容

1.禁止具有过分伤害力和滥杀滥伤作用的武器使用。国际法明确禁止使用的武器包括：(1)极度残酷的武器；(2)有毒、化学和生物武器；(3)核武器；(4)地雷和武器贸易。

2.禁止不分皂白的战争手段和作战方法。不分皂白的战争手段和方法是指违反“区分对象”原则而使用武力的情形。

3.禁止改变环境的作战手段和方法。不得使用严重改变自然环境，从而损害居民健康和生存的作战手段和方法。

4.禁止背信弃义的战争手段和作战方法。背信弃义的战争手段和方法是指通过骗取敌人的信任，来达到消灭敌人目的的行为。构成背信弃义的行为包括：假装有在休战旗下谈判或投降的意图；假装因伤或因病而无能力；假装具有平民、非战斗员的身份；使用联合国或中立国家或其他非冲突各方的国家的记号、标志或制服而假装享有被保护的地位。

二、对战时平民和战争受难者的保护

对战时平民和战争受难者的保护的内容主要规定在1949年的四个《日内瓦公约》和1977年关于日内瓦四公约的两个《附加议定书》中，这些公约统称为“日内瓦公约体系”。该体系保护的对象主要包括：战时平民、伤病员和战俘。其主要特点为：

1.《日内瓦公约》的适用不仅限于国际法传统意义上的战争，而且包括任何其他武装冲突。

2.在交战国中有非缔约国的情况下，《日内瓦公约》的规定对于缔约国也具有拘束力。

3.《日内瓦公约》在一定条件下可以对非缔约国适用。《日内瓦公约》允许非缔约国在接受并援用《日内瓦公约》规定的条件下，可以与缔约国在武装冲突期间同等地受《日内瓦公约》的约束，而不必以通过有关程序加入该条约为适用条件。

第三节　战争犯罪

一、纽伦堡审判和东京审判

纽伦堡审判是根据1945年的《伦敦协定》及其附件《欧洲国际军事法庭宪章》成立的欧洲军事法庭，对“二战”中的德国主要战犯所进行的审判。东京审判是由1946年远东盟军最高统帅部根据《远东国际军事法庭宪章》设置的远东国际军事法庭，对“二战”中的日本战犯进行的审判。欧洲军事法庭和远东国际军事法庭都是临时性的刑事法庭。纽伦堡审判和东京审判开创了对战争犯罪通过国际司法机构进行追究的先例。

二、联合国前南国际法庭和联合国卢旺达国际法庭

前南国际法庭是根据联合国安理会的有关决议，于1993年6月在海牙成立的。前南国际法庭于1994年11月首次开庭，2017年12月31日终止工作关闭，期间总计起诉了161人，其中90人被判有罪。被判刑人在14个欧洲国家执行刑罚。卢旺达国际法庭1995年审理首个案件，到2015年年底法庭关闭，共起诉了93人，作出了55项一审判决、40项上诉判决。前南国际法庭和卢旺达国际法庭的设立和运行，是人类法治进程中的重要实践。对其作用利弊多方面的总结反思，将促进国际刑法和国际社会的法治化的发展。

三、国际刑事法院

根据《罗马规约》及其相关文件，国际刑事法院是一个常设的国际刑事司法机构，设有18位法官、1个检察官办事处、1个预审庭、1个审判庭和1个上诉庭。2003年3月，法院的第一任法官就任，法院开始运作。

国际刑事法院作为对各国国内司法制度的补充，其管辖范围限于灭绝种族罪、战争罪、危害人类罪、侵略罪等几大类最严重的国际罪行；所管辖的犯罪行为限于发生在规约生效后。法院只追究个人的刑事责任，其最高刑罚为无期徒刑。

命题点拨　对“区分原则”中细节的掌握；对目前国际刑事司法机构的基本运作机制的了解。

司法制度和法律职业道德

【复习指引】 本部分内容在客观题考试时题目数量不多，但是综合性很强。考生在复习过程中要特别注意对相关的制度加以比对、辨析，做到融会贯通。

第一章　中国特色社会主义司法制度

第一节　中国特色社会主义司法制度概述

一、司法区别于行政的特征★

1. 独立性。
2. 法定性。
3. 交涉性。
4. 程序性。
5. 普遍性。
6. 终极性。

二、司法功能

解决纠纷（直接和主要功能）；人权保障；调整社会关系；解释和补充法律；形成公共政策；秩序维持；文化支持。

三、中国特色社会主义司法制度★

1. 在大多数西方国家，司法制度仅指审判制度。从我国法律实践具体考量，司法制度包括审判制度、检察制度、律师制度、公证制度等。司法制度是关于司法功能、司法机构、司法组织、司法程序、司法机制等方面规范的总称。

2. 中国特色社会主义司法制度是一个科学系统，不仅包括一系列独具中国特色的司法规范、司法组织、司法机构、司法程序、司法机制、司法制度和司法人力资源体系，而且包括独具中国特色的司法理念、司法理论、司法政策、司法文化、司法保障等丰富内容。

四、司法公正

（一）概念

1. 司法公正是法律精神的内在要求，是法治的组成部分和基本内容，是民众对法治的必然要求。

2. 实体公正：司法者根据实体一般公正的要求，通过在诉讼程序中行使自由裁量权而达到公正的裁判结果，主要体现在事实认定真实和法律适用正确两方面。

3. 程序公正：法官中立、当事人平等地参与和主体性地位、程序公开以及对法官裁判的尊重，共同构成了英美法上程序公正的因素。

（二）司法公正具体体现

1. 司法活动的合法性。
2. 司法人员的中立性。
3. 司法活动的公开性。
4. 当事人地位的平等性。
5. 司法程序的参与性。程序参与性又称为“获得法庭审判机会”，指那些利益或权利可能会受到民事裁判或诉讼结局直接影响的人应当有充分的机会富有意义地参与诉讼的过程。
6. 司法结果的正确性。
7. 司法人员的廉洁性。

五、司法效率★

（一）概念

司法效率强调的是司法机关在司法活动中，在正确、合法的前提下，要提高办案效率，不拖延积压案件，及时审理和结案，合理利用和节约司法资源。司法效率大致包括司法的时间效率、司法的资源利用效率和司法活动的成本效率三个方面。

（二）司法公正与司法效率的关系

1. 司法公正是司法永恒的目标追求，提高司法效率是适应我国社会新的形势发展的要求。

2. 在司法过程中，宜坚持“公正优先，兼顾效率”的原则。当代社会的法律和司法不仅要追求正义，而且还要以效率作为正义的补充。

六、独立行使审判权与独立行使检察权★★

1. 国家的审判权和检察权只能分别由人民法院和人民检察院依法统一行使，其他机关、团体或个人无权行使这项权力。司法权归属于且仅归属于司法机关，司法权不得分割行使，排除其他机关行使具有司法性质的权力，也不允许在司法机关之外另设特别法庭。

2. 司法机关依照法律独立行使职权，不受行政机关、社会团体和个人的干涉。行政机关等不得使用任何权力干涉司法程序。

3. 司法机关在司法活动中必须依照法律规定，正确地适用法律。

七、国家统一法律职业资格考试

八、法律职业

法律职业是以法官、检察官、律师、法学家为核心的人员所组成的特殊的社会群体，他们受过专门的法学教育、具有较高的法律知识水准、掌握法律职业技能、具有法律职业伦理。在我国，法律职业主要是指应用类法律人才，主要包括律师、法官、检察官、公证员、法律顾问、仲裁员等。

法律职业具有政治性、法律性、行业性等特征。同时，需要注意到法律职业的专业属性。

九、法律职业道德

1. 法律职业道德，是指法官、检察官、律师、公证员等法律职业人员在进行法律职业活动过程中，所应遵循的符合法律职业要求的心理意识、行为准则和行为规范的总和。

2. 法律职业道德特征：职业性、实践性、正式性、更高性。

3. 法律职业道德的基本原则包括：

(1)忠于党、忠于国家、忠于人民、忠于法律。

(2)以事实为根据，以法律为准绳。

(3)严明纪律，保守秘密。

(4)互相尊重，相互配合。

(5)恪尽职守，勤勉尽责。

(6)清正廉洁，遵纪守法。

第二节　审判制度

一、审判制度概论

(一)审判制度的概念

审判制度是指国家审判机关运用法律，处理诉讼案件和非诉事件的制度，包括审判机关的性质、任务、职权、组织体系、活动原则和工作制度，审判组织、审级制度、审判方式等方面的法律规范。

(二)审判制度的基本原则

1. 司法公正原则。

2. 独立行使审判权。

3. 不告不理原则。

(1)未经控诉一方提起控诉，法院不得自行主动对案件进行裁判。

(2)法院审理案件的范围(诉讼内容与标的)由当事人确定；案件在审理中，法院只能按照当事人提出的诉讼事实和主张进行审理，对超过当事人诉讼主张的部分不得主动审理。

4. 直接言词原则。

在我国诉讼制度中，审理形式一般采取直接言词原则。直接原则要求参加审判的法官必须亲自参加证据审查、亲自聆听法庭辩论。言词原则要求当事人等在法庭上须用言词形式开展质证辩论。

5. 及时审判原则。

(三)主要审判制度

1. 两审终审制度。

两审终审制度，是指一个案件经过两级法院的审判即宣告终结的制度。

2. 审判公开制度。

除非法律另有规定，法院审判案件应当公开进行，除休庭评议这个程序是秘密进行的以外，其他审判程序均公开进行。

3. 人民陪审员制度(参见“刑事诉讼法”部分相关内容)。

4. 审判监督制度。

二、审判机关

1. 我国的审判机关为人民法院，行使审判权，承担刑事审判、民事审判、行政审判、国家赔偿审判、强制执行等职责。

2. 我国人民法院由最高人民法院、地方各级人民法院、专门人民法院组成。其中，地方各级人民法院分为高级人民法院、中级人民法院和基层人民法院，专门人民法院包括军事法院和海事法院、知识产权法院、金融法院等。最高人民法院可以设巡回法庭。

3. 人民法院的审判组织有独任庭、合议庭和审判委员会三种。

三、法官★★★

(一)法官的条件

条件	内容
一般条件	(1)具有中华人民共和国国籍。这是法官国籍方面的条件。法官为国家工作人员，外国人和无国籍人不得担任我国法官职务。 (2)拥护中华人民共和国宪法，拥护中国共产党领导和社会主义制度。这是法官政治立场方面的条件。 (3)具有良好的政治、业务素质和道德品行。这是法官综合素质及道德素养方面的条件。 (4)具有正常履行职责的身体条件。这是法官身体素质方面的条件。

续表

条件	内容
	(5)具备普通高等学校法学类本科学历并获得学士及以上学位；或者普通高等学校非法学类本科及以上学历并获得法律硕士、法学硕士及以上学位；或者普通高等学校非法学类本科及以上学历，获得其他相应学位，并具有法律专业知识。这是法官学历学位方面的条件。 (6)从事法律工作满5年。其中获得法律硕士、法学硕士学位，或者获得法学博士学位的，从事法律工作的年限可以分别放宽至4年、3年。这是法官法律工作经历方面的条件。 (7)初任法官应当通过国家统一法律职业资格考试取得法律职业资格。这是法官任职资格方面的条件。 适用上述第(5)项规定的学历条件确有困难的地方，经最高人民法院审核确定，在一定期限内，可以将担任法官的学历条件放宽为高等学校本科毕业
禁止条件	曾因犯罪受过刑事处罚、曾被开除公职以及被吊销律师、公证员执业证书或者被仲裁委员会除名的人员，不得担任法官
限制条件	法官不得兼任人民代表大会常务委员会的组成人员，不得兼任行政机关、监察机关、检察机关的职务，不得兼任企业或者其他营利性组织、事业单位的职务，不得兼任律师、仲裁员和公证员

(二)法官的任免

1. 列表：

比较项目	法院	检察院
最高司法机关	(1)院长由全国人大任免； (2)副院长、审委会委员、庭长、副庭长和审判员由全国人大常委会根据院长提请任免	(1)检察长由全国人大任免； (2)副检察长、检察员、检委会委员和军事检察院检察长由全国人大常委会根据检察长提请任免
地方司法机关	(1)院长由本级人大任免； (2)其他人员由本级人大常委会任免； (3)地区和直辖市中级法院院长的任免由省、直辖市人大常委会根据主任会议提名任免	(1)检察长由本级人大任免，并报经上一级检察院检察长提请该级人大常委会批准； (2)其他人员由本级人大常委会任免； (3)检察院分院检察长的任免由省、自治区、直辖市级人大常委会根据省、自治区、直辖市级检察院检察长提名任免

2. 初任法官采用严格考核的办法，按照德才兼备的标准，从通过国家统一法律职业资格考试取得资格，并具备法官条件的人员中择优提出人选。

3. 法官任职回避制度。即法官之间有夫妻关系、直系血亲关系、三代以内旁系血亲以及近姻亲关系的，不得同时担任下列职务：

(1)同一人民法院的院长、副院长、审判委员会委员、庭长、副庭长；

(2)同一人民法院的院长、副院长和审判员；

(3)同一审判庭的庭长、副庭长、审判员；

(4)上下相邻两级人民法院的院长、副院长。

4. 法官有下列情形之一的，应当依法提请免除其职务：

(1)丧失中华人民共和国国籍的；

(2)调出所任职人民法院的；

(3)职务变动不需要保留法官职务的，或者本人申请免除法官职务经批准的；

(4)经考核不能胜任法官职务的；

(5)因健康原因长期不能履行职务的；

(6)退休的；

(7)辞职或者依法应当予以辞退的；

(8)因违纪违法不宜继续任职的。

(三)法官的职责、权利和义务

1. 法官的职责。包括依法参加合议庭审判或者独任审判案件、依法办理引渡、司法协助等案件以及法律规定的其他职责。

2. 法官的权利。

(1)履行法官职责应当具有的职权和工作条件；

(2)非因法定事由、非经法定程序，不被调离、免职、降职、辞退或者处分；

(3)履行法官职责应当享有的职业保障和福利待遇；

(4)人身、财产和住所安全受法律保护；

(5)提出申诉或者控告；

(6)法律规定的其他权利。

3. 法官的义务。

(1)严格遵守宪法和法律；

(2)秉公办案，不得徇私枉法；

(3)依法保障当事人和其他诉讼参与人的诉讼权利；

(4)维护国家利益、社会公共利益，维护个人和组织的合法权益；

(5)保守国家秘密和审判工作秘密，对履行职责中知悉的商业秘密和个人隐私予以保密；

(6)依法接受法律监督和人民群众监督；

(7)通过依法办理案件以案释法，增强全民法

治观念,推进法治社会建设;

(8)法律规定的其他义务。

(四)法官的考核和培训

1. 人民法院设立法官考评委员会,负责对本院法官的考核工作。法官考评委员会的组成人员为5~9人。法官考评委员会主任由本院院长担任。

2. 对法官的考核,应当全面、客观、公正,实行平时考核和年度考核相结合的原则。

3. 对法官的考核内容包括审判工作实绩、职业道德、专业水平、工作能力、审判作风,重点考核审判工作实绩。

4. 年度考核结果分为优秀、称职、基本称职和不称职四个等次。考核结果作为调整法官等级、工资以及法官奖惩、免职、降职、辞退的依据。

5. 考核结果以书面形式通知法官本人。法官对考核结果如果有异议,可以申请复核。

(五)法官的奖励和惩戒(略)

(六)法官的职业保障

1. 履行职务保障。

2. 人身和财产保障。

3. 工资保险福利保障。

第三节 检察制度

一、检察制度概述

(一)我国检察制度的特征

1. 检察机关是人民代表大会制度下与行政机关、监察机关、审判机关平行的国家机关,具有独立的宪法地位。

2. 检察机关是国家的法律监督机关。

3. 检察机关实行检察一体化原则。

(二)检察制度的基本原则

检察院设置法定原则、依法独立行使检察权原则、适用法律一律平等原则、司法公正原则、司法公开原则、司法责任制原则、接受人民群众监督原则、检察权统一行使原则、对诉讼活动实行法律监督原则为我国法律规定的检察制度的基本原则。

(三)主要检察制度

刑事立案监督制度、刑事侦查监督制度、刑事审判监督制度、审查逮捕制度、公诉制度、刑事执行检察制度、民事检察制度、行政检察制度、公益诉讼检察制度为我国法律规定的主要检察制度。

二、检察机关

1. 中华人民共和国人民检察院是国家的法律监督机关。人民检察院的领导体制为双重领导体制。各级人民检察院由同级的国家权力机关产生,并对其负责,受其监督。同时,最高人民检察院领导地方人民检察院的工作,上级人民检察院领导下级人民检察院的工作。

2. 我国设立最高人民检察院、地方各级人民检察院以及军事检察院等专门人民检察院。

三、检察官★★★

(一)任职条件

任职条件	内容
一般条件	(1)具有中华人民共和国国籍。 (2)拥护中华人民共和国宪法,拥护中国共产党领导和社会主义制度。 (3)具有良好的政治、业务素质和道德品行。 (4)具有正常履行职责的身体条件。 (5)具备普通高等学校法学类本科学历并获得学士及以上学位;或者普通高等学校非法学类本科及以上学历并获得法律硕士、法学硕士及以上学位;或者普通高等学校非法学类本科及以上学历,获得其他相应学位,并具有法律专业知识。 (6)从事法律工作满5年。其中获得法律硕士、法学硕士学位,或者获得法学博士学位的,从事法律工作的年限可以分别放宽至4年、3年。 (7)初任检察官应当通过国家统一法律职业资格考试取得法律职业资格。 适用上述第(5)项规定的学历条件确有困难的地方,经最高人民检察院审核确定,在一定期限内,可以将担任检察官的学历条件放宽为高等学校本科毕业
禁止条件	不得担任检察官的情形: (1)因犯罪受过刑事处罚的; (2)被开除公职的; (3)被吊销律师、公证员执业证书或者被仲裁委员会除名的; (4)有法律规定的其他情形的
限制条件	检察官不得兼任人民代表大会常务委员会的组成人员,不得兼任行政机关、监察机关、审判机关的职务,不得兼任企业或者其他营利性组织、事业单位的职务,不得兼任律师、仲裁员和公证员

(二)任免(参见"法官的任免"部分对应列表)

注意:检察官任职回避制度:检察官之间有夫妻关系、直系血亲关系、三代以内旁系血亲以及近姻亲关系的,不得同时担任下列职务:

1. 同一人民检察院的检察长、副检察长、检察委员会委员;

2. 同一人民检察院的检察长、副检察长和检察员;

3. 同一业务部门的检察员;

4. 上下相邻两级人民检察院的检察长、副检察长。

(三)检察官的职责、权利和义务

(四)检察官的考核和培训

(五)检察官的奖励和惩戒

(六)检察官的职业保障

1. 履行职务保障。

2. 职业尊严和人身安全保障。

3. 工资保险福利保障。

第四节 律师制度

一、律师★★

(一)律师执业许可条件

条件	内容
一般条件	(1)拥护中华人民共和国宪法; (2)通过国家统一法律职业资格考试取得法律职业资格; (3)在律师事务所实习满1年; (4)品行良好
特殊条件	具有高等院校本科以上学历,在法律服务人员紧缺领域从事专业工作满15年,具有高级职称或者同等专业水平并具有相应的专业法律知识的人员,申请专职律师执业的,经国务院司法行政部门考核合格,准予执业。具体办法由国务院规定。这有利于更广泛地吸纳人才从事律师工作
禁止条件	申请人有下列情形之一的,不予颁发律师执业证书: (1)无民事行为能力或者限制民事行为能力的; (2)受过刑事处罚的,但过失犯罪的除外; (3)被开除公职或者被吊销律师、公证员执业证书的
限制条件	律师执业受到以下两个方面的限制: (1)律师只能在一个律师事务所执业。 (2)公务员不得兼任执业律师,律师担任各级人民代表大会常务委员会组成人员的,任职期间不得从事诉讼代理或者辩护业务

(二)申请律师执业许可的程序

(三)律师宣誓制度

律师执业宣誓和入会宣誓一并举行。

(四)律师的业务范围

具体可以归纳为11个方面,即担任法律顾问、民事诉讼代理、行政诉讼代理、刑事法律帮助、刑事辩护、刑事诉讼代理、申诉代理、仲裁代理、非诉讼法律事务、法律咨询、代书。这些律师业务包括诉讼业务和非诉讼业务两大类。

(五)律师的权利和义务

1. 律师的权利。

(1)接受辩护委托权、代理委托权。

(2)同犯罪嫌疑人、被告人会见权。律师担任辩护人的,有权持律师执业证书、律师事务所证明和委托书或者法律援助公函,依照刑事诉讼法的规定会见在押或者被监视居住的犯罪嫌疑人、被告人,可带一名律师助理协助会见。辩护律师会见犯罪嫌疑人、被告人时不被监听。

(3)查阅案卷权。律师担任辩护人的,自人民检察院对案件审查起诉之日起,有权查阅、摘抄、复制本案的案卷材料。律师申请查阅人民法院录制的庭审过程的录音、录像的,人民法院应当准许。

(4)调查取证权。①申请调查取证:受委托的律师根据案情的需要,可以申请人民检察院、人民法院收集、调取证据或者申请人民法院通知证人出庭作证。②律师自行调查取证:凭律师执业证书和律师事务所证明,可以向有关单位或者个人调查与承办法律事务有关的情况。③辩护律师申请向被害人或者其近亲属、被害人提供的证人收集与本案有关的材料的,人民检察院、人民法院应当在7日内作出是否许可的决定;辩护律师口头提出申请的,办案机关可以口头答复。

(5)依法执行职务受法律保障的权利。在刑事诉讼中,对下列阻碍律师依法行使诉讼权利的行为,律师可以向同级或者上一级人民检察院申诉、控告:①未依法向律师履行告知、转达、通知和送达义务的;②办案机关认定律师不得担任辩护人、代理人的情形有误的;③对律师依法提出的申请,不接收、不答复的;④依法应当许可律师提出的申请未许可的;⑤依法应当听取律师的意见未听取的;⑥其他阻碍律师依法行使诉讼权利的行为。

(6)拒绝辩护或代理权。律师接受委托后,无正当理由的,不得拒绝辩护或者代理。但是,委托事项违法、委托人利用律师提供的服务从事违法活动或者委托人故意隐瞒与案件有关的重要事实的,律师有权拒绝辩护或者代理。

(7)要求回避、申请复议权。

(8)得到人民法院开庭通知权。律师因开庭日期冲突等正当理由申请变更开庭日期的,人民法院应当在不影响案件审理期限的情况下,予以考虑并调整日期。

(9)在法庭审理阶段的权利。具体包括对法庭不当询问的拒绝回答权、发问权、提出新证据的权利、质证权、参加法庭辩论的权利等。

(10)代为上诉的权利。

(11)代理申诉或控告权。

(12)获取本案诉讼文书副本的权利。

(13)为犯罪嫌疑人、被告人申请变更和要求解除强制措施的权利。

注意:公职律师和公司律师主要享有的权利包括:(1)依法享有会见、阅卷、调查取证和发问、质证、辩论、辩护等律师执业权利;(2)获得与履行职责相关的信息、文件、资料和其他必需的工作职权、条件;(3)律师法等法律法规规定的其他权利。

2. 律师的义务。

(1)律师只能在一个律师事务所执业。律师变更执业机构的,应当申请换发律师执业证书。律师执业不受地域限制。

(2)加入所在地的地方律师协会,并履行律师协会章程规定的义务。

(3)不得私自接受委托、收取费用。律师事务所和律师不得以诋毁其他律师事务所、律师或者支付介绍费等不正当手段承揽业务。

(4)不得利用提供法律服务的便利牟取当事人争议的权益,或者接受对方当事人的财物。

(5)不得在同一案件中为双方当事人担任代理人,不得代理与本人或者其近亲属有利益冲突的法律事务。

(6)律师接受委托后,无正当理由的,不得拒绝辩护或代理。

(7)不得违反规定会见法官、检察官、仲裁员以及其他有关工作人员;不得向法官、检察官、仲裁员以及其他有关工作人员行贿、介绍贿赂或者指使、诱导当事人行贿,或者以其他不正当方式影响法官、检察官、仲裁员以及其他有关工作人员依法办理案件。

(8)不得提供虚假证据,隐瞒事实或者威胁、利诱他人提供虚假证据,隐瞒事实以及妨碍对方当事人合法取得证据。

(9)不得以不正当方式影响依法办理案件。

(10)不得扰乱法庭、仲裁庭秩序,干扰诉讼、仲裁活动的正常进行。

(11)不得煽动、教唆当事人采取扰乱公共秩序、危害公共安全等非法手段解决争议。

(12)不得发表危害国家安全、恶意诽谤他人、严重扰乱法庭秩序的言论。

(13)应当保守在执业活动中知悉的国家秘密和当事人的商业秘密,不得泄露当事人的隐私。

(14)曾担任法官、检察官的律师,从人民法院、人民检察院离任后2年内,不得担任诉讼代理人或者辩护人。

(15)按照国家规定承担法律援助义务。

(16)依法纳税。

注意:公职律师和公司律师的义务包括:(1)接受所在单位的管理、监督,根据委托或者指派办理法律事务;(2)不得从事有偿法律服务,不得在律师事务所等法律服务机构兼职,不得以律师身份办理所在单位以外的诉讼或者非诉讼法律事务;(3)律师法等法律法规规定的其他义务。

(六)律师执业的基本原则

包括合法性原则,以事实为根据、以法律为准绳原则,接受监督原则,法律保护原则。

二、律师事务所

(一)律师事务所的分类

根据《律师法》的规定,我国的律师事务所有以下三种类型:

1. 合伙律师事务所:合伙律师事务所可以采用普通合伙或者特殊的普通合伙形式设立。合伙律师事务所的合伙人按照合伙形式对该律师事务所的债务依法承担责任。

2. 个人律师事务所:设立人对律师事务所的债务承担无限责任。

3. 国资律师事务所:国资律师事务所,是指国家出资设立的律师事务所。国资律师事务所依法自主开展律师业务,以该律师事务所的全部资产对其债务承担责任。

(二)律师事务所的设立

主要掌握以下几点:

1. 设立人:应当是具有一定的执业经历,且3年内未受过停止执业处罚的律师。

2. 普通合伙律师事务所:设立人3名以上,且应当是具有3年以上执业经历并能够专职执业的律师;人民币30万元以上。

3. 特殊的普通合伙律师事务所:设立人需20名以上,且应当是具有3年以上执业经历并能够专职执业的律师;人民币1000万元以上。

4. 个人律师事务所:设立人应当是具有5年以上执业经历并能够专职执业的律师;人民币10万元以上。

5. 设立分所:成立3年以上并具有20名以上执业律师的合伙律师事务所,可以设立分所;设立分所,须经拟设立分所所在地的省、自治区、直辖市人民政府司法行政部门审核;合伙律师事务所对其分所的债务承担责任。

(三)律师事务所的管理制度

1. 保障本所律师和辅助人员的制度。

2. 建立违规律师辞退和除名制度。

3. 严禁律师事务所投资入股兴办企业。

4. 严禁不正当手段承揽业务。律师事务所应当与其他律师事务所公平竞争，不得以诋毁其他律师事务所、律师或者支付介绍费等不正当手段承揽业务。

5. 统一承办业务制度。律师承办业务，由律师事务所统一接受委托，与委托人签订书面委托合同。律师事务所受理业务，应当进行利益冲突审查，不得违反规定受理与本所承办业务及其委托人有利益冲突的业务。

6. 收费管理制度和财务管理制度。

7. 依法履行法律援助义务。

8. 重大疑难案件请示研究检查制度。

9. 依法履行管理职责。律师事务所应当依法履行管理职责，教育管理本所律师依法、规范承办业务，加强对本所律师执业活动的监督管理，不得放任、纵容本所律师有下列行为：

(1)采取煽动、教唆和组织当事人或者其他人员到司法机关或者其他国家机关静坐、举牌、打横幅、喊口号、声援、围观等扰乱公共秩序、危害公共安全的非法手段，聚众滋事，制造影响，向有关部门施加压力。

(2)对本人或者其他律师正在办理的案件进行歪曲、有误导性的宣传和评论，恶意炒作案件。

(3)以串联组团、联署签名、发表公开信、组织网上聚集、声援等方式或者借个案研讨之名，制造舆论压力，攻击、诋毁司法机关和司法制度。

(4)无正当理由，拒不按照人民法院通知出庭参与诉讼，或者违反法庭规则，擅自退庭。

(5)聚众哄闹、冲击法庭，侮辱、诽谤、威胁、殴打司法工作人员或者诉讼参与人，否定国家认定的邪教组织的性质，或者有其他严重扰乱法庭秩序的行为。

(6)发表、散布否定宪法确立的根本政治制度、基本原则和危害国家安全的言论，利用网络、媒体挑动对党和政府的不满，发起、参与危害国家安全的组织或者支持、参与、实施危害国家安全的活动；以歪曲事实真相、明显违背社会公序良俗等方式，发表恶意诽谤他人的言论，或者发表严重扰乱法庭秩序的言论。

10. 依法办理社会保险、建立保障基金。

11. 依法承担赔偿责任。

12. 负责人承担管理责任。

13. 职业道德教育、业务学习和表彰制度。

14. 投诉查处制度。

15. 律师执业考核制度。

16. 档案管理制度。

17. 基本信息公开制度。

(四)律师收费制度

1. 收费方式及范围。律师服务收费实行政府指导价和市场调节价。

2. 律师收取的费用可以分为律师服务费和办案费用。

3. 律师服务收费可以根据不同的服务内容，采取计件收费、按标的额比例收费和计时收费等方式。其中，计件收费一般适用于不涉及财产关系的法律事务；按标的额比例收费适用于涉及财产关系的法律事务；计时收费可适用于全部法律事务。

4. 律师收费的确定与收取。律师事务所接受委托，应当与委托人签订律师服务收费合同或者在委托代理合同中载明收费条款。律师不得私自收案、收费。委托人所支付的费用应当直接交付律师所在的律师事务所，律师不得直接向委托人收取费用。委托人委托律师代交费用的，律师应将代收的费用及时交付律师事务所。

5. 律师收费的减免。律师事务所接受指派办理法律援助案件不得向受援人收取任何费用；对于经济确有困难，但不符合法律援助范围的公民，律师事务所可以酌情减收或免收律师服务费。

第五节 法律援助制度

一、法律援助制度的概念

法律援助是国家建立的为经济困难公民和符合法定条件的其他当事人无偿提供法律咨询、代理、刑事辩护等法律服务的制度，是公共法律服务体系的组成部分。

二、法律援助的机构和人员

《法律援助法》规定，县级以上人民政府司法行政部门应当设立法律援助机构。法律援助机构负责组织实施法律援助工作，受理、审查法律援助申请，指派律师、基层法律服务工作者、法律援助志愿者等法律援助人员提供法律援助，支付法律援助补贴。

三、法律援助的形式和范围

《法律援助法》规定，法律援助机构可以组织法律援助人员依法提供下列形式的法律援助服务：(1)法律咨询；(2)代拟法律文书；(3)刑事辩护与代理；(4)民事案件、行政案件、国家赔偿案件的诉讼代理及非诉讼代理；(5)值班律师法律帮助；(6)劳动争议调解与仲裁代理；(7)法律、法规、规章规定的其他形式。

从我国国情和条件出发，根据《刑事诉讼法》和《法律援助法》的规定，我国法律援助的范围如下：

1. 刑事案件。《法律援助法》规定，刑事案件的犯罪嫌疑人、被告人属于下列人员之一，没有委托辩护人的，人民法院、人民检察院、公安机关应当通知法律援助机构指派律师担任辩护人：(1)未成年人；(2)视力、听力、言语残疾人；(3)不能完全辨认自己行为的成年人；(4)可能被判处无期徒刑、死刑的人；(5)申请法律援助的死刑复核案件被告人；(6)缺席审判案件的被告人；(7)法律法规规定的其他人员。

其他适用普通程序审理的刑事案件，被告人没有委托辩护人的，人民法院可以通知法律援助机构指派律师担任辩护人。对可能被判处无期徒刑、死刑的人，以及死刑复核案件的被告人，法律援助机构收到人民法院、人民检察院、公安机关通知后，应当指派具有 3 年以上相关执业经历的律师担任辩护人。

2. 民事、行政案件。《法律援助法》规定，下列事项的当事人，因经济困难没有委托代理人的，可以向法律援助机构申请法律援助：(1)依法请求国家赔偿；(2)请求给予社会保险待遇或者社会救助；(3)请求发给抚恤金；(4)请求给付赡养费、抚养费、扶养费；(5)请求确认劳动关系或者支付劳动报酬；(6)请求认定公民无民事行为能力或者限制民事行为能力；(7)请求工伤事故、交通事故、食品药品安全事故、医疗事故人身损害赔偿；(8)请求环境污染、生态破坏损害赔偿；(9)法律、法规、规章规定的其他情形。

同时，法律规定，有下列情形之一，当事人申请法律援助的，不受经济困难条件的限制：(1)英雄烈士近亲属为维护英雄烈士的人格权益；(2)因见义勇为行为主张相关民事权益；(3)再审改判无罪请求国家赔偿；(4)遭受虐待、遗弃或者家庭暴力的受害人主张相关权益；(5)法律、法规、规章规定的其他情形。

四、法律援助的程序和实施

1. 法律援助的程序。根据《法律援助法》的规定，法律援助的程序主要包括申请、审查、指派、办理、归案结档等。

2. 法律援助的实施。《法律援助法》规定，法律援助机构收到法律援助申请后，发现有下列情形之一的，可以决定先行提供法律援助：(1)距法定时效或者期限届满不足 7 日，需要及时提起诉讼或者申请仲裁、行政复议；(2)需要立即申请财产保全、证据保全或者先予执行；(3)法律、法规、规章规定的其他情形。法律援助机构先行提供法律援助的，受援人应当及时补办有关手续，补充有关材料。

根据《法律援助法》的规定，有下列情形之一的，法律援助机构应当作出终止法律援助的决定：(1)受援人以欺骗或者其他不正当手段获得法律援助；(2)受援人故意隐瞒与案件有关的重要事实或者提供虚假证据；(3)受援人利用法律援助从事违法活动；(4)受援人的经济状况发生变化，不再符合法律援助条件；(5)案件终止审理或者已经被撤销；(6)受援人自行委托律师或者其他代理人；(7)受援人有正当理由要求终止法律援助；(8)法律法规规定的其他情形。法律援助人员发现有上述情形的，应当及时向法律援助机构报告。

五、法律援助的保障和监督

在法律援助的保障和监督方面，《法律援助法》规定国家加强法律援助信息化建设，促进司法行政部门与司法机关及其他有关部门实现信息共享和工作协同。

第六节　公 证 制 度

一、公证制度概述

(一)公证制度的特征

1. 公证是一种特殊的证明活动。

(1)公证主体的特定性：公证职能由公证机构统一行使，国家禁止非公证机构和未获准执行公证职务的人员从事公证活动。

(2)公证对象和内容的特定性：公证对象是没有争议的民事法律行为、有法律意义的事实和文书；公证的内容是证明公证对象的真实性与合法性。

(3)公证效力的特殊性：①证据效力；②强制执行效力；③法律行为成立要件效力。

(4)公证程序的法定性：公证的申请和证明必须依法律规定的程序进行，违反法定程序的公证不具有法律效力。

2. 公证是一种非诉讼司法活动。

(二)我国公证管理体制

我国实行司法行政机关行政管理与公证协会行业管理相结合的公证管理体制。

二、公证机构和公证员★★

(一)公证机构的概念

公证机构是依法设立，不以营利为目的，依法独立行使公证职能、承担民事责任的证明机构。

(二)公证机构的设立

1. 公证机构设立的原则：公证机构按照统筹规划、合理布局的原则，可以在县、不设区的市、设区的市、直辖市或者市辖区设立；在设区的市、直辖市可以设立一个或者若干个公证机构。公证机构不按行政区划层层设立。

2. 公证机构设立的条件：(1)有自己的名称；(2)有固定的场所；(3)有 2 名以上公证员；(4)有开展公证业务所必需的资金。

（三）公证业务范围

1. 证明民事法律行为。包括合同公证、继承公证、遗嘱公证、财产分割公证、委托公证、声明公证、赠与公证、招标投标公证和拍卖公证。

2. 证明有法律意义的事实。包括婚姻状况公证、亲属关系公证、收养关系公证、出生公证、生存公证、死亡公证、身份公证、经历公证、学历公证、学位公证、职务公证、职称公证、有无犯罪记录公证、保全证据等。

3. 证明有法律意义的文书。包括：公司章程公证；文书上的签名、印鉴、日期公证；文书的副本、影印本与原本相符公证。

4. 其他业务：(1)法律、行政法规规定由公证机构登记的事务；(2)提存；(3)保管遗嘱、遗产或者其他与公证事项有关的财产、物品、文书；(4)代写与公证事项有关的法律事务文书；(5)提供公证法律咨询。

（四）法定公证制度

1. 法定公证事项：在中华人民共和国领域内没有住所的外国人、无国籍人、外国企业和组织委托中华人民共和国律师或者其他人代理诉讼，从中华人民共和国领域外寄交或者托交的授权委托书，应当经所在国公证机关证明，并经中华人民共和国驻该国使领馆认证，或者履行中华人民共和国与该所在国订立的有关条约中规定的证明手续后，才具有效力。

2. 效力：法定公证事项的效力主要为证据效力和法律行为成立要件效力。

（五）公证机构的管理制度

1. 业务、财务、资产管理制度。

2. 公证员执业监督制度。

3. 执业过错责任追究制度。公证机构及其公证员因过错给当事人、公证事项的利害关系人造成损失的，由公证机构承担相应的赔偿责任；公证机构赔偿后，可以向有故意或者重大过失的公证员追偿。

4. 培训制度。

5. 执业年度考核制度。

6. 执业档案制度。

（六）公证员的条件与任免

1. 公证员的条件。

条件	内容
一般条件	(1)具有中华人民共和国国籍； (2)年龄25周岁以上65周岁以下； (3)公道正派，遵纪守法，品行良好； (4)通过国家统一法律职业资格考试取得法律职业资格； (5)在公证机构实习2年以上或者具有3年以上其他法律职业经历并在公证机构实习1年以上，经考核合格。这些条件包括国籍条件、年龄条件、品行条件、专业条件、经历条件等

续表

条件	内容
特殊条件	从事法学教学、研究工作，具有高级职称的人员，或者具有本科以上学历，从事审判、检察、法制工作、法律服务满10年的公务员、律师，已经离开原工作岗位，经考核合格的，也可以担任公证员
禁止条件	(1)无民事行为能力或者限制民事行为能力的； (2)因故意犯罪或者职务过失犯罪受过刑事处罚的； (3)被开除公职的； (4)被吊销公证员、律师执业证书的

2. 公证员的任命与免职。

三、公证程序与公证效力★

（一）公证程序

1. 公证的申请。当事人申请办理公证，可以委托他人代理，但申请办理遗嘱、生存、收养关系等应当由本人申办的公证事项，不得委托他人代理。

2. 公证的受理。

3. 公证的审查。

4. 出具公证书。

(1)民事法律行为公证的出证条件：①当事人具有从事该行为的资格和相应的民事行为能力；②意思表示真实；③行为的内容和形式合法，不违背社会公德。

(2)有法律意义的事实或文书公证的出证条件：①该事实或文书与当事人有利害关系；②事实或文书真实无误；③事实或文书的内容和形式合法，不违背社会公德。

(3)具有强制执行效力的债权文书的出证条件：①债权文书以给付货币、物品或有价证券为内容；②债权债务关系明确，债权人和债务人对债权文书有关给付内容无疑义；③债权文书中载明债务人不履行义务或不完全履行义务时，债务人愿意接受强制执行的承诺。

(4)文书上的签名、印鉴、日期公证与文书的文本公证的出证条件：①文书上的签名、印鉴、日期公证，签名、印鉴、日期应当准确属实；②文书的副本、影印本等文本公证，文本内容应与原本完全一致。

5. 不予办理公证和终止公证：

不予办理公证：

(1)无民事行为能力人或者限制民事行为能力人没有监护人代理申请办理公证的；

(2)当事人与申请公证的事项没有利害关系的；

(3)申请公证的事项属专业技术鉴定、评估事项的；

(4)当事人之间对申请公证的事项有争议的；

(5)当事人虚构、隐瞒事实,或者提供虚假证明材料的;

(6)当事人提供的证明材料不充分或者拒绝补充证明材料的;

(7)申请公证的事项不真实、不合法的;

(8)申请公证的事项违背社会公德的;

(9)当事人拒绝按照规定支付公证费的。

终止公证:

(1)因当事人的原因致使该公证事项在6个月内不能办结的;

(2)公证书出具前当事人撤回公证申请的;

(3)因申请公证的自然人死亡、法人或者其他组织终止,不能继续办理公证或者继续办理公证已无意义的;

(4)当事人阻挠、妨碍公证机构及承办公证员按规定的程序、期限办理公证的;

(5)其他应当终止的情形。

6. 公证书的认证:公证书需要在国外使用,使用国要求先认证的,应当经中华人民共和国外交部或者外交部授权的机构和有关国家驻中华人民共和国使(领)馆认证。

7. 公证程序的特别规定。主要了解关于公证调解的特别规定:经公证的事项在履行过程中发生纠纷的,原公证处可以应当事人的请求进行调解。经调解后当事人达成新协议的,公证处应予以公证;调解不成的,公证处应当告知当事人提起诉讼或者申请仲裁。

8. 公证登记和立卷归档。

(二)公证效力

1. 证据效力:在诉讼、仲裁和行政管理活动中,已为公证书证明的事实,当事人无须举证,司法机关、仲裁机构、行政机关及其登记部门应当将其作为认定事实的根据。公证书一旦出具即具有法律确认的效力,只有在有相反证据足以推翻公证书时,才能作为例外。

2. 强制执行效力:对公证机关依法赋予强制执行效力的债权文书,一方当事人不履行的,对方当事人可以向有管辖权的人民法院申请执行,受申请的人民法院应当执行。债权文书确有错误的,人民法院应裁定不予执行,并将裁定书送达双方当事人和公证机构。

3. 法律行为成立要件效力:

(1)法律、行政法规规定未经公证的事项不具有法律效力的,依照其规定。

(2)双方当事人约定必须公证的事项未经公证的,其法律关系不能形成、变更或消灭。

(3)按照国际惯例,我国当事人发往境外使用的某些文书(如结婚证等),必须经过公证机构的公证证明,才能在境外发生法律效力。

(三)公证的救济

1. 公证书的复查:

当事人认为公证书有错误的,可以在收到公证书之日起1年内,向出具该公证书的公证机构提出复查。公证事项的利害关系人认为公证书有错误的,可以自知道或者应当知道该项公证之日起1年内向出具该公证书的公证机构提出复查,但能证明自己不知道的除外。提出复查的期限自公证书出具之日起最长不得超过20年。

2. 公证书内容争议的诉讼:当事人、公证事项的利害关系人对公证书的内容有争议的,可以就该争议向人民法院提起民事诉讼。

命题点拨 司法制度概述,司法制度综合考查,审判制度,法官任职条件,检察制度,检察官任职条件,律师执业条件,律师的义务和权利。

第二章 法官职业道德

一、法官职业道德的概念和特征

法官职业道德是指法官在履行其职责活动中应当具备的与法官职业的职能、性质相适应的基本素质和应当遵循的行为准则、行为规范,是法官履行职责所必须具备的业务素质、思想情操、品行修养、价值观念、行为准则的总和。

法官职业道德特征:(1)主体的特定性;(2)内容的全面性;(3)约束的广泛性:法官职业道德既规范职业内活动,也规范职业外行为。

二、法官职业道德的主要内容★★★

(一)忠诚司法事业

(二)保证司法公正

1. 维护审判独立。

一是外部独立;二是内部独立;三是法官内心独立。

2. 确保案件裁判结果公平公正。

3. 坚持实体公正与程序公正并重。

4. 提高司法效率。

(1)严格遵守审限。

(2)法官的职权活动应当充分考虑效率因素。

(3)监督当事人及时完成诉讼活动。

5. 公开审判。

6. 遵守回避规定,保持中立地位。

7. 不办关系案、人情案、金钱案。

(三)确保司法廉洁

1. 自重、自省,坚守廉洁底线。

2. 不得接受诉讼当事人的钱物和其他利益。

3. 不得从事或者参与营利性的经营活动。

(1)法官应不从事或者参与营利性的经营活动,不在企业及其他营利性组织中兼任法律顾问等职务,不就未决案件或者再审案件给当事人及其他诉讼参与人提供咨询意见。

(2)同时,法官不得提供法律服务。

4. 不得以其身份谋取特殊利益。

(四)坚持司法为民

1. 以人为本。

2. 发挥司法的能动作用。

3. 司法便民。

4. 尊重当事人和其他诉讼参与人。

(五)维护司法形象

1. 坚持学习,精研业务。

2. 坚持文明司法,遵守司法礼仪。

3. 加强自身修养,约束业外活动。

(1)法官从事业外活动,应当避免使公众对法官的公正司法和清正廉洁产生合理怀疑,避免影响法官职责的正常履行,避免对人民法院的公信力产生不良影响。

(2)法官必须杜绝可能影响法官形象和公正履行职责的不良嗜好和行为。

(3)法官应当谨慎出入社交场合,谨慎交友,慎重对待与当事人等案件相关人员的接触和交往,严禁乘警车、穿制服出入营业性娱乐场所。

(4)法官不得参加营利性社团组织或者可能借法官影响力营利的社团组织,更不得参加带有邪教性质的组织。

(5)法官可以参加有助于法制建设和司法改革的学术研究和其他社会活动,但这些活动应当以符合法律规定、不妨碍公正司法和维护司法权威、不影响审判工作为前提。

(6)法官在职务外活动中,不得披露或者使用非公开的审判信息和在审判过程中获得的商业秘密、个人隐私以及其他非公开的信息。

(7)法官发表文章或者接受媒体采访时,应当保持谨慎的态度,不得针对具体案件和当事人进行不适当的评论,避免因言语不当使民众对司法公正产生合理的怀疑。

4. 退休法官谨慎行为。例如,人民法院工作人员在离职或者退休后的规定年限内,不得具有下列行为:

(1)接受与本人原所办案件和其他业务相关的企业、律师事务所、中介机构的聘任;

(2)担任原任职法院所办案件的诉讼代理人或者辩护人;

(3)以律师身份担任诉讼代理人、辩护人。

命题点拨 法官职业道德。

第三章 检察官职业道德

一、忠诚

二、为民

三、担当

四、公正★★★

1. 独立履职。

检察官应当恰当处理好内部工作关系,既独立办案,又相互支持。

2. 理性履职。

3. 履职回避。检察官的配偶、父母、子女有下列情形之一的,检察官应当实行任职回避:(1)担任该检察官所任职人民检察院辖区内律师事务所的合伙人或者设立人;(2)在该检察官所任职人民检察院辖区内以律师身份担任诉讼代理人、辩护人,或者为诉讼案件当事人提供其他有偿法律服务的。

特别提示:检察官从人民检察院离任后两年内,不得以律师身份担任诉讼代理人或者辩护人。检察官从人民检察院离任后,不得担任原任职检察院办理案件的诉讼代理人或者辩护人,但是作为当事人的监护人或者近亲属代理诉讼或者进行辩护的除外。检察官被开除后,不得担任诉讼代理人或者辩护人,但是作为当事人的监护人或者近亲属代理诉讼或者进行辩护的除外。

4. 重视证据。

5. 遵循程序。

6. 保障人权。

7. 尊重律师和法官。

8. 遵守纪律。

9. 提高效率。

五、廉洁

命题点拨 检察官职业道德。

第四章 律师职业道德

一、律师职业道德的基本准则★

基本行为规范	内容
忠诚	律师应当坚定中国特色社会主义理想信念,坚持中国特色社会主义律师制度的本质属性,拥护党的领导,拥护社会主义制度,自觉维护宪法和法律尊严。加强律师队伍思想政治建设,把拥护中国共产党领导、拥护社会主义法治作为律师从业的基本要求,增强广大律师走中国特色社会主义法治道路的自觉性和坚定性
为民	律师应当始终把执业为民作为根本宗旨,全心全意为人民群众服务,通过执业活动努力维护人民群众的根本利益,维护公民、法人和其他组织的合法权益。认真履行法律援助义务,积极参加社会公益活动,自觉承担社会责任
法治	律师应当坚定法治信仰,牢固树立法治意识,模范遵守宪法和法律,切实维护宪法和法律尊严。在执业中坚持以事实为根据,以法律为准绳,严格依法履责,尊重司法权威,遵守诉讼规则和法庭纪律,与司法人员建立良性互动关系,维护法律正确实施,促进司法公正
正义	律师应当把维护公平正义作为核心价值追求,为当事人提供勤勉尽责、优质高效的法律服务,努力维护当事人合法权益。引导当事人依法理性维权,维护社会大局稳定。依法充分履行辩护或代理职责,促进案件依法、公正解决
诚信	律师应当牢固树立诚信意识,自觉遵守执业行为规范,在执业中恪尽职守、诚实守信、勤勉尽责、严格自律。积极履行合同约定义务和法定义务,维护委托人合法权益,保守在执业活动中知悉的国家机密、商业秘密和个人隐私
敬业	律师应当热爱律师职业,珍惜律师荣誉,树立正确的执业理念,不断提高专业素质和执业水平,注重陶冶个人品行和道德情操,忠于职守,爱岗敬业,尊重同行,维护律师的个人声誉和律师行业形象

二、律师的执业职责★★

1. 律师在执业期间不得以非律师身份从事法律服务。律师只能在一个律师事务所执业。

2. 律师不得在同一案件中为双方当事人担任代理人,不得代理与本人或者其近亲属有利益冲突的法律事务。

3. 律师担任各级人民代表大会常务委员会组成人员的,任职期间不得从事诉讼代理或者辩护业务。

4. 律师不得有以下行为:

(1)产生不良社会影响,有损律师行业声誉的行为;

(2)妨碍国家司法、行政机关依法行使职权的行为;

(3)参加法律所禁止的机构、组织或者社会团体;

(4)其他违反法律、法规、律师协会行业规范及职业道德的行为;

(5)其他违反社会公德,严重损害律师职业形象的行为。

三、业务推广规范★★

(一)业务推广原则

1. 律师和律师事务所可以依法以广告方式宣传律师和律师事务所以及自己的业务领域和专业特长。

2. 律师和律师事务所可以通过发表学术论文、案例分析、专题解答、授课、普及法律等活动,宣传自己的专业领域。

3. 律师和律师事务所可以通过举办或者参加各种形式的专题、专业研讨会,宣传自己的专业特长。

4. 律师可以以自己或者其任职的律师事务所名义参加各种社会公益活动。

5. 律师和律师事务所在业务推广中不得为不正当竞争行为。

(二)业务推广广告

1. 广告主体和内容:律师和律师事务所为推广业务,均可依法发布广告。律师个人广告的内容,应当限于律师的个人及职业相关的基本信息;收费标准、联系方法;法律服务业务范围;执业业绩。律师事务所广告的内容应当限于律师事务所联系方法;所属律师协会;所内执业律师及法律服务业务范围简介;执业业绩。

2. 广告原则:

(1)广告应当具有可识别性,应当能够使社会公众辨明是律师广告。

(2)律师广告可以以律师个人名义发布,也可以以律师事务所名义发布。以律师个人名义发布的律师广告应当注明律师个人所任职的执业机构名称,应当载明律师执业证号。

(3)不得以有悖律师使命、有损律师形象的方式制作广告,不得采用一般商业广告的艺术夸张手段制作广告。

(4)广告中不得出现违反所属律师协会有关律师广告管理规定的内容。

3. 律师广告的禁止情况:

(1)没有通过年度考核的;

(2)处于停止执业或停业整顿处罚期间的;

(3)受到通报批评、公开谴责未满1年的。

(三)律师宣传

1. 不得进行歪曲事实和法律,或者可能使公众对律师产生不合理期望的宣传。

2. 可以宣传所从事的某一专业法律服务领域,但不得自我声明或者暗示其被公认或者证明为某一专业领域的权威或专家。

3. 不得进行律师之间或者律师事务所之间的比较宣传。

四、律师与委托人或当事人的关系规范★★

(一)委托代理关系的基本要求

1. 律师应当与委托人就委托事项范围、内容、权限、费用、期限等进行协商,经协商达成一致后,由律师事务所与委托人签署委托协议。

2. 律师应当充分运用专业知识,依照法律和委托协议完成委托事项,维护委托人或者当事人的合法权益。

3. 律师与所任职律师事务所有权根据法律规定、公平正义及律师执业道德标准,选择实现委托人或者当事人目的的方案。

4. 律师应当严格按照法律规定的期间、时效以及与委托人约定的时间办理委托事项。

5. 律师应当建立律师业务档案,保存完整的工作记录。

6. 律师应谨慎保管委托人或当事人提供的证据原件、原物、音像资料底版以及其他材料。

7. 律师接受委托后,应当在委托人委托的权限内开展执业活动,不得超越委托权限。

8. 律师在承办受托业务时,对已经出现的和可能出现的不可克服的困难、风险,应当及时通知委托人,并向律师事务所报告。

9. 律师接受委托后,无正当理由不得拒绝辩护或者代理,或以其他方式终止委托。委托事项违法、委托人利用律师提供的服务从事违法活动或者委托人故意隐瞒与案件有关的重要事实的,律师有权告知委托人并要求其整改,有权拒绝辩护或者代理,或以其他方式终止委托,并有权就已经履行事务取得律师费。

(二)禁止虚假承诺

律师应当根据委托人提供的事实和证据,依据法律规定进行分析,向委托人提出分析性意见。律师的辩护、代理意见未被采纳,不属于虚假承诺。

(三)禁止非法牟取委托人权益

律师和律师事务所不得利用提供法律服务的便利,牟取当事人争议的权益;不得违法与委托人就争议的权益产生经济上的联系,不得与委托人约定将争议标的物出售给自己;不得委托他人为自己或为自己的近亲属收购、租赁委托人与他人发生争议的标的物。

律师事务所可以依法与当事人或委托人签订以回收款项或标的物为前提按照一定比例收取货币或实物作为律师费用的协议。

(四)利益冲突审查

1. 律师事务所在接受委托之前,应当进行利益冲突审查并作出是否接受委托决定。办理委托事务的律师与委托人之间存在利害关系或利益冲突的,不得承办该业务并应当主动提出回避。

同一律师事务所的不同律师不得同时担任同一刑事案件的被害人的代理人和犯罪嫌疑人、被告人的辩护人,但在该县区域内只有一家律师事务所且事先征得当事人同意的除外。

2. 主动回避:下列情形下,律师应当告知委托人并主动提出回避,但委托人同意其代理或者继续承办的除外(委托人决定建立或维持委托关系的,应当签署知情同意书):

(1)接受民事诉讼、仲裁案件一方当事人的委托,而同所的其他律师是该案件中对方当事人的近亲属的;

(2)担任刑事案件犯罪嫌疑人、被告人的辩护人,而同所的其他律师是该案件被害人的近亲属的;

(3)同一律师事务所接受正在代理的诉讼案件或者非诉讼业务当事人的对方当事人所委托的其他法律业务的;

(4)律师事务所与委托人存在法律服务关系,在某一诉讼或仲裁案件中该委托人未要求该律师事务所律师担任其代理人,而该律师事务所律师担任该委托人对方当事人的代理人的;

(5)在委托关系终止后1年内,律师又就同一法律事务接受与原委托人有利害关系的对方当事人的委托的;

(6)其他与本条第(1)项至第(5)项情况相似,且依据律师执业经验和行业常识能够判断的其他情形。

(五)保管委托人财产

律师事务所可以与委托人签订书面保管协议,妥善保管委托人财产,严格履行保管协议。律师事务所应当将委托人财产与律师事务所的财产、律师个人财产严格分离。

(六)转委托

1. 未经委托人同意,律师事务所不得将委托人委托的法律事务转委托其他律师事务所办理。但在紧急情况下，为维护委托人的利益可以转委托，但应当及时告知委托人。

2. 受委托律师遇有突患疾病、工作调动等紧急情况不能履行委托协议时，应当及时报告律师事务所，由律师事务所另行指定其他律师继续承办，并及时告知委托人。

3. 非经委托人的同意，不能因转委托而增加委托人的费用支出。

（七）委托关系的解除与终止

1. 律师在办理委托事项过程中出现下列情况，律师事务所应终止其代理工作：

（1）与委托人协商终止；

（2）被取消或者中止执业资格；

（3）发现不可克服的利益冲突；

（4）律师的健康状况不适合继续代理；

（5）继续代理将违反法律或者律师执业规范。

2. 律师事务所在出现下列情况时，经提示委托人不纠正的，可以解除委托关系：

（1）委托人利用律师提供的法律服务从事违法犯罪活动的；

（2）委托人要求律师完成无法实现或者不合理的目标的；

（3）委托人没有履行委托合同义务的；

（4）在事先无法预见的前提下，律师向委托人提供法律服务将会给律师带来不合理的费用负担，或给律师造成难以承受的、不合理的困难的；

（5）其他合法的理由的。

3. 律师事务所与委托人解除委托关系后，应当退还当事人提供的资料原件、物证原物、视听资料底版等证据，并可以保留复印件存档。

五、律师参与诉讼或仲裁规范

（一）回避规范

（二）调查取证规范

（三）尊重法庭与规范接触司法人员规范

（四）庭审仪表和语态规范

六、律师与其他律师的关系规范

（一）尊重与合作

（二）禁止不正当竞争

七、律师与所任职的律师事务所关系规范

八、律师与律师协会关系规范

律师和律师事务所应当遵守律师协会制定的律师行业规范和规则。律师和律师事务所享有律师协会章程规定的权利，承担律师协会章程规定的义务。

九、律师执业中违纪行为的处分

（一）律师执业中违纪行为的处分的种类和适用条件

律师执业中违纪行为的处分包括训诫、通报批评、公开谴责、取消会员资格等种类。

（二）律师执业中违纪行为的处分的实施机构

中华全国律师协会设立纪律委员会，负责律师行业处分相关规则的制定及对各级律师协会处分工作的指导与监督。各省、自治区、直辖市律师协会及设区的市律师协会设立惩戒委员会，负责对违规会员进行处分。

命题点拨 律师职业道德，律师业务推广规范，律师与当事人的关系规范。

第五章 公证员职业道德

一、忠于法律、尽职履责★

1. 忠于宪法和法律，恪守客观、公正原则。

2. 遵守法定回避制度。公证员不得为本人及近亲属办理公证或者办理与本人及近亲属有利害关系的公证。

3. 履行执业保密义务。

4. 积极采取措施纠正、制止违法违规行为。

二、爱岗敬业、规范服务

三、加强修养、提高素质

四、廉洁自律、尊重同行★

1. 廉洁自律。

2. 妥善处理个人事务。

3. 不得接受不当利益。

4. 相互尊重。

5. 避免不当干预。

6. 不从事不正当竞争行为。

公证员不得从事以下不正当竞争行为：

（1）利用媒体或其他手段炫耀自己，贬损他人，排斥同行，为自己招揽业务；

（2）以支付介绍费、给予回扣、许诺提供利益等方式承揽业务；

（3）利用与行政机关、社会团体的特殊关系进行业务垄断；

（4）其他不正当竞争行为。

命题点拨 公证员职业道德。

第六章　其他法律职业人员职业道德

第一节　法律顾问职业道德

一、法律顾问职业道德的概念

法律顾问包括党政机关法律顾问、人民团体法律顾问以及国有企事业单位法律顾问，其中党政机关法律顾问也称为政府法律顾问。

二、法律顾问职业道德的主要内容

1. 忠诚法律。

2. 保持独立。

3. 保守秘密。

第二节　仲裁员职业道德

一、仲裁员职业道德的概念

仲裁员是指有权接受当事人的选定或者仲裁机构的指定，具体审理、裁决案件的人员。

二、仲裁员职业道德的主要内容

(一)独立公正

1. 保持廉洁。

2. 保持独立。

3. 主动披露。它是指仲裁员主动披露其与当事人或代理人之间的某种关系，以便于当事人和仲裁机构考虑此种关系是否影响该仲裁员的独立性和公正性。

4. 主动回避。

(二)诚实信用

(三)勤勉高效

(四)保守秘密

(五)尊重同行

第三节　行政机关中从事行政处罚决定法制审核、行政复议、行政裁决的公务员职业道德

一、公务员职业道德的基本要求★

1. 坚定信念。

2. 忠于宪法。

3. 忠于国家。

4. 忠于人民。

5. 忠于职守。

6. 保守秘密。

7. 清正廉洁。

8. 诚实守信。

二、行政机关中从事行政处罚决定法制审核、行政复议、行政裁决的公务员职业道德的特定要求

1. 合法原则。

2. 公正原则。

3. 透明原则。

4. 高效原则。

命题点拨　其他法律职业人员职业道德。

刑　　法

【复习指引】 客观题考试中,刑法部分更加注重以案例的方式考查考生对理论知识的实际运用能力。刑法部分知识点集中,重点突出,预测2023年出题会更加灵活,考生在备考时要注意结合案例理解理论内容,掌握重点章节。

重点章节:第五章"犯罪未完成形态",第六章"共同犯罪",第十一章"刑罚裁量","破坏社会主义市场经济秩序罪"相关章,第十八章"侵犯公民人身权利、民主权利罪",第十九章"侵犯财产罪",第二十章"妨害社会管理秩序罪",第二十二章"贪污贿赂罪"。

上编　总　　论

第一章　刑法概说

第一节　刑法的概念、性质、任务和机能

一、刑法的概念

刑法是以国家名义规定何种行为是犯罪和应给犯罪分子以何种刑罚处罚,以有效应对犯罪和积极预防犯罪的法律。

二、刑法的性质

刑法作为重要的部门法,具有以下法律性质:特定性、广泛性、严厉性。

三、刑法的任务

根据《刑法》第2条的规定,我国刑法的任务是:(1)保卫人民民主专政的政权和社会主义制度。(2)保护公共财产和公民私人所有的财产。(3)保护公民的人身权利、民主权利和其他权利。(4)维护社会秩序和经济秩序。

四、刑法的机能

(一)规制机能

刑法的规制机能,是指对于一定的犯罪,在刑法中规定施加一定的惩罚措施,以此来明确国家对该犯罪的规范性评价。

(二)法益保护机能

刑法要在社会中发挥作用,就必须保护人们公认的、对于社会存续有意义的法律上的利益,由此来保卫社会,维护现存的正常秩序,这就是刑法的保护机能。

(三)权利保障机能

第二节　刑法的基本原则

一、罪刑法定原则★★★★

1. 罪刑法定原则的经典表述是,"法无明文规定不为罪","法无明文规定不处罚"。

2. 罪刑法定原则的具体要求是:(1)禁止溯及既往(事前的罪刑法定)。(2)排斥习惯法(成文的罪刑法定)。(3)禁止类推适用(严格的罪刑法定)。(4)刑罚法规的适当,包含刑法明确性、禁止不确定刑和禁止处罚不当罚的行为三项内容(确定的罪刑法定)。

3. 刑法解释,从效力上来看,分为以下三种:(1)立法解释,即由立法机关所作的解释,具有与法律同等的效力。(2)司法解释,即最高人民法院和最高人民检察院经国家立法机关制定的法律授权,就审判和检察工作中如何具体应用法律的问题所作的解释,具有普遍适用的效力。(3)学理解释,即未经国家授权的机关、团体、社会组织、学术机构以及专家学者等对刑法所作的解释,它们虽然没有法律效力,但对于刑事司法乃至立法活动具有重要参考价值。

4. 刑法解释,从方法上看,常用的主要包括以下四种:(1)扩大解释,即刑法条文字面的通常含义比刑法的真实含义窄,于是扩张字面含义,使其符合刑法的真实含义。(2)缩小解释,即刑法条文的字面通常含义比刑法的真实含义广,于是限制字面含义,使其符合刑法的真实含义。(3)当然解释,即刑法规定虽未明示某一事项,但依形式逻辑、规范目的及事物属性的当然道理,将该事项解释为包括在该规定的适用范围之内。(4)反对解释,即根据刑法条文的正面表述,推导其反面含义的解释方法。

5. 罪刑法定原则禁止类推适用,要求合理地、客观地、准确地解释刑法。

二、平等适用刑法原则★★

平等适用刑法，也即刑法面前人人平等，是指刑法规范在根据其内容应当得到适用的所有场合，都予以严格适用。

平等适用刑法的具体要求是：对刑法所保护的合法权益予以平等的保护；对于实施犯罪的任何人，都必须严格依照法律认定犯罪；对于任何犯罪分子，都必须根据其犯罪事实与法律规定量刑；对于被判处刑罚的任何人，都必须严格按照法律的规定执行刑罚。

三、罪刑相适应原则★★

罪刑相适应的基本含义是，刑罚的轻重应与犯罪的轻重及其刑事责任的大小相适应。

罪刑相适应原则的具体要求是，刑罚既要与犯罪的轻重程度相适应，又要与犯罪性质相适应，还要与犯罪分子的人身危险性相适应。

第三节　刑法的适用范围

刑法的适用范围，也称刑法的效力，是指刑法在什么空间、时间内具有适用效力。

一、刑法的空间效力★★★

（一）刑法的空间效力的概念

刑法的空间效力所解决的是一国刑法在什么地域、对什么人适用的问题。

（二）对国内犯的适用原则

刑法对国内犯的基本适用原则是属地管辖原则，即一个国家对发生在本国领域内的犯罪分子，不管行为人是谁，都适用本国刑法。《刑法》第 6 条第 1 款是对属地管辖原则的规定，即"凡在中华人民共和国领域内犯罪的，除法律有特别规定的以外，都适用本法"。

"领域"是指我国国境以内的全部区域，包括领陆（国境线以内的陆地以及陆地以下的底土）、领水（内水、领海及其领水的水床及底土）和领空（领陆、领水之上的空气空间）。

"法律有特别规定"包括以下几类情况：(1) 不适用中国刑法（广义刑法）的情况，即享有外交特权和豁免权的外国人的刑事责任问题，通过外交途径解决，不适用我国刑法。(2) 不适用中华人民共和国刑法典及其他具有普遍效力的刑事法律的情况，即我国香港特别行政区、澳门特别行政区与台湾地区适用其本地刑法，而不适用中华人民共和国刑法典及其他具有普遍效力的刑事法律；但由于我国香港特别行政区、澳门特别行政区与我国台湾地区的"刑法"属于我国的区域性刑法，故不能认为这些地区不适用"中国刑法"。(3) 不适用刑法典的情况，即刑法典颁布后国家立法机关制定了特别刑法，出现法条竞合的情况时，根据特别法优于普通法的原则，不适用刑法典，而适用特别刑法。(4) 不适用刑法典的部分条文的情况，即民族自治地区不能全部适用刑法典，而由自治区或者省的人民代表大会根据当地民族的政治、经济、文化的特点和刑法规定的基本原则，制定了变通或者补充的规定时，行为符合该变通或者补充规定的，适用该变通或补充规定，而不适用刑法典条文。

作为属地管辖原则的补充原则是旗国主义，即挂有本国国旗的船舶或者航空器，不管其航行或停放在何处，对在船舶与航空器内的犯罪，都适用旗国的刑法。因此，凡在中华人民共和国船舶或者航空器内犯罪的，也适用中国刑法（《刑法》第 6 条第 2 款）。

（三）对国外犯的适用原则

国外犯有三种情况：一是中国公民在国外实施的犯罪；二是外国人在国外实施的危害中国国家或者中国公民权益的犯罪；三是外国人在国外实施的危害国际社会共同利益的犯罪。我国刑法针对这几种情况，分别采取了不同的原则。

1. 属人管辖原则。这里的属人管辖原则，是指积极的属人管辖原则，即本国公民在国外犯罪的，也适用本国刑法。

2. 保护管辖原则。根据我国《刑法》第 8 条的规定，以保护管辖原则为根据适用我国刑法的，必须具备以下三个条件：(1) 所犯之罪必须侵犯了中华人民共和国国家或者公民的利益；(2) 所犯之罪按我国刑法规定的最低刑为 3 年以上有期徒刑；(3) 所犯之罪按照犯罪地的法律也应受处罚。

3. 普遍管辖原则。普遍管辖原则以保护国际社会的共同利益为标准，认为凡是国际公约或者条约所规定的侵犯国际社会共同利益的犯罪，不管犯罪分子的国籍与犯罪地的属性，缔约国或参加国发现犯罪分子在其领域之内时便行使刑事管辖权。

（四）对外国刑事判决的承认

凡在中华人民共和国领域外犯罪，依照我国刑法的规定应当负刑事责任的，虽然经过外国审判，仍然可以依照我国刑法进行追究，但是在外国已经受过刑罚处罚的，可以免除或者减轻处罚。

二、刑法的时间效力★★

（一）刑法的时间效力的概念

刑法的时间效力所解决的问题是，刑法何时起至何时止具有适用效力，其内容主要包括三个方面：生效时间、失效时间与溯及既往的效力（溯及力）。

（二）刑法的生效时间与失效时间

从我国的刑事立法实践来看，刑法的生效时间分为两种情况:(1)自公布之日起生效。(2)公布后间隔一段时间才生效。

刑法的失效时间,主要有两种情形:(1)由立法机关明文宣布原有法律效力终止或者废止。例如,现行刑法明文规定废止15个单行刑法。(2)新法的施行使原有法律自然失效。

(三)刑法的溯及力

我国《刑法》第12条关于溯及力的规定采取了从旧兼从轻的原则。在1949年10月1日至1997年9月30日这段期间所发生的行为,如果未经法院审判或判决未确定,应按不同情况分别处理:(1)行为时的法律不认为是犯罪,而现行刑法认为是犯罪的,适用行为时的法律,即不追究刑事责任,现行刑法没有溯及力。(2)行为时的法律认为是犯罪,而现行刑法不认为是犯罪的,适用现行刑法,即不追究刑事责任,现行刑法具有溯及力。(3)行为时的法律与现行刑法都认为是犯罪,并且按照现行刑法总则第4章第8节的规定应当追诉的,按照行为时的法律追究刑事责任,即现行刑法没有溯及力,但是,如果现行刑法的处刑比行为时的法律处刑轻,则应当适用现行刑法,即刑法具有溯及力。(4)现行刑法施行前,依照当时的法律已经作出的生效判决,继续有效。

命题点拨 罪刑法定原则。

第二章 犯罪概说

第一节 犯罪的概念

犯罪是具有社会危害性、刑事违法性与应受刑罚处罚性的行为。据此,犯罪具有三个特征。

一、社会危害性

犯罪的社会危害性是指犯罪对国家、集体和公民利益所造成的危害。

二、刑事违法性

刑事违法性,或称刑法的禁止性,即犯罪行为是违反刑法的行为,是刑法所禁止的行为。

三、应受刑罚处罚性

犯罪不仅是具有社会危害性、触犯刑律的行为,而且是应受刑罚处罚的行为,即具有应受惩罚性。

第二节 犯罪的分类

一、自然犯、法定犯

自然犯,是指对行为本身即使刑罚规范没有规定,也会受到社会伦理的非难的情形(刑事犯)。法定犯,是指刑罚规范的内容与社会伦理规范之间有时存在不一致之处,对于行为的犯罪性质,只有根据刑罚法规的规定才能加以确定并进行非难的情形(行政犯)。

二、亲告罪、非亲告罪

亲告罪,是指对于犯罪是否进行追究,取决于个人的意思,在追诉之时必须经过有告诉权者告诉的犯罪。非亲告罪,是指侦查、起诉、审判程序由国家司法机关直接推动,起诉权利由检察机关享有,是否提起公诉不取决于个人意思的犯罪。有些亲告罪在具备某些法定情形时,亦可成为公诉罪,如严重危害社会秩序和国家利益的侮辱罪和诽谤罪,即可由国家司法机关直接追诉。

三、危害国家安全罪、普通刑事罪

危害国家安全罪,是指直接侵害国家统治秩序的犯罪,如我国刑法分则第一章规定的犯罪。普通刑事罪,是指危害国家安全罪以外的侵犯个人、社会利益的犯罪。

四、基本犯、结果加重犯★★

基本犯,是指符合某个构成要件基本形态规定的犯罪形态。结果加重犯,是指行为人出于基本构成要件的故意或者过失,在实施基本行为时,发生了超过基本构成要件结果的加重结果,因而导致刑罚加重的犯罪形态。

五、即成犯、状态犯和继续犯★★

即成犯,是指在法益侵害后果发生的同时,犯罪行为完成或者终了的情形。故意杀人罪是即成犯的典型例证。

状态犯,是指在法益侵害发生的同时,犯罪行为终了,但是,此后法益侵害的状态仍然继续的情形。

继续犯,是指在法益侵害持续进行期间,犯罪行为也持续进行的情形。

命题点拨 我国《刑法》第13条关于犯罪概念的规定。

第三章 犯罪构成

第一节 犯罪构成概述

一、犯罪构成的概念

我国刑法理论认为,犯罪构成是刑法规定的,决定某一行为的社会危害性及其程度,而为该行为成立犯罪所必须具备的一切客观要件与主观要件的有机整体。

二、犯罪构成的分类

1. 基本的犯罪构成与修正的犯罪构成。

2. 完结的犯罪构成与待补充的犯罪构成。

3. 单一的犯罪构成与复杂的犯罪构成。

三、犯罪构成要件★★

犯罪构成要件是犯罪构成的组成要素,即各要件的总和形成犯罪构成。对构成要件要素可以进行不同分类。

1. 客观的构成要件要素与主观的构成要件要素。

2. 记述的构成要件要素与规范的构成要件要素。

按照刑法理论,在解释构成要件要素和认定是否存在符合构成要件要素的事实时,如果只需要法官的认识活动即可确定,这种构成要件要素便是记述的构成要件要素;如果需要法官规范的、评价的价值判断才能认定,这种构成要件要素就是规范的构成要件要素。

3. 积极的构成要件要素与消极的构成要件要素。

4. 共同的构成要件要素与非共同的构成要件要素。

5. 成文的构成要件要素与不成文的构成要件要素。

第二节 犯罪客体

一、犯罪客体的概念

犯罪客体,是指我国刑法所保护而为犯罪行为所侵犯的社会关系。

二、犯罪客体的分类

在刑法学中,通常把犯罪客体分为三种,即一般客体、同类客体、直接客体。

犯罪的一般客体,是指一切犯罪所共同侵犯的客体,即我国刑法所保护的整个社会关系。

犯罪的同类客体,是指某一类犯罪所共同侵犯的客体,即刑法所保护的社会关系的某一部分或者某一方面。

犯罪的直接客体,是指某一种犯罪所直接侵犯的具体的社会关系,即刑法所保护的社会关系的某个具体部分。

三、确定直接客体的方法

1. 根据具体犯罪所属的类罪确定直接客体的内容。

2. 依据刑法对具体犯罪的规定确定直接客体的内容。(1)通过刑法条文对直接客体的明确规定确定直接客体。(2)通过刑法条文规定的行为特征确定直接客体。(3)通过刑法条文规定的结果特征确定直接客体。(4)通过刑法条文规定的行为对象特征确定直接客体。(5)通过刑法条文规定的犯罪所违反的法规内容确定直接客体。(6)通过刑法条文规定的犯罪孳生之物、供犯罪行为使用之物的性质确定直接客体。

四、犯罪客体与犯罪对象的关系★★

犯罪对象是犯罪行为所作用的,社会关系的主体或者物质表现,如故意杀人罪中的"人",盗窃罪中的"公私财物"就是犯罪对象。特定的犯罪对象在某些犯罪中是构成要件,行为只有作用于特定的对象,才能构成犯罪。

犯罪对象与犯罪客体的关系较为密切:犯罪对象反映犯罪客体,犯罪客体制约犯罪对象。但二者存在明显区别:(1)犯罪客体决定犯罪性质,犯罪对象则未必。(2)犯罪客体是任何犯罪构成的要件,犯罪对象则不一定是任何犯罪都不可缺少的,它仅仅是某些犯罪的必要要件。(3)任何犯罪都会使犯罪客体受到危害,而犯罪对象却不一定受到损害。(4)犯罪客体是犯罪分类的基础,犯罪对象则不是。

第三节 犯罪客观要件

犯罪客观要件,是刑法规定的成立犯罪所必须具备的客观事实特征;它说明某种犯罪是通过什么行为、在什么情况下对刑法所保护的社会关系造成了什么危害,是成立犯罪所必须具备的要件。

一、危害行为★★★

危害行为,即犯罪构成客观方面的行为,是指由行为人意识和意志支配的危害社会的身体举止。

(一)作为

作为,即积极的行为,是指以积极的身体举动实施刑法所禁止的行为。

(二)不作为

不作为,即消极行为,是指行为人在能够履行自己应尽义务的情况下不履行该义务。成立不作为犯在客观上必须具备以下条件:

1. 行为人有作为义务。作为义务的来源主要有:(1)法律、法规明文规定的义务。(2)职务或者业务要求的义务。(3)法律行为引起的义务。(4)先行行为所引起的义务,即行为人因自己的行为导致发生一定危害结果的危险,从而产生的采取积极行动防止危害结果现实发生的义务。

2. 行为人能够履行特定义务。

3. 行为人不履行特定义务，造成或者可能造成危害结果。

刑法理论一般将不作为犯罪分为两种类型：一是纯正不作为犯或真正不作为犯，即刑法明文规定只能由不作为构成的犯罪。二是不纯正不作为犯或不真正不作为犯，即行为人以不作为形式实施的通常为作为形式的犯罪。

二、危害结果★★★

危害结果，是指危害行为对犯罪客体即刑法所保护的社会关系所造成的实际损害或现实危险。

（一）危害结果的特征

1. 因果性。
2. 侵害性。
3. 现实性。
4. 多样性。

（二）危害结果的种类

1. 属于构成要件要素的危害结果与不属于构成要件要素的危害结果。这是以危害结果是否属于具体犯罪构成要件要素为标准所作的分类。

2. 物质性危害结果与非物质性危害结果。这是根据危害结果的现象形态所作的分类。

3. 直接危害结果与间接危害结果。这是根据危害结果与危害行为的联系形式所作的分类。

（三）危害结果的意义

1. 区分罪与非罪的标准之一。
2. 区分犯罪形态的标准之一。
3. 影响量刑轻重的因素之一。

三、行为的时间、地点与方法★★

行为的时间、地点、方法不是犯罪构成的共同要件。

四、刑法上的因果关系

（一）刑法上因果关系的概念

我国刑法理论一般认为，刑法上的因果关系，是危害行为与危害结果之间的一种引起与被引起的关系。

（二）刑法上因果关系的认定

我国刑法理论以前采取的是必然因果关系说，即当危害行为中包含危害结果产生的根据，并符合规律地产生了危害结果时，危害行为与危害结果之间就是必然因果关系；只有这种必然因果关系，才是刑法上的因果关系。

由于这种学说不能合理解释所有因果关系的成立情形，后来发展出了偶然因果关系说。该说的基本观点是，当危害行为本身并不包含产生危害结果的根据，但在其发展过程中，偶然介入其他因素，并由介入因素合乎规律地引起了危害结果时，危害行为与危害结果之间就是偶然因果关系，介入因素与危害结果之间是必然因果关系。

近年来，又出现了在国外审判实践中长期采用的条件说，即当危害行为与危害结果之间存在“没有前者就没有后者”的关系（条件关系）时，前者就是后者的原因。条件说还认为：（1）作为条件的行为必须是有导致结果发生可能性的行为，否则不能承认有条件关系。（2）条件关系中的“结果”是指具体的、特定形态、特定规模与特定时间发生的结果。（3）条件关系是一种客观联系，与行为人预想的发展过程是否符合，并不影响条件关系的成立与否。（4）行为是结果发生的条件之一时便可认定条件关系，并非唯一条件时才肯定条件关系；在数个行为共同导致一个结果的情况下，如果除去一个行为结果将发生，除去全部行为结果将不发生，则全部行为都是结果发生的原因。（5）与前“条件”无关的后条件直接导致结果发生，而且即使没有前“条件”也将发生结果时，前“条件”与结果之间没有因果关系。（6）在因果关系的发展进程中，如果由于介入第三人独立、偶然的行为或者特殊自然事实导致了结果发生，那么，前一实行行为与结果之间就不存在因果关系。

（三）不作为犯的因果关系

现在的刑法理论一般肯定不作为与危害结果之间具有因果关系。

（四）刑法上的因果关系与刑事责任

肯定因果关系不等于行为人有罪。认定某种行为与某种危害结果之间具有因果关系，只是确立了行为人的行为造成了特定危害结果。

第四节　犯罪主体

一、犯罪主体概述

犯罪主体要件由刑法明文规定。根据刑法的规定，犯罪主体分为两类，即自然人犯罪主体与单位犯罪主体。

二、自然人犯罪主体★★★★

（一）刑事责任年龄

1. 概念。刑事责任年龄，是指刑法所规定的，行为人实施刑法所禁止的犯罪行为所必须达到的年龄。

2. 刑事责任年龄的规定。（1）不满12周岁的人，一律不负刑事责任，即不满12周岁的人所实施的任何行为，都不构成犯罪。刑法理论称为绝对无刑事责任时期或完全无刑事责任时期。（2）已满12周岁不满14周岁的人，犯故意杀人罪、故意伤害罪，致人死亡或者以特别残忍手段致人重伤造成严重残疾，情节恶劣，经最高人民检察院核准追诉的，应当负刑事责任。(3)已满14周岁不满16周岁的人，犯故意杀人、故意伤害致人重伤或者死亡、强奸、抢劫、贩卖毒品、放火、爆炸、投放危险物质罪的，应当负刑事责任。第(2)、(3)项属于相对负刑事责任时期。(4)已满16周岁的人犯罪，应当负刑事责任。即已满16周岁的人对一切犯罪承担刑事责任，此即完全负刑事责任时期。(5)不满18周岁的人犯罪，应当从轻或者减轻处罚。此外，根据《刑法》第17条之一的规定："已满七十五周岁的人故意犯罪的，可以从轻或者减轻处罚；过失犯罪的，应当从轻或者减轻处罚。"

除上述规定之外，《刑法》第17条第5款还规定，因不满16周岁不予刑事处罚的，责令其父母或者其他监护人加以管教；在必要的时候，依法进行专门矫治教育。

(二)刑事责任能力

1. 概念。刑事责任能力，是指行为人对自己行为的辨认能力与控制能力。

2. 刑事责任能力的认定。(1)对于无责任能力的判断，应同时采用医学标准与心理学标准。(2)间歇性精神病人在精神正常的时候犯罪的，应当负刑事责任。(3)尚未完全丧失辨认或者控制自己行为能力的精神病人犯罪的，应当负刑事责任，但是可以从轻或者减轻处罚。(4)醉酒的人犯罪应当负刑事责任。(5)又聋又哑的人或者盲人犯罪，可以从轻、减轻或者免除处罚。

(三)特殊身份

特殊身份，是指行为人在身份上的特殊资格，以及其他与一定的犯罪行为有关的、行为人在社会关系上的特殊地位或者状态，如亲属关系、国家工作人员等。

第五节　犯罪主观要件

一、犯罪主观要件概述

犯罪主观要件，是指刑法规定成立犯罪必须具备的、犯罪主体对其实施的危害行为及其危害结果所持的心理态度。

二、犯罪故意★★★★

根据《刑法》第14条第1款的规定，犯罪故意是指明知自己的行为会发生危害社会的结果，并且希望或者放任这种结果发生的一种心理态度。

(一)犯罪故意的认识因素

犯罪故意的认识因素是指行为人明知自己的行为会发生危害社会的结果的心理态度。

(二)犯罪故意的意志因素

犯罪故意的意志因素，是指行为人希望或者放任危害结果发生的心理态度。

根据《刑法》第14条第1款的规定，犯罪故意可分为以下两种类型：

1. 直接故意。直接故意是指行为人明知自己的行为会发生危害社会的结果，并且希望这种结果发生的心理态度。

2. 间接故意。间接故意是指行为人明知自己的行为可能发生危害社会的结果，并且有意放任，以致发生这种结果的心理态度。

(三)故意的认定

1. 要将犯罪故意与一般生活意义上的"故意"相区别。

2. 要将犯罪故意与单纯的认识或者单纯的目的相区别。

3. 要将总则条文规定的"明知"与分则条文规定的"明知"相区别。分则中的"明知"不等于总则中的"明知"，只是总则中的"明知"的前提。

4. 要将合理推定与主观臆断相区别。

(四)事实认识错误

1. 具体的事实认识错误，是指行为人认识的事实与实际发生的事实虽然不一致，但没有超出同一犯罪构成的范围，即行为人只是在某个犯罪构成的范围内发生了对事实的认识错误，因而也被称为同一犯罪构成内的错误。

(1)对象错误，是指行为人误把甲对象当作乙对象加以侵害，而甲对象与乙对象体现相同的法益，行为人的认识内容与客观事实仍属同一犯罪构成的情况。例如，行为人本欲杀甲，黑夜里误将乙当作甲进行杀害。根据法定符合说，刑法规定故意杀人罪是为了保护人的生命，而不只是保护特定的甲或者特定的乙的生命。因此，只要行为人主观上想杀人，而客观上又杀了人，那么就符合故意杀人罪的构成要件，成立故意杀人罪的既遂。本来，根据具体符合说，由于行为人本欲杀甲，而客观上却杀害了乙，二者没有具体地相符合，行为人对甲应成立故意杀人未遂，对乙应成立过失致人死亡。但现在的具体符合说论者也都认为，这种对象错误并不重要，因而不影响故意犯罪既遂的成立。所以，就这种对象错误而言，具体符合说与法定符合说的结论完全相同。

(2)打击错误(也称"方法错误")，是指由于行为本身的差误，导致行为人所欲攻击的对象与实际受害的对象不一致，但这种不一致仍然没有超出同一犯罪构成。例如，行为人举枪射击甲，但因没有瞄准而击中了乙，导致乙死亡。

甲本欲枪杀乙，但由于未能瞄准，将乙身旁的丙杀死，这一错误属于打击错误。对此，法定符合说认为，因为甲对故意杀人罪中的“人”（乙是人）存在认识，故其具有杀人故意，对丙的死亡成立故意杀人既遂。但是，根据具体符合说，因为甲的内心只有杀害乙的故意，没有杀害丙的故意，有杀害乙的故意不等于有杀害丙的故意，甲所认识的事实与实际发生的事实不能具体地一致，故对丙的死亡不能认定甲构成故意杀人罪，只成立过失致人死亡罪；甲成立杀乙的故意杀人未遂与对丙的过失致人死亡罪，按照想象竞合犯从一重罪处断原则，应以故意杀人罪未遂处理。

在具体的事实认识错误中，对于对象错误，无论是采取法定符合说还是现在的具体符合说，最终结论并无不同；但是，对于打击错误，采取法定符合说或具体符合说，案件的处理结论会有所不同。因此，严格区分对象错误与打击错误，有其特殊意义。一般认为，对象错误与打击错误的区分在于，对象错误属于主观认识错误，行为人对行为所指向的对象存在主观认识错误；而打击错误属于客观结果错误，行为人对行为所指向的对象不存在主观认识错误，错误的结果是由行为方法等客观因素造成的。例如，甲本欲电话诈骗乙，但拨错了号码，对接听电话的丙实施了诈骗的，甲是在主观上出现了错误，以为在诈骗乙，实际上却诈骗了丙，这属于对象错误，不是打击错误。对于同一构成要件范围内的对象认识错误，无论是按照法定符合说（甲认识到自己在诈骗被害人的财物，至于被害人是乙还是丙并不重要），还是按照现在的具体符合说（甲明确认识到自己正在诈骗接听电话的“那个人”的财物），都存在诈骗故意，成立诈骗罪既遂。

（3）因果关系的错误，是指侵害的对象没有错误，但造成侵害的因果关系的发展过程与行为人所预想的发展过程不一致，以及侵害结果推后或者提前发生的情况。因果关系的错误主要有三种情况：狭义的因果关系的错误、事前故意与构成要件的提前实现。

狭义的因果关系的错误，是指结果的发生不是按照行为人对因果关系的发展所预见的进程来实现的情况。例如，甲以杀人的故意用刀刺杀乙，使乙受伤，但乙为血友病患者，因流血过多而死亡。再如，甲为了使乙溺死而将乙推入井中，但井中没有水，乙摔死在井中。又如，甲以杀人故意向乙开枪射击，乙为了避免子弹打中自己而后退，结果坠入悬崖而死亡。要解决因果关系的认识错误问题，关键是要明确故意的成立所要求的对因果关系的认识，是一种什么程度的认识。只要行为人对因果关系的基本部分有认识即可，而不要求对因果关系发展的具体样态有明确认识。所以，行为人对因果关系发展的具体样态的认识错误，不影响故意犯罪既遂的成立。换言之，指向同一结果的因果关系发展过程的错误，在犯罪构成的评价上并不重要，因为既然行为人具有实现同一结果的故意，现实所发生的结果与行为人所实施的行为也具有因果关系，就必须肯定行为人对现实所产生的结果具有故意，因而成立故意犯罪既遂。

事前的故意，是指行为人误认为第一个行为已经造成结果，出于其他目的实施第二个行为，实际上是第二个行为才导致预期的结果的情况。例如，甲以杀人故意对乙实施暴力（第一行为），造成乙休克后，甲以为乙已经死亡，为了隐匿罪迹，将乙扔至水中（第二行为），实际上乙是溺死于水中。刑法理论上对这种情况有多种处理意见：第一种观点认为，行为人的第一行为成立故意杀人未遂，第二行为成立过失致人死亡罪；其中有人认为成立想象竞合犯，有人主张成立数罪。但以杀人的故意杀害了所要杀害的人，却成立杀人未遂，违反了社会的一般观念。第二种观点认为，如果在实施第二行为之际，对于死亡持未必的故意（或间接故意），则整体上成立一个故意杀人既遂；如果在实施第二行为之际，相信死亡结果已经发生，则成立故意杀人未遂与过失致人死亡罪。但行为的客观事实完全相同，只因行为人是否误信结果发生，来决定是否将行为分割为两个行为，还缺乏理由。第三种观点认为，将两个行为视为一个行为，将支配行为的故意视为概括的故意，只成立一个故意杀人既遂。第四种观点认为，将前后两个行为视为一体，视为对因果关系的认识错误处理，只要因果关系的发展过程是在相当的因果关系之内，就成立一个故意杀人既遂。通常认为，在这种场合，第一行为与死亡结果之间的因果关系并未中断，即仍应肯定第一行为与结果之间的因果关系，而且现实所发生的结果与行为人意欲实现的结果完全一致，故应以故意犯罪既遂论处。

犯罪构成要件的提前实现，是指提前实现了行为人所预想的结果。例如，甲准备使乙吃安眠药熟睡后将其绞死，但未待甲实施绞杀行为时，乙由于吃了过量的安眠药而死亡。再如，甲准备将乙的贵重物品搬至院墙外毁坏，但刚拿起贵重物品时，贵重物品从手中滑落而摔坏。要认定这种行为是否成立故意犯罪既遂，关键在于行为人在实施第一行为时，是否已经着手实行，如果能得出肯定结论，则应认定为故意犯罪既遂，如果得出否定结论，则否认故意犯罪既遂。

2. 抽象的事实认识错误，是指行为人所认识的事实与现实所发生的事实，分别属于不同的犯罪构成；或者说，行为人所认识的事实与所发生的事实跨越了不同的犯罪构成，因而也被称为不同犯罪构成间的错误。抽象的事实错误只有对象错误与打击错误两种情况：前者是指，行为人误把甲对象当作乙对象加以侵害，而甲对象与乙对象体现不同的法益，分属不同的犯罪构成。例如，行为人本欲盗窃一般财物，却误将枪支当作一般财物进行盗窃。这种认识错误超出了犯罪构成的范围，行为人所认识的事实（盗窃财物）与现实所发生的事实（盗窃枪支）分别属于不同的犯罪构成。后者是指，由于行为本身的差误，导致行为人所欲攻击的对象与实际受害的对象不一致，而且这种不一致超出了同一犯罪构成。例如，行为人本欲射击乙，但因没有瞄准，而将乙身边价值近万元的宠物打死。同样，行为人所认识的事实（杀人）与现实所发生的事实（毁坏财物）分别属于不同的犯罪构成。抽象的事实错误实际上存在两种类型：一是主观方面轻而客观方面重，即行为人本欲犯轻罪，客观上却是重罪的犯罪事实，本欲毁坏财物却杀了人就是如此。二是主观方面重而客观方面轻，即行为人本欲犯重罪，客观上却是轻罪的犯罪事实，本欲杀人却打死了宠物就是如此。

根据法定符合说，对于抽象的事实认识错误，应当在主观故意与客观事实相一致的范围内认定犯罪。详言之，不能仅根据行为人的故意内容或仅根据行为的客观事实认定犯罪，而应在故意内容与客观事实相符合的范围内认定犯罪。在重罪不处罚未遂，以及在重罪处罚未遂但轻罪的既遂犯重于重罪的未遂犯的情况下，如果重罪与轻罪同质，则在重合的限度内成立轻罪的既遂犯。例一，A 出于盗窃财物（轻罪）的故意实际上却盗窃了枪支（重罪）时，由于主观上没有盗窃枪支的故意，故不能认定为盗窃枪支罪；A 具有盗窃罪的故意，也实施了盗窃行为，枪支同时具有财产价值，因而可以评价为财物，于是，A 的行为同时符合了盗窃罪的客观构成要件与主观构成要件，故应认定为盗窃罪。例二，B 将他人占有的财物误认为是遗忘物而据为己有。B 虽然在客观上实施的是盗窃行为（重罪），具备盗窃罪的客观要件，但主观上仅具有侵占遗忘物（轻罪）的故意，不具备盗窃罪的主观要件；只有认定为侵占罪，才符合责任主义原则。例三，C 以为是尸体而实施奸淫行为，但事实上被害人并未死亡。行为虽然符合强奸罪（重罪）的客观构成要件，但主观上仅有侮辱尸体（轻罪）的故意，只能认定为侮辱尸体既遂。由此看来，对于抽象的事实错误（在重罪不处罚未遂以及在重罪处罚未遂但轻罪的既遂犯重于重罪的未遂犯的情况下），应当首先从轻罪的主观认识或轻罪的客观事实出发，然后再判断有无与之相对应的客观事实或主观认识，从而得出正确结论。如果主观认识是轻罪，而客观事实是重罪，则从主观认识出发，判断有无与之相对应的客观事实，如有，则认定为轻罪的既遂犯；如果客观事实是轻罪，而主观认识是重罪，则从客观事实出发，判断有无与之相对应的主观认识；如有，则认定为轻罪的既遂犯。但是，如果重罪处罚未遂犯，且重罪的未遂犯重于轻罪的既遂犯，则应以重罪的未遂犯论处。例如，甲出于杀意向乙开枪射击，但因为没有瞄准而导致丙轻伤。对此，应认定为故意杀人未遂，而不能认定为故意伤害既遂。

行为人误将非犯罪对象当作犯罪对象加以侵害的（如行为人本欲杀害甲，黑夜里误将一只有害野兽当作甲杀死），或者行为人误将犯罪对象当作非犯罪对象加以侵害的（如行为人本欲杀死有害野兽，黑夜里误认某人为野兽而开枪射击致人死亡），虽然也存在认识错误，但主要属于未遂犯与不能犯、过失与意外事件的问题。

三、犯罪过失★★★★

（一）过失的概念

根据《刑法》第 15 条第 1 款的规定，犯罪过失是指行为人应当预见自己的行为可能发生危害社会的结果，因为疏忽大意而没有预见，或者已经预见而轻信能够避免，以致发生这种结果的心理态度。

（二）过失的种类

1. 疏忽大意的过失，是指应当预见自己的行为可能发生危害社会的结果，因为疏忽大意而没有预见，以致发生这种结果的心理状态。

2. 过于自信的过失，是指已经预见自己的行为可能发生危害社会的结果，但轻信能够避免，以致发生这种结果的心理状态。

（三）过失的认定

在认定疏忽大意的过失时，一方面，应当从分析行为人手，根据行为本身的危险程度、行为的客观环境以及行为人的智能水平，判断行为人在当时的情况下能否预见结果的发生，而不能站在事后的立场进行判断；不能因为结果严重就断定行为人能够预见、应当预见；也不能因为行为人所实施的是不道德或一般违法行为，就认定行为人能够预见危害结果的发生。另一方面,要注意区分疏忽大意的过失与意外事件。行为虽然在客观上造成了损害结果,但不是出于故意或者过失,而是由于不能预见的原因所引起的,不是犯罪。这便是意外事件。

在认定过于自信的过失时,不能将合理信赖认定为轻信能够避免。

四、犯罪主观要件的其他问题

(一)无罪过事件

《刑法》第16条规定,行为在客观上虽然造成了损害结果,但不是出于故意或者过失,而是由于不能抗拒或者不能预见的原因所引起的,不是犯罪。这里规定的即是无罪过事件,它包括不可抗力和意外事件两种情形。

(二)犯罪的动机、目的

由于犯罪动机的性质、强弱直接反映行为人主观恶性程度大小,因而是决定社会危害性程度的重要因素之一,对量刑具有重要意义。

犯罪目的则是指犯罪分子希望通过实施犯罪行为达到某种危害结果的心理态度。犯罪目的对直接故意的形成具有重要的意义,在某些特定犯罪中,犯罪目的是构成要件要素之一,在某些犯罪中,犯罪目的是区分此罪与彼罪的标准之一。

犯罪动机与犯罪目的虽然都是通过行为人的危害行为表现出来的主观心理活动,但两者存在以下区别:(1)从顺序上看,犯罪动机产生在前,犯罪目的产生在后。(2)从内容、性质、作用上看,犯罪动机表明行为人的犯罪起因,比较抽象,对犯罪行为起推动作用;犯罪目的表明行为人所追求的危害结果,比较具体,对犯罪行为起指引方向的作用。(3)同一性质的犯罪,犯罪目的相同,犯罪动机则可以各种各样;不同性质的犯罪,犯罪目的各不相同,犯罪动机可能相同。(4)犯罪目的既可以影响量刑,还可以影响定罪;犯罪动机主要影响量刑。因此,对犯罪动机与犯罪目的应当注意区分。

命题点拨 刑法上的因果关系。

第四章 犯罪排除事由

第一节 犯罪排除事由概述

犯罪排除事由,是指行为虽然在客观上造成了一定损害结果,表面上符合某些犯罪的客观要件,但实际上没有犯罪的社会危害性,并不符合犯罪构成,依法不成立犯罪的事由。

第二节 正当防卫

一、正当防卫的概念

《刑法》第20条第1款规定:“为了使国家、公共利益、本人或者他人的人身、财产和其他权利免受正在进行的不法侵害,而采取的制止不法侵害的行为,对不法侵害人造成损害的,属于正当防卫,不负刑事责任。”

二、正当防卫的构成★★★★

(一)防卫起因

作为防卫起因的不法侵害必须具备两个基本特征:

1. 社会危害性。这里所谓社会危害性,是指某一行为直接侵害国家、公共利益、本人或者他人的人身、财产等合法权利,具有不法的性质,这种不法侵害行为不一定是构成犯罪的行为。

2. 侵害紧迫性。这里所谓侵害紧迫性,并不限于那些带有暴力性和破坏性的严重不法行为,而是指该不法行为对我国刑法所保护的国家、公共利益和其他合法权利造成的侵害具有一定的紧迫性。

(二)防卫对象

一般来说,防卫对象主要是不法侵害人的人身。在某些特定情况下,物也可以成为防卫对象。

一般来说,对于防卫第三者应当根据以下三种情况处理:(1)防卫第三者而符合紧急避险的条件的,应以紧急避险论,不负刑事责任;(2)防卫第三者出于侵害之故意的,应以故意犯罪论;(3)防卫第三者出于对事实的认识错误,但主观上具有过失的,应以过失犯罪论。

(三)防卫意图

1. 对于正在进行的不法侵害的认识,即正当防卫的认识因素。

2. 对于制止正在进行的不法侵害的决意,即正当防卫的意志因素。

某些行为,从形式上看似乎符合正当防卫的客观条件,但由于主观上不具备防卫意图,因此,其行为不能视为正当防卫。这种情况可以包括以下两种:

(1)防卫挑拨。在刑法理论上,把故意地挑逗对方进行不法侵害而借机加害于不法侵害人的行为,称为防卫挑拨。其主观上具有犯罪意图而没有防卫意图,客观上实施了犯罪行为,因而依法构成犯罪。

(2)互相斗殴。

(四)防卫时间

1. 开始时间。

2. 结束时间。

不法侵害已经结束,是指合法权益不再处于紧迫、现实的侵害、威胁之中,或者说不法侵害行为当时已经不可能继续侵害或者威胁法益。在不法侵害是财产性违法犯罪的情况下,不法侵害人虽已取得财物,但通过追赶、阻击等措施能够追回财物的,可以视为不法侵害尚未结束,可以实行防卫。

防卫不适时可以分为两种形式:(1)事前防卫,指在不法侵害尚未发生的时候所采取的所谓防卫行为。(2)事后防卫,指不法侵害终止以后,对不法侵害人的所谓防卫。构成犯罪的,应当负刑事责任。

(五)防卫限度

1. 不法侵害的强度。

2. 不法侵害的缓急。

3. 不法侵害的权益。

4. 一般的超过必要限度并不必然成立防卫过当,只有"明显"超过必要限度并造成重大损害的,才能认定为防卫过当。

5. "明显超过必要限度"与"造成重大损害"是认定防卫过当所必须满足的两项缺一不可的法定标准。

三、防卫过当的处罚★★

根据《刑法》第 20 条第 2 款的规定,正当防卫明显超过必要限度造成重大损害的,是防卫过当。防卫过当应当负刑事责任。根据我国刑法规定,对于防卫过当的,应当减轻或者免除处罚。

四、特殊正当防卫

《刑法》第 20 条第 3 款规定了特殊正当防卫,即对正在进行行凶、杀人、抢劫、强奸、绑架以及其他严重危及人身安全的暴力犯罪,采取防卫行为,造成不法侵害人伤亡的,不属于防卫过当,不负刑事责任。

第三节 紧急避险

一、紧急避险的概念

根据《刑法》第 21 条第 1 款的规定,紧急避险是指在法律所保护的权益遇到危险而不可能采用其他措施加以避免时,不得已而采用的损害另一个较小的权益以保护较大的权益免遭损害的行为。我国刑法规定,紧急避险行为不负刑事责任。

正当防卫与紧急避险最根本的区别在于:正当防卫是合法权益与不法权益之间的冲突,紧急避险则是两个合法权益之间的冲突,是"两害相权取其轻"的问题。正当防卫打击的是不法侵害人的利益,紧急避险损害的则是第三者的合法利益。

二、紧急避险的构成★★★

(一)避险起因

避险起因是指只有存在对国家、公共利益、本人或者他人的人身、财产和其他权利的危险,才能实行紧急避险。

(二)避险对象

紧急避险是采取损害一种合法权益的方法保全另一种合法权益。因此,紧急避险所损害的客体是第三者的合法权益。损害的对象不同,是紧急避险与正当防卫的重要区别之一。

(三)避险意图

避险意图是紧急避险构成的主观条件,是指行为人实行紧急避险的目的在于使国家、公共利益、本人或者他人的人身、财产和其他权利免受正在发生的危险。

(四)避险时间

紧急避险的时间条件,是指正在发生的危险必须是迫在眉睫,对国家、公共利益和其他合法权利已直接构成了威胁。

(五)避险可行性

紧急避险的可行性条件,是指只有在不得已即没有其他方法可以避免危险时,才允许实行紧急避险。这也是紧急避险和正当防卫的重要区别之一。

(六)避险限度

紧急避险的限度条件,是指紧急避险行为不能超过其必要限度,造成不应有的损害。紧急避险行为所引起的损害应小于所避免的损害。

三、避险过当的处罚

《刑法》第 21 条第 2 款规定,紧急避险超过必要限度造成不应有的损害的,应当负刑事责任,但是应当减轻或者免除处罚。

第四节 其他犯罪排除事由

一、法令行为

法令行为,是指基于成文法律、法令、法规的规定,作为行使权利或者承担义务所实施的行为。

法令行为包括四类行为:一是法律基于政策理由排除犯罪性的行为。例如,发行彩票。二是法律有意明示了合法性条件的行为。三是职权(职务)行为。四是权利(义务)行为,如一般人扭送现行犯。

二、正当业务行为

正当业务行为,是指虽然没有法律、法令、法规的直接规定,但在社会生活中被认为是正当的业务上的行为。

三、被害人承诺★★

被害人的承诺，符合一定条件，便可以排除损害被害人法益的行为的违法性。

经被害人承诺的行为符合下列条件时，才能排除行为的犯罪性：(1)承诺者对被侵害的法益具有处分权限。(2)承诺者能够理解所承诺的事项的意义、范围，具有承诺能力。(3)承诺必须出于被害人的真实意志，戏言性的承诺、基于强制或者威压作出的承诺，不排除犯罪的成立。

四、自救行为★

自救行为，是指权利受到违法行为侵害的人，在国家机关尚未依照法律程序采取措施之前，依靠自己的力量救济，实现自己权利的行为。

自救行为的成立条件是：(1)行为人是先前受到损害的直接被害人，其试图恢复的权利具有正当性；(2)恢复权利的手段具有社会相当性；(3)存在恢复权利的现实必要性和紧迫性，等待公权力救济难以有效实现自己的权利；(4)相对方(侵害人)不会因为自救行为受到额外的损害。

命题点拨 正当防卫的成立条件。

第五章 犯罪未完成形态

第一节 犯罪未完成形态概述

犯罪未完成形态是在犯罪过程中由于某种原因停止下来所呈现的状态，这种停止不是暂时性的停顿，而是结局性的停止，即该犯罪行为由于某种原因不可能继续向前发展。

犯罪未完成形态只能存在于直接故意犯罪中。

第二节 犯罪预备

一、犯罪预备的概念与特征★★

根据《刑法》第22条第1款的规定，作为一种未完成形态的犯罪预备，是指为了犯罪，准备工具，制造条件，但由于行为人意志以外的原因而未能着手实行犯罪的情形。据此，犯罪预备具有以下四个特征：

(一)主观上为了犯罪

(二)客观上实施了犯罪预备行为

刑法将预备行为规定为两类，即准备工具与制造条件。准备工具，即准备实行犯罪的工具，主要表现为：购买某种物品作为犯罪工具；制造犯罪工具；改装物品使之适应犯罪需要；租借他人物品作为犯罪工具；盗窃他人物品作为犯罪工具等。制造条件，是指除准备工具以外的一切为实行犯罪制造条件的预备行为，如调查犯罪场所与被害人行踪，出发前往犯罪地点或者守候被害人的到来，诱骗被害人前往犯罪场所，等等。

(三)事实上未能着手实行犯罪

(四)未能着手实行犯罪是由于行为人意志以外的原因

二、犯罪预备的类型

(一)自己预备罪与他人预备罪

(二)从属预备罪与独立预备罪

三、犯罪预备与犯意表示的区别

犯罪预备行为与犯意表示的最本质区别在于：犯罪预备行为是准备工具、制造条件，为实行犯罪起促进作用的行为，因而对刑法所保护的客体构成了现实的威胁；而犯意表示并没有为实行犯罪起促进作用，只是单纯流露犯意的行为，对刑法所保护的客体没有构成现实的威胁。

四、预备犯的刑事责任

根据《刑法》第22条第2款的规定，对于预备犯，可以比照既遂犯从轻、减轻或者免除处罚。

第三节 犯罪未遂

一、犯罪未遂的概念与特征★★★

根据《刑法》第23条第1款的规定，已经着手实行犯罪，由于犯罪分子意志以外的原因而未得逞的，是犯罪未遂。犯罪行为在客观上具有侵害法益的紧迫危险，是处罚未遂犯的根据所在。犯罪未遂必须具备以下特征：

(一)已经着手实行犯罪

(二)犯罪未得逞

(三)犯罪未得逞是由于犯罪分子意志以外的原因

1. 抑止犯罪意志的原因，即某种事实使犯罪分子认为自己客观上已经不可能继续实行犯罪，从而被迫停止犯罪。

2. 抑止犯罪行为的原因，即某种情况使行为人在客观上不可能继续实行犯罪或者不可能造成犯罪结果。

3. 抑止犯罪结果的原因，即行为人已将其认为应当实行的行为实行终了，但意外情况阻止了结果的发生。

二、犯罪未遂的类型

(一)实行终了的未遂与未实行终了的未遂

实行终了的未遂，是指犯罪分子已将其认为达到既遂所必需的全部行为实行终了,但由于犯罪分子意志以外的原因而未得逞。

未实行终了的未遂,是指由于意志以外的原因,使犯罪分子未能将其认为达到既遂所必需的全部行为实行终了,因而未得逞。

(二)能犯未遂与不能犯未遂

能犯未遂,是指犯罪分子所实施的行为本身可能达到既遂,但由于犯罪分子意志以外的原因而未得逞。

不能犯未遂,是指犯罪分子所实施的行为本身有一定危险性,但不可能达到既遂因而未得逞。不能犯未遂可以进一步分为对象不能犯未遂与手段不能犯未遂。

三、未遂犯的刑事责任

根据《刑法》第 23 条第 2 款的规定,对于未遂犯,可以比照既遂犯从轻或者减轻处罚。

第四节 犯罪中止

一、犯罪中止的概念

根据《刑法》第 24 条的规定,在犯罪过程中,自动放弃犯罪或者自动有效地防止犯罪结果发生的,是犯罪中止。

二、犯罪中止的特征★★★

(一)中止的时间性

中止必须发生在“犯罪过程中”,即在犯罪行为开始实施之后、犯罪呈现结局之前均可中止。

(二)中止的自动性

成立犯罪中止,要求行为人“自动”放弃犯罪或者“自动”有效地防止犯罪结果发生。这是犯罪中止与犯罪预备、犯罪未遂在主观上的区分标志。

(三)中止的客观性

中止不只是一种内心状态的转变,还要求客观上有中止行为。

(四)中止的有效性

不管是哪一种中止,都必须是没有发生作为既遂标志的犯罪结果。行为人虽然自动放弃犯罪或者自动采取措施防止结果发生,但如果发生了作为既遂标志的犯罪结果,就不成立犯罪中止。

三、中止犯的刑事责任★★

根据《刑法》第 24 条第 2 款的规定,对于中止犯,没有造成损害的,应当免除处罚;造成损害的,应当减轻处罚。

命题点拨 犯罪预备、犯罪未遂、犯罪中止的区别。

第六章 共同犯罪

第一节 共同犯罪概述

根据《刑法》第 25 条第 1 款的规定,共同犯罪是指二人以上共同故意犯罪。

第二节 共同犯罪的成立条件

一、必须二人以上★★

共同犯罪的主体必须是“二人以上”,即二人共同故意犯罪时便可成立共同犯罪。以下两点特别值得注意:

1. 达到刑事责任年龄、具有刑事责任能力的人,支配没有达到刑事责任年龄、不具有刑事责任能力的人实施犯罪行为的,不构成共同犯罪。利用者被称为间接正犯。但是,如果被利用者在事实上具有一定的辨认控制能力,利用者并没有支配被利用者时,二者能够成立共同犯罪。

2. 单位犯罪时,直接负责的主管人员及其他直接责任人员,与该单位本身不成立共同犯罪。

二、必须有共同故意★★★★

(一)共同故意的含义

首先,共犯人均具有犯罪故意。即共犯人不仅认识到自己有犯罪故意,而且认识到其他人也有犯罪的故意。

其次,共犯人都有相互协作的意思。

值得研究的是“片面共犯”。片面共犯是指参与同一犯罪的人中,一方认识到自己是在和他人共同犯罪,而另一方没有认识到有他人和自己共同犯罪。

(二)没有共同故意的情形

1. 共同过失犯不成立共同犯罪。

2. 故意犯罪行为与过失犯罪行为不成立共同犯罪。如看守所值班武警擅离职守,重大案犯趁机脱逃。

3. 同时犯不成立共同犯罪。同时犯是指二人以上同时以各自行为侵害同一对象,但彼此之间无意思联络的情况。

4. 先后故意实施的相关犯罪行为,彼此没有主观联系的,不成立共同犯罪。

5. 超出共同故意之外的犯罪,不是共同犯罪。

6. 事前无通谋、事后实施的窝藏、包庇、掩饰、隐瞒犯罪所得或者犯罪所得收益的行为,不构成共同犯罪。

三、必须有共同行为★★★★

共同行为的表现形式可能出现三种情况：一是共同作为，即各共犯人的行为都是作为；二是共同不作为，即各共犯人的行为都是不作为；三是作为与不作为相结合，即部分共犯人的行为是作为，部分共犯人的行为是不作为。

共同行为在分工上可能表现为四种情况：一是实行行为，是指刑法分则所规定的构成要件的行为；二是组织行为，即组织、策划、指挥共同犯罪的行为；三是教唆行为，即故意唆使他人犯罪的行为；四是帮助行为，即对实行犯罪起辅助作用的行为。

第三节　共同犯罪的形式

一、任意共同犯罪与必要共同犯罪★★

刑法分则规定的一人能够单独实施的犯罪由二人以上共同故意实施时，就是任意共同犯罪，如故意杀人罪、放火罪等。

刑法分则明文规定必须由二人以上共同故意实施的犯罪，就是必要共同犯罪。例如，《刑法》第 317 条第 2 款规定的聚众持械劫狱罪。

二、事前通谋的共同犯罪与事前无通谋的共同犯罪★★★

在着手实行犯罪之前，各共犯人已经形成共同犯罪故意，就实行犯罪进行了策划或商议的，就是事前通谋的共同犯罪。

在刚着手实行或者实行犯罪的过程中形成共同犯罪故意的，则是事前无通谋的共同犯罪。

三、简单共同犯罪与复杂共同犯罪

二人以上共同故意实行犯罪时，就是简单共同犯罪。在这种情况下，各共犯人都是正犯（实行犯），故在刑法理论上又叫共同正犯（共同实行犯）。成立共同正犯必须具备两个基本条件：一是有共同实行的意思；二是有共同实行的事实。

二人以上的共同犯罪存在实行、组织、教唆、帮助等分工时，就是复杂共同犯罪。在这种情况下，存在实行犯、组织犯、教唆犯、帮助犯之分，他们的行为以及故意的具体内容均有差异。根据刑法的规定，对这几种共犯人应按其在共同犯罪中所起的作用大小，分别处罚。

四、一般共同犯罪与特殊共同犯罪

一般共同犯罪是指没有组织的共同犯罪，包括两种情况：一是二人即可构成，没有组织、没有首要分子、不存在众人可能随时参与状态的共同犯罪。二是由首要分子组织、策划、指挥众人所实施的共同犯罪，即聚众共同犯罪。

特殊共同犯罪是指集团犯罪，即三人以上有组织地实施的共同犯罪。实施犯罪的组织称为犯罪集团，犯罪集团是指三人以上为共同实施犯罪而组成的较为固定的犯罪组织。

第四节　共犯人的分类及其刑事责任

一、主犯及其刑事责任★★★

（一）主犯的概念与种类

组织、领导犯罪集团进行犯罪活动或者在共同犯罪中起主要作用的，是主犯。

主犯包括两类：一是组织、领导犯罪集团进行犯罪活动的犯罪分子，即犯罪集团中的首要分子。二是其他在共同犯罪中起主要作用的犯罪分子，即除犯罪集团的首要分子以外的在共同犯罪中对共同犯罪的形成、实施与完成起决定或重要作用的犯罪分子。犯罪分子是否起主要作用，应从主客观方面进行综合判断。

（二）主犯与首要分子的关系

首要分子分为两类：一是犯罪集团中的首要分子，二是聚众犯罪中的首要分子。但犯罪集团中的主犯不一定是首要分子，因为在犯罪集团中，除了首要分子是主犯以外，其他起主要作用的犯罪分子也是主犯，但他们不是首要分子。在聚众犯罪构成共同犯罪的情况下，原则上也可以认定其中的首要分子是主犯。但在聚众犯罪并不构成共同犯罪的情况下，不存在主犯、从犯之分，其中的首要分子当然无所谓主犯。

（三）主犯的刑事责任

对于组织、领导犯罪集团进行犯罪活动的首要分子，按照集团所犯的全部罪行处罚。

对于犯罪集团的首要分子以外的主犯，应分为两种情况处罚：对于组织、指挥共同犯罪的人（如聚众共同犯罪中的首要分子），应当按照其组织、指挥的全部犯罪处罚；对于没有从事组织、指挥活动但在共同犯罪中起主要作用的人，应按其参与的全部犯罪处罚。

二、从犯及其刑事责任

在共同犯罪中起次要或者辅助作用的，是从犯。

从犯包括两种人：一是在共同犯罪中起次要作用的犯罪分子；二是在共同犯罪中起辅助作用的犯罪分子，即为共同犯罪提供有利条件的犯罪分子，通常是指帮助犯。

从犯对自己参与的全部犯罪承担刑事责任。对于从犯,应当从轻、减轻或者免除处罚。

三、胁从犯及其刑事责任

胁从犯是被胁迫参加犯罪的人,即在他人威胁下不完全自愿地参加共同犯罪,并且在共同犯罪中起较小作用的人。如果行为人起先是因为被胁迫而参加共同犯罪,但后来积极主动实施犯罪行为,在共同犯罪中起主要作用,则不宜认定为胁从犯。

对于胁从犯,应当按照他的犯罪情节减轻处罚或者免除处罚。其中的"情节"主要是指被胁迫的程度、在共同犯罪中所起的作用。

四、教唆犯及其刑事责任★★

教唆犯是指以授意、怂恿、劝说、利诱或者其他方法故意唆使他人犯罪的人。

(一)教唆犯的成立条件

1. 教唆犯所教唆的对象(被教唆的人)必须是达到刑事责任年龄、具有刑事责任能力的人。否则不成立教唆犯,而成立间接正犯。例如,成年人唆使严重精神病患者杀人的,成立故意杀人罪的间接正犯;成年人唆使8岁儿童窃取他人财物的,成立盗窃罪的间接正犯。

2. 必须有教唆行为。教唆行为的实质是引起他人的犯罪故意。教唆行为既可以是口头的,也可以是书面的,还可以是示意性的动作。如劝告、嘱托、哀求、指示、利诱、怂恿、命令、威胁、强迫等。但如果威胁、强迫达到了使被教唆人丧失意志自由的程度,则成立间接正犯。

3. 必须有教唆故意。教唆犯认识到自己的教唆行为会使被教唆人产生犯罪故意进而实施犯罪,认识到被教唆人实施的犯罪行为会发生危害社会的结果,希望或者放任被教唆人实施犯罪行为及其危害结果的发生。

(二)教唆犯的认定

1. 对于教唆犯,应当按照教唆行为所符合的犯罪构成定罪,而不能笼统地定为教唆罪。如教唆他人犯抢劫罪的,定抢劫罪。

2. 对于间接教唆的也应按教唆犯处罚。间接教唆是指教唆教唆者的情况。如甲教唆乙,(让)乙教唆丙实施抢劫罪,甲的行为便是间接教唆。对于间接教唆,也应按教唆犯处罚,即按照所教唆的罪定罪。

3. 当刑法分则条文将教唆他人实施特定犯罪的行为规定为独立犯罪时,对教唆者不能依所教唆的罪定罪,而应直接依照刑法分则的规定定罪。

(三)教唆犯的处罚

1. 教唆他人犯罪的,应当按照他在共同犯罪中所起的作用处罚。如果起主要作用,就按主犯处罚;如果起次要作用,则按从犯从轻、减轻或者免除处罚。

2. 教唆不满18周岁的人犯罪的,应当从重处罚。

3. 如果被教唆的人没有犯被教唆的罪,对于教唆犯可以从轻或者减轻处罚。

第五节 共同犯罪的特殊问题

一、共同犯罪与身份★★

(一)无身份者与有身份者的共同犯罪

不具有构成身份的人与具有构成身份的人共同实施真正身份犯(以特殊身份构成要件的犯罪)时,构成共同犯罪。刑法分则所规定的特殊主体仅就实行犯而言。至于教唆犯与帮助犯,则完全不需要特殊身份。一般主体教唆、帮助特殊主体实施以特殊身份为构成要件的犯罪的,以共犯论处。

犯罪的性质,应当按照实行犯的犯罪性质决定共同犯罪的性质。如国家工作人员与一般公民相勾结,利用国家工作人员职务上的便利,侵吞公共财物的,国家工作人员为实行犯。所以,对该共同犯罪分子应认定为贪污罪的共犯,对一般公民也应以贪污罪论处。

(二)不真正身份犯的共同犯罪

凡参与以特定的个人要素为构成要件要素之犯罪的人,虽不具有这种要素,仍是共犯。因特定的个人要素致刑罚有轻重时,不具有这种要素的共犯人,仍科处通常刑罚。

二、共同犯罪的认识错误★★★

重点理解以下四个案例。

例一,甲、乙共谋杀害在某博物馆工作的丙,并同时举枪向丙射击,甲击中了国家保护的珍贵文物,乙没有击中任何目标。这是一种共同正犯,由于甲、乙对丙有共同杀人故意,但没能造成丙的死亡,故成立杀人未遂的共同犯罪。甲的行为另触犯了过失损毁珍贵文物罪,过失犯罪不构成共犯,故乙不成立该罪的共犯。甲的行为又是一行为触犯数罪名,属于想象竞合犯,故对甲实际上只能以杀人未遂论处。

例二,部分共犯人对另一部分共犯人的行为性质产生认识错误时,应当在两种犯罪性质重合的范围内成立共同犯罪。例如,甲邀约乙对丙实施暴力,乙以为甲只是希望伤害丙,事实上甲具有杀人的故意,甲、乙共同对丙实施暴力,导致丙死亡。在这种情况下,只能在故意伤害罪的范围内认定甲与乙构成共同犯罪(共同正犯),并都对死亡结果承担责任。但由于甲具有杀人故意与杀人行为,对甲应另认定为故意杀人罪。再如,甲教唆乙破坏公用电信设施,乙理解错误,破坏了军用通信设施。由于甲有教唆他人破坏公用电信设施的故意与行为,成立破坏公用电信设施罪的教唆犯,乙在此范围内与甲成立共犯(部分犯罪共同说)。但由于乙的行为另符合破坏军事通信罪的构成要件,故对乙的行为认定为破坏军事通信罪。

例三,甲教唆乙杀死藏在草丛中的丙,乙便开枪射击,但由于丙刚好离开,实际上只毁坏了丙的贵重财物。甲与乙都具有杀人的故意,分别实施了杀人的教唆行为与实行行为,故成立杀人未遂的共犯。乙的实行行为毁坏了他人财物,但刑法规定故意毁坏他人财物的才成立犯罪,故对该行为不能独立定罪。

例四,甲以为乙是没有达到刑事法定年龄的人,以间接正犯的意图唆使乙实施盗窃行为,事实上乙达到了刑事法定年龄,并实施了盗窃行为。如果刑法将共犯人分为正犯、教唆犯与帮助犯,则必须确定甲是间接正犯还是教唆犯。尽管我国刑法将共犯人分为主犯、从犯与胁从犯,对于教唆犯,应当按照他在犯罪过程中所起的作用处罚,但在是否成立共犯的意义上来说,仍然有必要分清甲是间接正犯还是教唆犯。对此,刑法理论上有人主张甲成立间接正犯,有人主张甲成立教唆犯。根据刑法原理,应在主客观相统一的范围内,将甲认定为教唆犯。在相反情况下,即以为对方达到刑事法定年龄进行教唆,实际上对方没有达到法定年龄的,也只能在主客观相统一的范围内,认定为教唆犯。

三、共同犯罪与犯罪形态★★

对于共犯的犯罪形态,可以划分为两类:

1. 犯罪结果已经发生,即法益已经发生实际损害,各共犯人都是既遂,而不可能成立犯罪预备、未遂和中止。

2. 犯罪结果尚未发生,即法益还没有发生实际损害。

(1)如果有一个共犯人已经着手实施了实行行为,那么对于其他共犯人来说,就不可能成立犯罪预备。如果有的共犯人自动放弃犯罪并且阻止其他共犯人继续实施犯罪或者自动有效地防止了犯罪结果的发生,则该共犯人是犯罪中止,其他的共犯人是犯罪未遂。

(2)如果所有的共犯人都没有着手实施实行行为,即都还处于预备阶段,但是,如果有的共犯人自动放弃犯罪并且阻止其他共犯人继续实施犯罪的,则该共犯人成立犯罪中止,而其他共犯人是犯罪预备。

命题点拨 是否成立共同犯罪,共犯人各自的犯罪形态如何,各自的刑事责任如何。

第七章 单位犯罪

单位犯罪,一般是指公司、企业、事业单位、机关、团体为本单位谋取非法利益或者以单位名义为本单位全体成员或多数成员谋取非法利益,由单位的决策机构按照单位的决策程序决定,由直接责任人员具体实施的,且刑法明文有规定的犯罪。

对单位犯罪的处罚,以双罚制为原则,单罚制为例外,即对单位判处罚金,对直接负责的主管人员和其他责任人员判处刑罚。

命题点拨 单位犯罪以刑法有明文规定为前提。对于常见重点罪名,应牢记哪些属于单位犯罪、哪些不构成单位犯罪。

第八章 罪数形态

第一节 罪数的区分

正确区分罪数,有利于准确定罪、适当量刑。

区分一罪与数罪的标准,通常采取犯罪构成说,即行为符合一个犯罪构成的就是一罪,行为符合数个犯罪构成的就是数罪,行为数次符合同一个犯罪构成的也是数罪。犯罪构成符合说并非万能的,在不少情况下无法适用。因此,区分一罪与数罪,既要以犯罪构成为标准,同时也要考虑刑法的特殊规定,参照合理的司法实践经验。

第二节 实质的一罪

一、继续犯

继续犯,也称持续犯,是指行为从着手实行到由于某种原因终止以前,一直处于持续状态的犯罪。非法拘禁罪被认为是典型的继续犯。

继续犯具有以下特征:

1. 继续犯必须是犯罪行为与不法状态同时继续,而不仅仅是不法状态的继续。这是继续犯与状态犯的主要区别。

2. 继续犯必须是犯罪行为在一定时间内不间断地持续存在。

3. 继续犯必须是一个行为侵犯了同一具体的客

体,即犯罪行为自始至终都针对同一对象,侵犯同一客体。

4. 继续犯必须出于一个罪过。一般来说,继续犯是出于一个故意,出于数个故意的行为不可能成立继续犯。

继续犯的追诉期限,从犯罪行为终了之日起算,这也说明对继续犯只能以一罪论处。

二、法条竞合犯★★

法条竞合犯,是指一个行为同时符合了数个法条规定的构成要件,但从数个法条之间的逻辑关系来看,只能适用其中一个法条,当然排除适用其他法条的情况。对于特别法条与普通法条的竞合,应采用如下原则处理:

1. 一个行为同时符合相异法律之间的普通刑法与特别刑法规定的犯罪构成时,应严格依照特别法优于普通法的原则论处。

2. 一个行为同时符合同一法律的普通条款与特别条款规定的犯罪构成时,应依具体情况与法律规定,分别适用特别法优于普通法、重法优于轻法的原则。

三、想象竞合犯★★★

想象竞合犯,也称想象的数罪、观念的竞合、一行为数罪,是指一个行为侵犯了数个客体,触犯了数个罪名的情况。例如,行为人开一枪而致一人死亡、一人重伤,一个开枪行为同时触犯了故意杀人罪与故意伤害罪。

(一)想象竞合犯的要件

1. 行为人只实施了一个行为。一般认为,所谓一个行为,不是从构成要件的评价上看是一个行为,而是基于自然的观察,在社会的一般观念上被认为是一个行为。

2. 一个行为必须触犯数个罪名,即在构成要件的评价上,该行为符合数个犯罪的构成要件。

(二)想象竞合犯的处断原则

想象竞合犯适用从一重罪的处罚原则。

(三)区分想象竞合与法条竞合

二者的区分标准为:

1. 竞合关系取决于案件事实还是取决于法条本身的关系?竞合关系取决于法条之间是否具有包容、交叉关系的,是法条竞合犯;竞合关系取决于案件事实的,是想象竞合(想象竞合时,行为触犯了数个法条,这些法条之间未必具有包容、交叉关系)。

2. 具有几个法益侵害事实?只有一个法益侵害事实的,是法条竞合犯;具有数个法益侵害事实的,是想象竞合犯(想象竞合犯时,一行为因侵犯了数个罪刑规范的保护法益,因而触犯了数个法条)。

四、结果加重犯★

结果加重犯,是指法律规定的一个犯罪行为(基本犯罪),由于发生了严重结果而加重其法定刑的情况。

(一)结果加重犯的要件

1. 行为人实施了基本犯罪行为,但造成了加重结果。基本犯罪行为与加重结果之间具有因果关系。

2. 行为人对基本犯罪一般持故意,对加重结果至少有过失。

3. 刑法就发生的加重结果加重了法定刑。如强奸妇女致其重伤的,由于刑法加重了法定刑,属于结果加重犯。

(二)结果加重犯的处断原则

由于刑法规定了加重的法定刑,故对结果加重犯只能认定为一罪,并且根据加重的法定刑量刑。

第三节　法定的一罪

一、结合犯

结合犯,是指数个原本独立的犯罪行为,根据刑法分则的明文规定,结合成为另一独立的新罪的情况。

(一)结合犯的要件

1. 结合犯所结合的数罪,原本为刑法上数个独立的犯罪。

2. 典型的结合犯是将数个独立的犯罪,结合成为另一个独立的新罪,用公式表示就是:甲罪+乙罪=丙罪,丙罪便是结合犯。

3. 数个独立的犯罪结合成另一新罪后,就失去原有的独立犯罪的意义,成为新罪的一部分。

4. 数个原本独立的犯罪结合为另一个独立的新罪,是基于刑法分则的明文规定。

(二)结合犯的处断原则

对于结合犯,当然以所结合的新罪论处,即以一罪论处,而不能以数罪论处。

二、集合犯

集合犯,是指犯罪构成预定了数个同种类的行为的犯罪。一般认为,集合犯包括常习犯、职业犯与营业犯。

我国刑法没有规定常习犯。《刑法》第303条所规定的"以赌博为业的"行为,属于营业犯。《刑法》第336条规定的非法行医罪,属于职业犯。

营业犯与职业犯的关键区别,在于刑法是否要求行为人主观上出于营利目的,要求具有营利目的的,属于营业犯;不要求具有营利目的的,属于职业犯。

第四节 处断的一罪

一、连续犯★

连续犯，是指基于同一的或者概括的犯罪故意，连续实施性质相同的数个行为，触犯同一罪名的犯罪。

（一）连续犯的要件

1. 必须是行为人基于同一的或者概括的犯罪故意。一般来说，同一的犯罪故意，是指行为人具有数次实施同一犯罪的故意；概括的故意，是指行为人主观上具有只要有条件就实施特定犯罪的故意。

2. 必须实施性质相同的独立成罪的数个行为。

3. 数次行为具有连续性。

4. 数次行为必须触犯同一罪名。

（二）连续犯的处断原则

连续犯按照一罪处断，不实行数罪并罚。

二、吸收犯

吸收犯，是指事实上存在数个不同的行为，其一行为吸收其他行为，仅成立吸收行为一个罪名的犯罪。例如，行为人盗窃枪支后，私藏在家里，私藏枪支的行为被盗窃枪支的行为所吸收，仅成立盗窃枪支罪。

（一）吸收犯的要件

1. 吸收犯必须具有数个独立的符合构成要件的犯罪行为。

2. 数个行为必须触犯不同罪名。

3. 数行为之间具有吸收关系。

（1）重行为吸收轻行为。

（2）实行行为吸收预备行为。

（3）主行为吸收从行为。

（二）吸收犯的处断原则

吸收犯以一罪论处，而不能认定为数罪。

三、牵连犯★★

牵连犯，是指犯罪的手段行为或者结果行为，与目的行为或者原因行为分别触犯不同罪名的犯罪形态。如以伪造公文的方法（手段行为）骗取公私财物（目的行为）、盗窃财物（原因行为）后，为了销赃而伪造印章（结果行为）。

（一）牵连犯的要件

1. 以实施一个犯罪为目的。

2. 行为人必须实施了数行为。

3. 数行为之间存在手段行为与目的行为、原因行为与结果行为的牵连关系。

4. 在目的行为或者原因行为触犯了一个罪名的情况下，手段行为或结果行为又触犯了另一个罪名。

（二）牵连犯的处断原则

一般来说，在刑法没有特别规定的情况下，对牵连犯实行从一重罪处罚的原则。

命题点拨 各种罪数形态的特征以及各种罪数形态的区分。尤其应当注意分则条文对罪数的特别规定，能够准确判断常见重点罪名的一罪与数罪。

第九章 刑 罚 概 说

刑罚的目的包括一般预防和特殊预防。

第十章 刑 罚 种 类

第一节 主 刑

主刑（也称本刑、基本刑、单独刑），是对犯罪分子独立适用的主要刑罚方法。主刑只能独立适用，不能附加适用。一个罪行只能适用一个主刑，不能同时适用两个或两个以上的主刑。主刑包括管制、拘役、有期徒刑、无期徒刑与死刑。

一、管制★

管制，是指对犯罪分子不实行关押，但限制人身自由，依法实行社区矫正的刑罚方法。不予关押使得管制成为5种主刑中最轻的刑种，限制人身自由、实行社区矫正（如对一些社区矫正对象可以使用电子定位装置）使管制具有刑罚的特征。管制作为一种限制人身自由的刑罚，其期限为3个月以上2年以下；数罪并罚时最高不能超过3年。管制的内容包括：

1. 遵守管制犯的义务：（1）遵守法律、行政法规，服从监督；（2）未经执行机关批准，不得行使言论、出版、集会、结社、游行、示威自由的权利；（3）按照执行机关规定报告自己的活动情况；（4）遵守执行机关关于会客的规定；（5）离开所居住的市、县或者迁居，应当报经执行机关批准。

2. 被宣告禁止令的，应遵守禁止令。根据《刑法》第38条第2款的规定，判处管制，可以根据犯罪情况，同时禁止犯罪分子在执行期间从事特定活动，进入特定区域、场所，接触特定的人。被宣告禁止令后违反禁止令的，由公安机关依照《治安管理处罚法》的规定处罚。对于管制犯，禁止令的期限既可以与管制执行的期限相同，也可以短于管制执行的期限，但不得少于3个月。管制犯在判决执行以前先行羁押以致管制执行的期限少于3个月的，禁止令的期限不受前述最短期限的限制。禁止令的执行期限，从管制执行之日起计算。

管制由社区矫正机构委托的司法所负责执行，表现为管制犯在司法所的监督下接受社区矫正。

管制的刑期，从判决执行之日起计算；判决执行前先行羁押的，羁押1日折抵刑期2日。之所以规定羁押1日折抵刑期2日，是因为判决执行以前先行羁押的属于剥夺自由，而管制只是限制自由。

二、拘役★

拘役是短期剥夺犯罪分子人身自由，就近在看守所实行劳动的刑罚方法。

（一）拘役是剥夺自由的刑罚方法

（二）拘役是短期剥夺自由的刑罚方法

拘役的期限为1个月以上6个月以下，数罪并罚时最高不得超过1年。在执行期间，被判处拘役的犯罪分子每月可以回家1～2天；参加劳动的，可以酌量发给报酬。拘役的刑期从判决执行之日起计算，判决执行以前先行羁押的，羁押1日折抵刑期1日。

（三）拘役是由公安机关就近执行的刑罚方法

拘役由公安机关在就近的看守所执行。在执行期间，受刑人每月可以回家一天至两天；参加劳动的，可以酌量发给报酬。

三、有期徒刑★★

有期徒刑是剥夺犯罪分子一定期限的人身自由，实行强制劳动改造的刑罚方法。

（一）有期徒刑剥夺犯罪分子的人身自由

主要表现在将犯罪分子拘押于监狱或其他执行场所。

（二）有期徒刑具有一定期限

有期徒刑的期限为6个月以上15年以下，数罪并罚时总和刑期不满35年的，最高不能超过20年，总和刑期在35年以上的，最高不能超过25年。刑期从判决执行之日起开始计算，判决执行以前先行羁押的，羁押1日折抵刑期1日。

（三）有期徒刑的基本内容是对犯罪分子实行劳动改造

被判处徒刑的人凡有劳动能力的，都应当参加劳动，接受教育和改造。劳动改造具有强制性，除丧失劳动能力以外，都必须参加劳动。

四、无期徒刑

无期徒刑是剥夺犯罪分子终身自由，实行强制劳动改造的刑罚方法。

（一）无期徒刑是自由刑中最严厉的刑罚方法

主要表现在剥夺犯罪分子终身人身自由。但由于法律同时规定了减刑、假释、赦免等制度，事实上被判处无期徒刑的犯罪分子很少有终身服刑的。

（二）无期徒刑的基本内容也是对犯罪分子实行劳动改造

凡具有劳动能力的，都应当参加劳动，接受教育和改造。

（三）无期徒刑不可能孤立适用，应当附加剥夺政治权利终身

未成年人犯罪只有罪行极其严重的，才可以适用无期徒刑。

五、死刑★

死刑是剥夺犯罪分子生命的刑罚方法，包括立即执行与缓期2年执行两种情况。

（一）死刑的适用

1. 死刑只适用于罪行极其严重的犯罪分子。

2. 犯罪的时候不满18周岁的人和审判的时候怀孕的妇女，不适用死刑；审判的时候已满75周岁的人，不适用死刑，但以特别残忍手段致人死亡的除外。

3. 判处死刑立即执行的案件，除依法由最高人民法院判决的以外，都应当报请最高人民法院核准；判处死刑缓期执行的案件，可以由高级人民法院判决或者核准。如果被判处死刑立即执行，在我国，采用枪决或注射等方法执行。采用注射方法执行死刑的，应当在指定的刑场或者羁押场所内执行。

（二）死刑缓期执行

1. 死刑缓期执行的含义。《刑法》第48条第1款规定，对于应当判处死刑的犯罪分子，如果不是必须立即执行的，可以判处死刑同时宣告缓期二年执行。

2. 适用条件。

其一，应当判处死刑。这是适用死缓的前提条件，它表明适用死缓的对象和适用死刑的对象均是罪行极其严重的犯罪分子。

其二，不是必须立即执行。这是区分死刑缓期执行与死刑立即执行的原则界限，是适用死缓的本质条件。

3. 死缓的执行场所。根据《监狱法》第2条的规定，犯罪分子被判处死刑缓期执行的，在监狱内执行刑罚。

4. 死缓的结局。根据《刑法》第50条第1款的规定，对于被判处死缓的犯罪人，有如下四种结局：(1)在死刑缓期执行期间，如果没有故意犯罪，2年期满以后，减为无期徒刑。(2)在死刑缓期执行期间，如果确有重大立功表现，2年期满以后，减为25年有期徒刑。犯罪人的表现是否属于“重大立功表现”，应根据《刑法》第78条第1款予以确定。(3)在死刑缓期执行期间，如果故意犯罪，情节恶劣的，由最高人民法院核准，执行死刑。(4)在死刑缓期执行期间，故意犯罪未执行死刑的，死刑缓期执行的期间重新计算，并报最高人民法院备案。

5. 死缓期间的计算。根据《刑法》第 51 条的规定，死刑缓期执行期间，从判决确定之日起计算。死刑缓期执行减为有期徒刑的刑期，从死刑缓期执行期满之日起计算。

第二节　附　加　刑

附加刑(从刑)，是指补充主刑适用的刑罚方法。附加刑既可以附加于主刑适用，也可以独立适用。包括罚金、剥夺政治权利、没收财产和驱逐出境四种。

一、罚金★

罚金是人民法院判处犯罪分子向国家缴纳一定数额金钱的刑罚方法。罚金属于财产刑的一种，适用对象主要是经济犯罪、财产犯罪和其他故意犯罪。

(一)刑法分则对罚金的规定方式

1. 选处罚金。

2. 单处罚金。

3. 并处罚金，即在判处主刑的同时附加适用罚金。对未成年人犯罪实施刑法规定的“可以并处”罚金的犯罪，一般不判处罚金。

4. 并处或者单处罚金，即人民法院既可以在判处主刑的同时附加适用罚金，也可以只适用罚金。对于犯罪情节轻微，适用单处罚金不致再危害社会并具有下列情节之一的，可以依法单处罚金：偶犯或者初犯；自首或者有立功表现的；犯罪时不满 18 周岁的；犯罪预备、中止或者未遂的；被胁迫参加犯罪的；全部退赃并有悔改表现的；其他可以依法单处罚金的情形。

(二)罚金数额的确定

判处罚金，应当根据犯罪情节决定罚金数额。

(三)罚金的执行

罚金在判决指定的期限内(应为从判决发生法律效力第 2 日起最长不超过 3 个月)一次或者分期缴纳。期满不缴纳的，强制缴纳。对于不能全部缴纳罚金的，人民法院一旦发现被执行人有可以执行的财产时，即应随时追缴。由于遭遇不能抗拒的灾祸等原因缴纳确实有困难的，经人民法院裁定，可以延期缴纳、酌情减少或者免除。

二、剥夺政治权利★

剥夺政治权利，是指剥夺犯罪分子参加管理国家和政治活动的权利的刑罚方法。剥夺的政治权利包括：选举权与被选举权；言论、出版、集会、结社、游行、示威自由的权利；担任国家机关职务的权利；担任国有公司、企业、事业单位和人民团体领导职务的权利。

(一)剥夺政治权利的适用对象

1. 剥夺政治权利附加适用于严重犯罪的，由刑法总则规定。具体分为以下两种情况：

(1)应当附加剥夺政治权利。一是对于危害国家安全的犯罪分子应当附加剥夺政治权利；二是对于被判处死刑、无期徒刑的犯罪分子，应当附加剥夺政治权利终身。

(2)可以附加剥夺政治权利。对于故意杀人、强奸、放火、爆炸、投毒、抢劫等严重破坏社会秩序的犯罪分子，可以附加剥夺政治权利。

2. 剥夺政治权利独立适用于罪质较轻的犯罪或罪质严重但情节较轻的犯罪的，由刑法分则规定。

(二)剥夺政治权利的期限

1. 剥夺政治权利的期限。

(1)对于判处死刑、无期徒刑的犯罪分子，应当剥夺政治权利终身。

(2)在死刑缓期执行减为有期徒刑或者无期徒刑减为有期徒刑的时候，应当把附加剥夺政治权利的期限改为 3 年以上 10 年以下。

(3)独立适用或者判处有期徒刑、拘役附加适用剥夺政治权利的期限，为 1 年以上 5 年以下。

(4)判处管制附加剥夺政治权利的期限与管制的期限相等。

2. 剥夺政治权利的刑期起算与执行。

(1)被判处管制附加剥夺政治权利的刑期，与管制的刑期同时起算、同时执行。

(2)独立适用剥夺政治权利的，按照执行判决的一般原则，从判决执行之日起计算并执行。

(3)判处有期徒刑、拘役附加剥夺政治权利的刑期，以及死缓、无期徒刑减为有期徒刑附加剥夺政治权利的刑期，从徒刑、拘役执行完毕之日起或者从假释之日起开始计算；剥夺政治权利的效力当然及于主刑执行期间，即对于这类犯罪分子，在有期徒刑、拘役执行期间，当然剥夺政治权利。被判处有期徒刑、拘役、管制而没有附加剥夺政治权利的犯罪分子，在执行期间仍然享有政治权利。

(4)判处死刑、无期徒刑因而剥夺政治权利终身的，从主刑执行之日起开始执行剥夺政治权利。

三、没收财产★

没收财产是将犯罪分子个人合法所有的财产的一部或者全部强制无偿地收归国有的刑罚方法。

没收财产以前犯罪分子所负的正当债务，即犯罪分子在判决生效前所负他人的合法债务，需要以没收财产偿还的，经债权人请求，应当偿还。

四、驱逐出境

驱逐出境是强迫犯罪的外国人离开中国国(边)境的刑罚方法。仅适用犯罪的外国人(包括具有外国国籍与无国籍的人)。

第三节 非刑罚处罚措施

一、非刑罚处罚措施的概念

是指人民法院根据案件的不同情况,对犯罪分子直接适用或建议有关部门适用的刑罚以外的其他处理方法的总称。

二、非刑罚处罚措施的种类

(一)《刑法》第37条中的非刑罚处罚措施

1. 教育措施:(1)训诫。对于训诫,记录在案即可,可不载于判决书中。(2)具结悔过。悔罪书应当庭宣读。(3)赔礼道歉。

2. 民事处罚措施。责令赔偿损失,是民事性质的非刑罚处罚措施。作为犯罪的法律后果,责令赔偿并不以被害人提起民事诉讼为前提,被害人没有提起民事诉讼的,法院也可以根据案件的具体情况,责令犯罪分子赔偿损失。

3. 行政处罚措施:(1)行政处罚。(2)行政处分。

(二)《刑法》第37条之一中的非刑罚处罚措施

1.《刑法》第37条之一第1款规定,因利用职业便利实施犯罪,或者实施违背职业要求的特定义务的犯罪被判处刑罚的,人民法院可以根据犯罪情况和预防再犯罪的需要,禁止其自刑罚执行完毕之日或者假释之日起从事相关职业,期限为3年至5年。这被称为从业禁止,是由《刑法修正案(九)》增设的具有保安处分性质的非刑罚处罚措施。

2. 适用条件:(1)因利用职业便利实施犯罪,或者实施违背职业要求的特定义务的犯罪被判处刑罚。(2)根据犯罪情况,在刑罚执行完毕或者假释后仍有预防犯罪分子再犯罪的需要。

3. 从业禁止的期限为3年至5年,自刑罚执行完毕之日或者假释之日起开始计算。

命题点拨 具体刑种的适用条件和特殊规定。

第十一章 刑罚裁量

第一节 量刑概述

一、量刑概念

量刑即刑罚的裁量,是指审判机关在查明犯罪事实、认定犯罪性质的基础上,依法对犯罪分子裁量刑罚的审判活动。

二、量刑原则

根据《刑法》第61条的规定,量刑的一般原则为:以犯罪事实为根据,以刑事法律为准绳。

第二节 量刑情节

一、量刑情节的概念

量刑情节,是指在某种行为已经构成犯罪的前提下,人民法院对犯罪分子裁量刑罚时应当考虑的,据以决定量刑轻重或者免除刑罚处罚的各种情况。

二、量刑情节的分类

法定量刑情节与酌定量刑情节。

三、累犯★

1. 累犯概念。

累犯是指因犯罪被判处一定的刑罚处罚,在刑罚执行完毕或者赦免以后,在法定期限内又犯应当判处一定刑罚之罪的罪犯。累犯分为一般累犯与特殊累犯两种。

2. 一般累犯的成立条件。

(1)前罪与后罪都是故意犯罪且主体满18周岁;(2)前罪被判处有期徒刑以上刑罚,后罪应当被判处有期徒刑以上刑罚;(3)后罪发生在前罪的刑罚执行完毕或者赦免以后5年之内。

被假释的犯罪分子在假释考验期内再犯新罪的、被判处缓刑的犯罪分子在缓刑考验期内再犯新罪的,以及被判处缓刑的犯罪分子在缓刑考验期满后再犯新罪的,都不成立累犯。

3. 特别累犯。

(1)前后两罪都属于危害国家安全罪、恐怖活动犯罪、黑社会性质的组织犯罪;(2)必须是在刑罚执行完毕或者赦免以后再犯罪。

4. 累犯的处罚。

(1)根据《刑法》第65条的规定,对累犯应当从重处罚。

(2)根据《刑法》第74条的规定,对累犯不适用缓刑。

(3)根据《刑法》第81条第2款的规定,对累犯不适用假释。

(4)根据《刑法》第50条第2款的规定,对被判处死刑缓期执行的累犯,人民法院根据犯罪情节等情况可以同时决定对其限制减刑。

四、自首★★★

(一)一般自首

一般自首,是指犯罪分子犯罪以后自动投案,如实供述自己罪行的行为。一般自首的成立条件：

1. 自动投案：

第一，自动投案须发生在尚未归案之前。

第二，自动投案必须有实际行动。

第三，自动投案必须是基于犯罪分子本人的自愿意志。

第四，自行投于有关机关或个人。

第五，承认自己所犯的特定之罪。

第六，必须置于有关机关或个人的控制之下，并等待交代犯罪事实。

2. 如实供述自己的罪行：

第一，如实供述自己的罪行，指的是主要犯罪事实，而不是指犯罪的全部事实细节。

第二，如实供述自己的罪行，除供述自己的主要犯罪事实外，还应包括姓名、年龄、职业、住址、前科等情况。

第三，犯罪嫌疑人多次实施同种罪行的，应当综合考虑已交代的犯罪事实与未交代的犯罪事实的危害程度，决定是否认定为如实供述主要犯罪事实。

（二）特别自首

特别自首，亦称准自首，是指被采取强制措施的犯罪嫌疑人、被告人和正在服刑的罪犯，如实供述司法机关还未掌握的本人其他罪行的行为。

（三）自首的处罚

我国《刑法》第 67 条第 1 款规定，对于自首的犯罪分子，可以从轻或者减轻处罚。其中，犯罪较轻的，可以免除处罚。

五、坦白★

犯罪嫌疑人虽不具有一般自首、特别自首的情节，但是如实供述自己罪行的，可以从轻处罚；因其如实供述自己罪行，避免特别严重后果发生的，可以减轻处罚。

六、立功★★

立功，是指犯罪分子揭发他人的犯罪行为，查证属实的，或者提供重要线索，从而得以侦破其他案件等的行为。

《刑法》第 68 条规定了立功的两种形式：(1)犯罪分子揭发他人的犯罪行为，并经查证属实的。(2)犯罪分子提供重要线索，使侦查机关从而得以侦破其他案件的。

下列情形也属于立功：(1)犯罪分子阻止他人的犯罪活动的。(2)犯罪分子协助办案机关缉捕其他犯罪嫌疑人，包括同案犯的。(3)犯罪分子有其他有利于国家和社会的突出表现的。

第三节　量刑制度

一、从重、从轻、减轻与免除处罚制度★

犯罪分子具有本法规定的减轻处罚情节的，应当在法定刑以下判处刑罚；本法规定有数个量刑幅度的，应当在法定量刑幅度的下一个量刑幅度内判处刑罚。犯罪嫌疑人虽不具有前两款规定的自首情节，但是如实供述自己罪行的，可以从轻处罚；因其如实供述自己罪行，避免特别严重后果发生的，可以减轻处罚。

二、数罪并罚制度★★★

1. 数罪并罚的原则。

我国刑法对数罪并罚采取的是混合原则。

(1)对数罪中有被判处死刑或无期徒刑，或者有期徒刑和拘役的，采取吸收原则。

(2)对于判处有期徒刑、拘役和管制的，采取限制加重原则。有期徒刑总和刑期不满 35 年的，最高不能超过 20 年；总和刑期在 35 年以上的，最高不能超过 25 年。拘役可以超过 6 个月达到 1 年，管制可以超过 2 年达到 3 年。

(3)数罪中有判处有期徒刑和管制或者拘役和管制的，采取并科原则。有期徒刑、拘役执行完毕后，管制仍须执行。

(4)数罪中有判处附加刑的，附加刑仍须执行，其中附加刑种类相同的，合并执行，种类不同的，分别执行。

2. 适用数罪并罚的不同情况。

(1)判决宣告以前一人犯数罪的并罚。

判决宣告以前一人犯数罪，并且数罪均已被发现时，根据《刑法》第 69 条规定的上述数罪并罚原则予以并罚。

(2)刑罚执行完毕以前发现漏罪的并罚。

《刑法》第 70 条规定："判决宣告以后，刑罚执行完毕以前，发现被判刑的犯罪分子在判决宣告以前还有其他罪没有判决的，应当对新发现的罪作出判决，把前后两个判决所判处的刑罚，依照本法第六十九条的规定，决定执行的刑罚……"这种方法称为"先并后减"。

(3)刑罚执行完毕以前又犯新罪的并罚。

《刑法》第 71 条规定："判决宣告以后，刑罚执行完毕以前，被判刑的犯罪分子又犯罪的，应当对新犯的罪作出判决，把前罪没有执行的刑罚和后罪所判处的刑罚，依照本法第六十九条的规定，决定执行的刑罚。"这种方法称为"先减后并"。

如果犯罪分子在刑罚执行期间又犯新罪，并且发现其在原判决宣告以前的漏罪,则先将漏罪与原判决的罪,根据《刑法》第 70 条规定的先并后减的方法进行并罚;再将新罪的刑罚与前一并罚后的刑罚还没有执行的刑期,根据《刑法》第 71 条规定的先减后并的方法进行并罚。

三、缓刑制度★★★

1. 缓刑的适用条件。

对于被判处拘役、3 年以下有期徒刑的犯罪分子,同时符合下列条件的,可以宣告缓刑,对其中不满 18 周岁的人、怀孕的妇女和已满 75 周岁的人,应当宣告缓刑:(1)犯罪情节较轻;(2)有悔罪表现;(3)没有再犯罪的危险;(4)宣告缓刑对所居住社区没有重大不良影响。

宣告缓刑,可以根据犯罪情况,同时禁止犯罪分子在缓刑考验期限内从事特定活动,进入特定区域、场所,接触特定的人。

被宣告缓刑的犯罪分子,如果被判处附加刑,附加刑仍须执行。

对于累犯和犯罪集团的首要分子,不适用缓刑。

2. 缓刑的考验期限与考察。

拘役的缓刑考验期限为原判刑期以上 1 年以下,但是不能少于 2 个月;有期徒刑的缓刑考验期限为原判刑期以上 5 年以下,但是不能少于 1 年。

被宣告缓刑的犯罪分子,应当遵守下列规定:(1)遵守法律、行政法规,服从监督;(2)按照考察机关的规定报告自己的活动情况;(3)遵守考察机关关于会客的规定;(4)离开所居住的市、县或者迁居,应当报经考察机关批准。

缓刑的效力不及于附加刑。

3. 缓刑考验期满与缓刑的撤销。

缓刑考验期满,是指犯罪分子在缓刑考验期内,没有再犯新罪,没有发现判决宣告以前还有其他罪没有判决,没有情节严重的违反有关缓刑的监督管理规定或人民法院判决中的禁止令的行为,并且经过了考验期限。根据《刑法》第 76 条的规定,被宣告缓刑的犯罪分子,如果没有上述三种情形,缓刑考验期满,原判的刑罚就不再执行,并公开予以宣告。

缓刑的撤销,是指由于犯罪分子在缓刑考验期内,没有遵守法定条件,而将原判决宣告的缓刑予以撤销,使犯罪分子执行原判刑罚。缓刑的撤销包括以下三种情况:

一是被宣告缓刑的犯罪分子,在缓刑考验期内犯新罪的,应当撤销缓刑,对新犯的罪作出判决,把前罪和后罪所判处的刑罚,依照《刑法》第 69 条的规定,决定执行的刑罚。如果原判决宣告以前先行羁押的,羁押日期应当折抵刑期。在这种情况下,即使在经过了缓刑考验期后才发现行为人在缓刑考验期内所犯新罪的,也应当撤销缓刑。

二是被宣告缓刑的犯罪分子,在缓刑考验期内发现判决宣告以前还有其他罪没有判决的,应当撤销缓刑,对新发现的罪作出判决,把前罪和后罪所判处的刑罚,依照《刑法》第 69 条的规定,决定执行的刑罚。如果原判决宣告以前先行羁押的,羁押日期应当折抵刑期。

三是被宣告缓刑的犯罪分子,在缓刑考验期内,违反法律、行政法规或者国务院有关部门有关缓刑的监督管理规定,或者违反人民法院判决中的禁止令,情节严重的,应当撤销缓刑,执行原判刑罚。

命题点拨 累犯、自首、立功的成立条件;数罪并罚的计算方法;缓刑犯、假释犯和累犯的关系;数罪并罚时,何时先并后减,何时先减后并。

第十二章　刑 罚 执 行

第一节　减 刑 制 度

一、减刑的概念

根据《刑法》第 78 条的规定,减刑分为两种情况:一是可以减刑,即具备一定条件时,人民法院可以裁定减刑。二是应当减刑,即有重大立功表现时,人民法院应当减刑。

从减刑的方法与效果来看,减刑也分为两种情况:一是将无期徒刑减为有期徒刑,这是刑种的变更;二是将管制、拘役、有期徒刑的刑期减少,不能变更刑种。

二、减刑的条件★★

(一)对象条件

只能对被判处管制、拘役、有期徒刑、无期徒刑的犯罪分子减刑。这是可以减刑与应当减刑的共同前提条件。对于死缓依法减为无期徒刑或者有期徒刑的,附加刑的减轻,对缓刑考验期限的减短,不是《刑法》第 78 条规定的减刑。

对部分犯罪分子不得减刑。根据《刑法》第 383、386 条的规定,犯贪污罪、受贿罪的犯罪分子被判处死刑缓期执行,且人民法院根据犯罪情节等情况同时决定在其死刑缓期执行 2 年期满依法减为无期徒刑后,终身监禁的,不得减刑。

(二)实质条件

1. 可以减刑的实质条件是,犯罪分子在刑罚执行期间，认真遵守监规，接受教育改造，确有悔改表现，或者有立功表现。

2. 应当减刑的实质条件是，犯罪分子在刑罚执行期间，有重大立功表现。根据《刑法》第78条的规定，有下列重大立功表现之一的，应当减刑：(1)阻止他人重大犯罪活动的；(2)检举监狱内外重大犯罪活动，经查证属实的；(3)有发明创造或者重大技术革新的；(4)在日常生产、生活中舍己救人的；(5)在抗御自然灾害或者排除重大事故中，有突出表现的；(6)对国家和社会有其他重大贡献的。这种重大立功表现，也不以其他悔改表现为前提。

三、减刑的限度与幅度

《刑法》第78条第2款规定：减刑以后实际执行的刑期不能少于下列期限：(1)判处管制、拘役、有期徒刑的，不能少于原判刑期的1/2；(2)判处无期徒刑的，不能少于13年；(3)人民法院依照《刑法》第50条第2款规定限制减刑的死刑缓期执行的犯罪分子，缓期执行期满后依法减为无期徒刑的，不能少于25年，缓期执行期满后依法减为25年有期徒刑的，不能少于20年。

四、减刑的程序

《刑法》第79条特别规定："对于犯罪分子的减刑，由执行机关向中级以上人民法院提出减刑建议书。人民法院应当组成合议庭进行审理，对确有悔改或者立功事实的，裁定予以减刑。非经法定程序不得减刑。"

第二节　假释制度

一、假释的概念

假释，是指对于被判处有期徒刑、无期徒刑的部分犯罪分子，在执行一定刑罚之后，确有悔改表现，没有再犯罪的危险的，附条件地予以提前释放的制度。

附条件，是指被假释的犯罪分子，如果遵守一定条件，就认为原判刑罚已经执行完毕；如果没有遵守一定条件，就收监执行原判刑罚乃至数罪并罚。

假释是追求积极的刑罚效果而采取的处理手段，但不同于暂予监外执行、减刑、缓刑。

二、假释的条件★★

根据《刑法》第81条的规定，适用假释必须具备一定条件。

(一)对象条件

假释只适用于被判处有期徒刑、无期徒刑的犯罪分子。

对累犯以及因故意杀人、强奸、抢劫、绑架、放火、爆炸、投放危险物质或者有组织的暴力性犯罪被判处10年以上有期徒刑、无期徒刑的犯罪分子，不得假释。

(二)限制条件

假释只适用于已经执行一部分刑罚的犯罪分子。被判处有期徒刑的犯罪分子，执行原判刑期1/2以上，被判处无期徒刑的犯罪分子，实际执行13年以上，才可以假释。根据《刑法》第81条的规定，如果有特殊情况，经最高人民法院核准，可以不受上述执行刑期的限制。

(三)实质条件

假释只适用于在刑罚执行期间，认真遵守监规，接受教育改造，确有悔改表现，提前释放后不致再危害社会的犯罪分子。假释不以立功为条件，根据监狱法的有关规定，如有重大立功表现的，应当假释。

对犯罪分子决定假释时，应当考虑其假释后对所居住社区的影响。

三、假释的程序

根据《刑法》第82条的规定，对于犯罪分子假释的，由执行机关向中级以上人民法院提出假释建议书，人民法院应当组成合议庭进行审理，对符合假释条件的，裁定予以假释。非经法定程序不得假释。

四、假释的考验期限与假释的撤销★★

(一)假释的考验期限

有期徒刑的假释考验期限，为没有执行完毕的刑期；无期徒刑的假释考验期限为10年。被假释的罪犯，除有特殊情形，一般不得减刑，其假释考验期也不能缩短。假释考验期限，从假释之日起计算。

在假释考验期内，由公安机关监督被假释的犯罪分子。被假释的犯罪分子，应当遵守下列规定：(1)遵守法律、行政法规，服从监督；(2)按照监督机关的规定报告自己的活动情况；(3)遵守监督机关关于会客的规定；(4)离开所居住的市、县或者迁居，应当报经监督机关批准。

被假释的犯罪分子，如果在假释考验期限内，遵守一定条件，没有再犯新罪，没有发现判决宣告以前的漏罪，没有违反法律、行政法规或者国务院有关部门有关假释的监督管理规定，假释考验期满，就认为原判刑罚已经执行完毕，并公开予以宣告。

(二)假释的撤销

假释的撤销包括以下三种情况：

1. 被假释的犯罪分子，在假释考验期限内犯新罪的，应当撤销假释，按照《刑法》第71条规定的先减后并的方法实行并罚。如果前罪为无期徒刑，则将新罪所判处的刑罚与前罪的无期徒刑实行并罚。需要说明的是，只要是在假释考验期内犯新罪，即使经过了假释考验期限后才发现新罪，也应当撤销假释,按照先减后并的方法实行并罚。

2. 在假释考验期限内,发现被假释的犯罪分子在判决宣告以前还有其他罪没有判决的,应当撤销假释,按照《刑法》第 70 条规定的先并后减的方法实行并罚。值得注意的是,如果在假释考验期满后,才发现被假释的犯罪分子在判决宣告以前还有其他罪没有判决的,不得撤销假释,只能对新发现的犯罪另行侦查、起诉、审判,不得与前罪的刑罚并罚。

3. 被假释的犯罪分子,在假释考验期限内,有违反法律、行政法规或者国务院有关部门有关假释的监督管理规定的行为,尚未构成新的犯罪的,应当依照法定程序撤销假释,收监执行尚未执行完毕的刑罚。

命题点拨 减刑、假释的条件、程序、法律后果。

第十三章 刑罚消灭

第一节 刑罚消灭概述

一、刑罚消灭的概念

刑罚消灭,是指由于法定的或事实的原因,使基于具体犯罪而产生的个别刑罚权消灭。刑罚消灭以应当适用刑罚或者正在执行刑罚为前提。刑罚消灭必须基于一定的事由。

二、刑罚消灭的事由

1. 超过追诉时效。
2. 经特赦令免除刑罚。
3. 告诉才处理的犯罪,没有告诉或者撤回告诉。
4. 犯罪嫌疑人、被告人死亡。
5. 其他法定事由。

第二节 时 效

一、时效概述

时效分为追诉时效与行刑时效。我国刑法只规定了追诉时效制度。

二、追诉时效期限★★★

根据《刑法》第 87 条的规定,犯罪经过下列期限不再追诉:

1. 法定最高刑为不满 5 年有期徒刑的,经过 5 年。

2. 法定最高刑为 5 年以上不满 10 年有期徒刑的,经过 10 年。

3. 法定最高刑为 10 年以上有期徒刑的,经过 15 年。

4. 法定最高刑为无期徒刑、死刑的,经过 20 年。如果 20 年以后认为必须追诉的,须报请最高人民检察院核准。

三、追诉期限的计算★

(一)一般犯罪追诉期限的计算

这里所说的一般犯罪,是指没有连续与继续状态的犯罪。这种犯罪的"追诉期限从犯罪之日起计算"。

(二)连续或继续犯罪追诉期限的计算

"犯罪行为有连续或者继续状态的,从犯罪行为终了之日起计算"。

(三)追诉时效的延长

追诉时效的延长,是指在追诉时效的进行期间,因为发生法律规定的事由,而使追诉时效暂时停止执行。

1.《刑法》第 88 条第 1 款规定:在人民检察院、公安机关、国家安全机关立案侦查或者在人民法院受理案件以后,逃避侦查或者审判的,不受追诉期限的限制。

2.《刑法》第 88 条第 2 款规定:被害人在追诉期限内提出控告,人民法院、人民检察院、公安机关应当立案而不予立案的,不受追诉期限的限制。

(四)追诉时效的中断

《刑法》第 89 条第 2 款规定:在追诉期限以内又犯罪的,前罪追诉的期限从犯后罪之日起计算,即在追诉期限以内又犯罪的,前罪的追诉时效便中断,其追诉时效从后罪成立之日起重新计算。

追诉时效的中断与追诉时效的延长相竞合(或结合)时,应适用追诉时效延长的规定。例如,行为人于 2008 年 1 月 1 日犯抢劫罪,在公安机关立案侦查后逃避侦查,并于 2013 年 1 月 1 日犯故意伤害罪。在这种情况下,对抢劫罪不能适用追诉时效中断的规定,而应适用追诉时效延长的规定。

第三节 赦 免

一、赦免的概念

赦免是国家宣告对犯罪分子免除其罪、免除其刑的一种法律制度,包括大赦与特赦。

二、我国特赦制度的特点

中华人民共和国成立后,我国共实行过九次特赦。

新中国成立以来,我国共实行了九次特赦:分别于 1959 年、1960 年、1961 年、1963 年、1964 年、1966 年、1975 年、2015 年 8 月 29 日和 2019 年 6 月 29 日施行。

由最近两次的特赦可见,当前我国特赦制度具有以下特点:(1)特赦时机方面,在国家重大纪念日进行特赦。与此相应,对中华人民共和国的诞生与建设作出过重要贡献的人员,是首要的特赦对象。(2)特赦的范围方面,仅限于全国各地某类罪犯中的一部分人,主要是年满75周岁的老年人、犯罪时不满18周岁的人、有子女确需本人扶养的妇女以及其他宣告刑期或者剩余刑期较短的服刑罪犯。在刑事政策上属于严厉打击的犯罪的犯罪分子,不予特赦。(3)特赦的条件是,罪犯经过服刑改造,确已认罪悔改、改恶从善,经评估不再具有现实社会危险性。(4)特赦的效力,只及于刑罚,不及于罪行。(5)特赦的程序是,由党中央提出建议,经全国人大常委会审议决定,由国家主席发布特赦令,对于符合特赦条件的服刑罪犯,经人民法院依法作出裁定后,予以释放。

命题点拨 追诉时效的计算、无限延长;特赦。

下编　分　论

第十四章　罪刑各论概说(略)

第十五章　危害国家安全罪

一、资助危害国家安全犯罪活动罪

1. 概念:境内外机构,组织或者个人资助他人实施背叛国家罪,分裂国家罪,煽动分裂国家罪,武装叛乱,暴乱罪,颠覆国家政权罪,煽动颠覆国家政权罪的行为。

2. 犯罪构成:(1)客体为国家安全。(2)在客观上表现为境内外机构、组织或者个人资助他人实施背叛国家罪,分裂国家罪,煽动分裂国家罪,武装叛乱,暴乱罪,颠覆国家政权罪,煽动颠覆国家政权罪的行为。(3)主体为境内外机构、组织或者个人。(4)本罪主观方面为故意。

3. 处罚:犯本罪的,根据《刑法》第107条、第113条和第56条的规定处罚。

二、叛逃罪

1. 概念:国家机关工作人员在履行公务期间,擅离岗位,叛逃境外或者在境外叛逃的行为。

2. 成立要求:(1)必须发生在履行公务期间;(2)擅离岗位;(3)叛逃境外或者在境外叛逃。掌握国家秘密的国家工作人员叛逃境外或者在境外叛逃的,从重处罚。

3. 处罚:犯本罪的,根据《刑法》第109条、第113条和第56条的规定处罚。

三、间谍罪

1. 概念:参加间谍组织,接受间谍组织及其代理人的任务,或者为敌人指示轰击目标,危害国家安全的行为。

2. 客观表现:(1)参加间谍组织充当间谍。(2)接受间谍组织及其代理人的任务,进行间谍活动;间谍组织代理人,是指受间谍组织或者其成员的指使、委托、资助,进行或者授意、指使他人进行危害中华人民共和国国家安全活动的人。(3)为敌人指示轰击目标。实施上述三种行为之一的,即构成本罪,同时实施这三种行为的,也不实行并罚。

3. 处罚:犯本罪的,根据《刑法》第110条、第113条和第56条的规定处罚。

四、为境外窃取、刺探、收买、非法提供国家秘密、情报罪

1. 概念:为境外的机构、组织或者个人窃取、刺探、收买、非法提供国家秘密或者情报的行为。

2. 特征:(1)必须是为境外的机构、组织、个人窃取、刺探、收买、非法提供国家秘密或者情报。(2)行为表现为四种方式:窃取、刺探、收买、非法提供。(3)行为的对象是国家秘密或者情报。(4)主观方面只能是故意。

3. 处罚:犯本罪的,根据《刑法》第111条、第113条和第56条的规定处罚。

命题点拨 应注意把握本章各种犯罪的犯罪构成。没有危害国家安全的属性的行为,不能构成危害国家安全罪。例如,从事客观上不会危害国家安全的间谍活动(如从事单纯的商业间谍活动)的,不构成间谍罪,视情况成立侵犯商业秘密罪等犯罪。此外,应注意本章犯罪与其他章相关犯罪的区别。

第十六章　危害公共安全罪

一、放火罪★

(一)概念与特征

放火罪,是指故意引起火灾,危害公共安全的行为。

1. 本罪的客体是不特定或者多数人的生命、健康或公私财产安全。对象是体现着公共安全的公私

财物。

2. 本罪的客观方面，表现为实施放火焚烧公私财物的行为。

所谓放火，是指使用各种引火物点燃目的物，引起公私财物的燃烧，制造火灾的行为。放火既可以用作为的方式，也可以用不作为的方式。但以不作为方式构成放火罪，必须以行为人全面的防止火灾发生的特定作为义务为前提。

3. 主体是已满14周岁、具有辨认和控制自己行为能力的自然人。

4. 主观方面是故意。

（二）认定

1. 既遂与未遂的界限。

放火罪既遂标准采用“独立燃烧说”，即以燃烧的对象物是否达到独立燃烧的程度为准。

2. 一罪与数罪的认定。

行为人在一个放火故意支配下实施一个放火行为，造成多种结果的只能认定为一个放火罪。但是，行为人实施了其他犯罪行为后为了销毁罪证而放火，或者为了骗取保险金而放火且已经着手骗取保险金的，应实行数罪并罚。

（三）处罚

根据《刑法修正案（三）》第1条、第2条和《刑法》第114条、第115条之规定，犯本罪，尚未造成严重后果的，处3年以上10年以下有期徒刑；犯本罪致人重伤、死亡或者使公私财产遭受重大损失的，处10年以上有期徒刑、无期徒刑或者死刑。

二、爆炸罪

1. 概念：故意引起爆炸物或其他设备、装置爆炸，危害公共安全的行为。

2. 特征：(1)引起爆炸物爆炸，主要是指引起炸弹、炸药包、手榴弹、雷管及各种易爆的固体、液体、气体物品爆炸。(2)引起其他设备、装置爆炸，主要是指利用各种手段，导致机器、锅炉等设备或装置爆炸。(3)爆炸行为必须足以危害不特定或者多数人的生命、健康或重大财产。

3. 处罚：犯本罪的，根据《刑法》第114条和第115条的规定处罚。

三、投放危险物质罪★★

（一）概念与特征

投放危险物质罪，是指故意投放毒害性、放射性、传染病病原体等物质，危害公共安全的行为。

1. 客观方面表现为，投放毒害性、放射性、传染病病原体等物质，危害公共安全的行为。

本罪的客观行为包括将危险物质投放于供不特定或多数人饮食的饮料食品、河流、池塘、水井等中达到危害公共安全程度的行为以及将沙林、传染病病原体释放于一定场所达到危害公共安全程度的行为。针对特定人而实施的上述行为，不构成本罪。

2. 主体是一般主体，已满14周岁具有刑事责任能力的自然人。

3. 主观方面是故意。

（二）处罚

根据《刑法》第114条之规定，犯本罪，尚未造成严重后果的，处3年以上10年以下有期徒刑。第115条第1款规定，犯本罪，致人重伤、死亡或者使公私财产遭受重大损失的，处10年以上有期徒刑、无期徒刑或者死刑。

四、以危险方法危害公共安全罪★★★

1. 概念：故意使用放火、决水、爆炸、投放危险物质以外的危险方法危害公共安全的行为。

2. 认定。

(1)“以其他危险方法”仅限于与放火、决水、爆炸、投放危险物质相当的方法，而不是泛指任何具有危害公共安全性质的方法。例如，醉酒后驾驶机动车在高速公路上逆向高速行驶的行为，即使没有造成人员伤亡，也应适用《刑法》第114条。再如，已经确诊的新型冠状病毒感染肺炎病人擅自脱离隔离治疗，进入公共场所或者公共交通工具，故意传播新型冠状病毒感染肺炎病原体的，均属于“以其他危险方法”危害公共安全。

(2)单纯造成多数人心理恐慌或者其他轻微后果，不足以造成《刑法》规定的具体的公共危险或者侵害结果的行为，不得认定为以危险方法危害公共安全罪。

(3)如果某种行为符合其他犯罪的构成要件，且符合罪刑相适应原则的，应尽量认定为其他犯罪，不宜认定为本罪。本罪主观上只能由故意构成。

五、失火罪

1. 概念：过失引起火灾，危害公共安全，致人重伤、死亡或者使公私财产遭受重大损失的行为。

2. 特征：(1)在客观上要求引起了火灾，造成了他人重伤、死亡或者使公私财物遭受重大损失，危害了公共安全。仅有失火行为，但没有造成严重后果的，不能认定为失火罪。失火行为虽然造成了严重后果，但没有危害不特定或者多数人的生命、健康或财产安全的，也不能认定为失火罪。(2)在主观上只能是过失，如果由于不能预见或不能抗拒的原因导致火灾，则不构成失火罪。

3. 处罚：犯本罪的，根据《刑法》第115条第2款的规定处罚。

六、破坏交通工具罪

(一)概念与特征

破坏交通工具罪是指故意破坏火车、汽车、电车、船只、航空器,危害公共安全的行为。

1. 客观方面表现为:破坏关涉不特定或者多数人的生命、健康或者重大财产安全的火车、汽车、电车、船只、航空器,足以使火车、汽车、电车、船只或者航空器发生倾覆、毁坏危险或者造成严重后果的行为。

火车、汽车等交通工具是否关涉公共安全,主要从交通工具所处的状态进行判断。一般来说,交通工具处于下列状态时,便成为本罪对象:第一,交通工具正在行驶(飞行)中;第二,交通工具处于已交付随时使用的状态;第三,交通工具处于不需再检修便可使用的状态,但维修人员破坏维修的交通工具的,可以构成本罪。

2. 主体是一般主体,为年满 16 周岁具有刑事责任能力的自然人。

3. 主观方面是故意。

(二)处罚

犯本罪的,根据《刑法》第 116 条和第 119 条的规定处罚。

七、破坏交通设施罪

1. 概念:故意破坏轨道、桥梁、隧道、公路、机场、航道、灯塔、标志或者进行其他破坏活动,足以使火车、汽车、电车、船只、航空器发生倾覆、毁坏危险或者造成严重后果的行为。

2. 处罚:犯本罪的,根据《刑法》第 117 条和第 119 条的规定处罚。

八、破坏电力设备罪

1. 概念:故意破坏电力设备,危害公共电力安全的行为。

2. 对象是关涉公共电力安全的电力设备,即处于运行、应急等使用中的电力设备。

3. 处罚:犯本罪的,根据《刑法》第 118 条和第 119 条的规定处罚。

九、破坏易燃易爆设备罪

1. 概念:故意破坏燃气或者其他易燃易爆设备,危害公共安全的行为。

2. 特征:(1)本罪对象是指交通工具、交通设施、电力设备以外的燃气或者其他易燃易爆设备,正在使用的油田输油管道,属于易燃易爆设备。破坏行为的方式没有限定。(2)在实施盗窃油气等行为过程中,采用切割、打孔、撬砸、拆卸、开关等手段破坏正在使用的油气设备足以引发火灾、爆炸等危险,危害公共安全的,属于本罪的破坏行为。

3. 处罚:犯本罪的,根据《刑法》第 118 条和第 119 条的规定处罚。

十、组织、领导、参加恐怖组织罪★

(一)概念与特征

组织、领导、参加恐怖组织罪是指组织、领导或者参加恐怖活动组织的行为。

行为人犯本罪并实施杀人、爆炸、绑架等犯罪的,依照数罪并罚的规定处罚。

(二)处罚

组织、领导恐怖活动组织的,处 10 年以上有期徒刑或者无期徒刑,并处没收财产;积极参加的,处 3 年以上 10 年以下有期徒刑,并处罚金;其他参加的,处 3 年以下有期徒刑、拘役、管制或者剥夺政治权利,可以并处罚金。

十一、帮助恐怖活动罪

1. 概念:故意资助恐怖活动组织、实施恐怖活动的个人,或者资助恐怖活动培训,以及为恐怖活动组织、实施恐怖活动或者恐怖活动培训招募、运送人员的行为。

2. 类型:(1)资助恐怖活动组织;(2)资助实施恐怖活动的个人;(3)资助恐怖活动培训;(4)为恐怖活动组织招募、运送人员;(5)为实施恐怖活动招募、运送人员;(6)为恐怖活动培训招募、运送人员。

3. 本罪的主要内容是帮助犯的正犯化,故本罪的成立不以恐怖活动组织或者人员实施具体的恐怖活动犯罪为前提。如果行为超出了资助的范围,与恐怖活动组织或者个人共同故意组织、领导恐怖活动组织,策划、实施恐怖犯罪活动,则同时触犯本罪与相关恐怖活动犯罪,根据具体情况认定为想象竞合或者数罪。即使没有超出资助的范围,但同时触犯其他犯罪的,应认定为想象竞合,从一重罪处罚。本罪只能由故意构成。

4. 处罚:犯本罪的,根据《刑法》第 120 条之一的规定处罚。

十二、准备实施恐怖活动罪

1. 概念:为实施恐怖活动准备凶器、危险物品或者其他工具,或者组织恐怖活动培训或者积极参加恐怖活动培训,或者为实施恐怖活动与境外恐怖活动组织或者人员联络,以及为实施恐怖活动进行策划或者其他准备的行为。

2. 类型:(1)为实施恐怖活动准备凶器、危险物品或者其他工具;(2)组织恐怖活动培训或者积极参加恐怖活动培训;(3)为实施恐怖活动与境外恐怖活动组织或者人员联络;(4)为实施恐怖活动进行策划或者其他准备。

3. 由于本罪属于预备行为的实行行为化,故对于教唆、帮助他人实施本罪行为的，就当以教唆犯、帮助犯论处。行为人已经着手实行本罪的准备行为，由于意志以外的原因而没有完成准备行为的，成立本罪的未遂犯。本罪只能由故意构成。

4. 处罚：犯本罪的，根据《刑法》第 120 条之二的规定处罚。

十三、劫持船只、汽车罪

劫持船只、汽车罪，是指使用暴力、胁迫或者其他方法劫持船只、汽车的行为。劫持主要表现为两种情况：一是迫使船只、汽车的驾驶人员离开驾驶位置，由行为人驾驶船只、汽车；二是强迫船只、汽车的驾驶人员按照行为人的命令驾驶船只、汽车。

十四、非法制造、买卖、运输、邮寄、储存枪支、弹药、爆炸物罪

1. 概念：违反国家有关枪支、弹药、爆炸物管理法规，擅自制造、买卖、运输、邮寄、储存枪支、弹药、爆炸物，危害公共安全的行为。

2. 构成：(1) 客观要件为，违反国家有关枪支、弹药、爆炸物管理法规，擅自制造、买卖、运输、邮寄、储存枪支、弹药、爆炸物的行为；(2) 主体既可以是自然人，也可以是单位；(3) 主观方面为故意。

3. 处罚：犯本罪的，根据《刑法》第 125 条第 1 款、第 3 款的规定处罚。

十五、非法制造、买卖、运输、储存危险物质罪

1. 概念：故意非法制造、买卖、运输、储存毒害性、放射性、传染病病原体等物质，危害公共安全的行为。

2. 本罪属于具体的危险犯。其中的运输既包括境内的运输，也包括从境内运往境外和从境外运往境内；毒鼠强等禁用剧毒化学品，属于危险物质。

3. 处罚：犯本罪的，根据《刑法》第 125 条的规定处罚。

十六、盗窃、抢夺枪支、弹药、爆炸物、危险物质罪

实践中行为人为了窃取一般财物而实际上窃取了枪支、弹药的案件，由于行为人并不明知是枪支、弹药，不能认定为本罪，只能认定为盗窃罪；如果盗窃后非法持有、私藏的，则另构成非法持有枪支、弹药罪。

十七、非法持有、私藏枪支、弹药罪★

“非法持有”，是指不符合配备、配置枪支、弹药条件的人员，违反枪支管理法律、法规的规定，擅自持有枪支、弹药的行为。接受枪支质押而实际占有或者控制枪支的，属于非法持有枪支。“私藏”，是指依法配备、配置枪支、弹药的人员，在配备、配置枪支、弹药的条件消除后，违反枪支管理法律、法规的规定，私自藏匿所配备、配置的枪支、弹药且拒不交出的行为。

十八、非法出租、出借枪支罪

1. 概念：依法配备公务用枪的人员与单位，非法出租、出借枪支的，或者依法配置枪支的人员与单位，非法出租、出借枪支，造成严重后果的行为。

2. 处罚：犯本罪的，根据《刑法》第 128 条的规定处罚。

十九、丢失枪支不报罪

1. 概念：依法配备公务用枪的人员，丢失枪支不及时报告，造成严重后果的行为。

2. 处罚：犯本罪的，根据《刑法》第 129 条的规定处罚。

二十、交通肇事罪★★★

(一) 概念与特征

1. 客体是公共交通安全。

2. 客观方面：(1) 必须有违反交通运输管理法规的行为。(2) 必须发生重大交通事故，致人重伤、死亡或者使公私财产遭受重大损失。(3) 重大交通事故必须发生在交通过程中以及与交通有直接关系的活动中。(4) 交通肇事的结果必须由违反规范保护目的的行为所引起。

3. 主体为一般主体。从法律规定上看，本罪不属于身份犯。

4. 主观方面为过失。

(二) 认定

1. 交通肇事罪与一般违章行为。违反交通运输管理法规，发生重大交通事故，在分清事故责任的基础上，定罪处罚。交通肇事具有下列情形之一的，以本罪论处：(1) 死亡 1 人或者重伤 3 人以上，负事故全部或者主要责任的；(2) 死亡 3 人以上，负事故同等责任的；(3) 造成公共财产或者他人财产直接损失，负事故全部或者主要责任，无能力赔偿数额在 30 万元以上的。交通肇事致 1 人以上重伤，负事故全部或者主要责任，并具有下列情形之一的，以交通肇事罪定罪处罚：(1) 酒后、吸食毒品后驾驶机动车辆的；(2) 无驾驶资格驾驶机动车辆的；(3) 明知是安全装置不全或者安全机件失灵的机动车辆而驾驶的；(4) 明知是无牌证或者已报废的机动车辆而驾驶的；(5) 严重超载驾驶的；(6) 为逃避法律追究逃离事故现场的。

2. 交通肇事罪与其他犯罪。过失损坏交通工具、过失损坏交通设施导致他人发生交通事故，造成伤亡结果的，应认定为过失损坏交通工具罪、过失损坏交通设施罪。行为人利用交通工具故意杀害或者伤害他人，应认定为故意杀人罪、故意伤害罪。对于符合重大飞行事故罪、铁路运营安全事故罪的犯罪构成的行为，不能认定为交通肇事罪。

3. 数罪的认定。在盗窃他人机动车过程中或者盗窃后，违反交通运输管理法规，造成交通事故，构成犯罪的，应当以交通肇事罪与盗窃罪实行并罚。

4. 共犯的认定。交通肇事后，单位主管人员、机动车辆所有人、承包人或者乘车人指使肇事人逃逸，致使被害人因得不到救助而死亡的，以交通肇事罪的共犯论处。

“交通运输肇事后逃逸”，是指行为人在发生了构成交通肇事罪的交通事故后，为逃避法律追究而逃跑的行为。交通肇事具有下列情形之一的，属于“其他特别恶劣情节”：(1)死亡2人以上或者重伤5人以上，负事故全部或者主要责任的；(2)死亡6人以上，负事故同等责任的；(3)造成公共财产或者他人财产直接损失，负事故全部或者主要责任，无能力赔偿数额在60万元以上的。

二十一、危险驾驶罪★★★

1. 本罪分为四个类型：

(1)追逐竞驶，是指行为人在道路上高速、超速行驶，随意追逐、超越其他车辆，频繁、突然并线，近距离驶入其他车辆之前的危险驾驶行为。

(2)醉酒驾驶，是指在醉酒状态下在道路上驾驶机动车的行为。

(3)超员、超速行驶，是指从事校车业务或者旅客运输，严重超过额定乘员载客，或者严重超过规定时速行驶的行为。

(4)违规运输危险化学品，是指违反危险化学品安全管理规定运输危险化学品，危及公共安全的行为。

2. 罪数：危险驾驶行为同时构成其他犯罪的，依照处罚较重的规定定罪处罚。危险驾驶行为具有与放火、爆炸等相当的具体的公共危险，行为人对该具体的公共危险具有故意的，应当认定以危险方法危害公共安全罪。实施危险驾驶行为，以暴力、威胁方法阻碍公安机关依法检查，又构成妨害公务罪等其他犯罪的，依照数罪并罚的规定处罚。

二十二、妨害安全驾驶罪

本罪是指对行驶中的公共交通工具的驾驶人员使用暴力或者抢控驾驶操纵装置，干扰公共交通工具正常行驶，危及公共安全，或者驾驶人员在行驶的公共交通工具上擅离职守，与他人互殴或者殴打他人，危及公共安全的行为。

本罪是具体危险犯，但对危险程度的要求低于本章其他具体危险犯的要求。妨害安全驾驶行为完全可能具有危害公共安全的紧迫危险，此时妨害安全驾驶行为还构成诸如以危险方法危害公共罪等其他犯罪。

二十三、重大责任事故罪★

本罪是指在生产、作业中违反有关安全管理的规定，因而发生重大伤亡事故或者造成其他严重后果的行为。

二十四、危险作业罪

本罪是指在生产、作业中违反有关安全管理的规定，实施了特定的具有发生重大伤亡事故或者其他严重后果的现实危险的生产作业活动或者相关行为。

二十五、不报、谎报安全事故罪

本罪是指在安全事故发生后，负有报告职责的人员不报或者谎报事故情况，贻误事故抢救，情节严重的行为。

命题点拨 本章犯罪与其他章犯罪的区别在于是否危害公共安全。

第十七章　破坏社会主义市场经济秩序罪

第一节　生产、销售伪劣商品罪

一、生产、销售伪劣产品罪★★

本罪是指生产者、销售者在产品中掺杂、掺假，以假充真，以次充好或者以不合格产品冒充合格产品，销售金额5万元以上的行为。

1. 犯罪客体是国家产品质量监管秩序和消费者的合法权益。

2. 犯罪客观方面表现为在产品中掺杂、掺假，以假充真，以次充好或者以不合格产品冒充合格产品，销售金额5万元以上的行为。

3. 犯罪主体是生产者与销售者。

4. 犯罪主观方面只能是故意。行为人明知自己生产、销售伪劣产品的行为会发生破坏国家产品质量监管秩序，侵害用户、消费者合法权益的危害结果，并且希望或者放任这种结果发生。

犯本罪的，根据《刑法》第140条、第150条的规定处罚。

二、生产、销售、提供假药罪

本罪是指故意生产、销售假药，以及药品使用单位的人员明知是假药而提供给他人使用的行为。

三、生产、销售、提供劣药罪

四、妨害药品管理罪

本罪是指违反药品管理法规，在药品申请注册或者生产、销售过程中妨害药品管理，足以严重危害人体健康的行为。

五、生产、销售不符合安全标准的食品罪

六、生产、销售有毒、有害食品罪★★

生产、销售有毒、有害食品罪，是指在生产、销售的食品中掺入有毒、有害的非食品原料的，或者销售明知掺有有毒、有害的非食品原料的食品的行为。

七、生产、销售不符合安全标准的产品罪

第二节 走 私 罪

一、走私武器、弹药罪

本罪是指违反海关法规，走私武器、弹药的行为。

二、走私假币罪★

三、走私文物罪

本罪的行为仅限于将文物从境内走私至境外。将文物从境外走私至境内的，只能成立走私普通货物、物品罪。

文物包括具有科学价值的古脊椎动物化石、古人类化石。

四、走私贵重金属罪★

本罪的行为仅限于将贵重金属从境内走私至境外。将贵重金属从境外走私至境内的行为，只能成立走私普通货物、物品罪。

五、走私国家禁止进出口的货物、物品罪

六、走私淫秽物品罪

本罪是目的犯，以牟利或者传播为目的要件。

七、走私普通货物、物品罪★★

本罪的货物、物品既包括其他禁止进出口的货物、物品，如仿真手枪、管制刀具等；也包括国家禁止出口的货物、物品，如部分名贵的中药材；还包括限制进出口的货物、物品，应当缴纳关税的货物、物品以及特殊情况下的特定免税货物、物品。

走私故意中的明知，并不要求对特定对象的明知，而应以实际走私的内容定罪。从刑法理论上来说，在不同罪名之间发生对象认识错误的，应以行为人之所知定罪。

在一次走私活动中，走私多种对象的，应数罪并罚。

第三节 妨害对公司、企业的管理秩序罪

一、非国家工作人员受贿罪★★

1. 客体。本罪客体是国家对公司、企业或者其他单位的工作人员廉洁从业的监督管理秩序。

2. 客观方面表现为利用职务上的便利，索取他人财物或者非法收受他人财物。

3. 本罪的主体必须是公司、企业或者其他单位的工作人员，包括国有公司、企业以及其他国有单位中并不从事公务的非国家工作人员。

4. 主观方面，是故意，过失不可能构成本罪。

二、对非国家工作人员行贿罪★

1. 概念：为谋取不正当利益，给予公司、企业或者其他单位的工作人员以财物，数额较大的行为。

2. 构成：(1)客观上必须是给予公司、企业或者其他单位的工作人员以数额较大的财物，这里的公司、企业或者其他单位的工作人员一般不包括外国公职人员或者国际公共组织官员。为谋取不正当商业利益，给予外国公职人员或者国际公共组织官员以财物的，构成对外国公职人员、国际公共组织官员行贿罪。(2)主体既可以是自然人，也可以是单位。(3)主观方面必须出于故意，并且是为了谋取不正当利益。利益是否正当，应进行具体判断，而非抽象判断。至于实际上是否获取了不正当利益，则不影响本罪的成立。

3. 处罚：犯本罪的，根据《刑法》第164条的规定处罚。行贿人在被追诉前主动交代行贿行为的，可以减轻处罚或者免除处罚。

三、非法经营同类营业罪

非法经营同类营业罪是指国有公司、企业的董事、经理利用职务便利，自己经营或者为他人经营与其所任职公司、企业同类的营业，获取非法利益，数额巨大的行为。

国有公司、企业的董事、监事、高级管理人员，利用职务便利，自己经营或者为他人经营与其所任职公司、企业同类的营业，获取非法利益，数额巨大的，处3年以下有期徒刑或者拘役，并处或者单处罚金；数额特别巨大的，处3年以上7年以下有期徒刑，并处罚金。

其他公司、企业的董事、监事、高级管理人员违反法律、行政法规规定，实施上述行为，致使公司、企业利益遭受重大损失的，依照上述规定处罚。

四、为亲友非法牟利罪

为亲友非法牟利罪是指国有公司、企业、事业单位的工作人员，利用职务便利，违背任务，致使国家利益遭受重大损失的行为。

其他公司、企业的工作人员违反法律、行政法规规定，实施上述行为，致使公司、企业利益遭受重大损失的，依照《刑法》的规定处罚。

五、签订、履行合同失职被骗罪

（一）概念与特征

签订、履行合同失职被骗罪是指国有公司、企业、事业单位直接负责的主管人员，在签订、履行合同过程中，因严重不负责任被诈骗，致使国家利益遭受重大损失的行为。

1. 客观方面表现为在签订、履行合同过程中，因严重不负责任被诈骗。这里的严重不负责任，是指玩忽职守，不认真审查对方的合同主体资格、资信情况、履约能力、货源、合同标的的数量、质量等情况，导致被骗。本罪的成立以对方当事人涉嫌诈骗，行为构成犯罪为前提。

2. 主体，是国有公司、企业、事业单位直接负责的主管人员。

3. 主观方面是过失。这里的过失，是指应当预见签订、履行合同可能被骗，因为疏忽大意而没有预见，或者已经预见而轻信能够避免，以致国家利益遭受重大损失的主观心理状态。

（二）处罚

根据《刑法》第167条之规定，犯本罪的，处3年以下有期徒刑或者拘役；致使国家利益遭受特别重大损失的，处3年以上7年以下有期徒刑。

六、徇私舞弊低价折股、出售国有资产罪

徇私舞弊低价折股、出售国有资产罪是指国有公司、企业或者其上级主管部门直接负责的主管人员，徇私舞弊，将国有资产低价折股或者低价出售，致使国家利益遭受重大损失的行为。

其他公司、企业直接负责的主管人员，徇私舞弊，将公司、企业资产低价折股或者低价出售，致使公司、企业利益遭受重大损失的，依照《刑法》的规定处罚。

第四节　破坏金融管理秩序罪

一、伪造货币罪★★

（一）概念与特征

伪造货币罪是指没有货币发行权的人，非法制造外观上足以使一般人误认为是货币的假货币，妨害货币的公共信用的行为。

1. 客体。伪造货币罪的对象是货币。这里的货币，根据2000年4月20日最高人民法院《关于审理伪造货币等案件具体应用法律若干问题的解释》（以下简称《伪造货币解释》）第7条的规定，是指可在国内市场流通或者兑换的人民币和境外货币。货币面额应当以人民币计算，其他币种以案发时国家外汇管理机关公布的外汇牌价折算成人民币。

2. 客观方面表现为仿照货币的图案、形状、色彩、防伪技术等特征，采用机制、人工等方法，非法制造假币，冒充真币的行为。（1）“伪造货币”：仿照真货币的图案、形状、色彩等特征非法制造假币，冒充真币的行为。（2）“变造货币”：对真货币采用剪贴、挖补、揭层、涂改、移位、重印等方法加工处理，改变真币形态、价值的行为。

最高人民法院《关于审理伪造货币等案件具体应用法律若干问题的解释（二）》（以下简称《伪造货币解释（二）》）规定，同时采用伪造和变造手段，制造真伪拼凑货币的行为，以伪造货币罪定罪处罚。以使用为目的，伪造停止流通的货币，或者使用伪造的停止流通的货币的，以诈骗罪定罪处罚。

3. 主观方面，是故意。

（二）处罚

根据《刑法》第170条之规定，犯本罪的，处3年以上10年以下有期徒刑，并处罚金；有下列情形之一的，处10年以上有期徒刑或者无期徒刑，并处罚金或者没收财产：（1）伪造货币集团的首要分子；（2）伪造货币数额特别巨大的；（3）有其他特别严重情节的。《刑法修正案（九）》取消了本罪死刑和罚金数额。

二、出售、购买、运输假币罪

出售、购买、运输假币罪是指出售、购买伪造的货币，或者明知是伪造的货币而运输，数额较大的行为。

三、持有、使用假币罪★

（一）概念与特征

持有、使用假币罪是指明知是伪造的货币而持有或者使用，数额较大的行为。

1. 客体。对象是伪造的货币。

2. 客观方面表现为持有、使用伪造的货币的行为。有两种情形：（1）持有。这里的持有，是指将假币随身携带或者存放在家中、亲友等处保管。（2）使用。这里的使用，是指以假币当真币使用，履行货币职能，例如，以假币购物、到银行存款、清偿债务等。

持有、使用假币罪的数量要素是数额较大。这里的数额较大，根据《伪造货币解释》第5条的规定，是指总面额在4000元以上不满5万元。

3. 主观方面，是故意。这里的故意，是指明知是伪造的货币而持有、使用的主观心理状态。

（二）处罚

根据《刑法》第172条之规定，犯本罪的，处3年以下有期徒刑或者拘役，并处或者单处1万元以上10万元以下罚金；数额巨大的，处3年以上10年以下有期徒刑，并处2万元以上20万元以下罚金；数

额特别巨大的，处10年以上有期徒刑，并处5万元以上50万元以下罚金或者没收财产。

四、变造货币罪

本罪是指非法对真币进行各种方式的加工，改变真币的价值或者形态，数额较大的行为。变造的方式没有限制，如剪贴、挖补、揭层、涂改、移位、重印等。

五、高利转贷罪

高利转贷罪，是指以转贷牟利为目的，套取金融机构信贷资金高利转贷他人，违法所得数额较大的行为。

六、骗取贷款、票据承兑、金融票证罪

骗取贷款、票据承兑、金融票证罪，是指以欺骗手段取得银行或者其他金融机构贷款、票据承兑、信用证、保函等，给银行或者其他金融机构造成重大损失的行为。

七、非法吸收公众存款罪★★

非法吸收公众存款罪是指非法吸收公众存款或者变相吸收公众存款，扰乱金融秩序的行为。

八、伪造、变造金融票证罪★

伪造、变造金融票证罪是指伪造、变造金融票证，数额较大的行为。

九、妨害信用卡管理罪★★

本罪是指以特定方式妨害信用卡管理的行为。根据《刑法》第177条之一的规定，下列行为构成本罪：(1)明知是伪造的信用卡而持有、运输的，或者明知是伪造的空白信用卡而持有、运输，数量较大(数量累计在10张以上)的；(2)非法持有他人信用卡，数量较大(数量累计在5张以上)的；(3)使用虚假的身份证明骗领信用卡的；(4)出售、购买、为他人提供伪造的信用卡或者以虚假的身份证明骗领的信用卡的。需要说明的是，以虚假的身份证明骗领信用卡，并不要求身份证明本身是虚假的；违背他人意愿，使用其居民身份证、军官证、士兵证、港澳居民往来内地通行证、台湾居民来往大陆通行证、护照等身份证明申领信用卡的，或者使用伪造、变造的身份证明申领信用卡的，应当认定为"使用虚假的身份证明骗领信用卡"。以虚假的身份证明骗领信用卡，还包括使用虚假的保证人身份证明骗领信用卡。骗领信用卡，还包括以他人的身份证明挂失他人的信用卡并骗领补办的信用卡。

十、窃取、收买、非法提供信用卡信息罪

十一、内幕交易、泄露内幕信息罪

内幕交易、泄露内幕信息罪是指证券、期货交易内幕信息的知情人员或者非法获取证券、期货交易内幕信息的人员，在涉及证券的发行，证券、期货交易或者其他对证券、期货的价格有重大影响的信息尚未公开时，买入或者卖出该证券，或者从事与该内幕信息有关的期货交易，或者泄露该信息，或者明示、暗示他人从事上述交易活动，情节严重的行为。

十二、违法发放贷款罪★

违法发放贷款罪是指银行或者其他金融机构的工作人员违反国家规定发放贷款，数额巨大或者造成重大损失的行为。

十三、吸收客户资金不入账罪

银行或者其他金融机构的工作人员以及单位吸收客户资金不入账，数额巨大或者造成重大损失的行为。

十四、洗钱罪★★★

根据《刑法修正案(十一)》的规定，本罪是指为掩饰、隐瞒毒品犯罪、黑社会性质的组织犯罪、恐怖活动犯罪、走私犯罪、贪污贿赂犯罪、破坏金融管理秩序犯罪、金融诈骗犯罪的所得及其产生的收益的来源和性质，所从事的下列行为：(1)提供资金账户的；(2)将财产转换为现金、金融票据、有价证券的；(3)通过转账或者其他支付结算方式转移资金的；(4)跨境转移资产的；(5)以其他方法掩饰、隐瞒犯罪所得及其收益的来源和性质的。

第五节　金融诈骗罪

一、集资诈骗罪★

集资诈骗罪是指以非法占有为目的，使用诈骗方法非法集资，数额较大的行为。

1. 客体。集资诈骗罪的对象是非法集资款。非法集资，是指法人、其他组织或者个人，未经有权机关批准，向社会公众募集资金。这种通过非法方法向社会公众募集的资金，就是非法集资款。

2. 客观方面表现为使用诈骗方法非法集资的行为。这里的使用诈骗方法非法集资，是指虚构集资用途，以虚假的证明文件和高回报率为诱饵，骗取集资款。

3. 主观方面是故意，并且具有非法占有的目的。

二、贷款诈骗罪★★★

贷款诈骗罪是指以非法占有为目的，采用虚构事实或者隐瞒真相的方法，骗取银行或者其他金融机构的贷款，数额较大的行为。

1. 客体。贷款诈骗罪的对象是银行或者其他金融机构的贷款。

2. 客观方面表现为采用虚构事实或者隐瞒真相的方法，骗取银行或者其他金融机构的贷款的行为。

其有五种表现方式：(1)编造引进资金、项目等虚假理由的；(2)使用虚假的经济合同的；(3)使用虚假的证明文件的；(4)使用虚假的产权证明作担保或者超出抵押物价值重复担保的；(5)以其他方法诈骗贷款的。

3. 主观方面是故意，并且具有非法占有的目的。

三、票据诈骗罪★

票据诈骗罪是指采用虚构事实或者隐瞒真相的方法，利用金融票据骗取财物，数额较大的行为。

1. 客体。票据诈骗罪的对象是公私财物。

2. 客观方面表现为采用虚构事实或者隐瞒真相的方法，利用金融票据骗取财物的行为。因此，票据诈骗罪的行为特征是利用金融票据进行诈骗，这也是本罪区别于其他诈骗罪的根本区别之所在。

五种票据诈骗的表现方式：(1)明知是伪造、变造的汇票、本票、支票而使用的；(2)明知是作废的汇票、本票、支票而使用的；(3)冒用他人的汇票、本票、支票的；(4)签发空头支票或者与其预留印鉴不符的支票，骗取财物的；(5)汇票本票的出票人签发无资金保证的汇票、本票或者在出票时作虚假记载，骗取财物的。

3. 主观方面是故意。

四、金融凭证诈骗罪

本罪是指使用伪造、变造的委托收款凭证、汇款凭证、银行存单或其他银行结算凭证，骗取财物的行为。

五、信用卡诈骗罪★★

(一)概念与特征

信用卡诈骗罪，是指以非法占有为目的，利用信用卡进行诈骗活动，骗取数额较大财物的行为。

1. 客体。信用卡诈骗罪的对象是财物。

2. 客观方面表现为采用虚构事实或者隐瞒真相的方法，利用信用卡进行诈骗的行为。

这里的信用卡，是指商业银行或者其他金融机构发行的具有消费支付、信用贷款、转账结算、存取现金等全部功能或者部分支付功能的电子支付卡。

四种信用卡诈骗的表现方式：(1)使用伪造的信用卡，或者使用以虚假的身份证明骗领的信用证的；(2)使用作废的信用卡的；(3)冒用他人信用卡的；(4)恶意透支的。恶意透支是指持卡人以非法占有为目的，超过规定限额或者规定期限透支并且经发卡银行两次有效催收后超过3个月仍不归还的行为。

3. 主观方面是故意。这里的故意，是指明知是信用卡诈骗行为而有意实施的主观心理状态。

(二)认定

1. 恶意透支与善意透支的区分。

经过银行批准，在规定额度内超支，并在规定期限内归还的，属于善意透支。反之，就是恶意透支。恶意透支具有以下特征：(1)以非法占有为目的；(2)超过发卡银行允许透支的规定限额；(3)超过发卡银行规定的透支期限；(4)经发卡银行催收后仍不归还。

2. 盗窃信用卡并使用的定性。

《刑法》第196条第3款规定，盗窃信用卡并使用的，依照盗窃罪的规定处罚。如果本人盗窃信用卡，他人明知是盗窃的信用卡而使用的，对他人应以盗窃罪的共犯论处。如果他人不知是盗窃的信用卡而冒名使用的，对他人则应定信用卡诈骗罪。

3. 骗领信用卡并使用的定性。

骗领信用卡是指使用虚假的身份证明领取信用卡，骗取发卡行的信用卡后进行透支消费的行为。在这种情况下存在恶意透支，但这种恶意透支的持卡人是虚假的，即使该信用卡发生了巨额透支，银行也无从查证，更无法挽回经济损失，因而与信用卡诈骗罪中的恶意透支是有所不同的。《刑法修正案(五)》第1条第1款已经将这种使用虚假的身份证明骗领信用证的行为规定为妨害信用卡管理罪。《刑法修正案(五)》第2条还将使用以虚假身份证明骗领信用卡的行为补充规定为信用卡诈骗罪的行为方式之一。因此，这种骗领信用卡并使用的行为，属于妨害信用卡管理罪与信用卡诈骗罪的牵连犯，对此应当从一重罪处断。

六、保险诈骗罪★★★

保险诈骗罪，是指投保人、被保险人、受益人，以使自己或者第三者获取保险金为目的，采取虚构保险标的、保险事故或者制造保险事故等方法，骗取保险金，数额较大的行为。

1. 客观方面表现为采取虚构保险标的、保险事故或者制造保险事故等方法，骗取保险人的保险金，数额较大的行为。具体表现为以下五种行为：(1)投保人故意虚构保险标的，骗取保险金的；(2)投保人、被保险人或者受益人对发生的保险事故编造虚假的原因或者夸大损失的程度，骗取保险金的；(3)投保人、被保险人或者受益人编造未曾发生的保险事故，骗取保险金的；(4)投保人、被保险人故意造成财产损失的保险事故，骗取保险金的；(5)投保人、受益人故意造成被保险人死亡、伤残或者疾病，骗取保险金的。

2. 本罪主体是投保人、被保险人与受益人，但刑法根据行为方式对主体范围作了具体限定。根据

《刑法》第198条第3款与第4款的规定，单位可以成为本罪的主体；保险事故的鉴定人、证明人、财产评估人故意提供虚假的证明文件，为他人诈骗提供条件的，以保险诈骗罪的共犯论处。

3. 主观方面只能是故意，具有非法获取保险金的目的。

第六节　危害税收征管罪

一、逃税罪★★

(一)概念与特征

逃税罪是指纳税人、扣缴义务人采取欺骗、隐瞒手段进行虚假纳税申报或者不申报，逃避缴纳税款数额较大并且占应纳税额10%以上的行为。

1. 客体。逃税罪的对象是税款。这里的税款，是指根据法律、行政法规规定，纳税人应当依法缴纳的款项和扣缴义务人已扣、已收税款。

2. 客观方面表现为采取欺骗、隐瞒手段进行虚假纳税申报或者不申报，逃避缴纳税款数额较大并且占应纳税额10%以上的行为。

根据《刑法》第201条第4款的规定，有上述逃税行为，经税务机关依法下达追缴通知后，补缴应纳税款，缴纳滞纳金，已受行政处罚的，不予追究刑事责任；但是，5年内因逃避缴纳税款受过刑事处罚或者被税务机关给予2次以上行政处罚的除外。

3. 主体是纳税人和扣缴义务人。

4. 主观方面是故意。

(二)认定

1. 多次实施逃税行为，未经处理的，按照累计数额计算。

2. 同一逃税行为受过行政处罚又起诉的，人民法院应当依法受理。依法定罪并判处罚金的，行政罚款折抵罚金。

(三)处罚

根据《刑法》第201条的规定，纳税人采取欺骗、隐瞒手段进行虚假纳税申报或者不申报，逃避缴纳税款数额较大并且占应纳税额10%以上的，处3年以下有期徒刑或者拘役，并处罚金；数额巨大并且占应纳税额30%以上的，处3年以上7年以下有期徒刑，并处罚金。

二、抗税罪

抗税罪是指纳税人和扣缴义务人，以暴力、威胁方法拒不缴纳税款的行为。

三、逃避追缴欠税罪

逃避追缴欠税罪是指纳税人欠缴应纳税款，采取转移或者隐匿财产的手段，致使税务机关无法追缴欠缴的税款，数额在1万元以上的行为。

四、骗取出口退税罪★

(一)概念与特征

骗取出口退税罪，是指以假报出口或者其他欺骗手段，骗取国家出口退税款，数额较大的行为。

1. 客体。骗取出口退税罪的对象是出口退税款。

2. 客观方面表现为以假报出口或者其他欺骗手段，骗取国家数额较大的出口退税款。这里的假报出口，是指以虚构已税货物出口事实为目的，具有下列情形之一的行为：(1)伪造或者签订虚假的买卖合同；(2)以伪造、变造或者其他非法手段取得出口货物报关单、出口收汇核销单、出口货物专用缴款书等有关出口退税单据、凭证；(3)虚开、伪造、非法购买增值税专用发票或者其他可以用于出口退税的发票；(4)其他虚构已税货物出口事实的行为。《关于审理骗取出口退税刑事案件具体应用法律若干问题的解释》第2条规定，具有下列情形之一的，应当认定为《刑法》第204条规定的其他欺骗手段：(1)骗取出口货物退税资格的；(2)将未纳税或者免税货物作为已税货物出口的；(3)虽有货物出口，但虚构该出口货物的品名、数量、单价等要素，骗取未实际纳税部分出口退税款的；(4)以其他手段骗取出口退税款的。

3. 主观方面是故意。这里的故意，是指明知是骗取出口退税的行为而有意实施的主观心理状态。

(二)认定

1. 骗取出口退税罪与逃税罪的区分。

骗取出口退税罪是在没有实际出口的情况下虚构出口事实，非法骗取出口退税款。如果行为人已经缴纳税款，但产品并未出口而虚构出口事实，骗取所缴纳的税款，根据《刑法》第204条第2款的规定，应定逃税罪。但骗取税款超出所缴纳的税款部分，应当以骗取出口退税罪论处。

2. 骗取出口退税罪的共犯。

有进出口经营权的公司、企业，明知他人意欲骗取国家出口退税款，仍违反国家有关进出口经营的规定，允许他人自带客户、自带货源、自带汇票并自行报关，骗取国家出口退税款的，应以骗取出口退税罪论处。

3. 骗取出口退税罪的未遂。

实施骗取国家出口退税行为，没有实际取得出口退税款的，可以比照既遂犯从轻或者减轻处罚。

4. 骗取出口退税罪的罪数。

实施骗取出口退税犯罪，同时构成虚开增值税专用发票罪等其他犯罪的，依照刑法处罚较重的规定定罪处罚。

（三）处罚

根据《刑法》第 204 条第 1 款之规定，犯本罪的，数额较大的，处 5 年以下有期徒刑或者拘役，并处骗取税款 1 倍以上 5 倍以下罚金；数额巨大或者有其他严重情节的，处 5 年以上 10 年以下有期徒刑，并处骗取税款 1 倍以上 5 倍以下罚金；数额特别巨大或者有其他特别严重情节的，处 10 年以上有期徒刑或者无期徒刑，并处骗取税款 1 倍以上 5 倍以下罚金或者没收财产。《刑法》第 211 条规定单位犯本罪的，对单位判处罚金，并对其直接负责主管人员和其他直接责任人员，依照个人犯罪的规定处罚。

国家工作人员参与实施骗取出口退税犯罪活动的，依照《刑法》第 204 条第 1 款的规定从重处罚。

五、虚开增值税专用发票、用于骗取出口退税、抵扣税款发票罪

（一）概念与特征

虚开增值税专用发票、用于骗取出口退税、抵扣税款发票罪是指违反增值税专用发票管理规定，为他人虚开、为自己虚开、让他人为自己虚开，介绍他人虚开增值税专用发票或者虚开用于骗取出口退税、抵扣税款的其他发票的行为。

1. 客体。虚开增值税专用发票、用于骗取出口退税、抵扣税款发票罪的对象是增值税专用发票、出口退税、抵扣税款发票。

这里的增值税专用发票，是国家税务部门根据增值税征收管理需要设定的，兼计价款及货物或劳务所负担的增值税税额的专用发票。

出口退税、抵扣税款发票，是指除个人增值税专用发票以外的，具有出口退税，抵扣税款功能的收付款凭证或者完税凭证。

发票是指在购销商品、提供或者接受服务以及从事其他经营活动中，开具、收取的收付款凭证（包括完税凭证）。

2. 客观方面表现为虚开增值税专用发票、用于骗取出口退税、抵扣税款的发票的行为。这里的虚开，是指没有实际经营活动而开具发票，或者虽有经营活动，但开具发票的金额超过实际发票的金额，以及虽有经营活动，但让他人为自己代开发票等情形。根据《刑法》第 205 条第 3 款的规定，虚开包括为他人虚开、为自己虚开、让他人为自己虚开，介绍他人虚开。

根据最高人民检察院法律政策研究室 2004 年 3 月 17 日《关于税务机关工作人员通过企业以"高开低征"的方法代开增值税专用发票的行为如何适用法律问题的答复》，税务机关及其工作人员将不具备条件的小规模纳税人虚报为一般纳税人，并让其采用"高开低征"的方法为他人代开增值税专用发票的行为，属于虚开增值税专用发票。对于造成国家税款损失，构成犯罪的，应当依照《刑法》第 205 条的规定追究刑事责任。

3. 主观方面是故意。这里的故意，是指明知是虚开增值税专用发票、用于骗取出口退税、抵扣税款发票的行为而有意实施的主观心理状态。

（二）处罚

根据《刑法》第 205 条第 1 款之规定，犯本罪的，处 3 年以下有期徒刑或者拘役，并处 2 万元以上 20 万元以下罚金；虚开的税款数额较大或者有其他严重情节的，处 3 年以上 10 年以下有期徒刑，并处 5 万元以上 50 万元以下罚金；虚开的税款数额巨大或者有其他特别严重情节的，处 10 年以上有期徒刑或者无期徒刑，并处 5 万元以上 50 万元以下罚金或者没收财产。

其第 2 款规定，单位犯本罪的，对单位判处罚金，并对其直接负责的主管人员和其他直接责任人员，处 3 年以下有期徒刑或者拘役；虚开的税款数额较大或者有其他严重情节的，处 3 年以上 10 年以下有期徒刑；虚开的税款数额巨大或者有其他特别严重情节的，处 10 年以上有期徒刑或者无期徒刑。

六、伪造、出售伪造的增值税专用发票罪

伪造、出售伪造的增值税专用发票罪是指非法印制、复制或者使用其他方法伪造增值税专用发票或者非法销售、倒卖伪造的增值税发票的行为。

七、非法出售增值税专用发票罪

非法出售增值税专用发票罪是指违反国家发票管理法规，故意非法出售增值税专用发票的行为。

第七节　侵犯知识产权罪

一、假冒注册商标罪★

本罪是指未经注册商标所有人的许可，在同一种商品、服务上使用与其注册商标相同的商标，情节严重的行为。

二、销售假冒注册商标的商品罪

三、假冒专利罪

假冒专利罪是指违反国家专利管理法规，在法律规定的专利有效期限内故意假冒他人专利，情节严重的行为。

四、侵犯著作权罪★

侵犯著作权罪是指以营利为目的，违反著作权法的规定，侵犯他人著作权或者与著作权有关的权

利,违法所得数额较大或者有其他严重情节的行为。

五、销售侵权复制品罪

本罪是指自然人或者单位,以营利为目的,销售明知是侵权复制品的物品,违法所得数额巨大或者有其他严重情节的行为。

六、侵犯商业秘密罪★

本罪是指以不正当手段获取权利人的商业秘密,披露、使用或者允许他人使用以不正当手段获取的权利人的商业秘密,或者违反保密义务或者保密要求,披露、使用或者允许他人使用其所掌握的商业秘密,情节严重的行为。

七、为境外窃取、刺探、收买、非法提供商业秘密罪

第八节 扰乱市场秩序罪

一、损害商业信誉、商品声誉罪

损害商业信誉、商品声誉罪是指捏造并散布虚伪事实,损害他人的商业信誉、商品声誉,给他人造成重大损失或者有其他严重情节的行为。

二、虚假广告罪

虚假广告罪是指广告主、广告经营者、广告发布者违反国家规定,利用广告对商品或者服务做虚假宣传,情节严重的行为。

三、串通投标罪★

串通投标罪是指投标人相互串通投标报价,损害招标人或者其他投标人利益,情节严重,或者投标人与招标人串通投标,损害国家、集体、公民的合法利益的行为。

四、合同诈骗罪★★★

合同诈骗罪是指以非法占有为目的,在签订、履行合同过程中,使用诈骗手段,骗取对方当事人财物,数额较大的行为。

(一)合同诈骗罪的构成要件

1. 客体:社会经济秩序和合同当事人的财产权利。

2. 客观方面表现为在签订、履行合同过程中,使用欺诈手段,骗取对方当事人数额较大的财物的行为。欺诈手段是指下列情形:(1)以虚构的单位或者冒用他人名义签订合同的;(2)以伪造、变造、作废的票据或者其他虚假的产权证明作担保的;(3)没有实际履行能力,以先履行小额合同或者部分履行合同的方法,诱骗对方当事人继续签订和履行合同的;(4)收受对方当事人给付的货物、货款、预付款或者担保财产后逃匿的;(5)以其他方法骗取对方当事人财物的。实施上述行为之一,骗取对方当事人财物数额较大,即数额在2万元以上的,即可成立本罪。

3. 主体:可以是自然人,也可以是单位。

4. 主观方面只能是故意,并且具有非法占有目的。

(二)认定

1. 本罪与经济合同纠纷的界限。二者之间为罪与非罪的区别。区分二者的关键在于是否具有非法占有对方当事人财物的目的。

2. 本罪与普通诈骗罪的界限。区分合同诈骗罪与诈骗罪时,不能简单地以有无合同为标准。合同诈骗罪中的"合同"不限于书面合同,也包括口头合同,但就合同内容而言,宜限于经济合同,即合同的文字内容是通过市场行为获得利润,这是由本罪性质决定的。基于同样的理由,至少对方当事人应是从事经营活动的市场主体,否则也难以认定为合同诈骗罪。

3. 本罪与金融诈骗罪、生产销售伪劣商品犯罪的关系。对于符合金融诈骗罪的犯罪构成的,原则上以金融诈骗罪论处,如利用合同诈骗银行或者其他金融机构贷款的,应认定为贷款诈骗罪。但是,金融诈骗罪中也有一些不需要利用合同的,如票据诈骗罪,在这种情况下,不发生法条竞合问题。行为人与他人签订合同,收到他人货款后,提供伪劣商品的,一般应认定为生产、销售伪劣商品的犯罪,不认定为合同诈骗罪。

(三)处罚

犯本罪的,根据《刑法》第224条与第231条的规定处罚。量刑时,既要考虑诈骗数额,也要考虑其他情节。

五、组织、领导传销活动罪

本罪是指组织、领导以推销商品、提供服务等经营活动为名,要求参加者以缴纳费用或者购买商品、服务等方式获得加入资格,并按照一定顺序组成层级,直接或者间接以发展人员的数量作为计酬或者返利依据,引诱、胁迫参加者继续发展他人参加,骗取财物,扰乱经济社会秩序的传销活动的行为。传销组织内部参与传销活动人员在30人以上且层级在3级以上的,应对组织者、领导者追究刑事责任。实施本罪的行为,同时触犯集资诈骗罪等罪的,从一重罪处罚。实施本罪的行为,并实施故意伤害、非法拘禁、敲诈勒索、妨害公务、聚众扰乱社会秩序等行为,构成犯罪的,依照数罪并罚的规定处罚。

六、非法经营罪★★★

本罪是指自然人或者单位,违反国家规定,故意从事非法经营活动，扰乱市场秩序，情节严重的行为。非法经营行为包括以下四种类型：

(1)未经许可，经营法律、行政法规规定的专营、专卖物品或者其他限制买卖的物品。在我国，对烟草制品等物品实行专营专卖。

(2)买卖进出口许可证、进出口原产地证明以及法律、行政法规规定的其他经营许可证或者批准文件。

(3)未经国家有关主管部门批准，非法经营证券、期货或者保险业务，或者非法从事资金支付结算业务。

(4)其他严重扰乱市场经营的非法经营行为。

七、强迫交易罪

本罪是指自然人或者单位，以暴力、威胁手段强买强卖商品、强迫他人提供或者接受服务、强迫他人参与或者退出投标、拍卖、强迫他人转让或者收购公司、企业的股份、债券或者其他资产、强迫他人参与或者退出特定的经营活动，情节严重的行为。虽然在市场活动中存在各种形式的强迫交易行为，但只有下列情节严重的强迫交易行为，才构成本罪：(1)强买强卖商品的；(2)强迫他人提供或者接受服务的；(3)强迫他人参与或者退出投标、拍卖的；(4)强迫他人转让或者收购公司、企业的股份、债券或者其他资产的；(5)强迫他人参与或者退出特定的经营活动的。

八、提供虚假证明文件罪

提供虚假证明文件罪是指承担资产评估、验资、验证、会计、审计、法律服务、保荐、安全评价、环境影响评价、环境监测等职责的中介组织的人员或者单位，故意提供虚假证明文件，情节严重的行为。

命题点拨 应注意掌握本章各种犯罪的犯罪构成。

第十八章 侵犯公民人身权利、民主权利罪

一、故意杀人罪★★★

(一)概念与特征

本罪是指故意非法剥夺他人生命的行为。

1. 客体。故意杀人罪的对象是人，侵犯的客体是人的生命权。

2. 客观方面表现为非法剥夺他人生命的行为。杀人行为一般情况下表现为作为，个别情况下也可以由不作为构成，如出于杀人的故意，母亲不给婴儿喂养致其死亡的。

3. 主体是已满12周岁，具有辨认和控制自己行为能力的自然人。

4. 主观方面是故意。这里的故意，是指明知会非法剥夺他人生命而希望或者放任这种结果发生的主观心理状态。故意杀人罪，既可以由直接故意构成，也可以由间接故意构成。

(二)认定

1. 安乐死。消极的安乐死，即为使病人无痛苦地提早死亡，经病人本人请求或者近亲属同意，采取放弃治疗、撤除维持生命的医疗器械或者其他方法，致人死亡的行为，不作为故意杀人罪处理。积极的安乐死，即为使病人无痛苦地提早死亡，经病人本人请求或者近亲属同意，采取注射针剂、服用药物或者其他方法，致人死亡的行为，应以故意杀人罪论处。

2. 自杀相关行为的处理。

(1)教唆自杀或帮助自杀。教唆自杀，是指行为人故意用引诱、怂恿、欺骗等方法，使他人产生自杀意图。以相约自杀为名诱骗他人自杀的，也是一种教唆自杀的行为。帮助自杀，是指在他人已有自杀意图的情况下，帮助他人实现自杀意图。只有当教唆、帮助(与共同犯罪中的教唆、帮助不是等同概念)自杀的行为，具有间接正犯性质时，才能认定为故意杀人罪。首先，欺骗不能理解死亡意义的儿童或者精神病患者等人，使其自杀的，属于故意杀人罪的间接正犯。其次，凭借某种权势或利用某种特殊关系，以暴力、威胁或者其他心理强制方法，使他人自杀身亡的，成立故意杀人的间接正犯，应以故意杀人罪论处。例如，组织和利用邪教组织制造、散布迷信邪说，指使、胁迫其成员或者其他人实施自杀行为的，邪教组织成员组织、策划、煽动、教唆、帮助邪教组织人员自杀的，应以故意杀人罪论处。最后，行为人教唆自杀的行为使被害人对法益的有无、程度、情况等产生错误认识，其对死亡的同意无效时，也应认定为故意杀人罪。例如，医生欺骗患者说，“你最多只能活三个月，而且一周后开始剧烈疼痛”，进而使患者自杀的，患者对自杀的同意无效，对医生应认定为故意杀人罪。

(2)相约自杀，即2人以上相互约定自愿共同自杀的行为。如果相约双方均自杀身亡，不存在刑事责任问题；如果相约双方各自实施自杀行为，其中一方死亡，另一方自杀未遂，未遂一方也不负刑事责任；如果相约自杀，由其中一方杀死对方，继而自杀未遂的，应以故意杀人罪论处。

(3)致人自杀。致人自杀是指由于某种原因引起他人自杀的行为。例如，暴力干涉婚姻自由、强

奸、虐待或者争吵、轻微殴打等引起被害人自杀。在这种情况下，不应认定为故意杀人罪。如果引起他人自杀的行为构成犯罪的，可以按照有关犯罪处理，并将自杀作为致人死亡的情形在量刑时予以考虑；如果不构成犯罪的，不应追究刑事责任。

(4)逼迫自杀，即利用权势或者经济、亲属关系上的优势，故意迫使他人自杀的行为。这是一种借被害人之手杀被害人的情形，应以故意杀人罪处理。

3. 故意杀人罪与以放火等危险方法危害公共安全犯罪的区分。如果放火等方法不足以危害公共安全，例如，基于杀人故意在偏僻之处焚烧独户房屋致使他人死亡的，应定故意杀人罪；否则，就应定危害公共安全罪。

(三)处罚

犯本罪的，根据《刑法》第232条的规定处罚。

二、过失致人死亡罪★

(一)概念与特征

过失致人死亡罪，是指由于过失而引起他人死亡的行为。

1. 客体。过失致人死亡罪的对象是人，侵犯的客体是人的生命权。

2. 客观方面表现为致人死亡的行为。如果其方法行为构成其他犯罪的，应以其他犯罪处理。

3. 主观方面是过失。这里的过失，是指应当预见自己的行为可能发生致人死亡的结果，由于疏忽大意而没有预见，或者已经预见而轻信能够避免，以致发生他人死亡结果的主观心理状态。

(二)认定

1. 过失致人死亡罪与故意杀人罪的区分。二者的根本区别在于主观心理状态：过失致人死亡罪是疏忽大意或者过于自信；故意杀人罪是希望或者放任。

2. 过失致人死亡罪与意外事件和不可抗力的区分。在疏忽大意过失致人死亡的情况下，区分的关键是行为人对于致人死亡的结果是否应当预见：如果应当预见就是过失致人死亡，如果不应当预见，就是由于不能预见的原因所引起的意外事件。在过于自信过失致人死亡的情况下，区分的关键是行为人对于致人死亡的结果是否应当避免：如果应当避免就是过失致人死亡，如果不应当避免，就是由于不能抗拒的原因所引起的不可抗力。

3. 过失致人死亡与刑法另有规定的致人死亡的区分。《刑法》第233条规定："……本法另有规定的，依照规定。"根据这一规定，其他罪名中包含过失致人死亡内容的，例如，失火罪、过失投放危险物质罪、过失爆炸罪以及交通肇事罪等犯罪中都包含过失致人死亡，应以上述其他犯罪论处。

(三)处罚

犯本罪的，根据《刑法》第233条的规定处罚。

三、故意伤害罪★★★★

(一)概念与特征

故意伤害罪，是指故意非法损害他人身体健康的行为。

1. 客体。故意伤害罪的对象是他人身体，侵犯的客体是身体健康权。

2. 客观方面表现为非法损害他人身体健康的行为。

故意伤害罪的结果是造成对他人健康的损害。根据伤害后果不同，分为轻伤、重伤与伤害致人死亡三种情形。

3. 主体：故意伤害致人轻伤的主体是已满16周岁，并具有辨认控制能力的自然人；故意伤害致人重伤或者死亡的主体则是已满12周岁，具有辨认控制能力的自然人。

4. 主观方面是故意。这里的故意，是指明知自己的伤害行为会造成他人身体健康损害的结果，并且希望或者放任这种结果发生的主观心理状态。

(二)认定

1. 故意伤害罪与故意杀人(未遂)罪的区分。两者的区分主要在于故意的内容不同：故意伤害罪具有伤害的故意，而故意杀人(未遂)罪则具有杀人的故意，只是由于犯罪分子意志以外的原因未得逞而已。

2. 故意伤害(致人死亡)罪与故意杀人罪的区分。两者的区分主要在于主观心理状态不同：在故意伤害致人死亡的情况下，行为人只有伤害故意，致人死亡是过失所致。而在故意杀人的情况下，行为人具有杀人故意。

3. 故意伤害(致人死亡)罪与过失致人死亡罪的区分。区分的关键在于：故意伤害致人死亡的结果是由故意伤害行为所致；而过失致人死亡的结果是一般行为所致。在司法实践中，经常出现推人一把或者打人一拳，他人倒地因头部磕在石块或者其他硬物上而导致死亡的情形，应以过失致人死亡罪论处。

4. 刑法另有规定的故意伤害的，应以其他犯罪论处。

(三)处罚

犯本罪的，根据《刑法》第234条的规定处罚。

四、组织出卖人体器官罪★

本罪是指组织他人出卖人体器官的行为。所谓组织,是指采用劝说、利诱等手段,安排他人出卖人体器官。被组织的对象必须是年满18周岁的人,本人同意摘取其器官。本人同意是本罪必备的成立条件。如果未经本人同意摘取其器官,或者摘取不满18周岁的人的器官,或者强迫、欺骗他人捐献器官的,不构成本罪,应以故意伤害罪、故意杀人罪追究刑事责任。被组织出卖的人体器官必须是活体器官,如果组织出卖的是尸体器官的,不构成本罪。违背本人生前意愿摘取其尸体器官,或者本人生前未表示同意,违反国家规定,违背其近亲属意愿摘取其尸体器官的,构成盗窃、侮辱、故意毁坏尸体、尸骨、骨灰罪。

五、过失致人重伤罪

过失致人重伤罪是指过失伤害他人身体,致人重伤的行为。

六、强奸罪★★★★

强奸罪分为两种类型:一类是普通强奸,即违背妇女意志,使用暴力、胁迫或者其他手段,强行与妇女发生性交的行为;另一类是奸淫幼女(准强奸),即与不满14周岁的幼女发生性交的行为。

(一)普通强奸的犯罪构成

1.客体是妇女的性自主权,其基本内容是妇女按照自己的意志决定性行为的权利。

2.客观上必须违背妇女意志,采用暴力、胁迫或者其他手段,强行与妇女发生性交。

3.主体是已满14周岁,具有辨认控制能力的自然人,通常是男子,其中直接正犯只能是男子。妇女既可以成为强奸罪的教唆犯、帮助犯,也可以成为间接正犯与共同正犯。

4.主观方面是故意。

(二)奸淫幼女的犯罪构成

1.客观上表现为与不满14周岁的幼女发生性交的行为。

2.主体是已满14周岁,具有辨认控制能力的自然人。已满14周岁不满16周岁的人偶尔与幼女发生性关系,情节轻微、未造成严重后果的,不认为是犯罪。

3.主观上是故意。

七、负有照护职责人员性侵罪★★★

本罪是指对已满14周岁不满16周岁的未成年女性负有监护、收养、看护、教育、医疗等特殊职责的人员,与该未成年女性发生性关系的行为。

从《刑法》第236条之一第2款的规定来看,成立本罪不以未成年女性自愿发生性关系为前提,故本罪与强奸罪不是对立关系。负有特殊职责的人员采用暴力、胁迫等手段与已满14周岁不满16周岁的未成年女性发生性关系的,成立本罪与强奸罪的想象竞合犯,应按强奸罪定罪处罚。

八、强制猥亵、侮辱罪★

(一)概念与特征

本罪是指以暴力、胁迫或者其他方法,强制猥亵他人或者侮辱妇女的行为。

1.客体。《刑法修正案(九)》将本罪强制猥亵的对象由先前的"妇女"扩大为"他人",包括男性;强制侮辱妇女的对象是妇女,包括已满14周岁不满18周岁的少女。

2.客观方面表现为以暴力、胁迫或者其他方法,强制猥亵他人或者侮辱妇女的行为。这里的强制猥亵他人,是指违背他人意愿,以抠摸、搂抱、鸡奸、手淫等淫秽下流手段,猥亵他人。强制侮辱妇女,是指以在公共场所故意向妇女显露生殖器或者用生殖器顶擦妇女身体,追逐、堵截妇女,偷剪妇女发辫、衣服,向妇女身上泼洒腐蚀物、涂抹污物等手段,侮辱妇女。

3.主观方面是故意。这里的故意,是指明知是强制猥亵他人、侮辱妇女的行为而有意实施的主观心理状态。

(二)处罚

犯本罪的,根据《刑法》第237条第1款、第2款的规定处罚。

九、猥亵儿童罪★

猥亵儿童罪是指猥亵不满14周岁儿童的行为。实施猥亵儿童犯罪,造成儿童轻伤以上后果,同时符合故意伤害罪、故意杀人罪的规定的,依照处罚较重的规定定罪处罚。

十、非法拘禁罪★★★

(一)概念与特征

非法拘禁罪,是指以非法拘禁或者以其他方法,非法剥夺他人人身自由的行为。

1.客体是他人的人身自由。

2.客观方面表现为采用扣押或者其他方法,非法剥夺他人人身自由的行为。

3.主观方面是故意。

(二)认定

1.非法拘禁的转化犯。在非法拘禁的过程中,对被拘禁人故意实施伤害行为与杀害行为,应转化为故意伤害罪与故意杀人罪。

2.为索取债务非法扣押、拘禁他人的行为之定性。索债型的非法拘禁应以非法拘禁罪论处。这里的债务既包括合法债务也包括非法债务。在司法实践中,对于为索取债务而非法扣押、拘禁他人,但索要的财物数额超过其债务的行为如何定罪,宜区别对待:若超出债务部分数额不大,且以利息或者损失费的名义索要的,仍应定为非法拘禁罪;若超出债务部分数额很大,则应将超出部分以绑架罪论处,与非法拘禁罪实行数罪并罚。

(三)处罚

根据《刑法》第238条第1款之规定,犯本罪的,处3年以下有期徒刑、拘役、管制或者剥夺政治权利。具有殴打、侮辱情节的,从重处罚。第2款规定,犯前款罪,致人重伤的,处3年以上10年以下有期徒刑;致人死亡的,处10年以上有期徒刑。第3款规定,为索取债务非法扣押、拘禁他人的,依照前两款的规定处罚。第4款规定,国家机关工作人员利用职权犯前3款罪的,依照前三款的规定从重处罚。

十一、绑架罪★★★★

(一)概念与特征

本罪是指以勒索财物或满足其他不法要求为目的,绑架他人作为人质的行为。

1. 本罪的客体是被绑架人的人身自由与安全。

2. 客观方面表现为利用被绑架人的近亲属或其他人对被绑架人安危的忧虑,使用暴力、胁迫或者麻醉等方法劫持或以实力控制他人。绑架的对象是任何他人。绑架的实质是使被害人处于行为人或第三者的实力支配下。绑架行为应具有强制性,即使用暴力、胁迫或者麻醉等方法控制他人。对于缺乏或者丧失行动能力的被害人,行为人采取偷盗、引诱等方法使其处于行为人或第三者实力支配下的,也可能成立绑架罪。

3. 主体必须是已满16周岁,具有辨认控制能力的自然人。已满14周岁不满16周岁的人实施绑架行为,故意杀害被绑架人的,应认定为故意杀人罪。已满12周岁不满14周岁的人故意杀害被绑架人、故意伤害被绑架人并致其死亡或者以特别残忍手段致其重伤造成严重残疾,情节恶劣的,虽不构成绑架罪,但在报请最高人民检察院核准追诉后,应以故意杀人罪、故意伤害罪追究刑事责任。

4. 主观上只能出于故意,必须具有勒索财物或满足其他不法要求的目的。

(二)认定

行为人为索取债务非法扣押、拘禁他人的,只构成非法拘禁罪,不成立绑架罪。但是,如果行为人为了索取法律不予保护的债务或者单方面主张的债务,以实力支配、控制被害人后,以杀害、伤害被害人相威胁的,宜认定为绑架罪。行为人为了索取债务,而将与债务人没有共同财产关系、扶养、抚养关系的第三者作为人质的,也应认定为绑架罪。

(三)处罚

根据《刑法》第239条的规定,犯绑架罪的,处10年以上有期徒刑或者无期徒刑,并处罚金或者没收财产;情节较轻的,处5年以上10年以下有期徒刑,并处罚金;杀害被绑架人的,或者故意伤害被绑架人,致人重伤、死亡的,处无期徒刑或者死刑,并处没收财产。

致使被绑架人重伤、死亡,是指绑架行为本身致人重伤、死亡,属于结果加重犯;杀害被绑架人(俗称"撕票"),属于结合犯,即将绑架行为与故意杀人行为结合为一个罪。杀害被绑架人未遂的,也适用本规定,但应同时适用刑法总则关于未遂犯的处罚规定。行为人绑架他人后,故意实施伤害、强奸等行为的,则应实行数罪并罚。

十二、拐卖妇女、儿童罪★★

(一)概念与特征

拐卖妇女、儿童罪是指以出卖为目的,拐骗、绑架、收买、贩卖、接送或者中转妇女、儿童以及偷盗婴幼儿的行为。

1. 客体。拐卖妇女、儿童罪的对象是妇女、儿童,另外还包括婴幼儿。不满14周岁子女、捡拾的儿童,以及女性亲属或者其他不满14周岁亲属,均可以成为本罪的对象。

2. 客观方面表现为以出卖为目的,拐骗、绑架、收买、贩卖、接送或者中转妇女、儿童以及偷盗婴幼儿的行为。

3. 主观方面是故意。这里的故意,是指明知是拐卖妇女、儿童的行为而有意实施的主观心理状态。

(二)处罚

根据《刑法》第240条第1款之规定,犯本罪的,处5年以上10年以下有期徒刑,并处罚金。有下列情形之一的,处10年以上有期徒刑或者无期徒刑,并处罚金或者没收财产;情节特别严重的,处死刑,并处没收财产:(1)拐卖妇女、儿童集团的首要分子;(2)拐卖妇女、儿童3人以上的;(3)奸淫被拐卖妇女的;(4)诱骗、强迫被拐卖妇女卖淫或者将被拐卖的妇女卖给他人迫使其卖淫的;(5)以出卖为目的,使用暴力、胁迫或者麻醉方法绑架妇女、儿童的;(6)以出卖为目的,偷盗婴幼儿的;(7)造成被拐卖的妇女、儿童或者其亲属重伤、死亡或者其他严重后果的;(8)将妇女、儿童卖往境外的。

以不同目的偷盗婴幼儿的行为应根据不同目的而有不同定性:(1)以出卖为目的,偷盗婴幼儿的,是拐卖儿童罪。(2)以勒索财物为目的偷盗婴幼儿的,成立绑架罪。(3)不以出卖为目的,拐骗不满14周岁的未成年人脱离家庭或者监护人的,成立拐骗儿童罪。

十三、收买被拐卖的妇女、儿童罪★

(一)概念与特征

收买被拐卖的妇女、儿童罪是指不以出卖为目的,收买被拐卖的妇女、儿童的行为。

1. 客体。收买被拐卖的妇女、儿童罪的对象是被拐卖的妇女、儿童。这里的被拐卖应作广义理解,包括被绑架。

2. 客观方面表现为收买被拐卖的妇女、儿童,并对被拐卖的妇女、儿童实施人身控制的行为。

3. 主观方面是故意,即明知是被拐卖的妇女、儿童而予以收买。并且,本罪在主观上是不以出卖为目的。如果以出卖为目的而收买,则构成拐卖妇女、儿童罪。收买时不以出卖为目的,收买后由于某种原因又将妇女、儿童出卖的,也应以拐卖妇女、儿童罪论处。

(二)认定

1. 收买被拐卖的妇女,强行与其发生性关系的,应以收买被拐卖的妇女罪与强奸罪实行数罪并罚。

2. 收买被拐卖的妇女、儿童,非法剥夺、限制人身自由或者伤害、侮辱等犯罪行为的,应以收买被拐卖的妇女、儿童罪与其他犯罪实行数罪并罚。

3. 收买被拐卖的妇女、儿童又出卖的,应以拐卖妇女、儿童罪论处。

(三)处罚

根据《刑法》第 241 条第 1 款之规定,犯本罪的,处 3 年以下有期徒刑、拘役或者管制。

《刑法》第 241 条第 6 款规定,收买被拐卖的妇女、儿童,对被买儿童没有虐待行为,不阻碍对其进行解救的,可以从轻处罚;按照被买妇女的意愿,不阻碍其返回原居住地的,可以从轻或者减轻处罚。

十四、诬告陷害罪★★

本罪是指故意捏造犯罪事实,向监察机关、司法机关等相关国家机关或有关单位告发,意图使他人受刑事追究,情节严重的行为。

1. 客观上表现为捏造他人犯罪的事实,向监察机关、司法机关等相关国家机关或有关单位告发,或者采取其他方法足以引起监察机关、司法机关的追究活动。

2. 主观上必须是故意。

3. 诬告陷害行为情节严重的,才构成犯罪。

十五、强迫劳动罪

本罪是指以暴力、威胁或者限制人身自由的方法强迫他人劳动的行为。

十六、雇用童工从事危重劳动罪

雇用童工从事危重劳动罪是指违反劳动管理法规,雇用未满 16 周岁的未成年人从事超强度体力劳动的,或者从事高空、井下作业的,或者在爆炸性、易燃性、放射性、毒害性等危险环境下从事劳动,情节严重的行为。

十七、非法搜查罪

非法搜查罪是指非法对他人身体或者住宅进行搜查的行为。

十八、非法侵入住宅罪

非法侵入住宅罪是指未经法定机关批准或者未经住宅主人同意,非法强行侵入他人住宅,或者经要求退出而拒不退出的行为。

十九、侮辱罪★

侮辱罪是指以暴力或者其他方法,公然贬低、损害他人人格,破坏他人名誉,情节严重的行为。

1. 客体。侮辱罪的对象是他人的人格和名誉。

2. 客观方面表现为以暴力或者其他方法公然侮辱他人的行为。侮辱行为具有以下几种形式:(1)暴力侮辱,即对被害人施以暴力或者以暴力相威胁,使其人格、名誉受到损害。(2)言语侮辱,即以言语对被害人进行嘲笑、辱骂。(3)文字侮辱,即以报刊、书信、出版物或者漫画等形式对被害人进行侮辱。(4)非暴力的动作侮辱。(5)利用互联网侮辱他人或者捏造事实诽谤他人的,构成侮辱罪、诽谤罪。通过信息网络实施的,被害人向人民法院告诉,但提供证据确有困难的,人民法院可以要求公安机关提供协助。

3. 主观方面是故意,并且具有损害他人人格、破坏他人名誉的目的。

二十、诽谤罪★

诽谤罪,是指捏造并散布某种事实,足以败坏他人名誉,情节严重的行为。

二十一、刑讯逼供罪

刑讯逼供罪是指司法工作人员对犯罪嫌疑人或者被告人使用肉刑或者变相肉刑,逼取口供的行为。

1. 客体。刑讯逼供罪的对象是犯罪嫌疑人或者被告人。

2. 客观方面表现为使用肉刑或者变相肉刑,逼取口供的行为。这里的肉刑,是指进行捆绑、吊打、非法使用刑具等使犯罪嫌疑人或者被告人的身体器官或者肌肤遭受痛苦的摧残手段。变相肉刑,是指长时间罚冻、罚站、罚饿等不直接伤害身体但造成痛苦的折磨手段。

3. 主体。刑讯逼供罪的主体是司法工作人员。

4. 主观方面是故意,并且具有逼取口供的目的。

二十二、暴力取证罪

本罪是指司法工作人员使用暴力逼取证人证言

的行为。

二十三、虐待被监管人罪★

虐待被监管人罪是指监管机构的监管人员违反国家监管法规，对被监管人进行殴打或者体罚虐待，或者指使被监管人殴打或者体罚虐待其他被监管人，情节严重的行为。

二十四、侵犯通信自由罪

侵犯通信自由罪是指隐匿、毁弃或者非法开拆他人信件，侵犯公民通信自由权利，情节严重的行为。

二十五、侵犯公民个人信息罪★

本罪是指违反国家有关规定，向他人出售或者提供公民个人信息，情节严重，以及窃取或者以其他方法非法获取公民个人信息的行为。

作为本罪行为对象的公民个人信息，是指以电子或者其他方式记录的能够单独或者与其他信息结合识别特定自然人身份或者反映特定自然人活动情况的各种信息，包括但不限于姓名、身份证件号码、通信通讯联系方式、住址、账号密码、财产状况、行踪轨迹等信息。

本罪主观方面为故意，特定目的与动机不影响本罪的成立。因此，为合法经营活动而非法购买公民个人信息的，也有可能构成本罪。

二十六、暴力干涉婚姻自由罪

（一）概念与特征

暴力干涉婚姻自由罪是指以暴力手段，干涉他人结婚或离婚自由的行为。

1. 客体。暴力干涉婚姻自由罪的对象是他人的婚姻自由。婚姻自由包括结婚自由和离婚自由。

2. 客观方面表现为以暴力手段，干涉他人婚姻自由的行为。这里的暴力干涉，是指下述情形：(1)强迫他人与自己结婚；(2)强迫他人与他人结婚；(3)强迫他人不与他人结婚；(4)强迫他人与自己离婚；(5)强迫他人与他人离婚；(6)强迫他人不与他人离婚。

3. 主观方面是故意。

（二）处罚

根据《刑法》第257条第1款之规定，犯本罪的，处2年以下有期徒刑或者拘役。第2款规定，犯本罪，致使被害人死亡的，处2年以上7年以下有期徒刑。第3款规定，犯第1款罪，告诉的才受理。

实施暴力干涉婚姻自由行为而未致使被害人死亡的，告诉才处理。

二十七、重婚罪

（一）概念与特征

重婚罪是指自己有配偶而与他人结婚，或者明知他人有配偶而与之结婚的行为。

1. 客体。重婚罪的对象是他人，这里的他人既包括已婚者，也包括未婚者。在刑法理论上，重婚罪是必要共犯中的对合犯。在一般情况下，双方都是已结婚的人而又重婚的，或者一方已经结婚另一方本人虽未结婚但明知对方已经结婚而与之结婚的，彼此均构成重婚罪。在特殊情况下，相婚者不知他人有配偶而与之结婚，因不具有重婚故意而不构成本罪，只有重婚者构成本罪。

2. 客观方面表现为自己有配偶而与他人结婚，或者明知他人有配偶而与之结婚的行为。

3. 主观方面是故意。

（二）认定

1. 事实重婚的认定。婚姻有法律婚与事实婚之分。法律婚又称为登记婚，是经婚姻登记机关登记并受法律保护的婚姻。事实婚，是未经婚姻登记机关登记但以夫妻关系共同生活而形成的事实上的婚姻。事实婚是不受法律保护的。事实婚构成重婚的，仅限于前有法律婚后又有事实婚的情形。而前有事实婚后有法律婚以及前有事实婚后又有事实婚的情形，均不构成重婚罪。

2. 不以重婚罪论处的情形：因遭受自然灾害外流谋生而重婚的；因配偶长期外出下落不明，造成家庭生活严重困难，又与他人结婚的；因强迫、包办婚姻或因婚后受虐待外逃重婚的；被拐卖后再婚的。由于都是受客观条件所迫，故不应以重婚罪论处。

（三）处罚

根据《刑法》第258条之规定，犯本罪的，处2年以下有期徒刑或者拘役。

二十八、破坏军婚罪

破坏军婚罪是指明知是现役军人的配偶而与之同居或者结婚的行为。

二十九、虐待罪★

虐待罪是指经常以打骂、冻饿、禁闭、有病不给治疗、强迫从事过度劳动等方法，从肉体上和精神上摧残迫害家庭成员，情节恶劣的行为。

本罪告诉的才处理，但被害人没有能力告诉，或者因受到强制、威吓无法告诉的除外（意味着特殊情况本罪可以转化为公诉案件）。

三十、虐待被监护、看护人罪★

本罪是指对未成年人、老年人、患病的人、残疾人等负有监护、看护职责的人虐待被监护、看护的人，情节恶劣的行为。

三十一、遗弃罪★★

（一）概念与特征

遗弃罪是指对于年老、年幼、患病或者其他没有独立生活能力的人，负有扶养义务而拒绝扶养，情节恶劣的行为。

1. 客体。遗弃罪的对象是年老、年幼、患病或者其他没有独立生活能力的家庭成员。

2. 客观方面表现为负有扶养义务而拒绝扶养的行为。遗弃罪的数量要素是情节恶劣。情节恶劣，是指由于遗弃而使被害人走投无路，被迫自杀的；被害人因生活无着流离失所的；在遗弃中又有虐待行为的；遗弃的动机极其卑鄙的；屡教不改的；遗弃造成恶劣社会影响的等。

3. 主体。遗弃罪的主体是法律上对被遗弃者负有扶养义务的人。

4. 主观方面是故意，即指明知是遗弃行为而有意实施的主观心理状态。

（二）处罚

根据《刑法》第261条之规定，犯本罪的，处5年以下有期徒刑、拘役或者管制。

三十二、拐骗儿童罪★

（一）概念与特征

拐骗儿童罪是指使用蒙骗、利诱或者其他方法，使不满14周岁的未成年人，脱离家庭或者监护人的行为。

1. 客体。拐骗儿童罪犯罪的对象是不满14周岁的未成年人。

2. 客观方面表现为使用蒙骗、利诱或者其他方法，使不满14周岁的未成年人，脱离家庭或者监护人的行为。

3. 主观要件。拐骗儿童罪的罪过形式是故意。这里的故意，是指明知是不满14周岁的未成年人而拐骗的主观心理状态。

（二）处罚

根据《刑法》第262条之规定，犯本罪的，处5年以下有期徒刑或者拘役。

三十三、组织未成年人进行违反治安管理活动罪

组织未成年人进行违反治安管理活动罪是指组织未成年人进行盗窃、诈骗、抢夺、敲诈勒索等违反治安管理活动的行为。

命题点拨 本章犯罪分为侵犯生命、健康的犯罪，侵犯性的决定权的犯罪，侵犯自由的犯罪，侵犯名誉、隐私的犯罪，侵犯民主权利的犯罪，侵犯婚姻的犯罪。除应能准确区分本章各种犯罪外，还应能结合案情准确判断本章犯罪中的不作为犯、因果关系、犯罪排除事由、犯罪未完成形态、共同犯罪、罪数等问题。

第十九章　侵犯财产罪

一、抢劫罪★★★★

（一）概念和特征

抢劫罪，是指以非法占有为目的，以暴力、胁迫或者其他方法，强行劫取公私财物的行为。

1. 本罪客体是他人的财产权和人身权利。

2. 客观方面表现为当场使用暴力、胁迫或者其他强制方法，强行劫取公私财物。

3. 主体是已满14周岁，具有辨认控制能力的自然人。

4. 主观上除具有抢劫的故意外，还要求有非法占有目的。

适用《刑法》第269条认定为抢劫罪的行为，必须同时符合以下三个条件：

（1）行为人实施了盗窃、诈骗、抢夺罪。（2）必须当场使用暴力或者以暴力相威胁。（3）目的是窝藏赃物、抗拒抓捕或者毁灭罪证。

（二）认定

1. 正确区分抢劫罪与非罪的界限。

2. 正确区分抢劫罪与其他犯罪的界限。

（1）抢劫罪与故意杀人罪的界限。①为了事后图财，先将被害人杀死的，属于图财杀人，成立故意杀人罪，不成立抢劫罪。②抢劫财物后，为了灭口而杀害他人的，成立抢劫罪与故意杀人罪，实行数罪并罚。③由于其他原因故意实施杀人行为致人死亡，然后产生非法占有财物的意图，进而取得财物的，应认定为故意杀人罪与盗窃罪或侵占罪。④为了当场取得财物，当场使用暴力将被害人杀死的，成立抢劫罪。

（2）抢劫罪与绑架罪的界限。行为人使用暴力、胁迫手段非法扣押被害人或者迫使被害人离开日常生活处所后，仍然向该被害人勒索财物的，只能认定为抢劫罪，不应认定为绑架罪。绑架过程中又当场劫取被害人随身携带财物的，同时触犯绑架罪和抢劫罪两罪名，应择一重罪定罪处罚。

（3）抢劫罪与强迫交易罪的关系。从事正常商品买卖、交易或者劳动服务的人，以暴力、胁迫手段迫使他人交出与合理价钱、费用相差不大的钱物，情节严重的，以强迫交易罪定罪处罚；以非法占有为目的，以买卖、交易、服务为幌子采用暴力、胁迫手段迫使他人交出与合理价钱、费用相差悬殊的钱物的，以抢劫罪定罪处刑。

3. 抢劫罪的既遂与未遂的界限。根据有关司法解释，抢劫罪侵犯的是复杂客体，既侵犯财产权利又

侵犯人身权利,具备劫取财物或者造成他人轻伤以上后果之一的,均属抢劫既遂;既未劫取财物,又未造成他人人身伤害后果的,属抢劫未遂。

4. 抢劫罪的共犯。在普通抢劫的场合,甲先实施暴力、胁迫行为压制了被害人的反抗,没有共谋的乙知道真相后,与甲共同强取被害人财物的,对乙宜认定为抢劫罪的共犯,而不应认定为盗窃罪。

5. 抢劫罪的罪数。行为人实施伤害、强奸等犯罪行为,在被害人未失去知觉的情况下,利用被害人不能反抗、不敢反抗的处境(以能够评价为抢劫罪的手段行为为前提),临时起意劫取他人财物的,应以此前所实施的具体犯罪与抢劫罪实行数罪并罚;在被害人失去知觉或者没有发觉的情形下,以及实施故意杀人犯罪行为之后,临时起意拿走他人财物的,应以此前所实施的具体犯罪与侵占罪(或者盗窃罪)实行数罪并罚。抢劫违禁品后又以违禁品实施其他犯罪的,应以抢劫罪与具体实施的其他犯罪实行数罪并罚。例如,抢劫毒品后又贩卖该毒品的,应当以抢劫罪与贩卖毒品罪实行数罪并罚。

(三)处罚

根据《刑法》第263条的规定,犯抢劫罪的,处3年以上10年以下有期徒刑,并处罚金。犯抢劫罪有下列情形之一的,处10年以上有期徒刑、无期徒刑或者死刑,并处罚金或者没收财产:(1)入户抢劫的;(2)在公共交通工具上抢劫的;(3)抢劫银行或者其他金融机构的;(4)多次抢劫或者抢劫数额巨大的;(5)抢劫致人重伤、死亡的;(6)冒充军警人员抢劫的;(7)持枪抢劫的;(8)抢劫军用物资或者抢险、救灾、救济物资的。

1.“入户抢劫”,是指为实施抢劫行为而进入他人生活的与外界相对隔离的住所,包括封闭的院落、牧民的帐篷、渔民作为家庭生活场所的渔船、为生活租用的房屋等进行抢劫的行为。

2.“在公共交通工具上抢劫”,既包括在从事旅客运输的各种公共汽车,大、中型出租车,火车、地铁、轻轨、轮船、飞机等正在运营中的机动公共交通工具上对旅客、司售、乘务人员实施的抢劫,也包括对运行途中的机动公共交通工具加以拦截后,对公共交通工具上的人员实施的抢劫,但不包括在未运营的公共交通工具上针对司售、乘务人员实施抢劫。

3.“抢劫银行或者其他金融机构”,是指抢劫银行或者其他金融机构的经营资金、有价证券和客户的资金等。抢劫正在使用中的银行或者其他金融机构的运钞车的,视为“抢劫银行或者其他金融机构”。

4.“多次抢劫”应指三次以上抢劫;“抢劫数额巨大”,参照各地认定盗窃罪数额巨大的标准执行。抢劫数额以实际抢劫到的财物数额为依据。对以数额巨大的财物(如抢劫博物馆、重要文物)为明确目标,由于意志以外的原因,未能抢到财物或实际抢得的财物数额不大的,应同时认定“抢劫数额巨大”和犯罪未遂的情节,根据刑法有关规定,结合未遂犯的处理原则量刑。

5.“抢劫致人重伤、死亡”,既包括行为人的暴力等行为过失致人重伤、死亡,也包括行为人为劫取财物而预谋故意杀人,或者在劫取财物过程中,为制服被害人反抗而故意杀人。

6.“冒充军警人员抢劫的”,是指冒充军人或警察抢劫财物。

7.“持枪抢劫”,是指行为人使用枪支或者向被害人显示持有、佩带的枪支进行抢劫的行为。

8.“抢劫军用物资或者抢险、救灾、救济物资”中的“军用物资”仅限于武装部队(包括武警部队)使用的物资,不包括公安警察使用的物资。“抢险、救灾、救济物资”是指已确定用于或者正在用于抢险、救灾、救济的物资。

二、盗窃罪★★★★

盗窃罪,是指以非法占有为目的,窃取公私财物数额较大,或者多次盗窃、入户盗窃、携带凶器盗窃、扒窃的行为。《刑法修正案(八)》增设了“入户盗窃”“携带凶器盗窃”“扒窃”构成盗窃罪的规定,并废除了本罪的死刑。

1. 本罪客体是公私财产权。

2. 客观上表现为窃取公私财物数额较大,或者多次盗窃、入户盗窃、携带凶器盗窃、扒窃的行为。

(1)盗窃罪的对象是财物。这里的财物既包括有体物,也包括无体物;既包括他人合法占有的财物,也包括违禁品以及他人犯罪所得及其产生的收益;既包括狭义的财物,也包括财产性利益。网络域名具备法律意义上的财产属性,也是盗窃罪的对象。

盗窃罪的对象必须是他人占有的财物,对于自己占有的他人财物不可能成立盗窃罪:

①一般来说,他人(尤其是所有权人)手提、肩背的财物,处于他人的直接支配下,属于他人占有的财物,对此当无疑问。但是,如果手提、肩背只是表现为对他人占有的辅助,则并没有占有该财物。

②只要是在他人的事实支配领域内(他人支配的空间内)的财物,即使他人没有现实地握有或监视,也属于他人占有的财物。

③虽然表面上处于他人支配领域之外,但存在可以推知由他人事实上支配的状态时,也属于他人

占有的财物。

④明显属于他人支配、管理的财物,即使他人短暂遗忘或者短暂离开,但只要财物处于他人支配力所能涉及的范围,或者说只要他人可以没有障碍地取回财物,也应认定为他人占有该财物。

⑤即使原占有者丧失了占有,但当该财物转移为建筑物的管理者或者第三者占有时,也应认定为他人占有的财物。

⑥是否肯定死者的占有,也直接影响行为的性质。死者的占有主要有三种情况:第一,行为人以抢劫故意杀害他人后,当场取得他人财物;第二,行为人出于其他目的杀害他人后,产生非法占有他人财物的意思,取得死者的财物;第三,无关的第三者从死者身上取得财物。对于第一种情况,应认定为抢劫罪。争论较大的是后两种情况。死者占有肯定说认为,后两种情况成立盗窃罪;死者占有否定说认为,后两种情况成立侵占罪;此外还有不同的折中看法,如认为第二种情况成立盗窃罪,第三种情况成立侵占罪,或者主张根据死亡时间长短决定死者是否继续占有。2005 年 6 月 8 日最高人民法院《关于审理抢劫、抢夺刑事案件适用法律若干问题的意见》规定,行为人实施故意杀人犯罪行为之后,临时起意拿走他人财物的,应以此前所实施的具体犯罪与盗窃罪实行数罪并罚。可见,司法实务事实上采取了死者占有肯定说。

⑦在封闭的特定空间,只要所有权人、占有人在场,原则上应认定为所有权人、占有人占有,而不是由场所的管理者占有。

⑧存款的占有归属,是国内外刑法理论均有争议的问题。“存款”具有不同含义:一是指存款人对银行享有的债权,二是存款债权所指向的现金。不管是从事实上还是从法律上,存款人都占有(享有)了债权,因此,利用技术手段将他人存款债权转移于行为人账户中的,当然成立对债权的盗窃罪。至于存款债权所指向的现金,则由银行管理者占有,而不是存款人占有。例如,乙将存款误划入甲的储蓄卡,甲利用储蓄卡从自动取款机取出相应现金的,应认定为盗窃罪;盗窃的对象是银行管理者占有的现金,而不是乙占有的现金(因为乙根本没有占有现金)。再如,某公司需要向甲支付 1 万元现金,由于公司没有现金,公司管理者将公司的储蓄卡(内有 10 万元存款)交给甲,让甲自行取款 1 万元后归还储蓄卡,但甲从自动取款机中取出了 10 万元现金据为已有的,宜认定甲对银行管理者占有的 9 万元现金成立盗窃罪。

⑨当数人共同管理某种财物,而且存在上下主从关系时,下位者是否也占有该财物?这关系到下位者的犯罪行为性质。例如,私营商店的店主与店员共同管理商店的财物,店员是否占有商店的财物?如持肯定回答,则店员取走该财物的行为不构成盗窃罪;如持否定回答,则店员取走该财物的行为可能成立盗窃罪。在这种情况下,刑法上的占有通常属于上位者(店主),而不属于下位者(店员)。即使下位者物理上握有财物,或者物理上支配财物,也只不过是单纯的监视者或者占有辅助者。因此,下位者基于非法占有目的取走财物的,成立盗窃罪。但是,如果上位者与下位者具有高度的信赖关系,下位者被授予某种程度的处分权时,就应承认下位者的占有,下位者任意处分财物,就不构成盗窃罪,而构成其他犯罪(如侵占罪)。

⑩行为人受他人委托占有某种封缄的包装物时,是否同时占有封缄物的内容(财物)?区别说认为,封缄物整体由受托人占有,但内容物为委托人占有。受托人不法取得封缄物整体的,成立侵占罪;取出其中的内容物的,成立盗窃罪。修正区别说认为,封缄物整体由受托人占有,但内容物由受托人与委托人共同占有。因此,受托人不法取得封缄物整体的,成立侵占罪;不法取得内容物的,成立盗窃罪与侵占罪的竞合,以盗窃罪论处。非区别说认为,封缄物整体与其中的内容物没有区别,性质相同;其中有人认为均由受托人占有,有人认为均由委托人占有。对这些学说应如何取舍,还需进一步研究。

(2)客观上行为人实施了盗窃行为。首先,盗窃,即秘密窃取,是指行为人采用自认为不使他人发觉的方法占有他人财物。其次,盗窃行为是排除他人对财物的支配,建立新的支配关系的过程,倘若只是单纯排除他人对财物的支配,如将他人喂养的鱼放走,便不是窃取行为。

(3)构成盗窃罪,要求盗窃公私财物数额较大,或者多次盗窃、入户盗窃、携带凶器盗窃、扒窃。

3. 盗窃罪的主体只能是已满 16 周岁,具有辨认控制能力的自然人。单位组织、指使盗窃,符合盗窃罪相关规定的,以盗窃罪追究组织者、指使者、直接实施者的刑事责任。

4. 盗窃罪的主观方面只能是故意,即明知自己的盗窃行为会发生侵害公私财产的结果,并且希望或者放任这种结果的发生,还具有非法占有目的。

三、诈骗罪★★★★

(一)概念和特征

本罪是指以非法占有为目的,使用虚构事实或者隐瞒真相的方法,骗取数额较大的公私财物的行为。

1. 客观上表现为使用欺骗方法骗取数额较大的公私财物。

(1)欺骗行为。行为人必须实施了欺骗行为。欺骗行为必须达到足以使对方产生错误认识的程度,即使欺骗行为不足以使一般人陷入认识错误,但足以使欺骗对象产生认识错误的,也属于欺骗行为。

(2)对方产生认识错误。欺骗行为必须使对方(受骗者)产生或者继续维持错误认识,反过来说,受骗者产生或者维持错误认识是行为人的欺骗行为所致。

(3)基于认识错误处分财物。欺骗行为必须使对方陷入错误认识之后处分财物。

(4)行为人或第三者取得财物。欺骗行为使对方处分财物后,行为人或第三者获得财物。这里的取得财物不限于骗取有体物,还包括骗取无形物与财产性利益。获得财物包括两种情况:一是积极财物的增加,如将被害人的财物转移为行为人或第三者占有,或者获得债权等财物性利益;二是消极财物的减少,如使对方免除或者减少行为人或第三者的债务。

(5)被害人遭受财物损失。其中的被害人不仅包括自然人,而且包括单位与国家。例如,以欺诈、伪造证明材料或者其他手段骗取养老、医疗、工伤、失业、生育等社会保险金或者其他社会保障待遇的,成立诈骗罪。

2. 诈骗罪的主观方面是故意,并具有非法占有目的。

(二)认定

认定诈骗罪时,需要注意特殊类型的诈骗行为。

1. 三角诈骗。诈骗罪也可能存在被害人与被骗人不是同一人的情况。例如,乙上班后,其保姆丙在家做家务。被告人甲敲门后欺骗保姆说:"你们家的主人让我上门取他的西服去干洗。"丙信以为真,将乙的西服交给甲。乙回家后才知保姆被骗。丙为被骗人,但不是被害人;乙是被害人,但没有被骗。这种财物处分人与被害人不同一的情况称为三角诈骗。所应指出的是,在三角诈骗中,虽然被骗人与被害人可以不是同一人,但被骗人与财物处分人必须是同一人。因为如果被骗人与财物处分人不是同一人,就缺乏"基于错误而处分财物"这一诈骗罪的本质要素。

2. 无钱饮食、住宿。原本没有支付饮食、住宿费用的意思,而伪装具有支付费用的意思,欺骗对方,使对方提供饮食、住宿的,如果数额较大,成立诈骗罪。

3. 二重买卖。例如,甲先将自己的不动产卖给乙,在乙经过登记取得不动产所有权之后,甲为了骗取丙的财物,又隐瞒真相,将该不动产卖给丙,使丙遭受损害。甲的行为成立诈骗罪,丙为被骗人与被害人。

4. 电信网络诈骗。使用非法获取的公民个人信息实施电信网络诈骗,构成侵犯公民个人信息罪与诈骗罪的,应当依法予以并罚。

5. "套路贷"。"套路贷"并非一律构成诈骗罪。根据相关规定,"套路贷",是对以非法占有为目的,假借民间借贷之名,诱使或迫使被害人签订"借贷"或变相"借贷""抵押""担保"等相关协议,通过虚增借贷金额、恶意制造违约、肆意认定违约、毁匿还款证据等方式形成虚假债权债务,并借助诉讼、仲裁、公证或者采用暴力、威胁以及其他手段非法占有被害人财物的相关违法犯罪活动的概括性称谓。这一概念仅是描述了"套路贷"的手法与步骤,并未将其直接定性为诈骗罪,因为在有些"套路贷"中,被害人确实被欺骗,基于认识错误实施了处分行为(签订了使自己负债的合同),对此应以诈骗罪论处;而在有些"套路贷"中,被害人并未被欺骗,对签订相关协议将会产生何种后果有明确认识,因而不属于被害人基于认识错误处分财物,对此就不能以诈骗罪论处。尤其是,不能因为存在阴阳合同,就认定"套路贷"的出借人构成诈骗罪。

认定诈骗罪还需注意如下问题:

1. 正确区分诈骗罪与非罪的界限。根据刑法规定,诈骗公私财物数额较大的,才成立诈骗罪,反之不以犯罪论处。

2. 正确处理诈骗罪与其他特殊诈骗罪的关系。根据特别法条优于普通法条的原则,对符合特殊诈骗罪构成要件的行为,应认定为特殊诈骗罪。

3. 正确区分诈骗罪与盗窃罪的界限。可以认为,诈骗罪与盗窃罪是对立关系,关键在于行为人是否实施了使他人陷入处分财物的认识错误的欺骗行为,以及被害人是否基于认识错误处分财物。

4. 正确认定诈骗罪的形态与罪数。行为人开始实施欺骗行为时,才是诈骗罪的着手;为了诈骗而伪造有关证件的,属于诈骗的预备行为。行为人实施欺骗行为后,没有使他人陷入错误认识,或者虽使他人陷入错误认识但他人未处分财物的,属于诈骗未遂。行为人为了骗取财物,往往使用法律所禁止的手段,如伪造并使用伪造的公文、证件、印章进行欺骗。在这种情况下,通常按照从一重罪从重处罚的原则处理,但法律另有规定的除外。实施一个欺骗行为,数次从同一人那里获得财物的,只成立一个诈骗罪。

四、抢夺罪★★★

本罪是指以非法占有为目的，直接夺取他人紧密占有的数额较大的公私财物，或者多次夺取他人紧密占有的公私财物的行为。

1. 客观方面表现为直接夺取他人紧密占有的数额较大的财物，或者多次夺取他人紧密占有的公私财物。

2. 关于抢夺罪与抢劫罪的区别：抢夺行为主要表现为直接对物使用暴力（对物暴力）；行为人实施抢夺行为时，被害人通常来不及抗拒，而不是被暴力压制不能抗拒，也不是受胁迫不敢抗拒。这是抢夺罪与抢劫罪的关键区别。《刑法》第267条第2款规定，携带凶器抢夺的，以抢劫罪定罪处罚。

五、侵占罪★★★

（一）概念和特征

侵占罪，是指将代为保管的他人财物非法占为己有，数额较大，拒不退还的，或者将他人的遗忘物或者埋藏物非法占为己有，数额较大，拒不交出的行为。侵占罪分为普通侵占与侵占脱离占有物两种类型。

1. 普通侵占。普通侵占，是指将代为保管的他人财物非法占为己有，数额较大，拒不退还的行为。

（1）本罪客体是他人的财产所有权。行为的对象是自己代为保管的他人财物，但不是一般意义的他人财物，而必须是行为人"代为保管"的他人财物。应当将代为保管理解为占有，包括事实上的支配与法律上的支配。

（2）客观上必须有侵占行为。

（3）主体必须是代为保管他人财物的人，或者说是他人财物的占有者，因而本罪属于身份犯。

（4）主观方面表现为故意，即明知是代为保管的他人财物，而不法据为己有。

2. 侵占脱离占有物。侵占脱离占有物，是指将他人的遗忘物或者埋藏物非法占为己有，数额较大，拒不交出的行为。

（二）认定

1. 侵占罪与盗窃罪的关系。盗窃罪只能是盗窃他人占有的财物，对自己占有的财物不可能成立盗窃罪；普通侵占是侵占自己占有的他人财物，侵占脱离占有物是侵占遗忘物或者埋藏物。所以，判断财物由谁占有、是否脱离占有，是判断行为成立侵占罪还是盗窃罪的关键。

2. 侵占罪与诈骗罪的关系。行为人出于非法占有目的，欺骗被害人，使其将财物交付给行为人"代为保管"，进而非法占为己有的，应认定为诈骗罪。

六、职务侵占罪★

（一）概念与特征

职务侵占罪是指公司、企业或者其他单位的工作人员利用职务上的便利，将本单位财物非法占为己有，数额较大的行为。

1. 客体。职务侵占罪的对象是本单位财物。

2. 客观方面表现为利用职务上的便利，将本单位财物非法占为己有的行为。

利用职务上的便利，是指利用在本单位担任董事、经理、会计等职务产生的便利条件。在本单位没有担任上述职务，而是利用因工作需要而管理、经手本单位财物的便利条件的，也属于这里的利用职务上的便利。

3. 主体是公司、企业或者其他单位的工作人员，国家工作人员除外。还包括在国有资本控股、参股的股份有限公司中从事管理工作的工作人员和村民小组组长。

4. 主观方面是故意，并具有不法所有或非法占有的目的。

（二）认定

1. 公司、企业或者其他单位工作人员和他人共同犯罪的定性。

行为人与公司、企业或者其他单位的工作人员勾结，利用公司、企业或者其他单位工作人员的职务便利，共同将该单位财物非法占为己有，数额较大的，以职务侵占罪共犯论处。

2. 公司、企业或者其他单位工作人员与国家工作人员共同犯罪的定性。

公司、企业或者其他单位中，不具有国家工作人员身份的人与国家工作人员勾结，分别利用各自的职务便利，共同将本单位财物非法占为己有的，按照主犯的犯罪性质定罪。主犯是非国家工作人员的，双方都定职务侵占罪；主犯是国家工作人员的，双方都定为贪污罪。

七、挪用资金罪

挪用资金罪是指公司、企业或者其他单位的工作人员，利用职务上的便利，挪用本单位资金归个人使用或者借贷给他人，数额较大、超过3个月未还的，或者是未超过3个月，但数额较大、进行营利活动的，或者进行非法活动的行为。

八、挪用特定款物罪

挪用特定款物罪是指违反国家关于特定款物专用的财经管理制度，挪用专用于救灾、抢险、防汛、优抚、扶贫、移民、救济的款物，情节严重，致使国家和人民群众利益遭受重大损害的行为。

九、敲诈勒索罪★★

本罪是指以非法占有为目的，对他人实行威胁，索取公私财物数额较大或者多次索取公私财物的行为。敲诈勒索罪的基本结构是：行为人以非法占有为目的对他人实行威胁→对方产生恐惧心理→对方基于恐惧心理处分财产→行为人或第三者取得财产→被害人遭受财产损失。

1. 客观方面表现为威胁他人，使之处分财产，从而索得数额较大的公私财物，或者多次向他人索取公私财物。

2. 主观方面只能是故意，并具有非法占有目的。

十、故意毁坏财物罪

故意毁坏财物罪是指故意非法毁灭或者损坏公私财物，数额较大或者有其他严重情节的行为。

1. 客体。故意毁坏财物罪的对象是公私财物，包括动产和不动产。如果故意毁坏的是刑法另有规定的特定财物，如交通工具、交通设施、电力设备、易燃易爆设备等构成其他犯罪的，应按照刑法规定论处。

2. 客观方面表现为非法毁灭或者损坏财物，数额较大或者有其他严重情节的行为。毁灭，是指使某一财物的使用价值完全丧失。损坏，是指使某一财物的使用价值部分丧失。无论是毁灭还是损坏，只要能够造成一定的经济损失就足以构成本罪。

3. 主观方面是故意，并且具有毁坏财物的目的。

十一、拒不支付劳动报酬罪

本罪是指以转移财产、逃匿等方法逃避支付劳动者的劳动报酬或者有能力支付而不支付劳动者的劳动报酬，数额较大，经政府有关部门责令支付仍不支付的行为。

客观方面表现为：(1)行为人拒不支付劳动报酬。(2)拒不支付的劳动报酬必须数额较大。(3)经政府有关部门责令支付仍不支付。

单位犯本罪的，对单位判处罚金，并对其直接负责的主管人员和其他直接责任人员，依照上述规定处罚。

命题点拨 各种侵犯财产罪的具体区分。使用轻微暴力对人夺取财物，暴力是否达到足以压制他人反抗的程度，是抢夺罪与抢劫罪的界限所在。暴力或者以暴力相胁迫，是否达到足以压制他人反抗的程度，是敲诈勒索罪与抢劫罪的界限所在。被害人是否基于认识错误处分财物，是盗窃罪与诈骗罪的界限所在。是否转移对财物的占有，是侵占罪与盗窃罪的界限所在。是否具有非法占有的目的，是挪用资金罪等挪用型犯罪与盗窃、诈骗等犯罪的界限所在。是否毁灭了财物的价值，是故意毁坏财物罪与盗窃等犯罪的界限所在。

第二十章　妨害社会管理秩序罪

第一节　扰乱公共秩序罪

一、妨害公务罪★

妨害公务罪是指以暴力、威胁的方法，阻碍国家机关工作人员、人大代表、红十字会工作人员依法执行职务、履行职责；或者故意阻碍国家安全机关、公安机关依法执行国家安全工作任务，未使用暴力、威胁方法，造成严重后果的行为。

二、袭警罪★★

本罪是指暴力袭击正在依法执行职务的人民警察的行为。

1. 本罪在客观方面表现为暴力袭击正在依法执行职务的人民警察。

2. 本罪在主观方面为故意，要求行为人明知暴力袭击的对象是人民警察。认识到对方正在依法执行职务。由于人民警察身穿便装等原因，行为人虽然认识到对方在执行公务，但确实没有认识到对方是人民警察的，不成立本罪，应以妨害公务罪追究刑事责任。

三、招摇撞骗罪★

招摇撞骗罪是指冒充国家机关工作人员进行招摇撞骗活动，损害国家机关的形象、威信和正常活动，扰乱社会公共秩序的行为。

四、伪造、变造、买卖国家机关公文、证件、印章罪★

伪造、变造、买卖国家机关公文、证件、印章罪是指伪造与变造、买卖国家机关公文、证件、印章的行为。

五、盗窃、抢夺、毁灭国家机关公文、证件、印章罪

行为人所盗窃、抢夺、毁灭的必须是国家机关已经制作的真实的公文、证件、印章。

盗窃、抢夺武装部队的公文、证件、印章的，成立盗窃、抢夺武装部队的公文、证件、印章罪；但毁灭武装部队的公文、证件、印章的，成立毁灭国家机关公文、证件、印章罪。如果盗窃、抢夺、毁灭行为对公文、证件的证明作用并不发生任何影响的，不构成犯罪，如盗窃、抢夺、毁灭当事人持有的判决书的。

六、伪造公司、企业、事业单位、人民团体印章罪

正确区分印章与省略文书，如法院判决书的骑缝章。对于伪造高等院校印章制作学历、学位证明的行为，应当以伪造事业单位印章罪定罪处罚。明知是伪造高等院校印章制作的学历、学位证明而贩

卖的，以伪造事业单位印章罪的共犯论处（以通谋为前提）。

七、伪造、变造、买卖身份证件罪

本罪指伪造、变造、买卖居民身份证、护照、社会保障卡、驾驶证等依法可以用于证明身份的证件的行为。

八、冒名顶替罪

本罪是指盗用、冒用他人身份，顶替他人取得的高等学历教育入学资格、公务员录用资格、就业安置待遇的行为。

九、非法获取国家秘密罪

行为人主观上必须不是为境外机构、组织、人员窃取、刺探、收买国家秘密，否则成立《刑法》第111条规定的犯罪。行为人实施窃取、刺探、收买国家秘密的行为时，没有非法提供给境外机构、组织、人员的故意，但非法获取国家秘密之后，非法提供给境外机构、组织或人员的，原则上仅成立《刑法》第111条规定的犯罪，不必实行数罪并罚。

十、组织考试作弊罪

本罪是指在法律规定的国家考试中组织作弊，以及为组织作弊提供作弊器材或者其他帮助的行为。

十一、非法出售、提供试题、答案罪

本罪是指为实施考试作弊行为，向他人非法出售或者提法律规定的国家考试的试题、答案的行为。

十二、代替考试罪

本罪是指代替他人或者让他人代替自己参加法律规定的国家考试的行为。

十三、非法侵入计算机信息系统罪

本罪是指违反国家规定，侵入国家事务、国防建设、尖端科学技术领域的计算机信息系统的行为。

十四、非法获取计算机信息系统数据、非法控制计算机信息系统罪

1. 本罪是指自然人或者单位违反国家规定，侵入国家事务、国防建设、尖端科学技术领域的计算机信息系统以外的其他计算机信息系统或者采用其他技术手段，获取该计算机信息系统中存储、处理或者传输的数据，或者对该计算机信息系统实施非法控制，情节严重的行为。

2. 通过植入木马程序的方式，非法获取网站服务器的控制权限，进而通过修改、增加计算机信息系统数据，向相关计算机信息系统上传网页链接代码的，属于“采用其他技术手段”非法控制计算机信息系统的行为。

十五、提供侵入、非法控制计算机信息系统的程序、工具罪

1. 概念：自然人或者单位提供专门用于侵入、非法控制计算机信息系统的程序、工具，或者明知他人实施侵入、非法控制计算机信息系统的违法犯罪行为而为其提供程序、工具，情节严重的行为。

2. 根据司法解释的规定，具有下列情形之一的程序、工具，应当认定为“专门用于侵入、非法控制计算机信息系统的程序、工具”：（1）具有避开或者突破计算机信息系统安全保护措施，未经授权或者超越授权获取计算机信息系统数据的功能的；（2）具有避开或者突破计算机信息系统安全保护措施，未经授权或者超越授权对计算机信息系统实施控制的功能的；（3）其他专门设计用于侵入、非法控制计算机信息系统、非法获取计算机信息系统数据的程序、工具。成立本罪，要求情节严重。

十六、破坏计算机信息系统罪

违反国家规定，对计算机信息系统功能进行删除、修改、增加、干扰，造成计算机信息系统不能正常运行，对计算机信息系统中存储、处理或者传输的数据和应用程序进行删除、修改、增加的操作，或者故意制作、传播计算机病毒等破坏性程序，影响计算机系统的正常运行，后果严重的行为。

对于利用计算机病毒等破坏性程序非法占有他人财物的或者实施其他犯罪的，应当依照刑法的有关规定定罪处罚。

十七、非法利用信息网络罪

本罪行为包括以下类型：（1）设立用于实施诈骗、传授犯罪方法、制作或者销售违禁物品、管制物品等违法犯罪活动的网站、通讯群组的；（2）发布有关制作或者销售毒品、枪支、淫秽物品等违禁物品、管制物品或者其他违法犯罪信息的；（3）为实施诈骗等违法犯罪活动发布信息的。

十八、帮助信息网络犯罪活动罪

明知他人利用信息网络实施犯罪，为其犯罪提供互联网接入、服务器托管、网络存储、通讯传输等技术支持，或者提供广告推广、支付结算等帮助，情节严重的行为。

十九、聚众扰乱社会秩序罪

聚众扰乱社会秩序，情节严重，致使工作、生产、营业和教学、科研、医疗无法进行，造成严重损失的行为。

二十、聚众扰乱公共场所秩序、交通秩序罪

聚众扰乱车站、码头、民用航空站、商场、公园、影剧院、展览会、运动场或者其他公共场所秩序，聚众堵塞交通或者破坏交通秩序，抗拒、阻碍国家治安管理人员依法执行职务，情节严重的行为。

二十一、编造、故意传播虚假恐怖信息罪★

故意编造爆炸威胁、生化威胁、放射威胁等恐

怖信息，或者明知是编造的恐怖信息而故意传播，严重扰乱社会秩序的行为；编造与突发传染病疫情等灾害有关的恐怖信息，或者明知是编造的此类恐怖信息而故意传播，严重扰乱社会秩序的行为。

二十二、编造、故意传播虚假信息罪

编造虚假的险情、疫情、灾情、警情，在信息网络或者其他媒体上传播，或者明知是上述虚假信息，故意在信息网络或者其他媒体上传播，严重扰乱社会秩序的行为。

二十三、高空抛物罪

本罪是指从建筑物或者其他高空抛掷物品，情节严重的行为。

二十四、聚众斗殴罪★★

聚众斗殴罪，是指聚集多人攻击对方身体或者相互攻击对方身体的行为。聚众斗殴是指以聚众的方式斗殴，即聚集多人攻击对方身体或者相互攻击对方身体。聚众斗殴不以使用器械为前提。本罪为必要共同犯罪。

二十五、寻衅滋事罪★★★

寻衅滋事罪是指随意殴打他人，情节恶劣，追逐、拦截、辱骂、恐吓他人，情节恶劣，强拿硬要或者任意损毁、占用公私财物，情节严重，或者在公共场所起哄闹事，造成公共场所秩序严重混乱的行为。

二十六、组织、领导、参加黑社会性质组织罪

1. 概念：本罪是指组织、领导、参加黑社会性质组织的行为。

2. 构成：(1)要求行为人有组织、领导或者参加行为。(2)行为人组织、领导或者参加的必须是黑社会性质组织，才能构成本罪。(3)主观方面为故意。

3. 认定：应当注意严格区分本罪与恶势力犯罪之间的界限。组织、领导、参加恶势力本身不是犯罪，恶势力所实施的违法行为具体构成何罪，应以其所符合的相关犯罪的犯罪构成而定。无论是定罪还是处罚方面，与普通团伙犯罪相比，对恶势力犯罪的处理都是从严的。

4. 处罚：犯组织、领导、参加黑社会性质组织罪的，根据《刑法》第 294 条的规定处罚。

二十七、包庇、纵容黑社会性质组织罪

国家机关工作人员包庇黑社会性质的组织，或者纵容黑社会性质的组织进行违法犯罪活动的行为。

二十八、传授犯罪方法罪

故意使用各种手段将犯罪方法传授给他人的行为。

二十九、赌博罪★★

以营利为目的，聚众赌博或者以赌博为业的行为。

设置圈套诱骗他人获取钱财，胜负并不取决于偶然的，不符合赌博的特征，相反完全符合诈骗罪的构成要件。如果该行为人的其他赌博行为已构成赌博罪，则应将赌博罪与诈骗罪实行并罚。

这里的聚众赌博，是指为赌博提供赌场、赌具，组织、招引他人参加赌博，本人从中抽头渔利。开设赌场，是指营业性地为赌博提供场所，设定赌博方式，提供赌具、筹码、资金等。以营利为目的，在计算机网络上建立赌博网站，或者为赌博网站担任代理、接受投注的，属于开设赌场。这里的以赌博为业，是指以赌博为常业，即以赌博所得为其生活或者挥霍的主要来源。

《刑法》第 303 条对本罪并无数量要素的规定，相关司法解释对聚众赌博构成犯罪的数量要素做了规定：(1)组织 3 人以上赌博，抽头渔利数额累计达到 5000 元以上的；(2)组织 3 人以上赌博，赌资数额累计达到 5 万元以上的；(3)组织 3 人以上赌博，参赌人数累计 20 人以上的；(4)组织中华人民共和国公民 10 人以上赴境外赌博，从中收取回扣、介绍费的。

赌博罪必须以营利为目的，这里的营利，是指通过赌博获取非法利益。至于赌博输赢，并不影响本罪的成立。不以营利为目的，进行带有少量财物输赢的娱乐活动，以及提供棋牌室等娱乐场所只收取正常的场所和服务费用的经营行为等，不以赌博论处。

实施赌博犯罪，有下列情形之一的，依照《刑法》第 303 条的规定从重处罚：(1)具有国家工作人员身份的；(2)组织国家工作人员赴境外赌博的；(3)组织未成年人参与赌博，或者开设赌场吸引未成年人参与赌博的。

三十、开设赌场罪

开设赌场的，处 5 年以下有期徒刑、拘役或者管制，并处罚金；情节严重的，处 5 年以上 10 年以下有期徒刑，并处罚金。

第二节　妨害司法罪

一、伪证罪★

伪证罪是指在刑事诉讼中，证人、鉴定人、记录人、翻译人对与案件有重要关系的情节，故意作虚假证明、鉴定、记录、翻译，意图陷害他人或者隐匿罪证的行为。

本罪主体为证人、鉴定人、记录人、翻译人，包括在监察机关办理职务犯罪过程中的证人、鉴定人、记

录人、翻译人在内，均须是已满16周岁、具有辨认控制能力。

二、妨害作证罪

以暴力、威胁、贿买等方法阻止证人作证或者指使他人作伪证的行为。本罪不限于发生在刑事诉讼中，在民事、经济、行政等诉讼中实施本罪行为的，也成立本罪。

三、帮助毁灭、伪造证据罪★★

帮助毁灭、伪造证据罪是指帮助当事人毁灭、伪造证据，情节严重的行为。当事人本人毁灭、伪造证据的行为不构成本罪。根据帮助的内容不同本罪的行为具有以下两种情形：(1)帮助当事人毁灭证据。这里的毁灭证据是指使证据赖以存在的物质形态消失。(2)帮助当事人伪造证据。这里的伪造证据，是指捏造虚假的证据。

就刑事案件而言，帮助毁灭、伪造证据罪的成立，并不以当事人的行为构成犯罪为前提，但要求当事人的行为具有犯罪的嫌疑。如果行为人帮助毁灭、伪造与犯罪没有任何关系的证据，则不可能成立本罪。行为人帮助当事人毁灭、伪造民事诉讼、行政诉讼证据的，依然成立本罪。

四、窝藏、包庇罪★★★

本罪可分解为窝藏罪与包庇罪。窝藏罪，是指明知是犯罪的人而为其提供隐藏处所、财物，帮助其逃匿的行为；包庇罪，是指明知是犯罪的人而作假证明包庇的行为。

1. 根据司法解释，明知是犯罪的人，为帮助其逃匿，实施下列行为之一的，应以窝藏罪定罪处罚：(1)为犯罪的人提供房屋或者其他可以用于隐藏的处所的；(2)为犯罪的人提供车辆、船只、航空器等交通工具，或者提供手机等通讯工具的；(3)为犯罪的人提供金钱的；(4)其他为犯罪的人提供隐藏处所、财物，帮助其逃匿的情形。保证人在犯罪的人取保候审期间，协助其逃匿，或者明知犯罪的人的藏匿地点、联系方式，但拒绝向司法机关提供的，对保证人以窝藏罪定罪处罚。

2. 根据司法解释，明知是犯罪的人，为帮助其逃避刑事追究，或者帮助其获得从宽处罚，实施下列行为之一的，应以包庇罪定罪处罚：(1)故意顶替犯罪的人欺骗司法机关的；(2)故意向司法机关作虚假陈述或者提供虚假证明，以证明犯罪的人没有实施犯罪行为，或者犯罪的人所实施行为不构成犯罪的；(3)故意向司法机关提供虚假证明，以证明犯罪的人具有法定从轻、减轻、免除处罚情节的；(4)其他作假证明包庇的行为。

3. 正确区分本罪与事前有通谋的共同犯罪。窝藏、包庇行为是在被窝藏、包庇的人犯罪后实施的，其犯罪故意也是在他人犯罪后产生的，即只有在与犯罪分子没有事前通谋的情况下，实施窝藏、包庇行为的，才成立本罪。如果行为人事前与犯罪分子通谋，商定待犯罪分子实行犯罪后予以窝藏、包庇的，则成立共同犯罪。

五、掩饰、隐瞒犯罪所得、犯罪所得收益罪

本罪是指明知是犯罪所得及其产生的收益，而予以窝藏、转移、收购、代为销售或者以其他方法掩饰、隐瞒的行为。本罪名属于选择性罪名。刑法理论上一般将本罪简称为赃物犯罪。

认定本罪需要注意如下问题：

1. 正确区分罪与非罪的界限。一方面，本罪的成立以上游犯罪事实成立为前提。上游犯罪尚未依法裁判，但查证属实的，不影响本罪的认定。上游犯罪事实经查证属实，但因行为人未达到刑事责任年龄等原因依法不予追究刑事责任的，也不影响本罪的认定。如果上游犯罪事实不成立，掩饰、隐瞒行为就不成立本罪。如单位工作人员职务侵占价值2万元本单位财物的行为并不构成职务侵占罪，故行为人掩饰、隐瞒该2万元财物的行为不构成本罪。

另一方面，数额标准不是区分罪与非罪的界限。司法解释曾规定，掩饰、隐瞒犯罪所得及其产生的收益价值3000元至1万元以上的，以本罪定罪处罚。

2. 本罪与洗钱罪的区别。首先，洗钱罪只限于掩饰、隐瞒毒品犯罪、黑社会性质的组织犯罪、恐怖活动犯罪、走私犯罪、贪污贿赂犯罪、破坏金融管理秩序犯罪、金融诈骗犯罪的所得及其产生的收益的来源和性质行为，而本罪包括对其他犯罪所得及其产生收益的掩饰与隐瞒。其次，两罪的行为不完全相同。洗钱罪包括各种掩饰、隐瞒犯罪所得及其收益的来源和性质的行为，而本罪是对犯罪所得及其产生的收益本身实行窝藏、转移、收购、代为销售等掩饰与隐瞒行为。但是，不排除一个行为同时触犯本罪与洗钱罪的情形。明知是犯罪所得及其产生的收益而予以掩饰、隐瞒，既构成本罪，同时又构成洗钱罪等其他犯罪的，依照处罚较重的规定定罪处罚。

六、拒不执行判决、裁定罪

对人民法院的判决、裁定有能力执行而拒不执行，情节严重的行为。单位犯前款罪实行双罚制。

七、非法处置查封、扣押、冻结的财产罪

故意隐藏、转移、变卖、毁损已被司法机关查封、扣押、冻结的财产，情节严重的行为。

八、破坏监管秩序罪

九、脱逃罪★

脱逃罪，是指依法被关押的罪犯、被告人、犯罪

嫌疑人脱逃的行为。

本罪的主体是依法被关押的罪犯(已决犯)、被告人与犯罪嫌疑人;未被关押的罪犯、被告人与犯罪嫌疑人,不是本罪主体。

犯本罪的,处5年以下有期徒刑或者拘役。

第三节 妨害国(边)境管理罪

一、组织他人偷越国(边)境罪

本罪是指组织他人偷越国(边)境罪是指非法组织他人偷越国(边)境的行为。

二、运送他人偷越国(边)境罪

本罪是指运送他人偷越国(边)境罪是指非法运送他人偷越国(边)境的行为。

三、偷越国(边)境罪

违反国(边)境管理法规,偷越国(边)境,情节严重的行为。

第四节 妨害文物管理罪

一、故意损毁文物罪

故意损毁国家保护的珍贵文物或者被确定为全国重点文物保护单位、省级文物保护单位的文物的行为。

二、倒卖文物罪

以牟利为目的,倒卖国家禁止经营的文物,情节严重的行为。倒卖,是指出售或者为出售而收购、运输、储存文物。将珍贵文物倒卖给外国人的,是本罪与非法向外国人出售珍贵文物罪的想象竞合犯;盗窃珍贵文物后出售的,不属于"倒卖",不另成立倒卖文物罪。

三、盗掘古文化遗址、古墓葬罪

盗掘具有历史、文化、科学价值的古文化遗址、古墓葬的行为。

四、抢夺、窃取国有档案罪

抢夺、窃取国家所有的档案的行为。对抢劫国有档案的行为,应认定为本罪。如果盗窃属于国家秘密的国家档案,则行为构成了窃取国有档案罪与非法获取国家秘密罪,应从一重罪论处。

第五节 危害公共卫生罪

一、妨害传染病防治罪

1. 本罪是指自然人或者单位违反传染病防治法的规定,实施引起甲类传染病以及依法确定采取甲类传染病预防、控制措施的传染病传播或者有传播严重危险的行为。

2. 违反传染病防治法的行为表现为五种情形:(1)供水单位供应的饮用水不符合国家规定的卫生标准的;(2)拒绝按照疾病预防控制机构提出的卫生要求,对传染病病原体污染的污水、污物、场所和物品进行消毒处理的;(3)准许或者纵容传染病病人、病原携带者和疑似传染病病人从事国务院卫生行政部门规定禁止从事的易使该传染病扩散的工作的;(4)出售、运输疫区中被传染病病原体污染或者可能被传染病病原体污染的物品,未进行消毒处理的;(5)拒绝执行县级以上人民政府、疾病预防控制机构依照传染病防治法提出的预防、控制措施的。如在新冠肺炎疫情期间,按照甲类传染病措施管控,对于构成以危险方法危害公共安全罪以外的其他拒绝执行卫生防疫机构依照传染病防治法提出的防控措施,引起新型冠状病毒传播或者有传播严重危险的,应以妨害传染病防治罪定罪处罚。

3. 成立本罪,还要求行为引起甲类传染病以及依法确定采取甲类传染病预防、控制措施的传染病传播或者有传播严重危险。

4. 通说认为,本罪主观方面为过失。

二、非法组织卖血罪

违反法律规定,组织他人出卖血液的行为。犯本罪对他人造成伤害的,以故意伤害罪定罪处罚。这里的"伤害"应限于重伤,即非法组织出卖血液,造成他人轻伤的,仍应认定为本罪;但造成重伤的,则应认定为故意伤害罪,并适用重伤的法定刑。如果行为致人死亡,则宜认定为故意伤害致死。组织艾滋病患者出卖血液,并将血液提供给他人,触犯故意杀人罪、以危险方法危害公共安全罪的,从一重罪论处。

三、强迫卖血罪

以暴力、威胁方法强迫他人出卖血液的行为。

四、医疗事故罪

医疗事故罪是指医务人员严重不负责任,造成就诊人死亡或者严重损害就诊人身体健康的行为。医疗事故罪的主体是医务人员。

五、非法行医罪★★

未取得医生执业资格的人非法行医,情节严重的行为。

(一)本罪主体

1. 同时具有医师资格和取得执业证书,才属于取得了"医生执业资格"。

2. 在具有集体执业资格的医院行医的人,如果没有取得个人行医执业许可证而从事个体行医的,仍然可能成立非法行医罪。

3. 未取得医生执业资格,但医术高明的人,可以成为本罪主体。

4. 对超出执业地点、类别或范围行医的人，认定为“未取得医生执业资格的人”。

5. 具有医生执业资格的人，不可能成为本罪的实行犯，可以成立共犯，即具有医生执业资格的人，教唆或者帮助没有取得医生执业资格的人非法行医的，成立非法行医罪的共犯（教唆犯或帮助犯），但不构成共同正犯。

（二）客观方面

表现为非法行医，即非法从事诊断、治疗、医务护理工作，属于典型的职业犯，刑法所规定的构成要件包括了行为人反复非法行医的行为，因此，不管非法行医的时间多长，也只能认定为一罪。

不符合行医特征的行为，不成立非法行医罪，应视性质与情节认定为其他犯罪。

1. 行为人采用封建迷信等方法为他人治病的，不属于非法行医；采用迷信乃至邪教方法致人死亡，应适用《刑法》第 300 条。

2. 声称自己的“药品”能够治好某种疾病，使他人信以为真而购买，或者以行医为名采取非法手段取得他人财物的，也不是非法行医，只能视性质与情节认定为诈骗、盗窃、生产、销售假药、生产、销售劣药等罪。

3. 不具有医生执业资格的人，没有反复、继续实施的意思，偶然为特定人医治疾病的，不成立非法行医罪。

被害人的承诺不阻却非法行医的违法性。

第六节　破坏环境资源保护罪

一、污染环境罪

违反国家规定，排放、倾倒或者处置有放射性的废物、含传染病病原体的废物、有毒物质或者其他有害物质，严重污染环境的行为。倾倒、堆放、处置行为构成污染环境罪的同时，触犯投放危险物质罪等犯罪的，依照处罚较重的犯罪定罪处罚。明知他人无经营许可证或者超出经营许可范围，向其提供或者委托其收集、贮存、利用、处置危险废物，严重污染环境的，以污染环境罪的共同犯罪论处。

转化：本罪与投放危险物质罪不是对立关系。对于行为人明知其排放、倾倒、处置的污染物含有毒害性、放射性、传染病病原体等危险物质，仍实施环境污染行为放任其危害公共安全，造成重大人员伤亡、重大公私财产损失等严重后果，以污染环境罪论处明显不足以罚当其罪的，可以按投放危险物质罪定罪量刑。

二、非法捕捞水产品罪

违反保护水产资源法规，在禁渔区、禁渔期或者使用禁用的工具、方法捕捞水产品，情节严重的行为。

三、危害珍贵、濒危野生动物罪

本罪是指非法猎捕、杀害国家重点保护的珍贵、濒危野生动物，或者非法收购、运输、出售国家重点保护的珍贵、濒危野生动物及其制品的行为。

四、非法狩猎罪

违反狩猎法规，在禁猎区、禁猎期或者使用禁用的工具、方法进行狩猎，破坏野生动物资源，情节严重的行为。处 3 年以下有期徒刑、拘役、管制或者罚金。依据 2020 年《刑法》的规定，违反野生动物保护管理法规，以食用为目的非法猎捕、收购、运输、出售国家重点保护的珍贵、濒危野生动物以外的在野外环境自然生长繁殖的陆生野生动物，情节严重的，依照上述规定处罚。

五、盗伐林木罪★

盗伐森林或者其他林木，数量较大的行为。

六、滥伐林木罪★

违反森林法的规定，滥伐森林或者其他林木，数量较大的行为。

（1）盗伐林木罪——无证（无权）砍伐林木，侵犯所有权；滥伐林木罪——持证但违规砍伐，侵犯林业管理制度。（2）将国家、集体、他人所有并已经伐倒的树木窃为己有，以及偷砍他人房前屋后、自留地种植的零星树木，数额较大的，以盗窃罪定罪处罚。（3）林木权属争议一方在林木权属确权之前，擅自砍伐森林或者其他林木，数量较大的，以滥伐林木罪论处。

第七节　走私、贩卖、运输、制造毒品罪

一、走私、贩卖、运输、制造毒品罪★★★

1. 无论数量多少，都应追究刑事责任，予以刑事处罚。

2. 走私行为方式主要是输入毒品与输出毒品，此外对在领海、内海运输、收购、贩卖国家禁止进出口的毒品，以及直接向走私毒品的犯罪分子购买毒品的，应视为走私毒品。

3. 加重处罚情节：走私、贩卖、运输、制造鸦片 1000 克以上、海洛因或者甲基苯丙胺 50 克以上或者其他毒品数量大的；走私、贩卖、运输、制造毒品集团的首要分子；武装掩护走私、贩卖、运输、制造毒品的；以暴力抗拒检查、拘留、逮捕，情节严重的；参与有组织的国际贩毒活动的。利用、教唆未成年人走私、贩卖、运输、制造毒品，或者向未成年人出售毒品的，从重处罚。

行为人在一次走私活动中，既走私毒品又走私其他货物、物品的，一般应按走私毒品罪和构成的其他走私罪，实行数罪并罚。

行为人故意以非毒品冒充真毒品或者明知是假毒品而贩卖牟利的，应认定为诈骗罪，而非贩卖毒品罪。

以牟利为目的，向吸食、注射毒品的人有偿提供上述麻醉药品或者精神药品的，应认定为贩卖毒品罪；明知是走私、贩卖毒品的犯罪分子，而向其提供上述麻醉药品或者精神药品的，不管是有偿提供还是无偿提供，均应认定为走私、贩卖毒品罪。

二、非法持有毒品罪★

明知是鸦片、海洛因、甲基苯丙胺或者其他毒品，而非法持有数量较大的行为。

三、包庇毒品犯罪分子罪

明知是走私、贩卖、运输、制造毒品的犯罪分子，而向司法机关做假证明掩盖其罪行，以使其逃避法律制裁的行为。缉毒人员或者其他国家机关工作人员掩护、包庇的，从重处罚。

四、窝藏、转移、隐瞒毒品、毒赃罪

窝藏、转移、隐瞒毒品、毒赃罪是指明知是毒品或者毒品犯罪所得财物而为犯罪分子窝藏、转移、隐瞒的行为。《刑法》第 349 条第 3 款规定，犯本罪，事先通谋的，以走私、贩卖、运输、制造毒品罪的共犯论处。这里的事先通谋，是指事先与毒品犯罪分子共同策划，允诺事后帮助毒品犯罪分子窝藏、转移、隐瞒毒品、毒赃；因而应以毒品犯罪的共犯论处。

五、非法生产、买卖、运输制毒物品罪

违反国家规定，非法生产、买卖、运输醋酸酐、乙醚、三氯甲烷或者其他用于制造毒品的原料、配剂，情节较重的行为。明知他人制造毒品而为其生产、买卖、运输制毒物品的，以制造毒品罪的共犯论处。

六、非法种植毒品原植物罪

非法种植罂粟、大麻等毒品原植物，情节严重的行为。具有下列情形之一的，属于“情节严重”：(1)种植罂粟500 株以上不满3000 株或者其他毒品原植物数量较大的；(2)经公安机关处理后又种植的；(3)抗拒铲除的。

七、引诱、教唆、欺骗他人吸毒罪

引诱、教唆，都属于在他人本无吸食、注射毒品意愿的情况下，通过向他人宣扬吸食、注射毒品后的感受、传授或示范吸毒方法、技巧以及利用金钱、物质等进行诱惑的方法，引起他人产生吸食、注射毒品的意愿或者欲望的行为；欺骗，是指隐瞒真相或者制造假象，使他人吸食、注射毒品的行为。

八、强迫他人吸毒罪

使用暴力、威胁等生理强制或心理强制方法，迫使他人吸食、注射毒品的行为。

九、容留他人吸毒罪

容留他人吸食、注射毒品的行为。

第八节　组织、强迫、引诱、容留、介绍卖淫罪

一、组织卖淫罪

通过建立卖淫集团，采用招募、雇佣、强迫、引诱、容留等手段，控制多人从事卖淫的行为。

二、强迫卖淫罪

使用暴力、威胁、虐待等强制方法迫使他人卖淫的行为。在组织他人卖淫的活动中，对被组织者实施强迫行为的，只认定为组织卖淫罪；但如果被强迫者与被组织者不具有同一性，则应将组织卖淫罪与强迫卖淫罪分别定罪，实行数罪并罚。

三、协助组织卖淫罪

在组织他人卖淫的共同犯罪中实施协助活动的行为，如充当皮条客、保镖、管账人等。

四、引诱、容留、介绍卖淫罪

引诱行为的对象不包括幼女（引诱幼女卖淫的，构成引诱幼女卖淫罪）。

在意欲卖淫者与卖淫场所的管理者之间进行介绍的行为，应认定介绍卖淫罪；单纯向意欲嫖娼者介绍卖淫场所，而与卖淫者没有任何联络的情况下，不成立介绍卖淫罪。

五、引诱幼女卖淫罪

引诱不满 14 周岁的幼女卖淫的行为。如果只是容留、介绍幼女卖淫，则不成立本罪，仅成立容留、介绍卖淫罪。引诱幼女卖淫，同时又容留、介绍卖淫的，应分别认定为引诱幼女卖淫罪与容留、介绍卖淫罪，实行数罪并罚。

六、传播性病罪

明知自己患有梅毒、淋病等严重性病而进行卖淫、嫖娼的行为。如果患有严重性病的男子卖淫或者患有严重性病的女子嫖宿，则仍然构成传播性病罪。

第九节　制作、贩卖、传播淫秽物品罪

一、制作、复制、出版、贩卖、传播淫秽物品牟利罪

这是指以牟利为目的，制作、复制、出版、贩卖、传播淫秽物品的行为。

二、传播淫秽物品罪

这是指不以牟利为目的，传播淫秽的书刊、影片、音像、图片或者其他淫秽物品，情节严重的行为。

命题点拨 应注意掌握本章各种犯罪的犯罪构成。

第二十一章 危害国防利益罪（略）

第二十二章 贪污贿赂罪

一、贪污罪★★★★

（一）概念与特征

本罪是指国家工作人员利用职务上的便利，侵吞、窃取、骗取或者以其他手段非法占有公共财物的行为。

1. 本罪客体是国家工作人员的职务廉洁性和公共财产权。

2. 客观方面具有以下特征：(1)必须利用职务上的便利。(2)必须侵吞、窃取、骗取或者以其他手段非法占有公共财物。(3)必须非法占有公共财物，并且数额较大或者有其他较重情节。

3. 主体应是国家工作人员：国家机关、国有公司、企业、事业单位、人民团体中的人员或者上述机关、单位委派到其他单位的人员，而且必须是依照法律从事公务。

4. 主观构成要件为故意，并具有非法占有目的。

（二）认定

1. 既遂标准：以行为人是否实际控制财物作为区分贪污罪既遂与未遂的标准。行为人控制公共财物后，是否将财物据为己有，不影响贪污既遂的认定。

2. 正确区分贪污罪与盗窃罪、诈骗罪、侵占罪的界限：(1)前者的对象仅限于公共财物，后者的对象既可以是公共财物，也可以是公民私人所有的财物；(2)前者的行为包括利用职务之便的侵吞、窃取、骗取及其他手段，后者的行为分别是特定的窃取、骗取与侵占行为，不要求利用职务之便；(3)前者的主体是特殊主体，后者的主体为一般主体。

3. 正确处理贪污罪与职务侵占罪的关系：(1)关键在于行为主体是否为国家工作人员；(2)贪污的对象只能是公共财物，而职务侵占罪的对象虽然可以是公共财物（如集体所有的财物），但还包括私营公司、企业的财物。

（三）处罚

(1)贪污数额较大或者有其他较重情节的，处3年以下有期徒刑或者拘役，并处罚金。(2)贪污数额巨大或者有其他严重情节的，处3年以上10年以下有期徒刑，并处罚金或者没收财产。(3)贪污数额特别巨大或者有其他特别严重情节的，处10年以上有期徒刑或者无期徒刑，并处罚金或者没收财产；数额特别巨大，并使国家和人民利益遭受特别重大损失的，处无期徒刑或者死刑，并处没收财产。

二、挪用公款罪★★★★

（一）概念与特征

挪用公款罪，是指国家工作人员利用职务上的便利，挪用公款归个人使用，进行非法活动的；或者挪用公款数额较大、进行营利活动的；或者挪用公款数额较大、超过3个月未还的行为。

1. 本罪客体是国家工作人员职务行为的廉洁性和公共财产权。

2. 客观方面表现为，国家工作人员利用职务上的便利挪用公款归个人使用：(1)挪用公款进行非法活动；(2)挪用公款数额较大、进行营利活动；(3)挪用公款进行营利活动、非法活动以外的活动，数额较大，挪用时间超过了3个月。

本罪的行为对象是公款，包括挪用用于救灾、抢险、防汛、优抚、扶贫、移民、救济款物归个人使用。

有下列情形之一的，属于挪用公款"归个人使用"：(1)将公款供本人、亲友或者其他自然人使用的；(2)以个人名义将公款供其他单位使用的；(3)个人决定以单位名义将公款供其他单位使用，谋取个人利益的。

3. 主体必须是国家工作人员。挪用公款给他人使用，使用人与挪用人共谋，指使或者参与策划取得挪用款的，以挪用公款罪的共犯定罪处罚。

4. 主观方面只能是故意，但不要求行为人具有将公款不法据为己有的目的。

（二）认定

1. 对挪用公款罪的三种用途的认定，原则上应根据客观的使用性质予以判断。例如，国家工作人员为了购房而挪出公款，但因为房价上涨而没有购房，于是将公款用于赌博。对此，应认定为挪用公款进行非法活动。

2. 行为人多次挪用公款，分别用于非法活动、营利活动与其他活动，但用于某项活动的公款数额未达到该项的定罪标准,或者分别来看,用于各项用途的公款数额都没有达到各项的定罪标准,但挪用公款的总数额达到某项定罪标准,对于此类案件应当如何处理?应根据法益保护目的与法定的构成要件,妥当归纳案件事实,正确判断构成要件符合性。

例一:甲挪用公款2万元用于非法活动,挪用公款4万元进行营利活动,挪用公款4万元进行其他活动,而且均超过3个月未还。对此,应认定甲挪用公款10万元进行其他活动,成立挪用公款罪。

例二:乙挪用公款2万元进行赌博、走私等非法活动,挪用公款4万元进行营利活动。对此,应认定挪用公款6万元进行营利活动,成立挪用公款罪。

例三:丁挪用公款1万元用于非法活动,3个月内归还;挪用公款3万元进行营利活动,3个月内归还;挪用公款4万元进行其他活动,超过3个月未还。对此,难以认定为挪用公款罪。

3. 挪用公款给他人使用,使用人与挪用人共谋,指使或者参与策划取得挪用款的,以挪用公款罪的共犯定罪处罚。但应注意,不应扩大使用人构成共犯的范围,对于使用人只是单纯提出、要求借用公款的,不得认定为挪用公款罪的共犯。此外,使用人具有诈骗故意时,不影响国家工作人员成立挪用公款罪。

4. 挪用公款罪与贪污罪不是对立关系,贪污公款的行为一般也符合挪用公款罪的犯罪构成。对于下列行为,应以贪污罪论处:(1)携带挪用的公款潜逃的;(2)挪用公款后采取虚假发票平账、销毁有关账目等手段,使所挪用的公款已难以反映在单位财务账目上,且没有归还行为的;(3)截取单位收入不入账,非法占有,使所占有的公款难以反映在单位财务账目上,且没有归还行为的;(4)有证据证明行为人有能力归还所挪用的公款而拒不归还,并隐瞒挪用的公款去向的。

5. 因挪用公款索取、收受贿赂构成犯罪的,依照数罪并罚的规定处罚。挪用公款进行非法活动构成其他犯罪的,依照数罪并罚的规定处罚。

三、受贿罪★★★★★

(一)概念与特征

受贿罪,是指国家工作人员,利用职务上的便利,索取他人财物的,或者非法收受他人财物为他人谋取利益,数额较大或者有其他较重情节的行为。

1. 客体是国家工作人员职务行为的廉洁性。

2. 客观方面表现为利用职务上的便利,索取他人财物,或者非法收受他人财物为他人谋取利益,数额较大或者有其他较重情节的行为。

(1)受贿行为所索取、收受的是财物,该财物称为“贿赂”。这里的财物是指具有价值的可以管理的有体物、无体物以及财产性利益。

(2)受贿行为表现为索取或者收受财物。索取财物包括要求、索要与勒索财物。收受财物,是指在行贿人主动提供财物时,国家工作人员以将该财物作为自己的所有物的意思而接收、取得。事实上,还存在一种约定的方式,即行贿人与受贿人就财物一事相互沟通、达成协议。索取或者收受财物,并不限于行为人将财物直接据为己有,而是包括使请托人向第三者提供财物的情形。

(3)索取财物只需要利用职务上的便利就成立受贿罪,不要求为他人谋取利益。但收受财物的只有为他人谋取利益才成立受贿罪。①“为他人谋取利益”的“他人”不限于行贿人,完全可能是行贿人所指示或暗示的第三人。②“为他人谋取利益”中的“利益”,既可以是正当利益,也可以是不正当利益(一般违法乃至犯罪的利益)。

(4)受贿行为必须利用职务上的便利。

(5)受贿行为要成立受贿罪,还要求数额较大或者有其他较重情节。

3. 主体必须是国家工作人员。

4. 主观方面只能是故意。

(二)认定

1. 斡旋受贿的认定。根据《刑法》第388条的规定,国家工作人员利用本人职权或者地位形成的便利条件,通过其他国家工作人员职务上的行为,为请托人谋取不正当利益,索取请托人财物或者收受请托人财物的,以受贿论处。

2. 受贿罪的共犯。

(1)一般公民或者国家工作人员的亲属教唆或者帮助国家工作人员受贿的,成立受贿罪的共犯(教唆犯或者帮助犯),但不可能成立间接正犯与共同正犯。

(2)国家工作人员的家属事前接受请托人的财物后,将实情告知国家工作人员,国家工作人员不要求家属及时退还或者上交的,成立受贿罪的共同犯罪;国家工作人员要求家属及时退还或者上交,家属隐瞒真相没有退还或者上交的,国家工作人员不构成受贿罪,对家属也不能以受贿罪的共犯论处。

(3)在请托人有求于国家工作人员的职务行为时,国家工作人员要求请托人将财物交付给第三者时,如果第三者知情并接收财物的,应以受贿罪的共犯论处。

(4)国家工作人员将收受的房屋、汽车等登记在第三人名下时，第三人在登记前或者登记时知情并提供相关证件等帮助的，对第三人应以受贿罪的共犯论处。第三人事后才知情，不能认定为受贿罪的共犯。

(5)国家工作人员索取、收受储蓄卡、购物卡、现金支票以及其他债权凭证后，第三者帮助国家工作人员将债权凭证转换为现金或者其他财物的，由于国家工作人员的受贿行为已经既遂，故第三者的行为不成立受贿罪的共犯；如果第三者知情，则应以洗钱罪或者掩饰、隐瞒犯罪所得罪论处。

(6)国家工作人员与公司、企业等单位的工作人员(非国家工作人员)通谋，利用国家工作人员的职务便利，或者同时利用双方的职务便利，索取或者收受财物的，对双方均应认定为受贿罪。

3. 受贿罪与其他犯罪的关系：

(1)正确处理受贿罪与贪污罪的关系。二者的构成要件存在明显的区别，但存在一些形式上是受贿、实质上是贪污的案件。在某些案件中，不仅要考虑财物的来源，还要考虑国家工作人员的职务权限，双方共谋的内容，侵害的具体法益等。另外，也不排除贪污罪与受贿罪的想象竞合。

(2)正确处理索取型受贿罪与敲诈勒索罪的关系。索贿与敲诈勒索有相似之处，但索贿的行为主体必须是国家工作人员，而敲诈勒索罪的行为主体不必是国家工作人员；索贿必须利用职务上的便利，敲诈勒索罪不需要利用职务上的便利。

(3)正确处理受贿罪与诈骗罪的关系。国家工作人员的家属，以通过国家工作人员的职务行为为他人谋取利益之名，欺骗对方，获取财物的，是诈骗的一种方式，应以诈骗罪论处。国家工作人员利用职务上的便利收受请托人的财物后，做出为他人谋取利益的虚假承诺的，应认定为受贿罪。国家工作人员在他人有求于自己的职务行为时，谎称(能)为他人谋取利益并主动要求对方提供财物的，是受贿罪与诈骗罪的想象竞合。

四、单位受贿罪

国家机关、国有公司、企业、事业单位、人民团体，索取、非法收受他人财物，为他人谋取利益，情节严重的行为。

五、利用影响力受贿罪★★★

本罪包括两种类型：(1)国家工作人员的近亲属或者其他与该国家工作人员关系密切的人，通过该国家工作人员职务上的行为，或者利用该国家工作人员职权或地位形成的便利条件，通过其他国家工作人员职务上的行为，利用影响力受贿；(2)离职的国家工作人员或者其近亲属以及其他与其关系密切的人，利用该离职的国家工作人员原职权或者地位形成的便利条件，利用影响力受贿。

定罪量刑适用标准，参照司法解释对行贿罪的规定执行。

六、行贿罪★★★

1. 概念：为谋取不正当利益，给予国家工作人员以财物的行为。

2. 构成。

(1)客观方面表现为：①为了利用国家工作人员的职务行为(包括利用国家工作人员的斡旋行为)，主动给予国家工作人员以财物。②在有求于国家工作人员的职务行为时，由于国家工作人员的索取而给予国家工作人员以财物。但根据《刑法》第389条第3款的规定，因被勒索给予国家工作人员以财物，没有获得不正当利益的，不是行贿。③与国家工作人员约定，以满足自己的要求为条件给予国家工作人员以财物。《刑法》第389条第2款规定："在经济往来中，违反国家规定，给予国家工作人员以财物，数额较大的，或者违反国家规定，给予国家工作人员以各种名义的回扣、手续费的，以行贿论处。"④在国家工作人员利用职务上的便利为自己谋取利益之时或者之后，给予国家工作人员以财物，作为其职务行为的报酬。根据司法解释，为谋取不正当利益，向国家工作人员行贿，数额在1万元以上的，应以行贿罪追究刑事责任。

(2)主观方面出于故意，并且具有谋取不正当利益的目的。根据相关司法解释，"谋取不正当利益"是指行贿人谋取的利益违反法律、法规、规章、政策规定，或者要求国家工作人员违反法律、法规、规章、政策、行业规范的规定，为自己提供帮助或者方便条件。违背公平、公正原则，在经济、组织人事管理等活动中，谋取竞争优势的，应当认定为"谋取不正当利益"。行贿人谋取不正当利益的行为构成犯罪的，应当与行贿犯罪实行数罪并罚。

3. 行贿罪与受贿罪属于对向犯，在通常情况下，行贿方与受贿方的行为均成立犯罪。因此，司法机关不能仅处罚其中一方。但是，这并不意味着一方行为成立犯罪时另一方行为也必然成立犯罪，仅一方的行为成立犯罪的现象是大量存在的。例如，前述因被勒索给予财物，没有获得不正当利益的，不是行贿；但国家工作人员的行为仍然是索取贿赂。再如，为了谋取正当利益而给予国家工作人员以财物的，不是行贿；但国家工作人员接受财物的行为成立受贿罪。又如，为了谋取不正当利益而给予国家工作人员以财物的，构成行贿罪；但国家工作人员没有接受贿赂的故意，立即将财物送交有关部门处理的，不构成受贿罪。

4. 既遂：为谋取不正当利益给予国家工作人员以财物，国家工作人员客观上接收（占有）了财物时，如财物已经放在国家工作人员家里或者办公室，财物已经转移至国家工作人员或者其亲属控制之下，行贿罪便既遂。

5. 罪数：行贿人反复要求国家工作人员接受自己给予的财物的，仅成立行贿罪，不同时成立受贿罪的教唆犯。但是，行为人不仅自己向国家工作人员行贿，而且劝说国家工作人员接受第三者给予的财物的，则成立行贿罪与受贿罪的共犯，实行数罪并罚。行贿人谋取不正当利益的行为构成犯罪的，应当与行贿犯罪实行数罪并罚。

七、对有影响力的人行贿罪★★

谋取不正当利益，向国家工作人员的近亲属或者其他与该国家工作人员关系密切的人，或者向离职的国家工作人员或者其近亲属以及其他与其关系密切的人行贿的行为。

八、介绍贿赂罪

本罪是指向国家工作人员介绍贿赂，情节严重的行为。凡是行贿罪、受贿罪的帮助行为，都是行贿罪、受贿罪的共犯行为，理当分别认定为行贿罪与受贿罪，而不得认定为介绍贿赂罪。如果某行为同时对行贿、受贿起帮助作用，则属于一行为触犯数罪名，应从一重处罚，也不宜认定为介绍贿赂罪。

九、巨额财产来源不明罪

1. 概念：国家工作人员的财产、支出明显超过合法收入，差额巨大，不能说明来源的行为。

2. 构成。

（1）主体只限于国家工作人员。

（2）客观行为表现为，财产、支出明显超过合法收入，差额巨大，在有关机关责令行为人说明来源时，行为人不能说明其来源。“不能说明来源”，包括以下情况：①行为人拒不说明财产来源。②行为人无法说明财产的具体来源。③行为人所说的财产来源经司法机关查证并不属实。④行为人所说的财产来源因线索不具体等原因，司法机关无法查实，但能排除存在来源合法的可能性和合理性的。

（3）本罪的主观方面为故意。

3. 认定：（1）行为人拥有巨额财产，但不能说明来源，对此，应认定为本罪。（2）行为人拥有巨额财产，本人说明了其合法来源的，不能认定为犯罪；如果说明了其非法来源，并查证属实的，应按其行为性质认定违法犯罪，不认定为本罪。（3）行为人拥有巨额财产，本人不能说明其来源的，人民法院判决成立本罪，行为人在服刑期间或者刑罚完毕以后说明其财产来源系合法所得或者系一般违法行为所得的，原判决依然有效，不得改判无罪。（4）行为人拥有巨额财产，本人不能说明其来源的，人民法院判决成立本罪，但司法机关后来查清了该巨额财产的来源：如果来源是合法的，原来的判决必须维持，不能更改；如果源于一般违法行为，也应维持原来的判决；如果源于犯罪行为，并查证属实的，则按非法来源的性质再次定罪，也不能推翻原来的判决。

十、私分国有资产罪

本罪是指国家机关、国有公司、企业、事业单位、人民团体，违反国家规定，以单位名义将国有资产集体私分给个人，数额较大的行为。将国有资产私自分给单位少数成员的，应认定是共同贪污。

命题点拨　贪污罪、挪用公款罪、受贿罪都是国家工作人员利用职务上的便利实施的职务犯罪。贪污罪的本质是化公为私，挪用公款罪的本质是公款私用，受贿罪的本质是钱权交易。要注意贪污罪与（职务）侵占罪、挪用公款罪与挪用资金罪、受贿罪与非国家工作人员受贿罪的区分。

第二十三章　渎　职　罪

一、滥用职权罪★★★

滥用职权罪，是指国家机关工作人员滥用职权，致使公共财产、国家和人民利益遭受重大损失的行为。

滥用职权的行为主要表现为以下几种情况：一是超越职权，擅自决定或处理没有具体决定、处理权限的事项；二是玩弄职权，随心所欲地对事项作出决定或者处理；三是故意不履行应当履行的职责，或者说任意放弃职责；四是以权谋私、假公济私，不正确地履行职责。

根据刑法的规定，滥用职权行为，只有致使公共财产、国家和人民利益遭受重大损失的，才成立犯罪。本罪主观方面必须出于故意。注意法条竞合。

二、玩忽职守罪★

玩忽职守罪，是指国家机关工作人员玩忽职守，致使公共财产、国家和人民利益遭受重大损失的行为。

玩忽职守，是指严重不负责任，不履行职责或者不正确履行职责的行为。注意法条竞合。

三、故意泄露国家秘密罪

故意泄露国家秘密罪，是指国家机关工作人员或其他有关人员，违反保守国家秘密法的规定，故意泄露国家秘密，情节严重的行为。

行为人将国家秘密泄露给境外的机构、组织、人员的，应认定为为境外非法提供国家秘密罪。

四、徇私枉法罪★★

司法工作人员徇私枉法、徇情枉法，对明知是无罪的人而使他受追诉，对明知是有罪的人而故意包庇不使他受追诉，或者在刑事审判活动中故意违背事实和法律作枉法裁判的行为。

五、执行判决、裁定失职罪

司法工作人员在执行判决、裁定活动中，严重不负责任，不依法采取诉讼保全措施、不履行法定执行职责，致使当事人或者其他人的利益遭受重大损失的行为。

六、执行判决、裁定滥用职权罪

司法工作人员在执行判决、裁定活动中，滥用职权，违法采取诉讼保全措施、强制执行措施，致使当事人或者其他人的利益遭受重大损失的行为。

七、私放在押人员罪

司法工作人员私放在押的犯罪嫌疑人、被告人或者罪犯的行为。

八、失职致使在押人员脱逃罪

司法工作人员由于严重不负责任，致使在押的犯罪嫌疑人、被告人或者罪犯脱逃，造成严重后果的行为。

九、徇私舞弊减刑、假释、暂予监外执行罪(略)

十、徇私舞弊不移交刑事案件罪

本罪是指行政执法人员徇私舞弊，对依法应当移交司法机关追究刑事责任的不移交，情节严重的行为。

十一、徇私舞弊不征、少征税款罪

徇私舞弊不征、少征税款罪，是指税务机关的工作人员徇私舞弊，不征或者少征应征税款，致使国家税收遭受重大损失的行为。主体是税务机关的工作人员。主观方面必须出于故意，即明知是应征税款，但故意不征或者少征，并出于徇私的动机。过失行为不成立本罪，构成犯罪的，可以玩忽职守罪论处。犯本罪的，根据《刑法》第404条的规定处罚。

十二、放纵走私罪

海关工作人员徇私舞弊，放纵走私，情节严重的行为。被放纵的包括一般走私行为和走私犯罪。

十三、不解救被拐卖、绑架妇女、儿童罪

对被拐卖、绑架的妇女、儿童负有解救职责的国家机关工作人员，接到被拐卖、绑架的妇女、儿童及其亲属的解救要求或者接到其他人的举报，而对被拐卖、绑架的妇女、儿童不进行解救，造成严重后果的行为。

十四、帮助犯罪分子逃避处罚罪

有查禁犯罪活动职责的国家机关工作人员，向犯罪分子通风报信、提供便利，帮助犯罪分子逃避处罚的行为。

为使犯罪分子逃避处罚，向犯罪分子及其亲属泄露有关部门查禁犯罪活动的部署、人员、措施、时间、地点等情况的；为使犯罪分子逃避处罚，向犯罪分子及其亲属提供交通工具、通信设备、隐藏处所等便利条件的；为使犯罪分子逃避处罚，向犯罪分子及其亲属泄露案情，帮助、指示其隐匿、毁灭、伪造证据及串供、翻供的；公安人员对盗窃、抢劫的机动车辆，非法提供机动车牌证或者为其取得机动车牌证提供便利，帮助犯罪分子逃避处罚的，以本罪论处。帮助犯罪分子逃避处罚的行为应与行为主体的职责关联，否则成立窝藏罪、包庇罪。

命题点拨 《刑法》第397条规定的滥用职权罪和玩忽职守罪是一般条款，同本章其他特定的滥用职权、玩忽职守犯罪存在法条竞合关系，对此应按特别法(条)优于普通法(条)原则定罪量刑。

第二十四章　军人违反职责罪

(略)

刑事诉讼法

【复习指引】 刑事诉讼法是客观题考试中的重点科目之一。综合历年试题,总结该部分内容在客观题考试中的考查特点如下:考点重复率高、重点突出;考查法条与考查理论并重;实体法与程序法的综合性考查加强,较多采用小案例的考查方式。针对2023年客观题考试,在备考本部分内容是要注意以下几点:(1)注意结合相关司法解释的内容理解本部分内容;(2)反复记忆常规考点,结合历年真题进行自我检测。

第一编 总 论

第一章 刑事诉讼法概述

第一节 刑事诉讼法的概念

一、刑事诉讼的概念与特征

我国刑事诉讼,是指人民法院、人民检察院和公安机关(含国家安全机关等其他侦查机关,下同)在当事人及其他诉讼参与人的参加下,依照法律规定的程序,解决被追诉人刑事责任问题的活动。刑事诉讼具有以下特征:

1. 是实现国家刑罚权的活动。

2. 由人民法院、人民检察院和公安机关等国家机关主导进行。

3. 在当事人和其他诉讼参与人的参加下进行,被追诉人的防御与辩护活动是刑事诉讼必不可少的组成部分。

4. 严格依照法律规定的程序进行。

二、刑事诉讼法的概念与渊源

刑事诉讼法是国家制定的规范人民法院、人民检察院和公安机关进行刑事诉讼,当事人和其他诉讼参与人参加刑事诉讼的法律。

我国刑事诉讼法的渊源包括:宪法;刑事诉讼法典即《刑事诉讼法》;适用于全国的有关司法解释和规范性文件;有关法律解释和规定;行政法规和部门规章;地方性法规;国际公约、条约。

三、刑事诉讼法与刑法的关系

刑事诉讼法具有保障刑法正确适用的工具价值,也有自己独立的价值。

四、刑事诉讼法与法治国家

刑事诉讼法在实现法治国家方面的作用,集中体现在与宪法的关系之中:一方面,有关刑事诉讼的程序性条款在宪法条文中占据重要地位。另一方面,刑事诉讼法在维护宪法制度方面发挥重要作用。国家权力得以规范行使与公民基本权利和自由得以充分保障,正是法治国家的基本标志。

第二节 刑事诉讼法的制定目的与任务★

一、刑事诉讼法的制定目的

《刑事诉讼法》第1条规定了制定目的:保证刑法的正确实施,惩罚犯罪,保护人民,保障国家安全和社会公共安全,维护社会主义社会秩序。这一目的为刑事诉讼法的制定、修改与实施确定了需要达致的总体目标。

二、刑事诉讼法的任务

《刑事诉讼法》第2条规定:"中华人民共和国刑事诉讼法的任务,是保证准确、及时地查明犯罪事实,正确应用法律,惩罚犯罪分子,保障无罪的人不受刑事追究,教育公民自觉遵守法律,积极同犯罪行为作斗争,维护社会主义法制,尊重和保障人权,保护公民的人身权利、财产权利、民主权利和其他权利,保障社会主义建设事业的顺利进行。"

第三节 刑事诉讼的基本理念

基本理念包含:惩罚犯罪与保障人权、实体公正与程序公正、诉讼效率。

第四节 刑事诉讼的基本范畴

一、刑事诉讼目的

刑事诉讼的根本目的是维护社会秩序。

刑事诉讼的直接目的表现为两方面:一方面,国家通过刑事诉讼活动,要在准确、及时地查明案件事实真相的基础上对构成犯罪的被告人正确适用刑法,惩罚犯罪,实现国家刑罚权;另一方面,国家在进行刑事诉讼过程中保障诉讼参与人和其他案外人的合法权益不受侵犯，特别是保障与案件结果有直接利害关系的犯罪嫌疑人、被告人和被害人的诉讼权利得到充分行使。刑事诉讼根本目的的实现有赖于直接目的的实现。

二、刑事诉讼价值

刑事诉讼价值包括秩序、公正、效益。

三、刑事诉讼主体

刑事诉讼主体是所有参与刑事诉讼活动，在刑事诉讼中享有一定权利、承担一定义务的国家专门机关和诉讼参与人。包括三大类：一是代表国家行使侦查权、起诉权、审判权、刑罚执行权的国家专门机关；二是直接影响诉讼进程并且与诉讼结果有直接利害关系的诉讼当事人；三是协助国家专门机关和诉讼当事人进行诉讼活动的其他诉讼参与人。

四、刑事诉讼职能

刑事诉讼有三种基本职能，即控诉、辩护和审判。

五、刑事诉讼构造

刑事诉讼构造是指刑事诉讼法所确立的进行刑事诉讼的基本方式以及专门机关、诉讼参与人在刑事诉讼中形成的法律关系的基本格局。现代刑事诉讼构造的设计需要遵循下列基本理念：(1)控审分离与不告不理；(2)裁判者中立；(3)控辩平等对抗。

六、刑事诉讼阶段

我国的刑事诉讼划分为立案、侦查、起诉、审判和执行等阶段。

命题点拨 刑事诉讼法与刑法的关系，刑事诉讼的基本理念，包括惩罚犯罪与保障人权、实体公正与程序公正、诉讼效率；刑事诉讼的基本范畴，包括刑事诉讼的目的、刑事诉讼价值、刑事诉讼职能、刑事诉讼构造等。

第二章 刑事诉讼法的基本原则★★★

第一节 基本原则概述

刑事诉讼法的基本原则，是指我国法律规定的，反映刑事诉讼理念和目的的要求，贯穿于刑事诉讼的全过程或者主要诉讼阶段，对刑事诉讼过程具有普遍或者重大指导意义和规范作用，为国家专门机关和诉讼参与人参与刑事诉讼必须遵循的基本行为准则。

第二节 侦查权、检察权、审判权由专门机关依法行使

该原则的含义主要有：

1. 办理刑事案件的职权具有专属性和排他性。

2. 各专门机关在办理刑事案件时有明确的职权分工。

3. 专门机关必须依法行使侦查权、检察权、审判权。

第三节 严格遵守法律程序

该原则的基本含义有：

1. 人民法院、人民检察院和公安机关在进行刑事诉讼活动时，必须严格遵守刑事诉讼法和其他有关法律的规定，不得违反法律规定的程序和规则，更不得侵害各方当事人和其他诉讼参与人的合法权益。这里所说的“其他法律”，是指所有与刑事诉讼有关的法律。

2. 违反法律程序严重的，应当依法承担相应的法律后果。

3. 程序法定原则是现代刑事诉讼的基本要求，它包括两层含义：一是立法方面的要求，即刑事诉讼程序应当由法律事先明确规定；二是司法方面的要求，即刑事诉讼活动应当依据国家法律规定的刑事程序来进行。

第四节 人民法院、人民检察院依法独立行使职权

该原则主要有以下含义：

1. 人民法院行使审判权，人民检察院行使检察权，在法律规定的职责范围内都是独立的，不受行政机关、社会团体和个人的干涉。但是，需要注意的是，人民法院、人民检察院依法独立行使职权，仍然需要接受党的领导，接受各级人民代表大会的监督，并应当自觉接受人民群众、社会舆论的监督。

2. 人民法院行使审判权和人民检察院行使检察权，必须严格遵守宪法和法律的各项规定。人民法院、人民检察院必须严格遵守法律的规定，既要遵守实体法，也要遵守程序法，按法定程序和规则行事。

3. 人民法院、人民检察院作为一个组织整体，集体对审判权、检察权的行使负责。

第五节 分工负责、互相配合、互相制约

"分工负责",是指人民法院、人民检察院和公安机关在刑事诉讼中根据法律有明确的职权分工,应当在法定范围内行使职权,各司其职,各负其责,既不能相互替代,也不能相互推诿。"互相配合",是指人民法院、人民检察院和公安机关进行刑事诉讼,应当在分工负责的基础上,相互支持,通力合作,使案件的处理能够前后衔接,协调一致,共同完成查明案件事实,追究、惩罚犯罪的任务。"互相制约",是指人民法院、人民检察院和公安机关进行刑事诉讼,应当按照诉讼职能的分工和程序上的设置,相互约束,相互制衡,以防止发生错误或及时纠正错误,保证准确执行法律,做到不错不漏,不枉不纵。

分工负责、互相配合、互相制约原则贯穿于刑事诉讼始终,最终目的是保证准确有效地执行法律。分工负责、互相配合、互相制约,是密切相关、缺一不可的。其中,分工负责是前提,配合和制约是三机关依法行使职权,顺利进行刑事诉讼的保证。

第六节 人民检察院依法对刑事诉讼实行法律监督

1. 立案监督。刑事立案监督的任务是确保依法立案,防止和纠正有案不立和违法立案。

2. 侦查监督。人民检察院对侦查活动是否合法进行监督,如果发现侦查活动有违法行为,有权要求纠正。

3. 审判监督。(1)对法庭审理活动的监督。(2)对一审裁判的监督。(3)对生效裁判的监督。(4)对死刑复核程序的监督。

4. 执行监督。(1)死刑执行的临场监督。(2)对监外执行的监督。(3)对减刑、假释的监督。(4)对执行机关执行刑罚的活动是否合法实行监督。

第七节 各民族公民有权使用本民族语言文字进行诉讼

该原则包括以下内容:

1. 使用本民族语言文字的权利。

2. 公、检、法机关使用当地通用语言文字的义务。

3. 公、检、法机关提供翻译的义务。

第八节 犯罪嫌疑人、被告人有权获得辩护

这一原则的基本含义是:

1. 犯罪嫌疑人、被告人享有辩护的权利。

2. 公、检、法机关有义务保障犯罪嫌疑人、被告人享有辩护权。

第九节 未经人民法院依法判决,对任何人都不得确定有罪

该原则包括以下含义:

1. 明确规定了确定被告人有罪的权力由人民法院统一行使,其他任何机关、团体和个人都无权行使。

2. 人民法院判决被告人有罪,必须严格依照法定程序,在保障被告人享有充分辩护权和其他权利的基础上,依法组成审判庭进行公开、公正的审理。

为贯彻该原则,刑事诉讼法从几个方面作了相应规定:(1)区分犯罪嫌疑人与刑事被告人。(2)控诉方承担举证责任,被告人不负证明自己无罪的责任,不得因被告人不能证明自己无罪便判定其有罪。(3)疑案作无罪处理。

第十节 保障诉讼参与人的诉讼权利★

该原则的基本含义是:

1. 诉讼权利是诉讼参与人享有的法定权利,法律予以保护,公安司法机关不得以任何方式加以剥夺。

2. 公安司法机关有义务保障诉讼参与人充分行使诉讼权利,对于刑事诉讼中妨碍诉讼参与人行使诉讼权利的各种行为,公安司法机关有义务采取措施予以制止。

3. 诉讼参与人在享有诉讼权利的同时,还应当承担法律规定的诉讼义务。

第十一节 认罪认罚从宽

一、基本含义

"认罪",是指犯罪嫌疑人、被告人自愿如实供述自己的罪行,对指控的犯罪事实没有异议。承认指控的主要犯罪事实,仅对个别事实情节提出异议,或者虽然对行为性质提出辩解但表示接受司法机关认定意见的,也属于"认罪"。

"认罚",是指犯罪嫌疑人、被告人真诚悔罪,愿

意接受处罚，尤其是接受人民检察院提出的包括主刑、附加刑以及是否适用缓刑等刑罚具体执行方式在内的量刑建议。

“从宽”既包括实体法上的从宽，也包括程序法上的从宽。实体法上的从宽，是指在犯罪嫌疑人、被告人本身所具有的实体法上的自首、坦白等量刑情节的基础上，在遵循罪责刑相适应原则的前提下，给予其相对更大的从宽幅度，以表示对其认罪认罚的鼓励。程序法上的从宽，即对犯罪嫌疑人、被告人适用限制人身自由程度更轻的强制措施、作出轻缓的程序性处理或者适用更为便利和减少讼累的诉讼程序。

二、基本要求

1. 在认罪认罚从宽中贯彻宽严相济刑事政策。

2. 落实认罪认罚从宽制度还必须坚持罪责刑相适应的原则，既要考虑体现认罪认罚从宽，又要考虑其所犯罪行的轻重、应负刑事责任和社会危险性的大小，依照法律规定提出量刑建议，准确裁量刑罚，确保罚当其罪，避免罪刑失衡。

3. 落实认罪认罚从宽制度还必须坚持证据裁判原则。

4. 适用的范围不受罪名和刑罚的限制。

5. 从宽幅度的把握需要从多个方面进行考量。

6. 从多个方面保障犯罪嫌疑人、被告人在认罪认罚过程中的权利。

7. 注重保障被害人的权利。

第十二节　具有法定情形不予追究刑事责任

一、法定不追究刑事责任的情形★

1. 情节显著轻微、危害不大，根据刑法不认为是犯罪的。需要注意的是，这里规定的是情节“显著轻微”，与《刑事诉讼法》第 177 条第 2 款中作出酌定不起诉的条件，即犯罪情节“轻微”不同。在审查起诉环节，检察机关认为情节“显著轻微”，危害不大，根据刑法不认为是犯罪的，应当作出法定不起诉的处理；而如果检察机关认为犯罪情节“轻微”，依照刑法规定不需要判处刑罚或者免除刑罚的，可以作出酌定不起诉的处理。

2. 犯罪已过追诉时效期限的。刑法规定了对于刑事犯罪的追诉期限：法定最高刑为不满 5 年有期徒刑的，经过 5 年；法定最高刑为 5 年以上不满 10 年有期徒刑的，经过 10 年；法定最高刑为 10 年以上有期徒刑的，经过 15 年；法定最高刑为无期徒刑、死刑的，经过 20 年。超过上述法定追诉时效的，一般不再追究刑事责任。如果 20 年以后认为必须追诉的，须报请最高人民检察院核准。

3. 经特赦令免除刑罚的。全国人民代表大会常务委员会有权决定特赦。

4. 依照刑法告诉才处理的犯罪，没有告诉或者撤回告诉的。告诉才处理的案件以被害人提出告诉为前提。

5. 犯罪嫌疑人、被告人死亡的。

6. 其他法律规定免予追究刑事责任的。如《刑事诉讼法》第 182 条第 1 款规定，犯罪嫌疑人自愿如实供述涉嫌犯罪的事实，有重大立功或者案件涉及国家重大利益的，经最高人民检察院核准，公安机关可以撤销案件，人民检察院可以作出不起诉决定，也可以对涉嫌数罪中的一项或者多项不起诉。

二、遇有法定情形时的处理

根据该原则，对于具有不应追究刑事责任法定情形的案件，应根据案件的不同情况及所处的诉讼阶段作出不同处理。

1. 立案阶段。应当不予立案。

2. 侦查阶段。侦查机关应当决定撤销案件。

3. 审查起诉阶段。检察机关作出不起诉处理。

4. 审判阶段。符合《刑事诉讼法》第 16 条规定的第一种情形的，判决宣告无罪；其他 5 种情形的，应当裁定终止审理。对于属于《刑事诉讼法》第 16 条第 2～6 项规定的情形的，应当退回人民检察院；属于告诉才处理的案件，应当同时告知被害人有权提起自诉。

在案件起诉到法院后被告人死亡的，需要区分情形进行处理：(1)对于被告人死亡的，一般应当裁定终止审理。(2)根据《刑事诉讼法》第 297 条第 1 款，对有证据证明被告人无罪，人民法院经缺席审理确认无罪的，应当依法作出判决。“有证据证明被告人无罪，经缺席审理确认无罪”，包括案件事实清楚，证据确实、充分，依据法律认定被告人无罪的情形，以及证据不足，不能认定被告人有罪的情形。(3)在第二审程序中，如果共同犯罪案件中提出上诉的被告人死亡，其他被告人没有提出上诉，第二审人民法院应当对死亡的被告人终止审理；但有证据证明被告人无罪，经缺席审理确认无罪的，应当判决宣告被告人无罪。第二审人民法院仍应对全案进行审查，对其他同案被告人作出判决、裁定。

第十三节　追究外国人刑事责任适用我国刑事诉讼法

该原则的含义包括：

1. 外国人、无国籍人犯罪，一般应当按照刑事诉讼法规定的诉讼程序进行追诉。

2. 享有外交特权和豁免权的外国人犯罪应当追究刑事责任的,通过外交途径解决。

命题点拨 比较重要的原则包括:严格遵守法律程序;人民检察院依法对刑事诉讼实行法律监督;犯罪嫌疑人、被告人有权获得辩护;未经人民法院依法判决,对任何人都不得确定有罪;认罪认罚从宽;具有法定情形不予追究刑事责任。

第三章 刑事诉讼中的专门机关和诉讼参与人★

第一节 刑事诉讼中的专门机关

刑事诉讼中的专门机关,是指依照法定职权进行刑事诉讼活动,并在诉讼中承担一定职能的国家机关。主要是指人民法院、人民检察院和公安机关,还包括国家安全机关、军队保卫部门、海警机构、监狱等。

一、公安机关的性质、组织体系与职权

1. 公安机关的性质。

公安机关是国家的治安保卫机关,是各级人民政府的组成部分。公安机关属同级人民政府的一个职能部门,在性质上属行政机关。

2. 公安机关的组织体系

我国公安机关实行统一领导、分级管理、条块结合和以块为主的管理体制。(1)在中央一级,国务院设立公安部,负责领导和指挥全国的公安工作,并根据协议与国际刑警组织和国外、境外的警察机构合作,共同打击跨国、跨境的犯罪活动。(2)在省、自治区、直辖市一级设公安厅(局),领导和管理全省、自治区、直辖市范围内的公安工作。(3)在地区、自治州和省辖市设公安局(处)。(4)在县、县级市、自治县设公安局。(5)在直辖市和中等城市的市辖区设公安分局。(6)根据需要,在大中城市各街道办事处和县属的乡、镇设立公安派出所,它们是基层公安机关的派出工作机构,履行基层公安机关的部分职责,但不是一级公安机关。

此外,公安部和地方公安机关根据工作需要,经国务院批准,可以在一些特殊的部门或单位设立专门公安机关。主要有:在国家海关总署设立的海关总署缉私局和在各直属海关设立的缉私局,在铁路、交通、林业、民航等系统设立的公安机关。

3. 公安机关的职权

在刑事诉讼中,公安机关的主要职权有:

(1)立案权;(2)侦查权;(3)执行权。

二、其他侦查机关的职权

1. 国家安全机关。依照法律规定,办理危害国家安全的刑事案件,行使与公安机关相同的职权。

2. 军队保卫部门。负责侦查军队内部发生的刑事案件。军队保卫部门在刑事诉讼中,可以行使宪法和法律规定的公安机关的侦查、拘留、预审和执行逮捕等职权。

3. 海警机构。对于在海上发生的包括危害国家安全犯罪、恐怖活动犯罪、走私、毒品、偷越国(边)境、非法捕捞、破坏海洋资源等刑事案件,海警机构行使与公安机关相同的侦查权。侦查终结后,海警机构认为应当追究犯罪嫌疑人刑事责任的,应当移送人民检察院审查起诉。

4. 监狱。(1)刑罚执行权。(2)监狱内犯罪的侦查权。(3)在罪犯服刑期间,发现在判决时所没有发现的新罪行,有权移送人民检察院处理。(4)对罪犯应予监外执行的,有权提出书面意见,报省、自治区、直辖市监狱管理机关批准。(5)对被判处死缓的罪犯,如果在执行期间没有故意犯罪的,两年后有权提出减刑建议,报省、自治区、直辖市监狱管理机关审核后,报请相应的高级人民法院裁定。(6)对罪犯在执行期间具备法定的减刑、假释条件的,有权提出减刑或假释建议,报人民法院审核裁定。(7)在刑罚执行过程中,如果认为判决确有错误或罪犯提出申诉的,有权转交人民检察院或人民法院处理。

三、人民检察院的性质、组织体系与职权

1. 人民检察院的性质。我国宪法和法律规定,人民检察院是国家的法律监督机关,是代表国家行使检察权的专门机关。

2. 人民检察院的立场。人民检察院办理刑事案件,以事实为根据,以法律为准绳,秉持客观公正的立场。

3. 人民检察院的组织体系。人民检察院在机构设置上,分为最高人民检察院、地方各级人民检察院和各专门人民检察院。

地方各级人民检察院包括:(1)省级人民检察院,包括省、自治区、直辖市人民检察院;(2)设区的市级人民检察院,包括省、自治区辖市人民检察院,自治州人民检察院,省、自治区、直辖市人民检察院分院;(3)基层人民检察院,包括县、自治县、不设区的市、市辖区人民检察院。专门人民检察院包括军事检察院等专门检察院。

各人民检察院由检察长统一领导日常工作。检察官在检察长领导下开展工作。检察委员会履行下

列三方面职能：(1)总结检察工作经验；(2)讨论决定重大、疑难、复杂案件；(3)讨论决定其他有关检察工作的重大问题。

4.上、下级人民检察院之间的关系。人民检察院上下级之间是领导与被领导的关系，最高人民检察院领导地方各级人民检察院和专门人民检察院的工作，上级人民检察院领导下级人民检察院的工作。

5.人民检察院的职权。在刑事诉讼中，人民检察院的职权主要有：

(1)侦查权。一是人民检察院在对诉讼活动实行法律监督中发现的司法工作人员利用职权实施的非法拘禁、刑讯逼供、非法搜查等侵犯公民权利、损害司法公正的犯罪；二是对于公安机关管辖的国家机关工作人员利用职权实施的重大犯罪案件，需要由人民检察院直接受理的时候，经省级以上人民检察院决定，可以由人民检察院立案侦查。关于这两类案件的具体情况，详见第四章“管辖”。

(2)公诉权。在审查起诉阶段，检察机关依法享有以下职权：有权对侦查终结移送起诉的案件进行审查，决定提起公诉或不起诉；对国家财产、集体财产遭受损失的，有权在提起公诉的同时提起附带民事诉讼；对于损害公共利益的行为，有权提起附带民事公益诉讼；在审查起诉时，对于需要补充侦查的案件，有权决定自行侦查，退回补充侦查或者退回监察机关补充调查。

在审判阶段，检察机关主要享有以下权力：派员出席法庭支持公诉，讯问被告人，向证人、鉴定人等发问，宣读未到庭证人的证言笔录、鉴定人的鉴定意见、勘验笔录和其他作为证据的文书，向法庭出示物证，参加法庭辩论，提出量刑建议等。

(3)诉讼监督权。对公安机关立案或者不立案的决定认为有错误的，有权要求公安机关纠正；对公安机关、国家安全机关、军队保卫部门、监狱等侦查机关要求逮捕犯罪嫌疑人的申请进行审查，决定是否批准逮捕；对侦查机关的侦查活动是否合法有权进行监督，如果发现有违法情况，有权通知予以纠正；对审判过程中的违法情形提出纠正意见；对人民法院确有错误的裁判，依照法定程序提出抗诉；对强制医疗等特别程序，有权进行监督；在执行阶段，有权对判决、裁定的执行活动实行监督。

四、人民法院的性质、组织体系与职权

1.人民法院的性质。人民法院是国家的审判机关。

2.人民法院的组织体系。根据《人民法院组织法》的规定，我国人民法院由最高人民法院、地方各级人民法院和专门人民法院构成。

3.上、下级人民法院之间的关系。与检察机关不同，上、下级人民法院之间是监督与被监督的关系。

4.人民法院的职权。人民法院的职权可以分为审判权以及为保障审判权的实施而享有的其他职权两类。

第二节　诉讼参与人★

一、诉讼参与人概述

1.概念。诉讼参与人是指在刑事诉讼过程中享有一定诉讼权利、承担一定诉讼义务的除国家专门机关工作人员以外的人。包括当事人、法定代理人、诉讼代理人、辩护人、证人、鉴定人和翻译人员。

2.分类。诉讼参与人一般可分为两大类：一是当事人；二是其他诉讼参与人。

当事人是指与案件的结局有着直接利害关系，对刑事诉讼进程发挥着较大影响作用的诉讼参与人。包括被害人、自诉人、犯罪嫌疑人、被告人、附带民事诉讼的原告人和被告人。

享有的诉讼权利包括：(1)用本民族语言文字进行诉讼。(2)申请回避权。(3)控告权。(4)有权参加法庭调查和法庭辩论，向证人发问并质证，辨认物证和其他证据，并就证据发表意见，申请通知新的证人到庭和调取新的物证，申请重新勘验或者鉴定，互相辩论等。(5)申诉权。

其他诉讼参与人，是指除公安司法人员以及当事人之外，参与诉讼活动并在诉讼中享有一定的诉讼权利、承担一定的诉讼义务的人。根据《刑事诉讼法》第108条的规定，其他诉讼参与人是指法定代理人、诉讼代理人、辩护人、证人、鉴定人和翻译人员。其他诉讼参与人与诉讼结局并无直接利害关系，其参加刑事诉讼不是为了保护自己的实体权利，而是在某一环节或者某一方面协助刑事诉讼的进行。其他诉讼参与人的诉讼行为并不能启动诉讼程序或者对诉讼进程产生直接影响。

在我国刑事诉讼中，还存在一些诉讼地位类似于其他诉讼参与人的主体，他们参与刑事诉讼的主要目的在于协助刑事诉讼的进行，享有类似于其他诉讼参与人的权利，并履行相应的义务，该类主体主要包括：参与勘验、检查的有专门知识的人；就案件的专门性问题出具报告的有专门知识的人；出庭的专家辅助人；讯问和询问未成年人时在场的合适成年人；进行社会调查的人员等。

二、被害人

1.被害人的概念与特点。

被害人是指在人民检察院代表国家提起公诉的

刑事案件中，以个人身份参与诉讼，并与人民检察院共同行使控诉职能的人。被害人具有以下特点：(1)被害人作为遭受犯罪行为侵害的人，与案件结局有着直接的利害关系；(2)被害人通常是了解案件情况的人，其陈述本身是法定的证据来源之一；(3)被害人既有权要求公安司法机关追究和惩罚犯罪，也有权要求司法机关追缴赃款赃物或者责令退赔，全面维护其人身、财产和民主权利；(4)被害人作为诉讼当事人，与犯罪嫌疑人、被告人居于大致相同的诉讼地位，享有与犯罪嫌疑人、被告人大致相同的诉讼权利。但是，由于公诉案件的起诉权和抗诉权由检察机关行使，被害人不享有公诉案件的起诉权和抗诉权。

2. 被害人的诉讼权利、诉讼义务。★

被害人在刑事诉讼中除享有诉讼参与人共有的诉讼权利以外，还享有以下诉讼权利：(1)报案与控告权。(2)申诉权。(3)委托诉讼代理人的权利。(4)自诉权。(5)程序参与权。(6)申请抗诉权。(7)受到保护权。(8)财产发还与赔偿权。

在刑事诉讼中，被害人的诉讼义务主要有：(1)如实向公安机关、人民检察院、人民法院及其工作人员作出陈述。(2)接受公安司法机关的传唤，按时出席法庭参加审判。(3)遵守法庭纪律，回答提问并接受询问和调查。

三、自诉人

1. 自诉人的概念和特点。

自诉人是指在自诉案件中，以自己的名义直接向人民法院提起诉讼的人。自诉人相当于自诉案件的原告，通常是该案件的被害人。其特点有：(1)只有自诉人可以启动自诉程序；(2)只有在自诉案件中，才存在自诉人；(3)自诉人在诉讼中承担控诉职能，其诉讼地位相当于原告。

2. 自诉人的诉讼权利、诉讼义务

自诉人在刑事自诉案件中的主要诉讼权利有：(1)提起自诉权；(2)委托诉讼代理权；(3)调解、和解、撤诉权；(4)程序参与权；(5)申请法院调查取证权；(6)上诉权；(7)申诉权。

自诉人的主要诉讼义务是：(1)承担举证责任；(2)不得捏造事实诬告陷害他人或者伪造证据，否则应当承担法律责任；(3)按时出席法庭审判；(4)遵守法庭纪律，听从审判人员的指挥。

四、犯罪嫌疑人、被告人

1. 概念。公诉案件中，被追诉者在检察机关向法院提起公诉以前，称为“犯罪嫌疑人”，在检察机关向法院提起公诉以后，则称为“被告人”。自诉案件中，自诉人向法院提起自诉后，被追诉人称为“被告人”。

2. 诉讼地位。(1)犯罪嫌疑人、被告人是辩护权主体，居于当事人的地位。(2)犯罪嫌疑人、被告人与案件结局有着直接利害关系，是刑事诉讼的被追诉者。(3)犯罪嫌疑人、被告人还是重要的证据来源，犯罪嫌疑人、被告人供述和辩解是法定的证据种类。

3. 诉讼权利和诉讼义务。其可分为防御性权利和救济性权利两种。

防御性权利主要有：(1)辩护权。(2)拒绝回答权。(3)被告人有权在开庭前10日内收到起诉书副本。(4)参加法庭调查权。(5)参加法庭辩论权。(6)最后陈述权。(7)反诉权。

救济性权利主要包括：(1)申请复议权。(2)控告权。(3)申请变更、解除强制措施权。(4)申诉权。(5)上诉权。(6)对缺席审判的异议权。

除以上诉讼权利以外，犯罪嫌疑人、被告人还享有一系列程序保障权，主要有：(1)在未经人民法院依法判决的情况下，不得被确定有罪。(2)获得人民法院的公开、独立、公正的审判。(3)在刑事诉讼过程中，不受审判人员、检察人员、侦查人员以刑讯逼供、威胁、引诱、欺骗及其他非法方法进行的讯问，不得强迫自证其罪，以及有权申请排除非法取得的证据。(4)不受侦查人员实施的非法逮捕、拘留、取保候审、监视居住等强制措施。(5)不受侦查人员的非法搜查、扣押等侦查行为。(6)第二审人民法院在审理只有被告人一方提出上诉的案件时，不得加重被告人的刑罚。

同时，根据刑事诉讼法的规定，犯罪嫌疑人、被告人必须承担以下诉讼义务：(1)在符合法定条件的情况下承受拘传、取保候审、监视居住、拘留、逮捕等强制措施。(2)接受侦查人员的讯问、搜查、扣押等侦查行为。(3)对于侦查人员的讯问，应当如实回答。(4)依法按时出席法庭并接受法庭审判。(5)遵守法庭纪律，听从审判人员的指挥。(6)对于生效的判决和裁定，有义务履行或协助执行。

五、附带民事诉讼的当事人

1. 附带民事诉讼原告人。包括：(1)遭受犯罪行为直接侵害的被害人本人，包括公民、企事业单位、机关、团体等组织。(2)已经死亡的被害人的近亲属。(3)无行为能力或者限制行为能力被害人的法定代理人。(4)如果是国家财产、集体财产遭受损失的，人民检察院在提起公诉的时候，可以提起附带民事诉讼；如果损害社会公共利益，人民检察院在提起公诉的时候，可以提起附带民事公益诉讼。

其诉讼权利有：(1)提起附带民事诉讼，要求赔偿物质损失。(2)申请回避权。(3)委托诉讼代理人。(4)要求公安司法机关采取保全措施。(5)申请先予执行。(6)参加法庭调查,对于附带民事诉讼部分的事实和证据作出陈述和发表意见,参加法庭辩论。(7)请求人民法院主持调解或者与附带民事诉讼被告人自行和解。(8)对地方各级人民法院第一审尚未发生法律效力的判决和裁定的附带民事诉讼部分提出上诉。(9)对地方各级人民法院发生法律效力的判决和裁定的附带民事诉讼部分提出申诉。

其诉讼义务主要有:(1)提供证据证明附带民事诉讼请求。(2)如实陈述案情。(3)按时出席法庭,参加审判活动。(4)遵守法庭纪律,听从审判人员的指挥。

2. 附带民事诉讼被告人。包括:(1)刑事诉讼被告人(包括公民、法人和其他组织),没有被追究刑事责任的其他共同致害人;(2)已被执行死刑的罪犯的遗产继承人;(3)未成年刑事被告人的监护人;(4)共同犯罪案件中,案件审结前已经死亡的被告人的遗产继承人;(5)其他对刑事被告人的犯罪行为依法应当承担民事赔偿责任的单位和个人。此外,附带民事诉讼的成年被告人,应当承担赔偿责任的,如果其亲属自愿代为承担,依据有关规定,可以准许。

附带民事诉讼被告人的诉讼权利主要有:(1)委托诉讼代理人。(2)有权提起反诉。(3)有权申请回避。(4)有权参加附带民事诉讼部分的法庭调查和法庭辩论。(5)有权要求人民法院主持调解或者与附带民事诉讼原告人自行和解。(6)对于地方各级人民法院第一审尚未发生法律效力的判决、裁定的附带民事诉讼部分不服的,有权提出上诉。(7)对于地方各级人民法院已经发生法律效力的判决、裁定的附带民事诉讼部分不服的,有权提出申诉。

其主要诉讼义务有:(1)如实陈述案情。(2)按时出席法庭审判,接受调查。(3)提供证据证明自己的主张。(4)遵守法庭纪律,听从审判人员的指挥。(5)执行生效判决、裁定的附带民事诉讼部分。

六、单位当事人

1. 单位犯罪嫌疑人、被告人。在单位犯罪的情况下,单位可以独立成为犯罪嫌疑人、被告人,与作为自然人的直接负责的主管人员和其他直接责任人员一起参与刑事诉讼。

2. 单位被害人。被害人一般是指自然人,但单位也可以成为被害人。单位被害人参与刑事诉讼时,应由其法定代表人作为代表参加刑事诉讼。法定代表人也可以委托诉讼代理人参加刑事诉讼。单位被害人在刑事诉讼中的诉讼权利和诉讼义务,与自然人作为被害人时大体相同。

七、法定代理人

1. 概念、范围

法定代理人是由法律规定的对被代理人负有专门保护义务并代其进行诉讼的人。《刑事诉讼法》第108条规定,法定代理人的范围包括被代理人的父母、养父母、监护人和负有保护责任的机关、团体的代表。在刑事诉讼中,当事人如果是无行为能力人或者限制行为能力人,都需要有法定代理人参与诉讼。

未成年人的监护人由其父母担任,未成年人的父母已经死亡或者没有监护能力的,由下列有监护能力的人按顺序担任监护人:(1)祖父母、外祖父母;(2)兄、姐;(3)其他愿意担任监护人的个人或者组织,但是须经未成年人住所地的居民委员会、村民委员会或者民政部门同意。

无行为能力或者限制行为能力的成年人,由下列有监护能力的人按顺序担任监护人:(1)配偶;(2)父母、子女;(3)其他近亲属;(4)其他愿意担任监护人的个人或者组织,但是须经被监护人住所地的居民委员会、村民委员会或者民政部门同意。

2. 职责与诉讼权利。

法定代理人具有独立的法律地位,不受被代理人意志的约束。职责是依法保护无行为能力人或者限制行为能力人的人身权利、财产权利、诉讼权利以及其他一切合法权利;同时,法定代理人负有监督被代理人行为的责任。法定代理人享有广泛地与被代理人相同的诉讼权利。但法定代理人不能代替被代理人作陈述。

八、诉讼代理人

诉讼代理人是基于被代理人的委托而代表被代理人参与刑事诉讼的人。职责是帮助被其代理的人行使诉讼权利。诉讼代理人只能在被代理人授权范围内进行诉讼活动,既不得超越代理范围,也不能违背被代理人的意志。

九、辩护人

1. 辩护人是指在刑事诉讼中接受犯罪嫌疑人、被告人及其法定代理人的委托,或者受法律援助机构指派,依法为犯罪嫌疑人、被告人辩护,以维护其合法权益的人。我国可以担任辩护人的人包括:律师,人民团体或者犯罪嫌疑人、被告人所在单位推荐的人,犯罪嫌疑人、被告人的监护人、亲友。在侦查期间,只能委托律师作为辩护人。法律援助机构指派的辩护人,也只能由律师担任。

2. 辩护人的诉讼地位、职责。详见本书第六章“辩护与代理”的相关内容。

十、证人

证人是指在诉讼外了解案件情况的当事人以外的人。具有以下特点：(1)证人通常是了解案件情况的人。(2)证人必须是在诉讼之外了解案件情况的人。(3)证人必须是当事人以外的人。(4)证人只能是自然人。

十一、鉴定人

1. 概念。

鉴定人是指接受公安司法机关的指派或者聘请，运用自己的专门知识或者技能对刑事案件中的专门性问题进行鉴别和判断并提出书面鉴定意见的人。

2. 鉴定人的条件。(1)应当具有专门知识或者技能，即具有分析判断案件中专门性问题的能力。(2)鉴定人应当受到公安司法机关的指派或者聘请。(3)鉴定人应当与案件当事人或者案件无利害关系。

3. 鉴定人的诉讼权利、诉讼义务。

鉴定人依法享有以下诉讼权利：(1)了解与鉴定有关的案件情况。(2)有权要求指派或者聘请的机关提供足够的鉴定材料。(3)要求为鉴定提供必要的条件。(4)收取鉴定费用。

鉴定人依法承担以下诉讼义务：(1)如实作出鉴定。(2)对于在鉴定过程中了解的案件情况和有关人员的隐私，应当保密。(3)在接到人民法院通知时，应当亲自出庭作证，说明作出鉴定意见的根据和理由，并接受公诉人、当事人和辩护人、诉讼代理人以及审判人员的发问、询问。(4)遵守法庭纪律，听从审判人员的指挥。

十二、翻译人员

翻译人员是指在刑事诉讼过程中接受公安司法机关的指派或者聘请，为参与诉讼的外国人或无国籍人、少数民族人员、盲人、聋人、哑人等进行语言、文字或者手势翻译的人员。

命题点拨 掌握刑事诉讼主体的职责、地位和权力(利)义务。

第四章 管 辖

第一节 立案管辖★★★★★

一、立案管辖的概念及划分依据

1. 概念。立案管辖，是指公安司法机关之间在直接受理刑事案件范围上的权限划分。

2. 立案管辖的划分依据。(1)公安司法机关的性质与诉讼职能。(2)案件的性质和复杂程度等。

二、公安机关立案侦查的刑事案件

《刑事诉讼法》第 19 条第 1 款规定：刑事案件的侦查由公安机关进行，法律另有规定的除外。

例外规定主要包括：由人民检察院直接立案侦查的案件，国家安全机关办理的危害国家安全的刑事案件，军队保卫部门、中国海警局、监狱办理的刑事案件。

三、监察机关立案调查的案件

根据《监察法》的规定，之前由检察机关直接受理并立案侦查的绝大部分公职人员职务犯罪案件，将由监察机关立案调查，而监察机关立案调查本身不属于刑事诉讼程序的一部分。监察机关对下列公职人员和有关人员进行监察：(1)中国共产党机关、人民代表大会及其常务委员会机关、人民政府、监察委员会、人民法院、人民检察院、中国人民政治协商会议各级委员会机关、民主党派机关和工商业联合会机关的公务员，以及参照《公务员法》管理的人员；(2)法律、法规授权或者受国家机关依法委托管理公共事务的组织中从事公务的人员；(3)国有企业管理人员；(4)公办的教育、科研、文化、医疗卫生、体育等单位中从事管理的人员；(5)基层群众性自治组织中从事管理的人员；(6)其他依法履行公职的人员。上列监察对象涉嫌贪污贿赂、滥用职权、玩忽职守、权力寻租、利益输送、徇私舞弊以及浪费国家资财等职务犯罪，由监察机关进行立案调查。监察机关经过调查认为涉嫌职务犯罪的，将调查结果移送人民检察院审查起诉。

四、人民检察院立案侦查的刑事案件

根据《刑事诉讼法》第 19 条的规定，基于检察机关国家法律监督机关的地位，对于以下两类国家机关工作人员涉嫌犯罪的案件，可以由人民检察院直接立案受理并进行侦查：

第一类是人民检察院在对诉讼活动实行法律监督中发现的司法工作人员利用职权实施的非法拘禁、刑讯逼供、非法搜查等侵犯公民权利、损害司法公正的犯罪。具体包括司法工作人员利用职权实施的下列 14 种罪名：(1)非法拘禁罪(《刑法》第 238 条)；(2)非法搜查罪(《刑法》第 245 条)；(3)刑讯逼供罪(《刑法》第 247 条)；(4)暴力取证罪(《刑法》第 247 条)；(5)虐待被监管人罪(《刑法》第 248 条)；(6)滥用职权罪(《刑法》第 397 条)；(7)玩忽职守罪(《刑法》第 397 条)；(8)徇私枉法罪(《刑法》第 399 条第 1 款)；(9)民事、行政枉法裁判罪

(《刑法》第399条第2款);(10)执行判决、裁定失职罪(《刑法》第399条第3款);(11)执行判决、裁定滥用职权罪(《刑法》第399条第3款);(12)私放在押人员罪(《刑法》第400条第1款);(13)失职致使在押人员脱逃罪(《刑法》第400条第2款);(14)徇私舞弊减刑、假释、暂予监外执行罪(《刑法》第401条)。

第二类是对于原本属于公安机关立案管辖的国家机关工作人员利用职权实施的重大犯罪案件,需要由人民检察院直接受理的时候,经省级以上人民检察院决定,可以由人民检察院立案侦查。

对于上述人民检察院直接立案侦查的案件,由设区的市级人民检察院立案侦查。基层人民检察院发现犯罪线索的,应当报设区的市级人民检察院决定立案侦查。设区的市级人民检察院也可以将案件交由基层人民检察院立案侦查,或者由基层人民检察院协助侦查。对于刑事执行派出检察院辖区内与刑事执行活动有关的犯罪线索,可以交由刑事执行派出检察院立案侦查。最高人民检察院、省级人民检察院发现犯罪线索的,可以自行决定立案侦查,也可以将案件线索交由指定的省级人民检察院、设区的市级人民检察院立案侦查。对于上述第二类案件,省级人民检察院可以决定由设区的市级人民检察院立案侦查,也可以自行立案侦查。

五、人民法院直接受理的刑事案件

由人民法院直接受理的刑事案件,也称自诉案件,是指被害人及其法定代理人、近亲属,为追究被告人的刑事责任,直接向人民法院提起诉讼的案件。自诉案件,由人民法院直接受理。自诉案件包括以下三种情况:

1. 告诉才处理的案件。(1)侮辱、诽谤案;(2)暴力干涉婚姻自由案,致使被害人死亡的除外;(3)虐待案;(4)侵占案。

2. 被害人有证据证明的轻微刑事案件。这类案件包括:故意伤害案(轻伤);非法侵入他人住宅案;妨害通信自由案;重婚案;遗弃案;生产、销售伪劣商品案(严重危害社会秩序和国家利益的除外);侵犯知识产权案(严重危害社会秩序和国家利益的除外);属于《刑法》分则第四章、第五章规定的,可能判处3年有期徒刑以下刑罚的其他轻微刑事案件。这类自诉案件必须符合两个条件:(1)必须是轻微的刑事案件;(2)被害人必须有相应的证据证明被告人有罪。

3. 被害人有证据证明对被告人侵犯自己人身、财产权利的行为应当依法追究刑事责任,而公安司法机关不予追究的案件。

六、管辖权竞合的处理★★★

1. 监察机关管辖权与公检法机关立案管辖权竞合的处理。根据《监察法》第34条的规定,人民法院、人民检察院、公安机关、审计机关等国家机关在工作中发现公职人员涉嫌贪污贿赂、失职渎职等职务违法或者职务犯罪的问题线索,应当移送监察机关,由监察机关依法调查处置。被调查人既涉嫌严重职务违法或者职务犯罪,又涉嫌其他违法犯罪的,一般应当由监察机关为主调查,其他机关予以协助。公安机关侦查的刑事案件的犯罪嫌疑人涉及监察机关管辖的案件时,应当及时与同级监察机关协商,一般应当由监察机关为主调查,公安机关予以协助。人民检察院立案侦查时,发现犯罪嫌疑人同时涉嫌监察机关管辖的职务犯罪线索的,应当及时与同级监察机关沟通。经沟通,认为全案由监察机关管辖更为适宜的,人民检察院应当将案件和相应职务犯罪线索一并移送监察机关;认为由监察机关和人民检察院分别管辖更为适宜的,人民检察院应当将监察机关管辖的相应职务犯罪线索移送监察机关,对依法由人民检察院管辖的犯罪案件继续侦查。监察机关和人民检察院分别管辖的案件,调查(侦查)终结前,人民检察院应当就移送审查起诉有关事宜与监察机关加强沟通,协调一致,由人民检察院依法对全案审查起诉。

2. 公安机关与人民检察院立案管辖竞合的处理。公安机关侦查刑事案件涉及人民检察院立案侦查的案件时,应当将案件移送人民检察院;人民检察院立案侦查的案件涉及公安机关管辖的刑事案件时,应当将属于公安机关管辖的刑事案件移送公安机关。如果涉嫌主罪属于公安机关管辖,由公安机关为主侦查,人民检察院予以配合;如果涉嫌主罪属于人民检察院管辖,由人民检察院为主侦查,公安机关予以配合。主罪与次罪的划分,应当以犯罪嫌疑人涉嫌的犯罪可能判处的刑罚轻重为主要标准。

3. 公安机关与人民法院立案管辖竞合的处理。公安机关在侦查过程中,如果发现被告人还涉嫌实施了属于人民法院直接受理的案件范围的犯罪时,应当分情况进行处理。对于属于告诉才处理的案件,可以告知被害人向人民法院直接提起诉讼;对于属于人民法院可以受理的其他类型的自诉案件的,可以立案侦查,然后在人民检察院提起公诉时,和公诉案件一并移送人民法院,由人民法院合并审理。侦查终结后对公诉案件不提起公诉的,则应直接移送人民法院处理。

4. 人民法院在审理自诉案件的过程中,如果发现被告人还涉嫌实施了应当由人民检察院提起公诉的案件的,应当将新发现的案件另案移送有管辖权的机关处理。

第二节 审判管辖

审判管辖是指各级人民法院之间、同级人民法院之间、普通人民法院与专门人民法院之间、各专门人民法院之间在审判第一审刑事案件上的职权划分。

一、级别管辖

级别管辖,是指各级人民法院之间在审判第一审刑事案件上的权限分工。

1. 基层人民法院管辖的第一审刑事案件。基层人民法院管辖第一审普通刑事案件,但是依照本法由上级人民法院管辖的除外。

2. 中级人民法院管辖的第一审刑事案件。中级人民法院管辖下列第一审刑事案件:(1)危害国家安全、恐怖活动案件。(2)可能判处无期徒刑、死刑的案件。(3)对于贪污贿赂犯罪案件和需要及时进行审判并经最高人民检察院核准的严重危害国家安全犯罪、恐怖活动犯罪案件,犯罪嫌疑人、被告人在境外而采用缺席审判的,由中级人民法院审理。(4)对于犯罪嫌疑人、被告人逃匿、死亡案件没收违法所得的申请由中级人民法院审理。

3. 高级人民法院管辖的第一审刑事案件。全省(自治区、直辖市)性的重大刑事案件。

4. 最高人民法院管辖的第一审刑事案件。全国性的重大刑事案件。最高人民法院是最高审判机关,担负着监督、指导地方各级人民法院和专门人民法院的审判工作、对审判过程中具体应用法律问题作出司法解释等任务,同时,还要负责对不服高级人民法院第一审判决、裁定的上诉、抗诉案件以及最高人民检察院按照审判监督程序提起抗诉的案件的审判,以及死刑立即执行案件的核准工作。因此,在司法实践中由最高人民法院审判的第一审刑事案件非常罕见。

根据最高人民法院《解释》第 15 条的规定,一人犯数罪、共同犯罪或者其他需要并案审理的案件,只要其中一人或者一罪属于上级人民法院管辖,全案由上级人民法院管辖。

二、地区管辖

地区管辖,是指同级人民法院之间,在审判第一审刑事案件上的权限划分。确定地区管辖的原则有两个:

1. 以犯罪地人民法院管辖为主,被告人居住地人民法院管辖为辅原则。

2. 以最初受理的人民法院审判为主,主要犯罪地人民法院审判为辅的原则。

三、专门管辖

专门管辖是专门人民法院与普通人民法院之间,各种专门人民法院之间以及各专门人民法院系统内部在受理第一审刑事案件上的权限分工。

1. 军事法院管辖的案件。一般而言,军人和非军人共同犯罪的,分别由军事法院和地方人民法院或者其他专门法院管辖。但涉及国家军事秘密的,全案由军事法院管辖。

2. 铁路运输法院管辖的案件。需要注意的是,在司法改革中,有些地方已经把铁路运输案件交给地方法院管辖。

四、移送管辖与指定管辖

移送管辖,是指本来受理案件的人民法院,出于实践中某些特殊情况的需要,将案件移送其他法院管辖。指定管辖,是指当管辖权有争议、管辖不明、有管辖权的法院不宜行使管辖权,或者由犯罪地、被告人居住地以外的人民法院审判更为适宜时,由上级人民法院以指定的方式确定案件的管辖。指定管辖的结果通常要通过移送管辖来实现。在我国刑事诉讼中,主要包括以下情况:

1. 上级人民法院可以决定审判依法应当由下级人民法院一审的案件。

2. 基层人民法院将自己受理的案件请求移送中级人民法院审判。应当移送的情形是指,基层人民法院对可能判处无期徒刑、死刑的第一审刑事案件。可以请求移送中级人民法院审判:(1)重大、复杂案件;(2)新类型的疑难案件;(3)在法律适用上具有普遍指导意义的案件。程序上,需要将案件移送中级人民法院审判的,应当在报请院长决定后,至迟于案件审理期限届满 15 日以前书面请求移送。中级人民法院应当在接到申请后 10 日以内作出决定。不同意移送的,应当下达不同意移送决定书,由请求移送的人民法院依法审判;同意移送的,应当下达同意移送决定书,并书面通知同级人民检察院。

3. 两个以上同级人民法院都有权管辖的案件,由最初受理的人民法院管辖。必要时,可以移送被告人主要犯罪地的人民法院审判。对管辖权发生争议的,应当在审限内协商解决;协商不成的,由争议的人民法院分别层报共同的上级人民法院指定管辖。

4. 有管辖权的法院不宜行使管辖权时的指定管辖。最高人民法院《解释》第 18 条规定:有管辖权的人民法院因案件涉及本院院长需要回避或者其他原因,不宜行使管辖权的,可以请求移送上一级人民法院管辖；上一级人民法院可以管辖，也可以指定与提出请求的人民法院同级的其他人民法院管辖。

5. 上级人民法院可以指定下级人民法院管辖。

6. 第二审人民法院发回重新审判的案件，人民检察院撤回起诉后，又向原第一审人民法院的下级人民法院重新提起公诉的，下级人民法院应当将有关情况层报原第二审人民法院。原第二审人民法院根据具体情况，可以决定将案件移送原第一审人民法院或者其他人民法院审判。

上级人民法院指定管辖的，应当将指定管辖决定书分别送达被指定管辖的人民法院和其他有关的人民法院。原受理案件的人民法院，在收到上级人民法院指定其他人民法院管辖的决定书后，不再行使管辖权。对于公诉案件，应当书面通知提起公诉的人民检察院，并将全部案卷材料退回，同时书面通知当事人；对于自诉案件，应当将全部案卷材料移送被指定管辖的人民法院，并书面通知当事人。指定管辖案件的审理期限，自被指定管辖的人民法院收到指定管辖决定书和有关案卷、证据材料之日起计算。

五、并案管辖

并案管辖的情形：(1)一人犯数罪的；(2)共同犯罪的；(3)共同犯罪的犯罪嫌疑人、被告人还实施其他犯罪的；(4)多个犯罪嫌疑人、被告人实施的犯罪存在关联，并案处理有利于查明案件事实的。

第三节　特殊情况的管辖

1. 对于贪污贿赂犯罪案件和需要及时进行审判并经最高人民检察院核准的严重危害国家安全犯罪、恐怖活动犯罪案件，犯罪嫌疑人、被告人在境外而采用缺席审判的，由犯罪地、被告人离境前居住地或者最高人民法院指定的中级人民法院组成合议庭进行审理。

2. 对于中华人民共和国缔结或者参加的国际条约所规定的罪行，中华人民共和国在所承担条约义务的范围内，行使刑事管辖权。这类案件由被告人被抓获地、登陆地或者入境地的人民法院管辖。

3. 在中华人民共和国内水、领海发生的犯罪，由犯罪地或者被告人登陆地的人民法院管辖，如果由被告人居住地的人民法院审判更为适宜的，可以由被告人居住地的人民法院管辖。这里的"内水"指的是领海基线向陆一侧的海上水域，而不包括领陆内的河流、湖泊等水域。

4. 在中华人民共和国领域外的中国船舶内的犯罪，由该船舶最初停泊的中国口岸所在地或者被告人登陆地、入境地的人民法院管辖。

5. 在中华人民共和国领域外的中国航空器的犯罪，由该航空器在中国最初降落地的人民法院管辖。

6. 在列车上的犯罪，被告人在列车运行途中被抓获的，由前方停靠站所在地负责审判铁路运输刑事案件的人民法院管辖。

7. 在国际列车上的犯罪，按照我国与相关国家签订的协定确定管辖。没有协定的，由该列车始发或者前方停靠的中国车站所在地负责审判铁路运输刑事案件的人民法院管辖。

8. 中国公民在驻外的中国使领馆内的犯罪，由该公民主管单位所在地或者其原户籍地的人民法院管辖。

9. 中国公民在中华人民共和国领域外的犯罪，由其登陆地、入境地、离境前居住地或者现居住地的人民法院管辖；被害人是中国公民的，也可以由被害人离境前居住地或者现居住地的人民法院管辖。

10. 外国人在中华人民共和国领域外对中华人民共和国国家或者公民犯罪，依照刑法应受处罚的，由该外国人登陆地、入境地或者入境后居住地的人民法院管辖，也可以由被害人离境前居住地或者现居住地的人民法院管辖。

11. 发现正在服刑的罪犯在判决宣告前还有其他犯罪没有判决的，由原审地人民法院管辖；如果由罪犯服刑地或者犯罪地的人民法院管辖更为适宜的，可以由服刑地或者犯罪地的人民法院管辖。正在服刑的罪犯在服刑期间又犯罪的，由服刑地的人民法院管辖。正在服刑的罪犯在脱逃期间犯罪的，由服刑地的人民法院管辖。但在犯罪地抓获罪犯并发现其在脱逃期间犯罪的，由犯罪地的人民法院管辖。

12. 信息网络犯罪案件的管辖。信息网络犯罪案件由犯罪地公安机关立案侦查。必要时，可以由犯罪嫌疑人居住地公安机关立案侦查。信息网络犯罪案件的犯罪地包括用于实施犯罪行为的网络服务使用的服务器所在地，网络服务提供者所在地，被侵害的信息网络系统及其管理者所在地，犯罪过程中犯罪嫌疑人、被害人或者其他涉案人员使用的信息网络系统所在地，被害人被侵害时所在地以及被害人财产遭受损失地等。

命题点拨　重点包括立案管辖、审判管辖、指定管辖、并案管辖和特殊情况的管辖。难点是如何确定一个案件的具体管辖。

第五章　回　　避

第一节　回避的理由、种类与适用人员★★★

一、回避的理由

回避的理由，是指由法律规定适用回避所必须具备的根据。包括以下几种情形：

1. 是本案当事人或者当事人的近亲属。

2. 本人或者他的近亲属和本案有利害关系。

3. 担任过本案的证人、鉴定人、辩护人或者诉讼代理人。

4. 与本案当事人有其他关系，可能影响公正处理案件。

5. 接受当事人及其委托的人的请客送礼，或者违反规定会见当事人及其委托的人。

6. 参加过本案调查、侦查、起诉的监察、侦查、检察人员不能再担任本案的审判人员，或者参加过本案调查、侦查的监察、侦查人员，不能再担任本案的检察人员。

7. 在一个审判程序中参与过本案审判工作的合议庭成员或独任审判员，不能再参与本案其他程序的审判。

二、回避的种类

根据回避实施方式的不同，通常将回避划分为三种：自行回避、申请回避和指令回避。

三、回避的适用人员

回避的适用人员是包括：(1)审判人员。(2)检察人员。(3)侦查人员。(4)参与侦查、起诉、审判活动的书记员、翻译人员、鉴定人以及其他参与刑事诉讼的具有专门知识的人。

第二节　回避的程序

一、回避的期间

1. 侦查、审查起诉阶段的回避。侦查人员、检察人员应当在相应的诉讼阶段及时告知当事人等有申请回避权。

2. 审判阶段的回避。开庭时，审判长应当告知当事人等有权对合议庭组成人员、书记员、公诉人、鉴定人和翻译人员申请回避。

二、回避的申请、审查与决定

1. 回避的申请。公安司法人员自行回避的，可以口头或者书面提出，并说明理由。当事人及其法定代理人、辩护人、诉讼代理人申请公安司法人员回避的，应当书面或者口头向公安司法机关提出，并说明理由或者提供有关证明材料。

2. 回避的审查与决定。

回避的审查与决定主要分为以下几种情况：(1)审判人员、检察人员、侦查人员的回避，应当分别由院长、检察长、县级以上公安机关负责人决定。(2)人民法院院长的回避，由本院审判委员会决定。审判委员会讨论院长回避时，由副院长主持，院长不得参加。(3)检察长和公安机关负责人的回避，由同级人民检察院检察委员会决定。(4)书记员、翻译人员和鉴定人的回避，一般应当按照诉讼进行的阶段和所属机关，分别由公安机关负责人、检察长或法院院长决定。法官助理的回避，由法院院长决定。

三、回避决定的复议

1. 对公安机关驳回回避申请的复议。公安机关作出驳回申请回避的决定后，应当告知当事人及其法定代理人、辩护人、诉讼代理人，如不服本决定，可以在收到驳回申请回避决定书后5日内向原决定机关申请复议一次。当事人等对驳回申请回避的决定不服申请复议的，决定机关应当在5日内作出复议决定并书面通知申请人。

2. 对检察机关驳回回避申请的复议。人民检察院作出驳回申请回避的决定后，应当告知当事人及其法定代理人、辩护人、诉讼代理人，如不服本决定，有权在收到驳回申请回避的决定后5日内向原决定机关申请复议一次。当事人等对驳回申请回避的决定不服申请复议的，决定机关应当在3日内作出复议决定并书面通知申请人。

3. 对法院驳回回避申请的复议。被驳回回避申请的当事人及其法定代理人、辩护人、诉讼代理人对决定有异议的，可以在接到决定时申请复议一次。另外，对于不属于《刑事诉讼法》第29条和第30条所列情形的回避申请，由法庭当庭驳回，并不得申请复议。

命题点拨　回避的理由、适用人员与程序。

第六章　辩护与代理

第一节　辩护制度概述

一、辩护、辩护权与辩护制度

辩护，是指辩方（犯罪嫌疑人、被告人及其辩护人）针对控方（公诉机关或者自诉人）对犯罪嫌疑人、被告人的指控，从实体和程序上提出有利于犯罪嫌疑人、被告人的事实和理由，以辨明犯罪嫌疑人、被告人无罪、罪轻或者应当减轻、免除刑事处罚，以及犯罪嫌疑人、被告人的程序权利受到侵犯，维护犯罪嫌疑人、被告人诉讼权利的诉讼活动。

辩护权是法律赋予受到刑事追诉的人针对所受到的指控进行反驳、辩解和申辩，以维护自身合法权益的一种诉讼权利。

辩护制度，是法律规定的关于犯罪嫌疑人、被告人行使辩护权和公安司法机关等有义务保障他们行使辩护权的一系列规则的总称。

二、有效辩护原则

有效辩护原则是辩护权的体现，也是对辩护权的保障，更是对辩护工作质量的原则性要求。体现了犯罪嫌疑人、被告人刑事诉讼主体地位的确立和人权保障的理念，还有助于强化辩方成为影响诉讼进程的重要力量，维系控辩平等对抗和审判方居中“兼听则明”的刑事诉讼构造。

第二节　我国辩护制度的基本内容

一、辩护的种类

（一）自行辩护

自行辩护是指犯罪嫌疑人、被告人自己针对指控进行反驳、申辩和辩解的行为。它贯穿于刑事诉讼的始终。

（二）委托辩护

委托辩护是指犯罪嫌疑人、被告人依法委托律师或其他公民担任辩护人，协助其进行辩护。可分为以下三种情形：（1）公诉案件的犯罪嫌疑人在被侦查机关第一次讯问或者采取强制措施之日，有权委托辩护人。（2）监察机关立案调查的职务犯罪案件移送检察机关审查后，犯罪嫌疑人可以委托辩护人。（3）被告人有权随时委托辩护人为自己辩护。

（三）法律援助辩护

法律援助辩护是指犯罪嫌疑人、被告人及其近亲属因经济困难或者其他原因没有委托辩护人而向法律援助机构申请的，或者具备法定情形时由公检法机关直接通知法律援助机构，由法律援助机构指派律师担任其辩护人并提供辩护。具有以下几个特点：（1）法律援助辩护必须以犯罪嫌疑人、被告人没有委托辩护人为前提。（2）法律援助辩护适用于从侦查、审查起诉到审判的整个刑事诉讼过程。（3）法律援助辩护只能由律师担任，其他人不得担任。

法律援助辩护分为：

1. 申请法律援助辩护，是指犯罪嫌疑人、被告人因经济困难或者其他原因没有委托辩护人的，本人及其近亲属可以向法律援助机构提出申请。对于符合法律援助条件的，法律援助机构应当指派律师为其提供辩护。对于在押或者被指定居所监视居住的犯罪嫌疑人、被告人，办案机关收到其提出的法律援助申请后，应在 24 小时内转交所在地的法律援助机构。

2. 通知法律援助辩护，是指在具备法定情形时，由侦查机关、检察机关和人民法院直接通知法律援助机构指派律师担任辩护人提供辩护。通知法律援助辩护分为应当和可以两类，其中应当通知法律援助辩护具有强制性，一旦具备法定情形，根据案件所处的诉讼阶段，相应的办案机关承担通知法律援助机构的义务，而法律援助机构接到通知后应及时指派律师。根据刑事诉讼法的规定，犯罪嫌疑人、被告人具有下列情形时应当通知法律援助机构指派律师担任辩护人：（1）盲、聋、哑人；（2）未完全丧失辨认或者控制自己行为能力的精神病人；（3）可能被判处无期徒刑、死刑的人；（4）未成年人。《法律援助法》第 25 条在上述规定的基础上，进一步扩大了通知法律援助辩护的范围，包括：（1）将“盲、聋、哑人”扩展到“视力、听力、言语残疾人”；（2）将“未完全丧失辨认或者控制自己行为能力的精神病人”扩展到“不能完全辨认自己行为的成年人”；（3）增加规定申请法律援助的死刑复核案件被告人；（4）增加兜底情形，即法律法规规定的其他人员。

可以通知法律援助辩护的情形：（1）共同犯罪案件中，其他被告人已经委托辩护人的；（2）案件有重大社会影响的；（3）人民检察院抗诉的；（4）被告人的行为可能不构成犯罪的；（5）有必要指派律师提供辩护的其他情形。对于这些情形，人民法院可以裁量决定直接通知法律援助机构指派律师。《法律援助法》第 25 条则进一步扩展了可以通知法律援助的情形，包括所有适用普通程序审理的刑事案件且被告人没有委托辩护人的情形。

二、值班律师制度

值班律师提供的法律帮助包括：（1）提供法律咨询。（2）程序选择建议。（3）申请变更强制措施。（4）对案件处理提出意见。（5）帮助犯罪嫌疑人、被告人及其近亲属申请法律援助。

值班律师享有的权利：（1）会见权。（2）了解情况权。（3）阅卷权。（4）提出意见权。

值班律师的保障措施：（1）告知约见值班律师的权利。（2）法律帮助活动记录在案。（3）尽量保障不同诉讼阶段值班律师的同一。（4）人民法院、人民检察院、看守所应当为派驻值班律师提供必要办公场所和设施。

三、辩护人的范围与人数

1. 可以担任辩护人的人:(1)律师。(2)人民团体或者犯罪嫌疑人、被告人所在单位推荐的人。(3)犯罪嫌疑人、被告人的监护人、亲友。

2. 不能担任辩护人的人:(1)正在被执行刑罚或者处于缓刑、假释考验期间的人;(2)依法被剥夺、限制人身自由的人;(3)无行为能力或限制行为能力的人;(4)人民法院、人民检察院、监察机关、公安机关、国家安全机关、监狱的现职人员;(5)人民陪审员;(6)与本案审理结果有利害关系的人;(7)外国人或者无国籍人;(8)被开除公职和被吊销律师、公证员执业证书的人。其中,上述第(4)、(5)、(6)、(7)、(8)项规定的人员,如果是被告人的监护人或者近亲属,由被告人委托担任辩护人的,也可以准许。

3. 辩护人的人数。犯罪嫌疑人、被告人最多可以委托两名辩护人。

四、辩护人的诉讼地位

1. 辩护人在刑事诉讼中只承担辩护职能,是犯罪嫌疑人、被告人合法权益的专门维护者。

2. 辩护人是独立的诉讼参与人。

3. 辩护人在刑事诉讼中所维护的是犯罪嫌疑人、被告人的合法权益,而不是非法利益。

五、辩护人的责任

1. 从实体上为犯罪嫌疑人、被告人辩护。

2. 从程序上为犯罪嫌疑人、被告人辩护。

3. 为犯罪嫌疑人、被告人提供其他法律帮助。

六、辩护人的权利★

1. 阅卷权。

2. 会见通信权。

3. 调查取证权。

4. 申请解除期限届满的强制措施的权利。

5. 获得通知权。

6. 参加法庭调查和辩论权。

7. 提出意见权。

8. 程序选择适用申请权。

9. 申诉控告权。

10. 人身保障权。

11. 保密权。

12. 拒绝辩护权。

七、辩护人的义务★★

辩护人的义务主要包括:(1)辩护律师和其他辩护人不得帮助犯罪嫌疑人、被告人隐匿、毁灭、伪造证据或者串供,不得威胁、引诱证人作伪证及进行其他干扰司法机关诉讼活动的行为。否则,应当依法追究法律责任。(2)辩护人接受委托后,应当及时告知办理案件的机关接受委托的情况。审判期间,辩护人接受被告人委托的,应当在接受委托之日起3日以内,将委托手续提交人民法院。法律援助机构决定为被告人指派律师提供辩护的,承办律师应当在接受指派之日起3日以内,将法律援助手续提交人民法院。(3)辩护人收集的有关犯罪嫌疑人不在犯罪现场、未达到刑事责任年龄、属于不负刑事责任的精神病人的证据,应当及时告知公安机关、人民检察院,以避免对不必要的案件进行侦查和审查起诉,节约司法资源。(4)辩护律师对在执业活动中知悉的委托人或者其他人,准备或正在实施危害国家安全、公共安全以及严重危害他人人身安全的犯罪的,应当及时告知公安司法机关,但公安司法机关应当为辩护律师保密。(5)会见在押犯罪嫌疑人、被告人时,应当遵守看管场所的规定。(6)参加法庭审判时要遵守法庭秩序。(7)未经人民检察院或者人民法院许可,不得向被害人或被害人提供的证人收集与本案有关的材料。(8)不得违反规定会见法官、检察官以及其他有关工作人员;不得向法官、检察官以及其他有关工作人员行贿,介绍贿赂或者指使、诱导当事人行贿,或者以其他不正当方式影响法官、检察官以及其他有关工作人员依法办理案件。(9)保密义务。辩护人查阅、摘抄、复制案卷材料,涉及国家秘密、商业秘密、个人隐私的,应当保密;对不公开审理案件的信息、材料,或者在办案过程中获悉的案件重要信息、证据材料,不得违反规定泄露、披露,不得用于办案以外的用途。

八、拒绝辩护

1. 犯罪嫌疑人、被告人拒绝辩护人为其辩护。在审判过程中,被告人可以拒绝辩护人继续为其辩护,也可以另行委托辩护人辩护,一经提出,就应当生效。对于由法律援助机构指派律师担任辩护人的,犯罪嫌疑人、被告人坚持自己行使辩护权,拒绝法律援助机构指派的律师为其辩护,有正当理由的,应当准许,但被告人应当在5日以内另行委托辩护人;被告人未另行委托辩护人的,人民法院应当在3日以内通知法律援助机构另行指派律师为其提供辩护。

2. 律师拒绝继续为犯罪嫌疑人、被告人辩护。律师接受委托后,无正当理由的,不得拒绝辩护或者代理。但是,委托事项违法、委托人利用律师提供的服务从事违法活动或者委托人故意隐瞒与案件有关的重要事实的,律师有权拒绝辩护或者代理。

九、辩护的内容与辩护的分类

一般而言,辩护的内容涉及以下方面:(1)指控犯罪嫌疑人、被告人的犯罪事实能否成立;(2)犯罪嫌疑人、被告人是否已经达到刑事责任年龄,有无不负刑事责任等其他不应当追究其刑事责任的情形;(3)对案件定性和认定的罪名是否准确,适用的法律条文是否恰当;(4)犯罪嫌疑人、被告人有无法律规定的从轻、减轻或者免除刑罚的情节,有无酌情考虑的从轻判处的情节;(5)证据与证据之间,证据与犯罪嫌疑人、被告人口供之间是否存在矛盾;(6)犯罪嫌疑人、被告人主观上是故意还是过失,是否属于意外事件,是否属于正当防卫或紧急避险;(7)共同犯罪案件中,对主犯、从犯、胁从犯的划分是否清楚;(8)诉讼程序是否合法等。

辩护的种类包括:

(一)无罪辩护

1. 事实上的无罪辩护,即针对案件事实认定展开的无罪辩护,具体包括下列几种情形:(1)正面论证说明控方所指控的行为未实际发生;(2)正面论证说明控方指控的行为虽然客观存在,但并非犯罪嫌疑人、被告人所为,而是其他人所为;(3)通过提供对犯罪嫌疑人、被告人有利的证据和提出合理的疑点,反面论证说明控方所提出的证据不足以证明犯罪嫌疑人、被告人实施了被指控的行为,即事实不清、证据不足的无罪辩护。在司法实践中,无罪辩护大量运用的是上述第三种事实不清、证据不足的无罪辩护。

2. 法律上的无罪辩护,即控方指控的具体行为确已发生,但根据相关法律规定不认为是犯罪或者不应承担刑事责任的辩护。(1)犯罪主体不适格;(2)无刑事责任能力;(3)正当行为;(4)主观无罪过;(5)刑事责任消灭;(6)行为确实发生,但情节显著轻微危害不大,按照《刑法》第13条的规定不认为是犯罪。

(二)罪名(轻罪)辩护

罪名辩护是指控方指控被告人实施了一个较重的罪名,而辩护人依据事实和法律进行反驳和辩解,认为犯罪嫌疑人、被告人只构成一个较轻的罪名,而不构成指控的较重的罪名的一种辩护,也称为轻罪辩护。

(三)罪数辩护

罪数辩护是指当案件涉及一罪与数罪的关系时,辩护人从有利于犯罪嫌疑人、被告人的角度,指出控方指控的罪数不正确的辩护。

(四)量刑辩护

量刑辩护,是指在犯罪嫌疑人、被告人确已实施犯罪行为且控方指控的罪名无误的情况下,辩护人从最大限度地降低最终可能判处的刑罚的角度出发,针对如何量刑开展论辩的辩护。

(五)程序性辩护

程序性辩护,是指辩护人针对公检法办案机关办案行为中存在违反法律规定的诉讼程序而开展辩护的一种辩护方案。

第三节 刑事代理

一、刑事代理的含义

刑事诉讼中的代理,是指代理人接受公诉案件的被害人及其法定代理人或者近亲属、自诉案件的自诉人及其法定代理人、附带民事诉讼的当事人及其法定代理人等的委托,以被代理人的名义参加诉讼,由被代理人承担代理行为的法律后果的一项诉讼活动。

二、刑事代理的种类

从刑事代理产生的方式看,刑事诉讼中的代理可分为两种:一是法定代理,即基于法律规定而产生的代理;二是委托代理,即基于被代理人的委托、授权而产生的代理。

三、诉讼代理人的范围、职责和权利

1. 委托诉讼代理人的范围,与辩护人的范围相同。

2. 诉讼代理人的职责是根据事实和法律,维护被害人、自诉人或者附带民事诉讼当事人的合法权益。

3. 诉讼代理人的权利包括:(1)阅卷权。(2)调查取证权。(3)申诉、控告权。

命题点拨 辩护人的各项权利,辩护的内容与辩护的分类。

第七章 刑事证据

第一节 刑事证据的概念和基本属性★

一、刑事证据的概念

证据是可以用于证明案件事实的材料。包括:(1)物证;(2)书证;(3)证人证言;(4)被害人陈述;(5)犯罪嫌疑人、被告人供述和辩解;(6)鉴定意见;(7)勘验、检查、辨认、侦查实验等笔录;(8)视听资料、电子数据。

二、刑事证据的基本属性

刑事证据具有以下三个紧密联系的基本属性:

1. 客观性。证据的客观性,是指证据必须是客

观存在的事实,不以人的主观意志为转移,任何主观想象、虚构、猜测、假设、臆断、梦境以及来源不清的道听途说等并非客观存在的材料,都不能成为刑事诉讼中的证据。

2. 关联性。关联性也称为相关性,是指证据必须与案件事实有客观联系,对证明刑事案件事实具有某种实际意义。

3. 合法性。合法性是指对证据必须依法加以收集和运用。主要包括以下内容:

(1)收集、运用证据的主体要合法。

(2)证据的提供、收集和审查,必须符合法定的程序要求。

(3)证据的形式应当合法,即作为证明案件事实的证据材料形式上必须符合法律要求。

(4)证据必须经法定程序出示和查证属实,才能作为认定案件事实的依据。

三、刑事证据制度的基本原则

(一)证据裁判原则

证据裁判原则,又称证据裁判主义、证据为本原则,是指对于案件事实的认定,必须有相应的证据予以证明。包括以下四个方面的内容:(1)认定案件事实必须依靠证据,没有证据就不能认定案件事实。(2)用于认定案件事实的证据必须具有证据能力,即具有证据资格。(3)用于定案的证据必须是在法庭上查证属实的证据,除非法律另有规定。(4)综合全案证据必须达到法定的证明标准才能认定案件事实。

(二)自由心证原则

自由心证原则是指对证据的取舍、证据的证明力大小以及案件事实的认知程度等,法律不预先加以明确规定,而由裁判主体按照自己的良心、理性形成内心确信,以此认定案件事实的一项证据原则。包含两方面的内容,一是自由判断,二是内心确信。

第二节 刑事证据的种类与审查认定★★

证据有下列八种:(1)物证;(2)书证;(3)证人证言;(4)被害人陈述;(5)犯罪嫌疑人、被告人供述和辩解;(6)鉴定意见;(7)勘验、检查、辨认、侦查实验等笔录;(8)视听资料、电子数据。

一、物证

1. 物证的概念。物证,是指证明案件真实情况的一切物品和痕迹。

2. 物证的特点。物证是以其外部特征、物品属性、存在状况等来发挥证明作用的,因此,与其他证据相比,物证具有较强的客观性、稳定性。

3. 物证的收集程序。收集物证是公安司法机关的重要职责。收集物证主要通过勘验、检查、搜查、扣押等方法来进行。

二、书证

1. 书证的概念。书证是指以记载的内容和反映的思想来证明案件真实情况的书面材料或其他物质材料。

2. 书证的特点:(1)书证必须以一定的物质材料为载体。(2)该项材料所记载的内容或者所表达的思想,必须与待证明的案件事实有关联。

3. 书证与物证的联系与区别。书证与物证的区别主要在于,书证以内容证明案件事实,物证则以物质属性和外观特征证明案件事实。

4. 书证的收集程序。书证的收集程序与物证基本相同。

三、证人证言

1. 证人证言的概念。证人证言是指证人就其所了解的案件情况向公安司法机关所作的陈述。

2. 证人证言的特点。(1)证人是犯罪嫌疑人、被告人、被害人以外的人,一般而言,与犯罪嫌疑人、被告人、被害人相比,其陈述受利害关系影响较小。(2)陈述的是亲身感知的事实。(3)容易受到其他因素的影响。(4)证人证言不可替代。

3. 证人证言的收集程序。收集证人证言的方法是询问证人。

4. 证人的资格及证人保护。凡是了解案情的人,都有作证的义务。因生理上、精神上有缺陷或者年幼而不能辨别是非,不能正确表达的人,由于不能向公安司法机关提供对查清案件事实有意义的情况,不能作为证人。虽然生理上、精神上有缺陷或者年幼,但能够辨别是非并能够将自己所了解的案件情况准确表达出来,如盲人讲述所听到的情况,聋哑人描述所看到的情况以及儿童描述所看到并且以其年龄能够理解的情况等,依法都可以作为证人提供证言。

关于证人资格,还有以下问题需要注意:(1)单位不能作证人。(2)证人具有优先性。

四、被害人陈述

1. 被害人陈述的概念。被害人陈述是指刑事被害人就其受害情况和其他与案件有关的情况向公安司法机关所作的陈述。

2. 被害人陈述的特点。(1)对犯罪有较多了解。(2)受各种主客观因素的影响,被害人的陈述可能是虚假的、不真实的。

3. 被害人陈述的收集程序。被害人陈述的收集程序参照适用证人证言的收集程序。

五、犯罪嫌疑人、被告人供述和辩解

1. 犯罪嫌疑人、被告人供述和辩解的概念。犯罪嫌疑人、被告人供述和辩解是指犯罪嫌疑人、被告人就有关案件的情况向侦查、检察和审判人员所作的陈述,通常称为口供。

2. 犯罪嫌疑人、被告人供述和辩解的特点包括:(1)可以全面、具体反映案件事实。(2)由于犯罪嫌疑人、被告人与案件的处理结果有直接的切身利害关系,口供的内容必然受诉讼地位和复杂心理活动的影响,所以这种供述或辩解虚假的可能性也比较大。(3)常常呈现反复无常的"易变性"。

3. 犯罪嫌疑人、被告人供述和辩解的审查认定。《刑事诉讼法》第55条规定了对犯罪嫌疑人、被告人的供述和辩解审查认定的原则,即重证据、重调查研究,不轻信口供。在收集口供中要严禁刑讯逼供,禁止以威胁、引诱、欺骗等非法方法收集口供。采用刑讯逼供等非法手段取得的犯罪嫌疑人、被告人供述,不能作为定案的根据。只有被告人供述,没有其他证据的,不能认定被告人有罪和处以刑罚;没有被告人供述,证据确实充分的,可以认定被告人有罪和处以刑罚。

六、鉴定意见

1. 鉴定意见的概念。鉴定意见是指公安司法机关为了解决案件中某些专门性问题,指派或聘请具有专门知识和技能的人,进行鉴定后所作的书面意见。

2. 鉴定意见的特点。(1)具有特定的书面形式。(2)是鉴定人对专门性问题从科学、技术或者专门知识的角度提出的鉴别判断意见,虽然采用书面的形式,但本身属于一种言词证据。(3)内容仅限于解决案件所涉及的专门性问题,而不是就法律问题提供意见。(4)受利害关系影响较小。(5)鉴定意见必须是由公安司法机关指派或者聘请的具有这方面专业知识和技能的人作出的。

3. 鉴定意见的审查认定。鉴定意见不得作为定案根据的情形,包括:(1)鉴定机构不具备法定资质,或者鉴定事项超出该鉴定机构业务范围、技术条件的;(2)鉴定人不具备法定资质,不具有相关专业技术或者职称,或者违反回避规定的;(3)送检材料、样本来源不明,或者因污染不具备鉴定条件的;(4)鉴定对象与送检材料、样本不一致的;(5)鉴定程序违反规定的;(6)鉴定过程和方法不符合相关专业的规范要求的;(7)鉴定文书缺少签名、盖章的;(8)鉴定意见与案件事实没有关联的;(9)违反有关规定的其他情形。

七、勘验、检查、辨认、侦查实验等笔录

1. 勘验笔录。勘验笔录是指办案人员对与犯罪有关的场所、物品、尸体等进行勘查、检验后所作的记录。

2. 检查笔录。检查笔录是指办案人员为确定被害人、犯罪嫌疑人、被告人的某些特征、伤害情况和生理状态,对他们的人身进行检验和观察后所作的客观记载。检查笔录以文字记载为主,也可以拍照、录像等。

3. 辨认笔录。辨认笔录是在侦查人员主持下,让被害人、犯罪嫌疑人或者证人对与犯罪有关的文件、尸体、场所或者犯罪嫌疑人进行辨认所作的记录。辨认笔录应当全面、客观地记录辨认的全过程和辨认结果并由在场的相关人员签名。

4. 侦查实验笔录。侦查实验是指为了确定与案件有关的某一事件或者事实在某种条件下能否发生或者怎样发生,而按照原来的条件将该事件或者事实加以重演或者进行实验的一种证据调查活动。

八、视听资料、电子数据

1. 视听资料、电子数据的概念。视听资料是指以录音、录像、计算机磁盘所记载的音像信息来证明案件事实的资料。电子数据是指"案件发生过程中形成的,以数字化形式存储、处理、传输的,能够证明案件事实的数据"。并规定电子数据包括但不限于下列信息、电子文件:(1)网页、博客、微博客、朋友圈、贴吧、网盘等网络平台发布的信息;(2)手机短信、电子邮件、即时通信、通讯群组等网络应用服务的通信信息;(3)用户注册信息、身份认证信息、电子交易记录、通信记录、登录日志等信息;(4)文档、图片、音视频、数字证书、计算机程序等电子文件。视听资料和电子数据是随着近现代科学技术发展而出现的新的证据种类,并随着科技的进步和犯罪种类的变化而在刑事诉讼中发挥着日益重要的作用。视听资料和电子数据的具体表现形式多样,尤其是电子数据,其表现形式还会随着科技的进步而日益多样化。

2. 视听资料、电子数据的特点。(1)形式多样,直观性强,客观实在,内容丰富;(2)既有易于发现、提取、保存的一面,又有容易被损坏、覆盖、灭失的一面;(3)占用空间少,传送和运输方便;(4)可以反复重现,作为证据易于使用,审查核实时便于操作;(5)被伪造、变造的可能性较高,常常需要鉴定其真实性、系统性和完整性;(6)对技术要求高,伴随科技发展的进程而不断更新、变化。

第三节　刑事证据的分类★★

一、原始证据与传来证据

1. 原始证据与传来证据的划分标准。根据证据

材料的来源不同,可以分为原始证据和传来证据。

凡是来自原始出处,即直接源于案件事实的证据材料,是原始证据。凡是不直接源于案件事实,而是间接的非第一来源获得的证据材料,称为传来证据。

2. 原始证据与传来证据的运用。通常情况下原始证据的证明价值大于传来证据。

运用传来证据时应该遵守以下相应的特殊规则:(1)来源不明的材料不能作为证据使用;(2)只有在原始证据不能取得或者确有困难时,才能用传来证据代替;(3)应采用距离原始证据最近的传来证据,即转述、复制次数最少的原始证据;(4)如果案件只有传来证据,没有任何原始证据,不得认定有罪。

二、有罪证据与无罪证据

1. 有罪证据与无罪证据的划分标准。根据证据是否能够证明犯罪事实的存在或者犯罪行为系犯罪嫌疑人、被告人所为,可以将证据分为有罪证据和无罪证据。

2. 有罪证据与无罪证据的运用应当特别注意以下几点:(1)既要注意收集有罪证据,也要注意收集无罪证据,要防止片面性;(2)在对被告人作出有罪的确定性认定时,要做到有罪证据确实、充分,排除无罪的可能性。如果案内有无罪证据尚未排除矛盾,就不能得出有罪的结论。

三、言词证据与实物证据

1. 言词证据与实物证据的划分标准。根据证据的表现形式不同,可以将证据分为言词证据和实物证据。凡是表现为人的陈述,即以言词作为表现形式的证据,都是言词证据。凡是表现为物品、痕迹或内容具有证据价值的书面文件,即以实物作为表现形式的证据,都是实物证据。

2. 言词证据与实物证据的运用。

言词证据在收集和运用时,应当特别注意以下几点:(1)严禁采用刑讯逼供、引诱以及其他非法方法收集言词证据,应当对证人和被害人讲明作伪证和虚假陈述应负的法律责任,告知其有义务如实提供证据;(2)应当及时收集言词证据,特别是对于年老、重病、重伤等人员,更应当及时收集;(3)针对言词证据易变性、可塑性较大的特点,应当十分注意固定程序,对陈述要全面、如实地进行记录,并依法核对和签名,予以固定;(4)审查、判断言词证据,应当特别注意陈述主体的个人情况,与案件的关系,感知、记忆、陈述的能力和条件,以及有无外界社会因素的影响等;(5)应当尽可能收集到实物证据来印证言词证据,在只有言词证据而无实物证据的情况下,对被告人定罪处刑应当特别慎重;(6)作为定案根据的言词证据必须在法庭上查证属实,法庭审查言词证据的方式主要是询问和质证。

实物证据的收集和运用应当注意以下几点:(1)应当及时、客观、细致、全面,注意充分运用现代化科技手段,避免遗漏或在收集中破坏实物证据的证明价值;(2)凡是需要鉴定或者检验的实物证据,都必须进行鉴定或检验,不能仅凭办案人员的经验判断;(3)对收集到的实物证据应开列清单,妥善保管,不能保存的应通过拍照、录像、制作模型、绘图等手段加以保全和固定;(4)审查实物证据,应当注意是否被伪造,是否受环境影响而发生变化,以及收集实物证据的司法工作人员的业务素质和所使用的技术设备的质量情况等。

四、直接证据与间接证据

1. 直接证据与间接证据的划分标准。根据证据与案件主要事实证明关系的不同,可以将证据划分为直接证据与间接证据。所谓刑事案件的主要事实,是指犯罪行为是否系犯罪嫌疑人、被告人所实施;所谓证明关系的不同,是指某一证据是否可以单独、直接地证明案件的主要事实。直接证据是能够单独、直接证明案件主要事实的证据。间接证据是不能单独、直接证明刑事案件主要事实,需要与其他证据相结合才能证明的证据。

2. 间接证据的运用规则

任何一个间接证据都需要与其他证据相结合,才能证明案件主要事实;由于间接证据关联方式的间接性,运用间接证据证明案件主要事实,必须经过推理过程。间接证据虽然不能单独地直接证明案件主要事实,但在诉讼证明中往往是发现犯罪嫌疑人的先导,是获得直接证据的手段。而且,间接证据还往往能够鉴别直接证据的真伪,甚至在某些没有直接证据的案件中,可以只根据充分、确实的间接证据认定犯罪嫌疑人、被告人有罪。

第四节 刑事证据规则★★★

一、刑事证据规则的概念、意义及分类

刑事证据规则,是指在刑事证据制度中,控辩双方收集和出示证据,法庭采纳和运用证据认定案件事实必须遵循的重要准则。

其意义在于:一是有利于保证证据的真实性、可靠性,查明案件事实;二是有利于保护权利,实现司法公正;三是有利于保障刑事诉讼高效、有序进行,从而提高诉讼效率。

从内容上看,证据规则大体包括两类:一类是调整证据能力的规则,如传闻证据规则、非法证据排除

规则、意见证据规则、最佳证据规则等;另一类是调整证明力的规则,如补强证据规则等。

二、关联性规则

关联性规则是指只有与案件事实有关的材料,才能作为证据使用。关联性是证据被采纳的首要条件,关联性规则在证据规则体系中居于基础性地位。没有关联性的证据不具有可采性,但具有关联性的证据未必都具有可采性,仍有可能出于利益考虑,或者由于某种特殊规则,而不具有可采性。

不得作为认定案件事实的依据:(1)品格证据。(2)类似行为。(3)特定的诉讼行为。(4)特定的事实行为。(5)被害人过去的行为。

三、非法证据排除规则

非法证据排除规则,是指违反法定程序,以非法方法获取的证据,原则上不具有证据能力,应当予以排除,不能采纳为定案的依据。既包括非法言词证据的排除,也包括非法实物证据的排除。

排除非法证据的范围包括以下几方面:

(1)采用刑讯逼供等非法方法收集的犯罪嫌疑人、被告人供述。

(2)采用暴力、威胁以及非法限制人身自由等非法方法收集的证人证言、被害人陈述,应当予以排除。

(3)除情况紧急必须现场讯问以外,在规定的办案场所外讯问取得的供述,未依法对讯问进行全程录音录像取得的供述,以及不能排除以非法方法取得的供述,应当排除。

(4)收集物证、书证不符合法定程序,可能严重影响司法公正的,应当予以补正或者作出合理解释;不能补正或者作出合理解释的,对该证据应当予以排除。这里的物证、书证应作广义理解,包括视听资料和电子数据,《公安机关办理刑事案件程序规定》第71条第2款也做了相应的规定。认定"可能严重影响司法公正",应当综合考虑收集证据违反法定程序以及所造成后果的严重程度等情况。

四、自白任意规则

自白任意规则,又称非任意自白排除规则或自白规则,是指在刑事诉讼中,只有基于被追诉人自由意志而作出的自白(承认有罪的供述),才具有可采性;违背当事人意愿或违反法定程序而强制作出的供述不是自白,而是逼供,不具有可采性,必须予以排除。根据这一规则,在法庭审判过程中,对于控方举出的违反自白任意性规则的犯罪嫌疑人、被告人供述,如果辩护方表示异议的,法官应当禁止控方向法庭提交该证据,并不得以该证据作为裁判的依据。

五、传闻证据规则

传闻证据规则,也称传闻证据排除规则,即法律排除传闻证据作为认定犯罪事实的根据的规则。根据这一规则,如无法定理由,任何人在庭审期间以外及庭审准备期间以外的陈述,不得作为认定被告人有罪的证据。

六、意见证据规则

意见证据规则,是指证人只能陈述自己亲身感受和经历的事实,而不得陈述对该事实的意见或者结论。

七、补强证据规则

所谓"补强证据",是指用以增强另一证据证明力的证据。一开始收集到的对证实案情有重要意义的证据,称为"主证据",而用以印证该证据真实性的其他证据,就称为"补强证据"。补强证据必须满足以下条件:(1)补强证据必须具有证据能力。(2)补强证据本身必须具有担保补强对象真实的能力。(3)补强证据必须具有独立的来源。

八、最佳证据规则

最佳证据规则,又称原始证据规则,是指以文字、符号、图形等方式记载的内容来证明案情时,原件才是最佳证据。

第五节　刑事诉讼证明

一、刑事诉讼证明

刑事诉讼中的证明具有以下特征:

1. 刑事诉讼证明的主体是国家公诉机关和诉讼当事人。公诉机关和自诉人实际上处于原告一方,负有向法庭提出证据证明被告人有罪的责任。被告人原则上不负证明责任,仅在特定情况下承担一定的证明责任。

2. 刑事诉讼证明的对象是诉讼中需要运用证据加以证明的事项。

3. 严格意义上的刑事诉讼证明只存在于审判阶段。

4. 刑事诉讼证明受证明责任的影响或支配。

5. 刑事诉讼证明不仅是一种认识活动,还是一种诉讼行为,直接受各类诉讼法律的规范和调整。

二、刑事诉讼证明对象

1. 刑事诉讼证明对象的概念。刑事诉讼的证明对象,也称证明客体、待证事实或要证事实,是证明主体运用一定的证明方法所要证明的一切法律要件事实。

2. 刑事诉讼证明对象的内容。

(1)实体法事实。实体法事实是直接决定案件处理结果的关键所在,解决的是被告人的行为是否构成犯罪、所犯何罪、罪重还是罪轻、应否处以刑罚、应处以何种刑罚的问题，因此是刑事诉讼中首要的证明对象。

(2)程序法事实。能够成为证明对象的程序法事实，主要包括：对犯罪嫌疑人、被告人采取强制措施的事实；关于回避的事实；耽误诉讼期限是否有不能抗拒的原因或者其他正当理由的事实；认罪认罚的事实；违反法定程序的事实；有关管辖争议的事实；与执行的合法性有关的事实，如关于罪犯“是否怀孕”的事实；其他需要证明的程序性事实。

(3)免证事实。刑事诉讼中的事实一般分为待证事实和免证事实两大类。其中，待证事实是作为证明对象的事实，免证事实包括：①为一般人共同知晓的常识性事实；②人民法院生效裁判所确认并且未依审判监督程序重新审理的事实；③法律、法规的内容以及适用等属于审判人员履行职务所应当知晓的事实；④在法庭审理中不存在异议的程序事实；⑤法律规定的推定事实；⑥自然规律或者定律。

三、刑事诉讼证明责任

1. 证明责任的含义。证明责任也称举证责任，是诉讼法和证据法中的一项基本制度，是指人民检察院或某些当事人应当收集或提供证据证明应予认定的案件事实或有利于自己的主张的责任；否则，将承担其主张不能成立的后果。证明责任所要解决的问题是：诉讼中出现的案件事实，应当由谁提供证据加以证明，以及在诉讼结束时如果案件事实仍然处于真伪不明的状态，应当由谁来承担败诉或不利的诉讼后果。

2. 证明责任的分担。

(1)人民检察院负有证明被告人有罪的责任。刑事诉讼法明确规定，检察机关决定提起公诉的案件，必须达到犯罪事实已经查清，证据确实、充分，依法应当追究刑事责任的标准。(2)自诉案件的自诉人应当对其控诉承担证明责任。在自诉案件中，自诉人处于原告的地位，独立承担控诉职能，对自己提出的控诉主张依法应当承担证明责任。(3)在例外情况下，被告人应当承担提出证据的责任。

四、刑事诉讼证明标准

刑事诉讼中的证明标准，是指法律规定的检察机关和当事人运用证据证明案件事实要求达到的程度。我国刑事诉讼中认定被告人有罪的证明标准是“犯罪事实清楚，证据确实、充分”。

命题点拨 刑事证据的基本属性，刑事证据制度的基本原则，刑事证据法定种类，刑事证据规则，刑事诉讼证明对象、证明责任和证明标准等。

第八章　强制措施

第一节　强制措施概述★

一、强制措施的概念与特点

1. 强制措施的概念。刑事诉讼中的强制措施，是指公安机关、人民检察院和人民法院为了保证刑事诉讼的顺利进行，依法对刑事案件的犯罪嫌疑人、被告人的人身自由进行限制或者剥夺的各种强制性方法。

2. 强制措施的特点。(1)主体的特定性。有权适用强制措施的主体只能是公安机关(包括其他侦查机关)、人民检察院和人民法院。(2)对象的唯一性。强制措施的适用对象是犯罪嫌疑人、被告人。(3)强制措施的内容是限制或者剥夺犯罪嫌疑人、被告人的人身自由，而不包括对物的强制处分。(4)强制措施是预防性措施，而不是惩罚性措施。(5)适用上具有法定性。(6)时间上具有临时性。

二、适用强制措施的原则与应当考虑的因素

适用强制措施应当遵循必要性原则、相当性原则和变更性原则。必要性原则是指只有在为保证刑事诉讼的顺利进行而有必要时方能采取，若无必要，不得随意适用强制措施。相当性原则，又称为比例原则，是指适用何种强制措施，应当与犯罪嫌疑人、被告人的人身危险性程度和涉嫌犯罪的轻重程度相适应，不得在人身危险性程度和涉嫌犯罪的轻重程度较低的情况下适用强制程度较高的强制措施。变更性原则是指强制措施的适用，需要随着诉讼的进展，犯罪嫌疑人、被告人及案件情况的变化而及时变更或解除。除遵循上述两项原则外，适用强制措施还要全面考虑一系列的因素：(1)犯罪嫌疑人、被告人所实施涉嫌犯罪行为的社会危害性。(2)犯罪嫌疑人、被告人的社会危险性。(3)公安司法机关对案件事实的调查情况和对案件证据的掌握情况。(4)犯罪嫌疑人、被告人的个人情况。

三、公民的扭送

对于有下列情形的人，任何公民都可以立即扭送公安机关、人民检察院或者人民法院处理：(1)正在实行犯罪或者在犯罪后即时被发觉的；(2)通缉在案的；(3)越狱逃跑的；(4)正在被追捕的。公民扭送并不是刑事诉讼法规定的一种强制措施。

第二节　拘　　传

一、拘传的概念和特点

拘传是指公安机关、人民检察院和人民法院对未被羁押的犯罪嫌疑人、被告人，依法强制其到案接受讯问的一种强制措施。拘传是我国刑事诉讼强制措施体系中强制力度最轻的一种，公安机关、人民检察院和人民法院在刑事诉讼过程中，均有权决定适用。

拘传具有以下特点：(1)拘传的对象是未被羁押的犯罪嫌疑人、被告人，对于已经被拘留、逮捕的犯罪嫌疑人，可以直接进行讯问，不需要适用拘传；(2)拘传的目的是强制犯罪嫌疑人、被告人到案接受讯问，没有羁押的效力，拘传不得超过法定的期限，在讯问后，应当将被拘传人立即放回。

二、拘传与传唤的区别

两者的区别表现在：(1)强制力不同。传唤是自动到案，拘传则是强制到案。(2)适用的对象不同。传唤适用于所有当事人，包括犯罪嫌疑人、被告人、自诉人、被害人、附带民事诉讼的原告人和被告人；拘传则仅适用于犯罪嫌疑人、被告人。(3)适用时是否一定需要法律文书不同。拘传时必须出示拘传证；传唤在大多数情况下也需要出示传唤通知书，但对在现场发现的犯罪嫌疑人，侦查人员经出示工作证件，可以口头传唤，但应当在讯问笔录中注明。

三、拘传的适用对象、主体与程序

1. 拘传的适用对象。只能适用于犯罪嫌疑人、被告人。

2. 拘传的适用主体。包括公安机关、检察机关和人民法院。其他行使侦查权的机关也有权适用拘传，如国家安全机关、军队保卫部门等。

3. 拘传的适用程序。

(1)拘传应当依据拘传证。

(2)拘传应当在被拘传人所在的市、县内进行，即拘传到被拘传人所在的市、县公安机关执法办案场所进行讯问。犯罪嫌疑人工作单位与居住地不在同一市、县的，拘传应当在犯罪嫌疑人工作单位所在的市、县内进行；特殊情况下，也可以在犯罪嫌疑人居住地所在的市、县内进行。

(3)拘传时，应当向被拘传人出示拘传证。

(4)犯罪嫌疑人到案后，应当责令其在拘传证上填写到案时间，并在拘传证上签名、捺指印或盖章。

(5)讯问结束后，如果被拘传人符合其他强制措施如拘留、逮捕条件的，应当依法采取其他强制措施。

第三节　取保候审★★★

一、取保候审的适用对象

根据《刑事诉讼法》第 67 条的规定，取保候审可以适用于以下情形：(1)可能判处管制、拘役或者独立适用附加刑的。(2)可能判处有期徒刑以上刑罚，采取取保候审不致发生社会危险性的。(3)患有严重疾病、生活不能自理，怀孕或者正在哺乳自己婴儿的妇女，采取取保候审不致发生社会危险性的。(4)羁押期限届满，案件尚未办结，需要采取取保候审的。这种情形指的是犯罪嫌疑人、被告人被羁押的案件，不能在刑事诉讼法规定的侦查期限、审查起诉期限、一审和二审期限内办结的，需要继续查证、审理的。

二、取保候审的保证方式

1. 保证人保证。

(1)适用保证人保证的情形。对于符合取保候审条件，具有下列情形之一的犯罪嫌疑人、被告人，公安司法机关决定取保候审时，可以采用保证人保证：①无力交纳保证金的；②未成年人或者已满 75 周岁的人；③其他不宜收取保证金的情形。对于未成年人取保候审的，应当优先适用保证人保证。

(2)保证人的条件。①与本案无牵连；②有能力履行保证义务；③享有政治权利，人身自由未受到限制；④有固定的住处和收入。犯罪嫌疑人、被告人提出保证人的，公安司法机关应当审查保证人是否符合条件。

(3)保证人的数量。对犯罪嫌疑人、被告人决定适用取保候审的，可以责令其提出 1 ~ 2 名保证人。

(4)保证人的义务。①监督被保证人遵守《刑事诉讼法》第 71 条规定的在取保候审期间应当履行的义务；②发现被保证人可能发生或者已经发生违反《刑事诉讼法》第 71 条规定的行为的，应当及时向执行机关报告。

2. 保证金保证。

(1)保证金的数额与收取管理。《刑事诉讼法》第 72 条规定，取保候审的决定机关应当综合考虑保证诉讼活动正常进行的需要，被取保候审人的社会危险性，案件的性质、情节，可能判处刑罚的轻重，被取保候审人的经济状况等情况，确定保证金的数额。保证金的起点数额为 1000 元，被取保候审人为未成年人的，保证金的起点数额为 500 元。保证金应当以人民币交纳。对于前一诉讼阶段已经适用了取保候审并收取了保证金的，后续诉讼阶段继续采取保证金保证的,原则上不变更保证金数额,不再重新收取保证金。

(2)保证金的退还。犯罪嫌疑人、被告人在取保候审期间未违反《刑事诉讼法》第71条规定的,取保候审结束的时候,凭解除取保候审的通知或者有关法律文书到银行领取退还的保证金。

三、取保候审的程序

1. 取保候审的决定或申请。

(1)决定取保候审。公、检、法机关根据案件具体情况,可以直接主动地依职权决定取保候审。

(2)申请取保候审。犯罪嫌疑人、被告人及其法定代理人、近亲属或者辩护人有权申请变更强制措施。值班律师也可以为犯罪嫌疑人、被告人申请取保候审。人民法院、人民检察院和公安机关收到申请后,应当在3日以内作出决定;不同意变更强制措施的,应当告知申请人,并说明不同意的理由。

2. 取保候审的执行。

取保候审由公安机关执行。

3. 取保候审的解除。

取保候审期限届满或者发现不应追究犯罪嫌疑人、被告人的刑事责任的,应当及时解除取保候审。

4. 取保候审的期限。

取保候审的期限最长不超过12个月,在此期限内不得中断对案件的侦查、起诉和审理。

四、被取保候审人的义务及违反义务的处理

1. 法定义务包括:(1)未经执行机关批准不得离开所居住的市、县;(2)住址、工作单位和联系方式发生变动的,在24小时以内向执行机关报告;(3)在传讯的时候及时到案;(4)不得以任何形式干扰证人作证;(5)不得毁灭、伪造证据或者串供。

2. 酌定义务包括下列一项或多项:(1)不得进入特定的场所。(2)不得与特定的人员会见或者通信。(3)不得从事特定的活动。(4)将护照等出入境证件、驾驶证件交执行机关保存。

被取保候审的人在取保候审期间违反上述法定义务和酌定义务,则应视情节轻重没收保证金的全部或者一部分,并根据案件的具体情况,责令犯罪嫌疑人、被告人具结悔过,重新交纳保证金或提出保证人。对于不宜再取保候审的,可以监视居住或者予以逮捕。对需要予以逮捕的,可以对犯罪嫌疑人、被告人先行拘留。

第四节 监视居住

一、监视居住的适用对象

(1)患有严重疾病、生活不能自理的。(2)怀孕或者正在哺乳自己婴儿的妇女。(3)系生活不能自理的人的唯一扶养人。这种情况一般指的是犯罪嫌疑人、被告人是年老、年幼、严重残疾人或者患有严重疾病人的唯一扶养人。(4)因为案件的特殊情况或者办理案件的需要,采取监视居住措施更为适宜的。(5)羁押期限届满,案件尚未办结,需要采取监视居住措施的。人民法院、人民检察院和公安机关对符合逮捕条件,有上述情形之一的犯罪嫌疑人、被告人,可以监视居住。此外,对符合取保候审条件,但犯罪嫌疑人、被告人不能提出保证人,也不交纳保证金的,也可以监视居住。

二、监视居住的种类

监视居住分为住处监视居住和指定居所监视居住两种。只有两种情况下可以适用指定居所监视居住:(1)犯罪嫌疑人、被告人无固定住处的;(2)对于涉嫌危害国家安全犯罪、恐怖活动犯罪,在住处执行可能有碍侦查的,经上一级公安机关批准,也可以在指定的居所执行。第二种情形仅适用于侦查阶段。

三、监视居住的程序

1. 监视居住的决定。

人民法院、人民检察院和公安机关决定对犯罪嫌疑人、被告人采取监视居住,应当制作监视居住决定书和执行监视居住通知书。

2. 监视居住的执行。

监视居住由公安机关执行。

3. 监视居住的解除。

监视居住期限届满或者发现不应追究犯罪嫌疑人、被告人刑事责任的,应当及时解除监视居住。

4. 监视居住的期限。

监视居住的期限最长不超过6个月,在此期限内不得中断对案件的侦查、起诉和审理。

5. 指定居所监视居住执行程序的特殊规定。

(1)对于侦查期间,涉嫌危害国家安全犯罪、恐怖活动犯罪,在住处执行可能有碍侦查而需要指定居所的,需经上一级公安机关批准。

(2)指定居所监视居住的,除无法通知的以外,应当在执行监视居住后24小时以内,通知被监视居住人的家属,通知的内容包括指定居所监视居住的原因和地点。

(3)由人民检察院对指定居所监视居住的决定和执行是否合法实行监督。

(4)指定居所监视居住可以折抵刑期:被判处管制的,监视居住1日折抵刑期1日;被判处拘役、有期徒刑的,监视居住2日折抵刑期1日。

四、被监视居住人的义务以及违反义务的处理

被监视居住的犯罪嫌疑人、被告人有违反上述

情形，情节严重的，可以予以逮捕；需要予以逮捕的，可以对犯罪嫌疑人、被告人先行拘留。

第五节 拘 留★

一、拘留的适用情形

公安机关在侦查过程中对现行犯或重大嫌疑人决定拘留。(1)正在预备犯罪、实行犯罪或者在犯罪后即时被发觉的。(2)被害人或者在场亲眼看见的人指认他犯罪的，即遭受犯罪行为直接侵害的人或者在犯罪现场亲眼看到犯罪活动的人指认某人是犯罪嫌疑人。(3)在身边或者住处发现有犯罪证据的。(4)犯罪后企图自杀、逃跑或者在逃的。(5)有毁灭、伪造证据或者串供可能的。(6)不讲真实姓名、住址，身份不明的。(7)有流窜作案、多次作案、结伙作案重大嫌疑的。

二、拘留的程序

1. 拘留的决定。公安机关依法需要拘留现行犯或者重大嫌疑分子，由承办单位填写呈请拘留报告书，由县级以上公安机关负责人批准，制作拘留证，然后由提请批准拘留的单位负责执行。

2. 拘留的执行。公安机关负责执行拘留的时候，必须向被拘留人出示拘留证，并责令被拘留人在拘留证上签名或捺手印。公安机关应当在拘留后立即送看守所羁押，至迟不得超过24小时。

3. 拘留的期限。对于公安机关依法决定和执行的刑事拘留，拘留的期限是公安机关提请人民检察院批准逮捕期限和人民检察院审查批准逮捕期限的总和。公安机关对被拘留的人认为需要逮捕的，应当在拘留后3日以内，提请人民检察院审查批准。在特殊情况下，经县级以上公安机关负责人批准，提请审查批准的时间可以延长1日至4日。对于流窜作案、多次作案、结伙作案的重大嫌疑分子，提请审查批准的时间可以延长至30日。人民检察院应当自接到公安机关提请批准逮捕书后的7日内，作出批准逮捕或者不批准逮捕的决定。

第六节 逮 捕★

一、逮捕的适用情形

(一)《刑事诉讼法》第81条第1款规定的情形

对有证据证明有犯罪事实，可能判处徒刑以上刑罚的犯罪嫌疑人、被告人，采取取保候审尚不足以防止发生社会危险性的，应当予以逮捕。这一类逮捕必须同时具备以下三个条件。

1. 有证据证明有犯罪事实。

2. 可能判处徒刑以上刑罚。

3. 采取取保候审尚不足以防止发生社会危险性。

(二)《刑事诉讼法》第81条第3款规定的情形

符合下列三种具体情形之一的，应当逮捕：

1. 有证据证明有犯罪事实，可能判处10年有期徒刑以上刑罚的。

2. 有证据证明有犯罪事实，可能判处徒刑以上刑罚，曾经故意犯罪的。

3. 有证据证明有犯罪事实，可能判处徒刑以上刑罚，不讲真实姓名、住址，身份不明的。

(三)《刑事诉讼法》第81条第4款规定的情形

被取保候审、监视居住的犯罪嫌疑人、被告人违反取保候审、监视居住规定，情节严重的，可以予以逮捕。

二、逮捕的权限

任何公民，非经人民检察院批准或者决定或者人民法院决定，并由公安机关执行，不受逮捕。

三、逮捕的批准和决定程序

人民检察院对公安机关提请逮捕的批准程序如下：

1. 基本程序。

公安机关请求逮捕犯罪嫌疑人时，应当经县级以上公安机关负责人批准，制作提请批准逮捕书，连同案卷材料、证据，一并移送同级人民检察院审查批准。检察机关在接到公安机关的报捕材料后，应当在查阅案卷材料、讯问犯罪嫌疑人、询问证人等诉讼参与人和听取辩护律师意见的基础上，作出批准或者不批准逮捕的决定。对公安机关提请批准逮捕的犯罪嫌疑人已被拘留的，人民检察院应当在7日内作出是否批准逮捕的决定；未被拘留的，应当在接到提请批准逮捕书后的15日以内作出是否批准逮捕的决定，重大、复杂的案件不得超过20日。

检察机关经审查应当分别作出以下决定：(1)对于符合逮捕条件的，作出批准逮捕的决定，连同案卷材料送达公安机关执行，并可以制作继续侦查提纲，送交公安机关；(2)对于不符合逮捕条件的，作出不批准逮捕的决定，说明不批准逮捕的理由，需要补充侦查的，制作补充侦查提纲，送交公安机关。需要注意的是，对于因犯罪嫌疑人没有犯罪事实或者具有《刑事诉讼法》第16条规定的情形之一或者证据不足，人民检察院拟作出不批准逮捕决定的，应当经检察长批准。人民检察院作出不批准逮捕的决定时，不得直接提出采取取保候审措施的意见。

2. 审查批捕中讯问犯罪嫌疑人。

3. 审查批捕中听取律师意见。

4. 审查批捕中排除非法证据。

5. 社会危险性审查。

四、逮捕的执行程序

1. 对于人民检察院批准或者决定，人民法院决定逮捕的犯罪嫌疑人、被告人，应当由县级以上公安机关负责人签发逮捕证，立即执行。

2. 执行逮捕的人员不得少于2人。

3. 逮捕犯罪嫌疑人、被告人后，应当立即送看守所羁押。

4. 到异地逮捕的，公安机关应当通知被逮捕人所在地的公安机关，被逮捕人所在地的公安机关应当协助执行。

五、羁押必要性审查

犯罪嫌疑人、被告人被逮捕后，人民检察院仍应当对羁押的必要性进行审查。对不需要继续羁押的，应当建议予以释放或者变更强制措施。

六、逮捕的变更、撤销或解除

符合下列情形之一的，公安司法机关应当将逮捕予以变更、撤销或解除：

1. 案件不能在法律规定的期限内办结的。

2. 对于已经被逮捕的犯罪嫌疑人、被告人，如果具有下列情形之一的，可以变更强制措施：(1)患有严重疾病，生活不能自理的；(2)怀孕或正在哺乳自己婴儿的妇女；(3)系生活不能自理的人的唯一扶养人。

3. 第一审法院判决被告人无罪、不负刑事责任或者免除刑事处罚的，被告人在押的，应当在宣判后立即释放。

4. 第一审人民法院判处管制、宣告缓刑以及单独适用附加刑，判决尚未发生法律效力的。

5. 被告人被羁押的时间已到第一审人民法院对其判处的刑期期限的。

6. 不再符合逮捕的适用条件。

命题点拨 每种强制措施的适用对象与程序。

第九章　附带民事诉讼

第一节　附带民事诉讼概述

一、附带民事诉讼的概念

附带民事诉讼是指在刑事诉讼过程中，在解决被告人刑事责任的同时，附带解决因被告人的犯罪行为所造成的物质损失的赔偿问题而进行的诉讼活动。

二、附带民事诉讼的成立条件

附带民事诉讼的成立必须符合以下条件：

1. 前提是刑事诉讼已经成立。

2. 被害人遭受的必须是物质损失，且符合法律规定的具体情形。

3. 被害人的物质损失是因被告人的犯罪行为造成的。

第二节　附带民事诉讼当事人★★

一、附带民事诉讼原告人的概念与范围

附带民事诉讼原告人，是指以自己的名义向司法机关提起附带民事诉讼赔偿请求的人。根据刑事诉讼法和有关司法解释的规定，以下主体有权提起附带民事诉讼：

1. 因犯罪行为遭受物质损失的公民。

2. 因犯罪行为遭受物质损失的企业、事业单位、机关、团体等。

3. 被害人死亡或者丧失行为能力的，其法定代理人、近亲属有权提起附带民事诉讼。

4. 当被害人是未成年人或限制行为能力人时，其法定代理人可以代为提起附带民事诉讼。

5. 如果是国家财产、集体财产遭受损失的，受损失的单位未提起附带民事诉讼，人民检察院可以在提起公诉时提起附带民事诉讼。

二、附带民事诉讼被告人的概念与范围

附带民事诉讼被告人，指对被害人因犯罪行为所造成的物质损失负有赔偿责任的人。包括以下自然人或者单位：

1. 刑事被告人以及未被追究刑事责任的其他共同侵害人。

2. 刑事被告人的监护人。

3. 死刑罪犯的遗产继承人。

4. 共同犯罪案件中，案件审结前死亡被告人的遗产继承人。

5. 对被害人的物质损失依法应当承担赔偿责任的其他单位和个人。

第三节　附带民事诉讼的提起

一、附带民事诉讼的提起期间

附带民事诉讼应当在刑事案件立案以后及时提起。第一审期间未提起附带民事诉讼，在第二审期间提起的，第二审人民法院可以依法进行调解；调解不成的，告知当事人可以在刑事判决、裁定生效后另行提起民事诉讼。被害人或者其法定代理人、近亲属在刑事诉讼过程中未提起附带民事诉讼，另行提起民事诉讼的，人民法院可以进行调解，或者根据物质损失情况作出判决。在刑事诉讼的侦查、审查起

诉期间，有权提起附带民事诉讼的人可以提出赔偿要求，但在刑事案件起诉后，必须向人民法院依法提起附带民事诉讼，人民法院才按照附带民事诉讼案件受理。在侦查、审查起诉期间，经公安机关、人民检察院调解，当事人双方已经达成协议并全部履行，被害人或者其法定代理人、近亲属又提起附带民事诉讼的，人民法院不予受理，但有证据证明调解违反自愿、合法原则的除外。

二、提起附带民事诉讼的条件与方式

提起附带民事诉讼必须符合以下四个条件：(1)提起附带民事诉讼的起诉人符合法定条件；(2)有明确的被告人；(3)有请求赔偿的具体要求和事实、理由；(4)属于人民法院受理附带民事诉讼的范围。

提起附带民事诉讼应当提交刑事附带民事起诉状。

三、附带民事诉讼的财产保全★

附带民事诉讼的财产保全是指在刑事诉讼过程中，在可能因被告人或其他人的行为导致将来发生法律效力的附带民事诉讼判决不能或难以得到执行时，司法机关对被告人的财产采取一定的保全措施，从而保证附带民事判决能够得到执行。

附带民事诉讼的财产保全包括两种情形：(1)诉中财产保全。(2)诉前财产保全。

保全措施主要包括查封、扣押与冻结。

第四节　附带民事诉讼的审判

一、附带民事诉讼的审判组织、受理和准备程序

1. 附带民事诉讼的审判组织。附带民事诉讼的审判组织原则上与刑事案件的审判组织保持同一，以便于全面查清案件事实和节省诉讼成本。

2. 附带民事诉讼的受理和准备程序。人民法院收到附带民事起诉状后，应当进行审查，并在7日以内决定是否受理。符合法定条件的，应当受理；不符合的，应当裁定不予受理。

二、附带民事诉讼调解与审判

根据最高人民法院的有关司法解释，在审理刑事附带民事案件过程中还应当遵守以下特殊规定：

1. 附带民事诉讼的原告人经传唤，无正当理由拒不到庭，或者未经法庭许可中途退庭的，应当按撤诉处理。刑事被告人以外的附带民事诉讼被告人经传唤，无正当理由拒不到庭，或者未经法庭许可中途退庭的，附带民事部分可以缺席判决。

2. 附带民事诉讼当事人对自己提出的主张，有责任提供证据。

3. 审理附带民事诉讼案件，可以进行调解。

4. 审理刑事附带民事诉讼案件，人民法院应当结合被告人赔偿被害人物质损失的情况认定其悔罪表现，并在量刑时予以考虑。

5. 对附带民事诉讼作出判决，应当根据犯罪行为造成的物质损失，结合案件具体情况，确定被告人应当赔偿的数额。

6. 人民检察院提起附带民事诉讼的，人民法院经审理，认为附带民事诉讼被告人依法应当承担赔偿责任的，应当判令附带民事诉讼被告人直接向遭受损失的单位作出赔偿；遭受损失的单位已经终止，有权利义务继受人的，应当判令其向继受人作出赔偿；没有权利义务继受人的，应当判令其向人民检察院交付赔偿款，由人民检察院上缴国库。

7. 人民法院审理刑事附带民事诉讼案件，不收取诉讼费。

8. 人民法院在受理刑事附带民事诉讼案件后3个月内无法审结的，经上一级人民法院批准，可以延长3个月的审理期限。

命题点拨　本章的重点为附带民事诉讼成立的条件、附带民事诉讼当事人、附带民事诉讼的提起。

第十章　期间、送达

第一节　期　　间

一、期间的概念

刑事诉讼的期间，是指公安司法机关和诉讼参与人完成某项刑事诉讼行为必须遵守的法定期限。

二、期间和期日的区别

1. 期日是一个特定的时间单位，如某日、某时；期间则是指一定期限内的时间，即由一个期日起至另一个期日止的一段时间，既含有时间的数量，又含有时间的限度。

2. 期日是公安司法机关和诉讼参与人共同进行某项刑事诉讼活动的时间；期间则是指公安司法机关和诉讼参与人各自单独进行某项诉讼活动的时间。

3. 期日由公安司法机关指定，遇有重大理由时，可以另行指定期日；期间原则上由法律规定，不得任意变更。

4. 期日只规定开始的时间，不规定终止的时间，以诉讼行为的开始为开始，以诉讼行为的实行完毕为结束；期间在具体案件中一旦确定开始时间，终止的时间也随之确定。

5. 期日开始后，必须立即实施某项诉讼行为或开始某项诉讼活动；期间开始后不要求立即实施诉讼行为，只要是在期间届满之前，任何时候实施都是有效的。

三、期间的计算★★

1. 期间的计算方法。

(1) 以时为计算单位的期间，从期间开始的下一时起算，期间开始的时不计算在期间以内。它的届满以法定期间时数的最后一时完了为止。

(2) 以日为计算单位的期间，从期间开始的次日起算，期间开始的日不计算在期间以内。它的届满以法定期间日数的最后一日完了为止。

(3) 以月为计算单位的期间，自本月某日至下月同日为一个月；期限起算日为本月最后一日的，至下月最后一日为一个月；下月同日不存在的，自本月某日至下月最后一日为一个月；半个月一律按十五日计算。

(4) 期间的最后一日为节假日的，以节假日后的第一日为期间届满日期。

2. 期间的重新计算。

(1) 在侦查期间，发现犯罪嫌疑人另有重要罪行的，自发现之日起，依《刑事诉讼法》第 156 条的规定重新计算侦查羁押期限。

(2) 公安机关或者人民检察院补充侦查完毕移送人民检察院或者人民法院后，人民检察院或者人民法院重新计算审查起诉或者审理期限。

(3) 对人民检察院和人民法院改变管辖的公诉案件，从改变后的办案机关收到案件及有关案卷、证据材料之日起重新计算办案期限。

四、期间的恢复

期间的恢复，是指当事人由于不能抗拒的原因或者有其他正当理由而耽误期间的，在障碍消除后 5 日以内，可以申请继续进行应当在期满以前完成的诉讼活动的一种补救措施。期间的恢复必须具备以下条件：(1) 当事人提出恢复期间的申请。(2) 期间的耽误是由于不能抗拒的原因或有其他正当理由。(3) 当事人的申请应当在障碍消除后的 5 日以内提出。(4) 期间恢复的申请经人民法院裁定批准。

第二节　送　达

一、送达的概念

刑事诉讼中的送达，是指人民法院、人民检察院和公安机关依照法定程序和方式，将诉讼文件送交诉讼参与人、有关机关和单位的诉讼活动。送达从形式上看是向收件人交付某种诉讼文件，实质上是公安司法机关的告知行为。

二、送达的种类

包括直接送达、留置送达、委托送达、邮寄送达、转交送达。

三、送达回证

送达回证的内容包括送达诉讼文件的机关，收件人的姓名，送达诉讼文件的名称，送达的时间、地点、方式，送达人、收件人的签名、盖章，签收日期，等等。

命题点拨　重点在于期间的计算、恢复和送达的种类。

第二编　分　论

第十一章　立　案

第一节　立案的概念

一、立案的概念

刑事诉讼中的立案，是指公安机关、人民检察院、人民法院对报案、控告、举报、自首等方面的材料，依照管辖范围进行审查，以判断是否确有犯罪事实存在和应否追究刑事责任，并依法决定是否作为刑事案件进行侦查或者审判的一种诉讼活动。

二、立案的特征

1. 立案是刑事诉讼的起始程序。

2. 立案是刑事诉讼的必经程序。

3. 立案是法定机关的专门活动。

第二节　立案的材料来源和条件

一、立案的材料来源

1. 侦查机关自行发现的犯罪事实或者获得的犯罪线索。

2. 单位和个人的报案或者举报。

3. 被害人的报案或者控告。

二、立案的条件

1. 有犯罪事实。

2. 需要追究刑事责任。

第三节　立案程序和立案监督★★

一、立案程序

1. 对立案材料的接受。对立案材料的接受，是指公安机关、人民检察院或者人民法院对报案、控告、举报和自首材料的受理。它是立案程序的开始。应当注意：

(1)公安机关、人民法院对于报案、控告、举报和自首，都应当接受下来，然后依法处理，而不得以任何理由拒绝或推诿。

(2)报案、控告和举报可以用书面或口头形式提出。

(3)接受控告、举报的工作人员应当向控告人、举报人说明诬告应负的法律责任。

(4)公安司法机关应当为报案人、控告人、举报人保密，并保障他们及其近亲属的安全。

2. 对立案材料的审查。人民法院、人民检察院或者公安机关对于报案、控告、举报和自首的材料，应当按照管辖范围，迅速进行审查。通过审查，应当查明：材料所反映的事件是否属于犯罪行为；如果属于犯罪行为，有无确实可靠的证据材料证明；依法是否需要追究行为人的刑事责任；有无法定不追究刑事责任的情形。在司法实践中，公安机关、人民检察院或者人民法院对立案材料进行审查时，可以要求报案、控告、举报的单位和个人提供补充材料，或者要求他们作补充说明，也可以进行必要的调查。公安司法机关对立案材料的审查，只要求所取得的证据足以证明有犯罪事实发生，并且依法需要追究刑事责任而应当立案时；或者依法不需要追究刑事责任而不应当立案时，立案前的审查工作就完成了。对于应当立案的，并不要求查清全部犯罪事实和查获犯罪嫌疑人。

对于自诉案件，法律要求自诉人在提起自诉时，应当同时提出证明犯罪事实发生的各种证据。因此，人民法院在审查过程中，如果认为自诉人提出的证据不充分，可以要求自诉人提出补充证实有关犯罪事实的材料，但在立案前法院不得进行调查。

3. 对立案材料的处理

对立案材料的处理，是指公安机关、人民检察院或者人民法院通过对立案材料审查后，分别针对不同情况作出立案或者不立案的决定。这是立案程序的最后结果。

(1)立案决定及应办的法律手续。公安机关、人民检察院或者人民法院经过对立案材料的审查，认为符合立案条件的，即有犯罪事实发生，对行为人依法需要追究刑事责任时，应当作出立案的决定。

(2)不立案决定及相关的法律手续。公安机关经审查认为没有犯罪事实，或者犯罪事实显著轻微不需要追究刑事责任，或者具有其他依法不追究刑事责任情形的，经县级以上公安机关负责人批准，不予立案。

二、立案监督

(一)立案监督的概念

立案监督，是指检察机关对公安机关的立案活动进行的监督，它是人民检察院对刑事诉讼进行监督的一种。广义的立案监督还包括其他单位和个人对立案活动进行的监督。

(二)立案监督的程序

立案监督的程序，是指法律规定的人民检察院对立案活动实施监督的方法和步骤。

人民检察院经审查，认为需要公安机关说明不立案理由的，应当要求公安机关书面说明不立案的理由。对于有证据证明公安机关可能存在违法动用刑事手段插手民事、经济纠纷，或者利用立案事实报复陷害、敲诈勒索以及谋取其他非法利益等违法立案情形，尚未提请批准逮捕或者移送起诉的，人民检察院应当要求公安机关书面说明立案理由。

命题点拨 了解立案的概念和特征、立案的条件、立案程序和立案活动监督。

第十二章 侦　　查

第一节 侦查概述

一、侦查的概念

侦查，是指公安机关、人民检察院及其他具有侦查职能的机关对于刑事案件，依照法律进行的收集证据、查明案情的工作和采取有关的强制性措施。

二、侦查的任务

侦查的任务是指侦查机关依照法定程序对已经立案的刑事案件进行侦查，收集调取犯罪嫌疑人有罪或者无罪、罪轻或者罪重的各种证据材料，准确及时地查明犯罪事实，查获犯罪嫌疑人，并根据案件的具体情况采取必要的强制措施，防止犯罪分子逃避侦查或者毁灭、伪造证据，串供等，以便将犯罪嫌疑人顺利交付起诉和审判，保证诉讼活动的顺利进行，保护国家、集体和公民个人的合法权益不受侵犯。

三、侦查工作的原则

1. 迅速及时原则。
2. 客观全面原则。
3. 深入细致原则。
4. 依靠群众原则。
5. 程序法制原则。
6. 保守秘密原则。

7. 比例原则。

第二节 侦查行为★★★

侦查行为，是指侦查机关在办理案件过程中，依照法律进行的收集证据、查明案情活动。包含以下九种：

一、讯问犯罪嫌疑人

（一）讯问犯罪嫌疑人的概念和意义

讯问犯罪嫌疑人，是指侦查人员依照法定程序以言词方式向犯罪嫌疑人查问案件事实的一种侦查行为。

（二）讯问犯罪嫌疑人的程序和方法

1. 讯问犯罪嫌疑人必须由公安机关及其他具有侦查职能的机关的侦查人员负责进行。为了提高讯问效率，保证讯问质量，防止违法乱纪，确保讯问安全，讯问的时候，侦查人员不得少于2人。

2. 对于不需要逮捕、拘留的犯罪嫌疑人，可以传唤到犯罪嫌疑人所在市、县内的执法办案场所或者到他的住处进行讯问，但是应当出示侦查机关的证明文件，并责令其在传唤证上签名、捺指印。对在现场发现的犯罪嫌疑人，经出示工作证件，可以口头传唤，但应当在讯问笔录中注明。

3. 侦查人员在讯问犯罪嫌疑人的时候，应当首先讯问犯罪嫌疑人是否有犯罪行为。

4. 讯问聋、哑犯罪嫌疑人，应当有通晓聋、哑手势的人参加，并且将这种情况记明笔录。

5 讯问犯罪嫌疑人应当制作讯问笔录。

6. 讯问录音录像。

7. 讯问犯罪嫌疑人，必须严格遵守法律规定的程序，切实保障犯罪嫌疑人的诉讼权利，严禁刑讯逼供或以威胁、引诱、欺骗以及其他非法方法进行讯问，不得强迫任何人证实自己有罪。

二、询问证人、被害人

（一）询问证人的程序和方式

1. 询问证人只能由侦查人员进行。

2. 侦查人员询问证人，可以在现场进行，但应当出示工作证件；也可以到证人的所在单位、住处或者证人提出的地点进行，但是必须出示侦查机关的证明文件。

3. 询问证人应当个别进行。

4. 为了保证证人如实提供证据，询问证人时，应当告知他应当如实地提供证据、证言和有意作伪证或者隐匿、包庇罪证要负的法律责任。

5. 询问未成年证人，应当通知其法定代理人到场，无法通知、法定代理人不能到场或者法定代理人是共犯的，也可以通知未成年人的其他成年亲属，所在学校、单位、居住地的村民委员会、居民委员会或者未成年人保护组织的代表到场。

6. 询问证人，一般应先让证人就他所知道的情况作连续的详细叙述，并问明所叙述的事实的来源，然后根据其叙述结合案件中应当判明的事实和有关情节，向证人提出问题，让证人回答。

7. 对证人的叙述，应当制作笔录，交证人核对或者向他宣读。

（二）询问被害人

询问被害人，是指侦查人员依照法定程序向直接遭受犯罪行为侵害的人就其受害及犯罪嫌疑人的有关情况进行调查的侦查活动。

三、勘验、检查

（一）勘验、检查的概念

勘验、检查，是侦查人员对于与犯罪有关的场所、物品、尸体、人身进行勘查和检验的一种侦查行为。勘验和检查的性质是相同的，只是对象有所不同。勘验的对象是现场、物品和尸体，而检查的对象是活人的身体。

（二）勘验、检查的种类和程序

1. 现场勘验。现场勘验，是侦查人员对刑事案件的犯罪现场进行勘查和检验的一种侦查活动。(1)保护好现场。(2)侦查人员勘验现场，必须持有公安机关或者人民检察院的证明文件。(3)勘验现场在必要时可以指派或聘请具有专门知识的人。(4)在勘验现场时，侦查人员还应当及时向被害人、目睹人、报案人和其他群众调查访问。(5)勘验现场应当拍摄现场照片、绘制现场图、制作笔录，由侦查人员、其他参加勘验的人员和见证人签名或者盖章。

2. 物证检验。

3. 尸体检验。

4. 人身检查。

5. 侦查实验。

6. 复验、复查。

四、搜查

1. 搜查只能由侦查机关的侦查人员进行，其他任何机关、单位和个人都无权对公民人身和住宅进行搜查。

2. 任何单位和个人，有义务按照侦查机关的要求，交出可以证明犯罪嫌疑人有罪或者无罪的物证、书证、视听资料等证据。

3. 搜查时，必须向被搜查人出示搜查证，否则，被搜查人有权拒绝搜查。

4. 搜查的时候，应当有被搜查人或者他的家属、邻居或者其他见证人在场。

5. 搜查妇女的身体，应当由女工作人员进行。

6. 搜查的情况应当写成笔录，由侦查人员和被搜查人或者他的家属、邻居或者其他见证人签名或者盖章。

五、查封、扣押物证、书证

查封、扣押物证、书证，直接关系公民的财产及通信自由等权利，因此必须严格依照法定程序进行。

1. 查封、扣押物证、书证通常是在勘验、搜查时进行的。

2. 公安机关在侦查过程中需要扣押财物、文件的，应当经办案部门负责人批准，制作扣押决定书。

3. 对于查封、扣押的财物、文件，应当会同在场见证人和被查封、扣押财物、文件持有人查点清楚，当场开列清单一式两份，由侦查人员、见证人和持有人签名或者盖章，一份交给持有人；另一份附卷备查。

4. 对于查封、扣押的财物、文件，要妥善保管或者封存，不得使用、调换或者损毁。

5. 侦查人员认为需要扣押犯罪嫌疑人的邮件、电报的时候，经侦查机关批准，即可通知邮电机关将有关的邮件、电报检交扣押。不需要继续扣押的时候，应立即通知邮电机关。

6. 侦查机关根据侦查犯罪的需要，可以依照规定查询、冻结犯罪嫌疑人的存款、汇款、债券、股票、基金份额等财产。

六、鉴定

1. 选定鉴定人。

2. 侦查机关应当为鉴定人进行鉴定提供必要条件，及时向鉴定人送交有关检材和对比样本等原始材料，介绍与鉴定有关的情况，并且明确提出要求鉴定解决的问题，但是不得暗示或者强迫鉴定人作出某种鉴定意见。

3. 鉴定人应当遵守自己的职业道德，坚持实事求是的原则，按照鉴定规则，运用科学方法独立进行鉴定。

4. 鉴定人进行鉴定后，应当写出鉴定意见，并且签名。

5. 侦查人员对鉴定人作出的鉴定意见，应当进行审查，如果有疑问，可以要求鉴定人作补充鉴定。

6. 对犯罪嫌疑人作精神病鉴定的时间不计入办案期限，其他鉴定时间都应当计入办案期限。

七、辨认

1. 辨认应当在侦查人员的主持下进行。主持辨认的侦查人员不得少于2人。

2. 多个辨认人对同一辨认对象进行辨认时，应当由每位辨认人单独进行辨认。

3. 辨认时，应当将辨认对象混杂在其他人员或物品中，不得在辨认前向辨认人展示辨认对象及其影视资料，不得给辨认人以任何暗示。

4. 对犯罪嫌疑人的辨认，辨认人不愿公开进行的，可以在不暴露辨认人的情况下进行，侦查人员应当为其保密。

5. 对于辨认的情况，应当制作笔录，由主持和参加辨认的侦查人员、辨认人、见证人签名或盖章。

八、技术侦查

1. 技术侦查措施的使用主体只能是公安机关、人民检察院和国家安全机关。

2. 技术侦查的适用范围包括两种情况：(1)在公安机关、人民检察院侦查过程中，“公安机关在立案后，对于危害国家安全犯罪、恐怖活动犯罪、黑社会性质的组织犯罪、重大毒品犯罪或者其他严重危害社会的犯罪案件，根据侦查犯罪的需要，经过严格的批准手续，可以采取技术侦查措施。人民检察院在立案后，对于利用职权实施的严重侵犯公民人身权利的重大犯罪案件，根据侦查犯罪的需要，经过严格的批准手续，可以采取技术侦查措施，按照规定交有关机关执行”。(2)被通缉或者被批准、决定逮捕的在逃的犯罪嫌疑人、被告人，经过批准，可以采取追捕所必需的技术侦查措施。

3. 采取技术侦查措施，必须严格按照批准的措施种类、适用对象和期限执行。

4. 为了维护无关信息的安全性，侦查人员对采取技术侦查措施过程中知悉的国家秘密、商业秘密和个人隐私，应当保密；对采取技术侦查措施获取的与案件无关的材料，必须及时销毁。

5. 相关单位与个人的配合义务。

6. 刑事诉讼法特别强调了两种秘密侦查措施的使用。(1)“隐匿身份”的侦查。(2)在毒品犯罪等违禁品流转过程中经常使用的秘密监控类措施控制下交付。

7. 依法采取技术侦查措施收集的材料可以在刑事诉讼中作为证据使用。

九、通缉

1. 只有公安机关有权发布通缉令。

2. 通缉的对象只能是依法应当逮捕而在逃的犯罪嫌疑人，当然包括已被逮捕而在羁押期间逃跑的犯罪嫌疑人。

3. 通缉令中应当写明被通缉人的姓名、性别、年龄、籍贯、衣着和体貌特征，并应附上照片。除了必须保密的事项外，应当写明发案时间、地点、案情性质等简要情况。通缉令必须加盖发布机关的印章。

4. 通缉令发出后，如果发现新的重要情况，可以补发通报。

5. 各级公安机关在接到通缉令后，必须及时布置，组织力量，采取有效措施，做好调查缉拿工作。

6. 为发现重大犯罪线索，追缴涉案财物、证据，查获犯罪嫌疑人，必要时，经县级以上公安机关负责人批准，可以发布悬赏通告。

7. 被通缉的人已经归案、死亡或者通缉的原因已经消失而无通缉必要的，发布通缉令的公安机关应当在原发布范围内立即通知撤销通缉令。

第三节　侦查终结★

一、侦查终结的概念

侦查终结，是侦查机关对于自己立案侦查的案件，经过一系列的侦查活动，根据已经查明的事实、证据，依照法律规定，足以对案件作出起诉、不起诉或者撤销案件的结论，决定不再进行侦查，并对犯罪嫌疑人作出处理的一种诉讼活动。

二、侦查终结的条件和对案件的处理

（一）侦查终结的条件

1. 犯罪事实已经查清。

2. 案件的证据确实、充分。

3. 法律手续完备。侦查终结时，各种法律手续必须齐全、完备。

（二）对案件的处理

公安机关侦查的案件，侦查终结后，对于犯罪事实、情节清楚，证据确实、充分，依法应当追究犯罪嫌疑人刑事责任的，即应制作起诉意见书，然后连同案卷材料、证据一并移送同一级人民检察院审查决定。犯罪嫌疑人自愿认罪的，应当记录在案，随案移送并在起诉意见中写明有关情况。公安机关认为案件符合速裁程序适用条件的，可以向人民检察院提出适用速裁程序的建议。对于不应当对犯罪嫌疑人追究刑事责任的，应当撤销案件；犯罪嫌疑人已经被逮捕的，应当立即释放，发给释放证明，并且通知原批准的人民检察院。

三、侦查的羁押期限

侦查中的羁押期限，是指犯罪嫌疑人在侦查中被逮捕以后到侦查终结的期限。侦查中的羁押期限可以分为三种：

（一）一般羁押期限

对犯罪嫌疑人逮捕后的侦查羁押期限不得超过2个月，拘留的期限不包括在侦查羁押期限内。

（二）特殊羁押期限

1. 案情复杂、期限届满不能终结的案件，可以经上一级人民检察院批准延长1个月。

2. 因为特殊原因，在较长时间内不宜交付审判的特别重大复杂的案件，由最高人民检察院报请全国人大常委会批准延期审理。

3. 下列案件在《刑事诉讼法》第156条规定的期限仍不能侦查终结的，经省、自治区、直辖市人民检察院批准或者决定，可以延长2个月：(1)交通十分不便的边远地区的重大复杂案件；(2)重大的犯罪集团案件；(3)流窜作案的重大复杂案件；(4)犯罪涉及面广，取证困难的重大犯罪案件。

4. 对犯罪嫌疑人可能判处10年有期徒刑以上刑罚，依照《刑事诉讼法》第158条规定延长期限届满，仍不能侦查终结的，经省、自治区、直辖市人民检察院批准或者决定，可以再延长2个月。

（三）重新计算羁押期限

下列情况重新计算侦查羁押期限：

1. 在侦查期间，发现犯罪嫌疑人另有重要罪行的，自发现之日起重新计算侦查羁押期限。

2. 犯罪嫌疑人不讲真实姓名、住址，身份不明的，应当对其身份进行调查，侦查羁押期限自查清其身份之日起计算，但不得停止对犯罪行为的侦查取证。对于犯罪事实清楚，证据确实、充分的，确实无法查明其身份的，也可以按其自报的姓名起诉、审判。

第四节　人民检察院对直接受理案件的侦查

人民检察院对直接受理案件的侦查，又称自侦案件的侦查，是指人民检察院对自己受理的案件，依法进行的收集证据、查明案情的工作和采取的有关强制性措施。

一、人民检察院在自侦案件中的权限

根据《刑事诉讼法》第165条的规定，人民检察院直接受理的案件中符合该法第81条、第82条第4项、第5项规定情形，需要逮捕、拘留犯罪嫌疑人的，由人民检察院作出决定，由公安机关执行。

人民检察院对于自行决定拘留的人应当尽快审查，根据《刑事诉讼法》第166条的规定，人民检察院对直接受理的案件中被拘留的人，应当在拘留后的24小时以内进行讯问。在发现不应当拘留的时候，必须立即释放，发给释放证明。

二、侦查终结后的处理

1. 人民检察院经过侦查，认为犯罪事实清楚，证据确实、充分，依法应当追究刑事责任的，应当写出侦查终结报告，并且制作起诉意见书，报请检察长批

准。犯罪嫌疑人自愿认罪的，应当记录在案，随案移送，并在起诉意见书中写明有关情况。

2. 对于犯罪情节轻微，依照刑法规定不需要判处刑罚或者免除刑罚的案件，应当写出侦查终结报告，并且制作不起诉意见书，报请检察长批准。

3. 负责侦查的部门应当将起诉意见书或者不起诉意见书，查封、扣押、冻结的犯罪嫌疑人的财物及其孳息、文件清单以及对查封、扣押、冻结的涉案财物的处理意见和其他案卷材料，一并移送本院负责捕诉的部门审查。

4. 在案件侦查过程中，犯罪嫌疑人委托辩护律师的，检察人员可以听取辩护律师的意见。

5. 人民检察院侦查终结的案件，需要在异地起诉、审判的，应当在移送起诉前与人民法院协商指定管辖的相关事宜。

6. 人民检察院撤销案件时，对犯罪嫌疑人的违法所得及其他涉案财产应当区分不同情形，作出相应处理：(1)因犯罪嫌疑人死亡而撤销案件，依照刑法规定应当追缴其违法所得及其他涉案财产的，按照最高人民检察院《规则》第十二章第四节的规定办理；(2)因其他原因撤销案件，对于查封、扣押、冻结的犯罪嫌疑人违法所得及其他涉案财产需要没收的，应当提出检察意见，移送有关主管机关处理；(3)对于冻结的犯罪嫌疑人存款、汇款、债券、股票、基金份额等财产需要返还被害人的，可以通知金融机构、邮政部门返还被害人。

7. 由于同案犯罪嫌疑人在逃，在案犯罪嫌疑人的犯罪事实无法查清的，对在案犯罪嫌疑人应当根据案件的不同情况分别报请延长侦查羁押期限、变更强制措施或者解除强制措施。

8. 人民检察院直接受理侦查的案件，对犯罪嫌疑人没有采取取保候审、监视居住、拘留或者逮捕措施的，负责侦查的部门应当在立案后2年以内提出移送起诉、移送不起诉或者撤销案件的意见；对犯罪嫌疑人采取取保候审、监视居住、拘留或者逮捕措施的，负责侦查的部门应当在解除或者撤销强制措施后1年以内提出移送起诉、移送不起诉或者撤销案件的意见。

第五节　补充侦查★★

一、补充侦查的概念和意义

补充侦查，是指公安机关依照法定程序，在原有侦查工作的基础上进行补充收集证据的一种侦查活动。

二、补充侦查的种类

补充侦查在程序上有三种：

（一）审查批捕阶段的补充侦查

人民检察院对于公安机关提请批准逮捕的案件进行审查后，应当根据情况分别作出批准逮捕或者不批准逮捕的决定。对于批准逮捕的决定，公安机关应当立即执行，并且将执行情况通知人民检察院。对于不批准逮捕的，人民检察院应当说明理由，需要补充侦查的，应当同时通知公安机关。

（二）审查起诉阶段的补充侦查

1. 补充侦查的形式。人民检察院审查案件，对于需要补充侦查的，可以退回公安机关补充侦查，也可以自行侦查。

2. 补充侦查的期限和次数。应当在1个月以内补充侦查完毕，补充侦查以两次为限。

3. 如果案件经过两次补充侦查，仍然证据不足，不符合起诉条件的，人民检察院应当作出不起诉决定。

（三）法庭审理阶段的补充侦查

1. 补充侦查的形式。(1)在法庭审判过程中，检察人员发现提起公诉的案件需要补充侦查，提出延期审理建议的，法院可以延期审理。审判期间，公诉人发现案件需要补充侦查，建议延期审理的，合议庭可以同意，但建议延期审理不得超过两次。(2)审判期间，合议庭发现被告人可能有自首、坦白、立功等法定量刑情节，而人民检察院移送的案卷中没有相关证据材料的，应当通知人民检察院在指定时间内移送。审判期间，被告人提出新的立功线索的，人民法院可以建议人民检察院补充侦查。

2. 补充侦查的期限。应当在1个月以内补充侦查完毕。

第六节　对违法侦查行为的申诉、控告

一、申诉、控告的范围

对于司法机关及其工作人员有下列行为之一的，有权向该机关申诉或者控告：(1)采取强制措施法定期限届满，不予以释放、解除或者变更的；(2)应当退还取保候审保证金不退还的；(3)对与案件无关的财物采取查封、扣押、冻结措施的；(4)应当解除查封、扣押、冻结不解除的；(5)贪污、挪用、私分、调换、违反规定使用查封、扣押、冻结的财物的。

二、申诉、控告的提起以及处理

1. 申诉、控告的提起主体：当事人、辩护人、诉讼代理人以及利害关系人。

2. 申诉、控告的受理主体：该司法机关。

3. 对申诉、控告的处理。

受理申诉或者控告的公安机关应当及时进行调查核实,并在收到申诉、控告之日起30日以内作出处理决定,书面回复申诉人、控告人。发现公安机关及其侦查人员有《刑事诉讼法》第117条规定的违法情形之一的,应当立即纠正。公安机关发现下级公安机关存在前述违法行为或者对申诉、控告事项不按照规定处理的,应当责令下级公安机关限期纠正,下级公安机关应当立即执行。必要时,上级公安机关可以就申诉、控告事项直接作出处理决定。

第七节　侦查监督(略)

命题点拨　各种侦查行为的程序性规定及特殊要求。

第十三章　起　诉

第一节　起诉的概念和意义

一、起诉的概念

刑事起诉,是指享有控诉权的国家机关和公民依法向法院提起诉讼,请求法院对指控的内容进行审判,以确定被告人刑事责任并依法予以刑事制裁的诉讼活动,可分为两种,即自诉和公诉。

二、刑事公诉的一般理论

我国刑事诉讼实行以公诉为主、自诉为辅的犯罪追诉机制。

三、起诉的意义

起诉连接侦查与审判,是刑事诉讼的关键性程序之一,具有非常重要的意义。首先,起诉是审判程序之前的必经程序。不告不理是现代刑事诉讼的一项基本原则,这就意味着起诉是刑事审判的前提,没有起诉,也就没有审判。由此可见,起诉具有主动性,而审判具有被动性。在任何时候,审判都不能超越起诉范围。其次,当社会主体的权益受到犯罪行为侵害时,需要借助国家审判力量予以保护,惩罚犯罪,恢复权益的正常状态。而起诉正是向审判提供审理对象的活动。因此,起诉对于有效地惩罚犯罪和保障人权,都具有重要意义。最后,起诉程序对于保证准确地惩罚犯罪,保障无辜的人及依法不受刑事追究的人免受刑事追诉,实现程序公正都具有非常重要的意义。

在我国刑事诉讼公诉案件中,人民检察院通过审查起诉和提起公诉活动,可以对侦查机关侦查终结后移送起诉的案件从认定事实到适用法律进行全面审查,同时对侦查工作负有法律监督的法定职责;将符合起诉条件的被告人起诉到人民法院,保障准确惩罚犯罪,并使无辜的人和依法不受追诉的人尽早从刑事诉讼程序中解脱出来,切实保障人权。在自诉案件中,通过提起自诉,既能够保障自诉人的合法诉求,解决人民群众"告状难"等问题,也可以保证案件能够得到及时地、公正地处理,实现刑事诉讼公正与高效的双重价值目标。因此,我国刑事诉讼采取以公诉为主、自诉为辅的犯罪追诉机制是非常必要的。

第二节　提起公诉的程序★★

一、审查起诉

(一)审查起诉的概念

审查起诉,是指人民检察院在提起公诉阶段,为了确定经侦查终结和调查终结的刑事案件是否应当提起公诉,而对侦查机关确认的犯罪事实和证据、犯罪性质和罪名进行审查核实并作出处理决定的一项诉讼活动。

(二)移送审查起诉案件的受理

1. 对涉嫌职务犯罪的,监察机关经调查认为犯罪事实清楚,证据确实、充分的,制作起诉意见书,连同案卷材料、证据一并移送人民检察院依法审查,提起公诉。

2. 人民检察院立案侦查时认为属于直接受理侦查的案件,在审查起诉阶段发现属于监察机关管辖的,应当及时商监察机关办理。属于公安机关管辖,案件事实清楚,证据确实、充分,符合起诉条件的,可以直接起诉;事实不清、证据不足的,应当及时移送有管辖权的机关办理。

3. 在审查起诉阶段,如果发现公安机关移送起诉的案件属于监察机关管辖,或者监察机关移送起诉的案件属于公安机关管辖,但案件事实清楚,证据确实、充分,符合起诉条件的,经征求监察机关、公安机关意见后,没有不同意见的,可以直接起诉;提出不同意见,或者事实不清、证据不足的,应当将案件退回移送案件的机关并说明理由,建议其移送有管辖权的机关办理。

(三)审查起诉的内容

1. 犯罪事实、情节是否清楚,证据是否确实、充分,犯罪性质和罪名的认定是否正确。

2. 有无遗漏罪行和其他应当追究刑事责任的人。

3. 是否属于不应追究刑事责任的情形。

4. 有无附带民事诉讼。

5. 侦查活动是否合法。

审查起诉过程中还要注意审查以下内容:(1)案件是否属于本院管辖。(2)证据是否随案移送,不宜移送证据的清单、照片或者其他证明文件是否随案移送。(3)与犯罪有关的财物及其孳息是否扣押、冻结并妥善保管,以供核查。

(四)审查起诉的步骤和方法

1. 各级人民检察院审查起诉的案件应与人民法院审判管辖相适应。

2. 审阅案卷材料。办案人员接到案件后,应当及时地审查公安机关移送的案件材料是否齐备,有无《起诉意见书》、证据材料和其他法律文书。

3. 讯问犯罪嫌疑人。讯问犯罪嫌疑人是人民检察院审查起诉的必经程序。

4. 听取辩护人或者值班律师、被害人及其诉讼代理人的意见。

5. 补充侦查。审查起诉期间的补充侦查有两种形式:一种是由人民检察院退回公安机关的补充侦查。另一种是由人民检察院自行侦查。

6. 作出决定。检察机关对案件经过一系列审查活动,查清全部案件事实以后,应当根据审查的具体情况,作出起诉或者不起诉以及是否需要提起附带民事诉讼、附带民事公益诉讼的决定。

(五)审查起诉的期限

人民检察院对于监察机关、公安机关移送起诉的案件,应当在1个月内作出决定,重大、复杂的案件,可以延长15日;犯罪嫌疑人认罪认罚,符合速裁程序适用条件的,应当在10日以内作出决定,对可能判处的有期徒刑超过1年的,可以延长至15日。

(六)认罪认罚案件的审查起诉

1. 告知犯罪嫌疑人享有的诉讼权利和认罪认罚的法律规定。"认罪认罚的法律规定"是指《刑法》和《刑事诉讼法》有关认罪认罚从宽处理及其他实体性和程序性的规定,如对有关犯罪的刑罚,从轻、减轻、免除处罚,自首和立功等;犯罪嫌疑人如实供述自己的罪行,承认指控的犯罪事实,愿意接受处罚的,可以依法从宽处理;认罪认罚的要签署具结书;适用简易程序或速裁程序等。

2. 明确有关事项必须听取犯罪嫌疑人、辩护人或者值班律师、被害人及其诉讼代理人的意见,并记录在案。

3. 审查犯罪嫌疑人认罪认罚的自愿性、合法性。

4. 犯罪嫌疑人自愿认罪,同意量刑建议和程序适用的,应当在辩护人或者值班律师在场的情况下签署认罪认罚具结书。犯罪嫌疑人认罪认罚,有下列情形之一的,不需要签署认罪认罚具结书:(1)犯罪嫌疑人是盲、聋、哑人,或者是尚未完全丧失辨认或者控制自己行为能力的精神病人的;(2)未成年犯罪嫌疑人的法定代理人、辩护人对未成年人认罪认罚有异议的;(3)其他不需要签署认罪认罚具结书的情形。

5. 犯罪嫌疑人认罪认罚的,人民检察院应当就主刑、附加刑、是否适用缓刑等提出量刑建议。

6. 犯罪嫌疑人认罪认罚,人民检察院经审查,认为符合速裁程序适用条件的,应当在10日以内作出是否提起公诉的决定;对可能判处的有期徒刑超过1年的,可以在15日以内作出是否提起公诉的决定。

二、提起公诉

(一)提起公诉应向同级人民法院提出

如果人民检察院受理不属于同级人民法院管辖的案件,应当分别情况报送相应的上级或者移送相应的下级人民检察院,由它向其同级人民法院提起公诉。

(二)提起公诉的条件

1. 犯罪嫌疑人的犯罪事实已经查清。

2. 证据确实、充分。

3. 依法应当追究刑事责任。

三、不起诉★★★

(一)不起诉的种类

不起诉包括法定不起诉、酌定不起诉、存疑不起诉和附条件不起诉。此外,《刑事诉讼法》第182条规定,对符合特殊条件的犯罪嫌疑人可以撤销案件、不起诉或者部分不起诉。

1. 法定不起诉:犯罪嫌疑人没有犯罪事实或者具有《刑事诉讼法》第16条规定的不追究刑事责任情形之一的,人民检察院应当作出不起诉的决定。

2. 酌定不起诉:对于犯罪情节轻微,依照刑法规定不需要判处刑罚或者免除刑罚的,人民检察院可以作出不起诉决定。依照刑法规定免除刑罚的情形主要是指:(1)犯罪嫌疑人在中华人民共和国领域外犯罪,依照我国《刑法》规定应当负刑事责任,但在外国已经受过刑事处罚的;(2)犯罪嫌疑人又聋又哑,或者是盲人犯罪的;(3)犯罪嫌疑人因防卫过当或紧急避险超过必要限度,并造成不应有危害而犯罪的;(4)为犯罪准备工具,制造条件的;(5)在犯罪过程中自动中止或自动有效地防止犯罪结果发生的;(6)在共同犯罪中,起次要或辅助作用的;(7)被胁迫、被诱骗参加犯罪的;(8)犯罪嫌疑人自首或者在自首后有立功表现的。

3. 存疑不起诉,又称证据不足的不起诉。存疑不起诉，是指人民检察院对于经过补充侦查的案件，仍然认为证据不足，不符合起诉条件的，经检察长批准，可依法作出不起诉决定。

人民检察院根据法律规定作出不起诉决定后，如果发现了新的证据，证明案件符合起诉条件时，可以撤销不起诉决定，提起公诉。

4. 附条件不起诉：检察机关在审查起诉时，对于未成年人涉嫌刑法分则第四章、第五章、第六章规定的侵犯人身权利、民主权利，侵犯财产，妨害社会管理秩序犯罪，可能判处 1 年有期徒刑以下刑罚，符合起诉条件，但有悔罪表现的，人民检察院可以作出附条件不起诉的决定。在附条件不起诉的考验期内，由人民检察院对被附条件不起诉的未成年犯罪嫌疑人进行监督考察。未成年犯罪嫌疑人的监护人，应当对犯罪嫌疑人加强管教，配合人民检察院做好监督考察工作。附条件不起诉的考验期为 6 个月以上 1 年以下，从人民检察院作出附条件不起诉的决定之日起计算。被附条件不起诉的未成年犯罪嫌疑人，应当遵守下列规定：(1) 遵守法律、行政法规，服从监督；(2) 按照考察机关的规定报告自己的活动情况；(3) 离开所居住的市、县或者迁居，应当报经考察机关批准；(4) 按照考察机关的要求接受矫治和教育。

5. 犯罪嫌疑人符合特殊条件的，公安机关可以撤销案件，人民检察院可以不起诉或者部分不起诉。根据《刑事诉讼法》第 182 条的规定，具体而言，需满足以下几个条件：一是犯罪嫌疑人自愿如实供述涉嫌犯罪的事实。二是犯罪嫌疑人要有重大立功或者案件涉及国家重大利益的情形。三是需经最高人民检察院核准。在符合本款规定的特殊情形下，无论是公安机关撤销案件还是人民检察院作出不起诉决定或者部分不起诉的决定，都需要经过最高人民检察院核准。

（二）不起诉的程序

1. 制作不起诉决定书。

2. 不起诉决定书的宣布和送达。

3. 解除查封、扣押、冻结。

4. 移送有关主管机关处理。

5. 对公安机关、监察机关的意见进行复议、复核。

6. 对被害人、被不起诉人的申诉进行复查。

（三）不起诉的救济程序

1. 被不起诉人不服，在收到不起诉决定书后 7 日以内提出申诉的，应当由作出决定的人民检察院负责捕诉的部门进行复查；被不起诉人在收到不起诉决定书 7 日以后提出申诉的，由负责控告申诉检察的部门进行审查。经审查，认为不起诉决定正确的，出具审查结论直接答复申诉人，并做好释法说理工作；认为不起诉决定可能存在错误的，移送负责捕诉的部门复查。人民检察院应当将复查决定书送达被不起诉人、被害人。复查后，撤销不起诉决定，变更不起诉的事实或者法律依据的，应当同时将复查决定书抄送移送起诉的监察机关或者公安机关。

2. 人民检察院复查不服不起诉决定的申诉，应当在立案后 3 个月以内报经检察长批准作出复查决定。案情复杂的，不得超过 6 个月。人民检察院发现不起诉决定确有错误，符合起诉条件的，应当撤销不起诉决定，提起公诉。最高人民检察院对地方各级人民检察院的起诉、不起诉决定，上级人民检察院对下级人民检察院的起诉、不起诉决定，发现确有错误的，应当予以撤销或者指令下级人民检察院纠正。

第三节　提起自诉的程序★★

一、自诉案件的范围

1. 告诉才处理的案件：(1) 侮辱、诽谤案，但严重危害社会秩序和国家利益的除外；(2) 暴力干涉婚姻自由案；(3) 虐待案，但被害人没有能力告诉或因受到强制、威吓无法告诉的除外；(4) 侵占案。

2. 被害人有证据证明的轻微刑事案件：(1) 故意伤害（轻伤）案；(2) 非法侵入住宅案；(3) 侵犯通信自由案；(4) 重婚案；(5) 遗弃案；(6) 生产、销售伪劣商品案，但严重危害社会秩序和国家利益的除外；(7) 侵犯知识产权案，但严重危害社会秩序和国家利益的除外；(8) 属于《刑法》分则第四章、第五章规定的，可能判处 3 年有期徒刑以下刑罚的案件。

3. 被害人有证据证明对被告人侵犯自己人身、财产权利的行为应当依法追究刑事责任，而公安机关或者人民检察院不予追究被告人刑事责任的案件，是指公安机关或人民检察院已作出不予追究的书面决定的案件，即公安机关、人民检察院已经作出不立案、撤销案件、不起诉等书面决定。

二、提起自诉的条件

1. 有适格的自诉人。

2. 有明确的被告人和具体的诉讼请求。

3. 属于自诉案件范围。

4. 被害人有证据证明。

5. 属于受诉人民法院管辖。

三、提起自诉的程序

自诉人应当向人民法院提交刑事自诉状。提起附带民事诉讼的，还应当提交刑事附带民事自诉状。

自诉人书写自诉状确有困难的，可以口头告诉，由人民法院工作人员作出告诉笔录，向自诉人宣读，自诉人确认无误后，应当签名或者盖章。

命题点拨 本章的难点在于人民检察院提起公诉必须具备三个条件，即犯罪事实已经查清，证据确实、充分和依法应当追究刑事责任。另外，不起诉的种类是本章的另一难点。不起诉包括五种不同类别，其中又包含了多种不同的情形，需要注意区分。

第十四章 刑事审判概述

第一节 刑事审判的概念和任务

一、刑事审判的特征

(1)审判程序启动的被动性，即“不告不理”原则；(2)独立性；(3)中立性；(4)职权性；(5)程序性；(6)亲历性；(7)公开性；(8)公正性；(9)终局性。

二、刑事审判的任务

1. 审查判断证据与案件事实。
2. 审查有关程序性事项。
3. 适用法律，对案件作出裁判。

三、刑事审判程序

包含第一审程序、第二审程序、特殊案件的复核程序、审判监督程序。

第二节 刑事审判的模式

一、当事人主义审判模式

二、职权主义审判模式

三、混合式审判模式

四、我国刑事审判模式

第三节 刑事审判的原则★★★

一、审判公开原则

(一)审判公开原则的概念

审判公开原则，是指人民法院审理案件和宣告判决，都公开进行，允许公民到法庭旁听，允许新闻记者采访和报道，即把法庭审判的全部过程，除休庭评议案件外，都公之于众。

(二)审判公开原则的例外

(1)有关国家秘密的案件；(2)有关个人隐私的案件；(3)当事人申请不公开审理的涉及商业秘密的案件。

二、直接言词原则

(一)直接言词原则的概念

直接言词原则，是指法官必须在法庭上亲自听取当事人、证人及其他诉讼参与人的口头陈述，案件事实和证据必须由控辩双方当庭口头提出并以口头辩论和质证的方式进行调查。

(二)直接言词原则的适用

应做到以下几点：

1. 及时通知并保证有关人员出庭。
2. 开庭审理过程中，合议庭的审判人员必须始终在庭，参加庭审的全过程。
3. 所有证据包括法庭依当事人申请或依职权收集的证据，都必须当庭出示，当庭质证。
4. 保证控辩双方有充分的陈述和辩论的机会和时间。

三、辩论原则

(一)辩论原则的含义

辩论原则是指在法庭审理中，控辩双方应以口头的方式进行辩论，法院裁判的作出应以充分的辩论为必经程序。

(二)辩论原则的意义

1. 保障被告人的辩护权。
2. 有利于准确认定事实和证据，适用法律，作出公正的判决。

(三)辩论原则在我国的适用

1. 除了在法庭辩论阶段集中进行辩论以外，在法庭调查过程中，控辩双方也可以围绕某一证据的合法性、相关性问题进行辩论。
2. 法庭应当保障控辩双方有平等、充分的辩论机会。

四、集中审理原则

集中审理原则，又称不中断审理原则，是指“法院开庭审理案件，应在不更换审判人员的条件下连续进行，不得中断审理的诉讼原则”。

第四节 审级制度

两审终审制

两审终审制，是指一个案件至多经过两级人民法院审判即告终结的制度，对于第二审人民法院作出的终审判决、裁定，当事人等不得再提出上诉，人民检察院不得按照上诉审程序提出抗诉。

第五节 审判组织★★

一、独任庭

独任庭，是指由审判员1人独任审判的制度。

独任庭仅限于基层人民法院适用简易程序、速裁程序审判的案件。

二、合议庭

（一）合议庭的组成方式

1. 基层人民法院和中级人民法院审判第一审案件，应当由审判员3人或审判员和人民陪审员共3人或者7人组成合议庭进行。

2. 高级人民法院审判第一审案件，应当由审判员3人至7人或者由审判员和人民陪审员共3人或者7人组成合议庭进行。最高人民法院审判第一审案件，应当由审判员3人至7人组成合议庭进行。

3. 人民法院审判上诉、抗诉案件，由审判员3人或5人组成合议庭进行。

4. 最高人民法院复核死刑案件、高级人民法院复核死刑缓期执行的案件，应当由审判员3人组成合议庭进行。

（二）人民陪审员制度

1. 陪审的案件范围：(1)涉及群体利益、公共利益的；(2)人民群众广泛关注或者其他社会影响较大的；(3)案情复杂或者有其他情形，需要由人民陪审员参加审判的。

2. 人民陪审员的条件：(1)拥护中华人民共和国宪法；(2)年满28周岁；(3)遵纪守法、品行良好、公道正派；(4)具有正常履行职责的身体条件。担任人民陪审员，一般应当具有高中以上文化程度。

3. 不得担任人民陪审员的情形：(1)人民代表大会常务委员会的组成人员，监察委员会、人民法院、人民检察院、公安机关、国家安全机关、司法行政机关的工作人员；(2)律师、公证员、仲裁员、基层法律服务工作者；(3)其他因职务原因不适宜担任人民陪审员的人员。

有下列情形之一的，不得担任人民陪审员：(1)受过刑事处罚的；(2)被开除公职的；(3)被吊销律师、公证员执业证书的；(4)被纳入失信被执行人名单的；(5)因受惩戒被免除人民陪审员职务的；(6)其他有严重违法违纪行为，可能影响司法公信的。

4. 人民陪审员的任期为5年，一般不得连任。

5. 人民陪审员的职务保障。

6. 人民陪审员在合议庭中的比例。人民陪审员和法官组成合议庭审判案件，由法官担任审判长，可以组成3人合议庭，也可以由法官3人与人民陪审员4人组成7人合议庭。

7. 人民陪审员的权利：(1)人民陪审员参加3人合议庭审判案件，对事实认定、法律适用，独立发表意见，行使表决权。(2)人民陪审员参加7人合议庭审判案件，对事实认定，独立发表意见，并与法官共同表决；对法律适用，可以发表意见，但不参加表决。

合议庭评议案件时，实行少数服从多数的原则。

8. 人民陪审员的回避。

9. 人民陪审员的抽选。基层人民法院审判案件依法应当由人民陪审员参加合议庭审判的，应当在人民陪审员名单中随机抽取确定。

10. 人民陪审员的培训。

11. 人民陪审员的奖励与免除。

12. 人民陪审员的费用与补助。

（三）合议庭的组成原则

1. 合议庭的成员人数应当是单数。

2. 合议庭由审判员或者人民陪审员随机组成。

3. 合议庭由院长或者庭长指定审判员1人担任审判长；院长或者庭长参加审判案件的时候，自己担任审判长。

4. 不得随意更换合议庭成员。

（四）审判长选任制

（五）合议庭的活动原则

1. 合议庭成员地位与权责平等原则。

2. 合议庭全体成员参加审理与评议原则。

3. 审判长最后发表评议意见原则。

4. 少数服从多数原则。

5. 审理并且评议后作出判决原则。

三、审判委员会

1. 审判委员会由院长、副院长和若干资深法官组成，成员应当为单数。

2. 审判委员会的职能是总结审判经验，讨论决定重大、疑难、复杂案件的法律适用，讨论决定本院已经发生法律效力的判决、裁定、调解书是否应当再审，讨论决定其他有关审判工作的重大问题。

3. 拟判处死刑的案件、本院已经发生法律效力的判决确有错误需要再审的案件、人民检察院抗诉的案件，合议庭应当提请院长决定提交审判委员会讨论决定。对合议庭成员意见有重大分歧的案件、新类型案件、社会影响重大的案件以及其他疑难、复杂、重大的案件，合议庭认为难以作出决定的，可以提请院长决定提交审判委员会讨论决定。人民陪审员可以要求合议庭将案件提请院长决定是否提交审判委员会讨论决定。对提请院长决定提交审判委员会讨论决定的案件，院长认为不必要的，可以建议合议庭复议一次。独任审判的案件，审判员认为有必要的，也可以提请院长决定提交审判委员会讨论决定。审判委员会召开全体会议和专业委员会会议，应当有其组成人员的过半数出席。

4. 审判委员会会议由院长或者院长委托的副院

长主持。审判委员会实行民主集中制。

命题点拨 掌握我国刑事审判模式的特征，几项刑事审判原则的内容，以及各种审判组织的组成和运行规则。

第十五章 第一审程序

第一节 第一审程序概述

一、第一审程序的概念

第一审程序，是指人民法院对人民检察院提起公诉、自诉人提起自诉的案件进行初次审判时应当遵循的步骤和方式、方法。

依据起诉主体的不同，第一审刑事案件可划分为公诉案件和自诉案件。公诉案件是指由人民检察院向人民法院提起公诉的案件；自诉案件是指由被害人或其法定代理人向人民法院起诉并由人民法院直接受理的案件。

二、第一审程序的分类

第一审程序可以划分为第一审普通程序、简易程序和速裁程序三大类。其中，第一审普通程序包括本章第二节“公诉案件第一审程序”和本章第三节“自诉案件第一审程序”的内容。而简易程序则是简化的第一审程序，适用于基层人民法院审判符合法定条件的公诉案件和自诉案件，这是本章第四节的内容。速裁程序是由基层人民法院审判符合法定条件的公诉案件和自诉案件时，所适用的一种比简易程序更为简化的审判程序，这是本章第五节的内容。

第二节 公诉案件第一审程序★★★

一、公诉案件庭前审查

（一）公诉案件庭前审查的概念

公诉案件庭前审查，是指人民法院对人民检察院提起公诉的案件进行庭前审查，以决定是否开庭审判的活动。

（二）审查的内容和方法

1. 审查的内容包括：（1）是否属于本院管辖。（2）起诉书是否写明被告人的身份，是否受过或者正在接受刑事处罚、行政处罚、处分，被采取留置措施的情况，被采取强制措施的时间、种类、羁押地点，犯罪的时间、地点、手段、后果以及其他可能影响定罪量刑的情节；有多起犯罪事实的，是否在起诉书中将事实分别列明。（3）是否移送证明指控犯罪事实及影响量刑的证据材料，包括采取技术调查、侦查措施的法律文书和所收集的证据材料。（4）是否查封、扣押、冻结被告人的违法所得或者其他涉案财物，查封、扣押、冻结是否逾期；是否随案移送涉案财物、附涉案财物清单；是否列明涉案财物权属情况；是否就涉案财物处理提供相关证据材料。（5）是否列明被害人的姓名、住址、联系方式；是否附有证人、鉴定人名单；是否申请法庭通知证人、鉴定人、有专门知识的人出庭，并列明有关人员的姓名、性别、年龄、职业、住址、联系方式；是否附有需要保护的证人、鉴定人、被害人名单。（6）当事人已委托辩护人、诉讼代理人或者已接受法律援助的，是否列明辩护人、诉讼代理人的姓名、住址、联系方式。（7）是否提起附带民事诉讼；提起附带民事诉讼的，是否列明附带民事诉讼当事人的姓名、住址、联系方式，是否附有相关证据材料。（8）监察调查、侦查、审查起诉程序的各种法律手续和诉讼文书是否齐全。（9）被告人认罪认罚的，是否提出量刑建议、移送认罪认罚具结书等材料。（10）有无《刑事诉讼法》第 16 条第 2 项至第 6 项规定的不追究刑事责任的情形。

2. 审查的方法，应为书面审查，即通过审阅起诉书等，并围绕上述内容逐项予以审查。

（三）审查后的处理

人民法院对提起公诉的案件审查后，应当按照下列情形分别处理：

1. 不属于本院管辖的，应当退回人民检察院。

2. 属于告诉才处理的案件，应当同时告知被害人有权提起自诉。

3. 被告人不在案的，应当退回人民检察院；但是，对人民检察院按照缺席审判程序提起公诉的，应当依照最高人民法院《解释》第二十四章的规定作出处理。

4. 需要补充材料的，应当通知人民检察院在 3 日内补送。

5. 宣告被告人无罪后，人民检察院根据新的事实、证据重新起诉的，应当依法受理。

6. 裁定准许撤诉的案件，没有新的影响定罪量刑的事实、证据，重新起诉的，应当退回人民检察院。

7. 被告人真实身份不明，但符合《刑事诉讼法》第 160 条第 2 款规定的，应当依法受理。

另外，还需要注意一审程序中的分案审理问题。

（四）审查的期限

对公诉案件是否受理，应当在 7 日以内审查完毕。人民法院对提起公诉的案件进行审查的期限，计入人民法院的审理期限。

二、开庭审判前的准备

开庭审理前，人民法院应当进行下列工作：

1. 确定审判长及合议庭组成人员。

2. 开庭10日以前将起诉书副本送达被告人、辩护人。

3. 通知当事人、法定代理人、辩护人、诉讼代理人在开庭5日以前提供证人、鉴定人名单，以及拟当庭出示的证据；申请证人、鉴定人、有专门知识的人出庭的，应当列明有关人员的姓名、性别、年龄、职业、住址、联系方式。

4. 开庭3日以前将开庭的时间、地点通知人民检察院。

5. 开庭3日以前将传唤当事人的传票和通知辩护人、诉讼代理人、法定代理人、证人、鉴定人等出庭的通知书送达；通知有关人员出庭，也可以采取电话、短信、传真、电子邮件、即时通信等能够确认对方收悉的方式；对被害人人数众多的涉众型犯罪案件，可以通过互联网公布相关文书，通知有关人员出庭。

6. 公开审理的案件，在开庭3日以前公布案由、被告人姓名、开庭时间和地点。

可以决定召开庭前会议的情形：(1)证据材料较多、案情重大复杂的；(2)控辩双方对事实、证据存在较大争议的；(3)社会影响重大的；(4)需要召开庭前会议的其他情形。

三、法庭审判

(一)开庭

开庭审理前，书记员应当依次进行下列工作：(1)受审判长委托，查明公诉人、当事人、辩护人、诉讼代理人、证人及其他诉讼参与人是否到庭；(2)核实旁听人员中是否有证人、鉴定人、有专门知识的人；(3)请公诉人、辩护人、诉讼代理人及其他诉讼参与人入庭；(4)宣读法庭规则；(5)请审判长、审判员、人民陪审员入庭；(6)审判人员就座后，向审判长报告开庭前的准备工作已经就绪。

(二)法庭调查

法庭调查的程序是：

1. 公诉人宣读起诉书。

2. 被告人、被害人就起诉书指控的犯罪事实分别陈述。

3. 讯问、发问被告人、被害人。

4. 出示、核实证据。

5. 调取新证据。

6. 合议庭调查核实证据。

(三)法庭辩论

法庭辩论，是在法庭调查的基础上，控诉方与辩护方就被告人的行为是否构成犯罪、犯罪的性质、罪责轻重、证据是否确实充分，以及如何适用刑罚等问题，进行互相争论和反驳的一种诉讼活动。它是刑事审判程序的一个重要环节。

(四)被告人最后陈述

审判长在宣布辩论终结后，被告人有最后陈述的权利。这是被告人的一项重要诉讼权利。审判长应当告知被告人享有此项权利。被告人最后陈述也是法庭审判中一个独立的阶段。审判长宣布法庭辩论终结后，合议庭应当保证被告人充分行使最后陈述的权利。被告人在最后陈述中多次重复自己的意见，审判长可以制止。陈述内容蔑视法庭、公诉人，损害他人及社会公共利益，或者与本案无关的，应当制止。在公开审理的案件中，被告人最后陈述的内容涉及国家秘密、个人隐私或者商业秘密的，也应当制止。被告人在最后陈述中提出新的事实、证据，合议庭认为可能影响正确裁判的，应当恢复法庭调查；被告人提出新的辩解理由，合议庭认为可能影响正确裁判的，应当恢复法庭辩论。

《人民法院在线诉讼规则》第3条规定，人民法院综合考虑案件情况、当事人意愿和技术条件等因素，可以对以下案件适用在线诉讼：(1)民事、行政诉讼案件；(2)刑事速裁程序案件，减刑、假释案件，以及因其他特殊原因不宜线下审理的刑事案件；(3)民事特别程序、督促程序、破产程序和非诉执行审查案件；(4)民事、行政执行案件和刑事附带民事诉讼执行案件；(5)其他适宜采取在线方式审理的案件。

(五)评议和宣判

对第一审公诉案件，人民法院审理后，应当按照下列情形分别作出判决、裁定：(1)起诉指控的事实清楚，证据确实、充分，依据法律认定指控被告人的罪名成立的，应当作出有罪判决。(2)起诉指控的事实清楚，证据确实、充分，但指控的罪名不当的，应当依据法律和审理认定的事实作出有罪判决。(3)案件事实清楚，证据确实、充分，依据法律认定被告人无罪的，应当判决宣告被告人无罪。(4)证据不足，不能认定被告人有罪的，应当以证据不足、指控的犯罪不能成立，判决宣告被告人无罪。(5)案件部分事实清楚，证据确实、充分的，应当作出有罪或者无罪的判决；对事实不清、证据不足的部分，不予认定。(6)被告人未达刑事责任年龄，不予刑事处罚的，应当判决宣告被告人不负刑事责任。(7)被告人是精神病人，在不能辨认或者不能控制自己行为时造成危害结果，不予刑事处罚的，应当判决宣告被告人不负刑事责任；被告人符合强制医疗条件的，应当依照最高人民法院《解释》第二十六章关于依法不负刑事责任的精神病人的强制医疗程序的相关规定进行审理并作出判决。(8)犯罪已过追诉时效期限且不是必须追诉,或者经特赦令免除刑罚的,应当裁定终止审理。(9)属于告诉才处理的案件,应当裁定终止审理,并告知被害人有权提起自诉。(10)被告人死亡的,应当裁定终止审理;但有证据证明被告人无罪,经缺席审理确认无罪的,应当判决宣告被告人无罪。

宣告判决前,人民检察院发现被告人的真实身份或者犯罪事实与起诉书中叙述的身份或者指控犯罪事实不符的,或者事实、证据没有变化,但罪名、适用法律与起诉书不一致的,可以变更起诉。发现遗漏同案犯罪嫌疑人或者罪行的,应当要求公安机关补充移送起诉或者补充侦查;对于犯罪事实清楚,证据确实、充分的,可以直接追加、补充起诉。在开庭后、宣告判决前,人民检察院要求撤回起诉的,人民法院应当审查撤回起诉的理由,作出是否准许的裁定。

对根据《刑事诉讼法》第200条第3项规定宣告被告人无罪后,人民检察院根据新的事实、证据重新起诉,人民法院受理的案件,应当在判决中写明被告人曾被人民检察院提起公诉,因证据不足,指控的犯罪不能成立,被人民法院依法判决宣告无罪的情况;前案依照《刑事诉讼法》第200条第3项规定作出的判决不予撤销。

四、单位犯罪案件的审理程序

1. 人民法院受理单位犯罪案件,除依照有关规定进行审查外,还应当审查起诉书是否列明被告单位的名称、住所地、联系方式,法定代表人、实际控制人、主要负责人以及代表被告单位出庭的诉讼代表人的姓名、职务、联系方式。需要人民检察院补充材料的,应当通知人民检察院在3日以内补送。

2. 被告单位的诉讼代表人,应当是法定代表人、实际控制人或者主要负责人;法定代表人、实际控制人或者主要负责人被指控为单位犯罪直接责任人员或者因客观原因无法出庭的,应当由被告单位委托其他负责人或者职工作为诉讼代表人。但是,有关人员被指控为单位犯罪直接责任人员或者知道案件情况、负有作证义务的除外。

3. 开庭审理单位犯罪案件,应当通知被告单位的诉讼代表人出庭。

4. 被告单位的诉讼代表人享有《刑事诉讼法》规定的有关被告人的诉讼权利。

5. 对应当认定为单位犯罪的案件,人民检察院只作为自然人犯罪起诉的,人民法院应当建议人民检察院对犯罪单位追加起诉。

6. 被告单位的违法所得及其他涉案财物,尚未被依法追缴或者查封、扣押、冻结的,人民法院应当决定追缴或者查封、扣押、冻结。

7. 采取查封、扣押、冻结等措施,应当严格依照法定程序进行,最大限度降低对被告单位正常生产经营活动的影响。

8. 审判期间,被告单位被吊销营业执照、宣告破产但尚未完成清算、注销登记的,应当继续审理;被告单位被撤销、注销的,对单位犯罪直接负责的主管人员和其他直接责任人员应当继续审理。

9. 审判期间,被告单位合并、分立的,应当将原单位列为被告单位,并注明合并、分立情况。

五、拒绝辩护

被告人当庭拒绝辩护人辩护,要求另行委托辩护人或者指派律师的,合议庭应当准许。被告人拒绝辩护人辩护后,没有辩护人的,应当宣布休庭;仍有辩护人的,庭审可以继续进行。有多名被告人的案件,部分被告人拒绝辩护人辩护后,没有辩护人的,根据案件情况,可以对该部分被告人另案处理,对其他被告人的庭审继续进行。

重新开庭后,被告人再次当庭拒绝辩护人辩护的,可以准许,但被告人不得再次另行委托辩护人或者要求另行指派律师,由其自行辩护。被告人属于应当提供法律援助的情形,重新开庭后再次当庭拒绝辩护人辩护的,不予准许。

法庭审理过程中,辩护人拒绝为被告人辩护,有正当理由的,应当准许;是否继续庭审,参照前述规定。

六、法庭秩序

2021年生效的最高人民法院《解释》第305条新增规定:“在押被告人出庭受审时,不着监管机构的识别服。庭审期间不得对被告人使用戒具,但法庭认为其人身危险性大,可能危害法庭安全的除外。”

庭审期间,全体人员应当服从法庭指挥,遵守法庭纪律,尊重司法礼仪,不得实施下列行为:(1)鼓掌、喧哗、随意走动;(2)吸烟、进食;(3)拨打、接听电话,或者使用即时通讯工具;(4)对庭审活动进行录音、录像、拍照或者使用即时通讯工具等传播庭审活动;(5)其他危害法庭安全或者扰乱法庭秩序的行为。旁听人员不得进入审判活动区,不得随意站立、走动,不得发言和提问。记者经许可传播庭审活动的,应当在指定的时间及区域进行,不得干扰庭审活动。

有关人员危害法庭安全或者扰乱法庭秩序的,审判长应当按照下列情形分别处理:

1. 情节较轻的，应当警告制止；根据具体情况，也可以进行训诫。

2. 训诫无效的，责令退出法庭；拒不退出的，指令法警强行带出法庭。

3. 情节严重的，报经院长批准后，可以对行为人处1000元以下的罚款或者15日以下拘留。

4. 未经许可对庭审活动进行录音、录像、拍照或者使用即时通讯工具等传播庭审活动的，可以暂扣相关设备及存储介质，删除相关内容。

5. 实施下列行为之一，危害法庭安全或者扰乱法庭秩序，构成犯罪的，应当依法追究刑事责任：(1)非法携带枪支、弹药、管制刀具或者爆炸性、易燃性、毒害性、放射性以及传染病病原体等危险物质进入法庭；(2)哄闹、冲击法庭；(3)侮辱、诽谤、威胁、殴打司法工作人员或者诉讼参与人；(4)毁坏法庭设施，抢夺、损毁诉讼文书、证据；(5)其他危害法庭安全或者扰乱法庭秩序的行为。

6. 辩护人严重扰乱法庭秩序，被责令退出法庭。

七、法庭审判笔录

开庭审理的全部活动，应当由书记员制作成笔录。笔录经审判长审阅后，分别由审判长和书记员签名。

八、延期审理、中止审理和终止审理

（一）延期审理

延期审理的三种情形：

1. 需要通知新的证人到庭，调取新的物证，重新鉴定或者勘验的；

2. 检察人员发现提起公诉的案件需要补充侦查，提出建议的；

3. 由于申请回避而不能进行审判的。

（二）中止审理

中止审理的情形：

1. 被告人患有严重疾病，无法出庭的；

2. 被告人脱逃的；

3. 自诉人患有严重疾病，无法出庭，未委托诉讼代理人出庭的；

4. 由于不能抗拒的原因。

（三）终止审理

终止审理，是指人民法院在审判案件过程中，遇有法律规定的情形致使审判不应当或者不需要继续进行时终结案件的诉讼活动。终止审理的法定情形是指《刑事诉讼法》第16条第2～6项所规定的内容。

九、第一审程序的期限

人民法院审理公诉案件，应当在受理后2个月以内宣判，至迟不得超过3个月。对于可能判处死刑的案件或者附带民事诉讼的案件，以及有《刑事诉讼法》第158条规定的情形之一的，经上一级人民法院批准，可以再延长3个月。因特殊情况还需要延长的，报请最高人民法院批准。

人民法院改变管辖的案件，从改变后的人民法院收到案件之日起计算审理期限。

十、人民检察院对审判活动的监督

人民检察院发现人民法院审理案件违反法律规定的诉讼程序，有权向人民法院提出纠正意见。

第三节　自诉案件第一审程序★

一、自诉案件第一审程序

1. 具有下列情形之一的，应当说服自诉人撤回起诉；自诉人不撤回起诉的，裁定不予受理：(1)不属于最高人民法院《解释》第1条规定的案件的；(2)缺乏罪证的；(3)犯罪已过追诉时效期限的；(4)被告人死亡的；(5)被告人下落不明的；(6)除因证据不足而撤诉的以外，自诉人撤诉后，就同一事实又告诉的；(7)经人民法院调解结案后，自诉人反悔，就同一事实再行告诉的；(8)属于最高人民法院《解释》第1条第2项规定的案件，公安机关正在立案侦查或者人民检察院正在审查起诉的；(9)不服人民检察院对未成年犯罪嫌疑人作出的附条件不起诉决定或者附条件不起诉考验期满后作出的不起诉决定，向人民法院起诉的。

2. 需要注意的是：人民法院对提起的自诉应当进行全面审查，既要审查自诉材料是否符合形式要求，也要审查犯罪事实是否清楚，证据是否足够。但是，对于自诉的审查并非实体审查，更不是判断被告人是否构成犯罪，因此，不得以“被告人的行为不构成犯罪”为由，说服自诉人撤回起诉或者裁定不予受理，对于此类自诉案件，仍然应当开庭审判并作出判决。

3. 对已经立案、经审查缺乏罪证的自诉案件，自诉人提不出补充证据，人民法院应当说服其撤回自诉或者裁定驳回起诉。自诉人撤回起诉或者被驳回起诉后，又提出了新的足以证明被告人有罪的证据，再次提起自诉的，人民法院应当受理。自诉人对不予受理或者驳回起诉的裁定不服的，可以提起上诉。第二审人民法院查明第一审人民法院作出的不予受理裁定有错误的，应当在撤销原裁定的同时，指令第一审人民法院立案受理；查明第一审人民法院驳回起诉裁定有错误的，应当在撤销原裁定的同时，指令第一审人民法院进行审理。

4. 自诉人明知有其他共同侵害人，但只对部分

侵害人提起自诉的,人民法院应当受理,并告知其放弃告诉的法律后果;自诉人放弃告诉,判决宣告后又对其他共同侵害人就同一事实提起自诉的,人民法院不予受理。

5. 共同被害人中只有部分人告诉的,人民法院应当通知其他被害人参加诉讼,并告知其不参加诉讼的法律后果。被通知人接到通知后表示不参加诉讼或者不出庭的,视为放弃告诉。第一审宣判后,被通知人就同一事实又提起自诉的,人民法院不予受理。但是,当事人另行提起民事诉讼的,不受本解释限制。

6. 自诉案件当事人因客观原因不能取得的证据,申请人民法院调取的,应当说明理由,并提供相关线索或者材料。人民法院认为有必要的,应当及时调取。对通过信息网络实施的侮辱、诽谤行为,被害人向人民法院告诉,但提供证据确有困难的,人民法院可以要求公安机关提供协助。司法实践中需要注意的是,通过信息网络实施的侮辱、诽谤行为并非一律属于公诉案件的范畴,除"严重危害社会秩序和国家利益的"外,应当告诉才处理。对于通过信息网络实施的侮辱、诽谤行为,一般应当由自诉人提起自诉。此种情形下,人民检察院提起公诉,人民法院经审查认为尚未"严重危害社会秩序和国家利益的",应当退回人民检察院,同时告知被害人有权提起自诉;已经立案的,应当裁定终止审理,并告知被害人有权提起自诉。

二、自诉案件第一审程序的特点

1. 对于告诉才处理的案件或者被害人有证据证明的轻微刑事案件,可以适用简易程序,由审判员一人独任审判。

2. 人民法院审理自诉案件,可以在查明事实、分清是非的基础上,根据自愿、合法的原则进行调解。

3. 判决宣告前,自诉案件的当事人可以自行和解,自诉人可以撤回自诉。

4. 自诉案件的审理期限不同于普通公诉案件第一审的审理期限。人民法院审理自诉案件的期限,被告人被羁押的,与普通公诉案件第一审的审理期限相同;如果被告人未被羁押的,人民法院应当在受理后 6 个月以内宣判。

5. 告诉才处理和被害人有证据证明的轻微刑事案件的被告人或者其法定代理人在诉讼过程中,可以对自诉人提起反诉。

三、反诉

反诉必须符合下列条件:(1)反诉的对象必须是本案自诉人;(2)反诉的内容必须是与本案有关的行为;(3)反诉的案件属于《刑事诉讼法》第 210 条第 1 项、第 2 项规定的范围;(4)反诉应在诉讼过程中即最迟在自诉案件宣告判决以前提出。

第四节　简易程序★★★

一、简易程序的概念和意义

二、我国刑事诉讼简易程序的特点

1. 只适用于第一审程序。

2. 只适用于基层人民法院。

3. 简易程序的具体内容是对第一审普通程序的相对简化。

4. 审理期限短。

三、简易程序的适用范围

1. 案件事实清楚、证据充分的。

2. 被告人承认自己所犯罪行,对指控的犯罪事实没有异议的。

3. 被告人对适用简易程序没有异议的。

四、简易审判程序的特点

1. 审判组织形式的简化。

2. 公诉案件中,人民检察院应当派员出庭。

3. 简化法庭调查和法庭辩论程序。

4. 简易程序在必要时得变更为普通程序。

五、简易程序的决定适用和审判程序

(一)简易程序的决定适用程序

基层人民法院受理公诉案件后,经审查认为案件事实清楚、证据充分的,在将起诉书副本送达被告人时,应当询问被告人对指控的犯罪事实的意见,告知其适用简易程序的法律规定。被告人对指控的犯罪事实没有异议并同意适用简易程序的,可以决定适用简易程序,并在开庭前通知人民检察院和辩护人。

(二)简易程序的审判程序

第五节　速裁程序★★

一、速裁程序的概念和意义

速裁程序,是指基层人民法院审理可能判处 3 年有期徒刑以下刑罚,事实清楚,证据确实、充分,被告人认罪认罚且民事赔偿问题已经解决的案件,在被告人同意的前提下,所适用的比简易程序更为简化的审判程序。

二、速裁程序的特点

1. 只适用于第一审程序。

2. 只适用于基层人民法院。

3. 速裁程序的具体内容是对第一审简易程序的进一步简化。

4. 审理期限短。适用速裁程序审理案件,人民

法院应当在受理后10日以内审结;对可能判处的有期徒刑超过一年的,可以延长至15日。

三、速裁程序的适用范围

1. 基层人民法院管辖的可能判处3年有期徒刑以下刑罚的案件,案件事实清楚,证据确实、充分,被告人认罪认罚并同意适用速裁程序的,可以适用速裁程序,由审判员一人独任审判。人民检察院在提起公诉的时候,可以建议人民法院适用速裁程序。

2. 不适用速裁程序:(1)被告人是盲、聋、哑人,或者是尚未完全丧失辨认或者控制自己行为能力的精神病人;(2)被告人是未成年人的;(3)案件有重大社会影响的;(4)共同犯罪案件中部分被告人对指控的犯罪事实、罪名、量刑建议或者适用速裁程序有异议的;(5)被告人与被害人或者其法定代理人没有就附带民事诉讼赔偿等事项达成调解或者和解协议的;(6)其他不宜适用速裁程序审理的。

四、速裁程序的审理与转处

1. 启动方式有三种:一是人民检察院建议适用,二是人民法院决定适用,三是被告人及其辩护人申请适用。

2. 适用速裁程序审理案件,在法庭审理过程中,具有下列情形之一的,应当转为普通程序或者简易程序审理:(1)被告人的行为可能不构成犯罪或者不应当追究刑事责任的;(2)被告人违背意愿认罪认罚的;(3)被告人否认指控的犯罪事实的;(4)案件疑难、复杂或者对适用法律有重大争议的;(5)其他不宜适用速裁程序的情形。决定转为普通程序或者简易程序审理的案件,审理期限应当从作出决定之日起计算。

3. 适用速裁程序审理的案件,第二审人民法院因为原判决事实不清楚或者证据不足发回原审人民法院重新审判的,原审人民法院应当适用第一审普通程序重新审判。

第六节　判决、裁定和决定

一、判决

从程序上说,判决标志着案件审理的结束;从内容上说,它解决的是案件的实体事项,所以是实体裁判。判决必须制作判决书。

二、裁定

裁定是人民法院在审理案件或者判决执行过程中对有关诉讼程序和部分实体问题所作的一种处理。人民法院用裁定处理的刑事程序问题主要有:诉讼期限的延展;中止审理;维持原判或者发回重新审判;驳回起诉;核准死刑等。人民法院用裁定处理的实体问题主要针对执行中的问题,如减刑、假释等。

三、决定

决定是用于解决诉讼程序问题的一种法院裁判形式。可以是口头的,也可以是书面的。

命题点拨 理解并掌握庭前审查程序,强制证人出庭作证制度,人民法院审判公诉案件人民检察院应当派员出席法庭支持公诉,中止审理的情形,简易程序,速裁程序。

第十六章　第二审程序

第一节　第二审程序的概念

第二审程序,又称上诉审程序,是指第二审人民法院根据上诉人的上诉或者人民检察院的抗诉,对第一审人民法院尚未发生法律效力的判决或裁定进行审判所应遵循的程序。

第二节　第二审程序的提起★★★

上诉和抗诉是引起第二审程序发生的两种不同的诉讼机制。

一、上诉与抗诉的主体

1. 被告人、自诉人及其法定代理人是享有独立上诉权的主体。

2. 被告人的辩护人和近亲属,经被告人同意方可上诉。

3. 附带民事诉讼的当事人和他们的法定代理人是对判决、裁定中的附带民事诉讼部分享有独立上诉权的主体。

二审抗诉权主体是地方各级人民检察院。

二、上诉、抗诉的理由

上诉的理由:上诉主体只要不服第一审判决、裁定,并在法定期限内依法提出上诉,人民法院就应当受理,并引起第二审程序。

抗诉的理由:

1. 认定的事实确有错误或者据以定罪量刑的证据不确实、充分的;

2. 有确实、充分证据证明有罪而判无罪,或者无罪判有罪的;

3. 重罪轻判,轻罪重判,适用刑罚明显不当的;

4. 认定罪名不正确,一罪判数罪、数罪判一罪,影响量刑或者造成严重的社会影响的；

5. 免除刑事处罚或者适用缓刑、禁止令、限制减刑等错误的；

6. 人民法院在审理过程中严重违反法律规定的诉讼程序的。

三、上诉、抗诉的期限

不服判决的上诉和抗诉期限为 10 日，不服裁定的上诉和抗诉的期限为 5 日，从接到判决书、裁定书的第二日起算。最高人民法院《解释》第 380 条第 2 款还规定，对附带民事判决、裁定的上诉、抗诉期限，应当按照刑事部分的上诉、抗诉期限确定。附带民事部分另行审判的，上诉期限也应当按照《刑事诉讼法》规定的期限确定。

四、上诉、抗诉的方式和程序

1. 上诉可以以书状形式，也可以以口头形式提出。上诉既可以通过原审人民法院提出，也可以直接向第二审人民法院提出。上诉人通过第一审人民法院提出上诉的，第一审人民法院应当审查。上诉符合法律规定的，应当在上诉期满后 3 日内将上诉状连同案卷、证据移送上一级人民法院，并将上诉状副本送交同级人民检察院和对方当事人。上诉人直接向第二审人民法院提出上诉的，第二审人民法院应当在收到上诉状后 3 日内将上诉状交第一审人民法院。第一审人民法院应当审查上诉是否符合法律规定。符合法律规定的，应当在接到上诉状后 3 日以内将上诉状连同案卷、证据移送上一级人民法院，并将上诉状副本送交同级人民检察院和对方当事人。

2. 抗诉应以书面形式提出，即必须制作抗诉书。地方各级人民检察院对同级人民法院第一审判决、裁定的抗诉，应当通过第一审人民法院提交抗诉书，并将抗诉书副本连同案件材料报送上一级人民检察院。第一审人民法院应当在抗诉期满后 3 日内将抗诉书连同案卷、证据移送上一级人民法院，并将抗诉书副本送交当事人。上一级人民检察院认为抗诉正确的，应当支持抗诉；认为抗诉不当的，应当听取下级人民检察院的意见。听取意见后，仍然认为抗诉不当的，应当向同级人民法院撤回抗诉，并且通知下级人民检察院。上一级人民检察院在上诉、抗诉期限内，发现下级人民检察院应当提出抗诉而没有提出抗诉的案件，可以指令下级人民检察院依法提出抗诉。上一级人民检察院支持或者部分支持抗诉意见的，可以变更、补充抗诉理由，及时制作支持抗诉意见书，并通知提出抗诉的人民检察院。

第三节　第二审程序的审判★★

一、第二审程序的审判原则

（一）全面审查原则

第二审人民法院应当就第一审判决认定的事实和适用法律进行全面审查，不受上诉或者抗诉范围的限制。其内容包括：

1. 既要对原审法院所认定的事实是否正确进行审查，又要对其适用法律是否正确进行审查。

2. 既要对上诉或抗诉的部分进行审查，又要对未上诉或抗诉的部分进行审查。

3. 共同犯罪案件，只有部分被告人提出上诉，或者自诉人只对部分被告人的判决提出上诉，或者人民检察院只对部分被告人的判决提出抗诉的，第二审人民法院应当对全案进行审查，一并处理。既要对已上诉的被告人的问题进行审查，又要对未上诉的被告人的问题进行审查；既要对被提起上诉或抗诉的被告人的问题进行审查，又要对未被提起上诉或抗诉的被告人的问题进行审查。

4. 刑事附带民事诉讼案件，只有附带民事诉讼当事人及其法定代理人上诉的，第二审人民法院应当对全案进行审查。经审查，第一审判决的刑事部分并无不当的，第二审人民法院只需就附带民事部分作出处理；第一审判决的附带民事部分事实清楚，适用法律正确的，应当以刑事附带民事裁定维持原判，驳回上诉。

（二）上诉不加刑原则

上诉不加刑原则是第二审人民法院审判只有被告人一方上诉的案件，在作出新的判决时，不得对被告人判处重于原判的刑罚的一项原则。第二审人民法院审理被告人或者他的法定代理人、辩护人、近亲属上诉的案件，不得加重被告人的刑罚。第二审人民法院发回原审人民法院重新审判的案件，除有新的犯罪事实，人民检察院补充起诉的以外，原审人民法院也不得加重被告人的刑罚。这就是我国关于上诉不加刑的法律规定。该原则旨在保护被告人的上诉权，防止因上诉而招致不利的后果。

具体规定如下：

1. 同案审理的案件，只有部分被告人上诉的，既不得加重上诉人的刑罚，也不得加重其他同案被告人的刑罚。

2. 原判认定的罪名不当的，可以改变罪名，但不得加重刑罚或者对刑罚执行产生不利影响。例如，二审将一审认定的盗窃罪改判为抢劫罪，仍维持 12 年有期徒刑的刑罚，但根据《刑法》第 81 条第 2 款规定,对抢劫犯罪被判处10年以上有期徒刑、无期徒刑的犯罪分子,不得假释。这就对被告人产生了不利影响。

3. 原判认定的罪数不当的,可以改变罪数,并调整刑罚,但不得加重决定执行的刑罚或者对刑罚执行产生不利影响。

4. 原判对被告人宣告缓刑的,不得撤销缓刑或者延长缓刑考验期。

5. 原判没有宣告职业禁止、禁止令的,不得增加宣告;原判宣告职业禁止、禁止令的,不得增加内容、延长期限。

6. 原判对被告人判处死刑缓期执行没有限制减刑、决定终身监禁的,不得限制减刑、决定终身监禁。

7. 原判判处的刑罚不当、应当适用附加刑而没有适用的,不得直接加重刑罚、适用附加刑。原判判处的刑罚畸轻,必须依法改判的,应当在第二审判决、裁定生效后,按照审判监督程序重新审判。

此外,人民检察院只对部分被告人的判决提出抗诉,或者自诉人只对部分被告人的判决提出上诉的,第二审人民法院不得对其他同案被告人加重刑罚。被告人或者其法定代理人、辩护人、近亲属提出上诉,人民检察院未补充起诉的案件,第二审人民法院发回重新审判后,除有新的犯罪事实且人民检察院补充起诉的以外,原审人民法院不得加重被告人的刑罚。

二、第二审程序的审理

第二审人民法院对于下列案件,应当组成合议庭,开庭审理:(1)被告人、自诉人及其法定代理人对第一审认定的事实、证据提出异议,可能影响定罪量刑的上诉案件;(2)被告人被判处死刑的上诉案件;(3)人民检察院抗诉的案件;(4)应当开庭审理的其他案件。被判处死刑的被告人没有上诉,同案的其他被告人上诉的案件,第二审人民法院应当开庭审理。

第二审人民法院决定不开庭审理的,应当讯问被告人,听取其他当事人、辩护人、诉讼代理人的意见。根据上述规定,第二审的审理有两种方式,一种是开庭审理的方式;另一种是不开庭审理的方式。此外,还需要注意认罪认罚案件的二审审理。

(一)第二审必须开庭审理的情形

第二审案件必须开庭审理的有四类:(1)被告人、自诉人及其法定代理人对第一审认定的事实、证据提出异议,可能影响定罪量刑的上诉案件;(2)被告人被判处死刑的上诉案件;(3)人民检察院抗诉的案件;(4)其他应当开庭审理的案件。

(二)不开庭审理的方式和程序

应当遵循的程序:

1. 合议庭成员共同阅卷,必要时应当提交书面阅卷意见。

2. 讯问被告人,听取其供述和辩解以及对一审裁判的意见。共同犯罪案件,对没有上诉的被告人也应当讯问。

3. 听取其他当事人、辩护人、诉讼代理人的意见。

4. 合议庭评议和宣判。

三、对上诉、抗诉案件审理后的处理

(一)裁定驳回上诉或者抗诉,维持原判

(二)改判

(三)裁定撤销原判,发回重审

四、二审对刑事附带民事诉讼案件和自诉案件的处理

最高人民法院《解释》还对第二审人民法院审理刑事附带民事案件以及自诉案件作了以下补充规定:

1. 第二审人民法院审理对刑事部分提出上诉、抗诉,附带民事部分已经发生法律效力的案件,发现第一审判决、裁定中的附带民事部分确有错误的,应当依照审判监督程序对附带民事部分予以纠正。

2. 第二审人民法院审理对附带民事部分提出上诉,刑事部分已经发生法律效力的案件,应当对全案进行审查,并按照下列情形分别处理:(1)第一审判决的刑事部分并无不当的,只需就附带民事部分作出处理;(2)第一审判决的刑事部分确有错误的,依照审判监督程序对刑事部分进行再审,并将附带民事部分与刑事部分一并审理。

3. 第二审期间,第一审附带民事诉讼原告人增加独立的诉讼请求或者第一审附带民事诉讼被告人提出反诉的,第二审人民法院可以根据当事人自愿、合法的原则进行调解;调解不成的,告知当事人另行起诉。

4. 对第二审自诉案件,必要时可以进行调解,当事人也可以自行和解。调解结案的,应当制作调解书,第一审判决、裁定视为自动撤销;当事人自行和解的,人民法院经审查,认为和解、(自诉案件当事人)撤回自诉确属自愿的,应当裁定准许;认为系被强迫、威吓等,并非出于自愿的,不予准许。裁定准许撤回自诉的,应当撤销第一审判决、裁定。

5. 第二审期间,自诉案件的当事人提出反诉的,应当告知其另行起诉。

五、关于委托宣判

第二审人民法院可以委托第一审人民法院代为宣判,并向当事人送达第二审判决书、裁定书。第一审人民法院应当在代为宣判后5日以内将宣判笔录送交第二审人民法院,并在送达完毕后及时将送达回证送交第二审人民法院。

六、第二审程序的审理期限

根据《刑事诉讼法》第243条的规定，第二审人民法院受理上诉、抗诉案件，应当在2个月以内审结。对于可能判处死刑的案件或者附带民事诉讼的案件，以及有本法第158条规定情形之一的，经省、自治区、直辖市高级人民法院批准或者决定，可以延长2个月；因特殊情况还需要延长的，报请最高人民法院批准。最高人民法院受理上诉、抗诉案件的审理期限，由最高人民法院决定。

第四节　查封、扣押、冻结财物及其处理

一、查封、扣押、冻结财物及其处理

对查封、扣押、冻结的犯罪嫌疑人、被告人的财物及其孳息，应当妥善保管，以供核查，并制作清单，随案移送。任何单位和个人不得挪用或者自行处理。

查封、扣押、冻结的财物与本案无关但已列入清单的，应当由查封、扣押、冻结机关依法处理。查封、扣押、冻结的财物属于被告人合法所有的，应当在赔偿被害人损失、执行财产刑后及时返还被告人。

二、违法处理查封、扣押、冻结财物的法律责任

司法工作人员贪污、挪用或者私自处理被查封、扣押、冻结的财物及其孳息的，依法追究刑事责任；不构成犯罪的，给予处分。

第五节　在法定刑以下判处刑罚的核准程序

报请最高人民法院核准在法定刑以下判处刑罚的案件，应当按照下列情形分别处理：

1. 被告人未上诉、人民检察院未抗诉的，在上诉、抗诉期满后3日以内报请上一级人民法院复核。上一级人民法院同意原判的，应当书面层报最高人民法院核准；不同意的，应当裁定发回重新审判，或者按照第二审程序提审。

2. 被告人上诉或者人民检察院抗诉的案件，上一级人民法院维持原判，或者改判后仍在法定刑以下判处刑罚的，应当依照上述第1项规定层报最高人民法院核准。

命题点拨　了解上诉与抗诉的概念，全面审查原则、上诉不加刑原则的概念。要理解上诉、抗诉的主体范围、理由、期限，全面审查原则、上诉不加刑原则的内容，第二审程序的规定，二审对刑事附带民事诉讼案件和自诉案件的处理，以及查封、扣押、冻结财物及其处理程序。

第十七章　死刑复核程序

第一节　死刑复核程序概述

一、死刑复核程序的概念

死刑复核程序，是我国《刑事诉讼法》规定的一种独立于普通审判程序之外的特别审查核准程序。死刑复核程序是指有核准权的人民法院对已经判处死刑的案件进行复查核准应遵循的一种特别审判程序。

二、死刑复核程序的特点

1. 审理对象特定。死刑复核程序只适用于判处死刑的案件，包括判处死刑立即执行和判处死刑缓期二年执行的案件。

2. 死刑复核程序是死刑案件的终审程序。

3. 所处的诉讼阶段特殊。

4. 核准权具有专属性。

5. 程序启动上具有自动性。

6. 报请复核方式特殊。

第二节　判处死刑立即执行案件的复核程序★★★

一、判处死刑立即执行案件的报请复核

1. 中级人民法院判处死刑的第一审案件，被告人未上诉、人民检察院未抗诉的，在上诉、抗诉期满后10日内报请高级人民法院复核。高级人民法院同意判处死刑的，应当在作出裁定后10日内报请最高人民法院核准；认为原判认定的某一具体事实或者引用的法律条款等存在瑕疵，但判处被告人死刑并无不当的，可以在纠正后作出核准的判决、裁定；不同意的，应当依照第二审程序提审或者发回重新审判。

2. 中级人民法院判处死刑的第一审案件，被告人上诉或者人民检察院抗诉，高级人民法院裁定维持的，应当在作出裁定后10日内报请最高人民法院核准。

3. 高级人民法院判处死刑的第一审案件，被告人未上诉、人民检察院未抗诉的，应当在上诉、抗诉期满后10日内报请最高人民法院核准。

二、判处死刑立即执行案件报请复核的材料及要求

1. 报请复核报告应当包括下列内容：(1)案由；(2)简要案情；(3)审理过程；(4)判决结果。

2. 死刑案件综合报告包括下列内容：(1)被告

人、被害人的基本情况。被告人有前科或者曾受过行政处罚的,应当写明。(2)案件的由来和审理经过。案件曾经发回重新审判的,应当写明发回重新审判的原因、时间、案号等。(3)案件侦破情况。通过技术侦查措施抓获被告人、侦破案件,以及与自首、立功认定有关的情况,应当写明。(4)第一审审理情况。包括控辩双方意见,第一审认定的犯罪事实,合议庭和审判委员会意见。(5)第二审审理或者高级人民法院复核情况。包括上诉理由、检察机关意见,第二审审理或者高级人民法院复核认定的事实,证据采信情况及理由,控辩双方意见及采纳情况。(6)需要说明的问题。包括共同犯罪案件中另案处理的同案犯的定罪量刑情况,案件有无重大社会影响,以及当事人的反应等情况。(7)处理意见。写明合议庭和审判委员会的意见。

3. 诉讼案卷和证据,根据具体案件情况应当包括下列内容:(1)拘留证、逮捕证、搜查证的复印件;(2)扣押赃款、赃物和其他在案物证的清单;(3)起诉意见书或者人民检察院的侦查终结报告;(4)人民检察院的起诉书;(5)案件审查报告、法庭审查笔录、合议庭评议笔录和审判委员会讨论决定笔录;(6)上诉状、抗诉状;(7)人民法院的判决书、裁定书和宣判笔录、送达回证;(8)能够证明案件具体情况并经过查证属实的各种肯定的和否定的证据,包括物证或者物证照片,书证,证人证言,被害人陈述,被告人供述和辩解,鉴定意见以及勘验、检查笔录等。

三、判处死刑立即执行案件的复核程序

最高人民法院复核死刑案件,应当由审判员3人组成合议庭进行。复核死刑案件一般要进行以下活动:

1. 讯问被告人。
2. 审查核实案卷材料。
3. 听取辩护人的意见。
4. 最高人民检察院提出意见。
5. 制作复核审理报告。

四、判处死刑立即执行案件复核后的处理

1. 原判认定事实和适用法律正确、量刑适当、诉讼程序合法的,应当裁定核准。

2. 原判认定的某一具体事实或者引用的法律条款等存在瑕疵,但判处被告人死刑并无不当的,可以在纠正后作出核准的判决、裁定。

3. 原判事实不清、证据不足的,应当裁定不予核准,并撤销原判,发回重新审判。

4. 复核期间出现新的影响定罪量刑的事实、证据的,应当裁定不予核准,并撤销原判,发回重新审判。

5. 原判认定事实正确、证据充分,但依法不应当判处死刑的,应当裁定不予核准,并撤销原判,发回重新审判;根据案件情况,必要时,也可以依法改判。

6. 原审违反法定诉讼程序,可能影响公正审判的,应当裁定不予核准,并撤销原判,发回重新审判。

最高人民法院裁定不予核准死刑的,根据案件情况,可以发回第二审人民法院或者第一审人民法院重新审判。对最高人民法院发回第二审人民法院重新审判的案件,第二审人民法院一般不得发回第一审人民法院重新审判。第一审人民法院重新审判的,应当开庭审理。第二审人民法院重新审判的,可以直接改判;必须通过开庭查清事实、核实证据或者纠正原审程序违法的,应当开庭审理。

最高人民法院裁定不予核准死刑,发回重新审判的案件,原审人民法院应当另行组成合议庭审理,但以下两种案件除外:复核期间出现新的影响定罪量刑的事实、证据的,应当裁定不予核准,并撤销原判,发回重新审判的案件;原判认定事实正确,但依法不应当判处死刑的,应当裁定不予核准,并撤销原判,发回重新审判的案件。

第三节　判处死刑缓期二年执行案件的复核程序★★

死刑缓期二年执行案件的核准权由高级人民法院统一行使。核准死刑缓期二年执行的案件,应当由审判员3人组成合议庭。

按照下列情形分别办理:

(1)原判认定事实和适用法律正确、量刑适当、诉讼程序合法的,应当裁定核准;

(2)原判认定的某一具体事实或者引用的法律条款等存在瑕疵,但判处被告人死刑缓期执行并无不当的,可以在纠正后作出核准的判决、裁定;

(3)原判认定事实正确,但适用法律有错误,或者量刑过重的,应当改判;

(4)原判事实不清、证据不足的,可以裁定不予核准,并撤销原判,发回重新审判,或者依法改判;

(5)复核期间出现新的影响定罪量刑的事实、证据的,可以裁定不予核准,并撤销原判,发回重新审判,或者依照最高人民法院《解释》第271条的规定审理后依法改判;

(6)原审违反法定诉讼程序,可能影响公正审判的,应当裁定不予核准,并撤销原判,发回重新审判。

高级人民法院复核死刑缓期执行案件,不得加重被告人的刑罚。

此外，根据最高人民法院《关于死刑缓期执行限制减刑案件审理程序若干问题的规定》的规定，对被判处死刑缓期执行的累犯以及因故意杀人、强奸、抢劫、绑架、放火、爆炸、投放危险物质或者有组织的暴力性犯罪被判处死刑缓期执行的犯罪分子，人民法院根据犯罪情节、人身危险性等情况，可以在作出裁判的同时决定对其限制减刑。高级人民法院审理或者复核判处死刑缓期执行并限制减刑的案件，认为原判对被告人判处死刑缓期执行适当，但判决限制减刑不当的，应当改判，撤销限制减刑。高级人民法院复核判处死刑缓期执行没有限制减刑的案件，认为应当限制减刑的，不得以提高审级等方式对被告人限制减刑。

命题点拨 了解死刑复核程序。理解死刑立即执行和死缓的核准权，核准程序、要求和处理方式。

第十八章 审判监督程序

第一节 审判监督程序的概念和特点

一、审判监督程序的概念

审判监督程序，又称再审程序，是指人民法院、人民检察院对于已经发生法律效力的判决、裁定，发现在认定事实或者适用法律上确有错误，予以提出并由人民法院对该案重新审判所应遵循的步骤和方式、方法。

二、审判监督程序的特点

审判监督程序有以下特点：

1. 审判监督程序的审理对象是已经发生法律效力的判决、裁定。

2. 审判监督程序的提起主体具有特定性。审判监督程序是由最高人民法院、上级人民法院及各级人民法院院长提交审判委员会讨论决定提起，或者由最高人民法院检察院、上级人民检察院抗诉提起；不能直接由当事人及其法定代理人或经其同意的辩护人、近亲属的申诉提起。

3. 审判监督程序必须经有权的人民法院或者人民检察院审查，认为已生效的判决、裁定在认定事实或者适用法律上确有错误时，才能提起。

4. 提起审判监督程序没有期限限制。

5. 按照审判监督程序审判案件的法院，既可以是原审人民法院，也可以是提审的任何上级人民法院；此外，上级人民法院还有权依法指定下级人民法院进行再审。

6. 按照审判监督程序审判案件将根据原来是第一审案件或第二审案件而分别依照第一审程序和第二审程序进行。

7. 实行再审不加刑原则。

第二节 审判监督程序的提起★★★

一、提起审判监督程序的材料来源

提起审判监督程序的材料来源主要有：当事人及其法定代理人、近亲属的申诉；人民法院、人民检察院在办案过程中和检查工作时发现的错误裁判；各级人民代表大会代表提出的纠正错案的议案；机关、团体、企事业单位、新闻媒体、人民群众等对生效判决、裁定提出的质疑、意见和情况反映等。

（一）申诉的概念

申诉，是当事人及其法定代理人、近亲属认为人民法院已经发生法律效力的判决、裁定有错误，要求人民法院或者人民检察院进行审查处理的一种请求。申诉与上诉的主要区别有：

1. 对象不同。申诉的对象是已经发生法律效力的判决、裁定，而上诉的对象是尚未发生法律效力的一审判决、裁定。

2. 主体范围不同。申诉的主体是当事人及其法定代理人、近亲属；上诉的主体是被告人、自诉人、附带民事诉讼当事人及其法定代理人、经被告人同意的被告人的辩护人及近亲属。

3. 受理的机关不同。受理申诉的机关既包括原审人民法院及其上级人民法院，也包括与上述各级人民法院对应的人民检察院；而受理上诉的机关只能是原审人民法院及其上一级人民法院。

4. 期限不同。申诉的期限一般为刑罚执行完毕后2年内，具体请参见下面有关申诉受理的内容；而对于上诉，《刑事诉讼法》规定了期限，即对判决、裁定提起上诉的期限分别是10日和5日。

5. 后果不同。申诉只是提起审判监督程序的一种材料来源，不能停止生效判决、裁定的执行；而上诉必然引起第二审程序，导致一审判决、裁定不能生效。

（二）申诉的提出、受理及审查处理

1. 申诉的提出和受理。

（1）申诉的提出。向人民法院申诉，应当提交以下材料：①申诉状。②原一、二审判决书、裁定书等法律文书。③其他相关材料。

（2）应当受理的情形：①可能对原审被告人宣告无罪的；②原审被告人在《若干意见》规定的期限内向人民法院提出申诉，人民法院未受理的；③属于疑难、复杂、重大案件的。

2. 申诉的审查处理。

(1)人民法院对申诉的审查处理。

决定重新审判的情形:①有新的证据证明原判决、裁定认定的事实确有错误,可能影响定罪量刑的;②据以定罪量刑的证据不确实、不充分、依法应当予以排除的;③证明案件事实的主要证据之间存在矛盾的;④主要事实依据被依法变更或者撤销的;⑤认定罪名错误的;⑥量刑明显不当的;⑦对违法所得或者其他涉案财物的处理确有明显错误的;⑧违反法律关于溯及力规定的;⑨违反法定诉讼程序,可能影响公正裁判的;⑩审判人员在审理该案件时有贪污受贿、徇私舞弊、枉法裁判行为的。

申诉不具有上述情形的,应当说服申诉人撤回申诉;对仍然坚持申诉的,应当书面通知驳回。申诉人对驳回申诉不服的,可以向上一级人民法院申诉。上一级人民法院经审查认为申诉不符合规定的,应当说服申诉人撤回申诉;对仍然坚持申诉的,应当驳回或者通知不予重新审判。

(2)人民检察院对申诉的审查处理。当事人及其法定代理人、近亲属对已经发生法律效力的判决、裁定,认为有错误向人民检察院申诉的,由人民检察院控告申诉部门接收,对属于本院管辖并符合受理条件的,予以受理并应当进行审查。经复查认为人民法院已经发生法律效力的刑事判决、裁定确有错误,经检察长决定,可以向人民法院提出再审检察建议。再审检察建议未被人民法院采纳的,可以提请上一级人民检察院抗诉。

人民检察院审查结案和复查终结的刑事申诉案件,应当制作刑事申诉结果通知书,于10日以内送达申诉人,并做好释法说理工作。对提请抗诉的案件,提请抗诉的人民检察院应当在上一级人民检察院作出是否抗诉的决定后制作刑事申诉结果通知书。

二、提起审判监督程序的主体

(一)各级人民法院院长和审判委员会

各级人民法院院长对本院已经发生法律效力的判决和裁定,如果发现在认定事实上或者在适用法律上确有错误,必须提交审判委员会处理。

(二)最高人民法院和上级人民法院

最高人民法院对各级人民法院已经发生法律效力的判决和裁定,上级人民法院对下级人民法院已经发生法律效力的判决和裁定,如果发现确有错误,有权提审或者指令下级人民法院再审。

(三)最高人民检察院和上级人民检察院

三、提起审判监督程序的理由

1. 原判决、裁定在认定事实上确有错误。

2. 原判决、裁定在适用法律上确有错误。

3. 严重违反法律规定的诉讼程序,影响了对案件的正确裁判。

4. 审判人员在审理该案件时,有贪污受贿、徇私舞弊、枉法裁判的行为。

四、提起审判监督程序的方式

(一)决定再审

决定再审,是指各级人民法院院长对本院已经发生法律效力的判决和裁定,如果发现在认定事实或者在适用法律上确有错误,经提交审判委员会讨论决定再审从而提起审判监督程序的一种方式。

(二)指令再审

指令再审,是指最高人民法院对各级人民法院已经发生法律效力的判决和裁定,上级人民法院对下级人民法院已经发生法律效力的判决和裁定,如果发现确有错误,可以指令下级人民法院再审从而提起审判监督程序的一种方式。

(三)决定提审

决定提审,是指最高人民法院对各级人民法院发生法律效力的判决和裁定,上级人民法院对下级人民法院发生法律效力的判决和裁定,如果发现确有错误,需要重新审理,而直接组成合议庭,调取原审案卷和材料,并进行审判从而提起审判监督程序的一种方式。

(四)提出抗诉

提出抗诉,是指最高人民检察院对各级人民法院发生法律效力的判决和裁定,上级人民检察院对下级人民法院已经发生法律效力的判决和裁定,如果发现确有错误,向同级人民法院提出抗诉从而提起审判监督程序的一种方式。

第三节 依照审判监督程序对案件的重新审判★★★

一、再审立案

地方各级人民法院、专门人民法院负责下列案件的再审立案:(1)本院作出的终审裁判,符合再审立案条件的;(2)下一级人民法院复查驳回或者再审改判,符合再审立案条件的;(3)上级人民法院指令再审的;(4)人民检察院依法提出抗诉的。

最高人民法院负责下列案件的再审立案:(1)本院作出的终审裁判,符合再审立案条件的;(2)高级人民法院复查驳回或者再审改判,符合再审立案条件的;(3)最高人民检察院依法提出抗诉的;(4)最高人民法院认为应由自己再审的。

二、重新审判的程序

(一)再审和提审

再审,是指作出生效判决、裁定的人民法院根据再审决定或者再审指令对案件重新审判的程序。人民法院进行再审的有关规定:(1)由原审人民法院审理的,应当另行组成合议庭进行。原来审判该案的合议庭成员,应当回避。(2)原来是第一审案件,应当依照第一审程序进行审判,所作的判决、裁定可以上诉、抗诉;原来是第二审案件,应当依照第二审程序进行审判,所作的判决、裁定是终审的判决、裁定。

提审,是指最高人民法院对各级人民法院、上级人民法院对下级人民法院已经发生法律效力的判决、裁定发现确有错误,或者接受同级人民检察院的再审抗诉后,直接调取原审案卷和材料,并组成合议庭对案件进行审判的程序。上级人民法院按照审判监督程序提审的案件,应当依照第二审程序进行审判,所作的判决、裁定,是终审的判决、裁定。

对决定依照审判监督程序重新审判的案件,人民法院应当制作再审决定书。

(二)开庭审理、并案审理与不得加重刑罚的情形

对依照审判监督程序重新审判的案件,人民法院在依照第一审程序进行审判的过程中,发现原审被告人还有其他犯罪的,一般应当并案审理,但分案审理更为适宜的,可以分案审理。

开庭审理再审案件,再审决定书或者抗诉书只针对部分原审被告人,其他同案原审被告人不出庭不影响审理的,可以不出庭参加诉讼。

除人民检察院抗诉的以外,再审一般不得加重原审被告人的刑罚。再审决定书或者抗诉书只针对部分原审被告人的,不得加重其他同案原审被告人的刑罚。

(三)开庭前的工作

(四)强制措施与中止执行

人民法院决定再审的案件,需要对被告人采取强制措施的,由人民法院依法决定;人民检察院提出抗诉的再审案件,需要对被告人采取强制措施的,由人民检察院依法决定。再审期间不停止原判决、裁定的执行,但被告人可能经再审改判无罪,或者可能经再审减轻原判刑罚而致刑期届满的,可以决定中止原判决、裁定的执行,必要时,可以对被告人采取取保候审、监视居住措施。

(五)审理程序

参与过本案第一审、第二审、复核程序审判的合议庭组成人员,不得参与本案的再审程序的审判。

(六)中止审理、终止审理与缺席审理

原审被告人(原审上诉人)收到再审决定书或者抗诉书后下落不明或者收到抗诉书后未到庭的,人民法院应当中止审理;原审被告人(原审上诉人)到案后,恢复审理;如果超过2年仍查无下落的,应当裁定终止审理。

三、重新审判后的处理

再审案件经过重新审理后,应当按照下列情形分别处理:

1. 原判决、裁定认定事实和适用法律正确、量刑适当的,应当裁定驳回申诉或者抗诉,维持原判决、裁定。

2. 原判决、裁定定罪准确、量刑适当,但在认定事实、适用法律等方面有瑕疵的,应当裁定纠正并维持原判决、裁定。

3. 原判决、裁定认定事实没有错误,但适用法律错误,或者量刑不当的,应当撤销原判决、裁定,依法改判。

4. 依照第二审程序审理的案件,原判决、裁定事实不清、证据不足的,可以在查清事实后改判,也可以裁定撤销原判,发回原审人民法院重新审判。

四、重新审判的期限

人民法院按照审判监督程序重新审判的案件,应当在作出提审、再审决定之日起3个月以内审结,需要延长期限的,经本院院长批准,可以延长3个月。

接受抗诉的人民法院按照审判监督程序审判抗诉的案件,审理期限适用上述规定,自接受抗诉之日起计算;对需要指令下级人民法院再审的,应当自接受抗诉之日起1个月以内作出决定,下级人民法院审理案件的期限亦适用上述规定,并自收到指令再审决定之日起计算。自接到阅卷通知后的第二日起,人民检察院查阅案卷超过7日后的期限,不计入再审审理期限。

命题点拨 了解提起审判监督程序的材料来源和申诉的概念。理解审判监督程序的特点,提起审判监督程序的主体范围,提起审判监督程序的理由和方式,以及依照审判监督程序对案件的重新审判程序。

第十九章 涉外刑事诉讼程序与司法协助制度(略)

第二十章 执 行

第一节 执行概述

一、执行的概念

执行,是指把人民法院已经发生法律效力的判决、裁定付诸实施的活动。执行程序是指将已经发生法律效力的判决、裁定所确定的内容付诸实施以及在此过程中处理与之有关的减刑、假释等刑罚执行变更问题时应遵循的步骤、方式和方法。

二、执行的依据

下列判决和裁定是发生法律效力的判决和裁定:

1. 已过法定期限没有上诉、抗诉的判决和裁定。

2. 终审的判决和裁定。

3. 高级人民法院核准的死刑缓期二年执行的判决。

4. 最高人民法院核准死刑的判决。

三、执行机关

执行机关包括:

1. 人民法院。

2. 监狱。

3. 公安机关。

4. 社区矫正机构。

第二节 各种判决、裁定的执行程序★

一、死刑立即执行判决的执行

(一)执行死刑命令的签发

由最高人民法院院长签发执行死刑的命令。

(二)执行死刑的机关和期限

最高人民法院的执行死刑命令,由高级人民法院交付第一审人民法院执行。第一审人民法院接到死刑执行命令后,应当在7日内执行。

(三)执行死刑的场所和方法

死刑可以在刑场或者指定的羁押场所内执行。

死刑采用枪决或者注射等方法执行。

(四)执行死刑的具体程序

1. 第一审人民法院在执行死刑前,应当告知罪犯有权会见其近亲属。

2. 第一审人民法院在执行死刑3日以前,应当通知同级人民检察院派员临场监督。

3. 执行死刑前,指挥执行的审判人员对罪犯应当验明正身,即认真核对被执行人的姓名、性别、年龄、籍贯、基本犯罪事实及其他情况,确保被执行的人就是判决所确定的死刑罪犯,以防止错杀;还要讯问罪犯有无遗言、信札,并制作笔录,再交执行人员执行死刑。

4. 执行死刑应当公布,禁止游街示众或者其他有辱罪犯人格的行为。

5. 执行死刑后,应当由法医验明罪犯确实死亡,在场书记员制作笔录。

二、死刑缓期二年执行、无期徒刑、有期徒刑和拘役判决的执行

(一)执行机关

被判处死刑缓期二年执行、无期徒刑、有期徒刑的罪犯,执行机关是监狱。对于被判处有期徒刑的罪犯,在被交付执行刑罚前,剩余刑期在3个月以下的,由看守所代为执行。被判处拘役的罪犯,由公安机关执行。

对未成年犯应当在未成年犯管教所执行刑罚。未成年犯年满18周岁,剩余刑期不超过2年的,仍可以留在未成年犯管教所执行剩余刑期。

(二)执行程序

罪犯被交付执行刑罚的时候,应当由交付执行的人民法院在判决生效后10日以内将有关的法律文书送达公安机关、监狱或者其他执行机关。根据最高人民法院《解释》的规定,被判处死刑缓期执行、无期徒刑、有期徒刑、拘役的罪犯,第一审人民法院应当在判决、裁定生效后10日以内,将判决书、裁定书、起诉书副本、自诉状复印件、执行通知书、结案登记表送达公安机关、监狱或者其他执行机关。同案审理的案件中,部分被告人被判处死刑,对未被判处死刑的同案被告人需要羁押执行刑罚的,应当根据前述规定及时交付执行。但是,该同案被告人参与实施有关死刑之罪的,应当在复核讯问被判处死刑的被告人后交付执行。

判处有期徒刑、拘役的罪犯,执行期满,应当由执行机关发给释放证明书。

三、管制、有期徒刑缓刑、拘役缓刑判决的执行

(一)执行机关及交付执行

1. 管制、有期徒刑缓刑、拘役缓刑的执行机关是社区矫正机构。

2. 人民法院应当告知罪犯自判决、裁定生效之日起10日以内到执行地社区矫正机构报到,以及不按期报到的后果。人民法院应当自判决、裁定或者决定生效之日起5日内通知执行地社区矫正机构,并在10日以内将判决书、裁定书、执行通知书等法律文书送达执行地社区矫正机构,同时抄送人民检察院和执行地公安机关。人民法院与社区矫正执行地不在同一地方的,由执行地社区矫正机构将法律

文书转送所在地的人民检察院和公安机关。

（二）对管制、缓刑罪犯的考察与处理

社区矫正对象在社区矫正期间应当遵守法律、行政法规，履行判决、裁定、暂予监外执行决定等法律文书确定的义务，遵守国务院司法行政部门关于报告、会客、外出、迁居、保外就医等监督管理规定，服从社区矫正机构的管理。

四、剥夺政治权利判决的执行

（一）执行机关

所谓剥夺政治权利，是指剥夺犯罪分子参加国家管理和政治活动的权利。对被判处剥夺政治权利的罪犯，由公安机关执行。实践中，由罪犯居住地的派出所负责执行。

（二）执行程序

剥夺政治权利是剥夺下列权利：选举权和被选举权；言论、出版、集会、结社、游行、示威自由的权利；担任国家机关职务的权利；担任国有公司、企业、事业单位和人民团体领导职务的权利。

五、刑事裁判涉财产部分和附带民事裁判的执行

（一）执行机关

罚金和没收财产刑的执行机关都是人民法院。执行没收财产刑时，必要时可以会同公安机关执行。

（二）执行程序

1. 罚金在判决规定的期限内一次或者分期缴纳。

2. 执行财产刑，应当参照被扶养人住所地政府公布的上年度当地居民最低生活费标准，保留被执行人及其所扶养人的生活必需费用。

3. 被判处财产刑，同时又承担附带民事赔偿责任的被执行人，应当先履行民事赔偿责任。

4. 执行刑事裁判涉财产部分、附带民事裁判过程中，当事人、利害关系人认为执行行为违反法律规定，或者案外人对被执行标的书面提出异议的，人民法院应当参照《民事诉讼法》的有关规定处理。

5. 执行刑事裁判涉财产部分、附带民事裁判过程中，具有下列情形之一的，人民法院应当裁定终结执行：

（1）据以执行的判决、裁定被撤销的；

（2）被执行人死亡或者被执行死刑，且无财产可供执行的；

（3）被判处罚金的单位终止，且无财产可供执行的；

（4）依照《刑法》第53条规定免除罚金的；

（5）应当终结执行的其他情形。

六、无罪和免除刑罚判决的执行

无罪和免除刑罚判决的执行机关是人民法院。

第三节　执行的变更程序★

一、死刑执行的变更

发现有下列情形之一的，应当停止执行，并且立即报告最高人民法院，由最高人民法院作出裁定：（1）在执行前发现判决可能有错误的；（2）在执行前罪犯揭发重大犯罪事实或者有其他重大立功表现，可能需要改判的；（3）罪犯正在怀孕。上述前两种情况下停止执行的原因消失后，必须报请最高人民法院院长再签发执行死刑命令才能执行；对于因上述第三种原因停止执行的，应当报请最高人民法院依法改判。

发现有下列情形之一的，应当暂停执行，并立即将请求停止执行死刑的报告和相关材料层报最高人民法院：（1）罪犯可能有其他犯罪的；（2）共同犯罪的其他犯罪嫌疑人到案，可能影响罪犯量刑的；（3）共同犯罪的其他罪犯被暂停或者停止执行死刑，可能影响罪犯量刑的；（4）罪犯揭发重大犯罪事实或者有其他重大立功表现，可能需要改判的；（5）罪犯怀孕的；（6）判决、裁定可能有影响定罪量刑的其他错误的。

最高人民法院对停止执行死刑的案件，应当按照下列情形分别处理：（1）确认罪犯怀孕的，应当改判；（2）确认罪犯有其他犯罪，依法应当追诉的，应当裁定不予核准死刑，撤销原判，发回重新审判；（3）确认原判决、裁定有错误或者罪犯有重大立功表现，需要改判的，应当裁定不予核准死刑，撤销原判，发回重新审判；（4）确认原判决、裁定没有错误，罪犯没有重大立功表现，或者重大立功表现不影响原判决、裁定执行的，应当裁定继续执行死刑，并由院长重新签发执行死刑的命令。

二、死刑缓期二年执行的变更

死缓判决可作两种变更：

（1）被判处死刑缓期二年执行的罪犯，在死刑缓期执行期间，如果没有故意犯罪，2年期满以后，减为无期徒刑；如果确有重大立功表现，2年期满以后，减为25年有期徒刑。对判处死刑缓期执行的累犯以及因故意杀人、强奸、抢劫、绑架、放火、爆炸、投放危险物质或者有组织的暴力性犯罪被判处死刑缓期执行的犯罪分子，人民法院根据犯罪情节等情况可以同时决定对其限制减刑。

（2）被判处死刑缓期二年执行的罪犯，在死刑缓期执行期间，如果故意犯罪，情节恶劣，查证属实，

应当执行死刑。

三、暂予监外执行

(一)暂予监外执行的概念

暂予监外执行,是指对被判处无期徒刑、有期徒刑或者拘役的罪犯,具有法律规定的某种特殊情况,不适宜在监狱或者拘役所等场所执行刑罚,暂时采取不予关押的一种变通执行方法。

(二)暂予监外执行的适用对象

适用暂予监外执行的对象,是被判处无期徒刑、有期徒刑或者拘役的罪犯。

(三)暂予监外执行的适用情形

被判处有期徒刑或者拘役的罪犯,必须具备下列情形之一:

1. 罪犯有严重疾病需保外就医。

2. 罪犯怀孕或者正在哺乳自己的婴儿。

3. 罪犯生活不能自理,适用暂予监外执行不致危害社会。

(四)暂予监外执行的适用程序

在交付执行前,暂予监外执行由交付执行的人民法院决定。对于被告人可能被判处拘役、有期徒刑、无期徒刑,符合暂予监外执行条件的,被告人及其辩护人有权向人民法院提出暂予监外执行的申请,看守所可以将有关情况通报人民法院。有关病情诊断、妊娠检查和生活不能自理的鉴别,由人民法院负责组织进行。人民法院决定暂予监外执行的,应当制作暂予监外执行决定书,写明罪犯基本情况、判决确定的罪名和刑罚、决定暂予监外执行的原因、依据等。人民法院在作出暂予监外执行决定前,应当征求人民检察院的意见。

在交付执行后,暂予监外执行由监狱或者看守所提出书面意见,报省级以上监狱管理机关或者设区的市一级以上公安机关批准。监狱、看守所提出暂予监外执行的书面意见的,应当将书面意见的副本抄送人民检察院。人民检察院可以向决定或者批准机关提出书面意见。批准机关应当将批准的暂予监外执行决定通知公安机关和原判人民法院,并抄送人民检察院。

对暂予监外执行的罪犯,依法实行社区矫正。人民法院决定暂予监外执行的,由看守所或者执行取保候审、监视居住的公安机关自收到决定之日起10日以内将罪犯移送社区矫正机构。监狱管理机关、公安机关批准暂予监外执行的社区矫正对象,由监狱或者看守所自收到批准决定之日起10日内将社区矫正对象移送社区矫正机构。暂予监外执行的罪犯,由居住地公安机关执行。原关押监狱应当及时将罪犯在监内改造情况通报负责执行的公安机关。社区矫正决定机关应当对社区矫正对象进行教育,告知其在社区矫正期间应当遵守的规定以及违反规定的法律后果,责令其按时报到。

对暂予监外执行的罪犯,有下列情形之一的,应当及时收监:

(1)发现不符合暂予监外执行条件的;

(2)严重违反有关暂予监外执行监督管理规定的;

(3)暂予监外执行的情形消失后,罪犯刑期未满的。

四、减刑、假释的条件

1. 减刑的条件如下:被判处管制、拘役、有期徒刑、无期徒刑的犯罪分子,在执行期间,如果认真遵守监规,接受教育改造,确有悔改表现的,或者有立功表现的,可以减刑;有重大立功表现的,应当减刑。

2. 假释的条件有二:一是已实际执行一定的刑期,即被判处有期徒刑的犯罪分子,实际执行原判刑期1/2以上,被判处无期徒刑的犯罪分子,实际执行13年以上;二是认真遵守监规,接受教育改造,确有悔改表现,没有再犯罪的危险。以上两个条件须同时具备。如果有特殊情况,经最高人民法院核准,可以不受上述执行刑期的限制。所谓特殊情况,是指与国家、社会利益有重要关系的情况。

第四节 对新罪和申诉的处理

一、对新罪、漏罪的处理

罪犯在服刑期间又犯罪的,或者发现了判决的时候所没有发现的罪行,由执行机关移送人民检察院处理。

二、发现错判和对申诉的处理

监狱和其他执行机关在刑罚执行中,如果认为判决有错误或者罪犯提出申诉,应当转请人民检察院或者原判人民法院处理。

人民法院或者人民检察院收到执行机关意见和材料或罪犯的申诉后,应当认真进行审查。

第五节 人民检察院对执行的监督

一、对执行死刑的监督

被判处死刑立即执行的罪犯在被执行死刑时,人民检察院应当指派检察官临场监督。死刑执行临场监督由人民检察院负责刑事执行检察的部门承担。人民检察院派驻看守所、监狱的检察人员应当予以协助,负责捕诉的部门应当提供有关情况。

在执行死刑前,人民检察院发现具有下列情形之一的,应当建议人民法院立即停止执行,并层报最高人民检察院负责死刑复核监督的部门:(1)被执行人并非应当执行死刑的罪犯的;(2)罪犯犯罪时不满18周岁,或者审判的时候已满75周岁,依法不应当适用死刑的;(3)罪犯正在怀孕的;(4)共同犯罪的其他犯罪嫌疑人到案,共同犯罪的其他罪犯被暂停或者停止执行死刑,可能影响罪犯量刑的;(5)罪犯可能有其他犯罪的;(6)罪犯揭发他人重大犯罪事实或者有其他重大立功表现,可能需要改判的;(7)判决、裁定可能有影响定罪量刑的其他错误的。

执行死刑过程中,人民检察院临场监督人员根据需要可以进行拍照、摄像。执行死刑后,人民检察院临场监督人员应当检查罪犯是否确已死亡,并填写死刑执行临场监督笔录,签名后入卷归档。在执行死刑活动中,发现人民法院有侵犯被执行死刑罪犯的人身权、财产权或者其近亲属、继承人合法权利等违法情形的,人民检察院应当依法提出纠正意见。

二、对暂予监外执行的监督

决定或者批准暂予监外执行的机关应当将暂予监外执行决定抄送人民检察院。人民检察院认为暂予监外执行不当的,应当自接到通知之日起1个月以内将书面意见送交决定或者批准暂予监外执行的机关,决定或者批准暂予监外执行的机关接到人民检察院的书面意见后,应当立即对该决定进行重新核查。

三、对减刑、假释的监督

人民检察院经审查认为人民法院减刑、假释的裁定不当,应当在收到裁定书副本后20日以内,向作出减刑、假释裁定的人民法院提出书面纠正意见。对人民法院减刑、假释裁定的纠正意见,由作出减刑、假释裁定的人民法院的同级人民检察院书面提出。下级人民检察院发现人民法院减刑、假释裁定不当的,应当向作出减刑、假释裁定的人民法院的同级人民检察院报告。人民检察院对人民法院减刑、假释的裁定提出纠正意见后,应当监督人民法院是否在收到纠正意见后1个月以内重新组成合议庭进行审理,并监督重新作出的裁定是否符合法律规定。对最终裁定不符合法律规定的,应当向同级人民法院提出纠正意见。

四、对执行刑罚活动的监督

人民检察院对执行机关执行刑罚的活动是否合法实行监督。如果发现有违法的情况,应当通知执行机关纠正。人民检察院在对执行机关执行刑罚的活动进行监督的过程中,如果发现有违法的情况,应当通知执行机关纠正。

命题点拨 了解执行程序的概念,理解执行的依据,执行机关,各种判决、裁定的执行程序,执行的变更程序,对新罪和申诉的处理程序,人民检察院对执行的监督程序。

第三编 特别程序

第二十一章 未成年人刑事案件诉讼程序

第一节 未成年人刑事案件诉讼程序概述

一、未成年人刑事案件诉讼程序的概念

未成年人刑事案件诉讼程序有狭义和广义之分,狭义的未成年人刑事案件诉讼程序是指依法对涉嫌犯罪的未成年人确定其刑事责任和适当的处遇措施时所适用的一系列诉讼程序和制度的总称;广义的未成年人刑事案件诉讼程序还包括涉及未成年被害人、证人的程序与制度。

二、未成年人刑事案件诉讼程序适用的案件范围

未成年人刑事案件诉讼程序适用于未成年人涉嫌犯罪的案件。具体是指犯罪嫌疑人、被告人实施涉嫌犯罪行为时已满14周岁未满18周岁的刑事案件,以及《刑法修正案(十一)》所规定的已满12周岁不满14周岁犯故意杀人、故意伤害罪,致人死亡或者以特别残忍手段致人重伤造成严重残疾,情节恶劣,经最高人民检察院核准追诉的案件。

三、未成年人刑事案件诉讼程序与普通刑事诉讼程序的关系

第二节 未成年人刑事案件诉讼程序的方针与原则

一、最有利于未成年人原则与保护未成年人权利原则

二、教育、感化、挽救方针与教育为主、惩罚为辅原则

三、分案处理原则

四、审理不公开原则与保密原则

五、全面调查原则与社会调查制度

六、社会参与原则

第三节 未成年人刑事案件诉讼制度与程序的具体规定★★

一、办案主体专门化

办案主体专门化是未成年人刑事案件诉讼程序特殊性的基础和首要内容。

二、立案程序

未成年人刑事案件的立案程序中需重点审查其出生的年、月、日，并查清是否达到刑事责任年龄。

三、辩护与法律援助制度

1. 未成年犯罪嫌疑人、被告人没有委托辩护人的，人民法院、人民检察院、公安机关应当通知法律援助机构指派律师为其提供辩护。

2. 人民检察院在审查批捕和审查起诉中，应当听取辩护人的意见。辩护人提出书面意见的，应当附卷。对于辩护人提出犯罪嫌疑人无罪、罪轻或者减轻、免除刑事责任、不适宜羁押或者侦查活动有违法情形等意见的，检察人员应当进行审查，并在相关工作文书中叙明辩护人提出的意见，说明是否采纳的情况和理由。

3. 审判时不满18周岁的未成年被告人没有委托辩护人的，人民法院应当通知法律援助机构指派熟悉未成年人身心特点的律师为其提供辩护。在法庭审理过程中，未成年被告人或者其法定代理人当庭拒绝辩护人辩护的，适用最高人民法院《解释》第311条第2、3款的规定。重新开庭后，未成年被告人或者其法定代理人再次当庭拒绝辩护人辩护的，不予准许。重新开庭时被告人已满18周岁的，可以准许，但不得再另行委托辩护人或者要求另行指派律师，由其自行辩护。

四、侦查程序

讯问、询问未成年人应当采取适当方式，在适当场所进行，保障未成年人的名誉权、隐私权和其他合法权益。

在侦查过程中询问未成年被害人、证人同样适用上述有关讯问未成年犯罪嫌疑人的规定，应当采取同步录音录像等措施，并以一次询问为原则，避免多次反复询问对其可能造成的伤害。未成年被害人、证人是女性的，应当由女性工作人员进行询问。

五、适用强制措施

具有下列情形之一，不逮捕不致发生社会危险性的未成年犯罪嫌疑人，可以不批准逮捕：(1)初次犯罪、过失犯罪的；(2)犯罪预备、中止、未遂的；(3)防卫过当、避险过当的；(4)有自首或者立功表现的；(5)犯罪后认罪认罚，或者积极退赃，尽力减少和赔偿损失，被害人谅解的；(6)不属于共同犯罪的主犯或者集团犯罪中的首要分子的；(7)属于已满14周岁不满16周岁的未成年人或者系在校学生的；(8)其他可以不批准逮捕的情形。

六、审查起诉程序

(一)听取意见与讯问未成年人

(二)安排会见、通话

(三)酌定不起诉

1. 一般应当酌定不起诉。对于犯罪情节轻微，具有下列情形之一，依法不需要判处刑罚或免除刑罚的未成年犯罪嫌疑人：(1)被胁迫参与犯罪的；(2)犯罪预备、中止、未遂的；(3)在共同犯罪中起次要或者辅助作用的；(4)系又聋又哑的人或者盲人的；(5)因防卫过当或者紧急避险过当构成犯罪的；(6)有自首或者立功表现的；(7)其他依照《刑法》规定不需要判处刑罚或者免除刑罚的情形。

2. 可以酌定不起诉。对于未成年人实施的轻伤害案件、初次犯罪、过失犯罪、犯罪未遂的案件以及被诱骗或者被教唆实施的犯罪案件等，情节轻微，犯罪嫌疑人确有悔罪表现，当事人双方自愿就民事赔偿达成协议并切实履行或者经被害人同意并提供有效担保，符合《刑法》第37条规定的，人民检察院可以作出酌定不起诉决定，并可以根据案件的不同情况，予以训诫或者责令具结悔过、赔礼道歉、赔偿损失，或者由主管部门予以行政处罚。

(四)附条件不起诉

1. 附条件不起诉的适用条件。同时符合下列四个条件可以适用附条件不起诉：(1)不满18周岁的未成年人涉嫌实施《刑法》分则第四章(侵犯公民人身权利、民主权利罪)、第五章(侵犯财产罪)和第六章(妨害社会管理秩序罪)规定的犯罪；(2)根据具体犯罪事实、情节，可能判处1年有期徒刑以下刑罚；(3)犯罪事实清楚，证据确实、充分，符合起诉条件；(4)有悔罪表现的。

2. 附条件不起诉的决定程序。

3. 附条件不起诉决定的监督程序。

4. 对被附条件不起诉的未成年犯罪嫌疑人的监督考察。

5. 附条件不起诉的适用结果。被附条件不起诉的未成年犯罪嫌疑人，在考验期内有下列情形之一的，人民检察院应当撤销附条件不起诉的决定，提起公诉：(1)实施新的犯罪的；(2)发现决定附条件不起诉以前还有其他犯罪需要追诉的；(3)违反治安管理规定，造成严重后果，或者多次违反治安管理规定的;(4)违反有关附条件不起诉的监督管理规定,造成严重后果,或者多次违反有关附条件不起诉的监督管理规定的。对于未成年犯罪嫌疑人在考验期内实施新的犯罪或者在决定附条件不起诉以前还有其他犯罪需要追诉的,人民检察院应当移送侦查机关立案侦查。附条件不起诉的未成年犯罪嫌疑人,在考验期内没有上述情形,考验期满的,人民检察院应当作出不起诉的决定。考验期满作出不起诉决定以前,应当听取被害人意见。

七、审判程序

1. 人民法院向未成年被告人送达起诉书副本时,应当向其讲明被指控的罪行和有关法律规定,并告知其审判程序和其所享有的诉讼权利、义务。

2. 对未成年人刑事案件决定适用简易程序审理的,人民法院应当征求未成年被告人及其法定代理人、辩护人的意见。上述人员提出异议的,不适用简易程序。

3. 通知法定代理人或合适成年人审判时到场。

4. 法庭设置。

5. 庭审语言。

6. 量刑建议。

7. 法庭教育。

8. 法定代理人的补充陈述。

9. 宣判。

10. 心理疏导与心理测评。

11. 亲情会见。

12. 未成年被害人、证人作证。

八、未成年人刑事案件适用认罪认罚从宽制度

1. 听取意见。

2. 签署具结书。

3. 程序适用。

4. 法治教育。

九、执行程序

1. 交付执行。

2. 帮教考察。

3. 就学、就业安置。

十、未成年人犯罪记录封存

1. 犯罪的时候不满18周岁,被判处5年有期徒刑以下刑罚的,人民检察院应当在收到人民法院生效判决和裁定后,对犯罪记录予以封存。

2. 对被封存犯罪记录的未成年人,符合下列条件之一的,封存机关应当对其犯罪记录解除封存:(1)在未成年时实施新的犯罪,且新罪与封存记录之罪数罪并罚后被决定执行刑罚超过5年有期徒刑的;(2)发现未成年时实施的漏罪,且漏罪与封存记录之罪数罪并罚后被决定执行刑罚超过5年有期徒刑的;(3)经审判监督程序改判5年有期徒刑以上刑罚的。

命题点拨 重点掌握未成年人刑事诉讼程序中的特殊制度和特殊规定。

第二十二章 当事人和解的公诉案件诉讼程序

一、刑事和解的适用条件

1. 犯罪嫌疑人、被告人真诚悔罪,向被害人赔偿损失、赔礼道歉等。

2. 被害人明确表示对犯罪嫌疑人予以谅解。

3. 被害人自愿和解,且符合法律规定。

4. 犯罪嫌疑人、被告人在5年以内未曾故意犯罪。

二、刑事和解适用案件范围

1. 因民间纠纷引起,涉嫌《刑法》分则第四章、第五章规定的犯罪案件,可能判处3年有期徒刑以下刑罚的。

2. 除渎职犯罪以外的可能判处7年有期徒刑以下刑罚的过失犯罪案件。

命题点拨 掌握公诉案件和解与自诉案件和解、附带民事诉讼和解的区别,公诉案件和解程序的适用范围与适用条件。

第二十三章 缺席审判程序

第一节 缺席审判程序的案件范围与送达★★

一、缺席审判程序的案件范围

1. 贪污贿赂犯罪案件,以及需要及时进行审判,经最高人民检察院核准的严重危害国家安全犯罪、恐怖活动犯罪案件。

前提条件:犯罪嫌疑人、被告人在境外,监察机关、公安机关移送起诉,人民检察院认为犯罪事实已经查清,证据确实、充分,依法应当追究刑事责任的,可以向人民法院提起公诉。人民法院进行审查后,对于起诉书中有明确的指控犯罪事实,符合缺席审判程序适用条件的,应当决定开庭审判。

此类案件,由犯罪地、被告人离境前居住地或者

最高人民法院指定的中级人民法院组成合议庭进行审理。根据最高人民检察院《规则》第505条的规定,由有管辖权的中级人民法院的同级人民检察院提起公诉,并应当向人民法院提交被告人已出境的证据。

2. 被告人患有严重疾病无法出庭,中止审理超过6个月的案件。

前提条件:被告人及其法定代理人、近亲属申请或者同意恢复审理。

3. 被告人死亡的案件。

前提条件:有证据证明被告人无罪或人民法院按照审判监督程序重新审判。

二、缺席审判程序的送达

1. 送达方式。缺席审判程序的送达,可采取国际条约规定的或者外交途径提出的司法协助的方式,或者被告人所在地法律允许的其他方式。

2. 送达内容:传票和人民检察院的起诉书副本。

3. 送达对象:被告人。

第二节 缺席审判的案件审理★★

一、缺席审判中辩护权的申请主体及法律援助

人民法院缺席审判案件,被告人有权委托辩护人,被告人的近亲属可以代为委托辩护人。如果被告人及其近亲属没有委托辩护人的,人民法院应当通知法律援助机构指派律师为其辩护。

二、缺席审判的程序处理

人民法院审理人民检察院依照《刑事诉讼法》第291条第1款的规定提起公诉的案件,参照适用公诉案件第一审普通程序的有关规定。人民法院审理后应当参照一审公诉案件的相关程序规定作出判决、裁定。其中,作出有罪判决的,应当达到证据确实、充分的证明标准。经审理认定的罪名不属于《刑事诉讼法》第291条第1款规定的罪名的,应当终止审理。适用缺席审判程序审理案件,可以对违法所得及其他涉案财产一并作出处理。

三、缺席审判程序的上诉主体

被告人本人及其近亲属,对案件判决不服的有权向上一级人民法院上诉。辩护人经被告人或近亲属同意,也可以提出上诉。

四、缺席审判程序的抗诉主体及程序

具体抗诉程序,参见《刑事诉讼法》第三编第三章第228条、第五章审判监督程序之规定。

第三节 被告人到案后的救济程序

《刑事诉讼法》第295条规定:在审理过程中,被告人自动投案或者被抓获的,人民法院应当重新审理。罪犯在判决、裁定发生法律效力后到案的,人民法院应当将罪犯交付执行刑罚。交付执行刑罚前,人民法院应当告知罪犯有权对判决、裁定提出异议。罪犯对判决、裁定提出异议的,人民法院应当重新审理。依照生效判决、裁定对罪犯的财产进行的处理确有错误的,应当予以返还、赔偿。

命题点拨 缺席审判程序是2018年《刑事诉讼法》修改新增的一项特殊程序,本章要求掌握缺席审判案件的范围、法律文书的送达、辩护权的行使、上诉与抗诉问题以及被告人到案后的程序救济。

第二十四章 犯罪嫌疑人、被告人逃匿、死亡案件违法所得的没收程序

一、适用条件

《刑事诉讼法》第298条规定,对于贪污贿赂犯罪、恐怖活动犯罪等重大犯罪案件,犯罪嫌疑人、被告人逃匿,在通缉1年后不能到案,或者犯罪嫌疑人、被告人死亡,依照刑法规定应当追缴其违法所得及其他涉案财产的,人民检察院可以向人民法院提出没收违法所得的申请。

此外,六机关《规定》作为对《刑事诉讼法》的权威解读和必要补充就该问题作了明确规定,其中第37条强调:“对于犯罪嫌疑人、被告人死亡,依照刑法规定应当追缴其违法所得及其他涉案财产的,适用刑事诉讼法第五编第三章规定的程序,由人民检察院向人民法院提出没收违法所得的申请。”

二、没收对象

犯罪嫌疑人、被告人的违法所得及其他涉案财产。

三、程序的启动

如果犯罪嫌疑人、被告人同时符合《刑事诉讼法》第298条规定的三个条件,需要对其违法所得及其他涉案财产予以没收的,应当由人民检察院向人民法院提出没收违法所得的申请。

四、管辖、公告及送达

没收违法所得的申请，由犯罪地或者犯罪嫌疑人、被告人居住地的中级人民法院组成合议庭进行审理。人民法院受理没收违法所得的申请后，应当发出公告。公告期间为6个月。

五、法庭审理及裁判

犯罪嫌疑人、被告人逃匿、死亡案件违法所得的没收程序的审判方式是以公开开庭审理为原则，以不开庭审理为例外。

六、上诉、抗诉

对于人民法院依照前款规定作出的裁定，犯罪嫌疑人、被告人的近亲属和其他利害关系人或者人民检察院可以在5日以内提出上诉、抗诉。

七、程序的终止

在审理过程中，在逃的犯罪嫌疑人、被告人自动投案或者被抓获的，人民法院应当终止审理。人民检察院向原受理申请的人民法院提起公诉的，可以由同一审判组织审理。终止审理意味着案件将回归正常的审判程序，对犯罪嫌疑人、被告人涉案财物的处理将在判决中一并作出。

命题点拨 难点是违法所得没收程序的适用条件：同时具备《刑事诉讼法》第298条第1款规定的三个条件。另外，对于犯罪嫌疑人、被告人死亡，依照《刑法》规定应当追缴其违法所得及其他涉案财产的，不需要考虑是否属于贪污贿赂犯罪、恐怖活动犯罪等重大犯罪案件，也应适用违法所得没收程序进行审理。

第二十五章 依法不负刑事责任的精神病人的强制医疗程序

一、强制医疗的适用条件

行为人如果同时满足以下三个条件，无论家属是否能够或同意履行监护职责，都应入院接受强制治疗：(1)实施了危害公共安全或者严重危害公民人身安全的暴力行为；(2)经法定程序鉴定属依法不负刑事责任的精神病人；(3)有继续危害社会的可能。

二、强制医疗的启动和决定程序★

1. 强制医疗的启动程序。

强制医疗的启动程序可以分为以下两种方式：一是检察院的申请启动方式，即对于公安机关移送的强制医疗意见书或者在审查起诉过程中发现精神病人符合强制医疗条件的，人民检察院应当向人民法院提出强制医疗的申请。二是法院的决定启动方式，即人民法院在审理案件过程中发现被告人符合强制医疗条件的，可以作出强制医疗的决定。

2. 强制医疗的决定程序。

(1)强制医疗的决定主体为人民法院。

(2)强制医疗的审理时限。人民法院经审理，对于被申请人或者被告人符合强制医疗条件的，应当在1个月内作出强制医疗的决定。

(3)临时的保护性约束措施。在人民法院决定强制医疗前，公安机关可以采取临时的保护性约束措施。采取临时的保护性约束措施时，应当对精神病人严加看管，并注意约束的方式、方法和力度，以避免和防止危害他人和精神病人的自身安全为限度。对于精神病人已没有继续危害社会可能，解除约束后不致发生社会危险性的，公安机关应当及时解除保护性约束措施。

三、强制医疗的救济程序

1. 强制医疗的复议程序。

被决定强制医疗的人、被害人及其法定代理人、近亲属对强制医疗决定不服的，可以自收到决定书第二日起5日以内向上一级人民法院申请复议。

2. 强制医疗的解除制度。

强制医疗解除的程序可以概括为以下两种方式：一是由医疗机构提出解除意见，即强制医疗机构应当定期对被强制医疗的人进行诊断评估。对于已不具有人身危险性，不需要继续强制医疗的，应当及时提出解除意见。二是由被强制医疗的人及其近亲属申请解除强制医疗。

四、对强制医疗的监督

人民检察院对强制医疗的决定和执行实行监督。

命题点拨 需要注意其启动方式的二元性。公安机关的保护性约定措施容易成为考查重点，考生应结合现实情境明确自身的立场，以契合刑事诉讼创设此一特别程序的初衷。

行政法与行政诉讼法

【复习指引】 考生在备考客观题考试时要学好行政法与行政诉讼法部分内容的理论基础，把握重点法条，重点把握《行政诉讼法》《行政复议法》《国家赔偿法》，认真研究历年真题。

第一编 导 论

第一章 行政法概述

第一节 行政法的基本概念

宪法是从宏观上控制国家权力的，行政法是控制国家权力中的行政权的运行的。

行政法意义上的行政是指公共行政，行政法所研究的行政主要是公共行政中的国家行政。国家行政，是指国家行政机关行使国家行政职权实现国家行政职能的活动。

我国行政法是调整由于行政活动发生的行政关系法律规范的总和。行政法的体系，是围绕行政权展开的。行政法包括三个部分：第一部分是行政组织法，是讲谁有资格去行使行政权；第二部分是行政行为法，是行政主体行使行政权的外在表现；第三部分是行政监督法，是对行使行政权的监督。行政监督的另外一个方面，就是给相对人提供法律上的救济。所以，行政监督法从另一个角度也可叫行政救济法。所有的行政法教材都是三大部分，加上总论部分，就是四个部分。

第二节 行政法的法律渊源

我国行政法的法律渊源，根据法律文件和制定机关的等级效力具体如下：

1. 宪法，具有最高法律效力。

2. 法律，分为基本法律与普通法律，但实际上效力没有差别。

3. 行政法规，由国务院制定，在我国目前往往能起到法律的作用。

4. 地方性法规，由省级或者设区的市的人大及其常委会制定。

5. 自治条例与单行条例，由民族自治地方（区州县旗）的人大制定并报批后施行（没有常委会）。

6. 部门规章，由国务院组成部门（部委行署）或国务院直属机构制定。

7. 地方性规章，由省级或者设区的市、自治州政府制定。

8. 国际条约和协定，原则上需转化成国内法方能成为法律渊源，但存在例外。

9. 法律解释，目前由全国人大常委会解释法律，其效力等于法律。

10. 司法解释，司法解释不是正式的法律渊源，但实际上作用巨大。

关于行政法的渊源，还有以下两点大家需要特别注意：

一是根据行政诉讼法关于涉外行政诉讼法律适用的规定，国际条约优先于国内法律的适用（保留条款除外），但根据我国加入 WTO 时的约定，国内法律优先于 WTO 规则的适用，只有在没有国内立法时，才适用 WTO 规则。

二是必须是有权解释的机关对作为上述行政法法律渊源的解释，才可作为行政法的渊源，其他的无权解释机关的解释不得作为行政法的渊源。

命题点拨 行政法的法律渊源。

第二章 行政法的基本原则

第一节 行政法基本原则的内涵和构成

行政法基本原则，是指反映行政法本质和内在精神，贯穿于行政法规范之中，要求一切行政活动或者行政活动的重要方面必须坚持和遵循的基本原则。

第二节 行政法各项基本原则的要求

一、合法行政原则★

合法行政原则又称依法行政原则、法治行政原则，指的是政府的一切行为都应依法而为，受法律的约束。合法行政是行政法的首要原则，实行合法行政原则是行政活动区别于民事活动的主要标志。

1. 法律保留原则。行政机关应当依照法律授权活动。

绝对法律保留：全国人民代表大会及其常务委员会有权作出决定，授权国务院可以根据实际需要，对其中的部分事项制定行政法规，但是有关犯罪和刑罚、对公民政治权利的剥夺和限制人身自由的强制措施和处罚、司法制度等事项除外。

2. 法律优先原则。

二、合理行政原则

合理行政原则，指的是所有行政活动，尤其是行政机关根据裁量权作出的活动，都必须符合理性，具体包括以下几个要求：

1. 公平公正对待，"同等情况同等对待"，当行政机关在面对同等情形或基本相似的情形时，应当作出同等的或者相近的处理，不得出现明显的偏差和歧视。

2. 考虑相关因素，行政机关在审视其活动时，必须考虑也只能考虑与该事件有关的各种因素，不得考虑无关因素而影响其决定。如执法时考虑经济因素。

3. 符合适当比例。即行政机关为实现某一行政目标而采取的手段，应当以必要为限度，在可以实现行政目的的各种手段中，应该选择对当事人权利影响最小的手段。因此，比例原则也称最小侵害原则。

(1)妥当性原则：行为能够达至目的。

(2)必要性原则：最小侵害原则。

(3)均衡原则：手段和目的要均衡。

三、程序正当原则★

1. 行政公开，指的是行政机关应当向社会大众公开其活动的依据、过程和结果，主要是说明理由。当然，涉及一些国家机密和依法受到保护的商业秘密、个人隐私等的除外。

2. 公众参与，指的是行政机关作出重要的规定或决定时，应当听取公众意见，尤其是应当听取直接相对人与其他利害关系人的陈述或者申辩。听证制度。

3. 公务回避：

(1)实体原因上的回避：行政机关工作人员与其处理的公务本身存在利害关系时，应当回避。

(2)程序原因上的回避：虽无利害关系，但是由于其他原因可能影响其客观中立时，也应当回避。

四、高效便民原则★

高效便民原则是指对行政活动的效率所提出的要求，应当认定行政机关不适当地延长办事时限，或者增加当事人程序性负担的行为，构成违法。

1. 行政效率原则。

(1)积极履行法定职责，禁止不作为或者不完全作为。

(2)遵守法定时限，禁止超越法定时限或者不合理延迟。

2. 便利当事人原则。行政机关应当尽可能减少当事人的程序性负担，节约当事人的办事成本。

五、诚实守信原则

诚实守信原则又称信赖保护原则，是指行政机关对自己作出的行为或承诺应守信用，不得随意变更，不得反复无常。

1. 诚实，即信息真实，行政机关提供的信息应当是真实的、有效的，不能提供虚假信息对当事人和社会加以欺骗。

2. 守信。行政机关的规定或决定一旦作出，就不能轻易更改，如果确因国家利益、公共利益的需要而必须改变它们时，除了必须有充分的法律依据并遵循法定程序以外，还应当给予权益受损的人以一定的补偿。

公民、法人或者其他组织依法取得的行政许可受法律保护，行政机关不得擅自改变已经生效的行政许可。行政许可决定所依据的法律、法规、规章修改或者废止，或者准予行政许可依据的客观情况发生重大变化的，为了公共利益的需要，行政机关可以变更或者撤回已经生效的行政许可。由此给公民、法人或者其他组织造成财产损失的，行政机关应当依法给予补偿。

六、权责统一原则★

1. 行政效能。为了保证行政目标的实现，法律、法规赋予其一定的执法手段，排除职能实现时的障碍。

2. 行政责任。当行政机关违法或不当行使行政职权时，应当依法承担法律责任，从而实现权力和责任的统一，这一要求是行政赔偿制度的理论基础。

命题点拨 对行政法的基本原则理解和认识。行政法的基本原则体现行政法的本质，合法行政、合理行政、程序正当、高效便民、诚实守信和权责统一，共同构成了行政法的基本原则。这六项原则虽有内在关联，但内涵和要求各不相同。

第二编　行政组织法

第三章　行政机关组织法

第一节　行政机关组织法概述

行政组织法是关于行政组织的职能和权限、设置权和编制权、公务员录用权和管理权的法律制度，可以分为行政组织（行政机关和非政府公共组织）和公务员两大部分。

行政机关组织法是行政组织法的重要组成部分。行政机关组织法的主要内容有：行政机关的性质和组成，行政机关的职责权限，行政机关的设置和编制管理，行政机关的决策制度和工作规则，行政机关之间的相互关系和监督机制。

第二节　中央国家行政机关★

中央行政机关，是国务院和国务院所属各工作部门的总称。国务院即中央人民政府，是最高国家权力机关的执行机关，是最高国家行政机关。国务院的组成人员是：总理、副总理、国务委员、各部部长、各委员会主任、审计长和秘书长。

国务院行政机构的编制管理★★

国务院行政机构的编制，是对国务院行政机构人员的数量定额和领导职数的管理制度。国务院行政机构的编制确定原则，实行依据职能配置和职位分类实行精简的原则。

国务院行政机构编制的确定，在国务院行政机构设立时进行。编制方案的内容是：(1)机构人员定额和人员结构比例；(2)机构领导职数和司级内设机构领导职数。

国务院行政机构编制的增加和减少，由国务院机构编制管理机关审核方案，报国务院批准。

国务院行政机构编制的监督检查，由国务院机构编制管理机关，对国务院行政机构的机构设置和编制执行情况行使监督检查权。国务院行政机构有义务每年向国务院机构编制管理机关提供其机构设置和编制管理情况的报告。

第三节　地方国家行政机关★★

一、地方国家行政机关概述

地方国家行政机关，是指在一定行政区域内由该行政区人民代表机关产生的人民政府及其工作部门。

二、地方国家行政机关的组成和职责权限

省、自治区、直辖市、自治州、设区的市的人民政府分别由省长、副省长，自治区主席、副主席，市长、副市长，州长、副州长，以及秘书长、厅长、局长、委员会主任等组成。县、自治县、不设区的市、市辖区的人民政府分别由县长、副县长，市长、副市长，区长、副区长，以及局长、科长等组成。地方各级人民代表大会选举省长、副省长，自治区主席、副主席，市长、副市长，州长、副州长，县长、副县长，区长、副区长。在本级人大闭会期间，人大常委会可以决定上述副职行政首长的任免，并根据省长、自治区主席、市长、州长、县长和区长的提名，决定本级人民政府秘书长、局长、厅长、主任、科长的任免，报上一级人民政府备案。民族自治地方人民政府的行政首长由实行区域自治的民族公民担任。

三、地方国家行政机关的派出机关和派出机构

派出机关是由有权地方人民政府在一定行政区域内设立，代表设立机关管理该行政区域内各项行政事务的行政机构。派出机构是由有权地方人民政府的职能部门在一定行政区域内设立，代表该设立机构管理该行政区域内某一方面行政事务的行政机构。

第四节　实施行政职能的非政府组织

一、法律、法规、规章授权的组织

1. 任何组织都可以被授权。
2. 法律、法规、规章的“委托”视为授权。
3. 规章以下规范的“授权”视为委托。
4. 常见的有：事业组织（学校）、企业组织（公用企业、金融企业、全国性公司）、社会团体（律师协会、工会）、基层群众性自治组织（居委会、村委会）。

二、行政机关委托的组织

行政机关委托的组织，是以委托机关的名义在委托事项范围内从事行政管理活动的非政府组织。这类组织不能以自己的名义实施行政管理和对外承担法律后果。

1. 行政机关的义务：(1)应当以法律、法规和规章的规定为依据；(2)在行政机关的法定权限以内；(3)委托符合法定条件的组织，不得委托法定条件以外的其他组织或者个人；(4)委托应当以委托书方式进行，委托书应当载明委托的具体事项、权限、期限等内容，委托行政机关和受委托组织应当将委托书向社会公布；(5)对受委托的组织实施行政处罚的行为应当负责监督；(6)对受委托的组织的行

为后果承担法律责任。

2. 受委托组织必须具备以下条件:(1)依法成立并具有管理公共事务职能的组织;(2)具有熟悉有关法律、法规、规章和业务并取得行政执法资格的工作人员;(3)需要进行技术检查或者技术鉴定的,应当有条件组织进行相应的技术检查或者技术鉴定。

3. 受委托组织的权利义务:(1)只能在委托范围内实施行政处罚;(2)以委托行政机关的名义进行行政处罚;(3)不得再委托其他任何组织或者个人实施行政处罚。

命题点拨 实施行政职能的非政府组织。

第四章 公务员法

第一节 公务员法概述

一、公务员制度的概念和基本原则

公务员,是指依法履行公职、纳入国家行政编制、由国家财政负担工资福利的工作人员。具体而言,主要包括下列人员:中国共产党机关的工作人员、人大机关的工作人员、行政机关的工作人员、政协机关的工作人员、监察机关的工作人员、审判机关的工作人员、检察机关的工作人员和民主党派机关的工作人员。法律、法规授权的具有公共事务管理职能的事业单位中除工勤人员以外的工作人员,经批准参照公务员法进行管理。

公务员的管理受一系列必须坚持的基本原则的支配:第一,公务员的管理实行公开、平等、竞争和择优的原则,依照法定的权限、条件、标准和程序进行;第二,公务员的管理坚持监督约束与鼓励保障并重的原则;第三,公务员的任用,坚持德才兼备、以德为先,坚持五湖四海、任人唯贤,坚持事业为上、公道正派,突出政治标准,注重工作实绩;第四,国家对公务员实行分类管理,提高管理效能和科学化水平;第五,公务员就职时应当依照法律规定公开进行宪法宣誓;第六,公务员依法履行职责的行为,受法律保护。

二、公务员的基本权利义务★★

1. 基本义务:(1)忠于宪法,模范遵守、自觉维护宪法和法律,自觉接受中国共产党领导;(2)忠于国家,维护国家的安全、荣誉和利益;(3)忠于人民,全心全意为人民服务,接受人民监督;(4)忠于职守,勤勉尽责,服从和执行上级依法作出的决定和命令,按照规定的权限和程序履行职责,努力提高工作质量和效率;(5)保守国家秘密和工作秘密;(6)带头践行社会主义核心价值观,坚守法治,遵守纪律,恪守职业道德,模范遵守社会公德、家庭美德;(7)清正廉洁,公道正派;(8)法律规定的其他义务。

2. 基本权利:(1)执行公务权,获得履行职责所必需的工作条件;(2)身份保障权,非因法定事由和非经法定程序不被免职、降职、辞退或者处分,公务员的身份和职务受法律保障;(3)工资福利权,获得工资报酬和享受福利、保险待遇;(4)参加培训权,参加政治理论和业务知识的培训,以适应工作的需要;(5)批评建议权,对机关工作和领导人员提出批评和建议;(6)申诉控告权,对有关处分和处理决定提出申诉,对有关机关和负责人滥用职权和其他违法行为提出控告;(7)辞职申请权,可以出于个人原因提出不再继续担任公务员;(8)法律规定的其他权利。

第二节 公务员管理的基本制度★★★★

一、职位分类、职务、职级和级别

1. 我国公务员职位目前主要有三个类别:综合管理类、专业技术类和行政执法类。国务院根据公务员法,对于具有职位特殊性,需要单独管理的,可以增设其他职位类别。

2. 国家实行公务员职务与职级并行制度,根据公务员职位类别和职责设置公务员领导职务、职级序列。

3. 公务员领导职务层次分为:国家级正职、国家级副职、省部级正职、省部级副职、厅局级正职、厅局级副职、县处级正职、县处级副职、乡科级正职、乡科级副职。

4. 公务员职级在厅局级以下设置:(1)综合管理类公务员职级序列分为:一级巡视员、二级巡视员、一级调研员、二级调研员、三级调研员、四级调研员、一级主任科员、二级主任科员、三级主任科员、四级主任科员、一级科员、二级科员;(2)综合管理类以外其他职位类别公务员的职级序列,根据本法由国家另行规定。

5. 公务员的领导职务、职级应当对应相应的级别。

6. 公务员的领导职务、职级与级别是确定公务员工资以及其他待遇的依据。

二、公职的取得

1. 公务员的录用。录用的主要方式是考试和考核。录用采取公开考试、严格考核、平等竞争和择优录取的办法。

2. 公务员的任免。公务员领导职务实行选任制、委任制和聘任制。公务员职级实行委任制和聘任制。领导成员职务按照国家规定实行任期制。

三、公职的履行

1. 考核。考核分为平时考核、专项考核和定期考核等方式。定期考核以平时考核、专项考核为基础。定期考核的结果分为优秀、称职、基本称职和不称职四个等次。定期考核的结果应当以书面形式通知公务员本人。

2. 奖励。它是对工作表现突出,有显著成绩和贡献,或者有其他突出事迹的公务员或者公务员集体的褒奖和鼓励。主要事项有奖励原则、奖励种类、奖励程序和撤销奖励。

3. 监督与惩戒。

(1)处分的种类:警告、记过、记大过、降级、撤职、开除。公务员有权进行陈述和申辩。处分决定应当以书面形式通知公务员本人。

(2)处分决定的合法要件,是事实清楚、证据确凿、定性准确、处理适当、程序合法、手续完备。

(3)禁止性纪律和反对上级错误权。《公务员法》第 59 条规定了禁止公务员从事的 18 项行为,对公务员个人的违法意愿表达行为和其他不符合公职要求的行为进行了严格禁止,违反者将受到纪律处分。反对上级错误权包括公务员对错误决定命令的建议权和执行明显违法决定命令的法律责任。

(4)行政机关公务员处分。

4. 职务、职级升降。公务员领导职务应当逐级晋升。特别优秀的或者工作特殊需要的,可以按照规定破格或者越级晋升。公务员职级应当逐级晋升,根据个人德才表现、工作实绩和任职资历,参考民主推荐或者民主测评结果确定人选,经公示后,按照管理权限审批。

5. 培训。参加培训是公务员的基本权利之一。国家采取分级分类的公务员培训措施,包括公务员初任培训、任职培训、专业培训和在职培训等。

6. 职务交流和回避。

(1)职务交流。国家实行公务员交流制度,交流方式包括调任、转任。调任是国有企业、高等院校和科研院所以及其他不参照本法管理的事业单位中从事公务的人员调入机关担任领导职务或者四级调研员以上及其他相当层次的职级。转任是公务员在不同职位、不同地区、不同部门之间的职务变动。根据工作需要,机关可以采取挂职方式选派公务员承担重大工程、重大项目、重点任务或者其他专项工作。公务员在挂职期间,不改变与原机关的人事关系。

(2)回避。回避分为任职回避和执行公务回避,《公务员法》第 74 ~ 76 条分别规定了应当实行回避的情形。

四、公职的退出

退休。退休是因为客观原因或者条件的变化消灭公务员与国家之间公职关系的制度。

辞职。辞职分为辞去公职和辞去领导职务两种。辞去公职,是公务员出于个人原因,申请并经任免机关批准退出国家公职,消灭公务员与机关之间公职关系的制度。辞去领导职务分为四种:一是法定辞职;二是个人辞职;三是引咎辞职;四是责令辞职。

辞退。辞退是因为公务员担任公职存在缺陷,国家单方面解除公务员与机关之间公职关系的制度。

五、公职的保障

物质保障是指公务员的工资保险福利制度。

权益保障是指公务员的申诉控告制度,国家有义务保障公务员申诉权和控告权的依法实现。

命题点拨 公务员管理的基本制度,包括公务员职务的取得、履行和退出诸管理环节以及为公务员提供物质和权益保障的制度。

第三编 行政行为法

第五章 抽象行政行为

第一节 抽象行政行为概述★★

一、抽象行政行为的概念

抽象行政行为,是指行政机关制定行政法规、规章和有普遍约束力的决定、命令等行政规范性文件的行为。抽象行政行为本身是一个相对于“具体行政行为”的理论概念。

二、行政规范性文件的适用

行政规范性文件是抽象行政行为的活动结果。行政法规、部门规章、地方政府规章和有普遍约束力的行政决定命令,构成行政规则体系。

三、效力等级

效力等级是处理行政规范性文件相互关系的基

础。宪法具有最高的法律效力,行政法规、规章都不得同宪法相抵触。法律的效力高于行政法规、规章。行政法规的效力高于地方性法规、规章。地方性法规的效力高于本级和下级地方政府规章。省、自治区的人民政府制定的规章效力高于本行政区域内的设区的市、自治州的人民政府制定的规章。部门规章之间、部门规章与地方政府规章之间具有同等效力,在各自的权限范围内施行。

四、规则冲突

1. 同一机关制定的行政法规、规章,特别规定与一般规定不一致的,适用特别规定。新的规定与旧的规定不一致的,适用新的规定。行政法规之间对同一事项的新的一般规定与旧的特别规定不一致,不能确定如何适用时,由国务院裁决。

2. 地方性法规、规章之间不一致时,由有关机关依照下列规定的权限作出裁决:

(1)地方性法规与部门规章之间对同一事项的规定不一致,不能确定如何适用时,由国务院提出意见。国务院认为应当适用地方性法规的,应当决定在该地方适用地方性法规的规定;认为应当适用部门规章的,应当提请全国人大常务委员会裁决。

(2)部门规章之间、部门规章与地方政府规章之间对同一事项的规定不一致时,由国务院裁决。

第二节 行政法规

行政法规是国务院为领导和管理国家各项行政工作,根据宪法和法律,按照有关程序制定发布的政治、经济、教育、科技、文化、外事等各类法规的总称。

一、制定权限

在行政法规的规定事项方面,有以下三个方面:

第一,执行法律规定事项。

第二,执行宪法规定的国务院职权事项。

第三,执行全国人大及其常委会授权的事项。

《行政法规制定程序条例》规定:(1)制定行政法规,应当贯彻落实党的路线方针政策和决策部署,符合宪法和法律的规定,遵循立法法确定的立法原则。(2)制定政治方面法律的配套行政法规,应当按照有关规定及时报告党中央。制定经济、文化、社会、生态文明等方面重大体制和重大政策调整的重要行政法规,应当将行政法规草案或者行政法规草案涉及的重大问题按照有关规定及时报告党中央。

二、制定程序★★

程序	内容
立项	由国务院有关部门报请立项→由国务院法制机构拟订年度立法工作计划,报党中央、国务院批准后向社会公布
起草	由国务院组织→有关部门或由法制机构负责→听取意见→向社会公布,征求意见→部门协商→起草部门主要负责人签署送审,共同起草的,负责人共同签署送审
审查	送审稿由国务院法制机构负责审查→涉及重大利益调整的,应征求意见→涉及重大利益调整或者存在重大意见分歧,对公民、法人或者其他组织的权利义务有较大影响,人民群众普遍关注的,可以听证→ 法制办主任将草案提请国务院常务会议审议(简单的由法制机构直接提请国务院审批)
决定	国务院常务会议审议(法制机构或起草部门说明);或由国务院审批→ 法制机构形成草案修改稿,报请总理签署国务院令公布施行
公布	国务院公报和中国政府法制信息网以及全国性报纸刊登→30 日后施行(紧急的可以立即施行)→ 公布后 30 日内由国务院办公厅报全国人大常委会备案
解释	国务院解释,解释与行政法规具有同等效力,国务院部门和各省级政府可以提出解释要求,由法制机构对具体问题解释答复(重要的报国务院同意)

三、监督程序

全国人大常委会有权撤销同宪法和法律相抵触的行政法规。

提出主体	审查对象	权利
中央军委、最高人民法院、最高人民检察院、省级人大常委会	行政法规、地方性法规、自治法规	要求审查
其他组织和个人		建议审查

注意:根据《行政法规制定程序条例》规定,(1)国务院可以根据全面深化改革、经济社会发展需要,就行政管理等领域的特定事项,决定在一定期限内在部分地方暂时调整或者暂时停止适用行政法规的部分规定。(2)国务院法制机构或者国务院有关部门应当根据全面深化改革、经济社会发展需要以及上位法规定,及时组织开展行政法规清理工作。对不

适应全面深化改革和经济社会发展要求、不符合上位法规定的行政法规，应当及时修改或者废止。(3)国务院法制机构或者国务院有关部门可以组织对有关行政法规或者行政法规中的有关规定进行立法后评估，并把评估结果作为修改、废止有关行政法规的重要参考。

第三节　规章和有普遍约束力的决定、命令★

一、国务院部门规章

1. 国务院部门规章，是指国务院有关部门以及法律规定的机构，依法按照部门规章制定程序制定发布的行政规范性文件的总称。

2.《立法法》第91条第1款规定，国务院各部、委员会、中国人民银行、审计署和具有行政管理职能的直属机构以及法律规定的机构，可以根据法律和国务院的行政法规、决定、命令，在本部门的权限范围内，制定规章。

3.《立法法》第91条第2款规定，没有法律或者国务院的行政法规、决定、命令的依据，部门规章不得设定减损公民、法人和其他组织权利或者增加其义务的规范，不得增加本部门的权力或者减少本部门的法定职责。

4. 制定程序。

(1)立项。立项决定权是享有部门规章制定权的国务院部门。国务院部门内设机构或者其他机构认为需要制定部门规章的，应当向该部门报请立项。国务院部门可以向社会公开征集规章制定项目建议。

(2)起草。起草规章应当广泛听取有关机关、组织和公民的意见。

(3)审查。审查主体是规章制定部门的法制机构。

(4)决定和公布。部门规章应当由部门的部务会议或者委员会会议决定。部门规章签署公布后，及时在国务院公报或者部门公报和中国政府法制信息网以及在全国范围内发行的报纸上刊载。在部门公报或者国务院公报上刊登的规章文本为标准文本。

(5)备案与解释。规章自公布之日起30日内，由法制机构依照《立法法》和《法规规章备案条例》的规定向有关机关备案。部门规章应当在公布后的30日内报国务院备案。

二、地方政府规章

1. 地方政府规章的制定主体分为两类：一是省、自治区、直辖市的人民政府；二是设区的市、自治州的人民政府。

2. 省、自治区、直辖市人民政府的规章制定权限与设区的市、自治州的人民政府的政府规章制定权限有所不同：(1)根据《立法法》的规定，前者规定事项有两项：①为执行法律、行政法规、地方性法规的规定需要制定规章的事项。②属于本行政区域的具体行政管理事项。(2)设区的市、自治州的人民政府制定地方政府规章权限要小，其权限仅在上述两个方面内，制定限于城乡建设与管理、生态文明建设、历史文化保护、基层治理等方面的事项的规章。

> **命题点拨**　行政法规、部门规章、地方政府规章和有普遍约束力的行政决定、命令，构成了行政规则体系。其中，前三者属于行政立法，须遵循严格的制定权限和制定程序。

第六章　具体行政行为概述

第一节　具体行政行为的概念

一、具体行政行为构成★★

具体行政行为，是指行政机关依法就特定事项对特定的公民、法人和其他组织权利义务作出的行政职权行为。构成具体行政行为的基本要素有以下各项：

1. 具体行政行为是法律行为。具体行政行为是行政机关对公民、法人或者其他组织作出的行政意思表示。

2. 具体行政行为是对特定人与特定事项的处理。具体行政行为是对特定人或者特定事项的一次性处理，这表明处理的个别性是具体行政行为的重要特征。个别性特征是具体行政行为区别于抽象行政行为的主要标志。比较而言，抽象行政行为是为不特定事项和不特定人安排的，可以反复适用的普遍性规则。

3. 具体行政行为是外部性处理行为。具体行政行为是对公民、法人或者其他组织权利义务的安排，是实现行政职能的外部行为措施，而不是行政机关的内部措施。行政决定的外部要素，是确定其具体行政行为属性的重要标志。没有外部法律效力的行政决定不是具体行政行为。

二、具体行政行为的分类

根据不同的标准，可以对具体行政行为进行分类。常用的分类有以下这些：

1. 依职权的和依申请的具体行政行为。划分标准是行政机关是否以当事人的申请作为开始具体行政行为的条件。

2. 羁束的和裁量的具体行政行为。划分标准是具体行政行为受法律拘束的程度。立法对具体行政行为的范围、方法、手段等条件作出严格规定，行政机关采取时基本没有选择余地的，是羁束的具体行政行为；立法对具体行政行为的范围、方法、手段等方面给予行政机关根据实际情况裁量余地的，是裁量的具体行政行为。

3. 授益的和负担的具体行政行为。划分标准是具体行政行为与当事人之间的权益关系。为当事人授予权利、利益或者免除负担义务的，是授益的具体行政行为；为当事人设定义务或者剥夺其权益的，是负担的具体行政行为。

4. 要式的与不要式的具体行政行为。划分标准是具体行政行为是否需要具备法定的形式。需要具备书面文字等其他特定意义符号为生效必要条件的，是要式的具体行政行为；不需要具备书面文字或者其他特定意义符号就可以生效的，是不要式的具体行政行为。

第二节　具体行政行为的成立和效力★★

一、具体行政行为的成立

具体行政行为的成立，是指具体行政行为在法律上存在。只有首先确定具体行政行为的成立，才能对其进行法律评价确认其是否合法适当。具体行政行为成立的一般条件是：

1. 在主体上，作出具体行政行为的是享有行政职权的行政机关，实施该具体行政行为的工作人员意志健全具有行为能力。

2. 在内容上，向对方当事人作出具有效果意思的表示。效果意思是行政机关作出行政决定所希望达到的法律效果，即设立、变更和消灭对方当事人的权利义务。

3. 在程序上，按照法律规定的时间和方式进行送达。对方当事人履行义务的内容限于领受送达的内容，领受送达的时间是对方当事人开始履行义务的最早时间点。

二、具体行政行为的效力

具体行政行为的效力可以分为若干种，主要包括公定力、确定力、拘束力和执行力。

公定力，是指具体行政行为一经作出，除非存在重大、明显违法情形，即假定其合法有效，任何机关、组织和个人未经法定程序不得否定其效力。

确定力，是指具体行政行为不再有争议、不得更改的效力，具体行政行为因此取得不可撤销性。

拘束力，是指具体行政行为一经生效，行政机关和对方当事人都必须遵守，其他国家机关和社会成员必须予以尊重的效力。

执行力，是指使用国家强制力迫使当事人履行义务或者以其他方式实现具体行政行为权利义务安排的效力。

三、具体行政行为的无效、撤销和废止

具体行政行为的无效、撤销和废止，是终止具体行政行为效力的重要原因。

（一）无效的具体行政行为

1. 构成具体行政行为无效的条件。无效具体行政行为可以表现为许多具体情形，不能做一次性穷尽列举。但是如果一个具体行政行为发生如下情形，就可以构成无效的理由：(1)要求从事将构成犯罪的违法行为。(2)明显缺乏法律依据的。(3)明显缺乏事实根据的，或者要求从事客观上不可能实施的行为。

2. 具体行政行为无效的后果。

在实体法上，无效的具体行政行为自发布之时就没有任何法律约束力，因此当事人不受它的拘束，其他国家机关和其他社会成员也可以不尊重它。当事人不履行它所规定的义务，不承担法律责任。

在程序法上，该具体行政行为致使其合法权益受到损害的公民、法人或者组织，可以在任何时候主张该具体行政行为无效，有权国家机关可在任何时候宣布该具体行政行为无效，因为无效行政行为不具有确定力。

在后果处理上，具体行政行为被确定无效后，原则上应当尽可能恢复到具体行政行为发布以前的状态。

（二）可撤销的具体行政行为

1. 可撤销的具体行政行为的条件。构成可撤销具体行政行为的条件，主要是具体行政行为违法。《行政诉讼法》第 70 条确立了具体行政行为违法的

基本标准。

2. 可撤销的具体行政行为的后果。在程序法上，可撤销的具体行政行为必须经过法定程序由国家有权机关作出撤销决定，才能否定其法律效力，有关当事人、其他国家机关和其他社会成员无权擅自否定具体行政行为的法律效力。

在实体法上，具体行政行为被撤销的效力可以溯及该具体行政行为成立之日。根据法律规定的公共利益需要或当事人是否存在过错等情况，也可以自撤销之日起失效。但当事人在撤销决定作出之前一直要受该具体行政行为的约束。

在处理后果上，具体行政行为因为被撤销丧失或者不能取得法律效力后，如果相关义务已经履行或者已经执行的，能够恢复原状的应当恢复原状。被撤销的具体行政行为给当事人造成损失的，应当由行政机关承担赔偿责任。

（三）具体行政行为的废止

1. 具体行政行为废止的条件。

（1）具体行政行为所依据的法律、法规、规章、政策，已经被有权机关依法修改、废止或撤销。具体行政行为如果继续维持效力，将与法律、法规、规章、政策相抵触，所以必须废止原具体行政行为。

（2）具体行政行为所根据的客观事实已经发生重大变化或者已经不复存在，具体行政行为的继续存在已经没有事实根据，需要废止原来的具体行政行为。

（3）具体行政行为所期望的法律效果已经实现，没有继续存在的必要。

2. 行政行为废止的法律结果。被废止的具体行政行为，自废止之日起丧失效力。

第三节　具体行政行为的一般合法要件

根据我国的行政诉讼法和行政复议法，判断具体行政行为合法性的基本标准是：（1）行使行政职权的主体合法。（2）合乎法定职权范围。（3）作出具体行政行为的证据确凿。（4）适用法律法规正确。（5）符合法定程序。（6）不滥用职权。（7）无明显不当。

行政机关采取的具体行政行为，符合以上条件就是合法的，将得到司法审查机关或者行政复议机关的支持。否则就构成违法，将被变更或撤销。

命题点拨　个别性特征是具体行政行为区别于抽象行政行为的主要标志，除此之外能否反复适用也是区分二者的重要标准。

第七章　行政处罚

第一节　行政处罚概述★★

行政处罚是指行政机关依法对违反行政管理秩序的公民、法人或者其他组织，以减损权益或者增加义务的方式予以惩戒的行为。

第二节　行政处罚的种类与设定

一、行政处罚的种类★★

1. 警告、通报批评。

2. 罚款、没收违法所得、没收非法财物。

3. 暂扣许可证件、降低资质等级、吊销许可证件。

4. 限制开展生产经营活动、责令停产停业、责令关闭、限制从业。

5. 行政拘留。

6. 法律、行政法规规定的其他行政处罚。

二、行政处罚的设定★★★

1. 法律。分为有权可以设定的和必须行使权力进行设定的两方面。全国人大及其常委会制定的法律，可以设定各种行政处罚。但限制人身自由的行政处罚，只能由法律设定。

2. 行政法规。分为它可以自主设定的处罚种类、同法律设定的行政处罚的关系和补充设定三方面。国务院制定的行政法规，可以设定除限制人身自由以外的行政处罚。如果法律对违法行为已经作出行政处罚规定，行政法规需要作出具体规定的，不得超出法律规定的给予行政处罚的行为、种类和幅度的范围。2021年修订的《行政处罚法》赋予行政法规补充设定权，即法律对违法行为未作出行政处罚规定，行政法规为实施法律，可以补充设定行政处罚。行政法规在拟补充设定行政处罚时，应当通过听证会、论证会等形式广泛听取意见，并向制定机关作出书面说明。行政法规报送备案时，应当说明补充设定行政处罚的情况。

3. 地方性法规。分为它可以自主设定的处罚种类、同上位法律、行政法规设定的行政处罚的关系和补充设定三方面。有权地方人大制定的地方性法规可以设定除限制人身自由、吊销营业执照以外的行政处罚。如果法律、行政法规对违法行为已经做出行政处罚规定,地方性法规需要作出具体规定的,不得超出法律、行政法规规定的给予行政处罚的行为、种类和幅度的范围。2021 年修订的《行政处罚法》赋予地方性法规补充设定权,即法律、行政法规对违法行为未作出行政处罚规定,地方性法规为实施法律、行政法规,可以补充设定行政处罚。地方性法规拟补充设定行政处罚的,应当通过听证会、论证会等形式广泛听取意见,并向制定机关作出书面说明。地方性法规报送备案时,应当说明补充设定行政处罚的情况。

4. 部门规章。分为它可以自主设定的处罚种类和同上位法律、行政法规设定的行政处罚的关系两方面。国务院部门规章可以在法律、行政法规规定的给予行政处罚的行为、种类和幅度的范围内作出具体规定。尚未制定法律、行政法规的,可以设定警告、通报批评或者一定数额罚款的行政处罚,罚款的限额由国务院规定。

5. 地方政府规章。分为它可以自主设定的处罚种类和同上位法律、法规设定的行政处罚的关系两方面。地方政府规章可以在法律、法规规定的给予行政处罚的行为、种类和幅度的范围内作出具体规定。这里的法规包括行政法规和地方性法规。尚未制定法律、法规的,地方政府规章对违反行政管理秩序的行为,可以设定警告、通报批评或者一定数额罚款的行政处罚。罚款的限额由省、自治区、直辖市人大常委会规定。

行政处罚法规定,除法律、法规和规章以外的其他规范性文件不得设定行政处罚。

对于已设定的行政处罚,国务院部门和省、自治区、直辖市政府及其有关部门应当定期组织评估行政处罚的实施情况和必要性,对不适当的行政处罚事项及种类、罚款数额等,应当提出修改或者废止的建议。

第三节 行政处罚的实施机关、管辖与适用

一、行政处罚的实施机关★★

(一)行政主管机关

1. 行政处罚由具有行政处罚权的行政机关在法定职权范围内实施。

2. 国家在城市管理、市场监管、生态环境、文化市场、交通运输、应急管理、农业等领域推行建立综合行政执法制度,相对集中行政处罚权。

3. 国务院或者省、自治区、直辖市人民政府可以决定一个行政机关行使有关行政机关的行政处罚权。

4. 限制人身自由的行政处罚权只能由公安机关和法律规定的其他机关行使。

(二)法律、法规授权的组织

法律、法规授权的组织实施行政处罚的条件是:第一,该组织具有管理公共事务的职能;第二,法律、法规的明文授权;第三,在法定授权范围内行使行政处罚权。

法律、法规授权的组织实施行政处罚的法律特征是:第一,以自己的名义实施行政处罚;第二,以自己的名义参加行政复议或者行政诉讼,并承担相应的法律后果。

(三)行政机关委托的组织

行政机关委托的组织实施行政处罚的条件是:第一,该组织是依法成立并具有管理公共事务职能的事业组织;第二,该组织有熟悉有关法律、法规、规章和业务并取得行政执法资格的工作人员;第三,需要进行技术检查或者技术鉴定的,应当有条件组织进行相应检查鉴定的条件。

行政机关委托非政府组织实施行政处罚的条件是:第一,具有法律、法规或者规章的依据;第二,委托事项必须在该行政机关的法定权限以内;第三,对被委托组织实施行政处罚的行为进行监督;第四,对被委托组织实施行政处罚的行为后果承担法律责任;第五,委托应采用书面委托方式进行并向社会公开。委托书应当载明委托的具体事项、权限、期限等内容。委托行政机关和受委托组织应当将委托书向社会公布。

受委托实施行政处罚的组织的法律义务是:第一,以委托行政机关的名义实施行政处罚;第二,实施行政处罚不得超出委托范围;第三,不得再委托其他任何组织或者个人实施行政处罚。

二、行政处罚的管辖和适用

(一)行政处罚的管辖

1. 地域管辖。行政处罚由违法行为发生地的行政机关管辖。法律、行政法规、部门规章另有规定的,从其规定。

2. 级别管辖。

(1)行政处罚由县级以上地方人民政府具有行政处罚权的行政机关管辖。法律、行政法规另有规定的,从其规定。

(2)省、自治区、直辖市根据当地实际情况,可以决定将基层管理迫切需要的县级人民政府部门的行政处罚权交由能够有效承接的乡镇人民政府、街道办事处行使,并定期组织评估。决定应当公布。

3. 指定管辖。两个以上行政机关都有管辖权的,由最先立案的行政机关管辖。对管辖发生争议的,应当协商解决,协商不成的,报请共同的上一级行政机关指定管辖;也可以直接由共同的上一级行政机关指定管辖。

4. 行政处罚协助。行政机关因实施行政处罚的需要,可以向有关机关提出协助请求。协助事项属于被请求机关职权范围内的,应当依法予以协助。

5. 行政处罚与刑事处罚的衔接。违法行为涉嫌犯罪的,行政机关应当及时将案件移送司法机关,依法追究刑事责任。对依法不需要追究刑事责任或者免予刑事处罚,但应当给予行政处罚的,司法机关应当及时将案件移送有关行政机关。

(二)行政处罚的适用

1. 责令改正。行政机关实施行政处罚时,应当责令当事人改正或者限期改正违法行为。

2. 重复处罚之禁止对当事人的同一个违法行为,不得给予两次以上罚款的行政处罚。同一个违法行为违反多个法律规范应当给予罚款处罚的,按照罚款数额高的规定处罚。

3. 裁量情节。

4. 处罚的折抵。

5. 追究时效。

6. 从旧兼从轻。

第四节 行政处罚的程序

一、行政处罚的决定程序

(一)一般规则

1. 必须首先查明违法事实才能给予行政处罚。

2. 保障当事人程序权利。

3. 公示制度。

4. 全过程记录制度。

5. 公正文明执法要求。

(二)简易程序

1. 适用简易程序的条件:第一,违法事实确凿并有法定依据;第二,处罚种类和幅度分别是对公民处以200元以下,对法人或者其他组织处以3000元以下的罚款或者警告的。但是,法律另有规定的,从其规定。

2. 执法人员的权力和义务。主要权力是执法人员当场作出行政处罚决定并依照法律规定填写行政处罚决定书。主要义务是当场表明身份,出具和交付依法填写统一制作的行政处罚决定书,行政处罚决定书应当载明当事人的违法行为,行政处罚的种类和依据、罚款数额、时间、地点,申请行政复议、提起行政诉讼的途径和期限以及行政机关名称,并由执法人员签名或者盖章。

3. 当事人的权利和义务。

(三)听证程序

1. 举行听证会的条件。第一,适用于下列拟作出的行政决定:较大数额罚款;没收较大数额违法所得、没收较大价值非法财物;降低资质等级、吊销许可证件;责令停产停业、责令关闭、限制从业;其他较重的行政处罚;法律、法规、规章规定的其他情形。第二,经当事人依法提出听证要求,由行政机关组织。

2. 听证会的进行程序。主要内容是由行政机关通知听证会举行的时间和地点;举行听证的方式是公开举行,涉及国家秘密、商业秘密或者个人隐私的除外;听证会由行政机关指定的非本案调查人员主持,当事人认为主持人与本案有直接利害关系的,有权申请回避;当事人可以亲自参加听证,也可以委托1~2人代理;听证的举行,由调查人员提出当事人违法的事实、证据和行政处罚建议,当事人进行申辩和质证。当事人及其代理人无正当理由拒不出席听证或者未经许可中途退出听证的,视为放弃听证权利,行政机关终止听证;听证应当制作笔录,笔录应当交当事人或者其代理人核对无误后签字或者盖章。当事人或者其代理人拒绝签字或者盖章的,由听证主持人在笔录中注明。

(四)普通程序

1. 行政调查。

2. 行政处罚决定。对情节复杂或者重大违法行为给予较重的行政处罚,应由行政机关负责人集体讨论后作出。在行政机关负责人作出决定之前,有下列情形之一,应当由从事行政处罚决定法制审核的人员进行法制审核;未经法制审核或者审核未通过的,不得作出决定:涉及重大公共利益的;直接关系当事人或者第三人重大权益,经过听证程序的;案件情况疑难复杂、涉及多个法律关系的；法律、法规规定应当进行法制审核的其他情形。行政机关中初次从事行政处罚决定法制审核的人员，应当通过国家统一法律职业资格考试取得法律职业资格。

3. 行政处罚决定作出期限和送达。行政机关应当自行政处罚案件立案之日起 90 日内作出行政处罚决定。但是，法律、法规、规章另有规定的，从其规定。行政处罚决定书应当在宣告后当场交付当事人；当事人不在场的，行政机关应当在 7 日内依照《民事诉讼法》的有关规定，将行政处罚决定书送达当事人。当事人同意并签订确认书的，行政机关可以采用传真、电子邮件等方式，将行政处罚决定书等送达当事人。

二、行政处罚的执行程序

（一）罚款的收缴

原则上，作出罚款决定的行政机关应当与收缴罚款的机构分离。对于罚款、没收违法所得或者没收非法财物拍卖的款项，必须全部上缴国库。任何行政机关或者个人不得以任何形式私分、截留；财政部门不得以任何形式向行政处罚决定机关返还。

（二）行政处罚决定的强制执行

1. 到期不缴纳罚款的，每日按罚款数额的 3% 加处罚款，加处罚款的数额不得超出罚款的数额；

2. 根据法律规定，将查封、扣押的财物拍卖、依法处理或者将冻结的存款、汇款划拨抵缴罚款；

3. 根据法律规定，采取其他行政强制执行方式；

4. 依照《行政强制法》的规定申请人民法院强制执行。行政机关批准延期、分期缴纳罚款的，申请人民法院强制执行的期限，自暂缓或者分期缴纳罚款期限结束之日起计算。

第五节　治安管理处罚★★

一、治安管理处罚概述

治安管理处罚，是公安机关给予实施治安违法行为的公民、法人和其他组织的行政制裁。确定违反治安管理行为的社会危害性、行政违法性和应受行政处罚性，是给予治安管理处罚的前提。违反治安管理行为，首先是具有社会危害性的行为，其次是达到依法应当受到治安管理处罚的程度。

治安管理处罚应当遵循的基本原则是：（1）违法行为与行政处罚相适应原则。治安管理处罚必须以事实为根据，与违反治安管理行为的性质、情节以及社会危害程度相当。（2）公开、公正，尊重和保障人权，保护公民的人格尊严原则。（3）教育与处罚相结合原则。

二、治安处罚的种类和适用

（一）治安处罚的种类

治安管理处罚法的规定，治安处罚四个主罚种类和一个附加罚种类。四个主罚是警告、罚款、行政拘留和吊销公安机关发放的许可证；一个附加罚种类是限期出境或者驱逐出境，适用对象仅限于违反治安管理的外国人。

（二）治安处罚的适用

1. 应受处罚的违法行为主体。违法行为主体有自然人和单位两种，对符合法定条件的违法行为主体应当给予治安行政处罚。

2. 多个违法行为和共同违法行为。多个违法行为是指一个违法人实施了两种以上违反治安管理的行为，对其应当分别作出处罚决定，合并执行。行政拘留处罚合并执行的，最长不超过 20 日。共同违法行为是指两个以上行为人共同实施的违反治安管理行为，应当根据行为人在违反治安管理行为中所起的作用，分别处罚。教唆、胁迫、诱骗他人违反治安管理的，按照教唆、胁迫、诱骗的行为处罚。

3. 减轻处罚、不予处罚、从重处罚和不执行处罚。减轻处罚是低于法定处罚的处罚；不予处罚是宣告行为违法但不给予处罚。

4. 调解与处罚。民间纠纷引起的打架斗殴或者损毁他人财物等违反治安管理行为，情节较轻的，公安机关可以调解处理。经公安机关调解，当事人达成协议的，不予处罚。经调解未达成协议或者达成协议后不履行的，公安机关应当依照本法的规定对违反治安管理行为人给予处罚，并告知当事人可以就民事争议依法向人民法院提起民事诉讼。

5. 追究时效一般为 6 个月。

命题点拨　听证程序、行政处罚的执行程序。

第八章　行政强制

第一节　行政强制概述★★

一、行政强制的界定

（一）行政强制措施的概念和特征

1. 概念：是指行政机关在行政管理过程中，为制止违法行为、防止证据损毁、避免危害发生、控制危险扩大等情形，依法对公民的人身自由实施暂时性限制，或者对公民、法人或者其他组织的财物实施暂时性控制的行为。

2. 特征：(1)预防性和制止性。(2)临时性和中间性。(3)主体只能是行政机关和经授权的组织。

(二)行政强制执行的概念和特征

1. 概念：是行政机关或由行政机关申请法院对不履行行政机关依法作出的行政处理决定中规定的义务，采取强制手段，强迫其履行义务，或达到与履行义务相同状态的行为。

2. 特征：(1)主体包括行政机关和人民法院。(2)以公民、法人或者其他组织不履行具体行政行为所确定的义务为前提。(3)目的在于以强制的方式迫使当事人履行义务。

二、行政强制的性质、意义和立法

三、行政强制的基本原则

五项行政强制的基本原则：行政强制法定原则、适当原则或非强制优先原则、教育与强制相结合原则、不得谋利原则和权利保障原则。

第二节　行政强制的种类和设定★

一、行政强制措施的种类和设定

(一)种类★

行政强制措施的种类：(1)限制公民人身自由；(2)查封场所、设施或者财物；(3)扣押财物；(4)冻结存款、汇款；(5)其他行政强制措施。

(二)设定

1. 法律的设定权：可对所有的行政强制措施进行设定。只能由法律作出设定：限制公民人身自由的行政强制措施、冻结存款、汇款，以及其他应由法律设定的事项。

2. 行政法规的设定权：(1)某一领域或事项尚未制定法律。在此情形下，行政法规可以设定由法律保留的行政强制措施之外的措施。(2)某一领域或事项已出台法律。在此情形下，行政法规只能对已创设的行政强制措施作出细化规定，不得作出扩大规定。

3. 地方性法规的设定权：尚未制定法律、行政法规，且属于地方性事务的，可以设定的行政强制措施有两类，即查封场所、设施或者财物和扣押财物。

二、行政强制执行的方式和设定★

1. 行政强制执行方式：(1)代履行。特征：当事人应履行的义务为可替代义务。代履行的费用应由当事人承担。(2)执行罚。(3)直接强制。一般包括划拨存款、汇款，拍卖或者依法处理查封、扣押的场所、设施或者财物等。

2. 设定。行政强制执行由法律设定。法律没有规定行政机关强制执行的，作出行政决定的行政机关应当申请人民法院强制执行。

三、设定的论证和评价(略)

第三节　行政强制措施实施程序★★★★

一、实施行政强制措施的主体

依据行政处罚法的规定行使相对集中行政处罚权的行政机关，可以实施法律、法规规定的与行政处罚权有关的行政强制措施。行政强制措施权不得委托，应由行政机关具备资格的行政执法人员实施，其他人员不得实施。

二、一般程序要求

一般程序：(1)报告和批准。情况紧急，行政执法人员应当在24小时内向行政机关负责人报告，并补办批准手续。(2)表明身份。(3)通知当事人到场。(4)告知和说明理由。(5)听取当事人的陈述和申辩。(6)制作现场笔录。

三、特别程序要求

除一般程序要求外，行政机关实施限制公民人身自由、查封扣押、冻结等行政强制措施的，还须遵循特别程序要求。

第四节　行政机关强制执行程序★★

一、行政机关自行强制执行权限

我国行政强制执行实行由行政机关和法院共享强制执行权的模式，二者各自的权限涉及行政强制执行的运行。

二、一般程序及要求

对行政机关自行强制执行程序，无论采取何种措施均应遵循下列程序环节：(1)督促催告。(2)陈述与申辩。(3)作出强制执行决定和送达。(4)采取强制执行措施。

三、特别程序及要求★

1. 金钱给付义务的执行：(1)先采取间接强制措施。(2)自行强制执行或申请法院执行。行政机关实施加处罚款或者滞纳金超过30日，经催告当事人仍不履行的，具有行政强制执行权的行政机关可以强制执行，没有行政强制执行权的行政机关应当申请人民法院强制执行。(3)执行的程序要求。划拨存款、汇款应当由法律规定的行政机关决定，并书面通知金融机构。

2. 代履行。适用范围：行政机关依法作出要求当事人履行排除妨碍、恢复原状等义务的行政决定，当事人逾期不履行，经催告仍不履行，其后果已经或者将危害交通安全、造成环境污染或者破坏自然资源的，行政机关可以代履行，或者委托没有利害关系的第三人代履行。

四、中止执行、终结执行和执行和解

1. 中止执行。有下列情形之一的，中止执行：(1)当事人履行行政决定确有困难或者暂无履行能力的；(2)第三人对执行标的主张权利，确有理由的；(3)执行可能造成难以弥补的损失，且中止执行不损害公共利益的；(4)其他情形。

2. 终结执行。有下列情形之一的，终结执行：(1)公民死亡，无遗产可供执行，又无义务承受人的；(2)法人或者其他组织终止，无财产可供执行，又无义务承受人的；(3)执行标的灭失的；(4)据以执行的行政决定被撤销的；(5)行政机关认为需要终结执行的其他情形。

3. 执行和解。实施行政强制执行，行政机关可以在不损害公共利益和他人合法权益的情况下，与当事人达成执行协议。

第五节　申请法院强制执行

一、适用条件

(1)行政行为依法可以由人民法院执行。(2)行政行为已经生效并具有可执行内容。(3)申请人是作出该行政行为的行政机关或者法律、法规、规章授权的组织。(4)被申请人是该行政行为所确定的义务人。(5)被申请人在行政行为确定的期限内或者行政机关催告期限内未履行义务。(6)申请人在法定期限内提出申请，最高人民法院《关于适用〈中华人民共和国行政诉讼法〉的解释》(以下简称《行诉解释》)第156条规定，没有强制执行权的行政机关申请人民法院强制执行其行政行为，应当自被执行人的法定起诉期限届满之日起3个月内提出。逾期申请的，除有正当理由外，人民法院不予受理。(7)被申请执行的行政案件属于受理执行申请的人民法院管辖。

二、行政机关提出申请

1. 申请前的催告：催告书送达10日后当事人仍未履行义务的，行政机关可以申请法院强制执行。

2. 管辖法院：(1)行政机关申请人民法院强制执行其行政行为的，由申请人所在地的基层人民法院受理；(2)执行对象为不动产的，由不动产所在地的基层人民法院受理。

3. 申请材料：强制执行申请书；行政决定书及作出决定的事实、理由和依据；当事人的意见及行政机关催告情况；申请强制执行标的情况；法律、行政法规规定的其他材料。

三、法院的受理、审理和裁定

1. 受理。

人民法院对符合条件的申请，应当在5日内立案受理，并通知申请人；对不符合条件的申请，应当裁定不予受理。行政机关对不予受理裁定有异议，在15日内向上一级人民法院申请复议的，上一级人民法院应当在收到复议申请之日起15日内作出裁定。

2. 审查。

法院对行政机关强制执行的申请进行书面审查。一般审查期限为7日，对出现《行政强制法》第58条规定情形的案件，法院的审查期限为30日。

3. 费用。

行政机关申请人民法院强制执行，不缴纳申请费。强制执行的费用由被执行人承担。

命题点拨　与行政处罚、行政许可的设定相比，行政强制的设定更为严格和复杂：(1)对行政强制措施，法律、行政法规和地方性法规享有设定权。(2)限制公民人身自由的行政强制措施、冻结存款、汇款，以及其他应由法律设定的行政强制措施，均属于法律保留事项。(3)对行政强制执行只有法律有设定权，法律没有规定行政机关强制执行的，应申请法院强制执行。

第九章　行 政 许 可

第一节　行政许可概述

行政许可，是指行政机关根据公民、法人或者其他组织的申请，经依法审查，准予其从事特定活动的行为。行政许可法规范的行政许可特征有：一是外部性许可，行政系统内部审批或行政机关对有行政隶属关系的事项的审批，不在行政许可法规范的范围之内。二是一种依申请的具体行政行为，只能依公民、法人或者其他组织的申请而发生。三是一种授益性行政行为。行政许可准予申请人从事特定的活动，即赋予了相对人从事特定活动的权利或资格。

我国行政许可制度的基本原则有：依法设定和实施行政许可的原则，公开、公平、公正、非歧视的原则，提高办事效率、提供优质服务的便民原则，保证公民、法人和其他组织陈述权、申辩权和提供法律救济的原则，依法变更或者撤回生效许可并给予补偿的信赖保护原则，对行政机关实施许可和对被许可人从事许可事项活动实行法律监督的原则。

有关行政许可的规定应当公布；未经公布的，不得作为实施行政许可的依据。行政许可的实施和结果，除涉及国家秘密、商业秘密或者个人隐私的外，应当公开。未经申请人同意，行政机关及其工作人员、参与专家评审等的人员不得披露申请人提交的商业秘密、未披露信息或者保密商务信息，法律另有规定或者涉及国家安全、重大社会公共利益的除外；行政机关依法公开申请人前述信息的，允许申请人在合理期限内提出异议。

符合法定条件、标准的，申请人有依法取得行政许可的平等权利，行政机关不得歧视任何人。

第二节　行政许可的设定

一、行政许可的设定原则★★

一般性指导原则；可设定事项原则；设定许可的优先原则。

二、行政许可的设定权限和形式

（一）经常性行政许可的设定

经常性行政许可，由全国人大及其常委会以法律、国务院以行政法规、有权地方人大及其常委会以地方性法规来设定。对于国务院行政法规设定的有关经济事务的行政许可，省、自治区和直辖市人民政府可以根据本行政区域经济和社会发展情况，认为可以通过前述设定的优先原则所列方式解决的，经过报国务院批准的程序后，可以在本行政区域内停止实施该行政许可。

（二）非经常性行政许可的设定

国务院可以以决定形式，省、自治区和直辖市人民政府可以以规章形式设定非经常性行政许可。国务院设定非经常性行政许可的条件是：第一，尚未制定法律；第二，在有必要的时候；第三，实施后，除了临时行政许可事项以外，国务院应当及时提请全国人大及其常委会制定法律，或者自行制定行政法规。省、自治区和直辖市人民政府设定非经常性行政许可（临时性的行政许可）的条件是：第一，尚未制定法律、行政法规和地方性法规；第二，因行政管理的需要，确须立即实施行政许可；第三，实施满一年需要继续实施的，应当提请本级人民代表大会及其常委会制定地方性法规。

（三）实施行政许可具体规定的制定

行政法规、地方性法规和规章可以在上位法设定的行政许可事项范围内，对实施该行政许可作出具体规定。制定具体规定的规则有两种：不得增设行政许可；对行政许可条件作出的具体规定，不得增设违反上位法的其他条件。

三、行政许可的设定程序

（一）起草程序

起草拟设定行政许可的法律、法规和规章，起草单位有两个重要程序义务：第一，应当听取意见，可以采用听证会、论证会或者其他形式；第二，向制定机关作出说明，内容是设定必要性及对经济社会可能产生的影响、听取意见和采纳意见的情况。

（二）评价程序

这种设定后评价程序，有三个方面：第一，设定机关的定期评价。第二，实施机关的适时评价。第三，公民、法人或者其他组织提出意见和建议。

第三节　行政许可的实施机关★

行政机关实施行政许可，有三个重要制度：第一，委托其他行政机关实施行政许可；第二，一个行政机关行使有关行政机关的行政许可权；第三，在涉及一个机关内设多个机构、地方人民政府两个以上部门分别实施行政许可的情形下，进行统一受理、统一送达、统一办理或者联合办理、集中办理。

具有管理公共事务职能的组织，可以在法律、法规授权范围内以自己的名义实施行政许可。被授权的组织适用行政许可法有关行政机关的规定。

第四节　行政许可的实施程序

行政许可的实施程序可以分为普通程序制度和特别程序制度两个部分。

普通程序制度，包括申请与受理、审查与决定、期限、听证、变更与延续。其中以下几类规则尤其应当得到重视：第一，申请人对其申请材料实质内容的真实性负责；第二，行政机关在审查申请的过程中，应当听取申请人、利害关系人的意见，申请人、利害关系人有权进行陈述和申辩；第三，行政机关依法作出不予行政许可的书面决定的，应当说明理由，并告知申请人享有依法申请行政复议或者提起行政诉讼的权利；第四，通过举行听证会进行审查决定的，行政机关应当根据听证笔录，作出行政许可决定。

特别程序制度，包括国务院实施行政许可，特别许可，赋予公民特定资格和赋予法人或者其他组织特定资格、资质，对重要设备、设施、产品和物品进行的检验、检测和检疫，确定企业或者其他组织主体资格，有数量限制的行政许可。行政许可法有关上述制度的特别规定具有优先适用的效力。没有作出特别规定的，才适用普通程序的规定。

行政机关及其工作人员不得以转让技术作为取得行政许可的条件；不得在实施行政许可的过程中，直接或者间接地要求转让技术。

第五节　行政许可的费用★

行政许可费用方面有两个基本制度。即禁止收费原则和法定例外的实施。行政机关实施行政许可和对行政许可事项进行监督检查，禁止收取任何费用。对于行政机关提供的行政许可申请书格式文本，也不得收费。行政机关实施行政许可收取费用的，必须以法律和行政法规的规定为依据，并且应当遵守以下重要规则：按照公布的法定项目和标准收费；所收取的费用必须全部上缴国库；财政部门不得向行政机关返还或者变相返还实施行政许可所收取的费用。

第六节　监 督 检 查

在我国行政许可制度中设立监督检查，是为了解决行政机关“重许可轻监督”，影响行政许可有效实行的问题。监督检查制度有四个方面，即上级对下级行政机关实施行政许可的监督检查、对被许可人从事行政许可事项活动的监督检查、对被许可人履行法定义务的监督检查和对行政许可的撤销和注销。

第七节　行政许可诉讼

行政许可案件的受案范围：(1)行政机关作出的行政许可决定以及相应的不作为。(2)行政许可管理行为及相应的不作为。(3)未公开行政许可决定或者未提供行政许可监督检查记录。(4)具有事实上终止性的过程行为。

命题点拨　行政许可与行政处罚的比较。

第十章　其他行政行为

第一节　行政征收与征用

一、行政征收的主要方式

1. 征税。行政征税是税务行政机关依法强制、无偿地向纳税义务人收取税款的行政行为，包括对内税收征收和涉外税收征收两个方面。

2. 行政征费。行政收费是行政机关在国家税收之外向公民、法人或者其他组织征收的各种费用。

3. 土地征收。指国家为了公共利益需要，依法对集体所有的土地进行征收并给予补偿。

4. 房屋征收。指国家为了公益利益需要，依法对房屋进行征收并给予补偿。

二、行政征用

行政征用指行政机关为了公共利益需要依法强制性使用公民、法人或者其他组织的财产，并给予补偿的行政行为。它具有下列特征：一是限制性。二是强制性。三是补偿性。

第二节　行 政 确 认

一、行政确认的内涵

行政确认是行政机关依法对公民、法人或者其他组织的法律地位、法律关系或有关法律事实进行甄别和给予确定、认定、证明，予以宣告的行政行为。行政确认具有如下特征：一是确认性。二是独立性。三是要式性。

二、行政确认的基本原则

一是依法确认。二是客观公正。三是提高效率。

第三节　行 政 合 同

一、行政合同的种类

行政合同，也称行政协议，是指行政机关为实现行政职能，同公民、法人和其他组织经过协商设立、变更和终止双方行政法上权利义务的协议。

行政合同有一些普通民事合同所不具备的特征：

1. 主体特征，即行政合同一方当事人必须为行政机关。

2. 目的特征，即必须是为了实现行政管理或者公共服务目标。

3. 内容特征，即合同内容必须具有行政法上的权利义务内容。

4. 意思特征，即协议双方当事人必须协商一致，行政合同是行政机关与公民、法人或者其他组织合意的结果，不是行政机关单方意思表示。

行政合同大致可以分为财产性行政合同和管理性行政合同。财产性的行政合同，是指行政机关为了提高国有资产的使用效益及所需货物和服务的采购效益而订立的合同。管理性的行政合同，是指规定行政管理职权的行使为内容的合同。

二、行政合同的订立和效力

（一）行政机关的缔约能力

享有缔结行政合同权利能力和行为能力的行政机关，需要委托代理人订立行政合同的，应当依照法律规定的条件进行委托，并对委托代理人的活动进行监督。

（二）行政合同的形式

行政合同的形式应当依法决定，基本排除当事人之间的自由约定。原则上应当采用书面形式，法律、法规另有规定的除外。

（三）行政合同的内容

行政合同的内容，由当事人约定。行政机关在合同内容的协商中，不得超越其权限并须符合法律授权的目的和其他要求。

（四）订立方式

行政合同的订立遵守要约、承诺规则，原则上应当依法采用招标或者其他竞争性方式。不采用竞争方式订立合同的，应当符合法律、法规、规章规定的条件。行政合同的订立程序和条件，必须由行政机关和其他公共机构在订立合同以前的合理时间内公布。

（五）合同的效力

依法成立的行政合同自成立时生效。法律、行政法规规定应当办理批准、登记、备案等手续生效的，应当依照其规定。法律、行政法规规定应当经过其他机关批准等程序后生效的行政协议，未获得批准的协议未生效。行政协议存在《行政诉讼法》第75条规定的重大且明显违法情形的，行政协议构成无效。同时，在行政诉讼中，法院可以适用民事法律规范确认行政协议无效。

三、行政合同的履行

行政合同依法成立后，在当事人之间产生法律约束力，各方都应当全面履行合同规定的义务。

四、行政合同（行政协议）诉讼

（一）受案范围

1. 法院应当依法受理：政府特许经营协议；土地、房屋等征收征用补偿协议；矿业权等国有自然资源使用权出让协议；政府投资的保障性住房的租赁、买卖等协议；符合司法解释规定的政府与社会资本合作协议；其他行政协议。

2. 不属于人民法院行政诉讼的受案范围：行政机关之间因公务协助等事由而订立的协议；行政机关与其工作人员订立的劳动人事协议。

（二）当事人

1. 原告。

（1）参与招标、拍卖、挂牌等竞争性活动，认为行政机关应当依法与其订立行政协议但行政机关拒绝订立，或者认为行政机关与他人订立行政协议损害其合法权益的公民、法人或者其他组织。

（2）认为征收征用补偿协议损害其合法权益的被征收征用土地、房屋等不动产的用益物权人、公房承租人。

（3）其他认为行政协议的订立、履行、变更、终止等行为损害其合法权益的公民、法人或者其他组织。

2. 被告：行政机关。

（三）管辖与起诉期限

1. 管辖。

当事人书面协议约定选择被告所在地、原告所在地、协议履行地、协议订立地、标的物所在地等与争议有实际联系地点的人民法院管辖的，人民法院从其约定，但违反级别管辖和专属管辖的除外。

2. 起诉期限。

（1）不依法履行、未按照约定履行行政协议：参照民事法律规范确定；（2）变更、解除行政协议：依照行政诉讼法及其司法解释确定。

（四）审理

1. 举证责任。

（1）被告对于自己具有法定职权、履行法定程序、履行相应法定职责以及订立、履行、变更、解除行政协议等行为的合法性承担举证责任。（2）原告主张撤销、解除行政协议的，对撤销、解除行政协议的事由承担举证责任。（3）对行政协议是否履行发生争议的，由负有履行义务的当事人承担举证责任。

2. 合法性审查。

3. 调解。

(五) 裁判

1. 确认协议无效或有效。

2. 确认协议未生效及补救。

3. 判决撤销协议。

4. 判决撤销变更、解除协议的行政行为。

5. 判决被告继续履行协议、采取补救措施。

6. 判决解除协议。

7. 确认变更、解除协议的行政行为合法及补救措施。

8. 判决赔偿、补偿或采取补救措施。

(六) 相对人不依法、不依约履行行政协议的执行

未按照行政协议约定履行义务,经催告后不履行,行政机关可以作出要求其履行协议的书面决定。收到书面决定后在法定期限内未申请行政复议或者提起行政诉讼,且仍不履行,协议内容具有可执行性的,行政机关可以向人民法院申请强制执行。

第四节　行政给付

一、行政给付的概念

行政给付有狭义和广义之分。狭义的行政给付,是政府提供必需的生存条件、防范生活风险和社会共同生活条件的行政义务。广义的行政给付,是政府满足公民社会权和其他公法受益权行政义务的总和。由于社会权利的范围不断扩张,对政府的给付义务内容也提出新的要求,广义的行政给付是一个开放的发展概念。

二、行政物质和资金帮助

直接的物质资金支持,有两个方面:一是向公民提供生活物质保障和防范风险;二是为促进社会和经济发展向个人或者企业提供的特定物质支持。一方面包括城市居民最低生活保障金、农村的五保户救济金、遭遇自然灾害的生活救济金以及国家承担的社会保险费用等。另一方面包括对企业科技开发的财政支持费用、对大学生自主创业的财政支持费用等。

第五节　行政奖励

一、行政奖励的内涵

通常认为,行政奖励是行政机关给予模范遵纪守法或为国家和社会作出成就和贡献的公民、法人或者其他组织相应的物质或精神奖励,以达到表彰先进、激励后进,调动和激发相关人员积极性和创造性的制度。

二、行政奖励的分类

1. 决定性奖励与承诺性奖励。

2. 赋予权益的奖励与减免义务的奖励。

3. 外部奖励与内部奖励。

4. 普遍性奖励与限额奖励。

第六节　行政裁决

一、行政裁决的特征

行政裁决指行政机关居间对特定的民事争议作出有约束力处理的行为。行政裁决具有下列特征:一是解决民事争议,二是主体是行政机关,三是具有法律约束力。

二、行政裁决的作用

一是有利于民事争议的快速解决,二是有利于民事争议的专业性解决,三是有利于分担法院的压力。

命题点拨　本章主要是对行政征收与征用、行政确认、行政合同(行政协议)、行政给付、行政奖励和行政裁决的分析。这些行政行为在实践中运用较多,且每类行政行为都有自己的特点。

第十一章　行政程序与政府信息公开

第一节　行政程序概述

一、行政程序的概念

一般意义的行政程序,是行政机关实现其行政职能的方式方法的总称。方式方法体现为时间和空间形式,因此行政程序是行政方式方法、时间及步骤的结合形式。

因为行政程序的重要目标是维护重要公共利益和保护公民、法人或者其他组织合法权益的平衡,所以公民、法人或者其他组织等利益相关人对行政决策程序的参与程度,成为衡量行政程序正当性、合法性的重要标准。

二、行政程序法的基本原则

当事人参与原则的基本内容是,在行政机关作出影响当事人合法权益的行政决定前，必须给予当事人向行政机关表达自己意见的权利和机会，否则这种行政决定可能因为缺乏最低限度的程序正当性不能取得法律效力。

第二节 行政程序的基本制度

一、听证制度

听证制度在行政程序中的地位受到特别重视。一般而言，行政程序的中心问题是利益相关人的参与。因为听证能够为利益相关人的参与提供充分的机会，特别是类似于司法审判型的听证能够使利益相关人的参与权得到充分的行使，所以听证被认为是行政程序中最重要的基本制度。

二、说明理由制度

说明理由是关于行政决定必须阐明其理由和真实用意的行政决策程序制度，特别适用于行使裁量权限和不利于当事人的行政决定。这一制度的意义主要是防止行政专横和权利滥用，便于司法审查和法制监督。

三、行政案卷制度

行政案卷是关于行政决定只能以行政案卷体现的事实作为根据的行政程序制度。行政案卷是有关案件事实的证据、调查或者听证记录等案件材料的总和。行政案卷的构成和形成应当依据法律的规定。行政决定只能以行政案卷体现的事实为根据，不得以行政案卷以外的、没有经过法定程序认定的事实为根据。法律设立行政案卷制度的意义，在于使行政决定建立于按照法定程序形成的客观事实之上，规范认定程序和认定结果的权威性，排除外界对行政决定的不当影响和干预，便利司法审查和法制监督。

第三节 政府信息公开制度

一、政府信息公开制度的意义

政府信息公开指公民、法人和其他组织对行政机关在履行行政管理职能的过程中掌握或控制的信息拥有知情权，除法律明确规定的不予公开事项外，行政机关应当通过有效方式向公众和当事人公开。2007 年国务院制定并于 2019 年修订的《政府信息公开条例》，对我国政府信息公开制度作出了规定。

二、政府信息公开制度的主要内容

（一）《政府信息公开条例》的适用范围

《政府信息公开条例》的适用范围包括如何确定政府信息和哪些主体应受条例规范的问题。

1. “政府信息”的界定。《政府信息公开条例》所规定的政府信息，是指“行政机关在履行行政管理职能过程中制作或者获取的，以一定形式记录、保存的信息”。

2. 适用的主体。《政府信息公开条例》规定的政府信息公开的主体主要是行政机关和法律、法规授权的具有管理公共事务职能的组织。

（二）公开的基本要求

1. 公开为常态、不公开为例外。

2. 公正、公平、合法、便民。

3. 及时、准确。

（三）公开的范围

1. 涉及国家秘密的政府信息。依法确定为国家秘密的政府信息，不予公开。

2. 法律、行政法规禁止公开的政府信息。依法禁止公开的政府信息，不予公开。

3. 公开后可能危及国家安全、公共安全、经济安全、社会稳定的政府信息。符合此要求的政府信息，不予公开。

4. 公开会对第三方合法权益造成损害的政府信息。涉及商业秘密、个人隐私等公开会对第三方合法权益造成损害的政府信息，行政机关不得公开。但是，第三方同意公开或者行政机关认为不公开会对公共利益造成重大影响的，予以公开。

5. 内部事务信息。行政机关的内部事务信息，包括人事管理、后勤管理、内部工作流程等方面的信息，可以不予公开。

6. 过程性信息。行政机关在履行行政管理职能过程中形成的讨论记录、过程稿、磋商信函、请示报告等过程性信息，可以不予公开。但是，法律、法规、规章规定应当公开的，从其规定。

7. 行政执法案卷信息。此类信息，可以不予公开。但是，法律、法规、规章规定应当公开的，从其规定。

（四）公开义务主体

行政机关制作的政府信息，由制作该政府信息的行政机关负责公开。

（五）主动公开

1. 主动公开的事项。根据《政府信息公开条例》规定，就一般范围而言，对涉及公众利益调整、需要公众广泛知晓或者需要公众参与决策的政府信息，行政机关均应当主动公开。

《政府信息公开条例》第 20 条列举了各行政机关应主动公开的事项，具体规定如下：(1) 行政法规、规章和规范性文件;(2)机关职能、机构设置、办公地址、办公时间、联系方式、负责人姓名;(3)国民经济和社会发展规划、专项规划、区域规划及相关政策;(4)国民经济和社会发展统计信息;(5)办理行政许可和其他对外管理服务事项的依据、条件、程序以及办理结果;(6)实施行政处罚、行政强制的依据、条件、程序以及本行政机关认为具有一定社会影响的行政处罚决定;(7)财政预算、决算信息;(8)行政事业性收费项目及其依据、标准;(9)政府集中采购项目的目录、标准及实施情况;(10)重大建设项目的批准和实施情况;(11)扶贫、教育、医疗、社会保障、促进就业等方面的政策、措施及其实施情况;(12)突发公共事件的应急预案、预警信息及应对情况;(13)环境保护、公共卫生、安全生产、食品药品、产品质量的监督检查情况;(14)公务员招考的职位、名额、报考条件等事项以及录用结果;(15)法律、法规、规章和国家有关规定规定应当主动公开的其他政府信息。

2. 主动公开的具体方式。行政机关应当建立健全政府信息发布机制,将主动公开的政府信息通过政府公报、政府网站或者其他互联网政务媒体、新闻发布会以及报刊、广播、电视等途径予以公开。

3. 主动公开的时限。属于主动公开范围的政府信息,应当自该政府信息形成或者变更之日起20个工作日内及时公开。

(六)依申请公开

1. 当事人申请。当事人提出申请原则上应当采用书面形式(包括信件、数据电文)。采用书面形式确有困难的,申请人可以口头提出。公民、法人或者其他组织提出的政府信息公开申请应当包括:(1)申请人的姓名或者名称、身份证明、联系方式;(2)申请公开的政府信息的名称、文号或者便于行政机关查询的其他特征性描述;(3)申请公开的政府信息的形式要求,包括获取信息的方式、途径。

政府信息公开申请内容不明确的,行政机关应当给予指导和释明,并自收到申请之日起7个工作日内一次性告知申请人作出补正,说明需要补正的事项和合理的补正期限。

2. 行政机关对申请的答复。行政机关对收到的政府信息公开申请,根据不同情况分别予以答复:

(1)所申请公开信息已经主动公开的,告知申请人获取该政府信息的方式、途径。

(2)所申请公开信息可以公开的,向申请人提供该政府信息,或者告知申请人获取该政府信息的方式、途径和时间。

(3)行政机关依据《政府信息公开条例》的规定决定不予公开的,告知申请人不予公开并说明理由。

(4)经检索没有所申请公开信息的,告知申请人该政府信息不存在。

(5)所申请公开信息不属于本行政机关负责公开的,告知申请人并说明理由;能够确定负责公开该政府信息的行政机关的,告知申请人该行政机关的名称、联系方式。

(6)行政机关已就申请人提出的政府信息公开申请作出答复、申请人重复申请公开相同政府信息的,告知申请人不予重复处理。

(7)所申请公开信息属于工商、不动产登记资料等信息,有关法律、行政法规对信息的获取有特别规定的,告知申请人依照有关法律、行政法规的规定办理。

3. 征求第三方的意见。依申请公开的政府信息公开会损害第三方合法权益的,行政机关应当书面征求第三方的意见。第三方应当自收到征求意见书之日起15个工作日内提出意见。第三方逾期未提出意见的,由行政机关依照《政府信息公开条例》的规定决定是否公开。第三方不同意公开且有合理理由的,行政机关不予公开。行政机关认为不公开可能对公共利益造成重大影响的,可以决定予以公开,并将决定公开的政府信息内容和理由书面告知第三方。

4. 答复期限。行政机关收到政府信息公开申请,能够当场答复的,应当当场予以答复。行政机关不能当场答复的,应当自收到申请之日起20个工作日内予以答复;需要延长答复期限的,应当经政府信息公开工作机构负责人同意并告知申请人,延长的期限最长不得超过20个工作日。

5. 区分处理。申请公开的信息中含有不应当公开或者不属于政府信息的内容,但是能够作区分处理的,行政机关应当向申请人提供可以公开的政府信息内容,并对不予公开的内容说明理由。

6. 滥用申请权的规制。

(七)监督与救济

1. 对政府信息公开的考核、评议。各级人民政府应当建立健全政府信息公开工作考核制度、社会评议制度和责任追究制度,定期对政府信息公开工作进行考核、评议。

2. 日常指导和监督检查。

3. 年度报告。

4. 公民、法人或其他组织的投诉、举报、复议与诉讼。

命题点拨 主动公开的事项；依申请公开的程序。

第四编 行政救济法

第十二章 行 政 复 议

第一节 行政复议概述★★★

一、行政复议的概念

我国的行政复议，是指行政机关根据上级行政机关对下级行政机关的监督权，在当事人的申请和参加下，按照行政复议程序对行政行为进行合法性和适当性审查，并作出裁决解决行政侵权争议的活动。

行政复议的法律性质。首先，行政复议是权利救济制度。行政复议的内容和目的，是通过处理行政争议对受到行政侵害的公民、法人和其他组织合法的权益提供法律救济。其次，行政复议是行政监督制度。行政复议的根据是上级行政机关对下级行政机关的层级监督权。这种层级监督权具有维持、撤销或者改变下级行政机关决定的内容。再次，行政复议是一种行政行为制度。行政复议是行政机关行使行政管理权的单方职权行为，可以直接规定公民、法人或者其他组织的权利义务。因此，行政机关的复议行为应当遵守行政活动的基本制度，应当具备行政行为的成立条件和合法条件。最后，行政复议是行政裁判制度。行政复议的活动方式是处理行政争议，应当遵守保证公正处理的复议程序。

二、行政复议的基本原则

行政复议工作坚持中国共产党的领导。行政复议机关履行行政复议职责，应当遵循合法、公正、公开、高效、便民、为民的原则，坚持有错必纠，保障法律、法规的正确实施。

第二节 行政复议范围

行政复议范围，指的是行政相对人可以申请复议的行政行为的范围。确定行政复议范围的规定有三个方面：一是可以申请行政复议的事项；二是行政复议的排除事项；三是可以附带审查的规范性文件。

一、可以申请行政复议的事项

根据《行政复议法》的规定，有下列情形之一的，公民、法人或者其他组织可以依照本法申请行政复议：(1)对行政机关作出的行政处罚决定不服；(2)对行政机关作出的行政强制措施、行政强制执行决定不服；(3)申请行政许可，行政机关拒绝或者在法定期限内不予答复，或者对行政机关作出的有关行政许可的其他决定不服；(4)对行政机关作出的确认自然资源的所有权或者使用权的决定不服；(5)对行政机关作出的征收征用决定及其补偿决定不服；(6)对行政机关作出的赔偿决定或者不予赔偿决定不服；(7)对行政机关作出的不予受理工伤认定申请的决定或者工伤认定结论不服；(8)认为行政机关侵犯其经营自主权或者农村土地承包经营权、农村土地经营权；(9)认为行政机关滥用行政权力排除或者限制竞争；(10)认为行政机关违法集资、摊派费用或者违法要求履行其他义务；(11)申请行政机关履行保护人身权利、财产权利、受教育权利等合法权益的法定职责，行政机关拒绝履行、未依法履行或者不予答复；(12)申请行政机关依法给付抚恤金、社会保险待遇或者最低生活保障等社会保障，行政机关没有依法给付；(13)认为行政机关不依法订立、不依法履行、未按照约定履行或者违法变更、解除政府特许经营协议、土地房屋征收补偿协议等行政协议；(14)认为行政机关在政府信息公开工作中侵犯其合法权益；(15)认为行政机关的其他行政行为侵犯其合法权益。

二、行政复议的排除事项

行政复议明确排除的事项包括：

1. 国防、外交等国家行为。

2. 抽象行政行为，即行政法规、规章或者行政机关制定、发布的具有普遍约束力的决定、命令等规范性文件。

3. 内部行为，即行政机关对其工作人员的奖惩、任免等决定。

对这些决定引起的争议，按照法律、行政法规的规定提出申诉。这里所说的法律法规，主要是指公务员法等。

4. 调解行为，即行政机关对民事纠纷作出的调解。

对这些处理引起的争议，当事人可以依法申请仲裁或者向人民法院提起诉讼。行政机关处理的民事纠纷，包括乡政府和城镇街道办事处的司法助理员、民政助理员主持的调解，劳动部门对劳动争议的调解,公安部门对治安争议的调解等。

三、行政复议可以附带审查的规范性文件范围

公民、法人或者其他组织认为行政机关的行政行为所依据的下列规范性文件不合法,在对行政行为申请行政复议时,可以一并向行政复议机关提出对该规范性文件的附带审查申请:(1)国务院部门的规范性文件;(2)县级以上地方各级人民政府及其工作部门的规范性文件;(3)乡、镇人民政府的规范性文件;(4)法律、法规、规章授权的组织的规范性文件。

关于规范性文件的附带审查,应予注意的是:(1)对上述规范性文件只能附带审查,不能单独审查。换言之,行政相对人只能在对具体行政行为申请行政复议的同时,一并向复议机关提出对该具体行政行为所依据的规范性文件的附带审查申请,而不能单独仅就规范性文件申请复议。(2)上述规范性文件不含规章。换言之,可以附带审查的规范性文件仅限于规章以下的规范性文件。(3)上述规范性文件的制定主体不包括国务院。换言之,对国务院制定的规范性文件不能提起附带审查申请。

第三节　行政复议参加人和行政复议机关

一、行政复议申请人

行政复议申请人是依法申请行政复议的公民、法人或者其他组织。第一,享有行政复议申请权的只能是公民、法人或者其他组织,行使国家权力的机关不能作为行政复议申请人;第二,行政复议申请人必须认为自身合法权益受到侵害,并依法提出复议申请。

关于行政复议申请权的转移与变更:第一,公民死亡引起的申请权转移,由其近亲属承受;第二,法人或者其他组织终止引起的申请权转移,由其权利义务承受人承受。

有权申请行政复议的公民为无民事行为能力人或者限制民事行为能力人的,由法定代理人代为申请行政复议。申请人可以委托代理人代为参加行政复议。

二、行政复议被申请人

行政复议被申请人,是作出被申请复议的行政行为的行政机关。行政机关与被申请复议的行政行为之间的直接关系是确定被申请人的根据,它符合行政活动职权与职责相一致的原则。

行政复议的被申请人包括:

(一)独立被申请人

公民、法人或者其他组织对行政行为不服申请行政复议的,作出行政行为的行政机关或者法律、法规、规章授权的组织是被申请人。

(二)共同被申请人

两个以上行政机关以共同的名义作出同一行政行为的,共同作出行政行为的行政机关是被申请人。

(三)行政机关委托的组织作出行政行为的被申请人

行政机关委托的组织作出行政行为的,委托的行政机关是被申请人。

(四)被撤销或者职权变更的行政机关作出行政行为的被申请人

作出行政行为的行政机关被撤销或者职权变更的,继续行使其职权的行政机关是被申请人。

三、行政复议第三人

行政复议第三人,申请人以外的同被申请行政复议的行政行为或者行政复议案件处理结果有利害关系的公民、法人或者其他组织,可以作为第三人申请参加行政复议,或者由行政复议机构通知其作为第三人参加行政复议。首先,在主体上,第三人是申请人以外的其他公民、法人或者其他组织;其次,在实体权利义务上,第三人同被申请行政复议的行政行为或者行政复议案件处理结果有利害关系,即行政行为或者行政复议决定对第三人的合法权益产生了直接影响,第三人参加行政复议是为了维护自己的合法权益;最后,在程序上,第三人在行政复议开始后终结前,经过申请或者复议机关决定参加行政复议。法律设置第三人制度的目的,是使同被申请行政复议的行政行为或者行政复议案件处理结果有关的法律争议得到统一解决,使合法权益受到侵害的公民、法人或者其他组织得到法律救济。第三人不参加行政复议,不影响行政复议案件的审理。

四、推选代表人参加行政复议

同一行政复议案件申请人人数众多的,可以由申请人推选代表人参加行政复议。

代表人参加行政复议的行为对其所代表的申请人发生效力,但是代表人变更行政复议请求、撤回行政复议申请、承认第三人请求的,应当经被代表的申请人同意。

五、委托代理人

申请人、第三人可以委托1～2名律师、基层法律服务工作者或者其他代理人代为参加行政复议。

申请人、第三人委托代理人的，应当向行政复议机构提交授权委托书、委托人及被委托人的身份证明文件。授权委托书应当载明委托事项、权限和期限。申请人、第三人变更或者解除代理人权限的，应当书面告知行政复议机构。

符合法律援助条件的行政复议申请人申请法律援助的，法律援助机构应当依法为其提供法律援助。

六、行政复议机关★★★

复议被申请人与复议机关的确定：

类型	复议被申请人	复议机关
一般情形	县级以上地方政府工作部门	本级政府
	政府派出机关（如行政公署、区公所、街道办事处）	本级政府（设立该派出机关的政府）
	县级政府工作部门设立的派出机构	本级政府（县政府）
	政府或工作部门管理的被授权组织	本级政府
	省级以下地方政府	上一级人民政府
特殊情形	国家垂直领导机关（如海关、金融、外汇管理）	【找上级】上一级主管部门
	省部级单位（国务院部门或省级政府）	【自我复议】省部级单位自己
	国务院部门设立的派出机构、管理的被授权组织	【找该部门】国务院部门
	直辖市、地级市政府工作部门按照行政区划设立的派出机构	【灵活管辖】本级政府或所在地的政府
	履行复议机构职责的政府司法行政部门	【两个机关】本级政府或上一级司法行政部门

（一）县级以上地方各级人民政府作为被申请人的行政复议机关

根据《行政复议法》第4条第1款的规定，县级以上地方各级人民政府以及其他履行行政复议职责的行政机关是行政复议机关。据此，行政复议职责主要应由县级以上地方各级人民政府行使。县级以上地方各级人民政府管辖的行政复议案件包括：

1. 对本级人民政府工作部门作出的行政行为不服的。

对县级以上地方各级人民政府工作部门作出的行政行为不服的，向本级人民政府申请复议。因此，对县级以上地方各级人民政府工作部门的行政行为不服提起行政复议的，该部门的本级人民政府为复议机关。

2. 对下一级人民政府作出的行政行为不服的。

3. 对本级人民政府依法设立的派出机关作出的行政行为不服的。

根据我国《地方各级人民代表大会和地方各级人民政府组织法》第85条的规定，省、自治区的人民政府在必要的时候，经国务院批准，可以设立若干派出机关；县、自治县的人民政府在必要的时候，经省、自治区、直辖市的人民政府批准，可以设立若干区公所，作为它的派出机关；市辖区、不设区的市的人民政府，经上一级人民政府批准，可以设立若干街道办事处，作为它的派出机关。据此，政府派出机关包括省级政府派出机关（一般称为行政公署）、县级政府派出机关区公所和区级政府派出机关街道办事处，对上述派出机关的行为不服申请行政复议的，相应的复议机关应该是设立该派出机关的人民政府。

根据《行政复议法》第24条第3款的规定，省、自治区人民政府依法设立的派出机关参照设区的市级人民政府的职责权限，管辖相关行政复议案件。换言之，省级政府派出机关在级别上相当于设区的市级人民政府，其可以参照设区的市级人民政府的职责权限管辖相关行政复议案件。

4. 对本级人民政府或者其工作部门管理的法律、法规、规章授权的组织作出的行政行为不服的。

5. 对派出机构的行政行为不服的。

对县级以上地方各级人民政府工作部门依法设立的派出机构依照法律、法规、规章规定，以派出机构的名义作出的行政行为不服的行政复议案件，由本级人民政府管辖；其中，对直辖市、设区的市人民政府工作部门按照行政区划设立的派出机构作出的行政行为不服的，也可以由其所在地的人民政府管辖。

（二）省、自治区、直辖市政府作为被申请人的行政复议机关

省、自治区、直辖市人民政府管辖对本机关作出的行政行为不服的行政复议案件。

（三）国务院部门作为被申请人的行政复议机关

根据《行政复议法》第25条的规定，国务院部门管辖下列行政复议案件：（1）对本部门作出的行政行为不服的；（2）对本部门依法设立的派出机构以自己的名义作出的行政行为不服的；（3）对本部门管理的授权组织作出的行政行为不服的。

根据《行政复议法》第26条的规定，对于省、自治区、直辖市人民政府或国务院部门以本机关或本部门为被申请人的案件作出的行政复议决定，行政相对人不服的，可以向人民法院提起行政诉讼，也可

以向国务院申请裁决。如果相对人选择了向国务院申请裁决,则国务院作出的裁决是最终裁决。

(四)实行垂直领导的行政机关作为被申请人的行政复议机关

根据《行政复议法》第27条的规定,对海关、金融、外汇管理等实行垂直领导的行政机关、税务和国家安全机关的行政行为不服的,向上一级主管部门申请行政复议。

(五)地方人民政府司法行政部门作为被申请人的行政复议机关

根据《行政复议法》第28条的规定,对履行行政复议机构职责的地方人民政府司法行政部门的行政行为不服的,可以向本级人民政府申请行政复议,也可以向上一级司法行政部门申请行政复议。

七、行政复议机构

行政复议机构是行政复议机关中具体办理行政复议事项的机构。行政复议机构的工作具有事务性、程序性和可操作性。它没有作出行政复议决定的职权,有权作出行政复议决定的是行政复议机关。行政复议机构同时组织办理行政复议机关的行政应诉事项。

第四节　行政复议的申请与受理★★★

一、行政复议的申请

(一)申请时间

1. 申请期限。公民、法人或者其他组织认为行政行为侵犯其合法权益的,可以自知道或者应当知道该行政行为之日起60日内提出行政复议申请;但是法律规定的申请期限超过60日的除外。

2. 申请期限的起算。《行政复议法》规定,申请期限应当从申请人知道或者应当知道作出该行政行为之日起算。所谓知道之日,通常指了解行政行为内容之时。由于实际情况非常复杂,《行政复议法实施条例》对不同情况下"知道"的确定作出了具体规定:

一是当场作出决定。行政机关当场作出行政行为的,自行政行为作出之日起计算。

二是送达,行政机关作出的行政行为的书面决定事后送达的,自送达之日起计算。载明行政行为的法律文书直接送达的,自受送达人签收之日起计算。载明行政行为的法律文书邮寄送达的,自受送达人在邮件签收单上签收之日起计算;没有邮件签收单的,自受送达人在送达回执上签名之日起计算。行政行为依法通过公告形式告知受送达人的,自公告规定的期限届满之日起计算。

三是未制作、未送达决定书。行政机关作出行政行为,依法应当向有关公民、法人或者其他组织送达法律文书而未送达的,视为该公民、法人或者其他组织不知道该行政行为。被申请人能够证明公民、法人或者其他组织知道行政行为的,自证据材料证明其知道行政行为之日起计算。行政机关作出行政行为时未告知公民、法人或者其他组织,事后补充告知的,自该公民、法人或者其他组织收到行政机关补充告知的通知之日起计算。

四是行政机关未履行法定职责。申请人申请行政机关履行法定职责,行政机关未履行的,行政复议申请期限计算分三种情形:第一,有履行期限规定的,自履行期限届满之日起计算;第二,没有履行期限规定的,自行政机关收到申请满60日起计算;第三,在紧急情况下请求行政机关履行保护人身权、财产权的法定职责,行政机关不履行的,行政复议申请期限不受上述规定的限制。

3. 法定期限耽搁。法定期限的耽搁有两种情况:一个是不可抗力。它指不能预见、不能避免并不能克服的客观情况的出现致使在法定期限内不能申请行政复议。另一个是其他正当理由,如申请人病重。法定期限耽搁的继续方法,是从障碍消除之日起继续计算。

4. 未告知复议权利和期限。行政机关作出行政行为时,未告知公民、法人或者其他组织申请行政复议的权利、行政复议机关和申请期限的,申请期限自公民、法人或者其他组织知道或者应当知道申请行政复议的权利、行政复议机关和申请期限之日起计算,但是自知道或者应当知道行政行为内容之日起最长不得超过一年。

5. 最长行政复议期限。因不动产提出的行政复议申请自行政行为作出之日起超过二十年,其他行政复议申请自行政行为作出之日起超过五年的,行政复议机关不予受理。

(二)申请形式

申请人申请行政复议,可以书面申请;书面申请有困难的,也可以口头申请。

书面申请的,可以通过邮寄或者行政复议机关指定的互联网渠道等方式提交行政复议申请书,也可以当面提交行政复议申请书。行政机关通过互联网渠道送达行政行为决定书的,应当同时提供提交行政复议申请书的互联网渠道。

口头申请的,行政复议机关应当当场记录申请人的基本情况、行政复议请求、申请行政复议的主要事实、理由和时间。

申请人对两个以上行政行为不服的,应当分别申请行政复议。

二、对行政复议申请的受理★★

(一)受理和受理的期限

根据《行政复议法》第30条第1款的规定,行政复议机关收到行政复议申请后,应当在5日内进行审查。对符合下列规定的,行政复议机关应当予以受理:(1)有明确的申请人和符合本法规定的被申请人;(2)申请人与被申请行政复议的行政行为有利害关系;(3)有具体的行政复议请求和理由;(4)在法定申请期限内提出;(5)属于本法规定的行政复议范围;(6)属于本机关的管辖范围;(7)行政复议机关未受理过该申请人就同一行政行为提出的行政复议申请,并且人民法院未受理过该申请人就同一行政行为提起的行政诉讼。

对不符合上述规定的行政复议申请,行政复议机关应当在审查期限内决定不予受理并说明理由;不属于本机关管辖的,还应当在不予受理决定中告知申请人有管辖权的行政复议机关。

行政复议申请的审查期限届满,行政复议机关未作出不予受理决定的,审查期限届满之日起视为受理。

注意:行政复议机关受理行政复议申请后,发现该行政复议申请不符合上述规定的,应当决定驳回申请并说明理由。

根据《行政复议法》第31条第1款、第2款的规定,行政复议申请材料不齐全或者表述不清楚,无法判断行政复议申请是否符合《行政复议法》第30条第1款规定的,行政复议机关应当自收到申请之日起5日内书面通知申请人补正。补正通知应当一次性载明需要补正的事项。申请人应当自收到补正通知之日起10日内提交补正材料。有正当理由不能按期补正的,行政复议机关可以延长合理的补正期限。无正当理由逾期不补正的,视为申请人放弃行政复议申请,并记录在案。

根据《行政复议法》第32条的规定,对当场作出或者依据电子技术监控设备记录的违法事实作出的行政处罚决定不服申请行政复议的,可以通过作出行政处罚决定的行政机关提交行政复议申请。行政机关收到行政复议申请后,应当及时处理;认为需要维持行政处罚决定的,应当自收到行政复议申请之日起5日内转送行政复议机关。

(二)对行政复议机关无理拒绝受理等情形的处理

公民、法人或者其他组织依法提出行政复议申请,行政复议机关无正当理由不予受理、驳回申请或者受理后超过行政复议期限不作答复的,申请人有权向上级行政机关反映,上级行政机关应当责令其纠正;必要时,上级行政复议机关可以直接受理。

三、行政复议与行政诉讼的关系

根据我国《行政诉讼法》的规定,除法律、法规规定必须先申请行政复议的情形之外,行政争议当事人可以自由选择申请行政复议还是提起行政诉讼。行政复议已经被依法受理的,当事人在法定复议期限以内不得提起诉讼;行政诉讼已经被依法受理的,则不得再申请行政复议。

根据《行政复议法》第23条规定,有下列情形之一的,申请人应当先向行政复议机关申请行政复议,对行政复议决定不服的,可以再依法向人民法院提起行政诉讼:(1)对当场作出的行政处罚决定不服;(2)对行政机关作出的侵犯其已经依法取得的自然资源的所有权或者使用权的决定不服;(3)认为行政机关存在本法第11条规定的未履行法定职责情形;(4)申请政府信息公开,行政机关不予公开;(5)法律、行政法规规定应当先向行政复议机关申请行政复议的其他情形。对上述规定的情形,行政机关在作出行政行为时应当告知公民、法人或者其他组织先向行政复议机关申请行政复议。

根据《行政复议法》第34条的规定,法律、行政法规规定应当先向行政复议机关申请行政复议、对行政复议决定不服再向人民法院提起行政诉讼的,行政复议机关决定不予受理、驳回申请或者受理后超过行政复议期限不作答复的,公民、法人或者其他组织可以自收到决定书之日起或者行政复议期限届满之日起15日内,依法向人民法院提起行政诉讼。

另外,对于行政复议机关作出的终局行政复议决定,当事人不得提起行政诉讼,即《行政复议法》第26条规定的国务院的裁决。

四、行政行为在行政复议期间的执行力

原则上,行政复议期间行政行为不停止执行。但是,《行政复议法》第42条规定了四种应当停止执行的例外情形:(1)被申请人认为需要停止执行;(2)行政复议机关认为需要停止执行;(3)申请人、第三人申请停止执行,行政复议机关认为其要求合理,决定停止执行;(4)法律、法规、规章规定停止执行的其他情形。

第五节 行政复议的审理、决定和执行★★★

一、行政复议的审理

(一)一般规定

1. 审理程序及要求

为了发挥行政复议高效的优势,将更多的简单案件快速处理完毕,提高行政复议的公信力,将更多

复杂案件精准审理完毕,我国确立了繁简分流的审理机制,审理行政复议案件根据情况可以适用普通程序和简易程序。

行政复议机关受理行政复议申请后,行政复议机构应当指定行政复议人员负责办理行政复议案件。行政复议人员对办理行政复议案件过程中知悉的国家秘密、商业秘密和个人隐私,应当予以保密。

2. 审理的依据

行政复议机关依照法律、法规、规章审理行政复议案件。在审理民族自治地方的行政复议案件时,应当同时适用该民族自治地方的自治条例和单行条例。

(二)证据制度

1. 证据种类

行政复议法规定的证据有 8 种形式,分别为:书证,物证,视听资料,电子数据,证人证言,当事人的陈述,鉴定意见,勘验笔录、现场笔录。

2. 举证责任

提交证据证明行政行为合法适当的责任,由被申请人负担。

在行政复议中,并非所有的证据都由被申请人提供,在下列两种情形下,申请人应当提供证明材料:一是认为被申请人不履行法定职责的,应提供曾经要求被申请人履行法定职责的证据,但是被申请人应当依职权主动履行法定职责或者申请人因正当理由不能提供的除外;二是提出赔偿请求的,应提供受行政行为侵害而造成损害的证据,但是因被申请人原因导致申请人无法举证的,由被申请人承担举证责任。

行政复议机构应当自行政复议申请受理之日起 7 日内,将行政复议申请书副本或者行政复议申请笔录复印件发送被申请人。被申请人应当自收到行政复议申请书副本或者行政复议申请笔录复印件之日起 10 日内,提出书面答复,并提交作出行政行为的证据、依据和其他有关材料。

3. 调查取证

行政复议机关有权向有关单位和个人调查取证,查阅、复制、调取有关文件和资料,向有关人员进行询问。调查取证时,行政复议人员不得少于 2 人,并应当出示行政复议工作证件。被调查取证的单位和个人应当积极配合行政复议人员的工作,不得拒绝或者阻挠。

4. 查阅材料

申请人、第三人及其委托代理人查阅材料的内容,是被申请人提出的书面答复,作出行政行为的证据、依据和其他有关材料;查阅材料的例外,是涉及国家秘密、商业秘密、个人隐私或者可能危及国家安全、公共安全、社会稳定的材料。除了法定例外事项以外,行政机关应当同意申请人、第三人及其委托代理人行使查阅权。

5. 证据收集

《行政复议法》第 47 条规定了限制被申请人在行政复议过程中证据收集权的制度。第一,只是被申请人的证据收集权受到限制。申请人和第三人不受这种限制,他们有权在行政复议过程中收集证据。第二,限制的内容是被申请人不得自行向申请人和其他有关单位或者个人收集证据,自行收集的证据不能作为认定行政行为合法性、适当性的依据。如果行政复议期间,申请人或者第三人提出被申请行政复议的行政行为作出时没有提出的理由或者证据,经行政复议机构同意,被申请人可以补充证据。第三,限制的时间是行政复议的过程。这一过程开始于行政复议机关对复议申请的受理,结束于行政复议决定的执行完毕。

(三)普通审理程序

1. 听取意见程序

行政复议以通过灵活方式听取群众意见为原则,以书面审理为例外。适用普通程序审理的行政复议案件,行政复议机构应当当面或者通过互联网、电话等方式听取当事人的意见,并将听取的意见记录在案。因当事人原因不能听取意见的,可以书面审理。

2. 听证程序

行政复议听证制度是行政复议公开的基本要求,也是行政复议公正公开和行政复议决定合理性的重要保障。包括应当启动和可以启动两种情形:审理重大、疑难、复杂的行政复议案件,行政复议机构应当组织听证;行政复议机构认为有必要听证,或者申请人请求听证的,行政复议机构可以组织听证。

听证由 1 名行政复议人员任主持人,2 名以上行政复议人员任听证员,1 名记录员制作听证笔录。

行政复议机构组织听证的,应当于举行听证的 5 日前将听证的时间、地点和拟听证事项书面通知当事人。申请人无正当理由拒不参加听证的,视为放弃听证权利。

被申请人的负责人应当参加听证。不能参加的,应当说明理由并委托相应的工作人员参加听证。

3. 行政复议委员会组成和职责

县级以上各级人民政府应当建立相关政府部门、专家、学者等参与的行政复议委员会,为办理行政复议案件提供咨询意见,并就行政复议工作中的重大事项和共性问题研究提出意见。

审理行政复议案件涉及下列情形之一的,行政复议机构应当提请行政复议委员会提出咨询意见:(1)案情重大、疑难、复杂;(2)专业性、技术性较强;

(3)省、自治区、直辖市人民政府同时管辖对本机关作出的行政行为不服的行政复议案件;(4)行政复议机构认为有必要。

行政复议机构应当记录行政复议委员会的咨询意见。

(四)简易程序

<table>
<tr><th>项目</th><th colspan="2">内容</th></tr>
<tr><td rowspan="2">适用情形</td><td>法定简易</td><td>行政复议机关审理下列行政复议案件,认为事实清楚、权利义务关系明确、争议不大的,可以适用简易程序:
1. 被申请行政复议的行政行为是当场作出的;
2. 被申请行政复议的行政行为是警告或者通报批评;
3. 案件涉及款额 3000 元以下;
4. 属于政府信息公开案件</td></tr>
<tr><td>约定简易</td><td>当事人各方同意适用简易程序的,可以适用</td></tr>
<tr><td>审前程序</td><td colspan="2">第一步:行政复议机构应当自受理行政复议申请之日起 3 日内,将行政复议申请书副本或行政复议申请笔录复印件发送被申请人;
第二步:被申请人应当自收到行政复议申请书副本或行政复议申请笔录复印件之日起 5 日内提出书面答复,并提交作出行政行为的证据、依据和其他有关材料</td></tr>
<tr><td>审理方式</td><td colspan="2">可以书面审理</td></tr>
<tr><td>审理期限</td><td colspan="2">自受理申请之日起 30 日内作出行政复议决定(无延长规定)</td></tr>
<tr><td>程序转化</td><td colspan="2">行政复议机构认为不宜适用简易程序的,经行政复议机构的负责人批准,可以转为普通程序审理</td></tr>
</table>

(五)行政复议中止与终止

行政复议中止,是指在行政复议进行过程中,由于出现了特殊情况而使复议程序无法继续,须暂时停止的制度。根据《行政复议法》第 39 条第 1 款的规定,特殊情况有以下几种情形:作为申请人的公民死亡,其近亲属尚未确定是否参加行政复议;作为申请人的公民丧失参加行政复议的行为能力,尚未确定法定代理人参加行政复议;作为申请人的公民下落不明;作为申请人的法人或者其他组织终止,尚未确定权利义务承受人;申请人、被申请人因不可抗力或者其他正当理由,不能参加行政复议;依照本法规定进行调解、和解,申请人和被申请人同意中止;行政复议案件涉及的法律适用问题需要有权机关作出解释或者确认;行政复议案件审理需要以其他案件的审理结果为依据,而其他案件尚未审结;在行政复议案件审理过程中,申请人依法提起规范性文件审查申请。

行政复议终止,是指在行政复议过程中,其因发生法定情形,无法继续或者继续进行已经没有必要而结束的制度。根据《行政复议法》第 41 条的规定,导致行政复议终止的主要包括以下四种情形:申请人撤回行政复议申请,行政复议机构准予撤回;作为申请人的公民死亡,没有近亲属或者其近亲属放弃行政复议权利;作为申请人的法人或者其他组织终止,没有权利义务承受人或者其权利义务承受人放弃行政复议权利;申请人对行政拘留或者限制人身自由的行政强制措施不服申请行政复议后,因同一违法行为涉嫌犯罪,被采取刑事强制措施。

行政复议中止转终止。作为申请人的公民死亡,其近亲属尚未确定是否参加行政复议,或者作为申请人的公民丧失参加行政复议的行为能力,尚未确定法定代理人参加行政复议,或者作为申请人的法人或者其他组织终止,尚未确定权利义务承受人,导致中止行政复议满 60 日,行政复议中止的原因仍未消除的,行政复议终止。

(六)行政复议附带审查规范性文件

行政复议决定程序中对行政规定和行政依据的审查包括两种情形:一种是根据申请人提出的申请对有关行政规定进行的审查处理;另一种是依职权发现依据不合法进行的处理。主要内容是审查条件、审查程序和处理权限、处理期限和处理后果。

<table>
<tr><th>比较项目</th><th>依申请</th><th>依职权</th></tr>
<tr><td>审查条件</td><td>【对象】规范性文件:(1)国务院部门的规范性文件;(2)县级以上地方各级人民政府及其工作部门的规范性文件;(3)乡、镇人民政府的规范性文件;(4)法律、法规、规章授权的组织的规范性文件。
【关联性】该规范性文件是行政行为作出的依据。
【附带性】不能单独直接就该规范性文件申请行政复议,只能在对行政行为申请行政复议时一并请求附带审查</td><td>【对象】原则上没有限制,包括法律、法规、规章、其他规范性文件等。
【关联性】该规范性文件是行政行为作出的依据。
【附带性】行政复议机关审查行政行为时,一并对其依据进行附带审查</td></tr>
<tr><td>审查程序</td><td colspan="2">(1)行政复议机关有权处理的,应当在 30 日内依法处理;无权处理的,应当在 7 日内转送有权机关依法处理,接受转送的有权机关应当自收到转送之日起 60 日内,回复处理意见。
(2)行政复议机关有权处理的程序:
①行政复议机构应当自行政复议中止之日起 3 日内,书面通知该文件的制定机关就相关条款的合法性提出书面答复;
②制定机关应当自收到书面通知之日起 10 日内提交书面答复及相关材料;
③行政复议机构认为必要时,可以要求制定机关当面说明理由,制定机关应当配合</td></tr>
</table>

续表

比较项目	依申请	依职权
处理结果	行政复议机关有权处理的： (1)认为相关条款合法的，在行政复议决定书中一并告知； (2)认为相关条款不合法(越权或违反上位法)的，决定停止该条款的执行，并责令制定机关予以纠正	

(七)调解与和解

1. 调解

行政复议的结案方式主要包括行政复议决定和调解处理两种方式。所谓调解，是指在行政复议机关的主持下，申请人和被申请人就争议的实体权利和义务自愿协商、达成协议、解决纠纷的活动。《行政复议法》第5条规定，行政复议机关办理行政复议案件，可以进行调解。调解应当遵循合法、自愿的原则，不得损害国家利益、社会公共利益和他人合法权益，不得违反法律、法规的强制性规定。

行政复议机关经过调解后，对于当事人双方自愿达成，内容不违反法律禁止性规定的调解协议，应当予以认可并且依照调解协议制作行政复议调解书。调解书的内容包括复议请求、案件事实和调解结果三个方面。

调解书制作完成后，须经各方当事人签字或者签章，并加盖行政复议机关印章，才具有法律效力。调解书不能强行送达，不适用留置送达和公告送达，也不适用邮寄送达和转交送达，而是须由当事人签收。

2. 和解与撤回申请

和解是行政复议当事人之间通过互谅互让，最终达成意思一致的活动。当事人在行政复议决定作出前可以自愿达成和解，和解内容不得损害国家利益、社会公共利益和他人合法权益，不得违反法律、法规的强制性规定。

当事人达成和解后，由申请人向行政复议机构撤回行政复议申请。

第一，撤回的条件是提出撤回的申请并说明理由。撤回必须出自申请人的意愿。如果发现撤回申请有重大误解、欺诈、胁迫等违背申请人真实意愿的情形，行政复议机关可以不准许撤回申请。第二，撤回的时间是申请被受理以后至复议决定作出以前。第三，撤回的效果是终止正在进行的行政复议。行政复议机关可以采用制作裁决书或者记录在案的方法，予以同意并终结行政复议。申请人撤回行政复议申请的，不得再以同一事实和理由提出行政复议申请。但是，申请人能够证明撤回行政复议申请违背其真实意思表示的除外。

二、行政复议的决定

(一)对行政行为的决定

1. 决定程序

决定程序是行政复议机关内作出有关行政行为复议决定的工作程序，分为两个阶段：首先是行政复议机构对行政行为进行审查，提出意见；其次是行政复议机关的负责人员作出行政复议决定。根据行政机关首长负责制，行政复议机关负责人有对复议决定的决定权。该制度可分为负责人同意和负责人集体讨论决定两种情形。如果是经过听证的行政复议案件，行政复议机关应当根据听证笔录、审查认定的事实和证据，作出行政复议决定；如果是提请行政复议委员会提出咨询意见的行政复议案件，行政复议机关应当将咨询意见作为作出行政复议决定的重要参考依据。

2. 行政复议的决定类型

决定类型	情形	内容
维持决定	行政行为事实清楚，证据确凿，适用依据正确，程序合法，内容适当	使行政行为维持或者取得法律效力
责令履行决定	被申请人存在应当履行的法定职责，不履行构成了行政违法，且继续履行仍有意义	要求其在一定期限内履行法定义务
撤销或部分撤销，责令重新作出决定	(1)主要事实不清、证据不足； (2)违反法定程序； (3)适用的依据不合法； (4)超越职权或者滥用职权	(1)使行政行为全部或者部分丧失效力或不能取得法律效力； (2)行政复议机关责令被申请人重新作出行政行为的，被申请人不得以同一事实和理由作出与被申请行政复议的行政行为相同或者基本相同的行政行为，但是行政复议机关以违反法定程序为由决定撤销或者部分撤销的除外
变更决定	(1)事实清楚，证据确凿，适用依据正确，程序合法，但是内容不适当的； (2)事实清楚，证据确凿，程序合法，但是未正确适用依据； (3)事实不清、证据不足，经行政复议机关查清事实和证据	(1)撤销原来行政行为，使其丧失效力或不能取得效力，行政复议机关对有关事项作出新的权利义务安排和处理； (2)行政复议机关不得作出对申请人更为不利的变更决定，但是第三人提出相反请求的除外

续表

决定类型	情形	内容
确认违法决定	(1)行政行为依法应予撤销,但是撤销会给国家利益、社会公共利益造成重大损害; (2)行政行为程序轻微违法,但是对申请人权利不产生实际影响; (3)行政行为违法,但是不具有可撤销内容; (4)被申请人改变原违法行政行为,申请人仍要求撤销或者确认该行政行为违法; (5)被申请人不履行或者拖延履行法定职责,责令履行没有意义	对行政行为违法性质和违法状态的确定或认定
确认无效	行政行为有实施主体不具有行政主体资格或者没有依据等重大且明显违法情形	自始无效、当然无效、绝对无效
驳回决定	申请人认为行政机关不履行法定职责而申请行政复议,行政复议机关受理后发现该行政机关没有相应法定职责或者在受理前已经履行法定职责的	不产生行政复议上的效力
赔偿决定	依申请作出:当申请人申请复议时可以一并提出行政赔偿请求,行政复议机关必须决定赔偿与否	行政复议机关对依法应当赔偿的,在决定撤销、变更或确认违法时,应当同时决定被申请人依法给予赔偿
	依职权作出:申请人在复议时没有提出行政赔偿请求的,行政复议机关可以在法定情形下直接作出有赔偿效果的决定	行政复议机关依法决定撤销或者部分撤销、变更罚款,撤销或者部分撤销违法集资、没收财物、征收征用、摊派费用以及对财产的查封、扣押、冻结等行政行为时,应当同时责令被申请人返还财产,解除对财产的查封、扣押、冻结措施,或赔偿相应价款

(二)行政复议意见书

行政复议机关在办理行政复议案件过程中,发现被申请人或者其他下级行政机关的有关行政行为违法或者不当的,可以向其制发行政复议意见书。有关机关应当自收到行政复议意见书之日起60日内,将纠正相关违法或者不当行政行为的情况报送行政复议机关。

三、行政复议决定的执行★★

行政复议决定的执行,是有关国家机关依法采取措施强制实现行政复议决定规定内容的行为。执行行政复议决定的主要条件有:一是行政复议决定开始生效;二是有关义务人没有履行行政复议决定规定的义务。

(一)行政复议决定的生效

行政复议决定的生效,需要有以下几个条件:

1. 依法在法定期限内作出行政复议决定。超过复议决定期限的,会产生当事人依法提起行政诉讼的法律后果。

2. 依法制作行政复议决定书。行政复议机关作出行政复议决定后,应当制作书面文件。书面文件的形式是行政复议决定书,该决定书应当加盖行政复议机关的印章。

3. 依法送达行政复议决定书。送达是行政复议决定书发生法律效力的条件之一。一经送达,行政复议决定即发生法律效力。从这时起当事人就产生了履行义务。

行政复议决定书的送达,依照《民事诉讼法》关于送达的规定执行。

(二)被申请人不履行义务及其执行措施

被申请人有义务履行已经生效的行政复议决定。不履行有两种情形:一种是完全不履行;另一种是无正当理由不及时履行。行政复议机关或者有关上级行政机关应当责令其限期履行,并可以约谈被申请人的有关负责人或者予以通报批评。

(三)申请人不履行义务及其执行措施

申请人不履行义务及其执行措施,比被申请人的情形要复杂一些。

对申请人不履行义务采取执行措施的条件是:申请人逾期不起诉又不履行行政复议决定书、调解书的,或者不履行最终裁决的行政复议决定。

对申请人采取的执行措施有三种:第一,维持行政行为的行政复议决定书,由作出行政行为的行政机关依法强制执行,或者申请人民法院强制执行;第二,变更行政行为的行政复议决定,由行政复议机关依法强制执行,或者申请人民法院强制执行;第三,行政复议调解书,由行政复议机关依法强制执行,或者申请人民法院强制执行。

命题点拨 《行政复议法》是今年新生效的一部重要法律,新修改的地方是重要考点,比如行政复议的管辖、行政复议受案范围、行政复议申请和受理程序、行政复议审理程序等,同学们在备考过程中一定要准确掌握。本章是今年考查的重点。

第十三章　行政诉讼概述

三大诉讼法律制度比较：★

比较项目	调整主体	诉讼结构	特有原则
民事诉讼法	平等主体之间	民告民	(1)调解原则；(2)处分原则
刑事诉讼法	国家与公民等之间	官告民	无罪推定原则
行政诉讼法	公民等与行政机关之间	民告官	(1)行政行为合法性审查原则；(2)被告承担举证责任原则；(3)不适用调解原则(有例外)

行政诉讼与民事诉讼、刑事诉讼、违纪行为处理的关系：

项目	内容
与民事诉讼	(1)附带关系：行政附带民事诉讼；行政裁决案件； (2)先后关系：行政争议的先决性； (3)参照关系：赔偿诉讼可以参照民事诉讼进行； (4)排斥关系：对同一争议，已经作出行政处理或行政裁判，不得提起民事诉讼(如土地争议处理生效后，不能提起民诉，可以向行政机关提出申请执行，行政机关启动强制执行程序)
与刑事诉讼	(1)移送关系：刑事案件所涉事实与行政案件事实没有法律上的关联性，移送材料，另案处理； (2)先后关系：有关联性，应裁定中止诉讼，移送材料，等司法机关作出最终生效裁判后继续诉讼； (3)排斥关系：当事人不能同时提起(行政机关工作人员执行职务致人死亡的，法院不受理受害人提出的刑事附带民事诉讼，应告知提起行政赔偿诉讼)
与违纪行为处理	应将有关材料移送该行政机关或其上一级行政机关或监察、人事部门处理

第一节　行政诉讼的概念和特征

行政诉讼是法院应公民、法人或者其他组织的请求，通过审查行政行为合法性的方式，解决特定范围内行政争议的活动。

首先，行政诉讼是法院通过审判方式进行的一种司法活动。

其次，行政诉讼是通过审查行政行为合法性的方式解决行政争议的活动。

再次，行政诉讼是解决特定范围内行政争议的活动。

最后，行政诉讼当事人的地位具有特殊性。一方面，行政诉讼的原告恒定为作为行政管理相对一方的公民、法人或者其他组织；行政诉讼的被告恒定为作为行政主体的行政机关和法律、法规授权的组织。当行政机关与法律、法规授权的组织不是作为行政主体，而是作为管理相对人时，也可以成为行政诉讼原告。另一方面，行政诉讼当事人的权利义务具有特定性。行政诉讼原告享有起诉权、撤诉权，而被告不享有起诉权和反诉权，同时对行政行为合法性承担举证责任。

第二节　行政诉讼法

一、行政诉讼法的概念

行政诉讼法是有关行政诉讼的法律规范的总和。它是规定人民法院、诉讼当事人和其他参与人的诉讼活动程序，规范各种行政诉讼行为，调整行政诉讼关系的法律规范，也是我国法律体系中的一个重要法律部门。

首先，行政诉讼法是规定行政诉讼活动程序的法律规范。

其次，行政诉讼法调整的对象是诉讼行为和诉讼关系。

再次，行政诉讼法的主要内容是规定行政诉讼主体的权利与义务。

最后，行政诉讼法是有关行政诉讼的法律规范的总和。

二、行政诉讼法的渊源

行政诉讼法的渊源是指行政诉讼法的具体表现形式。我国广义上的行政诉讼法的渊源主要有以下几种：(1)宪法中有关行政诉讼的法律规范；(2)行政诉讼法典；(3)人民法院组织法、人民检察院组织法中的有关规定；(4)民事诉讼法；(5)单行法律、法规；(6)国际条约；(7)法律解释。

三、行政诉讼法的效力范围

行政诉讼法的效力范围，是指行政诉讼法的适用范围，具体包括行政诉讼法的空间效力、时间效力、对人的效力和对事的效力。

(一)空间效力

空间效力是指行政诉讼法适用的地域范围。我国行政诉讼法适用于我国国家主权所及的一切空间领域，包括我国的领土、领空、领海以及领土延伸的所有空间。我国香港特别行政区、澳门特别行政区，不适用我国行政诉讼法。有关行政诉讼的地方性法规和自治条例、单行条例只能在本行政区域内适用。

（二）时间效力

时间效力是指行政诉讼法适用的时间范围，具体包括行政诉讼法的生效、失效的起止时间以及行政诉讼法对该法生效前发生的行政案件的溯及力。

（三）对人的效力

行政诉讼法对人的效力，是指行政诉讼法对哪些人有拘束力，对哪些人没有拘束力。我国行政诉讼法采用属地原则确定对人的效力。凡在我国领域内进行行政诉讼的，无论当事人为中国公民、法人还是外国公民、组织或无国籍人，均适用我国行政诉讼法。但是，中国参加或缔结的国际条约对外国公民的权利作了特殊规定的，适用该规定。

（四）对事的效力

对事的效力，是指行政诉讼法对行政案件的适用范围，即人民法院的受案范围。

四、行政诉讼法的立法目的

根据《行政诉讼法》第1条的规定，我国制定行政诉讼法的目的表现在以下三个方面：（1）保证人民法院公正、及时审理行政案件、解决行政争议；（2）保护公民、法人和其他组织的合法权益；（3）监督行政机关依法行使行政职权。

第三节　行政诉讼的基本原则

行政诉讼的基本原则，是指行政诉讼法规定的，贯穿于行政诉讼的主要过程，对行政诉讼活动起支配作用的基本行为准则，对行政诉讼活动有拘束力。无论是人民法院还是诉讼当事人及其他诉讼参与人都要遵循。

一、依法受理、依法应诉原则

《行政诉讼法》第3条规定，人民法院应当保障公民、法人和其他组织的起诉权利，对应当受理的行政案件依法受理。行政机关及其工作人员不得干预、阻碍人民法院受理行政案件。被诉行政机关负责人应当出庭应诉。不能出庭的，应当委托行政机关相应的工作人员出庭。

二、人民法院依法独立行使行政审判权原则

三、以事实为根据、以法律为准绳原则

四、行政行为合法性审查原则

五、当事人的法律地位平等原则

六、使用民族语言文字原则

七、当事人有权辩论原则

八、合议、回避、公开审判和两审终审原则

（一）合议原则

合议原则是指人民法院对行政案件的审理，由审判员或审判员与陪审员依照法定人数和组织形式组成合议庭进行。人民法院审理行政案件，由审判员组成合议庭，或者由审判员、陪审员组成合议庭。合议庭的成员，应当是3人以上的单数。审判委员会在审判业务上对合议庭进行指导和监督。

（二）回避原则

在行政诉讼中，回避原则是指承办行政案件的审判人员和其他有关人员遇有法律规定应当回避的情形时，应当经过法定程序退出行政诉讼活动。回避适用于审判人员、书记员、勘验人、鉴定人和翻译人员等。

（三）公开审判原则

公开审判是我国宪法确定的一项基本原则。在行政诉讼中，公开审判原则是指人民法院审理行政案件，除法律规定的特殊情况外，一律公开进行。

（四）两审终审原则

在行政诉讼中，两审终审原则是指行政案件经过两级人民法院的审理即告终结。

九、人民检察院实行法律监督原则

（一）法律监督的范围

首先，人民检察院对行政诉讼活动的合法性有权进行法律监督。

其次，人民检察院对人民法院和行政诉讼参与人都有权进行法律监督。在行政诉讼中，人民检察院对人民法院的审判活动和执行活动是否合法进行监督。同时，人民检察院有权监督行政诉讼参与人。人民检察院可以向违法行为人直接提出纠正意见，也可以要求人民法院采取纠正措施。当然，人民检察院不能直接对违法行为人采取措施。

最后，人民检察院有权对行政诉讼的整个过程实行法律监督。行政诉讼可以分为审判和执行两个阶段。审判包括第一审程序、第二审程序和再审程序，每一个审判程序大体包括起诉、受理、审理、判决和送达等阶段。

（二）人民检察院实行法律监督的方式

人民检察院实行法律监督的主要方式是抗诉。最高人民检察院对各级人民法院已经发生法律效力的行政判决、裁定，上级人民检察院对下级人民法院已经发生法律效力的行政判决、裁定，发现违反法律、法规规定的，应当提出抗诉。

抗诉应当符合两个原则：第一，同级抗诉原则。受理抗诉的人民法院应当与提出抗诉的人民检察院的级别相同。第二，抗诉必须受理原则。人民法院对人民检察院提出的抗诉必须受理并要开庭审判。

命题点拨　行政诉讼与民事诉讼的关系。注意《行政诉讼法》有关基本原则的新规定。

第十四章　行政诉讼的受案范围

第一节　概　　述

受案范围的确定标准：

1. 行为标准。

这是指引起行政争议的行政活动的种类。也就是说，哪些行政活动属于行政诉讼的受案范围，可以被人民法院审查。

(1)行政行为。

(2)事实行为、公务员管理行为、法定最终裁决行为。按照行政诉讼法的规定，这三种行为不属于一般行政诉讼的受案范围。但是，按照国家赔偿法的规定，在特定条件下，这三种行为属于行政赔偿诉讼的受案范围。

首先，国家赔偿法明确规定了事实行为的行政赔偿程序。

其次，公务员管理行为本是内部行为，不在行政诉讼的受案范围之内，但是，国家赔偿法并没有排除其国家赔偿责任。这意味着，公务员管理行为违法侵害公务员合法权益的，行政机关同样承担国家赔偿责任。

最后，公民不服法律规定由行政机关最终裁决的具体行政行为的合法性的，不能到法院起诉。但是，在最终裁决的具体行政行为违法性经行政机关确认之后，因赔偿问题发生争议的，经行政机关先行处理（行政处理前置程序）之后，受害人可以提起行政赔偿诉讼。

2. 权利标准。

这是指行政诉讼保护的公民合法权益的种类。也就是说，行政活动侵害了公民的哪些合法权益，人民法院才予以受理。

(1)人身权和财产权。

(2)合法权益。合法权益可以分为政治权、社会权和平等权等种类。

第二节　应予受理的案件★★★★

根据《行政诉讼法》第12条，人民法院应当予以受理的行政案件有：

1. 行政处罚案件。

2. 行政强制案件。

3. 行政许可案件。

4. 行政确权案件。

5. 征收、征用案件。

6. 不履行法定职责案件。

7. 侵犯经营自主权和农村土地承包经营权、农村土地经营权的案件。经营自主权包括：(1)企业对其经营管理的财产的占有、使用和依法处分的权利；(2)机构设置、人事管理和劳动用工自主权；(3)生产经营决策权和投资决策权；(4)产品、劳务定价权；(5)产品销售权；(6)物资采购权；(7)进出口权；(8)留用资金支配权；(9)联营、兼并权；(10)拒绝摊派权等。

8. 侵犯公民公平竞争权的案件。

9. 违法要求履行义务案件。

10. 行政给付案件。这类案件是指公民申请行政机关依法支付抚恤金、最低生活保障待遇或者社会保险待遇，行政机关没有依法支付而引起的行政诉讼案件，通常表现为：(1)不按法定标准发放；(2)扣减金额；(3)不按期限发放。

11. 行政合同（协议）案件。公民、法人和其他组织认为行政机关不依法履行、未按照约定履行或者违法变更、解除政府特许经营协议、土地房屋征收补偿协议等协议的，属于受案范围。

12. 其他侵犯人身权、财产权案件。

13. 法律、法规规定的其他行政案件。凡因行政机关行政活动涉及侵犯公民合法权益而形成的行政争议案件，即使行政诉讼法未作列举，只要其他法律、法规规定可以提起行政诉讼，则都属于行政诉讼的受案范围。

14. 国际贸易行政案件。这里值得注意的是：(1)第一审由具有管辖权的中级以上人民法院管辖，由行政审判庭审理。(2)适用中国法律。(3)国际条约优先，但中国声明保留的条款除外。(4)同等原则和对等原则。(5)涉及我国香港特别行政区、澳门特别行政区和我国台湾地区当事人的国际贸易行政案件，参照最高人民法院《关于审理国际贸易行政案件若干问题的规定》处理。

15. 反倾销、反补贴行政案件。第一审案件由被告所在地高级人民法院指定的中级人民法院管辖或者被告所在地高级人民法院管辖。

16. 少年收容教养决定。

17. 社会保险基金管理争议。

18. 教育行政决定。

19. 设施使用费征收案件。

20. 计划生育案件。

21. 交警部门作出的扣押车辆及行驶证的行为。

第三节　不予受理的案件★

根据《行政诉讼法》第 13 条和《行诉解释》第 1 条第 2 款的规定，人民法院不予受理的情形包括：

1. 国家行为。

2. 抽象行政行为。注意：根据《行诉解释》的规定，公民、法人或者其他组织请求人民法院一并审查《行政诉讼法》第 53 条规定的规范性文件，应当在第一审开庭审理前提出；有正当理由的，也可以在法庭调查中提出。公民、法人或者其他组织在对行政行为提起诉讼时一并请求对所依据的规范性文件审查的，由行政行为案件管辖法院一并审查。

3. 行政机关对其工作人员的奖惩、任免等决定。

4. 法律规定由行政机关最终裁决的行政行为。

(1)《行政复议法》规定了两种最终裁决的情形：①国务院的复议决定。②省级人民政府的自然资源权属确权复议决定。

(2)《出境入境管理法》规定了两种最终裁决：①公安机关出入境管理机构作出的有关普通签证、外国人居留决定为最终决定。②针对外国人和其他境外人员的强制措施的行政复议决定。

5. 公安、国家安全等机关依照刑事诉讼法的明确授权实施的行为（对象必须是刑事犯罪嫌疑人）。

6. 调解行为以及法律规定的仲裁行为。例外情形是：(1)行政机关借调解之名，违背当事人的意志作出具有强制性的决定；(2)行政机关为了实施调解或者在调解过程中实施了行政行为，如采取了强制措施。在这两种情形下，公民可以针对强制性决定或者强制措施起诉。

行政机关下设的仲裁机构以中立身份按照法定程序对平等主体之间的民事纠纷作出有法律拘束力的裁决的，当事人一方不服裁决，应当依法提起民事诉讼。

7. 行政指导行为。

8. 驳回当事人对行政行为提起申诉的重复处理行为。重复处理行为是指行政机关根据公民的申请或者申诉，对原有的生效行政行为作出的没有任何改变的二次决定。

9. 行政机关作出的不产生外部法律效力的行为。

10. 行政过程性行为，即行政机关为作出行政行为而实施的准备、论证、研究、层报、咨询等过程性行为。

11. 协助执行行为，即行政机关根据人民法院的生效裁判、协助执行通知书作出的执行行为，但行政机关扩大执行范围或者采取违法方式实施的除外。

12. 内部层级监督行为，即上级行政机关基于内部层级监督关系对下级行政机关作出的听取报告、执法检查、督促履责等行为。

13. 信访处理行为，即行政机关针对信访事项作出的登记、受理、交办、转送、复查、复核意见等行为。

14. 对公民、法人或其他组织的权利义务不产生实际影响的行为。

15. 司法解释规定的其他案件。

《行诉解释》进一步明确了行政诉讼的受案边界，有利于防止滥诉的出现。

命题点拨　不予受理的案件的范围。

第十五章　行政诉讼的管辖

第一节　行政诉讼管辖概述

一、管辖的概念和意义

管辖是指关于不同级别和地方的人民法院之间受理第一审行政案件的权限分工，是涉及行政审判的组织体制、公民诉权保护等基本问题的重要诉讼法律制度。

首先，管辖是普通人民法院受理行政案件的分工。除非特殊安排，专门法院（如海事法院、军事法院等）不受理和执行行政案件。根据《行诉解释》第 3 条第 2 款的规定，专门人民法院、人民法庭不审理行政案件，也不审查和执行行政机关申请执行其行政行为的案件。铁路运输法院等专门人民法院审理行政案件应当执行《行政诉讼法》第 18 条第 2 款的规定。

其次，管辖是上下级法院、同级法院之间受理行政案件的权限分工。

最后，管辖是人民法院受理第一审行政案件的权限分工。管辖不包括第二审及再审案件的分工。根据《行诉解释》第 4 条的规定，立案后，受诉人民法院的管辖权不受当事人住所地改变、追加被告等事实和法律状态变更的影响。

二、管辖的种类

一般认为，行政诉讼管辖可以作如下划分：

（一）级别管辖与地域管辖

级别管辖解决不同审级法院之间管辖权的划分。地域管辖解决行政案件由哪个地区的法院受理的问题。

（二）法定管辖与裁定管辖

法定管辖是指由法律直接确定的管辖。裁定管辖是指在特殊情况下，由法院以移送、指定等行为确定的管辖，具体包括指定管辖、管辖权转移和移送管辖三种。

（三）共同管辖与单一管辖

共同管辖是指两个以上法院同时对一个案件均有管辖权。单一管辖则是只有一个法院有管辖权。

第二节　级别管辖

一、基层人民法院的管辖

除法律规定由上级法院管辖的特殊情形之外，行政案件都应由基层人民法院负责管辖。

二、中级人民法院的管辖

中级人民法院管辖的第一审行政案件有：

1. 对国务院部门或者县级以上地方人民政府所作的行政行为提起诉讼的案件。

2. 海关处理的案件。

主要是海关处理的纳税案件和海关行政处罚案件。

3. 本辖区内重大、复杂的案件。

根据《行诉解释》第5条的规定，重大、复杂的案件是指以下情形：

（1）社会影响重大的共同诉讼案件。

（2）涉外行政案件。

（3）涉及我国香港特别行政区、澳门特别行政区、台湾地区的行政案件。

（4）其他重大、复杂案件。

4. 其他法律规定由中级人民法院管辖的案件。

三、高级人民法院的管辖

本辖区内重大、复杂的第一审行政案件。

四、最高人民法院的管辖

全国范围内重大、复杂的第一审行政案件。

第三节　地域管辖

一、一般地域管辖★★

1. 一般地域管辖适用于没有法定特殊因素的一般行政案件。如果一个案件兼具两种性质，应当优先适用特殊地域管辖规定。

2. 一般地域管辖采取了“原告就被告”原则。

3. 经复议的案件，也可以由复议机关所在地人民法院管辖。在作出原行政行为的行政机关和复议机关为共同被告时，是以作出原行政行为的行政机关，而不是复议机关来确定案件的级别管辖。而在考虑地域管辖时，无论复议结果如何，复议机关和原机关所在地法院都有管辖权。

4. 经最高人民法院批准，高级人民法院可以根据审判工作的实际情况，确定若干人民法院跨行政区域管辖行政案件。

二、特殊地域管辖

1. 对限制人身自由的行政强制措施不服而提起的诉讼，由被告所在地或者原告所在地法院管辖。《行诉解释》第8条第2款规定，对行政机关基于同一事实，既采取限制公民人身自由的行政强制措施，又采取其他行政强制措施或者行政处罚不服的，由被告所在地或者原告所在地的人民法院管辖。

2. 因不动产提起的行政诉讼，由不动产所在地的人民法院管辖。根据《行诉解释》第9条的规定，因不动产提起的行政诉讼是指因行政行为导致不动产物权变动而提起的诉讼。不动产已登记的，以不动产登记簿记载的所在地为不动产所在地；不动产未登记的，以不动产实际所在地为不动产所在地。

三、共同管辖

共同管辖是指两个以上的法院对同一个诉讼案件都有合法的管辖权的情况。

1. 经过复议的案件，行政复议机关和原行政机关所在地的人民法院都有权管辖。

注意：《行诉解释》第134条第3款规定，复议机关作共同被告的案件，以作出原行政行为的行政机关确定案件的级别管辖。

2. 采取限制人身自由的行政强制措施案件，被告所在地的法院与原告户籍地、住所地、被限制人身自由地的法院都有权管辖。

3. 临界不动产案件，有关行政区域的人民法院都有权管辖。

4. 共同管辖的解决办法：

（1）原告选择。两个以上人民法院都有管辖权的案件，原告可以选择其中一个人民法院提起诉讼。

（2）最先立案的人民法院管辖。原告向两个以上有管辖权的人民法院提起诉讼的，由最先立案的人民法院管辖。

（3）受诉人民法院一并管辖。即在限制人身自由的强制措施案件中，行政机关同时采取其他行政强制措施或者行政处罚的，由原告所在地或者被告所在地法院管辖。

（4）协商管辖或者指定管辖。因共同管辖发生争议的，有关法院可以协商。协商不成的，由共同的上级人民法院指定管辖。

第四节 裁定管辖

一、移送管辖

这是指受诉人民法院在决定受理之后发现案件不属于自己管辖，将案件移送给有管辖权的法院。其要件是：

1. 移送案件的法院已经决定受理，即诉讼程序已经开始但未审结。在审查起诉期间发现不属于自己管辖的，应当告知当事人向有管辖权的人民法院起诉，不产生移送问题；如果受诉人民法院已经对案件作出生效判决，也不发生移送管辖的问题。

2. 移送案件的法院对本案无管辖权，必须移送。

3. 受移送的人民法院应当受理。受移送的人民法院认为受移送的案件按照规定不属于本院管辖的，应当报请上级人民法院指定管辖，不得再自行移送。

4. 必须作出移送案件的裁定。受诉法院合议庭提出移送意见，报经法院院长批准之后裁定。受移送的法院不得拒收、退回或再自行移送。

5. 法院在裁定移送之前，应当听取当事人的意见。但是，法律和司法解释都没有规定当事人对移送裁定有上诉权。

二、指定管辖和移转管辖

(一)指定管辖

指定管辖，是指上级法院决定将行政案件交由下级法院管辖的制度。

1. 由于特殊原因，有管辖权的法院不能行使管辖权。特殊原因包括：(1)事实原因。由于自然灾害、战争、意外事故等不可抗力事实。(2)法律原因。如法院与本案有利害关系。

2. 法院之间发生管辖权争议。同级人民法院之间发生争议，应当互相协商；协商不成的，应当报请共同上一级法院决定管辖。

(二)移转管辖

移转管辖，是指基于上级法院裁定，下级法院将自己管辖的行政案件转交上级法院审理。

1. 转移的法院与接受的法院之间应当具有审级关系。没有上下级审级关系的法院之间不能移转管辖。

2. 移转管辖的理由由法院裁量，但必须出于诉讼公正、效率的目的。

3. 行政诉讼法对移转管辖的程序没有规定。

三、管辖权异议

管辖权异议，是指行政诉讼当事人对受理案件的法院提出的管辖权方面的异议。《行诉解释》第10条规定，人民法院受理案件后，被告提出管辖异议的，应当在收到起诉状副本之日起15日内提出。对当事人提出的管辖异议，人民法院应当进行审查。异议成立的，裁定将案件移送有管辖权的人民法院；异议不成立的，裁定驳回。人民法院对管辖异议审查后确定有管辖权的，不因当事人增加或者变更诉讼请求等改变管辖，但违反级别管辖、专属管辖规定的除外。

命题点拨 在级别管辖中，需要掌握中级人民法院管辖的案件；在当事人申请复议的情形下，管辖的特殊性。

第十六章 行政诉讼参加人

第一节 概 述

一、行政诉讼参加人

行政诉讼参加人，是指在整个或部分诉讼过程中参加行政诉讼，对行政诉讼程序能够产生重大影响的人，包括当事人和诉讼代理人。

二、行政诉讼当事人

当事人，是指因具体行政行为发生争议，以自己名义进行诉讼，并受人民法院裁判拘束的主体。

三、诉讼代表人

当事人一方人数众多的共同诉讼，可以由当事人推选代表人进行诉讼。代表人的诉讼行为对其所代表的当事人发生效力，但代表人变更、放弃诉讼请求或者承认对方当事人的诉讼请求，应当经被代表的当事人同意。

第二节 行政诉讼的原告

一、原告的概念

行政诉讼的原告，是指认为行政行为侵犯其合法权益，而依法向人民法院提起诉讼的行政行为的相对人以及其他与行政行为有利害关系的公民、法人或者其他组织。

二、原告的确认★

在确认原告方面需要注意的问题是：

(一) 受害人的原告资格

受害人，是指受到其他公民(加害人)违法行为侵害的人。在发生侵害时，行政机关可能有两种做法：一是不予处理；二是处罚了加害人，但受害人认为处罚轻微。

这里还需要注意两种情形：(1)加害人或者受害人中起诉的一方是原告，没有起诉的一方是第三人。(2)如果加害人认为行政处罚过重而起诉，受害人认为处罚过轻同时起诉，在这种情况下，受害人和加害人都是原告,但他们不是共同原告。这是因为,两个原告的主张冲突不符合共同原告的要件。

(二)相邻权人的原告资格

如果被诉具体行政行为侵害了有关公民的相邻权,利害关系即告成立。

(三)公平竞争权人的原告资格

(四)投资人的原告资格

联营企业、中外合资企业、中外合作企业的联营、合资、合作各方,认为联营、合资、合作企业权益或者自己一方合法权益受到具体行政行为侵害的,均可以以自己的名义提起诉讼。

(五)合伙组织和个体工商户的原告确认

合伙企业向人民法院提起诉讼的,应当以核准登记的字号为原告。未依法登记领取营业执照的个人合伙的全体合伙人为共同原告;全体合伙人可以推选代表人,被推选的代表人,应当由全体合伙人出具推选书。

个体工商户向人民法院提起诉讼的,以营业执照上登记的经营者为原告。有字号的,以营业执照上登记的字号为原告,并应当注明该字号经营者的基本信息。

(六)股份制企业内部机构的诉权

股份制企业的内部机构被赋予了原告的资格,但是,起诉时必须以企业的名义。

(七)非国有企业被行政机关注销、撤销、合并、强令兼并、出售、分立或者改变企业隶属关系的原告确认

在这种情况下,该企业或者其法定代表人可以提起诉讼。

(八)企业法定代表人的独立诉权和代位诉权

在企业法定代表人被行政机关变更或撤换的情况下,原企业法定代表人有权提起行政诉讼。新的法定代表人提出撤诉申请,没有法律依据。

(九)投诉举报者的原告资格

根据《行诉解释》第12条第5项的规定,为维护自身合法权益向行政机关投诉,具有处理投诉职责的行政机关作出或者未作出处理的公民、法人或者其他组织具有原告主体资格。

(十)债权人的原告资格确认

《行诉解释》第13条规定:"债权人以行政机关对债务人所作的行政行为损害债权实现为由提起行政诉讼的,人民法院应当告知其就民事争议提起民事诉讼,但行政机关作出行政行为时依法应予保护或者应予考虑的除外。"

(十一)非营利法人的原告资格

事业单位、社会团体、基金会、社会服务机构等非营利法人的出资人、设立人认为行政行为损害法人合法权益的,可以自己的名义提起诉讼。

(十二)涉及业主共有利益的原告主体资格。

业主委员会对于行政机关作出的涉及业主共有利益的行政行为,可以自己的名义提起诉讼。业主委员会不起诉的,专有部分占建筑物总面积过半数或者占总户数过半数的业主可以提起诉讼。

三、原告资格的转移

原告资格转移,是指有权起诉的公民死亡、法人或者其他组织终止,他们的原告资格依法自然转移给有利害关系的特定公民、法人或者其他组织承受。

第三节　行政诉讼的被告★★★

一、被告的概念

行政诉讼的被告,是指由原告指控其行政行为违法,经人民法院通知应诉的行政机关(包括委托行政机关)或法律法规授权的组织。

1. 被告是行政机关或者法律、法规授权的组织。

2. 被告应当是对被诉行政行为承担实体法律责任的行政机关。

作为行政诉讼被告,还必须是对被诉行政行为承担实体法律责任的机关,具体有五种情形:

(1)行政行为的作出机关。

(2)委托的行政机关。

(3)行政机构的所属机关。

(4)行政机关被撤销或者职权变更,没有继续行使其职权的行政机关的,以其所属的人民政府为被告;实行垂直领导的,以垂直领导的上一级行政机关为被告。

(5)其他依照法律规定应当对被诉行政行为承担法律后果的行政机关。

3. 被告由人民法院通知应诉。

这里需要注意的情形是:

(1)被告的变更。在第一审程序中,原告所起诉的被告不适格,法院征得原告的同意后,可以变更被告。如果法院认为应当变更被告而原告不同意的,则由法院裁定驳回起诉。

(2)被告的追加。有两个以上的被告,原告只起诉其中一个而不同意追加另一个行政机关的,没有被起诉的行政机关以第三人身份参加诉讼,但行政复议机关作共同被告的除外。

二、被告的确认

一般原则是作出行政行为的行政机关是被告。具体的确认情形是：

1. 行政复议案件被告的确认。

根据《行政诉讼法》第 26 条的相关规定，经行政复议而起诉的案件，被告的确认分为以下情形：

(1)经复议的案件，复议机关决定维持原行政行为的，作出原行政行为的行政机关和复议机关是共同被告；复议机关改变原行政行为的，复议机关是被告。根据《行诉解释》第 22 条、第 134 条第 2 款的规定，“复议机关改变原行政行为”，是指复议机关改变原行政行为的处理结果。复议机关改变原行政行为所认定的主要事实和证据、改变原行政行为所适用的规范依据，但未改变原行政行为处理结果的，视为复议机关维持原行政行为。复议机关确认原行政行为无效，属于改变原行政行为。复议机关确认原行政行为违法，属于改变原行政行为，但复议机关以违反法定程序为由确认原行政行为违法的除外。行政复议决定既有维持原行政行为内容，又有改变原行政行为内容或者不予受理申请内容的，作出原行政行为的行政机关和复议机关为共同被告。

(2)复议机关在法定期限内未作出复议决定，公民、法人或者其他组织起诉原行政行为的，作出原行政行为的行政机关是被告；起诉复议机关不作为的，复议机关是被告。

2. 委托行政的被告确认。

行政机关委托的组织作出行政行为的，委托的行政机关是被告。

3. 经上级机关批准而作出行政行为的被告确认。

行政行为的作出或者生效需要上级行政机关批准的，被告应是在对外生效的法律文书上署名的机关。

4. 派出机构作出行政行为的被告确认。

派出机构是否有被告资格，取决于是否有法律、法规、规章授权。有法律、法规、规章授权的，具有被告资格。否则一律视为委托。

5. 若干行政机关共同作出同一行政行为的被告确认。

两个以上行政机关作出同一行政行为的，共同作出行政行为的行政机关是共同被告。

6. 内部机构的被告确认。

这类机构是否可以成为被告，关键在于是否有法律法规和规章的授权。法律、法规、规章对内设机构有授权的，它们即能够在法律上以自己的名义作出行政行为，取得行政主体资格，在诉讼中，应以该机构为被告；没有法律、法规、规章授权的，内设机构没有独立承担法律责任的能力，应当由负责组建或设立的行政机关负责，即被告应当是设立或组建的行政机关。

7. 不作为案件中的被告确认。

不作为案件被告的确认是个难题。标准有两个：一是形式标准，即公民是否提出了申请，以及哪个行政机关接到了申请。按照形式标准，在公民提出了申请的情况下，行政机关不实施任何法律行为的，以接到申请的行政机关为被告。如果公民向行政机关提出了申请，接到申请的行政机关认为不属于自己职权范围的，应当书面告知正确的行政机关或者将申请材料转送有职权的行政机关，在这种情况下，主管行政机关是被告。二是实质标准，即接到申请的行政机关是否有作为的职责。只有承担作为职责的行政机关才能成为被告。通常的做法是以实质标准为主，以形式标准为辅。

8. 开发区管理机构及其职能部门的被告资格。

当事人对由国务院、省级人民政府批准设立的开发区管理机构作出的行政行为不服提起诉讼的，以该开发区管理机构为被告；对由国务院、省级人民政府批准设立的开发区管理机构所属职能部门作出的行政行为不服提起诉讼的，以其职能部门为被告；对其他开发区管理机构所属职能部门作出的行政行为不服提起诉讼的，以开发区管理机构为被告；开发区管理机构没有行政主体资格的，以设立该机构的地方人民政府为被告。

9. 村委会和居委会的被告资格。

当事人对村民委员会或者居民委员会依据法律、法规、规章的授权履行行政管理职责的行为不服提起诉讼的，以村民委员会或者居民委员会为被告。当事人对村民委员会、居民委员会受行政机关委托作出的行为不服提起诉讼的，以委托的行政机关为被告。

10. 事业单位和行业协会的被告资格。

当事人对高等学校等事业单位以及律师协会、注册会计师协会等行业协会依据法律、法规、规章的授权实施的行政行为不服提起诉讼的，以该事业单位、行业协会为被告。当事人对高等学校等事业单位以及律师协会、注册会计师协会等行业协会受行政机关委托作出的行为不服提起诉讼的，以委托的行政机关为被告。

11. 房屋征收部门的被告资格。市、县级人民政府确定的房屋征收部门组织实施房屋征收与补偿工作过程中作出行政行为，被征收人不服提起诉讼的，以房屋征收部门为被告。征收实施单位受房屋征收部门委托,在委托范围内从事的行为,被征收人不服提起诉讼的,应当以房屋征收部门为被告。

12. 涉及县级以上地方政府案件的被告确认。一是政府对职能部门法定职权行使予以指导的:公民、法人或者其他组织不服县级以上地方政府的指导行为提起诉讼的,法院应当释明,告知其以具体实施行政行为的职能部门为被告。二是政府转送属于下级政府或者相应职能部门处理法定职责或者给付义务的:以下级政府或者相应职能部门为被告。三是有关强制拆除房屋决定:法院应当以作出强制拆除决定的行政机关为被告,没有强制拆除决定书的以具体实施强制拆除行为的职能部门为被告。四是不动产登记:以不动产登记机构或者实际履行该职责的职能部门为被告。五是政府指定具体机构负责政府信息公开日常工作:以该指定机构为被告。

三、被告资格的转移

有被告资格的主体被撤销或职权变更的,其被告资格转移给其他行政机关。这里需要把握的问题是:

1. 被告资格转移的条件。有被告资格的行政机关或授权组织被撤销或者职权变更的,在法律上该主体已被消灭或者作出决定的主体不再享有相关的职权。

2. 行政机关被撤销或职权变更后,其职权继续由其他主体行使的,如职权归入新组建的行政机关,分别由两个机关行使或者被收归人民政府。被告是继续行使职权的机关。

3. 行政机关被撤销或者变更后,没有继续行使其职权的行政机关的,以其所属的人民政府为被告;实行垂直领导的,以垂直领导的上一级行政机关为被告。

第四节　行政诉讼的第三人★★

一、第三人的概念

行政诉讼的第三人,是指公民、法人或者其他组织同被诉行政行为有利害关系但没有提起诉讼,或者同案件处理结果有利害关系的,通过申请或法院通知形式,参加到诉讼中来的当事人。

1. 第三人与被诉具体行政行为有利害关系。

2. 第三人是参加到他人诉讼中来的公民、法人或者其他组织。

3. 第三人有独立的诉讼地位。人民法院判决第三人承担义务或者减损第三人权益的,第三人有权依法提起上诉或者申请再审。

二、第三人的确认

第三人总体上可以分为原告型第三人、被告型第三人和证人型第三人。所谓原告型第三人,是指享有诉权的公民没有在法定期限内起诉,而是参加他人提起的行政诉讼的第三人。所谓被告型第三人,是指应当作为被告参加诉讼,但因原告不指控,而被法院作为第三人通知参加诉讼的行政机关。所谓证人型第三人,是指在案件审理过程中主要作用是协助法院查明案件事实的第三人。

第三人主要有以下几种:(1)行政处罚案件中的受害人或加害人。(2)行政处罚案件中的共同被处罚人。(3)行政裁决案件中的当事人。(4)两个以上行政机关作出相互矛盾的行政行为,非被告的行政机关可以是第三人。(5)与行政机关共同署名作出处理决定的非行政组织。这种组织既不是行政机关,也不是授权组织,不能作为被告,但赔偿责任不免除。(6)应当追加被告而原告不同意追加的,法院应通知其作为第三人参加诉讼。

第五节　共同诉讼人★

一、共同诉讼人的概念

共同诉讼人,是指原告或被告一方为两个以上,诉讼客体相同,并且诉讼主张一致。这里的要点是:

1. 当事人一方是两个以上的公民、法人或者其他组织。

2. 诉讼标的相同。所谓相同,是指同一或者同类两种情况。

3. 诉讼主张一致。

所谓一致,是指共同诉讼人之间的诉讼主张之间没有根本冲突或者实质性的差异,并不是指诉讼主张完全相同。

4. 案件属同一人民法院管辖,并且人民法院决定进行合并审理。

二、必要共同诉讼人

这是指当事人一方或双方为两人以上,诉讼标的是同一行政行为的诉讼。在这种共同诉讼中的当事人即为必要共同诉讼人。

1. 必要共同诉讼的标准是诉讼标的同一,是指诉讼客体是同一个行政行为。

所谓同一个行政行为是指行政机关以一个意思表示为目的,作出了一个处理决定,不论作出的行政机关有几个或者行政相对人有几个。换句话说,被诉行政行为本身是一个独立、完整的行政行为,该行为或者是由两个以上行政机关共同作出,或者是一个行政行为处理两个以上公民、法人或者其他组织。

2. 必要共同诉讼人因同一行政行为而发生了不可分割的法律或者事实联系。

共同诉讼当事人对于引起争议的同一行政行为，有着共同的利害关系，即共同的权利义务关系，任何人的诉讼行为都会影响其他人的权益，任何人都无权代替整体，不能分案审理。其实质是一个案件，一个行政行为，只是诉讼当事人为多数。因此，共同诉讼人必须共同参加诉讼。根据《行诉解释》规定，必须共同进行诉讼的当事人没有参加诉讼的，人民法院应当依法通知其参加；当事人也可以向人民法院申请参加。对后者，人民法院应当对当事人提出的申请进行审查，申请理由不成立的，裁定驳回；申请理由成立的，书面通知其参加诉讼。人民法院追加共同诉讼的当事人时，应当通知其他当事人。应当追加的原告，已明确表示放弃实体权利的，可不予追加；既不愿意参加诉讼，又不放弃实体权利的，应追加为第三人，其不参加诉讼，不能阻碍人民法院对案件的审理和裁判。

3. 共同诉讼人都是独立的法律主体，有独立的诉讼法律地位，一个人的行为对其他共同诉讼人没有法律上的约束力。他们各自以自己的名义参加诉讼，并对各自的行为负责，各自可以提出自己的诉讼请求。

4. 共同诉讼人主要有以下情形：(1) 两个以上的当事人，因共同违法而被一个行政机关在一个处罚决定书中分别予以处罚。(2) 法人或组织因违法而被处罚，该法人或组织的负责人或直接行为人同时被一个处罚决定处罚。(3) 两个以上共同受害人，对行政机关的同一行政行为均表示不服而诉诸法院，这些起诉的共同受害人就成为共同原告人。(4) 两个以上行政机关以一个共同行政决定形式，处理或处罚了一个或若干个当事人。

三、普通共同诉讼人

普通共同诉讼人，是指诉讼标的是同类行政行为，法院决定合并审理，两人以上参加诉讼的当事人。这种共同诉讼的当事人即普通共同诉讼人。所谓同类行政行为，是指两个以上的处理同类事实、适用相同法律的行政行为。

普通共同诉讼，可以由共同诉讼的当事人向法院提出申请，要求并案审理，然后由法院审查，认为可以合并的才能实行合并；也可以由法院主动审查，认为宜于并案的，则依职权进行并案审理。

四、集团诉讼

行政诉讼中的集团诉讼，是指由人数众多的原告推选诉讼代表人参加的且法院的判决及于全体利益关系人的行政诉讼。

第六节 诉讼代理人★

一、诉讼代理人的概念

这是指以当事人名义，在代理权限内，代理当事人进行诉讼活动的人。

1. 行政诉讼代理人以行政诉讼当事人的名义进入诉讼程序。

2. 代理人在代理权限以内的诉讼行为的法律后果归属于被代理人。

3. 代理人参加行政诉讼的目的在于维护被代理人的合法权益。

因此，诉讼代理人只能在一个案件中代理一方当事人。

二、诉讼代理人的种类

行政诉讼代理人分为如下三种：

1. 法定代理人。依法直接享有代理权限，代替无诉讼行为能力的公民进行行政诉讼的人。这种代理权直接根据法律设定而产生，不以被代理人的意志为转移。

2. 指定代理人。由人民法院指定代理无诉讼行为能力的当事人进行行政诉讼的人。

3. 委托代理人。

(1) 律师、基层法律服务工作者，当事人的近亲属或者工作人员，当事人所在社区、单位以及有关社会团体推荐的公民可担任委托代理。

(2) 律师作为委托代理人的特殊权限：查阅、复制案件材料；依法向有关单位或个人调查取证。对涉及国家秘密、商业秘密和个人隐私的材料，应当保密。当事人和其他诉讼代理人有权按照规定查阅、复制本案庭审材料，但涉及国家秘密、商业秘密和个人隐私的内容除外。

(3) 职工作为诉讼代理人需提交的证据：与当事人有合法劳动人事关系的职工，可以当事人工作人员的名义作为诉讼代理人。以当事人的工作人员身份参加诉讼活动，应当提交以下证据之一加以证明：①缴纳社会保险记录凭证；②领取工资凭证；③其他能够证明其为当事人工作人员身份的证据。

(4) 社会团体推荐公民担任代理人的条件：①社会团体属于依法登记设立或者依法免予登记设立的非营利性法人组织；②被代理人属于该社会团体的成员，或者当事人一方住所地位于该社会团体的活动地域；③代理事务属于该社会团体章程载明的业务范围；④被推荐的公民是该社会团体的负责人或者与该社会团体有合法劳动人事关系的工作人员。

命题点拨 认为行政行为侵犯其合法权益的公民、法人或者其他组织，是判定是否具有行政诉讼原告资格的核心。行政诉讼的第三人有独立的诉讼地位，拥有独立的请求权，对第一审判决不服有权提出上诉。

第十七章　行政诉讼程序

第一节　起诉与受理

一、起诉

起诉，是指公民、法人或者其他组织认为行政行为侵犯其合法权益，依法请求人民法院行使国家审判权给予其救济的诉讼行为。

（一）起诉的一般条件

1. 原告是符合《行政诉讼法》第25条规定的公民、法人或者其他组织。行政行为的相对人以及其他与行政行为有利害关系的公民、法人或者其他组织，有权提起诉讼。有权提起诉讼的公民死亡，其近亲属可以提起诉讼。有权提起诉讼的法人或者其他组织终止，承受其权利的法人或者其他组织可以提起诉讼。

2. 有明确的被告。即原告在起诉时，必须指明对谁起诉，明确指出被告人。明确与其发生争议者，指出被起诉者，是原告起诉必须具备的条件。根据《行诉解释》的规定，原告提供被告的名称等信息足以使被告与其他行政机关相区别的，可以认定为"有明确的被告"。

3. 有具体的诉讼请求和事实根据。根据《行诉解释》第68条规定，有具体的诉讼请求是指：(1)请求判决撤销或者变更行政行为；(2)请求判决行政机关履行特定法定职责或者给付义务；(3)请求判决确认行政行为违法；(4)请求判决确认行政行为无效；(5)请求判决行政机关予以赔偿或者补偿；(6)请求解决行政协议争议；(7)请求一并审查规章以下规范性文件；(8)请求一并解决相关民事争议；(9)其他诉讼请求。当事人未能正确表达诉讼请求的，人民法院应当要求其明确诉讼请求。当事人单独或者一并提起行政赔偿、补偿诉讼的，应当有具体的赔偿、补偿事项以及数额；请求一并审查规章以下规范性文件的，应当提供明确的文件名称或者审查对象；请求一并解决相关民事争议的，应当有具体的民事诉讼请求。

4. 属于人民法院受案范围和受诉人民法院管辖。根据我国《行政诉讼法》的规定，公民、法人或者其他组织只能对特定范围的行政行为提起诉讼。行政诉讼受案范围决定着人民法院受理行政案件的范围，也决定着当事人的诉权范围。原告的起诉若不属于人民法院受案范围，起诉不能成立，人民法院也无权受理。

（二）起诉的时间条件

1. 行政诉讼的起诉期限：

项目		内容
一般起诉期限		自知道或应当知道行政行为作出之日起6个月内提出，法律另有规定的除外
最长起诉期限	知道行为内容，不知诉权和起诉期限	自知道或应当知道诉权或者起诉期限之日起6个月内，但从知道或者应当知道行政行为内容之日起最长不得超过1年
	不知行为内容	自知道或应当知道该行政行为内容之日起6个月。涉及不动产的，最长从行为作出之日起不超过20年，其他行政行为最长从作出之日起不超过5年
经复议后的起诉期限	作出复议决定	自收到复议决定书之日起15日内起诉，法律另有规定的除外
	逾期不做决定	自复议期满之日起15日内起诉，法律另有规定的除外
不作为案件的起诉期限	没有规定履行期限	公民、法人或者其他组织申请行政机关履行保护其人身权、财产权等合法权益的法定职责，行政机关在接到申请之日起2个月内不履行的，公民、法人或者其他组织可以向人民法院提起诉讼。法律、法规对行政机关履行职责的期限另有规定的，从其规定
	规定履行期限	规定履行期限的，自履行期限届满之日起6个月内起诉
	紧急情况	紧急情况下请求行政机关履行保护其人身权、财产权的法定职责，行政机关不履行的，不受上述履行职责期限的限制

2. 起诉期限的延长：《行政诉讼法》第48条规定，公民、法人或者其他组织因不可抗力或者其他不属于其自身的原因耽误起诉期限的，被耽误的时间不计算在起诉期限内。公民、法人或者其他组织因前款规定以外的其他特殊情况耽误起诉期限的，在障碍消除后10日内，可以申请延长期限，是否准许由人民法院决定。

（三）起诉的程序条件

行政复议与行政诉讼均是解决行政争议的方

式，是当事人不服具体行政行为寻求救济的两条重要途径，不过当事人对这两种救济方式的使用，必须遵循法律对二者关系的规定。在我国，行政诉讼与行政复议的关系，基本是以当事人自由选择救济方式为原则，以行政复议前置为例外。具体情形如下：

1. 原则上，公民、法人或者其他组织对行政行为不服，有权自由选择救济途径：可以不经复议直接向法院提起行政诉讼，也可以选择申请行政复议；同时，在选择行政复议后，当事人对行政复议决定不服仍可以再向法院起诉。

2. 复议后选择终局。《行政复议法》第 14 条。

3. 公民、法人或者其他组织对行政行为不服，有权在行政复议和行政诉讼之间作出选择，但与第一种情况不同，此种选择属排他性选择，一旦当事人选择了行政复议，行政复议决定即为发生法律效力的终局决定，当事人将因选择复议而丧失了提起行政诉讼的权利。

4. 法律、法规规定应当先向行政机关申请复议，对复议决定不服再向人民法院提起诉讼的，依照法律、法规的规定。在此种情况下，行政复议是行政诉讼的必经程序，复议程序是行政诉讼的前置程序。在我国，复议前置属行政复议与行政诉讼关系的例外，必须由法律、法规作出规定，规章和其他规范性文件不得作此规定。从我国法律、法规规定情况来看，大部分复议前置属一级复议前置，少数复议前置属二级复议前置，即当事人对行政复议不服的，还需要再向上级机关复议，对复议决定不服，才能向法院提起行政诉讼。

二、受理★

（一）受理的概念

受理，是指人民法院对公民、法人或者其他组织的起诉进行审查，对符合法定条件的起诉决定立案审理，从而引起诉讼程序开始的职权行为。

（二）对起诉的审查和处理

1. 人民法院接到起诉状并进行审查后，作如下处理：

（1）对符合规定的起诉条件的，应当登记立案。注意立案本身必须要登记。

（2）对当场不能判定是否符合行政诉讼法规定的起诉条件的，应当接收起诉状，出具注明收到日期的书面凭证，并在 7 日内决定是否立案。不符合起诉条件的，作出不予立案的裁定。裁定书应当载明不予立案的理由。原告对裁定不服的，可以提起上诉。

（3）起诉状内容欠缺或者有其他错误的，应当给予指导和释明，并一次性告知当事人需要补正的内容。不得未经指导和释明即以起诉不符合条件为由不接收起诉状。

（4）人民法院既不立案，又不作出不予立案裁定的，当事人可以向上一级人民法院起诉。上一级人民法院认为符合起诉条件的，应当立案、审理，也可以指定其他下级人民法院立案、审理。

2. 保障当事人行使诉讼权利。

《行诉解释》第 53 条、第 55 条规定，人民法院对符合起诉条件的案件应当立案，依法保障当事人行使诉讼权利。对当事人依法提起的诉讼，能够判断符合起诉条件的，应当当场登记立案；当场不能判断是否符合起诉条件的，应当在接收起诉状后 7 日内决定是否立案；7 日内仍不能作出判断的，应当先予立案。起诉状内容或者材料欠缺的，人民法院应当给予指导和释明，并一次性全面告知当事人需要补正的内容、补充的材料及期限。在指定期限内补正并符合起诉条件的，应当登记立案。当事人拒绝补正或者经补正仍不符合起诉条件的，退回诉状并记录在册；坚持起诉的，裁定不予立案，并载明不予立案的理由。

3. 裁定驳回起诉。

根据《行诉解释》第 69 条的规定，有下列情形之一，已经立案的，应当裁定驳回起诉：（1）不符合《行政诉讼法》第 49 条规定的；（2）超过法定起诉期限且无《行政诉讼法》第 48 条规定情形的；（3）错列被告且拒绝变更的；（4）未按照法律规定由法定代理人、指定代理人、代表人为诉讼行为的；（5）未按照法律、法规规定先向行政机关申请复议的；（6）重复起诉的；（7）撤回起诉后无正当理由再行起诉的；（8）行政行为对其合法权益明显不产生实际影响的；（9）诉讼标的已为生效裁判或者调解书所羁束的；（10）不符合其他法定起诉条件的。人民法院经过阅卷、调查和询问当事人，认为不需要开庭审理的，可以径行裁定驳回起诉。

第二节 行政诉讼的第一审程序

行政诉讼第一审程序，是指人民法院自立案至作出第一审判决的诉讼程序。

一、第一审普通程序

（一）审理前的准备

审理前的准备，是指人民法院在受理案件后至开庭审理前、为保证庭审工作的顺利进行，由审判人员依法所进行的一系列准备工作的总称。

审理前准备主要包括下列内容：（1）组成合议庭。（2）交换诉状。（3）处理管辖异议。（4）审查诉讼文书和调查收集证据。（5）审查其他内容。

（二）庭审程序

1. 庭审方式。庭审是受诉人民法院在双方当事人及其他诉讼参与人的参加下，依照法定程序，在法庭上对行政案件进行审理的诉讼活动。庭审的主要任务是，通过法庭调查和法庭辩论，审查核实证据，查明案件事实，适用法律、法规，以确认当事人之间的权利义务关系。

行政诉讼第一审程序必须进行开庭审理，开庭审理应遵循以下原则：(1)必须采取言词审理的方式。(2)以公开审理为原则。(3)审理行政案件一般不适用调解。

2. 审理期限。人民法院审理第一审行政案件，应当自立案之日起6个月内作出判决。不过，公告鉴定、调解、中止诉讼、审理当事人提出的管辖异议以及处理人民法院之间的管辖争议期间不计算在内。

二、简易程序★★

1. 适用简易程序的条件：根据《行政诉讼法》第82条规定，人民法院审理下列第一审行政案件，认为事实清楚、权利义务关系明确、争议不大的，可以适用简易程序：(1)被诉行政行为是依法当场作出的；(2)案件涉及款额2000元以下的；(3)属于政府信息公开案件的。除前款规定以外的第一审行政案件，当事人各方同意适用简易程序的，可以适用简易程序。

2. 例外：发回重审、按照审判监督程序再审的案件不适用简易程序。

3. 简易程序的特点：适用简易程序审理的行政案件，由审判员一人独任审理，并应当在立案之日起45日内审结。

4. 简易程序转为普通程序：人民法院在审理过程中，发现案件不宜适用简易程序的，裁定转为普通程序。

第三节　行政诉讼的第二审程序★

行政诉讼第二审程序，是指当事人不服地方各级人民法院尚未生效的第一审判决或裁定，依法向上一级人民法院提起上诉，上一级人民法院据此对案件进行再次审理所适用的程序。

一、上诉和上诉的受理

(一)上诉的提起

上诉是当事人对地方各级人民法院尚未发生法律效力的第一审判决、裁定，在法定期限内以书面形式请求上一级人民法院对案件进行审理的诉讼行为。当事人上诉是引起行政诉讼第二审程序发生的唯一动因。当事人行使上诉权，提起上诉，必须符合以下条件：

1. 上诉人必须适格。凡第一审程序中的原告、被告和法院判决承担义务或者减损其权益的第三人及其法定代理人、经授权的委托代理人，都有权提起上诉。

2. 上诉人所不服的一审判决、裁定，必须是法律明文规定可以上诉的判决、裁定。能够提出上诉的判决和裁定包括地方各级人民法院第一审尚未发生法律效力的判决和对驳回起诉、不予受理、管辖权异议所作出的裁定。

3. 上诉必须在法定期限内提出。当事人不服人民法院第一审判决的，有权在判决书送达之日起15日内向上一级人民法院提起上诉；当事人不服人民法院第一审裁定的，有权在裁定书送达之日起10日内向上一级人民法院提起上诉。逾期不提起上诉的，人民法院的第一审判决或者裁定发生法律效力。

4. 上诉必须递交符合法律要求的上诉状。当事人提出上诉，应当按照其他当事人或者诉讼代表人的人数提交上诉状副本。当事人提出上诉，既可以通过原审人民法院提出，也可以直接向第二审人民法院提出。当事人直接向第二审人民法院上诉的，第二审人民法院应当在5日内将上诉状移交原审人民法院。

(二)上诉的受理

原审人民法院收到上诉状应当在5日内将上诉状副本发送其他当事人，对方当事人应在收到上诉状副本之日起15日内提出答辩状。被上诉人不提出答辩状的，不影响人民法院对案件的审理。

原审人民法院收到上诉状、答辩状，应当在5日内连同全部案卷，报送第二审人民法院。已经预收的诉讼费用，一并报送。第二审人民法院经过审查，如果认为上诉符合法定条件，应予受理；如果认为不符合法定条件，应当裁定不予受理。

上诉一经受理，案件即进入第二审程序。在行政诉讼第二审程序中，被诉行政机关不得改变原具体行政行为。

二、上诉案件的审理

(一)审理方式

根据《行政诉讼法》第86条的规定，人民法院对上诉案件，应当组成合议庭，开庭审理。经过阅卷、调查和询问当事人，对没有提出新的事实、证据或者理由，合议庭认为不需要开庭审理的，也可以不开庭审理。

(二)审理对象

根据《行政诉讼法》第87条的规定，人民法院审理上诉案件，应当对原审人民法院的判决、裁定和被诉行政行为进行全面审查。

(三)审理期限

人民法院第二审行政案件，应当自收到上诉状之日起3个月内作出终审判决，有特殊情况需要延长的，由高级人民法院批准。高级人民法院审理上诉案件需要延长的，由最高人民法院批准。

第四节　行政诉讼审判监督程序

审判监督程序，是指人民法院发现已经发生法律效力的判决、裁定违反法律、法规规定，依法对案件再次进行审理的程序，也称再审程序。

一、审判监督程序的提起

（一）提起审判监督程序的条件

1. 提起审判监督的对象，即人民法院的判决、裁定，必须已经发生法律效力。

2. 提起审判监督程序必须具有法定理由，即人民法院已经发生法律效力的判决、裁定确有错误或者发现调解违反自愿原则或者调解书内容违法。

3. 提起审判监督程序的主体，只能是案件当事人和具有审判监督权的法定机关（人民法院和人民检察院）。

（二）提起再审程序的程序

1. 各级人民法院院长对本院已经发生法律效力的判决、裁定，发现有《行政诉讼法》第91条规定情形之一，或者发现调解违反自愿原则或者调解书内容违法，认为需要再审的，应当提交审判委员会讨论决定。

2. 最高人民法院对地方各级人民法院已经发生法律效力的判决、裁定，上级人民法院对下级人民法院已经发生法律效力的判决、裁定，发现有《行政诉讼法》第91条规定情形之一，或者发现调解违反自愿原则或者调解书内容违法的，有权提审或者指令下级人民法院再审。

3. 最高人民检察院对各级人民法院已经发生法律效力的判决、裁定，上级人民检察院对下级人民法院已经发生法律效力的判决、裁定，发现有《行政诉讼法》第91条规定情形之一，或者发现调解书损害国家利益、社会公共利益的，应当提出抗诉。

4. 地方各级人民检察院对同级人民法院已经发生法律效力的判决、裁定，发现有《行政诉讼法》第91条规定情形之一，或者发现调解书损害国家利益、社会公共利益的，可以向同级人民法院提出检察建议，并报上级人民检察院备案；也可以提请上级人民检察院向同级人民法院提出抗诉。

5. 各级人民检察院对审判监督程序以外的其他审判程序中审判人员的违法行为，有权向同级人民法院提出检察建议。

二、再审案件的审理

（一）再审案件的审理程序

再审案件的审理程序和裁判效力主要依据案件的原审来确定。人民法院按照审判监督程序再审的案件，发生法律效力的判决、裁定是由第一审人民法院作出的，按照第一审程序审理，所作的判决、裁定，当事人可以上诉；发生法律效力的判决、裁定是由第二审人民法院作出的，按照第二审程序审理，所作的判决、裁定是发生法律效力的判决、裁定。上级人民法院按照审判监督程序提审的，按照第二审程序审理，所作的判决、裁定是发生法律效力的判决、裁定。根据法律规定，凡原审人民法院审理再审案件，必须另行组成合议庭。

（二）再审案件中原判决、裁定的执行问题

按照审判监督程序决定再审的案件，裁定中止原判决、裁定、调解书的执行，但支付抚恤金、最低生活保障费或者社会保险待遇的案件，可以不中止执行。上级人民法院决定提审或者指令下级人民法院再审的，应当作出裁定，裁定应当写明中止原判决的执行；情况紧急的，可以将中止执行的裁定口头通知负责执行的人民法院或者作出生效判决、裁定的人民法院，但应当在口头通知后10日内发出裁定书。

（三）对再审案件的审理要求

1. 人民法院审理再审案件应当围绕再审请求和被诉行政行为合法性进行。当事人的再审请求超出原审诉讼请求，符合另案诉讼条件的，告知当事人可以另行起诉。

2. 被申请人及原审其他当事人在庭审辩论结束前提出的再审请求，符合《行诉解释》规定的申请期限的，法院应当一并审理。法院经再审，发现已经发生法律效力的判决、裁定损害国家利益、社会公共利益、他人合法权益的，应当一并审理。

3. 再审审理期间，有下列情形之一的，法院裁定终结再审程序：（1）再审申请人在再审期间撤回再审请求，人民法院准许的。（2）再审申请人经传票传唤，无正当理由拒不到庭的，或者未经法庭许可中途退庭，按撤回再审请求处理的；人民检察院撤回抗诉的。（3）其他应当终结再审程序的情形。因人民检察院提出抗诉裁定再审的案件，申请抗诉的当事人有上述情形，且不损害国家利益、社会公共利益或者他人合法权益的，法院裁定终结再审程序。

（四）对再审案件的处理

1. 人民法院经过对再审案件的审理，认为原生效判决、裁定确有错误，在撤销原生效判决或者裁定的同时，有两种处理办法：一是对原生效判决、裁定的内容作出相应裁判；二是以裁定撤销生效判决或者裁定，发回作出原生效判决、裁定的人民法院重新审判。

2. 人民法院审理再审案件，对原审法院不予受理或者驳回起诉错误的，应当作如下处理：第一审人民法院作出实体判决后，第二审人民法院认为不应当立案的，在撤销第一审人民法院判决的同时，可以径行驳回起诉；第二审人民法院维持第一审人民法院不予立案、驳回起诉裁定错误的，再审法院应当撤销第一审、第二审人民法院裁定，指令第一审人民法院受理。

（五）再审期限

1. 再审案件按照第一审程序审理的，须在 6 个月内作出裁判。

2. 再审案件按照第二审程序审理的，须在 3 个月内作出裁判。

命题点拨 注意《行诉解释》的相关规定。

第十八章 行政诉讼的特殊制度与规则

第一节 行政诉讼证据★

一、行政诉讼证据的概念和种类

（一）行政诉讼证据的概念

行政诉讼证据，是指在行政诉讼过程中，一切用来证明案件事实情况的材料，它既包括当事人向人民法院提交的证据，也包括人民法院在必要情况下依法收集的证据。

（二）行政诉讼证据的种类

根据《行政诉讼法》的规定，行政诉讼证据包括书证、物证、视听资料、电子数据、证人证言、当事人的陈述、鉴定意见、勘验笔录、现场笔录。在这些证据种类中，绝大多数与刑事诉讼、民事诉讼的证据种类相同，而其中属于行政诉讼特殊证据种类的是现场笔录。现场笔录是指行政机关及其工作人员在执行行政职务的过程中，在实施行政行为时，对某些事项当场所作的书面记录。行政机关的现场笔录通常在事后难以取证或证据难以保全的情况下使用。行政机关制作现场笔录必须遵循下列规则：第一，现场笔录应当现场制作，不能事后补作，这是现场笔录的应有之义。第二，现场笔录应当有执行职务人、当事人、见证人等有关人员的签名或盖章。

二、行政诉讼举证责任★

举证责任与举证期限。

项目	原告或第三人	被告
举证责任	1. 在起诉被告不作为案件中，证明其提出申请的事实，例外：(1)被告应当依职权主动履行法定职责的；(2)原告因被告受理申请的登记制度不完备等正当事由不能提供相关证据材料并能够作出合理说明的。 2. 行政赔偿、补偿案件中，证明因受被诉具体行政行为侵害而造成损失的事实。(初步证明规则)例外：因被告的原因导致原告无法就损害情况举证的，应当由被告就该损害情况承担举证责任	被告对作出的行政行为负有举证责任，应当提供作出该行政行为的证据和所依据的规范性文件。被告不提供或者无正当理由逾期提供证据，视为没有相应证据。但是，被诉行政行为涉及第三人合法权益，第三人提供证据的除外
一般期限	在开庭审理前或人民法院指定的交换证据之日提供证据，因正当事由申请延期提供证据的，经人民法院准许，可以在法庭调查中提供。逾期提供证据的，人民法院应当责令其说明理由；拒不说明理由或者理由不成立的，视为放弃举证权利	收到起诉书副本后 10 日内举证，否则视为行政行为没有相应证据，直接导致败诉
一审补充	1. 因正当事由申请延期提供证据的，经法院准许可在法庭调查中提供。 2. 提出在行政程序中未提出的证据或理由，经法庭准许可以补充，但提出在行政程序中应被告合法要求应提出而不提出的证据，一般不予采纳	1. 有正当事由需延期举证的应在收到起诉状副本 15 日内向法院书面提出，经准许在该事由消除后 15 日内举证。 2. 被告及其代理人作出具体行政行为之后收集的证据不能用于认定行为合法，但是一审中原告或第三人提出行政程序中未提及的理由或证据，被告经法院准许可补充
二审补充	1. 提出一审无正当理由未提供的证据，不予采纳； 2. 提出在举证期限届满后发现的，或在一审中应获延期但未被准许的，或一审中申请调取而未获准许或未取得的证据，经质证可以作为定案证据	1. 提交一审中未提交的证据，不能作为撤销或变更一审裁判的根据。 2. 提出一审中应获延期但未被准许的证据，经过质证可以作为定案根据

（一）举证责任的概念

举证责任是法律假定的一种后果，是指承担举证责任的当事人应当举出证据证明自己的主张是成立的，否则将承担败诉的不利后果。要求当事人对特定的事实承担举证责任，促成案件事实尽快查明，是确立举证责任制度的基本目的。同时，由于举证责任所确立的风险，可以促使当事人在进行法律行为时注意形成和保存证据，防范其中的一些风险。

（二）举证责任分配

举证责任的分配是法律按照一定的标准，规定应当由哪一方当事人对诉讼中的相关事实提供证据加以证明，否则就应承担败诉后果的问题。我国《行政诉讼法》确立了被告行政机关在行政诉讼中承担主要举证责任的基本原则，这使行政诉讼举证责任的分配明显区别于民事诉讼举证责任的分配。

行政诉讼确立被告对被诉行政行为合法性负担举证责任的原则主要基于以下原因：

第一，由被告负担举证责任，是被告行政机关在行政程序中必须遵循“先取证、后裁决”规则的自然延伸。“先取证、后裁决”是行政机关在行使行政职权、作出具体行政行为过程中必须遵循的基本规则。这一规则是行政机关行使职权必须“以事实为根据”的具体化，它要求行政机关在作出具体行政行为前，应当认真调查，充分收集证据，在证据充分、事实清楚的基础上，正确适用法律，作出正确的行政行为。正因为有此要求，一旦行政机关作出的行政行为被诉，由作出该行为的被告负担证明其具有合法性的责任，理所当然。

第二，由被告负担举证责任，有利于发挥行政机关的举证优势。行政诉讼审理的核心问题是被诉行政行为的合法性，该行政行为由被告作出，被告对该行政行为的证据最为了解，而且在作出行政行为过程中，被告行政机关居于主导地位，行政机关行使职权无须征得公民、法人或者其他组织同意，因此被告行政机关的举证能力比原告要强，由被告负担举证责任体现了负担公平原则，有利于保护公民、法人或者其他组织的诉权。

第三，由被告负担举证责任，有利于促进行政机关依法行政。要求被告行政机关对被诉行政行为合法性承担举证责任，事实上要求行政机关负担这样一种责任，即在进入行政诉讼程序之前，作出行政行为时，就应当具有事实根据和法律根据，否则其所作出的行政行为就是违法的，将会被法院撤销。这一要求有利于行政机关认真行使自己的权力，严格执法，做到依法行政。

虽然行政诉讼中被告对具体行政行为承担举证责任，但不排除在特定情况下由原告提供证据的可能。根据《行政诉讼法》和最高人民法院《关于行政诉讼证据若干问题的规定》（以下简称《行政证据规定》），行政诉讼原告提供证据仅限于下列情形：

1. 在起诉被告不履行法定职责的案件中，原告应当提供其在行政程序中曾经向被告提出申请的证据材料。

2. 在行政赔偿、补偿诉讼中，原告应当对被诉行政行为造成损害的事实提供证据。《行诉解释》规定，在行政赔偿、补偿案件中，因被告的原因导致原告无法就损害情况举证的，应当由被告就该损害情况承担举证责任。对于各方主张损失的价值无法认定的，应当由负有举证责任的一方当事人申请鉴定，但法律、法规、规章规定行政机关在作出行政行为时依法应当评估或者鉴定的除外；负有举证责任的当事人拒绝申请鉴定的，由其承担不利的法律后果。当事人的损失因客观原因无法鉴定的，人民法院应当结合当事人的主张和在案证据，遵循法官职业道德，运用逻辑推理和生活经验、生活常识等，酌情确定赔偿数额。该规定明确了因被告原因导致损害的举证规则。

（三）举证期限

1. 被告的举证期限。（1）收到起诉状副本之日起 15 日内。（2）被告因不可抗力等正当事由不能提供的，经人民法院准许，可以延期提供。（3）原告或者第三人提出了其在行政处理程序中没有提出的理由或者证据的，经人民法院准许，被告可以补充证据。（4）被告不提供或者无正当理由逾期提供证据，视为没有相应证据。但是，被诉行政行为涉及第三人合法权益，第三人提供证据的除外。

2. 原告的举证期限。按照规定，原告或者第三人应当在开庭审理前或者人民法院指定的交换证据清单之日提供证据。因正当事由申请延期提供证据的，经人民法院准许，可以在法庭调查中提供。逾期提供证据且拒不说明理由或者理由不成立的，视为放弃举证权利。

三、提供证据的要求

证据形式及要求：

证据种类	证据要求	
书证	一般要求原件，提供复印件的，要求保管机关加盖印章；报表等附有说明；谈话笔录，要求当事人签名或者盖章	提供复制件或复印件的条件：（1）出示原件或原物确有困难并经法庭准许的；（2）原件或者原物已不存在，可以出示证明复制件、复制品与原件、原物一致的其他的证据
物证	一般要求原物	
视听资料	一般要原始载体，声音资料应当附有该声音内容的文字记录	

续表

证据种类	证据要求
证人证言	一般应是口头的，提供书面证人证言，需要有证人的签名或盖章。要求证人出庭应在举证期限届满前提出，经法院许可。提供书面证人证言的条件：(1)当事人在行政程序或者庭前交换证据中对证人证言无异议的；(2)证人因年迈体弱或行动不便、路途遥远、交通不便、自然灾害等不可抗力或其他意外事件无法出庭的
鉴定意见	要有鉴定人的签名和鉴定部门的盖章。一般书面鉴定结论即可，当事人要求鉴定人出庭的，鉴定人应出庭，有正当事由的，经法庭准许可以不出庭
现场笔录	一般应有执法人员、当事人签名。当事人拒绝签名或者不能签名的，应当注明原因。有其他人在现场的，可由其他人签名。一般提供书面现场笔录即可，但当事人对现场笔录的合法性或真实性、执法人员的身份合法性有异议时，应出庭
勘验笔录	一般应有勘验人、在场人（当地基层组织或者当事人所在单位的派员、当事人或其成年家属）签名。当事人或其成年家属拒不到场的，应当在勘验笔录中说明
域外证据	域外形成的证据，应当说明来源，经所在国公证机关证明，并经中华人民共和国驻该国使领馆认证。外文书证或者外国语视听资料，应当附有中文译本，由翻译机构盖章或翻译人员签名

（一）书证

书证，是指以文字、符号、图形所记载或表示的内容、含义来证明案件事实的证据。

（二）物证

物证，是指以自己的存在、形状、质量等外部特征和物质属性来证明案件事实的物品。

（三）视听资料

视听资料是利用现代科技手段记载法律事件和法律行为的证据，具有较强的准确性和逼真性。

（四）电子数据

电子数据，是指以电子形式存在、可作证据使用的材料和信息。

（五）证人证言

证人证言，是指证人就自己了解的案件事实向法院所作的陈述。

（六）鉴定意见

鉴定意见，是指鉴定人运用自己的专业知识，利用专门的设备和材料，对某些专门问题所作的结论性意见。

（七）现场笔录

现场笔录是行政诉讼特有的证据种类，由行政机关在行政程序中当场制作而成。

（八）勘验笔录

勘验笔录，是指审判人员在诉讼过程中对与争议有关的现场、物品等进行的查验、测量、拍照后制作的笔录。

四、调取和保全证据

（一）行政诉讼证据的调取

当事人举证是行政诉讼证据的主要来源，人民法院调取证据仅属次要来源。在行政诉讼中，法院调取证据应限定于少数特定情形。法院调取证据可分为依职权主动调取和依申请调取证据两种情形。

1. 人民法院依职权主动调取证据。人民法院有权向有关行政机关以及其他组织、公民调取证据。但是，不得为证明行政行为的合法性调取被告作出行政行为时未收集的证据。人民法院依职权主动向有关行政机关以及其他组织、公民调取证据限于两种情形：一是相关事实认定涉及国家利益、公共利益或者他人合法权益；二是涉及依职权追加当事人、中止诉讼、终结诉讼、回避等程序性事项。

2. 人民法院依申请调取证据。

(1)人民法院依当事人申请调取证据的范围和条件。在行政诉讼中，原告或第三人与被告行政机关虽在法律上地位平等，但就实际地位而言，仍处于相对弱的地位，其举证能力较弱，因此需要人民法院给予更多的帮助。对下列三种证据材料，如果原告或者第三人不能自行收集，在能够提供确切线索时，可以申请人民法院调取：第一，由国家机关保存而须由人民法院调取的证据材料；第二，涉及国家秘密、商业秘密、个人隐私的证据材料；第三，确因客观原因不能自行收集的其他证据材料。

(2)调取证据申请及其处理。当事人申请人民法院调取证据时，应当在举证期限内提交调取证据申请书。调取证据申请书应当写明下列内容：证据持有人的姓名或者名称、住址等基本情况，拟调取证据的内容，申请调取证据的原因及其要证明的案件事实。

同时，根据《行诉解释》第 46 条第 1 款、第 2 款规定，原告或者第三人确有证据证明被告持有的证据对原告或者第三人有利的，可以在开庭审理前书面申请人民法院责令行政机关提交。法院经审查认为，申请理由成立的，人民法院应当责令行政机关提交，因提交证据所产生的费用，由申请人预付。行政机关无正当理由拒不提交的，人民法院可以推定原告或者第三人基于该证据主张的事实成立。

(二)证据保全

证据保全是指在证据可能灭失或以后难以取得的情况下,人民法院根据诉讼参加人的申请或依职权主动采取措施,对证据加以确定和保护的制度。证据保全可以发生在诉讼开始之前,也可以发生在诉讼之中。诉讼发生前的证据保全必须有利害关系人的申请,而诉讼过程中的证据保全一般也以当事人申请为前提,必要时法院才依职权主动进行保全。当事人在诉讼中申请保全证据时,应当在举证期限届满前以书面形式提出,并说明证据的名称和地点、保全的内容和范围、申请保全的理由等事项。当事人申请保全证据的,人民法院可以要求其提供相应的担保。

五、证据的对质辨认和核实★

证据的对质辨认和核实,是指在法官的主持下,当事人就有关证据进行辨认和对质,围绕证据的真实性、关联性和合法性及证据的证明力进行辩论的活动,是对证据进行审查的重要环节。

原则上,一切证据均应在法庭上出示,并经庭审质证,才能作为定案的依据,即使人民法院调取的证据也是如此。《行诉解释》第44条规定:"人民法院认为有必要的,可以要求当事人本人或者行政机关执法人员到庭,就案件有关事实接受询问。在询问之前,可以要求其签署保证书。保证书应当载明据实陈述、如有虚假陈述愿意接受处罚等内容。当事人或者行政机关执法人员应当在保证书上签名或者捺印。负有举证责任的当事人拒绝到庭、拒绝接受询问或者拒绝签署保证书,待证事实又欠缺其他证据加以佐证的,人民法院对其主张的事实不予认定。"因此,在经合法传唤,被告无正当理由拒不到庭而需要依法缺席判决时,被告提供的证据将会因未经质证而不能作为定案的依据。对当事人申请人民法院调取的证据,由申请调取证据的当事人在庭审中出示,并由当事人质证;对人民法院依职权调取的证据,应由法庭出示,并可就调取该证据的情况进行说明,听取当事人意见,当事人不对之进行质证。不过,当事人在庭前证据交换过程中没有争议并记录在卷的证据经审判人员在庭审中说明后,可以作为认定案件事实的依据(包括对被告缺席判决的情形)。

六、证据的审核认定

(一)证据审核认定的概念和内容

证据的审核认定,是指法官在听取当事人对证据的说明、对质和辨认后,对证据作出的采信与否的认定。它是法院对当事人举证、质证结果的评价和认定。证据审核认定的主体是合议庭的法官,审核认定的内容是对证据是否具有真实性、关联性和合法性作出确认。

不能作为认定被诉行政行为合法的依据:(1)被告及其诉讼代理人在作出行政行为后或者在诉讼程序中自行收集的证据;(2)被告在行政程序中非法剥夺公民、法人或者其他组织依法享有的陈述、申辩或者听证权利所采用的证据;(3)原告或者第三人在诉讼程序中提供的、被告在行政程序中未作为行政行为依据的证据;(4)复议机关在复议程序中收集和补充的证据,或者作出原行政行为的行政机关在复议程序中未向复议机关提交的证据,不能作为人民法院认定原行政行为合法的依据。

(二)证据效力大小的判断

在对证据进行审核认定过程中,如果发现证明同一事实的数个证据,其证明效力一般可以按照以下情形分别认定:(1)国家机关以及其他职能部门依职权制作的公文文书优于其他书证;(2)鉴定意见、现场笔录、勘验笔录、档案材料以及经过公证或者登记的书证优于其他书证、视听资料和证人证言;(3)原件、原物优于复制件、复制品;(4)法定鉴定部门的鉴定结论优于其他鉴定部门的鉴定意见;(5)法庭主持勘验所制作的勘验笔录优于其他部门主持勘验所制作的勘验笔录;(6)原始证据优于传来证据;(7)其他证人证言优于与当事人有亲属关系或者其他密切关系的证人提供的对该当事人有利的证言;(8)出庭作证的证人证言优于未出庭作证的证人证言;(9)数个种类不同、内容一致的证据优于一个孤立的证据。

第二节 行政诉讼的法律适用

一、行政诉讼法律适用的含义

行政诉讼的法律适用,是指人民法院按照法定程序将法律、法规以及法院决定参照的规章具体运用于各种行政案件,对被诉行政行为的合法性(包括对行政处罚行为的合理性)进行审查的活动。

二、行政诉讼法律适用的规则

根据我国《行政诉讼法》的规定,人民法院在行政诉讼中适用法律要遵循以下规则:

(一)法律、行政法规与地方性法规是行政审判的依据

(二)规章参照适用

(三)其他规范性文件在行政诉讼中的地位

根据《行政诉讼法》第64条的规定,人民法院在审理行政案件中，经审查认为其他规范性文件不合法的，不作为认定行政行为合法的依据，并向制定机关提出处理建议。

（四）人民法院对司法解释的援引

三、行政诉讼法律冲突的适用规则

（一）行政诉讼法律冲突的概念

行政诉讼法律规范冲突，是指人民法院在行政诉讼过程中，发现对同一法律事实或者法律关系，存在两个或者两个以上的法律规范，且对其作出了不同的规定，适用不同的法律规定将导致不同的裁判结果的情形。

（二）行政诉讼法律冲突的适用规则

1. 层级冲突适用规则。不同层级法律规范产生冲突一般属违法冲突，按照法律优先原则，高层级法律规范优于低层级法律规范，但高层级法律规范授权低层级法律规范作出与高层级法律规范不同的规定除外。

2. 平级冲突适用规则。它是解决制定机关不同但效力层级相同的行政法律规范相冲突应适用何种规范的规则。

3. 特别冲突适用规则。一般法是关于某类事项的普遍的一般的规定，特别法是对这种普遍规定的例外。在同一效力层级上，特别法优于普通法。需要注意的是，这一冲突适用规则的适用前提必须是特别法与普通法处于同一层级时，若普通法是高层级法，而特别法是低层级法，特别法作出的特别规定又未经高层级法的授权，那么这种特别规定应属无效，人民法院仍应适用普通法。

4. 新法优于旧法。新旧法冲突适用规则应体现为新法优于旧法和法律不溯及既往原则，当新的行政法律规范与旧的行政法律规范相冲突时，除旧法具有溯及力外，人民法院应当适用新法，即对新法生效后发生的事件适用新法，对新法生效前发生的事件适用旧法。但当新法明确规定有溯及力时除外。

5. 人际冲突适用规则。人际冲突适用规则一般规定，不同民族、种族或者具有特殊身份的个人，适用就该民族、种族或者具有特殊身份的个体作出特别规定的法律规范。

6. 区际冲突适用规则。区际冲突所涉及的两种法律规范冲突需要采取不同的适用规则。

第三节　行政案件审理中的特殊制度★

一、撤诉

（一）撤诉的概念

行政诉讼中的撤诉，是指原告或上诉人（或原审原告或原审上诉人）自立案至人民法院作出裁判前，向法院撤回自己的诉讼请求，不再要求人民法院对案件进行审理的行为。根据撤诉所处的审级不同，撤诉可分为撤回起诉、撤回上诉和撤回再审申请三类，其主体分别为原告、上诉人和原审原告或原审上诉人。

根据撤诉是否由当事人提出，可将撤诉分为申请撤诉和视为申请撤诉两类。前者指当事人主动向受诉人民法院提出撤诉申请，不再要求受诉人民法院对案件继续进行审理，是当事人对自己诉讼权利的积极处分；后者指当事人拒绝履行法定诉讼义务，视为其申请撤诉的情形，它是当事人对自己诉讼权利的消极处分。

（二）撤诉的条件

申请撤诉和视为申请撤诉的条件有所不同：

1. 申请撤诉的条件。

（1）撤诉申请人必须是原告、上诉人、原审原告或原审上诉人以及经他们特别授权的代理人。被告或第三人和被上诉人以及原审被告和原审被上诉人均不得提出撤诉申请。

（2）申请撤诉必须基于当事人自己真实的意思表示，出于当事人自愿。

值得注意的是，原告或上诉人（或原审原告或原审上诉人）申请撤诉包括两种情形：一种情形是被诉具体行政行为没有任何变化，但申请撤诉；另一种情形是被诉行政机关在诉讼过程中改变被诉行政行为，起诉该行为者同意并申请撤诉。而被诉行政机关改变被诉行政行为虽多基于被诉行政机关主动改变，但也可以基于其他原因。

（3）撤诉必须符合法律规定，不得规避法律，也不能损害公共利益和他人利益。

（4）撤诉申请必须在人民法院宣判前作出。

（5）撤诉必须经人民法院准许。

根据《行诉解释》第 80 条的规定，当事人申请撤诉或者依法可以按撤诉处理的案件，当事人有违反法律的行为需要依法处理的，人民法院可以不准许撤诉或者不按撤诉处理。法庭辩论终结后原告申请撤诉，人民法院可以准许，但涉及国家利益和社会公共利益的除外。

2. 视为申请撤诉的条件。视为申请撤诉的情形不同，条件有别：（1）原告或上诉人经传票传唤，无正当理由拒不到庭，可以按撤诉处理；（2）原告或上诉人未经法庭许可中途退庭，可以按撤诉处理；（3）原告或上诉人未按规定期限预交案件受理费，又不提出缓交、减交、免交申请，或者提出申请未获批准的，按自动撤诉处理。

（三）撤诉的法律后果

就一审的撤诉而言，撤诉具有两方面的法律后果：其一，无论是原告申请撤诉得到法院裁定准予撤诉，还是按撤诉处理，其直接的法律后果都是导致诉讼程序的终结；其二，人民法院裁定准许原告撤诉后，原告以同一事实和理由重新起诉的，人民法院不予立案。

二、缺席判决

缺席判决，与对席判决相对而言，是指人民法院在开庭审理时，在一方当事人或双方当事人未到庭陈述、辩论的情况下，合议庭经审理所作的判决。

行政诉讼中的缺席判决主要包括两种情形：一是经人民法院传票传唤，被告无正当理由拒不到庭，或者未经法庭许可中途退庭的，可以缺席判决；二是原告或者上诉人申请撤诉，人民法院裁定不予准许的，原告或者上诉人经传票传唤无正当理由拒不到庭，或者未经法庭许可而中途退庭的，人民法院可以缺席判决。

三、保全与先予执行

（一）保全

1. 诉讼保全：（1）保全的条件，是因一方当事人的行为或者其他原因，可能使行政行为或者人民法院生效裁判不能或者难以执行。（2）保全的启动原则上由当事人申请，必要时法院可以依职权采取。（3）保全的对象，既包括财产保全，也包括行为保全，后者包括责令其作出一定行为或者禁止其作出一定行为。（4）人民法院采取保全措施，可以责令申请人提供担保；申请人不提供担保的，裁定驳回申请。

2. 诉前保全：（1）保全的条件，是利害关系人因情况紧急，不立即申请保全将会使其合法权益受到难以弥补的损害的；（2）保全的启动，须是利害关系人的申请，申请可以向被保全财产所在地、被申请人住所地或者对案件有管辖权的人民法院提出；（3）申请采取保全措施，申请人应当提供担保，不提供担保的，裁定驳回申请；（4）申请人在人民法院采取保全措施后 30 日内不依法提起诉讼的，人民法院应当解除保全。

（二）先予执行

根据《行政诉讼法》第 57 条的规定，人民法院对起诉行政机关没有依法支付抚恤金、最低生活保障金和工伤、医疗社会保险金的案件，权利义务关系明确、不先予执行将严重影响原告生活的，可以根据原告的申请，裁定先予执行。当事人对先予执行裁定不服的，可以申请复议一次。复议期间不停止裁定的执行。

四、审理程序的延阻

审理程序的延阻，是指因特殊原因使诉讼活动不能按正常程序进行，而出现的延期审理、程序中止、终结等情形。

（一）延期审理

延期审理，是指人民法院把已定的审理日期或正在进行的审理推迟至另一日期审理的制度。《行诉解释》第 72 条规定，有下列情形之一的，可以延期开庭审理：（1）应当到庭的当事人和其他诉讼参与人有正当理由没有到庭的；（2）当事人临时提出回避申请且无法及时作出决定的；（3）需要通知新的证人到庭，调取新的证据，重新鉴定、勘验，或者需要补充调查的；（4）其他应当延期的情形。

（二）诉讼中止

诉讼中止，是指在诉讼过程中，因出现某种原因而使诉讼暂时停止，待原因消除后诉讼继续进行的制度。行政诉讼中的诉讼中止主要包括以下情形：（1）原告死亡，须等待其近亲属表明是否参加诉讼的；（2）原告丧失诉讼行为能力，尚未确定法定代理人的；（3）作为一方当事人的行政机关、法人或者其他组织终止，尚未确定权利义务承受人的；（4）一方当事人因不可抗力的事由不能参加诉讼的；（5）案件涉及法律适用问题，需要送请有权机关作出解释或者确认的；（6）案件的审判须以相关民事、刑事或者其他行政案件的审理结果为依据，而相关案件尚未审结的；（7）其他应当中止诉讼的情形。中止诉讼的原因消除后，恢复诉讼。

（三）诉讼终结

诉讼终结，是指在诉讼开始后出现了使诉讼不可能进行或进行下去已无必要的情形，由法院决定结束对案件审理的制度。诉讼终结仅限于法定事由：（1）原告死亡，没有近亲属或者近亲属放弃诉讼权利的；（2）作为原告的法人或者其他组织终止后，其权利义务的承受人放弃诉讼权利的；（3）因原告死亡须等待其近亲属表明是否参加诉讼，或者原告丧失诉讼行为能力尚未确定法定代理人，或者作为一方当事人的行政机关、法人或者其他组织终止，尚未确定权利义务承受人这三种原因，使诉讼中止满 90 日仍无人继续诉讼，但有特殊情况的除外。

五、被诉行政机关在诉讼中改变被诉行政行为的处理

1. 被诉行政机关既可以在第一审期间也可以在第二审期间和再审期间改变被诉行政行为。

2. 被诉行政机关改变被诉行政行为或者决定改变被诉行政行为，应当书面告知人民法院。

3. 根据《行政诉讼法》的规定，改变后的行政行为的效力及由此产生的结果在一定程度上取决于另一方当事人的态度。

(1) 如果另一方当事人同意被诉行政机关对被诉具体行政行为的改变，并提出撤诉申请，经人民法院准许，诉讼结束。被告改变原违法行政行为，原告仍要求确认原行政行为违法的，人民法院应当依法作出确认判决。(2) 如果另一方当事人不同意被诉行政机关对被诉行政行为的改变，不提出撤诉申请，人民法院应当继续对原行政行为进行审理，并就原行政行为作出裁判。不过，因被诉行政机关曾对原行政行为进行过改变，在判决时法院应注意判决形式。在一审中，人民法院经审查认为原行政行为违法的，应当作出确认其违法的判决，而非撤销判决；认为原行政行为合法的，应当判决驳回原告的诉讼请求，而不是作出维持判决。(3) 如果原告或者第三人对改变后的行为不服提起诉讼的，人民法院应当就改变后的行政行为进行审理。在第二审和再审中，应当予以参照。

4. 原告起诉被告不作为，在诉讼中被告作出行政行为，原告不撤诉的，人民法院应当就不作为依法作出确认判决。

六、行政行为的停止执行问题

根据《行政诉讼法》第 56 条的规定，诉讼期间，不停止行政行为的执行。但有下列情形之一的，裁定停止执行：(1) 被告认为需要停止执行的；(2) 原告或者利害关系人申请停止执行，人民法院认为该行政行为的执行会造成难以弥补的损失，并且停止执行不损害国家利益、社会公共利益的；(3) 人民法院认为该行政行为的执行会给国家利益、社会公共利益造成重大损害的；(4) 法律、法规规定停止执行的。当事人对停止执行或者不停止执行的裁定不服的，可以申请复议一次。

七、合并审理

合并审理，是指人民法院把两个或两个以上的独立诉讼合并在一个诉讼程序中进行审理和裁判的制度。

根据《行诉解释》，有下列情形之一的，人民法院可以合并审理：

1. 两个以上行政机关分别依据不同的法律、法规对同一事实作出行政行为，公民、法人或者其他组织不服向同一人民法院起诉的。

2. 行政机关就同一事实对若干公民、法人或者其他组织分别作出行政行为，公民、法人或者其他组织不服分别向同一人民法院起诉的。

3. 在诉讼过程中，被告对原告作出新的行政行为，原告不服向同一人民法院起诉的。

4. 人民法院认为可以合并审理的其他情形。

八、行政诉讼附带民事诉讼★

适用条件：(1) 被诉行政行为是涉及行政许可、登记、征收、征用和行政机关对民事争议所作的裁决。(2) 民事争议当事人要求法院一并解决相关民事纠纷。既然是附带民事诉讼，就必须遵守民事诉讼不告不理的原则。

《行诉解释》对一并解决民事纠纷作出了更为具体的安排：

1. 法院的告知。

人民法院在审理行政案件中发现民事争议为解决行政争议的基础，当事人没有请求人民法院一并审理相关民事争议的，人民法院应当告知当事人依法申请一并解决民事争议。

2. 不予适用的情形。

(1) 法律规定应当由行政机关先行处理的；(2) 违反《民事诉讼法》专属管辖规定或者协议管辖约定的；(3) 约定仲裁或者已经提起民事诉讼的；(4) 其他不宜一并审理的民事争议。对于法院不予准许的决定，可以申请复议一次。

3. 提出的时间。

公民、法人或者其他组织请求一并审理相关民事争议的，应当在第一审开庭审理前提出；有正当理由的，也可以在法庭调查中提出。

4. 受理、审理和裁判规则。

法院在行政诉讼中一并审理相关民事争议的，民事争议应当单独立案，由同一审判组织审理。但是，审理行政机关对民事争议所作裁决的案件，一并审理民事争议的，不另行立案。法院行政争议和民事争议应当分别裁判。

九、调解的适用

对行政赔偿、补偿以及行政机关行使法律、法规规定的自由裁量权的案件，法院认为法律关系明确、事实清楚，在征得当事人双方同意后，可以径行调解。

十、妨害行政诉讼行为的排除

妨害行政诉讼行为的排除，是指人民法院在行政诉讼过程中，为了保障行政审判的顺利进行，对实施妨害行政诉讼行为的人采取的强制手段。

(一) 妨害行政诉讼的行为

妨害行政诉讼的行为，是指诉讼参加人和其他人在行政诉讼过程中，故意干扰、破坏诉讼秩序，妨碍诉讼活动正常进行的行为。根据《行政诉讼法》规定，妨害行政诉讼行为包括：(1) 有义务协助调查、执行的人，对人民法院的协助调查决定、协助执行通知书，无故推脱、拒绝或者妨碍调查、执行的；(2)伪造、隐藏、毁灭证据或者提供虚假证明材料，妨碍人民法院审理案件的；(3)指使、贿买、胁迫他人作伪证或者威胁、阻止证人作证的；(4)隐藏、转移、变卖、毁损已被查封、扣押、冻结的财产的；(5)以欺骗、胁迫等非法手段使原告撤诉的；(6)以暴力、威胁或者其他方法阻碍人民法院工作人员执行职务，或者以哄闹、冲击法庭等方法扰乱人民法院工作秩序的；(7)对人民法院审判人员或者其他工作人员、诉讼参与人、协助调查和执行的人员恐吓、侮辱、诽谤、诬陷、殴打、围攻或者打击报复的。

(二)排除妨害行政诉讼的强制措施

对上述妨害行政诉讼行为，人民法院可以采取下列强制措施予以排除：训诫、责令具结悔过、罚款和拘留。构成犯罪的，依法追究刑事责任。

对于单位，可以对其主要负责人或者直接责任人员依照前款规定予以罚款、拘留；构成犯罪的，依法追究刑事责任。

罚款、拘留须经人民法院院长批准。当事人不服的，可以向上一级人民法院申请复议一次。复议期间不停止执行。

根据《行诉解释》的规定，罚款、拘留可以单独适用，也可以合并适用。对同一妨害行政诉讼行为的罚款、拘留不得连续适用。发生新的妨害行政诉讼行为的，人民法院可以重新予以罚款、拘留。

十一、案件的移送和司法建议

(一)案件的移送

案件的移送，是指人民法院在审理行政案件时，发现行政机关工作人员有违纪或犯罪行为，或被处罚人的行为构成犯罪，应追究刑事责任，将案件全部或部分移送有关部门处理的措施。

(二)司法建议

行政机关拒绝履行判决、裁定时，人民法院可以向该行政机关的上一级行政机关或者监察、人事机关提出司法建议。接受司法建议的机关，根据有关规定进行处理，并将处理情况告知人民法院。

命题点拨 行政诉讼的证据、法律适用和特殊制度。行政诉讼证据制度的重点是举证责任的分配及要求，具体而言在举证责任分配中需要关注原告承担举证责任的情形，在举证责任要求中需要关注被告承担举证责任的具体要求。

第十九章 行政案件的裁判与执行

第一节 行政诉讼的判决、裁定与决定

一、行政诉讼判决★

(一)行政诉讼判决的概念与种类

行政诉讼判决，简称行政判决，是指人民法院审理行政案件终结时，根据审理所查清的事实，依据法律规定对行政案件实体问题作出的结论性处理决定。

(二)行政诉讼第一审判决

行政诉讼第一审判决，是人民法院在第一审程序中所作出的判决，是人民法院对案件初次作出的判定，当事人对其不服，有权向上一级人民法院提出上诉。

1. 驳回原告诉讼请求判决。

被诉行政行为合法须同时满足三个条件：(1)证据确凿；(2)适用法律、法规正确；(3)符合法定程序。原告申请被告履行法定职责或者给付义务理由不成立的。

2. 撤销判决。

三种形式：(1)全部撤销，适用于整个行政行为全部违法或行政行为部分违法但行政行为不可分；(2)部分撤销，适用于行政行为部分违法、部分合法，且行政行为可分；(3)判决撤销并责令被告重新作出行政行为，其适用于违法行政行为撤销后尚需被告对行政行为所涉及事项作出处理的情形。

行政行为具备下列情形之一的，可适用撤销判决：(1)主要证据不足；(2)适用法律、法规错误；(3)违反法定程序；(4)超越职权；(5)滥用职权；(6)明显不当。

如果判决撤销违法的被诉行政行为，将会给国家利益、公共利益或他人利益造成损失的，人民法院在判决撤销的同时，可以分别采取以下方式处理：(1)判决被告重新作出行政行为，但被告不得以同一的事实和理由作出与原行政行为基本相同的行政行为，但主要事实或理由改变的除外；(2)责令被诉行政机关采取相应的补救措施；(3)向被告及有关机关提出司法建议；(4)发现违法犯罪行为的，建议有权机关进行处理。

根据《行诉解释》第90条的规定，人民法院判决被告重新作出行政行为，被告重新作出的行政行为与原行政行为的结果相同，但主要事实或者主要

理由有改变的，不属于基本相同的行政行为。同时，人民法院以违反法定程序为由，判决撤销被诉行政行为的，行政机关重新作出行政行为不受此限制。如行政机关以同一事实和理由重新作出与原行政行为基本相同的行政行为，人民法院应当根据《行政诉讼法》第 70 条、第 71 条的规定判决撤销或者部分撤销，并根据《行政诉讼法》第 96 条的规定处理。

3. 履行判决。

必须同时满足三个条件：（1）被告负有履行某项义务的法定职责；（2）被告没有履行该法定职责。没有履行包括不履行和拖延履行两种；（3）被告没有履行法定职责无正当理由。

法院判决被告履行法定职责，应当指定履行的期限，因情况特殊难以确定期限的除外。

4. 给付判决。

主要适用于：行政机关没有依法支付抚恤金、最低生活保障待遇或者社会保险待遇的，公民、法人或者其他组织可以向法院起诉。

5. 确认违法判决。

可作出确认行政行为违法的判决，但不撤销被诉行政行为的情形：（1）被诉行政行为违法应当撤销，但撤销将给国家利益和公共利益带来重大损失的；（2）行政行为程序轻微违法，但对原告权利不产生实际影响的。

不需要撤销或者判决履行的，法院判决确认违法的情形：（1）被诉行政行为违法，但不具有可撤销内容的；（2）被告改变原违法行政行为，原告仍要求确认原行政行为违法的；（3）被告不履行法定职责，但判决责令履行法定职责已无实际意义的。

判决确认违法的，可以同时判决责令被告采取补救措施；给原告造成损失的，依法判决被告承担赔偿责任。

6. 确认无效判决。

条件：行政行为有实施主体不具有行政主体资格或者没有依据等重大且明显违法情形，原告申请确认行政行为无效的，法院判决确认无效。

适用：判决确认无效的，可以同时判决责令被告采取补救措施；给原告造成损失的，依法判决被告承担赔偿责任。

7. 变更判决。

适用范围：（1）行政处罚明显不当。有两个条件要求：第一，只能针对行政处罚行为作出；第二，行政处罚行为明显不当。（2）其他行政行为涉及对款额的确定、认定确有错误的。这里主要指数额计算有误的情形。

法院对行政处罚行为作出变更判决，原则上只能减轻不能加重，不得加重原告的义务或者减损原告的权益。不得加重对原告的处罚只是原则，利害关系人同为原告，且诉讼请求相反的除外。

8. 被告承担继续履行、采取补救措施或者赔偿损失等责任判决。

行政诉讼法把行政协议纳入行政诉讼受案范围，此类案件有一定的特殊性。如被告不依法履行、未按照约定履行或者违法变更、解除行政协议的，法院判决被告承担继续履行、采取补救措施或者赔偿损失等责任。

（三）二审判决

二审判决是人民法院在第二审程序中就上诉案件作出的判决，由于我国实行两审终审制，因而二审判决是生效判决，亦称终审判决，当事人对其不能提出上诉。

★根据《行政诉讼法》相关条文规定，行政诉讼第二审判决主要包括以下内容，请考生特别注意：

1. 维持原判。原判决、裁定认定事实清楚，适用法律、法规正确的，判决或者裁定驳回上诉，维持原判决、裁定。

2. 依法改判、撤销或者变更。原判决、裁定认定事实错误或者适用法律、法规错误的，依法改判、撤销或者变更。

3. 发回重审或改判。原判决认定基本事实不清、证据不足的，发回原审人民法院重审，或者查清事实后改判。

4. 撤销原判决，发回重审。原判决遗漏当事人或者违法缺席判决等严重违反法定程序的，裁定撤销原判决，发回原审人民法院重审。原审人民法院对发回重审的案件作出判决后，当事人提起上诉的，第二审人民法院不得再次发回重审。

注意：人民法院审理上诉案件，需要改变原审判决的，应当同时对被诉行政行为作出判决。

（四）再审判决

1. 再审认为原审判决认定事实和适用法律均无不当时，应当裁定撤销原中止执行的裁定，继续执行原判决。

2. 再审法院认为原判决、裁定确有错误，应当撤销原生效判决或裁定，同时可以对生效判决或裁定的内容作出相应裁判或者发回重审。发回重审的情形：（1）审理本案的审判人员、书记员应当回避而未回避的。（2）依法应当开庭审理而未经开庭即作出判决的。（3）未经合法传唤当事人而缺席判决的。（4）遗漏必须参加诉讼的当事人的。（5）对与本案有关的诉讼请求未予裁判的。（6）其他违反法定程序可能影响案件正确裁判的。

3. 对原审法院立案、不予受理、驳回起诉错误的处理:(1)第一审人民法院作出实体判决后,第二审人民法院认为不应当立案的,在撤销第一审人民法院判决的同时,可以径行驳回起诉;(2)第二审人民法院维持第一审人民法院不予立案裁定错误的,再审法院应当撤销第一审、第二审人民法院裁定,指令第一审人民法院受理;(3)第二审人民法院维持第一审人民法院驳回起诉裁定错误的,再审法院应当撤销第一审、第二审人民法院裁定,指令第一审人民法院审理。

二、行政诉讼裁定★

(一)行政诉讼裁定的概念与特征

行政诉讼的裁定,是指人民法院在审理行政案件过程中或者执行案件的过程中,就程序问题所作出的判定。

(二)行政诉讼裁定的适用范围及法律效力

行政诉讼中的裁定主要适用于下列事项:(1)不予受理;(2)驳回起诉;(3)管辖异议;(4)终结诉讼;(5)中止诉讼;(6)移送或者指定管辖;(7)诉讼期间停止行政行为的执行或者驳回停止执行的申请;(8)财产保全;(9)先予执行;(10)准许或者不准许撤诉;(11)补正裁判文书中的笔误;(12)中止或者终结执行;(13)提审、指令再审或者发回重审;(14)准许或者不准许执行行政机关的行政行为;(15)其他需要裁定的事项。

三、行政诉讼决定

决定是法院为了保证行政诉讼的顺利进行,依法对行政诉讼中某些特殊事项作出的处理。

行政诉讼中的决定主要有:(1)有关回避事项的决定。(2)对妨害行政诉讼的行为采取强制措施的决定。(3)审判委员会对已生效的行政案件的裁判认为应当再审的决定。(4)有关起诉期限事项的决定。

决定一经作出,立即生效,不得上诉;但有些决定可申请复议,申请复议期间不停止决定的执行。

第二节 行政诉讼的执行与非诉行政案件的执行

一、行政诉讼的执行

(一)行政诉讼执行的含义

行政诉讼的执行,是指行政案件当事人逾期拒不履行人民法院生效的行政案件的法律文书,人民法院和有关行政机关运用国家强制力量,依法采取强制措施促使当事人履行义务,从而使生效法律文书的内容得以实现的活动。

1. 强制执行的主体既包括人民法院,也包括有行政强制执行权的行政机关。《行政诉讼法》第95条规定,公民、法人或者其他组织拒绝履行判决、裁定、调解书的,行政机关或者第三人可以向第一审人民法院申请强制执行,或者由行政机关依法强制执行。

2. 执行申请人或被申请执行人一方是行政机关。

3. 强制执行的依据是已生效的行政裁判法律文书,包括行政判决书、行政裁定书、行政赔偿判决书和调解书。

4. 强制执行的目的是实现已生效的法律文书所确定的义务。

(二)执行主体

执行主体,是指在行政诉讼执行中享有权利、义务的各方主体,包括执行机关、执行当事人、执行参与人和执行异议人。

1. 执行机关。也称执行组织,指拥有行政诉讼执行权、主持执行程序、采取强制执行措施的主体。

2. 执行当事人。指行政诉讼执行中的执行申请人和被申请执行人。一般情况下,行政诉讼由人民法院负责执行,执行当事人就是行政诉讼的当事人,但在依照法律、法规规定,享有强制执行权的行政机关作为行政诉讼执行的执行机关时,该行政机关作为行政诉讼一方当事人,同时又成了执行机关,行政机关具有双重身份。

3. 执行参与人。指除执行当事人以外的其他参与执行过程的单位或者个人。

4. 执行异议人。指没有参与执行程序,但对执行标的主张权利,提出不同意见的个人或者组织,也称案外异议人。执行异议人提出异议时一般应采用书面形式,说明异议的理由并提供有关证据;执行人员应当及时审查异议理由,并作必要的调查核实。

(三)执行根据

执行根据,是指执行申请人申请执行或者执行机关依职权直接采取执行措施所依据的法律文书。

行政诉讼执行的依据包括行政判决书、行政裁定书、行政赔偿判决书和调解书。上述法律文书必须同时具备三个条件,才能作为执行根据:第一,据以执行的法律文书必须已经发生法律效力,没有生效的法律文书不能作为强制执行的根据。第二,该法律文书必须具有可供执行的内容,通常包括物的给付、特定行为的执行和对人身的强制行为等。如果法律文书中不具有可强制执行的内容,不能作为执行根据。第三，法律文书中可执行事项具体明确。

（四）执行措施

执行措施，是指执行机关运用国家强制力，强制被执行人完成所承担的义务的法律手段和方法。

1. 对行政机关的执行措施。(1)对应当归还的罚款或者应当给付的赔偿金，通知银行从该行政机关的账户内划拨。(2)在规定期限内不履行的，从期满之日起，对该行政机关按日处50元至100元的罚款。(3)将行政机关拒绝履行的情况予以公告。(4)向监察机关或者该行政机关的上一级行政机关提出司法建议。接受司法建议的机关，根据有关规定进行处理，并将处理情况告知人民法院。(5)拒不履行判决、裁定、调解书，社会影响恶劣的，可以对该行政机关直接负责的主管人员和其他直接责任人员予以拘留；情节严重，构成犯罪的，依法追究刑事责任。

2. 对公民、法人或者其他组织的执行措施。行政诉讼法并未对公民、法人或者其他组织的执行措施作出具体规定，人民法院可以参照民事诉讼法的有关规定。

在行政机关作为执行机关时，行政机关必须严格按照单行法律、法规规定的执行措施执行。

（五）执行程序

行政诉讼执行程序由一系列独立的环节所组成，主要包括开始、审理、阻却、完毕、补救等。这些程序与民事诉讼执行程序基本相同，特殊性的问题有：

1. 期限。根据《行诉解释》的规定，申请执行的期限为2年。申请执行时效的中止、中断，适用法律有关规定。申请执行的期限从法律文书规定的履行期间最后一日起计算；法律文书规定分期履行的，从规定的每次履行期间的最后一日起计算。法律文书中没有规定履行期限的，从该法律文书送达当事人之日起计算。逾期申请的，除有正当理由外，人民法院不予受理。没有强制执行权的行政机关申请人民法院强制执行其行政行为，应当自被执行人的法定起诉期限届满之日起3个月内提出。逾期申请的，除有正当理由外，人民法院不予受理。

2. 中止。下级人民法院无权中止所执行的上级人民法院裁判。关系人对执行标的提出异议的，执行员应当按照法定程序进行审查，理由成立的，即可由院长批准中止执行。

二、非诉行政案件的执行

法院对行政行为的非诉执行：

项目			内容
申请执行条件			(1)当事人既不起诉，也不履行；(2)被申请强制执行的具体行政行为属于法院的执行范围(限制人身自由除外)；(3)被申请行为已经生效并具有可执行内容；(4)申请人是作出该行政行为的行政机关或者法律、法规、规章授权的组织；(5)被申请人是该行政行为所确定的义务人；(6)被申请人在行政行为确定的期限内或者行政机关催告期限内未履行义务；(7)申请人在法定期限内提出申请；(8)被申请执行的行政案件属于受理执行申请的人民法院管辖
申请执行主体	原则上：申请人为作出具体行政行为的行政主体	无行政强制执行权	法院应当受理
		有行政强制执行权	法院可以受理
	特殊情况下：行政裁决		该裁决所确定的权利人或其继承人、权利承受人
申请执行期限	原则上		行政机关申请应自被执行人的法定起诉期限届满之日起3个月内
	特殊情况下：行政裁决		权利人可在行政机关申请期限届满后的6个月内，申请法院执行
执行管辖	级别管辖	原则上	基层法院
		特殊情况下	如认为确有困难，报请上级法院执行，上级法院可以决定自己执行或仍由下级法院执行
	地域管辖	原则上	由申请人所在地的基层法院管辖
		特殊情况下	执行对象为不动产的，由不动产所在地的基层法院管辖
执行申请的审查			受理申请后，应当在7日内由行政审判庭对行政行为的合法性进行审查(书面审查为主)，并就是否准予执行作出裁定
执行申请的裁定	不予执行		情形：(1)实施主体不具有行政主体资格；(2)明显缺乏事实根据；(3)明显缺乏法律依据；(4)有其他明显违法并损害被执行人合法权益情况的。行政机关对不准予执行的裁定有异议，在15日内向上一级人民法院申请复议的，上一级人民法院应当在收到复议申请之日起30日内作出裁定
	予以执行		通知本院负责强制执行非诉行政行为的机构给予执行

（一）非诉行政案件执行的含义

非诉行政案件的执行，是指公民、法人或者其他组织既不向人民法院提起行政诉讼，又不履行行政机关作出的具体行政行为，行政机关向人民法院提出执行申请，由人民法院采取强制执行措施，使行政机关的具体行政行为得以实现的制度。

非诉行政案件的执行有下列特点：

第一，非诉行政案件的执行机关是人民法院，而非行政机关。虽然非诉行政案件的执行对象是具体行政行为，执行申请人也为行政机关，但非诉行政案件的强制执行权的享有者不是行政机关，而是人民法院。

第二，非诉行政案件执行的根据是行政机关作出的具体行政行为，该具体行政行为没有进入行政诉讼，没有经过人民法院的裁判。因而它不同于人民法院对经过行政诉讼判决维持的具体行政行为的执行，后者虽然实际执行的仍是具体行政行为的内容，但该具体行政行为已经经过人民法院的裁判，转化为司法决定，而不再是一种行政决定。这是非诉行政案件执行与行政诉讼执行的本质区别。

第三，非诉行政案件的执行申请人是行政机关，被执行人只能为公民、法人或者其他组织。通常情况下，非诉行政案件执行的执行申请人应为行政机关。作为行使行政职权的行政机关不能成为被执行人，而公民、法人或者其他组织一般只能成为被执行人，不能成为执行申请人。在特定情况下，非诉行政案件的执行申请人也可以是生效具体行政行为确定的权利人或者其继承人。

第四，非诉行政案件的执行前提是公民、法人或者其他组织在法定期限内，既不提起行政诉讼，也不履行具体行政行为所确定的义务。基于人民法院强制执行行政机关作出的具体行政行为的条件，如果公民、法人或者其他组织已向人民法院提出了行政诉讼，即使其没有履行该具体行政行为所确定的义务，行政机关也不能向人民法院申请强制执行该具体行政行为。但如果人民法院不及时执行被诉具体行政行为，可能给国家利益、公共利益或者他人利益造成不可弥补的损失，经申请人民法院可先予执行。

第五，非诉行政案件的执行目的是保障没有行政强制执行权的行政机关所作出的具体行政行为内容得以实现。

（二）非诉行政案件执行的相关问题

1. 非诉行政案件执行的适用范围。根据规定，凡行政机关对行政行为没有强制执行权，以及法律规定行政机关和人民法院对行政行为皆享有强制执行权时，行政机关可以申请人民法院强制执行该具体行政行为。

2. 生效行政行为确定的权利人或者其继承人、权利承受人作为申请人。根据规定，非诉行政案件的执行申请人应为行政机关。不过，在特定情况下，非诉行政案件执行的申请人，也可以是生效行政行为确定的权利人或者其继承人。《行诉解释》第158条规定，行政机关根据法律的授权对平等主体之间民事争议作出裁决后，当事人在法定期限内不起诉又不履行，作出裁决的行政机关在申请执行的期限内未申请人民法院强制执行的，生效行政裁决确定的权利人或者其继承人、权利承受人在6个月内可以申请人民法院强制执行。享有权利的公民、法人或者其他组织申请人民法院强制执行生效行政裁决，参照行政机关申请人民法院强制执行行政行为的规定。

3. 财产保全与担保。为避免被执行人随意对财产进行处分，保证行政职能的实现以及公民、组织的合法权益，行政机关或行政行为确定的权利人申请人民法院强制执行前，有充分理由认为被执行人可能逃避执行的，可以申请人民法院采取财产保全措施。后者申请强制执行的，应当提供相应的财产担保。

4. 法院对行政行为的审查。《行诉解释》第160条第1款规定，人民法院受理行政机关申请执行其行政行为的案件后，应当在7日内由行政审判庭对行政行为的合法性进行审查，并作出是否准予执行的裁定。

人民法院对行政行为的审查主要是书面审查，必要时人民法院可以进行一定的调查，人民法院在作出裁定前发现行政行为明显违法并损害被执行人合法权益的，应当听取被执行人和行政机关的意见，并自受理之日起30日内作出是否准予执行的裁定。

需要采取强制执行措施的，由管辖法院负责强制执行非诉行政行为的机构执行。

命题点拨 驳回诉讼请求与驳回起诉之间的区别；行政诉讼执行与非诉行政案件执行的区别。

第二十章 国家赔偿概述

第一节 国家赔偿★

一、国家赔偿的概念

国家赔偿是指国家对国家机关及其工作人员违

法行使职权或存在过错等原因造成的损害给予受害人赔偿的制度。对于这一概念,可以作以下理解:(1)国家赔偿是由国家承担的责任。(2)国家赔偿是对国家机关及其工作人员的行为承担的责任。(3)国家赔偿是对前述机关及其人员行使职权的行为承担的责任。(4)国家赔偿是对违法行使职权或存在过错等原因造成损失承担的赔偿(修订后的《国家赔偿法》删除了"国家机关和国家机关工作人员违法行使职权"中的"违法"二字)。(5)国家赔偿本质是一种救济制度。

二、国家赔偿的特征

国家赔偿是对国家机关及其工作人员违法行使职权或存在过错等原因行使职权的行为造成的损害承担的责任,与其他形式的赔偿责任相比,具有以下特征:

第一,国家承担责任,机关履行赔偿义务。

第二,赔偿范围有限。从赔偿范围来看,国家只对国家机关及其工作人员部分侵权行为承担赔偿责任,《国家赔偿法》对此作出了明确规定。

第三,赔偿方式和标准法定化。国家赔偿以支付赔偿金为主要方式,以返还财产、恢复原状为辅助方式。

第四,赔偿程序多元化。受害人可以通过多种渠道取得国家赔偿。我国《国家赔偿法》规定了取得行政赔偿和刑事赔偿的多种程序。受害人要求行政赔偿,可以直接向赔偿义务机关提出,也可以在行政复议、行政诉讼中一并提起,还可以单独提起行政赔偿诉讼。受害人提出司法赔偿请求,需先向司法赔偿义务机关提出,然后再向其上级机关提出,最后才能向人民法院赔偿委员会提出,但不能通过诉讼途径解决。

三、国家赔偿与相关制度的区别

(一)国家赔偿与行政赔偿

行政赔偿是国家赔偿的一种形式。

(二)国家赔偿与国家补偿

国家赔偿是国家对国家机关及工作人员违法行使职权或存在过错等原因造成损害承担的赔偿责任。而国家补偿是国家对国家机关及工作人员的合法行为造成的损失给予的补偿。

(三)国家赔偿与民事赔偿

国家赔偿是因国家机关及工作人员行使职权行为引起的国家责任,而民事赔偿是由发生在平等民事法律主体之间的侵权行为引起的民事责任。

(四)行政赔偿与司法赔偿

行政赔偿与司法赔偿同属于国家赔偿的一部分,二者不同之处在于:行政赔偿是行使行政职权引起的赔偿责任;而司法赔偿是行使审判、检察、侦查、监狱管理职权引起的赔偿责任。二者在赔偿义务机关、赔偿范围、赔偿程序等方面有所区别。

(五)国家赔偿与公有公共设施致害赔偿

前者是行使国家权力引起的国家责任,后者是非权力行为引起的国家责任。

第二节　国家赔偿法

一、国家赔偿法的概念

国家赔偿法的概念有广义和狭义之分。广义的国家赔偿法是指有关国家赔偿的所有法律规范的总称,包括宪法、民法、诉讼法、行政法和特别法中关于国家赔偿的各种法律规范。狭义的国家赔偿法是指专门规定国家赔偿内容的法典。例如,我国1994年第八届全国人大常委会通过并于2010年、2012年两次修正的《国家赔偿法》。本书除特别标明外,均采用广义国家赔偿法概念。对于国家赔偿法的概念,可以作如下理解:

1. 国家赔偿法是关于国家赔偿的法律规范。
2. 国家赔偿法是一定范围内法律规范的总和。
3. 国家赔偿法是集实体规范与程序规范为一体的法律。

二、国家赔偿法的作用

1. 制定国家赔偿法是落实宪法的需要。
2. 制定国家赔偿法有利于保障公民、法人和其他组织的合法权益。
3. 制定国家赔偿法可以有效地监督和促进国家机关依法行使职权。

第三节　国家赔偿的构成要件

一、国家赔偿的构成要件概述

国家赔偿的构成要件是指国家承担赔偿责任的必要条件。

二、主体要件

(一)主体要件的概念和特征

国家赔偿主体要件是指国家承担赔偿责任必须具备的主体条件,即国家对哪些组织和个人的侵权行为负责赔偿。国家赔偿的主体要件具有以下特征:第一,这里的主体要件是指侵权行为主体,而不是责任主体。在我国,侵权行为主体包括国家机关、国家机关工作人员、法律法规授权的组织和国家机关委托的组织及个人。对于上述人员实施的职务侵权行为,国家均应当承担赔偿责任,不能以实施侵权行为的主体不是国家自身为由免除其责任。第二,侵权行为主体要件经历了由强变弱的过程。从许多国家的赔偿制度来看,赔偿制度建立初期,严格限制侵权主体的范围,强调国家只对一定范围内的公务员的侵权行为负责,随着赔偿制度的发展、赔偿范围的扩大,一些国家放松了对侵权行为主体要件的限制,倾向于扩大对公务员的解释,并且将国家机关纳入侵权主体范围。

(二)侵权主体的种类

根据我国《国家赔偿法》的规定,原则上侵权行为主体包括两类:国家机关和国家机关工作人员。特殊情况下,还包括法律法规授权的组织和行政机关委托的组织和个人。

1. 国家机关。包括国家行政机关和国家司法机关。

2. 国家机关工作人员。国家机关工作人员是指国家依照法定方式和程序任用的,在各类国家机关工作的,行使国家权力执行公务的人员,包括行政机关的公务员,司法机关的侦查人员、检察人员、审判人员和监狱看守管教人员等,但不包括国家机关的勤杂人员和服务人员。

3. 法律、法规授权的组织。法律、法规授权的组织是指根据具体法律、法规的授权而行使特定行政职能的非国家机关组织。

4. 行政机关委托的组织。行政机关委托的组织和个人是指受行政机关的委托行使一定行政职权的非国家机关的组织和非国家公务员的个人。

三、行为要件

国家赔偿中的行为要件,是指国家承担赔偿责任必须具备的行为条件。换言之,国家对侵权主体实施的何种行为承担赔偿责任。在我国,这一构成要件是指国家只对侵权主体实施的执行职务的行为承担赔偿责任,即致害行为必须是与执行职务有关的行为。所谓执行职务是指国家机关或国家机关工作人员履行或不履行其职责和义务的行为。"执行职务"是一个内涵丰富的概念,它既包括行使权力的行为和非权力行为,也包括法律行为和事实行为,还包括作为和不作为行为。

四、损害结果要件

国家是否承担侵权责任,要看该行为是否造成特定人的损害。没有损害结果或遭受损害的是普遍对象,国家就不必负责赔偿。因此,损害是构成国家赔偿的必要条件之一。所谓损害,指对财产和人身造成的不利。

(一)损害的范围

损害包括人身损害和财产损害,前者包括限制人身自由、剥夺生命、致人伤残以及毁损名誉、荣誉等。后者主要指财产的灭失、毁损和减少等损害。对物的损害又包括积极损害和消极损害(又称直接损害和间接损害),大多数国家原则上只赔偿直接损害,不赔偿间接损害。

(二)损害的对象

所谓损害,就是国家机关违背对公民、法人所承担的义务而使其受到不利的结果。因此,国家能否赔偿这种损害,首先应确定受害者的利益是否受到法律保护,国家对受害人是否承担特定的义务。因为遭受损害的对象是法律特定保护的,所以国家必须对这种损害负责。

(三)损害行为与损害结果之间的因果关系

国家赔偿中的因果关系比较复杂,存在很多间接关系的损害赔偿问题。

(四)缺乏因果关系的事实

国家只对直接产生损害的原因事实负赔偿责任。有些特殊的致害原因与损害结果之间缺乏因果联系,国家对此不负赔偿责任,它们主要有以下几类:

1. 受害人的过错。

2. 不可抗力。

3. 第三者介入。

五、法律要件

构成国家赔偿必须满足"有法律规定"这一要件,如果法律没有规定国家赔偿责任,即使公民受到国家机关违法侵害,国家也可能不承担赔偿责任。这是国家赔偿责任的一个重要特点。所谓"有法律规定"是指现实存在的所有规定国家赔偿责任的法律法规和判例等。

> **命题点拨** 国家赔偿本质是一种救济制度,不同于国家补偿、民事赔偿等制度。

第二十一章　行政赔偿

第一节　行政赔偿概述

一、行政赔偿的概念

行政赔偿是指行政机关及其工作人员在行使职权过程中侵犯公民、法人或其他组织的合法权益并造成损害,国家对此承担的赔偿责任。

首先,行政赔偿是国家的赔偿责任,赔偿的责任主体是国家,而不是行政机关及其工作人员。

其次,行政赔偿是国家对行政侵权行为所承担的赔偿责任。

再次,行政赔偿是国家对行政机关及其工作人员的侵权行为承担的赔偿责任。

最后,行政赔偿是国家对其合法权益受到行政侵权行为损害的公民、法人或者其他组织承担的赔偿责任。

二、行政赔偿的特征

三、行政赔偿的归责原则

国家赔偿法上的归责原则是指国家承担赔偿责任的依据和标准。也就是说,国家为什么要对某一行为承担赔偿责任,损害发生后,是由于侵权行为人的行为违法,还是由于行为人实施某一行为时主观有过错,抑或是什么其他的原因,国家才承担赔偿责任。我国国家赔偿法中的行政赔偿适用的结果归责原则。根据修订后的《国家赔偿法》第 2 条第 1 款的规定,国家机关和国家机关工作人员行使职权,有本法规定的侵犯公民、法人和其他组织合法权益的情形,造成损害的,受害人有依照本法取得国家赔偿的权利。

第二节　行政赔偿范围

一、行政赔偿范围概述

行政赔偿范围,是指国家对行政机关及其工作人员在行使行政职权时侵犯公民、法人和其他组织合法权益造成损害的哪些行为承担赔偿责任。

二、侵犯人身权的行为

(一)人身权的概念

所谓人身权,是指公民作为一个自然人为了生存而必不可少的、与公民的身体和名誉密不可分的权利。

(二)侵犯人身自由权的行为

1. 行政拘留。行政拘留是公安机关依法对违反行政管理秩序的公民采取限制其人身自由的惩罚措施。

2. 限制人身自由的行政强制措施。行政强制措施既可以针对财产,也可以施加于人身。我国法律、法规规定的限制人身自由的强制措施有:强制治疗和强制戒毒、强制传唤、行政拘留、其他限制人身自由的强制措施。

3. 非法拘禁或者以其他方法非法剥夺公民人身自由。这是指行政拘留和行政强制措施以外的其他非法剥夺人身自由的行为。它的表现有两种情形:(1)无权限。指没有限制公民人身自由权的行政机关实施的剥夺公民人身自由的行为。(2)超过法定期限或者条件关押。指享有限制人身自由权的行政机关在法律规定的拘留或限制人身自由的期限和条件之外,剥夺公民人身自由。

(三)侵犯生命健康权的行为

侵害公民生命健康权的行为有:

1. 暴力行为。以殴打、虐待等行为或者唆使、放纵他人以殴打、虐待等行为造成公民身体伤害或者死亡的行为。行政机关采取暴力的形式多种多样,不论行政机关及其工作人员是否有履行职责的权限,也不论行政机关及其工作人员主观上是出于什么样的目的,采取暴力行为造成公民身体伤害或死亡的,受害人都有请求赔偿的权利。

2. 违法使用武器、警械。武器、警械是指枪支、警棍、警绳、手铐等。有权使用武器、警械的行政机关工作人员主要有人民警察、武警部队人员等。根据有关规定,人民警察在执行逮捕、拘留、押解人犯和值勤、巡逻、处理治安事件等公务时,可以使用武器或警械,但必须符合使用武器和警械的使用条件,使用武器和警械的时间、种类以及如何使用,必须与被管理对象的行为程度相适应;使用武器、警械需要经过一定的批准程序时,则必须履行批准程序。

3. 造成公民身体伤害或者死亡的其他违法行为。这是《国家赔偿法》的概括式规定,是指《国家赔偿法》第 3 条列举规定的情况外,行政机关及其工作人员实施的、造成公民生命健康权损害的行为。

三、侵犯财产权的行为

(一)财产权的概念和范围

国家赔偿法规定的财产权限于公民、法人或者其他组织的财产权,具体来说包括物权、债权、知识产权、经营权和物质帮助权。

(二)侵犯财产权的行政处罚

侵犯公民、法人或者其他组织财产权的行政处罚包括:罚款、没收、吊销许可证和执照、责令停产停业、没收财物等行政处罚。

(三)侵犯财产权的行政强制措施

限制财产权的强制措施主要是查封、扣押、冻结、保全、拍卖。违法的财产强制措施主要表现为:(1)超越职权。指行政机关不享有查封、扣押、冻结的行政职权,而实施查封、扣押、冻结等措施。(2)违反法定程序。指行政机关不按照法律规定的手续采取强制措施。例如,查封不清点登记、加贴封条,甚至不让当事人在查封凭证上签字。(3)不按照法律规定妥善保管被扣押的财产。对被扣押财产行政机关应妥善保管,或委托有关单位或个人保管。对易腐坏易变质不宜长期存放的物品,应变卖而保存价款。疏于妥善保管而造成财产的变质、灭失的,应当承担赔偿责任。(4)对象错误。这是指行政机关对案外人的财产采取了强制措施,如行政机关查封、扣押的财产,不是违法人的财产或虽是违法人的财产但不是用于违法活动的财产,即构成强制措施对象的错误。(5)不遵守法定期限。有的法律、法规规定了查封、扣押、冻结的期限,行政机关超越法定期限采取强制措施,造成财产损失、损坏的，国家应负赔偿责任。

（四）违法征收财物、摊派费用

征收是指行政机关依据公共利益的需要，在给予公平补偿的情况下，向公民、法人或其他组织征收财物的行为。除了法律规定的正常征收以外，公民、法人和其他组织不再负担任何缴纳义务。实践中，违法征收财物和摊派费用主要表现为乱收费、乱摊派。具体来说有：（1）不按照法律规定的项目和数额实施征收费用和劳务。（2）没有法律规定，自行设立项目征收财物和费用。（3）征收的目的与相关法律规定的目的相悖。

（五）侵犯财产权的其他违法行为

造成财产损害的其他行为，是指《国家赔偿法》第4条没有作列举性规定的侵害公民、法人或者其他组织财产权的行为，如违法的不作为。凡是涉及有关财产权的损害，受害的公民、法人或者其他组织都可以依照《国家赔偿法》的规定，请求行政赔偿。

四、国家不承担赔偿责任的情形

国家不承担赔偿责任的情形是指国家对某些在行政管理过程中发生的损害不承担赔偿责任的事项。属于下列情形之一的，国家不承担赔偿责任：（1）行政机关工作人员与行使职权无关的个人行为；（2）因受害人自己行为致使损害发生的；（3）法律规定的其他情形，如不可抗力和第三人过错。

第三节　行政赔偿请求人和赔偿义务机关

一、行政赔偿请求人

（一）行政赔偿请求人的概念

行政赔偿请求人是指依法享有取得国家赔偿的权利，请求赔偿义务机关确认和履行国家赔偿责任的公民、法人或者其他组织。

（二）行政赔偿请求人的范围

受害的公民、法人或者其他组织有权要求赔偿。受害的公民死亡，其继承人和其他有扶养关系的亲属有权要求赔偿。受害的法人或者其他组织终止，承受其权利的法人或者其他组织有权要求赔偿。行政赔偿请求人分为公民、法人或者其他组织三种。

二、行政赔偿义务机关

行政赔偿义务机关是指代表国家处理赔偿请求、支付赔偿费用、参加赔偿诉讼的行政机关。

第四节　行政赔偿程序★

一、行政赔偿程序概述

行政赔偿程序是指受害人依法取得国家赔偿权利、行政机关或者人民法院依法办理行政赔偿事务应当遵守的方式、步骤、顺序、时限等手续的总称。

二、单独提出赔偿请求的程序

（一）单独提出赔偿请求程序的含义

受害人单独提出赔偿请求的，应当首先向赔偿义务机关提出，赔偿义务机关拒绝受理赔偿请求、在法定期限内不作出决定的，受害人可以提起行政诉讼。

（二）行政赔偿义务机关的先行处理程序

行政赔偿义务机关在受理和处理受害人单独提出赔偿请求时，办理如下手续：

1. 受害人提出赔偿请求。受害人提出赔偿请求应当递交申请书。

2. 赔偿义务机关受理赔偿请求，制作行政赔偿决定书。

三、一并提出赔偿请求的程序

一并提起的行政赔偿诉讼程序：

项目	情形	条件	处理
行政复议	依申请提出	无	同时决定被申请人依法是否给予赔偿
	依职权作出	被复议行为是直接针对财产的作为行为	同时责令返还财产、解除查封、扣押、冻结措施，或者赔偿相应价款
行政诉讼一审	一审提出	应当有具体的赔偿、补偿事项以及数额	判决被告依法是否给予赔偿
	没有提出，依职权作出	撤销被诉行政行为会给国家或公共利益造成重大损失，确认违法	依法判决承担赔偿责任
行政诉讼二审	一审判决遗漏赔偿请求	二审法院认为依法不应赔偿	判决驳回行政赔偿请求
	—	二审法院认为依法应予赔偿	可就行政赔偿问题进行调解；调解不成的，应当就行政赔偿部分发回重审
	在二审提出	无	可以进行调解；调解不成的，应当告知当事人另行起诉

（一）行政复议程序

一并提出赔偿请求的程序分为行政复议程序和行政赔偿诉讼程序。赔偿请求人要求赔偿应当先向赔偿义务机关提出，也可以在申请行政复议和提起行政诉讼时一并提出。申请人在申请行政复议时可以一并提出行政赔偿请求,行政复议机关对符合国家赔偿法的有关规定应当给予赔偿的,在决定撤销、变更具体行政行为时,应当同时决定被申请人依法给予赔偿。申请人在申请行政复议时没有提出行政赔偿请求的,行政复议机关在依法决定撤销或者变更罚款,撤销违法集资、没收财物、征收财物、摊派费用以及对财产的查封、扣押、冻结等具体行政行为时,应当同时责令被申请人返还财产,解除对财产的查封、扣押、冻结措施,或者赔偿相应的价款。这是受害人一并提出赔偿请求的法律依据。

在行政复议中一并提出赔偿请求的受理和审理适用行政复议程序。根据《行政复议法》规定的行政复议程序,行政复议机关对具体行政行为进行审查并作出裁决。在赔偿处理中,行政复议机关可以适用调解,以调解书的形式解决赔偿争议,也可以作出赔偿的裁决。

如果被申请人依法应当承担赔偿责任,即使申请人没有提出申请,行政复议机关也应当决定予以赔偿。行政复议机关在决定撤销、变更具体行政行为或者确认具体行政行为违法的同时,应当作出赔偿决定。

复议机关应当在收到复议申请书之日起 60 日内作出复议决定,申请人对复议机关作出的包括赔偿裁决在内的复议决定不服的,可以在收到决定书之日起 15 日内,向人民法院提起行政诉讼。

不过,若仅对行政复议决定中的行政赔偿部分有异议,自复议决定书送达之日起 15 日内提起行政赔偿诉讼的,人民法院应当依法受理。行政机关作出有赔偿内容的行政复议决定时,未告知公民、法人或者其他组织起诉期限的,起诉期限从公民、法人或者其他组织知道或者应当知道起诉期限之日起计算,但从知道或者应当知道行政复议决定内容之日起最长不得超过 1 年。

(二)行政赔偿诉讼程序

行政赔偿诉讼程序,是指人民法院受理和裁判行政赔偿请求的程序,是一种特殊的行政诉讼。受害人可以在提起行政诉讼时一并提出赔偿要求即提起行政赔偿诉讼,也可以在行政复议机关作出决定或者赔偿义务机关作出决定之后,向法院提起行政赔偿诉讼。根据《行政诉讼法》和《国家赔偿法》的规定,我国行政赔偿诉讼通用行政诉讼程序,属于行政诉讼中的一个特殊类别。

四、行政追偿的概念和条件

行政追偿,是指国家在向行政赔偿请求人支付赔偿费用之后,依法责令具有故意或重大过失的工作人员、受委托的组织或者个人承担部分或全部赔偿费用的法律制度。赔偿义务机关代表国家对行政机关工作人员行使行政追偿权必须具备一定的条件。行政机关赔偿损失后,应当责令有故意或重大过失的行政机关工作人员承担部分或全部赔偿费用。

命题点拨 经过行政复议的赔偿中,复议机关与原侵权机关不是共同赔偿义务机关,原则上最初造成侵权行为的行政机关为赔偿义务机关,不过复议机关的复议决定加重损害的,复议机关对加重的部分履行赔偿义务,二者之间不存在连带责任。

第二十二章　司法赔偿

第一节　司法赔偿概述

一、司法赔偿的概念和特征

(一)司法赔偿的概念

司法赔偿是指司法机关及其工作人员在行使侦查权、检察权、审判权和监狱管理职权时违法给无辜的公民、法人或者其他组织的生命、健康、自由和财产造成损害的,国家应当承担的赔偿责任。对于这一概念,可以作如下解释:

首先,司法赔偿是一种国家赔偿责任,而不是普通的民事赔偿。

其次,司法赔偿是国家对司法机关及其工作人员的行为承担的赔偿责任,而不是对其他国家机关及其工作人员承担的赔偿责任。

再次,司法赔偿是国家对于司法机关及其工作人员行使职权的行为承担的责任,对于司法机关或者司法工作人员实施非职务行为或者个人行为造成的损害,国家不承担司法赔偿责任。

最后,司法赔偿是国家对于司法机关及其工作人员违法行使职权的行为所承担的责任,对于司法机关或者司法人员依法行使职权的行为所导致的公民、法人或者其他组织的损害,国家不承担司法赔偿责任。

(二)司法赔偿的特征

司法赔偿的特征表现在以下四个方面:

第一,司法赔偿的侵权行为主体是司法机关及其工作人员。

第二，司法赔偿的原因是司法机关及其工作人员在司法活动中违法行使司法权侵害了公民、法人或者其他组织的合法权益。

第三，司法赔偿范围法定。

第四，司法赔偿以独特的非诉讼程序进行。

二、司法赔偿的归责原则

《国家赔偿法》规定国家赔偿的归责原则为"结果归责原则"。

第二节　司法赔偿范围

一、司法赔偿范围概述

司法赔偿范围，是指司法机关及其工作人员在行使职权时侵犯公民、法人和其他组织合法权益并造成损害的，国家承担赔偿责任的范围。

二、刑事司法赔偿的范围★★★

（一）侵犯人身权的刑事赔偿

行使侦查、检察、审判职权的机关以及看守所、监狱管理机关及其工作人员在行使职权时有下列侵犯人身权情形之一的，受害人有取得赔偿的权利：

1. 违反刑事诉讼法的规定对公民采取拘留措施的，或者依照刑事诉讼法规定的条件和程序对公民采取拘留措施，但是拘留时间超过刑事诉讼法规定的时限，其后决定撤销案件、不起诉或者判决宣告无罪终止追究刑事责任的；

2. 对公民采取逮捕措施后，决定撤销案件、不起诉或者判决宣告无罪终止追究刑事责任的；

3. 依照审判监督程序再审改判无罪，原判刑罚已经执行的；

4. 刑讯逼供或者以殴打、虐待等行为或者唆使、放纵他人以殴打、虐待等行为造成公民身体伤害或者死亡的；

5. 违法使用武器、警械造成公民身体伤害或者死亡的。

★根据最高人民法院、最高人民检察院《关于办理刑事赔偿案件适用法律若干问题的解释》，数罪并罚的案件经再审改判部分罪名不成立，尽管被超期监禁的公民并非完全无罪，但由于部分罪名已经不成立，针对这类具体个罪而言的超期羁押行为构成无罪羁押，应当予以赔偿。

（二）侵犯财产权的刑事赔偿

行使侦查、检察、审判职权的机关以及看守所、监狱管理机关及其工作人员在行使职权时有下列侵犯财产权情形之一的，受害人有取得赔偿的权利：

1. 违法对财产采取查封、扣押、冻结、追缴等措施的；

2. 依照审判监督程序再审改判无罪，原判罚金、没收财产已经执行的。

三、民事、行政司法赔偿范围★

人民法院在民事诉讼、行政诉讼过程中，违法采取对妨害诉讼的强制措施、保全措施或者对判决、裁定以及其他生效法律文书执行错误，造成损害的，国家应予赔偿。

1. 违法采取排除妨害诉讼强制措施的司法赔偿。

2. 违法采取保全措施的司法赔偿。

3. 错误执行判决、裁定和其他生效法律文书的司法赔偿。

4. 民事、行政诉讼中司法工作人员侵权的赔偿。

四、国家不承担赔偿责任的情形

1. 行政机关工作人员与行使职权无关的个人行为。

2. 因公民、法人和其他组织自己的行为致使损害发生的。

3. 法律规定的其他情形：(1)不可抗力；(2)第三人过错。

第三节　司法赔偿请求人和赔偿义务机关

一、司法赔偿请求人

司法赔偿请求人，是指人身权和财产权被违法司法行为侵害，依法享有国家赔偿请求权的人，包括公民、法人和其他组织。这一概念主要包括两层意思：

第一，司法赔偿请求人是人身权和财产权遭受违法司法行为侵害的公民、法人和其他组织。

第二，司法赔偿请求权人是依法享有司法赔偿请求权的公民、法人或者其他组织。

二、司法赔偿义务机关★

（一）司法赔偿义务机关的概念和特征

所谓司法赔偿义务机关，是指在国家赔偿中代表国家接受赔偿请求、具体承担赔偿义务并支付赔偿费用的国家机关。司法赔偿义务机关的特征主要表现在以下两个方面：

第一，司法赔偿义务机关代表国家履行司法赔偿义务。

第二，司法赔偿义务机关的确认复杂，这主要表现在刑事赔偿领域。

（二）司法赔偿义务机关的确认

1. 对没有犯罪事实或者没有事实证明有犯罪重

大嫌疑的人错误拘留的，作出拘留决定的机关为赔偿义务机关。

2. 对没有犯罪事实的人错误逮捕的，作出逮捕决定的机关为赔偿义务机关。

注意，对公民采取拘留措施后又采取逮捕措施，国家承担赔偿责任的，作出逮捕决定的机关为赔偿机关。

3. 再审改判无罪的，作出原生效判决的人民法院为赔偿义务机关。

4. 二审改判无罪以及二审发回重审后作无罪处理的，作出一审判决的人民法院为赔偿义务机关。

5. 人民法院在民事诉讼、行政诉讼的过程中，违法采取对妨害诉讼的强制措施、保全措施或者对判决、裁定以及其他生效法律文书执行错误造成损害的，作出该行为的人民法院为赔偿义务机关。

6. 司法工作人员违法行使职权造成公民、法人或者其他组织人身权、财产权损害的，该工作人员所在的机关为赔偿义务机关。

7. 看守所及其工作人员在行使职权时侵犯公民合法权益造成损害的，看守所的主管机关为赔偿义务机关。

第四节　司法赔偿程序★

一、司法赔偿程序概述

司法赔偿程序是指公民、法人或者其他组织行使司法赔偿请求权，要求有关的国家侦查、检察、审判、看守以及监狱管理机关履行司法赔偿责任的程序。

二、司法赔偿处理程序

（一）司法赔偿处理程序的含义

修订后的《国家赔偿法》在司法赔偿处理程序安排上的最大变化是取消了司法赔偿中的确认程序。

（二）司法赔偿处理程序的步骤

1. 司法赔偿请求的提出。赔偿请求人提出司法赔偿请求，应当具备以下条件：(1)赔偿请求人具备法律规定的主体资格。(2)赔偿义务机关必须适格。(3)应当递交申请书。(4)请求必须在法律规定的时效内提出。请求期限为2年，自其知道或者应当知道国家机关及其工作人员行使职权时的行为侵犯其人身权、财产权之日起计算，但被羁押等限制人身自由期间不计算在内。赔偿请求人在赔偿请求时效的最后6个月内，因不可抗力或者其他障碍不能行使请求权的，时效中止。从中止时效的原因消除之日起，赔偿请求时效期间继续计算。

2. 司法赔偿请求的受理。赔偿义务机关在收到赔偿请求人的赔偿申请书后，应及时予以审查，决定是否受理。审查的内容包括：(1)申请人是否合格。(2)请求赔偿的事实和理由是否确实、充分。(3)赔偿请求是否属于法定的司法赔偿范围，是否属于国家不承担责任的情况。(4)被请求的机关是否为适格的赔偿义务机关。(5)赔偿请求是否在法定时效期限内提出。赔偿请求人必须在其知道或者应当知道国家机关及其工作人员行使职权时的行为侵犯其人身权、财产权之日起2年内向赔偿义务机关提出。如果请求时效已超过2年，须进一步审查有无时效中止或者中断的情况。超过法定时效的，应认定司法赔偿请求人丧失赔偿请求权。

3. 赔偿义务机关初步审查。审查后，根据不同情况分别处理：(1)对不属于司法赔偿范围的请求，应作出书面决定，通知申请人并告知其理由；(2)对于无请求权的申请人，应书面通知其不予受理并说明理由；(3)对于不属于本机关赔偿事项范围的赔偿申请，应告知赔偿请求人向负有赔偿义务的机关申请；(4)对于申请书所载事项不符合法律规定或有遗漏的，应通知其在规定期限内补正；(5)对于赔偿请求已过赔偿时效，应通知请求人不予受理；(6)对于符合赔偿条件的，应将受理决定送达申请人。

4. 司法赔偿请求的处理。司法赔偿义务机关受理受害人的赔偿请求后，应当及时、全面地审理案件材料，在收到申请书之日起2个月内，按照国家赔偿法关于"赔偿方式和计算标准"的规定，作出处理。

三、司法赔偿复议程序

1. 复议申请的提出和受理。请求人提出赔偿请求后，赔偿义务机关拒绝受理赔偿请求、作出不予赔偿的决定、逾期不予赔偿，或者赔偿请求人对赔偿的数额、赔偿方式等有异议的，赔偿请求人有权依法向赔偿义务机关的上一级机关提出复议申请，要求通过复议程序予以解决司法赔偿争议。

2. 对复议申请的审理和决定。复议机关受理复议申请后，应指定与本案无利害关系的工作人员办理。复议机关应当自收到申请之日起2个月内作出决定。复议机关作出的决定对于作为其下级机关的赔偿义务机关具有约束力。

四、司法赔偿决定程序

（一）司法赔偿决定程序的含义

赔偿委员会的组成。赔偿委员会由人民法院3名以上审判员组成，组成人员的人数应当为单数。设主任1人，负责召集、主持赔偿委员会会议，领导赔偿委员会的工作。

（二）司法赔偿决定程序的步骤

1. 申请。赔偿请求人向赔偿委员会申请作出赔偿决定,原则上应采用书面方式,但是,赔偿请求人书写申请确有困难的,也可以口头申请。口头提出申请的,人民法院应当填写申请赔偿登记表,由赔偿请求人签名或者盖章。

2. 立案。赔偿委员会收到赔偿申请,经审查认为符合申请条件的,应当在7日内立案,并通知赔偿请求人、赔偿义务机关和复议机关;认为不符合申请条件的,应当在7日内决定不予受理。7日的期限自赔偿委员会收到赔偿申请之日起计算。

3. 审理。★

(1)审理方式。人民法院赔偿委员会处理赔偿请求,采取书面审查的办法。必要时,可以向有关单位和人员调查情况、收集证据。2013年由最高人民法院发布的《关于人民法院赔偿委员会适用质证程序审理国家赔偿案件的规定》(以下简称《赔偿质证程序规定》)将质证审理上升为主要审理方式。质证原则上应当公开进行,除涉及国家秘密、个人隐私或者法律另有规定的不公开进行;同时,赔偿请求人或者赔偿义务机关申请不公开质证,对方同意的,赔偿委员会可以不公开质证。赔偿请求人和赔偿义务机关在质证活动中的法律地位平等。

(2)举证责任。根据《赔偿质证程序规定》的规定,赔偿请求人、赔偿义务机关对其主张的有利于自己的事实负举证责任,但法律、司法解释另有规定的除外。没有证据或者证据不足以证明其事实主张的,由负有举证责任的一方承担不利后果。

4. 决定。赔偿委员会审理的案件,应当分不同情形依法作出如下决定:(1)维持决定:赔偿义务机关的决定或者复议机关的复议决定认定事实清楚,适用法律正确的,依法予以维持。(2)重新决定:赔偿义务机关的决定、复议机关的复议决定认定事实清楚,但适用法律错误的,依法重新决定;如果赔偿义务机关的决定、复议机关的复议决定认定事实不清、证据不足的,查清事实后依法重新决定。(3)赔偿或不予赔偿决定:赔偿义务机关、复议机关逾期未作决定的,查清事实后依法作出决定。

5. 申诉。根据2017年最高人民法院《关于国家赔偿监督程序若干问题的规定》,赔偿请求人或者赔偿义务机关对赔偿委员会生效决定,认为确有错误的,可以向上一级人民法院赔偿委员会提出申诉。申诉审查期间,不停止生效决定的执行。申诉符合规定条件的,人民法院应当在收到申诉材料之日起7日内予以立案。赔偿委员会审查申诉案件采取书面审查的方式,根据需要可以听取申诉人和被申诉人的陈述和申辩。赔偿委员会审查申诉案件,一般应当在3个月内作出处理,至迟不得超过6个月。有特殊情况需要延长的,由本院院长批准。最高人民检察院对各级人民法院赔偿委员会生效决定,上级人民检察院对下级人民法院赔偿委员会生效决定,向同级人民法院赔偿委员会提出重新审查意见的,同级人民法院赔偿委员会应当决定直接审理,并将决定书送达提出意见的人民检察院。

6. 执行。赔偿委员会决定一经作出,即发生法律效力,必须执行。

五、司法追偿程序

司法赔偿的追偿范围包括:(1)实施暴力侵权行为的工作人员。(2)违法使用武器或者警械造成公民受害或者死亡的工作人员。(3)在执行职务过程中贪污受贿、徇私舞弊、枉法裁判的工作人员。

命题点拨 刑事拘留、逮捕和刑事裁判赔偿的归责要求不同。对刑事裁判要求再审改判无罪,且原判刑罚已经执行;对刑事拘留采用违法原则,即违法采取刑事拘留措施或超期拘留,后终止追究刑事责任;而对逮捕则实行结果归责,只要公民被逮捕后刑事司法机关终止追究刑事责任的,公民即可要求国家赔偿,不论之前的逮捕是否合法。

第二十三章　国家赔偿方式、标准和费用

第一节　国家赔偿的方式

一、国家赔偿方式的含义

国家赔偿方式,是指国家对自己的侵权行为承担赔偿责任的各种形式。国家赔偿以支付赔偿金为主要方式。能够返还财产或者恢复原状的,予以退还财产或者恢复原状。

二、金钱赔偿

金钱赔偿,即将受害人的各项损失计算成金额,以金额折抵受害人的损失。无论是对财产损失,还是对精神损害、人身损害的赔偿,都可以采用金钱赔偿形式。

三、返还财产

返还财产,是指国家机关将违法取得的财产返还给受害人的赔偿方式。返还财产只能适用于物质损害,尤其是在物品失去控制的情况下。返还财产一般是指原物。

四、恢复原状

恢复原状,是指使国家机关的违法行为侵害相对人的财产或权利恢复到受损害前的形状、性能或状态的赔偿方式。

五、国家赔偿的其他方式

《国家赔偿法》规定了恢复名誉、赔礼道歉、消除影响、支付精神损害抚慰金的方式。

第二节　国家赔偿的计算标准

一、人身权损害赔偿的计算标准★★★

(一)侵犯人身自由赔偿金的计算

侵犯公民人身自由的，每日赔偿金按照国家上年度职工日平均工资计算。

(二)侵犯生命健康权赔偿金计算

侵犯公民生命健康权的，赔偿金按照下列规定计算：

1. 造成身体伤害的，应当支付医疗费、护理费，以及赔偿因误工减少的收入。减少的收入每日的赔偿金按照国家上年度职工日平均工资计算，最高额为国家上年度职工年平均工资的5倍。

2. 造成部分或者全部丧失劳动能力的，应当支付医疗费、护理费、残疾生活辅助具费、康复费等因残疾而增加的必要支出和继续治疗所必需的费用，以及残疾赔偿金。残疾赔偿金根据丧失劳动能力的程度，按照国家规定的伤残等级确定，最高不超过国家上年度职工年平均工资的20倍。造成全部丧失劳动能力的，对其扶养的无劳动能力的人，还应当支付生活费。

3. 造成死亡的，应当支付死亡赔偿金、丧葬费，总额为国家上年度职工年平均工资的20倍。对死者生前扶养的无劳动能力的人，还应当支付生活费。

生活费的发放标准，参照当地最低生活保障标准执行。被扶养的人是未成年人的，生活费给付至18周岁止；其他无劳动能力的人，生活费给付至死亡时止。

二、财产权损害赔偿的计算标准

1. 罚款、罚金、追缴、没收财产或者违法征收、征用财产的，返还财产。

2. 查封、扣押、冻结财产的，应当解除对财产的查封、扣押、冻结，应当返还财产损坏的，能够恢复原状的恢复原状，不能恢复原状的，国家承担赔偿责任，按照损害程度给付相应的赔偿金。

3. 财产已经拍卖或变卖的，应给予金钱赔偿，给付拍卖或变卖所得价款。变卖的价款明显低于财产价值的，应当支付相应的赔偿金。

4. 吊销许可证和执照，责令停产、停业的，赔偿停产、停业期间必要的经常性费用开支。

5. 财产权其他损害赔偿。对财产权造成损害的，按照直接损失给予赔偿。

第三节　国家赔偿费用(略)

命题点拨　国家赔偿方式、标准和费用。

试 卷 二

民 法

【复习指引】 民法在客观题考试试卷二中具有重要地位，要求考生加强对《民法典》和配套司法解释的学习。另外，特别提醒考生对基础理论部分的复习要多加关注，重点理论问题必须重点掌握。

第一编 总 则

第一章 民法概述

第一节 民法的概念和调整对象

一、民法的概念

民法是调整平等主体的自然人、法人和非法人组织之间的人身关系和财产关系的法律规范的总和。

二、民法的调整对象

(一)民法调整平等主体之间的人身关系

所谓人身关系，是指没有直接的财产内容但具有人身属性的社会关系。包括以下两类：

1. 基于自然人、法人和非法人组织的人格产生的人身关系。

2. 基于自然人、法人和非法人组织的一定身份产生的人身关系。

(二)民法调整平等主体之间的财产关系

所谓财产关系，是指人们在产品的生产、分配、交换和消费过程中形成的具有经济内容的关系。其特点在于：

1. 主体平等。

2. 平等主体间的财产关系，包括财产归属关系和财产流转关系。

3. 民法调整的财产关系的重心是交易关系。

第二节 民法的基本原则

一、民事权益受法律保护原则

民事主体的人身权利、财产权利以及其他合法权益受法律保护，任何组织或者个人不得侵犯。包括如下几个方面内涵：(1)民法是权利法；(2)民法不仅保护权利，而且保护利益；(3)平等保护各个民事主体的民事权益。

二、平等原则★★

平等原则，是指民事主体在法律地位上是平等的，其合法权益应当受到法律平等保护。民事主体地位平等原则是我国民法将平等主体之间的财产关系和人身关系作为其调整对象的必然体现。民法的平等原则集中反映了民法所调整的社会关系的本质特征，也是全部民事法律制度的基础。平等原则主要包括如下内容：人格平等；在具体的法律关系中当事人的法律地位平等；对各类民事主体的平等对待；在补救方法上，也充分贯彻平等性。

三、自愿原则

自愿原则也称为意思自治原则，它是指民事主体依法享有在法定范围内广泛的行为自由，并可以根据自己的意志产生、变更、消灭民事法律关系。

体现在如下几方面：(1)赋予民事主体在法律规定范围内广泛的行为自由；(2)允许民事主体通过法律行为调整他们之间的关系；(3)允许民事主体依法处分和利用其民事权益。

四、公平原则

公平原则是指民事主体应本着公平、正义的观念实施民事行为，司法机关应根据公平的观念处理民事纠纷，民事立法也应该充分体现公平的理念。

五、诚信原则

诚信原则是指民事主体应当以诚实信用的方式行使民事权利、履行民事义务，秉持诚实、恪守承诺。

六、合法和公序良俗原则★★

合法原则，是指民事主体从事民事活动必须遵守法律和法规的规定，不得违法。

公序良俗，是由“公共秩序”和“善良风俗”两个概念构成的，公序良俗本身不是强行法，但它是沟通强行法与道德规范的桥梁，为道德规范引入法律提供了媒介。

七、绿色原则

绿色原则是指民事活动应当遵循节约资源、保护生态环境的原则。

第三节 民事法律关系

一、民事法律关系的概念和特征

民事法律关系是由民法规范调整的社会关系，也就是由民法确认和保护的社会关系。其特征在于：

1. 民事法律关系是民法所调整的社会关系在法律上的表现。

2. 民事法律关系是人与人之间的权利义务关系。

3. 民事法律关系具有平等性。

4. 民事法律关系具有一定程度的任意性。

二、民事法律关系的要素

(一)民事法律关系的主体

民事法律关系的主体，简称民事主体，是指参加民事法律关系，享有民事权利并承担民事义务的人。在我国，民事主体包括自然人、法人和非法人组织，国家在一些场合也是民事法律关系的特殊主体。任何个人和组织要成为民事主体，必须由法律赋予其主体资格。

(二)民事法律关系的客体

民事法律关系的客体，是指民事权利和民事义务所指向的对象。依照利益的表现形式可以分为物、行为和智力成果。

(三)民事法律关系的内容

民事法律关系的内容，是指民事主体所享有的权利和承担的义务。

三、民事权利★★

(一)民事权利的概念

民事权利是指由国家强制力予以保障的民事主体所享有的类型化的利益，这种法律之力和特定利益的结合则构成权利。

(二)民事权利的分类

上述民事权利可以依据不同标准进行不同的分类，具体如下：

1. 财产权、人身权和综合性的权利

(1)财产权。财产权是指以财产利益为直接内容的权利，主要包括两大类，物权和债权。

(2)人身权。人身权是指以人身所体现的利益为内容的、与权利人的人身不可分的民事权利，它包括人格权和身份权。

(3)综合性的权利。所谓综合性的权利，是指由财产权和人身权结合所产生的一类权利。典型的综合性权利主要包括如下几类：一是知识产权；二是社员权；三是继承权。

2. 支配权、请求权、抗辩权、形成权

(1)支配权。支配权是指直接支配客体，并享有一定利益的权利。物权是典型的支配权。

(2)请求权。所谓请求权，是指请求他人为一定行为或不为一定行为的权利。

(3)抗辩权。抗辩权又称为异议权，它是指对抗对方的请求或否认对方的权利主张的权利。

(4)形成权。形成权是指当事人可以以自己单方的意思表示，使法律关系发生变动的权利。

3. 绝对权和相对权

根据义务主体是否特定以及权利的特点，权利可以分为绝对权和相对权。

4. 主权利和从权利

根据民事权利之间的主从关系，民事权利可以划分为主权利和从权利。

5. 既得权与期待权

根据权利成立要件是否全部实现，民事权利可分为既得权与期待权。

四、民事权利行使的原则

1. 自愿原则

2. 义务必须履行原则

3. 禁止权利滥用原则

五、滥用权利

1. 滥用权利的概念

所谓滥用权利，是指行使权利违背权利设定的目的，损害了他人利益。

2. 滥用权利的构成要件与判断

依据《民法典》第132条和《总则编解释》第3条第2款的规定，滥用权利应当具备如下条件：第一，权利人行使了其权利。第二，以加损害于他人为主要目的。第三，行为人的行为侵害了他人的合法权益。

《总则编解释》第3条第1款规定："对于民法典第一百三十二条所称的滥用民事权利，人民法院可以根据权利行使的对象、目的、时间、方式、造成当事人之间利益失衡的程度等因素作出认定。"

3. 滥用权利的法律后果

依据《总则编解释》第3条第3款的规定，滥用权利将产生如下两方面的法律后果：第一，权利行使超过合理界限的部分不具有法律约束力。第二，如果滥用权利造成他人损害，已经构成侵权的，应承担侵权责任。

六、民事权利的救济

(一)民事权利的公力救济

所谓民事权利的公力救济，是指权利受到侵犯时，由国家机关给予保护。

(二)民事权利的自力救济

民事权利遭受侵害时，我国法律也允许民事主体自我保护，但有严格的限制。

七、民事义务★★

(一)民事义务的概念

所谓民事义务,是指义务人依据法律规定和合同的约定,应当为一定行为或者不为一定行为。

(二)民事义务的分类

1. 法定义务与约定义务

2. 基本义务与附随义务

八、民事法律事实

民事法律事实,是指依法能够引起民事法律关系产生、变更或消灭的客观现象,分为事件和行为两大类:

1. 事件,又称为自然事实,是指与人的意志无关,能够引起民事法律关系产生、变更、消灭的客观现象。

2. 行为,是指人的有意识的活动。行为可以分为民事法律行为和事实行为。

第四节 民事权利客体

一、物

(一)物的分类

1. 动产和不动产

2. 主物和从物

主物和从物通常表示的是两个物之间的相互依存关系。

3. 单一物和集合物

4. 原物和孳息

所谓原物,就是指产生孳息的物。孳息就是指原物所产生的收益,其上位概念为收益。

(二)货币和有价证券

货币是一般等价物,也是特殊的种类物。

有价证券也是民事权利的客体。

二、人格利益和身份利益

(一)人格利益

人格利益是指主要满足个人的精神需要、体现了个人的人格尊严、专属于民事主体的利益。

(二)身份利益

身份利益一般是因自然人之间的身份关系以及因知识产权而获得的利益。

三、无体财产

所谓无体财产,主要是指除有体物以外的其他权利和利益,如对股票、债券、智力成果等的权利,其不能为人们所触觉且不占有一定的空间。

第五节 民事责任

一、民事责任的概念

民事责任,是指当事人不履行民事义务所应承担的民法上的后果。

二、民事责任的分类★★

(一)违约责任、侵权责任与其他责任

违约责任,是指合同当事人违反法律、合同规定的义务而应当承担的责任。侵权责任,是指行为人因其过错侵害他人财产、人身,依法应当承担的责任,以及没有过错,但在造成损害以后,依法应当承担的责任。违约责任和侵权责任的分离是因合同法与侵权法的分离而产生的。

除违约责任和侵权责任外,行为人还可能承担其他责任,如基于缔约过失行为而承担缔约过失责任,因不履行不当得利返还义务而产生的债务不履行责任等。

(二)按份责任与连带责任

按份责任,是指多数当事人按照法律的规定或者合同的约定,各自承担一定份额的责任。

连带责任,是指当事人按照法律的规定或者合同的约定,连带地向权利人承担责任。

三、承担民事责任的方式★★

《民法典》第179条第1款规定:"承担民事责任的方式主要有:(一)停止侵害;(二)排除妨碍;(三)消除危险;(四)返还财产;(五)恢复原状;(六)修理、重作、更换;(七)继续履行;(八)赔偿损失;(九)支付违约金;(十)消除影响、恢复名誉;(十一)赔礼道歉。"

四、不承担民事责任的情形

1. 不可抗力

2. 正当防卫

3. 紧急避险

4. 紧急救助行为

五、因保护他人权益使自己受到损害的民事责任

因保护他人民事权益使自己受到损害的,由侵权人承担民事责任,受益人可以给予适当补偿。没有侵权人、侵权人逃逸或者无力承担民事责任,受害人请求补偿的,受益人应当给予适当补偿。

六、侵害英雄烈士等人格权的民事责任

侵害英雄烈士等人格利益的民事责任的成立应当具备如下要件:

1. 侵害了英雄烈士等的利益。

2. 侵害了姓名、肖像、名誉、荣誉四项人格利益。

3. 损害社会公共利益。

七、民事责任竞合

所谓民事责任竞合,是指同一事实符合数个责任的构成要件。

八、民事责任的优先适用

民事主体因同一行为应当承担民事责任、行政责任和刑事责任的,承担行政责任或者刑事责任不

影响承担民事责任;民事主体的财产不足以支付的,优先用于承担民事责任。

命题点拨　民法的调整对象、基本原则和民事法律关系的要素等。注意准确区分支配权、请求权、形成权、抗辩权。

第二章　自　然　人

第一节　自然人的民事权利能力

一、自然人的概念

自然人,是指依自然规律产生,具有五官百骸,区别于其他动物的人。自然人既是一个生物学意义上的概念,又是一个法律概念。

二、自然人的民事权利能力★★

(一)自然人民事权利能力的概念

自然人的民事权利能力是自然人依法享有民事权利和承担民事义务的资格,它是每个自然人平等地享有民事权利、承担民事义务的可能性。

(二)自然人民事权利能力的开始

自然人的民事权利能力应自出生时开始。

出生在性质上属于民事法律事实中的事件。应当具备如下条件:第一,必须与母体相分离;第二,必须娩出时为活体。

(三)自然人民事权利能力的终止

自然人死亡以后,自然不能继续成为民事权利、民事义务的承担者,其民事权利能力当然消灭。

第二节　自然人的民事行为能力

一、自然人民事行为能力的概念

自然人的民事行为能力是指自然人能够以自己的行为行使民事权利和承担民事义务,并且能够对于自己的违法行为承担民事责任的能力,简言之,是自然人可以独立进行民事活动的能力或资格。

二、自然人民事行为能力的类型★★★

(一)完全民事行为能力

所谓完全民事行为能力,是指自然人能以其自己的行为独立享有民事权利、承担民事义务的资格。18周岁以上的自然人为完全民事行为能力人;16周岁以上的未成年人,以自己的劳动收入为主要生活来源的,视为完全民事行为能力人。

(二)限制民事行为能力

限制民事行为能力又称为不完全民事行为能力,是指自然人部分独立地,或者说在一定范围内具有民事行为能力。限制民事行为能力人有两种:一是8周岁以上的未成年人,二是不能完全辨认自己行为的成年人。法律只允许其独立从事纯获利益的民事法律行为及与其智力、精神健康状况相适应的民事法律行为。

(三)无民事行为能力

所谓无民事行为能力,是指自然人无独立从事民事活动的资格,也就是说,不具有以自己的行为取得民事权利和承担民事义务的资格。在我国,无民事行为能力人包括两类:一是不满8周岁的未成年人,二是不能辨认自己行为的人。

依据《民法典》第20条与第21条的规定,对无民事行为能力人而言,其不能独立实施任何民事法律行为,而必须由其法定代理人代理实施。因此,无民事行为能力人所实施的民事法律行为都是无效的。当然,在特殊情形下,无民事行为能力人也可以实施一些纯获利益的行为,以及日常生活必需的细小的行为(如乘坐公交车和地铁、购买早点或零食等)。

第三节　自然人的住所与监护

一、住所★

(一)住所的概念

住所,是指自然人长期居住生活的地点。自然人以户籍登记或者其他有效身份登记记载的居所为住所;经常居所与住所不一致的,经常居所视为住所。

(二)自然人住所的认定规则

1. 自然人以户籍登记或者其他有效身份登记记载的居所为住所。

2. 经常居所与住所不一致的,经常居所视为住所。

二、监护★★★

(一)监护的概念

所谓监护,是指民法上所规定的对于无民事行为能力人和限制民事行为能力人的人身、财产及其他合法权益进行监督、保护的一项制度。

(二)监护的设立

监护的设立就是指依据法律的规定、当事人的约定或遗嘱等方式,而设立监护、确定监护人。关于监护的设立,我国《民法典》主要规定了法定监护、意定监护、遗嘱监护和指定监护几种方式。

1. 法定监护。

所谓法定监护,是指监护人由法律直接规定的监护。

(1)未成年人的法定监护人包括:

第一,未成年人的父母。在未成年人父母能够担任监护人的情形下，首先由父母担任未成年人的法定监护人。因为在一般情况下，父母能够在最大限度内实现子女的利益，由其作为第一顺序的法定监护人，有利于保护未成年人的利益；同时，由父母担任第一顺序的监护人，也能够为未成年人提供更好的成长环境，更能够实现监护制度的目的。父母作为未成年子女的法定监护人，以子女出生这一法律事实为发生原因，一直延续到子女年满18周岁。

第二，其他近亲属及个人或组织。如果未成年人的父母已经死亡或者没有监护能力，则依据《民法典》第27条第2款的规定，由下列有监护能力的人按顺序担任监护人：一是祖父母、外祖父母；二是兄、姐；三是其他愿意担任监护人的个人或者组织，但是须经未成年人住所地的居民委员会、村民委员会或者民政部门同意。从《民法典》第27条的规定来看，上述主体在担任未成年人的监护人时，应当按照法律规定的顺序进行。《民法典》第27条第2款第3项所规定的"组织"主要是指社会公益组织，因为随着我国公益事业的发展，有监护意愿和能力的社会组织增多，由公益组织担任未成年人的监护人，可以作为家庭监护的有益补充。

(2)成年人法定监护人的范围。

《民法典》第28条规定："无民事行为能力或者限制民事行为能力的成年人，由下列有监护能力的人按顺序担任监护人：(一)配偶；(二)父母、子女；(三)其他近亲属；(四)其他愿意担任监护人的个人或者组织，但是须经被监护人住所地的居民委员会、村民委员会或者民政部门同意。"因此，成年人的法定监护人包括：

第一，配偶。与未成年人法定监护不同，在成年人法定监护中，第一顺序的监护人是被监护人的配偶，而不是其父母。法律之所以作出此种规定，主要是因为配偶与被监护人长期生活在一起，与其关系更为密切，相互之间更为熟悉，而且被监护人的配偶对其生活习惯也更为熟悉，由其作为第一顺序的监护人更为合理，更有利于被监护人的权益保护。

第二，父母、子女。在成年人的配偶无法担任监护人时，由成年人的父母或者子女担任。成年人的父母或者子女具有监护能力的，则在成年人配偶不能担任监护人时，应当担任监护人，履行监护职责。

第三，其他近亲属。依据《民法典》第1045条第2款的规定，近亲属包括配偶、父母、子女、兄弟姐妹、祖父母、外祖父母、孙子女、外孙子女。但《民法典》第28条所规定的"其他近亲属"应当是除被监护人的配偶和父母、子女以外的近亲属。

第四，其他愿意担任监护人的个人或者组织，但是须经被监护人住所地的居民委员会、村民委员会或者民政部门同意。从该项规定来看，其并没有对能够担任成年人法定监护人的范围进行严格限制，任何个人和组织都可以担任成年人的法定监护人，但其担任成年人的法定监护人应当具备如下条件：一是其他个人或者组织愿意担任。二是应当取得被监护人住所地的居民委员会、村民委员会或者民政部门同意。防止因为监护人设置不当，侵害被监护人的利益。三是其他个人或者组织具有担任监护人的能力。

2. 意定监护。

所谓意定监护，依据《民法典》第33条的规定，是指具有完全民事行为能力的成年人与其近亲属、其他愿意担任监护人的个人或者组织事先协商，以书面形式确定，在其丧失或者部分丧失民事行为能力时由该监护人履行监护职责的监护。

3. 遗嘱监护。

遗嘱监护，是指被监护人的父母在担任监护人期间，通过遗嘱的方式为被监护人指定监护人的监护制度。我国《民法典》第29条规定："被监护人的父母担任监护人的，可以通过遗嘱指定监护人。"该条对遗嘱监护制度作出了规定。《民法典》增加了遗嘱监护，规定未成年人的父母在死亡前可以指定对子女最有利的监护人，这借鉴了比较法上的经验，同时也有利于贯彻我国监护制度中的被监护人利益最大化原则。

4. 指定监护。

《民法典》第31条第1款规定："对监护人的确定有争议的，由被监护人住所地的居民委员会、村民委员会或者民政部门指定监护人，有关当事人对指定不服的，可以向人民法院申请指定监护人；有关当事人也可以直接向人民法院申请指定监护人。"

(三)监护人的职责

1. 监护人监护职责的内容。

一是代理被监护人实施民事法律行为。

二是保护被监护人的人身权利、财产权利以及其他合法权益。

三是教育被监护人。对未成年人的监护人来说，监护人的职责主要是保护、教育和关心未成年人，约束未成年人的行为，防止其实施侵害国家财产、集体财产或他人人身、财产的不法行为。

四是监督和管教被监护人。

2. 监护人监护职责的履行。

第一，按照最有利于被监护人的原则履行监护职责。

第二，不得擅自处分被监护人的财产。

第三，尊重被监护人的意愿。

(四)监护人资格的撤销

撤销监护人资格的条件包括如下几种：

第一,监护人实施严重损害被监护人身心健康行为。

第二,因监护人怠于履行监护职责等原因导致被监护人处于危困状态。

第三,实施严重侵害被监护人合法权益的其他行为。

(五)监护的终止

1. 被监护人取得或者恢复完全民事行为能力。

2. 监护人丧失监护能力。

3. 被监护人或者监护人死亡。

4. 人民法院认定监护关系终止的其他情形。

第四节　宣告失踪与宣告死亡

一、宣告失踪★★★

(一)宣告失踪的概念

所谓宣告失踪,是指自然人离开自己的住所下落不明达到法定的期限,经利害关系人申请,人民法院依照法定程序宣告其为失踪人的一项制度。

(二)宣告失踪的法律要件

1. 必须有自然人下落不明满 2 年的事实。

2. 必须由利害关系人向人民法院提出申请。

3. 必须经过人民法院依据法定程序宣告。

(三)宣告失踪的效力

在自然人被宣告失踪后,其民事主体资格仍然存在,其仍然可以实施各种民事行为。因此,宣告失踪并不产生消灭婚姻关系的效力,也不会导致失踪人的财产被他人继承。依据《民法典》的规定,宣告失踪的法律后果是为失踪人设置财产代管人。

(四)失踪宣告的撤销

失踪宣告一旦撤销,即产生如下法律效力：

一是财产代管关系终止。

二是财产代管人的移交财产和报告义务。

二、宣告死亡★★★

(一)宣告死亡的概念

所谓宣告死亡,是指自然人下落不明达到法定期限,经利害关系人申请,人民法院经过法定程序在法律上推定失踪人死亡的一项制度。

(二)宣告死亡的法律要件

1. 自然人下落不明达到法定期限。

自然人下落不明达到法定期限可以分为如下两种情形:一是一般情形下,下落不明满 4 年;二是在自然人因意外事件下落不明时,其下落不明需要满 2 年。

2. 必须要由利害关系人提出申请。

3. 必须要由人民法院作出宣告。

(三)宣告死亡的效力

1. 宣告死亡的效力及于一切人。

2. 宣告死亡并不当然消灭被宣告死亡人的民事主体资格。

3. 财产关系发生变动。

4. 婚姻关系消灭。

(四)死亡宣告的撤销

1. 死亡宣告撤销的条件

(1)被宣告死亡的人重新出现。

(2)必须经本人或者利害关系人申请。

(3)由人民法院作出撤销宣告。

2. 死亡宣告撤销的法律后果

(1)财产关系的恢复。

(2)婚姻关系的恢复。

(3)对收养关系的影响。

三、宣告失踪与宣告死亡的关系

一是从我国《民法典》的规定来看,宣告失踪并不是宣告死亡的必要步骤和条件。二是宣告失踪与宣告死亡的制度功能是不同的,宣告失踪制度主要解决的是被宣告失踪人的财产管理问题,而宣告死亡的制度目的则是为了彻底解决民事法律关系因某自然人长期失踪而产生的不确定状态,即通过宣告死亡制度,消除某些可能使法律关系悬而不决的因素,从而维持法律关系的稳定。

第五节　个体工商户和农村承包经营户

一、个体工商户的概念

自然人从事工商业经营,经依法登记,为个体工商户。

二、农村承包经营户的概念

农村集体经济组织的成员,依法取得农村土地承包经营权,从事家庭承包经营的,为农村承包经营户。

命题点拨　本章要求掌握民事主体的概念、民事权利能力、监护、宣告失踪和宣告死亡等相关问题。

第三章　法人和非法人组织

第一节　法人概述

一、法人的概念和特征

法人是具有民事权利能力和民事行为能力,依法独立享有民事权利和承担民事义务的组织。其特征如下：

1. 独立的名义。

2. 独立的财产。

3. 健全的组织机构。

4. 独立的责任。

二、法人的分类

(一)民法学上的分类

1. 公法人和私法人。

大陆法的民事立法和理论将法人分为公法人和私法人。

2. 营利法人和非营利法人。

根据社团法人成立的目的,可以将其分为营利法人和非营利法人。

3. 社团法人和财团法人。

4. 一般法人和特别法人。

(二)《民法典》对法人的分类

1. 营利法人。

营利法人是指以取得利润并分配给股东等出资人为目的成立的法人。

2. 非营利法人。

为公益目的或者其他非营利目的成立,不向出资人、设立人或者会员分配所取得利润的法人,为非营利法人。

非营利法人包括事业单位、社会团体、基金会、社会服务机构等。

3. 特别法人。

特别法人包括机关法人、农村集体经济组织法人、城镇农村的合作经济组织法人、基层群众性自治组织法人。

第二节　法人的能力

一、法人的民事权利能力★

1. 法人的民事权利能力从法人成立时产生。

2. 法人的民事权利能力从法人终止时消灭,法人因依法被撤销、解散、宣告破产或其他原因而终止以后,其民事主体资格原则上就不复存在。

二、法人的民事行为能力和责任能力★

1. 法人的民事行为能力,是指法人作为民事权利主体,以自己的行为享有民事权利并承担民事义务的资格。法人的民事行为能力是法人以自己的意思独立进行民事活动,取得权利并承担义务的资格。

2. 法人的责任能力是指法人承担因侵权行为所致的损害赔偿责任的能力。

三、法人的章程

1. 法人的章程,是指法人成员订立的规范法人活动范围、组织结构、议事规则、盈余分配、内部成员之间的权利义务及其他重要事项的法律文件。

2. 章程的内容可以分为绝对必要记载事项和任意记载事项。

四、法人人格否认★★

法人人格否认,是指司法审判人员在特殊情况下,对法人的出资人在管理法人的事务中从事各种不正当行为严重损害法人债权人的利益时,可以依法否定法人的独立人格,并可以要求法人的出资人与法人对债权人承担连带责任的制度。

第三节　法人的法定代表人和组织机构

一、法人的法定代表人的概念

法人的法定代表人,是指依照法律或法人的组织章程的规定,代表法人行使职权的负责人。

二、法人组织机构的概念和类型

法人的组织机构是对内管理法人的事务,对外代表法人从事民事活动的机构总称。

对于营利法人来说,其组织机构主要包括:权力机构、执行机构、监督机构。

(一)权力机构

法人的权力机构又称为决策机构、意思机构,即形成法人的意志、决定法人的重大事务的机构。例如,公司应当设立股东会,作为其权力机构。

(二)执行机构

法人的执行机构,是指依据法律法规和章程,执行权力机构的决定,从事日常管理的机构。例如,公司的董事会或执行董事。

(三)监督机构

监督机构是对法人的执行机构的活动进行监督的机构,如监事会等。

第四节　法人的成立、变更和终止

一、法人的设立的概念

法人必须依法成立,而且无论采取何种形式设立,都应当符合法律的规定。法人依法成立后,便可以以法人的名义对外从事民事活动,享有民事权利和承担民事义务,同时可以以法人的名义在法院起诉和应诉。

二、法人成立的要件

法人的设立应当具备如下条件:

第一,具有自己的名称。

第二,组织机构。

第三,住所。

第四,有必要的财产或者经费。

三、法人的合并与分立

所谓法人的合并，是指两个或两个以上的法人合并为一个新的法人，或一个或多个法人归并到一个现存的法人中。前者被称为“新设合并”或者“创设合并”，后者被称为“吸收合并”或者“存续合并”。

所谓法人的分立，是指一个法人分成两个或两个以上的法人，或将现有的一个或几个法人分出一部分组成一个新的法人。法人的分立有两种情况：一是派生分立，它是指原法人仍然存在，但是从原法人中分立出新的法人；二是新设分立，它是指原法人分立为两个或两个以上的法人，原法人因新法人设立而消灭。

四、法人的终止★★

(一)法人终止的概念

法人终止，亦即法人消灭，是指法人丧失民事主体资格，不再具有民事权利能力与行为能力的一种状态。终止的原因主要包括以下几种情形：

1. 法人解散。
2. 法人依法被宣告破产。
3. 法律规定的其他原因。

(二)法人解散

法人解散的主要原因包括：

一是法人章程规定的存续期间届满或者法人章程规定的其他解散事由出现。

二是法人的权力机构决议解散。

三是因法人合并或者分立需要解散。

四是法人依法被吊销营业执照、登记证书，被责令关闭或被撤销。

五是法律规定的其他情形。

(三)法人的清算

所谓法人的清算，是指法人在终止前，应当对其财产进行清理，对债权债务关系进行了结。有两种形式：一是依破产程序进行的清算；二是非依破产程序进行的清算。

(四)注销登记

所谓注销登记，是指法人在清算结束后，依据法律法规的规定，由相关主体申请登记机关办理。

五、法人的登记

(一)法人登记的概念

在我国，法人的成立，大都必须经过登记，方能取得法人资格。

(二)法人登记的类型

法人登记包括设立登记、变更登记和注销登记。

第五节　非法人组织

一、非法人组织的概念

所谓非法人组织，是指不具有法人资格，但是能够依法以自己的名义从事民事活动的组织。

二、非法人组织的类型

非法人组织也可以分为营利性和非营利性两种。例如，律师事务所在性质上应当属于非营利性的非法人组织，而个人独资企业、合伙企业在性质上则属于营利性的非法人组织。非法人组织包括如下几种类型：

1. 个人独资企业。
2. 合伙企业。
3. 不具有法人资格的专业服务机构。

三、非法人组织的设立

1. 非法人组织应当依照法律的规定登记。
2. 须经有关机关批准的，依照其规定。

四、非法人组织民事责任的承担

所谓非法人组织的财产责任，是指非法人组织对非法人组织代表人的行为承担的法律后果。

> **命题点拨**　本章的难点在于法人责任的承担：法人分支机构不具有独立责任能力，其行为的效果由法人承担；法人需对工作人员的职务行为负责，职务行为是法人的工作人员在执行职务期间所实施的民事法律行为。

第四章　民事法律行为

第一节　民事法律行为概述

一、民事法律行为的概念

民事法律行为，是指民事主体通过意思表示设立、变更、终止民事法律关系的行为。

二、民事法律行为的类型★★

1. 单方法律行为、双方法律行为、多方法律行为与决议行为。
2. 财产行为与身份行为。
3. 有偿法律行为与无偿法律行为。
4. 诺成性行为与实践性行为。
5. 要式行为与不要式行为。
6. 有因行为与无因行为。

第二节　意思表示

一、意思表示的概念

意思表示是指向外部表明意欲发生一定私法上效果之意思的行为。

二、意思表示的类型

1. 明示意思表示与默示意思表示。

2. 有相对人的意思表示与无相对人的意思表示。

3. 对特定人的表示与对不特定人的表示。

4. 对话表示与非对话表示。

三、意思表示的效果

1. 意思表示的生效。

2. 意思表示的撤回与撤销。

四、意思表示解释的规则

1. 对用语应当按照通常的理解进行解释。

2. 整体解释。

3. 目的解释。

4. 习惯解释。

5. 依据诚实信用原则解释。

第三节　民事法律行为的成立与生效

一、民事法律行为的成立

(一) 民事法律行为成立的共同要件

民事法律行为的成立所需要的共同要件包括：一是当事人，民事法律行为的成立需要当事人，既包括表意人，也包括授意人。二是意思表示，对单方民事法律行为而言，仅需要一方当事人和单方意思表示，即可成立。三是具备民事法律行为成立的内容。

(二) 民事法律行为成立的特别要件

民事法律行为成立的特别要件，是指基于法律法规的特别规定，需要经过审批才能成立的法律行为，自办理审批之日起才能成立。另外，法律还规定一些法律行为属于要物行为，实际交付标的物才能导致合同成立。

(三) 民事法律行为成立的效力

民事法律行为一旦成立，即对当事人产生拘束力。

二、民事法律行为的有效和生效★

(一) 民事法律行为的有效

所谓民事法律行为的有效，是指民事法律行为成立后，符合法律关于民事法律行为有效的要件，能够产生法律上的效力。民事法律行为的有效应当具备如下条件：

1. 行为人具有相应的民事行为能力。

2. 意思表示真实。

3. 不违反法律、行政法规的强制性规定和公序良俗。

(二) 民事法律行为的生效

所谓民事法律行为的生效，是指已经成立的民事法律行为因符合法定的生效要件，从而能产生法律上的约束力。

第四节　附条件和附期限的民事法律行为

一、附条件的民事法律行为★★

(一) 附条件的民事法律行为的概念

附条件的民事法律行为，是指当事人在民事法律行为中特别规定一定的条件，以条件的成就与否来决定民事法律行为效力的发生或消灭的民事法律行为。

(二) 民事法律行为所附条件的特征

1. 条件必须是将来发生的事实。

2. 条件必须是不确定的事实。

3. 条件成就必须可能。

4. 条件必须是由当事人意定的而不是法定的。

5. 条件必须合法。

6. 条件不得与民事法律行为的主要内容相矛盾。

(三) 民事法律行为所附条件的类型

1. 生效条件和解除条件。

根据条件对于民事法律行为本身所起的作用，条件可分为生效条件和解除条件。生效条件又称为停止条件或延缓条件，它是指限制民事法律行为效力发生的条件。解除条件又称为消灭条件，是限制民事法律行为效力消灭的条件。

2. 积极条件和消极条件。

根据条件的成就是否会发生某种事实，条件可分为积极条件和消极条件。积极条件，是指以某种事实的发生为内容的条件。消极条件，是指以某种事实的不发生为内容的条件。

3. 偶成条件、随意条件和混合条件。

根据条件成就的原因，条件可分为三类：一是偶成条件，它是指条件的成就与当事人的意思无关，纯粹由偶然性的客观事实决定；二是随意条件，它是指条件的成就由一方当事人的意思决定；三是混合条件，它是指条件的成就与否依赖于当事人与第三人的意思。

(四) 民事法律行为所附条件的成就

对附生效条件的民事法律行为而言，当事人约定的条件成就后，该民事法律行为即生效。对附解除条件的民事法律行为而言，该条件成就后，该民事法律行为即失去效力。

(五) 民事法律行为所附条件对当事人的约束力

附条件的民事法律行为成立以后，就已经在当事人之间产生了法律拘束力。此种附条件的民事法律行为的拘束力表现在：

1. 民事法律行为已经产生形式上的拘束力。

2. 在附条件的民事法律行为成立以后，在条件未成就以前，当事人均不得为了自己的利益，以不正当的行为促成或阻止条件的成就，而只能听任作为条件的事实自然发生。

3. 期待权的保护。

二、附期限的民事法律行为★

附期限的民事法律行为是指当事人在民事法律行为中设定一定的期限,并将期限的到来作为民事法律行为效力发生或消灭根据的民事法律行为。

第五节　无效民事法律行为

一、无效民事法律行为的概念

无效民事法律行为,是指虽然已经成立,但因其在内容上违反了法律、行政法规的强制性规定和公序良俗而应当被宣告无效的民事法律行为。

二、无效民事法律行为的类型★★★

(一)无民事行为能力人实施的民事法律行为

凡是无民事行为能力人实施的民事法律行为均无效,无民事行为能力人包括 8 周岁以下的未成年人,以及不能辨认自己行为的人。

(二)虚假行为

虚假的民事法律行为,是指行为人与相对人共同实施了虚假的民事法律行为,也称为通谋虚伪表示。

(三)恶意串通行为

恶意串通的民事法律行为是指双方当事人非法串通在一起,进行某种民事法律行为,造成国家、集体或第三人利益损害。

(四)违反强制性规范及违背公序良俗的行为

合同虽然不违反法律、行政法规的强制性规定,但是有下列情形之一,人民法院应当依据"违反强制性规范及违背公序良俗的行为"规定认定合同无效:(1)合同影响政治安全、经济安全、军事安全等国家安全的;(2)合同影响社会稳定、公平竞争秩序或者损害社会公共利益等违背社会公共秩序的;(3)合同背离社会公德、家庭伦理或者有损人格尊严等违背善良风俗的。

三、民事法律行为的部分无效

无效的民事行为可以分为全部无效的民事行为和部分无效的民事行为。

第六节　可撤销的民事法律行为

一、可撤销民事法律行为的概念

可撤销的民事法律行为,是指当事人在从事民事法律行为时,因意思表示不真实,法律允许撤销权人通过行使撤销权而使该已经生效的民事法律行为归于无效。

二、可撤销民事法律行为的类型★★★

(一)重大误解

重大误解的民事法律行为是指一方因自己的过错而对民事法律行为的内容等发生误解而实施的某种民事法律行为,或者在作出意思表示时出现了错误。因重大误解实施的民事法律行为的成立需要具备如下条件:

1. 表意人对民事法律行为的内容等发生了重大误解,或者出现表达错误。

2. 表意人因为误解作出了意思表示。

3. 误解是由误解方自己的过错造成的。

(二)欺诈

1. 欺诈的构成要件

第一,欺诈方具有欺诈的故意。

第二,欺诈方实施欺诈行为。

第三,被欺诈的一方因欺诈而陷入错误。

第四,被欺诈人因错误而作出了意思表示。

2. 因第三人欺诈而实施的民事法律行为

因第三人欺诈而实施的民事法律行为,是指因第三人实施欺诈行为而使当事人一方在违背真实意思的情况下实施的民事法律行为。

(三)胁迫

胁迫是以将来要发生的损害或以直接施加损害相威胁,使对方产生恐惧并因此而作出的行为。构成可撤销的民事法律行为应当符合如下条件:

第一,一方或者第三人实施了胁迫行为。

第二,胁迫人具有胁迫的故意。

第三,受胁迫方因胁迫而实施了民事法律行为。

第四,胁迫行为是非法的。

(四)显失公平

所谓显失公平的民事法律行为,是指一方在从事某种民事法律行为时因情况紧迫或缺乏经验而作出了明显对自己有重大不利的行为。

三、可撤销民事法律行为的效果

(一)撤销权的概念

所谓撤销权,是指对可撤销的民事法律行为而言,因意思表示不真实而受损害的一方当事人所享有的请求人民法院或者仲裁机构撤销该民事法律行为的权利。

(二)撤销权的行使期间

撤销权应当在法定期间内行使,该期限在性质上属于除斥期间,属于法定的不变期间,不存在中止、中断、延长的情形。该期限从其知道或应当知道撤销事由(如知道或应当知道其受到欺诈)之日起开始计算。

四、民事法律行为宣告无效或者被撤销的效果

1. 被确认无效的民事法律行为自始无效,而不是从确认无效之时起无效。民事法律行为无效后,将产生如下法律后果:(1)返还财产;(2)赔偿损失。

2. 第三人实施欺诈、胁迫行为，使当事人在违背真实意思的情况下订立合同，受到损失的当事人请求第三人承担赔偿责任的，人民法院依法予以支持；当事人亦有违背诚信原则的行为的，人民法院应当根据各自的过错确定相应的责任。但是，法律、司法解释对当事人与第三人的民事责任另有规定的，依照其规定。

3. 合同存在无效或者可撤销的情形，当事人以该合同已在有关行政管理部门办理备案、已经批准机关批准或者已依据该合同办理财产权利的变更登记、移转登记等为由主张合同有效的，人民法院不予支持。

第七节　效力未定的民事法律行为

一、效力未定民事法律行为的概念

所谓效力未定的民事法律行为是指法律行为成立之后，是否能发生效力尚不能确定，有待于其他行为或事实使之确定的民事法律行为。

二、效力未定民事法律行为的类型★★

（一）限制民事行为能力人实施的行为

限制民事行为能力人从事的依法不能独立实施的民事法律行为，在性质上属于效力未定的民事法律行为。必须要经限制民事行为能力人的法定代理人同意或者追认后才能生效。

（二）欠缺代理权的代理行为

无代理权人因无权代理而从事的民事法律行为，在效力上也属于效力未定的民事法律行为。无权代理行为也是效力未定的民事法律行为。只有经过被代理人的追认，该民事行为才能对被代理人生效。当然，无权代理行为如构成表见代理，则代理行为有效。

三、效力未定民事法律行为的效果★

（一）追认权

追认权，是指权利人对无缔约能力人、无代理权人与他人实施的有关民事法律行为依法享有的是否在事后予以承认的权利。

（二）催告权

催告权，是指相对人对法定代理人等提出催告，要求其作出是否承认相关效力待定行为的权利。

（三）撤销权

撤销权，是指善意相对人享有的对效力未定的民事法律行为予以撤销的权利。

命题点拨　本章的难点在于准确区分意思表示瑕疵的几种类型及其法律效果：欺诈、胁迫、乘人之危致显失公平和重大误解。

第五章　代　　理

第一节　代理的概念和类型

一、代理的概念

代理是代理人于代理权限内，以本人（被代理人）名义向第三人（相对人）为意思表示或受领意思表示，而该意思表示直接对本人生效的民事法律行为。

二、代理的特征

1. 代理人是以被代理人的名义在代理权限范围内进行民事活动。

2. 代理实施的行为必须是有法律效果的行为。

3. 代理人进行代理活动时独立地进行意思表示。

4. 代理行为所产生的法律效果直接由被代理人承担。

三、代理的类型★

（一）直接代理与间接代理

间接代理是指受托人以自己的名义处理委任事务，其效果间接或直接归属于委托人的代理。

（二）意定代理与法定代理

1. 意定代理。

（1）委托代理。委托代理是代理人根据被代理人授权而进行的代理，即委托代理的代理权产生自本人的授权行为。

（2）职务代理。职务代理是因劳动合同、聘用合同或雇佣合同之法律关系，受雇人就其职权范围内的事项，以法人或者非法人组织的名义实施民事法律行为，对法人或者非法人组织发生效力的代理。

2. 法定代理。

法定代理是指以法律的直接规定为根据而产生的代理。

（三）一般代理与特别代理

这是按代理权限的范围划分的。在委托代理中，对代理权限无特别限制的代理，称一般代理；对代理权限有特别限制的代理，称特别代理。

（四）本代理与复代理

这是按由谁选任代理人来区分的。由本人选任代理人的代理，称本代理；由代理人基于复任权选任代理人的代理，称复代理，又称再代理或转委托代理。

（五）单独代理与共同代理

1. 单独代理。单独代理是代理权属于一人的代理。

2. 共同代理。共同代理是代理权属于两人以上的代理。

第二节　代　理　权

一、代理权的发生

1. 法定代理权因具备法律规定的法律事实而取得。

2. 委托代理权的取得根据是被代理人的授权行为。

二、代理权的授予

在法定代理中,代理权的内容与范围应以法律规定为准;在委托代理中,代理权的内容与范围应以授权行为的意思表示确定。

三、代理权的滥用★★

1. 双方代理。双方代理指代理人既代理本人又代理第三人为同一民事法律行为的代理。《民法典》第168条第2款规定,代理人不得以被代理人的名义与自己同时代理的其他人实施民事法律行为,但是被代理的双方同意或者追认的除外。

2. 自己代理。这是指代理本人与自己订立合同,也称"自己契约"。《民法典》第168条第1款规定,代理人不得以被代理人的名义与自己实施民事法律行为,但是被代理人同意或者追认的除外。

3. 利己代理。这是代理人利用地位之便,实施利于自己却不利于被代理人的代理。利己代理也为法律所禁止。《民法典》第35条第1款规定,监护人除为被监护人的利益外,不得处分被监护人的财产。此即禁止法定代理人利己行为的规定。

4. 恶意代理。这是代理人与相对人恶意串通,损害被代理人利益之代理。《民法典》第164条第2款规定,代理人和相对人恶意串通,损害被代理人合法权益的,代理人和相对人应当承担连带责任。

四、代理权的终止

(一)委托代理终止的原因

1. 代理事务完成,代理已无存在的必要。

2. 授权行为附有终期的,期限届满,代理权终止。

3. 代理权撤回。

4. 代理人辞去代理。

5. 自然人担任代理人的,代理人丧失民事行为能力;作为自然人的代理人或者被代理人死亡。

6. 作为代理人或者被代理人的法人、非法人组织终止。

(二)法定代理终止的原因★

《民法典》第175条规定,有下列情形之一的,法定代理终止:(1)被代理人取得或者恢复完全民事行为能力;(2)代理人丧失民事行为能力;(3)代理人或者被代理人死亡;(4)法律规定的其他情形。

第三节　无权代理

一、无权代理的概念

无权代理是非基于代理权而以本人名义实施的旨在将效果归属于本人的代理。

二、狭义的无权代理

《民法典》第171条第1款规定了三类未获本人追认并对本人不发生效力的无权代理,即行为人没有代理权、超越代理权或者代理权终止后仍然实施代理行为的无权代理。

三、表见代理★★★

(一)表见代理的概念

表见代理,是指虽无代理权但表面上有足以使人相信有代理权而须由本人负授权之责的代理。

(二)表见代理的法律要件

1. 无权代理人并没有获得被代理人的授权。

2. 第三人有合理的理由相信,即存在代理权的外观。

(1)存在代理权的外观。

(2)相对人不知道行为人行为时没有代理权且无过失。

(三)表见代理的效果

1. 发生有权代理的效果。

2. 相对人有撤销权。

(四)表见代理争议中的举证责任

如果无权代理符合表见代理的要件,相对人必须对此举证证明。《总则编解释》第28条第2款规定:"因是否构成表见代理发生争议的,相对人应当就无权代理符合前款第一项规定的条件承担举证责任;被代理人应当就相对人不符合前款第二项规定的条件承担举证责任。"

命题点拨　本章的难点在于区分三组概念:直接代理与间接代理、本代理与复代理、狭义无权代理与表见代理。间接代理中委托人享有自动介入权和被动介入权。在本人授权、本人事后追认或者情况紧急三种情形下,复代理对本人发生效力。狭义无权代理行为人如确实为本人利益计算,且符合无因管理法律要件时,可成立无因管理之债;表见代理发生有权代理法律效果的前提是本人有作为或者不作为实施某种表示,使善意相对人信赖行为人有代理权。

第六章 诉讼时效与期间

第一节 诉讼时效

一、诉讼时效的概念

1. 消灭时效，也称诉讼时效，是债权人怠于行使权利持续到法定期间，其公力救济权不受法律保护之时效。诉讼时效具有以下特征：(1) 诉讼时效属于法律事实；(2) 诉讼时效属于强制期间；(3) 诉讼时效的效果是期间与事实的结合；(4) 诉讼时效仅适用于请求权。

2. 诉讼时效与除斥期间。★★

(1) 价值定位不同。除斥期间的规范功能旨在维持原事实状态；而诉讼时效的规范功能则是为了维护新事实状态。

(2) 客体不同。除斥期间的客体是形成权；而诉讼时效的客体是债权请求权。

(3) 效果不同。除斥期间届满，消灭的是实体权利，即形成权因除斥期间届满而消灭；诉讼时效期间届满，相对人发生拒绝履行义务抗辩权，即请求权因诉讼时效届满而丧失公力救济权，而实体权利并不消灭。

(4) 弹性不同。除斥期间是不变期间，期间经过不能中断、中止、延长；而诉讼时效是可变期间，期间可因中止、中断或延长而得以延展。

(5) 始期不同。除斥期间一般自权利人知道或者应当知道权利产生之日起计算；而诉讼时效期间一般自权利人知道或者应当知道权利受到损害以及义务人之日起计算。

二、诉讼时效的适用范围

根据《民法典》第 196 条的规定，不适用诉讼时效的请求权有：(1) 停止侵害、排除妨碍、消除危险之请求权；(2) 不动产物权和登记的动产物权的权利人之返还财产请求权；(3) 支付抚养费、赡养费或者扶养费之请求权；(4) 依法不适用诉讼时效的其他请求权。

三、诉讼时效的法律要件和法律效果

(一) 诉讼时效的法律要件

1. 须有请求权的存在。

2. 有怠于行使权利的事实。

3. 怠于行使权利状态持续存在达到法定期间。

(二) 诉讼时效的法律效果

1. 发生时效抗辩权。

2. 实体权利不消灭。

四、诉讼时效期间★

(一) 普通诉讼时效期间

1. 一般诉讼时效期间。《民法典》或其他特别法没有规定特殊时效期间的，均适用 3 年的一般诉讼时效期间。

2. 最长诉讼时效期间。《民法典》第 188 条第 2 款规定，从权利被侵害之日起超过 20 年的，人民法院不予保护；有特殊情况的，人民法院可以根据权利人的申请决定延长诉讼时效期间。

(二) 特殊诉讼时效期间

特殊诉讼时效期间是指由特别法规定的诉讼时效。

(三) 仲裁时效之特别规定

法律对仲裁时效有规定的，依照其规定；没有规定的，适用诉讼时效的规定。

五、诉讼时效期间的起算★

(一) 普通起算规则

《民法典》第 188 条第 2 款规定，诉讼时效期间自权利人知道或者应当知道权利受到损害以及义务人之日起计算。法律另有规定的，依照其规定。

(二) 特殊起算规则

1.《民法典》第 190 条规定："无民事行为能力人或者限制民事行为能力人对其法定代理人的请求权的诉讼时效期间，自该法定代理终止之日起计算。"

2.《民法典》第 191 条规定："未成年人遭受性侵害的损害赔偿请求权的诉讼时效期间，自受害人年满十八周岁之日起计算。"

(三) 从权利被侵害之时起算

《民法典》第 188 条第 2 款规定，自权利被损害之日起超过 20 年的，人民法院不予保护。

六、诉讼时效的中止、中断和延长★★★

关于诉讼时效中止、中断、延长等内容的总结，如下表所示：

项目	概念	事由	法律效果	适用时效期间
中止	在诉讼时效期间的最后 6 个月内，因法定事由而使权利人不能行使请求权的，诉讼时效期间的计算暂时停止	1. 不可抗力； 2. 无民事行为能力人或者限制民事行为能力人没有法定代理人，或者法定代理人死亡、丧失民事行为能力、丧失代理权； 3. 继承开始后未确定继承人或者遗产管理人； 4. 权利人被义务人或者其他人控制； 5. 其他导致权利人不能行使请求权的障碍	1. 法定事由经过的期间为时效中止期间，不发生时效期间的效力； 2. 中止原因消除后，无论剩余时效期间剩多少，一概再予 6 个月	除法律有特别规定外，适用于最长诉讼时效期间以外的诉讼时效期间类型

续表

项目	概念	事由	法律效果	适用时效期间
中断	因有与权利人怠于行使权利相反的事实,使已经过的时效期间失去效力,而须重新起算时效期间的制度	1. 权利人向义务人提出履行之请求; 2. 义务人同意履行义务; 3. 权利人提起诉讼或申请仲裁; 4. 与提起诉讼或者申请仲裁具有同等效力的其他情形	1. 诉讼时效中断的事由发生后,已经过的时效期间归于无效; 2. 中断事由存续期间,时效不进行; 3. 中断事由终止时,重新计算时效期间	适用于最长诉讼时效期间以外的诉讼时效期间类型
延长	因特殊情况,法院对已经完成的最长诉讼时效期间给予的延展			

七、适用《民法典》时间效力的相关规定

1.《民法典》施行后的法律事实引起的民事纠纷案件,适用《民法典》的规定。《民法典》施行前的法律事实引起的民事纠纷案件,适用当时的法律、司法解释的规定,但是法律、司法解释另有规定的除外。《民法典》施行前的法律事实持续至《民法典》施行后,该法律事实引起的民事纠纷案件,适用《民法典》的规定,但是法律、司法解释另有规定的除外。

2.《民法典》施行前的法律事实引起的民事纠纷案件,当时的法律、司法解释有规定,适用当时的法律、司法解释的规定,但是适用《民法典》的规定更有利于保护民事主体合法权益,更有利于维护社会和经济秩序,更有利于弘扬社会主义核心价值观的除外。

3.《民法典》施行前的法律事实引起的民事纠纷案件,当时的法律、司法解释没有规定而《民法典》有规定的,可以适用《民法典》的规定,但是明显减损当事人合法权益、增加当事人法定义务或者背离当事人合理预期的除外。

4.《民法典》施行前的法律事实引起的民事纠纷案件,当时的法律、司法解释仅有原则性规定而《民法典》有具体规定的,适用当时的法律、司法解释的规定,但是可以依据《民法典》具体规定进行裁判说理。

5.《民法典》施行前已经终审的案件,当事人申请再审或者按照审判监督程序决定再审的,不适用《民法典》的规定。

第二节 期 间

一、期间的含义

期间是民事权利义务关系发生、变更、消灭的时间,其可分为期日与期间。《民法典》第200条规定:"民法所称的期间按照公历年、月、日、小时计算。"

二、期间的性质及类型

(一)期间的性质

期间在性质上属于事件而不属于行为。这一事件属于法律事实范畴。

(二)期间的类型

1. 约定期间。这是指可由当事人自由选择确定的期间。例如,履行债务的期间、所有权移转的期间等。

2. 法定期间。这是指法律强行规定的期间,如诉讼时效期间、未成年人状态的期间等。

3. 指定期间。这是指由法院或仲裁机关确定的期间。

三、期间的计算方法

《民法典》第201条第1款规定,按照年、月、日计算期间的,开始的当日不计入,自下一日开始计算。

四、始期与终期

(一)始期

以小时计算期间的,从法律规定或者当事人约定的时间开始计算;以年、月、日计算期间的,其开始当日不算入,自下一日开始计算;按照年、月计算期间的,到期月的对应日为期间的最后一日;没有对应日的,月末日为期间的最后一日。

(二)终期

期间的最后一日是法定休假日的,以法定休假日结束的次日为期间的最后一日;官方对法定休假日有变通的,以变通的实际休假日的次日为期间的最后一日。

命题点拨 本章的难点在于诉讼时效中断的特殊规则:权利人对部分债权主张权利,诉讼时效中断的效力及于剩余债权,权利人放弃剩余债权的除外;连带债权人中的一人发生诉讼时效中断效力的事由,效力及于其他连带债权人;连带债务人中的一人发生诉讼时效中断效力的事由,效力及于其他连带债务人;债权人提起代位权诉讼的,对债权人的债权和债务人的债权均发生诉讼时效中断的效力;债权转让的,诉讼时效从债权转让通知到达债务人之日起中断;债务承担中构成原债务人对债务承认的,诉讼时效从债务承担意思表示到达债权人之日起中断。

第二编 物 权

第七章 物权概述

第一节 物权的概念和效力

一、物权的概念和特征

物权是直接支配特定物(主要是有体物,在特定情况下也可以是权利)的权利,既具有对物直接支配的内容(明确对物的支配方法及范围),又具有对抗权利主体以外之第三人的效力。

物权具有以下特征:

1. 物权是由特定的权利人享有的权利。
2. 物权是权利人直接支配物的权利。
3. 物权是权利人直接享有物之利益的权利。
4. 物权是排他性的权利。

二、物权的效力★★

(一)物权的优先效力

物权的优先效力,亦称为物权的优先权。

1. 物权相互间的优先效力。这种优先效力,是以物权成立时间的先后确定物权效力的差异。一般而言,两个在性质上不能共存的物权不能同时存在于一个物上,故而后发生的物权根本不能成立。

2. 物权对于债权的优先效力。在同一标的物上物权与债权并存时,物权有优先于债权的效力,这主要表现在两个方面:

(1)针对同一标的物,既涉及物权,又涉及债权时,物权有优先于债权的效力。

(2)在债权人依破产程序或强制执行程序行使其债权时,作为债务人财产的物上存在他人的物权时,该物权优先于一般债权人的债权。

(二)物上请求权

物权人在其权利的实现上遇有某种妨害时,有权请求造成妨害事由发生的人排除此等妨害,称为物上请求权,有时亦称为物权请求权。

物上请求权的行使,不必须以诉讼的方式进行,也可以直接主张,即物权受到妨害后,物权人可以直接请求侵害人为一定的行为或不为一定的行为,包括请求侵害人排除妨害、消除危险、返还财产等。

第二节 物权的类型

一、物权法定主义★

法定主义,即法律规定物权的种类和内容,不允许当事人依其意思设定与法律规定不同的物权。

要求:(1)物权的种类不得创设,即不得创设法律未规定的新种类的物权。(2)物权的内容不得创设,即不得创设与法律规定的内容不同的物权。例如,创设不移转占有的动产质权,即使名为质权,但由于与法律规定的动产质权内容不同,也是不允许的。

二、民法上物权的种类★

(一)所有权

这是所有人在法律规定的范围内独占性地支配其所有的财产的权利。所有人可以对其所有的财产占有、使用、收益、处分,并可以排除他人违背其意志所为的干涉。所有权是最完整、最充分的物权。

(二)用益物权

这是对他人所有的物在一定范围内使用、收益的权利,包括地上权、地役权、典权等。

(三)担保物权

这是为了担保债的履行,在债务人或第三人的特定财产上设定的物权,主要有抵押权、质权、留置权等。

三、民法学上物权的分类

1. 自物权与他物权。
2. 动产物权与不动产物权和以权利为客体的物权。
3. 主物权与从物权。

第三节 物权的变动

一、物权的变动的概念

物权的变动,是物权的产生、变更和消灭的总称。

二、物权的变动的原则★

(一)公示原则

公示原则要求物权的产生、变更、消灭,必须以一定的可以从外部查知的方式表现出来。

(二)公信原则

物权的变动以登记或者交付为公示方法,当事人如果信赖这种公示而为一定的行为(如买卖、赠与),即使登记或者交付所表现的物权状态与真实的物权状态不相符合,也不能影响物权变动的效力。

三、物权变动模式

物权变动具有如下几种模式:一是意思主义;二是形式主义。

我国关于物权变动模式是合意加公示的模式,实际上确立了一种以债权形式主义为原则,以公示对抗主义为例外的二元物权变动模式。

四、物权变动的原因★★

(一)物权的取得

1. 民事法律行为。

2. 民事法律行为以外的原因。主要有:

(1)因取得时效取得物权。

(2)因征收或者没收取得物权。

(3)因法律的直接规定取得物权(如留置权)。

(4)因附合、混合、加工取得所有权。

(5)因继承取得物权。

(6)因拾得遗失物、发现埋藏物取得所有权。

(7)因合法建造取得物权。

(8)因人民法院、仲裁机构的法律文书取得物权。

(9)孳息的所有权取得。

(二)物权的消灭

能够引起物权消灭的法律事实主要有以下几项:

1. 民事法律行为。

(1)抛弃。

(2)合同。

2. 民事法律行为以外的原因。

(1)标的物灭失。

(2)法定期间的届满。

(3)混同。

五、物权的公示★★

(一)交付

所谓交付,即移转占有。

以交付作为公示方法是为一般原则,但是对于船舶、飞行器和机动车等特殊动产,法律规定以登记作为物权变动的对抗要件,即非经登记,关于这些特别动产的物权变动不能对抗善意第三人。

动产物权的设立和转让,自交付时发生效力,但法律另有规定的除外。

交付通常是指现实交付,即直接占有的移转。随着商品经济的发展,为了交易上的便利,发展出一些变通的交付方法,称为观念交付,主要有:

1. 简易交付,即受让人已经占有动产,如受让人已经通过寄托、租赁、借用等方式实际占有了动产,则于物权变动的合意成立时,视为交付。

2. 占有改定,即动产物权的让与人与受让人之间特别约定,标的物仍然由出让人继续占有,由此,在物权让与的合意成立时,即视为交付,而受让人取得间接占有。

3. 指示交付,即动产由第三人占有时,出让人将其对于第三人的返还请求权让与受让人,以代替交付。

4. 拟制交付,即出让人将标的物的权利凭证(如仓单、提单)交给受让人,以代替物的现实交付。

(二)登记

登记作为不动产物权的公示方法,是将物权变动的事项登载于特定机构的簿册上。

不动产物权的设立、变更、转让和消灭,经依法登记,发生效力;未经登记,不发生效力,但是法律另有规定的除外。依法属于国家所有的自然资源,所有权可以不登记。几种登记制度:

1. 更正登记与异议登记。权利人、利害关系人认为不动产登记簿记载的事项错误的,可以申请更正登记。不动产登记簿记载的权利人书面同意更正或者有证据证明登记确有错误的,登记机构应当予以更正。不动产登记簿记载的权利人不同意更正的,利害关系人可以申请异议登记。登记机构予以异议登记,申请人在异议登记之日起15日内不提起诉讼的,异议登记失效。异议登记不当,造成权利人损害的,权利人可以向申请人请求损害赔偿。

2. 预告登记,是指为保全一项旨在取得、变更和消灭不动产物权的请求权,限制债务人重复处分该不动产而为的登记。例如,在房屋预售买卖中,买卖双方签订预售合同,买方依约有权请求卖方在房屋建成之后交付房屋并办理登记,这在性质上属于债权,不具有对抗第三人的效力。为了保障将来取得房屋所有权,买方可以依法办理预告登记,使其发生对抗第三人的效力,以限制卖方再行处分房屋。

(三)其他

动产通过交付实现物权变动,不动产通过登记实现物权变动,且作为原则的例外,特殊动产(船舶等)物权和特殊不动产物权(土地承包经营权等)采登记对抗主义,权利质权等担保物权又采登记要件主义。此外,《民法典》物权编还规定了一些取得物权的特殊情形,具体而言:(1)因人民法院、仲裁机构的法律文书或者人民政府的征收决定等,导致物权设立、变更、转让或者消灭的,自法律文书或者征收决定等生效时发生效力(第229条);(2)因继承取得物权的,自继承开始时发生效力(第230条);(3)因合法建造、拆除房屋等事实行为设立或者消灭物权的,自事实行为成就时发生效力(第231条)。

第四节　物权的保护

保护物权实质是保护被侵犯的权利,物权保护制度就是对被侵犯的物权适用的法律规定。

依据《民法典》的相关规定,我国民法对物权的保护有以下几种特殊方法:

1. 请求确权。在财产的归属、内容问题发生争议而处于不确定状态的时候，当事人可以向法院提起诉讼，请求确权。

2. 请求恢复原状。物权人的财产因受非法侵害遭到损坏时，权利人可以请求修理、重作、更换或者恢复原状。

3. 请求返还原物。物权人在其所有物被他人非法占有时，可以向非法占有人请求返还原物，或请求法院责令非法占有人返还原物。

4. 请求排除妨害、消除危险。物权人虽然占有其物，但由于他人的非法行为，致使物权人无法充分地行使占有、使用、收益、处分权能时，物权人可以请求侵害人排除妨害，或者请求法院责令侵害人排除妨害。

5. 请求损害赔偿。物权人的财产因他人的不法侵害而毁损、灭失时，物权人有权请求侵害人赔偿损失，或者请求人民法院责令侵害人赔偿损失。

命题点拨 本章主要内容为物权的效力、物权的变动和物权的保护方法。

第八章 所 有 权

第一节 所有权概述

一、所有权的概念和特征

与债权相比，所有权具有以下的特征：

1. 所有权是绝对权。
2. 所有权具有排他性。
3. 所有权是一种最完全的物权。
4. 所有权具有弹力性。
5. 所有权具有永久性。

二、所有权的内容

所有权的权能包括占有、使用、收益和处分。

第二节 国家所有权、集体所有权、私人所有权与其他所有权

一、所有权的类型概述

1. 国家所有权、集体所有权与私人所有权。
2. 自然人所有权、法人所有权与共有。

二、国家所有权★

国家是国家所有权的主体。《民法典》第 246 条第 2 款规定："国有财产由国务院代表国家行使所有权。法律另有规定的，依照其规定。"

三、集体所有权★

集体所有权又称劳动群众集体组织所有权，是集体组织对其不动产和动产享有的占有、使用、收益、处分的权利。《民法典》第 261 条第 1 款规定："农民集体所有的不动产和动产，属于本集体成员集体所有。"第 263 条规定："城镇集体所有的不动产和动产，依照法律、行政法规的规定由本集体享有占有、使用、收益和处分的权利。"

《民法典》第 265 条规定，集体所有的财产受法律保护，禁止任何组织或者个人侵占、哄抢、私分、破坏。农村集体经济组织、村民委员会或者负责人作出的决定侵害集体成员合法权益的，受侵害的集体成员可以请求人民法院予以撤销。

四、私人所有权

私人所有权是私人对其不动产和动产享有占有、使用、收益、处分的权利。我国《民法典》第 267 条规定，私人的合法财产受法律保护，禁止任何组织或者个人侵占、哄抢、破坏。

五、法人所有权

（一）营利法人所有权

营利法人对其不动产和动产依照法律、行政法规以及章程享有占有、使用、收益和处分的权利。

（二）其他法人所有权

营利法人以外的法人，对其不动产和动产的权利，适用有关法律、行政法规以及章程的规定。

社会团体法人、捐助法人依法所有的不动产和动产，受法律保护。

第三节 业主的建筑物区分所有权

一、业主的建筑物区分所有权的概念

建筑物区分所有权，指的是权利人即业主对于一栋建筑物中自己专有部分的单独所有权、对共有部分的共有权以及因共有关系而产生的管理权的结合。

二、建筑物区分所有权的内容★★★

（一）专有部分的单独所有权

业主对其专有部分享有单独所有权，即对该部分具有占有、使用、收益和处分的排他性的支配权，性质上与一般的所有权并无不同。但业主行使权利不得危及建筑物的安全，不得损害其他业主的合法权益。

（二）共有部分的共有权

1. 认定。（1）共有部分既有由全体业主共同使用的部分，也有仅为部分业主共有的部分。（2）建筑区划内的道路，属于业主共有，但属于城镇公共道路的除外。（3）建筑区划内的绿地，属于业主共有，但属于城镇公共道路、绿地占地或者明示属于个人

的除外。(4)建筑区划内的其他公共场所、公用设施和物业服务用房,属于业主共有。(5)建筑区划内,规划用于停放汽车的车位、车库的归属,由当事人通过出售、附赠或者出租等方式约定;占用业主共有的道路或者其他场地用于停放汽车的车位,属于业主共有。(6)其他不属于业主专有部分,也不属于市政公用部分或者其他权利人所有的场所及设施等,应当为共有部分。

2. 业主基于对住宅、经营性用房等专有部分特定使用功能的合理需要,无偿利用屋顶以及与其专有部分相对应的外墙面等共有部分的,不应认定为侵权。但违反法律、法规、管理规约,损害他人合法权益的除外。

3.《民法典》第 273 条规定,业主对建筑物专有部分以外的共有部分,享有权利、承担义务,不得以放弃权利为由不履行义务。

(三)业主的管理权

1. 业主的管理权的范围:(1)业主有权设立业主大会并选举业主委员会;(2)业主有权决定区分建筑物的相关事项;(3)业主可以自行管理建筑物及其附属设施,也可以委托物业服务企业或者其他管理人管理;(4)业主有权请求公布、查阅应当向业主公开的情况和资料。

2. 物业服务合同。根据《民法典》第 285 条的规定,物业服务企业或者其他管理人根据业主的委托,依照本法第三编有关物业服务合同的规定管理建筑区划内的建筑物及其附属设施,接受业主的监督,并及时答复业主对物业服务情况提出的询问。

第四节　相邻关系

一、处理相邻关系的原则和具体根据★★

《民法典》第 288 条规定:"不动产的相邻权利人应当按照有利生产、方便生活、团结互助、公平合理的原则,正确处理相邻关系。"这是我国司法实践早已形成的经验的总结。

《民法典》第 289 条规定:"法律、法规对处理相邻关系有规定的,依照其规定;法律、法规没有规定的,可以按照当地习惯。"由于不同地区相邻各方的具体情况不同,差别较大,法律、法规不能作统一的详细的规定,因此,法律、法规没有规定的,可以依照当地习惯。

二、各种相邻关系

1. 相邻通行关系。
2. 相邻管线安设关系。
3. 相邻防险、排污关系。
4. 相邻用水、流水、截水、排水关系。
5. 相邻光照、通风、音响、震动关系。
6. 相邻竹木归属关系。

第五节　共　　有

一、共有的概念和特征

1. 共有是两个以上的民事主体对同一项财产享有所有权。

2. 准共有:准共有,是指两个以上的民事主体共同享有所有权以外的财产权。准共有的标的只限于所有权以外的财产权,人身权(包括人格权、身份权)不可以作为准共有的标的。

二、按份共有★★

(一)按份共有的概念

按份共有,亦称分别共有,是指两个以上的民事主体对同一项不动产或者动产按照其份额享有所有权。

(二)按份共有的内部关系

1. 共有物的占有、使用、收益。

各共有人依其份额对共有物进行占有、使用、收益,这种权利的行使及于共有物的全部。

2. 共有物的处分。

按份共有人转让其享有的共有的不动产或者动产份额,其他共有人在同等条件下享有优先购买的权利(共有份额的权利主体因继承、遗赠等原因发生变化时,其他按份共有人主张优先购买的,不予支持,但按份共有人之间另有约定的除外)。

处分共有的不动产或者动产以及对共有的不动产或者动产作重大修缮、变更性质或者用途的,应当经占份额 2/3 以上的按份共有人的同意,但是共有人之间另有约定的除外。

3. 共有物的管理及费用负担。

共有物的管理费用,包括保存费用和改良费用,以及其他费用,如缴纳税款等,对共有物的管理费用以及其他负担,有约定的,按照约定;没有约定或者约定不明确的,按份共有人按照其份额负担。

4. 共有人之间的物上请求权。

如果其他共有人妨害共有权行使,共有人可以行使物上请求权。

(三)按份共有的外部关系

我国《民法典》第 307 条则规定,在对外关系上,共有人享有连带债权、承担连带债务,但法律另有规定或者第三人知道共有人不具有连带债权债务关系的除外;在共有人内部关系上,除共有人另有约定外,按份共有人按照份额享有债权、承担债务。偿还债务超过自己应当承担份额的按份共有人,有权向其他共有人追偿。

（四）共有物的分割

共有人约定不得分割共有的不动产或者动产，以维持共有关系的，应当按照约定，但共有人有重大理由需要分割的，可以请求分割；没有约定或者约定不明确的，按份共有人可以随时请求分割。因分割对其他共有人造成损害的，应当给予赔偿。共有物的分割可以有以下几种方式：

1. 实物分割。
2. 变价分割。
3. 作价补偿。

三、共同共有★★★

（一）共同共有的概念和特征

共同共有是指两个以上的民事主体基于共同关系，共同享有一物的所有权。

我国《民法典》第308条规定，共有人对共有的不动产或者动产没有约定为按份共有或者共同共有，或者约定不明确的，除共有人具有家庭关系等外，视为按份共有。

（二）共同共有的内外部关系

1. 共同共有人的权利及于共有物的全部。共有人按照约定管理共有的不动产或者动产；没有约定或者约定不明确的，各共有人都有管理的权利和义务。

2. 处分共有的不动产或者动产以及对共有的不动产或者动产作重大修缮、变更性质或者用途的，应当经全体共同共有人同意，但共有人之间另有约定的除外。

3. 共同共有人在享有权利的同时，对于共有物的管理费用及其他费用的负担，有约定的，按照约定；没有约定或者约定不明确的，共同共有人共同负担。

4. 因共有的不动产或者动产产生的债权债务，在对外关系上，共有人享有连带债权、承担连带债务，但法律另有规定或者第三人知道共有人不具有连带债权债务关系的除外；在共有人内部关系上，除共有人另有约定外，共同共有人共同享有债权、承担债务。

（三）共同共有的类型

1. 夫妻共有财产。
2. 家庭共有财产。
3. 共同继承的财产。
4. 合伙财产。

第六节　所有权的特别取得方法

一、善意取得★★★

善意取得亦称即时取得，是指无处分权人转让标的物给善意第三人时，善意第三人一般可取得标的物的所有权，所有权人不得请求善意第三人返还原物。

根据我国《民法典》的规定，善意取得须具备以下的条件：

1. 第三人受让该不动产或者动产时是善意的。
2. 以合理的价格转让。
3. 转让的不动产或者动产依照法律规定应当登记的已经登记，不需要登记的已经交付给受让人。

二、拾得遗失物

拾得人在遗失物送交有关部门前，有关部门在遗失物被领取前，应当妥善保管遗失物。权利人领取遗失物时，应当向拾得人或者有关部门支付保管遗失物等支出的必要费用。权利人悬赏寻找遗失物的，领取遗失物时应当按照承诺履行义务。

三、发现埋藏物

拾得漂流物、发现埋藏物或者隐藏物的，参照适用拾得遗失物的有关规定。法律另有规定的，依照其规定。

四、因主物转让从物的所有权归属与孳息所有权的归属★★★

主物转让的，从物随主物转让，但当事人另有约定的除外。天然孳息，由所有权人取得；既有所有权人又有用益物权人的，由用益物权人取得。当事人另有约定的，按照其约定。法定孳息，当事人有约定的，按照约定取得；没有约定或者约定不明确的，按照交易习惯取得。

五、添附

1. 加工。
2. 附合。
3. 混合。

命题点拨　共有分为按份共有与共同共有。按份共有人依照其份额对共有物进行占有、使用、收益，应当注意按份共有人处分份额与处分共有物的规则差异。共同共有包括夫妻共有财产、家庭共有财产、共同继承的财产和合伙财产；共同共有人的权利及于共有物的全部。

第九章　用益物权

第一节　用益物权的概念和特征

一、用益物权的概念

用益物权是对他人所有的物，在一定范围内进行占有、使用、收益、处分的他物权。

二、用益物权的特征

1. 用益物权以对标的物的使用、收益为其主要内容，并以对物的占有为前提。

2. 用益物权是他物权、限制物权和有期限物权。

3. 用益物权是不动产物权。

4. 用益物权主要是以民法为依据，但也有以特别法为依据的。

第二节　土地承包经营权

一、承包人的权利和义务★

1. 承包人的权利。

(1)占有承包的土地以及森林、山岭、草原、荒地、滩涂、水面。

(2)使用承包的土地或者其他生产资料，独立进行生产经营活动。

(3)收取承包土地或者其他生产资料的收益，并取得依约定数额向发包人支付收益后所余收益的所有权。公民个人的承包收益，可以继承。

(4)依法互换、转让承包经营权。这是承包人对其承包经营权的处分，一般是承包人无劳动能力或者转营他业而将承包的土地转包。转让承包经营权的收益应归承包人所有。

(5)承包人承包土地以后，仍有权按集体组织规定的制度使用集体组织所有的农林设施，如灌溉设施、农机具等。

(6)承包地被依法征收、征用、占用，土地承包经营权人有权依法获得相应补偿。

2. 承包人的义务。

(1)妥善使用承包的土地以及森林、山岭、草原、荒地、滩涂、水面，这不仅要求承包人不得在承包土地上盖房、建窑、建坟，不准进行掠夺性经营，而且还要求承包人根据土地的条件，合理使用，保存、改良土地，提高地力。

(2)承包人应依承包合同规定的数额向集体组织交付承包土地或森林、山岭、草原、荒地、滩涂、水面的收益。

(3)承包人应独立承担风险。承包人承包土地以后，独立进行生产经营活动，除了因发生不可抗力而减免交付约定数额的承包收益的义务外，对于在生产经营中的其他各种风险，概由承包人自己承担。

(4)承包人应当接受集体组织对于其生产经营活动的合法监督、干涉。如承包人连续两年弃耕抛荒的，发包人有权终止承包合同，收回发包的耕地。

二、发包人的权利和义务★

1. 发包人的权利，主要是向承包人收取依承包合同规定数额的承包收益，对承包人的生产经营活动进行监督。

2. 发包人的义务，在于交付土地以及森林、山岭、草原、荒地、滩涂、水面给承包人，提供集体组织的农林设施给承包人使用，不得随意干涉承包人的生产经营活动。

3. 发包人在承包期内不得调整承包地。因自然灾害严重毁损承包地等特殊情形，需要适当调整承包的耕地和草地的，应当依照《农村土地承包法》等法律规定办理。

4. 发包人在承包期内不得收回承包地。《农村土地承包法》等法律另有规定的，依照其规定。

三、流转土地经营权的方式

1. 土地承包经营权人可以自主决定采取出租、入股或其他方式流转土地经营权；取得土地经营权者，有权在合同约定期限内对农村土地行使占有、使用、收益的权利；流转期限超过5年的土地经营权，采取登记对抗主义，自流转合同生效时设立，未经登记不得对抗善意第三人。

2. 通过招标、拍卖、公开协商等方式承包农村土地，经依法登记取得权属证书的，可以依法采取出租、入股、抵押或者以其他方式流转土地经营权。

第三节　建设用地使用权

一、建设用地使用权的产生和期限★★

(一)建设用地使用权的产生

1. 在国家所有的土地上设立的建设用地使用权。它的产生方式包括：

(1)划拨方式：国家机关用地和军事用地；城市基础设施用地和公益事业用地；国家重点扶持的能源、交通、水利等基础设施用地；法律、行政法规规定的其他用地。上述以划拨方式取得建设用地，须经县级以上地方人民政府依法批准。

(2)出让方式：协议、招标和拍卖。工业、商业、旅游、娱乐和商品住宅等经营性用地以及同一土地有两个以上意向用地者的，应当采取招标、拍卖等公开竞价的方式出让。

(3)流转方式，是指土地使用人将建设用地使用权再转移的行为，如转让、互换、出资、赠与等。

2. 在集体所有的土地上设立的建设用地使用权。

(1)乡(镇)村公益用地使用权。

(2)乡(镇)村企业建设用地。

(二)建设用地使用权的期限

1. 按照土地的不同用途，土地使用权出让的最高年限为：(1)居住用地70年；(2)工业用地50年；

(3)教育、科技、文化、卫生、体育用地50年;(4)商业、旅游、娱乐用地40年;(5)综合或者其他用地50年。

2. 建设用地使用权转让、互换、出资、赠与或者抵押的,当事人应当采取书面形式订立相应的合同。使用期限由当事人约定,但不得超过建设用地使用权的剩余期限。

二、建设用地使用权的内容★★

(一)建设用地使用权人的权利

1. 占有和使用土地。

2. 权利处分:(1)建设用地使用权人有权将建设用地使用权转让、互换、出资、赠与或者抵押,但法律另有规定的除外;(2)抵押;(3)出租。

3. 附属行为。建设用地使用权人可以在其地基范围内进行非保存建筑物或者构筑物及其他附属设施的附属行为,如修筑围墙、种植花木、养殖等。

4. 取得地上建筑物或其他工作物的补偿。

(二)建设用地使用权人的义务

1. 建设用地使用权人应当依照法律规定以及合同约定支付出让金等费用。

2. 建设用地使用权人在建设用地使用权消灭时,应当将土地返还给所有权人,原则上应恢复土地的原状。

3. 建设用地使用权人应当合理利用土地,不得改变土地用途;需要改变土地用途的,应当依法经有关行政主管部门批准。

第四节 宅基地使用权

一、宅基地使用权的特征★

1. 宅基地使用权的主体只能是农村集体经济组织的成员。

2. 宅基地使用权的用途仅限于村民建造个人住宅。

3. 宅基地使用权实行严格的"一户一宅"制。

二、宅基地使用权的内容

1. 占有和使用宅基地。

2. 收益和处分。

3. 宅基地因自然灾害等原因灭失的,宅基地使用权消灭。

4. 宅基地使用权人出卖、出租、赠与住房后,再申请宅基地的,土地管理部门将不再批准。

第五节 居住权

一、居住权的概念

居住权是指出于生活居住的需要、对他人所有之住宅为占有使用的用益物权。

二、居住权的设立★★

设立居住权的方式如下:(1)应当采取书面形式订立居住权合同;(2)原则上居住权无偿设立,但是当事人另有约定的除外;(3)设立居住权应当登记,且居住权自登记时设立。

三、居住权的消灭

《民法典》规定了居住权消灭的两项事由:其一,居住权期限届满;其二,居住权人死亡。

第六节 地役权

一、地役权的概念和特征

地役权是以他人土地供自己土地便利而使用以提高自己不动产效益的权利,其特征在于:

1. 地役权是使用他人土地的权利。

2. 地役权是为自己土地的便利的权利。

3. 地役权具有从属性和不可分性。

二、地役权的取得

1. 基于民事法律行为而取得地役权的,大多是根据设定地役权的合同,即双方通过书面合同的方式设定地役权。

2. 地役权也可以基于让与而取得。

3. 基于民事法律行为以外的原因取得地役权的,主要是继承。

三、地役权的内容★★★

1. 地役权人的权利。

(1)土地使用。

(2)为附属行为。地役权人为行使其权利,在供役地内可以为必要的附属行为,如汲水地役权,可以在供役地上通行;通行地役权,可以开辟道路。

2. 地役权人的义务。

(1)地役权人应当按照合同约定的利用目的和方法利用供役地,尽可能减少对供役地权利人物权的限制。另外,地役权人因其行使地役权的行为对供役地造成变动、损害的,应当在事后恢复原状并补偿损害。

(2)地役权人对于为行使地役权而在供役地修建的设施,如电线、管道、道路,应当注意维修,以免供役地人因其设施损坏而受到损害。

命题点拨 区分地役权和相邻关系;居住权为《民法典》新增内容,需要引起注意。

第十章　担保物权

第一节　担保物权概述

一、担保物权的概念和特征

(一)担保物权的概念和属性

所谓担保物权,是指除法律另有规定外,担保物权人在债务人不履行到期债务或者发生当事人约定的实现担保物权的情形时,依法享有的就担保财产优先受偿的权利。除具有一般物权所共同具有的支配性、优先性、排他性等特性之外,还具有如下属性:(1)从属性;(2)不可分性;(3)物上代位性。

(二)反担保

所谓反担保,就是指债务人或第三人向担保人作出保证或设定物的担保,在担保人因清偿债务人的债务而遭受损失时,债务人或第三人向担保人作出清偿。

二、担保财产

(一)担保财产的特征

所谓担保财产,是指能够用来提供担保的各项财产。具有如下特点:第一,担保的财产包括了物和权利;第二,必须具有合理识别性;第三,必须具有可转让性。

(二)担保财产的范围

1. 从物。
2. 从权利。
3. 添附物。
4. 孳息。

三、担保物权的设立

(一)基于法律行为而设立担保物权

如果采用法律行为的方式设立担保物权,应当经过完成合意和公示两个步骤。

(二)基于法律规定而产生担保物权

基于法律规定而产生的担保物权,称为法定担保物权。其特征在于,只要符合法律规定的要件,就可以直接产生担保物权,既不需要当事人就担保物权的设立达成协议,也不需要采用一定的公示方法进行公示。法定担保物权是基于法律政策考虑,而使得当事人享有担保物权。法定担保物权的典型形态是留置权。

(三)流质契约的效力

所谓流质契约,是指当事人双方在设立担保时,在担保合同中规定,债务履行期限届满而担保权人尚未受清偿时,担保物的所有权移转为债权人所有。此处的流质契约同时包含了质押中的流质契约和抵押中的流抵契约。

第二节　抵　押　权

一、抵押权概述

(一)抵押权的概念

抵押权,是指债权人对于债务人或者第三人不移转占有而提供担保的财产,在债务人不履行债务时,依法享有的就担保的财产变价并优先受偿的权利。

(二)抵押的分类

1. 动产抵押、不动产抵押和权利抵押。
2. 固定抵押和浮动抵押。
3. 单独财产抵押和集合财产抵押。

二、抵押权的设定

(一)抵押权的设定概述

抵押权的设定采取"合意＋公示"的方法。

(二)抵押合同

抵押合同的内容一般包括如下条款:

1. 被担保的主债权种类和数额。
2. 债务人履行债务的期限。
3. 抵押财产的名称、数量等情况。
4. 抵押担保的范围。
5. 当事人认为需要约定的其他事项。

(三)不动产抵押登记的效力

抵押登记主要产生两种效力:一是物权设立的效力;二是明确权利实现顺位的效力。

三、抵押人

依据《民法典》第394条的规定,抵押人是指以财产设定抵押权的债务人或第三人。抵押人既可以是自然人,也可以是法人或其他组织。

四、抵押财产

(一)抵押财产概述

抵押财产,又称为抵押物,是指抵押权的标的或客体。

(二)抵押财产的典型形态

1. 建筑物和其他土地附着物。
2. 建设用地使用权。
3. 海域使用权。
4. 生产设备、原材料、半成品、产品。
5. 正在建造的建筑物、船舶、航空器。
6. 交通运输工具。
7. 法律、行政法规未禁止抵押的其他财产。

(三)禁止抵押的财产

1. 土地所有权。
2. 宅基地、自留地、自留山等集体所有土地的使用权。

3. 学校、幼儿园、医疗机构等为公益目的成立的非营利法人、非法人组织的教育设施、医疗卫生设施和其他社会公益设施。

4. 所有权、使用权不明或者有争议的财产。

5. 依法被查封、扣押、监管的财产。

五、抵押权的效力★★

(一)抵押人的权利

1. 对抵押物的占有和使用权。

2. 对抵押物的转让权。

3. 设定重复抵押的权利。

4. 对抵押财产的出租权。

5. 孳息收取权。

(二)抵押权人的权利

1. 支配抵押物并排除他人侵害的权利。

2. 抵押财产转让有害债权实现时请求提前清偿或者提存的权利。

3. 抵押财产价值的保全与恢复权。

4. 权利处分权。

5. 追及权。

6. 变价优先受偿权。

六、动产抵押★★★

(一)动产抵押概述

在《民法典》中,动产抵押具体体现为普通动产抵押和动产浮动抵押两项制度,此处所说的动产抵押,实际上是指普通的动产抵押。就普通动产抵押而言,《民法典》规定了如下几种财产可以设立动产抵押:一是《民法典》第395条第1款第4项规定,生产设备、原材料、半成品、产品可以抵押;二是《民法典》第395条第1款第5项规定,正在建造的船舶、航空器可以抵押;三是《民法典》第395条第1款第6项规定,交通运输工具可以抵押;四是《民法典》第395条第1款第7项规定,法律、行政法规未禁止抵押的其他财产可以抵押。

(二)动产抵押登记的效力

1. 动产抵押未经登记不得对抗善意第三人。

2. 未办理登记的动产抵押的效力。

3. 动产抵押不得对抗正常经营买受人。

(三)动产浮动抵押

动产浮动抵押,是指经当事人书面协议,企业、个体工商户、农业生产经营者可以将现有的以及将有的生产设备、原材料、半成品、产品抵押,债务人不履行到期债务或者发生当事人约定的实现抵押权的情形,债权人有权就实现抵押权时的动产优先受偿。

(四)价款超级优先权

1. 价款超级优先权的概念。

价款超级优先权,是指债权人在动产之上取得的担保因购买该动产而产生的价款给付的担保权。

2. 价款超低优先权的适用条件。

价款超级优先权的适用应当符合如下条件:

(1)主债权主要是抵押物的价款。

(2)价款超级优先权的标的物限于债务人所购置的标的物。

(3)标的物交付后10日内办理抵押登记。

3. 价款超级优先权的法律效力。

(1)优先于抵押物买受人的其他担保物权人受偿;(2)不得优先于留置权人受偿。

七、最高额抵押★

最高额抵押,是指为担保债务的履行,债务人或者第三人对一定期间内将要连续发生的债权提供担保财产的,债务人不履行到期债务或者发生当事人约定的实现抵押权的情形,抵押权人有权在最高债权额限度内就该担保财产优先受偿。

有下列情形之一的,抵押权人的债权确定:

1. 约定的债权确定期间届满。

2. 没有约定债权确定期间或者约定不明确,抵押权人或者抵押人自最高额抵押权设立之日起满2年后请求确定债权。

3. 新的债权不可能发生。

4. 抵押权人知道或者应当知道抵押财产被查封、扣押。

5. 债务人、抵押人被宣告破产或者解散。

6. 法律规定债权确定的其他情形。

八、抵押权的实现

抵押权的实现,是指抵押物所担保的债权已届清偿期,而债务人未履行债务或者出现了当事人约定的实现抵押权的情形,抵押权人可以通过行使抵押权,以抵押物的价值优先受偿。

第三节 质 权

一、质权的概念

质权,是指为了担保债权的履行,债务人或者第三人将其动产或者权利出质给债权人占有,当债务人不履行债务时,债权人有就其占有的财产优先受偿的权利。

二、动产质权★★★

动产质权,是以动产为其标的物的质权。

(一)动产质权的设立

1. 质押合同。质权的设立,通常都是以合同进行的。

2. 质物及其交付。质物一般是各类动产,但债务人或者第三人将其金钱以特户、封金、保证金等形式特定化以后，移交债权人占有作为债权的担保，债务人不履行债务时，债权人可以以该金钱优先受偿。

3. 质权所担保的债权的范围。质权所担保的范围包括主债权及利息、违约金、损害赔偿金、质物保管费用和实现质权的费用。质押合同另有约定的，从其约定。

（二）动产质权当事人的权利和义务

1. 质权人的权利

（1）占有质物。

（2）收取孳息。

（3）质权的保全。

（4）优先受偿。

（5）转质权。

（6）放弃质权。质权人可以放弃质权。债务人以自己的财产出质，质权人放弃该质权的，其他担保人在质权人丧失优先受偿权益的范围内免除担保责任，但其他担保人承诺仍然提供担保的除外。

2. 出质人的权利。

（1）禁止和限制质权人处分质押财产。

（2）敦促质权人尽到善良管理人义务。

（3）敦促质权人及时行使质权。

（4）要求返还质押财产。

三、权利质权

权利质权是为了担保债权清偿，就债务人或者第三人所享有的权利设定的质权。权利质权除了一些特殊问题外，适用动产质权的规定。因此，权利质权是一种准质权。

可以作为权利质权的标的的权利，具体而言有以下几类：

1. 汇票、本票、支票、债券、存款单、仓单、提单。

2. 依法可以转让的基金份额、股权。

3. 依法可以转让的注册商标专用权、专利权、著作权中的财产权。

4. 现有的以及将来的应收账款。

5. 法律、行政法规规定可以出质的其他权利。

第四节　留　置　权

一、留置权的概念

留置权是债权人在先合法占有债务人的财产，在债务人逾期不履行债务时，有留置该财产以迫使债务人履行债务，并在债务人仍不履行债务时就该财产优先受偿的权利。

二、留置权的取得★★

（一）留置权取得的积极要件

留置权取得的积极要件，是留置权的取得所应具有的事实。这主要有以下几项：

1. 须债权人占有债务人的动产。

2. 须债权已届清偿期。

3. 须债权的发生与该动产有牵连关系。

4. 由于留置权所担保的债权与留置物有牵连关系，故而与留置权有牵连关系的债权，都在留置权所担保的范围之内，包括原债权、利息（包括迟延利息）、实行留置权的费用及因留置物的瑕疵给留置权人造成的损害赔偿请求权。

（二）留置权取得的消极要件

1. 对动产的占有不是因侵权行为取得。

2. 法律规定或者当事人约定不得留置的动产。

3. 对动产的留置不违反公共利益或者善良风俗。

三、留置权的效力★★

（一）留置权人的权利

1. 留置标的物。

2. 收取留置物的孳息。

3. 请求偿还费用。

4. 就留置物优先受偿。

（二）留置权人的义务

1. 保管留置物。

2. 返还留置物。

四、留置权消灭的原因

（1）主债权消灭；（2）留置权实现；（3）留置物灭失；（4）留置权人对留置财产丧失占有；（5）债务人另行提供担保并被债权人接受；（6）法律规定留置权消灭的其他情形。

第五节　担保物权的竞合

一、担保物权的竞合的概念和成立条件

（一）担保物权的竞合的概念

担保物权的竞合，亦称为物的担保的竞合，是指在同一标的物上存在不同种类的担保物权，此时应以何类担保物权的效力优先的问题。

（二）担保物权的竞合的成立条件

1. 须同一标的物上同时存在数个不同种的物上担保权。

2. 须各个担保物权人不为同一人。

二、担保物权竞合时各担保物权的实现顺序规则★★

（一）抵押权与质权的竞合★★

因抵押权是不移转标的物占有的，而质权是以移转标的物占有为成立要件的，所以在设定抵押权后，抵押人得将标的物再用于质押，成立质权，此时发生抵押权与质权的竞合。若该抵押权属于可不予

登记即成立而当事人又未为抵押权登记的，则因未登记的抵押权不具有对抗善意第三人的效力，此时，未登记的抵押权虽成立在前，质权的效力也应优先于抵押权。若当事人将该抵押权进行了登记，该抵押权的效力自然优先于质权的效力。

（二）抵押权与留置权的竞合★★

留置权的标的物为动产，因此只有动产抵押权才可能与留置权发生竞合。抵押权与留置权竞合的发生同样有两种情况：

1. 先设定抵押权而后成立留置权。留置权优先于抵押权，因为留置权人占有标的物，并且因留置权担保的债权往往是有利于保全抵押权人利益的。

2. 先成立留置权而后设定抵押权。这有两种可能：一是留置物所有人将留置物抵押，此时在留置物上又成立抵押权，抵押权与留置权竞合，因留置权成立在先，留置权的效力当然优先于抵押权。二是留置权人将留置物抵押，在此情形下，如果相对人为善意的，则可有效设立抵押权。同时，如果经留置物所有人同意，留置权人也可以设定抵押权，此时也将发生抵押权与留置权的竞合。在此情形下，抵押权的效力应优先于留置权，因为留置权人是抵押权所担保债权的债务人，债务人的权利不能优于债权人的权利。

（三）留置权与质权的竞合★★

1. 先成立留置权后成立质权。留置权人以其占有的留置物再设定质权的，如经所有人同意，质权成立；如未经所有人同意，则其设定行为应为无效，但因留置权与质权均以占有为公示原则，善意第三人得依善意取得原则取得质权。在第三人取得质权时，留置权与质权竞合，后设定的质权效力应优先于留置权。因为在此情形下，标的物为质权人实际直接占有，而留置权人仅为间接占有人。但如果在留置期间经留置权人同意，标的物所有人以留置物设定质权的，则因留置权成立在前，质权成立在后，留置权的效力应当优先于质权。

2. 先成立质权后成立留置权。在质物由质权人占有期间，质权人将质物交由第三人直接占有，而自己间接占有时，第三人得基于留置权的成立事由而取得留置权。例如，质权人将质物交由第三人保管，保管人得于具备留置权条件下取得留置权。在此情形下，因质权人的质权并不消灭，发生留置权与质权的竞合，留置权的效力优先于质权。因为留置权是担保基于维护或者保存标的物的价值的行为而发生的债权，并且标的物由留置权人直接占有，质权人仅为间接占有人。

命题点拨 抵押权当事人的权利和担保物权竞合的处理规则。

第十一章 占 有

第一节 占有概述

一、占有的概念

占有是对物在事实上的占领、控制。

二、占有的种类★

1. 自主占有与他主占有。

2. 直接占有与间接占有。

3. 有权占有与无权占有。无权占有人在本权人请求返还原物时，有返还的义务；另外，作为留置权要件的占有，限于有权占有。

4. 善意占有与恶意占有。善意占有是占有人不知其无占有的权利的占有；恶意占有是占有人知道其无占有的权利的占有。

5. 无过失占有与有过失占有。

6. 无瑕疵占有与有瑕疵占有。

第二节 占有的效力和保护

一、占有人与返还请求权人的关系

1. 占有人对物的使用、收益。

2. 占有人在占有物毁损、灭失时的赔偿责任。

3. 占有人请求偿还费用的权利。

二、占有的保护

（一）占有人的自力救济权

占有人的自力救济权包括：（1）自力防御权；（2）自力取回权，即占有人对于被他人侵夺的占有物，有权取回。

（二）占有保护请求权★

该请求权主要有以下四项：（1）占有物返还请求权；（2）排除妨害请求权；（3）消除危险请求权；（4）损害赔偿请求权。

第三节 占有的取得和消灭

一、占有的取得

（一）直接占有的取得

1. 直接占有的原始取得。

2. 直接占有的继受取得。

（二）间接占有的取得

1. 间接占有的原始取得。

2. 间接占有的继受取得。

二、占有的消灭

占有的消灭，是占有人丧失了对物的事实上的管领、控制。

命题点拨 占有的保护。

第三编 合 同

第十二章 债与合同概述

第一节 债的概述

一、债的概念和特征

债是特定民事主体之间请求为或者不为一定行为的财产法律关系。

债作为民事法律关系的一种，除具有民事法律关系的共同属性外，还有以下特征：

1. 债反映财产流转关系。
2. 债为特定民事主体之间的民事法律关系。
3. 债的目的须通过债务人的特定行为实现。
4. 债的发生原因具有多样性。

二、债的要素

1. 债的主体，即债权人和债务人。

2. 债的内容，是指债的主体所享有的权利和负担的义务，即债权和债务。

3. 债的客体，也称债的标的，是指债务人依当事人约定或法律规定应为或不应为的特定行为，统称为给付。

三、债的发生★

债的发生原因主要有以下几种：

1. 合同。
2. 单方允诺。
3. 侵权行为。
4. 无因管理。
5. 不当得利。
6. 其他原因。

四、债的分类★★

1. 意定之债与法定之债。

意定之债，是指债的发生及其内容由当事人依其意愿自主决定的债。合同之债和单方允诺之债均为意定之债。法定之债，是指债的发生及其内容均由法律予以规定的债。侵权行为之债、无因管理之债和不当得利之债均属法定之债。

2. 特定物之债与种类物之债。

3. 单一之债与多数人之债。

4. 按份之债与连带之债。

按份之债，是指债的多数人一方当事人各自按照确定的份额享有权利或者承担义务的债。

连带之债，是指债的多数人一方当事人之间有连带关系的债。连带债权人、连带债务人之间的份额难以确定的，视为份额相同。

5. 简单之债与选择之债。

简单之债，是指成立时债的标的已经确定，仅为一种给付，债务人只能按照该种标的履行，债权人也只能请求债务人按该种标的履行的债。选择之债，是指成立时债的标的尚未确定，存在数种给付，债务人可从中选择其一履行或债权人可选择其一请求债务人履行的债。

6. 主债与从债。

主债是指能够独立存在，不以其他债的存在为前提的债。从债是指不能独立存在，必须以主债的存在为存在前提的债。

7. 财物之债与劳务之债。

8. 金钱之债与非金钱之债。

9. 合同之债与非合同之债。

根据债的发生原因，可将债分为合同之债与非合同之债，后者包括单方允诺之债（意定之债）和各种法定之债（无因管理、不当得利、侵权损害赔偿之债等）。

第二节 合同概述

一、合同的概念和特征

合同是民事主体之间设立、变更、终止民事法律关系的协议。合同具有以下法律特征：

1. 合同是一种民事法律行为。
2. 合同以设立、变更、终止民事法律关系为目的。
3. 合同是双方或多方法律行为。

二、合同的分类★

1. 双务合同与单务合同。依双方当事人是否互负给付义务，合同可分为双务合同和单务合同。

2. 有偿合同与无偿合同。这是依合同当事人之间的权利义务是否存在对价关系所作的分类。

3. 诺成合同与实践合同。这是从是否以交付标的物为合同成立条件的角度对其所作的分类。诺成合同，是指以缔约当事人意思表示一致为充分成立条件的合同，即一旦缔约当事人的意思表示达成一致即告成立的合同。实践合同，是指除当事人意思表示一致以外尚需交付标的物才能成立的合同。

4. 要式合同与不要式合同。以合同的成立是否须采取一定的形式为标准，合同可分为要式合同与不要式合同。

5. 有名合同与无名合同。根据法律是否赋予特定名称并设有具体规则，合同可分为有名合同与无名合同。

6. 主合同与从合同。根据合同相互间的主从关系，可将合同分为主合同与从合同。

7. 束己合同与涉他合同。以订约人是否仅为自己设定权利义务为标准，合同可分为束己合同与涉他合同。

8. 预约与本约。预约也称预约合同，是约定将来订立某一合同的合同，本约则为履行该预约而订立的合同。

命题点拨 合同是最重要的债的发生原因。区分双务合同与单务合同、有偿合同与无偿合同、诺成合同与实践合同等不同类型，具有重要意义。

第十三章 合同的订立与效力

第一节 合同的订立

一、合同的形式和内容

(一)合同的形式

《民法典》第469条规定：当事人订立合同，可以采用书面形式、口头形式或者其他形式。

(二)合同的内容

《民法典》第470条第1款规定：合同的内容由当事人约定，一般包括以下条款：(1)当事人的姓名或者名称和住所；(2)标的；(3)数量；(4)质量；(5)价款或者报酬；(6)履行期限、地点和方式；(7)违约责任；(8)解决争议的方法。

合同条款可分为必要条款和一般条款。必要条款，是指合同必须具备的条款，若欠缺该条款，合同便不能成立。一般条款，是指必要条款以外的合同条款。

二、合同订立的一般方式

(一)要约★★★

1. 要约的概念。《民法典》第472条规定，要约是希望与他人订立合同的意思表示。

2. 要约的要件：

(1)要约必须包含订立合同的意图。

(2)要约必须向要约人希望与之订立合同的受要约人发出。

(3)要约的内容必须具体、确定。

3. 要约邀请。要约邀请也称要约引诱，是指希望他人向自己发出要约的意思表示。

根据《民法典》第473条的规定，下列行为属于要约邀请：(1)拍卖公告；(2)招标公告；(3)招股说明书；(4)债券募集办法；(5)基金招募说明书；(6)商业广告和宣传；(7)寄送的价目表。

4. 要约的生效与效力。以对话方式作出的要约，自相对人知道要约的内容时生效；以非对话方式作出的要约，自到达相对人时生效。对于到达，应作广义解释，包括：(1)到达受要约人与到达代理人(包括无行为能力人、限制行为能力人的法定代理人)；(2)“到手到达”与“非到手到达”(送达受要约人所能实际控制之处所，如信箱)。关于数据电文要约的生效，《民法典》第137条第2款作了规定：以非对话方式作出的采用数据电文形式的意思表示，相对人指定特定系统接收数据电文的，该数据电文进入该特定系统时生效；未指定特定系统的，相对人知道或者应当知道该数据电文进入其系统时生效。当事人对采用数据电文形式的意思表示的生效时间另有约定的，按照其约定。

要约的效力表现在两个方面：(1)要约对要约人的拘束力(要约的形式拘束力)；(2)要约对受要约人的拘束力(要约的实质拘束力)。

5. 要约的撤回和撤销。要约的撤回，是指要约人在发出要约后，于要约到达受要约人之前取消其要约的行为。

要约的撤销，是指在要约生效后，要约人取消要约从而使要约归于消灭的行为。要约的撤销不同于要约的撤回(前者发生于生效后，后者发生于生效前)。《民法典》第476条规定：要约可以撤销，但有下列情形之一的除外：(1)要约人以确定承诺期限或者其他形式明示要约不可撤销；(2)受要约人有理由认为要约是不可撤销的，并已经为履行合同做了合理准备工作。

6. 要约的失效：(1)要约被拒绝；(2)要约被依法撤销；(3)承诺期限届满，受要约人未作出承诺；(4)受要约人对要约的内容作出实质性变更。

(二)承诺★★★

1. 承诺须具备以下要件：(1)承诺必须由受要约人作出；(2)承诺应当在一定期限内到达要约人；(3)承诺的内容必须与要约的内容相一致。

2. 承诺的效力：承诺生效时合同成立。

对于承诺的生效时间，我国民法采到达主义。《民法典》第484条规定：以通知方式作出的承诺，生效的时间适用《民法典》第137条的规定。承诺不需要通知的,根据交易习惯或者要约的要求作出承诺的行为时生效。也就是说,承诺作为意思表示的一种,原则上适用意思表示的生效规则。

3. 承诺的撤回和迟延。《民法典》第485条规定:承诺可以撤回。承诺的撤回适用《民法典》第141条的规定。承诺的撤回适用意思表示撤回的一般规则,包括撤回的方式(通知)、撤回的生效条件(先于承诺到达或同时到达)。承诺一经撤回,即不发生承诺的效力,也就阻止了合同的成立。

对承诺迟延,我国《民法典》第486条、第487条作了以下规定:(1)受要约人超过承诺期限发出承诺,或者虽在承诺期限内发出承诺但按照通常情形不能及时到达要约人的,为新要约;但是,要约人及时通知受要约人该承诺有效的除外。(2)受要约人在承诺期限内发出承诺,按照通常情形能够及时到达要约人,但因其他原因致使承诺到达要约人时超过承诺期限的,除要约人及时通知受要约人因承诺超过期限不接受该承诺外,该承诺有效。可见,承诺的迟延并不必然导致承诺失效。

三、合同的特殊订立方式

(一)悬赏广告★

悬赏广告,是指通过广告形式声明对完成广告中规定的特定行为的任何人给付广告中标明的报酬的行为。我国《民法典》将悬赏广告作为一种特殊的缔约方式,广告人发出悬赏广告为要约,行为人完成悬赏广告规定的行为即构成承诺,合同因此而成立。

(二)招标投标

招标投标,是指招标人通过招标,在诸多投标方案中选择自己认为最优的投标方案并与其投标人订立合同的方式。

(三)拍卖

拍卖,是指以公开竞价的形式,将特定物品或者财产权利转让给最高应价者的买卖方式。

(四)强制缔约

强制缔约,是指一方因负有应对方的请求与其订立合同的义务,或因负有向对方发出要约的义务而与之订立合同的缔约方式。

四、格式条款★★★

(一)格式条款的概念

《民法典》第496条第1款规定,格式条款是当事人为了重复使用而预先拟定,并在订立合同时未与对方协商的条款。

(二)格式条款的订立规则

《民法典》第496条第2款规定,采用格式条款订立合同的,提供格式条款的一方应当遵循公平原则确定当事人之间的权利和义务,并采取合理的方式提示对方注意免除或者减轻其责任等与对方有重大利害关系的条款,按照对方的要求,对该条款予以说明。该款规定了提供方的一般义务,并规定了提供方对免责格式条款的"提示义务"和"说明义务"。

(三)格式条款的无效

《民法典》第497条规定:有下列情形之一的,该格式条款无效:(1)具有《民法典》第一编第六章第三节和《民法典》第506条规定的无效情形;(2)供格式条款一方不合理地免除或者减轻其责任、加重对方责任、限制对方主要权利;(3)提供格式条款一方排除对方主要权利。何为"对方主要权利",应依合同性质与类型予以具体判定。

(四)格式条款的解释

格式条款的解释规则:(1)通常理解规则。对格式条款及其用语的解释,应以一般人的、惯常的理解为标准,而不应仅以条款拟定人的理解为依据,或采取相关用语的非常态含义予以解释。(2)不利解释规则。不利解释也称"疑义利益解释",即在格式条款有两种以上解释的情形下,应作不利于格式条款提供者的解释。(3)非格式条款效力优先规则。非格式条款即个别商议条款,其效力应优先于格式条款,这样既尊重了当事人的意思表示,也有利于保护非格式条款提供方。

五、缔约过失责任★★★

(一)缔约过失责任的概念和构成要件

缔约过失责任,是指在订立合同过程中,一方因违反其依据诚实信用原则所负义务而致另一方信赖利益的损失,依法应承担的民事责任。缔约过失责任的构成应具备如下要件:

1. 此种责任发生于合同订立阶段。

2. 一方违反了依诚实信用原则所担负的先合同义务。

3. 另一方的信赖利益因此而受到损失。

(二)缔约过失责任的适用

缔约过失责任适用于以下情形:

1. 假借订立合同,恶意进行磋商。

2. 故意隐瞒与订立合同有关的重要事实或者提供虚假情况。

3. 有其他违背诚实信用原则的行为。

4. 泄露或不正当地使用商业秘密。

第二节　合同的效力

一、合同的有效与生效

1. 合同的有效须具备以下要件：

(1)行为人具有相应的民事行为能力。

(2)意思表示真实。

(3)不违反法律、行政法规的强制性规定，不违背公序良俗。

2. 合同的生效。

《民法典》第502条第1款规定，依法成立的合同，自成立时生效，但是法律另有规定或者当事人另有约定的除外。

二、合同效力的特殊规则★★

(一)无权代理合同的追认

《民法典》第503条规定，无权代理人以被代理人的名义订立合同，被代理人已经开始履行合同义务或者接受相对人履行的，视为对合同的追认。依此规定，被代理人已经开始履行合同义务或者接受相对人履行的，即属于以默示的方式对无权代理行为予以追认，因而不得主张合同无效。

(二)越权订立合同的效力

《民法典》第504条规定，法人的法定代表人或者非法人组织的负责人超越权限订立的合同，除相对人知道或者应当知道其超越权限外，该代表行为有效，订立的合同对法人或者非法人组织发生效力。该规定以相对人的主观状态作为确定该合同效力的依据，若相对人为恶意(知道或者应当知道其超越代表权限)，则该合同不能对法人、非法人组织发生效力；反之，则该合同的效力不受影响。

(三)超越经营范围合同的效力

《民法典》第505条规定，当事人超越经营范围订立的合同的效力，应当依照《民法典》第一编第六章第三节和《民法典》合同编的有关规定确定，不得仅以超越经营范围确认合同无效。

(四)无效免责条款

免责条款是指当事人在合同中约定免除将来可能发生的违约责任的条款。对此，《民法典》第506条规定，合同中的下列免责条款无效：(1)造成对方人身损害的；(2)因故意或者重大过失造成对方财产损失的。

(五)争议解决方法条款的效力规则

《民法典》第507条规定，合同不生效、无效、被撤销或者终止的，不影响合同中有关解决争议方法的条款的效力。该条所谓的“合同中有关解决争议方法的条款”，包括：(1)仲裁条款；(2)选择受诉人民法院的条款；(3)选择检验、鉴定机构的条款；(4)法律适用条款。

命题点拨　要约与承诺；格式条款的解释；合同效力的特殊规则。

第十四章　合同的履行

第一节　合同履行概述

一、合同履行的原则

(1)全面履行；(2)协作履行；(3)节约资源与保护生态环境。

二、合同履行的一般规则

1. 履行主体。

合同履行的主体，首先为债务人。债务人履行合同义务时是否须有行为能力，依履行行为的性质决定。

2. 履行标的。

履行标的，是指债务人应为履行即给付的内容。它因合同类型的不同而存在差异，如交付财物、移转权利、提供劳务、完成工作等。

当事人可以约定以他种给付代替原定给付，即代物清偿(如“以物抵债”)。

3. 履行内容。

合同履行的内容，主要包括标的的质量、价款或酬金、履行地点、履行期限、履行方式、履行费用等方面。

第二节　合同履行的特殊规则

一、电子合同的履行

1. 标的为交付商品并采用快递物流方式交付的，收货人的签收时间为交付时间。

2. 标的为提供服务的，生成的电子凭证或者实物凭证中载明的时间为交付时间；电子凭证没有载明时间或者载明时间与实际提供服务时间不一致的，实际提供服务的时间为交付时间。

3. 标的为采用在线传输方式交付的，合同标的进入对方当事人指定的特定系统并且能够检索识别的时间为交付时间。

二、执行政府定价或指导价合同的履行

1. 在合同约定的交付期限内政府价格调整时，按照交付时的价格计价。

2. 逾期交付标的物的，遇价格上涨时，按照原价

格执行;价格下降时,按照新价格执行。

3. 逾期提取标的物或者逾期付款的,遇价格上涨时,按照新价格执行;价格下降时,按照原价格执行。

三、选择之债的履行★

1. 除法律另有规定、当事人另有约定或另有交易习惯外,债务人享有选择权;享有选择权的当事人在约定期限内或者履行期限届满前未作选择,经对方催告后在合理期限内仍未选择的,选择权转移至对方。

2. 当事人行使选择权应当及时通知对方,通知到达对方时,债务标的确定;确定的债务标的不得变更,但是经对方同意的除外。

3. 可选择债务标的中发生不能履行情形的,享有选择权的当事人不得选择不能履行的标的,但该不能履行的情形是由对方造成的除外;若仅剩一种标的能够履行,即转化为简单之债。

四、多数人之债的履行★★

1. 按份之债。

按份债权人或者按份债务人按照各自份额,享有债权或者承担债务。

2. 连带之债。

连带债权中,部分或者全部债权人均可以请求债务人履行债务;连带债务中,债权人可以请求部分或者全部债务人履行全部义务。

连带债务人之间的份额难以确定的,视为份额相同。实际承担债务超过自己份额的连带债务人,有权就超出部分在其他连带债务人未履行的份额范围内向其追偿,并相应地享有债权人的权利,但是不得损害债权人的利益。其他连带债务人对债权人的抗辩,可以向该债务人主张。被追偿的连带债务人不能履行其应分担份额的,其他连带债务人应当在相应范围内按比例分担。

连带债权人之间的份额难以确定的,视为份额相同。实际受领债权的连带债权人,应当按比例向其他连带债权人返还。连带债权参照适用连带债务的有关规定。

五、涉他合同的履行

(一)向第三人履行的合同

1. 不真正利益第三人合同

《民法典》第522条第1款规定:当事人约定由债务人向第三人履行债务,债务人未向第三人履行债务或者履行债务不符合约定的,应当向债权人承担违约责任。该款是对于不真正利益第三人合同的规定。

2. 真正利益第三人合同

《民法典》第522条第2款规定:法律规定或者当事人约定第三人可以直接请求债务人向其履行债务,第三人未在合理期限内明确拒绝,债务人未向第三人履行债务或者履行债务不符合约定的,第三人可以请求债务人承担违约责任;债务人对债权人的抗辩,可以向第三人主张。

(二)由第三人履行的合同

《民法典》第523条规定,当事人约定由第三人向债权人履行债务,第三人不履行债务或者履行债务不符合约定的,债务人应当向债权人承担违约责任。

六、第三人代为履行

第三人代为履行应符合以下条件:(1)债务人不履行债务;(2)第三人对履行该债务具有合法利益;(3)该债务不属于只能由债务人履行的债务。

七、债权人合并、分立或住所变更

1.《民法典》第67条规定,法人合并的,其权利和义务由合并后的法人享有和承担;法人分立的,其权利和义务由分立后的法人享有连带债权,承担连带债务,但是债权人和债务人另有约定的除外。

2.《民法典》第529条规定,债权人合并、分立或者变更住所没有通知债务人,致使债务履行发生困难的,债务人可以中止履行或者将标的物提存。

3. 除债权人合并、分立、住所变更可能导致债务履行困难外,当事人发生的其他事项的变化对债的履行并不产生实质影响。因此,合同生效后,当事人不得因姓名、名称的变更或者法定代表人、负责人、承办人的变动而不履行合同义务(《民法典》第532条)。

八、提前履行

债务人提前履行的,债权人可以拒绝受领,但提前履行不损害债权人利益的,债权人应当受领。

九、部分履行

债务人部分履行的,债权人可以拒绝受领,但部分履行不损害债权人利益的,债权人应当受领。

第三节　双务合同履行抗辩权

一、同时履行抗辩权★★

(一)同时履行抗辩权的概念

在未约定先后履行顺序的双务合同中,当事人应当同时履行,一方在对方未为对待给付之前,有权拒绝其履行要求。

(二)同时履行抗辩权的成立条件

1. 当事人互负给付义务。

2. 双方所负债务没有先后履行顺序。

3. 双方义务已届清偿期。

4. 对方未履行债务。

5. 对方的债务可能履行。

二、不安抗辩权★★

(一)不安抗辩权的概念

不安抗辩权,是指双务合同的先给付义务人在有证据证明后给付义务人存在丧失或者可能丧失履行债务能力的情形时,有权中止履行其合同义务的权利。

(二)不安抗辩权成立的条件

1. 双方当事人因同一双务合同而互负债务。

2. 当事人履行债务存在先后顺序。

3. 后给付义务人的履行能力明显降低,有不能为对待给付的现实危险。包括以下情形:(1)经营状况严重恶化;(2)转移财产、抽逃资金,以逃避债务;(3)丧失商业信誉;(4)有丧失或者可能丧失履行债务能力的其他情形。

三、顺序履行抗辩权★★

(一)顺序履行抗辩权的概念

顺序履行抗辩权也称先履行抗辩权,是指当事人互负债务,有先后履行顺序的,先履行一方履行之前,后履行一方得拒绝其履行请求,先履行一方履行债务不符合约定的,后履行一方得拒绝其相应的履行请求的权利。

(二)顺序履行抗辩权的成立要件

1. 双方当事人互负债务,即仅适用于双务合同。

2. 双方债务(主给付义务)有先后履行顺序,至于该顺序是当事人约定的,还是法律直接规定的,应在所不问。

3. 先履行一方未履行债务或其履行不符合约定。

第四节　情势变更

一、情势变更的概念★★

《民法典》第533条规定:合同成立后,合同的基础条件发生了当事人在订立合同时无法预见的、不属于商业风险的重大变化,继续履行合同对于当事人一方明显不公平的,受不利影响的当事人可以与对方重新协商;在合理期限内协商不成的,当事人可以请求人民法院或者仲裁机构变更或者解除合同。

二、情势变更的法律后果

1. 再交涉权。受不利影响的当事人享有再交涉权,即可以与对方重新协商。

2. 合同变更或解除。受不利影响的一方当事人可请求人民法院或者仲裁机构变更或者解除合同(也可未经重新协商径行请求)。

命题点拨 同时履行抗辩权、不安抗辩权、顺序履行抗辩权的判定。

第十五章　合同的保全和担保

第一节　合同的保全

一、债权人代位权★★★

(一)债权人代位权的概念

债权人代位权是指当债务人怠于行使其债权或者与该债权有关的从权利而影响债权人的到期债权实现时,债权人可以向人民法院请求以自己的名义代位行使债务人对相对人的权利的权利。

(二)债权人代位权的成立要件

1. 债务人已陷入履行迟延。

2. 债务人对第三人享有权利。

3. 债务人怠于行使其权利。

4. 债务人怠于行使其权利影响债权人债权的实现,即有保全债权的必要。

(三)债权人代位权的行使

1. 债权人应以自己的名义行使代位权。

2. 债权人代位权必须通过诉讼方式行使。债权人提起代位权诉讼的,由被告住所地人民法院管辖。

3. 债权人代位权行使的范围,以保全债权的必要范围为限。

4. 债权人行使代位权,原则上不得处分债务人的权利,擅自处分的,其行为无效。

(四)债权人代位权行使的效力

1. 对于债务人的效力:(1)债权人向次债务人提起的代位权诉讼经人民法院审理后认定代位权成立的,由次债务人向债权人履行清偿义务,债权人与债务人、债务人与次债务人之间相应的债权债务关系即归于消灭。(2)债务人对其债权的处分权因代位权的行使而受到限制,即不得再为妨害代位权行使的处分行为。(3)债务人在代位权诉讼中对超过债权人代为请求数额的债权部分起诉次债务人的,人民法院应当告知其向有管辖权的人民法院另行起诉,受理债务人起诉的人民法院在代位权诉讼裁决发生效力以前,应当依法中止诉讼。(4)债权人提起代位权诉讼的,对债务人的债权和债务人的债权均发生诉讼时效中断的效力(包括未被行使代位权的债权部分)。(5)债权人行使代位权的必要费用,由债务人负担。

2. 对次债务人的效力:(1)次债务人在代位权诉讼中处于被告地位,可以向债权人主张自己对债务人的一切抗辩。(2)经人民法院审理后认定代位权成立的,由次债务人向债权人履行清偿义务。(3)在代位权诉讼中,债权人胜诉的,诉讼费用由次债务人负担,从实现的债权中优先支付。

3. 对债权人的效力:(1)债权人依照《民法典》第535条规定提起代位权诉讼的,由被告住所地的人民法院管辖。(2)债权人只能在本人债权额内提起代位权诉讼,且不得超出债务人权利的范围。(3)经法院审理确认代位权成立并经次债务人向债权人履行清偿义务后,债权人与债务人之间的债权债务关系归于消灭。

二、债权人撤销权★★★

(一)债权人撤销权的概念

债权人撤销权也称废罢诉权,是指债权人对债务人所为的危害债权的行为,可以申请法院予以撤销的权利。

(二)债权人撤销权的成立要件

1. 客观要件:债务人实施了有害于债权的处分行为。

其一,须有债务人的处分行为:(1)以放弃其债权、放弃债权担保、无偿转让财产等方式无偿处分财产利益;(2)恶意延长其到期债权的履行期限;(3)以明显不合理的低价转让财产、以明显不合理的高价受让他人财产或者为他人的债务提供担保。

其二,债务人的处分行为须有害于债权人的债权。

2. 主观要件:

其一,债务人无偿处分财产权益的,无论债务人、相对人是否存在恶意,均不影响债权人撤销权的成立。

其二,债务人延长其到期债权的履行期限而影响债权实现的,仅在该行为出于债务人恶意时,债权人方可主张撤销权。

其三,债务人为有偿处分行为或为他人债务提供担保影响债权实现的,须相对人为恶意。

(三)债权人撤销权的行使

1. 债权人撤销权由债权人以自己的名义通过诉讼方式行使。

2. 在债权为连带债权的情况下,各债权人可作为共同原告主张债权人撤销权,也可以由其中的一个债权人作为原告主张债权人撤销权。但在后一种情况下,其他共同债权人不得再就该撤销权的行使提起诉讼。

3. 债权人提起撤销权诉讼时,只以债务人为被告,未将受益人或受让人列为第三人的,人民法院可以追加该受益人或受让人为第三人。

4. 债权人撤销权的行使,在行使范围上应以债权人的债权(价额)为限,在行使期限上,应自债权人知道或者应当知道撤销事由之日起1年内行使;自债务人的行为发生之日起5年内没有行使撤销权的,该撤销权消灭。

(四)债权人撤销权行使的效力

1. 对债务人和受益人的效力。《民法典》第542条规定,债务人影响债权人的债权实现的行为被依法撤销后,自始不具有法律约束力。受益人已受领债务人财产的,负有返还的义务,原物不能返还的,应折价予以赔偿。受益人向债务人支付对价的,对债务人享有不当得利返还请求权。

2. 对债权人的效力。行使撤销权的债权人有权请求受益人向债务人或向自己返还所受利益,但该利益应加入债务人的一般责任财产作为债务人所有债权的一般担保,行使撤销权的债权人无优先受偿权。债权人行使撤销权所支付的律师代理费、差旅费等必要费用可请求债务人承担。

第二节 合同的担保

一、合同担保概述

(一)合同担保的概念

合同的担保,是指为确保合同债权得到清偿而设立的特定法律措施。

(二)合同担保的种类

1. 人的担保。保证是人的担保的典型。

2. 物的担保。主要有抵押、质押、留置等。

3. 金钱担保。其主要方式有定金、押金。

4. 反担保。第三人为债务人向债权人提供担保的,可以要求债务人提供反担保。反担保人可以是债务人,也可以是债务人之外的第三人。

二、保证

关于保证的具体规则,参见本学科第二十二章第一节“保证合同”。

三、定金★★

(一)定金的种类

1. 违约定金。

2. 立约定金。

3. 成约定金。

4. 解约定金。

(二)定金的成立

定金合同自定金交付时起生效,定金担保也自此成立。

定金的数额由当事人约定,但不得超过主合同标的额的20%,超过部分人民法院不予保护。

定金合同是从合同,其成立和有效以主合同的成立和有效为前提。主合同无效或被撤销时,定金合同不发生效力,主合同因解除或其他原因消灭时,定金合同也消灭。

(三)定金的效力

1. 立约定金的处罚条件是当事人违背承诺拒绝订立合同。其效力表现在:给付定金的一方拒绝订立主合同的,无权要求返还定金;收受定金的一方拒绝订立合同的,应当双倍返还定金。

2. 成约定金是合同成立或生效的条件,其效力为:交付定金的一方拒绝交付定金,合同即不成立或不生效。

3. 解约定金以当事人一方解除合同为处罚条件,其效力为:给付定金的一方解除合同的,无权要求返还定金;收受定金的一方解除合同的,应当双倍返还定金。

4. 违约定金于当事人一方不履行债务时发生制裁效力,或者说定金罚则生效:给付定金的一方不履行规定的债务的,无权要求返还定金;收受定金的一方不履行约定的债务的,应当双倍返还定金。

命题点拨 债权人代位权、债权人撤销权成立的要件。

第十六章　合同的变更、转让和权利义务终止

第一节　合同的变更和转让

一、合同变更的条件

1. 存在有效的合同关系。

2. 合同内容发生局部变化。

3. 经当事人协商一致,或根据司法裁判变更。

4. 法律、行政法规规定变更合同应当办理批准、登记等手续的,应遵守其规定。

二、债权转让★★

(一)债权转让的概念

债权转让,是指不改变债的关系的内容,债权人将其债权移转于第三人的法律行为。其中的债权人称为转让人,第三人称为受让人。

(二)债权转让的要件

1. 须存在有效的债权。

2. 被让与的债权具有可让与性。以下三类债权不得转让:(1)根据债权性质不得转让的债权;(2)按照当事人的约定不得转让的债权;(3)依照法律规定不得转让的债权。

3. 让与人与受让人就债权转让达成有效转让协议。

4. 债权转让须通知债务人。

三、债务转移★★

(一)债务转移的概念

债务转移,是指在不改变债的内容的前提下,债务人将其债务全部或部分移转给第三人的法律事实。

(二)债务转移的有效要件

1. 存在待履行债务。

2. 标的债务具有可转移性。

3. 债务人与第三人就债务转移达成合意。

4. 须经债权人同意。

(三)债务转移的效力

1. 第三人取得债务人的法律地位。

2. 抗辩权的转移。

3. 从债务的转移。

四、债务加入★★★

(一)债务加入的概念

债务加入,即并存的债务承担,是指在不改变债的内容的前提下,第三人加入债的关系成为共同债务人,原债务人仍承担其债务的法律事实。对此,我国民事立法原无规定,《民法典》第552条专设规定,完善了债务承担的规则体系。

(二)债务加入的生效

1. 债务加入的方式。债务加入可通过两种方式:一是第三人与债务人约定加入债务;二是第三人向债权人表示愿意加入债务,债权人未表示拒绝。

2. 债务加入对债权人生效条件。(1)第三人与债务人约定加入债务的,第三人或债务人应通知债权人,债务加入自通知到达债权人时起对债权人生效;(2)第三人向债权人表示愿意加入债务的,只有在债权人未在合理期限内明确表示拒绝的情况下,债权人方能对第三人主张债权。

(三)债务加入的效力

债务加入在效力方面与债务转移有诸多共同之处,如第三人取得债务人的法律地位、抗辩权的转移、从权利的转移等。其不同之处在于:债务转移生效后,原债务人在所转移债务的范围内不再承担债务(免责),即债务全部转移的,债务人全部免责,债务部分转移的,债务人部分免责;债务加入生效后,原债务人仍承担债务,只是第三人加入债的关系,成为特定范围债务的连带债务人(加入全部或部分债务,依第三人意愿决定)。

五、债的概括承受★

债的概括承受,是指债的一方主体将其债权债务一并移转于第三人,主要有以下两种情形:

《民法典》第555条、第556条规定:当事人一方经对方同意,可以将自己在合同中的权利和义务一并转让给第三人。合同的权利和义务一并转让的,适用债权转让、债务转移的有关规定。上述规定仅适用于合同承受,因企业合并而发生的债的概括承受,应适用相关法律规定。如《民法典》第67条第1

款规定:法人合并的,其权利和义务由合并后的法人享有和承担。

第二节　合同的权利义务终止

一、合同权利义务终止的原因

根据《民法典》第557条的规定,合同权利义务终止的原因有:(1)债务已履行;(2)债务相互抵销;(3)债务人依法将标的物提存;(4)债权人免除债务;(5)债权债务同归于一人;(6)合同解除;(7)法律规定或当事人约定终止的其他情形。

二、债务履行★★★

(一)清偿的抵充

清偿的抵充,是指债务人对同一债权人负担数宗同种类债务或关联债务,而债务人的履行不足以清偿全部债务时,决定该履行抵充某宗或某几宗债务的现象。

(二)代为清偿

代为清偿,是指第三人基于为债务人清偿的意思而向债权人为清偿的行为。

代为清偿的适用条件为:(1)依债务的性质,可以由第三人代为清偿;(2)债权人与债务人之间无不得由第三人代为清偿的约定;(3)债权人没有拒绝代为清偿的正当理由,债务人也无提出异议的正当理由。

(三)履行费用

履行费用,是指债的履行所必需的费用。对于履行费用,法律无明文规定、当事人又无约定时,由债务人负担。

三、合同的解除★★

(一)合同解除的事由

1.合同的法定解除事由。

(1)因不可抗力致使不能实现合同目的。

(2)在履行期限届满之前,当事人一方明确表示或者以自己的行为表明不履行主要债务。

(3)当事人一方迟延履行主要债务,经催告后在合理期限内仍未履行。

(4)当事人一方迟延履行债务或者有其他违约行为致使不能实现合同目的。

(5)法律规定的其他情形。

2.《民法典》第563条第2款规定,以持续履行的债务为内容的不定期合同,当事人可以随时解除合同,但是应当在合理期限之前通知对方。

(二)合同解除的效力

1.一般规定。

《民法典》第566条第1款规定,合同解除后,尚未履行的,终止履行;已经履行的,根据履行情况和合同性质,当事人可以请求恢复原状或者采取其他补救措施,并有权请求赔偿损失。

2.合同解除与违约责任。

《民法典》第566条第2款规定,合同因违约解除的,解除权人可以请求违约方承担违约责任,但是当事人另有约定的除外。依此规定,合同解除与违约责任并不排斥,当发生违约事由时,守约方可以请求解除合同并要求对方违约责任。

3.合同解除与担保责任。

《民法典》第566条第3款规定,主合同解除后,担保人对债务人应当承担的民事责任仍应当承担担保责任,但是担保合同另有约定的除外。

四、债务抵销★★

(一)债务抵销的概念

债务抵销,是指双方当事人互负债务时,各以其债权充当债务之清偿,而使其债务与对方的债务在对等数额内同归消灭的制度。债务抵销依其产生的根据不同,可分为法定抵销与合意抵销。

(二)抵销的条件

根据《民法典》第568条的规定,法定抵销须具备以下要件:

其一,双方当事人互负债务、互享债权。

其二,双方互负的债务标的物的种类、品质相同。

其三,对方债务已届履行期,即自动债权已届清偿期。

其四,双方债务非依其性质、当事人约定或者法律规定不得抵销。

合意抵销应尊重当事人意思自治,除"双方当事人互负债务、互享债权"这一前提条件和"双方债务非依其性质,或者法律规定不得抵销"这一消极要件外,无论双方债务的标的物种类、品质是否相同,无论双方债务是否到期,均可约定抵销,并于抵销协议生效时发生债务抵销的效果。

五、提存★★

( )提存的概念

提存,是指由于债权人的原因而无法向其交付债的标的物时,债务人将该标的物交存于提存部门而消灭债务的制度。

(二)提存的事由

(1)债权人无正当理由拒绝受领。基于该原因提存,要求债务人现实地提出了给付。(2)债权人下落不明。此处应指债权人下落不明而未依法被宣告失踪、无财产代管人,也包括债权人不清、地址不详等情况。(3)债权人死亡或者丧失行为能力,又未确定继承人、遗产管理人或者监护人。(4)法律规定的其他情形。需注意,若上述何种事由并未导致债务人"难以履行债务"(如债权人下落不明而其配偶可受领履行),则不能将标的物提存。

六、债务免除★★

(一)债务免除的概念

债务免除(以下本部分简称免除),是指债权人向债务人作出抛弃全部或部分债权的意思表示,从而全部或部分地消灭债的关系的行为。

(二)免除的方法

免除须由债权人向债务人作出意思表示。向第三人为免除的意思表示的,不产生免除的法律效果。

(三)免除的效力

免除发生债务绝对消灭的效果。免除不得损害第三人的合法权益。

七、混同★★

(一)混同的概念

混同,是指债权和债务同归一人,致使债的关系消灭的事实。

(二)混同的成立

债权债务的混同,由债权或债务的承受而产生,债权债务的概括承受是发生混同的主要原因。例如,企业合并,合并前的两个企业之间有债权债务,企业合并后,债权债务因同归一个企业而消灭。

(三)混同的效力

合同关系及其他债的关系,因混同而消灭。

> **命题点拨** 代为清偿须符合一定条件,在第三人与债权人、债务人间发生一定法律后果;合同的法定解除必须具备法律规定的特定事由并采取适当的解除方式。

第十七章 违约责任

第一节 违约责任的成立与减免

一、违约行为★

(一)违约行为的概念

违约行为,是指当事人一方不履行合同义务或者履行合同义务不符合约定的行为或事实状态。

根据不同标准,可对违约行为作以下分类:(1)单方违约与双方违约;(2)根本违约与非根本违约;(3)实际违约与预期违约。

(二)实际违约

实际违约,即合同履行期届至后发生的违约行为。实际违约的具体形态包括:(1)不履行;(2)迟延履行;(3)不适当履行。

(三)预期违约

1. 预期违约也称先期违约,是指在合同履行期到来之前,一方无正当理由但明确表示其在履行期到来后将不履行合同,或者其行为表明其在履行期到来后将不可能履行合同。

2. 预期违约包括两种形态,即明示预期违约和默示预期违约。

二、违约责任的概念和成立要件★★

(一)违约责任的概念

违约责任是违反合同的民事责任的简称,是指合同当事人一方不履行合同义务或履行合同义务不符合合同约定所应承担的民事责任。

(二)违约责任的成立要件

(1)有违约行为;(2)无免责事由。

三、违约责任的免责与减责事由

(一)不可抗力

1. 不可抗力的概念。所谓不可抗力,是指不能预见、不能避免且不能克服的客观情况。

2. 不可抗力的范围:(1)自然灾害,如台风、洪水、冰雹;(2)政府行为,如征收、征用、交通管制;(3)社会异常事件,如罢工、骚乱等。

(二)免责条款

免责条款,是指当事人用以免除或者限制一方或双方违约责任的合同条款。

(三)与有过失

与有过失又称混合过错,是指当合同一方违约造成损失,另一方对损失的发生也有过错的情形。《民法典》将守约方的过错作为了违约责任的减轻事由,具体分为对初始损失的过错与对扩大损失的过错。

四、因第三方原因违约的责任

《民法典》第593条规定,当事人一方因第三人的原因造成违约的,应当依法向对方承担违约责任。当事人一方和第三人之间的纠纷,依照法律规定或者按照约定处理。

第二节 违约责任的形式

一、继续履行责任

(一)继续履行的概念

继续履行也称实际履行,是指违约方根据对方当事人的请求继续履行合同义务的违约责任形式。

(二)继续履行的适用

金钱债务,无条件适用继续履行。非金钱债务,有条件适用继续履行。

二、补救措施责任

根据《民法典》第 582 条的规定,作为违约责任具体形式的补救措施包括修理、更换、重作、退货、减少价款或者报酬等。

三、赔偿损失责任

(一)赔偿损失的概念

赔偿损失,在合同法上也称违约损害赔偿,是指违约方以支付金钱的方式弥补守约方因违约行为所减少的财产或者所丧失的利益的责任形式。

(二)赔偿损失的确定方式

1. 法定损害赔偿。

2. 约定损害赔偿。

四、违约金责任★★

(一)违约金的概念和性质

违约金是指根据法律规定或者当事人约定,一方违约时应当向对方支付的一定数量的金钱或其他财物。

(二)迟延履行与违约金责任

《民法典》第 585 条第 3 款规定,当事人就迟延履行约定违约金的,违约方支付违约金后,还应当履行债务。

五、定金责任★★

(一)定金责任的概念

定金责任,是指在合同设定违约定金担保的情形下,违约方根据定金罚则所承担的责任。

《民法典》第 586 条第 2 款规定,定金的数额由当事人约定;但是,不得超过主合同标的额的 20%,超过的部分不产生定金的效力。实际交付的定金数额多于或者少于约定数额的,视为变更约定的定金数额。

(二)定金责任与违约金责任

1. 当事人既约定违约金,又约定定金的,一方违约时,对方可以选择适用违约金或者定金条款。据此,违约定金与违约金原则上不能并用。

2. 约定的定金不足以弥补一方违约造成的损失的,对方可以请求赔偿超过定金部分的损失。对此应理解为,适用定金罚则(如违约方双倍返还定金)后,守约方损失仍未得到充分补偿的,可就超出的数额部分向违约方请求赔偿。

命题点拨 违约免责与减责事由包括不可抗力、免责条款、与有过失;因第三人原因违约并非免责事由。

第十八章 转移财产权利合同

第一节 买卖合同

一、买卖合同的概念和特征

(一)买卖合同的概念

买卖合同是一方转移标的物的所有权于另一方,另一方支付价款的合同。

(二)买卖合同的特征

1. 买卖合同是有偿合同。

2. 买卖合同是双务合同。

3. 买卖合同是诺成合同。

4. 买卖合同一般是不要式合同。

二、标的物交付和所有权转移★★

(一)标的物交付

1. 交付的形态。标的物的交付可分为现实交付和观念交付。现实交付是指标的物交由买受人实际占有。观念交付包括简易交付、指示交付和占有改定。

2. 交付的时间。出卖人应当按照约定的时间交付标的物。

3. 交付的地点。《民法典》第 603 条规定,出卖人应当按照约定的地点交付标的物。当事人没有约定交付地点或者约定不明确,依照《民法典》第 510 条的规定仍不能确定的,适用下列规则:(1)标的物需要运输的,出卖人应当将标的物交付给第一承运人以运交给买受人。(2)标的物不需要运输,出卖人和买受人订立合同时知道标的物在某一地点的,出卖人应当在该地点交付标的物;不知道标的物在某一地点的,应当在出卖人订立合同时的营业地交付标的物。

(二)所有权转移

1. 标的物的所有权自标的物交付时起转移,但法律另有规定或者当事人另有约定的除外。

2. 标的物所涉知识产权的归属。出卖具有知识产权的计算机软件等标的物的,除法律另有规定或者当事人另有约定的以外,该标的物的知识产权不移转于买受人。

3. 多重买卖合同:(1)先行受领交付的买受人有权请求确认所有权已经转移;(2)均未受领交付,先行支付价款的买受人有权请求出卖人履行交付标的物等合同义务;(3)均未受领交付,也未支付价款,依法成立在先合同的买受人有权请求出卖人履行交付标的物等合同义务。

4. 出卖人就同一船舶、航空器、机动车等特殊动产订立多重买卖合同,在买卖合同均有效的情况下,买受人均要求实际履行合同的,应当按照以下情形分别处理:(1)先行受领交付的买受人有权请求出卖人履行办理所有权转移登记手续等合同义务;(2)均未受领交付,先行办理所有权转移登记手续的买受人有权请求出卖人履行交付标的物等合同义务;(3)均未受领交付,也未办理所有权转移登记手续,依法成立在先合同的买受人有权请求出卖人履行交付标的物和办理所有权转移登记手续等合同义务;(4)出卖人将标的物交付给买受人之一,又为其他买受人办理所有权转移登记,已受领交付的买受人有权请求将标的物所有权登记在自己名下。

5. 因出卖人未取得处分权致使标的物所有权不能转移的,买受人可以解除合同并请求出卖人承担违约责任。关于无权处分的买卖合同效力,随着《物权法》第15条确立"区分原则",相关司法解释明确了"无权处分不影响买卖合同效力"的裁判立场,并为《民法典》物权编第215条所承袭,《民法典》第597条第1款则在承认其合同有效性的前提下对违约救济作了规定。

三、标的物风险负担和孳息归属★★★

(一)标的物风险负担

1. 标的物风险负担的一般规定。买卖合同标的物风险负担按交付原则确定,即标的物毁损、灭失的风险,在标的物交付之前由出卖人承担,交付之后由买受人承担,但法律另有规定或当事人另有约定的除外。

2. 标的物风险负担的具体规则:(1)出卖人发送标的物的,出卖人按照约定将标的物运送至买受人指定地点并交付给承运人后,标的物毁损、灭失的风险由买受人承担,但是当事人另有约定的除外。(2)因买受人的原因致使标的物未按照约定期限交付的,买受人应当自违反约定时起承担标的物毁损、灭失的风险。(3)出卖人出卖交由承运人运输的在途标的物,除当事人另有约定外,标的物毁损、灭失的风险自合同成立时起由买受人承担。出卖人在合同成立时知道或者应当知道标的物已经毁损、灭失却未告知买受人的,由出卖人负担风险。(4)对于需要运输的标的物,当事人没有约定交付地点或约定不明确的,自出卖人将标的物交付给第一承运人起,标的物毁损、灭失的风险由买受人承担。(5)出卖人按照合同约定或者法律规定将标的物置于交付地点,买受人违反约定没有收取的,标的物毁损、灭失的风险自违反约定时起由买受人承担。(6)出卖人按照约定未交付有关标的物的单证和资料的,不影响标的物毁损、灭失风险的转移。(7)因标的物质量不符合要求致使不能实现合同目的,买受人拒绝接受标的物或者解除合同的,标的物毁损、灭失的风险由出卖人承担。(8)标的物毁损、灭失的风险由买受人承担的,不影响因出卖人违约买受人要求其承担违约责任的权利。

(二)孳息归属

标的物在交付之前产生的孳息,归出卖人所有;交付之后产生的孳息,归买受人所有。但是,当事人另有约定的除外。

四、标的物检验

(一)检验的时间

1. 约定检验期的,应在检验期内检验。

2. 没有约定检验期的,应当及时检验。

(二)检验出瑕疵时的处理

1. 约定检验期的,买受人应在检验期内履行瑕疵通知义务,主张物的瑕疵担保责任;怠于通知的,视为无瑕疵。

2. 未约定检验期的,买受人应在发现或应当发现标的物数量或质量不符合约定的合理期间内通知出卖人。

(三)出卖人依约向第三人交付标的物的检验

出卖人和买受人之间约定的检验标准与买受人和第三人之间约定的检验标准不一致的,以出卖人和买受人之间约定的检验标准为准。

五、违约责任★★

(一)瑕疵担保责任

1. 权利瑕疵担保责任。标的物的权利瑕疵,可表现为出卖人未告知该标的物上负担着第三人的权利,或者是出卖人未告知标的物无权处分。同时,买受人有证据证明第三人对标的物享有权利的,可以中止支付相应的价款,但是出卖人提供适当担保的除外。

2. 物的瑕疵担保责任。物的瑕疵是指标的物欠缺约定或法定品质。

(二)质量保证金、违约金、定金

1. 买受人依约保留部分价款作为质量保证金,出卖人在质量保证期间未及时解决质量问题而影响标的物的价值或者使用效果的,出卖人不得主张支付该部分价款。

2. 合同对付款期限作出的变更,不影响当事人关于逾期付款违约金的约定,但该违约金的起算点应当随之变更。

3. 合同因违约而解除后,守约方有权主张继续适用违约金条款;但约定的违约金过分高于造成的损失的,可以参照《民法典》第585条第2款的规定

处理。

4. 合同约定的定金不足以弥补一方违约造成的损失，对方请求赔偿超过定金部分的损失的，人民法院可以并处，但定金和损失赔偿的数额总和不应高于因违约造成的损失。

（三）违约损害赔偿

1. 合同当事人一方违约造成对方损失，对方主张赔偿可得利益损失的，应当根据当事人的主张，依据《民法典》第584条、第591条及相关司法解释予以认定。

2. 合同当事人一方违约造成对方损失，对方对损失的发生也有过错，违约方有权主张扣减相应的损失赔偿额（过失相抵）。

3. 合同当事人一方因对方违约而获有利益，违约方有权主张从损失赔偿额中扣除该部分利益（损益相抵）。

（四）因违约解除合同

1. 因标的物主物不符合约定而解除合同的，解除合同的效力及于从物；因标的物从物不符合约定被解除的，解除的效力不及主物。

2. 标的物为数物时，其中一物不符合约定的，买受人仅得就该物解除；但该物与他物分离使标的物的价值显受损害的，则可就数物解除合同。

3. 买卖标的物是分批交付的，买受人只能就不能达到合同目的的该批标的物部分解除合同，但不交付其中一批标的物或者交付不符合约定致使之后其他各批标的物的交付不能实现合同目的，或该批标的物与其他各批标的物相互依存的，则买受人可就该批以及以后的各批标的物解除合同。

六、所有权保留★★

（一）所有权保留的公示

当事人可以在买卖合同中约定，买受人未履行支付价款或者其他义务的，标的物的所有权属于出卖人。

（二）出卖人的取回权

1. 取回权的适用情形：(1)未按约定支付价款的，经催告后在合理期限内仍未支付；(2)未按约定完成特定条件；(3)将标的物出卖、出质或者作出其他不当处分。但根据相关司法解释，买受人已支付总价款75%以上，或第三人善意取得标的物所有权或者其他物权，出卖人主张取回标的物的，人民法院不予支持。

2. 取回权的行使及其法律后果。(1)出卖人可以与买受人协商取回标的物；协商不成的，可以参照适用担保物权的实现程序。(2)买受人在双方约定或出卖人指定的回赎期间内，消除出卖人取回标的物的事由，有权回赎标的物。买受人在回赎期间内没有回赎标的物的，出卖人可以另行出卖标的物。

七、特种买卖合同★

（一）分期付款买卖

1. 买受人将应付的总价款在一定期间内至少分三次向出卖人支付的，可认定为分期付款买卖。

2. 分期付款买卖的买受人未支付到期价款的金额达到全部价款的1/5，出卖人可以要求买受人支付全部价款或者解除合同；合同作出相反约定，损害买受人利益的，约定无效。

3. 出卖人解除合同的，可以向买受人要求支付该标的物的使用费；当事人对标的物的使用费没有约定的，可以参照当地同类标的物的租金标准确定。

（二）凭样品买卖

凭样品买卖，又称货样买卖，是指标的物品质依一定样品而定的买卖。

（三）试用买卖

1. 试用买卖，又称为试验买卖，是指合同成立时出卖人将标的物交付给买受人试用，买受人在试用期间内决定是否购买的买卖。

2. 根据相关司法解释，买卖合同存在下列约定内容之一的，不属于试用买卖：(1)约定标的物经过试用或者检验符合一定要求时，买受人应当购买标的物；(2)约定第三人经试验对标的物认可时，买受人应当购买标的物；(3)约定买受人在一定期间内可以调换标的物；(4)约定买受人在一定期间内可以退还标的物。

（四）招标投标买卖

招标投标买卖，是指由招标人向不特定主体发出招标通知或招标公告，在诸多投标中选择某一投标人并与之订立买卖合同的方式。

（五）拍卖

根据我国拍卖法，拍卖是指以公开竞价的形式，将特定物品或财产权利转让给最高应价者的买卖方式。

八、商品房买卖合同★★

1. 商品房的销售广告和宣传资料为要约邀请，但是出卖人就商品房开发规划范围内的房屋及相关设施所作的说明和允诺具体确定，并对商品房买卖合同的订立以及房屋价格的确定有重大影响的，构成要约。

2. 出卖人通过认购、订购、预订等方式向买受人收受定金作为订立商品房买卖合同担保的，如果因当事人一方原因未能订立商品房买卖合同，应当按照法律关于定金的规定处理；因不可归责于当事人双方的事由，导致商品房买卖合同未能订立的，出卖人应当将定金返还买受人。商品房的认购、订购、预订等协议具备商品房买卖合同的主要内容，并且出卖人已经按照约定收受购房款的，该协议应当认定为商品房买卖合同。

3. 出卖人未取得商品房预售许可证明，与买受人订立的商品房预售合同，应当认定无效，但是在起诉前取得商品房预售许可证明的，可以认定有效。商品房预售合同未按照法律、行政法规规定办理登记备案，不因此确认合同无效。

4. 出卖人与第三人恶意串通，另行订立商品房买卖合同，导致买受人无法取得房屋，买受人有权请求确认该商品房买卖合同无效。

5. 当事人约定以办理登记备案手续为商品房预售合同生效条件的，从其约定，但当事人一方已经履行主要义务、对方接受的除外。

第二节 赠与合同

一、赠与合同的概念和特征

赠与合同，指一方当事人将自己的财产无偿给予他方，他方受领该财产的合同。

赠与合同具有下列特征：

1. 赠与合同是无偿合同。

2. 赠与合同是单务合同。

3. 赠与合同是诺成合同。

二、赠与合同当事人的权利和义务

（一）赠与人的义务

1. 交付赠与物的义务。

2. 瑕疵担保义务。

（二）受赠人的权利义务

受赠人有无偿取得赠与物的权利，但赠与合同约定负担义务的，受赠人须按约定履行义务。

三、赠与合同的终止★★

赠与合同既可基于合同终止的一般原因而终止，也有其特有的终止方式，即赠与的撤销。

赠与的撤销有任意撤销与法定撤销之分。赠与合同成立后，除具有救灾、扶贫、助残等社会公益、道德义务性质的赠与合同，以及经过公证的赠与合同外，赠与人在赠与物交付前得任意撤销合同。

《民法典》第663条规定，受赠人有如下情形的，赠与人可以撤销赠与：（1）严重侵害赠与人或其近亲属的合法权益；（2）受赠人对赠与人负有扶养义务而不履行的；（3）不履行赠与合同约定的义务的。以上三项撤销权自赠与人知道或应当知道有撤销原因时起1年内行使，逾期则归于消灭。

除撤销赠与外，《民法典》第666条规定，赠与人的经济状况显著恶化，严重影响其生产经营或者家庭生活的，可以不再履行赠与义务。依此规定，赠与人在一定条件下享有“穷困抗辩权”。

第三节 借款合同

一、借款合同当事人的权利和义务

（一）贷款人的权利义务

贷款人的主要义务是按照约定的日期、数额提供借款。贷款人未按照约定的日期、数额提供借款，造成借款人损失的，应当赔偿损失。

贷款人的权利主要有：（1）有权请求返还本金和利息；（2）对借款使用情况的监督检查权。

（二）借款人的义务

1. 按照约定用途使用借款。

2. 按期归还借款本金和利息。

二、民间借贷的裁判规则★★★

1. 具有下列情形之一，人民法院应当认定民间借贷合同无效：（1）套取金融机构贷款转贷的；（2）以向其他营利法人借贷、向本单位职工集资，或者以向公众非法吸收存款等方式取得的资金转贷的；（3）未依法取得放贷资格的出借人，以营利为目的向社会不特定对象提供借款的；（4）出借人事先知道或者应当知道借款人借款用于违法犯罪活动仍然提供借款的；（5）违反法律、行政法规强制性规定的；（6）违背公序良俗的。

2. 借款人或者出借人的借贷行为涉嫌犯罪，或者已经生效的裁判认定构成犯罪，当事人提起民事诉讼的，民间借贷合同并不当然无效。

3. 民间借贷的利率与利息。

借贷双方没有约定利息，或者自然人之间借贷对利息约定不明的，出借人无权主张借款人支付借期内利息。

出借人请求借款人按照合同约定利率支付利息的，人民法院应予支持，但是双方约定的利率超过合同成立时一年期贷款市场报价利率4倍的除外。这里所称的“一年期贷款市场报价利率”，是指中国人民银行授权全国银行间同业拆借中心自2019年8月20日起每月发布的一年期贷款市场报价利率。预先在本金中扣除利息的，人民法院应当按照实际出借的金额认定为本金。

第四节　租赁合同

一、租赁合同的履行规则

1. 出租人的义务。

(1)交付出租物。

(2)在租赁期间保持租赁物符合约定的用途。

(3)维修租赁物。

(4)瑕疵担保。

2. 承租人的义务。

(1)支付租金。

(2)按照约定的方法使用租赁物。

(3)妥善保管租赁物。

(4)不得擅自改善和增设他物。

(5)通知义务。

(6)返还租赁物。

二、转租规则★★

根据《民法典》第716～719条的规定:(1)承租人经出租人同意,可以将租赁物转租给第三人。承租人转租的,承租人与出租人之间的租赁合同继续有效;第三人造成租赁物损失的,承租人应当赔偿损失。承租人未经出租人同意转租的,出租人可以解除合同。(2)承租人经出租人同意将租赁物转租给第三人,转租期限超过承租人剩余租赁期限的,超过部分的约定对出租人不具有法律约束力,但是出租人与承租人另有约定的除外。(3)出租人知道或者应当知道承租人转租,但是在6个月内未提出异议的,视为出租人同意转租。(4)承租人拖欠租金的,次承租人可以代承租人支付其欠付的租金和违约金,但是转租合同对出租人不具有法律约束力的除外。次承租人代为支付的租金和违约金,可以充抵次承租人应当向承租人支付的租金;超出其应付的租金数额的,可以向承租人追偿。

三、租赁物所有权变动与承租人优先购买权★★★

1. 租赁物在租赁期间发生所有权变动的,不影响租赁合同的效力。

2.《民法典》第726～728条对承租人的购买权作了如下规定:(1)出租人出卖租赁房屋的,应当在出卖之前的合理期限内通知承租人,承租人享有以同等条件优先购买的权利;但是,房屋按份共有人行使优先购买权或者出租人将房屋出卖给近亲属的除外。出租人履行通知义务后,承租人在15日内未明确表示购买的,视为承租人放弃优先购买权。(2)出租人委托拍卖人拍卖租赁房屋的,应当在拍卖5日前通知承租人。承租人未参加拍卖的,视为放弃优先购买权。(3)出租人未通知承租人或者有其他妨害承租人行使优先购买权情形的,承租人可以请求出租人承担赔偿责任。但是,出租人与第三人订立的房屋买卖合同的效力不受影响。

第五节　融资租赁合同

一、融资租赁合同的概念

融资租赁合同,是指出租人根据承租人对出卖人、租赁物的选择,向出卖人购买租赁物,提供给承租人使用,承租人支付租金的合同。

二、融资租赁合同的履行规则★

1. 出卖人的义务。

(1)向承租人交付租赁物。

(2)对标的物负有瑕疵担保义务。

2. 出租人的义务。

(1)向出卖人支付标的物的价金。

(2)在承租人向出卖人行使索赔权时,负有协助义务。

(3)不变更买卖合同中与承租人有关条款的不作为义务。

3. 承租人的义务。

(1)根据合同约定,向出租人支付租金。

(2)妥善保管和使用租赁物并担负租赁物的维修义务。

(3)约定租赁物归出租人的,于租赁期间届满时返还租赁物。

三、融资租赁物的所有权归属★★

融资租赁期间,出租人享有租赁物的所有权。

出租人与承租人可以约定租赁期间届满后租赁物的归属。对租赁物的归属没有约定或者约定不明确,按照《民法典》第510条的规定仍不能确定的,租赁物的所有权归出租人。

命题点拨　买卖合同中标的物风险的负担原则上以交付为判定标准,但存在若干例外情形;买卖合同中当事人可以约定在完成特定条件前对标的物的所有权进行保留,由此产生出卖人的取回权与买受人的回赎权的问题;赠与合同是诺成合同,但赠与人可通过行使撤销权终止赠与合同;民间借贷合同为实践合同,在合同的效力、利息的计算等方面存在特殊的履行规则;买卖不破租赁及房屋承租人的优先购买权是租赁合同中的特有规则;融资租赁合同租赁物所有权的归属的特别规则。

第十九章　完成工作交付成果合同

第一节　承揽合同

一、承揽合同的概念

承揽合同，是指当事人一方按他方的要求完成一定工作，并将工作成果交付他方，他方接受工作成果并给付酬金的合同。

二、承揽合同的履行规则★

（一）承揽人的义务

1. 按约定完成工作。
2. 提供或接受原材料。
3. 及时通知和保密的义务。
4. 接受监督检查。
5. 交付工作成果。
6. 对工作成果负瑕疵担保责任。

（二）定作人的义务

1. 按照约定提供材料。
2. 支付报酬。
3. 协助义务。
4. 验收并受领工作成果。

三、承揽合同的终止

1. 承揽人解除权。对于定作人不履行协助义务的，承揽人可催告其在合理期限内履行，定作人逾期仍不履行的，承揽人有权解除合同。

2. 定作人解除权。承揽人未经许可将主要的承揽工作交由第三人完成的，定作人可以解除合同。定作人任意解除合同时，对解除合同造成承揽人的损失，应负赔偿责任。

第二节　建设工程合同

一、建设工程合同的履行规则★★

（一）发包人的主要义务

1. 为按期施工做好必要的准备工作，发包人除按规定向对方交付施工图和有关施工的技术资料外，要做好土地征用、房屋拆迁、障碍物拆除和领取建筑许可证等工作。

2. 按双方商定的分工，按时、按质、按量供应建筑材料和设备。

3. 及时进行单项工作和全部工程的验收工作。

（二）承包人的主要义务

1. 按双方商定的分工，做好建筑材料、设备和构件的采购、供应和保管工作。

2. 严格按照施工图纸和操作规程进行施工，保证工程质量。

3. 接受对方对工程进度、工程质量的监督。

4. 按期完成建设工程，提供竣工验收资料及竣工图，及时向对方交付。

5. 依据合同在一定期限内负责保修。

（三）建设工程合同无效时实际施工人的权利

建设工程合同无效但建设工程经竣工验收合格的，实际施工人有权请求参照合同约定支付工程价款。

（四）建设工程价款优先受偿权

《民法典》第807条规定，发包人未按照约定支付价款的，承包人可以催告发包人在合理期限内支付价款。发包人逾期不支付的，除根据建设工程的性质不宜折价、拍卖外，承包人可以与发包人协议将该工程折价，也可以请求人民法院将该工程依法拍卖，建设工程的价款就该工程折价或者拍卖的价款优先受偿。

根据相关司法解释，承包人应当在合理期限内行使建设工程价款优先受偿权，但最长不得超过18个月，自发包人应当给付建设工程价款之日起算。当事人对付款时间没有约定或者约定不明的，下列时间视为应付款时间：(1)建设工程已实际交付的，为交付之日；(2)建设工程没有交付的，为提交竣工结算文件之日；(3)建设工程未交付，工程价款也未结算的，为当事人起诉之日。

二、建设工程合同的解除★

1. 承包人具有下列情形之一，发包人请求解除建设工程施工合同的，应予支持：(1)明确表示或者以行为表明不履行合同主要义务的；(2)合同约定的期限内没有完工，且在发包人催告的合理期限内仍未完工的；(3)已经完成的建设工程质量不合格，并拒绝修复的；(4)将承包的建设工程非法转包、违法分包的。

2. 发包人具有下列情形之一，致使承包人无法施工，且在催告的合理期限内仍未履行相应义务，承包人请求解除建设工程施工合同的，应予支持：(1)未按约定支付工程价款的；(2)提供的主要建筑材料、建筑构配件和设备不符合强制性标准的；(3)不履行合同约定的协助义务的。

命题点拨　承揽合同的履行规则；建设工程合同的履行规则。

第二十章　提供劳务合同

第一节　保 理 合 同

一、保理合同的概念和特征

《民法典》第 761 条规定，保理合同是应收账款债权人将现有的或者将有的应收账款转让给保理人，保理人提供资金融通、应收账款管理或者催收、应收账款债务人付款担保等服务的合同。

保理合同具有下列特征：

1. 保理合同的标的是保理人的劳务或服务。

2. 保理合同为要式合同。

3. 保理合同是双务有偿合同。

4. 保理合同为诺成合同。

二、保理合同的履行规则★★

1. 虚构债权的保理。

《民法典》第 763 条规定，应收账款债权人与债务人虚构应收账款作为转让标的，与保理人订立保理合同的，为保护交易安全，除保理人明知该应收账款为虚构的外，应收账款的债务人不得以该应收账款为虚构对抗保理人。

2. 应收账款转让的通知。

根据《民法典》第 764 条、第 765 条的规定，保理人向应收账款债务人发出应收账款转让通知的，应当在通知中表明保理人身份并附有必要凭证；应收账款债务人接到应收账款转让通知后，应收账款债权人和债务人无正当理由协商变更或者终止基础交易合同，对保理人产生不利影响的，对保理人不发生效力。

3. 有追索权保理。

有追索权保理，是指保理人不负责为债务人核定信用额度和提供坏账担保的义务，仅提供包括融资在内的其他服务。无论应收账款因何种原因不能收回，保理人都有权向供应商索回已付融资款项并拒付尚未收回的差额款项的保理方式。

《民法典》第 766 条规定，当事人约定有追索权保理的，保理人可以向应收账款债权人主张返还保理融资款本息或者回购应收账款债权，也可以向应收账款债务人主张应收账款债权。保理人向应收账款债务人主张应收账款债权，在扣除保理融资款本息和相关费用后有剩余的，剩余部分应当返还给应收账款债权人。

4. 无追索权保理。

无追索权保理，是指保理人凭债权转让向供应商融通资金后，即放弃对供应商追索的权利，保理人独自承担买方拒绝付款或无力付款的风险的保理方式。

《民法典》第 767 条规定，当事人约定无追索权保理的，保理人应当向应收账款债务人主张应收账款债权，保理人取得超过保理融资款本息和相关费用的部分，无须向应收账款债权人返还。

5. 多重保理。

多重保理，指应收账款债权人就同一应收账款订立多个保理合同，致使多个保理人主张权利的保理方式。

关于多重保理情形下各保理人行使权利的顺序，《民法典》第 768 条作出了如下规定：(1)已登记的先于未登记的受偿；(2)均已登记的，按照登记的先后顺序受偿；(3)均未登记的，由最先到达应收账款债务人的转让通知中载明的保理人受偿；(4)既未登记也未通知的，按照应收账款比例清偿。

第二节　运 输 合 同

一、运输合同的概念

运输合同又称为运送合同，是指承运人将旅客或者货物从起运地点运输到约定地点，旅客、托运人或者收货人支付票款或者运输费用的合同。

二、客运合同、货运合同的主要内容及履行规则★

(一)客运合同的主要内容及履行规则

1. 旅客的义务。

(1)持有效客运票乘运的义务。

(2)在规定时间内办理退票或变更手续的义务。

(3)限量携带行李的义务。

(4)不得携带或夹带危险品或其他违禁品的义务。

2. 承运人的义务与责任。

(1)告知义务。

(2)按约定运输旅客的义务。

(3)救助义务。

(4)按标准提供服务的义务。

(5)对旅客的伤亡负赔偿责任。

(6)对行李的损害赔偿责任。

(二)货运合同的主要内容及履行规则

1. 托运人的主要义务。

(1)支付运输费用。

(2)准确提供收货人和告知必要情况。

(3)办理审批或检验手续。

(4)包装义务。

(5)托运危险物品的妥善包装、警示等义务。

2. 承运人的主要义务。

(1)运送义务。

(2)接受托运人指示的义务。

(3)及时通知收货人的义务。

(4)货物毁损灭失的赔偿责任。

3. 收货人的主要义务。

当托运人与收货人不是同一人时，托运人的部分义务便依托运人与收货人的约定而转移于收货人，如领取货物、支付费用等。

收货人的检验通知义务。

三、多式联运合同的特殊规则★★

多式联运合同是指多式联运经营人将分区段的不同方式的运输联合起来作为承运人履行承运义务的运输合同。

1. 承运人的权利和义务由多式联运的经营人享有和承担，多式联运之承运人之间的内部责任划分约定，不得对抗托运人。

2. 支付费用的总括性。

3. 因托运人托运货物时的过错造成多式联运经营人损失的，即使托运人已经转让多式联运单据，托运人仍然应当承担赔偿责任。

4. 货物的毁损、灭失发生于多式联运的某运输区段的，多式联运经营人的赔偿责任和责任限额，首先适用调整该区段运输方式的有关法律规定。

第三节 保管合同

一、保管合同的概念和特征

保管合同，又称寄托合同、寄存合同，是指当事人一方将物品交付他方，他方给予保管并获得保管费用的合同。

保管合同有如下特征：

1. 保管合同为实践合同。

2. 保管合同可以为无偿合同，也可以为有偿合同。

二、保管合同的主要内容及履行规则★

(一)保管人的主要义务

1. 保管义务。

2. 不得使用保管物。

3. 返还保管物。

4. 附随义务。

5. 损害赔偿义务。

(二)寄存人的主要义务

1. 支付报酬义务。

2. 告知义务。

3. 及时领取保管物的义务。

4. 贵重物品声明。

第四节 仓储合同

一、仓储合同的概念和特征

仓储合同是保管人储存存货人交付的仓储物，存货人支付仓储费的合同。

仓储合同有如下特征：

1. 仓储合同的保管人须为有仓储设备并专事仓储保管业务的人。

2. 仓储合同中保管的仓储物须为动产。

3. 仓储合同为诺成合同。

4. 仓储合同为双务、有偿合同。

二、仓储合同的主要内容及履行规则★

(一)保管人的义务

1. 接受和验收存货人的仓储物入库的义务。

2. 填发和交付仓单的义务。

3. 妥善保管仓储物的义务及赔偿责任。

4. 危险通知义务。

5. 返还仓储物。

(二)存货人的义务

1. 按照合同的约定交存仓储物入库的义务。

2. 告知义务和处置危险物品。

3. 支付仓储费和偿付其他必要费用。

4. 及时提取仓储物。

第五节 委托合同

一、委托合同的概念和特征

委托合同又称委任合同，是指委托人与受托人约定，由受托人处理委托人事务的合同。

委托合同具有以下特征：

1. 委托合同的标的是处理委托事务的行为。

2. 委托合同建立在双方的相互信任关系的基础上。

3. 委托合同既可以是有偿合同，也可以是无偿合同。

二、委托合同的主要内容及履行规则

(一)受托人的主要义务

1. 依委托人指示处理委托事务。

2. 亲自处理委托事务。

3. 报告义务。

4. 交付财产义务。

5. 谨慎处理义务。

6. 披露义务。

(二)委托人的主要义务

1. 支付费用的义务。

2. 支付报酬的义务。

3. 赔偿义务。

三、委托合同的终止★★

委托合同的终止主要有以下情形：

1. 委托事务完成或双方协商解除委托合同。

2. 委托人或者受托人单方解除委托合同。

3. 委托人死亡、被宣告破产或解散或者受托人死亡、丧失民事行为能力终止的，委托合同终止，但当事人另有约定或者根据委托事务的性质不宜终止的除外。

4. 因委托人死亡或者被宣告破产、解散，致使委托合同终止将损害委托人利益的，在委托人的继承人、法定代理人或者清算组织承受委托事务之前，受托人应当继续处理委托事务。

5. 因受托人死亡、丧失民事行为能力或者被宣告破产、解散，致使委托合同终止的，受托人的继承人、遗产管理人、法定代理人或者清算人应当及时通知委托人。

第六节　物业服务合同

一、物业服务合同的概念和特征

《民法典》第937条规定，物业服务合同是物业服务人在物业服务区域内，为业主提供建筑物及其附属设施的维修养护、环境卫生和相关秩序的管理维护等物业服务，业主支付物业费的合同。物业服务合同具有如下特征：

1. 物业服务合同是以劳务为标的的合同。

2. 物业服务合同是双务、有偿合同。

3. 物业服务合同是要式合同。

二、物业服务合同的主要内容及履行规则★

(一)物业服务人的义务

1. 亲自提供物业服务的义务。

2. 按约定妥善提供物业服务的义务。

3. 报告义务。

4. 合同终止时的退出义务。

5. 继续处理物业服务事项的义务。

(二)业主的义务

1. 接受物业服务人的义务。

2. 按约定支付物业费的义务。

3. 告知义务。

(三)物业服务合同的解除与续订

1. 物业服务合同的解除。业主依照法定程序共同决定解聘物业服务人的，可以解除物业服务合同。决定解聘的，应当提前60日书面通知物业服务人，但是合同对通知期限另有约定的除外。

2. 物业服务合同的续订。物业服务期限届满前，业主依法共同决定续聘的，应当与原物业服务人在合同期限届满前续订物业服务合同。物业服务期限届满前，物业服务人不同意续聘的，应当在合同期限届满前90日书面通知业主或者业主委员会，但是合同对通知期限另有约定的除外。

第七节　行纪合同

一、行纪合同的概念和特征

行纪合同是行纪人以自己的名义为委托人从事贸易活动，委托人支付报酬的合同。

行纪合同具有以下特征：

1. 行纪合同的标的是行纪人为委托人进行贸易活动，通常表现为，为委托人买入或卖出特定物品或财产权利。

2. 行纪人以自己的名义为委托人从事贸易活动。行纪人为了委托人的利益，以自己的名义与第三人为交易活动，由此产生的权利义务由行纪人自己享有和承担。

3. 行纪合同属于双务、有偿合同。

二、行纪合同的主要内容及履行规则★

(一)行纪人的主要权利义务

1. 行纪人的主要义务。

(1)为委托人从事贸易活动的义务。

(2)依委托人指示处理事务的义务。

(3)妥善保管的义务。

(4)委托物处置的义务。

(5)负担行纪费用的义务。

2. 行纪人的主要权利。

(1)报酬请求权。

(2)介入权。

(3)提存权。

(4)处分权。

(二)委托人的主要权利义务

1. 委托人的主要义务。

(1)及时受领委托物的义务。

(2)支付报酬的义务。

2. 委托人的主要权利。

(1)验收权。

(2)损害赔偿请求权。

第八节　中介合同

一、中介合同的概念和特征

中介合同，是指中介人向委托人报告订立合同的机会或者提供订立合同的媒介服务，委托人支付报酬的合同。

中介合同具有以下特征：

1. 中介合同是由中介人向委托人提供居间服务的合同。

2. 中介人对委托人与第三人之间的合同没有介入权。

3. 中介合同是双务、有偿、诺成合同。

二、中介合同的主要内容和履行规则★

（一）中介人的主要义务

1. 报告订约机会或者提供订立合同媒介的义务。

2. 忠实义务。

3. 负担中介费用的义务。

（二）委托人的主要义务

1. 支付中介报酬。

2. 偿付有关费用。

命题点拨 各类合同的履行规则。保理合同、物业服务合同为新增内容，考生须注意。

第二十一章 技术合同

第一节 技术合同概述

一、技术合同的概念和特征

技术合同是当事人就技术开发、转让、咨询或者服务订立的确立相互之间权利和义务的合同。

技术合同主要具有以下特点：

1. 技术合同的标的与技术有密切联系，不同类型的技术合同有不同的技术内容。

2. 技术合同履行环节多，履行期限长，价款、报酬或使用费的计算较为复杂，一些技术合同的风险性很强。

3. 技术合同的法律调整具有多样性。

4. 当事人一方具有特定性，通常应当是具有一定专业知识或技能的技术人员。

5. 技术合同是双务、有偿合同。

二、技术合同成果的权利归属★★

1. 委托开发所完成的发明创造，除当事人另有约定的以外，申请专利的权利属于研究开发人。

2. 合作开发所完成的发明创造，申请专利的权利属于合作开发的各方共有。

3. 委托开发或合作开发完成的技术秘密成果的使用权、转让权和利益的分配办法，由当事人约定。没有约定或约定不明确，依《民法典》第510条的规定仍不能确定的，当事人均有使用和转让的权利。

4. 职务技术成果的使用权、转让权属于法人或者非法人组织。

第二节 技术开发合同

一、技术开发合同的概念和特征

技术开发合同，是指当事人之间就新技术、新产品、新工艺、新品种或者新材料及其系统的研究开发所订立的合同。

技术开发合同具有如下特征：

1. 技术开发合同的客体是技术开发行为，其目标成果是新技术、新产品、新工艺、新品种或者新材料及其系统。

2. 技术开发合同是双务、有偿合同。

3. 技术开发合同的履行具有协作性。

二、委托开发合同当事人的权利和义务★

（一）委托人的主要义务

1. 按照约定支付研究开发费用和报酬。

2. 按照合同约定提供技术资料，提出研究开发要求并完成协作事项。

3. 按期接受研究开发成果。

（二）研发人的主要义务

1. 制订和实施研究开发计划。

2. 合理地使用研究开发经费。

3. 按期完成研究开发工作，交付研究开发成果。

4. 为委托方提供技术资料和必要的技术指导，帮助委托方掌握研究开发成果。

三、合作开发合同当事人的权利和义务★

1. 合作各方当事人应按照约定进行投资，包括以技术进行投资。

2. 合作各方当事人应按照约定分工参与研究开发工作。

3. 合作各方当事人应协作配合研究开发工作。

4. 保守技术情报和资料的秘密。

第三节 技术转让合同和技术许可合同

1. 技术转让合同，是合法拥有技术的权利人，将现有特定的专利、专利申请、技术秘密的相关权利让与他人所订立的合同。

2. 技术许可合同，是合法拥有技术的权利人，将现有特定的专利、技术秘密的相关权利许可他人实施、使用所订立的合同。

技术转让合同、技术许可合同具有以下特征：

（1）技术转让合同、技术许可合同标的物具有特殊性。

(2)技术转让合同、技术许可合同是双务、有偿、诺成、不要式合同。

第四节　技术咨询合同和技术服务合同

1. 技术咨询合同,是指当事人一方以技术知识为对方就特定技术项目提供可行性论证、技术预测、专题技术调查、分析评价报告等所订立的合同。

技术咨询合同具有以下特征:第一,主体的特殊性。合同主体的一方,即受托人,是具有特定技术知识和经验,能够对咨询问题给出答案、提出建议、拿出方案的专门机构或专业人员。第二,客体的特殊性。技术咨询合同的客体是特定技术项目或技术问题的咨询服务,旨在提出某种技术建议、预测、分析或评价。

2. 技术服务合同,是指当事人一方以技术知识为对方解决特定技术问题所订立的合同,不包括承揽合同和建设工程合同。

技术服务合同具有以下特征:第一,合同客体是完成约定的专业技术服务或技术指导工作,解决特定的技术问题。第二,工作成果有具体的质量和数量指标要求。第三,有关专业技术知识的传递不涉及专利和技术秘密成果的权属问题。

命题点拨　各类技术合同的概念和特征。

第二十二章　保证合同、合伙合同

第一节　保证合同

一、保证合同的概念和特征

保证合同是为保障债权的实现,保证人和债权人约定,当债务人不履行到期债务或者发生当事人约定的情形时,保证人履行债务或者承担责任的合同。

保证合同具有如下特征:

1. 保证合同是从合同。

2. 保证合同是单务合同、不要式合同。

保证合同适用于保证的不同方式与形态,包括:(1)一般保证与连带责任保证;(2)单独保证与共同保证;(3)定期保证与不定期保证;(4)有限保证与无限保证;(5)普通保证与最高额保证。

二、保证合同的成立和效力★★★

1. 保证人的条件。根据《民法典》第683条的规定,下列主体不得作为保证人:

(1)机关法人不得为保证人,但是经国务院批准为使用外国政府或者国际经济组织贷款进行转贷的除外。

(2)以公益为目的的非营利法人、非法人组织不得为保证人。

2. 保证合同的内容。

(1)被保证的主债权种类与数额。

(2)债务人履行债务的期限。

(3)保证的方式。保证方式包括一般保证方式和连带责任保证方式。不同的保证方式对当事人的利益有较大影响,应予明确;未约定或者约定不明确的,按一般保证承担保证责任。

(4)保证担保的范围。保证担保的范围依当事人在保证合同中的约定,无约定时按《民法典》第691条的规定处理,包括主债权及其利息、违约金、损害赔偿金和实现债权的费用。

(5)保证期间。《民法典》第692条规定,保证期间是确定保证人承担保证责任的期间,不发生中止、中断和延长。债权人与保证人可以约定保证期间,但是约定的保证期间早于主债务履行期限或者与主债务履行期限同时届满的,视为没有约定;没有约定或者约定不明确的,保证期间为主债务履行期限届满之日起6个月。债权人与债务人对主债务履行期限没有约定或者约定不明确的,保证期间自债权人请求债务人履行债务的宽限期届满之日起计算。

(6)双方认为需要约定的其他事项。双方认为需要约定的其他事项,主要有赔偿损失的范围及计算方法、是否设立反担保等。

3. 保证合同的形式。

保证合同可采取以下书面形式:(1)单独订立的书面合同;(2)主债权债务合同中的保证条款;(3)第三人单方以书面形式向债权人作出保证,债权人接收且未提出异议的。

三、保证责任★★★

(一)保证责任的诉讼时效

一般保证的债权人请求一般保证人承担保证责任的,应当在保证期间内对债务人提起诉讼或者申请仲裁,否则一般保证人不再承担保证责任。

连带责任保证的债权人请求连带保证人承担保证责任的,应当在保证期间对保证人主张承担保证责任,否则连带保证人不再承担保证责任。连带责任保证的债权人在保证期间届满前请求保证人承担保证责任的，从债权人请求保证人承担保证责任之日起，开始计算保证债务的诉讼时效。此时，债权人应当在保证债务的诉讼时效期间内向保证人主张保证责任；否则，保证人取得诉讼时效抗辩权，得拒绝承担保证责任。

（二）保证责任的免除

1. 特殊情形下的债权让与。债权人将全部或者部分债权转让给第三人，通知保证人后，保证人对受让人承担相应的保证责任。未经通知，该转让对保证人不发生效力。

2. 未经保证人同意的债务承担。债权人未经保证人书面同意，允许债务人转移全部或者部分债务，保证人对未经其同意转移的债务不再承担保证责任，但是债权人和保证人另有约定的除外。

3. 债权人放弃或怠于主张权利。一般保证的保证人在主债务履行期限届满后，向债权人提供债务人可供执行财产的真实情况，债权人放弃或者怠于行使权利致使该财产不能被执行的，保证人在其提供可供执行财产的价值范围内不再承担保证责任。

第二节　合伙合同

一、合伙合同的概念和特征

合伙合同是二个以上合伙人为了共同的事业目的，订立的共享利益、共担风险的协议。

合伙合同具有以下特征：

1. 合伙合同是当事人之间的协同行为。
2. 合伙合同是非典型双务合同。
3. 合伙合同是诺成合同、不要式合同。

二、合伙财产

根据《民法典》第969条的规定，合伙财产由三个部分组成：

1. 合伙人的出资。
2. 因合伙事务依法取得的收益。如经营收益。
3. 其他财产。例如，合伙接受赠与所取得的财产。

合伙合同终止前，合伙人不得请求分割合伙财产。

三、合伙事务★★

1. 合伙事务原则上由全体合伙人共同执行。合伙人就合伙事务作出决定的，除合伙合同另有约定外，应当经全体合伙人一致同意。

2. 按照合伙合同的约定或者全体合伙人的决定，可以委托一个或者数个合伙人执行合伙事务；其他合伙人不再执行合伙事务，但是有权监督执行情况。合伙人分别执行合伙事务的，执行事务合伙人可以对其他合伙人执行的事务提出异议；提出异议后，其他合伙人应当暂停该项事务的执行。

3. 合伙人不得因执行合伙事务而请求支付报酬，但是合伙合同另有约定的除外。

四、合伙利润分配与债务承担★★

（一）合伙的利润分配与债务承担

合伙的利润分配和亏损分担，按照下列顺序进行：(1)按照合伙合同的约定办理；(2)合伙合同没有约定或者约定不明确的，由合伙人协商决定；(3)协商不成的，由合伙人按照实缴出资比例分配、分担；(4)无法确定出资比例的，由合伙人平均分配、分担。

合伙人对合伙债务承担连带责任。清偿合伙债务超过自己应当承担份额的合伙人，有权向其他合伙人追偿。

（二）合伙人的个人债务

合伙人向合伙人以外的人转让其全部或者部分财产份额的，须经其他合伙人一致同意，合伙合同另有约定的除外。

合伙人的债权人不得代位行使合伙人依照《民法典》合同编第二十七章和合伙合同享有的权利，但是合伙人的债权人可以代位行使合伙人享有的利益分配请求权。

五、合伙合同的终止★★

有下列情形之一的，合伙合同终止：

1. 合伙人死亡或终止的；
2. 合伙人丧失民事行为能力的。
3. 合伙合同被解除。

发生上述情形，但是合伙合同另有约定或者根据合伙事务的性质不宜终止的，合伙合同不发生终止。

合伙合同终止后，合伙财产在支付因终止而产生的费用以及清偿合伙债务后有剩余的，依据《民法典》第972条的规定进行分配。

命题点拨　保证责任；合伙利润分配与债务承担。

第二十三章　准　合　同

第一节　不当得利

一、不当得利的概念

不当得利是指得利人没有法律根据而受利益，

致使他人受损失的事实。

二、不当得利的成立要件★★★

不当得利的成立要件有四点：一方取得财产利益；一方受有损失；取得利益与所受损失间有因果关系；没有法律上的根据。

三、不当得利的基本类型

依据不当得利是否基于给付行为而发生，可区分为给付不当得利与非给付不当得利。

四、不当得利之债的内容★★★

（一）善意受益人的返还义务

1. 善意受益人，是指于受益时不知道且不应当知道其受益无法律根据的受益人。

2. 善意受益人的返还义务的范围以现存利益为限，现存利益的确定时期为受益人受利益返还请求之时，所获利益于此时已不存在的，善意受益人免负返还义务。

以下几种情形都属于现存利益：(1)原物以及利用原物（物或权利）衍生的其他利益，如法定孳息。但受益者受领的孳息或使用利益，在某些情形下，无全部返还义务，如经受益者特殊经营能力而获取巨大收益时，只需返还通常人一般可收取的平均利益。(2)受益人取得的利益经消费而不存在，但受益人因消费不当取得的他人利益而使自己节省的消费支出。(3)受益人取得利益原形不存在，但受益人因之取得的对第三人损害赔偿请求权、保险金请求权、对价请求权等代偿利益。

3. 善意受让人为取得利益或维持利益所支出的费用，可以在返还现存利益时，要求权利人偿还有关费用或从现存利益中予以扣除。

（二）恶意受益人的返还义务

1. 恶意受益人，是指明知无法律根据而取得利益的受益人。

2. 恶意受益人负担较善意受益人更为严厉的返还义务，应当返还其所获得的一切利益及本于该利益所生的利益。

（三）第三人的返还义务

不当得利受领人将其所受领的标的物无偿让与第三人时，受损失者可以请求第三人在相应范围内承担返还义务。

第二节　无因管理

一、无因管理的概念

无因管理，是指管理人没有法律规定或者约定的义务，为避免他人利益受损失而管理他人事务的行为。

二、无因管理的成立要件★★★

依据《民法典》第121条的规定，无因管理的成立要件有以下三项：管理他人事务；有为他人利益的意思；无法律上的原因。

三、无因管理之债的内容★★★

（一）管理人的义务

1. 适当管理义务。

2. 通知义务。管理人在管理开始时，应将开始管理的事实通知他人。

3. 继续管理义务。管理人于本人、本人的继承人或法定代理人得以进行管理前，应继续管理，这就是继续管理义务。

4. 报告及移交义务。

（二）管理人的权利

1. 请求偿还必要费用。

2. 请求清偿必要债务。

3. 损失补偿请求权。

（三）赔偿责任

管理人未履行或不适当履行义务，对本人造成损害的，应向本人承担债务不履行的责任。该责任的承担以管理人主观上存在过错（故意或过失）为要件，但因自愿实施紧急救助行为造成受助人损害的，救助人不承担民事责任（《民法典》第184条）。

管理人在管理过程中因故意或过失侵害本人其他合法权益的，应对本人负损害赔偿责任，这种损害赔偿责任在性质上是侵权责任。

命题点拨　不当得利和无因管理的构成要件。

第四编　人　格　权

第二十四章　人格权概述

第一节　人格权的概念和分类

一、人格权的概念

人格权，是指民事主体依法对其人格要素享有其利益并排除他人非法侵害的、以维护和实现人格尊严和人格自由为目的的权利。

二、人格权的特征

1. 固有性。

2. 专属性。

3. 对世性。

4. 兼有防御性和积极利用的权能。

5. 体系开放性。

三、人格权与身份权

（一）身份权概述

所谓身份权，是指自然人所享有的与其身份有关的一些人身权利。

（二）人格权与身份权的关系

1. 相同点：(1)二者均属于人身权，具有人身专属性；(2)二者均属于对世权；(3)二者的救济方式具有相似性。

2. 区别：

(1)权利主体范围不同。人格权的主体范围十分广泛，自然人、法人以及非法人组织均为人格权的主体。而身份权以权利人具有一定的身份关系为前提，因此，其主体仅限于自然人，法人和非法人组织并不享有身份权。

(2)权利客体不同。人格权的客体为人格利益，而身份权的客体为身份利益。

(3)权利取得的条件不同。人格权具有固有性，自然人出生后即可取得生命权、身体权、健康权等人格权，而不需要权利人实施相关的行为。而对身份权而言，许多身份权的取得需要行为人实施一定的行为，取得相关的身份关系，而不是自权利人出生时即可取得。

(4)权利存续的条件不同。人格权与权利人的主体资格不可分离。而身份权的存在以权利人具有一定的身份关系为前提。

（三）人格权保护规则准用于身份权

关于身份权的法律调整，除法律有特别规定外，可以准用人格权编的规则。

四、人格权的分类

依据不同的标准，可以对人格权进行如下不同的分类：

1. 一般人格权与具体人格权。

所谓一般人格权，是指以个人人身自由、人格尊严为内容的、抽象的、概括性的权利。

所谓具体人格权，是指以生命、身体、健康、姓名、名称等特定人格利益为内容的人格权。

2. 自然人人格权、法人人格权与非法人组织人格权。

3. 物质性人格权与精神性人格权。

所谓物质性人格权，是指自然人对其生命、身体、健康等物质性人格利益所享有的人格权。所谓精神性人格权，是指民事主体对其姓名、名称、肖像等精神性人格利益所享有的人格权。

第二节 人格权保护的一般规则

一、人格要素的使用★★

（一）人格要素的许可使用

1.《民法典》第993条规定："民事主体可以将自己的姓名、名称、肖像等许可他人使用，但是依照法律规定或者根据其性质不得许可的除外。"

2. 不可许可使用的人格要素：(1)生命；(2)健康；(3)身体。

（二）人格要素的合理使用

为公共利益实施新闻报道、舆论监督等行为的，可以合理使用民事主体的姓名、名称、肖像、个人信息等；使用不合理侵害民事主体人格权的，应当依法承担民事责任。

二、人格权的延伸保护★★

1. 胎儿的人格利益保护。对此，《民法典》第16条规定："涉及遗产继承、接受赠与等胎儿利益保护的，胎儿视为具有民事权利能力。但是，胎儿娩出时为死体的，其民事权利能力自始不存在。"

2. 死者的人格利益保护。关于死者人格利益保护，《民法典》第994条规定："死者的姓名、肖像、名誉、荣誉、隐私、遗体等受到侵害的，其配偶、子女、父母有权依法请求行为人承担民事责任；死者没有配偶、子女且父母已经死亡的，其他近亲属有权依法请求行为人承担民事责任。"

三、人格权请求权与诉讼时效

权利人主张人格权请求权时，不受诉讼时效的限制。也就是说，只要侵害人格权益的行为仍然处于持续状态，权利人随时有权主张人格权请求权，以排除妨碍、消除危险，这也有利于对侵害人格权损害后果的预防。

四、违约责任与人格权保护

在违约责任中适用精神损害赔偿责任应当符合如下条件：

1. 仅适用于违约责任与侵权责任竞合的情形。

2. 仅适用于人格权遭受侵害的情形。

3. 受害人必须遭受严重的精神损害。

五、人格权的禁令保护★

我国《民法典》第997条规定："民事主体有证据证明行为人正在实施或者即将实施侵害其人格权的违法行为，不及时制止将使其合法权益受到难以弥补的损害的，有权依法向人民法院申请采取责令行为人停止有关行为的措施。"

命题点拨 人格权的延伸保护。

第二十五章 具体人格权

第一节 生命权、身体权、健康权

一、生命权、身体权、健康权的概念

1. 所谓生命权，是指以维护个人生命安全与生命尊严为内容的一项人格权。

2. 所谓身体权，是指个人所享有的维护自身身体完整以及维持个人行动自由的权利。

3. 健康权，是指维护个人身体机能的正常运转以及心理的良好状态的权利。

二、生命权、身体权、健康权的保护★★

（一）负有法定救助义务的主体的及时施救义务

及时施救义务的认定应当具备如下条件：

1. 保护对象是生命权、身体权、健康权。

2. 必须是生命权、身体权、健康权正在遭受侵害或者处于危难情形。

3. 施救的主体限于负有法定救助义务的组织或者个人。

（二）不得强迫、欺骗、利诱权利人捐献其人体细胞、人体组织、人体器官、遗体

（三）从事人体医学临床试验应当符合法定的条件和程序

所谓人体医学临床试验，是指为改善或开发医疗技术，增进医学知识而在人身上进行的药品、医疗技术或医疗器械的试验。实施人体医学临床试验应当具备如下条件：

1. 必须是基于研制新药、医疗器械或者发展新的预防和治疗方法的需要。

2. 必须经相关主管部门批准并经伦理委员会审查同意。

3. 必须向受试者或者受试者的监护人尽到告知义务，并取得其书面同意。

（四）从事与人体基因、人体胚胎等有关的医学和科研活动受到严格规制

（五）禁止实施性骚扰行为

我国《民法典》第1010条规定："违背他人意愿，以言语、文字、图像、肢体行为等方式对他人实施性骚扰的，受害人有权依法请求行为人承担民事责任。机关、企业、学校等单位应当采取合理的预防、受理投诉、调查处置等措施，防止和制止利用职权、从属关系等实施性骚扰。"

第二节 姓名权、名称权

一、姓名权、名称权的概念

1. 姓名权是自然人在不违背公序良俗的前提下，依法决定、使用、变更或者许可他人使用自己的姓名，并要求他人尊重自己姓名的权利。

2. 所谓名称权，是指法人、非法人组织对其用以确定和代表自身并区别于他人的符号和标记所享有的权利。

二、姓名权、名称权的保护★★

（一）禁止他人以干涉、盗用、假冒等方式侵害他人的姓名权或者名称权

《民法典》第1014条规定："任何组织或者个人不得以干涉、盗用、假冒等方式侵害他人的姓名权或者名称权。"

（二）笔名、艺名、网名、译名、字号、姓名和名称

《民法典》第1017条规定："具有一定社会知名度，被他人使用足以造成公众混淆的笔名、艺名、网名、译名、字号、姓名和名称的简称等，参照适用姓名权和名称权保护的有关规定。"

第三节 肖 像 权

一、肖像权的概念

所谓肖像权，是指自然人以其肖像所体现的精神利益以及财产利益为内容的权利。

二、肖像权的保护★★

（一）不得以丑化、污损，或者利用信息技术手段伪造等方式侵害肖像权

1. 不得以丑化、污损，或者利用信息技术手段伪造等方式侵害肖像权。

2. 制作、使用、公开他人肖像应当经权利人同意。

3. 肖像作品权利人以发表、复制、发行、出租、展览等方式使用或者公开个人肖像的，应当经权利人同意。

（二）肖像的合理使用

《民法典》第1020条规定："合理实施下列行为的，可以不经肖像权人同意：（一）为个人学习、艺术欣赏、课堂教学或者科学研究，在必要范围内使用肖像权人已经公开的肖像；（二）为实施新闻报道，不可避免地制作、使用、公开肖像权人的肖像；（三）为依法履行职责，国家机关在必要范围内制作、使用、公开肖像权人的肖像；（四）为展示特定公共环境，不可避免地制作、使用、公开肖像权人的肖像；（五）为维护公共利益或者肖像权人合法权益，制作、使用、公开肖像权人的肖像的其他行为。"

第四节 名誉权和荣誉权

一、名誉权、荣誉权的概念

1. 所谓名誉权，是指民事主体对其名誉所享有的不受他人侵害的权利。

2. 所谓荣誉权，是指民事主体对自己已经获得或者可能获得的荣誉称号等依法享有的不受他人非法侵害的权利。

二、名誉权、荣誉权的保护★★

（一）侵害名誉权、荣誉权的主要行为方式

1. 侵害名誉权的方式。

（1）侮辱。

（2）诽谤。

（3）其他方式。

2. 侵害荣誉权的方式。

（1）非法剥夺他人的荣誉称号。

（2）诋毁、贬损他人的荣誉。

（二）侵害名誉权的抗辩事由

从《民法典》人格权编的规定来看，在行为人实施新闻报道、舆论监督等行为的情形下，即便造成他人社会评价降低，也不构成对他人名誉权的侵害，这实际上是将实施新闻报道、舆论监督等行为作为侵害名誉权的抗辩事由。

当然，从《民法典》第 1025 条的规定来看，即便是为了实施新闻报道、舆论监督等行为，但如果行为具有捏造、歪曲事实等情形，仍然构成对他人名誉权的侵害，此类情形主要包括如下几种：（1）捏造、歪曲事实；（2）对他人提供的严重失实内容未尽到合理核实义务；（3）使用侮辱性言辞等贬损他人名誉。

（三）名誉权、荣誉权遭受侵害后的救济方式

1. 请求更正、删除不实内容。

2. 查询信用评价并请求更正、删除错误信用评价。

3. 请求记载荣誉称号以及更正错误荣誉称号记载。

第五节 隐私权和个人信息保护

一、隐私权、个人信息的概念

1. 所谓隐私权，是指个人免予外界公开和干扰的私人私密和私生活安宁的状态。

2. 所谓个人信息，是指以电子或者其他方式记录的与已识别或者可识别的自然人有关的各种信息，但不包括匿名化处理后的信息。

二、个人在个人信息处理活动中的权利

1. 知情权。知情权是指个人在其个人信息处理活动中享有知悉相关情况的权利。

2. 决定权。决定权是指除法律另有规定外，个人有权决定其个人信息是否被处理、被何人处理以及以何种方式处理。

3. 查阅权。查阅权是指除法律另有规定的情形外，个人享有向个人信息处理者查阅其个人信息处理相关情况的权利。

4. 复制权。复制权是指除法律另有规定的情形外，个人享有从个人信息处理者处复制其个人信息的权利。

5. 可携带权。可携带权是指个人有权将个人信息处理者所处理的其个人信息转移至其他个人信息处理者，而处理其个人信息的个人信息处理者应当依法提供转移的途径。

6. 提出异议权。提出异议权是指在个人信息发生错误时，个人享有对个人信息处理者提出异议的权利。

7. 更正权。依据《个人信息保护法》第 46 条规定，更正权是指在个人发现其个人信息不准确时，其享有请求个人信息处理者予以更正的权利。

8. 补充权。补充权是指在个人信息不完整时，个人所享有的请求个人信息处理者予以补充的权利。

9. 删除权。删除权是指在符合法律规定的条件时，个人所享有的请求个人信息处理者删除其所处理的个人信息的权利。

10. 解释说明权。依据《个人信息保护法》第 48 条的规定，解释说明权是指个人所享有的请求个人信息处理者对其个人信息处理规则进行解释说明的权利。

三、隐私权、个人信息的保护★★

1. 行为人不得以刺探、侵扰、泄露、公开等方式侵害他人的隐私权。

2. 个人信息的处理应当遵循合法、正当、必要原则，并符合法律规定的条件。

3. 个人享有查询并维持其个人信息准确的权利。

4. 个人信息处理者负有保护个人信息的义务。

5. 国家机关、承担行政职能的法定机构及其工作人员的保密义务。

命题点拨 对具体人格权的保护。

第五编　婚姻家庭

第二十六章　婚姻家庭概述

第一节　婚姻、亲属的概念

1. 按照《民法典》第 1045 条的规定，配偶、父母、子女、兄弟姐妹、祖父母、外祖父母、孙子女、外孙子女为近亲属。

近亲属的民法意义包括：(1) 近亲属可以担任未成年人、无民事行为能力或者限制民事行为能力的成年人的监护人；(2) 近亲属可以担任成年人的意定监护人；(3) 受赠人严重侵害赠与人近亲属的合法权益的，赠与人可以撤销赠与；(4) 出租人将房屋出卖给近亲属的，无须通知承租人由承租人行使优先购买权；(5) 在发生生命权侵害的情形，死者的近亲属有权请求侵权人承担侵权责任；(6) 死者人格利益遭受侵害时，死者的近亲属有权请求行为人承担民事责任；(7) 医务人员需要对患者实施手术、特殊检查、特殊治疗，但不能或者不宜向患者说明的，应当向患者的近亲属说明，并取得其明确同意。

2. 配偶、父母、子女和其他共同生活的近亲属为家庭成员。

家庭成员的民法意义包括：(1) 家庭承包的承包方是本集体经济组织的农户，农户内家庭成员依法平等享有承包土地的各项权益；(2) 禁止家庭成员间的虐待和遗弃，虐待、遗弃家庭成员属于感情确已破裂的法定情形和能够成立离婚损害赔偿的重大过错。

第二节　婚姻家庭法的基本原则

一、婚姻自由原则 ★

1. 婚姻自由的内容，包括结婚自由和离婚自由。

2. 婚姻自由的贯彻：(1) 禁止包办、买卖婚姻和其他干涉婚姻自由的行为。(2) 禁止借婚姻索取财物。当事人请求返还按照习俗给付的彩礼的，如果属于以下情形之一的，人民法院应当予以支持：①双方未办理结婚登记手续的；②双方办理结婚登记手续但确未共同生活的；③婚前给付并导致给付人生活困难的。在上述第 2 项和第 3 项的情形下，彩礼的返还应当以夫妻双方离婚为条件。

二、一夫一妻原则

1. 禁止重婚。

2. 禁止有配偶者与他人同居。

三、男女平等原则

1. 在婚姻关系方面，男女双方在结婚、离婚方面享有平等的权利。

2. 在家庭关系方面，在夫妻关系上，男女结婚后，彼此人格独立，地位平等。

四、保护妇女、未成年人、老年人、残疾人合法权益原则 ★★

1. 保护妇女合法权益。

(1) 在离婚程序方面，男方提出离婚的权利受到一定限制。

(2) 在夫妻共同财产分割方面，如果夫妻双方在离婚时无法就共同财产的分割达成协议，人民法院应当照顾女方利益分割夫妻共同财产，即由人民法院根据财产的具体情况，按照照顾子女、女方和无过错方权益的原则判决。

(3) 保护妇女合法权益原则还体现在离婚时的经济补偿和经济帮助上。根据《民法典》第 1088 条的规定，夫妻一方因抚育子女、照料老年人、协助另一方工作等负担较多义务的，离婚时有权向另一方请求补偿，另一方应当给予补偿。这对在婚姻家庭生活中承担家务较多的女方具有重要意义。

(4) 此外，根据《民法典》第 1090 条的规定，离婚时，如果一方生活困难，有负担能力的另一方应当给予适当帮助。在司法实践中，接受经济帮助的以女方居多。

2. 保护未成年人合法权益。

(1) 未成年人有接受抚养的权利。

(2) 婚生子女、非婚生子女、养子女、受继父或继母抚养教育的继子女法律地位一概平等。

(3) 父母离婚时，未成年子女的抚养由父母协商，协商不成时由人民法院根据双方的具体情况，按照最有利于未成年子女的原则判决。

3. 保护老年人合法权益。

(1) 老年人享有接受赡养的权利。

(2) 尊重老年人的婚姻自由。

4. 保护妇女、未成年人、老年人、残疾人合法权益的共同举措。

(1) 禁止家庭暴力。

(2) 禁止家庭成员间的虐待和遗弃。

五、夫妻互相忠实、尊重原则 ★

1. 夫妻之间应当忠于感情，彼此诚实、坦诚相待、互敬互爱，夫妻一方不得恶意遗弃另一方，在行事时应当照顾另一方的利益，不得为第三人利益牺牲和损害另一方的利益。

2. 夫妻双方在婚姻关系成立后仍然具有独立的人格，双方在家庭中地位平等，享有同等的权利，负担同等的义务。

六、家庭成员敬老爱幼、互帮互助原则★★

1. 敬老爱幼不仅体现为法律上的扶养义务，还要求家庭成员对老年人、未成年人进行日常生活的照顾和帮助，根据未成年人和老年人的特殊情况尽力满足其生理、心理需要，为其提供关爱、慰藉、体贴、关怀等精神上的帮助。

2. 家庭成员共同居住，共同生活，在思想、生活、经济方面要互相关心和帮助，互相尊重家庭成员的平等人格，不倚强凌弱或差别对待，确保家庭成员间和睦相处，避免无谓的纠纷，不断提高物质和精神文明程度，以实现和维护平等、和睦、文明的婚姻家庭关系。

七、最有利于被收养人原则★★★

1. 对收养人的要求。收养人应当具有抚养、教育和保护被收养人的能力，未患有在医学上认为不应当收养子女的疾病，无不利于被收养人健康成长的违法犯罪记录；无配偶者收养异性子女的，收养人与被收养人的年龄应当相差40周岁以上。

2. 尊重被收养人的意愿。收养8周岁以上未成年人的，收养应当征得被收养人的同意。收养人、送养人双方协议解除收养关系的，应当征得8周岁以上养子女的同意。

3. 保护被收养人的合法权益。在收养关系成立前，县级以上人民政府民政部门应当依法进行收养评估，以保护被收养人的合法权益。不仅如此，自收养关系成立之日起，养父母与养子女之间成立拟制血亲关系，适用法律关于父母子女关系的规定，养子女的法律地位与婚生子女相同；收养人在被收养人成年以前，原则上不得解除收养关系，但收养人、送养人双方协议解除的除外；收养人不履行抚养义务，有虐待、遗弃等侵害未成年养子女合法权益行为的，送养人有权要求解除养父母与养子女间的收养关系。

4. 禁止借收养名义买卖未成年人。

命题点拨　婚姻家庭法的基本原则。

第二十七章　结婚和离婚

第一节　结　　婚

一、结婚的条件★★★

（一）结婚行为的成立要件

1. 必须存在一男一女双方当事人。

2. 必须存在结婚的意思表示。

3. 必须经过登记。

（二）结婚行为的生效要件

1. 男女双方必须具有完全民事行为能力。

2. 男女双方结婚的意思表示必须真实且自愿。

因胁迫结婚的，受胁迫的一方可以向人民法院请求撤销婚姻。一方患有重大疾病但未在结婚登记前如实告知另一方的，另一方可以向人民法院请求撤销婚姻。一方知道自己患有重大疾病但不如实告知、隐瞒实情的，成立欺诈，从而导致结婚行为可撤销。

3. 不存在导致婚姻无效的法定事由。

（1）重婚。

（2）有禁止结婚的亲属关系。

根据《民法典》第1048条的规定，直系血亲或者三代以内的旁系血亲禁止结婚。

（3）未到法定婚龄。

根据《民法典》第1047条的规定，结婚年龄，男不得早于22周岁，女不得早于20周岁。

二、无效婚姻★★★

（一）婚姻无效的确认

1. 在我国，有权宣告婚姻无效的机关只有人民法院。

2. 有权向人民法院申请宣告婚姻无效的主体，包括婚姻当事人及利害关系人。利害关系人包括：（1）以重婚为由申请宣告婚姻无效的，为当事人的近亲属及基层组织；（2）以未到法定婚龄为由申请宣告婚姻无效的，为未到法定婚龄者的近亲属；（3）以有禁止结婚的亲属关系为由申请宣告婚姻无效的，为当事人的近亲属。

夫妻一方或者双方死亡后1年内，生存一方或者利害关系人可以申请宣告婚姻无效。夫妻一方死亡的，生存一方为被申请人。夫妻双方均已死亡的，不列被申请人。

人民法院审理宣告婚姻无效案件，对婚姻效力的审理不适用调解，应当依法作出判决；有关婚姻效力的判决一经作出，即发生法律效力。

涉及财产分割和子女抚养的，可以调解。调解达成协议的，另行制作调解书。对财产分割和子女抚养问题的判决不服的，当事人可以上诉。当事人以结婚登记时存在无效婚姻的情形为由向人民法院申请宣告婚姻无效的，但法定的无效婚姻情形在申请时已经消失的，如一方或双方当事人已到法定婚龄，人民法院不予支持。

（二）无效婚姻的法律后果

无效婚姻自始没有法律拘束力，当事人自始不具有夫妻在人身及财产方面的权利和义务。

三、可撤销婚姻★★

可撤销婚姻的事由包括：

1. 因胁迫而结婚。

2. 因对方不如实告知重大疾病而结婚。

四、特殊情形

1. 根据最高人民法院《关于适用〈中华人民共和国民法典〉婚姻家庭编的解释（一）》（以下简称《婚姻家庭编解释》）第7条的规定，未依据《民法典》第1049条规定办理结婚登记而以夫妻名义共同生活的男女，提起诉讼要求离婚的，应当区别对待：（1）1994年2月1日民政部《婚姻登记管理条例》公布实施以前，男女双方已经符合结婚实质要件的，按事实婚姻处理。（2）上述条例公布实施以后，男女双方符合结婚实质要件的，人民法院应当告知其补办结婚登记。当事人因同居期间财产分割或者子女抚养纠纷提起诉讼的，人民法院应当受理。

2. 未依据《民法典》第1049条规定办理结婚登记而以夫妻名义共同生活的男女，一方死亡，另一方以配偶身份主张享有继承权的，依据《婚姻家庭编解释》第7条的原则处理。

第二节　离　　婚

一、协议离婚★★

（一）协议离婚的概念和条件

1. 协议离婚，是指夫妻双方自愿离异，并就子女抚养、财产处理等离婚的法律后果达成协议，经过婚姻登记机关认可并办理离婚登记的离婚方式，也称合意离婚、登记离婚、行政离婚。

2. 协议离婚的条件，包括签订书面离婚协议和亲自申请离婚登记。

3. 离婚协议是协议离婚的成立要件。离婚协议是夫妻双方载明双方自愿离婚的意思表示，并就子女抚养、财产分割以及债务清偿等事项订立的合同。

4. 协议离婚的法律后果：夫妻双方自完成离婚登记时起，婚姻关系解除；夫妻双方自完成离婚登记时起，离婚协议生效，子女抚养、财产分割等事项依离婚协议的约定而定。

（二）协议离婚的程序

协议离婚程序分为申请、受理、冷静期、审查和登记五个环节。

（三）离婚登记申请的撤回

自婚姻登记机关收到夫妻双方离婚登记申请之日起30日内，任何一方不愿意离婚的，可以向婚姻登记机关撤回离婚登记申请。

二、诉讼离婚★★

诉讼离婚，是指夫妻双方对是否离婚、离婚后子女抚养或财产分割等问题不能达成协议，由一方向人民法院提起离婚诉讼，人民法院依诉讼程序审理后，调解或判决解除婚姻关系的离婚方式。

按照《民法典》第1079条的规定，人民法院审理离婚案件，应当进行调解；如果夫妻双方感情确已破裂，调解无效的，人民法院应当准予离婚。

对于调解无效的离婚案件，人民法院应当根据夫妻感情确已破裂为标准，判决离婚或不准离婚。判决不准离婚和调解和好的离婚案件，没有新情况、新理由，原告在6个月内又起诉的，人民法院不予受理。离婚案件中，判决不准离婚或者调解和好后，一方违反人身安全保护令实施家庭暴力的，可以被认定为新情况、新理由。

（一）准予离婚的法定条件

夫妻感情确已破裂，是我国人民法院准予离婚的法定条件。

根据《民法典》第1079条的规定，认定感情确已破裂的具体情形包括：（1）重婚或者与他人同居；（2）实施家庭暴力或者虐待、遗弃家庭成员；（3）有赌博、吸毒等恶习屡教不改；（4）因感情不和分居满2年；（5）一方被宣告失踪，另一方提起离婚诉讼；（6）经人民法院判决不准离婚后，双方又分居满1年，一方再次提起离婚诉讼。

（二）诉讼离婚中的两项特殊保护规则

1. 在诉讼离婚中对现役军人的特殊保护。

根据《民法典》第1081条的规定，现役军人的配偶要求离婚，应当征得军人同意，但是军人一方有重大过错的除外。

现役军人有重大过错导致夫妻感情确已破裂，非军人配偶要求离婚的，无须征得现役军人的同意。这里的重大过错包括：（1）重婚或者与他人同居；（2）实施家庭暴力或者虐待、遗弃家庭成员；（3）有赌博、吸毒等恶习屡教不改；（4）其他重大过错。

2. 在诉讼离婚中对女方的特殊保护。

根据《民法典》第1082条的规定，女方在怀孕期间、分娩后1年内或者终止妊娠后6个月内，男方不得提出离婚；但是，女方提出离婚或者人民法院认为确有必要受理男方离婚请求的除外。

三、离婚的法律后果★★★

（一）离婚时的财产处理

1. 离婚时财产分割的范围和原则。

离婚时分割的财产原则上以夫妻的共同财产为限。

2. 特殊类型夫妻共同财产的分割。

夫妻双方分割共同财产中的股票、债券、投资基金份额等有价证券以及未上市股份有限公司股份时，协商不成或者按市价分配有困难的，人民法院可以根据数量按比例分配。

3. 离婚时房屋的处理。

夫妻双方离婚时房屋的归属，由双方协议处理。无法达成协议的，由人民法院按照个案的具体情况，结合房屋出资的性质、房屋登记的情况来认定房屋的归属。

夫妻一方婚前以个人财产购房并支付全部房款的，该房屋属于夫妻一方的婚前个人财产。但是，夫妻一方婚前以个人财产购房，支付首付款并办理银行抵押贷款，婚后用夫妻共同财产还贷，房屋登记于夫妻一方名下的，离婚时该不动产由夫妻双方协议处理。夫妻双方不能达成协议的，人民法院可以判决该不动产归产权登记的夫妻一方，尚未归还的贷款为产权登记的夫妻一方的个人债务。夫妻双方婚后共同还贷支付的款项及其相对应财产增值部分，离婚时由产权登记的夫妻一方对另一方进行补偿。

由夫妻一方婚前承租、婚后用共同财产购买的房屋，房屋权属证书登记在一方名下的，应当认定为夫妻共同财产，离婚时应按夫妻共同财产分割。

夫妻双方结婚前，父母为双方购置房屋出资的，该出资应当认定为对自己子女的个人赠与，但父母明确表示赠与双方的除外。

4. 夫妻共同财产的少分或者不分和离婚后再次分割。

根据《民法典》第 1092 条的规定，夫妻一方隐藏、转移、变卖、毁损、挥霍夫妻共同财产，或者伪造夫妻共同债务企图侵占另一方财产的，在离婚分割夫妻共同财产时，对该方可以少分或者不分。

夫妻一方申请对配偶的个人财产或者夫妻共同财产采取保全措施的，人民法院可以在采取保全措施可能造成损失的范围内，根据实际情况，确定合理的财产担保数额。

5. 离婚经济补偿请求权。

根据《民法典》第 1088 条的规定，夫妻一方因抚育子女、照料老年人、协助另一方工作等负担较多义务的，离婚时有权向另一方请求补偿，另一方应当给予补偿。

6. 离婚时对生活困难一方的经济帮助。

根据《民法典》第 1090 条的规定，离婚时，如果夫妻一方生活困难，有负担能力的另一方应当给予适当帮助。

（二）离婚时的债务清偿

根据《民法典》第 1089 条的规定，离婚时，夫妻共同债务，应当由夫妻双方共同偿还。共同财产不足以清偿夫妻共同债务或者财产归各自所有的，由夫妻双方协议清偿；协议不成的，由人民法院判决。这一规定旨在确定夫妻双方离婚时对夫妻共同债务的清偿方式，不涉及夫妻共同债务的认定标准。

（三）离婚后的子女抚养

1. 离婚后的父母子女关系。

原则上，父母与子女间的关系，不因父母离婚而消除。

2. 离婚后直接抚养人的确定。

父母双方离婚后，不满 2 周岁的子女，原则上由母亲直接抚养。对 2 周岁以上的未成年子女，父母双方应当协商确定直接抚养人。

人民法院审理家事案件，涉及确定子女抚养权的，应当充分听取 8 周岁以上的未成年子女的意见。必要时，人民法院可以单独询问未成年子女的意见，并提供符合未成年人心理特点的询问环境。

根据《婚姻家庭编解释》的规定，母亲有下列情形之一，父亲请求直接抚养的，人民法院应予支持：(1)患有久治不愈的传染性疾病或者其他严重疾病，子女不宜与其共同生活；(2)有抚养条件不尽抚养义务，而父亲要求子女随其生活；(3)因其他原因，子女确不宜随母亲生活。父母双方协议不满 2 周岁子女由父亲直接抚养，并对子女健康成长无不利影响的，人民法院应予支持。

对已满 2 周岁的未成年子女，父母均要求直接抚养，一方有下列情形之一的，可予优先考虑：(1)已做绝育手术或者因其他原因丧失生育能力；(2)子女随其生活时间较长，改变生活环境对子女健康成长明显不利；(3)无其他子女，而另一方有其他子女；(4)子女随其生活，对子女成长有利，而另一方患有久治不愈的传染性疾病或者其他严重疾病，或者有其他不利于子女身心健康的情形，不宜与子女共同生活。

3. 抚养关系的变更。

有下列情形之一的，父母一方可以请求人民法院变更子女抚养关系：(1)与子女共同生活的一方因患严重疾病或因伤残无力继续抚养子女的；(2)与子女共同生活的一方不尽抚养义务或有虐待子女行为，或其与子女共同生活对子女身心健康确有不利影响的；(3)8 周岁以上未成年子女，愿随另一方生活，该方又有抚养能力的；(4)有其他正当理由需要变更的。

4. 抚养费的负担。

父母离婚后，子女由父母一方直接抚养的，另一方应当负担部分或者全部抚养费。

5. 抚养费给付的期限与方式。

抚养费的给付期限，一般至子女 18 周岁为止。父母在离婚协议中约定，给付期限超过子女 18 周岁的，从其约定。16 周岁以上不满 18 周岁的子女，以其劳动收入为主要生活来源，并能维持当地一般生活水平的，父母可停止给付抚养费。抚养费应定期给付，有条件的可一次性给付。

6. 抚养费的变更。

有下列情形之一，不直接抚养子女的父母一方有给付能力的，子女可以要求增加抚养费：(1)原定抚养费数额不足以维持当地实际生活水平的；(2)因子女患病、上学，实际需要已超过原定数额的；(3)有其他正当理由应当增加的。

四、探望权★★★

1. 离婚后，不直接抚养子女的父母一方，有探望子女的权利，另一方有协助的义务。

2. 行使探望权应遵循有利于子女身心健康的原则。行使探望权的方式包括看望式和逗留式两种。

3. 探望权行使的中止。根据审判实践情况，下列情形一般构成中止行使探望权的事由：(1)探望权人患有严重精神病或尚未治愈的严重传染性疾病，可能危及子女健康的；(2)探望权人在行使探望权时对子女实施家庭暴力或虐待子女等违法行为的；(3)探望权人与子女感情严重恶化，子女坚决拒绝探望的；(4)探望权人教唆、胁迫、引诱子女实施不良行为或违法犯罪行为的。

五、离婚损害赔偿请求权★★

离婚损害赔偿请求权的成立要件包括：

1. 夫妻一方具有法定的重大过错。

2. 夫妻双方因一方的重大过错离婚。

3. 夫妻一方因离婚遭受损害。

命题点拨 无效婚姻；可撤销婚姻；离婚时的财产处理；探望权。

第二十八章 家庭关系

第一节 夫妻关系

一、日常家事代理权★

夫妻双方的日常家事代理权，是指夫妻双方在因满足家庭日常生活需要而与第三人实施法律行为时互为代理人，互有代理权。

二、法定夫妻财产制★★★

(一)夫妻共同财产

1. 夫妻共同财产的范围：(1)工资、奖金、劳务报酬；(2)生产、经营、投资的收益；(3)知识产权的收益，即婚姻关系存续期间，基于知识产权实际取得或者已经明确可以取得的财产性收益；(4)继承或者受赠的财产，但遗嘱或者赠与合同中确定只归一方的财产除外；(5)其他应当归共同所有的财产。其他应当归共同所有的财产包括以下4方面：①一方以个人财产投资取得的收益；②男女双方实际取得或者应当取得的住房补贴、住房公积金；③男女双方实际取得或者应当取得的养老保险金、破产安置补偿费；④军人复员费、自主择业费中属于夫妻共同财产的部分。

2. 夫妻共同财产的管理。夫妻双方对全部夫妻共同财产不分份额地平等地享有权利、承担义务。

夫妻之间订立借款协议，以夫妻共同财产出借给一方从事个人经营活动或用于其他个人事务的，应视为双方约定处分夫妻共同财产的行为，离婚时可按照借款协议的约定处理。

(二)夫妻一方的个人财产

夫妻一方的个人财产的范围包括：(1)一方的婚前财产，以及婚前财产在婚后的转化和变形，如夫妻一方以婚前财产在婚后全款购买的房屋、夫妻一方因婚前个人房屋拆迁获得的房屋价值补偿；(2)一方因受到人身损害获得的赔偿或者补偿，如医疗费、营养费、残疾辅助器具费、残疾赔偿金等；(3)遗嘱或者赠与合同中确定只归一方的财产；(4)一方专用的生活用品，如夫妻双方各自的衣物、鞋帽；(5)其他应当归一方的财产。其他应归一方个人的财产包括：①军人的伤亡保险金、伤残补助金、医药生活补助费；②夫妻一方个人财产在婚后产生的孳息和自然增值，如婚前个人存款在婚后产生的利息、婚前全款购买的房屋或古玩字画在婚后因市场行情波动而产生的升值；③婚后由一方父母出资为子女购买的不动产，产权登记在出资人子女名下的，视为只对自己子女一方的赠与，该不动产即属于夫妻一方的个人财产。

在婚姻关系存续期间，夫妻一方所有的财产，不会因婚姻关系而转化为夫妻共同财产，但当事人另有约定的除外。

(三)夫妻共同债务

夫妻共同债务的类型包括：(1)夫妻双方共同签名或者夫妻一方事后追认等共同意思表示所负的债务；(2)夫妻一方在婚姻关系存续期间以个人名义为家庭日常生活需要所负的债务；(3)夫妻一方在婚姻关系存续期间以个人名义超出家庭日常生活需要所负但用于夫妻共同生活、共同生产经营或者基于夫妻双方共同意思表示的债务。

三、约定夫妻财产制★★

1. 约定的要件。夫妻财产制约定的生效要件包括：(1)双方当事人具有完全民事行为能力；(2)双方当事人意思表示真实；(3)约定的内容不违反法律、行政法规的强制性规定，不违背公序良俗。

2. 约定的内容和范围。我国的约定夫妻财产制包括分别财产制、一般共同制、部分共同制3种类型。

3. 约定的效力。夫妻财产制约定具有对内效力和对外效力。对内效力，是指夫妻双方对婚姻关系存续期间所得的财产以及婚前财产的约定，对双方具有法律约束力。对外效力是指夫妻财产制约定对夫妻关系之外第三人的效力。

四、婚内财产分割请求权

根据《民法典》第1066条的规定，婚姻关系存续期间，有下列情形之一的，夫妻一方可以向人民法院请求分割共同财产：(1)一方有隐藏、转移、变卖、毁损、挥霍夫妻共同财产或者伪造夫妻共同债务等严重损害夫妻共同财产利益的行为；(2)一方负有法定扶养义务的人患重大疾病需要医治，另一方不同意支付相关医疗费用。

第二节 父母子女关系和其他近亲属关系

一、自然血亲的父母子女关系

(一)亲子关系的确认与否定制度

根据《民法典》第1073条的规定，对亲子关系有异议且有正当理由的，父或者母可以向人民法院提起诉讼，请求确认或者否认亲子关系。

(二)婚生的父母子女关系

父母对子女的权利义务包括：(1)抚养的权利和义务；(2)教育的权利和义务；(3)保护的权利和义务；(4)继承遗产的权利；(5)担任未成年子女的监护人和法定代理人；(6)请求赡养的权利。

子女对父母的权利和义务包括：(1)接受抚养的权利；(2)赡养、扶助和保护的义务；(3)尊重父母婚姻自由的义务；(4)继承遗产的权利。

(三)非婚生的父母子女关系

非婚生子女享有与婚生子女同等的权利，任何组织或者个人不得加以危害和歧视。

二、继父母子女关系

继子女是指夫与前妻或者妻与前夫所生子女，即夫妻一方在前婚中所生子女；继父母是指父之后妻或母之后夫，即父母一方后婚的配偶。

三、祖父母、外祖父母与孙子女、外孙子女关系

祖父母、外祖父母和孙子女、外孙子女是直系血亲。

四、兄弟姐妹关系

兄弟姐妹是旁系血亲，是第二顺序的法定继承人。在特殊情形下，兄弟姐妹之间会发生扶养关系，即兄、姐对弟、妹的扶养义务，弟、妹对兄、姐的扶养义务。

命题点拨 法定夫妻财产制；夫妻共同债务的认定。

第二十九章 收 养

第一节 收养关系的成立和效力

一、收养的概念

收养，是指自然人依法领养他人子女为自己子女，使没有父母子女关系的当事人之间产生法律拟制的父母子女关系的民事法律行为。

二、被收养人、送养人、收养人的条件★★

被收养人应当具备以下条件：(1)须为未成年人；(2)须为丧失父母的孤儿，或者查找不到生父母的未成年人，或者生父母有特殊困难无力抚养的子女。

送养人应当属于下列自然人或者社会组织：(1)孤儿的监护人；(2)儿童福利机构；(3)有特殊困难无力抚养子女的生父母。

收养人应当具备以下条件：(1)无子女或者只有1名子女；(2)有抚养、教育和保护被收养人的能力；(3)未患有在医学上认为不应当收养子女的疾病；(4)无不利于被收养人健康成长的违法犯罪记录；(5)年满30周岁。

三、收养的限制规则★★

对送养人的限制包括：(1)监护人送养孤儿的，应当征得有抚养义务的人同意。(2)生父母送养子女，应当双方共同送养，生父母一方不明或者查找不到的，可以单方送养。

对收养人的限制包括：(1)收养子女的人数限制。除被收养人为孤儿、残疾未成年人、儿童福利机构抚养的查找不到生父母的未成年人外，无子女的收养人可以收养两名子女，有子女的收养人只能收养1名子女。(2)收养程序。有配偶者收养子女，应当夫妻共同收养。(3)无配偶收养人与异性被收养人的年龄差距：应当相差40周岁以上。

四、收养关系的成立时间

收养关系自登记之日起成立。

收养应当向县级以上人民政府民政部门登记。中国公民在中国境内收养子女的，办理收养登记的机关是县级人民政府民政部门。收养登记程序分为申请、审查和登记三个环节。

第二节 收养关系的解除

一、收养关系的协议解除

在被收养人成年之后，根据《民法典》第 1115 条的规定，养父母与养子女关系恶化、无法共同生活的，基于双方的共同意愿，养父母与养子女可以协议解除收养关系。

二、收养关系的诉讼解除★★

1. 在被收养人未成年前，根据《民法典》第 1114 条的规定，收养人不履行抚养义务，有虐待、遗弃等侵害未成年养子女合法权益行为的，送养人不能与收养人达成解除收养关系协议的，可以向人民法院提起诉讼要求解除收养关系。

2. 在被收养人成年后，根据《民法典》第 1115 条的规定，养父母与成年养子女关系恶化、无法共同生活的，可以协议解除收养关系。如果双方无法达成解除收养关系协议，收养人、被收养人都可以向人民法院提起诉讼要求解除收养关系。

命题点拨 被收养人、送养人、收养人的条件；收养的限制规则。

第六编 继 承

第三十章 继承概述

第一节 继承与继承权

一、继承制度的特点

1. 继承因被继承人死亡而开始。

2. 继承的结果是遗产的权利转移。

二、继承权的概念

1. 继承期待权。

继承期待权是一种不确定的权利，继承人在将来有继承遗产的可能性。

2. 继承既得权。

继承既得权是确定的现实的权利，享有继承期待权的推定继承人在继承开始后转化为享有继承既得权的应召继承人，享有取得被继承人遗产的权利。

第二节 继承权的取得、放弃、丧失和保护

一、继承权的取得

（一）法定继承权的取得

法定继承权是法定继承人依据法律的直接规定而享有的取得遗产的权利。

（二）遗嘱继承权的取得

遗嘱继承权基于被继承人的遗嘱指定。

二、继承权的放弃★

（一）放弃继承权的时间

继承人放弃继承应在继承开始后，遗产处理前。

（二）放弃继承权的方式

1. 放弃继承权不需得到他人的同意。

2. 放弃继承权应以书面形式作出。

3. 放弃继承权不能部分接受、部分放弃。

4. 监护人一般不得代为放弃继承权。

（三）放弃继承权的法律效力

依《继承编解释（一）》第 37 条规定，放弃继承权的效力追溯到继承开始的时间。也即从继承开始该继承人就没有继承权，处理遗产时不再考虑该继承人。

与继承权的放弃不同，受遗赠人有两种方式可以放弃受遗赠权：其一，在知道受遗赠后 60 日内，作出放弃受遗赠的意思表示；其二，到期没有表示的，视为放弃受遗赠。受遗赠人放弃受遗赠的，遗产中的有关部分按照法定继承办理（《民法典》第 1124 条）。

三、继承权的丧失★★

（一）继承权丧失的法定情形

1. 故意杀害被继承人。

2. 为争夺遗产而杀害其他继承人。

3. 遗弃被继承人，或者虐待被继承人情节严重。

4. 伪造、篡改、隐匿或者销毁遗嘱，情节严重。

5. 以欺诈、胁迫手段迫使或者妨碍被继承人设立、变更或者撤回遗嘱，情节严重。

（二）被继承人宽恕对继承权丧失的影响

若继承人有上述第 1、2 项行为，而被继承人以遗嘱将遗产指定由该继承人继承的，可确认遗嘱无效。

第 3 ~ 5 项行为，在继承人悔改且被继承人谅解宽恕的情况下，继承人不丧失继承权。

（三）继承权丧失的效力

1. 当然丧失。

2. 不能代位继承。

四、继承权的保护

继承权受到侵害的继承人向人民法院请求保护继承权的诉讼时效期间为 3 年。诉讼时效期间自继

承人知道或者应当知道继承权受到损害以及义务人之日起计算。但自继承权受到损害之日起超过20年的，人民法院不予保护；有特殊情况的，人民法院可以根据继承人的申请决定延长。

命题点拨 继承权的丧失。

第三十一章 法定继承

第一节 法定继承概述

一、法定继承的概念

法定继承，是指由法律直接规定继承人的范围、继承顺序以及遗产分配的基本规则的继承方式。

二、法定继承的适用范围

1. 被继承人没有订立遗嘱和遗赠扶养协议。

2. 遗嘱继承人放弃继承或者受遗赠人放弃受遗赠。

3. 遗嘱继承人丧失继承权或者受遗赠人丧失受遗赠权。

4. 遗嘱继承人、受遗赠人先于遗嘱人死亡或者终止。

5. 有遗嘱无效部分所涉及的遗产。

6. 有遗嘱未处分的遗产。

第二节 法定继承人的范围和顺序

一、法定继承人的范围★

1. 配偶。

2. 近血亲。

配偶、父母、子女、兄弟姐妹、祖父母、外祖父母、孙子女、外孙子女为近亲属。除配偶外，我国《民法典》中规定的近亲属均为近血亲。

3. 有扶养关系的特定姻亲：

(1)有扶养关系的继父母、有扶养关系的继子女。

(2)有扶养关系的继兄弟姐妹。

继兄弟姐妹是指继子女与继父母的生子女、养子女之间的相互关系。继兄弟姐妹之间是旁系姻亲关系，相互之间本来没有继承权，但如果继兄弟姐妹之间有扶养关系，则可互为法定继承人。

(3)对公婆、岳父母尽了主要赡养义务的丧偶儿媳、女婿。

二、法定继承人的顺序★★★

《民法典》第1127条第1款规定的法定继承顺序有两种，即只有两个固定继承顺序，第一顺序继承人先参加继承，没有第一顺序的继承人或者第一顺序继承人放弃继承或丧失继承权的，第二顺序继承人才能参加继承。

(一)第一顺序

被继承人的配偶、子女、父母为其第一顺序的法定继承人。

被继承人的子女先于被继承人死亡的，被继承人子女的直系晚辈血亲代其位取得被继承人的遗产，被继承人子女的直系晚辈血亲为代位继承人，在第一顺序参加继承。

对公婆、岳父母尽了主要赡养义务的丧偶儿媳、女婿，是独立的第一顺序的法定继承人，其参与继承不影响其子女代位继承。

(二)第二顺序

被继承人的兄弟姐妹、祖父母、外祖父母为其第二顺序的法定继承人。这里的“兄弟姐妹”包括同父母的兄弟姐妹、同父异母或者同母异父的兄弟姐妹、养兄弟姐妹、有扶养关系的继兄弟姐妹。

被继承人的兄弟姐妹先于被继承人死亡的，被继承人兄弟姐妹的子女代其位取得被继承人的遗产，被继承人兄弟姐妹的子女为代位继承人，在第二顺序参加继承。

第三节 代位继承

一、代位继承的概念和特征

被继承人的子女先于被继承人死亡的，由被继承人的子女的直系晚辈血亲代位继承。代位继承有如下特征：

1. 代位继承人按照被代位人的继承顺序和应继份参加继承。

2. 代位继承人直接继承被继承人的遗产。

二、代位继承的条件★★

(一)发生的原因

代位继承只能发生在法定继承中，且只有两种血亲继承适用。

(二)被代位继承人

1. 被继承人的子女。

被继承人的子女可以是被继承人的婚生子女、非婚生子女、养子女以及有扶养关系的继子女。

2. 被继承人的兄弟姐妹。

被继承人的兄弟姐妹可以是被继承人同父同母的兄弟姐妹、同父异母或同母异父的兄弟姐妹、养兄弟姐妹以及有扶养关系的继兄弟姐妹。

(三)代位继承人

1. 被继承人子女的直系晚辈血亲。

被继承人子女的直系晚辈血亲作为代位继承人，不受辈数的限制，被继承人的孙子女、外孙子女、曾孙子女等均可作为代位继承人。

2. 被继承人兄弟姐妹的子女。

被继承人兄弟姐妹的子女即被继承人的侄子女和外甥子女，即被继承人的兄弟姐妹的婚生子女、非婚生子女、养子女和有扶养关系的继子女是代位继承人。

(四)被代位人没有丧失继承权

第四节　法定继承中的遗产分配

一、法定继承的遗产分配规则★★

(一)同一顺序继承人继承遗产的份额均等

(二)依法可不均等分配的情况

1. 对生活有特殊困难又缺乏劳动能力的继承人，分配遗产时，应当予以照顾。此处的继承人也包括代位继承人。

2. 对被继承人尽了主要扶养义务或者与被继承人共同生活的继承人，分配遗产时，可以多分。

3. 有扶养能力和有扶养条件的继承人，不尽扶养义务的，分配遗产时，应当不分或者少分。

(三)依继承人间协议可不均等分配

协议不均等分配是全体继承人一致同意的结果，不适用少数服从多数的规则。

二、对继承人以外的人酌情分配遗产的特殊规则★★

《民法典》第1131条规定了酌情分配遗产的情形，“对继承人以外的依靠被继承人扶养的人，或者继承人以外的对被继承人扶养较多的人，可以分给适当的遗产”。

1. 酌分遗产只适用于法定继承的情形，不适用于遗嘱继承的情形。

2. 酌分遗产人是应召继承人之外的，依靠被继承人扶养或者对被继承人扶养较多的人。

3. 酌分遗产的数额是不确定的。其数额主要取决于酌分遗产人与被继承人之间的扶养程度以及应召继承人的情况。

4. 酌分遗产权不是继承权，而是请求分得遗产的权利，故其应该在被继承人遗产分割时提出请求酌情分配遗产。

命题点拨　法定继承人的顺序；代位继承的条件；法定继承的遗产分配规则。

第三十二章　遗嘱继承和遗赠

第一节　遗嘱继承概述

一、遗嘱继承的概念

遗嘱继承，是指按照被继承人生前遗嘱，由其指定的继承人取得遗嘱确定的遗产份额的继承方式。

二、遗嘱继承的适用条件

遗嘱继承在具备下列条件时适用：

1. 被继承人生前订立合法有效遗嘱。

2. 遗嘱人死亡。

3. 没有遗赠扶养协议或遗嘱未与遗赠扶养协议抵触。

4. 遗嘱继承人未放弃继承，也未丧失继承权。

5. 遗嘱人先于遗嘱继承人死亡。

第二节　遗　　嘱

一、遗嘱的概念和特征

(一)遗嘱的概念

遗嘱是自然人生前对个人财产进行处分并于其死亡后生效的单方民事法律行为。遗嘱处分的方式有两种：一是遗嘱继承，二是遗赠。

(二)遗嘱的特征

1. 遗嘱是单方民事法律行为。

2. 遗嘱于遗嘱人死亡时生效。

3. 遗嘱不得代理。

4. 遗嘱是要式法律行为。

《民法典》第1134～1139条规定了遗嘱形式要件，只有符合法律规定的六种形式的遗嘱才能有效成立。

(三)遗嘱自由及限制

《民法典》第1141条通过必留份制度限制了遗嘱人的遗嘱自由。

二、遗嘱的形式★★★

(一)自书遗嘱

1.《民法典》第1134条规定，“自书遗嘱由遗嘱人亲笔书写，签名，注明年、月、日”。

2. 自然人在遗书中涉及死后个人财产处分的内容，确为死者真实意思的表示，有本人签名并注明了年、月、日，又无相反证据的，可按自书遗嘱对待。

(二)代书遗嘱

《民法典》第1135条规定，“代书遗嘱应当有两个以上见证人在场见证，由其中一人代书，并由遗嘱人、代书人和其他见证人签名，注明年、月、日”。

不能担任遗嘱见证人的情况包括：(1)无民事行为能力人、限制民事行为能力人以及其他不具有见证能力的人；(2)继承人、受遗赠人；(3)与继承人、受遗赠人有利害关系的人，包括继承人、受遗赠人的亲属、债权人、债务人，共同经营的合伙人等。

(三)打印遗嘱

《民法典》第1136条规定，"打印遗嘱应当有两个以上见证人在场见证。遗嘱人和见证人应当在遗嘱每一页签名，注明年、月、日"。

(四)录音录像遗嘱

《民法典》第1137条规定，"以录音录像形式立的遗嘱，应当有两个以上见证人在场见证。遗嘱人和见证人应当在录音录像中记录其姓名或者肖像，以及年、月、日"。

(五)口头遗嘱

《民法典》第1138条规定，遗嘱人在危急情况下，可以立口头遗嘱。订立口头遗嘱应注意：

1. 在危急情况下才能订立口头遗嘱。
2. 口头遗嘱需两名以上见证人在场见证。
3. 口头遗嘱从危急情况消除，遗嘱人能够以任何其他法定形式订立遗嘱之日起无效。

(六)公证遗嘱

《民法典》第1139条规定，"公证遗嘱由遗嘱人经公证机构办理"。

三、数份遗嘱内容的认定★★★

根据《民法典》第1142条第3款，被继承人生前"立有数份遗嘱，内容相抵触的，以最后的遗嘱为准"。

四、遗嘱无效与遗嘱不生效★★

(一)遗嘱的无效

下列遗嘱因欠缺遗嘱的有效要件而自始无效：

1. 缺乏遗嘱能力的人所立遗嘱无效。
2. 遗嘱人意思表示不真实的遗嘱无效。
3. 遗嘱中处分了不属于自己个人合法财产的部分无效。
4. 违背公序良俗的遗嘱无效。
5. 口头遗嘱在危急情况消除后无效。

(二)遗嘱不生效

合法订立的遗嘱在遗嘱人死亡时生效，但有如下情况的，遗嘱相关部分不生效：

1. 遗嘱继承人放弃继承或者受遗赠人放弃受遗赠的。
2. 遗嘱继承人丧失继承权或者受遗赠人丧失受遗赠权的。
3. 遗嘱继承人、受遗赠人先于遗嘱人死亡或者终止的。

五、遗嘱的变更和撤回★★

1.《民法典》第1142条第1款规定，"遗嘱人可以撤回、变更自己所立的遗嘱"。

2. 遗嘱为要式民事法律行为，对遗嘱的变更和撤回的要求与遗嘱的订立一致。

3. 遗嘱的变更和撤回的方式：(1)订立新的遗嘱；(2)销毁、涂改先前遗嘱；(3)实施与遗嘱内容相反的法律行为。

六、附义务遗嘱★★

附义务遗嘱是遗嘱人要求遗嘱继承人或受遗赠人取得遗产应履行一定义务的遗嘱。遗嘱所附义务一般应满足如下几点：

1. 遗嘱所附义务只能由遗嘱继承人和受遗赠人承担。
2. 遗嘱所附义务应有完成的可能性，无法实现的义务法律不予保护。
3. 遗嘱所附义务不得违反法律和公序良俗。
4. 遗嘱所附义务一般不超过继承人或受遗赠人所取得的遗产收益。

第三节 遗　赠

一、遗赠的概念

遗赠是自然人以遗嘱的方式将其个人财产赠与国家、集体或法定继承人以外的组织、个人，并于其死亡后生效的单方民事法律行为。

二、遗赠扶养协议★★

1.《民法典》第1158条规定了遗赠扶养协议，"自然人可以与继承人以外的组织或者个人签订遗赠扶养协议。按照协议，该组织或者个人承担该自然人生养死葬的义务，享有受遗赠的权利"。

2. 遗赠扶养协议是被扶养人与继承人以外的扶养人之间订立的，以扶养人对被扶养人生养死葬的义务以及被扶养人将个人财产遗赠给扶养人为内容的协议。具有如下法律特征：

(1)遗赠扶养协议是双方法律行为。
(2)遗赠扶养协议是有偿法律行为。
(3)遗赠扶养协议自协议成立起生效。
(4)遗赠扶养协议的扶养人是继承人之外的人。
(5)遗赠扶养协议效力优先于遗嘱和法定继承。

3. 遗赠扶养协议的解除。

(1)协议解除。
(2)因一方不履行协议而解除。

命题点拨 遗嘱的形式；数份遗嘱内容的认定。

第三十三章　遗产的处理

第一节　遗产的管理

一、遗产的范围

1. 物权。

2. 债权。

3. 知识产权中的财产性权利。

4. 继承权。

5. 股权和其他投资性权利。

6. 其他。

二、遗产管理人的确定★

根据《民法典》第 1145 条、第 1146 条，遗产管理人可以通过遗嘱指定、继承人推选、法律规定，以及法院指定确定。

三、遗产管理人的职责

依《民法典》第 1147 条，遗产管理人负责清理遗产并制作遗产清单，向继承人报告遗产情况，采取必要措施防止遗产毁损、灭失，处理被继承人的债权债务，按照遗嘱或者依照法律规定分割遗产，以及实施与管理遗产有关的其他必要行为。

第二节　遗产的分割和债务清偿

一、遗产分割★★

遗产分割中应注意的问题有：

1. 对缺乏劳动能力又没有生活来源的继承人的保护。

2. 为胎儿保留继承份额。胎儿出生前如果分割遗产，应先保留胎儿的法定应继份额。胎儿活着出生后，取得遗产。如果胎儿娩出时是死体，为其保留的遗产份额由被继承人的父母和妻子按法定继承分割。如果胎儿出生后很快死亡，则其已经取得的遗产由其第一顺序法定继承人即他（她）的母亲取得。

3. 发生转继承。

《民法典》第 1152 条规定："继承开始后，继承人于遗产分割前死亡，并没有放弃继承的，该继承人应当继承的遗产转给其继承人，但是遗嘱另有安排的除外。"

二、被继承人的债务清偿★

1. 继承人负有清偿被继承人债务的责任。继承人清偿被继承人债务，以继承人没有放弃继承为前提。

2. 限定继承的原则。继承人以所得遗产实际价值为限清偿被继承人依法应当缴纳的税款和债务。超过遗产实际价值部分，继承人自愿偿还的不在此限。

3. 照顾缺乏劳动能力又没有生活来源的继承人的原则。

4. 遗产因法定继承和遗嘱处分分割的，首先由法定继承人清偿被继承人依法应当缴纳的税款和债务；税款和债务超过法定继承人实际取得遗产价值的部分，由遗嘱继承人和受遗赠人按其取得遗产的比例以所得遗产为限清偿遗嘱人债务。

三、无人继承又无人受遗赠的遗产的处理

遗产经认定财产无主程序确定无人认领后，即属无人继承又无人受遗赠的遗产。如果没有酌分遗产人提出酌情分得遗产的请求，判定财产无主的人民法院应依《民法典》第 1160 条确定该遗产归国家所有，用于公益事业；如死者生前是集体所有制组织成员的，判归其所在的集体所有制组织所有。

命题点拨　遗产分割中的特殊规则；被继承人的债务清偿。

第七编　侵 权 责 任

第三十四章　侵权责任概述

第一节　侵权责任的概念与分类

一、侵权责任的概念

侵权责任，或称侵权行为的民事责任，是指民事主体因自己的行为或者由其负责的他人的行为或由其管理的物件致使他人民事权益遭受侵害而应承担的各种民事法律后果。

二、侵权责任的分类

（一）一般侵权责任与特殊侵权责任

根据责任的成立是否以行为人具有过错为要件，侵权责任可以分为一般侵权责任和特殊侵权责任。一般侵权责任，是指行为人因过错侵害他人民事权益而应承担的侵权责任。特殊侵权责任，是指行为人侵害他人民事权益，无论其是否具有过错依法律的规定均应承担的侵权责任。

（二）自己责任与替代责任

根据行为主体和责任主体是否一致，侵权责任可分为自己责任和替代责任。自己责任，是指行为人对自己行为或者自己所有、占有、管理的物致使他人民事权益遭受损害而承担的侵权责任。替代责

任，是指对他人行为致人损害而承担的侵权责任。

（三）连带责任、按份责任与补充责任

根据当事人之间内外部权利义务关系的不同，可以将多数人侵权责任分为连带责任、按份责任与补充责任。

连带责任，是指当侵权责任人为数人时，数个侵权责任人中的任何一人均负有承担全部侵权责任的义务，其中一人承担全部侵权责任后，该责任归于消灭。

按份责任，是指当侵权责任人为数人时，各自按照其过错程度或原因力大小对受害人承担相应责任。

补充责任，是指当侵权责任人为数人时，由先顺位的责任人承担责任，仅在先顺位的责任人的财产不足以填补受害人的损害时，才由后顺位的责任人对不足部分予以补充承担的责任形态。

第二节　侵权责任的归责原则

一、侵权责任归责原则的概念

侵权法上所讲的归责，是指将受害人的损害依法律上的价值判断而决定由何人承担侵权赔偿责任。

二、过错责任原则★★

（一）过错责任的概念

过错责任原则，或称过失责任原则，是指行为导致损害事实的发生，以行为人主观上具有过错为承担侵权责任的必要条件。

（二）过错推定责任的概念、特点与适用

过错推定责任是过错责任的一种特殊形式。过错推定责任，是指行为造成损害事实时，行为人不能证明自己没有过错的，推定其具有过错并承担相应的侵权责任。

过错推定责任具有以下特点：(1)过错推定属于过错责任原则，是过错责任原则适用中的一种特殊情形，它仍然以过错作为归责的正当性基础，即过错推定是根据有明确的法律规定能够表明侵权人有过错的事实，推定行为人有过错。(2)过错推定责任采取“举证责任倒置”的方式。(3)过错推定责任仅适用于特殊侵权行为。

从《民法典》侵权责任编的规定来看，过错推定责任的适用范围为：教育机构对无民事行为能力人的损害责任（第1199条），医疗损害中的过错推定责任（第1222条），动物园饲养动物的致人损害责任（第1248条），建筑物、构筑物或者其他设施及其搁置物、悬挂物脱落、坠落致人损害责任（第1253条），堆放物倒塌、滚落或者滑落致人损害责任（第1255条），公共道路上堆放、倾倒、遗撒妨碍通行物致人损害责任（第1256条），林木折断、倾倒或者果实坠落等致人损害责任（第1257条），公共场所或者道路上施工未设标志致人损害责任（第1258条第1款），窨井等地下设施致人损害责任（第1258条第2款）。

三、无过错责任★★

（一）无过错责任的概念和特点

无过错责任，又称无过失责任，是指行为造成损害事实，归责时不以行为人主观上具有过错作为承担侵权责任的必要条件。

（二）无过错责任的适用

无过错责任只适用于部分特殊侵权行为，根据《民法典》第1166条的规定，只有在法律规定的情况下，才能适用无过错责任，这样的规定有如下的具体范围：监护人替代责任（第1188条、第1189条），用人单位替代责任（第1191条第1款），个人提供劳务致人损害责任（第1192条第1款），产品责任（第四章）；环境污染和生态破坏责任（第七章），高度危险责任（第八章），饲养动物损害责任（第九章，第1248条除外）。

四、公平责任★

（一）公平责任的概念和特点

公平责任，又称衡平责任，是指在当事人双方对损害的发生均无过错，法律又未特别规定适用无过错责任，让一方当事人承担损失有违公平时，根据民法公平原则，由行为人对受害人的财产损害给予适当的补偿，当事人合理分担损失的一种责任类型。

（二）公平责任的适用

根据《民法典》的规定，我们大致上可以将公平责任的适用范围归纳为以下几类：

1. 紧急避险人的责任。

2. 见义勇为时受益人的责任。

3. 完全民事行为能力人陷入无意识状态造成他人损害且没有过错时的责任。

4. 提供劳务一方因第三人的行为而遭受损害时，接受劳务一方承担的补偿责任。

5. 从建筑物中抛掷物品或者从建筑物上坠落的物品造成他人损害的责任。从建筑物中抛掷物品或者从建筑物上坠落物品造成他人损害的，当然应由造成损害的侵权人承担责任。但存在难以确定具体的侵权人而损害后果严重的情形。该情形下，无论是由受害人自行承担损害后果，还是由可能加害的建筑物使用人承担责任，均有失公平。由可能加害的建筑物使用人给予受害人补偿是一种较为公平的立法设计。

第三节　一般侵权责任的基本构成要件

1. 加害行为。

加害行为，是指民事主体在其意志支配下所实施的侵害他人民事权益的行为。

根据加害行为的表现形态的差异，可以将其分为作为与不作为。

2. 损害事实。

3. 因果关系。

4. 主观过错。

第四节　数人侵权的侵权责任

一、共同加害行为

共同加害行为，也称"狭义的共同侵权行为"，是指数人共同不法侵害他人民事权益造成损害，从而承担连带责任的情形。

（一）共同加害行为的构成要件

1. 客观构成要件。(1)加害主体为复数；(2)每一个加害人的行为都符合侵权责任的客观构成要件。

2. 主观构成要件。共同实施加害行为的数人之间存在共同故意。

（二）共同加害行为的责任承担

共同加害行为的加害人对他人损害应当承担连带责任。在对外的责任承担上，共同加害人承担连带责任，赔偿权利人享有自由选择权，有权要求任何一个赔偿义务人承担全部赔偿责任，也有权要求赔偿义务人中的一人或多人承担部分的赔偿责任，赔偿义务人不得拒绝。

二、共同危险行为

（一）共同危险行为的构成要件

1. 客观构成要件。(1)存在数个共同危险行为人；(2)二人以上实施了危险行为；(3)共同危险行为导致他人损害。

2. 主观构成要件。在共同危险行为中，各行为人对损害结果的发生并不存在意思联络。共同危险行为人在主观上通常均为过失，但不排除全体故意或其中部分故意部分过失的可能。

（二）共同危险行为的责任承担

共同危险行为人的责任分为外部责任和内部责任。就外部关系而言，依照《民法典》第1170条的规定，共同危险行为人承担的是连带责任。就内部关系而言，如果能够确定责任大小，则承担按份责任，不能确定责任大小，则平均承担责任。任何一个赔偿义务人在承担责任后，可就超过其责任份额的部分向其他赔偿义务人追偿。行为人可以通过举证证明谁是真正的加害人而免责，或者证明自己的行为与损害结果之间不存在因果关系而免责。

三、教唆、帮助行为★

（一）教唆行为的构成要件

1. 存在数个行为人。

2. 教唆人故意教唆他人实施侵权行为。

3. 被教唆人实施了故意加害行为造成他人损害。

（二）帮助行为的构成要件

1. 存在数个行为人。

2. 帮助人实施了帮助行为。

3. 被帮助人实施了侵权行为，且帮助行为与损害结果之间具有因果关系。

（三）教唆、帮助行为的责任承担

1. 教唆人与被教唆人、帮助人与被帮助人均为完全民事行为能力人的情形下，教唆人、帮助人与行为人承担连带责任。

2. 教唆人、帮助人为完全民事行为能力人，行为人为限制民事行为能力人或者无民事行为能力人的，由教唆人、帮助人承担侵权责任。

3. 教唆人、帮助人为限制民事行为能力人或者无民事行为能力人，行为人为完全民事行为能力人时，由行为人单独承担侵权责任，教唆人、帮助人不承担责任。

4. 教唆人、帮助人以及行为人皆为限制民事行为能力人或者无民事行为能力人的，依据《民法典》第1188条的规定，由监护人承担侵权责任。

四、无意思联络的数人侵权行为★

无意思联络的数人侵权行为，是指二人以上没有意思联络，客观上分别实施侵权行为造成同一损害的行为。无意思联络的数人侵权行为属于数人侵权中的分别侵权，原则上承担按份责任，但是也存在承担连带责任的例外。

（一）无意思联络数人侵权的构成要件

1. 侵权行为人为数人。

2. 侵权行为造成了同一损害。

3. 损害与结果之间存在因果关系。

（二）无意思联络数人侵权行为的责任承担

1. 连带责任。二人以上分别实施侵权行为造成同一损害，每个人的侵权行为都足以造成全部损害的，行为人承担连带责任。根据《民法典》第178条第1款、第2款的规定，二人以上依法承担连带责任的，权利人有权请求部分或者全部连带责任人承担责任。

2. 按份责任。二人以上分别实施侵权行为造成同一损害,能够确定责任大小的,各自承担相应的责任;难以确定责任大小的,平均承担责任。

第五节 侵权责任的免除和减轻责任事由

一、受害人过错

受害人过错,又称混合过错或者过失相抵,是指当受害人对于损害的发生或者损害结果的扩大也具有过错时,依法减轻赔偿义务人的损害赔偿责任。

二、受害人故意

受害人故意,是指受害人明知自己的行为会对自身造成损害,而希望或者放任此种结果的发生。《民法典》第 1174 条规定:"损害是因受害人故意造成的,行为人不承担责任。"

《民法典》第 1174 条一般性地规定了受害人故意作为免责事由,同时在一些特定无过错责任中,例如民用核设施责任(第 1237 条)、民用航空器致害责任(第 1238 条)、高度危险物致害责任(第 1239 条)、高度危险活动责任(第 1240 条)和饲养动物致害责任(第 1245 条),都明确将受害人故意作为免责事由加以规定。但在一类特殊侵权责任中,受害人故意仅能作为减责事由,即《民法典》第 1246 条规定的,违反管理规定,未对动物采取安全措施造成他人损害的,动物饲养人或者管理人应当承担侵权责任;但是,能够证明损害是因被侵权人故意造成的,可以减轻责任。

三、第三人过错

第三人过错,是指当事人之外的第三人对被侵权人损害的发生或扩大具有过错。

第三人过错可以分为两种情形:

1. 第三人过错是造成损害的唯一原因。
2. 第三人过错是造成损害的部分原因。

如果损害是由第三人过错与行为人过错共同导致,则实际构成多数人侵权,应区分情况判定侵权责任:(1)如果第三人与行为人构成共同加害行为(《民法典》第 1168 条)、共同危险行为(《民法典》第 1170 条)以及需承担连带责任的无意思联络数人侵权(《民法典》第 1171 条),则第三人与行为人应对受害人承担连带责任;(2)如果第三人与行为人构成需承担按份责任的无意思联络数人侵权(《民法典》第 1172 条),则第三人与行为人应对受害人承担按份责任。

四、自甘风险

自甘风险,是指受害人有意识地使自己置于他人所管领的一定危险之中,从而导致损害的情形。《民法典》第 1176 条第 1 款规定:"自愿参加具有一定风险的文体活动,因其他参加者的行为受到损害的,受害人不得请求其他参加者承担侵权责任;但是,其他参加者对损害的发生有故意或者重大过失的除外。"

五、自助行为

自助行为,是指特殊情况下,权利人为了保护自己的权利,对他人的财物采取扣留等措施的行为。《民法典》第 1177 条第 1 款规定:"合法权益受到侵害,情况紧迫且不能及时获得国家机关保护,不立即采取措施将使其合法权益受到难以弥补的损害的,受害人可以在保护自己合法权益的必要范围内采取扣留侵权人的财物等合理措施;但是,应当立即请求有关国家机关处理。"如果受害人采取的措施不当造成他人损害的,应当承担侵权责任。

第六节 侵权责任的承担方式

一、侵权责任承担方式概述

侵权责任承担方式,是指侵权人依法应当对侵权损害承担的不利法律后果的形式和类别。如下:

1. 停止侵害。
2. 排除妨碍。
3. 消除危险。
4. 返还财产。
5. 恢复原状。
6. 赔偿损失。
7. 赔礼道歉。
8. 消除影响、恢复名誉。

二、财产损害赔偿★

(一)人身伤亡的财产损害赔偿

《民法典》第 1179 条规定:"侵害他人造成人身损害的,应当赔偿医疗费、护理费、交通费、营养费、住院伙食补助费等为治疗和康复支出的合理费用,以及因误工减少的收入。造成残疾的,还应当赔偿辅助器具费和残疾赔偿金;造成死亡的,还应当赔偿丧葬费和死亡赔偿金。"

(二)侵害其他人身权益的财产损害赔偿

《民法典》第 1182 条规定:"侵害他人人身权益造成财产损失的,按照被侵权人因此受到的损失或者侵权人因此获得的利益赔偿;被侵权人因此受到的损失以及侵权人因此获得的利益难以确定,被侵权人和侵权人就赔偿数额协商不一致,向人民法院提起诉讼的,由人民法院根据实际情况确定赔偿数额。"

（三）侵害财产性权益的财产损害赔偿

侵害财产所造成的损害可分为直接损害和间接损害。

三、非财产损害赔偿

精神损害赔偿的适用范围包括：

1. 侵害生命权、健康权、身体权、姓名权、肖像权、名誉权、荣誉权、人格尊严权、人身自由权，违反社会公共利益、社会公德侵害他人隐私或者其他人格利益。

2. 侵害监护权。

3. 侵害死者的人格利益。

4. 侵害特定物。具有人格象征意义的特定纪念物品，因故意或重大过失的侵权行为而永久性灭失或者毁损。

四、惩罚性赔偿

惩罚性赔偿，又称报复性赔偿，是指为惩罚侵权行为人而令其支付超出实际损害的赔偿金的特殊侵权损害赔偿方式。惩罚性赔偿制度在某种程度上与侵权责任法的价值取向相冲突，因此惩罚性赔偿制度的适用具有严格的限制，仅在法律具有明文规定时方可予以适用。《民法典》侵权责任编明文规定的情形有：(1)第1185条规定的知识产权惩罚性损害赔偿；(2)第1207条规定的对生产者、销售者的惩罚性损害赔偿；(3)第1232条规定的环境污染、生态破坏的惩罚性损害赔偿。最高人民法院《关于审理医疗损害责任纠纷案件适用法律若干问题的解释》(以下简称《医疗损害责任解释》)第23条还规定了医疗产品的生产者、销售者、药品上市许可持有人生产、销售缺陷医疗产品的惩罚性损害赔偿。

命题点拨 注意侵权责任的归责原则；数人侵权。

第三十五章 特殊侵权责任

第一节 监护人责任

一、监护人责任概述

（一）监护人责任的概念

监护人责任，是指无民事行为能力人或者限制民事行为能力人造成他人损害时，其监护人依法应当承担的侵权责任。

（二）监护人责任的归责原则

监护人责任采用无过错责任的归责原则。

二、监护人责任的构成要件

1. 造成他人损害的主体是被监护人。

2. 被监护人造成他人损害。

3. 被监护人的行为与受害人的损害之间具有因果关系。

4. 被监护人没有独立财产。

三、监护人责任的承担★

在一般情形下，无民事行为能力人、限制民事行为能力人造成他人损害的，由监护人对被侵权人承担侵权损害赔偿责任。这就意味着被监护人自身并没有独立财产，因此直接由监护人承担赔偿责任。

在特殊情形下，当具备独立财产的被监护人造成他人的损害时，就应当首先从其个人财产中支付赔偿费用，不足的部分再由监护人承担赔偿责任。

四、委托监护的责任★★

（一）委托监护的概念

委托监护，是指监护人在一定时期内将监护职责委托给他人行使。

（二）委托监护中监护人的责任

委托监护期间，对于监护人责任的认定和承担，同样应当适用《民法典》第1188条第1款的规定，即如果监护人尽到了监护职责的，可以减轻其侵权责任。当然，在委托监护的情形下，由于监护人并未在现场进行监护，其是否尽到了监护职责，主要是看其对于受托人的选任是否存在过失、对于监护中必要事项是否进行了说明等。

受托人接受监护人的委托，对被监护人进行监护，因此受托人在委托监护期间，其取得了相当于监护人的身份，是临时监护人。那么监护人对于被监护人所应当尽到的照顾、保护、教育、监督等义务，受托人都应当切实履行。因此，如果在委托监护期间发生了被监护人致人损害的情形，一般就意味着受托人存在过错，未能妥当履行监护职责。当然，如果是因为监护人未能履行如实告知、特别提示等义务而造成的损害，则不属于受托人的过错。

如果受托人有过错的，其应当承担相应的责任。相应的责任，是指与行为人自己的过错和原因力相一致的责任，不同于连带责任。因此，在确定受托人的责任时，不可要求其与监护人承担连带责任，而应当根据案件的具体情况，并结合受托人履行监护职责的情况，以及监护人对受托人的选任和说明提示等方面的情况，综合判断各方行为对于损害的原因力关系，最终确定受托人的责任份额。

在被监护人具有独立的财产时，被监护人在实质上也要以自己的财产参与到责任的承担中，此时，应当先从被监护人的独立财产中对受害人进行赔偿费用的支付,不足部分,再由监护人和受托人按照各自相应的责任份额进行赔偿。

五、监护人责任的减轻

监护人尽到监护职责的,可以减轻其侵权责任。此外,根据侵权责任的免责事由,当被侵权人对同一损害的发生或扩大具有过错时,也可以依法减轻监护人的侵权责任。

第二节 用人者责任

一、用人者责任概述

用人者责任,是指雇佣他人为自己提供劳务,提供劳务者在提供劳务的过程中自身遭受损害或者造成他人损害时,接受劳务者所应当承担的侵权责任。

二、用人者责任的构成要件

1. 存在用工关系。

2. 侵权行为由工作人员或提供劳务一方实施。

3. 提供劳务一方因执行工作任务或提供劳务而造成他人损害。

三、用人者责任的承担★

(一)用人单位的责任承担

当工作人员因执行工作任务而造成他人损害时,用人单位就应当对受害人承担侵权责任。用人单位不能以工作人员的过错作为抗辩事由对抗受害人的赔偿请求,因为用人单位对受害人承担的是无过错责任。用人单位承担赔偿责任的范围,应当根据受害人所遭受的损害类型,按照《民法典》的相关规定进行赔偿,例如医疗费、护理费等。

(二)劳务派遣单位的责任承担

在劳务派遣期间,被派遣的工作人员因执行工作任务造成他人损害的,应当由接受劳务派遣的用工单位承担侵权责任。

(三)接受劳务一方的责任承担

在个人用工中,适用无过错责任原则,提供劳务一方因劳务造成他人损害的,由接受劳务一方承担侵权责任。也就是说,无论接受劳务一方是否存在过错,只要提供劳务一方是为了完成劳务而造成他人损害的,接受劳务一方都要对受害人承担侵权损害赔偿责任。

(四)工作人员、提供劳务一方的责任承担

在工作人员、提供劳务一方对于损害具有故意或者重大过失的情况下,用人单位、接受劳务一方对被侵权人承担侵权责任之后,可以向其进行追偿。在无偿帮工的情况下,被帮工人承担赔偿责任后,也有权向有故意或者重大过失的帮工人进行追偿。

四、提供劳务一方受害的侵权责任★

提供劳务一方在提供劳务的过程中自身遭到损害的,其责任的承担根据用人形式是单位用人还是个人用人而不同。因为个人用工形成的劳务关系,提供劳务一方因劳务使自己受到损害的,不属于工伤事故,不能通过工伤保险来分担损失。而根据《工伤保险条例》第2条第1款的规定,我国境内的各类企业、有雇工的个体工商户都应当依照本条例规定参加工伤保险,为本单位全部职工或者雇工缴纳工伤保险费。因此用人单位的工作人员在工作过程中受到工伤损害的,由工伤保险承担无过错的赔偿责任。《人身损害赔偿解释》第3条也规定,依法应当参加工伤保险统筹的用人单位的劳动者,因工伤事故遭受人身损害的,按照《工伤保险条例》的规定处理。

五、定作人责任

(一)定作人责任的概念

定作人责任就是指在承揽关系中,承揽人在完成工作过程中造成第三人损害或者导致自己损害时,定作人所应当承担的侵权责任。

(二)定作人责任的承担

定作人责任的承担,分为定作人承担与过错相应的责任和承揽人自己承担责任两种情形。

其一,定作人承担与过错相应的责任。

其二,承揽人自己承担责任。

第三节 网络侵权责任

一、网络侵权责任的概念

网络侵权,是指行为人在互联网上实施的侵害他人民事权益的行为。

二、通知规则下的网络侵权责任

(一)通知规则的概念

网络侵权的通知规则,是指权利人发现网络用户利用网络服务实施了侵犯自己合法权益的行为的,有权通知网络服务提供者采取删除、屏蔽、断开链接等必要措施。

(二)权利人的通知权

当权利人发现网络用户利用网络实施了侵犯自己权利的行为时,有权通知网络服务提供者采取删除、屏蔽、断开链接等必要措施。

(三)网络服务提供者转送通知的义务

网络服务提供者收到权利人关于权利被侵害的通知之后,应及时将该通知转送给涉嫌侵权的网络用户,如果网络用户认为自己并没有构成侵权,就可以根据通知中所载明的初步证据来进行反证,如提供自己才是真正权利人的凭证等。

(四)网络用户的声明权

根据《民法典》第1196条第1款的规定,网络用户接到转送的通知后,可以向网络服务提供者提交不存在侵权行为的声明。

(五)错误通知造成损害的责任

如果权利人的通知存在错误,导致网络服务提供者据此采取了删除、屏蔽、断开链接等措施,对网络用户的合法权益造成损害的,由于该损害是权利人的错误通知所造成的,因此,应当由权利人承担侵权责任。

三、知道规则下的网络侵权责任

(一)知道规则的概念

网络侵权中的知道规则,也被称为"红旗规则",是指当网络服务提供者自己本身并未从事侵权行为,但是对其网络用户的侵权行为处于知道状态且不采取必要措施时,就应当与网络用户一起,对侵权损害的结果承担连带责任。

(二)网络服务提供者对网络用户实施侵权行为"知道"的判断标准

"知道"包括知道或者应当知道两种,判断网络服务提供者对于网络用户利用其网络服务侵害他人民事权益的行为是否处于"知道或者应当知道"的状态。

(三)网络服务提供者的责任承担

如果网络服务提供者对于网络用户的侵权行为处于不知道或者不应当知道的状态,或者知道了侵权行为但及时采取了必要措施,则网络服务提供者无须承担侵权责任。

第四节　违反安全保障义务的侵权责任

一、违反安全保障义务责任的构成要件★

(一)责任主体是安全保障义务人,分为:

1. 经营场所、公共场所的经营者、管理者。经营场所的经营者和公共场所的管理者,是指对场所负责运营或者看管的责任主体。

2. 群众性活动的组织者。

(二)安全保障义务主体没有尽到安全保障义务

(三)他人遭受损害

(四)他人遭受的损害和义务人未尽到安全保障义务之间具有因果关系

二、违反安全保障义务的责任承担★

(一)安全保障义务人对自己造成损害的责任承担

当负有安全保障义务的主体未尽到安全保障义务,从而导致他人遭受损害的,此时安全保障义务人应当对受害人承担侵权责任。

(二)安全保障义务人对第三人行为造成的损害承担补充责任

(三)安全保障义务人承担补充责任后对第三人的追偿权

在第三人的行为造成受害人的损害时,直接责任人应当是实施了侵权行为的第三人,但如果安全保障义务人此时也存在未尽到安全保障义务的情形,则需要对受害人承担补充责任。在责任的追究和承担上,应当注意顺序,即受害人首先应当向实施了侵权行为的第三人追究责任,由其承担侵权责任,然后再追究经营者、管理者或者组织者的补充责任。

第五节　教育机构的侵权责任

一、教育机构侵权责任的构成要件

1. 受害人为无民事行为能力人或限制民事行为能力人。

2. 人身损害发生在受害人在幼儿园、学校或其他教育机构学习、生活期间。

3. 教育机构未尽到教育、管理职责。

二、教育机构侵权责任的承担★

(一)教育机构的自己责任

幼儿园、学校或者其他教育机构未尽到教育、管理职责的,对于无民事行为能力人、限制民事行为能力人学习、生活期间受到人身损害应当承担侵权损害赔偿责任。这是教育机构对于自己未尽到教育、管理职责的过错所应当承担的自己责任。

(二)教育机构的补充责任

幼儿园、学校或者其他教育机构以外的第三人对在校学习、生活期间的无民事行为能力人、限制民事行为能力人实施侵权行为,属于第三人侵权。根据《民法典》第1175条的规定,损害是因第三人造成的,第三人应当承担侵权责任。第三人对被侵权人承担的责任是直接责任,不得以幼儿园、学校或者其他教育机构未尽到管理职责而作为自己减轻或免除责任的抗辩事由。

在第三人实施侵权行为的情况下,由于教育机构此时的过错主要是未尽到管理职责,而非直接实施侵权行为,因此,教育机构承担的责任是相应的补充责任。在判断幼儿园、学校或者其他教育机构是否尽到管理职责时,应当主要根据这些教育机构在预防、处理、管理校外第三人侵权方面的行为,来判断其是否尽到了相应的注意义务,是否履行了应当履行的管理职责。

第六节 产品责任

一、产品责任的构成要件

1. 产品存在缺陷。

2. 存在缺陷产品造成他人损害的事实。

3. 缺陷产品与造成的损害事实之间存在因果关系。

二、产品责任的承担主体★

因产品存在缺陷造成他人损害的，生产者应当承担侵权责任。

无论是基于生产者的原因而导致产品存在缺陷，还是基于销售者的原因而导致产品存在缺陷，甚至是基于运输者、仓储者等第三人的原因而导致产品存在缺陷，只要产品缺陷造成了他人的损害，被侵权人就享有选择权，既可以向产品的生产者请求赔偿，也可以向产品的销售者请求赔偿。

三、惩罚性赔偿责任★

产品责任中惩罚性赔偿的适用，需要具备如下要件：

1. 行为人具有主观上的故意。

2. 惩罚性赔偿的责任主体是生产者和销售者。

3. 造成他人死亡或者健康严重损害的后果。

4. 缺陷产品与损害后果之间具有因果关系。

四、产品责任的免责事由★

(一)产品未投入流通

(二)投入流通时缺陷尚不存在

(三)产品投入流通时尚不能发现缺陷

生产者将产品投入流通时，当时的科学技术水平尚不能发现缺陷的存在，那么生产者自然也无法发现缺陷的存在。

第七节 机动车交通事故责任

一、机动车交通事故责任的构成要件

1. 机动车交通事故必须发生在道路上。

2. 交通事故由机动车一方造成。

3. 交通事故造成了他人损害。

4. 机动车交通事故与损害之间具有因果关系。

二、机动车交通事故责任的责任主体

1. 机动车的所有人、管理人原则上是责任主体。

2. 因存在租赁、借用等情形而导致机动车所有人、管理人与使用人合法发生分离的情形下，如果发生机动车交通事故，给他人造成损害，并且该机动车一方存在责任的，那么首先就应当由机动车使用人来承担赔偿责任；在机动车使用人承担赔偿责任的同时，如果机动车的所有人、管理人对于损害的发生也存在过错的，则承担相应的赔偿责任。

3. 转让并交付机动车但未办理登记的责任主体是受让人。

4. 以挂靠形式从事道路运输经营活动的机动车，一旦发生交通事故，并造成乘客、行人或其他人的人身权益或财产权益损害，如果该机动车一方负有责任，则挂靠人和被挂靠人对此承担连带责任，即被侵权人有权请求挂靠人或者被挂靠人承担部分或者全部赔偿责任。在挂靠人和被挂靠人内部，各自的责任份额根据各自责任大小确定，难以确定责任大小的，平均承担责任，实际承担责任超过自己责任份额的连带责任人，有权向其他连带责任人追偿。

5. 未经允许驾驶他人机动车，发生交通事故造成损害，属于该机动车一方责任的，由机动车使用人承担赔偿责任；机动车所有人、管理人对损害的发生有过错的，承担相应的赔偿责任。

6. 以买卖或者其他方式转让拼装或者已达到报废标准的机动车，发生交通事故造成损害的，由转让人和受让人承担连带责任。

7. 盗窃、抢劫或者抢夺的机动车发生交通事故造成损害的，由盗窃人、抢劫人或者抢夺人承担赔偿责任。

8. 套牌机动车发生交通事故造成损害并负有责任的，由套牌机动车的所有人或者管理人承担赔偿责任。但如果被套牌机动车所有人或者管理人对于他人套取、使用其机动车号牌的事实是知情并同意的，如基于亲友关系或有偿使用关系而允许他人套牌的，则其应当与套牌机动车的所有人或者管理人承担连带赔偿责任。

9. 接受机动车驾驶培训的人员在培训活动中一旦发生交通事故造成第三人损害，应由驾驶培训单位承担责任。

10. 试乘发生道路交通事故后，属于机动车一方责任的，责任主体是试乘服务提供者，由试乘服务提供者对受害人承担赔偿责任。

第八节 医疗损害责任

一、医疗损害责任概述

医疗损害责任，是指医疗机构及其医务人员在诊疗活动中因过错造成患者损害，或者因缺陷医疗产品或输入不合格的血液导致患者遭受损害，因此所需要承担的侵权损害赔偿责任。

医疗损害侵权属于一般的过错责任范畴，应当适用过错责任原则，而不属于特殊的过错推定责任

和无过错责任。

二、医疗损害责任的构成要件

1. 医疗机构或者其医务人员进行了诊疗活动。

2. 患者在诊疗活动中遭受了损害。

3. 医疗机构及其医务人员存在过错。

4. 过错与损害后果之间存在因果关系。

三、医疗活动中的其他责任

（一）医用产品责任

患者因药品、消毒产品、医疗器械的缺陷而受到的损害，在药品上市许可持有人、生产者和医疗机构之间设置了连带赔偿责任，患者既可以向药品上市许可持有人、消毒产品或医疗器械的生产者请求赔偿，也可以向医疗机构请求赔偿。

（二）血液制品责任

医疗机构和血液提供机构之间应承担连带责任，患者既可以选择向医疗机构提出赔偿主张，要求其承担赔偿责任，也可以选择向血液提供机构提出赔偿主张，要求其承担赔偿责任。如果患者向医疗机构请求赔偿的，医疗机构赔偿后，有权向负有责任的血液提供机构进行追偿。

（三）侵犯患者隐私权责任

病历资料包括医疗机构保管的门诊病历、住院志、体温单、医嘱单、检验报告、医学影像检查资料、特殊检查（治疗）同意书、手术同意书、手术及麻醉记录、病理资料、护理记录、出院记录以及国务院卫生行政主管部门规定的其他病历资料。患者对其病历资料享有查阅和复制的权利，但医疗机构必须依法妥善保管，不得泄露，否则构成对患者隐私权和个人信息权利的侵害，应当依照《民法典》人格权编和侵权责任编的相关规定承担责任。

四、医疗损害责任的免责事由

1. 患者或者其近亲属不配合医疗机构进行符合诊疗规范的诊疗。

2. 医务人员在抢救生命垂危的患者等紧急情况下已经尽到合理诊疗义务。

3. 限于当时的医疗水平难以诊疗。

第九节　环境污染和生态破坏责任

一、环境污染和生态破坏责任概述

环境污染和生态破坏责任，是指行为人因从事了污染环境、破坏生态的行为而应当承担的侵权责任。

因污染环境、破坏生态造成他人损害，不论侵权人有无过错，侵权人应当承担侵权责任；侵权人以排污符合国家或者地方污染物排放标准为由主张不承担责任的，人民法院不予支持。因此，过错并不是行为人承担污染环境、破坏生态责任的要件，对于免责事由，也只能适用法律所作出的明确规定。

二、环境污染和生态破坏责任的构成要件

1. 行为人实施了污染环境和破坏生态的行为。

2. 对生态环境造成污染和破坏。

3. 行为人的行为与损害后果之间具有因果关系。

三、两个以上侵权人污染环境和破坏生态的责任认定

实施污染环境、破坏生态行为的行为人，如果是两个以上，并且是基于共同意思联络而实施污染环境、破坏生态的行为，则构成污染环境、破坏生态的共同侵权行为，应当根据《民法典》第1168条的规定承担连带责任。

四、环境污染和生态破坏的责任形式

（一）污染环境、破坏生态的惩罚性赔偿

民法典确立了环境污染和生态破坏责任的惩罚性赔偿制度，《民法典》第1232条规定，侵权人违反法律规定故意污染环境、破坏生态造成严重后果的，被侵权人有权请求相应的惩罚性赔偿。在污染环境、破坏生态责任中适用惩罚性赔偿，必须具备如下条件：

1. 侵权行为人在主观上具有故意。行为人主观上的故意，体现为侵权人违反法律中相关生态环境保护的规定而故意实施污染环境、破坏生态的行为。行为人的主观心态仅限于故意的心理状态，是明显违法的故意，而不包括重大过失或一般过失。

2. 造成严重后果。污染环境、破坏生态责任中的惩罚性赔偿，要求造成的后果达到严重的程度。污染环境、破坏生态造成严重后果，往往是侵权行为已经造成严重环境污染、生态破坏，或者存在重大环境安全隐患以及产生重大不良社会影响，或者致使公私财产遭受重大损失，或者造成人身伤亡等。

3. 被侵权人提出惩罚性赔偿的请求。惩罚性赔偿仍然是侵权损害赔偿的一种，属于被侵权人所能够主张的损害赔偿范围，因此惩罚性赔偿只能基于当事人的请求而产生，不能由法院依职权作出，否则违背民事诉讼中的“不告不理”原则和处分原则。被侵权人是指环境污染和生态破坏责任中的受害人，在环境公益诉讼中，也包括提起诉讼的公益组织和检察院等主体。

（二）生态环境损害修复责任

违反国家规定造成生态环境损害，生态环境能够修复的，国家规定的机关或者法律规定的组织有权请求侵权人在合理期限内承担修复责任，侵权人

在期限内未修复的，国家规定的机关或者法律规定的组织可以自行或者委托他人进行修复，所需费用由侵权人负担。

（三）侵权人在期限内未修复时需负担修复费用

修复生态环境是侵权行为人在符合条件时所应当承担的责任形式，应当由侵权行为人亲自履行修复生态环境的义务。

五、环境污染和生态破坏责任的赔偿范围

环境污染和生态破坏责任的赔偿范围，既包括存在具体受害人时的侵权损害赔偿范围，也包括在环境公益诉讼中的生态修复、生态环境功能丧失补偿等特别赔偿范围。

第十节　高度危险责任

一、高度危险责任概述

高度危险责任，是指因从事高度危险作业造成他人损害而应当承担的侵权责任。《民法典》第1236条规定，从事高度危险作业造成他人损害的，应当承担侵权责任。

高度危险责任的归责原则，是无过错责任原则，即只要高度危险作业造成了他人人身、财产权益的损害，则无论行为人是否有过错，都要承担侵权责任。

高度危险责任的构成要件包括：

1. 行为人实施了高度危险作业。
2. 受害人遭受了损害。
3. 高度危险作业与受害人损害之间具有因果关系。

二、民用核事故致害责任

民用核设施是相对于军用核装备、核武器的概念，是指以核能为动力或以放射性物质为原材料的用于民品生产经营的设施。

三、民用航空器致害责任

民用航空器致害责任，是指因民用航空器的使用和运营造成他人损害时，民用航空器的经营者所应当承担的侵权责任。

1. 民用航空器造成他人损害的归责原则，为无过错责任原则。
2. 承担无过错责任原则的主体是民用航空器的经营者。
3. 民用航空器经营者的免责事由，主要是受害人故意，经营者对此负担证明责任。

四、高度危险物致害责任

高度危险物致害责任，是指占有或者使用高度危险物造成他人损害时占有人或者使用人所应当承担的侵权责任。

五、高度危险活动致害责任

高度危险活动致害责任，是指从事高空、高压、地下挖掘活动或者使用高速轨道运输工具造成他人损害时，经营者所应当承担的侵权责任。

六、高度危险区域致害责任

根据《民法典》第1243条的规定，受害人未经许可进入高度危险活动区域或者高度危险物存放区域而受到损害，如果管理人能够证明已经采取足够安全措施并尽到充分警示义务的，则可以减轻或者不承担责任。因为按照相关规定的要求，高度危险活动区域或者高度危险物存放区域都必须与人民群众生活工作的活动场所相隔绝，且必须进行严格的出入管理制度，非工作人员不得入内。但如果在管理人已经采取相关安全措施，并且通过各种形式如树立警告牌、张贴告示等尽到警示义务，此时被侵权人仍然执意进入高度危险活动区域或高度危险物存放区域，并最终造成自身损害，这表明行为人自身具有较为明显的过错，因此应当减免管理人的责任。

第十一节　饲养动物损害责任

一、饲养动物损害责任概述

饲养动物损害责任，是指饲养的动物造成他人损害时，动物饲养人或者管理人所应当承担的侵权责任。

二、饲养动物损害责任的构成要件

1. 致人损害的动物是饲养的动物。
2. 饲养的动物造成了他人的损害。
3. 饲养的动物与被侵权人的损害后果之间具有因果关系。

三、损害责任的承担★

饲养动物致人损害的，由动物饲养人或者管理人承担侵权责任。

四、饲养动物损害责任的减轻或免责事由★

饲养的动物造成他人损害主要有两种免责事由，均集中在被侵权人过错方面：第一，被侵权人故意造成损害的，动物饲养人或者管理人可以不承担责任；第二，被侵权人基于重大过失造成损害的，动物饲养人或管理人可以减轻责任。

第十二节　建筑物和物件损害责任

一、建筑物和物件损害责任概述

建筑物和物件损害责任，是指建筑物、构筑物或者其他设施、林木、道路及地下设施等人工物发生倒

塌、坠落等现象，造成他人损害时，相关人工物的所有人、管理人、使用人等主体所应承担的侵权责任。致人损害的建筑物和物件，都是人力形成或能够被人力所控制的有形的人工物，包括动产和不动产。

建筑物和物件致人损害，是基于建筑物和物件的形态、状态、位置等天然具有的危险或者发生变化所带来的危险而造成，一般不是基于人的行为直接造成的损害。

建筑物和物件损害责任的归责原则采用过错责任中的过错推定原则，即一旦建筑物和物件造成他人损害的后果，就先推定建筑物和物件的所有人或管理人等主体具有过错，如果所有人或管理人等主体认为自己没有过错，则必须承担举证责任，证明其并无过错才能免于承担侵权责任。

二、建筑物、构筑物或者其他设施倒塌、塌陷致害责任

建筑物、构筑物或者其他设施倒塌、塌陷造成他人损害的，由建设单位与施工单位承担连带责任，但是建设单位与施工单位能够证明不存在质量缺陷的除外。

当建筑物、构筑物或者其他设施发生倒塌、塌陷时，往往意味着建筑物等的质量存在严重问题，或者施工存在巨大缺陷，或者设计方案存在巨大隐患，如果造成他人损害的，就应当由建设单位与施工单位对被侵权人的损害承担连带责任。

但如果建设单位与施工单位能够完成举证责任，证明建筑物、构筑物或者其他设施确实不存在质量缺陷，那么就表明建筑物、构筑物或者其他设施的倒塌、塌陷是基于其他原因而造成的，如不可抗力、使用人自身的破坏、第三人的原因等。此时建设单位与施工单位就可以免于承担责任。

三、建筑物、构筑物或者其他设施及其搁置物、悬挂物脱落、坠落损害责任

建筑物、构筑物或者其他设施及其搁置物、悬挂物脱落、坠落损害责任，是指因建筑物、构筑物或者其他设施及其搁置物、悬挂物发生脱落、坠落的事实而造成他人损害的后果，所有人、管理人或者使用人所应当承担的侵权责任。

采用过错推定的归责原则，对所有人、管理人或者使用人的过错实行推定，进行举证责任倒置，所有人、管理人或者使用人不能证明自己没有过错的，应当承担侵权责任。

因此，发生脱落、坠落造成他人损害的事实之后，首先推定所有人、管理人或者使用人对此存在过错，如果其认为自己不存在过错的，则应当承担举证责任，进行举证。

四、建筑物中抛掷物品或者建筑物上坠落物品致害责任

建筑物中抛掷物品或者从建筑物上坠落物品的致害责任，是指因建筑物中抛掷的物品或者从建筑物上坠落的物品而造成他人损害时，侵权人所应当承担的侵权责任。按如下规则确定：

1. 能够查明侵权人的，由侵权人承担责任。

2. 难以确定具体侵权人的，由可能加害的建筑物使用人给予补偿。

3. 物业服务企业的安全保障义务。

物业服务企业等建筑物管理人应当采取必要的安全保障措施，防止发生从建筑物中抛掷物品或者从建筑物上坠落物品的现象，如果物业服务企业等建筑物管理人未采取必要的安全保障措施的，应当依法承担未履行安全保障义务的侵权责任。

五、堆放物倒塌、滚落或者滑落致害责任

堆放物倒塌、滚落或者滑落致害责任，是指因堆放物发生倒塌、滚落或者滑落造成他人损害时，堆放人所应当承担的侵权责任。

对于堆放物倒塌、滚落或者滑落造成他人损害的归责原则，根据《民法典》第 1255 条的规定，采取过错推定的归责原则，即只要发生了堆放物倒塌、滚落或者滑落造成他人损害的事实，就首先推定是基于堆放人的过错而导致。如果堆放人对此持有异议，则其应当负担举证责任，证明自己并没有过错，否则就应当承担侵权责任。如果堆放物倒塌、滚落或者滑落是因为受害人故意或第三人原因所造成的，堆放人也可以进行免责的抗辩。

六、公共道路堆放、倾倒、遗撒妨碍通行的物品致害责任

公共道路堆放、倾倒、遗撒妨碍通行的物品致害责任，是指因在公共道路上堆放、倾倒、遗撒妨碍通行的物品造成他人损害时，行为人所应当承担的侵权责任。

七、林木折断、倾倒或果实坠落损害责任

林木折断、倾倒或果实坠落损害责任，是指因林木折断、倾倒或者果实坠落等造成他人损害，林木的所有人或者管理人应当承担的侵权责任。

在归责原则上，林木折断、倾倒或者果实坠落等造成他人损害的归责原则为过错推定原则，即林木折断、倾倒或者果实坠落等造成他人损害的，首先推定林木的所有人或者管理人对于损害的发生具有过错，如果其认为自己没有过错的，则应当负担举证责任，证明自己对此没有过错才能免责，否则就应当承担责任。林木的所有人、管理人如果要证明自己无过错，就必须证明自己尽到了应尽的注意义务，这主

要包括对林木的定期检查、病虫害防治、障碍清除、极端天气的预防措施等义务。此外，受害人故意、第三人原因等一般免责事由，也可以作为林木的所有人或者管理人的免责抗辩事由。

八、地下施工及地下设施致人损害责任

地下施工及地下设施致人损害责任，是指因在公共场所或者道路上挖掘、修缮安装地下设施等造成他人损害，施工人、管理人所应当承担的侵权责任。

在归责原则上，《民法典》第1258条对地下施工及地下设施致人损害责任采取了过错推定的归责原则，即首先推定施工人对于损害具有过错，如果施工人提出异议，则由其承担举证责任，证明自己已经设置明显标志和采取安全措施方可免责，否则即应承担侵权责任。

命题点拨 掌握各类特殊侵权责任的归责原则和责任承担。

知识产权法

【复习指引】 本部分内容模块清晰，包括著作权、专利权和商标权三部分内容。其中，著作权内容最多也最重要，考生在备考时要对该部分内容进行全面理解，结合历年真题记忆重点内容。

第一章 知识产权保护概述(略)

第二章 著 作 权

第一节 著作权的客体

一、作品的概念

作品，是指文学、艺术和科学领域内具有独创性并能以某种有形形式复制的智力成果。

二、作品的种类★

1. 文字作品，是指小说、诗词、散文、论文等以文字形式表现的作品。

2. 口述作品，是指即兴的演说、授课、法庭辩论等以口头语言形式表现的作品。

3. 音乐、戏剧、曲艺、舞蹈、杂技艺术作品。

4. 美术、建筑作品。

5. 摄影作品。

6. 视听作品。

7. 工程设计图、产品设计图、地图、示意图等图形作品和模型作品。

8. 计算机软件，是指计算机程序及其文档。

9. 符合作品特征的其他智力成果。

三、著作权法不予保护的对象

1. 官方文件。

2. 单纯事实消息。

3. 历法、数表、通用表格和公式。

第二节 著作权的主体

一、一般意义上的著作权主体

1. 作者。

2. 继受人。

继受人，是指因发生继承、赠与、遗赠或受让等法律事实而取得著作财产权的人。

3. 外国人和无国籍人。

只要符合下列条件之一，外国人、无国籍人的作品即受我国著作权法保护：

(1)外国人、无国籍人的作品根据其作者所属国或者经常居住地国同中国签订的协议或者共同参加的国际条约享有著作权的。

(2)其作品首先在中国境内出版的。在中国境外首先出版后，30 日内又在中国境内出版的，视为该作品同时在中国境内出版。

(3)未与中国签订协议或者共同参加国际条约的国家的作者以及无国籍人的作品首次在中国参加的国际条约的成员国出版的，或者在成员国和非成员国同时出版的。

二、演绎作品著作权的归属及行使

演绎行为是演绎者的创造性劳动，是一种重要的创作方式。演绎创作所产生的作品，其著作权由演绎者享有，但行使著作权时不得侵犯原作品的著作权。

三、合作作品著作权的归属及行使★

合作作品的著作权由合作作者通过协商一致行使；不能协商一致，又无正当理由的，任何一方不得阻止他方行使除转让、许可他人专有使用、出质以外的其他权利，但是所得收益应当合理分配给所有合作作者。

合作作品可以分割使用的，作者对各自创作的部分可以单独享有著作权，但行使著作权时不得侵犯合作作品整体的著作权。

四、汇编作品著作权的归属及行使

汇编作品的著作权由汇编人享有，但行使著作权时，不得侵犯原作品的著作权。由于汇编权是作者的专有权利，因而汇编他人受著作权法保护的作品或作品的片段时，应征得他人的同意，并不得侵犯他人对作品享有的发表权、署名权、保护作品完整权和获得报酬权等著作权。

五、视听作品的著作权人

视听作品中的电影作品、电视剧作品的著作权由制作者享有，但编剧、导演、摄影、作词、作曲等作

者享有署名权,并有权按照与制作者签订的合同获得报酬。除此以外的视听作品的著作权归属由当事人约定;没有约定或者约定不明确的,由制作者享有,但作者享有署名权和获得报酬的权利。

视听作品中的剧本、音乐等可以单独使用的作品的作者有权单独行使其著作权。

六、职务作品的种类及著作权归属★

有下列情形之一的职务作品,作者享有署名权,著作权的其他权利由法人或者非法人组织享有,法人或者非法人组织可以给予作者奖励:

1. 一般职务作品。除单位作品外,自然人为完成单位工作任务而又未主要利用单位物质技术条件创作的作品,称为一般职务作品。

2. 特殊职务作品。(1)主要是利用法人或者非法人组织的物质技术条件创作,并由法人或者非法人组织承担责任的工程设计图、产品设计图、地图、示意图、计算机软件等职务作品;(2)报社、期刊社、通讯社、广播电台、电视台的工作人员创作的职务作品;(3)法律、行政法规规定或者合同约定著作权由法人或者非法人组织享有的职务作品。特殊职务作品的作者享有署名权,著作权的其他权利由法人或者非法人组织享有,法人或者非法人组织可以给予作者奖励。

七、委托作品的著作权人★

委托作品,是指作者接受他人委托而创作的作品。委托作品的著作权归属由委托人和受托人通过合同约定。合同未作明确约定或者没有订立合同的,著作权属于受托人。

八、原件所有权转移的作品的著作权归属★

作品原件所有权的转移,不改变作品著作权的归属,但美术、摄影作品原件的展览权由原件所有人享有。作者将未发表的美术、摄影作品的原件所有权转让给他人,受让人展览该原件不构成对作者发表权的侵犯。

九、作者身份不明的作品的著作权归属

作者身份不明的作品,是指从通常途径不能了解作者身份的作品。作者身份不明的作品,由作品原件的所有人行使除署名权以外的著作权。作者身份确定后,由作者或者其继承人行使著作权。

第三节　著作权的内容

一、著作人身权★★

1. 发表权。发表权,是指决定作品是否公之于众的权利。

2. 署名权。署名权,是指表明作者身份,在作品上署名的权利。

3. 修改权。修改权,是指修改或授权他人修改作品的权利。

4. 保护作品完整权。保护作品完整权,是指保护作品不受歪曲、篡改的权利。

二、著作财产权★★

著作财产权,是指著作权人依法享有的控制作品的使用并获得财产利益的权利。

(一)使用权

使用权,是指以复制、发行、出租、展览、表演、放映、广播、网络传播、摄制、改编、翻译、汇编等方式使用作品的权利。具体包括以下内容:(1)复制权;(2)发行权;(3)出租权;(4)展览权;(5)表演权;(6)放映权;(7)广播权;(8)信息网络传播权;(9)摄制权;(10)改编权;(11)翻译权;(12)汇编权;(13)应当由著作权人享有的使用作品的其他权利。

(二)许可使用权

许可使用权,是指著作权人依法享有的许可他人使用作品并获得报酬的权利。

(三)转让权

转让权,是指著作权人依法享有的转让使用权中一项或多项权利并获得报酬的权利。

(四)获得报酬权

获得报酬权,是指著作权人依法享有的因作品的使用或转让而获得报酬的权利。

第四节　著作权的限制

一、合理使用★★★

合理使用,是指根据法律的明文规定,不必征得著作权人同意而无偿使用他人已发表作品的行为。合理使用的情形:

1. 为个人学习、研究或者欣赏,使用他人已经发表的作品;

2. 为介绍、评论某一作品或者说明某一问题,在作品中适当引用他人已经发表的作品;

3. 为报道新闻,在报纸、期刊、广播电台、电视台等媒体中不可避免地再现或者引用已经发表的作品;

4. 报纸、期刊、广播电台、电视台等媒体刊登或者播放其他报纸、期刊、广播电台、电视台等媒体已经发表的关于政治、经济、宗教问题的时事性文章,但著作权人声明不许刊登、播放的除外;

5. 报纸、期刊、广播电台、电视台等媒体刊登或者播放在公众集会上发表的讲话,但作者声明不许刊登、播放的除外;

6. 为学校课堂教学或者科学研究，翻译、改编、汇编、播放或者少量复制已经发表的作品，供教学或者科研人员使用，但不得出版发行；

7. 国家机关为执行公务在合理范围内使用已经发表的作品；

8. 图书馆、档案馆、纪念馆、博物馆、美术馆、文化馆等为陈列或者保存版本的需要，复制本馆收藏的作品；

9. 免费表演已经发表的作品，该表演未向公众收取费用，也未向表演者支付报酬，且不以营利为目的；

10. 对设置或者陈列在室外公共场所的艺术作品进行临摹、绘画、摄影、录像；

11. 将中国公民、法人或者非法人组织已经发表的以国家通用语言文字创作的作品翻译成少数民族语言文字作品在国内出版发行；

12. 以阅读障碍者能够感知的无障碍方式向其提供已经发表的作品；

13. 法律、行政法规规定的其他情形。

二、法定许可使用★★★

法定许可使用，是指依照法律的明文规定，不经著作权人同意有偿使用他人已经发表作品的行为。根据有关规定，法定许可使用主要包括以下情形：

1. 为实施义务教育和国家教育规划而编写出版教科书，可以不经著作权人许可，在教科书中汇编已经发表的作品片段或者短小的文字作品、音乐作品或者单幅的美术作品、摄影作品、图形作品；

2. 为通过信息网络实施九年制义务教育或者国家教育规划，可以不经著作权人许可，使用其已经发表作品的片段或者短小的文字作品、音乐作品或者单幅的美术作品、摄影作品制作课件，由制作课件或者依法取得课件的远程教育机构通过信息网络向注册学生提供；

3. 作品被报社、期刊社刊登后，除著作权人声明不得转载、摘编的外，其他报刊可以转载或者作为文摘、资料刊登；

4. 录音制作者使用他人已经合法录制为录音制品的音乐作品制作录音制品，著作权人声明不许使用的除外；

5. 广播电台、电视台播放他人已经发表的作品。

三、著作权的保护期限★★

1. 著作人身权的保护期限。

著作人身权中的署名权、修改权和保护作品完整权的保护期不受限制，可以获得永久性保护。但著作人身权中的发表权的保护有时间限制。

2. 自然人作品的发表权和财产权的保护期。

自然人的作品，其发表权和使用权的保护期为作者终生及其死后50年，截止于作者死亡后第50年的12月31日；如果是合作作者，截止于最后死亡的作者死亡后第50年的12月31日。作者生前未发表的作品，如果作者未明确表示不发表，作者死亡后50年内，其发表权可由继承人或者受遗赠人行使；没有继承人又无人受遗赠的，由作品原件的所有人行使。

3. 法人或非法人组织的作品的发表权和财产权的保护期。

法人或者非法人组织的作品、著作权（署名权除外）由法人或者非法人组织享有的职务作品，其发表权的保护期为50年，截止于作品创作完成后第50年的12月31日；《著作权法》第10条第1款第5～17项规定的权利的保护期为50年，截止于作品首次发表后第50年的12月31日，但作品自创作完成后50年内未发表的，《著作权法》不再保护。

4. 作者身份不明作品使用权的保护期。

作者身份不明的作品，其使用权的保护期截止于作品发表后第50年的12月31日。作者身份确定后，适用《著作权法》第23条的规定，按不同作品类型分别确定保护期。

第五节　邻　接　权

一、表演者的权利内容★

1. 表明表演者身份。

2. 保护表演形象不受歪曲。

3. 许可他人从现场直播和公开传送其现场表演，并获得报酬。

4. 许可他人录音录像，并获得报酬。

5. 许可他人复制、发行、出租录有其表演的录音录像制品，并获得报酬。

6. 许可他人通过信息网络向公众传播其表演，并获得报酬。

7. 演员为完成本演出单位的演出任务进行的表演为职务表演，演员享有表明身份和保护表演形象不受歪曲的权利，其他权利归属由当事人约定。当事人没有约定或者约定不明确的，职务表演的权利由演出单位享有。职务表演的权利由演员享有的，演出单位可以在其业务范围内免费使用该表演。

二、录制者的权利和义务

录制者对其制作的录音录像制品，享有许可他人复制、发行、出租、通过信息网络向公众传播并获得报酬的权利。

录制者使用他人作品制作录音录像制品，应当取得著作权人许可，并支付报酬；使用演绎作品制作录制品的，应当征得演绎作品著作权人和原作品著作权人的许可，并支付报酬；录制表演活动的，应当同表演者订立合同，并支付报酬。

使用改编、翻译、注释、整理、汇编已有作品而产生的作品进行出版、演出和制作录音录像制品，应当取得该作品的著作权人和原作品的著作权人许可，并支付报酬。

第六节　著作权侵权行为（略）

第七节　计算机软件著作权

一、软件著作权的客体

软件著作权的客体，是指计算机软件，即计算机程序及其有关文档。

二、软件著作权人及其权利归属

软件著作权人，是指依法享有软件著作权的自然人、法人或者非法人组织。软件著作权自软件开发完成之日起产生。除法律另有规定外，软件著作权属于软件开发者。如无相反证据，在软件上署名的自然人、法人或者非法人组织为开发者。

三、软件著作权的内容

1. 软件著作人身权：发表权，署名权，修改权。

2. 软件著作财产权：专有使用权、许可使用权、转让权。

命题点拨　著作权客体、主体、内容、限制、保护的基本规定。

第三章　专　利　权

第一节　专利权的主体（略）

第二节　专利权的客体

一、发明

发明，是指对产品、方法或者其改进所提出的新的技术方案。

二、实用新型

实用新型，是指对产品的形状、构造或者其结合所提出的适于实用的新的技术方案。

三、外观设计

外观设计，是指对产品的整体或者局部的形状、图案或者其结合以及色彩与形状、图案的结合所作出的富有美感并适于工业应用的新设计。

四、专利法不予保护的对象★

专利法不予保护的对象包括：(1)对违反法律、社会公德或者妨害公共利益的发明创造，不授予专利权；(2)科学发现；(3)智力活动的规则和方法；(4)疾病的诊断和治疗方法；(5)动物和植物品种；(6)原子核变换方法以及用原子核变换方法获得的物质；(7)对平面印刷品的图案、色彩或者两者的结合作出的主要起标识作用的设计。

第三节　授予专利权的条件

一、发明或者实用新型专利的授权条件★

1. 新颖性，是指该发明或者实用新型不属于现有技术；也没有任何单位或者个人就同样的发明或者实用新型在申请日以前向国务院专利行政部门提出过申请，并记载在申请日以后公布的专利申请文件或者公告的专利文件中。

2. 创造性，是指同申请日以前已有的技术相比，该发明有突出的实质性特点和显著的进步，该实用新型有实质性特点和进步。

3. 实用性，是指该发明或者实用新型能够制造或者使用，并且能够产生积极效果。

二、外观设计专利的授权条件★

1. 新颖性。申请专利的发明创造在申请日以前6个月内，有下列情形之一的，不丧失新颖性：(1)在国家出现紧急状态或者非常情况时，为公共利益目的首次公开的；(2)在中国政府主办或者承认的国际展览会上首次展出的；(3)在规定的学术会议或者技术会议上首次发表的；(4)他人未经申请人同意而泄露其内容的。

2. 实用性。

3. 富有美感。

4. 不得与他人在先取得的合法权利相冲突。

第四节　授予专利权的程序

一、专利申请的原则

1. 形式法定原则。

2. 单一性原则。

3. 先申请原则。

4. 诚实信用原则。不得滥用专利权损害公共利益或者他人合法权益。滥用专利权，排除或者限制竞争，构成垄断行为的，依照《反垄断法》处理。

二、专利申请日★

国务院专利行政部门收到专利申请文件之日为

申请日。如果申请文件是邮寄的，以寄出的邮戳日为申请日。

申请人享有优先权的，优先权日视为申请日。《专利法》第29条规定了国际优先权和国内优先权，国际优先权是指申请人自发明或者实用新型在外国第一次提出专利申请之日起12个月内，或者自外观设计在外国第一次提出专利申请之日起6个月内，又在中国就相同主题提出专利申请的，依照该外国同中国签订的协议或者共同参加的国际条约，或者依照相互承认优先权的原则，可以享有优先权。国内优先权是指申请人自发明或者实用新型在中国第一次提出专利申请之日起12个月内，或者自外观设计在中国第一次提出专利申请之日起6个月内，又向国务院专利行政部门就相同主题提出专利申请的，可以享有优先权。

第五节　专利权的内容、期限与特别许可

一、专利权人的权利★

1. 独占实施权。
2. 实施许可权。
3. 转让权。
4. 标示权。

二、专利权的期限★

发明专利权的期限为20年，实用新型专利权的期限为10年，外观设计专利权的期限为15年，均自申请日起计算。专利权期限届满后，专利权终止。专利权期限届满前，专利权人可以书面声明放弃专利权。

三、专利权的特别许可★★

1. 开放许可。专利权人自愿以书面方式向国务院专利行政部门声明愿意许可任何单位或者个人实施其专利，并明确许可使用费支付方式、标准的，由国务院专利行政部门予以公告，实行开放许可。就实用新型、外观设计专利提出开放许可声明的，应当提供专利权评价报告。

2. 滥用专利权的强制许可。(1)专利权人自专利权被授予之日起满3年，且自提出专利申请之日起满4年，无正当理由未实施或者未充分实施其专利的。申请强制许可的单位或者个人应当提供证据，证明其以合理的条件请求专利权人许可其实施专利，但未能在合理的时间内获得许可。(2)专利权人行使专利权的行为被依法认定为垄断行为，为消除或者减少该行为对竞争产生的不利影响的。

3. 根据公共利益需要的强制许可。在国家出现紧急状态或者非常情况时，或者为了公共利益的目的，国务院专利行政部门可以给予实施发明专利或者实用新型专利的强制许可。

4. 从属专利的强制许可。

四、不视为侵犯专利权的行为★

1. 专利产品或者依照专利方法直接获得的产品，由专利权人或者经其许可的单位、个人售出后，使用、许诺销售、销售、进口该产品的。

2. 在专利申请日前已经制造相同产品、使用相同方法或者已经做好制造、使用的必要准备，并且仅在原有范围内继续制造、使用的。

3. 临时通过中国领陆、领水、领空的外国运输工具，依照其所属国同中国签订的协议或者共同参加的国际条约，或者依照互惠原则，为运输工具自身需要而在其装置和设备中使用有关专利的。

4. 专为科学研究和实验而使用有关专利的。

5. 为提供行政审批所需要的信息，制造、使用、进口专利药品或者专利医疗器械的，以及专门为其制造、进口专利药品或者专利医疗器械的。

第六节　专利侵权行为

一、专利侵权行为的表现形式

1. 直接侵权行为。这是指直接由行为人实施的侵犯他人专利权的行为。其表现形式包括：(1)制造发明、实用新型、外观设计专利产品的行为；(2)使用发明、实用新型专利产品的行为；(3)许诺销售发明、实用新型专利、外观设计专利产品的行为；(4)销售发明、实用新型或外观设计专利产品的行为；(5)进口发明、实用新型、外观设计专利产品的行为；(6)使用专利方法以及使用、许诺销售、销售、进口依照该专利方法直接获得的产品的行为。

2. 间接侵权行为。这是指行为人本身的行为并不直接构成对专利权的侵害，但实施了诱导、怂恿、教唆、帮助他人侵害专利权的行为。

二、现有技术抗辩

在专利侵权纠纷中，被控侵权人有证据证明其实施的技术或者设计属于现有技术或者现有设计的，不构成侵犯专利权。

命题点拨　专利权的授予条件；专利权的内容与限制。

第四章 商 标 权

第一节 商标权的取得

一、取得商标权的途径

商标权的取得可分为原始取得和继受取得。

二、商标注册的原则

(一)申请在先原则

(二)诚实信用原则

(三)自愿注册原则

三、商标注册的条件★

(一)申请人的条件

自然人、法人或者其他组织在生产经营活动中,对其商品或者服务需要取得商标专用权的,应当向商标局申请商标注册。两个以上的自然人、法人或者其他组织可以共同向商标局申请注册同一商标,共同享有和行使该商标的专用权。

(二)商标构成的条件

1. 商标的必备条件:第一,应当具备法定的构成要素;第二,商标应当具有显著特征。

2. 商标的禁止条件。

(1)不得侵犯他人的在先权利或合法利益。

(2)不得违反商标法禁止注册或使用某些标志的条款:

第一,禁止作为商标注册或使用的标志:①同中华人民共和国的国家名称、国旗、国徽、国歌、军旗、军徽、军歌、勋章等相同或者近似的,以及同中央国家机关的名称、标志、所在地特定地点的名称或标志性建筑物的名称、图形相同的;②同外国的国家名称、国旗、国徽、军旗等相同或者近似的,但该国政府同意的除外;③同政府间国际组织的名称、旗帜、徽记等相同或者近似的,但经该组织同意或者不易误导公众的除外;④与表明实施控制、予以保证的官方标志、检验印记相同或者近似的,但经授权的除外;⑤同"红十字""红新月"的标志、名称相同或者近似的;⑥带有民族歧视性的;⑦带有欺骗性,容易使公众对商品的质量等特点或者产地产生误认的;⑧有害于社会主义道德风尚或者有其他不良影响的;⑨县级以上行政区划名称或者公众知晓的外国地名,不得作为商标;⑩商标中有商品的地理标志,而该商品并非来源于该标志所标示的地区,误导公众的,不予注册并禁止使用,但是,已经善意取得注册的继续有效。

第二,禁止作为商标注册但可以作为未注册商标或其他标志使用的标志:①仅有本商品的通用名称、图形、型号的;仅仅直接表示商品的质量、主要原料、功能、用途、重量、数量及其他特点的;其他缺乏显著特征的。前述所列标志经过使用取得显著特征,并便于识别的,可以作为商标注册。②以三维标志申请注册商标的,仅由商品自身的性质产生的形状、为获得技术效果而需有的商品形状或者使商品具有实质性价值的形状,不得注册。

四、商标注册程序

(一)申请的代理★★

商标注册的国内申请人可以自己直接到商标局办理注册申请手续,也可以委托依法设立的商标代理机构办理。外国人或者外国企业在我国申请注册商标和办理其他商标事宜的,应当委托依法设立的商标代理机构代理。

(二)注册申请

商标注册申请人应当按规定的商品分类表填报使用商标的商品类别和商品名称,提出注册申请。商标注册申请人可以通过一份申请就多个类别的商品申请注册同一商标。商标注册申请等有关文件,可以以书面方式或者数据电文方式提出。注册商标在使用过程中,需要扩大使用范围的,无论扩大使用的商品是否与原注册商标使用的商品属于同一类,只要是在核定使用范围之外的,都必须另行提出注册申请;注册商标需要改变其标志的,应当重新提出注册申请;注册商标需要变更注册人的名义、地址或者其他注册事项的,应当提出变更申请。在实行申请在先原则的情形下,申请日期的确定具有很重要的意义。申请日期一般以商标局收到申请文件的日期为准。申请人享有优先权的,优先权日为申请日。

商标法规定了可以享有优先权的两种情况:其一,商标注册申请人自其商标在外国第一次提出商标注册申请之日起6个月内,又在中国就相同商品以同一商标提出商标注册申请的,依照该外国同中国签订的协议或者共同参加的国际条约,或者按照相互承认优先权的原则,可以享有优先权;其二,商标在中国政府主办的或者承认的国际展览会展出的商品上首次使用的,自该商品展出之日起6个月内,该商标的注册申请人可以享有优先权。

(三)审查和核准

商标局对受理的商标注册申请,依法应当在收到申请文件之日起9个月内审查完毕,对符合商标法规定的,予以初步审定公告。

对注册申请的商标不符合注册规定的,商标局应当依法驳回申请。对驳回申请、不予公告的商标,商标局应当书面通知商标注册申请人。商标注册申请人不服的，可以自收到通知之日起15日内向商标评审委员会申请复审。商标评审委员会应当自收到申请之日起9个月内作出决定，并书面通知申请人。有特殊情况需要延长的，经国务院市场监督管理部门批准，可以延长3个月。当事人对商标评审委员会的决定不服的，可以自收到通知之日起30日内向人民法院起诉。

第二节　商标权的内容

一、专用权★★

专用权，是指商标权主体对其注册商标依法享有的自己在指定商品或服务项目上独占使用的权利。

二、许可权

商标使用许可的类型主要有独占使用许可、排他使用许可、普通使用许可等。

三、转让权

商标转让权，是指商标权人依法享有的将其注册商标依法定程序和条件，转让给他人的权利。

四、续展权

续展权，是指商标权人在其注册商标有效期届满前，依法享有申请续展注册，从而延长其注册商标保护期的权利。

五、标示权

六、禁止权

第三节　商标权的消灭

一、注册商标的注销

在下列情况下，商标局可以注销注册商标：

1. 注册商标法定期限届满，未续展和续展未获批准的。

2. 商标注册人申请注销其注册商标或者注销其商标在部分指定商品上的注册的。

3. 商标注册人死亡或者终止，自死亡或者终止之日起1年期满，该注册商标没有办理转移手续的，任何人可以向商标局申请注销该注册商标。

二、注册商标的撤销

注册商标的撤销是商标局对违法使用商标的商标权人依法强制取消已经注册的商标的一种强制性法律措施，也是违法者应当承担的行政法律责任。

三、注册商标的无效宣告

1. 注册商标不涉及侵害他人民事权益情形下的无效宣告。已经注册的商标，违反《商标法》第4条、第10～12条、第19条第4款规定的，或者是以欺骗手段或者其他不正当手段取得注册的，由商标局宣告该注册商标无效；其他单位或者个人可以请求商标评审委员会宣告该注册商标无效。

2. 注册商标侵害他人民事权益情形下的无效宣告。已经注册的商标，违反《商标法》第13条第2款和第3款、第15条、第16条第1款、第30～32条规定的，自商标注册之日起5年内，在先权利人或者利害关系人可以请求商标评审委员会宣告该注册商标无效。对恶意注册的，驰名商标所有人不受5年的时间限制。

3. 司法审查。商标评审委员会在对涉及侵害他人民事权益情形下的无效宣告请求进行审查的过程中，所涉及的在先权利的确定必须以人民法院正在审理或者行政机关正在处理的另一案件的结果为依据的，可以中止审查。中止原因消除后，应当恢复审查程序。商标评审委员会作出维持或者宣告注册商标无效的裁定后，应当书面通知有关当事人。当事人对商标评审委员会的裁定不服的，可以自收到通知之日起30日内向人民法院起诉。人民法院应当通知商标裁定程序的对方当事人作为第三人参加诉讼。

4. 注册商标宣告无效的法律后果。注册商标被宣告无效的，其商标权视为自始不存在。

第四节　商标侵权行为★★★★★★

一、商标侵权行为的表现形式

1. 假冒或仿冒行为。

2. 销售侵犯商标权的商品。

3. 伪造、擅自制造他人注册商标标识或者销售伪造、擅自制造的注册商标标识。

4. 未经商标注册人同意，更换其注册商标并将该更换商标的商品又投入市场。

5. 故意为侵犯他人注册商标专用权行为提供便利条件，帮助他人实施侵犯商标专用权行为。

6. 给他人的注册商标专用权造成其他损害的行为。

(1)将与他人注册商标相同或者相近似的文字作为企业的字号在相同或者类似商品上突出使用，容易使相关公众产生误认的；

(2)复制、摹仿、翻译他人注册的驰名商标或其主要部分在不相同或者不相类似商品上作为商标使用，误导公众，致使该驰名商标注册人的利益可能受到损害的；

(3)将与他人注册商标相同或者相近似的文字注册为域名，并且通过该域名进行相关商品交易的电子商务，容易使相关公众产生误认的。

二、商标权的限制

（一）商标的合理使用

注册商标中含有本商品的通用名称、图形、型号，或者直接标示商品的质量、主要原料、功能、用途、重量、数量及其他特点或者含有地名，注册商标专用权人无权禁止他人正当使用。对他人的正当使用行为不能作为商标侵权行为查处。

三维标志注册商标中含有的商品自身的性质产生的形状、为获得技术效果而需有的商品形状或者使商品具有实质性价值的形状，注册商标专用权人无权禁止他人正当使用。

（二）商标先用权

商标注册人申请商标注册前，他人已经在同一种商品或者类似商品上先于商标注册人使用与注册商标相同或者近似并有一定影响的商标的，注册商标专用权人无权禁止该使用人在原使用范围内继续使用该商标，但可以要求其附加适当区别标识。

第五节　驰名商标的保护★

一、驰名商标的概念

驰名商标，是指在一定地域范围内具有较高知名度并为相关公众知晓的商标。

二、驰名商标的认定

驰名商标的认定可以由特定的行政机关认定，也可以由最高人民法院指定的人民法院在审理案件时进行认定。国务院市场监督管理部门或商标评审委员会可以依法在处理相关纠纷时认定驰名商标。驰名商标的认定以被动认定和个案认定为原则。被动认定是指只能基于纠纷当事人的申请才能认定驰名商标，法院、商标局或商标评审委员会均不得主动依职权认定。个案认定是指只能在发生纠纷的个案中，商标是否驰名对争议的解决具有直接意义时才能依照法律标准进行审查认定。

认定驰名商标应当考虑下列因素：(1)相关公众对该商标的知晓程度；(2)该商标使用的持续时间；(3)该商标的任何宣传工作的持续时间、程度和地理范围；(4)该商标作为驰名商标受保护的记录；(5)该商标驰名的其他因素。这里的“相关公众”，是指与商标所标识的某类商品或者服务有关的消费者和与前述商品或者服务的营销有密切关系的其他经营者。

三、驰名商标的特殊保护措施

复制、摹仿或者翻译他人未在中国注册的驰名商标或者主要部分，在相同或者类似商品上使用，容易导致混淆的，应当承担停止侵害的民事法律责任，申请注册的，不予注册并禁止使用。未注册驰名商标的持有人毕竟没有获得商标权，因而不能依据商标法享有损害赔偿请求权。

就不相同或者不相类似商品申请注册的商标是复制、摹仿或者翻译他人已经在中国注册的驰名商标，误导公众，致使该驰名商标注册人的利益可能受到损害的，不予注册并禁止使用。

四、驰名商标的宣传

驰名商标认定的法律意义仅限于处理特定的纠纷。生产、经营者不得将“驰名商标”字样用于商品、商品包装或者容器上，或者用于广告宣传、展览以及其他商业活动中。

命题点拨　商标构成要件、商标侵权行为的表现形式和驰名商标的保护。

商　法

【复习指引】　本部分内容中公司法和合伙企业法是重头戏，其他的小法在历年考查中平均分布。需要注意的是，2023年对《公司法》进行了修订，删除了2018年《公司法》中16个条文，新增和修改了288个条文，其中实质性修改112个条文，本次修订是历次修订以来规模最大的一次修订，新增"公司登记""国家出资公司组织机构的特别规定"两章内容，删除"一人有限责任公司的特别规定"专节规定，在公司组织机构、股权变化等方面也有很多具体的修改。考生在备考时要分清主次，重点复习公司法，尤其是新修的内容，合伙企业法和企业破产法次之。除此之外的其他内容虽有涉及，但不是客观题考试考查的重点。

第一章　公　司　法

第一节　公司法概述

一、考查概述

在考查方式上，公司法既有客观选择题又有主观案例分析题，随着考查的不断深入，公司法的客观选择题也大多数以小案例的形式出现，这要求考生在掌握好法条之间的关联关系上具备较强的分析理解能力。

二、公司的概念与特征★★

公司是依照法定的条件与程序设立的、以营利为目的的商事组织。根据我国《公司法》的规定，公司包括有限责任公司和股份有限公司两种类型。公司具有三个基本的法律特征。

（一）公司具有法人资格

1. 公司必须依法设立。

2. 公司必须具备必要的财产。

公司是企业法人，有独立的法人财产，享有法人财产权。《公司法》规定，一旦股东认缴了出资额或认购了公司股份，股东就应按照公司章程规定缴纳出资，并应以认缴的出资额、认购的公司股份为限对公司债务承担责任。

3. 公司必须有自己的名称、组织机构和场所。

4. 公司能够独立地承担责任。

公司能够独立地承担责任是公司以自己的名义独立作出行为后的逻辑性后果，是公司具有独立财产的必然延伸，也是公司具有独立法律人格的最终体现。

（二）公司是社团组织，具有社团性

社团性法人一般以具有多个成员为基础，然而我国公司法对有限责任公司的社团性规定了两种例外情形：一人有限责任公司和国有独资公司。

（三）公司以营利为目的，具有营利性

区分是否具有营利性，关键是区分获取利润后是否将利润分配给成员（出资人或股东）。公司获取利润后必须将利润分配于成员（出资人或股东），这既由公司的性质所决定，也体现了股东设立公司的初衷，要求红利分配更是股东的一项重要权利。

三、公司的权利能力和行为能力

（一）权利能力

1. 起止时间：自取得营业执照之日到注销企业法人营业执照之日。

2. 权利能力的限制：

（1）性质的限制，实质上是拟制人格的局限性的体现，因此不可能享有专属于自然人的生命权、健康权、婚姻权、继承权、隐私权、名誉权等。

（2）经营范围的限制，经营范围应该记载于公司登记机关，并且体现在法人的营业执照上。

（二）行为能力的实现

公司作为独立的民商事主体不同于自然人，其行为能力的实现必须通过相应的公司机关进行，即通过股东会形成决策，董事会负责具体执行，监事会负责监督。公司的对外行为由公司的法定代表人来实施，或者由法定代表人的授权代表来实施，根据公司章程的规定，公司的法定代表人可以由下列人员担任：代表公司执行公司事务的董事或者经理。

四、公司的分类★

1. 以公司股东的责任范围为标准：无限责任公司；有限责任公司；两合公司；股份两合公司；股份有

限公司。

2. 以公司之间的关系为标准：(1)母公司：拥有其他公司一定数额股份或根据协议能够控制、支配其他公司的人事、财务、业务等事项的公司。(2)子公司：是一定数额的股份被另一公司控制或依照协议被另一公司控制、支配的公司。子公司有独立法人资格，但涉及公司利益的重大决策或重大人事安排，须由母公司决定。(3)总公司。(4)分公司：是总公司的分支机构，不具有企业法人资格，其民事责任由总公司承担。但分公司能够以自己的名义从事法律行为，有相应的权利能力和行为能力。

3. 以公司的国籍为标准：本国公司；外国公司；跨国公司。

第二节　公司的设立

一、公司设立的概念与设立方式

公司设立，是指公司设立人依照法定的条件和程序，为组建公司并取得法人资格而必须采取和完成的法律行为。公司设立是一个法律行为，公司成立是设立行为的后果。

(一)公司设立的立法体例与立法主旨

我国对公司设立采准则主义和核准主义相结合，一般情况下实行准则主义，但公开发行股票的股份有限公司的设立要经过证监会核准。2020 年《证券法》以注册制取代核准制。

(二)公司设立方式★

公司设立的方式基本为两种，即发起设立和募集设立。

公司设立方式
- 有限公司：仅能采取发起设立的方式
- 股份公司
  - 募集设立：发起人认购股本总数的一部分(≥35%)
  - 发起设立：发起人认购全部股份

募集设立只为股份有限公司的设立方式，依据募资的对象不同募集设立又分为公开发行股票向全社会募集设立和仅向部分特定对象募集设立，由于募集设立对社会其他成员影响重大，为防止发起人“圈钱”公司法特别规定发起人应至少认购股本总数的 35%。

(三)公司设立登记

1. 设立公司，应当依法向公司登记机关申请设立登记。法律、行政法规规定设立公司必须报经批准的，应当在公司登记前依法办理批准手续。

2. 申请设立公司，应当提交设立登记申请书、公司章程等文件，提交的相关材料应当真实、合法和有效。申请材料不齐全或者不符合法定形式的，公司登记机关应当一次性告知需要补正的材料。

3. 申请设立公司，符合《公司法》规定的设立条件的，由公司登记机关分别登记为有限责任公司或者股份有限公司；不符合本法规定的设立条件的，不得登记为有限责任公司或者股份有限公司。

4. 公司登记事项包括：(1)名称；(2)住所；(3)注册资本；(4)经营范围；(5)法定代表人的姓名；(6)有限责任公司股东、股份有限公司发起人的姓名或者名称。公司登记机关应当将上述规定的公司登记事项通过国家企业信用信息公示系统向社会公示。

5. 依法设立的公司，由公司登记机关发给公司营业执照。公司营业执照签发日期为公司成立日期。公司营业执照应当载明公司的名称、住所、注册资本、经营范围、法定代表人姓名等事项。公司登记机关可以发给电子营业执照。电子营业执照与纸质营业执照具有同等法律效力。

6. 公司设立分公司，应当向公司登记机关申请登记，领取营业执照。

(四)发起人★

1. 发起人的概念。发起人是指为设立公司而签署公司章程、向公司认购出资或者股份并履行公司设立职责的人。发起人是有限公司和股份公司设立的不可或缺的条件之一。自然人、法人、非法人组织等民商事主体均可以作为公司设立时的发起人。国家也可以作为公司的发起人，具体由国有资产管理部门作为出资者代表而履行发起人职责。自然人作为发起人时，法律并无行为能力的要求，当其为无行为能力人时，可以由其法定代理人或者监护人代理行使其权利。

2. 发起人的职责：(1)签订出资协议；(2)订立公司章程；(3)确认出资方式，对以实物、知识产权、土地使用权出资的进行协议作价或者委托评估；(4)办理公司登记手续；(5)其他与公司设立相关的事务。

3. 发起人责任与公司责任的区分。(1)发起人为设立公司而以自己的名义对外签订合同的，合同相对人有权请求该发起人承担合同责任。(2)发起人如果是以公司的名义在设立公司过程中对外签订合同，则公司成立后由公司承担合同责任。但是，如果公司能够证明发起人利用设立公司的名义为自己的利益与相对人订立合同，则公司可以抗辩，但此种抗辩不能对抗善意的第三人。(3)公司设立失败时，发起人对设立公司产生的费用和债务承担连带清偿责任。(4)在公司设立过程中，发起人因自己的过失使公司利益受到损害的，应当对公司承担赔偿责任。(5)发起人因履行公司设立职责而给第三人造成损害的，公司成立后由公司承担对第三人的赔偿责任；若公司未成立，则由全体发起人对第三人承担连带赔偿责任。

二、公司章程★★★

（一）公司章程的概念与特征

公司章程，是指公司所必备的，规定其名称、宗旨、资本、组织机构等对内对外事务的基本法律文件。公司章程具有以下基本特征：（1）法定性；（2）真实性；（3）自治性；（4）公开性。

（二）公司章程的订立

设立有限责任公司，应当由股东共同制定公司章程。设立股份有限公司，应当由发起人共同制订公司章程。

（三）公司章程的内容

1. 绝对记载事项。

2. 相对记载事项。

（四）我国公司法对公司章程内容的规定

1. 有限责任公司公司章程的绝对记载事项：（1）公司名称和住所；（2）公司经营范围；（3）公司注册资本；（4）股东的姓名或者名称；（5）股东的出资额、出资方式和出资日期；（6）公司的机构及其产生办法、职权、议事规则；（7）公司法定代表人的产生、变更办法；（8）股东会认为需要规定的其他事项。

2. 股份有限公司公司章程的绝对记载事项：（1）公司名称和住所；（2）公司经营范围；（3）公司设立方式；（4）公司注册资本、已发行的股份数和设立时发行的股份数，面额股的每股金额；（5）发行类别股的，每一类别股的股份数及其权利和义务；（6）发起人的姓名或者名称、认购的股份数、出资方式；（7）董事会的组成、职权和议事规则；（8）公司法定代表人的产生、变更办法；（9）监事会的组成、职权和议事规则；（10）公司利润分配办法；（11）公司的解散事由与清算办法；（12）公司的通知和公告办法；（13）股东会认为需要规定的其他事项。

（五）公司章程的效力

《公司法》第5条规定："设立公司应当依法制定公司章程。公司章程对公司、股东、董事、监事、高级管理人员具有约束力。"

（六）公司章程的变更

公司章程在变更时，应遵循以下原则：（1）不损害股东利益；（2）不损害债权人利益；（3）不妨害公司法人的一致性原则，即不得因公司章程的变更，而使一个公司法人转变为另一个公司法人。

三、公司的资本

（一）公司资本的含义

具体形态有以下几种：（1）注册资本；（2）发行资本；（3）认购资本；（4）实缴资本。

（二）公司资本原则

1. 资本确定原则。资本确定原则是指公司设立时应在章程中载明公司资本总额，并由发起人认足或募足，否则公司不能成立。

2. 资本维持原则。资本维持原则是指公司在其存续过程中，应当经常保持与其资本额相当的财产。

3. 资本不变原则。资本不变原则是指公司资本总额一旦确定，非经法定程序，不得任意变动。

第三节　公司的股东和股东权利

一、公司股东的权利★★★

（一）股东的概念

股东，是指向公司出资、持有公司股份、享有股东权利和承担股东义务的人。

（二）股东权利的特征

1. 股东权利内容具有综合性。

2. 股东权利是股东通过出资所形成的权利。

3. 股东权利是一种社员权。

（三）股东权利的原则

两项基本原则：股东的有限责任原则和股东权平等原则。

（四）股东权利的内容

1. 股东权利的类型。

可分为以下十二类：（1）发给股票或其他股权证明请求权；（2）股份转让权；（3）股息红利分配请求权，即资产收益权；（4）股东会临时召集请求权或自行召集权；（5）出席股东会并行使表决权，即参与重大决策权和选择管理者的权利；（6）对公司财务的监督检查权和会计账簿、会计凭证的查阅权；（7）公司章程和股东名册、股东会会议记录、董事会会议决议、监事会会议决议、财务会计报告、全资子公司相关材料的查阅权和复制权；（8）优先认购新股权；（9）公司剩余财产分配权；（10）权利损害救济权和股东代表诉讼权；（11）公司重整申请权；（12）对公司经营的建议与质询权。其中，第（1）、（2）、（3）、（8）、（9）项为股东权中的财产权，第（4）、（5）、（6）、（7）、（10）、（11）、（12）项为股东权中的管理参与权。

2. 股东会计账簿、会计凭证查阅权的行使。

（1）查阅、复制公司章程、股东会会议记录、董事会会议决议、监事会会议决议和财务会计报告，股东提出查阅请求（包括口头请求与书面请求）即可。

（2）查阅公司会计账簿、会计凭证，股东应当向公司提出书面请求，说明目的。如果公司有合理根据认为股东查阅会计账簿、会计凭证有不正当目的,且可能损害公司合法利益的,可以拒绝提供查阅。公司拒绝提供查阅的,应当自股东提出书面请求之日起 15 日内书面答复股东并说明理由。

3. 股东红利分配请求权的行使。

(1)公司股东如果认为公司没有按照公司章程或者公司法的规定进行股息或者利润分配,可以通过诉讼途径行使自己的红利分配请求权,应当列公司为被告。

(2)利润分配的完成时限,分配方案中有规定的,以分配方案为准;分配方案中没有规定的,以公司章程为准;分配方案和公司章程中均没有规定,或者有规定但时限超过 1 年的,则应当在 1 年内分配完毕。

4. 期限利益的例外。

在注册资本认缴制下,股东依法享有期限利益。债权人以公司不能清偿到期债务为由,请求未届出资期限的股东在未出资范围内对公司不能清偿的债务承担补充赔偿责任的,人民法院不予支持。但是,下列情形除外:

(1)公司作为被执行人的案件,人民法院穷尽执行措施无财产可供执行,已具备破产原因,但不申请破产的;

(2)在公司债务产生后,公司股东(大)会决议或以其他方式延长股东出资期限的。

5. 表决权是否应受到限制。

股东认缴的出资未届履行期限,对未缴纳部分的出资是否享有以及如何行使表决权等问题,应当根据公司章程来确定。公司章程没有规定的,应当按照认缴出资的比例确定。

(五)股东权利的分类

1. 依权利行使之目的为标准,可分为自益权与共益权。自益权是指股东专为自己利益行使的权利,如发给股票或其他股权证明请求权;共益权是指股东为自己利益同时也为公司利益而行使的权利,如出席股东会并表决权。

2. 依权利主体之不同为标准,可分为普通股股东权和特别股股东权。前者是指一般股东享有的权利;后者则是专属特别股股东所享有的权利。

3. 依权利之性质为标准,可分为固有权和非固有权。

4. 依权利之行使方式,可分为单独股东权和少数股东权。

(六)名义股东与实际出资人、股份代持协议★

1. 名义股东(显名股东),是指登记于股东名册及公司登记机关的登记文件,但事实上并没有真实向公司出资,并且也不会向公司出资的人。实际出资人或者实际股东,就是向公司履行了出资义务,并且实际享有股东权利但其姓名或者名称并未记载于公司股东名册及公司登记机关的登记文件的人。

2. 最高人民法院《关于适用〈中华人民共和国公司法〉若干问题的规定(三)》(以下简称《公司法规定(三)》)第 25 条第 1 款规定,有限责任公司的实际出资人与名义出资人订立合同,约定由实际出资人出资并享有投资权益,以名义出资人为名义股东,实际出资人与名义股东对该合同效力发生争议的,如无法律规定的情形,人民法院应当认定该合同有效。

3. 实际股东如果想要取代名义股东的法律地位,必须履行相关的股权转让手续。

4. 如果名义股东将登记于其名下的股权进行了处分,实际出资人请求认定处分股权行为无效的,可以参照《民法典》第 311 条关于善意取得的规定处理。

5. 就对外责任而言,如果公司债权人以名义股东未履行出资义务为由,请求其对公司债务不能清偿的部分在未出资本息范围内承担补充赔偿责任的,名义股东应当承担出资不足或者出资不实的赔偿责任。承担上述赔偿责任后,有权向实际出资人追偿(冒名股东除外)。

二、股东的义务

股东的义务中须注意以下要点:

1. 出资义务。★★

(1)以不动产、设备和知识产权等出资的,应当办理财产的权利转移手续。对以上非货币出资必须评估作价,核实财产,不可以协商作价。

(2)股东逾期缴纳出资或出资不实的,除应追缴出资外,还应当对给公司造成的损失承担赔偿责任。

2. 参加股东会会议的义务。参加股东会会议既是股东的权利,同时也是股东的一项义务。股东应当按照公司机构通知的时间、地点参加股东会会议,不能亲自参加时可以委托其他股东出席股东会会议并行使表决权。

3. 不干涉公司正常经营的义务。股东依据公司章程规定的关于股东会的权限以及公司法规定的股东权利行使权利,应当尊重公司董事会和监事会依据公司法和公司章程各自履行自己的职责,不得干涉董事会、经理的正常经营管理活动,不得干涉监事会的正常工作。

4. 特定情形下的表决权禁行义务。《公司法》第 15 条第 2 款、第 3 款规定,公司为公司股东或者实际控制人提供担保的，应当经股东会决议，被提供担保的股东或者受被提供担保的实际控制人支配的股东，不得参加关于该事项的股东会决议的表决。这称为利害关系股东表决权的排除。

5. 控股股东的特殊义务。

控股股东，是指持股比例超过50%或虽然持股比例低于50%，但其享有的股东表决权足以实际影响股东会会议的决议的股东。公司法规定控股股东不得滥用控股股东的地位；不得利用其关联关系损害公司利益。

6. 不得滥用股东权利。

公司股东滥用公司的独立地位和有限责任损害公司利益或股东利益，应当依法承担责任；股东滥用公司法人独立地位和有限责任，逃避债务，严重损害公司债权人利益的，应当对公司债务承担连带责任。

三、股东代表诉讼制度

（一）代表诉讼制度（又称代位诉讼或派生诉讼）★

代表诉讼制度即公司股东为公司利益而以自己的名义直接向法院提起诉讼的制度。股东代表诉讼的条件：

1. 股东条件：有限公司股东、股份公司连续180天单独或合计持有1%以上股份的股东。

2. 适用情形：上述股东发现下列人员有《公司法》第188条的情形或损害公司利益时。

股东发现：
- （1）董事、高管人员损害公司时，书面请求监事会起诉
- （2）监事有损公司利益时，股东书面请求董事会起诉
- （3）他人有损公司利益时，书面请求董事会或监事会起诉
- （4）公司全资子公司的董事、监事、高管或者他人侵犯公司全资子公司合法权益的，股东可以依照上述三种情形书面请求全资子公司的监事会、董事会起诉或者以自己的名义直接起诉

上述书面请求遭到拒绝、收到后30日内没有诉讼或情况紧急、不立即提起诉讼将会使公司利益受到难以弥补的损害的，可以自己的名义起诉。

（二）直接诉讼制度

《公司法》第190条规定，董事、高级管理人员违反法律、行政法规或者公司章程的规定，损害股东利益的，股东可以向人民法院提起诉讼。注意此条中未规定可以对监事提起直接诉讼。

（三）撤销之诉

1. 适用情形：股东会、董事会的会议召集程序、表决方式违反法律、行政法规或者公司章程，或者决议内容违反公司章程的，股东可以自决议作出之日起60日内，请求人民法院撤销。但是，股东会、董事会的会议召集程序或者表决方式仅有轻微瑕疵，对决议未产生实质影响的除外。未被通知参加股东会会议的股东自知道或者应当知道股东会决议作出之日起60日内，可以请求人民法院撤销；自决议作出之日起1年内没有行使撤销权的，撤销权消灭。

2. 决议不成立的情形：（1）未召开股东会、董事会会议作出决议；（2）股东会、董事会会议未对决议事项进行表决；（3）出席会议的人数或者所持表决权数未达到本法或者公司章程规定的人数或者所持表决权数；（4）同意决议事项的人数或者所持表决权数未达到本法或者公司章程规定的人数或者所持表决权数。

3. 撤销的后果：公司股东会、董事会决议被人民法院宣告无效、撤销或者确认不成立的，公司应当向公司登记机关申请撤销根据该决议已办理的登记。股东会、董事会决议被人民法院宣告无效、撤销或者确认不成立的，公司根据该决议与善意相对人形成的民事法律关系不受影响。

（四）请求解散之诉（详见本章第八节）

第四节　公司的董事、监事、高级管理人员★★

一、任职资格的限制性条件

《公司法》规定有下列情况的不可担任公司董事、监事、高级管理人员：

1. 无民事行为能力或者限制民事行为能力；

2. 因贪污、贿赂、侵占财产、挪用财产或者破坏社会主义市场经济秩序，被判处刑罚，或者因犯罪被剥夺政治权利，执行期满未逾五年，被宣告缓刑的，自缓刑考验期满之日起未逾2年；

3. 担任破产清算的公司、企业的董事或者厂长、经理，对该公司、企业的破产负有个人责任的，自该公司、企业破产清算完结之日起未逾3年；

4. 担任因违法被吊销营业执照、责令关闭的公司、企业的法定代表人，并负有个人责任的，自该公司、企业被吊销营业执照、责令关闭之日起未逾3年；

5. 个人因所负数额较大债务到期未清偿被人民法院列为失信被执行人。

二、董事、监事、高级管理人员的义务

1. 董事、监事、高级管理人员、公司不担任公司董事但实际执行公司事务的控股股东和实际控制人对公司负有忠实义务和勤勉义务。

2. 公司法又特别规定了董事、监事、高级管理人员的义务。

（1）董事、监事、高级管理人员不得有下列行

为:①侵占公司财产、挪用公司资金;②将公司资金以其个人名义或者以其他个人名义开立账户存储;③利用职权贿赂或者收受其他非法收入;④接受他人与公司交易的佣金归为己有;⑤擅自披露公司秘密;⑥违反对公司忠实义务的其他行为。

(2)董事、监事、高级管理人员,直接或者间接与本公司订立合同或者进行交易,应当就与订立合同或者进行交易有关的事项向董事会或者股东会报告,并按照公司章程的规定经董事会或者股东会决议通过。

(3)董事、监事、高级管理人员的近亲属,董事、监事、高级管理人员或者其近亲属直接或者间接控制的企业,以及与董事、监事、高级管理人员有其他关联关系的关联人,与公司订立合同或者进行交易,适用前款规定。

(4)董事、监事、高级管理人员,不得利用职务便利为自己或者他人谋取属于公司的商业机会。但是,有下列情形之一的除外:①向董事会或者股东会报告,并按照公司章程的规定经董事会或者股东会决议通过;②根据法律、行政法规或者公司章程的规定,公司不能利用该商业机会。

(5)董事、监事、高级管理人员未向董事会或者股东会报告,并按照公司章程的规定经董事会或者股东会决议通过,不得自营或者为他人经营与其任职公司同类的业务。

(6)董事、监事、高级管理人员违反上述规定所得的收入应当归公司所有。

第五节　公司的财务与会计制度

一、收益分配顺序

收益分配顺序是规定公司当年税后利润分配规定的法定顺序。具体分配顺序如下:(1)弥补上一年度公司亏损;(2)提取法定公积金;(3)提取任意公积金;(4)支付股利。

二、公积金制度★

公积金又称储备金,包括法定公积金、任意公积金和资本公积金,是指公司为增强自身财产能力,扩大生产经营和预防意外亏损,依法从公司利润中提取的一种款项。

(一)法定公积金(强制性规范不可以用章程排除)

1. 计提方法:每年提取利润的10%,累计额达到公司注册资本的50%以上时可以不再提取。

2. 用途:(1)弥补公司的亏损;(2)扩大公司生产经营;(3)转增公司资本,所留存的法定公积金不得少于转增前注册资本的25%。

(二)任意公积金

任意公积金不是法定必须提取的。任意公积金是否提取及提取比例均由股东会决定。

(三)资本公积金

公司以超过股票票面金额的发行价格发行股份所得的溢价款、发行无面额股所得股款未计入注册资本的金额以及国务院财政部门规定列入资本公积金的其他项目,应当列为公司资本公积金。

公积金弥补公司亏损,应当先使用任意公积金和法定公积金;仍不能弥补的,可以按照规定使用资本公积金。

第六节　公 司 债 券

(参见商法第七章证券法的相关内容)

第七节　公司的合并、分立、增资、减资

一、公司的合并★

(一)合并类型

- 吸收合并:A公司+B公司=A公司/B公司
- 新设合并:A公司+B公司=C公司

(二)合并程序

1. 合并双方由各自股东会作出合并决议。例外:(1)公司与其持股百分之九十以上的公司合并,被合并的公司不需经股东会决议,但应当通知其他股东,其他股东有权请求公司按照合理的价格收购其股权或者股份。(2)公司合并支付的价款不超过本公司净资产10%的,可以不经股东会决议;但是,公司章程另有规定的除外。(3)公司依照前两种情形合并不经股东会决议的,应当经董事会决议。

2. 签订合并协议。

3. 编制资产负债表及财产清单。

4. 公司应当自作出合并决议之日起10日内通知债权人,并于30日内在报纸上或者国家企业信用信息公示系统公告。债权人自接到通知之日起30日内,未接到通知的自公告之日起45日内,可以要求公司清偿债务或者提供相应的担保。

5. 办理合并登记。

二、公司分立

(一)分立类型

- 派生分立:A公司=A公司+B公司
- 新设分立:A公司=B公司+C公司

(二)分立程序

1. 作出分立决议。

2. 编制资产负债表和财产清单。

3. 通知债权人。公司应当自作出分立决议之日起10日内通知债权人，并于30日内在报纸上或者国家企业信用信息公示系统公告。

公司分立前的债务由分立后的公司承担连带责任。但是，公司在分立前与债权人就债务清偿达成的书面协议另有约定的除外。

三、公司增资

1. 有限责任公司增加注册资本时，股东在同等条件下有权优先按照实缴的出资比例认缴出资。但是，全体股东约定不按照出资比例优先认缴出资的除外。股份有限公司为增加注册资本发行新股时，股东不享有优先认购权，公司章程另有规定或者股东会决议决定股东享有优先认购权的除外。

2. 有限责任公司增加注册资本时，股东认缴新增资本的出资，依照公司法设立有限责任公司缴纳出资的有关规定执行。股份有限公司为增加注册资本发行新股时，股东认购新股，依照本法设立股份有限公司缴纳股款的有关规定执行。

四、公司减资

1. 公司减少注册资本，应当编制资产负债表及财产清单。

2. 公司应当自股东会作出减少注册资本决议之日起10日内通知债权人，并于30日内在报纸上或者国家企业信用信息公示系统公告。债权人自接到通知之日起30日内，未接到通知的自公告之日起45日内，有权要求公司清偿债务或者提供相应的担保。

3. 公司减少注册资本，应当按照股东出资或者持有股份的比例相应减少出资额或者股份，法律另有规定、有限责任公司全体股东另有约定或者股份有限公司章程另有规定的除外。

4. 违反本法规定减少注册资本的，股东应当退还其收到的资金，减免股东出资的应当恢复原状；给公司造成损失的，股东及负有责任的董事、监事、高级管理人员应当承担赔偿责任。

第八节　公司的解散与清算

一、公司解散的类型

依据公司解散的原因不同，公司解散分为以下三种类型：

1. 一般解散 { 依据章程规定解散；股东会决议解散；合并、分立导致解散 }

依据公司章程规定、股东会决议解散，且尚未向股东分配财产的，可以通过修改公司章程或者经股东会决议而存续。

2. 强制解散：又称命令解散，是指出现某种情况由主管机关或人民法院命令解散。

3. 请求解散：指公司陷入僵局时请求法院予以解散，因此又称司法解散。

(1)请求的主体：持有公司表决权10%以上的股东。

(2)适用前提：当公司经营管理发生严重困难，继续存在会使股东利益受到重大损失，通过其他途径不能解决时。此种情况即为公司陷入僵局，最高人民法院《关于适用〈中华人民共和国公司法〉若干问题的规定(二)》(以下简称《公司法规定(二)》)对公司陷入僵局列明了下列具体情形，即在下列情形下股东可以请求解散：①公司持续2年以上无法召开股东会，公司经营管理发生严重困难的；②股东表决时无法达到法定或者公司章程规定的比例，持续2年以上不能作出有效的股东会决议，公司经营管理发生严重困难的；③公司董事长期冲突，且无法通过股东会解决，公司经营管理发生严重困难的；④经营管理发生其他严重困难，公司继续存续会使股东利益受到重大损失情形的。

股东以知情权、利润分配请求权等权益受到损害，或者公司亏损、财产不足以偿还全部债务，以及公司被吊销企业法人营业执照未进行清算等为由，提起解散公司诉讼的，人民法院不予受理。

(3)适用程序：

①诉讼主体。以股东为原告、公司为被告提起诉讼。原告以其他股东为被告一并提起诉讼的，人民法院应当告知原告将其他股东变更为第三人；原告坚持不予变更的，人民法院应当驳回原告对其他股东的起诉。

②财产保全或证据保全。股东提起解散公司诉讼时，向人民法院申请财产保全或者证据保全的，在股东提供担保且不影响公司正常经营的情形下，人民法院可予以保全。

③起诉同时提出清算的不予受理。人民法院可以告知原告，在人民法院判决解散公司后，依据《民法典》第70条、《公司法》第232条和《公司法规定(二)》第7条的规定，自行组织清算或者另行申请人民法院对公司进行清算。

④审理过程中注重调解。当事人协商同意由公司或者股东收购股份，或者以减资等方式使公司存续，且不违反法律、行政法规强制性规定的，人民法院应予支持。当事人不能协商一致使公司存续的，人民法院应当及时判决。

经人民法院调解公司收购原告股份的，公司应当自调解书生效之日起6个月内将股份转让或者注销。股份转让或者注销之前，原告不得以公司收购其股份为由对抗公司债权人。

(4)解散之诉的判决效力：

人民法院关于解散公司诉讼作出的判决，对公司全体股东具有法律约束力。

人民法院判决驳回解散公司诉讼请求后，提起该诉讼的股东或者其他股东又以同一事实和理由提起解散公司诉讼的，人民法院不予受理。注意，被驳回后该股东或其他股东仍可以其他事实或理由起诉解散。

二、公司解散时的清算★

(一)清算的类型

广义上的清算包括解散清算和破产清算，本部分的清算仅指解散清算，破产清算适用《企业破产法》。依据我国的现行规定，除因合并或分立解散无须清算外，其他类型解散都需清算。

(二)清算程序

1. 成立清算组。

自解散事由出现之日起15日内成立清算组。有下列情形之一，债权人、公司股东、董事或其他利害关系人申请人民法院指定清算组进行清算的，人民法院应予受理：(1)公司解散逾期不成立清算组进行清算的；(2)虽然成立清算组但故意拖延清算的；(3)违法清算可能严重损害债权人或者股东利益的。

2. 通知或者公告债权人申报债权。

清算组应当自成立之日起10日内通知债权人，并于60日内在报纸上或者国家企业信用信息公示系统公告。债权人应当自接到通知之日起30日内，未接到通知的自公告之日起45日内，向清算组申报其债权，在申报债权期间，清算组不得对债权人进行清偿。债权人在规定的期限内未申报债权，在公司清算程序终结前补充申报的，清算组应予登记。

3. 清理财产清偿债务，分配剩余财产。

公司财产在分别支付清算费用、职工的工资、社会保险费用和法定补偿金，缴纳所欠税款，清偿公司债务后的剩余财产，有限责任公司按照股东的出资比例分配，股份有限公司按照股东持有的股份比例分配。清算期间，公司存续，但不得开展与清算无关的经营活动。公司财产在未依照上述规定清偿前，不得分配给股东。

4. 清算终结。

人民法院组织清算的，清算组应当自成立之日起6个月内清算完毕。因特殊情况无法在6个月内完成清算的，清算组应当向人民法院申请延长。

(三)清算组的组成及职责

清算组分为两种：一种是公司自行组成的；另一种是法院指定组成的。

1. 公司自行组成：

董事为公司清算义务人，应当在解散事由出现之日起15日内组成清算组进行清算。清算组由董事组成，但是公司章程另有规定或者股东会决议另选他人的除外。

2. 法院指定组成的人员可以从下列人员或机构中产生：(1)公司股东、董事、监事、高级管理人员；(2)依法设立的律师事务所、会计师事务所、破产清算事务所等社会中介机构；(3)依法设立的律师事务所、会计师事务所、破产清算事务所等社会中介机构中具备相关专业知识并取得执业资格的人员。

3. 清算组职权：(1)清理公司财产，分别编制资产负债表和财产清单；(2)通知、公告债权人；(3)处理与清算有关的公司未了的业务；(4)清缴所欠税款以及清算过程中产生的税款；(5)清理债权、债务；(6)分配公司清偿债务后的剩余财产；(7)代表公司参与民事诉讼活动。公司成立清算组的，由清算组负责人代表公司参加诉讼；尚未成立清算组的，由原法定代表人代表公司参加诉讼。

(四)解散清算与破产清算的关系

清算组在清理公司财产、编制资产负债表和财产清单后，发现公司财产不足清偿债务的，应当依法向人民法院申请破产清算。人民法院受理破产申请后，清算组应当将清算事务移交给人民法院指定的破产管理人。

第九节　外国公司的分支机构

一、外国公司分支机构的概念

外国公司分支机构，是指外国公司依照我国公司法在我国境内设立的从事生产经营活动的分支机构。

二、设立条件

1. 提供外国公司的证明文件。

2. 核定分支机构的名称。名称中必须注明该公司的国籍和责任形式。

3. 指定分支机构的代表人或者代理人。代表人或代理人国籍不限。

4. 拥有分支机构的经营资金。拥有与其所从事经营范围相适应的资金。

第十节　有限责任公司

一、有限责任公司的设立条件★

关于有限责任公司的设立条件中应当注意下列要点：

(一) 股东

1. 股东资格。除了国家出资的有限责任公司之外，有限责任公司的股东可以是自然人，也可以是法人。

2. 股东人数：1 个至 50 个。

(二) 公司资本

1. 注册资本：为在公司登记机关登记的全体股东认缴的出资额。法律和行政法规另有规定的，依规定。

2. 出资形式：货币、实物、知识产权、土地使用权、股权、债权等可以用货币估价并可以依法转让的非货币财产。

3. 出资期限：一次缴清或分期缴清。全体股东认缴的出资额由股东按照公司章程的规定自公司成立之日起 5 年内缴足。

二、有限责任公司的组织机构及议事规则

(一) 股东会★★

1. 股东会的性质及组成。

股东会是由全体股东组成的有限责任公司的最高权力机关，是非常设机构。只有一个股东的有限责任公司不设股东会。

2. 职权及通过规则。★★

职权内容	通过规则
(1)选举和更换董事、监事，决定有关董事、监事的报酬事项；(2)审议批准董事会的报告；(3)审议批准监事会的报告；(4)审议批准公司的利润分配方案和弥补亏损方案；(5)对发行公司债券作出决议，股东会可以授权董事会对发行公司债券作出决议	应当经代表过半数表决权的股东通过
(1)决定公司增加、减少注册资本；(2)决定公司合并、分立、解散、变更形式；(3)修改公司章程	应当经代表2/3表决权的股东通过（不可用章程改变）

3. 股东会召开规则。

股东会：
- 定期会议：由章程规定
- 临时会议：代表 1/10 以上表决权的股东或 1/3 以上的董事或监事会提议而召开

(1) 召集和主持。

首次股东会由出资最多的股东召集和主持。

以后的股东会会议由董事会召集，董事长主持。下列人员不能履行职务或者不履行职务时依次变更：董事长⟹副董事长⟹过半数的董事共同推举一名董事。

(2) 召开通知，会议召开 15 日以前通知全体股东召开的日期、时间、地点和目的，以使股东对拟召开的股东会有最基本的了解。

(二) 董事会★

1. 性质及组成。

董事会是公司的执行机关，有限责任公司设董事会，规模较小或者股东人数较少的有限责任公司，可以不设董事会，设一名董事，行使本法规定的董事会的职权。该董事可以兼任公司经理。

董事会成员为 3 人以上，其成员中可以有公司职工代表。职工人数 300 人以上的有限责任公司，除依法设监事会并有公司职工代表的外，其董事会成员中应当有公司职工代表。董事任期由公司章程规定，但每届任期不得超过 3 年。董事任期届满，连选可以连任。

2. 职权。

(1) 召集股东会会议，并向股东会报告工作；

(2) 执行股东会的决议；

(3) 决定公司的经营计划和投资方案；

(4) 制订公司的利润分配方案和弥补亏损方案；

(5) 制订公司增加或者减少注册资本以及发行公司债券的方案；

(6) 制订公司合并、分立、解散或者变更公司形式的方案；

(7) 决定公司内部管理机构的设置；

(8) 决定聘任或者解聘公司经理及其报酬事项，并根据经理的提名决定聘任或者解聘公司副经理、财务负责人及其报酬事项；

(9) 制定公司的基本管理制度；

(10) 公司章程规定或者股东会授予的其他职权。

公司章程对董事会职权的限制不得对抗善意相对人。

3. 董事会的召开及主持。

相关人员不能履行职责时，董事会的召集和主持人员变更：董事长⟹副董事长⟹过半数的董事共同推举一名董事。

董事会会议应当有过半数的董事出席方可举行。董事会作出决议，应当经全体董事的过半数

通过。

董事会应当对所议事项的决定作成会议记录，出席会议的董事应当在会议记录上签名。

(三)监事会★

1. 性质及组成。

(1)监事会是公司的监督机关，有限责任公司设监事会。监事会成员为3人以上。监事会成员应当包括股东代表和适当比例的公司职工代表，其中职工代表的比例不得低于三分之一，具体比例由公司章程规定。监事会中的职工代表由公司职工通过职工代表大会、职工大会或者其他形式民主选举产生。

(2)规模较小或者股东人数较少的有限责任公司，可以不设监事会，设一名监事，行使本法规定的监事会的职权；经全体股东一致同意，也可以不设监事。

(3)公司可以按照公司章程的规定在董事会中设置由董事组成的审计委员会，行使本法规定的监事会的职权，不设监事会或者监事。

(4)监事的任期每届为三年。监事任期届满，连选可以连任。

2. 职权。

(1)检查公司财务；

(2)对董事、高级管理人员执行职务的行为进行监督，对违反法律、行政法规、公司章程或者股东会决议的董事、高级管理人员提出解任的建议；

(3)当董事、高级管理人员的行为损害公司的利益时，要求董事、高级管理人员予以纠正；

(4)提议召开临时股东会会议，在董事会不履行本法规定的召集和主持股东会会议职责时召集和主持股东会会议；

(5)向股东会会议提出提案；

(6)依照《公司法》第189条的规定，对董事、高级管理人员提起诉讼。

(四)股东会、董事会决议效力瑕疵诉讼制度

1. 分类：(1)确认决议无效之诉；(2)撤销决议之诉；(3)决议不成立之诉。

2. 原告范围：

(1)确认决议无效或者不成立之诉的原告，包括股东、董事、监事等；

(2)决议撤销之诉的原告应当在起诉时具有股东资格。

3. 适用情形：

(1)公司股东会、董事会的决议内容违反法律、行政法规的无效。

(2)公司股东会、董事会的会议召集程序、表决方式违反法律、行政法规或者公司章程，或者决议内容违反公司章程的，股东自决议作出之日起60日内，可以请求人民法院撤销。但是，股东会、董事会的会议召集程序或者表决方式仅有轻微瑕疵，对决议未产生实质影响的除外。未被通知参加股东会会议的股东自知道或者应当知道股东会决议作出之日起60日内，可以请求人民法院撤销；自决议作出之日起1年内没有行使撤销权的，撤销权消灭。

(3)有下列情形之一的，公司股东会、董事会的决议不成立：

①未召开股东会、董事会会议作出决议；

②股东会、董事会会议未对决议事项进行表决；

③出席会议的人数或者所持表决权数未达到本法或者公司章程规定的人数或者所持表决权数；

④同意决议事项的人数或者所持表决权数未达到本法或者公司章程规定的人数或者所持表决权数。

4. 被宣告无效、撤销或者确认不成立的法律效力：

(1)公司应当向公司登记机关申请撤销根据该决议已办理的登记。

(2)公司根据该决议与善意相对人形成的民事法律关系不受影响。

三、有限责任公司股权流转规则

(一)内部转让

有限责任公司的股东之间可以相互转让其全部或者部分股权。

(二)对外转让中的优先购买权

1. 股东向股东以外的人转让股权的，应当将股权转让的数量、价格、支付方式和期限等事项书面通知其他股东，其他股东在同等条件下有优先购买权。股东自接到书面通知之日起30日内未答复的，视为放弃优先购买权。两个以上股东行使优先购买权的，协商确定各自的购买比例；协商不成的，按照转让时各自的出资比例行使优先购买权。

2. 人民法院依照法律规定的强制执行程序转让股东的股权时，应当通知公司及全体股东，其他股东在同等条件下有优先购买权。其他股东自人民法院通知之日起满20日不行使优先购买权的，视为放弃优先购买权。

(三)异议股东的股权收购请求权

有下列情形之一的，对股东会该项决议投反对票的股东可以请求公司按照合理的价格收购其股权：

(1)公司连续五年不向股东分配利润，而公司该五年连续盈利，并且符合本法规定的分配利润条件；

(2)公司合并、分立、转让主要财产；

(3)公司章程规定的营业期限届满或者章程规定的其他解散事由出现，股东会通过决议修改章程使公司存续。

自股东会决议作出之日起60日内，股东与公司不能达成股权收购协议的，股东可以自股东会决议作出之日起90日内向人民法院提起诉讼。

公司的控股股东滥用股东权利，严重损害公司或者其他股东利益的，其他股东有权请求公司按照合理的价格收购其股权。

(四)转让程序

股东转让股权的，应当书面通知公司，请求变更股东名册；需要办理变更登记的，并请求公司向公司登记机关办理变更登记。公司拒绝或者在合理期限内不予答复的，转让人、受让人可以依法向人民法院提起诉讼。

(五)转让效力

1. 股权转让的，受让人自记载于股东名册时起可以向公司主张行使股东权利。

2. 依法转让股权后，公司应当及时注销原股东的出资证明书，向新股东签发出资证明书，并相应修改公司章程和股东名册中有关股东及其出资额的记载。对公司章程的该项修改不需再由股东会表决。

3. 股东转让已认缴出资但未届出资期限的股权的，由受让人承担缴纳该出资的义务；受让人未按期足额缴纳出资的，转让人对受让人未按期缴纳的出资承担补充责任。

4. 未按照公司章程规定的出资日期缴纳出资或者作为出资的非货币财产的实际价额显著低于所认缴的出资额的股东转让股权的，转让人与受让人在出资不足的范围内承担连带责任；受让人不知道且不应当知道存在上述情形的，由转让人承担责任。

(六)自然人股东资格的继承

自然人股东死亡后，其合法继承人可以继承股东资格；但是，公司章程另有规定的除外。

四、国家出资公司

(一)概念和特征

1. 本法所称国家出资公司，是指国家出资的国有独资公司、国有资本控股公司，包括国家出资的有限责任公司、股份有限公司。

2. 国家出资公司，由国务院或者地方人民政府分别代表国家依法履行出资人职责，享有出资人权益。国务院或者地方人民政府可以授权国有资产监督管理机构或者其他部门、机构代表本级人民政府对国家出资公司履行出资人职责。代表本级人民政府履行出资人职责的机构、部门，以下统称为履行出资人职责的机构。

(二)组织机构

1. 权力机关。

国有独资公司不设股东会，由履行出资人职责的机构行使股东会职权。履行出资人职责的机构可以授权公司董事会行使股东会的部分职权，但公司章程的制定和修改，公司的合并、分立、解散、申请破产，增加或者减少注册资本，分配利润，应当由履行出资人职责的机构决定。

2. 董事会。

(1)国有独资公司的董事会依照《公司法》规定行使职权。

(2)国有独资公司的董事会成员中，应当过半数为外部董事，并应当有公司职工代表。董事会成员由履行出资人职责的机构委派；但是，董事会成员中的职工代表由公司职工代表大会选举产生。

3. 经理。

(1)国有独资公司的经理由董事会聘任或者解聘。

(2)经履行出资人职责的机构同意，董事会成员可以兼任经理。

4. 其他规定。

(1)国有独资公司的董事、高级管理人员，未经履行出资人职责的机构同意，不得在其他有限责任公司、股份有限公司或者其他经济组织兼职。

(2)国有独资公司在董事会中设置由董事组成的审计委员会行使本法规定的监事会职权的，不设监事会或者监事。

(3)国家出资公司应当依法建立健全内部监督管理和风险控制制度，加强内部合规管理。

第十一节　股份有限公司

一、股份有限公司的设立

(一)设立条件★

股份有限公司在设立条件上除了符合一般的要求，应有名称、住所、章程并建立相应的组织结构外，还应注意以下要点：

1. 发起人。应当有1人以上200人以下为发起人，其中须有半数以上的发起人在中国境内有住所。

2. 注册资本。股份有限公司的注册资本为在公司登记机关登记的已发行股份的股本总额。在发起人认购的股份缴足前,不得向他人募集股份。法律、行政法规以及国务院决定对股份有限公司注册资本最低限额另有规定的,从其规定。

(二)设立方式★★

1. 发起设立。由发起人认购设立公司时应发行的全部股份而不向发起人之外的任何人募集而设立公司。

2. 募集设立。由发起人认购设立公司时应发行股份的一部分,其余部分向社会公开募集而设立公司。募集设立的程序如下:

(1)签订发起人协议(性质为合伙协议)。

(2)发起人共同制订公司章程。

(3)发起人认购股份(不得少于公司章程规定的公司设立时应发行股份总数的35%)

(4)公告招股说明书、制作认股书(招股说明书中应附有公司章程)。

(5)与证券公司签订承销协议,与银行签订代收股款协议。

(6)申请批准募集。

(7)公开募股。

(8)召开创立大会(发行股份的股款缴足后30日内主持召开创立大会)。

发起人应当在成立大会召开15日前将会议日期通知各认股人或者予以公告。成立大会应当有持有表决权过半数的认股人出席,方可举行。公司成立大会行使下列职权:①审议发起人关于公司筹办情况的报告;②通过公司章程;③选举董事、监事;④对公司的设立费用进行审核;⑤对发起人非货币财产出资的作价进行审核;⑥发生不可抗力或者经营条件发生重大变化直接影响公司设立的,可以作出不设立公司的决议。

成立大会对上述所列事项作出决议,应当经出席会议的认股人所持表决权过半数通过。

(9)申请设立登记(创立大会结束后30日内,由董事会授权代表申请设立登记)。

二、股份有限公司的组织机构

(一)股东会

1. 股东会的性质及组成。

股份有限公司股东会由全体股东组成,是公司的权力机构。

只有一个股东的股份有限公司不设股东会。

2. 职权及通过规则。

(1)与有限责任公司股东会的职权一致。

(2)股东会作出决议,应当经出席会议的股东所持表决权过半数通过。股东会作出修改公司章程、增加或者减少注册资本的决议,以及公司合并、分立、解散或者变更公司形式的决议,应当经出席会议的股东所持表决权的2/3以上通过。

3. 股东会召开规则。

(1)定期会议。股东会应当每年召开一次年会。

(2)临时会议。有下列情形之一的,应当在两个月内召开临时股东会会议:①董事人数不足本法规定人数或者公司章程所定人数的2/3时;②公司未弥补的亏损达股本总额1/3时;③单独或者合计持有公司10%以上股份的股东请求时;④董事会认为必要时;⑤监事会提议召开时;⑥公司章程规定的其他情形。

(3)召集和主持。

股东会会议由董事会召集,董事长主持;下列人员不能履行职务或者不履行职务时依次变更:董事长⟹副董事长⟹半数以上董事共同推举一名董事。

下列机构不能履行或者不履行召集股东会会议职责时依次变更:董事会⟹监事会⟹连续90日以上单独或者合计持有公司10%以上股份的股东。

单独或者合计持有公司10%以上股份的股东请求召开临时股东会会议的,董事会、监事会应当在收到请求之日起10日内作出是否召开临时股东会会议的决定,并书面答复股东。

(4)召开通知。

召开股东会会议,应当将会议召开的时间、地点和审议的事项于会议召开20日前通知各股东;临时股东会会议应当于会议召开15日前通知各股东。

4. 累积投票权。

所谓累积投票权,是指股东会选举两名以上的董事或监事时,股东所持的每一股份拥有与当选董事或监事总人数相等的投票权,股东既可以用所有的投票权集中投票选举某一人,也可以分散投票选举数人,按得票多少依次决定董事人选的表决权制度。

适用前提:按照公司章程的规定或者股东会的决议。

(二)董事会★

1. 董事会的性质及其组成。

董事会是股份有限公司的业务执行和经营意思决定机构,规模较小或者股东人数较少的股份有限公司,可以不设董事会,设一名董事,行使公司法规定的董事会的职权。该董事可以兼任公司经理。

董事会由全体董事组成。董事会成员为3人以上。董事的任期由公司章程规定,但每届任期不得超过3年,可以连选连任。

股东会可以决议解任董事,决议作出之日解任生效。无正当理由,在任期届满前解任董事的,该董事可以要求公司予以赔偿。

2. 董事会的职权,适用公司法关于有限责任公司董事会的职权的规定。

3. 审计委员会。股份有限公司可以按照公司章程的规定在董事会中设置由董事组成的审计委员会,行使本法规定的监事会的职权,不设监事会或者监事。

审计委员会成员为3名以上,过半数成员不得在公司担任除董事以外的其他职务,且不得与公司存在任何可能影响其独立客观判断的关系。公司董事会成员中的职工代表可以成为审计委员会成员。审计委员会作出决议,应当经审计委员会成员的过半数通过。

4. 董事会会议的召开。(1)定期会议:每年度至少召开两次会议,每次应于会议召开10日前通知全体董事和监事;(2)临时会议,其会议通知方式和通知时限,可由公司章程作出规定。董事会会议应有过半数的董事出席方可举行,经全体董事的过半数通过。

(三)经理

经理是对股份有限公司日常经营管理负有全责的高级管理人员,由董事会聘任或解聘,对董事会负责。

(四)监事会

股份公司的监事会和有限公司的监事会在各方面规定上差别不大,需要注意的是:(1)股份有限公司的监事会每6个月至少召开一次会议,有限责任公司的监事会每年度至少召开一次会议。(2)规模较小或者股东人数较少的有限责任公司,经全体股东一致同意,也可以不设监事;股份有限公司无此规定。

三、股份及股份的转让★★★

股份与股票之间的关系可以归结为:股份是内在,是实质;股票是外在,是形式。

1. 股票的形式。

公司发行的股票,应当为记名股票。股票采用纸面形式或者国务院证券监督管理机构规定的其他形式。

股票采用纸面形式的,应当载明下列主要事项:(1)公司名称;(2)公司成立日期或者股票发行的时间;(3)股票种类、票面金额及代表的股份数,发行无面额股的,股票代表的股份数。股票采用纸面形式的,还应当载明股票的编号,由法定代表人签名,公司盖章。发起人股票采用纸面形式的,应当标明发起人股票字样。

2. 面额股。

公司的全部股份,根据公司章程的规定择一采用面额股或者无面额股。采用面额股的,每一股的金额相等。公司可以根据公司章程的规定将已发行的面额股全部转换为无面额股或者将无面额股全部转换为面额股。采用无面额股的,应当将发行股份所得股款的1/2以上计入注册资本。面额股股票的发行价格可以按票面金额,也可以超过票面金额,但不得低于票面金额。

3. 类别股。

公司可以按照公司章程的规定发行下列与普通股权利不同的类别股:(1)优先或者劣后分配利润或者剩余财产的股份;(2)每一股的表决权数多于或者少于普通股的股份;(3)转让须经公司同意等转让受限的股份;(4)国务院规定的其他类别股。公开发行股份的公司不得发行上述第二项、第三项规定的类别股;公开发行前已发行的除外。公司发行上述第二项规定的类别股的,对于监事或者审计委员会成员的选举和更换,类别股与普通股每一股的表决权数相同。

发行类别股的公司,有《公司法》第116条第3款规定的事项等(股东会作出修改公司章程、增加或者减少注册资本的决议,以及公司合并、分立、解散或者变更公司形式的决议)可能影响类别股股东权利的,除应当经出席会议的股东所持表决权的2/3以上通过,还应当经出席类别股股东会议的股东所持表决权的2/3以上通过。

4. 授权董事会发行股票

公司章程或者股东会可以授权董事会在3年内决定发行不超过已发行股份50%的股份。但以非货币财产作价出资的应当经股东会决议。董事会依照上述规定决定发行股份导致公司注册资本、已发行股份数发生变化的,对公司章程该项记载事项的修改不需再由股东会表决。公司章程或者股东会授权董事会决定发行新股的,董事会决议应当经全体董事2/3以上通过。

5. 为了保护公司、股东及债权人的利益,我国公司法对股份转让做了必要的限制:

(1)对股份转让场所的限制。应当在依法设立的证券交易场所进行,或者按照国务院规定的其他方式进行。

(2)公司公开发行股份前已发行的股份，自公司股票在证券交易所上市交易之日起1年内不得转让。

(3)对董事、监事、高级管理人员持有本公司股份转让的限制。即公司董事、监事、高级管理人员应当向公司申报所持有的本公司的股份及其变动的情况，在就任时确认的任职期间内每年转让的股份不得超过其所持有本公司股份总数的25%；所持本公司股份自公司股票上市交易之日起1年内不得转让。上述人员离职后半年内，不得转让其所持有的本公司股份。

(4)股份在法律、行政法规规定的限制转让期限内出质的，质权人不得在限制转让期限内行使质权。

(5)对股份回购的限制。公司原则上不得收购本公司的股份，但有下列情形之一的除外：①减少公司注册资本；②与持有本公司股份的其他公司合并；③将股份用于员工持股计划或者股权激励；④股东因对股东会作出的公司合并、分立决议持异议，要求公司收购其股份；⑤将股份用于转换公司发行的可转换为股票的公司债券；⑥上市公司为维护公司价值及股东权益所必需；⑦股票的发行人在招股说明书等证券发行文件中隐瞒重要事实或者编造重大虚假内容，已经发行并上市的，国务院证券监督管理机构可以责令发行人回购证券，或者责令负有责任的控股股东、实际控制人买回证券。公司因上述第1项、第2项情形收购本公司股份的，应当经股东会决议；公司因前述第3项、第5项、第6项规定的情形收购本公司股份的，可以依照公司章程或者股东会的授权，经2/3以上董事出席的董事会会议决议。公司依照上述规定收购本公司股份后，属于第1项情形的，应当自收购之日起10日内注销公司股份；属于第2项、第4项情形的，应当在6个月内转让或者注销公司股份；属于第3项、第5项、第6项情形的，公司合计持有的本公司股份数不得超过本公司已发行股份总数的10%，并应当在3年内转让或者注销。

6. 异议股东的股权收购请求权。

有下列情形之一的，对股东会该项决议投反对票的股东可以请求公司按照合理的价格收购其股份，公开发行股份的公司除外：(1)公司连续五年不向股东分配利润，而公司该五年连续盈利，并且符合本法规定的分配利润条件。(2)公司转让主要财产；(3)公司章程规定的营业期限届满或者章程规定的其他解散事由出现，股东会通过决议修改章程使公司存续。

自股东会决议作出之日起60日内，股东与公司不能达成股份收购协议的，股东可以自股东会决议作出之日起90日内向人民法院提起诉讼。

公司因本条上述规定的情形收购的本公司股份，应当在六个月内依法转让或者注销。

四、上市公司★

(一)概念

上市公司，是指其股票在证券交易所上市交易的股份有限公司。

(二)组织机构

1. 独立董事。上市公司设独立董事，具体管理办法由国务院证券监督管理机构规定。

2. 审计委员会。上市公司在董事会中设置审计委员会的，董事会对下列事项作出决议前应当经审计委员会全体成员过半数通过：(1)聘用、解聘承办公司审计业务的会计师事务所；(2)聘任、解聘财务负责人；(3)披露财务会计报告；(4)国务院证券监督管理机构规定的其他事项。

3. 董事会秘书。上市公司设董事会秘书，负责公司股东会和董事会会议的筹备、文件保管以及公司股东资料的管理，办理信息披露事务等事宜。

(三)决议规则

1. 上市公司在1年内购买、出售重大资产或者向他人提供担保的金额超过公司资产总额30%的，应当由股东会作出决议，并经出席会议的股东所持表决权的2/3以上通过。

2. 关联董事对关联事项的报告义务。上市公司董事与董事会会议决议事项所涉及的企业或者个人有关联关系的，该董事应当及时向董事会书面报告。有关联关系的董事不得对该项决议行使表决权，也不得代理其他董事行使表决权。该董事会会议由过半数的无关联关系董事出席即可举行，董事会会议所作决议须经无关联关系董事过半数通过。出席董事会会议的无关联关系董事人数不足3人的，应当将该事项提交上市公司股东会审议。

(四)特殊规定

1. 上市公司应当依法披露股东、实际控制人的信息，相关信息应当真实、准确、完整。禁止违反法律、行政法规的规定代持上市公司股票。

2. 上市公司控股子公司不得取得该上市公司的股份。上市公司控股子公司因公司合并、质权行使等原因持有上市公司股份的，不得行使所持股份对应的表决权，并应当及时处分相关上市公司股份。

命题点拨 在学习公司法时，依旧应以有限责任公司与股份有限公司的类型区分为基础，以司法救济为中心，重点掌握以下内容：(1)公司设立中的发起人责任与公司责任的区分。(2)股东出资义务。(3)股东资格的认定标准，如名义股东与实际股东问题。(4)股东权利的内容、分类及司法救济手段。(5)新《公司法》股份有限公司中新增的异议股东的股权收购请求权。(6)股份有限公司对股份回购的原则禁止与例外的允许事由。(7)公司合并与分立的程序及对公司债权人的保护。(8)新《公司法》新增的以下内容：①公司登记；②国家出资公司组织机构的特别规定；③审计委员会；④股份有限公司中的异议股东的股权收购请求权、面额股和类别股的相关规定；等等。

第二章　合伙企业法

第一节　合伙制度概述

一、考查概述

自《合伙企业法》颁布以来，该部分的考查力度逐渐加强，考生要予以重视，在备考过程中要把握好普通合伙与有限合伙的区别点对比记忆，要善于归纳总结不可以通过合伙协议更改的强行性规定。

二、普通合伙企业合伙人与公司股东的比较

项目	基础文件	出资形式	业务执行	对外责任
合伙人	合伙协议	按合伙协议规定	合伙人、外聘人员	无限连带责任
股东	公司章程	现金、实物、土地使用权和知识产权	董事会、经理	有限责任

第二节　普通合伙企业的设立条件与程序

在合伙企业的设立条件中应注意以下要点：

(一)合伙人的资格

包括：(1)创始合伙人为完全民事行为能力人；(2)国家公务员、法官、检察官、警察不可以成为合伙人；(3)自然人、法人和其他组织均可以成为合伙企业的合伙人，但是国有独资公司、国有企业、上市公司以及公益性的事业单位、社会团体不得成为普通合伙人，可以成为有限合伙人。

(二)签订合伙协议

经全体合伙人签字盖章后生效，以后合伙协议的修改一般也应经全体合伙人同意后修改，但是合伙协议另有约定的除外。

(三)有合伙人实际缴付出资★

合伙人出资不同于公司股东出资：一是出资形式不同，二是折价形式不同。合伙人可以就某项出资进行协商定价。

第三节　普通合伙企业的财产与损益分配★★

一、合伙财产的范围

合伙财产包括两部分：一是全体合伙人的出资。合伙人对合伙企业的出资是指各合伙人按照合伙协议实际缴付的出资。二是合伙企业成立后解散前，以合伙企业名义取得的全部收益和依法取得的其他财产。

二、合伙企业的利润分配与亏损分担

1. 合伙企业的利润分配方法和亏损分担方法，均由合伙协议约定，按照约定处理。如果合伙协议对利润分配或亏损分担未作约定或者约定不明，则由合伙人协商确定；协商不成的，由各合伙人按照实际缴纳的(而非约定的)出资比例分配利润和分担亏损。如果无法确定各合伙人的出资比例，则由各合伙人平均分配利润和分担亏损。

2. 合伙协议不得约定将全部利润分配给部分合伙人或者由部分合伙人承担全部亏损。如果有这样的约定，则属无效，而应依照《合伙企业法》第33条第1款的相关规定来处理。

第四节　普通合伙事务的执行★★★

一、合伙事务的执行方式

1. 由全体合伙人共同执行。这种方式适合于合伙人数较少的合伙。

2. 由各合伙人分别单独执行合伙事务。

3. 由一名合伙人执行合伙事务。也就是说，一名合伙人受托代表全体合伙人执行合伙事务。这种方式适合于人数较多的合伙。

4. 由数名合伙人共同执行合伙事务。也就是说，由全体合伙人委托数名合伙人执行合伙事务。这种方式同样适合于人数较多的合伙。每一合伙人有权将其对合伙事务的执行权委托其他合伙人代理，而自己不参与合伙事务的执行。法人或其他组

织作为合伙人的,其执行合伙事务由其委派的代表执行。

二、合伙事务的执行规则

1. 如果根据合伙协议的约定或者经过全体合伙人一致同意,由一人或者数个合伙人执行合伙事务的,则其他合伙人不再执行合伙事务(第 27 条第 1 款)。

2. 不执行合伙事务的合伙人有权监督执行事务合伙人执行合伙事务的情况(第 27 条第 2 款);执行事务合伙人应当定期向其他合伙人报告事务执行情况以及合伙企业的经营和财务状况(第 28 条第 1 款)。

3. 所有合伙人为了解合伙企业的经营状况和财务状况,都有权查阅合伙企业的财务会计账簿等财务资料(第 28 条第 2 款)。

4. 合伙人分别执行合伙事务的,执行事务合伙人可以对其他合伙人执行的事务提出异议。提出异议时,应当暂停该项事务的执行;如果合伙人之间因此发生争议,应当由合伙人按照合伙协议约定的表决方式进行表决(第 29 条第 1 款)。

5. 受委托执行合伙事务的合伙人不按照合伙协议或者全体合伙人的决定执行事务的,其他合伙人可以决定撤销该委托(第 29 条第 2 款)。

三、合伙企业事务执行后果的承担

执行合伙事务的合伙人,对外代表合伙组织,其执行合伙事务所产生的收益归合伙企业,所产生的费用和亏损由合伙企业承担(第 28 条第 1 款)。

四、合伙事务全票决的事项

1. 改变合伙企业名称;

2. 改变合伙企业的经营范围、主要经营场所的地点;

3. 处分合伙企业的不动产;

4. 转让或者处分合伙企业的知识产权和其他财产权利;

5. 以合伙企业的名义为他人提供担保;

6. 聘任合伙人以外的人担任合伙企业的经营管理人员;

7. 修改或者补充合伙协议;

8. 合伙人向第三人转让其在合伙企业中的全部或者部分财产份额;

9. 吸收新的合伙人。

但是,对于上述合伙事务执行方面和其他方面的决议事项,《合伙企业法》都采取了约定优先的原则,即合伙协议另有约定的,依照合伙协议的约定,只有在合伙协议没有约定或者约定不明时,才适用《合伙企业法》的规定。

五、合伙人的竞业禁止义务

在合伙企业存续期间,合伙人不得从事对合伙企业不利的活动,其中最主要的就是合伙人的竞业禁止义务,即合伙人不得自营或者与他人合作经营与本合伙企业相竞争的业务(第 32 条第 1 款)。合伙人不得未经全体合伙人同意,且合伙协议也没有约定时,与本合伙企业进行交易(第 32 条第 2 款)。

第五节　普通合伙与第三人的关系

一、合伙与善意第三人的关系

合伙企业对合伙人执行合伙事务以及对外代表合伙企业权利的限制,不得对抗善意第三人。

二、合伙与债权人的关系

合伙企业对其债务,应先以其全部财产进行清偿(第 38 条);合伙企业财产不足以清偿到期债务的,各合伙人应当承担无限连带清偿责任(第 39 条)。

三、合伙份额的强制执行

如果合伙人的自有其他财产不足清偿其个人债务(与合伙企业无关的债务),则该合伙人的债权人可以请求人民法院强制执行该合伙人在合伙企业中的财产份额以清偿债务。人民法院强制执行合伙人的财产份额时,应当通知全体合伙人,其他合伙人享有优先购买权。

第六节　普通合伙的入伙与退伙

一、入伙的后果

入伙一般应经全体合伙人同意方可,但合伙协议另有约定的按约定进行,入伙人应与原合伙人订立书面合伙协议。入伙后一般产生以下两方面后果:

1. 新人伙人取得合伙人的资格。

2. 除合伙协议另有约定外,新合伙人对入伙前合伙企业的债务承担连带责任。

二、退伙★

(一)退伙的形式

依据退伙的原因不同可以将退伙分为下列不同类型。

1. 法定退伙。指基于法律规定的原因而退伙。法定退伙又可分为当然退伙和除名退伙。

(1)当然退伙(客观原因):①个人合伙人死亡或被宣告死亡;②个人丧失偿债能力;③作为合伙人的法人或者其他组织依法被吊销营业执照、责令关闭、撤销,或者被宣告破产;④法律规定或者合伙协议约定合伙人必须具有相关资格而丧失该资格;⑤合伙人在合伙企业中的全部财产份额被人民法院强制执行。

注意⑤,如果法院采用拍卖或变卖的方法处理财产份额,则合伙人以外的第三人也可以参加竞买。但如果其他合伙人不同意将该合伙人的财产份额转让给第三人,则第三人不能受让该财产份额。其他合伙人不购买该强制执行的财产份额,又不同意将该财产份额转让给合伙人以外的第三人的,才对欠债的合伙人按退伙处理。

(2)除名退伙(主观过错):①未履行出资义务;②因故意或者重大过失给合伙企业造成损失;③执行合伙事务时有不正当行为;④合伙协议约定的其他事项。

除名决议,应当书面通知被除名人。被除名人接到除名通知之日生效,被除名人退伙。但是,被除名人对除名决议有异议,可以自接到除名通知之日起30日内向人民法院起诉。

2. 声明退伙。指合伙人基于自愿的意思表示而退伙。声明退伙又可分为单方退伙和通知退伙。

(1)单方退伙(适用于合伙协议约定了经营期限):①合伙协议约定的退伙事由出现;②经全体合伙人同意退伙;③发生合伙人难以继续参加合伙企业的事由;④其他合伙人严重违反合伙协议约定的义务。

(2)通知退伙(适用于合伙协议没有约定经营期限):依合伙企业法的规定,合伙协议未约定合伙期限的,在不给合伙事务执行造成不利影响的前提下,合伙人可以不经其他合伙人同意而退伙,但应当提前30日通知其他合伙人。

(二)退伙的效力

1. 退伙人丧失合伙人身份。

2. 退伙导致退伙结算,退伙人应与其他合伙人按退伙时合伙企业财产状况进行结算,退还退伙人的财产份额。如果结算时合伙企业财产资不抵债,退伙人应依约定或法定分担亏损。

3. 退伙人对基于其退伙前的原因发生的合伙企业债务,仍应与其他合伙人一起承担无限连带责任。

第七节　特殊的普通合伙企业

一、特殊的普通合伙的适用领域

特殊的普通合伙仅适用于以专门知识和技能为客户提供有偿服务的机构。例如,律师事务所、会计师事务所。

二、特殊普通合伙企业名称中必须注明"特殊普通合伙"字样

三、特殊普通合伙中合伙人的责任承担★

(一)个别合伙人的无限连带责任

一个合伙人或数个合伙人在执业活动中因故意或者重大过失造成合伙企业债务的,应当承担无限责任或者无限连带责任,其他合伙人则仅以其在合伙企业中的财产份额为限承担责任。

(二)责任的承担顺序

1. 首先以合伙企业的财产对外清偿。

2. 合伙企业财产不足时,有过错的合伙人承担无限责任或者无限连带责任,没有过错的合伙人按份额承担责任。

3. 合伙企业向有过错的合伙人追偿。

第八节　有限合伙企业★

一、有限合伙企业的概念

(一)有限合伙企业

有限合伙企业,是指由一个以上的普通合伙人和一个以上的有限合伙人共同设立的合伙企业。有限合伙企业有人数的限制,即2~50人。有限合伙企业名称中应该标明"有限合伙"字样。

(二)合伙协议中须特别注明的事项

有限合伙企业的合伙协议除需要记载普通合伙企业协议应当载明的事项外,还需要载明以下特殊事项:(1)执行事务合伙人应具备的条件和选择程序;(2)执行事务合伙人的权限与违约处理办法;(3)执行事务合伙人的除名条件和更换程序;(4)有限合伙人入伙、退伙的条件、程序以及相关责任;(5)有限合伙人和普通合伙人相互转变程序。

二、有限合伙人和普通合伙人的比较★★

项目	责任承担	合伙事务执行	自我交易	竞业禁止	份额处置	行为能力	可否劳务出资	份额继承
有限合伙人	以出资额为限	禁止	可以	不存在	自由出质,转让须提前30天通知	不要求	不可以	当然继承
普通合伙人	无限连带	可以	禁止	存在	须经同意	要求	可以	限制继承

三、合伙事务的执行

(一)有限合伙人不享有合伙事务的执行权,但下列行为不视为执行合伙事务

(1)参与决定普通合伙人入伙、退伙;(2)对企业的经营管理提出建议;(3)参与选择承办有限合伙企业审计业务的会计师事务所;(4)获取经审计的有限合伙企业财务会计报告;(5)因涉及自身利益的情况,查阅有限合伙企业财务会计账簿等财务资料;(6)在有限合伙企业中的利益受损时,向有责任的合伙人主张权利或者提起诉讼;(7)执行事务合伙人怠于行使权利时,督促其行使权利或者为了本企业的利益以自己的名义提起诉讼;(8)依法为

本企业提供担保。

(二)表见普通合伙

当第三人有理由相信有限合伙人为普通合伙人并与其交易的,该有限合伙人对该笔交易承担与普通合伙人同样的责任。但第三人在主张权利时仍可主张普通合伙人承担连带责任,且在权利主张对象上没有先后顺序的限制。

四、有限合伙与普通合伙的转换

(一)合伙人身份转换★★

经全体合伙人一致同意,普通合伙人与有限合伙人,可以实现身份转换。普通合伙人转变为有限合伙人的,对其作为普通合伙人期间合伙企业发生的债务承担无限连带责任;有限合伙人转变为普通合伙人的,对其作为有限合伙人期间合伙企业发生的债务承担无限连带责任。

(二)合伙企业类型转换

当有限合伙企业仅剩普通合伙人时,有限合伙企业转为普通合伙企业,并应当进行相应的变更登记。当有限合伙企业仅剩有限合伙人时,则该企业不再是合伙企业,应该解散。

第九节　合伙的解散与清算

一、合伙解散的事由

1. 依合伙协议的约定解散。

包括:(1)合伙协议约定的经营期限届满,合伙人不愿继续经营的;(2)合伙协议约定的解散事由出现;(3)合伙协议约定的合伙目的已经实现或者无法实现。

2. 全体合伙人决定解散。

3. 合伙人已不具备法定人数满30天。

4. 被依法吊销营业执照、责令关闭或者被撤销。

二、合伙企业的清算

(一)确定清算人

清算人应由全体合伙人担任,或者自合伙企业解散后15日内经全体合伙人过半数同意,指定1名或者数名合伙人或委托第三人担任清算人。

(二)合伙企业的破产与债务清偿

合伙企业的破产同样可以适用《企业破产法》中的程序性规定。当合伙企业不能清偿到期债务时,债权人可以选择以下两种途径中的任何一种以保护自己的债权:(1)通过破产清算程序实现自己的债权;(2)直接要求普通合伙人按照无限连带责任的规定偿还债务。

如果选择破产清算程序,则合伙企业在依法被宣告破产后,普通合伙人对合伙企业的债务仍然需要承担无限连带责任。

命题点拨　注意普通合伙事务的执行,有限合伙企业中有限合伙人与普通合伙人的区别,有限合伙与普通合伙的转换。

第三章　个人独资企业法(略)

第四章　外商投资法

第一节　外商投资法概述

一、外商投资的概念与类型

外商投资,是指外国的自然人、企业或者其他组织(外国投资者)直接或者间接在中国境内进行的投资活动,具体包括下列四种情形:

1. 外国投资者单独或者与其他投资者共同在中国境内设立外商投资企业,这是最典型的直接投资方式。

2. 外国投资者取得中国境内企业的股份、股权、财产份额或者其他类似权益,此类投资方式既可以是直接投资,也可以是间接投资。

3. 外国投资者单独或者与其他投资者共同在中国境内投资新建项目。通常,此种投资方式不设立新的企业,亦非对存续企业的股权投资。

4. 法律、行政法规或者国务院规定的其他方式的投资。

二、外国投资者的概念与范围

外国投资者,是指外国的自然人、企业或者其他组织。

第二节　投资促进制度

一、准入前国民待遇与负面清单管理制度

1.《外商投资法》第4条规定:"国家对外商投资实行准入前国民待遇加负面清单管理制度。""准入前国民待遇+负面清单"是国际上新的高标准投资规则之一。

2. 准入前国民待遇,是指在企业设立、取得、扩大等阶段给予外国投资者及其投资不低于本国投资者及其投资的待遇。

3. 负面清单,是指国家规定在特定领域对外商投资实施的准入特别管理措施。国家对负面清单之外的外商投资,给予国民待遇。对负面清单之内的外商投资,则实行审核制,不适用国民待遇。

二、促进外商投资的具体措施

(一)内外资企业将平等适用各项政策

(二)外资企业将有权平等参与我国的标准化工作

(三)外资企业可公平参与政府采购

(四)外资企业可通过资本市场融资

(五)地方性投资促进政策向外资开放

第三节 投资保护制度

一、非特殊情形不对外资实行征收

国家对外国投资者的投资不实行征收。在特殊情况下,国家为了公共利益的需要,可以依照法律规定对外国投资者的投资实行征收或者征用。征收、征用应当依照法定程序进行,并及时给予公平、合理的补偿。

二、外国投资者资金汇入汇出的自由化

外国投资者在中国境内的出资、利润、资本收益、资产处置所得、知识产权许可使用费、依法获得的补偿或者赔偿、清算所得等,可以依法以人民币或者外汇自由汇入、汇出。

三、强化对外国投资者和外商投资企业的知识产权保护

1. 国家保护外国投资者和外商投资企业的知识产权,保护知识产权权利人和相关权利人的合法权益,鼓励基于自愿原则和商业规则开展技术合作。

2. 外商投资过程中技术合作的条件由投资各方遵循公平原则平等协商确定,行政机关及其工作人员不得利用行政手段强制转让技术。

四、要求地方政府严守依法作出的政策承诺和合同约定

1. 地方各级人民政府及其有关部门应当履行向外国投资者、外商投资企业依法作出的政策承诺以及依法订立的各类合同。

2. 如果确因国家利益、社会公共利益需要而改变政策承诺、合同约定的,应当依照法定权限和程序进行,并依法对外国投资者、外商投资企业因此受到的损失予以补偿。

五、不得减损外商投资企业的合法权益

各级人民政府及其有关部门制定涉及外商投资的规范性文件,应当符合法律法规的规定;没有法律、行政法规依据的,不得减损外商投资企业的合法权益或者增加其义务,不得设置市场准入和退出条件,不得干预外商投资企业的正常生产经营活动。

六、建立外商投资企业投诉机制

第四节 外商投资管理制度

一、外商投资准入负面清单制度

1. 凡是负面清单之外的领域、行业、项目均无须进行行政审批,投资者向主管部门申请设立,主管部门予以登记备案即可。

2. 对于负面清单以内的领域、行业或项目,则继续实行审批与行政许可制度,区分禁止外商投资的行业、限制外商投资的行业,分类进行审批与核准。

二、外商投资经营者集中审查

1. 外国投资者并购中国境内企业或者以其他方式参与经营者集中的,应当依照《反垄断法》的规定接受经营者集中审查。

2. 经营者集中是指下列情形:(1)经营者合并;(2)经营者通过取得股权或者资产的方式取得对其他经营者的控制权;(3)经营者通过合同等方式取得对其他经营者的控制权或者能够对其他经营者施加决定性影响。

3. 经营者集中达到下列标准之一的,经营者应当事先向国务院反垄断执法机构申报,未申报的不得实施集中:(1)参与集中的所有经营者上一会计年度在全球范围内的营业额合计超过100亿元人民币,并且其中至少两个经营者上一会计年度在中国境内的营业额均超过4亿元人民币;(2)参与集中的所有经营者上一会计年度在中国境内的营业额合计超过20亿元人民币,并且其中至少两个经营者上一会计年度在中国境内的营业额均超过4亿元人民币。

三、组织形式、组织机构及其活动准则的法律适用

1. 外商投资企业的组织形式、组织机构,适用《公司法》《合伙企业法》的规定。

2. 就外商投资企业的组织形式、组织结构等的法律适用上新法与旧法的衔接问题,《外商投资法》规定了5年的过渡期。

四、外商投资信息报告制度

国家建立外商投资信息报告制度。外国投资者或者外商投资企业应当通过企业登记系统以及企业信用信息公示系统向商务主管部门报送投资信息。外商投资信息报告的内容和范围按照确有必要的原则确定;通过部门信息共享能够获得的投资信息,不得再行要求报送。

五、外商投资安全审查制度

国家建立外商投资安全审查制度,对影响或者

可能影响国家安全的外商投资进行安全审查。依法作出的安全审查决定为最终决定。

命题点拨 对外商投资的基本政策,促进外商投资的主要制度,外商投资的管理制度。

第五章 企业破产法

第一节 一 般 规 定

一、破产的原因

我国企业破产法对企业的破产原因采取了复合标准和单一标准并存的方式:企业法人不能清偿到期债务,并且资产不足以清偿全部债务;企业法人不能清偿到期债务,并且明显缺乏清偿能力。

二、破产案件的管辖

1. 地域管辖。

企业破产案件由债务人住所地人民法院管辖。当企业的注册地与主要办事机构所在地不一致时,应当以后者为准。债务人无办事机构的,由其注册地人民法院管辖。

2. 级别管辖。

(1)基层人民法院一般管辖县、县级市或者区的工商行政管理机关核准登记企业的破产案件。

(2)中级人民法院一般管辖地区、地级市(含本级)以上的工商行政管理机关核准登记企业的破产案件;纳入国家计划调整的企业破产案件,由中级人民法院管辖。

三、破产案件的适用程序

破产案件可以适用的司法程序有三种:和解、重整和破产清算。并且这三种程序在一定条件下可以转换,如在债权人申请破产清算的案件中债务人可以申请和解。但是债务人一旦经破产宣告进入破产清算程序,则不得转入重整或者和解程序。

第二节 破产的申请和受理★★

一、破产申请

(一)债权人申请

债权人申请的实质条件是债务人不能清偿到期债务,在此并没有要求是因为债务人“资产不足以清偿全部债务或者明显缺乏清偿能力”,因为这对债权人而言举证十分困难。另外债权人的债权必须符合下列条件才可以申请:(1)须为具有给付内容的请求权;(2)法律上可强制执行的请求权;(3)已到期的请求权。

(二)债务人申请

破产法规定,债务人有破产法规定的破产原因的,可以向人民法院提出重整、和解或者破产清算申请。

(三)清算组申请

《企业破产法》第7条第3款规定:“企业法人已解散但未清算或者未清算完毕,资产不足以清偿债务的,依法负有清算责任的人应当向人民法院申请破产清算。”

(四)破产申请的撤回

《企业破产法》第9条规定,人民法院受理破产申请前,申请人可以请求撤回申请。我国破产法采取的是受理开始主义,即法院收到破产申请之时,程序尚未开始;只有当法院对破产申请作出受理裁定时,程序才告开始。

(五)破产申请的接收

参见最高人民法院《关于适用〈中华人民共和国企业破产法〉若干问题的规定(一)》(以下简称《破产法规定(一)》)第7条、第9条。

二、破产案件受理的效果★

(一)法院在裁定受理破产的同时应该指定破产管理人

(二)个别清偿无效

人民法院受理破产申请后,债务人对个别债权人的债务清偿无效。以下情形不构成该条所称的个别清偿:

1. 债务人的担保人或者其他连带债务人实施的清偿。

2. 债务人对虚假债务实施的清偿。

3. 债务人在破产申请受理前实施的清偿。

注意:该种无效不同于破产案件受理前6个月内的个别清偿,该种清偿是一种可撤销的清偿,管理人可以申请人民法院对该行为予以撤销,但是可以使债务人受益的除外。

(三)待履行合同的处理

1. 管理人的选择权。

所谓待履行合同指在破产程序开始时已成立但尚未履行的合同。对于待履行合同,管理人有权选择履行或者拒绝履行。如果管理人选择履行,合同相对人无权反对,应履行对待给付的义务。但是相对人有权就自己应得的对待给付要求对方提供担保,如果管理人不提供担保,视为解除合同。如果管理人拒绝履行,相对人仅得以合同不履行所生的赔偿请求作为破产债权在程序中受偿。

2. 选择权的行使。

管理人自破产申请受理之日起2个月内享有选

择权。在2个月期间内，相对人有催告权。相对人催告后，管理人有30日的答复期间。

（四）相关程序的中止

1. 保全的解除和执行中止。破产程序开始后，针对债务人财产的保全措施应当解除，执行程序应当中止。

2. 诉讼仲裁程序的中止。一般来说，与破产程序相冲突的诉讼和仲裁程序应当中止。

（五）牵连管辖

人民法院受理破产申请后，有关债务人的民事诉讼，只能向受理破产申请的人民法院提起。这里所说的"有关债务人的民事诉讼"，包括对债务人提起的民事诉讼和由债务人提起的民事诉讼。

第三节　管　理　人

一、管理人的任命及报酬确定

管理人由人民法院指定，债权人会议对不称职的管理人可以请求人民法院予以更换。管理人的报酬由人民法院予以确定，债权人会议对报酬有异议的可以向人民法院提出请求。

二、管理人的职责和义务★★

（一）报告义务

《企业破产法》第69条规定了十种重大的财产处分行为应当及时报告债权人委员会。第一次债权人会议尚未召开，或者债权人会议未设立债权人委员会的，应当报告人民法院。

（二）不辞任义务

管理人没有正当理由不得辞去职务，管理人辞去职务应当经人民法院许可。

第四节　债务人财产

一、债务人财产的范围

破产申请受理时属于债务人的全部财产，以及破产申请受理后至破产程序终结前债务人取得的财产，为债务人财产。

在认定债务人财产的范围时需要注意的是下列财产不属于债务人财产：(1)特定物买卖中，尚未转移占有但相对人已经完全支付对价的特定物；(2)尚未支付货款的在途货物；(3)尚未办理产权证或过户手续但已经向买方交付的产品；(4)保留所有权买卖中尚未取得所有权的。

另外注意最高人民法院《关于适用〈中华人民共和国企业破产法〉若干问题的规定(二)》(以下简称《破产法规定(二)》)的规定：

1. 应认定为债务人财产的：(1)除债务人所有的货币、实物外，债务人依法享有的可以用货币估价并可以依法转让的债权、股权、知识产权、用益物权等财产和财产权益；(2)债务人已依法设定担保物权的特定财产；(3)债务人对按份享有所有权的共有财产的相关份额，或者共同享有所有权的共有财产的相应财产权利，以及依法分割共有财产所得部分；(4)破产申请受理后，依法执行回转的财产。

2. 下列财产不应认定为债务人财产：(1)债务人基于仓储、保管、承揽、代销、借用、寄存、租赁等合同或者其他法律关系占有、使用的他人财产；(2)债务人在所有权保留买卖中尚未取得所有权的财产；(3)所有权专属于国家且不得转让的财产；(4)其他依照法律、行政法规不属于债务人的财产。

二、破产程序中的实体性权利

（一）撤销权★

人民法院受理破产申请前1年内，涉及债务人财产的下列行为，管理人有权请求人民法院予以撤销：(1)无偿转让财产的；(2)以明显不合理的价格进行交易的；(3)对没有财产担保的债务提供财产担保的；(4)对未到期的债务提前清偿的；(5)放弃债权的。

涉及债务人财产的下列行为无效：(1)为逃避债务而隐匿、转移财产的；(2)虚构债务或者承认不真实的债务的。

（二）追回权

《企业破产法》第36条规定："债务人的董事、监事和高级管理人员利用职权从企业获取的非正常收入和侵占的企业财产，管理人应当追回。"

（三）取回权★

取回权，是指权利人从管理人接管的财产中取回不属于债务人的财产的请求权。

（四）破产抵销权

1. 概念：

破产抵销权，是指破产债权人在破产宣告前对破产人负有债务的，无论债的种类和到期时间，得于清算分配前以破产债权抵销其所负债务的权利。破产债权的行使必须以债权人申报债权为条件。

2. 适用限制：

(1)债务人的债务人在破产申请受理后取得的他人对债务人的债权，不得用于抵销。

(2)债权人已知债务人有不能清偿到期债务或者破产申请的事实，而对债务人负担债务的，不得抵销。但是，债权人因为法律规定或者在破产申请1年前所发生的原因而负担债务的除外。

(3)债务人的债务人已知债务人有不能清偿到期债务或者破产申请的事实，而对债务人取得的债权,不得抵销。但是,债务人的债务人因为法律规定或者有破产申请1年前所发生的原因而取得债权的除外。

(五)别除权

指债权人不依破产程序而由破产财产中的特定财产单独优先受偿的权利。

1.别除权存在的基础。

债权人对破产人的特定财产享有抵押权、质押权、留置权。

2.别除权的标的物属于债务人财产但不属于破产财产。

破产申请受理后,别除权标的物虽然也属于债务人财产,并且可能在破产宣告前为管理人接管(除已经被担保权人占有的外),但为了实现别除权的优先受偿,管理人需要将别除权标的物与其他债务人财产有所区分,不能用别除权标的物清偿破产费用和共益债务。

3.别除权的行使。

在行使别除权时需要注意的是,债权和担保物权的基础性权利必须形成在破产宣告之前,并且该债权经过依法申报为破产债权。否则,不可以行使别除权。

但是,依据《企业破产法》第75条第2款的规定,在重整期间为继续营业借款而设定担保的,在重整程序转为破产清算程序后,该担保权仍得享受别除权。同样地,依据《企业破产法》第18条的规定为待履行合同的继续履行而提供的担保,以及管理人依据第37条的规定为取回质物、留置物而提供的替代担保,在破产宣告后亦享有别除权。

三、破产费用和共益债务

(一)破产费用的范围

破产法规定,人民法院受理破产申请后发生的下列费用,为破产费用:(1)破产案件的诉讼费用;(2)管理、变价和分配债务人财产的费用;(3)管理人执行职务的费用、报酬和聘用工作人员的费用;(4)执行费用。

(二)共益债务的范围

破产程序中为全体债权人的共同利益而管理、变价和分配破产财产而负担的债务为共益债务,与之相对应的权利为共益债权。

《企业破产法》第42条规定,人民法院受理破产申请后发生的下列债务,为共益债务:(1)因管理人或者债务人请求对方当事人履行双方均未履行完毕的合同所产生的债务;(2)债务人财产受无因管理所产生的债务;(3)因债务人不当得利所产生的债务;(4)为债务人继续营业而应支付的劳动报酬和社会保险费用以及由此产生的其他债务;(5)管理人或者相关人员执行职务致人损害所产生的债务;(6)债务人财产致人损害所产生的债务。

(三)破产费用和共益债务的清偿原则

1.随时清偿。在债务人财产足以清偿破产费用和共益债务时,随时清偿,二者的清偿不分先后。

2.破产费用优先清偿。在债务人财产不足以清偿所有破产费用和共益债务的情况下,先行清偿破产费用。

3.按比例清偿。债务人财产不足以清偿所有破产费用或者共益债务的,按照比例清偿。

4.债务人财产不足清偿破产费用时提前终结破产程序。

第五节 债权申报

一、债权申报中的特别情形

1.职工债权不必申报,由管理人予以登记,职工认为登记有错误的可以主张更改,管理人不予更改的可以提起诉讼。

2.待定债权可以申报,但是必须说明。

3.利益请求权。附利息的债权自破产申请受理时起停止计息。破产申请受理前的利息,随本金一同申报。

4.连带债权。连带债权人可以由其中一人代表全体连带债权人申报债权,也可以共同申报债权。申报的债权是连带债权的,应当说明。

5.债务人的保证人或者其他连带债务人,已经代替债务人清偿债务的,以其对债务人的求偿权申报债权;尚未代替债务人清偿债务的,除债权人已经向管理人申报全部债权的外,以其对债务人的将来求偿权申报债权。

二、债权申报的逾期处理

债权人未在人民法院确定的债权申报期限内申报债权的,可以在破产财产最后分配前补充申报;但是,此前已进行的分配,不再对其补充分配。

第六节 债权人会议

一、债权人会议概述

(一)债权人会议的组成及召集

债权人会议由依法申报债权的债权人组成,为保护职工债权,债权人会议应当有职工代表参加,但职工代表不是债权人会议成员,且职工代表仅对涉及职工利益的事项发表意见。债权人会议第一次会议由人民法院召集,以后会议由债权人委员会召集,债权人会议主席由人民法院在债权人中指定。

(二)债权人会议成员分类(依据表决权完整程度进行分类)

1. 有完全表决权的债权人。

2. 对部分事项有表决权的债权人。

指有财产担保而未放弃优先受偿权利的债权人,对于下列决议不享有表决权:(1)通过和解协议的决议;(2)通过破产分配方案的决议。

3. 无表决权的债权人。

主要指以下三类债权人:(1)债权尚未确定的债权人;(2)债权附有停止条件,其条件尚有待成就的,或者债权附有解除条件,其解除条件已成就的;(3)尚未代替债务人清偿债务的保证人或者其他连带债务人。

二、债权人委员会

(一)债权人委员会的组成

债权人委员会是债权人会议的常设机构,向债权人委员会负责,但并非所有的破产案件都要设立债权人委员会。按照《企业破产法》的规定,债权人委员会由债权人会议选任的债权人代表和一名债务人的职工代表或者工会代表组成。债权人委员会成员不得超过9人。另外债权人委员会成员还应当经人民法院书面决定认可。

(二)债权人委员会的特别监督权

管理人实施的下列行为,应当及时报告债权人委员会:(1)涉及土地、房屋等不动产权益的转让;(2)探矿权、采矿权、知识产权等财产权的转让;(3)全部库存或者营业的转让;(4)借款;(5)设定财产担保;(6)债权和有价证券的转让;(7)履行债务人和对方当事人均未履行完毕的合同;(8)放弃权利;(9)担保物的取回;(10)对债权人利益有重大影响的其他财产处分行为。

未设立债权人委员会的,管理人实施以上行为应当及时报告人民法院。

第七节 重整程序★★★

一、重整程序的价值

重整程序的目的在于挽救濒临破产的企业,促使企业重新走上正常经营的轨迹。

二、重整程序的启动

依据申请重整的时间不同,重整程序的启动方式有两种:

1. 破产案件受理前由债权人或者债务人申请重整。

2. 债权人申请债务人破产的,在案件受理后破产宣告前,可以由债务人或者持有债务人注册资本1/10以上的一名或数名出资人提出。

三、重整的方式

(一)管理人监督下的债务人自行管理

采用这种方案必须经债务人申请,人民法院批准。

(二)管理人负责及债务人参与的管理

管理人可以以聘任和委托债务人的经营管理人员进行经营管理的方式进行,这种情况下,上述人员在签订重要合同和实施重大财产处分行为时,应当征得管理人的同意。

四、重整期间的特别保护

1. 重整期间,对债务人的特定财产享有的担保权暂停行使。但是,担保物有损坏或者价值明显减少的可能,足以危害担保权人权利的,担保权人可以向人民法院请求恢复行使担保权。

2. 重整期间债务人或者管理人为继续营业而借款的,可以为该借款设定担保。并且这种担保设定于债务人的无担保财产之上,便于债务人取得借款。

3. 债务人合法占有的他人财产,该财产的权利人在重整期间要求取回的,应当符合事先约定的条件。

4. 重整期间债务人的出资人不得请求投资收益分配;债务人的董事、监事、高级管理人员不得向第三人转让其持有的债务人的股权。

五、重整计划的通过

依据债权人会议应当依照规定的债权分类分组进行表决的原则,出席会议的同一表决组的债权人过半数同意重整计划草案,并且其所代表的债权额占该组债权总额的2/3以上的,即为该组通过重整计划草案。自重整计划通过之日起10日内,债务人或者管理人应当向人民法院提出批准重整计划的申请。经法院批准后的重整计划才可以正式实施。

第八节 和解程序

一、和解程序的申请主体

不同于重整程序的申请既可以由债权人提出也可以由债务人提出,和解程序的启动只能由债务人提出申请。

二、和解协议的成立和生效

(一)和解协议的成立

由出席债权人会议的有表决权的债权人的过半数同意,并且其所代表的债权额占无财产担保债权总额的2/3以上时,和解协议即成立。

(二)和解协议的生效

债务人和债权人达成和解协议,必须经人民法院裁定认可方能生效。

第九节 破产清算程序

一、破产宣告的裁定及申诉

《企业破产法》第107条第1款规定,人民法院依照破产法规定宣告债务人破产的,应当自裁定作出之日起5日内送达债务人和管理人,自裁定作出之日起10日内通知已知债权人,并予以公告。

在破产宣告后,债权人或者债务人对破产宣告有异议的,可以在人民法院宣告企业破产之日起10日内向上一级人民法院申诉。上一级人民法院应当组成合议庭进行审理,并在30日内作出裁定。

二、别除权

别除权,是指享有担保权的债权人不依破产程序,而由破产财产中的特定财产单独优先受偿的权利。该债权人为别除权人。此担保权应为担保物权,包括抵押、质押和留置,此特定财产即为该担保物。

别除权标的物(担保物)不计入破产财产,除非别除权人放弃优先权。

别除权行使的条件:债权和担保权合法有效,债权已依法申报并获得确认。

别除权行使的方法:(1)别除权人占有担保物的,可以直接以担保物折价抵偿债务,或者将担保物拍卖、变卖后以价款偿还债务;(2)别除权人未占有担保物的,行使别除权须经管理人同意。

清偿余额和差额:余额应当归入破产财产,差额部分作为破产债权,通过清算分配程序受偿。

别除权标的物的回赎:如果别除权标的物对于破产企业的继续营业或破产财产的整体变价具有重要意义,管理人可以在该担保物所能实现的清偿范围内,提供相同数额的清偿或替代担保,从而收回该标的物。

三、破产清偿的顺序

1. 优先清偿破产费用和共益债务。

2. 第一顺序清偿职工债权。破产企业的董事、监事和高级管理人员的工资按照该企业职工的平均工资计算。

3. 第二顺序清偿除了上述职工债权以外欠缴的社会保险和税款。

4. 第三顺序清偿普通债权。

第十节 法律责任

注意:其中规定的破产企业董事、监事、高级管理人员违反忠实义务、勤勉义务致使所在企业破产的,依法承担民事责任;同时规定,此类人员自破产程序终结之日起3年内不得担任任何企业的董事、监事、高级管理人员。

第十一节 特殊规定

注意职工债权清偿的特殊规定:为了维护社会稳定,使新旧破产法在职工债权清偿上做到更好地衔接,偿足职工债权,《企业破产法》规定2006年8月27日以前所欠的职工债权,享有先于别除权接受清偿的特别优先权。

命题点拨 把握重整程序、和解程序与清算程序之间的转换规则,包括初始申请为破产清算的案件在一定条件下转换为重整或和解程序,以及重整、和解程序在一定条件下转入破产清算。

第六章 票据法

第一节 票据法概述

一、票据的基本特征★

在票据的基本特征中要注意票据是无因证券还是要式证券。

我国在票据的种类上实行法定主义,分为汇票、本票和支票三种。

二、票据关系的当事人

票据关系的当事人分为两类:一是基本当事人即已存在的当事人,包括出票人、收款人、付款人。二是非基本当事人,即通过各种票据行为而加入票据关系中的当事人,如背书人、保证人、参加付款人、预备付款人等。

第二节 票据权利和票据行为★

一、票据权利的种类

(一)付款请求权(第一次权利)

持票人最基本的权利是请求付款人按票据金额支付款项。

付款请求权须符合以下条件:

1. 持票人持有处在有效期内的票据,其中汇票和本票的有效期自票据到期日起2年以内；见票即付的汇票和本票，自出票日起2年以内；支票自出票起6个月以内。

2. 持票人须将原来票据向付款人提示付款，如果不能提供票据原件的，不能请求付款，付款人也不得付款。

3. 持票人只能请求付款人支付票据上确定的金额，付款人须一次性将债务履行完毕，因此，持票人也不得向付款人请求少于票据确定的金额付款。

4. 持票人得到付款后，必须将票据移交给付款人，原票据上的权利可能由付款人承受，向其他债务人请求付款，从而使付款请求权呈持续状态。

5. 付款人支付票据金额后，如果发现该票据有伪造、变造情况的，有权向持票人请求返还所给付的金额。

（二）追索权（第二次请求权）

指持票人行使付款请求受到拒绝承兑或拒绝付款时，或有其他法定事由请求付款未果时，向其前手请求支付票据金额的权利。依据票据种类不同，追索对象可以分别包括出票人、背书人、保证人、承兑人和参加承兑人，这些人在票据中的地位是连带债务人，持票人可以不按照汇票债务人的先后顺序，对其中的任何一人、数人或全体行使追索权；持票人对汇票债务人仍可行使追索权。被追索人清偿债务后，与持票人享有相同的权利，可以再向其他票据债务人行使再追索的权利，该权利称为再追索权。

二、票据权利的取得

1. 发行取得。发行取得是所有取得方式的基础。

2. 善意取得。构成善意取得必须符合下列条件：(1)必须是从无权利人处取得票据；(2)必须是依票据法规定的票据转让方式取得票据；(3)受让人必须是善意。

3. 票据法上的继受取得。继受取得的方式主要有两种：一是依据背书转让方式取得；二是保证人履行保证义务或追索义务人偿还追索金额后取得票据。

4. 非票据法上的继受取得。主要包括赠与、继承、税收等方式取得的票据。但是，所享有的票据权利不得优于其前手的权利。

三、票据权利的行使

（一）行使方式

1. 提示承兑。

承兑，是指汇票付款人承诺在汇票到期日支付汇票金额的票据行为，提示承兑是指持票人向付款人出示汇票，并要求付款人承诺付款的行为。

定日付款或出票后定期付款的汇票持票人，首先要在汇票到期日前向付款人提示承兑；见票后定期付款的汇票，持票人应当自出票日起，1个月内向付款人提示承兑，这是付款人行使票据权利的必经程序。

2. 提示付款。

提示付款，是指持票人在法定期间内，向付款人提示票据请求付款的票据行为。其中支票自出票日起10日内向付款人提示付款；本票自出票日起2个月内；见票即付的汇票1个月内向付款人提示付款；定日付款出票后定期付款或见票后定期付款的汇票，自到期日起10日内向付款人提示付款。

3. 行使追索权。★

票据到期被拒绝付款的，持票人可以对背书人、出票人以及票据的其他债务人行使追索权，在票据到期日前，如汇票被拒绝承兑的，承兑人付款人死亡、逃匿的，承兑人付款人被依法宣告破产的，以及因违法被责令终止业务活动的，持票人也可以行使追索权。

追索权行使的例外。持票人为出票人的，对其前手无追索权；当持票人为背书人时，对其后手无追索权。

（二）票据权利的保全

指票据权利人为防止票据权利丧失所进行的行为。票据权利的保全方式包括进行票据提示、作成拒绝证书、中断时效。

1. 提示票据。持票人在法定期间内提示票据行使票据权利，就是保全票据权利的方式之一。我国票据法明确规定持票人只有在法定期间内提示票据请求付款被拒绝的，方可行使追索权；期前追索的进行也以按期提示请求承兑被拒绝为条件之一。

2. 提供拒绝证书。我国票据法规定，持票人行使追索权时，应当提供被拒绝承兑或被拒绝付款的有关证明。而在持票人提示承兑或者提示付款被拒绝时，承兑人或者付款人必须出具证明。

3. 中断时效。一般来说，与普通民事债权相同，诉讼可以中断时效，保全票据权利。

四、票据权利的瑕疵★

（一）票据的伪造

1. 票据伪造指假冒或虚构他人名义为票据行为并在票据上签章。

2. 票据伪造的结果：

(1)伪造的签章不影响真实签章的效力。

(2)付款人或代理付款人在付款时，只要按法律规定对票据签章和各记载事项进行了通常审查，即使未能辨认出伪造的签章，付款行为仍然有效。

(3)被伪造人不承担任何票据责任，伪造人亦不承担票据义务但须承担其他法律责任。

(二)票据的变造

1.票据变造：

指无合法变更权限之人，对除签章外的票据记载事项加以变更。

2.票据变造的责任：

(1)变造人在票据上没有签章，则不承担票据义务，但应负相应刑事、民事及行政责任；

(2)若变造人在票据上有签章，则按其变造以后的票据记载事项承担票据义务，并承担相应刑事、民事及行政责任；在变造之前签章的其他人对原记载事项负责；在变造之后签章的其他人对变造后的记载事项负责(按票据变造的时间承担责任)；不能辨别在变造之前签章或变造之后签章的，视为在变造之前签章。

(三)票据的更改

1.票据的更改。

票据的更改，是指更改票据上记载事项的行为。合法地更改票据上的记载事项，必须是有法定更改权限的人依法更改票据上可以更改的记载事项。

2.禁止更改的事项。

票据法规定，下列事项不得更改：票据金额、日期、受款人名称，否则票据无效。另外根据司法解释的规定，更改银行汇票的实际结算金额，也会导致票据无效。

3.可以更改的事项。

票据法规定下列事项可以更改：付款人名称、付款日期、付款地、出票地等事项。上述事项应由原记载人更改，更改时应当由原记载人签章证明。

第三节 票据抗辩与补救

一、票据的抗辩

依据票据抗辩权行使的对象不同，票据抗辩可以分为对物的抗辩和对人的抗辩。

(一)对物的抗辩

对物的抗辩主要是对票据本身的抗辩，此种抗辩的理由可以是票据背书不连续，欠缺法定记载事项，票据的签章是伪造或变造的，票据上的债权已经消灭等理由。

另外依据《票据法》第6条的规定，无民事行为能力或限制民事行为能力人在票据上所为的签章无效。此时，其监护人可以主张该票据行为无效，据此提出抗辩。

(二)对人的抗辩

对人的抗辩主要是指直接原因关系的票据权利人在原因关系无效、不存在或消灭的情况下，票据债务人可以提出抗辩。

(三)票据抗辩切断制度

票据抗辩的切断主要是对人抗辩的一种限制，依据我国《票据法》的规定，下列情况下不得行使对人的抗辩权：

1.对出票人抗辩切断，即票据债务人不得以自己与出票人之间的抗辩事由对抗持票人。一般情况下，这种抗辩一般只存在于汇票关系中。

2.对持票人前手抗辩切断，即票据债务人不得以自己与持票人前手之间的抗辩事由对抗持票人。这里的前手包括持票人的任何前手。

二、票据的补救

票据法为票据补救提供的三种途径包括：挂失止付、公示催告和提起诉讼。

(一)挂失止付(一种临时性救济措施，不能免除付款人的责任)★

1.挂失止付的提起主体：丧失对票据实际占有的当事人，均可通知挂失止付。

2.挂失止付的相对人是票据上记载的付款人。

(二)公示催告(由申请人提出，申请法院向未知的利害关系人发出)

1.公示催告的申请人可以是付款人、合法持票人以及出票人。

2.公示催告的期间：国内票据为60日，涉外票据可以适当延长，但是不可以超过90日。

3.公示催告的终结：(1)裁定终结，在公示催告期间内和公示催告期间届满后除权判决下达之前，如果有利害关系人申报，人民法院应裁定公示催告程序终结；(2)判决终结，公示催告期满后无人申报或者申报人的权利不能受到保护的，依申请人申请，由法院下达除权判决，除权判决下达后该票据失效，即使善意取得人也不得再主张权利。

4.恶意申请公示催告的权利救济：(1)对最后合法持票人而言，因申请人伪报票据丧失事实属于《民事诉讼法》第234条规定的正当理由，故在申请人尚未持除权判决请求付款人付款的情形下，最后合法持票人可以根据该条规定，在法定期限内请求撤销除权判决并行使票据追索权；(2)因恶意申请公示催告并持除权判决获得票款行为损害了最后合法持票人的权利，构成侵权，最后合法持票人据此请求申请人承担赔偿责任的，人民法院应予支持。

第四节　汇　　票★★★

一、汇票的概述

汇票是出票人签发的、委托付款人在见票时或者在指定的日期无条件支付确定的金额给收款人或者持票人的票据。汇票的基本当事人包括出票人、付款人、收款人。

二、出票★

1. 出票人必须是完全民事行为能力人。

2. 出票必须记载的事项：(1)表明“汇票”的字样；(2)无条件支付的委托；(3)确定的金额(确定的币种和金额，且中文记载和数码必须保持一致，否则无效)；(4)付款人名称(银行汇票均以出票银行为付款人)；(5)收款人名称；(6)出票日期；(7)出票人签章。

其中第(1)、(2)两项往往在统一印制的票据用纸上已经印刷上，不必再由出票人填写。

3. 未记载事项的认定：(1)未记载付款日期的，视为见票即付；(2)未记载付款地的，以付款人的营业场所、住所或者经常居住地为付款地；(3)未记载出票地的，以出票人的营业场所、住所或者经常居住地为出票地。

三、背书转让

(一)背书转让的基本规则

连续背书的第一背书人应当是汇票的收款人，最后一次背书的被背书人应当是汇票的持有人。

(二)背书转让的限制

1. 出票人在票据上记载“不得转让”字样时，背书转让行为无效。

2. 背书人在票据上记载“不得转让”字样时，如果其后手再背书转让的，原背书人对后手的被背书人不承担保证责任。

3. 回头背书的被背书人是出票人的，只有在汇票已经承兑时，才可以向承兑人行使追索权，否则，不享有追索权；回头背书的被背书人是先前的背书人的，不能向其后手行使追索权。

4. 附条件背书时所附条件无效，但是背书行为依然有效。附条件背书不同于付款附条件，付款附条件的票据无效，任何人不得主张权利。

5. 将汇票金额的一部分转让的背书或将汇票金额分别转让给2人以上的背书无效。票据权利不发生转移。

6. 被拒绝承兑、被拒绝付款或者超过付款提示期限时所为的背书属于无效的期后背书，不能发生票据权利转移的效力。

四、汇票质押

背书人在设定质押背书时，必须在背书中载明“质押”字样，并签名盖章。

五、汇票的贴现

1. 票据贴现，是指在持票人需要资金时，将持有的未到期商业汇票，通过背书的方式转让给银行，银行在票据金额中扣除贴现利息后，将余款支付给贴现申请人的票据行为。

2. 汇票贴现的限制：(1)出票人在票据上记载“不得转让”字样，其后手以此票据进行贴现的，通过贴现取得票据的持票人不享有票据权利。(2)背书人在票据上记载“不得转让”字样，其后手以此票据进行贴现的，原背书人对后手的被背书人不承担票据责任。

3. 贴现纠纷的处理。

(1)贴现行恶意、重大过失的认定。在办理商业承兑汇票贴现业务过程中，贴现行的负责人或者有权从事该业务的工作人员与贴现申请人合谋，伪造贴现申请人与其前手之间具有真实的商品交易关系的合同、增值税发票等材料申请贴现的，人民法院应当认定贴现行恶意取得票据，不享有票据权利。

(2)民间贴现行为的效力。在合法持票人向不具有贴现资质的主体进行“贴现”，该“贴现”人给付贴现款后直接将票据交付其后手，其后手支付对价并记载自己为被背书人后又基于真实的交易关系或债权债务关系将票据进行背书转让的情形下，可认定最后持票人是合法持票人。

(3)转贴现协议案由及责任。转贴现合同法律关系有效成立的，对于原告的诉讼请求，人民法院应予支持。

六、承兑

汇票承兑的应当遵循自由承兑的原则，即付款人承兑与否由付款人自由决定，不受出票人指示的限制。但是一旦付款人承兑后，付款人就要承担绝对的无条件付款的责任。另外，承兑不可以部分承兑和附条件承兑，否则属于拒绝承兑。

关于汇票提示承兑的期限，参见本章第二节，“三、票据权利的行使”。

七、汇票的保证

(一)汇票保证的概述

汇票保证，是指汇票债务人以外的第三人，保证特定的票据债务人能够履行票据债务的票据行为。保证人要使保证生效必须在票据上或者粘单上记载“保证”字样并签章。另外，附条件的保证不影响保证人的责任，保证行为依然有效。

(二)保证人的责任

票据法规定,被保证的汇票,保证人应当与被保证人对持票人承担连带责任。汇票到期后得不到付款的,持票人有权向保证人请求付款,保证人应当足额付款。

(三)保证人的代位权

保证人清偿汇票债务后,可以行使持票人对被保证人及其前手的追索权。

八、付款★

付款程序中需要注意的是提示付款的期限,参见本章第二节“三、票据权利的行使”。

九、汇票的追索权(参见本章第二节“三、票据权利的行使”)

第五节 本票和支票

一、本票

(一)本票概述

本票是出票人签发的,承诺自己在见票时无条件支付确定金额给收款人或者持票人的票据。本票是一种自付证券,这是本票和汇票与支票的最大区别。本票自出票日起,付款期限最长不超过2个月。

(二)本票的法定记载事项(缺少一项导致票据无效)

(1)表明“本票”的字样(本票格式由银行统一印制);(2)无条件支付的承诺;(3)确定的金额;(4)收款人名称;(5)出票日期;(6)出票人签章。

二、支票★★

(一)支票概述

支票是出票人签发的,委托办理支票存款业务的银行或者其他金融机构在见票时无条件支付确定的金额给收款人或者持票人的票据。支票的持票人一般应当在出票日起10日内提示付款。

(二)支票的法定记载事项

包括:(1)表明“支票”的字样;(2)无条件支付的委托;(3)确定的金额;(4)付款人名称;(5)出票日期;(6)出票人签章。支票上未记载上述事项的,支票无效。

(三)未记载事项的补救

包括:(1)支票上的金额可以由出票人授权补记,未补记前的支票,不得使用;(2)支票上未记载收款人名称的,经出票人授权,可以补记;(3)支票上未记载付款地的,付款人的营业场所为付款地;(4)支票上未记载出票地的,出票人的营业场所、住所或经常居住地为出票地。

命题点拨 票据行为原理、票据抗辩原理的掌握和运用。

第七章 证券法

第一节 证券法概述

证券是表示一定权利的书面凭证,即记载并代表一定权利的文书。我国主要包括股票、债券、存托凭证、证券投资基金券以及经国务院依法认定的其他证券。

第二节 证券发行

一、证券发行的基本条件★★

1. 股票发行的条件。

(1)设立发行股票的条件。①股份有限公司的生产经营符合国家的产业政策。②发行的普通股限于一种,同股同权。③发起人认购的股本数额不少于公司拟发行的股本总额的35%。④在公司拟发行的股本总额中,发起人认购的部分不少于人民币3000万元,但国家另有规定的除外。⑤向社会公众发行的部分不少于公司拟发行股本总额的25%,其中公司职工认购的股本数额不得超过拟向社会公众发行的股本总额的10%;公司拟发行的股本总额超过人民币4亿元的,证监会按规定可酌情降低向社会公众发行的部分的比例,但最低不得少于公司拟发行股本总额的10%(《公司法》变更为15%)。⑥发起人在近3年内没有重大违法行为。⑦证监会规定的其他条件。

(2)首次发行新股的条件。①具备健全且运行良好的组织机构;②具有持续经营能力;③最近3年财务会计报告被出具无保留意见审计报告;④发行人及其控股股东、实际控制人最近3年不存在贪污、贿赂、侵占财产、挪用财产或者破坏社会主义市场经济秩序的刑事犯罪;⑤经国务院批准的国务院证券监督管理机构规定的其他条件。

2. 公司债券发行的基本条件。

(1)具备健全且运行良好的组织机构;(2)最近3年平均可分配利润足以支付公司债券1年的利息;(3)国务院规定的其他条件。

二、证券承销

1. 证券代销,又称代理发行,是指证券公司代发行人发售证券,在承销期结束时,将未售出的证券全部退还给发行人的承销方式。

2. 证券包销，是指证券公司将发行人的证券按照协议全部购入或者在承销期结束时将售后剩余证券全部自行购入的承销方式。

第三节 证券交易

一、证券交易的条件及方式

（一）证券交易的条件

1. 证券交易当事人依法买卖的证券，必须是依法发行并交付的证券。非依法发行的证券，不得买卖。

2. 依法发行的证券，法律对其转让期限有限制性规定的，在限定的期限内，不得转让。

3. 公开发行的证券，应当在依法设立的证券交易所上市交易或者在国务院批准的其他全国性证券交易场所交易。非公开发行的证券，可以在证券交易所、国务院批准的其他全国性证券交易场所、按照国务院规定设立的区域性股权市场转让。

（二）证券交易的方式

1. 集中竞价。

2. 价格优先。

3. 时间优先。

4. 证券交易当事人买卖的证券可以采用纸面形式或者国务院证券监督管理机构规定的其他形式。

二、退市制度

2019 年修订后的《证券法》取消了暂停上市的规定。2019 年《证券法》第 48 条规定，上市交易的证券，有证券交易所规定的终止上市情形的，由证券交易所按照业务规则终止其上市交易。证券交易所决定终止证券上市交易的，应当及时公告，并报国务院证券监督管理机构备案。

三、限制和禁止的证券交易行为★★★

（一）限制和禁止的证券交易行为的一般规定

（二）禁止内幕交易行为

1. 内幕交易，是指知悉证券交易内幕信息的知情人和非法获取内幕信息的人，利用内幕信息进行证券交易的活动。

2. 证券交易活动中，涉及发行人的经营、财务或者对该发行人证券的市场价格有重大影响的尚未公开的信息，为内幕信息。

3. 下列人员为知悉证券交易内幕信息的知情人员：(1) 发行人及其董事、监事、高级管理人员；(2) 持有公司 5% 以上股份的股东及其董事、监事、高级管理人员，公司的实际控制人及其董事、监事、高级管理人员；(3) 发行人控股或者实际控制的公司及其董事、监事、高级管理人员；(4) 由于所任公司职务或者因与公司业务往来可以获取公司有关内幕信息的人员；(5) 上市公司收购人或者重大资产交易方及其控股股东、实际控制人、董事、监事和高级管理人员；(6) 因职务、工作可以获取内幕信息的证券交易场所、证券公司、证券登记结算机构、证券服务机构的有关人员；(7) 因职责、工作可以获取内幕信息的证券监督管理机构工作人员；(8) 因法定职责对证券的发行、交易或者对上市公司及其收购、重大资产交易进行管理可以获取内幕信息的有关主管部门、监管机构的工作人员；(9) 国务院证券监督管理机构规定的可以获取内幕信息的其他人员。

（三）禁止操纵证券市场行为

操纵市场的行为包括：(1) 单独或者通过合谋，集中资金优势、持股优势或者利用信息优势联合或者连续买卖；(2) 与他人串通，以事先约定的时间、价格和方式相互进行证券交易；(3) 在自己实际控制的账户之间进行证券交易；(4) 不以成交为目的，频繁或者大量申报并撤销申报；(5) 利用虚假或者不确定的重大信息，诱导投资者进行证券交易；(6) 对证券、发行人公开作出评价、预测或者投资建议，并进行反向证券交易；(7) 利用在其他相关市场的活动操纵证券市场；(8) 以其他手段操纵证券市场。

（四）禁止虚假陈述和信息误导行为

（五）禁止损害客户利益的行为

禁止证券公司及其从业人员从事下列损害客户利益的行为：(1) 违背客户的委托为其买卖证券；(2) 不在规定时间内向客户提供交易的确认文件；(3) 未经客户的委托，擅自为客户买卖证券，或者假借客户的名义买卖证券；(4) 为牟取佣金收入，诱使客户进行不必要的证券买卖；(5) 其他违背客户真实意思表示，损害客户利益的行为。

（六）其他禁止行为

第四节 上市公司收购制度

一、上市公司收购的概念和方式

1. 上市公司收购是指投资者依法定程序公开收购股份有限公司已经发行上市的有表决权股份以达到对该公司控股或兼并目的的行为。

2. 上市公司收购的方式：要约收购、协议收购及其他合法方式。

二、上市公司收购的程序和规则★

（一）报告和公告持股情况

投资者持有或者通过协议、其他安排与他人共同持有一个上市公司已发行的有表决权股份达到

5%时:(1)应当在该事实发生之日起3日内,向国务院证券监督管理机构、证券交易所作出书面报告,通知该上市公司,并予公告,在上述期限内不得再行买卖该上市公司的股票,但国务院证券监督管理机构规定的情形除外;(2)在此之后,每增加或者减少5%,应当依照上述规定进行报告和公告,在该事实发生之日起至公告后3日内,不得再行买卖该上市公司的股票,但国务院证券监督管理机构规定的情形除外;(3)在此之后,每增加或者减少1%,应当在该事实发生的次日通知该上市公司,并予公告。

(二)收购要约

1. 条件:投资者持有或者通过协议、其他安排与他人共同持有一个上市公司已发行的有表决权股份的30%时,继续进行收购;必须公告上市公司收购报告书。

2. 期限:30~60日。

(三)协议收购

以协议方式收购上市公司时,达成协议后,收购人必须在3日内将该收购协议向国务院证券监督管理机构及证券交易所作出书面报告,并予公告。

(四)禁止转让

在上市公司收购中,收购人持有的被收购的上市公司的股票,在收购行为完成后的18个月内不得转让。

(五)终止上市交易和应当收购

1. 收购要约的期限届满,收购人持有股份达到75%以上的,该上市公司的股票应当在证券交易所终止上市交易。

2. 收购要约的期限届满,收购人持有的股份数达到90%以上的,其余仍持有被收购公司股票的股东,有权向收购人以收购要约的同等条件出售其股票,收购人应当收购。

(六)报告和公告收购情况

第五节 信息披露

一、信息披露的基本要求

1. 在每一会计年度结束之日起4个月内,报送并公告年度报告,其中的年度财务会计报告应当经符合本法规定的会计师事务所审计。

2. 在每一会计年度的上半年结束之日起2个月内,报送并公告中期报告。

3. 发行人的董事、高级管理人员应当对证券发行文件和定期报告签署书面确认意见。

二、临时报告的披露★

1. 股票交易重大事件临时报告披露。

重大事件包括:(1)公司的经营方针和经营范围的重大变化;(2)公司的重大投资行为,公司在1年内购买、出售重大资产超过公司资产总额30%,或者公司营业用主要资产的抵押、质押、出售或者报废一次超过该资产的30%;(3)公司订立重要合同、提供重大担保或者从事关联交易,可能对公司的资产、负债、权益和经营成果产生重要影响;(4)公司发生重大债务和未能清偿到期重大债务的违约情况;(5)公司发生重大亏损或者重大损失;(6)公司生产经营的外部条件发生的重大变化;(7)公司的董事、1/3以上监事或者经理发生变动,董事长或者经理无法履行职责;(8)持有公司5%以上股份的股东或者实际控制人持有股份或者控制公司的情况发生较大变化,公司的实际控制人及其控制的其他企业从事与公司相同或者相似业务的情况发生较大变化;(9)公司分配股利、增资的计划,公司股权结构的重要变化,公司减资、合并、分立、解散及申请破产的决定,或者依法进入破产程序、被责令关闭;(10)涉及公司的重大诉讼、仲裁,股东会、董事会决议被依法撤销或者宣告无效;(11)公司涉嫌犯罪被依法立案调查,公司的控股股东、实际控制人、董事、监事、高级管理人员涉嫌犯罪被依法采取强制措施;(12)国务院证券监督管理机构规定的其他事项。

2. 债券交易重大事件临时报告披露。

重大事件包括:(1)公司股权结构或者生产经营状况发生重大变化;(2)公司债券信用评级发生变化;(3)公司重大资产抵押、质押、出售、转让、报废;(4)公司发生未能清偿到期债务的情况;(5)公司新增借款或者对外提供担保超过上年年末净资产的20%;(6)公司放弃债权或者财产超过上年年末净资产的10%;(7)公司发生超过上年年末净资产10%的重大损失;(8)公司分配股利,作出减资、合并、分立、解散及申请破产的决定,或者依法进入破产程序、被责令关闭;(9)涉及公司的重大诉讼、仲裁;(10)公司涉嫌犯罪被依法立案调查,公司的控股股东、实际控制人、董事、监事、高级管理人员涉嫌犯罪被依法采取强制措施;(11)国务院证券监督管理机构规定的其他事项。

第六节 投资者保护

一、投资者保护概述

投资者保护是证券法的宗旨所在,也是证券监管要实现的根本目标。2019年修订的《证券法》单独设立“投资者保护”一章，在制度上进一步加强对投资者的保护。

二、投资者保护新制度内容★★

1. 证券公司销售证券、提供服务时的义务：(1)应当按照规定充分了解投资者的基本情况、财产状况、金融资产状况、投资知识和经验、专业能力等相关信息；(2)如实说明证券、服务的重要内容，充分揭示投资风险；(3)销售、提供与投资者上述状况相匹配的证券、服务。

2. 普通投资者和专业投资者：根据财产状况、金融资产状况、投资知识和经验、专业能力等因素，投资者可以分为普通投资者和专业投资者。

3. 征集股东权利：上市公司董事会、独立董事、持有1%以上有表决权股份的股东或者依照法律、行政法规或者国务院证券监督管理机构的规定设立的投资者保护机构(以下简称投资者保护机构)，可以作为征集人，自行或者委托证券公司、证券服务机构，公开请求上市公司股东委托其代为出席股东会，并代为行使提案权、表决权等股东权利。

4. 分配现金股利。

5. 债券持有人会议：公开发行公司债券的，应当设立债券持有人会议，并应当在募集说明书中说明债券持有人会议的召集程序、会议规则和其他重要事项。

6. 先行赔付：发行人因欺诈发行、虚假陈述或者其他重大违法行为给投资者造成损失的，发行人的控股股东、实际控制人、相关的证券公司可以委托投资者保护机构，就赔偿事宜与受到损失的投资者达成协议，予以先行赔付。先行赔付后，可以依法向发行人以及其他连带责任人追偿。

7. 纠纷解决。

(1)投资者保护机构调解与起诉：①投资者保护机构申请调解；②投资者保护机构支持起诉；③投资者保护机构以自己名义起诉，持股比例和持股期限不受《公司法》规定的限制。

(2)代表人诉讼：①诉讼标的是同一种类，且当事人一方人数众多的；②可能存在有相同诉讼请求的其他众多投资者的，人民法院可以发出公告，说明该诉讼请求的案件情况，通知投资者在一定期间向人民法院登记；③投资者保护机构受50名以上投资者委托，可以作为代表人参加诉讼。

第七节　证券机构

一、证券交易场所

1. 证券交易场所，是指依法登记而取得法人资格的证券交易所和国务院批准的其他全国性证券交易场所。证券交易场所为证券集中交易提供场所和设施，组织和监督证券交易，实行自律管理。证券交易场所的设立、变更和解散由国务院决定。

2. 证券交易所，是为证券集中交易提供场所和设施，组织和监督证券交易，实行自律管理的法人。证券交易所有公司制和会员制之分。

二、证券公司

1. 组织形式：有限责任公司或者股份有限公司。

2. 业务范围：(1)证券经纪；(2)证券投资咨询；(3)与证券交易、证券投资活动有关的财务顾问；(4)证券承销与保荐；(5)证券融资融券；(6)证券做市交易；(7)证券自营；(8)其他证券业务。

证券公司经营上述第1~3项业务的，注册资本最低限额为人民币5000万元；经营第4~8项业务之一的，注册资本最低限额为人民币1亿元；经营第4~8项业务中两项以上的，注册资本最低限额为人民币5亿元。证券公司的注册资本应当是实缴资本。

三、证券登记结算机构

1. 概念：证券登记结算机构为证券交易提供集中登记、存管与结算服务，不以营利为目的，依法登记，取得法人资格。

2. 条件：(1)自有资金不少于人民币2亿元；(2)具有证券登记、托管和结算服务所必需的场所和设施；(3)国务院证券监督管理机构规定的其他条件。证券登记结算机构的名称中应当标明证券登记结算字样。

四、证券服务机构

证券服务机构，是指经国务院证券监督管理机构和其他有关主管部门核准从事证券业务的会计师事务所、律师事务所以及从事证券投资咨询、资产评估、资信评级、财务顾问、信息技术系统服务的证券服务机构。

五、证券业协会

六、证券监督管理机构

第八节　证券投资基金法律制度

一、证券投资基金概述

证券投资基金，是指通过公开或者非公开募集资金设立证券投资基金(以下简称基金)，由基金管理人管理，基金托管人托管，为基金份额持有人的利益，进行证券投资活动而获取一定收益的投资工具。

二、证券投资基金关系中的当事人

证券投资基金关系中的当事人由基金管理人、基金托管人和基金份额持有人三方构成。

三、公开募集基金的法律规制

（一）基金的公开募集

（二）公开募集基金的基金份额的交易

（三）基金份额的申购与赎回

基金份额的申购，是指投资人按照基金份额申购价格，申请购买基金管理人管理的开放式基金的基金份额。而基金份额的赎回则是指基金份额持有人按照基金份额赎回价格，要求基金管理人赎回其所持有的开放式基金的基金份额。

（四）基金的投资和收益分配

1. 封闭式基金的收益分配。根据有关法律规定，封闭式基金的收益分配，每年不得少于一次，封闭式基金年度收益分配比例不得低于基金年度已实现收益的90%。

2. 开放式基金的收益分配。开放式基金的基金合同应当约定每年基金收益分配的最多次数和基金收益分配的最低比例。

3. 货币市场基金的收益分配。根据有关法律法规的规定，对于每日按照面值进行报价的货币市场基金，可以在基金合同中将收益分配的方式约定为红利再投资。

四、非公开募集基金的法律规制

1. 合格投资者。非公开募集基金应当向合格投资者募集，合格投资者累计不得超过200人。

2. 托管。非公开募集基金应当由基金托管人托管，但是，基金合同另有约定的除外。

3. 管理人。担任非公开募集基金的基金管理人，应当按照规定向基金行业协会履行登记手续，报送基本情况。

第九节　违反证券法的法律责任（略）

命题点拨　股票和债券发行的基本条件、发行公告、发行方式以及证券承销制度，证券交易的条件和方式，退市制度，限制和禁止的证券交易行为，证券信息披露制度，投资者保护制度，上市公司收购的程序、规则以及上市公司收购的法律后果等。

第八章　保　险　法

第一节　保险法概述

一、保险法考查概述

注意2015年《保险法》部分条文的修改和最高人民法院《关于适用〈中华人民共和国保险法〉若干问题的解释（三）》（以下简称《保险法解释（三）》）的规定。

二、保险法的基本原则

保险法的基本原则归纳起来包括公序良俗原则、自愿原则、最大诚信原则、保险利益原则、近因原则。其中前两项原则是民事法律基本原则在保险法中的体现，而后三项原则属于保险法领域的特殊原则，因此应特别掌握。

（一）最大诚信原则★

《保险法》第5条确立了最大诚信原则，对投保人而言主要体现在两个方面：（1）在订立保险合同时，应当将有关保险标的的重要情况如实告知保险人；（2）履行保险合同时的信守承诺。对保险人而言，诚信原则也表现为其应当承担的两项义务：（1）在订立保险合同时将保险条款告知投保人的义务，特别是保险人的免责条款；（2）及时与全面支付保险金的义务。

（二）保险利益原则

保险利益原则是保险基本原则中最为重要的原则，也是考试涉及较多的原则。

其基本内容是投保人应对保险标的具有保险利益，否则，不具有成为投保人、订立保险合同的资格，即使订立了合同，该合同也不具有法律效力，保险人不负赔偿或给付责任。保险利益的成立需具备三个要件：（1）必须是法律上承认的利益，即合法的利益；（2）必须是经济上的利益，即可以用金钱估计的利益；（3）必须是可以确定的利益。

（三）近因原则

近因原则，是指保险人按照约定的保险责任范围承担责任时，其所承保危险的发生与保险标的的损害之间必须存在因果关系。对损害起主要的、决定性作用的原因属于保险责任范围内时，保险人才承担保险责任。

第二节　保险合同总论

一、保险合同的特征

从合同性质角度分析，保险合同具有如下特征：保险合同是射幸合同，最大诚信合同，附和合同，双务、有偿合同，非要式合同，诺成性合同。

二、保险合同的当事人和关系人

（一）保险合同当事人

1. 保险人。是指与投保人订立保险合同，并承担赔偿或者给付保险金责任的保险公司。经营商业保险业务，必须是依照保险法设立的保险公司，其他单位和个人不得经营商业保险业务。

2. 投保人。是指与保险人订立保险合同，并按照保险合同负有支付保险费义务的人。投保人可以是被保险人本人，也可以是被保险人以外的第三人。但无论属于何种情形，作为保险合同当事人一方的投保人必须具备民事权利能力和民事行为能力，并对保险标的具有保险利益。

（二）保险合同关系人

1. 被保险人。被保险人是指约定的保险事故可能在其财产或人身上发生的人。《保险法》第 33 条规定，投保人不得为无民事行为能力人投保以死亡为给付保险金条件的人身保险，保险人也不得承保。父母为其未成年子女投保的人身保险，不受上述规定限制，但是死亡给付保险金额总和不得超过国务院保险监督管理机构规定的限额。

2. 受益人。受益人又称保险金受领人，是指由投保人或被保险人在保险合同中指定的，于保险事故发生时，享有赔偿请求权的人。

受益人的条件：（1）必须是享有赔偿请求权的人；（2）必须是由投保人或被保险人在保险合同中指定的人。受益人既可以为自然人，也可以为法人。但如果受益人是未成年人或其他无行为能力人或限制行为能力人，则他所受领的保险金应由其监护人或法定代理人代为保管。

《保险法》第 39 条规定，人身保险的受益人由被保险人或者投保人指定。投保人指定受益人时须经被保险人同意。被保险人为无民事行为能力人或者限制民事行为能力人的，可以由其监护人指定受益人。

《保险法解释（三）》第 9 条规定，投保人指定受益人未经被保险人同意的，指定行为无效。当事人对保险合同约定的受益人存在争议，除投保人、被保险人在保险合同之外另有约定外，按照以下情形分别处理：（1）受益人约定为“法定”或者“法定继承人”的，以继承法规定的法定继承人为受益人；（2）受益人仅约定为身份关系，投保人与被保险人为同一主体的，根据保险事故发生时与被保险人的身份关系确定受益人；投保人与被保险人为不同主体的，根据保险合同成立时与被保险人的身份关系确定受益人；（3）受益人的约定包括姓名和身份关系，保险事故发生时身份关系发生变化的，认定为未指定受益人。

三、保险合同的条款

关于保险合同格式条款的效力：

1. 如果订立保险合同采用的是保险人提供的格式条款的，保险人向投保人提供的投保单应当附上该格式条款，保险人应当向投保人说明合同的内容。

2. 对于保险合同中免除保险人责任的条款，保险人在订立合同时应当在投保单、保险单或者其他保险凭证上作出足以引起投保人注意的提示，并对该条款的内容以书面或者口头形式向投保人作出明确说明；未作提示或者明确说明的，该条款不产生效力。

3. 采用保险人提供的格式条款订立的保险合同中所含有的下列条款为无效条款：（1）免除保险人依法应承担的义务或者加重投保人、被保险人责任的；（2）排除投保人、被保险人或者受益人依法享有的权利的。

四、保险合同的订立与效力★★★

1. 保险合同的形式。尽管保险合同是非要式合同，但实务中保险合同多采用书面形式。保险合同一般由投保单、保险单、暂保单或者其他书面文件构成。经投保人和保险人协商同意，也可以采取其他书面形式订立保险合同。

2. 保险合同的生效。通常情况下保险合同的成立时间就是保险合同的生效时间。关于保险合同的签章，根据最高人民法院《关于适用〈中华人民共和国保险法〉若干问题的解释（二）》（以下简称《保险法解释（二）》）第 3 条的规定，投保人或者投保人的代理人订立保险合同时没有亲自签字或者盖章，而由保险人或者保险人的代理人代为签字或者盖章的，对投保人不生效。但投保人已经交纳保险费的，视为其对代签字或者盖章行为的追认。保险人或者保险人的代理人代为填写保险单证后经投保人签字或者盖章确认的，代为填写的内容视为投保人的真实意思表示。但有证据证明保险人或者保险人的代理人存在《保险法》第 116 条、第 131 条相关规定情形的除外。

关于保险合同的生效时间，根据《保险法解释（二）》第 4 条的规定，保险人接受了投保人提交的投保单并收取了保险费，尚未作出是否承保的意思表示，发生保险事故，被保险人或者受益人请求保险人按照保险合同承担赔偿或者给付保险金责任，符合承保条件的，人民法院应予支持；不符合承保条件的，保险人不承担保险责任，但应当退还已经收取的保险费。保险人主张不符合承保条件的，应承担举证责任。

3. 保险合同的无效。保险合同可因法律规定或者当事人约定的原因而发生全部或者部分无效。引起保险合同无效的原因主要有：（1）基于民法上的原因，如保险合同的内容违反法律和行政法规，有欺诈和胁迫、无权代理、双方代理、恶意串通以及违反国家利益和社会公共利益等行为。（2）基于保险法上的原因：超额保险；投保人对保险标的无保险利益；未经被保险人书面同意的以死亡为给付保险金条件的保险(法律另有规定的除外);保险人未对投保人作出说明的免责条款等。

保险合同无效,自始不发生法律效力,在发生保险合同约定的保险事故时,保险人不承担保险责任。当事人因无效保险合同取得的利益应当依照民法上对无效合同处理的原则,予以返还或者予以收缴。

五、保险合同的变更、解除、终止、中止与复效

(一)保险合同的变更

1. 保险合同变更的概念(《保险法》第 20 条)。

在保险合同有效期内,投保人和保险人经协商同意,可以变更保险合同的有关内容。变更保险合同的,应当由保险人在原保险单或者其他保险凭证上批注或者附贴批单,或者由投保人和保险人订立变更的书面协议。

2. 保险合同变更的类型:(1)合同主体的变更;(2)合同内容的变更。

3. 保险合同变更的方式:一是协议变更;二是通知变更。

(二)保险合同的解除★

《保险法》第 15 条明确规定,除本法另有规定或者保险合同另有约定外,保险合同成立后,投保人可以解除合同,保险人不得解除合同。需要特别注意的是,保险法对于保险合同当事人解除权的规定具有特殊性,即原则上投保人享有任意的解除权,而保险人不得解除合同,除非法律明确规定其可以解除合同的情形。

1. 投保人的解除权。除保险法另有规定或者保险合同另有约定外,保险合同成立后,投保人可以解除合同。也就是说,保险合同成立后,原则上,投保人可以随时解除保险合同,但须以法律或者合同无另外规定者为限制,如对于货物运输保险合同以及运输工具航程保险合同,在保险责任开始后,无论是保险人还是投保人(被保险人)均不得解除保险合同。

2. 保险人的解除权。保险人解除保险合同的条件:(1)投保人故意或者因重大过失未履行如实告知义务,足以影响保险人决定是否同意承保或者提高保险费率的,保险人有权解除合同(此解除权必须在法律规定的除斥期间之内行使);(2)被保险人或者受益人在未发生保险事故的情况下,谎称发生了保险事故,向保险人提出赔偿或者给付保险金的请求的,保险人有权解除合同,并不退还保险费;(3)投保人、被保险人故意制造保险事故的,保险人有权解除合同,且不承担赔偿或者给付保险金的责任,不退还保险费(但若投保人已经交足 2 年以上保险费的,保险人应当按照合同约定向其他权利人退还保险单的现金价值);(4)投保人、被保险人未按照约定履行其对保险标的安全应尽责任的;(5)在合同有效期内,保险标的危险程度增加,被保险人未及时通知保险人的;(6)投保人申报的被保险人年龄不真实并且真实年龄不符合合同约定的年龄限制的,保险人可以解除合同,保险人按照合同约定退还保险单的现金价值。(此种情况下的解除权适用《保险法》第 16 条关于除斥期间的规定。)

(三)保险合同的终止

(四)保险合同的中止

保险合同的中止应满足以下条件:(1)投保人逾期未交付保险费;(2)投保人逾期未交保险费的期间已超过 60 日;(3)保险合同没有约定其他补救办法。

(五)保险合同的复效

《保险法》第 37 条规定,依照《保险法》第 36 条规定合同效力中止的,经保险人与投保人协商并达成协议,在投保人补交保险费后,合同效力恢复。但是,自合同效力中止之日起 2 年内双方未达成协议的,保险人有权解除合同。

六、保险合同的履行

七、保险代位求偿权★

(一)代位求偿权的适用范围

1. 代位求偿权的行使范围限于财产保险合同,在人身保险合同中,保险人不得享有代位求偿权。

2. 代位求偿权行使对象的限制:我国保险法规定,除被保险人的家庭成员或者其组成人员故意造成本法规定的保险事故以外,保险人不得对被保险人的家庭成员或者其组成人员行使代位请求赔偿的权利。

(二)适用条件

1. 保险事故是由第三人的行为引起的。

2. 保险人已向被保险人支付保险赔偿。保险赔偿可以是全部的,也可以是部分的,保险人在未向被保险人支付赔偿前不得行使代位求偿权。

3. 保险人行使代位求偿权的数额以给付的保险金额为限,对于超过保险人已支付的保险金额以外的部分,保险人无权要求第三人赔偿,求偿权仍由被保险人所享有。

(三)对代位求偿权的特殊保护

1. 保险事故发生后,在保险人未赔偿保险金之前,被保险人放弃对第三者的赔偿请求权的,保险人因此不再承担赔偿保险金的责任。

2. 保险人向被保险人承担了赔偿保险金的责任后,被保险人未经保险人同意而放弃对第三者的赔偿请求权的,该放弃行为无效,对保险人无约束力,保险人仍然可以向第三者行使代位求偿权。

3. 根据保险法规定,如果被保险人故意或者因重大过失而致使保险人不能行使代位求偿权的,若

保险人尚未支付保险赔偿金，保险人可以相应地扣减部分保险金；若保险人已经支付保险赔偿金的，保险人可以要求被保险人返还相应的保险金。

4. 保险事故发生后，被保险人已经从第三者取得损害赔偿的，保险人赔偿保险金时，可以相应扣减被保险人从第三者已取得的赔偿金额。

5. 根据2018年最高人民法院《关于适用〈中华人民共和国保险法〉若干问题的解释（四）》第9条的规定，在保险人以第三者为被告提起的代位求偿权之诉中，第三者以被保险人在保险合同订立前已放弃对其请求赔偿的权利为由进行抗辩，人民法院认定上述放弃行为合法有效，保险人就相应部分主张行使代位求偿权的，人民法院不予支持。

第三节　保险合同分论

一、人身保险合同★★

（一）人身保险合同的概念和特点

人身保险合同，是指以人的寿命和身体为保险标的的保险合同。依照人身保险合同，投保人向保险人支付保险费，保险人对被保险人在保险期间内因保险事故遭受人身伤亡，或者在保险期届满时符合约定的给付保险金条件时，应当向被保险人或者受益人给付保险金。

人身保险合同具有如下特点：（1）保险标的人格化。人身保险合同的保险标的是被保险人的寿命或者身体，以被保险人的寿命或者身体为存在形式的保险利益，属于被保险人的人格利益或者人身利益。（2）保险金定额支付。保险标的的人格化，使得人身保险的保险标的不能用具体的金钱价值予以确定，从而不存在确定保险金额的实际价值标准，所以，各类人身保险的保险金额只能由投保人和保险人协商确定一个固定的数额，以此作为保险人给付保险金的最高限额。（3）人身保险的保险事故涉及人的生死、健康。（4）保险费不得强制请求。投保人不按照人身保险合同的约定支付保险费，保险人不得以强制方式要求投保人支付保险费。（5）人身保险不适用代位求偿权。人身保险的被保险人因第三者的行为而发生死亡、伤残或者疾病等保险事故的，保险人向被保险人或者受益人给付保险金后，不得享有向第三人追偿的权利。此种情况下被保险人或者受益人仍有权向第三者请求赔偿。

（二）人身保险合同中保险利益的范围

《保险法》第31条规定，在人身保险合同中，投保人只对下列人员具有保险利益，为其订立人身保险合同：（1）本人；（2）配偶、子女、父母；（3）前项以外与投保人有抚养、赡养或者扶养关系的家庭其他成员、近亲属；（4）与投保人有劳动关系的劳动者。除上述范围外，被保险人同意投保人为其订立合同的，视为投保人对被保险人具有保险利益。

（三）人身保险合同的若干特殊规则

1. 年龄误报的后果。

人身保险合同中，投保人必须如实申报被保险人的年龄，投保人申报的被保险人的年龄如果不真实，将会导致相应的法律后果，表现在：（1）解除合同。根据《保险法》第32条的规定，投保人申报的被保险人年龄不真实，并且其真实年龄不符合合同约定的年龄限制的，保险人可以解除合同，并按照合同约定退还保险单的现金价值。但是此种情况下保险人行使解除权受《保险法》第16条第3款、第6款的约束，即保险人应当自知道有解除事由之日起30日内行使，否则归于消灭；自合同成立之日起超过2年的，保险人不得再解除合同。（2）保险费的更正、补交或者保险金的减少。投保人申报的被保险人年龄不真实，致使投保人支付的保险费少于应付保险费的，保险人有权更正并要求投保人补交保险费，或者在给付保险金时按照实付保险费与应付保险费的比例支付。（3）保险费的退还。投保人申报的被保险人的年龄不真实，致使投保人实付保险费多于应付保险费的，保险人应当将多收的保险费退还投保人。

2. 人身保险合同的除外责任。★

人身保险合同除外责任的范围包括：（1）投保人故意造成被保险人死亡、伤残或者疾病的，保险人不承担给付保险金的责任。但投保人已经交足2年以上保险费的，保险人应当按照合同约定向其他享有权利的人退还保险单的现金价值。（2）受益人故意造成被保险人死亡、伤残或者疾病的，或者故意杀害被保险人未遂的，该受益人丧失受益权。（3）被保险人自杀。以被保险人死亡为给付保险金条件的合同，自合同成立或者合同效力恢复之日起2年内，被保险人自杀的，保险人不承担给付保险金的责任，但被保险人自杀时为无民事行为能力人的除外。保险人应当按照合同约定退还保险单的现金价值。（4）被保险人故意犯罪或者抗拒依法采取的刑事强制措施导致其伤残或者死亡的，保险人不承担给付保险金的责任。投保人已交足2年以上保险费的，保险人应当按照合同约定退还保险单的现金价值。

3. 保险金的继承。

被保险人死亡后，遇有下列情形之一的，保险金作为被保险人的遗产，由保险人依照我国继承法律规定向被保险人的继承人履行给付保险金的义务：

(1)没有指定受益人的,或者受益人指定不明无法确定的;(2)指定的受益人先于被保险人死亡,没有其他受益人的;(3)受益人依法丧失受益权或者放弃受益权,没有其他受益人的。受益人与被保险人在同一事件中死亡且不能确定死亡先后顺序的,推定受益人死亡在先。

二、财产保险合同★

(一)财产保险合同的概念和特征

财产保险合同是指以财产及其有关利益为保险标的的保险合同。广义的财产保险合同包括财产损失保险合同、责任保险合同和保证保险合同。以下仅介绍财产损失保险合同和责任保险合同。

财产保险合同具有如下特征:(1)财产保险合同中的标的表现为特定的财产以及与财产有关的利益。(2)财产保险合同是一种填补损失的合同。(3)财产保险合同实行保险责任限定制度。在财产保险合同中,保险人的保险责任以保险合同约定的保险金额为限,超过合同约定的保险金额的损失,保险人不负保险责任。(4)财产保险实行保险代位的原则。在财产保险中,如果事故的发生是由第三人造成的,被保险人有权向该责任者请求损害赔偿,为了避免被保险人获得双重赔偿,被保险人只能获得选择权,或者请求保险人赔偿,或者请求第三人赔偿。如果被保险人从保险人那里获得了赔偿,那么,他必须将对第三人的求偿权让渡给保险人,保险人获得代位求偿权。

(二)财产损失保险合同

财产损失保险合同,是指以补偿财产的损失为目的的保险合同,其保险标的限于有形财产。具体又可分为企业财产保险合同、家庭财产保险合同、运输工具保险合同、货物运输保险合同以及农业保险合同等。

(三)责任保险合同

责任保险,是指以被保险人依法对第三者应负的赔偿责任为保险标的的保险,所以又称为第三者责任保险。投保人依照保险合同约定向保险人支付保险费,在被保险人应当向第三人承担赔偿责任时,保险人按照约定向被保险人给付保险金。

责任保险的特征表现为:

1. 保险人承担被保险人的赔偿责任。保险人对责任保险的被保险人对第三者造成的损害,可以依照法律的规定或者合同的约定,直接向该第三人赔偿保险金。

2. 责任保险的标的为一定范围内的侵权损害赔偿责任,非损害赔偿责任不能作为责任保险的标的,如刑事责任就不能作为责任保险的标的。

3. 责任保险不能及于被保险人的人身或其财产。责任保险的目的在于转移被保险人对第三者应当承担的赔偿责任,所以,当被保险人的人身或者财产发生损失时,保险人不承担保险责任。从这个意义上讲,责任保险合同是为第三人的利益而订立的保险合同。

4. 保险最高限额给付。由于保险事故所造成的损害的不确定性,所以,在订立保险合同时,投保人和保险人不可能约定保险金额,只能约定保险责任的最高限额,而保险人给付保险金额均以合同约定的最高限额为限。

5. 责任保险的被保险人因给第三人造成损害的保险事故而被提起仲裁或者诉讼的,除合同另有约定外,由被保险人支付的仲裁或者诉讼费用以及其他必要的、合理的费用,由保险人承担。

6. 在责任保险的场合,当被保险人未向受损害的第三者赔偿的,保险人不得向被保险人赔偿保险金。

7. 在被保险人怠于行使请求权的情形下,受损害的第三者有权就其应获赔偿部分直接向保险人请求赔偿保险金。

第四节 保险业法律制度

经营禁止行为。根据2015年修改的《保险法》的规定,保险公司及其工作人员在保险业务活动中不得有下列行为:(1)欺骗投保人、被保险人或者受益人;(2)对投保人隐瞒与保险合同有关的重要情况;(3)阻碍投保人履行保险法规定的如实告知义务,或者诱导其不履行保险法规定的如实告知义务;(4)给予或者承诺给予投保人、被保险人、受益人保险合同约定以外的保险费回扣或者其他利益;(5)拒不依法履行保险合同约定的赔偿或者给付保险金义务;(6)故意编造未曾发生的保险事故、虚构保险合同或者故意夸大已经发生的保险事故的损失程度进行虚假理赔,骗取保险金或者牟取其他不正当利益;(7)挪用、截留、侵占保险费;(8)委托未取得合法资格的机构或者个人从事保险销售活动;(9)利用开展保险业务为其他机构或者个人牟取不正当利益;(10)利用保险代理人、保险经纪人或者保险评估机构,从事以虚构保险中介业务或者编造退保等方式套取费用等违法活动;(11)以捏造、散布虚假事实等方式损害竞争对手的商业信誉,或者以其他不正当竞争行为扰乱保险市场秩序;(12)泄露在业务活动中知悉的投保人、被保险人的商业秘密;(13)其他违法违规行为。

命题点拨 保险合同中的一些特殊制度。

第九章 海 商 法

第一节 海商法概述(略)

第二节 船舶与船员

船舶优先权

船舶优先权是海商法上特有的一项权利,是一种法定的担保物权。船舶优先权,是指海事请求人依照海商法规定,向船舶所有人、光船承租人、船舶经营人提出海事请求,对产生该海事请求的船舶具有优先受偿的权利。

(一)船舶优先权的特征

1. 法定性。船舶优先权的法定性体现在船舶优先权由法律规定产生,不因当事人的约定而排除或变更。

2. 附随性。船舶优先权随船舶的转移而转移,只有法定原因发生才消灭。船舶的合法受让人不能以对受让船舶以前的债务无责任为由抗辩船舶优先权。但为了限制这种权利,海商法规定,船舶转让时,船舶优先权自法院应受让人申请予以公告之日起满60日不行使而消灭。这项规定是对传统海商法的一项突破,非常有利于对船舶买受人的保护。

3. 不公开性。船舶优先权无须登记产生,因此不具有公开性也无从查知。

(二)船舶优先权的海事请求权事项

1. 船长、船员和在船上工作的其他在编人员的工资、其他劳动报酬、船员遣返费用和社会保险费用的给付请求。

2. 在船舶营运中发生的人身伤亡的赔偿请求。

3. 船舶吨税、引航费、港务费和其他港口规费的缴付请求。

4. 海难救助款项的给付请求。

5. 船舶在营运中因侵权行为产生的财产赔偿请求。

(三)船舶优先权的消灭原因

1. 船舶灭失。

2. 怠于行使权利。具有船舶优先权的海事请求,自优先权产生之日起满1年不行使而消灭。该期限为除斥期间。

3. 司法拍卖。船舶经法院强制出售后,本来附着在船上的船舶优先权消灭。

第三节 海上货物运输合同

承运人的责任

(一)承运人的基本义务

海上货物运输合同中,承运人有四项必须承担的基本义务,即适航、管货、不做不合理绕航和应托运人请求签发提单。

(二)法定免责事由

包括:(1)船长、船员、引航员或者承运人的其他受雇人在驾驶船舶或者管理船舶中的过失;(2)火灾,但是由于承运人本人的过失所造成的除外;(3)天灾,海上或者其他可航水域的危险或者意外事故;(4)战争或者武装冲突;(5)政府或者主管部门的检验限制或者司法扣押;(6)罢工、停工或者劳动受到限制;(7)在海上救助或者企图救助人命或者财产;(8)托运人、货物所有人或者他们的代理人的行为;(9)货物的自然特性或者固有缺陷;(10)货物包装不良或者标志欠缺、不清;(11)经谨慎处理仍未发现的船舶潜在缺陷;(12)非由于承运人或者承运人的受雇人、代理人的过失造成的其他原因。

(三)承运人的责任期间

对集装箱装运的货物的责任期间,是从装货港接收货物起至卸货港交付货物时止,货物在承运人掌管之下的全部期间。对非集装箱装运的货物的责任期间,是从货物装上船时起至卸下船时止,货物处于承运人掌管之下的全部期间。

第四节 海上旅客运输合同(略)

第五节 船舶租用合同(略)

第六节 船舶碰撞(略)

第七节 海难救助(略)

第八节 共 同 海 损

一、共同海损的概念

共同海损,是指在同一海上航程中,船舶、货物和其他财产遭遇共同危险,为了共同安全,有意地、合理地采取措施所直接造成的特殊牺牲、支付的特殊费用。

二、共同海损的成立要件

1. 必须有共同的、真实的危险。

2. 必须是有意地采取了合理的有效的措施。

3. 损失必须是直接的、特殊的。

三、共同海损分摊请求权的时效

根据我国海商法,有关共同海损分摊的请求权,时效期间为1年，自理算结束之日起计算。

第九节 海事赔偿责任限制（略）

第十节 海事诉讼特别程序（略）

命题点拨 海上货物运输合同中承运人的法定义务和法定免责。

第十章 信 托 法

第一节 信托制度概述

一、信托的概念与特征

（一）信托的概念

所谓信托，是指委托人基于对受托人的信任，将其财产权委托给受托人，由受托人按委托人的意愿以自己的名义，为受益人的利益或者特定目的，进行管理或者处分的行为。

（二）信托的特征

1. 信托财产须移转给受托人。

2. 信托财产具有独立性。

3. 委托人与受托人之间具有信义关系。

二、信托的种类

1. 民事信托、营业信托与公益信托。

2. 明示信托、默示信托与法定信托。

所谓明示信托，是指委托人以明确的意思表示设立的信托。所谓默示信托，是指委托人未有明确的意思表示，而根据对事实和当事人行为的解释而形成的信托。所谓法定信托，其成立无须委托人的意思，而是根据法律的直接规定所成立的信托。（如《信托法》第55条规定："依照前条规定，信托财产的归属确定后，在该信托财产转移给权利归属人的过程中，信托视为存续，权利归属人视为受益人。"）

3. 自益信托与他益信托。

4. 个别信托和集团信托。

5. 可撤销信托与不可撤销信托。

第二节 信托的设立

一、信托设立"三确定"原则

1. 信托财产确定性原则。

《信托法》第7条第1款规定，"设立信托，必须有确定的信托财产，并且该信托财产必须是委托人合法所有的财产"。

2. 受益人确定性原则。

在设立信托的意思表示中，必须表明受益人的范围或者确定受益人范围的方法。

3. 信托目的确定性原则。

信托目的须载明于信托合同等信托文件中，且在内容表述上须具体、明确；否则同样难以给受托人管理行为提供指示与指引，进而也难以判断受托人之管理行为是否符合信托目的。

二、信托设立行为——信托合同

1. 信托合同主体。

信托合同是信托设立最常见的方式。信托合同的签订主体，为委托人与受托人。

2. 信托合同的要式性与诺成性。

根据《信托法》第8条第1款的规定，信托合同应采取书面形式，故属于要式合同。信托设立须满足前述"三确定"原则，而在如何确定上，一般只能通过合同主体的意思来确定。

3. 信托合同的有偿性问题。

《信托法》第35条第1款规定，信托合同可约定受托人的报酬条款，若未约定亦可通过事后补充约定方式来规定受托人的报酬；仅在事先未约定而事后又未达成补充约定的情形，受托人不得主张报酬。

4. 信托合同条款。

根据《信托法》第9条第1款，信托合同应当载明的条款或事项包括：（1）信托目的；（2）委托人、受托人的姓名或者名称、住所；（3）受益人或者受益人范围；（4）信托财产的范围、种类及状况；（5）受益人取得信托利益的形式、方法。

5. 信托的存续期限

在信托合同等信托文件中约定有存续期限时，无论是公益信托、营业信托还是民事信托，只要期限届满，信托自然终止。

三、信托的成立与生效

在设立行为层面也就是信托合同，其成立与生效，原则上应遵循《民法典》关于合同成立与生效的一般性规则，即"自成立时生效"（《民法典》第502条第1款）。

四、信托无效

除适用《民法典》总则编第六章"民事法律行为"的一般性规定外，我国《信托法》还以专条（第11条）规定了信托无效的6种情形：（1）信托目的违反法律、行政法规或者损害社会公共利益；（2）信托财产不能确定；（3）委托人以非法财产或者本法规定不得设立信托的财产设立信托；（4）专以诉讼或者讨债为目的设立信托；（5）受益人或者受益人范围不能确定;(6)法律、行政法规规定的其他情形。

五、委托人的债权人对信托的撤销

在他益信托中,委托人将其信托财产移转给受托人,并不存在对价,因而具有无偿性。为了保护委托人债权人之利益,《信托法》第12条针对此种情形下的所谓“诈害信托”,赋予委托人债权人以撤销权,具体内容为:第一,该项撤销权与普通的债权人撤销权一样,均为撤销诉权;第二,该项撤销诉权的除斥期间,同样是1年,自债权人知道或者应当知道撤销原因之日起算;第三,法院依照该条规定撤销信托的,不影响善意受益人已经取得的信托利益。

六、遗嘱信托设立上的特别规定

1. 遗嘱信托应在遗嘱生效时成立,受托人尚未承诺所产生的问题,只是涉及受托人确定问题。

2. 就受托人的确定,《信托法》第13条第2款进一步规定,如果遗嘱指定的人拒绝或者无能力担任受托人,则由受益人另行选任受托人;受益人为无民事行为能力人或者限制民事行为能力人的,依法由其监护人代行选任。遗嘱对选任受托人另有规定的,从其规定。

第三节 信托财产

一、信托财产的范围

1. 信托财产的具体范围。

《信托法》第14条前两款就此规定了两方面的内容:一方面,受托人因承诺信托而取得的财产是信托财产(第1款),这是信托财产最主要的来源,由此形成所谓的“原始信托财产”;另一方面,受托人因信托财产的管理运用、处分或者其他情形而取得的财产,也归入信托财产(第2款)。

2. 信托财产的抽象范围。

《信托法》第14条后两款对此作了原则性规定,即法律、行政法规禁止流通的财产,不得作为信托财产(第14条第3款);法律、行政法规限制流通的财产,依法经有关主管部门批准后,可以作为信托财产(第14条第4款)。违反该规定所对应的后果,就是信托无效(第11条第3项)。

二、信托财产的独立性

(一)信托财产之于委托人的独立性

1. 信托财产独立于委托人未设立信托的其他财产。

2. 信托财产独立于委托人的遗产或清算财产。

3. 独立于委托人之债权人——强制执行禁止。

(二)信托财产之于受托人的独立性

1. 信托财产区别于受托人的固有财产。

2. 信托财产独立于受托人的遗产或清算财产。

3. 独立于受托人之债权人——强制执行禁止。

4. 受托人抵销禁止规则。

(三)信托财产之于受益人的独立性

信托财产本身并不属于受益人所有,其债权人也不能对信托财产直接主张强制执行,而只能在合法范围内要求受益人以信托受益权来清偿债务(第47条)。

第四节 信托当事人

一、委托人

(一)委托人的权利

1. 知情权。

2. 要求受托人调整信托财产管理方法的权利。

3. 申请撤销信托财产处分行为的权利。

4. 对受托人的解任权。在受托人违反信托目的处分信托财产或者管理运用、处分信托财产有重大过失时,委托人享有解任权,即有权依照信托文件的规定解任受托人,或者申请法院解任受托人(第23条)。

5. 变更受益人的权利和处分受益权的权利。委托人行使该项权利,仅限于下列情形:第一,受益人对委托人有重大侵权行为;第二,受益人对其他共同受益人有重大侵权行为;第三,经受益人同意;第四,信托文件规定的其他情形(第51条第1款)。

6. 信托的解除权。依《信托法》的规定,委托人的信托解除权,产生于两种情形:其一,自益信托的委托人是信托的唯一受益人,则委托人(及其继承人)享有解除权;此项法定解除权为一种法定性的任意解除权,在行使时无须出具解除理由;就此项任意解除权,信托文件另有规定的,则从其规定(第50条)。其二,在受益人对委托人有重大侵权行为,或者经受益人同意,或者存在信托文件规定的其他情形,委托人亦可解除信托(第51条第2款)。

(二)委托人的义务

在信托设立阶段,委托人所负有的义务,主要是移转信托财产给受托人,以完成信托的完整设立。

在信托存续阶段,委托人原则上不再负有相应的义务,唯一的例外则是有可能存在于为受托人支付报酬或者提供补偿的情形。

二、受托人

(一)受托人的义务

1. 遵守信托文件的义务。

2. 忠实义务。第一,《信托法》第25条先就受托人忠实义务予以总体性规定,确立受托人为受益人的最大利益处理信托事务的原则,并要求受托人在管理信托财产时负有“诚实、信用”的义务。第二，禁止利用信托财产为自己牟利。第三，禁止将信托财产转为固有财产。第四，禁止受托人自己交易。但是，对于信托文件另有规定，或者经委托人或者受益人同意，并以公平的市场价格进行交易的情形，受托人可以进行自己交易（第28条第1款“但书”规定），此即禁止受托人自己交易规则的例外。

3. 善管注意义务或谨慎义务。

4. 分别管理义务。其一，将信托财产与其固有财产分别管理、分别记账；其二，将不同委托人的信托财产，同样予以分别管理、分别记账。

5. 亲自管理义务。

6. 记录、报告和保密义务。

7. 信托利益给付义务。

8. 清算义务。

（二）受托人的权利

第一，报酬请求权。

第二，求偿权。在受托人以其固有财产先行支付的情形下，受托人对信托财产享有求偿权，且受托人在求偿时“对信托财产享有优先受偿的权利”。

第三，受托人的辞任权。

三、受益人

（一）概述

按照《信托法》第43条第1款第2句的规定，受益人可以是自然人、法人或者依法成立的其他组织。

（二）受益人的受益权

受益人自信托生效之日起，享有信托受益权；但信托文件另有规定的，则从其规定（第44条）。

第五节 信托的变更与终止

一、信托的变更

1. 信托财产管理方法的调整，即《信托法》第21条的规定。

2. 受托人的变更，包括《信托法》第23条规定的因委托人行使解任权而发生的受托人变更、因《信托法》第39条所规定的受托人职责终止所导致的受托人变更。

3. 受益人变更，这主要是《信托法》第51条所规定的委托人对受益人的变更，以及委托人对受益人信托受益权的处分。

二、信托的终止

（一）信托的连续性

为确保信托目的的实现，《信托法》在第52条确立了信托连续性原则，即信托不因委托人或者受托人的死亡、丧失民事行为能力、依法解散、被依法撤销或者被宣告破产而终止，也不因受托人的辞任而终止。不过，该条也规定了该项原则的例外，即在《信托法》或者信托文件另有规定的情形下，信托得以终止。

（二）信托终止的事由

（1）信托文件规定的终止事由发生；（2）信托的存续违反信托目的；（3）信托目的已经实现或者不能实现；（4）信托当事人协商同意；（5）信托被撤销；（6）信托被解除。

（三）信托终止的法律后果

1. 根据《信托法》第54条的规定，信托终止后，信托财产归属于信托文件规定的人；如果信托文件对此未有规定，则按下列顺序确定归属：首先是受益人或者其继承人，其次是委托人或者其继承人。

2. 信托终止后，法院依法对原信托财产进行强制执行的，应以权利归属人为被执行人（第56条）。

3. 信托终止后，受托人负有制作处理信托事务之清算报告的义务；受益人或者信托财产的权利归属人对清算报告无异议的，则除受托人有不正当行为以外，受托人就清算报告所列事项即解除责任（第58条）。

命题点拨 本章为2022年大纲增加的内容，在学习信托法时，最好按照法律关系构成要素的基本理论，来理解现行法的规定，以做到纲举目张。重点须掌握的内容有：第一，信托的设立；第二，信托财产的范围；第三，委托人的权利；第四，受托人的义务；第五，信托受益权内容；第六，信托变更与终止的事由与法律后果。

关于信托制度的疑难点，以下几点特别值得注意：

1. 信托财产的独立性，是信托财产关系最重要的特征。

2. 受托人所负的信义义务，是信托关系的核心内容，且在现代法上信义义务已扩展适用于诸多领域，如公司内董事、监事、高级管理人员同样负有信义义务。信义义务的内容极其复杂，因此如何使其类型化，如何区分不同义务内容的边界及其后果，构成信义义务制度的难点。

3. 信托受益权是信托设立的目的指向。信托受益权的法律属性，受益权如何转让与继承，对受益权可转让性之限制又会产生什么样的法律效力，这些问题均是受益权制度上的难点。

4. 在信托终止制度上，如何与受托人职责终止相区别，信托终止的法律后果是什么，信托终止与信托财产制度间的逻辑关系等，均存在一定的理解难度。

经 济 法

【复习指引】 经济法部分的考查特点是重者恒重、考点分布广。考生在备考客观题考试时要在掌握教材基础知识后深刻理解相关法条含义，重点记忆常考法条。

第一章 竞 争 法

第一节 反 垄 断 法

一、反垄断法概述

《反垄断法》于2007年8月30日通过，自2008年8月1日起施行。该法于2022年6月24日修订。修订后共8章、70条，自2022年8月1日起施行。

二、垄断行为

（一）垄断协议

1. 概述。

垄断协议，是指两个或两个以上的经营者以协议、决议或其他联合方式实施的限制竞争行为。垄断协议有横向垄断协议与纵向垄断协议之分。所谓横向垄断协议，是指两个或两个以上因经营同类产品或服务而在生产或销售过程中处于同一经营阶段的同业竞争者之间的垄断协议，如两家汽车生产公司之间的联合；纵向垄断协议是指两个或两个以上在同一产业中处于不同阶段而有买卖关系的企业间的垄断协议，如汽车生产商与汽车销售商之间的联合。

2. 对垄断协议的规制。

（1）横向垄断协议。根据《反垄断法》第17条的规定，禁止以下具有横向垄断性质的协议：①固定或者变更商品价格；②限制商品的生产数量或者销售数量；③分割销售市场或者原材料采购市场；④限制购买新技术、新设备或者限制开发新技术、新产品；⑤联合抵制交易；⑥国务院反垄断执法机构认定的其他垄断协议。

（2）纵向垄断协议。《反垄断法》第18条第1款规定，禁止以下具有纵向垄断性质的协议：①固定向第三人转售商品的价格；②限定向第三人转售商品的最低价格；③国务院反垄断执法机构认定的其他垄断协议。第2款规定，属于第1款中第①项和第②项情形的，如果经营者能够证明其不具有排除、限制竞争的效果，不构成纵向垄断行为。

根据《反垄断法》第18条第3款规定的“安全港”规则，经营者实施了纵向垄断行为，如果能够证明其在相关市场的市场份额低于国务院反垄断执法机构规定的标准，并符合国务院反垄断执法机构规定的其他条件，则不予禁止。

（3）组织、帮助达成垄断协议。《反垄断法》第19条规定，非垄断协议当事人的经营者，组织其他经营者达成垄断协议或者为其他经营者达成垄断协议提供实质性帮助的，构成本法禁止的行为。

（4）行业协会限制竞争行为。根据《反垄断法》第21条的规定，行业协会组织本行业的经营者从事以上三类垄断行为的，为本法所禁止。

（5）垄断协议的除外条款。经营者能够证明所达成的协议属于下列情形之一的，不适用该法第17条、第18条第1款和第19条的规定：①为改进技术、研究开发新产品的；②为提高产品质量、降低成本、增进效率，统一产品规格、标准或者实行专业化分工的；③为提高中小经营者经营效率，增强中小经营者竞争力的；④为实现节约能源、保护环境、救灾救助等社会公共利益的；⑤因经济不景气，为缓解销售量严重下降或者生产明显过剩的；⑥为保障对外贸易和对外经济合作中的正当利益的；⑦法律和国务院规定的其他情形。

（二）滥用市场支配地位

1. 概述。

滥用市场支配地位的行为，是指具有市场支配地位的企业，利用其市场支配地位妨碍竞争，损害竞争对手和社会公共利益及其他私人利益的行为。

2. 滥用市场支配地位行为的认定。

（1）滥用市场支配地位的行为样态。《反垄断法》第22条第1款对本法禁止的滥用市场支配地位行为做了列举式规定：①以不公平的高价销售商品或者以不公平的低价购买商品；②没有正当理由，以低于成本的价格销售商品;③没有正当理由,拒绝与交易相对人进行交易;④没有正当理由,限定交易相对人只能与其进行交易或者只能与其指定的经营者进行交易;⑤没有正当理由搭售商品,或者在交易时附加其他不合理的交易条件;⑥没有正当理由,对条件相同的交易相对人在交易价格等交易条件上实行差别待遇;⑦国务院反垄断执法机构认定的其他滥用市场支配地位的行为。

(2)认定市场支配地位的主要因素。《反垄断法》第23条规定认定经营者具有市场支配地位,应当依据下列因素:①该经营者在相关市场的市场份额,以及相关市场的竞争状况;②该经营者控制销售市场或者原材料采购市场的能力;③该经营者的财力和技术条件;④其他经营者对该经营者在交易上的依赖程度;⑤其他经营者进入相关市场的难易程度;⑥与认定该经营者市场支配地位有关的其他因素。

(3)市场支配地位的认定方法。根据《反垄断法》第24条的规定,须采用推定方法确定经营者是否具有市场支配地位。首先,要依据以下标准,推定经营者具有市场支配地位:①一个经营者在相关市场的市场份额达到1/2的;②两个经营者在相关市场的市场份额合计达到2/3的;③三个经营者在相关市场的市场份额合计达到3/4的。符合第①项标准的,推定成立;符合第②项或者第③项标准的,如果其中有的经营者市场份额不足1/10的,推定不成立。其次,根据法学原理,推定的事实可以被相反事实之证明所推翻;不能被推翻的,则予以认定。在成立推定的情况下,如果经营者有证据证明不具有市场支配地位,则不应当认定其具有市场支配地位;无证据证明或者证据不足以证明其不具有市场支配地位的,则应当认定其具有市场支配地位。

(三)经营者集中

1. 经营者集中的种类。

《反垄断法》第25条规定,经营者集中包括三种情形:(1)经营者合并;(2)经营者通过取得股权或者资产的方式取得对其他经营者的控制权;(3)经营者通过合同等方式取得对其他经营者的控制权或者能够对其他经营者施加决定性影响。

2. 经营者集中的申报。

《反垄断法》第26条规定,经营者集中达到国务院规定的申报标准的,经营者应当事先向国务院反垄断执法机构申报,未申报的不得实施集中。经营者集中未达到申报标准,但有证据证明该经营者集中具有或者可能具有排除、限制竞争效果的,国务院反垄断执法机构可以要求经营者申报。经营者未依照规定进行申报的,国务院反垄断执法机构应当依法进行调查。

作为例外,《反垄断法》第27条规定,经营者集中有下列情形之一的,可以不向国务院反垄断执法机构申报:①参与集中的一个经营者拥有其他每个经营者50%以上有表决权的股份或者资产的;②参与集中的每个经营者50%以上有表决权的股份或者资产被同一个未参与集中的经营者拥有的。

3. 经营者集中的审查。

(1)初步审查。根据《反垄断法》第30条的规定,初步审查的期限为国务院反垄断执法机构收到申请文件、资料之日起30日内。

(2)进一步审查。根据《反垄断法》第31条的规定,进一步审查的期限分为两种情况:一是一般期限,即自初步审查作出实施进一步审查决定之日起90日内完毕。二是延长期限,即当法定情形出现时,该机构可以在一般审查期限之外延长一段时间,其最长不得超过60日,且应当书面通知经营者。

(四)滥用行政权力排除、限制竞争

《反垄断法》第五章规定了以下7种典型的行政垄断行为。

1. 强制交易。

这是指行政主体利用公权力强制安排市场交易活动,限制和排斥竞争、妨碍公平交易的行为。《反垄断法》第39条规定,禁止行政主体滥用行政权力,限定或者变相限定单位或者个人经营、购买、使用其指定的经营者提供的商品。

2. 政企联手垄断市场。

《反垄断法》第40条规定,禁止行政主体滥用行政权力,通过与经营者签订合作协议、备忘录等方式,妨碍其他经营者进入相关市场或者对其他经营者实行不平等待遇,排除、限制竞争。例如,行政机关与经营者签订"合作协议",约定不再引入其他企业或者划定一定的采购比例给"合作方"。

3. 地区封锁。

《反垄断法》第41条规定了地区封锁的5种滥用行政权力,妨碍商品在地区之间自由流通的行为:(1)对外地商品设定歧视性收费项目、实行歧视性收费标准,或者规定歧视性价格;(2)对外地商品规定与本地同类商品不同的技术要求、检验标准,或者对外地商品采取重复检验、重复认证等歧视性技术措施,限制外地商品进入本地市场;(3)采取专门针对外地商品的行政许可,限制外地商品进入本地市场;(4)设置关卡或者采取其他手段,阻碍外地商品进入或者本地商品运出;(5)妨碍商品在地区之间自由流通的其他行为。

4. 歧视性资质管控。

《反垄断法》第 42 条规定，禁止行政主体滥用行政权力，以设定歧视性资质要求、评审标准或者不依法发布信息等方式，排斥或者限制经营者参加招标投标以及其他经营活动。

5. 地域性投资歧视。

《反垄断法》第 43 条规定，禁止行政主体滥用行政权力，采取与本地经营者不平等待遇等方式，排斥、限制、强制或者变相强制外地经营者在本地投资或者设立分支机构。

6. 迫使经营者垄断。

《反垄断法》第 44 条规定，禁止行政主体滥用行政权力，强制或者变相强制经营者从事本法规定的垄断行为。需注意的是，与上述第 2 种行为不同，此处的经营者是在不自愿的情况下被迫实施本法第 3 条规定的行为。

7. 以抽象行政行为限制竞争。

抽象行政行为，是指行政机关针对不特定的对象，制定能反复适用的行政规范性文件的行为。《反垄断法》第 45 条规定，行政主体不得滥用行政权力，制定含有排除、限制竞争内容的规定。相较于以上的具体行政行为，以抽象行政行为实施的限制竞争的影响范围更大、持续时间更长，对市场公平竞争的危害性更大。

三、反垄断行政监管

(一) 反垄断监管体系

1. 反垄断宏观协调机构。《反垄断法》第 12 条规定，国务院设立反垄断委员会，负责组织、协调、指导反垄断工作，履行下列职责：(1)研究拟订有关竞争政策；(2)组织调查、评估市场总体竞争状况，发布评估报告；(3)制定、发布反垄断指南；(4)协调反垄断行政执法工作；(5)国务院规定的其他职责。该委员会的组成和工作规则由国务院规定。对这些职责分析可知，反垄断委员会的定位应该属于调研智囊型宏观协调机构而非直接执法机构。

2. 反垄断执法机构。自 2018 年 3 月起，新成立的国家市场监督管理总局成为负责反垄断统一执法的机构。国家市场监督管理总局根据工作需要，可以授权省、自治区、直辖市人民政府相应的机构，依法负责有关反垄断执法工作。

(二) 反垄断调查程序

1. 调查的启动。

《反垄断法》第 46 条规定，反垄断执法机构依法对涉嫌垄断行为进行调查。对涉嫌垄断行为，任何单位和个人有权向反垄断执法机构举报。

2. 调查措施。

《反垄断法》第 47 条规定，反垄断执法机构调查涉嫌垄断行为，可以采取下列措施：(1)进入被调查的经营者的营业场所或者其他有关场所进行检查；(2)询问被调查的经营者、利害关系人或者其他有关单位或者个人，要求其说明有关情况；(3)查阅、复制被调查的经营者、利害关系人或者其他有关单位或者个人的有关单证、协议、会计账簿、业务函电、电子数据等文件、资料；(4)查封、扣押相关证据；(5)查询经营者的银行账户。

第二节　反不正当竞争法

一、反不正当竞争法概述

反不正当竞争法是调整市场竞争过程中因规制不正当竞争行为而产生的社会关系的法律规范的总称。

二、不正当竞争行为

我国《反不正当竞争法》列举了七种不正当竞争行为，分述如下。

(一) 混淆行为★

根据《反不正当竞争法》第 6 条的规定，混淆行为的具体行为方式如下：

(1)擅自使用与他人有一定影响的商品名称、包装、装潢等相同或者近似的标识；

(2)擅自使用他人有一定影响的企业名称(包括简称、字号等)、社会组织名称(包括简称等)、姓名(包括笔名、艺名、译名等)；

(3)擅自使用他人有一定影响的域名主体部分、网站名称、网页等；

(4)其他足以引人误认为是他人商品或者与他人存在特定联系的混淆行为。

(二) 商业贿赂行为

根据《反不正当竞争法》第 7 条的规定，经营者不得采用财物或者其他手段贿赂下列单位或者个人，以谋取交易机会或者竞争优势：(1)交易相对方的工作人员；(2)受交易相对方委托办理相关事务的单位或者个人；(3)利用职权或者影响力影响交易的单位或者个人。

经营者在交易活动中，可以以明示方式向交易相对方支付折扣，或者向中间人支付佣金。经营者向交易相对方支付折扣、向中间人支付佣金的，应当如实入账。接受折扣、佣金的经营者也应当如实入账。

经营者的工作人员进行贿赂的，应当认定为经营者的行为；但是，经营者有证据证明该工作人员的行为与为经营者谋取交易机会或者竞争优势无关的除外。

(三)虚假宣传行为

根据《反不正当竞争法》第 8 条的规定,经营者不得对其商品的性能、功能、质量、销售状况、用户评价、曾获荣誉等作虚假或者引人误解的商业宣传,欺骗、误导消费者。

经营者不得通过组织虚假交易等方式,帮助其他经营者进行虚假或者引人误解的商业宣传。

(四)侵犯商业秘密行为

根据《反不正当竞争法》第 9 条的规定,经营者不得实施下列侵犯商业秘密的行为:(1)以盗窃、贿赂、欺诈、胁迫、电子侵入或者其他不正当手段获取权利人的商业秘密;(2)披露、使用或者允许他人使用以前项手段获取的权利人的商业秘密;(3)违反保密义务或者违反权利人有关保守商业秘密的要求,披露、使用或者允许他人使用其所掌握的商业秘密;(4)教唆、引诱、帮助他人违反保密义务或者违反权利人有关保守商业秘密的要求,获取、披露、使用或者允许他人使用权利人的商业秘密。

经营者以外的其他自然人、法人和非法人组织实施上述所列四种违法行为的,视为侵犯商业秘密。

(五)不正当有奖销售行为

有奖销售是一种有效的促销手段,法律并不禁止所有的有奖销售行为,而仅仅对可能造成不良后果、破坏竞争规则的有奖销售加以禁止。

《反不正当竞争法》第 10 条以列举方式禁止经营者从事三类有奖销售行为:(1)所设奖的种类、兑奖条件、奖金金额或者奖品等有奖销售信息不明确,影响兑奖;(2)采用谎称有奖或者故意让内定人员中奖的欺骗方式进行有奖销售;(3)抽奖式的有奖销售,最高奖的金额超过 5 万元。

(六)诋毁商誉行为★

根据《反不正当竞争法》第 11 条的规定,诋毁商誉行为是指经营者编造、传播虚假信息或者误导性信息,损害竞争对手的商业信誉、商品声誉,从而削弱其竞争力的行为。其行为要点如下:

1. 行为的主体是市场经营活动中的经营者。

2. 经营者实施了诋毁商誉行为。若发布的消息是真实的,则不构成诋毁行为。

3. 诋毁行为是针对一个或多个特定竞争对手的。注意,对比性广告通常以同行业所有其他经营者为竞争对手而进行贬低宣传,此时应认定为商业诋毁行为。

4. 经营者对其他竞争者进行诋毁,其目的是败坏对方的商誉,其出于故意。

(七)互联网不正当竞争行为

《反不正当竞争法》第 12 条对利用软件等技术手段在互联网领域实施妨碍、破坏其他经营者合法提供的网络产品或者服务正常运行的行为作了规定,增加了对互联网不正当竞争行为的规制。具体行为方式如下:

1. 未经其他经营者同意,在其合法提供的网络产品或者服务中,插入链接、强制进行目标跳转;

2. 误导、欺骗、强迫用户修改、关闭、卸载其他经营者合法提供的网络产品或者服务;

3. 恶意对其他经营者合法提供的网络产品或者服务实施不兼容;

4. 其他妨碍、破坏其他经营者合法提供的网络产品或者服务正常运行的行为。

命题点拨 对垄断行为的认定,根据多种因素对《反垄断法》中的滥用市场支配地位和经营者集中进行综合评价和判断;对不正当竞争行为的认定。

第二章 消费者法

第一节 消费者权益保护法

一、消费者权益保护法的适用对象

理解消费者权益保护法的适用对象关键是理解对消费者的界定:必须是自然人为了个人生活消费的需要购买、使用商品和接受服务才是消费者;为保护农民的弱势地位,虽然农民购买生产资料行为不符合上述定义,但《消费者权益保护法》第 62 条将农民购买、使用直接用于农业生产的生产资料行为纳入该法的保护范围。

二、消费者的权利与经营者的义务

(一)消费者的权利★★★★

1. 安全保障权。消费者在购买、使用商品和接受服务时享有人身、财产安全不受损害的权利。

2. 知悉真情权。消费者享有知悉其购买、使用的商品或者接受的服务的真实情况的权利。

3. 自主选择权。消费者享有自主选择商品和服务的权利,包括:(1)有权自主选择提供商品或者服务的经营者;(2)有权自主选择商品品种或者服务方式;(3)有权自主决定是否购买任何一种商品或是否接受任何一项服务;(4)有权对商品或服务进行比较、鉴别和选择。经营者不得以任何方式干涉消费者行使自主选择权。

4. 公平交易权。公平交易权体现在两个方面:

(1)交易条件公平;(2)拒绝强制交易。

5. 获取赔偿权。享有求偿权的主体包括:(1)商品的购买者、使用者;(2)服务的接受者;(3)第三人,指消费者之外的因某种原因在事故发生现场而受到损害的人。求偿的内容包括:(1)人身损害的赔偿,无论是生命健康还是精神方面的损害均可要求赔偿;(2)财产损害的赔偿,依照消费者权益保护法等相关法律的规定,包括直接损失及可得利益的损失。

6. 结社权。消费者享有依法成立维护自身合法权益的社会团体的权利。

7. 获得相关知识权。消费者享有获得有关消费和消费者权益保护方面的知识的权利。消费知识主要指有关商品和服务的知识;消费者权益保护知识主要指有关消费者权益保护方面及权益受到损害时如何有效解决方面的法律知识。

8. 受尊重权。消费者在购买、使用商品和接受服务时,享有人格尊严、民族风俗习惯得到尊重的权利,享有个人信息依法得到保护的权利。

9. 监督批评权。

10. 个人信息权。又称消费者隐私权,指消费者的姓名、性别、职业、学历、住所、联系方式、婚姻状况、亲属关系、财产状况、血型、病史、消费习惯等所有私人信息不被非法收集和非法披露的权利。

(二)经营者的义务★

1. 依法经营和诚信经营义务。经营者向消费者提供商品和服务,应依照法律、法规的规定履行义务。双方有约定的,应按照约定履行义务,但双方的约定不得违法。经营者向消费者提供商品或者服务,应当恪守社会公德,诚信经营,保障消费者的合法权益;不得设定不公平、不合理的交易条件,不得强制交易。

2. 接受监督的义务。经营者应当听取消费者对其提供的商品或服务的意见,接受消费者的监督。

3. 安全保障义务。经营者应当做到:(1)对可能危及人身、财产安全的商品和服务,应作出真实说明和明确的警示,标明正确使用及防止危害发生的方法。(2)宾馆、商场、餐馆、银行、机场、车站、港口、影剧院等经营场所的经营者,应当对消费者尽到安全保障义务。(3)经营者发现其提供的商品或者服务存在缺陷,有危及人身、财产安全危险的,应当立即向有关行政部门报告和告知消费者,并采取停止销售、警示、召回、无害化处理、销毁、停止生产或者服务等措施,且自行承担商品召回的必要费用。

4. 提供真实信息的义务。经营者应当向消费者提供有关商品和服务的真实信息,不得作引人误解的虚假宣传。

5. 标明真实名称和标记的义务。经营者应当标明其真实名称和标记。

6. 出具凭证或单据的义务。

7. 保证质量的义务。该义务体现在以下三个方面:(1)经营者应当保证在正常使用商品或者接受服务的情况下其提供的商品或者服务应当具有的质量、性能、用途和有效期限;但消费者在购买该商品或者接受服务前已经知道其存在瑕疵的除外。(2)经营者以广告、产品说明、实物样品或者其他方式表明商品或者服务的质量状况的,应当保证提供的商品或者服务的实际质量与表明的质量状况相符。(3)经营者提供的机动车、计算机、电视机、电冰箱、空调器、洗衣机等耐用商品或者装饰装修等服务,消费者自接受商品或者服务之日起6个月内发现瑕疵,发生争议的,由经营者承担有关瑕疵的举证责任。

8. 履行退货、更换、修理的义务。分为两类情形:(1)是在经营者提供的商品或者服务不符合质量要求的情形下,如果有国家规定或者当事人约定,经营者有义务按照消费者的要求办理退货、更换或者修理;如果没有国家规定和当事人约定,消费者自收到商品之日起7日内退货的,经营者有义务办理退货,7日后符合法定解除合同条件的,经营者仍然有退货义务,不符合法定解除合同条件的,经营者应按消费者要求履行更换、修理等义务。(2)“无理由退货”。无论经营者提供的商品有无质量问题,只要是采用网络、电视、电话、邮购等方式销售的,消费者都有权自收到商品之日起7日内退货,且无须说明理由。但是,消费者定作的商品、鲜活易腐的商品、在线下载或者消费者拆封的音像制品、计算机软件等数字化商品、交付的报纸、期刊以及其他根据商品性质并经消费者在购买时确认不宜退货的商品,不适用无理由退货的规定。

9. 正确使用格式条款的义务。法律对经营者使用格式条款规定了两方面的义务:(1)提示和说明的义务;(2)禁止滥用格式条款的义务。经营者不得以格式条款、通知、声明、店堂告示等方式,作出排除或者限制消费者权利、减轻或者免除经营者责任、加重消费者责任等对消费者不公平、不合理的规定,不得利用格式条款并借助技术手段强制交易;违反此义务的,其条款无效。

10. 不得侵犯消费者人格权的义务。经营者不得对消费者进行侮辱、诽谤,不得搜查消费者的身体及其携带的物品,不得侵犯消费者的人身自由。

11. 尊重消费者信息自由的义务。主要有两方面:(1)在收集、使用消费者个人信息时,应当遵循合法、正当、必要的原则,明示收集、使用信息的目的、方式和范围,并经消费者同意;(2)对于已掌握的消费者个人信息,必须严格保密,不得泄露、出售或者非法向他人提供,同时,应采取必要措施确保信息安全,并在信息泄露、丢失时及时加以补救。另外,避免以商业信息骚扰消费者,即经营者未经消费者同意或者请求,或者消费者明确表示拒绝的,不得向其发送商业性信息。

三、消费者权益的保护

1. 国家机关。国家采取一系列制度性措施,保护消费者的合法权益。包括:(1)立法过程中的消费者参与;(2)政府职能的运用;(3)相关行政部门的职责;(4)司法机关的职责。

2. 消费者组织。消费者协会和其他消费者组织是依法成立的对商品和服务进行社会监督的保护消费者合法权益的社会组织。消费者协会履行下列公益性职责:(1)向消费者提供消费信息和咨询服务;(2)参与制定有关消费者权益的法律、法规、规章和强制性标准;(3)参与有关行政部门对商品和服务的监督、检查;(4)就有关消费者合法权益的问题,向有关部门反映、查询,提出建议;(5)受理消费者的投诉,并对投诉事项进行调查、调解;(6)投诉事项涉及商品和服务质量问题的,可以委托具备资格的鉴定人鉴定,鉴定人应当告知鉴定意见;(7)就损害消费者合法权益的行为,支持受损害的消费者提起诉讼或者依照本法提起诉讼;(8)对损害消费者合法权益的行为,通过大众传播媒介予以揭露、批评。各级人民政府对消费者协会履行职责应当予以必要的经费等支持。

消费者组织的公益诉讼。对侵害众多消费者合法权益的行为,中国消费者协会以及在省、自治区、直辖市设立的消费者协会,可以向人民法院提起诉讼。

四、争议的解决方式

下列方式不存在先后顺序。

消费者 ⇨
- 与经营者协商解决
- 请消费者协会或其他组织调解
- 向有关行政部门投诉
- 提请仲裁
- 提起诉讼

五、法律责任★

1. 重点掌握惩罚性赔偿的适用。《消费者权益保护法》第55条规定,经营者提供商品或者服务有欺诈行为的,应当按照消费者的要求增加赔偿其受到的损失,增加赔偿的金额为消费者购买商品的价款或者接受服务的费用的3倍;增加赔偿的金额不足500元的,为500元。法律另有规定的,依照其规定。经营者明知商品或者服务存在缺陷,仍然向消费者提供,造成消费者或者其他受害人死亡或者健康严重损害的,受害人有权要求经营者依照相关法律规定赔偿损失,并有权要求所受损失2倍以下的惩罚性赔偿。

2. 消费者因经营者利用虚假广告或者其他虚假宣传方式提供商品或者服务,其合法权益受到损害的,可以向经营者要求赔偿。广告经营者、发布者发布虚假广告的,消费者可以请求行政主管部门予以惩处。广告的经营者不能提供经营者的真实名称、地址和有效联系方式的,应当承担赔偿责任。广告经营者、发布者设计、制作、发布关系消费者生命健康商品或者服务的虚假广告,造成消费者损害的,应当与提供该商品或者服务的经营者承担连带责任。社会团体或者其他组织、个人在关系消费者生命健康商品或者服务的虚假广告或者其他虚假宣传中向消费者推荐商品或者服务,造成消费者损害的,应当与提供该商品或者服务的经营者承担连带责任。

3.《消费者权益保护法》将精神损害纳入赔偿范围。

第二节 产品质量法

一、考查概述

产品质量法历年来所占的分值都不高,但是一些重点知识点一直是考试所青睐的内容,如产品缺陷责任、生产者和销售者的义务等内容,另外由于本法和《消费者权益保护法》都是以保护消费者权益为目的的,因此许多知识点都可以交叉考查。

二、产品的标准及生产者、销售者的产品质量义务

(一)产品的概念和范围

1. 产品:产品质量法所称的产品是指经过加工、制作,用于销售的产品。

2. 排除下列物品:

(1)天然物品、不是用于销售的物品。

(2)建设工程、军工产品。

但是建设工程所用的建筑材料、建筑构配件和设备、军工企业生产的民用产品,适用该法的规定。

(二)生产者、销售者的产品质量义务★

1. 生产者的产品质量义务:(1)不存在危及人身、财产安全的不合理危险,有国家标准、行业标准的应当符合该标准;(2)具备产品应当具备的使用性能,但是对产品存在使用性能的瑕疵作出说明的除外;(3)符合在产品或者其包装上注明采用的产品标准,符合以产品说明、实物样品的方式表明的质量状况。

2. 销售者的产品质量义务:(1)进货验收义务;(2)保持产品质量的义务;(3)保持产品标识真实性的义务。

三、产品质量法上的责任★★

1. 依据产生的原因不同,产品质量法上的责任主要分为产品质量责任和产品责任。产品质量责任是由于产品存在瑕疵而产生的责任;产品责任是由于产品本身存在缺陷而导致的责任。除了产生原因不同外,两种责任还存在多点区别,如表所示:

项目	产生原因	求偿主体	直接求偿对象	诉讼时效	归责原则	
					销售者	生产者
瑕疵责任	产品存在瑕疵	购买者	销售者	1年	无过错责任	—
缺陷责任	产品存在缺陷	购买者使用者第三人	销售者或生产者	2年	过错责任	无过错责任

2. 生产者产品责任的豁免条件:(1)未将产品投入流通的;(2)产品投入流通时,引起损害的缺陷尚不存在的;(3)将产品投入流通时的科学技术水平尚不能发现缺陷的存在的。

3. 销售者承担产品缺陷责任的归责原则是过错责任。而当销售者不能指明缺陷产品的生产者也不能指明缺陷产品的供货者时,应当承担赔偿责任。这里的过错是一种推定过错,销售者负有举证责任,否则不能免除赔偿责任。

第三节　食品安全法

一、考查概述★

食品安全法的适用范围:(1)食品生产和加工(以下简称食品生产),食品流通和餐饮服务(以下简称食品经营);(2)食品添加剂的生产经营;(3)用于食品的包装材料、容器、洗涤剂、消毒剂和用于食品生产经营的工具、设备(以下简称食品相关产品)的生产经营;(4)食品生产经营者使用食品添加剂、食品相关产品;(5)食品的贮存和运输;(6)对食品、食品添加剂和食品相关产品的安全管理。

二、食品安全风险监测和评估

(一)食品安全风险监测

1. 监测的对象:对食源性疾病、食品污染以及食品中的有害因素进行监测。

2. 实施机构:以卫生行政部门为主、其他相关部门协助的食品安全风险监测机制。

国务院卫生行政部门会同国务院食品安全监督管理等部门,制定、实施国家食品安全风险监测计划。国务院食品安全监督管理部门和其他有关部门获知有关食品安全风险信息后,应当立即核实并向国务院卫生行政部门通报。对有关部门通报的食品安全风险信息以及医疗机构报告的食源性疾病等有关疾病信息,国务院卫生行政部门应当会同国务院有关部门分析研究,认为必要的,及时调整国家食品安全风险监测计划。

(二)食品安全风险评估

1. 评估机构。国务院卫生行政部门负责组织食品安全风险评估工作,成立由医学、农业、食品、营养、生物、环境等方面的专家组成的食品安全风险评估专家委员会进行食品安全风险评估。食品安全风险评估结果由国务院卫生行政部门公布。对农药、肥料、兽药、饲料和饲料添加剂等的安全性评估,应当有食品安全风险评估专家委员会的专家参加。食品安全风险评估不得向生产经营者收取费用,采集样品应当按照市场价格支付费用。

2. 食品安全风险评估的作用:(1)食品安全风险评估结果是制定、修订食品安全标准和对食品安全实施监督管理的科学依据。(2)得出不安全结论的,相关部门应立即向社会公告,并采取相应措施;需要制定、修订相关食品安全国家标准的,应当立即制定、修订。

三、食品安全标准★

1. 国家标准,是指由国务院卫生行政部门依照法定职权和法定程序制定的,并经食品安全国家标准审评委员会审查通过的食品安全标准。

2. 地方标准,没有食品安全国家标准的,省级政府卫生行政部门可以制定并公布食品安全地方标准,报国务院卫生行政部门备案。食品安全国家标准制定后,该地方标准即行废止。

3. 企业标准,国家鼓励食品生产企业制定严于食品安全国家标准或者地方标准的企业标准,在本企业适用,并报省、自治区、直辖市人民政府卫生行政部门备案。

四、食品安全控制

(一)食品生产经营中的安全控制制度

1. 食品行业许可制度。

(1)食品生产经营许可制度。国家对食品生产经营实行许可制度。从事食品生产、食品销售、餐饮服务,应当依法取得许可。但是,销售食用农产品,不需要取得许可。

(2)食品添加剂生产许可制度。

2. 食品安全卫生制度。食品生产经营企业应当建立健全食品安全管理制度,对职工进行食品安全知识培训,加强食品检验工作,依法从事生产经营活动。就下列事项制定并实施控制要求，保证所生产的食品符合食品安全标准：(1)原料采购、原料验收、投料等原料控制；(2)生产工序、设备、贮存、包装等生产关键环节控制；(3)原料检验、半成品检验、成品出厂检验等检验控制；(4)运输和交付控制。

食品生产经营者应建立并执行从业人员健康管理制度、建立食品安全自查制度。

3. 禁止性规定。《食品安全法》第 34 条规定的 13 种(主要注意修改的几种)：(1)用非食品原料生产的食品或者添加食品添加剂以外的化学物质和其他可能危害人体健康物质的食品，或者用回收食品作为原料生产的食品；(2)致病性微生物，农药残留、兽药残留、生物毒素、重金属等污染物质以及其他危害人体健康的物质含量超过食品安全标准限量的食品、食品添加剂、食品相关产品；(3)用超过保质期的食品原料、食品添加剂生产的食品、食品添加剂；(4)超范围、超限量使用食品添加剂的食品；(5)营养成分不符合食品安全标准的专供婴幼儿和其他特定人群的主辅食品；(6)腐败变质、油脂酸败、霉变生虫、污秽不洁、混有异物、掺假掺杂或者感官性状异常的食品、食品添加剂；(7)病死、毒死或者死因不明的禽、畜、兽、水产动物肉类及其制品；(8)未按规定进行检疫或者检疫不合格的肉类，或者未经检验或者检验不合格的肉类制品；(9)被包装材料、容器、运输工具等污染的食品、食品添加剂；(10)标注虚假生产日期、保质期或者超过保质期的食品、食品添加剂；(11)无标签的预包装食品、食品添加剂；(12)国家为防病等特殊需要明令禁止生产经营的食品；(13)其他不符合法律、法规或者食品安全标准的食品、食品添加剂、食品相关产品。

(二)食品召回制度★

1. 分类：(1)主动召回，是指食品生产者对发现的其生产的不符合食品安全标准的食品，主动召回已经上市销售的食品并采取相应措施，及时消除或减少食品安全危害的行为；(2)责令召回，是指食品生产经营者未依照法律规定召回或者停止经营不符合食品安全标准的食品的，县级以上人民政府食品安全监督管理部门责令其召回或者停止经营的行为。

2. 对食品召回的处理：食品生产经营者应当对召回的食品采取无害化处理、销毁等措施，防止其再次流入市场。但是，对因标签、标志或者说明书不符合食品安全标准而被召回的食品，食品生产者在采取补救措施且能保证食品安全的情况下可以继续销售；销售时应当向消费者明示补救措施。

(三)食品检验制度

1. 食品检验机构及其地位。食品检验机构，是指依照国家有关认证认可的规定取得食品检验资质，从事食品检验活动的机构。有关食品检验机构的资质认定条件和检验规范，由国务院食品安全监督管理部门规定。食品检验机构是独立于政府和食品生产经营者的社会中介机构。

2. 食品检验机构与检验人负责制。食品检验实行食品检验机构与检验人负责制。食品检验报告应当加盖食品检验机构公章，并有检验人的签名或者盖章。

3. 不同机构和组织的食品检验活动。

(1)抽样检验。县级以上人民政府食品安全监督管理部门应当对食品进行定期或者不定期的抽样检验，进行抽样检验，应当购买抽取的样品，委托符合本法规定的食品检验机构进行检验，并支付相关费用；不得向食品生产经营者收取检验费和其他费用。

(2)自行检验。食品生产经营企业可以自行对所生产的食品进行检验，也可以委托符合食品安全法规定的食品检验机构进行检验。

(3)第三人委托检验。食品行业协会等组织、消费者也可以根据需要委托食品检验机构对食品进行检验。被委托的机构应当是符合食品安全法规定的合格食品检验机构。

五、食品安全事故处置★

食品安全事故处置对策：

1. 三级应急预案。

2. 食品安全事故通报制度。(1)事故发生单位和治疗单位的通报。(2)政府各部门的通报。(3)医疗机构和卫生行政部门的通报。

六、政府监督管理机构及其职权

食品安全问题离不开政府机构的监督和管理，食品安全法不仅对监管机构进行了专门的规定，还设专章对各级监管机构的职权进行了详细的规定。

七、法律责任★

食品安全法中配置了较为完善的法律责任。考生应注意如下要点：

1. 惩罚性赔偿责任。根据《食品安全法》第 148 条第 2 款的规定，生产不符合食品安全标准的食品或者经营明知是不符合食品安全标准的食品，消费者除要求赔偿损失外，还可以向生产者或者经营者要求支付价款 10 倍或者损失 3 倍的赔偿金；增加赔偿的金额不足 1000 元的，为 1000 元。但是，食品的标签、说明书存在不影响食品安全且不会对消费者造成误导的瑕疵的除外。

2. 民事赔偿优先原则。责任人既要承担罚金等财产罚，又要承担民事责任时采用民事责任优先的原则。

3. 有期限和永久的禁止从业。(1)被吊销许可证的食品生产经营者及其法定代表人、直接负责的主管人员和其他直接责任人员自处罚决定作出之日起5年内不得申请食品生产经营许可，或者从事食品生产经营管理工作、担任食品生产经营企业食品安全管理人员；因食品安全犯罪被判处有期徒刑以上刑罚的，终身不得从事食品生产经营管理工作，也不得担任食品生产经营企业食品安全管理人员。(2)受到开除处分的食品检验机构人员，自处分决定作出之日起10年内不得从事食品检验工作；因食品安全违法行为受到刑事处罚或者因出具虚假检验报告导致发生重大食品安全事故受到开除处分的食品检验机构人员，终身不得从事食品检验工作。

4. 荐证人的责任。食品安全监督管理等部门承担食品检验职责的机构、食品行业协会、消费者协会、其他社会团体或者组织、个人(包括各类名人)，向消费者推荐、保荐食品后将承担相应的行政处罚和连带的民事赔偿责任。这是国家对近来明星虚假代言行为的有力规制，需要注意的是，本条并没有以荐证人的主观过错为要件，说明本条采取的是严格责任。

命题点拨 消费者的权利和经营者的义务，产品质量法上的责任，食品安全控制。

第三章 银行业法

第一节 商业银行法

一、考查概述★

商业银行法的重要考点在于商业银行的组织形式、商业银行的贷款规则、商业银行破产接管及商业银行与监管机构之间的关系。

二、商业银行制度概述

(一)组织形式

商业银行可以采取有限责任公司和股份有限公司两种形式。

(二)法律地位

营利性社团法人具有独立的民事权利能力和民事行为能力。因此，商业银行同样可以通过破产程序终止。注意从诉讼法角度来看，商业银行的分支机构虽然不能独立地承担民事责任，但是可以成为独立的诉讼主体。

(三)商业银行的业务★★★

商业银行的业务主要包括五个方面：资产业务、负债业务、中间业务、信用卡业务、国际业务。其中需要重点掌握的是资产业务中的信贷业务，依据中国人民银行颁布的《贷款通则》，以下要点需要注意：

1. 基本原则：审贷分离，分级审批。

2. 商业银行应该按照中国人民银行规定的贷款利率的上下限，确定每笔贷款的利率，并在借款合同中记载清楚。

3. 贷款的发放必须严格遵循《商业银行法》第39条关于资产负债比例的规定，即贷款人的资本充足率不得低于8%，流动性资产余额与流动性负债余额的比例不得低于25%，对同一借款人的贷款余额与贷款人资本余额的比例不得超过10%。

4. 贷款的担保方式包括信用贷款、担保贷款和票据贴现三种贷款担保方式。

5. 商业银行法规定对银行的关系人贷款不得采用信用贷款形式。向关系人发放担保贷款的条件不得优于其他借款人同类贷款的条件，以维护公平交易和自身的资金安全。

6. 关系人的范围：商业银行的董事、监事、管理人员、信贷业务人员及其近亲属，前项所列人员投资或者担任高级管理职务的公司、企业和其他经济组织。

7. 借款人应当按照借款合同规定的用途使用贷款，不经贷款人的书面批准，不得擅自改变贷款的用途。

8. 借款人将偿还贷款义务的一部分或全部转让给第三人前，应当取得贷款人的书面同意。

(四)商业银行与中国人民银行和国务院银行业监督管理机构的关系

1. 接受中国人民银行的业务指导和检查监督。

2. 商业银行接受国务院银行业监督管理机构的行政监督管理。商业银行的设立、变更和终止，须经国务院银行业监督管理机构批准；商业银行的资产负债比例管理制度和平时的业务接受国务院银行业监督管理机构的监管。

三、商业银行的设立和变更

(一)设立商业银行的条件

1. 有完备的银行公司章程。

2. 提交完备的可行性研究报告。

3. 符合法定最低要求的注册资本。商业银行的设立应经国务院银行业监督管理机构批准，有符合规定的最低注册资本限额的实缴资本额(设有分支机构的全国性商业银行为10亿元,城市商业银行为1亿元,农村合作商业银行为5000万元)。

4. 有符合要求的从业人员及任职资格。

5. 有健全的组织机构和管理制度。

6. 其他条件。

(二)商业银行的变更

商业银行进行下列行为的,应当经国务院银行业监督管理机构批准:(1)变更银行名称;(2)变更注册资本;(3)变更总行或者分行所在地;(4)调整业务范围;(5)变更持有资本总额或者股份总额5%以上的股东;(6)修改银行章程;(7)国务院银行业监督管理机构规定的其他变更事项。

更换董事、高级管理人员时,应当报经国务院银行业监督管理机构审查其任职资格。

四、商业银行的管理机制

(一)投资商业银行的限制

为了保持金融稳定,预防金融风险,商业银行法对投资商业银行的资金来源和投资比例作出了如下限制:

1. 主体上的限制:(1)国拨经费的事业单位不得向商业银行投资,政策性银行不得向商业银行投资;(2)信用合作社除向合作银行和信用联社投资外,不得向金融机构投资;(3)各金融机构的分支机构不得向金融机构投资,外资、合资金融机构和企业不得向中资金融机构投资;(4)工商企业与金融机构之间、金融机构之间不得以换股形式相互投资。

2. 投资比例上的限制:(1)保险公司投资金融机构的资金数额不超过其资本金的25%;(2)证券公司投资金融机构的资金数额不超过其资本金的20%;(3)企业投资金融机构的资金数额不得超过其净资产的50%。

3. 须事先经国务院银行业监督管理机构批准才可以投资的情形:(1)任何单位和个人购买商业银行股份总额5%以上的;(2)地方财政部门以财政结余资金向金融机构投资的;(3)工商银行、农业银行、建设银行和中国银行向其他金融机构投资的。

(二)商业银行对外投资的限制★

1. 依据《商业银行法》第43条的规定,商业银行在我国境内不得从事信托投资和证券经营业务,不得投资于非自用不动产,不得向非银行金融机构和企业投资。

2. 因行使担保权取得的投资产品的处置,商业银行因行使抵押权、质权而取得的不动产或者股权,应当自取得之日起2年内予以处分。

五、商业银行的接管、破产和终止

(一)商业银行的接管

1. 接管的条件和接管主体:(1)商业银行的接管条件是商业银行已经或者可能发生信用危机严重影响存款人利益。(2)接管主体:国务院银行业监督管理机构。

2. 接管商业银行的法律后果:(1)接管组织代替原管理层;(2)原有的债权债务关系保持不变;(3)接管的期限最长不超过2年。

3. 接管的终止依据:《商业银行法》第68条规定,有下列情形之一的,接管终止:(1)接管决定规定的期限届满或者国务院银行业监督管理机构决定的接管延期届满;(2)接管期限届满前,该商业银行已经恢复正常经营能力;(3)接管期限届满前,该商业银行被合并或者被依法宣告破产。

(二)商业银行的破产

1. 破产的条件:第一,不能支付到期债务;第二,银行经营状况持续恶化,亏损加重;第三,债权人或银行自己申请,并经国务院银行业监督管理机构同意。

2. 清算组成员:清算组中必须包括国务院银行业监督管理机构人员。

3. 破产清算支付顺序:(1)支付清算费用、所欠职工工资和劳动保险费用;(2)优先支付个人储蓄存款的本金和利息;(3)支付国家的税款;(4)清偿普通的债权。

(三)商业银行的终止

商业银行的终止对存款人的影响重大,因此商业银行不可以自行终止,其终止必须经国务院银行业监督管理机构批准后再按照公司法的注销程序办理。

第二节　银行业监督管理法

一、考查概述

银行业监督管理法虽然是金融法的重要组成部分,却不是考试的重头戏,一般只占到1~2分。

二、监管主体及对象

(一)监督机构

2018年3月,国务院第一次常务会议通过的国务院直属特设机构设置方案,将原有的中国银行业监督管理委员会和中国保险业监督管理委员会合并,成立中国银行保险监督管理委员会。国务院银行业监督管理机构负责对全国银行业金融机构及其业务活动的监督管理。

(二)监管对象

1. 银行业金融机构,包括在中华人民共和国境内设立的商业银行、城市信用合作社、农村信用合作社等吸收公众存款的金融机构以及政策性银行。

2. 境内设立的金融资产管理公司、信托投资公司、财务公司、金融租赁公司。

3. 经批准在境外设立的金融机构以及前两种金融机构在境外的业务活动。

三、监督管理职责★

(一)监管职责的范围

1. 制定规章。

2. 审批金融机构组织。

3. 审查金融机构的股东。

4. 审查金融机构的金融产品。

5. 对银行业市场准入实施管制。

6. 规定金融机构高管的任职资格。

7. 制定业务审慎经营规则。

8. 对银行业自律组织的活动进行指导和监督。

9. 国际合作。

(二)监管职责的履行

1. 审批时限规定。(1)银行业金融机构的设立,自收到申请文件之日起6个月内;(2)银行业金融机构的变更、终止,以及业务范围和增加业务范围内的业务品种,自收到申请文件之日起3个月内;(3)审查董事和高级管理人员的任职资格,自收到申请文件之日起30日内。

2. 非现场监督规定。

3. 现场检查规定。

4. 并表监管规定。

5. 接受中国人民银行建议。

6. 金融监管评级体系和风险预警机制。

7. 突发事件报告责任制度。各级银监机构一旦发现可能引发系统性银行业风险、严重影响社会稳定的突发事件,应当立即向国务院银行业监督管理机构负责人报告;国务院银行业监督管理机构负责人认为需要向国务院报告的,应当立即向国务院报告,并告知中国人民银行、国务院财政部门等有关部门。

8. 突发事件处置制度。国务院银行业监督管理机构应当会同中国人民银行、国务院财政部门等有关部门建立银行业突发事件处置制度,制定银行业突发事件处置预案,明确处置机构和人员及其职责、处置措施和处置程序,及时、有效地处置银行业突发事件。

9. 统一的统计制度。

四、监督管理措施★

- **(一)强制信息披露**
  - 1. 获取财务资料
  - 2. 现场检查
  - 3. 询问董事、高级管理人员
  - 4. 强制向社会披露:财务会计报告、风险管理状况、董事和高级管理人员的变更
- **(二)强制整改制度(违反审慎经营的规则时)**
  - 1. 责令暂停部分业务、停止批准开办新业务
  - 2. 限制分配红利和其他收入
  - 3. 限制资产转让
  - 4. 责令控股股东转让股权或者限制有关股东的权利
  - 5. 责令调整董事、高级管理人员或者限制其权利
  - 6. 停止批准增设分支机构

(三)接管、重组和撤销

该部分内容与《商业银行法》中部分内容重合,在本部分中重点注意的是对直接负责任的董事、高级管理人员和其他直接责任人员,可以采取的措施有:

1. 直接负责的董事、高级管理人员和其他直接责任人员出境将对国家利益造成重大损失的,通知出境管理机关依法阻止其出境。

2. 申请司法机关禁止其转移、转让财产或者对其财产设定其他权利。

(四)冻结账户

1. 查询账户:经国务院银行业监督管理机构或者其省一级派出机构负责人批准,银监机构有权查询账户。

2. 冻结账户:对涉嫌转移或者隐匿违法资金的,经银监机构负责人批准,可以申请司法机关予以冻结。

命题点拨 银行业的特殊性——专业性和系统性,从行为规范到监管规则的理解和应用,都要以此为依据。

第四章 财 税 法

第一节 税 法

一、考查概述

税法中所涵盖的内容虽然较多,但是考试的重点却是很明确的,基本上集中在企业所得税、个人所得税和税收征收管理法上,因此备考税法应该侧重重点、详略得当。2018年对《个人所得税法》进行了修正,备考时要注意该部分内容。

二、税法的体系★

- 税法
  - 征纳实体法
    - 商品税法:增值税、消费税等
    - 所得税法:企业所得税、个人所得税
    - 财产税法:资源税、房产税、土地增值税法
    - 行为税法:印花税
  - 征纳程序法:《税收征收管理法》

三、所得税法

(一)企业所得税法★★★★

我国长期以来一直采取内外资企业分别适用不同的企业所得税法,但自 2008 年 1 月 1 日《企业所得税法》实施后,我国统一了内外资企业的所得税法适用。

1. 适用范围。

(1)企业所得税的纳税人是指中国境内的企业或者其他取得收入的经济组织,但是个人独资企业和合伙企业除外。

(2)纳税企业分为居民纳税企业和非居民纳税企业,其中居民企业应当就其来源于中国境内、境外的所得缴纳企业所得税。非居民企业在中国境内设立机构、场所的,应当就其所设机构、场所取得的来源于中国境内的所得,以及发生在中国境外但与其所设机构、场所有实际联系的所得,缴纳企业所得税。非居民企业在中国境内未设立机构场所的,或者虽设立机构、场所但取得的所得与其所设立的机构场所没有实际联系,应当就其来源于中国境内的所得缴纳企业所得税。

纳税企业
- 居民企业
  - (1)依据中国法在中国境内设立
  - (2)依外国法成立但实际管理机构在中国境内
- 非居民企业
  - (1)依据外国法成立且实际管理机构不在中国境内但是设有机构的
  - (2)未在中国设立场所、机构,但是有来源于中国境内所得的企业

2. 计算应纳税所得额时可以扣除的项目:

(1)年度利润总额 12% 以内的公益性捐赠支出。

(2)企业拨缴的工会经费,不超过工资薪金总额 2% 的部分,准予扣除。

(3)企业发生的职工教育经费支出,不超过工资薪金总额 2.5% 的部分,准予扣除;超过部分,准予在以后纳税年度结转扣除。

(4)发生的与生产经营活动有关的业务招待费支出,按照发生额的 60% 扣除,但最高不得超过当年销售(营业)收入的 5‰。

(5)企业发生的符合条件的广告费和业务宣传费支出,除国务院财政、不超过当年销售(营业)收入 15% 的部分,准予扣除;超过部分,准予在以后纳税年度结转扣除。

3. 在计算应纳税所得额时不得扣除项目:(1)向投资者支付的股息、红利等权益性投资收益款项;(2)企业所得税税款;(3)税收滞纳金;(4)罚金、罚款和被没收财物的损失;(5)公益性捐赠支出以外的捐赠支出;(6)赞助支出;(7)未经核定的准备金支出;(8)与取得收入无关的其他支出。

4. 下列固定资产不得计算折旧扣除:(1)房屋、建筑物以外未投入使用的固定资产;(2)以经营租赁方式租入的固定资产;(3)以融资租赁方式租出的固定资产;(4)已足额提取折旧仍继续使用的固定资产;(5)与经营活动无关的固定资产;(6)单独估价作为固定资产入账的土地。

5. 企业所得税的税收优惠政策:

(1)下列收入为不征税收入:财政拨款;依法收取并纳入财政管理的行政事业性收费、政府性基金。

(2)下列收入为免税收入:国债利息收入;符合条件的居民企业之间的股息、红利等权益性投资收益;在中国境内设立机构、场所的非居民企业从居民企业取得与该机构、场所有实际联系的股息、红利等权益性投资收益;符合条件的非营利组织的收入。

(3)企业的下列所得,可以免征、减征企业所得税:从事农、林、牧、渔业项目的所得;从事国家重点扶持的公共基础设施项目投资经营的所得;从事符合条件的环境保护、节能节水项目的所得;符合条件的技术转让所得。

(二)个人所得税法★★★

注意:工资、薪金所得,以每月收入额减除费用 5000 元后的金额,为应纳税所得额。

1. 纳税人
- 居民纳税人
  - 指在中国境内有住所
  - 无住所而在一个纳税年度内在中国境内居住累计满 183 天
- 非居民纳税人(就中国境内所得纳税)

2. 征税范围及税率:

2018 年《个人所得税法》第 6 条第 1 款规定,"应纳税所得额的计算:(一)居民个人的综合所得,以每一纳税年度的收入额减除费用六万元以及专项扣除、专项附加扣除和依法确定的其他扣除后的余额,为应纳税所得额。(二)非居民个人的工资、薪金所得,以每月收入额减除费用五千元后的余额为应纳税所得额;劳务报酬所得、稿酬所得、特许权使用费所得,以每次收入额为应纳税所得额。(三)经营所得,以每一纳税年度的收入总额减除成本、费用以及损失后的余额,为应纳税所得额。(四)财产租赁所得,每次收入不超过四千元的,减除费用八百元;四千元以上的,减除百分之二十的费用,其余额为应纳税所得额。(五)财产转让所得,以转让财产的收入额减除财产原值和合理费用后的余额,为应纳税所得额。(六)利息、股息、红利所得和偶然所得,以每次收入额为应纳税所得额。劳务报酬所得、稿酬所得、特许权使用费所得以收入减除百分之二十的费用后的余额为收入额。

稿酬所得的收入额减按百分之七十计算。”

个人所得税税率表一（综合所得适用）

级数	全年应纳税所得额	税率(%)
1	不超过36000元的	3
2	超过36000元至144000元的部分	10
3	超过144000元至300000元的部分	20
4	超过300000元至420000元的部分	25
5	超过420000元至660000元的部分	30
6	超过660000元至960000元的部分	35
7	超过960000元的部分	45

注1：本表所称全年应纳税所得额是指依照《个人所得税法》第6条的规定，居民个人取得综合所得以每一纳税年度收入额减除费用6万元以及专项扣除、专项附加扣除和依法确定的其他扣除后的余额。

2：非居民个人取得工资、薪金所得，劳务报酬所得，稿酬所得和特许权使用费所得，依照本表按月换算后计算应纳税额。

个人所得税税率表二（经营所得适用）

级数	全年应纳税所得额	税率(%)
1	不超过30000元的	5
2	超过30000元至90000元的部分	10
3	超过90000元至300000元的部分	20
4	超过300000元至500000元的部分	30
5	超过500000元的部分	35

注：本表所称全年应纳税所得额是指依照《个人所得税法》第6条的规定，以每一纳税年度的收入总额减除成本、费用以及损失后的余额。

3. 免征个人所得税情形：

（1）省级人民政府、国务院部委和中国人民解放军军以上单位，以及外国组织、国际组织颁发的科学、教育、技术、文化、卫生、体育、环境保护等方面的奖金；（2）国债和国家发行的金融债券利息；（3）按照国家统一规定发给的补贴、津贴；（4）福利费、抚恤金、救济金；（5）保险赔款；（6）军人的转业费、复员费、退役金；（7）按照国家统一规定发给干部、职工的安家费、退职费、基本养老金或者退休费、离休费、离休生活补助费；（8）依照有关法律规定应予免税的各国驻华使馆、领事馆的外交代表、领事官员和其他人员的所得；（9）中国政府参加的国际公约、签订的协议中规定免税的所得；（10）国务院规定的其他免税所得。

4. 经过批准可以减税情形：（1）残疾、孤老人员和烈属的所得；（2）因自然灾害遭受重大损失的；（3）国务院可以规定其他减税情形，报全国人大常委会备案。

四、车船税法★

（一）车船税的纳税人

在中国境内，《车船税法》所附《车船税税目税额表》规定的车辆、船舶（以下简称车船）的所有人或者管理人为车船税的纳税人。

（二）车船税的征税对象

根据《车船税税目税额表》，车船税的征收对象包括乘用车、商用车（客车、货车）、挂车、其他车辆（专用作业车、轮式专用机械车）、摩托车和船舶（机动船舶、游艇）。

（三）车船税的减免

下列车船免征车船税：（1）捕捞、养殖渔船；（2）军队、武警专用的车船；（3）警用车船；（4）悬挂应急救援专用号牌的国家综合性消防救援车辆和国家综合性消防救援专用船舶；（5）依照法律规定应当予以免税的外国驻华使领馆、国际组织驻华机构及其有关人员的车船。

对节约能源、使用新能源的车船可以减征或者免征车船税；对受严重自然灾害影响纳税困难以及有其他特殊原因确需减税、免税的，可以减征或者免征车船税。

省、自治区、直辖市人民政府根据当地实际情况，可以对公共交通车船，农村居民拥有并主要在农村地区使用的摩托车、三轮汽车和低速载货汽车定期减征或者免征车船税。

（四）车船税的税额

乘用车、商用车中的客车和摩托车以每辆为计税单位，商用车中的货车、挂车和其他车辆以整备质量（通常所说的“空车重量”）每吨为计税单位，船舶中的机动船舶以净吨位每吨、游艇以艇身长度每米为计税单位，依照《车船税税目税额表》规定的年基准税额征收车船税。

（五）车船税的申报缴纳和扣缴

车船税按年申报缴纳。车船税的纳税地点为车船的登记地或者车船税扣缴义务人所在地。依法不需要办理登记的车船，车船税的纳税地点为车船的所有人或者管理人所在地。

从事机动车第三者责任强制保险业务的保险机构为机动车车船税的扣缴义务人，应当在收取保险费时依法代收车船税，并出具代收税款凭证。

五、税收征收管理法★★

（一）税收征收管理制度概述

纳税人的权利：（1）信息权；（2）秘密权；（3）申请减、免退税的权利；（4）陈述权、申辩权；（5）申请行政复议、提起行政诉讼、请求国家赔偿权；（6）控告检举权；（7）奖励权；（8）请求回避权。

（二）税款的缴纳管理

税款的缴纳管理过程其实就是税款的征收流

程,在这一流程中考生要注意以下知识点:

1. 延期申报和延期缴纳。纳税人、扣缴义务人应主动进行纳税申报,需要延期申报的应该提出书面申请,经批准后应在核准的期限内办理。延期缴纳是指纳税人因有特殊困难,不能按期缴纳税款的,经省、自治区、直辖市国家税务局、地方税务局批准,可以延期缴纳税款,但是最长不得超过3个月。纳税人的特殊困难包括:(1)因不可抗力,导致纳税人发生较大损失,正常生产经营活动受到较大影响的;(2)当期货币资金在扣除应付职工工资、社会保险费后,不足以缴纳税款的。

2. 补税和退税。

(1)补缴税款。纳税人未缴或少缴税款(追缴时限3年内)
- 税务机关原因(补收税款不收滞纳金)
- 纳税人扣缴人计算错误(追征税款、滞纳金)

特殊情况可以延长至5年。

注:特殊情况,是指纳税人或者扣缴义务人因计算错误等失误,未缴或者少缴、未扣或者少扣、未收或者少收税款,累计数额在10万元以上的。对偷税、抗税、骗税的,税务机关追征其未缴或者少缴的税款、滞纳金或者所骗取的税款,则没有期限的限制。

(2)退税制度。

纳税人超过应纳税额缴纳的税款,税务机关发现后应当立即退还;纳税人自结算缴纳税款之日起3年内发现的,可以向税务机关要求退还多缴的税款并加算银行同期存款利息。

(三)税款的征收保障制度★

为了确保税款的征收,税务机关在征管过程中可以采取税收保全制度、税收强制执行制度、税收优先权制度、纳税担保制度和离境清税制度等措施。其中一直重点考查的是税收保全和税收强制执行的适用及区别。

1. 税收保全和税收强制执行。

(1)两者的区别:

项目	适用对象	适用阶段	适用步骤	措施
税收保全	纳税人	纳税期前	限期缴纳—提供纳税担保—经批准保全措施	银行冻结存款;查封、扣押财产
税收强制执行	纳税人、扣缴义务人、纳税担保人	纳税期后	限期缴纳—强制执行	银行扣缴、(查封、扣押)拍卖、变卖

(2)关系:保全措施后,限期内仍未缴纳税款,经过县级以上税务局(分局)局长再次批准,采取强制执行措施。

(3)保全和强制执行的限制:其一,维持生活必需的住房和用品,不可采取税收保全措施。其二,机动车辆、金银饰品、古玩字画、豪华住宅或者一处以外的住房不属于个人及其所扶养家属维持生活必需的住房和用品。其三,税务机关对单价5000元以下的其他生活用品,不采取税收保全措施和强制执行措施。

(4)税务机关也可以依据民事法律规定行使代位权和撤销权来保障税收征纳。

2. 其他税收保障制度。主要包括税收优先权制度、纳税担保制度和离境清税制度。

(1)税收优先权
- 优于无担保债权
- 优于行政机关的罚款、没收违法所得

(2)纳税担保,包括经税务机关认可的第三人保证,以及纳税人或者第三人以其未设置或者未全部设置担保物权的财产提供的担保。纳税人或者第三人以其财产提供纳税担保的,应当填写财产清单,纳税担保财产清单须经纳税人、第三人签字盖章并经税务机关确认,方为有效。

(3)离境清税制度中受限制的对象是欠缴税款的纳税人或者他的法定代表人,在提供担保的情况下也可以离境。

第二节 审计法

一、审计法的调整范围★

国务院各部门和地方各级人民政府及其各部门的财政收支、国有的金融机构和企业事业组织的财务收支,以及其他依照审计规定应当接受审计的财政收支、财务收支。

二、审计职责

(一)职责范围

1. 审计机关对本级各部门(含直属单位)和下级政府预算的执行情况和决算以及其他财政收支情况,进行审计监督。

2. 审计署在国务院总理领导下,对中央预算执行情况、决算草案以及其他财政收支情况进行审计监督,向国务院总理提出审计结果报告。地方各级审计机关分别在省长、自治区主席、市长、州长、县长、区长和上一级审计机关的领导下,对本级预算执行情况、决算草案以及其他财政收支情况进行审计监督,向本级人民政府和上一级审计机关提出审计结果报告。

3. 审计署对中央银行的财务收支,进行审计监督。

4. 审计机关对国家的事业组织和使用财政资金的其他事业组织的财务收支，进行审计监督。

5. 审计机关对国有企业、国有金融机构和国有资本占控股地位或者主导地位的企业、金融机构的资产、负债、损益以及其他财务收支情况，进行审计监督。除此之外的金融机构，在涉及国家财政金融重大利益的情形下，为维护国家经济安全，经国务院批准，审计署可以对其进行专项审计调查或者审计。

6. 审计机关对政府投资和以政府投资为主的建设项目的预算执行情况和决算，对其他关系国家利益和公共利益的重大公共工程项目的资金管理使用和建设运营情况，进行审计监督。

7. 审计机关对国有资源、国有资产进行审计监督。

8. 审计机关对政府部门管理的和其他单位受政府委托管理的社会保险基金、全国社会保障基金、社会捐赠资金以及其他公共资金的财务收支，进行审计监督。

9. 审计机关对国际组织和外国政府援助、贷款项目的财务收支，进行审计监督。

10. 根据经批准的审计项目计划安排，审计机关可以对被审计单位贯彻落实国家重大经济社会政策措施情况进行审计监督。

11. 除《审计法》规定的审计事项外，审计机关对其他法律、行政法规规定应当由审计机关进行审计的事项，依照《审计法》和有关法律、行政法规的规定进行审计监督。

(二)职责履行

1. 全面审计与专项审计。
2. 专项审计调查。
3. 风险隐患通报。
4. 审计管辖确定。
5. 指导监督。
6. 审计核查。

命题点拨 税收权和审计权有效行使与合法行使的标准和程序。

第五章　土地法和房地产法

第一节　土地管理法

一、考查概述

本部分知识侧重对法条的考查，本部分涉及的重要法律法规有《土地管理法》《土地管理法实施条例》《城乡规划法》《农村土地承包法》，同时还要结合《物权法》中关于土地所有权的相关规定，考生在意识中应该构建起法条与法条之间的体系框架。重点注意对以下知识点的学习：农用地的流转，耕地的保护与补偿，国有土地的取得方式，土地权属发生争议的解决。2018 年 12 月对《农村土地承包法》进行修正、2019 年 8 月对《土地管理法》进行修正，考生应提高注意。

二、土地管理法的基本原则

1. 土地公有制原则。
2. 土地合理利用原则。
3. 土地用途管制原则。

三、土地所有权

(一)国家土地所有权

下列土地属于国家所有：(1)城市市区的土地；(2)农村和城市郊区中已经被国家依法没收、征收、征购为国有的土地；(3)国家依法征收的土地；(4)依法不属于集体所有的林地、草地、荒地、滩涂及其他土地；(5)农村集体经济组织全部成员转为城镇居民的，原属于其成员集体所有的土地；(6)因国家组织移民、自然灾害等原因，农民成建制地集体迁移后不再使用的原属于迁移农民集体所有的土地。

(二)集体土地所有权

集体土地所有权的主体及其代表包括三种情形：(1)农民集体所有的土地依法属于村农民集体所有的，由村集体经济组织或者村民委员会作为所有者代表经营、管理；(2)在一个村范围内存在两个以上农村集体经济组织，且农民集体所有的土地已经分别属于该两个以上组织的农民集体所有的，由村内各该农村集体经济组织或者村民小组作为所有者代表经营、管理；(3)农民集体所有的土地，已经属于乡(镇)农民集体所有的，由乡(镇)农村集体经济组织作为所有者代表经营、管理。

四、土地使用权

(一)农用地使用权

1. 农用地使用权的承包取得：采取农村集体经济组织内部的家庭承包方式承包。

2. 农用地使用权的开发取得：经县级以上人民政府依法批准，可以确定给开发单位或者个人长期使用。

(二)建设用地使用权

1. 国有建设用地使用权：通过出让、出租等有偿方式取得。

可以划拨方式取得：(1)国家机关用地和军事用地；(2)城市基础设施用地和公益事业用地；(3)国家重点扶持的能源、交通、水利等基础设施用地；(4)法律、行政法规规定的其他用地。

2. 集体建设用地使用权。

设定集体经营性建设用地使用权的，应当经本集体经济组织成员的村民会议2/3以上成员或者2/3以上村民代表的同意。集体建设用地的使用者应当严格按照土地利用总体规划、城乡规划确定的用途使用土地。

有下列情形之一的，农村集体经济组织报经原批准用地的人民政府批准，可以收回土地使用权：(1)为乡(镇)村公共设施和公益事业建设，需要使用土地的；(2)不按照批准的用途使用土地的；(3)因撤销、迁移等原因而停止使用土地的。依第1种情形收回土地的，应当给予土地使用权人适当补偿。除法律、行政法规另有规定的外，集体经营性建设用地使用权可以依照双方签订的书面合同收回。

3. 农村宅基地使用权。

农村村民一户只能拥有一处宅基地（“一户一宅”原则）。

（三）建设用地使用权流转制度

1. 国有建设用地流转：适用《城市房地产管理法》等法律的规定。

2. 集体经营性建设用地流转：通过出让等方式取得的集体经营性建设用地使用权可以转让、互换、出资、赠与或者抵押，但法律、行政法规另有规定或者土地所有权人、土地使用权人签订的书面合同另有约定的除外。

五、土地规划制度

（一）土地利用总体规划

1. 编制体系和基本要求。

(1)土地利用总体规划实行从国务院到地方各级人民政府分级编制、分级审批的体制。下级土地利用总体规划应当依据上一级土地利用总体规划编制。

(2)地方各级人民政府编制的土地利用总体规划中的建设用地总量不得超过上一级土地利用总体规划确定的控制指标，耕地保有量不得低于上一级土地利用总体规划确定的控制指标。省级人民政府编制的土地利用总体规划，应当确保本行政区域内耕地总量不减少。

(3)县级土地利用总体规划应当划分土地利用区，明确土地用途。

2. 编制原则。

(1)落实国土空间开发保护要求，严格土地用途管制；(2)严格保护永久基本农田，严格控制非农业建设占用农用地；(3)提高土地节约集约利用水平；(4)统筹安排城乡生产、生活、生态用地，满足乡村产业和基础设施用地合理需求，促进城乡融合发展；(5)保护和改善生态环境，保障土地的可持续利用；(6)占用耕地与开发复垦耕地数量平衡、质量相当。

3. 规划的约束力。

土地利用总体规划一经批准，必须严格执行。

（二）国土空间规划

（三）规划管理配套制度

1. 国家建立土地调查制度。

2. 国家建立土地统计制度。

3. 国家建立全国土地管理信息系统，对土地利用状况进行动态监测。

六、耕地保护制度

（一）耕地保护的基本政策

1. 保持耕地总量。

2. 提高耕地质量。

3. 扩大耕地增量。

（二）耕地保护的政府责任制

（三）永久基本农田保护制度

1. 永久基本农田的划定。

下列耕地应当根据土地利用总体规划划为永久基本农田，实行严格保护：(1)经国务院农业农村主管部门或者县级以上地方人民政府批准确定的粮、棉、油、糖等重要农产品生产基地内的耕地；(2)有良好的水利与水土保持设施的耕地，正在实施改造计划以及可以改造的中、低产田和已建成的高标准农田；(3)蔬菜生产基地；(4)农业科研、教学试验田；(5)国务院规定应当划为永久基本农田的其他耕地。

永久基本农田划定以乡(镇)为单位进行，由县级人民政府自然资源主管部门会同同级农业农村主管部门组织实施。

2. 永久基本农田的保护。

(1)永久基本农田经依法划定后，任何单位和个人不得擅自占用或者改变其用途。

(2)禁止通过擅自调整县级土地利用总体规划、乡(镇)土地利用总体规划等方式规避永久基本农田农地转用或者土地征收的审批。禁止占用永久基本农田发展林果业和挖塘养鱼。农村村民建住宅，不得占用永久基本农田。

七、建设用地管理制度

（一）农地转用审批制度

1. 永久基本农田转为建设用地的，由国务院批准。

2. 永久基本农田以外的农用地转为建设用地的：(1)在土地利用总体规划确定的城市和村庄、集镇建设用地规模范围内，为实施该规划所需的，按土地利用年度计划分批次按照国务院规定由原批准土地利用总体规划的机关或者其授权的机关批准；在已批准的农地转用范围内，具体建设项目用地可以由市、县人民政府批准。(2)在土地利用总体规划确定的城市和村庄、集镇建设用地规模范围以外的,由国务院或者国务院授权的省、自治区、直辖市人民政府批准。

(二)土地征收制度

1. 土地征收条件。

实施土地征收,必须确实是为公共利益所需要,即具备下列法定情形之一:(1)军事和外交需要用地的;(2)由政府组织实施的能源、交通、水利、通信、邮政等基础设施建设需要用地的;(3)由政府组织实施的科技、教育、文化、卫生、体育、生态环境和资源保护、防灾减灾、文物保护、社区综合服务、社会福利、市政公用、优抚安置、英烈保护等公共事业需要用地的;(4)由政府组织实施的扶贫搬迁、保障性安居工程建设需要用地的;(5)在土地利用总体规划确定的城镇建设用地范围内,经省级以上人民政府批准由县级以上地方人民政府组织实施的成片开发建设需要用地的;(6)法律规定为公共利益需要可以征收农民集体所有的土地的其他情形。

2. 征地审批。

征收土地的审批权限分为国务院和省级人民政府两级。下列土地的征收,须经国务院批准:(1)永久基本农田;(2)永久基本农田以外的耕地超过35公顷的;(3)其他土地超过70公顷的。此范围以外的土地征收,由省级人民政府批准。

3. 征地申请前期工作。

(1)开展拟征收土地现状调查和社会稳定风险评估;(2)将征收范围、土地现状、征收目的、补偿标准、安置方式和社会保障等在拟征收土地所在的乡(镇)和村、村民小组范围内公告至少30日,听取被征地的农村集体经济组织及其成员、村民委员会和其他利害关系人的意见;(3)多数被征地的农村集体经济组织成员认为征地补偿安置方案不符合法律、法规规定的,县级以上地方人民政府应当组织召开听证会,并根据法律、法规的规定和听证会情况修改方案。

相关前期工作完成后,县级以上地方人民政府方可申请征收土地。

4. 征地补偿。

(1)总体要求。征收土地应当给予公平、合理的补偿,保障被征地农民原有生活水平不降低、长远生计有保障。

(2)农地征收补偿。征收土地应当依法及时足额支付土地补偿费、安置补助费以及农村村民住宅、其他地上附着物和青苗等的补偿费用,并安排被征地农民的社会保障费用。

(3)非农地征收补偿。征收农用地以外的其他土地、地上附着物和青苗等的补偿标准,由省、自治区、直辖市制定。

(4)社会保障。

(5)补偿监督。

(三)建设用地使用管理

1. 国有建设用地管理。建设单位使用国有土地的,应当按照土地使用权出让等有偿使用合同的约定或者土地使用权划拨批准文件的规定使用土地;确需改变该幅土地建设用途的,应当经有关人民政府自然资源主管部门同意,报原批准用地的人民政府批准。

2. 集体建设用地管理。

(1)经营性建设用地。农村集体经济组织使用乡(镇)土地利用总体规划确定的建设用地兴办企业或者与其他单位、个人以土地使用权入股、联营等形式共同举办企业的,应当持有关批准文件,向县级以上地方人民政府自然资源主管部门提出申请,按照省、自治区、直辖市规定的批准权限,由县级以上地方人民政府批准。

(2)公益性建设用地。乡(镇)村公共设施、公益事业建设,需要使用土地的,经乡(镇)人民政府审核,向县级以上地方人民政府自然资源主管部门提出申请,按照省、自治区、直辖市规定的批准权限,由县级以上地方人民政府批准。以上建设项目中涉及占用农用地的,应当办理农地转用审批手续。

3. 临时用地管理。建设项目施工和地质勘查需要临时使用国有土地或者农民集体所有的土地的,由县级以上人民政府自然资源主管部门批准。临时使用土地期限一般不超过2年。

八、监督检查制度

(一)监督检查机关

1. 对违反土地管理法律、法规的行为,由县级以上人民政府自然资源主管部门进行监督检查。

2. 对违反农村宅基地管理法律、法规的行为,由县级以上人民政府农业农村主管部门进行监督检查。

(二)监督检查措施

监督检查机关履行监督检查职责时,有权采取下列措施:(1)要求被检查的单位或者个人提供有关土地权利的文件和资料,进行查阅或者予以复制;(2)要求被检查的单位或者个人就有关土地权利的问题作出说明;(3)进入被检查单位或者个人非法占用的土地现场进行勘测;(4)责令非法占用土地的单位或者个人停止违反土地管理法律、法规的行为。

(三)违法行为查处

(1)对国家工作人员的违法行为,依法应予处分的，应当依法予以处理；自己无权处理的，应当依法移送监察机关或者有关机关处理。(2)对土地违法行为，构成犯罪的，应当将案件移送有关机关，依法追究刑事责任；尚不构成犯罪的，应当依法给予行政处罚。

九、法律责任和争议处理

第二节　城乡规划法

一、城乡规划和规划区

自2007年10月颁布《城乡规划法》以来，我国实行了城乡统一的规划管理制度。凡是制定和实施城乡规划，在规划区内进行建设活动，都必须遵守该法。所谓城乡规划，包括城镇体系规划、城市规划、镇规划、乡规划和村庄规划。城市规划、镇规划分为总体规划和详细规划。详细规划分为控制性详细规划和修建性详细规划。所谓规划区，是指城市、镇和村庄的建成区以及因城乡建设和发展需要，必须实行规划控制的区域。规划区的具体范围由有关人民政府在组织编制的城市总体规划、镇总体规划、乡规划和村庄规划中，根据城乡经济社会发展水平和统筹城乡发展的需要划定。

经依法批准的城乡规划，是城乡建设和规划管理的依据，未经法定程序不得修改。

任何单位和个人都应当遵守经依法批准并公布的城乡规划，服从规划管理，并有权就涉及其利害关系的建设活动是否符合规划的要求向城乡规划主管部门查询。

二、城乡规划的制定

(一)体系规划和总体规划

国务院组织编制全国城乡体系规划；省、自治区人民政府组织编制省域城镇体系规划；城市人民政府组织编制城市总体规划；县人民政府组织编制所在地镇的总体规划；镇人民政府组织编制镇总体规划。其中，省、市、县级的规划，应当先经本级人大常委会审议，镇规划经镇人大审议，然后报上一级人民政府审批。

城市总体规划、镇总体规划的内容应当包括：城市、镇的发展布局，功能分区，用地布局，综合交通体系，禁止、限制和适宜建设的地域范围，各类专项规划等。规划区范围、规划区内建设用地规模、基础设施和公共服务设施用地、水源地和水系、基本农田和绿化用地、环境保护、自然与历史文化遗产保护以及防灾减灾等内容，应当作为城市总体规划、镇总体规划的强制性内容。城市总体规划、镇总体规划的规划期限一般为20年。

(二)控制性详细规划

城市人民政府城乡规划主管部门根据城市总体规划的要求，组织编制城市的控制性详细规划，经本级人民政府批准后，报本级人大常委会和上一级人民政府备案。镇人民政府根据镇总体规划的要求，组织编制镇的控制性详细规划，报上一级人民政府审批。

(三)修建性详细规划

城市、县人民政府城乡规划主管部门和镇人民政府可以组织编制重要地块的修建性详细规划。修建性详细规划应当符合控制性详细规划。

城乡规划报送审批前，组织编制机关应当依法将城乡规划草案予以公告，并采取论证会、听证会或者其他方式征求专家和公众的意见。公告的时间不得少于30天。审批机关批准前，应当组织专家和有关部门进行审查。

城乡规划组织编制机关应当委托具有相应资质等级的单位承担城乡规划的具体编制工作：(1)有法人资格；(2)有规定数量的经相关行业协会注册的规划师；(3)有规定数量的相关专业技术人员；(4)有相应的技术装备；(5)有健全的技术、质量、财务管理制度。编制城乡规划必须遵守国家有关标准。

三、城乡规划的实施★★

(一)基本要求

地方各级人民政府应当根据当地经济社会发展水平，量力而行，尊重群众意愿，有计划、分步骤地组织实施城乡规划。《城乡规划法》对城乡建设和发展提出了一系列的基本要求。

(二)近期建设规划

城市、县、镇人民政府应当根据城市总体规划、镇总体规划、土地利用总体规划和年度计划以及国民经济和社会发展规划，制定近期建设规划，报总体规划审批机关备案。

(三)建设规划许可

建设规划许可制度是城乡规划管理的重要制度。城乡规划主管部门不得在城乡规划确定的建设用地范围以外作出建设规划许可。建设规划许可分为建设用地规划许可、建设工程规划许可和乡村建设规划许可。

1. 建设用地规划许可。在城市、镇规划区内以出让方式提供国有土地使用权的，在国有土地使用权出让前，城市、县人民政府城乡规划主管部门应当依据控制性详细规划，提出出让地块的位置、使用性质、开发强度等规划条件，作为国有土地使用权出让合同的组成部分。未确定规划条件的地块，不得出让国有土地使用权。

以出让方式取得国有土地使用权的建设项目，

建设单位在取得建设项目的批准、核准、备案文件和签订国有土地使用权出让合同后,向城市、县人民政府城乡规划主管部门领取建设用地规划许可证。

城市、县人民政府城乡规划主管部门不得在建设用地规划许可证中,擅自改变作为国有土地使用权出让合同组成部分的规划条件。

规划条件未纳入国有土地使用权出让合同的,该国有土地使用权出让合同无效;对未取得建设用地规划许可证的建设单位批准用地的,由县级以上人民政府撤销有关批准文件;占用土地的,应当及时退回;给当事人造成损失的,应当依法给予赔偿。

2. 建设工程规划许可。对城市、镇规划区内进行建筑物、构筑物、道路、管线和其他工程建设的,建设单位或者个人应当向城市、县人民政府城乡规划主管部门或者省、自治区、直辖市人民政府确定的镇政府申请办理建设工程规划许可证。

申请办理建设工程规划许可证,应当提交使用土地的有关证明文件、建设工程设计方案等材料。需要建设单位编制修建性详细规划的建设项目,还应当提交修建性详细规划。对符合控制性详细规划和规划条件的,由城市、县人民政府城乡规划主管部门或者省、自治区、直辖市人民政府确定的镇人民政府核发建设工程规划许可证。

城市、县人民政府城乡规划主管部门或者省、自治区、直辖市人民政府确定的镇人民政府应当依法将经审定的修建性详细规划、建设工程设计方案的总平面图予以公布。

3. 乡村建设规划许可。在乡、村庄规划区内进行乡镇企业、乡村公共设施和公益事业建设的,建设单位或者个人应当向乡、镇人民政府提出申请,由乡、镇人民政府报城市、县人民政府城乡规划主管部门核发乡村建设规划许可证。

在乡、村庄规划区内进行乡镇企业、乡村公共设施和公益事业建设以及农村村民住宅建设,不得占用农用地;确需占用农用地的,应当依照土地管理法有关规定办理农用地转用审批手续后,由城市、县人民政府城乡规划主管部门核发乡村建设规划许可证。

建设单位或者个人在取得乡村建设规划许可证后,方可办理用地审批手续。

(四)建设规划变更

城乡规划主管部门依法作出的建设规划许可,具有严格的法律效力,任何人不得随意变更。确需变更的,必须向城市、县人民政府城乡规划主管部门提出申请。变更内容不符合控制性详细规划的,城乡规划主管部门不得批准。城市、县人民政府城乡规划主管部门应当及时将依法变更后的规划条件通报同级土地主管部门并公示。

(五)临时建设规划管理

在城市、镇规划区内进行临时建设的,应当经城市、县人民政府城乡规划主管部门批准。临时建设影响近期建设规划或者控制性详细规划的实施以及交通、市容、安全等的,不得批准。临时建设应当在批准的使用期限内自行拆除。

(六)核实与监督检查

县级以上地方人民政府城乡规划主管部门按照国务院规定对建设工程是否符合规划条件予以核实。未经核实或者经核实不符合规划条件的,建设单位不得组织竣工验收。建设单位应当在竣工验收后6个月内向城乡规划主管部门报送有关竣工验收资料。

县级以上人民政府城乡规划主管部门对城乡规划的实施情况进行监督检查,有权采取以下措施:要求有关单位和人员提供与监督事项有关的文件、资料,并进行复制;要求有关单位和人员就监督事项涉及的问题作出解释和说明,并根据需要进入现场进行勘测;责令有关单位和人员停止违反有关城乡规划的法律、法规的行为。

四、城乡规划的修改

有下列情形之一的,组织编制机关方可按照规定的权限和程序修改省域城镇体系规划、城市总体规划、镇总体规划:(1)上级人民政府制定的城乡规划发生变更,提出修改规划要求的;(2)行政区划调整确需修改规划的;(3)因国务院批准重大建设工程确需修改规划的;(4)经评估确需修改规划的;(5)城乡规划的审批机关认为应当修改规划的其他情形。修改前,组织编制机关应当对原规划的实施情况进行总结,并向原审批机关报告;修改涉及城市总体规划、镇总体规划强制性内容的,应当先向原审批机关提出专题报告,经同意后,方可编制修改方案。修改后的省域城镇体系规划、城市总体规划、镇总体规划,应当依照规划编制的审批程序报批。

控制性详细规划、乡规划、村庄规划和近期建设规划的修改,也应依照《城乡规划法》的相关规定报批或备案。

五、监督检查和法律责任★

地方各级人民政府应当向本级人大常委会或者乡、镇人大报告城乡规划的实施情况,并接受监督。

县级以上人民政府城乡规划主管部门对城乡规划的实施情况进行监督检查,有权采取以下措施:(1)要求有关单位和人员提供与监督事项有关的文件、资料,并进行复制;(2)要求有关单位和人员就监督事项涉及的问题作出解释和说明,并根据需要进入现场进行勘测；(3)责令有关单位和人员停止违反有关城乡规划的法律、法规的行为。城乡规划主管部门在查处违反本法规定的行为时，发现国家机关工作人员依法应当给予行政处分的，应当向其任免机关或者监察机关提出处分建议。

《城乡规划法》规定了一系列应当追究法律责任的情形，概括起来主要有以下几方面：(1)违反本法规定编制或者不编制各种规划的；(2)违反本法规定核发批准文件或者发放许可证的；(3)违反相关的程序公开规则的；(4)违反规定从事建设的。追究责任的方式包括责令改正、通报批评、对责任人员给予处分、责令停业整顿、责令赔偿损失、限期拆除、罚款等。

第三节　城市房地产管理法

一、考查概述

城市房地产管理法的考查重点主要集中在对房地产开发管理、房地产交易管理以及《城乡规划法》中关于房地产开发规划的相关规定。

二、房地产开发的建设规划管理

任何合法的房地产开发必须依法符合或者取得下列规划许可：

1. 符合城乡规划。

2. 建设用地规划许可。建设性用地规划许可的依据是城市内的控制性详细规划。

3. 建设工程规划许可。在城市规划区内进行工程建设必须取得建设工程许可。

三、房地产交易管理

1. 商品房预售的条件。

包括：(1)已支付全部土地使用权出让金，取得土地使用权证书；(2)持有建设工程规划许可证；(3)按提供预售的商品房计算，投入开发建设的资金达到工程建设总投资的25%以上，并已经确定施工进度和竣工交付日期；(4)向县级以上人民政府房产管理部门办理预售登记，取得商品房预售许可证明；(5)预售合同报县级以上人民政府、房产管理部门登记备案；(6)预售款项必须用于相关工程建设。

2. 房地产转让的条件。

以出让方式取得土地使用权的房地产转让，应符合下列条件：(1)按照出让合同约定，已经支付全部土地使用权出让金并取得土地使用权证书。(2)按出让合同约定进行投资开发，属于房屋建设工程的，完成开发投资总额的25%以上；属于成片开发投资的，形成工业用地或者其他建设用地条件。

3. 房地产转让的禁止。

根据《城市房地产管理法》第38条的规定，下列房地产不得转让：(1)以出让方式取得土地使用权，不符合法定条件的；(2)司法机关、行政机关依法裁定、决定查封或者以其他形式限制房地产权利的；(3)依法收回土地使用权的；(4)共有房地产，未经其他共有人书面同意的；(5)权属有争议的；(6)未依法登记，领取权属证书的；(7)法律、行政法规规定禁止转让的其他情形。

第四节　不动产登记

不动产登记程序的知识点包括：

1. 申请登记：因买卖、设定抵押权等申请不动产登记的，应当由当事人双方共同申请。属于下列情形之一的，可以由当事人单方申请：(1)尚未登记的不动产首次申请登记的；(2)继承、接受遗赠取得不动产权利的；(3)人民法院、仲裁委员会生效的法律文书或者人民政府生效的决定等设立、变更、转让、消灭不动产权利的；(4)权利人姓名、名称或者自然状况发生变化，申请变更登记的；(5)不动产灭失或者权利人放弃不动产权利，申请注销登记的；(6)申请更正登记或者异议登记的；(7)法律、行政法规规定可以由当事人单方申请的其他情形。申请登记时应当按规定提交相关材料。

2. 受理登记。(1)不动产登记机构收到登记申请后，应当区别不同情况，采用受理并书面告知、不予受理并告知补正、不予受理并告知向其他机构申请等方式处理。不动产登记机构未当场书面告知申请人不予受理的，视为受理。(2)不动产登记机构受理申请后，应当按规定要求进行查验，并可以在规定情形下进行实地查看。对可能存在权属争议，或者可能涉及他人利害关系的登记申请，不动产登记机构可以向申请人、利害关系人或者有关单位进行调查。(3)不动产登记机构应当自受理登记申请之日起30个工作日内办结不动产登记手续，法律另有规定的除外。登记事项自记载于不动产登记簿时完成登记。(4)登记申请有下列情形之一的，不动产登记机构应当不予登记，并书面告知申请人：违反法律、行政法规规定的；存在尚未解决的权属争议的；申请登记的不动产权利超过规定期限的；法律、行政法规规定不予登记的其他情形。

命题点拨　土地和房地产领域中民事关系和行政关系的协同，其中的不动产民事关系与物权法有着密切的联系，而相关的行政管理制度则既有维护社会整体利益的目标，也有保护民事主体合法权益的任务。注意不动产登记程序的相关规定。

环境资源法

【复习指引】 本部分内容的特点是重点突出，包括环境影响评价制度、环境标准制度、环境法律责任、森林违法行为的法律责任以及违反矿产资源管理秩序的法律责任。本部分内容虽然分值不高，但是内容较少，备考客观题考试时注意抓住重点内容，即可有效拿下得分点。

第一章 环境保护法

第一节 环境保护法概述

环境保护法的基本原则：(1)保护优先原则；(2)预防为主、综合治理原则；(3)公众参与原则；(4)污染者担责原则。

第二节 环境保护法的基本制度★★

一、环境规划制度

(一)环境规划的分类和内容

1. 分类。(1)按规划的时间期限分为短期规划(5年为限)、中期规划(15年为限)和长期规划(20年、30年、50年为限)；(2)按规划的法定效力分为强制性规划和指导性规划；(3)按规划的性质可以分为污染控制规划、国民经济整体规划和国土利用规划。

2. 内容。应当包括生态保护和污染防治的目标、任务、保障措施等，并与主体功能区规划、土地利用总体规划和城乡规划等相衔接。

(二)环境规划的编制程序

包括：(1)对象调查；(2)历史比较及有关环境问题的分类排队；(3)目标导向预测；(4)拟制方案；(5)系统分析，择优决策。

二、清洁生产制度

1. 清洁生产义务：(1)提高清洁生产能力的义务；(2)防止污染的义务；(3)检测义务；(4)接受监管的义务；(5)采用合规技术的义务。

2. 清洁生产的推行。主要包括：(1)清洁生产规划制度；(2)清洁生产的财政保障；(3)清洁生产信息和技术服务；(4)清洁生产的政府指导；(5)落后生产技术限期淘汰制度。

3. 清洁生产的实施，主要包括两项制度：(1)清洁生产审核制度；(2)清洁生产认证制度。

三、环境影响评价制度★★

环境影响评价的适用范围。

1. 规划的环境影响评价。包括：(1)总体规划；(2)专项规划。

2. 建设项目的环境影响评价。(1)可能造成重大环境影响的，应当编制环境影响报告书，对产生的环境影响进行全面评价；(2)可能造成轻度环境影响的，应当编制环境影响报告表，对产生的环境影响进行分析或者专项评价；(3)对环境影响很小、不需要进行环境影响评价的，应当填报环境影响登记表。

根据2018年修正后的《环境影响评价法》的规定，建设单位可以委托技术单位对其建设项目开展环境影响评价，编制建设项目环境影响报告书、环境影响报告表；建设单位具备环境影响评价技术能力的，可以自行对其建设项目开展环境影响评价，编制建设项目环境影响报告书、环境影响报告表。

四、"三同时"制度

1. 含义：是指建设项目中防治污染的设施应当与主体工程同时设计、同时施工、同时投产使用的环境法律制度。该制度系我国首创。

2. 适用范围：在我国领土和领海范围内对环境有影响的建设项目需要配置环境保护设施的，必须适用该制度。

五、环境保护税制度

2018年1月1日《环境保护税法》正式施行，取代了已实施16年的排污费征收制度。

(一)环境保护税征收对象

该法规定，在中华人民共和国领域和中华人民共和国管辖的其他海域，直接向环境排放应税污染物的企业事业单位和其他生产经营者为环境保护税的纳税人，应当依照本法规定缴纳环境保护税。

(二)计税依据

应税污染物依据《环境保护税法》所附《环境保护税税目税额表》《应税污染物和当量值表》计税。

（三）税收优惠

下列情形，免征环境保护税：(1)农业生产（不包括规模化养殖）排放的应税污染物；(2)机动车、铁路机车、非道路移动机械、船舶和航空器等流动污染源排放的应税污染物；(3)依法设立的城镇污水集中处理、生活垃圾集中处理场所向环境排放的应税污染物，不超过国家或者地方规定的排放标准；(4)纳税人综合利用的固体废物，符合国家或者地方环境保护标准；(5)国务院批准免税的其他情形。

（四）征收管理

环境保护税由税务机关依照税收征收管理法和环境保护税法的有关规定征收管理。

六、总量控制制度

总量控制制度，是指国家环境管理机关依据所勘定的区域环境容量，决定区域中的重点污染物质排放总量，根据排放总量削减计划，向区域内的企业个别分配各自的污染物排放总量额度的方式的一项法律制度。

七、环境保护许可管理制度

国家依照法律规定实行排污许可管理制度。实行排污许可管理的企业事业单位和其他生产经营者应当按照排污许可证的要求排放污染物；未取得排污许可证的，不得排放污染物。

八、环境标准制度★

1. 环境标准的体系：分为国家环境标准、地方环境标准和部门环境标准。

(1)国家环境标准主要是环境质量标准和污染物排放标准，由国务院生态环境主管部门制定。

(2)地方环境标准是省、自治区、直辖市人民政府对国家环境质量标准和污染物排放标准中未作规定的项目制定的适用于本地区的环境标准，以及对国家环境标准中已作规定的项目制定的严于国家环境标准的地方环境标准。

2. 环境质量标准和污染物排放标准的法律意义：(1)是环境标准体系中最重要的两类标准。(2)前一标准是环境中所允许含有有害物质或因素的最高限额；后一标准是确认环境是否被污染以及排污者是否应承担相应民事责任的主要根据。(3)后一标准是允许污染源排放污染物或有害环境的能量的最高限额；是认定排污行为是否合法以及是否应承担相应行政法律责任的主要根据。

九、环境监测制度

环境突发事件应对机制：

1. 基本要求。各级人民政府及其有关部门和企业事业单位，应当依照突发事件应对法的规定，做好突发环境事件的风险控制、应急准备、应急处置和事后恢复等工作。

2. 政府的职责。(1)建立环境污染公共监测预警机制，组织制定预警方案；环境受到污染，可能影响公众健康和环境安全时，依法及时公布预警信息，启动应急措施。(2)突发环境事件应急处置工作结束后，立即组织评估事件造成的环境影响和损失，并及时将评估结果向社会公布。

3. 企事业单位的义务。(1)按照国家有关规定制定突发环境事件应急预案，报生态环境主管部门和有关部门备案；(2)在发生或者可能发生突发环境事件时，立即采取措施处理，及时通报可能受到危害的单位和居民，并向生态环境主管部门和有关部门报告。

十、信息公开和公众参与制度★

（一）信息公开

1. 政府信息公开。各级人民政府生态环境主管部门和其他负有环境保护监督管理职责的部门，应当依法公开环境信息、完善公众参与程序，为公民、法人和其他组织参与和监督环境保护提供便利。

2. 企业信息公开。

3. 项目信息公开。

（二）公众参与

1. 公众举报权。包括：(1)对违法行为的举报权；(2)对政府不作为的举报权；(3)对举报人的保护。

2. 环境公益诉讼。

符合下列条件的社会组织提起诉讼的，人民法院应当依法受理：(1)依法在设区的市级以上人民政府民政部门登记的社会团体、民办非企业单位以及基金会等；(2)专门从事环境保护公益活动连续5年以上且无违法记录。社会组织章程确定的宗旨和主要业务范围是维护社会公共利益，且从事环境保护公益活动的，可以认定为“专门从事环境保护公益活动”。提起诉讼的社会组织不得通过诉讼牟取经济利益。环境公益诉讼不受地域限制，也就是说，环保社会组织可以跨地区提起环境公益诉讼。

人民检察院在履行职责中发现破坏生态环境和资源保护的行为，在没有法律规定的机关和组织提起诉讼或者法定机关和组织不提起诉讼的情况下，可以向人民法院提起诉讼。法定机关或者组织提起诉讼的，人民检察院可以支持起诉。

环境公益诉讼不影响同一污染行为的受害人提起私益诉讼；环境公益诉讼的生效判决有利于私益诉讼原告的，该原告可以在诉讼中主张适用。

十一、跨行政区污染防治制度

十二、农村环境综合治理制度

十三、生态保护制度★

十四、政府监管责任制度

第三节 环境法律责任★★★

环境责任包括环境行政责任、环境民事责任和环境刑事责任,其中需要考生重点注意的是环境民事责任。

一、环境民事责任

1. 环境民事责任的构成要件包括:(1)实施了致害行为;(2)发生了损害结果;(3)致害行为与损害结果之间具有因果关系。

2. 归责原则:环境侵权责任为严格责任,可以称为无过错责任(但不是绝对责任),该归责原则和产品责任中经营者的归责原则相同。注意:(1)关于行为的违法性,行为人即使达标排污,但只要从事排污行为并发生了危害后果的,也要承担民事责任。行为人不得以达标排放作为免除其民事责任的抗辩理由(但可以免除行政责任)。(2)行为合法只能免除行政责任,不能免除民事责任。

3. 免责事由:(1)受害人自我致害;(2)第三人过错。因第三人的过错污染环境造成损害的,被侵权人可以向污染者请求赔偿,也可以向第三人请求赔偿。污染者赔偿后,有权向第三人追偿。

二、环境民事诉讼

1. 特殊时效。环境污染损害赔偿提起诉讼的时效期间为3年,从当事人知道或者应当知道受到损害时起计算。

2. 举证责任倒置。因环境污染引起的损害赔偿诉讼,对原告提出的侵权事实,被告否认的,由被告负举证责任。可见,在环境民事诉讼中,原告只需提供被告侵权的基本事实,而被告则负主要的举证责任。

3. 因果关系推定。因污染环境发生纠纷,污染者应当就法律规定的不承担责任或者减轻责任的情形及其行为与损害之间不存在因果关系承担举证责任。换言之,被告不能证明自己与环境污染危害无关,就推定因果关系存在。

命题点拨 环境保护法的几项重要制度。环境行政责任和环境民事责任的关系:两者并行不悖,相辅相成,受害人有权向行政机关检举控告环境违法行为,行政机关也有权处理环境损害赔偿纠纷。

第二章 自然资源法

第一节 自然资源法概述

一、自然资源与自然资源法的概念

自然环境中与人类社会发展有关的、能被利用来产生使用价值并影响劳动生产率的自然诸要素,通常称为自然资源,可分为有形自然资源(如土地、水体、动植物、矿藏等)和无形自然资源(如光资源、热资源等)。

我国现行的自然资源法按其效力可以分为四个层次:一是宪法;二是自然资源法律;三是自然资源法规;四是自然资源规章。

二、我国自然资源立法现状

(一)概况

我国自然资源立法以宪法为基础,以单行资源法为主要内容。目前已经制定颁布了森林、草原、渔业、矿产、土地、海域、水、煤炭、减灾等自然资源开发利用和保护的法律20余部。

(二)我国自然资源立法的主要门类

1. 土地资源法。
2. 森林资源法。
3. 草原资源法。
4. 矿产资源法。
5. 海洋资源法。
6. 水资源法。
7. 野生动物资源法。

第二节 森 林 法

一、森林资源权属制度

1. 森林资源所有权:森林资源属于国家所有,由法律规定属于集体所有的除外。

2. 森林资源使用权。

(1)国有林使用权。

(2)集体林使用权(集体林地经营权)。

3. 森林资源权属登记:林地和林地上的森林、林木的所有权、使用权,由不动产登记机构统一登记造册,核发证书。

4. 林地、林木的征收、征用。

5. 争议解决:单位之间发生的林木、林地所有权和使用权争议,由县级以上人民政府依法处理。个人之间、个人与单位之间发生的林木所有权和林地使用权争议,由乡镇人民政府或者县级以上人民政府依法处理。

二、森林资源保护制度

1. 重点保护制度:(1)生态效益补偿制度;(2)重点林区保护制度。

2. 护林制度。

3. 森林灾害防控制度。

(1)森林防火制度。地方各级人民政府负责本行政区域的森林防火工作,发挥群防作用;县级以上人民政府组织领导应急管理、林业、公安等部门按照职责分工密切配合做好森林火灾的科学预防、扑救和处置工作：①组织开展森林防火宣传活动，普及森林防火知识；②划定森林防火区，规定森林防火期；③设置防火设施，配备防灭火装备和物资；④建立森林火灾监测预警体系，及时消除隐患；⑤制定森林火灾应急预案，发生森林火灾，立即组织扑救；⑥保障预防和扑救森林火灾所需费用。

国家综合性消防救援队伍承担国家规定的森林火灾扑救任务和预防相关工作。

(2)森林生物灾害防治制度。

4. 林地保护制度：国家保护林地，严格控制林地转为非林地，实行占用林地总量控制，确保林地保有量不减少。各类建设项目占用林地不得超过本行政区域的占用林地总量控制指标。

5. 珍稀资源保护制度。

三、森林资源培育制度

1. 造林绿化。

2. 生态修复。

四、森林资源管理制度

1. 发展规划制度。

2. 调查监测制度。

3. 公益林管理制度：公益林由国务院和省、自治区、直辖市人民政府划定并公布。国家对公益林实施严格保护。

4. 商品林管理制度。

5. 林地占用审批制度。

6. 森林经营方案制度。

7. 森林采伐管理制度：(1)采伐限额制度；(2)分类限伐制度；(3)采伐许可证制度；(4)更新造林制度。

8. 监督检查制度：县以上林管部门依照森林法的规定，对森林资源的保护、修复、利用、更新等进行监督检查，依法查处破坏森林资源等违法行为。

五、涉林违法行为的法律责任★★

1. 行政渎职：对直接负责的主管人员和其他直接责任人员依法给予处分。

2. 民事侵权。

3. 国有单位失责：由县以上林管部门责令限期改正，对直接负责的主管人员和其他直接责任人员依法给予处分。

4. 违法用地。

未经县以上林管部门审核同意擅自改变林地用途的，由县以上林管部门责令限期恢复植被和林业生产条件，可以处恢复植被和林业生产条件所需费用3倍以下的罚款。

在临时使用的林地上修建永久性建筑物，或者临时使用林地期满后1年内未恢复植被或者林业生产条件的，依照上述规定处罚。

5. 毁坏林木。

进行开垦、采石、采砂、采土或者其他活动，造成林木毁坏的，由县以上林管部门责令停止违法行为，限期在原地或者异地补种毁坏株数1倍以上3倍以下的树木，可以处毁坏林木价值5倍以下的罚款；造成林地毁坏的，由县以上林管部门责令停止违法行为，限期恢复植被和林业生产条件，可以处恢复植被和林业生产条件所需费用3倍以下的罚款。对此等行为，公安机关可以行使行政处罚权。

在幼林地砍柴、毁苗、放牧造成林木毁坏的，由县以上林管部门责令停止违法行为，限期在原地或者异地补种毁坏株数1倍以上3倍以下的树木。

毁坏林木被责令恢复植被和林业生产条件或者补种树木而拒不履行，或者其履行不符合国家有关规定的，由县以上林管部门组织代为履行，所需费用由违法者承担。

6. 污染林地。

7. 破坏森林保护标志。

8. 盗伐、滥伐林木。

以非法占有为目的，擅自砍伐国家、集体、企事业单位或者个人所有、经营或者营造的林木的，构成盗伐林木行为，由县以上林管部门责令限期在原地或者异地补种盗伐株数1倍以上5倍以下的树木，并处盗伐林木价值5倍以上10倍以下的罚款。对盗伐、滥伐行为，公安机关可以行使行政处罚权。

9. 伪造、买卖采伐许可证。

伪造、变造、买卖、租借采伐许可证的，无论是否实施采伐，由县以上林管部门没收证件和违法所得，并处违法所得1倍以上3倍以下的罚款；没有违法所得的，可以处2万元以下的罚款。对本项行为，公安机关可以行使行政处罚权。

有上述行为实施采伐的，其采伐行为另按盗伐、滥伐林木予以处罚。

10. 交易被盗伐、滥伐林木。

收购、加工、运输明知是盗伐、滥伐等非法来源的林木的，由县以上林管部门责令停止违法行为，没收违法收购、加工、运输的林木或者变卖所得，可以处违法收购、加工、运输林木价款3倍以下的罚款。对本项行为，公安机关可以行使行政处罚权。

11. 未完成更新造林。

采伐林木的单位或者个人未完成更新造林任务的，由县以上林管部门责令限期完成；逾期未完成的，可以处未完成造林任务所需费用2倍以下的罚款；对直接负责的主管人员和其他直接责任人员，依法给予处分。

12. 妨碍林业执法。

拒绝、阻碍县以上林管部门依法实施监督检查的，可以处5万元以下的罚款，情节严重的，可以责令停产停业整顿。

第三节　矿产资源法

一、矿产资源权属制度 ★

(一) 国家所有权

在中华人民共和国领域及管辖海域的矿产资源属于国家所有，由国务院行使国家对矿产资源的所有权。地表或者地下的矿产资源的国家所有权，不因其所依附的土地的所有权或者使用权的不同而改变。

(二) 矿业权

1. 矿业权的取得。

矿业权包括探矿权、采矿权。探矿权是指在依法取得的勘查许可证规定的范围内，勘查矿产资源的权利。取得勘查许可证的单位或者个人称为探矿权人。采矿权是指在依法取得的采矿许可证规定的范围内，开采矿产资源和获得所开采的矿产品的权利。取得采矿许可证的单位或者个人称为采矿权人。

勘查、开采矿产资源，必须依法分别申请、经批准取得探矿权、采矿权，并办理登记；但是，已经依法申请取得采矿权的矿山企业在划定的矿区范围内为本企业的生产而进行的勘查除外。从事矿产资源勘查和开采的，必须符合规定的资质条件。

国家实行探矿权、采矿权有偿取得的制度；但是，国家对探矿权、采矿权有偿取得的费用，可以根据不同情况规定予以减缴、免缴。具体办法和实施步骤由国务院规定。开采矿产资源，必须按照国家有关规定缴纳资源税和资源补偿费。

2. 矿业权的转让。

根据《矿产资源法》第6条，符合下列规定的，矿业权可以转让：(1)探矿权人有权在划定的勘查作业区内进行规定的勘查作业，有权优先取得勘查作业区内矿产资源的采矿权。探矿权人在完成规定的最低勘查投入后，经依法批准，可以将探矿权转让他人。(2)已取得采矿权的矿山企业，因企业合并、分立，与他人合资、合作经营，或者因企业资产出售以及有其他变更企业资产产权的情形而需要变更采矿权主体的，经依法批准可以将采矿权转让他人采矿。禁止将探矿权、采矿权倒卖牟利。

二、违反矿产资源管理秩序的法律责任 ★★

(一) 行为样态及责任

1. 无证采矿。

违反矿产资源法的规定，未取得采矿许可证擅自采矿的，擅自进入国家规划矿区、对国民经济具有重要价值的矿区范围采矿的，擅自开采国家规定实行保护性开采的特定矿种的，责令停止开采、赔偿损失，没收采出的矿产品和违法所得，可以并处罚款；拒不停止开采，造成矿产资源破坏的，依照刑法有关规定对直接责任人员追究刑事责任。

单位和个人进入他人依法设立的国有矿山企业和其他矿山企业矿区范围内采矿的，依照上述规定处罚。

2. 超范围采矿。

超越批准的矿区范围采矿的，责令退回本矿区范围内开采并赔偿损失，没收越界开采的矿产品和违法所得，可以并处罚款；拒不退回本矿区范围内开采，造成矿产资源破坏的，吊销采矿许可证，依照刑法有关规定对直接责任人员追究刑事责任。

3. 危害矿山秩序。

盗窃、抢夺矿山企业和勘查单位的矿产品和其他财物的，破坏采矿、勘查设施的，扰乱矿区和勘查作业区的生产秩序、工作秩序的，分别依照刑法有关规定追究刑事责任；情节显著轻微的，依照治安管理处罚条例有关规定予以处罚。

4. 非法转让矿产资源。

买卖、出租或者以其他形式转让矿产资源的，没收违法所得，处以罚款。

超出《矿产资源法》第6条允许的范围，将探矿权、采矿权倒卖牟利的，吊销勘查许可证、采矿许可证，没收违法所得，处以罚款。

5. 非法收购矿产品。

违反矿产资源法规定收购和销售国家统一收购的矿产品的，没收矿产品和违法所得，可以并处罚款；情节严重的，依照刑法有关规定追究刑事责任。

6. 破坏性开采。

违反矿产资源法规定，采取破坏性的开采方法开采矿产资源的，处以罚款，可以吊销采矿许可证；造成矿产资源严重破坏的，依照刑法有关规定对直接责任人员追究刑事责任。

7. 矿管公务人员职务犯罪。

负责矿产资源勘查、开采监督管理工作的国家工作人员和其他有关国家工作人员徇私舞弊、滥用职权或者玩忽职守，违反矿产资源法规定批准勘查、开采矿产资源和颁发勘查许可证、采矿许可证，或者对违法采矿行为不依法予以制止、处罚，构成犯罪的，依法追究刑事责任；不构成犯罪的，给予行政处分。违法颁发的勘查许可证、采矿许可证，上级人民政府地质矿产主管部门有权予以撤销。

8. 妨碍矿业公务。

以暴力、威胁方法阻碍从事矿产资源勘查、开采监督管理工作的国家工作人员依法执行职务的，依照刑法有关规定追究刑事责任；拒绝、阻碍从事矿产资源勘查、开采监督管理工作的国家工作人员依法执行职务未使用暴力、威胁方法的，由公安机关依照治安管理处罚条例的规定处罚。

（二）行政处罚的有关规定

行政处罚的决定：

1. 对无证采矿、超范围采矿和非法转让矿产资源的行政处罚，由县级以上人民政府负责地质矿产管理工作的部门按照国务院地质矿产主管部门规定的权限决定。对非法收购矿产品的行政处罚，由县级以上人民政府市场监督管理部门决定。

2. 对破坏性开采的行政处罚，由省级人民政府地质矿产主管部门决定。给予吊销勘查许可证或者采矿许可证处罚的，须由原发证机关决定。

3. 对无证采矿、超范围采矿、非法转让矿产资源、破坏性开采应当给予行政处罚而不给予行政处罚的，上级人民政府地质矿产主管部门有权责令改正或者直接给予行政处罚。

命题点拨 森林资源、矿产资源的主要制度：权属制度、管理制度和保护制度。

劳动与社会保障法

【复习指引】 本部分内容的特点是重点突出,包括劳动合同的解除与中止、劳动合同中经济补偿金制度、劳务派遣、劳动争议的仲裁程序以及社会保险法的基本制度。总体而言,本部分内容较为复杂,需要在理解的基础上结合历年真题进行记忆。

第一章 劳 动 法

第一节 劳动法概述

一、考查概述

本部门法中,《劳动合同法》是涉及劳动合同内容的重要依据指引,《劳动争议调解仲裁法》是在劳动争议解决领域的一部重要指引,而劳动关系涉及的其他基本内容则以劳动基准法即《劳动法》为依据。

二、劳动法概述

本部分是劳动法的基本内容概述,其中包括广义劳动法的渊源、适用范围、劳动关系的主体客体内容等基本知识点。本部分知识是任何具体劳动法律适用的基础性、本源性规定。其中在考试中应侧重的是劳动法的调整对象和劳动者的主体资格。

(一)劳动法的调整对象为劳动关系和与劳动关系密切联系的其他社会关系

劳动关系有以下特征:

1. 劳动关系是特定当事人之间的法律关系,其中一方为劳动者,另一方为用人单位。

2. 劳动关系是实现劳动过程中发生的社会关系。

3. 劳动关系体现人身性和财产性。

4. 劳动关系是具有平等性、从属性的关系。

(1)劳动关系
- 劳动者与境内企业、个体经济组织、民办非企业
- 劳动者与国家机关、事业单位、社会团体

(2)其他社会关系
- 劳动行政管理方面关系
- 人力资源配置服务方面关系
- 社会保险方面关系
- 工会组织、监督方面的关系
- 处理劳动争议方面的社会关系
- 劳动监督检查方面的社会关系

(3)排除适用
- 公务员和参照公务员管理形成的关系
- 聘用制的事业单位与其工作人员的关系
- 农民,但是农民工和经商的农民除外
- 现役军人、军队的文职人员
- 家庭雇佣劳动关系
- 境内享有外交特权和豁免权的外国人

(二)劳动者主体资格

凡年满16周岁、有劳动能力的公民具有劳动权利能力和劳动行为能力的自然人均可以成为劳动者;法律禁止用人单位招用未满16周岁的未成年人,但文艺、体育、特种工艺单位确需招用未满16周岁的文艺工作者、运动员和艺徒时,必须遵守国家有关规定。

第二节 劳动合同法

一、劳动合同概述

(一)劳动合同的种类

1. 按劳动期限的不同,《劳动合同法》将劳动合同分为固定期限合同、无固定期限合同、以完成一定任务为期限的合同。

2. 依据《劳动合同法》规定,用人单位与劳动者协商一致,可以订立无固定期限劳动合同。有下列情形之一,劳动者提出或者同意续订、订立劳动合同的,除劳动者提出订立固定期限劳动合同外,应当订立无固定期限劳动合同:

(1)劳动者在该用人单位连续工作满10年的;

(2)用人单位初次实行劳动合同制度或者国有企业改制重新订立劳动合同时,劳动者在该用人单位连续工作满10年且距法定退休年龄不足10

年的；

(3)连续订立二次固定期限劳动合同，且劳动者没有《劳动合同法》第39条和第40条第1项、第2项规定的情形，续订劳动合同的。

用人单位自用工之日起满一年不与劳动者订立书面劳动合同的，视为用人单位与劳动者已订立无固定期限劳动合同。

(二)劳动法律关系的建立和劳动合同的订立★

劳动关系自用工之日建立，劳动关系建立后应该签订书面劳动合同。可见劳动关系的建立不以劳动合同的签订为必要条件，要求签订劳动合同只是劳动合同法的一种强制性要求，并且不签订书面劳动合同会导致惩罚性工资支付。但并不是说事实劳动关系不受劳动合同法的保护。

二、劳动合同的订立

(一)书面合同

除全日制工双方当事人可以口头订立劳动合同外，《劳动合同法》第10条第1款规定："建立劳动关系，应当订立书面劳动合同。"否则将导致如下后果：

未订立书面合同
- 劳动者原因
  - 1个月内：书面通知—拒不订立—解除—支付工资—没有补偿
  - 过1个月不满1年：书面通知解除—支付工资—补偿
- 单位原因
  - 1个月至1年：每月支付双倍工资
  - 1年以上：双倍工资+无固定期限合同

(二)劳动合同的条款★★

1. 必备条款：

用人单位的名称、住所和法定代表人或者主要负责人；劳动者的姓名、住址和居民身份证或者其他有效身份证件号码；劳动合同期限；工作内容和工作地点；工作时间和休息休假；劳动报酬；社会保险；劳动保护、劳动条件和职业危害防护；法律、法规规定应当纳入劳动合同的其他事项。

2. 试用期条款：

《劳动合同法》规定用人单位不得任意约定试用期，且只能约定一次试用期，试用期的约定应该遵循以下规则：

劳动合同期限	完成一定任务	非全日制用工	3个月以下	3个月至1年	1～3年	3年以上、无固定期限
试用期	没有	没有	没有	不超过1个月	不超过2个月	不超过6个月

另外，如果劳动合同仅约定试用期的，试用期不成立，该期限为劳动合同期限。为保护试用期内劳动者的劳动报酬权，《劳动合同法》规定：劳动者在试用期的工资不得低于本单位相同岗位最低档工资的80%或者劳动合同约定工资的80%，并不得低于用人单位所在地的最低工资标准。

3. 保密条款：

合同双方可以在合同中约定关于商业秘密和关涉知识产权方面的秘密的保护，双方当事人可以就商业秘密的范围、保密期限、保密措施、保密义务及违约责任和赔偿责任等进行约定。

4. 竞业限制条款★
- 适用主体：高管人员、技术人员、负有保密义务人
- 适用期限：劳动合同期间、劳动合同终止后一定时间(不超过2年)
- 适用效果：禁止同类营业且给予补偿。违反后可以适用违约金

5. 服务期条款：

并不是所有的劳动合同都可以约定服务期条款，只有用人单位为劳动者提供专项培训费用，对其进行专业技术培训的，才可以与该劳动者订立协议约定服务期，并约定劳动者违反服务期约定的，应当按照约定向用人单位支付违约金。

6. 违约金条款的适用前提
- 约定了服务期条款
- 约定了保密条款
- 约定了竞业限制条款

对因劳动者违反服务期限协议而约定的违约金的数额不得超过用人单位提供的培训费用，用人单位要求劳动者支付的违约金不得超过服务期尚未履行部分所应分摊的培训费用。

三、劳动合同的效力

如果双方没有其他约定，劳动合同自双方签字之后开始生效，但劳动合同法规定下列情形下劳动合同无效：(1)以欺诈、胁迫的手段或者乘人之危，使对方在违背真实意思的情况下订立或者变更劳动合同的；(2)用人单位免除自己的法定责任、排除劳动者权利的；(3)违反法律、行政法规强制性规定的。

关于劳动合同的无效需要注意以下两点：第一，关于劳动合同效力的争议应该由劳动争议仲裁委员会和法院确认；第二，劳动合同的部分无效不影响其他部分的效力。

四、劳动合同的解除与终止★★★

(一)劳动合同解除的类型

依据解除的原因，不同劳动合同的解除分为：协

商解除、用人单位单方解除、劳动者单方解除等。其中重要的是劳动者的单方解除和用人单位的单方解除。

(二)用人单位的单方解除

1.因劳动者过错导致解除,劳动合同法规定下列情况下用人单位可以行使单方解除权:(1)在试用期间被证明不符合录用条件的;(2)严重违反用人单位的规章制度的;(3)严重失职,营私舞弊,给用人单位造成重大损害的;(4)劳动者同时与其他用人单位建立劳动关系,对完成本单位的工作任务造成严重影响,或者经用人单位提出,拒不改正的;(5)因以欺诈、胁迫的手段或者乘人之危,使对方在违背真实意思的情况下订立或者变更劳动合同的;(6)因劳动者以欺诈、胁迫的手段或者乘人之危,使对方在违背真实意思的情况下订立或者变更劳动合同的情形致使劳动合同无效的;(7)被依法追究刑事责任的。

劳动合同法规定因以上原因导致用人单位单方解除劳动合同的,用人单位不给予劳动者经济补偿金。

2.非因劳动者过错导致解除,劳动合同法主要规定了以下情形:(1)劳动者患病或者非因工负伤,医疗期满后,不能从事原工作也不能从事由用人单位另行安排的工作的;(2)劳动者不能胜任工作,经过培训或者调整工作岗位,仍不能胜任工作的;(3)劳动合同订立时所依据的客观情况发生重大变化,致使劳动合同无法履行,经用人单位与劳动者协商,未能就变更劳动合同内容达成协议的。

用人单位因上述原因单方解除劳动合同时应遵循如下程序:提前30日以书面形式通知劳动者本人的或者以额外支付劳动者1个月工资代替提前通知后,可以解除劳动合同。另外劳动合同法规定上述单方解除情形用人单位应支付经济补偿金。

3.裁员。

裁员是用人单位降低劳动成本的重要手段,劳动合同法中规定的裁员是指裁减人员20人以上或者裁减不足20人,但占企业职工总数10%以上的情形。但是为了维护劳动者的合法权益,劳动合同法对裁员的程序和条件都作出了限制性规定。

(1)裁员的法定条件:依照企业破产法规定进行重整的;生产经营发生严重困难的;企业转产、重大技术革新或者经营方式调整,经变更劳动合同后,仍需裁减人员的;其他因劳动合同订立时所依据的客观经济情况发生重大变化,致使劳动合同无法履行的。

(2)裁员的程序:用人单位提前30日向工会或者全体职工说明情况,听取工会或者职工的意见后,裁减人员方案经向劳动行政部门报告后方可裁减人员。

(3)裁员的限制性条件:主要指应当优先留用下列人员:与本单位订立较长期限的固定期限劳动合同的;与本单位订立无固定期限劳动合同的;家庭无其他就业人员,有需要扶养的老人或者未成年人的。用人单位依法裁减人员,在6个月内重新招用人员的,应当通知被裁减的人员,并在同等条件下优先招用被裁减的人员。

依据劳动合同法规定裁员也属于支付经济补偿金的一种法定情形。

4.用人单位单方解除劳动合同的限制。

(1)在程序上用人单位必须征求工会的意见。

(2)用人单位在下列情形下不可以适用《劳动合同法》第40条和第41条的规定单方解除劳动合同:从事接触职业病危害作业的劳动者未进行离岗前职业健康检查,或者疑似职业病病人在诊断或者医学观察期间的;在本单位患职业病或者因工负伤并被确认丧失或者部分丧失劳动能力的;患病或者非因工负伤,在规定的医疗期内的;女职工在孕期、产期、哺乳期的;在本单位连续工作15年,且距法定退休年龄不足5年的;法律、行政法规规定的其他情形。

(三)劳动者单方解除劳动合同

劳动者单方解除权是以符合法律规定为前提的,劳动者单方解除合同的程序分为预告解除和立即解除两种。

1. 预告解除 { 试用期内:提前3天通知单位。
试用期后:提前30天书面通知单位。

2.劳动者可以解除劳动合同的情形:(1)未按照劳动合同约定提供劳动保护或者劳动条件的;(2)未及时足额支付劳动报酬的;(3)未依法为劳动者缴纳社会保险费的;(4)用人单位的规章制度违反法律、法规的规定,损害劳动者权益的;(5)因用人单位以欺诈、胁迫的手段或者乘人之危,使劳动者在违背真实意思的情况下订立或者变更劳动合同而致使劳动合同无效的;(6)法律、行政法规规定劳动者可以解除劳动合同的其他情形。

3.立即解除。出现下列情形后劳动者可以单方立即解除劳动合同:(1)用人单位有危及劳动者人身自由和人身安全的情形的;(2)用人单位以暴力、威胁或者非法限制人身自由的手段强迫劳动者劳动的;(3)用人单位违章指挥、强令冒险作业危及劳动者人身安全的。

(四)劳动合同的终止

1.劳动合同终止的原因:(1)劳动合同期满的;(2)劳动者开始依法享受基本养老保险待遇的;

(3)劳动者达到法定退休年龄的;(4)劳动者死亡,或者被人民法院宣告死亡或者宣告失踪的;(5)用人单位被依法宣告破产的;(6)用人单位被吊销营业执照、责令关闭、撤销或者用人单位决定提前解散的。

2. 劳动合同终止的限制,为了保护一些特殊劳动者的合法权益,劳动合同法特别规定下列情形下即使劳动合同到期也不终止而应该延续到相应的情形消失后才终止:(1)从事接触职业病危害作业的劳动者未进行离岗前职业健康检查,或者疑似职业病正在诊断或者医学观察期间的;(2)患病或者非因工伤在规定的医疗期内的;(3)女职工在孕期、产期、哺乳期的;(4)在本单位连续工作15年,且距法定退休年龄不足5年的。

五、劳动合同法中经济补偿金制度★

(一)适用前提

经济补偿金适用于用人单位解除劳动合同时或者劳动合同终止时。

(二)补偿标准

按劳动者在用人单位的工作年限计算,每满1年支付1个月工资作为补偿。6个月以上不满1年的按1年补偿支付1个月工资;不满6个月的按半年补偿支付半个月工资。

(三)支付经济补偿金时的保障与限制

1. 最低数额保障:劳动者在劳动合同解除或者终止前12个月的平均工资低于当地最低工资标准的,按照当地最低工资标准计算。

2. 最高数额的限制:劳动者月工资高于用人单位所在地区上年度职工月平均工资3倍的,则经济补偿的标准按职工月平均工资3倍的数额支付,向其支付经济补偿的年限最高不超过12年。

(四)须支付经济补偿金的法定情形

1. 劳动者依照《劳动合同法》第38条解除劳动合同的。

2. 用人单位依照《劳动合同法》第36条规定向劳动者提出解除劳动合同并且与劳动者协商一致解除劳动合同的。

3. 用人单位依照《劳动合同法》第40条规定解除劳动合同的。

4. 用人单位依照《劳动合同法》第41条第1款规定解除劳动合同的,即以裁员的方式解除与劳动者的劳动合同的,用人单位应向劳动者支付经济补偿金。

5. 除用人单位维持或者提高劳动合同约定条件续订劳动合同,劳动者不同意续订的情形外,依照《劳动合同法》第44条第1项规定终止固定期限劳动合同的。

6. 依照《劳动合同法》第44条第4项、第5项规定终止劳动合同的,即在用人单位因被依法宣告破产或被吊销营业执照、责令关闭、撤销或者用人单位决定提前解散而终止劳动合同的,用人单位应向劳动者支付经济补偿金。

7. 以完成一定工作任务为期限的劳动合同因任务完成而终止的。

六、劳动合同法中的特别制度

(一)集体合同★

集体合同不同于劳动合同,它是以职工一方作为整体和用人单位经过平等协商签订的,就劳动报酬、工作时间、休息休假、劳动安全卫生、保险福利等事项订立的书面协议。

1. 集体合同的签订和生效。

集体合同双方分别为工会或职工代表和用人单位,未建立工会的企业由上级工会指导职工代表与用人单位订立。其订立程序是:(1)将集体合同草案提交职工代表大会或者全体职工讨论;(2)经过职工代表或者全体职工的过半数以上视为通过;(3)职工代表和单位签订书面协议。

集体合同的生效不同于劳动合同的生效,集体合同签订后应当报送劳动行政部门;劳动行政部门自收到集体合同文本之日起15日内未提出异议的,集体合同即行生效。

2. 集体合同和劳动合同的关系。

(1)用人单位与劳动者订立的劳动合同中劳动报酬和劳动条件等标准不得低于集体合同规定的标准,否则无效。

(2)未订立书面劳动合同或者劳动合同约定不明时,有集体合同适用集体合同的规定。

3. 集体合同争议的解决。

因集体合同履行发生争议后可以采取以下方法解决:(1)工会与用人单位进行协商;(2)提请劳动行政部门协调或劳动行政部门发现问题时主动协调处理;(3)提起劳动仲裁;(4)提起诉讼。这里需要注意的是只有仲裁是诉讼的前置程序,其他方式的选择上无先后限制。另外在集体合同的争议解决中工会是一方主体,具有诉讼主体资格。

(二)劳务派遣★★

劳务派遣关系存在三方主体,即劳动者、派遣单位、用工单位。劳务派遣,是指劳务派遣单位与劳动者订立劳动合同后,由派遣单位与实际用工单位通过签订劳务派遣协议,将劳动者派遣到用工单位工作,用工单位实际使用劳动者,用工单位向劳务派遣单位支付管理费、劳动者工资、社会保险费用等而形成的关系。

劳务派遣用工只能在临时性(存续时间不超过6个月的岗位)、辅助性(非主营业务岗位)或者替代性(可以由其他劳动者替代)的工作岗位上实施。

劳动派遣制度中的特别规定。为保护被派遣劳动者的权益,劳动合同法特别规定:(1)派遣单位应该与劳动者签订2年以上的固定期限的劳动合同。(2)被派遣劳动者在无工作期间,劳务派遣单位应当按照所在地人民政府规定的最低工资标准,向其按月支付报酬。(3)用工单位不得将被派遣劳动者再派遣到其他用人单位;劳务派遣单位不得向本单位或者所属单位派遣劳动者。(4)给被派遣劳动者造成损害的,劳务派遣单位与用工单位承担连带赔偿责任。

(三)非全日制用工

1. 关于劳动合同。非全日制用工可以订立口头协议,允许非全日制用工建立多重劳动关系,任何一方可以随时终止合同且不存在经济补偿。

2. 非全日制用工合同的履行。双方不得约定试用期;非全日制用工小时计酬标准不得低于用人单位所在地人民政府规定的最低小时工资标准;劳动报酬结算支付周期最长不得超过15日。

第三节　劳动基准法

一、考查概述

劳动基准法主要由规定劳动标准的各项法律制度所构成,包括工时标准、最低工资标准、职业安全卫生法等。劳动基准法是劳动关系领域的基本制度,本部分抽取考试中的要点予以讲述。

二、工作时间和休息休假制度★

我国实行劳动者每日工作时间不超过8小时,平均每周工作时间不超过40小时的制度,用人单位至少每周保证劳动者休息1天。用人单位在不能实行法定工作时间,而实行其他工作时间时必须经劳动行政部门批准。

加班加点的主要规定:

1. 一般情况下加班加点的前提条件是用工单位与工会和劳动者经协商后可以延长工作时间,但是延长的时间受到如下限制:一般每日不得超过1小时;因特殊原因需要延长工作时间的,在保障劳动者身体健康的条件下延长工作时间每日不得超过3小时,但是每月不得超过36小时。

2. 在下列情形下延长工作时间不受上述时间限制:(1)发生自然灾害、事故或者因其他原因,威胁劳动者生命健康和财产安全,或使人民的安全健康和国家资财遭到严重威胁,需要紧急处理的;(2)生产设备、交通运输线路、公共设施发生故障,影响生产和公共利益,必须及时抢修的;(3)在法定节日和公休假日内工作不能间断,必须连续生产运输或营业的;(4)必须利用法定节日或公休假日的停产期间进行设备检修、保养的;(5)为了完成国防紧急生产任务或者完成上级在国家计划外安排的其他紧急生产任务,以及商业、供销企业在旺季完成收购、运输、加工农副产品紧急任务的。

3. 依据《劳动法》第61条的规定,不得安排女职工在怀孕期间从事国家规定的第三级体力劳动强度的劳动和孕期禁忌从事的劳动。对怀孕7个月以上的女职工,不得安排其延长工作时间和夜班劳动。

三、工资制度

(一)基本规定

1. 工资应以法定货币支付,不得以实物及有价证券代替货币支付。

2. 工资应在用人单位与劳动者约定的日期支付。工资一般按月支付,至少每月支付一次。

3. 劳动者依法享受年休假、探亲假、婚假、丧假期间,以及依法参加社会活动期间,用人单位应按劳动合同规定的标准支付工资。

4. 职工患病或者非因工负伤治疗期间,(不包括因工负伤)在规定的医疗期内,支付给其的病假工资或者疾病救济费,可以低于当地最低工资支付标准。

5. 有下列情况之一的,用人单位可以代扣劳动者工资:(1)用人单位代扣代缴的个人所得税;(2)用人单位代扣代缴的应由劳动者个人负担的社会保险费用;(3)用人单位依审判机关判决、裁定扣除劳动者工资。

6. 对扣除工资额的限制。(1)劳动者给用人单位造成经济损失的,用人单位可以按照劳动合同的约定要求劳动者赔偿其经济损失。经济损失的赔偿,可从劳动者本人的工资中扣除,但每月扣除金额不得超过劳动者月工资的20%;若扣除后的余额低于当地月最低工资标准的,则应按最低工资标准支付。(2)用人单位对劳动者违纪罚款,一般不得超过本人月工资标准的20%。

(二)加班加点时的工资支付

劳动法规定:(1)安排劳动者延长工作时间的,支付不低于工资的150%的工资报酬;(2)休息日安排劳动者工作又不能安排补休的,支付不低于工资的200%的工资报酬;(3)法定休假日安排劳动者工作的,支付不低于工资的300%的工资报酬。

注意:休息日安排劳动者工作又不能安排补休

的，需要支付不低于工资的200%的工资报酬，但如果安排补休的，就不需要支付200%的工资；但法定休假日安排劳动者工作的，即使安排补休也需要支付不低于工资的300%的工资报酬。

第四节　劳动争议

1. 协商。

发生劳动争议，劳动者可以与用人单位协商，也可以请工会或者第三方共同与用人单位协商，达成和解协议。

2. 调解。

发生劳动争议，当事人不愿协商、协商不成或者达成和解协议后不履行的，可以向调解组织申请调解。当事人双方愿意调解的，可以书面或口头形式向调解委员会申请调解。

3. 仲裁。

仲裁是劳动争议案件处理的必经法律程序：发生劳动争议，当事人不愿调解、调解不成或者达成调解协议后不履行的，可以向劳动争议仲裁委员会申请仲裁。劳动争议发生后，当事人任何一方都可直接向劳动争议仲裁委员会申请仲裁。

4. 诉讼。

当事人对可诉的仲裁裁决不服的，可自收到仲裁裁决书之日起15日内向人民法院提起诉讼。对经过仲裁裁决，当事人向法院起诉的劳动争议案件，人民法院应当受理。

命题点拨　劳动法的政策界限：一方面要充分保护劳动者的合法权益，另一方面要构建和谐的劳动关系，实现劳动关系各方的互利共赢。

第二章　社会保障法

第一节　社会保障法概述

一、社会保障法的概念

社会保障，是指由国家依法运用财政资源和其他社会资金，对公民因自然的或者社会的原因导致的生活困难给予物质帮助和服务帮助，以保障其基本生活需要和其他正当需要，实现社会公平正义的制度。我国的社会保障包括社会保险、社会救助、社会福利和社会优抚。

二、我国的社会保障立法

改革开放以来，我国依据"国家建立健全同经济发展水平相适应的社会保障制度"的宪法规定，逐步建立和完善了以法律、行政法规和部门规章为主要支撑，地方法规和其他规范性文件为配套支持的社会保障法体系。

第二节　社会保险法

一、社会保险法的基本构架

（一）社会保险法的特点

1. 公民参与，公民共享，公民监督。

2. 国家筹资，国家支持，国家监管。

3. 政府规划，政府管理，政府服务。

（二）社会保险法的基本原则

根据《社会保险法》的规定，我国社会保险制度的建设遵循以下基本原则：

1. 广覆盖、保基本、多层次、可持续的原则。

2. 社会保险水平与经济社会发展水平相适应的原则。

二、社会保险法的基本制度★★★

社会保险监督制度：

1. 人大监督。

各级人民代表大会常务委员会听取和审议本级人民政府对社会保险基金的收支、管理、投资运营以及监督检查情况的专项工作报告，组织对社会保险法实施情况的执法检查等，依法行使监督职权。

2. 政府监督。

（1）监督检查职责。县级以上人民政府社会保险行政部门应当加强对用人单位和个人遵守社会保险法律、法规情况的监督检查。（2）监督检查的方式和措施。社会保险行政部门对社会保险基金的收支、管理和投资运营情况进行监督检查，发现存在问题的，应当提出整改建议，依法作出处理决定或者向有关行政部门提出处理建议。

3. 社会监督。

统筹地区人民政府成立由用人单位代表、参保人员代表，以及工会代表、专家等组成的社会保险监督委员会，掌握、分析社会保险基金的收支、管理和投资运营情况，对社会保险工作提出咨询意见和建议，实施社会监督。

4. 举报投诉。

任何组织或者个人有权对违反社会保险法律、法规的行为进行举报、投诉。社会保险行政部门、卫生行政部门、社会保险经办机构、社会保险费征收机构和财政部门、审计机关对属于本部门、本机构职责范围的举报、投诉，应当依法处理；对不属于本部门、本机构职责范围的，应当书面通知并移交有权处理的部门、机构处理。

5. 权利救济和争议解决。

用人单位或者个人认为社会保险费征收机构的行为侵害自己合法权益的，可以依法申请行政复议或者提起行政诉讼。

三、社会保险的险种

(一)基本养老保险

(二)基本医疗保险

1. 职工基本医疗保险。

2. 居民基本医疗保险。

(三)工伤保险

1. 工伤保险的覆盖范围。

工伤保险的覆盖对象是职工。职工因工作原因受到事故伤害或者患职业病，且经工伤认定的，享受工伤保险待遇；其中，经鉴定丧失劳动能力的，享受伤残待遇。

2. 工伤保险费。

工伤保险费由用人单位缴纳，职工不缴纳。行业差别费率和行业内费率档次由国务院社会保险行政部门制定，报国务院批准后公布施行。社会保险经办机构根据用人单位使用工伤保险基金、工伤发生率和所属行业费率档次等情况，确定用人单位缴费费率。用人单位应当按照本单位职工工资总额，根据社会保险经办机构确定的费率缴纳工伤保险费。

3. 工伤保险待遇。

(1)保险事故。

《工伤保险条例》规定，职工有下列情形之一的，视同工伤：①在工作时间和工作岗位，突发疾病死亡或者在48小时之内经抢救无效死亡的；②在抢险救灾等维护国家利益、公共利益活动中受到伤害的；③职工原在军队服役，因战、因公负伤致残，已取得革命伤残军人证，到用人单位后旧伤复发的。

职业病，是指因职业活动引起或者在职业活动中形成的疾病。职业病须经法定的医疗卫生机构诊断、鉴定。

(2)先行支付规则。

职工所在用人单位未依法缴纳工伤保险费，发生工伤事故的，由用人单位支付工伤保险待遇。用人单位不支付的，从工伤保险基金中先行支付。

从工伤保险基金中先行支付的工伤保险待遇应当由用人单位偿还。用人单位不偿还的，社会保险经办机构可以依照《社会保险法》第63条的规定追偿。

由于第三人的原因造成工伤，第三人不支付工伤医疗费用或者无法确定第三人的，由工伤保险基金先行支付。工伤保险基金先行支付后，有权向第三人追偿。

(四)失业保险

1. 失业保险的覆盖范围。

失业保险的保障对象是通过用人单位和本人共同缴纳失业保险费而参加失业保险、非因本人意愿中断就业的职工。

2. 失业保险待遇。

(1)给付条件及标准。

失业人员符合下列条件的，从失业保险基金中领取失业保险金：①失业前用人单位和本人已经缴纳失业保险费满1年的；②非因本人意愿中断就业的；③已经进行失业登记，并有求职要求的。

失业保险金的标准，由省级人民政府确定，不得低于城市居民最低生活保障标准。

(2)办理程序。

用人单位应当及时为失业人员出具终止或者解除劳动关系的证明，并将失业人员的名单自终止或者解除劳动关系之日起15日内告知社会保险经办机构。

(五)生育保险

四、军人保险

(一)军人保险的特点

军人保险具有如下的特点：

1. 保障对象为特定人员，按不同险种包括现役军人、退役军人和随军未就业的军人配偶。

2. 遵循体现军人职业特点、与社会保险制度相衔接和与经济社会发展水平相适应的原则。

3. 全军的军人保险工作由中国人民解放军军人保险主管部门负责。

(二)军人保险的险种

1. 军人伤亡保险。

2. 退役养老保险。

3. 退役医疗保险。

4. 随军未就业的军人配偶保险。

五、违反社会保险法的法律责任

违反社会保险法的法律责任，根据不同的情形可分为三类：承担行政责任；承担行政责任和民事责任；追究刑事责任。

(一)承担行政责任的情形

1. 用人单位违反社保义务。

(1)违反登记服务义务；(2)违反缴纳保费义务。

2. 社保欺诈。

(1)骗取社保基金支出；(2)骗取一般社保待遇；(3)骗取军人保险待遇。

3. 保费征收机构渎职。

社会保险费征收机构擅自更改社会保险费缴费

基数、费率，导致少收或者多收社会保险费的，由有关行政部门责令其追缴应当缴纳的社会保险费或者退还不应当缴纳的社会保险费；对直接负责的主管人员和其他直接责任人员依法给予处分。

4. 侵害社保基金。

(1)侵害一般社保基金。违反社会保险法的规定，隐匿、转移、侵占、挪用社会保险基金或者违规投资运营的，由社会保险行政部门、财政部门、审计机关责令追回；有违法所得的，没收违法所得；对直接负责的主管人员和其他直接责任人员依法给予处分。

(2)侵害军人保险基金。贪污、侵占、挪用军人保险基金的，由军队后勤(联勤)机关责令限期退回，对直接负责的主管人员和其他直接责任人员依法给予处分。

5. 国家工作人员渎职。

国家工作人员在社会保险管理、监督工作中滥用职权、玩忽职守、徇私舞弊的，依法给予处分。

(二)承担行政责任和民事责任的情形

1. 用人单位违反证明义务。

用人单位拒不出具终止或者解除劳动关系证明的，依照《劳动合同法》的规定，由劳动行政部门责令改正；给劳动者造成损害的，应当承担赔偿责任。

2. 社保经办机构渎职。

社会保险经办机构及其工作人员有渎职的，由社会保险行政部门责令改正；给社会保险基金、用人单位或者个人造成损失的，依法承担赔偿责任；对直接负责的主管人员和其他直接责任人员依法给予处分。

3. 军人保险经办机构渎职。

军队后勤(联勤)机关财务部门、社会保险经办机构渎职，由军队后勤(联勤)机关或者社会保险行政部门责令改正；对直接负责的主管人员和其他直接责任人员依法给予处分；造成损失的，依法承担赔偿责任。

4. 泄露社保信息。

社会保险行政部门和其他有关行政部门、社会保险经办机构、社会保险费征收机构及其工作人员泄露用人单位和个人信息的，对直接负责的主管人员和其他直接责任人员依法给予处分；给用人单位或者个人造成损失的，应当承担赔偿责任。

(三)追究刑事责任的情形

违反《社会保险法》《军人保险法》的规定，构成犯罪的，依法追究刑事责任。

命题点拨 社会保障立法体系和社会保险法的基本制度与主要险种。

国 际 私 法

【复习指引】 该部分内容重点突出，考点重复率较高，试题难度较小。考生在备考时对于理论部分，侧重于理解，对于涉外法律适用部分，着重记忆。

第一章 国际私法概述

命题点拨 国际私法规范、国际私法调整国际民商事法律关系的方法，了解国际民商事法律关系的构成。

第一节 国际私法的概念

国际私法是以涉外民事关系为调整对象，以解决法律冲突为中心任务，以冲突规范为最基本的规范，同时包括规定外国人民事法律地位的规范、避免或消除法律冲突的统一实体规范，以及国际民事诉讼与仲裁程序规范在内的一个独立的法律部门。

国际私法的调整对象是国际民商事法律关系。国际民商事法律关系是指具有涉外因素的民商事法律关系。具体表现为：主体涉外、客体涉外、内容涉外。

主体涉外，即作为民商事法律关系的主体一方或双方当事人是外国自然人或法人（有时也可能是外国国家、国际组织或无国籍人）。客体涉外，即作为民商事法律关系的标的物位于国外。内容涉外，即产生、变更或消灭民商事权利与义务关系的法律事实发生在国外。

第二节 国际私法的范围

国际私法的范围问题，学界一直存在争议。现在较为普遍的观点认为，国际私法包含以下四类规范：外国人的民商事法律地位规范、冲突规范、国际统一实体私法规范和国际民商事争议解决规范。

第三节 国际私法的渊源

国际私法的渊源是指国际私法的表现形式，它主要包括国内法渊源和国际法渊源两个方面。国内法渊源包括国内立法、国内判例和司法解释。国际法渊源主要包括国际条约和国际惯例。

第二章 国际私法的主体

第一节 自 然 人

一、自然人的国籍★

自然人是国际私法的基本主体，自然人的国籍在国际私法上具有重要的意义。因为自然人的国籍是确定某一民商事法律关系是否具有主体上的涉外因素的判断依据，是区别一个人是本国人还是外国人或无国籍人的标志，也是确定管辖权的依据之一。

（一）自然人国籍积极冲突的解决

我国国籍法不承认中国公民拥有外国国籍，一名中国公民取得外国国籍即自动丧失了中国国籍，所以我国没有解决中国人国籍积极冲突的法律规定。根据《涉外民事关系法律适用法》第 19 条的规定，依照本法适用国籍国法律，自然人具有两个以上国籍的，适用有经常居所的国籍国法律；在所有国籍国均无经常居所的，适用与其有最密切联系的国籍国法律。自然人无国籍或者国籍不明的，适用其经常居所地法律。

（二）自然人国籍消极冲突的解决

我国《涉外民事关系法律适用法》第 19 条就解决国籍消极冲突规定：“自然人无国籍或者国籍不明的，适用其经常居所地法律。”这意味着在当事人无国籍或国籍不明的情况下，在确定其民事行为能力方面，以其经常居所地法为其属人法。

二、自然人的住所和居所

（一）自然人的住所

所谓住所（domicile），即一个人以久住的意思而居住的某一处所。各国法律对住所的规定是不相同的。正由于各国关于住所的法律规定不同或对事实认定各异，自然人的住所也和自然人的国籍一样，会发生积极冲突和消极冲突。

不过，《涉外民事关系法律适用法》和相关司法解释并无专门用于解决自然人住所冲突的条款，这是因为《涉外民事关系法律适用法》将“经常居所”作为确定自然人属人法的主要连结点，住所在中国国际私法上的重要性因而显著降低。

（二）自然人的居所

所谓居所（residence），是指一个人在一定时间内居住的处所。我国《涉外民事关系法律适用法》已把“经常居所”作为主要的属人法连结点。最高人民法院《关于适用<中华人民共和国涉外民事关系法律适用法>若干问题的解释（一）》（以下简称《涉外适用解释（一）》）第13条更明确规定：“自然人在涉外民事关系产生或者变更、终止时已经连续居住一年以上且作为其生活中心的地方，人民法院可以认定为涉外民事关系法律适用法规定的自然人的经常居所地，但就医、劳务派遣、公务等情形除外。”由此可见，在我国国际私法语境下，自然人经常居所地的判断主要有两个标准：一是时间标准，即连续居住1年以上；二是生活中心标准，即除时间要求之外，自然人经常居所地应该是自然人生活的中心。此外，该司法解释还设置了例外情形，即自然人有就医、公务、劳务派遣等居住情形，即使符合上述两个标准，也不构成该自然人的经常居所。

第二节　法　　人

一、法人的国籍★

关于法人国籍的确定，在我国，外国法人以其注册登记地国家的法律为其本国法。

二、法人的住所

我国有关确定法人住所的规定见《民法典》和《公司法》。《民法典》第63条规定，法人以其主要办事机构所在地为住所。《公司法》第8条规定，公司以其主要办事机构所在地为住所。不难看出，在我国，主要办事机构所在地是确定法人住所的标志。

三、法人的营业所

法人的营业所，即法人从事经营活动的场所。

四、外国法人的认可

外国法人到我国从事民商事活动应得到我国主管机关的认可。我国《公司法》第244条第1款规定：“外国公司在中华人民共和国境内设立分支机构，应当向中国主管机关提出申请，并提交其公司章程、所属国的公司登记证书等有关文件，经批准后，向公司登记机关依法办理登记，领取营业执照。”该法第194条第1款还要求，外国公司的分支机构应当在其名称中标明该外国公司的国籍及责任形式。上述规定表明，在对外国法人认可的问题上，我国采取了特别认可程序。

第三节　国家和国际组织

一、国家

国家可以成为国际私法的主体，但其作为国际私法的主体有其特殊性：首先，根据当事人在民商事活动中地位平等原则，在国际民商事法律关系中，国家首先是民商事法律关系的当事者，应限制其主权者的地位，以免背离这一基本原则。其次，国家参加国际民商事活动是以国家本身的名义并由其授权的机关或负责人进行的。以独立法人身份出现并以自己的名义参加国际民商事活动的国有公司和企业不能代表国家。再次，国家作为特殊主体参加国际民商事活动总是以国库财产作为后盾，以国库财产为基础承担民商事法律责任，通常国家所负的责任是无限责任。最后，国家及其财产享有豁免权。

二、国际组织

国际组织也是国际私法的一种特殊主体，其特点为：首先，国际组织参加国际民商事活动是以其本身的名义进行的，国际组织的成员对国际组织的债务不负连带责任。其次，国际组织所从事的民商事活动一般应与其职能和宗旨有关。再次，国际组织的职能和活动范围必须严格按照有关条约和组织章程的规定。又次，国际组织所能参与的国际民商事活动的范围极其有限。最后，政府间国际组织由于行使职能的需要，在国际上享有一定的特权与豁免。

第四节　外国人的民商事法律地位★

外国人的民商事法律地位，是指外国人在内国法律上享有民商事权利和承担民商事义务的资格和状况。现代社会，关于外国人的民商事法律地位的制度主要包括国民待遇制度、最惠国待遇制度和优惠待遇制度。

根据我国的相关法律规定，在民商事领域，外国人基于我国国内法、我国缔结或者参加的国际条约以及互惠或对等原则，在我国享有国民待遇、最惠国待遇或优惠待遇，即他们在我国具有应有的民商事法律地位。

命题点拨　自然人国籍的积极冲突和消极冲突及其解决，自然人、法人的国籍、经常居所地的确定，外国法人的认可规则等。

第三章　国际民商事法律冲突、冲突规范和准据法

第一节　国际民商事法律冲突

一、国际民商事法律冲突的概念

国际民商事法律冲突，即同一民商事关系因所涉各国民商事法律规定不同而发生的法律适用上的冲突。

二、国际民商事法律冲突的解决方法

国际民商事法律冲突的解决方法主要有两种。

（一）冲突法解决方法

冲突法解决方法是国际私法解决国际民商事法律冲突的传统方法，即通过制定国内或国际的冲突规范来确定各种不同性质的国际民商事法律关系应适用何种法律，从而解决国际民商事法律冲突。冲突法解决方法就调整国际民商事法律关系而言，只指定有关国际民商事法律关系应适用何种法律，而没有明确地直接规定当事人的权利与义务，因而它对国际民商事法律关系只起“间接调整”的作用。这种方法并不能从根本上避免和消除冲突，从这一意义上来讲，它只是一种消极的解决办法。

（二）实体法解决方法

实体法解决方法，是指通过制定国内或国际的民商事实体规范来直接确定当事人的权利与义务，调整国际民商事法律关系，从而避免或消除国际民商事法律冲突的方法。这种国际统一实体私法把有关国家的实体民商法统一起来，明确地规定了当事人的权利与义务，故它对国际民商事法律关系起到了直接的调整作用。国际统一实体私法解决方法从根本上避免和消除了民商事法律冲突，是一种积极的国际民商事法律冲突解决方法。

第二节　冲 突 规 范

冲突规范，是指明某种国际民商事法律关系应适用何国实体法来调整的法律规范。冲突规范是一种特殊的法律规范，其特点为：首先，冲突规范是一种法律适用规范，它并不直接规定当事人的实体权利和义务，而仅指明某种国际民商事法律关系应适用何种法律。其次，冲突规范是间接规范，只能间接地调整国际民商事法律关系。最后，冲突规范是结构独特的法律规范，它的结构由范围、系属等元素构成。

一、冲突规范的结构

冲突规范由三部分构成，即“范围”、“系属”和“关联词”。“范围”是指冲突规范所要调整的民商事法律关系或所要解决的法律问题。“系属”规定了冲突规范中“范围”所应适用的法律。“关联词”则从语法结构上把“范围”和“系属”联系起来。

（一）连结点

连结点是系属中的一个重要组成部分，是指冲突规范借以确定某一法律关系应适用什么法律的根据。比如，在“不动产的所有权，适用不动产所在地法律”这条冲突规范中，“不动产的所有权”是它的“范围”，“不动产所在地法律”是它的“系属”，“适用”是“关联词”，“不动产所在地”就是连结点。

连结点有静态连结点和动态连结点之分。静态的连结点就是固定不变的连结点，主要指不动产所在地以及涉及过去的行为或事件的连结点，如婚姻举行地、合同缔结地、法人登记地、侵权发生地。动态的连结点就是可变的连结点，主要有国籍、住所、居所、动产所在地等。动态的连结点的存在加强了冲突规范的灵活性，但同时也为当事人规避法律提供了可能。

（二）系属公式

冲突规范的一些系属在长期的实践过程中逐渐固定化，形成系属公式。所谓系属公式，又称冲突原则，即指公式化和固定化的系属，它适用于解决同类性质的民商事法律冲突问题。但是，系属公式本身并不是冲突规范，仅是冲突规范的系属部分，只有与冲突规范的范围部分结合起来才能构成完整的冲突规范。

最常见的系属公式有属人法、物之所在地法、行为地法、当事人合意选择的法律、法院地法、旗国法、最密切联系地法等。

二、冲突规范的类型

（一）单边冲突规范

单边冲突规范直接规定出适用某国法律。

（二）双边冲突规范

双边冲突规范并不直接规定适用内国法还是外国法，而是规定了一个可以推定适用的法律。例如，“不动产的所有权，适用不动产所在地法律”就是一条双边冲突规范。

（三）重叠适用的冲突规范

重叠适用的冲突规范规定了两个或两个以上可以适用的法律，并且要求同时适用。如 1902 年订立于海牙的《离婚及分居的法律冲突与管辖权冲突公约》第 2 条规定，离婚之请求，若非依夫妇之本国法

及法院地法均有离婚之原因者,不得为之。

(四)选择适用的冲突规范

选择适用的冲突规范规定了两个或两个以上可以适用的法律,但只选择其一予以适用。它又可以分为无条件选择适用的冲突规范和有条件选择适用的冲突规范两种。

在无条件选择适用的冲突规范中,可供选择的法律具有同等价值,没有适用的主次轻重之分。如"侵权行为的损害赔偿,适用侵权行为实施地法律或者侵权结果发生地法律"。在有条件选择适用的冲突规范中,可供选择的法律在适用时有主次轻重之分。

第三节 准 据 法

一、准据法的概念

准据法,是指经冲突规范指定援用来具体确定民商事法律关系当事人的权利与义务的特定的实体法律。比如,对于"不动产的所有权,适用不动产所在地法律"这一冲突规范,如果不动产所在地在中国,准据法就是中国的实体法;如果不动产所在地在美国,准据法就是美国的实体法。准据法具有的特点为:首先,准据法必须是通过冲突规范所指定的法律;其次,准据法是能够具体确定国际民商事法律关系的当事人的权利与义务的实体法;最后,准据法是依据冲突规范中的系属,并结合有关国际民商事案件的具体情况而确定的法律。

二、准据法的选择方法

一是根据法律的性质确定准据法。这种方法在不同程度上为国际私法的立法和实践所肯定。比如,从法律的强制性和任意性来看:对具有强制性的法律,要求当事人绝对适用,不得由当事人双方协议和任何一方任意加以改变;而对于任意性的法律,可以在法定范围内允许当事人自己确定相互间的权利和义务关系,允许其选择可适用的法律。

二是根据法律关系的性质确定准据法。

三是根据最密切联系原则确定准据法。这种方法主张选择与民商事法律关系有最密切联系的地方的法律作为准据法。

四是根据利益分析确定准据法。

五是根据规则选择确定准据法。规则选择方法也被称为结果选择方法。

六是根据当事人的协议确定准据法。这种方法就是当事人的"意思自治",即允许当事人基于协议选择他们之间的法律关系所应适用的法律。它产生于合同领域,并已经成为选择合同准据法的首要原则。目前,它已经扩展适用于侵权、婚姻家庭、继承等众多领域。

七是根据分割方法来确定准据法。它指的是在一个国际民商事案件涉及多个法律冲突问题时,应该将该案件中的各个具体问题加以区分,分别选择适用不同的法律来解决不同的具体问题。

八是根据有利于判决在国外的承认和执行来确定准据法。

三、准据法的确定

(一)区际法律冲突与准据法的确定

区际法律冲突,就是在一个国家内部不同地区的法律制度之间的冲突。我国《涉外民事关系法律适用法》第6条对这个问题有明确的规定:"涉外民事关系适用外国法律,该国不同区域实施不同法律的,适用与该涉外民事关系有最密切联系区域的法律。"第9条规定:"涉外民事关系适用的外国法律,不包括该国的法律适用法。"区际私法在性质上属于法律适用法,因而不在应适用的外国法的范围内。

(二)人际法律冲突与准据法的确定

人际法律冲突指同一国家中适用于不同民族、种族、宗教(甚至不同教派)、部落或阶级成员的民商事法律之间在效力上的冲突,或者说是适用于不同成员集团的民商事法律之间的冲突。在理论和实践中,通常的做法是由该外国的人际冲突法或人际私法确定。如果该外国没有人际冲突法,则适用与案件或当事人有最密切联系的法律。

(三)时际法律冲突与准据法的确定

时际法律冲突是指先后于同一地区施行并涉及相同问题的新旧法律或前后法律规定之间在时间效力上的冲突。国际私法上的时际法律冲突的发生主要有三种情况:

第一种情况是法院地的冲突规范在国际民商事法律关系发生后发生了变更,这时需要确定适用什么时候的冲突规范去指定准据法。

第二种情况是法院地的冲突规范未变,但其所指定的实体法发生了改变,这时需要确定是适用某一法律关系成立时的旧法还是适用已改变了的新法。

第三种情况是法院地的冲突规范及其所指定的实体法均未发生改变,但有关当事人的国籍或住所,或动产的所在地等连结点发生了改变,这时需要确定是适用依原来的连结点所指引的法律还是适用依新的连结点所指引的法律。

在第一种、第二种情况下,准据法的确定应根据时际冲突法的一般原则加以解决。时际冲突法主要有两大原则：一是法律不溯及既往。不过，法律明确规定有溯及力的，应从其规定。二是新法优于旧法或后法优于前法。有些国家的立法对法律的溯及力问题作了专门的规定。例如，《涉外适用解释(一)》第18条规定："涉外民事关系法律适用法施行后发生的涉外民事纠纷案件，本解释施行后尚未终审的，适用本解释；本解释施行前已经终审，当事人申请再审或者按照审判监督程序决定再审的，不适用本解释。"

在第三种情况下，各国国际私法一般都根据国际民商事法律关系的不同性质，而分别采取可变和不可变两种做法。例如，我国《涉外民事关系法律适用法》第35条规定："无人继承遗产的归属，适用被继承人死亡时遗产所在地法律。"这一规定限定了"遗产所在地"为被继承人死亡时的遗产所在地，适用该条就不会发生动态冲突。

命题点拨 结合我国的立法及司法解释应掌握国际民商事法律冲突的解决方法，准据法的选择方法以及准据法的确定。

第四章 适用冲突规范的制度

第一节 定 性

定性，又称识别，是指在适用冲突规范时，依照某一法律观念对有关的事实或问题进行分析，将其归入一定的法律范畴，并对有关的冲突规范的范围或对象进行解释，从而确定何种冲突规范适用何种事实或问题的过程。

对同一事实或问题，对同一冲突规范，用不同国家的法律观点进行定性，就会得出不同的结论。在国际私法的理论和实践中，定性依据的理论主要包括：依据法院地法定性说、依据准据法定性说、分析法学与比较法说、个案定性说和二级定性说等。

我国《涉外民事关系法律适用法》第8条规定："涉外民事关系的定性，适用法院地法律。"

第二节 反 致

广义的反致，是指法院地国在根据本国冲突规范适用外国法的过程中，接受了该外国法冲突规范的指定，适用本国实体法或第三国实体法的制度。反致问题的产生须具备三个条件，即不同国家冲突规范中对同一民商事法律关系的法律适用作出了不同的规定；审理案件的法院认为本国或本地区的冲突规范所指定的外国法或外域法是指包括冲突规范在内的全部法律；法院地法律接受反致制度。

一、反致的类型★

广义的反致包括直接反致（狭义的反致）、转致、间接反致、包含直接反致的转致等。

（一）直接反致

直接反致，是指对某一案件，法院按照自己的冲突规范本应适用外国法或外域法，而该外国法或外域法的冲突规范却指定此种法律关系应适用法院地法，结果该法院适用了法院地法。画图表示为：

甲⟷乙

（二）转致

转致，是指对某一案件，甲国或甲地区法院根据本国或本地区的冲突规范指定应适用乙国或乙地区的法律，而乙国或乙地区的冲突规范指定应适用丙国或丙地区的法律，结果是甲国或甲地区的法院适用了丙国或丙地区的法律。画图表示为：

甲→乙→丙

（三）间接反致

间接反致，是指对某一案件，甲国或甲地区的法院根据本国或本地区的冲突规范指定应适用乙国或乙地区的法律，但依乙国或乙地区的冲突规范的指定应适用丙国或丙地区的法律，而依丙国或丙地区的冲突规范的指定却应适用甲国或甲地区的法律，结果甲国或甲地区的法院适用了自己的实体法。画图表示为：甲→乙

丙（乙→丙→甲）

（四）包含直接反致的转致

包含直接反致的转致是指对某一案件，甲国或甲地区的法院根据本国或本地区的冲突规范指定应适用乙国或乙地区的法律，而乙国或乙地区的冲突规范指定应适用丙国或丙地区的法律，但丙国或丙地区的冲突规范反向指定应适用乙国或乙地区的法律，最后甲国或甲地区的法院适用乙国或乙地区的实体法律处理了案件。画图表示为：

甲→乙⇄丙

二、中国关于反致的规定

我国《涉外民事关系法律适用法》第9条规定："涉外民事关系适用的外国法律，不包括该国的法律适用法。"本条表明，我国通过冲突规范援引适用外国法时，只适用外国的实体法，不适用外国的冲突法，从而不可能发生反致。

第三节 外国法的查明和解释

外国法的查明又称为外国法的证明或外国法内容的确定，是指一国法院根据本国冲突规范指定应适用外国法时，如何查明该外国法的存在和内容。

一、外国法查明的一般方法★

(一)当事人举证证明

英、美等普通法系国家和部分拉丁美洲国家采用这种办法。它们认为外国法不是法院应主动适用的法律，而是当事人引用来主张自己权利的事实，所以外国法中有无相关规定及其内容如何，须由当事人举证证明，法官无依职权查明的义务。

(二)法官依职权查明，无须当事人举证

欧洲大陆一些国家采用这种做法。他们把外国法看作法律，认为法官应该知道法律，主张法官负责调查认定，无须当事人举证证明。

(三)法官依职权查明，但当事人亦负有协助的义务

采取这种做法的国家，主张对外国法内容的查明，既不同于查明内国法律的程序，又不同于查明"事实"的程序，原则上应由法官负责调查，当事人也应负协助的责任。

在依据相应的查明方法无法查明冲突规范指引应当适用的外国法时，大多数国家采用的做法是代之以法院地法。

二、中国关于外国法查明的规定★★

《涉外民事关系法律适用法》第10条规定："涉外民事关系适用的外国法律，由人民法院、仲裁机构或者行政机关查明。当事人选择适用外国法律的，应当提供该国法律。不能查明外国法律或者该国法律没有规定的，适用中华人民共和国法律。"最高人民法院《关于适用〈中华人民共和国涉外民事关系法律适用法〉若干问题的解释(二)》(以下简称《涉外适用解释(二)》)第1条规定："人民法院审理涉外民商事案件适用外国法律的，应当根据涉外民事关系法律适用法第十条第一款的规定查明该国法律。当事人选择适用外国法律的，应当提供该国法律。当事人未选择适用外国法律的，由人民法院查明该国法律。"《涉外适用解释(二)》第2条规定："人民法院可以通过下列途径查明外国法律：(一)由当事人提供；(二)通过司法协助渠道由对方的中央机关或者主管机关提供；(三)通过最高人民法院请求我国驻该国使领馆或者该国驻我国使领馆提供；(四)由最高人民法院建立或者参与的法律查明合作机制参与方提供；(五)由最高人民法院国际商事专家委员会专家提供；(六)由法律查明服务机构或者中外法律专家提供；(七)其他适当途径。人民法院通过前款规定的其中一项途径无法获得外国法律或者获得的外国法律内容不明确、不充分的，应当通过该款规定的不同途径补充查明。人民法院依据本条第一款第一项的规定要求当事人协助提供外国法律的，不得仅以当事人未予协助提供为由认定外国法律不能查明。"

三、外国法的适用与解释

《涉外适用解释(二)》第8条规定："人民法院对外国法律的内容及其理解与适用，根据以下情形分别作出处理：(一)当事人对外国法律的内容及其理解与适用均无异议的，人民法院可以予以确认；(二)当事人对外国法律的内容及其理解与适用有异议的，应当说明理由。人民法院认为有必要的，可以补充查明或者要求当事人补充提供材料。经过补充查明或者补充提供材料，当事人仍有异议的，由人民法院审查认定；(三)外国法律的内容已为人民法院生效裁判所认定的，人民法院应当予以确认，但有相反证据足以推翻的除外。"

在对外国法加以查明的过程中，有时还会提出一个外国法的解释问题，学者们大都主张依外国法所属法律体系来解释外国准据法的有关规定。

第四节 公共秩序保留与强制性规定的直接适用

一、公共秩序保留的概念

一国依内国冲突规范的指定应对某一国际民商事法律关系适用外国法时，如其适用将与自己的公共秩序相抵触，便可排除该外国法的适用(这里的公共秩序指的是一国国家和社会的重大利益，或法律和道德的基本原则)。在国际私法上，这种对外国法适用的限制或排除称为公共秩序保留。

二、中国关于公共秩序保留的规定

《涉外民事关系法律适用法》第5条规定："外国法律的适用将损害中华人民共和国社会公共利益的，适用中华人民共和国法律。"

三、强制性规定的直接适用

尽管公共秩序保留与"直接适用的法"或者说强制性规定的直接适用有联系，但它们是国际私法上两个不同的问题。《涉外民事关系法律适用法》第4条规定："中华人民共和国法律对涉外民事关系有强制性规定的，直接适用该强制性规定。"《涉外适用解释(一)》第8条规定："有下列情形之一，涉及中华人民共和国社会公共利益、当事人不能通过约定排除适用、无需通过冲突规范指引而直接适用于涉外民事关系的法律、行政法规的规定,人民法院应当认定为涉外民事关系法律适用法第四条规定的强制性规定:(一)涉及劳动者权益保护的;(二)涉及食品或公共卫生安全的;(三)涉及环境安全的;(四)涉及外汇管制等金融安全的;(五)涉及反垄断、反倾销的;(六)应当认定为强制性规定的其他情形。"

第五节 法律规避★

法律规避,是指国际民商事法律关系的当事人故意制造某种连结点,以避开本应适用的对其不利的法律,从而使对自己有利的法律得以适用的一种行为。

一、法律规避的构成要件

私法上的法律规避有四个构成要件:

首先,当事人主观上必须有规避某法律的故意。

其次,当事人规避的法律必须是当事人本应适用的法律。

再次,法律规避是当事人通过人为地制造或改变一个或几个连结因素来实现的。

最后,当事人的规避行为在客观上已经完成。

二、中国关于法律规避的规定

《涉外适用解释(一)》第 9 条规定:"一方当事人故意制造涉外民事关系的连结点,规避中华人民共和国法律、行政法规的强制性规定的,人民法院应认定为不发生适用外国法律的效力。"从这几项规定可以看出,我国在司法实践中主张,法律规避是指规避我国的强制性或禁止性的法律,而非任何法律;而且,当事人规避我国的强制性或禁止性的法律的行为无效,不发生适用外国法的效力,同时,以适用中国法律取而代之。

命题点拨 适用冲突规范有关制度的相关内容,注重对我国相关立法以及司法解释的理解和掌握。

第五章 国际民商事关系的法律适用

第一节 权利能力和行为能力

一、自然人权利能力的法律适用★★

我国《涉外民事关系法律适用法》第 11 条规定:"自然人的民事权利能力,适用经常居所地法律。"第 13 条规定:"宣告失踪或者宣告死亡,适用自然人经常居所地法律。"关于自然人经常居所地的确定,《涉外适用解释(一)》第 13 条规定:"自然人在涉外民事关系产生或者变更、终止时已经连续居住一年以上且作为其生活中心的地方,人民法院可以认定为涉外民事关系法律适用法规定的自然人的经常居所地,但就医、劳务派遣、公务等情形除外。"

二、自然人行为能力的法律适用★★

我国《涉外民事关系法律适用法》第 12 条规定:"自然人的民事行为能力,适用经常居所地法律。自然人从事民事活动,依照经常居所地法律为无民事行为能力,依照行为地法律为有民事行为能力的,适用行为地法律,但涉及婚姻家庭、继承的除外。"

例如,荷兰青年甲,21 岁,在中国旅游时看中某风景区一户少数民族农家的民族服装。经协商,以随身携带的照相机与之互易。甲打电话给好友乙,告知此事。乙称这笔交易不划算,劝甲把照相机换回来,甲回到农家商谈返还之事,农家不同意。甲以自己时年不满 23 岁,按其本国法(荷兰法律规定 23 岁为成年年龄)尚未成年,不具有完全民事行为能力,主张所为民事行为无效。该案根据《涉外民事关系法律适用法》第 12 条的规定,应适用中国法,当事人之间的互易行为有效。

《票据法》第 96 条规定:"票据债务人的民事行为能力,适用其本国法律。票据债务人的民事行为能力,依照其本国法律为无民事行为能力或者为限制民事行为能力而依照行为地法律为完全民事行为能力的,适用行为地法律。"

三、法人权利能力和行为能力的法律适用

《涉外民事关系法律适用法》第 14 条规定:"法人及其分支机构的民事权利能力、民事行为能力、组织机构、股东权利义务等事项,适用登记地法律。法人的主营业地与登记地不一致的,可以适用主营业地法律……"《民法典》第 63 条规定:"法人以其主要办事机构所在地为住所。依法需要办理法人登记的,应当将主要办事机构所在地登记为住所。"《涉外适用解释(一)》第 14 条规定:"人民法院应当将法人的设立登记地认定为涉外民事关系法律适用法规定的法人的登记地。"

第二节 物　权

一、不动产物权的法律适用

我国《涉外民事关系法律适用法》第 36 条规

定："不动产物权，适用不动产所在地法律。"

二、动产物权的法律适用★

《涉外民事关系法律适用法》第37条规定："当事人可以协议选择动产物权适用的法律。当事人没有选择的，适用法律事实发生时动产所在地法律。"第38条规定："当事人可以协议选择运输中动产物权发生变更适用的法律。当事人没有选择的，适用运输目的地法律。"第39条规定："有价证券，适用有价证券权利实现地法律或者其他与该有价证券有最密切联系的法律。"第40条还规定："权利质权，适用质权设立地法律。"《民法典》第440条规定："债务人或者第三人有权处分的下列权利可以出质：(一)汇票、本票、支票；(二)债券、存款单；(三)仓单、提单；(四)可以转让的基金份额、股权；(五)可以转让的注册商标专用权、专利权、著作权等知识产权中的财产权；(六)现有的以及将有的应收账款；(七)法律、行政法规规定可以出质的其他财产权利。"从《民法典》第441～445条可推知：需要办理出质登记的，权利登记地是质权设立地；不需要办理登记的，质权设立地是指权利成立地，如质押合同订立地、设质权利证书交付地等。

第三节 债　　权

一、合同的法律适用★★

(一)当事人意思自治原则

当事人意思自治是指合同当事人可以通过协商一致的意思表示自由选择支配合同准据法的一项法律选择原则。我国关于合同当事人意思自治的规定是：

1. 基本规则。

(1)选择法律应以明示方式进行；

(2)应在一审法庭辩论终结前作出法律选择；

(3)被选择的法律与系争的涉外民事关系不必存在实际联系；

(4)当事人可以选择尚未对中国生效的国际条约；

(5)各方当事人援引相同国家的法律且未提出法律适用异议，构成有效的法律选择。

2. 限制规则。

(1)当事人规避中华人民共和国法律、行政法规的强制性规定，不发生适用外国法律的效力，应适用中国法。

(2)在中国领域内履行的下列合同，适用中国法律：第一，中外合资经营企业合同；第二，中外合作经营企业合同；第三，中外合作勘探、开发自然资源合同；第四，中外合资经营企业、中外合作经营企业、外商独资企业股份转让合同；第五，外国自然人、法人或者其他组织承包经营在中华人民共和国领域内设立的中外合资经营企业、中外合作经营企业的合同；第六，外国自然人、法人或者其他组织购买中华人民共和国领域内的非外商投资企业股东的股权的合同；第七，外国自然人、法人或者其他组织认购中华人民共和国领域内的非外商投资有限责任公司或者股份有限公司增资的合同；第八，外国自然人、法人或者其他组织购买中华人民共和国领域内的非外商投资企业资产的合同。

(3)消费者合同适用消费者经常居所地法律；消费者选择适用商品、服务提供地法律或者经营者在消费者经常居所地没有从事相关经营活动的，适用商品、服务提供地法律。

(4)劳动合同适用劳动者工作地法律；难以确定劳动者工作地的，适用用人单位主营业地法律。劳务派遣，可以适用劳务派出地法律。

(5)当事人选择的法律不得违背我国的社会公共利益。

(二)最密切联系原则

总结我国司法实践，不同合同的最密切联系地如表所示：

合同类型	适用的法律
买卖合同	适用合同订立时卖方住所地法。如果合同是在买方住所地谈判并订立的，或者合同明确规定卖方须在买方住所地履行交货义务的，适用买方住所地法
加工承揽合同	适用加工承揽人住所地法
成套设备供应合同	适用设备安装地法
不动产买卖、租赁或者抵押合同	适用不动产所在地法
动产租赁合同	适用出租人住所地法
动产质押合同	适用质押人住所地法
借款合同	适用贷款人住所地法
保险合同	适用保险人住所地法
融资租赁合同	适用承租人住所地法
建设工程合同	适用建设工程所在地法
仓储、保管合同	适用仓储、保管人住所地法
保证合同	适用保证人住所地法
委托合同	适用受托人住所地法

续表

合同类型	适用的法律
债券的发行、销售和转让合同	分别适用债券发行地法、债券销售地法和债券转让地法
拍卖合同	适用拍卖举行地法
行纪合同	适用行纪人住所地法
居间合同	适用居间人住所地法

二、侵权行为的法律适用★★

（一）一般侵权行为的法律适用

《涉外民事关系法律适用法》第 44 条规定："侵权责任，适用侵权行为地法律，但当事人有共同经常居所地的，适用共同经常居所地法律。侵权行为发生后，当事人协议选择适用法律的，按照其协议。"

（二）特殊侵权行为的法律适用

1. 产品责任的法律适用。

《涉外民事关系法律适用法》第 45 条规定："产品责任，适用被侵权人经常居所地法律；被侵权人选择适用侵权人主营业地法律、损害发生地法律的，或者侵权人在被侵权人经常居所地没有从事相关经营活动的，适用侵权人主营业地法律或者损害发生地法律。"

2. 网络侵权的法律适用。

基于网络侵权的普遍性、国际性特点，我国《涉外民事关系法律适用法》第 46 条规定："通过网络或者采用其他方式侵害姓名权、肖像权、名誉权、隐私权等人格权的，适用被侵权人经常居所地法律。"用被侵权人经常居所地法取代侵权行为地法有利于司法任务的简化和被侵权人权益的保护。

3. 海事与民用航空侵权的法律适用。

《海商法》第 273 条规定："船舶碰撞的损害赔偿，适用侵权行为地法。船舶在公海上发生碰撞的损害赔偿，适用受理案件的法院所在地法律。同一国籍的船舶，不论碰撞发生于何地，碰撞船舶之间的损害赔偿适用船旗国法律。"

第四节 商事关系

一、票据关系的法律适用★★

1. 票据当事人的行为能力一般适用当事人的属人法。我国《票据法》第 96 条规定："票据债务人的民事行为能力，适用其本国法律。票据债务人的民事行为能力，依照其本国法律为无民事行为能力或者为限制民事行为能力而依照行为地法律为完全民事行为能力的，适用行为地法律。"

2. 票据行为方式一般适用行为地法。我国《票据法》第 97 条规定："汇票、本票出票时的记载事项，适用出票地法律。支票出票时的记载事项，适用出票地法律，经当事人协议，也可以适用付款地法律。"第 98 条规定："票据的背书、承兑、付款和保证行为，适用行为地法律。"

3. 票据追索权行使期限一般适用出票地法。我国《票据法》第 99 条规定："票据追索权的行使期限，适用出票地法律。"

4. 持票人责任一般适用付款地法。我国《票据法》第 100 条规定："票据的提示期限、有关拒绝证明的方式、出具拒绝证明的期限，适用付款地法律。"

5. 票据丧失时权利保全程序一般适用付款地法。我国《票据法》第 101 条规定："票据丧失时，失票人请求保全票据权利的程序，适用付款地法律。"

二、代理的法律适用

我国《涉外民事关系法律适用法》第 16 条规定："代理适用代理行为地法律，但被代理人与代理人的民事关系，适用代理关系发生地法律。当事人可以协议选择委托代理适用的法律。"

三、信托的法律适用

我国《涉外民事关系法律适用法》第 17 条规定："当事人可以协议选择信托适用的法律。当事人没有选择的，适用信托财产所在地法律或者信托关系发生地法律。"

第五节 婚姻家庭

一、结婚的法律适用★★

（一）结婚实质要件的法律适用

我国《涉外民事关系法律适用法》第 21 条规定："结婚条件，适用当事人共同经常居所地法律；没有共同经常居所地的，适用共同国籍国法律；没有共同国籍，在一方当事人经常居所地或者国籍国缔结婚姻的，适用婚姻缔结地法律。"我国对于结婚实质要件，要依次适用共同经常居所地法、共同国籍国法和婚姻缔结地法。

（二）结婚形式要件的法律适用

我国《涉外民事关系法律适用法》第 22 条规定："结婚手续，符合婚姻缔结地法律、一方当事人经常居所地法律或者国籍国法律的，均为有效。"我国对结婚形式要件，是在婚姻缔结地法、一方的经常居所地法或国籍国法中任选其一。

二、夫妻关系的法律适用★

(一)夫妻人身关系的法律适用

我国《涉外民事关系法律适用法》第23条规定:"夫妻人身关系,适用共同经常居所地法律;没有共同经常居所地的,适用共同国籍国法律。"

(二)夫妻财产关系的法律适用

我国《涉外民事关系法律适用法》第24条规定:"夫妻财产关系,当事人可以协议选择适用一方当事人经常居所地法律、国籍国法律或者主要财产所在地法律。当事人没有选择的,适用共同经常居所地法律;没有共同经常居所地的,适用共同国籍国法律。"

三、离婚的法律适用

(一)离婚案件的管辖权

根据我国《民事诉讼法》第22条、第23条的相关规定:只要被告在我国有住所或居所,我国法院就有管辖权;同时,对于被告不在我国境内居住的离婚案件,如果原告在我国境内有住所或居所,则原告住所地或居所地法院也有管辖权。

根据我国《民诉解释》的规定,我国法院在以下情况下也有管辖权:(1)在国内结婚并定居国外的华侨,如定居国法院以离婚诉讼须由婚姻缔结地法院管辖为由不予受理,当事人向人民法院提出离婚诉讼的,由婚姻缔结地或一方在国内的最后居住地人民法院管辖。(2)在国外结婚并定居国外的华侨,如定居国法院以离婚诉讼须由国籍所属国法院管辖为由不予受理,当事人向人民法院提出离婚诉讼的,由一方原住所地或在国内的最后居住地人民法院管辖。(3)中国公民一方居住在国外,一方居住在国内,无论哪一方向人民法院提起离婚诉讼,国内一方住所地人民法院都有管辖权。国外一方在居住国法院起诉,国内一方向人民法院起诉的,受诉人民法院有权管辖。(4)中国公民双方在国外但未定居,一方向人民法院起诉离婚的,应由原告或者被告原住所地人民法院管辖。(5)已经离婚的中国公民,双方均定居国外,仅就国内财产分割提起诉讼的,由主要财产所在地人民法院管辖。

(二)离婚的法律适用

我国《涉外民事关系法律适用法》区分协议离婚和诉讼离婚分别规定冲突规则。第26条规定:"协议离婚,当事人可以协议选择适用一方当事人经常居所地法律或者国籍国法律。当事人没有选择的,适用共同经常居所地法律;没有共同经常居所地的,适用共同国籍国法律;没有共同国籍的,适用办理离婚手续机构所在地法律。"第27条规定:"诉讼离婚,适用法院地法律。"

四、家庭关系的法律适用

1. 对于父母子女关系,我国《涉外民事关系法律适用法》第25条规定:"父母子女人身、财产关系,适用共同经常居所地法律;没有共同经常居所地的,适用一方当事人经常居所地法律或者国籍国法律中有利于保护弱者权益的法律。"

2. 对于收养问题,我国《涉外民事关系法律适用法》第28条规定:"收养的条件和手续,适用收养人和被收养人经常居所地法律。收养的效力,适用收养时收养人经常居所地法律。收养关系的解除,适用收养时被收养人经常居所地法律或者法院地法律。"

3. 对于扶养问题,我国《涉外民事关系法律适用法》第29条规定:"扶养,适用一方当事人经常居所地法律、国籍国法律或者主要财产所在地法律中有利于保护被扶养人权益的法律。"参照我国的司法实践,此处的扶养包括父母对子女的抚养关系、夫妻之间的扶养关系和子女对父母的赡养关系。

4. 对于监护问题,我国《涉外民事关系法律适用法》第30条规定:"监护,适用一方当事人经常居所地法律或者国籍国法律中有利于保护被监护人权益的法律。"

第六节 继 承

一、法定继承的法律适用

(一)区别制

我国《涉外民事关系法律适用法》第31条规定:"法定继承,适用被继承人死亡时经常居所地法律,但不动产法定继承,适用不动产所在地法律。"

(二)同一制

这种做法不分动产和不动产,继承关系作为一个整体适用同一冲突规范所指定的准据法,通常是被继承人的属人法(本国法或住所地法)。

二、遗嘱的法律适用★★

1. 立遗嘱人能力一般适用立遗嘱人的属人法。

2. 遗嘱方式的法律适用。我国《涉外民事关系法律适用法》第32条规定:"遗嘱方式,符合遗嘱人立遗嘱时或者死亡时经常居所地法律、国籍国法律或者遗嘱行为地法律的,遗嘱均为成立。"

3. 遗嘱内容和效力的法律适用。我国《涉外民事关系法律适用法》第33条规定:"遗嘱效力,适用遗嘱人立遗嘱时或者死亡时经常居所地法律或者国籍国法律。"

三、遗产管理的法律适用

我国《涉外民事关系法律适用法》第 34 条规定："遗产管理等事项，适用遗产所在地法律。"

四、无人继承财产归属的法律适用

我国《民法典》第 1160 条规定：无人继承又无人受遗赠的遗产，归国家所有，用于公益事业；死者生前是集体所有制组织成员的，归所在集体所有制组织所有。我国《涉外民事关系法律适用法》第 35 条规定："无人继承遗产的归属，适用被继承人死亡时遗产所在地法律。"

第七节　知 识 产 权

现在，越来越多的人主张采用分割方法，分别对知识产权的权属、转让和侵权等问题设立法律适用规则。我国《涉外民事关系法律适用法》就采取了这种方法，其第 48 条规定："知识产权的归属和内容，适用被请求保护地法律。"第 49 条规定："当事人可以协议选择知识产权转让和许可使用适用的法律。当事人没有选择的，适用本法对合同的有关规定。"第 50 条规定："知识产权的侵权责任，适用被请求保护地法律，当事人也可以在侵权行为发生后协议选择适用法院地法律。"

命题点拨　要在了解国际上关于不同民商事关系法律适用的一般做法的基础上，掌握我国相关立法的具体规定，特别注意《涉外民事关系法律适用法》和《涉外适用解释(一)》对以前相关法律规定的修订和完善。

第六章　国际民商事争议的解决

第一节　国际民商事争议概述

国际民商事争议，是指国际民商事交往中各方当事人之间在权利义务方面所发生的各种纠纷。国际民商事争议解决方式通常为和解、调解、仲裁和诉讼。其中，仲裁和诉讼是考试考查的重点。

第二节　国际商事仲裁

国际商事仲裁，有时也称为国际经济贸易仲裁、涉外仲裁、国际仲裁或跨国仲裁，是含有国际因素或涉外因素的仲裁，是解决国际、跨国或涉外商事争议的仲裁。

一、仲裁协议★

(一) 仲裁协议的概念和类型

仲裁协议，是指双方当事人愿意将他们之间将来可能发生的争议或者已经发生的争议交付仲裁解决的一种协议。仲裁协议的类型主要包括：

1. 仲裁条款。即当事人双方在签订合同时，在合同中订立的约定将可能发生的合同争议提交仲裁解决的条款。

2. 仲裁协议书。仲裁协议书是争议当事人订立的将其争议提交仲裁解决的一种专门协议。

3. 其他类型的仲裁协议。它是指双方当事人在相互往来的函电包括信件、传真、电子数据交换和电子邮件等中共同约定将他们之间已经发生或将来可能发生的争议提交仲裁而达成的协议。

(二) 仲裁协议的有效性及其认定

1. 仲裁协议无效的情形。我国《仲裁法》第 17 条规定，有下列情形之一的，仲裁协议无效：(1) 约定的仲裁事项超出法律规定的仲裁范围；(2) 无民事行为能力人或限制民事行为能力人订立的仲裁协议；(3) 一方采取胁迫手段，迫使对方订立的仲裁协议。仲裁协议对仲裁事项或者仲裁委员会没有约定或者约定不明确的，当事人可以补充协议；达不成补充协议的，仲裁协议无效。

2. 仲裁协议约定不明的处理。(1) 仲裁协议约定的仲裁机构名称不准确，但能够确定具体的仲裁机构的，应当认定选定了仲裁机构。(2) 仲裁协议仅约定纠纷适用的仲裁规则的，视为未约定仲裁机构，但当事人达成补充协议或者按照约定的仲裁规则能够确定仲裁机构的除外。(3) 仲裁协议约定两个以上仲裁机构的，当事人可以协议选择其中的一个仲裁机构申请仲裁；当事人不能就仲裁机构选择达成一致的，仲裁协议无效。(4) 仲裁协议约定由某地的仲裁机构仲裁且该地仅有一个仲裁机构的，该仲裁机构视为约定的仲裁机构。该地有两个以上仲裁机构的，当事人可以协议选择其中的一个仲裁机构申请仲裁；当事人不能就仲裁机构选择达成一致的，仲裁协议无效。(5) 当事人约定争议可以向仲裁机构申请仲裁也可以向人民法院起诉的，仲裁协议无效。但一方向仲裁机构申请仲裁，另一方未在《仲裁法》第 20 条第 2 款规定期间(仲裁庭首次开庭前)内提出异议的除外。

3. 仲裁协议效力的认定。《仲裁法》第 20 条规定，当事人对仲裁协议的效力有异议的，可以请求仲裁委员会作出决定或者请求人民法院作出裁定。一方请求仲裁委员会作出决定，另一方请求人民法院作出裁定的，由人民法院裁定。当事人对仲裁协议的效力有异议,应当在仲裁庭首次开庭前提出。

4. 仲裁协议的法律适用。对涉外仲裁协议的效力审查,适用当事人约定的法律;当事人没有约定适用的法律但约定了仲裁地的,适用仲裁地法律;没有约定适用的法律也没有约定仲裁地或者仲裁地约定不明的,适用法院地法律。

5. 管辖法院。申请确认涉外仲裁协议效力的案件,由仲裁协议约定的仲裁机构所在地、仲裁协议签订地、申请人或者被申请人住所地的中级人民法院或者专门人民法院管辖。

二、仲裁程序中的财产保全和证据保全

(一)财产保全

我国《民事诉讼法》第 289 条规定,当事人申请采取财产保全的,中华人民共和国的涉外仲裁机构应当将当事人的申请,提交被申请人住所地或者财产所在地的中级人民法院裁定。最高人民法院《关于适用〈中华人民共和国民事诉讼法〉的解释》(以下简称《民诉解释》)第 540 条第 1 款规定,我国涉外仲裁机构将当事人的保全申请提交人民法院裁定的,人民法院可以进行审查,裁定是否进行保全。裁定保全的,应当责令申请人提供担保,申请人不提供担保的,裁定驳回申请。

(二)证据保全

《仲裁法》第 68 条规定,涉外仲裁的当事人申请证据保全的,涉外仲裁委员会应当将当事人的申请提交证据所在地的中级人民法院。

《民诉解释》第 542 条第 2 款规定,当事人申请证据保全,人民法院经审查认为无须提供担保的,申请人可以不提供担保。

三、申请撤销仲裁裁决

(一)申请撤销的期限和机构

我国《仲裁法》第 59 条规定,当事人申请撤销裁决的,应当自收到裁决书之日起 6 个月内,向仲裁机构所在地的中级人民法院提出。

(二)可以撤销的法定情形

我国《仲裁法》第 70 条规定,当事人提出证据证明涉外仲裁裁决有下列情形之一的,经人民法院组成合议庭审查核实,裁定撤销:(1)当事人在合同中没有订有仲裁条款或者事后没有达成书面仲裁协议的;(2)被申请人没有得到指定仲裁员或者进行仲裁程序的通知,或者由于其他不属于被申请人负责的原因未能陈述意见的;(3)仲裁庭的组成或者仲裁程序与仲裁规则不符的;(4)裁决的事项不属于仲裁协议的范围或者仲裁机构无权仲裁的。

(三)裁决撤销后的效果

对于人民法院撤销仲裁裁决或驳回当事人申请的裁定,依照最高人民法院的有关司法解释,当事人无权提出上诉及申诉,人民检察院也不能提起抗诉。仲裁裁决被法院撤销以后,当事人可以依据重新达成的仲裁协议申请仲裁,也可以直接向有管辖权的法院起诉。

此外要切记,中国法院撤销的只能是本国裁决,而不能撤销外国裁决。

四、仲裁裁决的承认与执行★★★

(一)《纽约公约》

1958 年《纽约公约》是目前国际上关于承认与执行外国仲裁裁决的最主要的公约。该公约第 5 条规定了 7 种可以拒绝承认和执行外国仲裁裁决的情形,包括:(1)签订仲裁协议的当事人无行为能力,或在未选定准据法时依据裁决地法,该仲裁协议无效;(2)被执行人未接到关于指派仲裁员或关于仲裁程序的适当通知,或者由于其他情况未能在案件中进行申辩;(3)裁决超出约定仲裁事项的范围;(4)仲裁庭的组成或仲裁程序与当事人之间的协议不符,或者与仲裁地所在国法律不符;(5)裁决尚未发生法律效力,或者裁决被撤销或停止执行;(6)依照执行地国的法律,争议事项不可以用仲裁的方式加以解决;(7)承认与执行该裁决违反承认与执行地国的公共政策。

(二)中国关于承认与执行仲裁裁决的规定

1. 承认和执行的机构。我国《民事诉讼法》第 304 条规定,在中国领域外作出的发生法律效力的仲裁裁决,需要人民法院承认和执行的,当事人可以直接向被执行人住所地或者其财产所在地的中级人民法院申请。被执行人住所地或者其财产不在中华人民共和国领域内的,当事人可以向申请人住所地或者与裁决的纠纷有适当联系的地点的中级人民法院申请。人民法院应当依照中国缔结或者参加的国际条约,或者按照互惠原则办理。

2. 承认和执行的程序。法院决定予以承认和执行的,应在受理申请之日起 2 个月内作出裁定,如无特殊情况,应在裁定后 6 个月内执行完毕。

3. 不予承认和执行。我国《民事诉讼法》第 291 条规定,对中华人民共和国涉外仲裁机构作出的裁决,被申请人提出证据证明仲裁裁决有下列情形之一的,经人民法院组成合议庭审查核实,裁定不予执行:(1)当事人在合同中没有订有仲裁条款或者事后没有达成书面仲裁协议的;(2)被申请人没有得到指定仲裁员或者进行仲裁程序的通知,或者由于其他不属于被申请人负责的原因未能陈述意见的;

(3)仲裁庭的组成或者仲裁的程序与仲裁规则不符的;(4)裁决的事项不属于仲裁协议的范围或者仲裁机构无权仲裁的;(5)人民法院认定执行该裁决违背社会公共利益的。

法院决定不予承认与执行的,在裁定前必须报请本辖区所属高级人民法院进行审查;如果高级人民法院同意不予执行或者拒绝承认和执行,应将其审查意见报最高人民法院。待最高人民法院答复后,方可裁定不予执行或者拒绝承认和执行。

第三节　国际民事诉讼

一、国际民事诉讼的特点

(一)国际民事诉讼是含有国际或涉外因素的诉讼

(二)国际民事诉讼程序中的问题,一般适用法院地法解决,而不适用外国法

(三)调整国际民事诉讼的程序法既包括一国法院审理国内民事案件所适用的一般程序规范,也包括专门处理国际民事案件所适用的特殊程序规范

二、外国人的民事诉讼地位★

(一)有关外国人民事诉讼地位的一般原则

各国一般赋予外国人在民事诉讼方面的国民待遇,同时规定以互惠和对等为条件。

(二)外国人在中国的民事诉讼地位

1. 当事人的民事诉讼权利能力与诉讼行为能力:

(1)当事人的民事诉讼权利能力应依法院地法。

(2)当事人的民事诉讼行为能力应由当事人的属人法决定,若根据当事人属人法为无民事诉讼行为能力,但依法院地所在国的法律却有民事诉讼行为能力时,应当认定有民事诉讼行为能力,即此时应依法院地法。

2. 诉讼代理:

(1)外国人在我国法院参与诉讼时,可以亲自进行,也有权通过一定程序委托我国的律师或其他公民代为进行。但是要委托律师代理诉讼时,必须委托我国的律师代为诉讼;

(2)还可以委托其本国人为诉讼代理人,也可以委托本国律师以非律师身份担任诉讼代理人;

(3)还可以委托其本国驻华使领馆官员以个人名义担任诉讼代理人。

3. 诉讼语言文字:我国法院审理国际民事案件应使用我国通用的语言文字。

三、国际民事案件管辖权★★

(一)确定国际民事案件管辖权的原则

属地管辖;属人管辖;协议管辖;专属管辖;平行管辖。

(二)一事再理与一事两诉

(三)中国关于国际民事案件管辖权的规定

中国关于国际民事案件管辖权规则(一)

管辖类型	内容
普通地域管辖	采用原告就被告的原则
特别地域管辖	(1)对于在我国领域内没有住所的被告提起的有关合同或财产权益纠纷,我国境内的合同签订地、合同履行地、标的物所在地、可供扣押的财产所在地、侵权行为地或代表机构所在地法院均可以行使管辖权; (2)《民事诉讼法》第23条至第35条有关国内特别地域管辖的规定可类推适用于涉外民事案件
专属管辖	(1)因不动产纠纷提起的诉讼,由不动产所在地人民法院管辖; (2)因港口作业中发生纠纷提起的诉讼,由港口所在地人民法院管辖; (3)因继承遗产纠纷提起的诉讼,由被继承人死亡时的住所地或者主要遗产所在地人民法院管辖; (4)因在我国履行的中外合资经营企业合同、中外合作经营企业合同、中外合作勘探开发自然资源合同发生的纠纷提起的诉讼,我国法院有专属管辖权; (5)属于我国法院专属管辖的案件,当事人不得用书面协议选择其他国家法院管辖,但协议选择仲裁裁决的除外
协议管辖	(1)涉外合同或其他财产权益纠纷的当事人可以协议选择解决争议的法院; (2)选择必须是书面的; (3)必须选择与争议有实际联系地点的法院管辖,如被告住所地、合同履行地、合同签订地、原告住所地、标的物所在地、侵权行为地等; (4)不得违反专属管辖和级别管辖

中国关于国际民事案件管辖权规则(二)

管辖类型	内容
级别管辖	(1)基层人民法院管辖第一审涉外民事案件; (2)中级人民法院管辖第一审重大涉外案件
拒绝管辖	必须同时符合下列情形: (1)被告提出案件应由更方便的外国法院管辖的请求,或者提出管辖异议; (2)当事人之间不存在选择中华人民共和国法院管辖的协议; (3)案件不属于中华人民共和国法院专属管辖; (4)案件不涉及中华人民共和国国家、公民、法人或者其他组织的利益; (5)案件争议的主要事实不是发生在中华人民共和国境内,且案件不适用中华人民共和国法律,人民法院审理案件在认定事实和适用法律方面存在重大困难; (6)外国法院对案件享有管辖权,且审理该案件更加方便
平行诉讼	我国允许平行诉讼,同时采取一事不再理原则、判决在先原则
国际条约优先	国际条约的规定优先适用
集中管辖	以下沉管辖权为原则,集中管辖为例外
国际商事法庭管辖权	受理五类案件

四、国际民事诉讼的期间、诉讼保全、诉讼时效和审理程序★

(一)期间

1. 在我国境内没有住所的被告应在收到起诉状副本后30日内提出答辩状。

2. 在我国境内没有住所的当事人的上诉期、被上诉人的答辩期也是30日。

(二)诉讼保全

参见《民事诉讼法》第103~108条。

注意:当事人没有申请的,法院在必要时也可采取保全措施。

(三)诉讼时效

诉讼时效,适用相关涉外民事关系应当适用的法律。

(四)审理程序

涉外案件的审理程序可以是普通程序或简易程序,但根据《民事诉讼法》第166条规定,涉外案件不适用小额诉讼的程序。

五、国际司法协助★★

(一)司法协助概述

1. 司法协助的内容:

广义的司法协助包括:送达诉讼文书、代为询问证人、调查取证以及外国法院判决和外国仲裁裁决的承认与执行。

2. 司法协助的途径与履行:

(1)外交途径:请求国司法机关→请求国外交部→被请求国外交代表→被请求国司法机关。

(2)使领馆途径:请求国司法机关→请求国驻被请求国使领馆→被请求国司法机关。

(3)法院途径:请求国法院→被请求国法院。

(4)中心机关途径,又称中央机关途径。方式为:请求国司法机关→请求国中央机关→被请求国中央机关→被请求国主管司法机关,或者请求国司法机关→被请求国中央机关→被请求国主管司法机关。

3. 中国关于司法协助的规定:

(1)司法协助请求的提出,应根据我国缔结或参加的国际条约所规定的途径进行;没有条约关系的,通过外交途径进行。

(2)外国驻我国使领馆可以向其本国公民送达文书和调查取证,但不得违反我国法律,并不得采取强制措施。

(3)未经我国主管机关的准许,任何其他外国机关和个人不得在我国领域内送达文书和调查取证。

(4)最高人民法院《关于依据国际公约和双边司法协助条约办理民商事案件司法文书送达和调查取证司法协助请求的规定》(以下简称2013年《办理司法协助请求的规定》):

①司法协助的原则:便捷高效原则、对等原则和依法审查原则。

②统一管理和专人负责相结合的管理机制。

③人民法院国际司法协助工作的制度建设,包括登记制度和档案制度。

④经最高人民法院授权的高级人民法院，可以依据海牙送达公约、海牙取证公约直接对外发出本辖区各级人民法院提出的民商事案件司法文书送达和调查取证请求。

（二）域外送达

中国关于域外送达文书的规定：

（1）《民事诉讼法》第283条规定的方式：

①依照受送达人所在国与中华人民共和国缔结或者共同参加的国际条约中规定的方式送达；

②通过外交途径送达；

③对具有中华人民共和国国籍的受送达人，可以委托中华人民共和国驻受送达人所在国的使领馆代为送达；

④向受送达人在本案中委托的诉讼代理人送达；

⑤向受送达人在中华人民共和国领域内设立的独资企业、代表机构、分支机构或者有权接受送达的业务代办人送达；

⑥受送达人为外国人、无国籍人，其在中华人民共和国领域内设立的法人或者其他组织担任法定代表人或者主要负责人，且与该法人或者其他组织为共同被告的，向该法人或者其他组织送达；

⑦受送达人为外国法人或者其他组织，其法定代表人或者主要负责人在中华人民共和国领域内的，向其法定代表人或者主要负责人送达；

⑧受送达人所在国的法律允许邮寄送达的，可以邮寄送达，自邮寄之日起满3个月，送达回证没有退回，但根据各种情况足以认定已经送达的，期间届满之日视为送达；

⑨采用能够确认受送达人收悉的电子方式送达，但是受送达人所在国法律禁止的除外；

⑩以受送达人同意的其他方式送达，但是受送达人所在国法律禁止的除外。

⑪不能用上述方式送达的，公告送达，自发出公告之日起，经过60日，即视为送达。

（2）最高人民法院《涉外民事或商事案件司法文书送达问题若干规定》：

①作为受送达人的外国自然人或者企业、其他组织的法定代表人、主要负责人在我国领域内出现时，人民法院可以向其直接送达。

②有权接受送达的诉讼代理人：除受送达人在授权委托书中明确表明其诉讼代理人无权代为接收有关司法文书外，人民法院可以向该诉讼代理人送达。

③受送达人在我国领域内设立有代表机构的，人民法院向受送达人送达司法文书，可以送达给其代表机构。而对于受送达人的分支机构和业务代办人，只有经过受送达人的授权，人民法院才可以向其分支机构和业务代办人送达。

④人民法院向在中华人民共和国领域内没有住所的受送达人送达司法文书时，若该受送达人所在国与中华人民共和国签订有司法协助协定，可以依照司法协助协定规定的方式送达；若该受送达人所在国是《关于向国外送达民事或商事司法文书和司法外文书公约》的成员国，可以依照该公约规定的方式送达依照受送达人所在国与中华人民共和国缔结或者共同参加的国际条约中规定的方式送达的，根据最高人民法院《关于依据国际公约和双边司法协助条约办理民商事案件司法文书送达和调查取证司法协助请求的规定》办理。

注意：根据2013年《办理司法协助请求的规定》（2020年已修订），不再坚持双边条约优先适用的原则，法院应依据便捷、高效原则确定依据。

⑤判断不能以邮寄送达方式送达的期间为3个月。

⑥除本规定的上述送达方式外，人民法院可以通过传真、电子邮件等能够确认收悉的其他适当方式向受送达人送达。

（三）域外取证

（四）外国法院判决的承认与执行

1. 中国关于外国法院判决承认与执行的规定：

（1）承认与执行的法院：可以由当事人直接向有管辖权的法院提出（在我国为被执行人住所地或财产所在地的中级人民法院），也可以由法院按照条约的规定或者互惠原则请求对方国家的法院承认与执行。

（2）请求承认与执行的判决或裁定必须是已经发生法律效力的判决或裁定。

（3）无论是由当事人直接申请还是由外国法院请求，我国法院都必须依照我国与该国缔结或参加的国际条约的规定，或者互惠原则进行审查。

（4）如果某国与我国既无条约关系也不存在互惠关系时，我国法院将裁定驳回承认与执行申请，对该外国法院的判决不予以承认与执行。在此种情形下，当事人可以向我国法院起诉，由有管辖权的法院作出判决并予以执行。

（5）申请承认与执行的期间：2年。

承认与执行外国法院判决的条件：

双边条约机制	互惠机制
①请求承认与执行的缔约国法院判决或裁定必须已经发生法律效力； ②原判决国法院必须有管辖权； ③审判程序公正； ④不与正在我国国内进行或已经终结的诉讼相冲突； ⑤承认与执行不违反执行地国公共政策	没有条约关系时，具有互惠关系是承认与执行外国法院判决的前提条件。 ①请求承认与执行的判决或裁定必须是已经发生法律效力的判决或裁定； ②外国判决、裁定不违反我国法律的基本原则，或者不危害我国国家主权、安全和社会公共利益； ③如系缺席判决，胜诉一方当事人必须提供文件证明败诉一方被适当送达或者判决本身明确载有适当送达当事人的内容； ④如果存在已经做出的相同当事人之间相同诉因的人民法院判决，则承认与执行外国法院判决的请求将不予准许，如果外国法院判决、裁定已经被人民法院承认，当事人就同一争议向人民法院起诉的，人民法院不予受理。我国采纳的是判决在先原则

2. 中国关于承认与执行外国法院离婚判决的规定：

(1)中国公民向人民法院申请承认外国法院离婚判决，人民法院不应以其未在国内缔结婚姻关系而拒绝受理。

(2)外国公民向人民法院申请承认外国法院离婚判决，如果其离婚的原配偶是中国公民的，人民法院应予受理；如果其离婚的原配偶是外国公民的，人民法院不予受理。

(3)当事人向人民法院申请承认外国法院离婚调解书效力的，人民法院应予受理。

(4)中国当事人一方，持外国法院作出的离婚判决书，向人民法院申请承认其效力的，应由中级人民法院受理。

六、外资非正常撤离中国相关利益方跨国追究与诉讼的问题

命题点拨 如何认定仲裁协议的有效性，承认与执行外国仲裁裁决的条件，确定涉外民商事案件管辖权的规则，涉外民商事案件的诉讼时效和外国法院判决承认与执行的条件。

第七章 区际法律问题

第一节 区际法律冲突与区际冲突法

区际法律冲突，是指一个国家内部不同地区的法律制度之间的冲突。解决区际法律冲突的途径有两种：一种是区际冲突法解决途径；另一种是统一实体法解决途径。

区际冲突法，是指用于解决一个主权国家内部具有独特法律制度的不同地区之间的民商事法律冲突的法律适用法。各国通过区际冲突法途径来解决区际法律冲突的实践包括以下几种：第一，制定全国统一的区际冲突法来解决区际法律冲突。第二，各法域分别制定各自的区际冲突法，用来解决自己的法律与其他法域的法律之间的冲突。第三，类推适用国际私法解决区际法律冲突。第四，对区际法律冲突和国际法律冲突不加区分，适用与解决国际法律冲突基本相同的规则解决区际法律冲突。

第二节 区际司法协助★

一、区际送达

(一)内地与香港特别行政区之间的送达

1. 双方委托送达司法文书，均须通过内地各高级人民法院和香港特别行政区高等法院进行。最高人民法院司法文书可以直接委托香港特别行政区高等法院送达。

2. 送达司法文书，应当依照受委托方所在地法律规定的程序进行。无论司法文书中确定的出庭日期或者期限是否已过，受委托方均应送达。受委托方最迟不得超过自收到委托书之日起2个月送达。

3. 委托送达司法文书费用互免。但委托方在委托书中请求以特定送达方式送达所产生的费用，由委托方负担。

(二)内地与澳门特别行政区之间的送达

1. 双方相互委托送达司法文书，通过内地各高级人民法院和澳门特别行政区终审法院进行。最高人民法院与澳门特别行政区终审法院可以直接相互委托送达。最高人民法院可以授权部分中级人民法院、基层人民法院与澳门特别行政区终审法院相互委托送达。

2. 无论司法文书中确定的出庭日期或者期限是否已过，受委托方均应送达，受委托方最迟不得超过自收到委托书之日起2个月送达。

3. 受委托方不得以其本辖区法律规定对委托方法院审理的该民商事案件享有专属管辖权或不承认对该请求事项提起诉讼的权利为由，不予执行受托事项。

4. 委托送达司法文书费用互免。但委托方在委托书中请求以特定送达方式送达所产生的费用，由委托方负担。

5. 送达方式：法院可以采取邮寄、传真、电子邮件、公告送达、留置送达等。关于送达方式,《内地与澳门特别行政区安排》(2019 年修订)作了重大改变。双方相互委托送达司法文书(和调查取证),通过内地与澳门特别行政区司法协助网络平台以电子方式转递;不能通过司法协助网络平台以电子方式转递的,采用邮寄方式。

(三)大陆与台湾地区之间的送达

1. 人民法院向住所地在台湾地区的当事人送达民事诉讼文书。

(1)直接送达。

(2)向诉讼代理人送达。但受送达人在授权委托书中明确表明其诉讼代理人无权代为接收的除外。

(3)受送达人有指定代收人的,向代收人送达。

(4)向其代表机构或者经受送达人明确授权接受送达的分支机构、业务代办人送达。

(5)受送达人在台湾地区的地址明确的,可以邮寄送达。

(6)有明确的传真号码、电子信箱地址的,可以通过传真、电子邮件方式送达。

(7)按照两岸认可的其他途径送达。

(8)采用上述方式不能送达或者台湾地区的当事人下落不明的,公告送达。

采用前 4 种方式送达的,由受送达人、诉讼代理人或者有权接受送达的人在送达回证上签收或者盖章,即为送达;拒绝签收或者盖章的,可依法留置送达。

2. 人民法院代为送达台湾地区法院的民事诉讼文书。

(1)人民法院代为送达台湾地区法院的民事诉讼文书应当有后者的委托函。在收到台湾地区有关法院的委托函后,经审查符合条件的,应在收到委托函之日起 2 个月内完成送达。

(2)民事诉讼文书中确定的出庭日期或者其他期限逾期的,受委托的人民法院亦应予送达。

(3)人民法院按照委托函中的受送达人姓名或者名称、地址不能送达的,应当附函写明情况,将未完成送达的委托材料依原途径退回。完成送达的送达回证也按照原途径退回。

(4)受委托的人民法院对台湾地区有关法院委托送达的民事诉讼文书的内容和后果不负法律责任。

二、调查取证

(一)最高人民法院《关于内地与澳门特别行政区法院就民商事案件相互委托送达司法文书和调取证据的安排》

内地人民法院与澳门特别行政区法院可按照该安排,就民商事案件(在内地包括劳动争议案件,在澳门特别行政区包括民事劳工案件)相互委托调取证据。双方相互委托调取证据,须通过内地各高级人民法院和澳门特别行政区终审法院进行。最高人民法院与澳门特别行政区终审法院可以直接相互委托调取证据。委托方法院请求调取的证据只能是用于与诉讼有关的证据,调取证据的期限为 3 个月。

(二)最高人民法院《关于内地与香港特别行政区法院就民商事案件相互委托提取证据的安排》

1. 机构。依该安排,双方相互委托提取证据,须通过各自指定的联络机关进行。其中,内地指定各高级人民法院为联络机关;香港特别行政区指定香港特别行政区政府政务司司长办公室辖下行政署为联络机关。最高人民法院可以直接通过香港特别行政区指定的联络机关委托提取证据。

2. 请求协助的范围。(1)内地人民法院根据本安排委托香港特别行政区法院提取证据的,请求协助的范围包括:①讯问证人;②取得文件;③检查、拍摄、保存、保管或扣留财产;④取得财产样品或对财产进行试验;⑤对人进行身体检验。(2)香港特别行政区法院根据本安排委托内地人民法院提取证据的,请求协助的范围包括:①取得当事人的陈述及证人证言;②提供书证、物证、视听资料及电子数据;③勘验、鉴定。

3. 期限。受委托方应当尽量自收到委托书之日起 6 个月内完成受托事项。受委托方完成受托事项后,应当及时书面回复委托方。

三、就仲裁程序相互协助保全

(一)最高人民法院《关于内地与香港特别行政区法院就仲裁程序相互协助保全的安排》

1. 内地受理保全申请的法院:被申请人住所地、财产所在地或者证据所在地的内地中级人民法院。

2. 法院审查保全申请,要求申请人提供何种担保或者作出承诺、保证,作出是否保全的裁定或者命令等,均依据被请求方法律进行尽快审查。当事人对裁定或者命令不服时,按被请求方有关法律规定处理,在内地,可以申请复议;在香港特别行政区,可以申请解除或者更改。

(二)最高人民法院《关于内地与澳门特别行政区就仲裁程序相互协助保全的安排》

1. 按照澳门特别行政区仲裁法规向澳门特别行政区仲裁机构提起民商事仲裁程序的当事人,在仲裁裁决作出前,可以向被申请人住所地、财产所在地或者证据所在地的内地中级人民法院申请保全。被申请人住所地、财产所在地或者证据所在地在不同人民法院辖区的,应当选择向其中一个人民法院提出申请,不得分别向两个或者两个以上人民法院提出申请。

2. 申请仲裁前保全的，内地人民法院采取保全措施后30日内未收到仲裁机构已受理仲裁案件的证明函件的，内地人民法院应当解除保全。

3. 依据《仲裁法》向内地仲裁机构提起民商事仲裁程序的当事人，在仲裁裁决作出前，可以根据澳门特别行政区法律规定，向澳门特别行政区初级法院申请保全。

四、内地（大陆）与港澳台地区相互执行法院判决★★

（一）2015年最高人民法院《关于认可和执行台湾地区法院民事判决的规定》

1. 申请：申请认可台湾地区法院民事判决的案件，由申请人住所地、经常居住地或者被申请人住所地、经常居住地、财产所在地中级人民法院或者专门人民法院受理。

2. 申请符合条件的，法院应当在收到申请后7日内立案；不符合规定条件的，应当在7日内裁定不予受理，同时说明不予受理的理由；申请人对裁定不服的，可以提起上诉。

3. 法院受理认可台湾地区法院民事判决的申请后，当事人就同一争议起诉的，不予受理。一方当事人向人民法院起诉后，另一方当事人向人民法院申请认可的，对于认可的申请不予受理。案件虽经台湾地区有关法院判决，但当事人未申请认可，而是就同一争议向人民法院起诉的，应予受理。

4. 台湾地区法院民事判决具有下列情形之一的，裁定不予认可：（1）申请认可的民事判决，是在被申请人缺席又未经合法传唤或者在被申请人无诉讼行为能力又未得到适当代理的情况下作出的；（2）案件系人民法院专属管辖的；（3）案件双方当事人订有有效仲裁协议，且无放弃仲裁管辖情形的；（4）案件系人民法院已作出判决或者中国大陆的仲裁庭已作出仲裁裁决的；（5）香港特别行政区、澳门特别行政区或者外国的法院已就同一争议作出判决且已为人民法院所认可或者承认的；（6）台湾地区、香港特别行政区、澳门特别行政区或者外国的仲裁庭已就同一争议作出仲裁裁决且已为人民法院所认可或者承认的；（7）认可该民事判决将违反一个中国原则等国家法律的基本原则或者损害社会公共利益的，人民法院应当裁定不予认可。

5. 经人民法院裁定认可的台湾地区法院民事判决，与人民法院作出的生效判决具有同等效力。

（二）最高人民法院《关于内地与澳门特别行政区相互认可和执行民商事判决的安排》

1. 适用的范围：（1）适用于内地与澳门特别行政区民商事案件判决的相互认可和执行，亦适用于刑事案件中有关民事损害赔偿的判决、裁定，但不适用于行政案件。（2）“判决”，在内地包括：判决、裁定、决定、调解书、支付令；在澳门特别行政区包括：裁判、判决、确认和解的裁定、法官的决定或者批示。

2. 受理程序：（1）内地有权受理法院：被申请人住所地、经常居住地或者财产所在地的中级人民法院。两个或两个以上中级人民法院均有管辖权的，申请人应当选择向其中一个中级人民法院提出申请。（2）澳门有权受理法院：中级法院；有权执行的法院为初级法院。（3）被申请人在内地和澳门特别行政区均有可供执行财产的，申请人可以向一地法院提出执行申请。申请人向一地法院提出执行申请的同时，可以向另一地法院申请查封、扣押或者冻结被执行人的财产。

3. 裁定不予认可的情形：（1）根据被请求方的法律，判决所确认的事项属被请求方法院专属管辖；（2）在被请求方法院已存在相同诉讼，该诉讼先于待认可判决的诉讼提起，且被请求方法院具有管辖权；（3）被请求方法院已认可或者执行被请求方法院以外的法院或仲裁机构就相同诉讼作出的判决或仲裁裁决；（4）根据判决作出地的法律规定，败诉的当事人未得到合法传唤，或者无诉讼行为能力人未依法得到代理；（5）根据判决作出地的法律规定，申请认可和执行的判决尚未发生法律效力，或者因再审被裁定中止执行；（6）在内地认可和执行判决将违反内地法律的基本原则或者社会公共利益，在澳门特别行政区认可和执行判决将违反澳门特别行政区法律的基本原则或者公共秩序。

4. 救济程序：当事人对认可与否的裁定不服的，在内地可以向上一级人民法院提请复议，在澳门特别行政区可以根据其法律规定提起上诉；对执行中作出的裁定不服的，可以根据被请求方法律的规定，向上级法院寻求救济。

5. 裁定效力：经裁定予以认可的判决，与被请求方法院的判决具有同等效力；判决有给付内容的，当事人可以向该方有管辖权的法院申请执行。另外，被请求方法院不能对判决所确认的所有请求予以认可和执行时，可以认可和执行其中的部分请求。

（三）最高人民法院、香港特别行政区政府《关于内地与香港特别行政区法院相互认可和执行婚姻家庭民事案件判决的安排》

1. 认可和执行的对象：内地人民法院和香港特别行政区法院就婚姻家庭民事案件作出的生效判决。在内地，生效判决是指第二审判决，依法不准上诉或者超过法定期限没有上诉的第一审判决,以及依照审判监督程序作出的上述判决(包括判决、裁定、调解书);在香港特别行政区,生效判决是指终审法院、高等法院上诉法庭及原讼法庭和区域法院作出的已经发生法律效力的判决(包括判决、命令、判令、讼费评定证明书、定额讼费证明书,但不包括双方依据其法律承认的其他国家和地区法院作出的判决),包括依据香港法律可以在生效后作出更改的命令。

2. 受理的法院:在内地向申请人住所地、经常居住地或者被申请人住所地、经常居住地、财产所在地的中级人民法院提出;在香港特别行政区向区域法院提出,申请人应当向符合前述的其中一个人民法院提出申请,向两个以上有管辖权的人民法院提出申请的,由最先立案的人民法院管辖。

3. 不予认可和执行的情形:

(1)根据原审法院地法律,被申请人未经合法传唤,或者虽经合法传唤但未获得合理的陈述、辩论机会的;

(2)判决是以欺诈方法取得的;

(3)被请求方法院受理相关诉讼后,请求方法院又受理就同一争议提起的诉讼并作出判决的;

(4)被请求方法院已经就同一争议作出判决,或者已经认可和执行其他国家和地区法院就同一争议所作出的判决的;

(5)内地人民法院认为认可和执行香港特别行政区法院判决明显违反内地法律的基本原则或者社会公共利益,香港特别行政区法院认为认可和执行内地人民法院判决明显违反香港特别行政区法律的基本原则或者公共政策的,不予认可和执行。

申请认可和执行的判决涉及未成年子女的,在根据上述规定审查决定是否认可和执行时,应当充分考虑未成年子女的最佳利益。

4. 法律效果:被请求方法院就认可和执行的申请作出裁定或者命令后,当事人不服的,在内地可以于裁定送达之日起10日内向上一级人民法院申请复议,在香港特别行政区可以依据其法律规定提出上诉。

命题点拨 以中国的区际法律问题为核心,论及区际司法协助问题。

国际经济法

【复习指引】 国际经济法并非大多数考生日常接触和熟知的部门法，正如法考大纲所强调的，国际经济法的教学重点在于国际经济法的基本原理、基础知识和主要制度。鉴于国际经济法制度体系复杂，知识点较为专业，考生对于应考内容的广度和深度应合理掌握。从考试标准化检测来看，本科目要求考生兼顾理论与实践，对于国际经济法的知识有系统整体的掌握，并能够对重点的实务知识点予以灵活运用。

考生应当首先从整体、规律性、原则性的层面把握国际经济法的相关知识。总体来讲，国际经济法的复习重点比较集中。一般来讲，国际贸易法所涵盖的国际货物买卖、国际货物运输与保险、国际贸易支付的考查分值占据国际经济法科目的一半以上。对外贸易管制也是历年考试的重点内容，考点集中在几种贸易救济措施。此外，世界贸易组织的争端解决机制、多边投资担保机构、ICSID也属于高频考点。因此，考生在进行国际贸易法等重要考查部分的复习时可以相对细致全面，而在复习国际经济法其他领域法律问题时掌握要点即可。

第一章　导　　论

国际经济法是调整国际经济关系的法律规范的总称。国际经济法调整的对象既包括国际法上的经济关系，又包括国内法上的涉外经济关系；既有纵向的关系，又有横向的关系；既有公法的关系，又有私法的关系。其调整的范围包括：有关国际货物贸易、有关国际服务贸易、有关国际投资、有关国际知识产权保护、有关国际货币与金融、有关国际税收、有关国际经济组织的各种法律规范与制度。

命题点拨　注意国际经济法调整的是广义的国际经济关系：既有横向的民商事主体之间的关系，又有纵向的管理关系；既有国内的经济关系，也有国际的经济关系。

第二章　国际货物买卖

第一节　概　　述（略）

第二节　《国际贸易术语解释通则》

一、《国际贸易术语解释通则》概述

2019年国际商会公布了2020年版本的《国际贸易术语解释通则》（Incoterms® 2020，以下简称《2020年通则》）。新修订的自2020年1月1日起生效。

《2020年通则》与以往版本不是替代与被替代的关系，即以往版本的《国际贸易术语解释通则》并不失效，合同当事人仍可以选用以往版本中的术语。但是由于不同版本术语的具体权利义务不同，当事人在选择适用通则应注意注明具体的修订年份。

二、《2020年通则》的主要修改

1. 装船批注提单和FCA术语条款的修改。

2. CIF和CIP术语下对投保险别的规定。

3. 在FCA、DAP、DPU、DDP术语下，卖方或买方可使用自己的运输工具安排运输。

4. 将DAT改为DPU。

5. 在运输义务和费用中加入与安全有关的要求。

三、《2020年通则》的主要内容★★★★

（一）适用于任何运输方式或多种运输方式的术语

1. EXW（工厂交货）。

依该术语，卖方的义务主要是：（1）履行交货义务，即在指定交货地或位于该地的约定点将未装载到运输工具上的货物交买方处置；（2）承担交货前的风险和费用。买方的义务主要是：（1）买方必须承担在指定交货地受领货物的全部费用和风险；（2）办理出口及进口清关手续。

2. FCA（货交承运人）。

（1）交货：交货地点的选择对在该地点装货和卸货的义务会产生影响。如在卖方所在地交货，则卖方应负责装货，如在其他地点交货，则卖方可以在自己的运输工具上完成交货，而不负责将货物从自

己的运输工具上卸下。

（2）风险转移：货物的风险在交货时转移。

（3）双方义务：①卖方义务：卖方必须提供符合销售合同的货物和单据；办理出口手续；在指定的地点和约定的时间将货物交付给买方指定的承运人或其他人；承担交货以前的风险和费用。②买方义务：支付货款；办理进口手续；订立运输合同并承担运费；承担交货以后的风险和费用。关于保险，货物的风险在卖方所在国家交货时发生转移，因此，运输途中的风险均在买方，虽然买方对卖方没有订立保险合同的义务，但买方为自己的利益需要办理保险。另外，为满足卖方适用FCA术语时对已装船批注提单的可能需求，《2020年通则》首次提供了可选机制，即双方可在合同中约定，买方必须指示承运人出具已装船批注提单给卖方。即使采用该可选机制，卖方对买方也不承担运输合同条款下的义务。

3. CIP（运费和保险费付至）和CPT（运费付至）。

两者的区别就是对于卖方来说，CIP比CPT多了需承担保险费。

（1）CIP，全称Carriage and Insurance Paid to，意为"运费和保险费付至（指定目的地）"。

在双方的义务上，①卖方的义务是：卖方必须提供符合销售合同的货物和单据；办理出口清关手续；办理运输的手续和承担运费，在CIP术语中，卖方还须办理投保手续和承担保险费；承担交货前货物灭失或损坏的一切风险。②买方的义务是：依销售合同约定支付货物价款；办理进口手续；承担交货后货物灭失或损坏的一切风险。

（2）CPT，全称Carriage Paid to，意为"运费付至（指定目的地）"，指卖方通过以下方式向买方完成交货及风险转移：将货物交付给承运人，该承运人已与卖方签约，或者取得已经如此交付的货物。卖方为此可依所使用的运输工具之合适方式和地点让承运人实际占有货物。如上所述，CPT与CIP的区别就是对于卖方来说，CPT的卖方不需要办理保险。在CPT术语下投保虽然不是买方的合同中的义务，但买方为了自己的利益应当办理投保并支付保险费。但应对方要求，卖方应向买方提供取得保险所需信息。

4. DPU（目的地卸货后交货）。

（1）交货：卖方必须在约定日期或期限内，在指定目的地的约定地点（如有），以将货物从抵达的运输工具上卸下并交由买方处置，或以取得已经如此交付的货物的方式交货。

（2）风险：卖方承担交货完成前货物灭失或损坏的一切风险。

（3）手续：①卖方承担风险和费用，取得所有出口许可和其他官方授权办理出口和交货前从他国过境运输所需的一切海关手续。②买方必须承担风险和费用，取得所有进口许可或其他官方授权，办理货物进口的一切海关手续。

（4）一般义务：①卖方提供符合买卖合同约定的货物和商业发票，及合同可能要求的其他与合同相符的单证，买方应收取货物和交货凭证。②买方必须按买卖合同约定支付价款。

（5）运输：卖方自付费用签订运输合同，将货物运至指定目的地或指定目的地内的约定交货点（如有）。如未约定该具体地点，则卖方可选择最符合其目的的指定目的地内的交货点。

（6）保险：双方之间均无订立保险合同的义务，由于DPU是在买方所在国家交货，卖方需要将货物运输过去，运输途中的风险都由卖方承担，因此，虽然卖方对买方没有保险的义务，但其为了成功交货，应当办理保险。买方应对方要求，应向卖方提供取得保险所需信息。

5. DAP（目的地交货）。

DAP，全称Delivered at Place，意为"目的地交货（指定目的地）"，指当卖方通过以下方式向买方完成交货及风险转移：当货物已交由买方处置，处于抵达的运输工具上已做好卸载准备，在指定目的地，或者在该指定目的地内的约定交货点，如已约定该交货点。

卖方在该术语下需负责到目的地的运输，并承担在目的地交货前的费用和风险，负责出口清关手续。该术语适用于各种运输方式。在该术语下，卖方不需要将货物从抵达的运输工具上卸载。关于保险，由于中途的风险由卖方承担，因此，卖方需要办理保险，买方应卖方的要求须向其提供取得保险所需信息。

DAP与DPU的区别就是DAP货物运输目的地在运输工具上就可完成交货，不用卸载货物，而DPU需要卸载货物。除此之外，其他方面这两个术语基本相同。

6. DDP（完税交货）。

DDP，全称Delivered Duty Paid，意为"完税后交货（指定目的地）"，指卖方通过以下方式向买方完成交货：当货物已交由买方处置，已办理进口清关，处于抵达的运输工具上，已做好卸载准备，在指定目的地或该指定目的地内的约定交货点，如已约定该交货点。

（二）适用于海运和内河水运的术语

1. FAS（船边交货）。

在双方的义务上，卖方的义务是：（1）履行交货义务，卖方必须在约定的日期或期限内，在买方指定的装运港内的装货点（如有），以将货物置于买方指定的船舶旁边或以购得已经如此交付的货物的方式交货；（2）办理出口清关手续；（3）向买方提交与货物有关的单证或相等的电子单证。买方义务是：

(1)依销售合同约定支付货物价款;(2)办理货物的运输并为自己的利益投保;(3)办理货物的进口手续。

在风险转移上,FAS货物灭失或损坏的风险在货物交到船边时发生转移,同时,买方承担自那时起的一切费用。

2. FOB(船上交货)。

(1)交货:卖方必须在约定的日期或期限内,在买方指定的装运港的装货点(如有),以将货物置于买方指定的船上或以取得已经如此交付的货物的方式交货。

(2)双方义务:①卖方义务:提供符合合同约定的货物及单证;办理出口手续;在装运港将货物装上买方指定的船舶并通知买方;承担货物在装运港船上交货前的风险和费用。②买方义务:支付货款并接受卖方提供的单证;办理进口手续;租船或订舱并将船名和装货地点及时间给予卖方充分通知;承担货物在装运港交货后的风险和费用。

(3)风险转移:货物灭失或损坏的风险在货物交到船上时发生转移,同时,买方承担自那时起的一切费用。

(4)适用的运输方式:本术语仅适用于海运和内河水运运输在船上完成交货的情形,而不适合于货物在交到船上之前已移交承运人的情形,如双方有意在集装箱终端将货物交给承运人,则考虑适用FCA,而非FOB。

3. CIF(成本、保险费加运费)。

(1)交货:卖方必须在装运港,在约定日期或期限内,将货物装上船,或者以取得已经如此交付的货物的方式依该港口的习惯方式交货。

(2)风险转移:货物灭失或损坏的风险在货物交到船上时发生转移。

(3)双方义务:①卖方义务:提供符合合同约定的货物和单证;办理出口许可证及其他货物出口手续;订立运输合同,支付将货物运至指定目的港所需的运费;办理货物的保险(最低险种即可)并缴纳保险费;承担在装运港船上交货前的风险和费用。②买方义务:支付货款并接受卖方提供的单证;取得进口许可证并办理进口手续;承担在装运港船上交货后的风险和除运费和保险费以外的费用;向卖方提供其投保所需信息。

4. CFR(成本加运费)。

CFR,全称 Cost and Freight,意为“成本加运费(指定目的港)”,指卖方通过以下方式向买方完成交货:将货物装上船;或者取得已如此交付的货物。在此术语下,卖方须支付将货物运至指定目的港所需的运费。但货物的风险是在装运港船上交货时转移的。

第三节 《联合国国际货物销售合同公约》★★★★★

一、《联合国国际货物销售合同公约》(以下简称《公约》)的适用范围

(一)适用《公约》的合同

《公约》第1条规定,《公约》适用于营业地在不同国家的当事人订立的货物销售合同:(1)如果这些国家是缔约国;或(2)如果国际私法规则导致适用某一缔约国的法律。

另外,《公约》第2条和第3条排除了对以下合同的适用:(1)购买供私人、家人或家庭使用的货物销售;(2)以拍卖的方式进行的销售;(3)依法律执行令状或其他令状的销售;(4)公债、股票、投资证券、流通票据或货币的销售;(5)船舶、船只、气垫船或飞机的销售;(6)电力的销售;(7)通过劳务合作方式进行的购买,如补偿贸易;(8)通过货物买卖方式进行的劳务合作,如技贸结合。

(二)《公约》不涉及的法律问题

《公约》不涉及有关销售合同的效力或惯例的效力问题;不涉及销售合同对所售出的货物的所有权转移问题;不涉及卖方对货物引起的人身伤亡的责任问题。

(三)《公约》适用的任意性

《公约》的适用并不是强制性的,当事人可以通过选择其他法律而排除《公约》的适用,也可以在买卖合同中约定部分地适用《公约》,或对《公约》的内容进行改变。

(四)中国加入《公约》时的保留

中国是《联合国国际货物销售合同公约》的缔约国,我国在核准该公约时,对合同的形式和公约的扩大适用两项内容提出了保留。

二、国际货物买卖合同双方的义务

(一)卖方的义务

1. 交付货物。依《公约》的规定,卖方应依合同规定的地点、时间及方式完成其交货义务。

2. 交付单据。根据《公约》第34条规定,如果卖方有义务移交与货物有关的单据,他必须按照合同规定的时间、地点和方式移交这些单据。

3. 质量担保。《公约》第35条第1款规定,卖方交付的货物必须与合同规定的数量、质量和规格相符,并须按照合同所规定的方式装箱或包装。在合同没有规定或规定不明的情况下,应依《公约》第35条第2款的规定:(1)适用于同一规格货物通常使用的目的;(2)适用于订立合同时曾明示或默示地通知卖方的任何特定目的;(3)质量与卖方向买方

提供的货物样品或样式相同；(4)按照同类货物通用的方式装箱或包装，如果没有此种通用方式，则按照足以保全和保护货物的方式装箱或包装。

此外，第 35 条第 3 款规定，如果买方在订立合同时知道或者不可能不知道货物不符合合同，则卖方就无须按上述四项负不符合合同的责任。

4. 权利担保。权利担保包括所有权担保和知识产权担保两方面内容。

(1)所有权担保。即卖方保证对其出售的货物享有完全的所有权，必须是第三方不能提出任何权利或要求的货物。

(2)知识产权担保。即卖方所交付的货物，必须是第三方不能依工业产权或其他知识产权主张任何权利或要求的货物。

①第三者根据知识产权提出要求的限制。第一，第三人的请求必须是依货物使用地或转售地国家的法律提出的。第二，第三人的请求必须是依买方营业地所在国的法律提出的。

②卖方知识产权担保义务的免除。卖方在下列两种情况下，免除其知识产权担保的义务：第一，买方在订立合同时已知道或不可能不知道此项权利或要求；第二，此项权利或要求的发生，是由于卖方要遵照买方所提供的技术图样、图案、款式或其他规格。

③买方的及时通知义务。当买方已知道或理应知道第三方的权利或要求后一段合理时间内，应将此项权利或要求的性质通知卖方，否则就丧失了买方依《公约》本来可以得到的要求卖方承担辩驳第三方的权利。

(二)买方的义务

1. 支付货款。《公约》第 54 条规定，买方支付价款的义务包括根据合同或任何有关法律和规章规定的步骤和手续，以便支付价款。第 57 条第 1 款规定，如果买方没有义务在任何其他特定地点支付价款，他必须在以下地点向卖方支付价款：(1)卖方的营业地；(2)如凭移交货物或单据支付价款，则为移交货物或单据的地点。

2. 接收货物。

(1)买方一定要按时提取货物。即使货物在目的港经检验与合同不符，买方也应接收货物，然后再进行索赔。根据《公约》第 86 条和第 87 条的规定，买方接收货物后有义务对该货物进行保全。保全的措施有两种：一种是寄存(把货物寄放在第三方的仓库，由另一方当事人担负费用)；另一种是出售(如果货物易于迅速变坏，或者货物的保全牵涉不合理的费用，有义务保全货物的一方当事人，必须采取合理措施，把货物出售，在可能的范围内，他必须把出售货物的打算通知另一方当事人)。依《公约》第 77 条的规定，声称另一方违约的一方，有义务采取合理的措施，减轻由于违约引起的损失，如不采取措施，则违约一方可要求从损害赔偿中扣除原可以减轻的损失数额。

(2)《公约》第 52 条规定了两种情况下，买方可以拒绝接收货物：第一，如果卖方在规定的日期前交付货物，买方可以收取货物，也可以拒绝收取货物；第二，如果卖方交付的货物数量大于合同规定的数量，买方可以收取也可以拒绝收取多交部分的货物。

三、风险转移

(一)合同中订有运输条款的货物买卖的风险转移

《公约》第 67 条规定，如果销售合同涉及货物的运输，但卖方没有义务在某一特定地点交付货物，自货物按照销售合同交付给第一承运人以转交给买方时起，风险就移转到买方承担。如果卖方有义务在某一特定地点把货物交付给承运人，在货物于该地点交付给承运人以前，风险不移转到买方承担。卖方授权保留控制货物处置权的单据，并不影响风险的移转。

(二)运输途中销售的货物的风险转移

《公约》第 68 条规定，对于在运输途中销售的货物，从订立合同时起，风险就移转到买方承担。

(三)其他情况下货物的风险转移

依《公约》第 69 条的规定，其他情况下如在卖方营业地交货，或在卖方营业地以外的地点交货，此时的风险从买方接收货物时起或货物交由买方处置时起转移给买方。

(四)违约对风险转移的影响

依《公约》第 69 条的规定，如果买方不依《公约》或合同规定的时间接收货物，则从货物交给他处置但他不收取货物从而违反合同时起，风险移转到买方承担。依《公约》第 70 条的规定，如果卖方已根本违反合同，则虽有上述风险转移的规定，买方仍然有权向卖方提出索赔，采取因此种违反合同而可以采取的各种补救办法。

四、违约救济

(一)卖方违反合同时买方的救济方式

1. 损害赔偿。《公约》第 45 条规定，如果卖方不履行他在合同和本公约中的任何义务，买方可以要求损害赔偿，买方可能享有的要求损害赔偿的任何权利，不因他行使采取其他补救办法的权利而丧失。

2. 要求实际履行。《公约》第 46 条第 1 款规定，买方可以要求卖方履行义务，除非买方已采取与此一要求相抵触的某种补救办法。

3. 交付替代物。《公约》第 46 条第 2 款规定，如果货物不符合同，且此种不符合同情形构成根本违反合同,买方可以要求交付替代货物。但是关于替代货物的要求,必须与说明货物与合同不符的通知同时提出,或者在该项通知发出后一段合理时间内提出。

4. 修理。《公约》第46条第3款规定,如果货物不符合同,买方可以要求卖方通过修理对不符合同之处作出补救,除非他考虑了所有情况之后,认为这样做是不合理的。修理要求也必须和说明货物与合同不符的通知同时提出,或者在该项通知发出后一段合理时间内提出。

5. 减价。《公约》第50条规定,如果货物不符合同,无论价款是否已付,买方都可以减低价格,减价按实际交付的货物在交货时的价值与符合合同的货物在当时的价值两者之间的比例计算。

6. 解除合同。《公约》第49条规定,买方在以下情况下可以宣告合同无效:(1)卖方不履行其在合同或本公约中的任何义务,等于根本违反合同(根本违反合同是指因一方当事人违反合同而使另一方当事人遭受损害,实际上剥夺了其依合同规定期待取得的东西);(2)如果发生不交货的情况,卖方不在买方规定的宽限时间内交付货物,或卖方声明他将不在所规定的时间内交付货物。合同一经解除,即解除了买卖双方在合同中的义务,买卖双方必须归还因实际履行所获得的收益,买方还必须按实际收到的货物原状归还货物。

(二)买方违反合同时卖方的救济方式

买方违反合同时卖方的救济方式包括要求损害赔偿、要求实际履行和解除合同。这些救济方式的适用与卖方违反合同时买方采取此种救济措施相类似。

(三)预期违约

预期违约,是指在合同订立后,履行期到来前,一方明示拒绝履行合同,或通过其行为推断其将不履行。当一方出现预期违反合同的情况时,依《公约》的规定,另一方可以中止履行义务或宣告合同无效。

《公约》第71条第1款规定,如果订立合同后,另一方当事人由于下列原因显然将不履行其大部分重要义务,一方当事人可以中止履行义务:(1)他履行义务的能力或他的信用有严重缺陷;(2)他在准备履行合同或履行合同中的行为显示他将不履行其主要义务。第3款规定,中止履行义务的一方当事人无论是在货物发运前还是发运后,都必须立即通知另一方当事人,如经另一方当事人对履行义务提供充分保证,则他必须继续履行义务。

《公约》第72条第1款规定,如果在履行合同日期之前,明显看出一方当事人将根本违反合同,另一方当事人可以宣告合同无效。第2款规定如果时间许可,打算宣告合同无效的一方当事人必须向另一方当事人发出合理的通知,使他可以对履行义务提供充分保证。

(四)分批交货

《公约》第73条规定:(1)对于分批交付货物的合同,如果一方当事人不履行对任何一批货物的义务,便对该批货物构成根本违反合同,则另一方当事人可以宣告合同对该批货物无效。(2)如果一方当事人不履行对任何一批货物的义务,使另一方当事人有充分理由断定对今后各批货物将会发生根本违反合同,该另一方当事人可以在一段合理时间内宣告合同今后无效。(3)买方宣告合同对任何一批货物的交付为无效时,可以同时宣告合同对已交付的或今后交付的各批货物均为无效,如果各批货物是互相依存的,不能单独用于双方当事人在订立合同时所设想的目的。

命题点拨 《2020年通则》将之前的DAT更名为DPU,相应含义也发生了变化。《2020年通则》对术语的保险要求有所改变,CIF术语下的保险级别仍为平安险,CIP术语下的保险级别提高到"一切险"。关于《公约》,应注意该公约适用上的任意性,当事人可以通过选择其他法律或惯例而排除《公约》的适用。

第三章　国际货物运输与保险

第一节　国际货物运输

一、国际海上货物运输★★★

国际海上货物运输依船舶经营方式的不同,可分为班轮运输和租船运输。

(一)班轮运输

班轮运输是由航运公司以固定的航线、固定的船期、固定的运费率、固定的挂靠港口组织的将托运人的件杂货运往目的地的运输。班轮运输又称为提单运输,其书面内容多以提单的形式表现出来。

1. 提单。★

提单是指用以证明海上运输合同和由承运人接管或装载货物,以及承运人保证据以交付货物的单证。

(1)提单的法律性质。

①提单是承运人和托运人之间海上运输合同的证明。

②提单是承运人出具的接收货物的收据(提单在托运人手中时是初步证据,如承运人有确实的证据证明其收到的货物与提单上的记载不符,承运人可以向托运人提出异议;但当托运人将提单背书转让给第三人时,对于提单受让人来说,提单是终结性的证据,承运人不得辩驳)。

③提单是承运人交付货物的凭证。

(2)提单的种类。

①根据货物是否已装船可将提单分为已装船提单和收货待运提单。

②依收货人的抬头可将提单分为记名提单、不记名提单和指示提单。

③根据提单有无批注可将提单分为清洁提单和不清洁提单。

(3)提单与保函。★

①保函的效力。根据《汉堡规则》的规定,善意的保函是有效的;恶意的保函无效;有效的保函也只在托运人与承运人之间有效,而不能对抗第三人。

②为换取清洁提单,托运人开立保函。托运人为了防止不清洁提单的产生,会以保函换取清洁提单。如果承运人接受保函并不是为了存心欺诈收货人,而是因为某些客观条件的限制,则此种保函有效,承运人如果在目的港受到收货人的索赔,应先赔偿收货人,之后可以通过保函,从托运人或保证人处得到补偿;如果托运人与承运人明知货物的表面状况有瑕疵仍以保函换取清洁提单,则此种保函无效,承运人应对此承担责任。

③为换取倒签提单和预借提单,托运人开立保函。提单中注明的装船日期早于实际装船的日期就称为倒签提单。预借提单是当信用证规定的有效期即将届满而货物还未装船时、托运人为了使提单上的装船日期与信用证规定的日期相符,要求承运人在货物装船前签发的已装船提单。用保函换取倒签提单和预借提单的行为是对收货人的欺诈,这种保函无效。

④副本提单加保函提货。在目的港,承运人应当依正本提单向收货人交货,而在近港运输的情况下,往往货物比提单先到目的港,结果出现了副本提单加保函提货的情况,承运人违反法律规定无正本提单交付货物,损害正本提单持有人提单权利的,正本提单持有人可以要求承运人承担违约责任,或者承担侵权责任。

2. 海运单。

海运单是证明海上运输货物由承运人接管或装船,且承运人保证将货物交给指定的收货人的一种不可流通的书面运输单证。它是随着集装箱运输的发展,特别是在航程较短的运输中产生出来的一种运输单证。海运单具有提单所具有的货物的收据和海上货物运输合同的书面证明的作用。但海运单不是货物的物权凭证,不可流通。

3. 调整班轮运输的国际公约。

<table>
<tr><th>项目</th><th colspan="2">《海牙规则》</th><th>《维斯比规则》</th><th>《汉堡规则》</th></tr>
<tr><td>签订时间</td><td colspan="2">1924 年</td><td>1968 年</td><td>1978 年</td></tr>
<tr><td>公约适用范围</td><td colspan="2">适用于在任何缔约国所签发的一切提单</td><td>提单在缔约国签发;从一个缔约国的港口起运;提单中列有首要条款</td><td>提单在缔约国签发;提单中载有首要条款;装货港或卸货港位于缔约国;租船合同项下的提单</td></tr>
<tr><td>责任期间</td><td colspan="2">装到卸(钩至钩)</td><td>装至卸(钩至钩)</td><td>接到交</td></tr>
<tr><td>责任基础</td><td colspan="2">不完全过失责任</td><td>不完全过失责任</td><td>完全地推定过失责任</td></tr>
<tr><td rowspan="2">承运人免责</td><td>过失免责</td><td>第 4 条第 2 款(a)</td><td>与《海牙规则》相同</td><td>取消了过失免责</td></tr>
<tr><td>无过失免责</td><td>第 4 条第 2 款(b)~(q)</td><td>与《海牙规则》相同</td><td>火灾不能免责,但货方想要得到赔偿,需要证明承运人对火灾有过失</td></tr>
<tr><td>承运人赔偿限额</td><td colspan="2">每件或每单位 100 英镑</td><td>每件或每单位 1 万金法郎或每公斤 30 金法郎为限,以高者计</td><td>每件或每单位 835 特别提款权或每公斤 2.5 特别提款权,以高者为准</td></tr>
<tr><td>迟延交货责任</td><td colspan="2">无规定</td><td>无规定</td><td>承运人应对延迟交货负责,该赔偿责任限额为迟交货物应付运费的 2.5 倍,但不应超过应付运费的总额</td></tr>
<tr><td>实际承运人</td><td colspan="2">无规定</td><td>无规定</td><td>与承运人一起负连带责任</td></tr>
<tr><td>保函</td><td colspan="2">无规定</td><td>无规定</td><td>善意保函有效,恶意保函无效</td></tr>
<tr><td>货物</td><td colspan="2">不适用于舱面货和活牲畜</td><td>与《海牙规则》相同</td><td>适用于舱面货和活牲畜</td></tr>
<tr><td>诉讼时效</td><td colspan="2">1 年</td><td>1 年</td><td>2 年</td></tr>
</table>

另外，还要注意《海牙规则》关于承运人最低限度义务的规定（法条链接：《海牙规则》第3条第1款和第2款）。

（二）租船运输

国际租船运输包括航次租船运输和定期租船运输两种方式，其主要的法律文件是双方当事人之间的租船合同。

二、国际航空货物运输

国际航空运输具有速度快、安全性高、破损率低、不受地面条件限制等优点，因此近年来发展迅速。国际航空运输中主要的法律文件是航空运单。航空运单是由承运人出具的证明承运人与托运人已订立了国际航空货物运输合同的运输单证。它是运输合同的证明，是承运人接收货物的证明，但不是物权凭证，一般不可转让。

三、国际铁路货物运输★

铁路运输比海上运输的风险小，时间短，但比航空运输时间长。我国同周边国家的进出口货物多数采用铁路货物运输方式。

四、国际货物多式联运

国际货物多式联运，是指联运经营人以一张联运单据，通过两种以上的运输方式将货物从一个国家运至另一个国家的运输。关于国际货物多式联运的公约主要是《联合国国际货物多式联运公约》。公约规定，多式联运经营人对货物在其掌管期间发生的灭失、损坏或延迟交货而造成的损失负赔偿责任，而无论该损失发生在哪个运输区段。

第二节　国际货物运输保险

一、保险险别★

（一）基本险别

基本险别指可以独立承保，不必附加在其他险别项下的险别。中国人民保险公司海洋货物运输保险的主要险别有三种，即平安险、水渍险和一切险。

1. 平安险。★★★平安险的英文意思为“单独海损不赔”。

国际海上货物运输中的损失可划分为两类：一类是全部损失；另一类是部分损失。全部损失又可分为实际全损和推定全损两种。部分损失可分为单独海损和共同海损两种。“实际全损”指保险标的发生保险事故后灭失，或者受到严重损坏完全失去原有形体、效用，或者不能再归被保险人所拥有的损失状态。“推定全损”指货物发生保险事故后，认为实际全损已经不可避免，或者为避免发生实际全损所需要支付的费用与继续将货物运抵目的地的费用之和超过保险价值的损失状态。“共同海损”是指在同一海上航程中，船舶、货物和其他财产遭遇共同危险，为了共同安全，有意地和合理地采取措施所直接造成的特殊牺牲，支付的特殊费用。“单独海损”指共同海损以外的货物部分损失。

国际海上运输中存在的风险可分为三类，即自然灾害、意外事故和外来风险。“自然灾害”是指不以人的意志为转移的自然力量引起的灾害。“意外事故”是指由于偶然的、非意料中的原因所造成的事故。“外来风险”是指除上述风险以外的外来原因造成的风险。

平安险承保海上风险造成的货物全部和部分损失，但单纯由自然灾害造成的单独海损不赔。平安险的具体承包范围包括：(1)被保险货物在运输途中由于恶劣气候、雷电、海啸、地震、洪水等自然灾害造成的整批货物的全部损失或推定全损。(2)由于运输工具遭受搁浅、触礁、沉没、互撞、与流冰或其他物体碰撞以及失火、爆炸等意外事故造成货物的全部或部分损失。(3)在运输工具已经发生搁浅、触礁、沉没、焚毁等意外事故的情况下，货物在此前后又在海上遭受恶劣气候、雷电、海啸等自然灾害所造成的部分损失。(4)在装卸或转运时由于一件或数件整件货物落海造成的全部或部分损失。(5)被保险人对遭受承保责任内危险的货物采取抢救、防止或减少货损的措施而支付的合理费用，但以不超过该批被救货物的保险金额为限。(6)运输工具遭遇海难后，在避难港由于卸货所引起的损失以及在中途港、避难港由于卸货、存仓以及运送货物所产生的特别费用。(7)共同海损的牺牲、分摊和救助费用。(8)运输合同中订有“船舶互撞责任”条款，根据该条款规定应由货方偿还船方的损失。

2. 水渍险。★该险的责任范围除平安险的各项责任外，还负责被保险货物由于恶劣气候、雷电、海啸、地震、洪水等自然灾害所造成的部分损失。

3. 一切险。★该险除包括水渍险的责任范围外，还负责赔偿被保险货物在运输途中由于外来原因所致的全部或部分损失。一般外来原因指偷窃、提货不着、淡水雨淋、短量、混杂、玷污、渗漏、串味异味、受潮受热、包装破裂、钩损、碰损破碎、锈损等原因。

（二）附加险别

附加险是投保人在投保主要险别之外，又附加的保险。附加险不能单独承保，必须附于主险之下，可分为一般附加险、特别附加险和特殊附加险三类。

1. 一般附加险。一般附加险在一切险的范围内，如果已经投保了一切险，就不必再加保一般附加险了。一般外来原因指不必与海水的因素或运输工具联系起来的原因。一般附加险包括：偷窃、提货不着险；淡水雨淋险；短量险；混杂、玷污险；渗漏险；碰损、破碎险；串味异味险；受潮受热险；钩损险；包装破裂险；锈损险。

2. 特别附加险。特别附加险所承保的责任已超出了一切险的范围，即使投保人已经投保一切险，仍需与保险人特别约定并经其同意，才能把特别附加险包括在承保范围之内。特别附加险包括：交货不到险；进口关税险；舱面险；拒收险；黄曲霉素险；出口货物到我国香港特别行政区或我国澳门特别行政区存仓火险。

3. 特殊附加险包括海洋运输货物战争险和货物运输罢工险。

二、保险人的除外责任

中国人民保险公司海洋货物运输保险的除外责任包括：(1)被保险人的故意行为或过失所造成的损失；(2)属于发货人责任引起的损失；(3)在保险责任开始前，被保险货物已存在的品质不良或数量短差所造成的损失；(4)被保险货物的自然损耗、本质缺陷、特性以及市价跌落、运输延迟引起的损失和费用；(5)海洋货物运输战争险条款和货物运输罢工险条款规定的责任范围和除外责任。

命题点拨 辨析三个主要险别的区别，水渍险与平安险相比保险人多了要承担自然灾害造成的部分损失，一切险与前两者相比保险人多了要承担一般外来原因造成的损失。还应注意辨析三个附加险的区别。

第四章 国际贸易支付

第一节 汇付与托收

一、汇付

(一)汇付的概念

汇付是由国际货物买卖合同的买方委托银行主动将货款支付给卖方的结算方式。汇付的当事人有汇款人、收款人、汇出行和汇入行，汇出行与汇入行之间、汇款人与汇出行之间都是委托代理关系。

(二)汇付的种类

1. 电汇。电汇指汇出行受汇款人的委托，以电报或电传通知汇入行向收款人解付汇款的汇付方式。

2. 信汇。信汇指汇出行受汇款人的委托，用邮寄信汇委托书授权汇入行向收款人解付汇款的汇付方式。

3. 票汇。票汇是汇出行受汇款人的委托，开立以汇入行为付款人的银行即期汇票，由汇款人自行寄交收款人凭以向汇入行提取汇款的汇付方式。

二、托收

(一)托收的概念

托收是由银行依委托人的指示处理单据，向付款人收取货款或承兑、交付单据或按其他条件交付单据的结算方式。托收的当事人包括委托人、付款人、托收行和代收行。托收中，付款人是否付款依其商业信用，银行并不承担责任。

(二)托收的流程

1. 委托人(卖方)开立买方为付款人的汇票，并向托收行(卖方所在地银行)提出托收申请，填写托收指示书。将汇票和装运单据等全套单据交给托收行。

2. 托收行接受申请后，委托代收行(买方所在地银行)代为收款。

3. 代收行提示付款人(买方)承兑或付款。

4. 付款人向代收行付款或承兑赎单。

5. 代收行通知托收行买方已承兑或付款。

6. 托收行向卖方付款。

托收中委托人和托收行之间、托收行和代收行之间是一种委托代理关系；委托人与代收行之间不存在直接的合同关系；代收人与付款人之间也没有法律上的直接关系。

(三)托收的种类

1. 光票托收。光票托收指委托人开立不附货运单据的汇票，仅凭汇票委托银行向付款人收款的托收方式。

2. 跟单托收。指委托人开立附商业单据的汇票，凭跟单汇票委托银行向付款人收款的托收方式，或不使用汇票的商业单据托收方式。跟单托收又可分为付款交单和承兑交单。付款交单指代收行在买方付清货款后才将货运单据交给买方的付款方式。承兑交单指在开立远期汇票的情况下，代收行在接到跟单汇票后，要求买方对汇票承兑，在买方承兑后即将货运单据交付买方的托收方式。

(四)银行的责任

1. 银行的义务。银行的义务包括：及时提示承兑或付款的义务、保证汇票和装运单据与托收指示书书面一致的义务、及时通知托收结果的义务等。

2. 银行的免责。银行的免责事项包括：(1)银行只需核实单据在表面上与托收指示书一致，此外没有进一步检验单据的义务；代收行对承兑人签名的真实性或签名人是否有签署承兑的权限概不负责。(2)对任何通知、信件或单据寄送途中的延误、丢失及翻译的错误不承担责任。(3)对由于自然灾害、暴动、战争等不可抗力导致银行营业间断所造成的一切后果,概不负责。(4)银行为执行委托人的指示利用其他银行的服务,一切风险和费用由委托人承担。银行对于所转递的指示未被执行不承担责任。(5)在汇票被拒绝承兑或拒绝付款时,若托收指示书上无特别指示,银行没有作出拒绝证书的义务。(6)银行与买卖合同的执行没有关系,除非银行事先同意,货物不应直接发至银行,或以银行或银行的指定人为收货人。即使银行为收货人,银行也没有提货的义务,货物的风险及责任由发货人承担。

第二节 信 用 证★★★★★

一、信用证的概念

信用证是银行依开证申请人的请求,开给受益人的一种保证银行在满足信用证要求的条件下承担付款责任的书面凭证。信用证是一种银行信用,其当事人包括开证申请人、开证行、通知行和受益人,有时还有保兑行、议付行、指定行。

二、UCP600 对 UCP500 的修改

适用于信用证的国际惯例是国际商会 1930 年制定的《跟单信用证统一惯例》,该惯例经过了多次修订,现在使用的是 2006 年通过的版本,即 UCP600。UCP600 对之前的版本 UCP500 作了如下修改:

第一,UCP600 删除了 UCP500 中关于可撤销信用证的内容,明确规定信用证是不可撤销的。

第二,新增了一些定义,包括银行日、保兑、兑付、交单等。例如,所谓“兑付”,是指开证行、保兑行、指定行在信用证下除议付以外的一切与支付相关的行为。

第三,新增条款明确交单地点应在指定银行及开证行所在地。

第四,明确了议付是对票据及单据的一种买入行为,是对受益人的融资。

第五,银行处理单据的天数,由原来 UCP500 规定的“不超过收单翌日起第 7 个工作日”,改为“最多为收单翌日起第 5 个工作日”。

第六,规定拒付后,如果开证行收到申请人放弃不符点的通知,则可以释放单据。

第七,关于可转让信用证,明确规定第二受益人的交单必须经过转让行。

三、信用证的流转程序

(一)双方约定

国际货物买卖合同的双方在买卖合同中明确规定采用信用证方式付款。

(二)申请开证

买方(开证申请人)向其所在地的银行(开证行)提出开证申请,并缴纳一定的开证押金或提供其他保证,要求银行向卖方(受益人)开出信用证。

(三)通知受益人

开证行依申请书的内容开立信用证并寄交卖方所在地银行(通知行),通知行将信用证通知卖方。

(四)交单结汇

卖方对信用证审核无误后,即发运货物并取得信用证所要求的装运单据,再依信用证的规定凭单据向其所在地银行结汇。

(五)索偿

议付行付款后将汇票和货运单据寄开证行要求索偿,开证行核对单据无误后偿付议付行。

(六)付款赎单

开证行通知买方付款赎单。

信用证中,开证申请人与受益人之间是买卖合同关系;开证申请人与开证行之间是委托合同关系;开证行与受益人之间是独立的合同关系;开证行与通知行之间是委托代理关系;通知行与受益人之间不存在直接的法律关系。

四、信用证的种类

(一)即期信用证和承兑信用证

即期信用证指受益人提示有关单据时开证行或议付行审核合格后即付款的信用证,可使用即期汇票,也可不用汇票。承兑信用证指受益人仅可开立远期汇票,开证行或议付行审核单据合格后对汇票予以承兑,在付款到期日支付货款的信用证。

(二)保兑信用证和不保兑信用证

保兑信用证指开证行开出的信用证又经另一家银行保证兑付的信用证。不保兑的信用证指未经另一银行加以保证兑付的信用证。

(三)可转让的信用证和不可转让的信用证

可转让的信用证指受益人可将信用证的部分或全部权利转让给第三人的信用证。只有在信用证上注明“可转让”,信用证才可转让。未加注“可转让”字样的信用证为不可转让的信用证。

五、银行的责任

(一)银行的义务

银行有审查信用证规定的所有单据与信用证条款是否相符的义务。在受益人提交的单据符合信用证条款的情况下,只要“单单相符,单证相符”,开证行即承担无条件的付款或承兑责任。

(二)银行的免责

银行的免责事项包括:(1)银行对于任何单据的

形式、完整性、准确性、真伪性或法律效力,或对于单据上规定或附加的一般性、特殊性条件,概不负责。(2)对于任何文电、信函或单据在传输、传递过程中发生的延误、中途遗失、残缺或其他错误产生的后果,概不负责。(3)对由于自然灾害、暴动、战争等不可抗力导致银行营业间断所造成的一切后果,概不负责。(4)银行对于所发出的指示未被执行不承担责任。(5)信用证独立,银行不受买卖合同的约束。

六、信用证欺诈例外原则

信用证欺诈例外原则,是指在承认信用证独立于买卖合同的同时,承认有例外情况。在银行对卖方提交的单据付款和承兑之前,如果发现卖方确实存在欺诈行为,买方可请求法院向银行颁布禁止令,禁止银行付款。2005 年我国最高人民法院《关于审理信用证纠纷案件若干问题的规定》(以下简称《信用证规定》)中确认了信用证欺诈例外这一原则。

(一)信用证欺诈的构成

《信用证规定》第 8 条规定,凡有下列情形之一的,应当认定存在信用证欺诈:(1)受益人伪造单据或者提交记载内容虚假的单据;(2)受益人恶意不交付货物或者交付的货物无价值;(3)受益人和开证申请人或者其他第三方串通提交假单据,而没有真实的基础交易;(4)其他进行信用证欺诈的情形。

(二)止付信用证的程序

《信用证规定》第 9 条规定,开证申请人、开证行或者其他利害关系人发现有本规定第 8 条的情形,并认为将会给其造成难以弥补的损害时,可以向有管辖权的人民法院申请中止支付信用证项下的款项。

第 11 条规定,当事人在起诉前申请中止支付信用证项下款项符合下列条件的,人民法院应予受理:(1)受理申请的人民法院对该信用证纠纷案件享有管辖权;(2)申请人提供的证据材料证明存在本规定第 8 条的情形;(3)如不采取中止支付信用证项下款项的措施,将会使申请人的合法权益受到难以弥补的损害;(4)申请人提供了可靠、充分的担保;(5)不存在本规定第 10 条的情形。

第 12 条规定,人民法院接受中止支付信用证项下款项申请后,必须在 48 小时内作出裁定;裁定中止支付的,应当立即开始执行。人民法院作出中止支付信用证项下款项的裁定,应当列明申请人、被申请人和第三人。

第 15 条规定,人民法院通过实体审理,认定构成信用证欺诈并且不存在本规定第 10 条的情形的,应当判决终止支付信用证项下的款项。

(三)不应裁定或判决止付的情形

《信用证规定》第 10 条规定,人民法院认定存在信用证欺诈的,应当裁定中止支付或者判决终止支付信用证项下款项,但有下列情形之一的除外:(1)开证行的指定人、授权人已按照开证行的指令善意地进行了付款;(2)开证行或者其指定人、授权人已对信用证项下票据善意地作出了承兑;(3)保兑行善意地履行了付款义务;(4)议付行善意地进行了议付。

命题点拨 注意本章托收与信用证的区别,前者为商业信用,后者为银行信用。

第五章 对外贸易管理制度

第一节 中国的对外贸易法

一、出口管制法

1. 出口管制的对象。

国家对两用物项、军品、核以及其他与维护国家安全和利益、履行防扩散等国际义务相关的货物、技术、服务等物项(以下统称管制物项)的出口管制,适用《出口管制法》其中的管制物项包括物项相关的技术资料等数据。

2. 出口管制的主体。

国家对从中华人民共和国境内向境外转移管制物项,以及中华人民共和国公民、法人和非法人组织向外国组织和个人提供管制物项,采取禁止或者限制性措施。

3. 出口管制体制。

国家实施统一的出口管制制度,通过制定管制清单、名录或者目录(以下统称管制清单)、实施出口许可等方式进行管理。

4. 出口管制措施。

国家采取出口管制清单、出口临时管制、禁止出口等管制措施。

5. 关于两用物项、军品出口的特别管理。

出口经营者向国家两用物项出口管制管理部门申请出口两用物项时,应当依照法律、行政法规的规定如实提交相关材料。

国家实行军品出口专营制度。从事军品出口的经营者,应当获得军品出口专营资格并在核定的经营范围内从事军品出口经营活动。军品出口专营资格由国家军品出口管制管理部门审查批准。

二、对外贸易法

(一)对外贸易经营的资格

依《对外贸易法》第 8 条的规定,对外贸易经营者是指依法办理工商登记或者其他执业手续，依照本法和其他有关法律、行政法规的规定从事对外贸易经营活动的法人、其他组织或者个人。

（二）货物与技术的进出口

国家准许货物与技术的自由进出口。但是，法律、行政法规另有规定的除外。对货物和技术的进出口实行目录管理，分为禁止进出口、限制进出口和自由进出口。属于限制进出口的货物，实行配额管理或许可证管理。对于自由进出口的货物，为监测需要也可以实行许可证管理。

（三）国际服务贸易

依《对外贸易法》第25条的规定，国家基于下列原因，可以限制或者禁止有关的国际服务贸易：(1)为维护国家安全、社会公共利益或者公共道德，需要限制或者禁止的；(2)为保护人的健康或者安全，保护动物、植物的生命或者健康，保护环境，需要限制或者禁止的；(3)为建立或者加快建立国内特定服务产业，需要限制的；(4)为保障国家外汇收支平衡，需要限制的；(5)依照法律、行政法规的规定，其他需要限制或者禁止的；(6)根据我国缔结或者参加的国际条约、协定的规定，其他需要限制或者禁止的。

（四）对外贸易中的知识产权保护

《对外贸易法》第28条第2款规定，进口货物侵犯知识产权，并危害对外贸易秩序的，国务院对外贸易主管部门可以采取在一定期限内禁止侵权人生产、销售的有关货物进口等措施。

第29条规定，知识产权权利人有阻止被许可人对许可合同中的知识产权的有效性提出质疑、进行强制性“一揽子”许可、在许可合同中规定排他性返授条件等行为之一，并危害对外贸易公平竞争秩序的，国务院对外贸易主管部门可以采取必要的措施消除危害。

第30条规定，其他国家或者地区在知识产权保护方面未给予中华人民共和国的法人、其他组织或者个人国民待遇，或者不能对来源于中华人民共和国的货物、技术或者服务提供充分有效的知识产权保护的，国务院对外贸易主管部门可以依照本法和其他有关法律、行政法规的规定，并根据中华人民共和国缔结或者参加的国际条约、协定，对与该国家或者该地区的贸易采取必要的措施。

（五）规范对外贸易中的垄断或其他不正当行为

《对外贸易法》第31条规定，在对外贸易经营活动中，不得违反有关反垄断的法律、行政法规的规定实施垄断行为。在对外贸易经营活动中实施垄断行为，危害市场公平竞争的，依照有关反垄断的法律、行政法规的规定处理。行为违法，并危害对外贸易秩序的，国务院对外贸易主管部门可以采取必要的措施消除危害。

第32条规定，在对外贸易经营活动中，不得实施以不正当的低价销售商品、串通投标、发布虚假广告、进行商业贿赂等不正当竞争行为。在对外贸易经营活动中实施不正当竞争行为的，依照有关反不正当竞争的法律、行政法规的规定处理。行为违法，并危害对外贸易秩序的，国务院对外贸易主管部门可以采取禁止该经营者有关货物、技术进出口等措施消除危害。

第33条规定，在对外贸易活动中，不得有下列行为：(1)伪造、变造进出口货物原产地标记，伪造、变造或者买卖进出口货物原产地证书、进出口许可证、进出口配额证明或者其他进出口证明文件；(2)骗取出口退税；(3)走私；(4)逃避法律、行政法规规定的认证、检验、检疫；(5)违反法律、行政法规规定的其他行为。

（六）对外贸易调查

《对外贸易法》第36条规定，为了维护对外贸易秩序，国务院对外贸易主管部门可以自行或者会同国务院其他有关部门，依照法律、行政法规的规定对下列事项进行调查：(1)货物进出口、技术进出口、国际服务贸易对国内产业及其竞争力的影响；(2)有关国家或者地区的贸易壁垒；(3)为确定是否应当依法采取反倾销、反补贴或者保障措施等对外贸易救济措施，需要调查的事项；(4)规避对外贸易救济措施的行为；(5)对外贸易中有关国家安全利益的事项；(6)其他国家针对中国的歧视性措施，侵犯知识产权、滥用知识产权，或者未能对中国知识产权提供充分有效保护的事项；(7)其他影响对外贸易秩序，需要调查的事项。

《对外贸易法》第37条规定，启动对外贸易调查，由国务院对外贸易主管部门发布公告。调查可以采取书面问卷、召开听证会、实地调查、委托调查等方式进行。国务院对外贸易主管部门根据调查结果，提出调查报告或者作出处理裁定，并发布公告。

第二节　贸易救济措施

一、反倾销措施★★★

（一）采取反倾销措施的条件

1. 倾销。倾销，是指在正常贸易过程中进口产品以低于其正常价值的出口价格进入进口国市场。

出口价格低于其正常价值的幅度,为倾销幅度。正常价值按下列方法确定:首先使用同类产品在出口国国内市场的可比价格的;没有这一价格的,以该同类产品出口到第三国的可比价格,或者以该同类产品在原产国的生产成本加合理费用、利润为正常价值。

2. 损害。损害,是指倾销对已经建立的国内产业造成实质损害或者产生实质损害威胁,或者对建立国内产业造成实质阻碍。

3. 因果关系。倾销进口与国内产业损害间必须存在因果关系。倾销进口必须是造成国内产业损害的原因。

(二)反倾销调查程序

1. 发起。反倾销调查有两种发起方式:(1)基于国内产业或者代表国内产业的自然人、法人或者有关组织向商务部提出反倾销调查的书面申请(反倾销调查的申请应特别包括以下两个方面:第一,申请调查的进口产品倾销、对国内产业造成损害、两者之间存在因果关系的证据;第二,有足够的国内生产者的支持,在支持申请和反对申请的生产者中,支持者的产量占两者总产量的50%以上,同时不得低于国内同类产品总产量的25%)。(2)特殊情况下,商务部可以自主决定立案调查。

2. 初裁。商务部根据调查结果,分别就倾销、损害作出初裁决定,并就两者之间的因果关系是否成立作出初裁决定,由商务部予以公告。但是在下列情形下,应当终止反倾销调查:(1)申请人撤销申请;(2)没有足够证据证明存在倾销、损害或者两者之间有因果关系;(3)倾销幅度低于2%;(4)倾销进口产品实际或者潜在的进口量或者损害可忽略不计;(5)商务部认为不适宜继续进行反倾销调查。

3. 终裁。初步裁定倾销、损害和两者之间的因果关系成立的,继续调查,作出终局裁定。

(三)反倾销措施

1. 临时反倾销措施。初步裁定确定倾销成立并由此对国内产业造成损害的,可以采取临时反倾销措施。临时反倾销措施包括征收临时反倾销税和要求提供现金保证金、保函或者其他形式的担保两种,其数额应当不超过初裁决定确定的倾销幅度。临时反倾销措施自公告实施之日起,不得超过4个月,在特殊情形下,可以延长至9个月。

2. 价格承诺。倾销进口产品的出口经营者在反倾销调查期间,可以向商务部作出改变价格或者停止以倾销价格出口的价格承诺。商务部也可以向出口经营者提出价格承诺的建议,但不得强迫经营者作出价格承诺。商务部不接受价格承诺的,应当向有关出口经营者说明理由。商务部对倾销以及由倾销造成的损害作出肯定的初裁决定前,不得寻求或者接受价格承诺。

3. 反倾销税。终裁决定确定倾销成立,并由此对国内产业造成损害的,可以对倾销进口产品的进口经营者征收反倾销税。反倾销税原则上仅适用于终裁决定公告后进口的商品,不对之前进口的产品进行追溯征收,但也存在一些例外情况。反倾销税税额不得超过终裁决定确定的倾销幅度。反倾销税、价格承诺的期限不得超过5年。但是,经复审确定终止征收反倾销税有可能导致倾销和损害的继续或者再度发生的,反倾销税的征收期限可以适当延长。

二、反补贴措施★

(一)采取反补贴措施的条件

1. 出口国专向性补贴。补贴,是指出口国政府或者其任何公共机构提供的并为接受者带来利益的财政资助以及任何形式的收入或者价格支持。构成补贴须具备两个要素:政府提供的财政资助和接受者获得的利益。

根据反补贴条例进行调查、采取反补贴措施的补贴,必须具有专向性。下列补贴为专向补贴:(1)由出口国政府明确确定的某些企业、产业获得的补贴;(2)由出口国法律、法规明确规定的某些企业、产业获得的补贴;(3)指定特定区域内的企业、产业获得的补贴;(4)以出口实绩为条件获得的补贴,包括该条例所附出口补贴清单列举的各项补贴;(5)以使用本国(地区)产品替代进口为条件获得的补贴。

2. 损害。损害,是指补贴对已经建立的国内产业造成实质损害或者产生实质损害威胁,或者对建立国内产业造成实质阻碍。

3. 因果关系。即补贴进口产品必须是国内产业损害的原因。

(二)反补贴调查程序

反补贴调查的程序与反倾销调查的程序相同。

(三)反补贴措施

反补贴措施与反倾销措施基本相同,但在承诺方面存在区别。出口国政府或出口经营者,都可以作出承诺,分别采取承诺取消、限制补贴或其他有关措施,承诺修改价格。

三、保障措施★★

(一)采取保障措施的条件

1. 进口产品数量增加。进口数量增加指进口数量的绝对增加或者与国内生产相比的相对增加。

2. 国内产业受到损害。适用保障措施要求的产业损害程度重于反倾销或反补贴要求的损害程度，即严重损害而不是实质损害。

3. 因果关系。即进口产品数量增加与国内产业受到损害之间具有因果关系。

(二)保障措施调查程序

保障措施的调查程序与反倾销调查的程序基本相同。

(三)保障措施

保障措施包括临时保障措施和保障措施两种。临时保障措施采取提高关税的形式；保障措施可以采取提高关税、数量限制等形式。保障措施应针对正在进口的产品实施，不区分产品来源国。保障措施的实施期限不超过4年。符合法律规定的条件的，保障措施的实施期限可以适当延长，但最长不超过10年。

> **命题点拨** 倾销只有在造成国内产业损害且损害和倾销之间有因果关系才可以使用反倾销措施。补贴也是只有造成损害，且补贴与损害之间有因果关系才可以使用反补贴措施。

第六章　世界贸易组织

第一节　世界贸易组织概述

一、世界贸易组织法律制度和关税与贸易总协定法律制度的关系

世界贸易组织(WTO)于1995年1月1日正式成立并开始运作，总部设于瑞士日内瓦，其前身是关税与贸易总协定(GATT)。

(一)世界贸易组织对关税与贸易总协定的继承

1. 世界贸易组织协定吸收了关税与贸易总协定的规则。《关贸总协定》现在是世界贸易组织规则的一部分。

2. 世界贸易组织吸收了关税与贸易总协定的经验和精华。它遵循了关税与贸易总协定的决策方法和惯例指导，在基本原则、争端解决等各方面，关税与贸易总协定都对世界贸易组织有一定的指导性作用。

(二)世界贸易组织法律制度和关税与贸易总协定法律制度的区别

1. 机构性质不同。世界贸易组织是一个与国际货币基金组织和世界银行具有同等地位的国际组织，它具有作为一个国际机构的法律地位。而关税与贸易总协定是一个以多边贸易协定形式存在的“临时机构”。

2. 管辖范围不同。关税与贸易总协定只处理货物贸易及其相关产业部门的贸易问题。世界贸易组织除此之外还要处理涉及服务贸易和知识产权的贸易问题。它不仅包括已有的和经乌拉圭回合修订的货物贸易方面的规则，而且包括服务贸易、与贸易有关的知识产权以及与贸易有关的投资措施等各种规则。

3. 法律框架的结构不同。世界贸易组织多边法律制度是一个完整的统一制度，对所有的成员都有约束力，除附件4中的诸边协议，各成员承担的义务是相同的。关税与贸易总协定的各协议间是相互独立的、分散的，不同缔约方受不同协议的约束。

4. 约束力度不同。世界贸易组织不允许成员对世界贸易组织规则作出保留或偏离世界贸易组织规则，各成员的国内法规定不应成为不履行有关世界贸易组织义务的理由。而在关税与贸易总协定制度下，国内法的规定可以成为不履行有关义务的借口。

5. 争端解决制度不同。世界贸易组织争端解决制度是统一的，各成员根据不同协议产生的争端都适用同一争端解决制度。而在关税与贸易总协定框架下，不同的协议有不同的争端解决制度，表现出分散性。

二、世界贸易组织的法律框架

WTO的法律框架可概括为“一个协议，四个附件”，即《世界贸易组织协定》及其附件一、附件二、附件三和附件四。其中附件一又包括附件一A:《货物贸易的多边协议》、附件一B:《服务贸易总协定》(CATS)、附件一C:《与贸易有关的知识产权协定》(TRIPs)；附件二是《关于争端解决规则和程序的谅解》；附件三是《贸易政策审查机制》。

《世界贸易组织协定》是世界贸易组织的章程性文件。附件一、附件二和附件三统称为多边贸易协定，对所有成员具有约束力，各成员必须遵守；附件四称为诸边贸易协定，只适用于特别表示接受其约束的世界贸易组织成员，对不接受的成员不具有约束力。

三、中国加入WTO承担的特殊义务

中国在WTO中的权利义务由两部分组成：一部分是各成员都承担的规范性义务；另一部分是《中国加入世界贸易组织议定书》及其附件中中国作出的承诺，这是中国承担的独特义务。

(一)贸易经营权

中国承诺逐步放开贸易经营权，在中国正式加

入世界贸易组织后的3年内,除国家专营商品外,所有中国企业都有权进行货物进出口。

(二)倾销与补贴中的非市场经济的规定

1.倾销的认定方面。由于很多国家和地区不承认中国的市场经济地位,因此在认定中国出口产品在进口国是否构成倾销,比较正常价值和出口价格时,通常不选择中国的国内价格来确定产品的正常价值,而选择以较高的别国价格来认定,这样很容易认定为倾销或使倾销幅度超过应有水平,这种选择权对中国极为不利。

根据我国入世文件规定,在如下情况下,调查国只能使用中国的可比价格:(1)受调查的中国生产商能够明确证明生产同类产品的产业具备市场经济条件;(2)中国某一产业符合进口成员方国内法中所规定的市场经济标准。另外,上诉选择权无论如何在《中国加入世界贸易组织议定书》生效15年后终止。

2.国有企业补贴。非专向性补贴原本不受WTO规则约束,但中国政府提供的补贴的主要接受者如果是国有企业,则该补贴即使表面上看是非专向性补贴,也将被视为专向性补贴。

(三)特定产品过渡性保障机制

1.这一机制专对中国产品实施。

2.实施条件。中国产品出口到该成员方境内的数量增加,造成同类或直接竞争的产品的市场扰乱或市场扰乱的威胁。

3.解决办法。(1)受影响的成员可以要求与中国进行磋商。(2)经磋商双方均认为中国产品出口造成了市场扰乱,中国政府应采取措施。(3)如果在收到磋商要求后60天没有达成协议,则受影响成员方在必要限度内可以中止对中国的关税减让或限制中国产品出口到该成员境内。在紧急情况下,受影响成员可以采取临时措施(不超过200天)。(4)在相对增加的情况下,过渡性保障措施实施超过2年,中国即可对该成员采取同等措施,在绝对增加的情况下,措施实施超过3年,中国可以报复。(5)接受贸易转移的其他成员也可以诉诸该机制。

(四)针对中国纺织品的特殊保障措施

WTO《纺织品与服装协议》是一个过渡性协议,仅适用至2005年1月1日,之后纺织品贸易完全回归到关贸总协定的统一规则下。但《中国入世议定书工作组报告》第242段特别规定了针对中国纺织品的特殊保障措施,该规定自中国入世一直适用至2008年12月31日。

第二节　世界贸易组织的主要法律制度

一、《关税与贸易总协定》

(一)最惠国待遇及其例外★

1.适用范围。《关税与贸易总协定》中的最惠国待遇适用于五个方面:(1)与进出口有关的任何关税和费用;(2)进出口关税和费用的征收方法;(3)与进出口有关的规则、手续;(4)国内税或其他国内费用;(5)影响产品的国内销售、推销、购买、运输、经销和使用的全部法令、条例和规定。

2.例外。《关税与贸易总协定》中最惠国待遇义务的例外情形主要包括:边境贸易;普遍优惠制度、关税同盟和自由贸易区;允许以收支平衡理由偏离最惠国待遇;允许对造成国内产业损害的倾销进口或补贴进口征收反倾销税或反补贴税;允许因一般例外或国家安全例外偏离最惠国待遇义务;可对某一成员或某些成员豁免最惠国待遇义务。

(二)国民待遇及其例外

1.适用范围。《关税与贸易总协定》中的国民待遇,指外国进口产品所享受的待遇不低于本国同类产品、直接竞争或替代产品所享受的待遇。该义务主要涉及两个方面,即国内税费和影响产品销售的国内法律、法规。

2.例外。《关税与贸易总协定》中国民待遇的例外包括:一般例外;安全例外;政府采购例外;仅对某种产品的国内生产者提供的补贴例外等。

(三)取消数量限制及其例外

依《关税与贸易总协定》的规定,对进出口产品原则上取消一切数量限制,不允许对商品的进出口实施关税、国内税及其他费用之外的禁止或限制措施。

取消数量限制原则也存在例外:(1)为防止或缓解出口成员的粮食或其他必需品的严重短缺而临时实施的出口禁止或限制;(2)为实施国际贸易中的商品归类、分级和销售标准或法规而必须实施的进出口禁止或限制;(3)为了限制国内产品数量或消除国内产品的过剩而对农产品或渔产品进口实施的限制;(4)为了保障其对外金融地位和国际收支平衡而对进口产品进行的限制。

(四)《与贸易有关的投资措施协议》

《与贸易有关的投资措施协议》规定各成员不得实施任何与《关税与贸易总协定》中国民待遇原则和一般性取消数量限制原则不一致的与贸易有关的投资措施。

1.与国民待遇义务不符的与贸易有关的投资措

施包括:(1)要求企业购买或使用本国产品或自任何国内来源的产品;(2)要求企业购买或使用的进口产品限制在与其出口的当地产品的数量或价值相关的水平。

2. 与一般性取消数量限制原则不符的与贸易有关的投资措施包括:(1)普遍限制企业用于当地生产或与当地生产相关的产品进口;(2)限制企业使用外汇,从而限制进口产品;(3)限制企业产品出口或供出口产品的销售。

二、《服务贸易总协定》★★

(一)适用特点

《服务贸易总协定》不适用于为履行政府职能而提供的服务,既不是在商业基础上提供的,又不与任何一个或多个服务提供者相竞争的服务。该协定是一个框架性的协定,缺乏有关的具体义务和规则。

(二)服务贸易的方式

1. 跨境服务,即从一国境内直接向其他国境内提供服务,如通过网络提供跨境咨询服务。

2. 境外消费,即在一国境内向其他国的消费者提供服务,如一国公民到另一国旅游。

3. 商业存在,即外国实体在另一国境内设立附属公司或分支机构,提供服务,如一国的机构到另一国开设会计师事务所。

4. 自然人存在,即一国的服务提供商通过自然人到其他国境内提供服务,如工程承包。

(三)各成员方的义务

1. 一般义务(最惠国待遇义务)。最惠国待遇义务要求各成员应立即和无条件地给予任何其他成员的服务和服务提供者不低于其给予任何其他国家相同的服务和服务提供者的待遇。该义务在一定条件下可以得到豁免,如发展中国家享有的一次性的过渡期豁免。

2. 具体承诺的义务。WTO 成员在服务贸易市场开放方面的义务没有统一规定和要求,是否给予市场准入,是否给予国民待遇,依每一成员在谈判阶段的承诺表来确定。

(1)市场准入。在服务提供方式的市场准入方面,每个成员给予其他任何成员的服务和服务提供者的待遇,不得低于其承诺表中同意和明确的规定、限制和条件。

(2)国民待遇。允许外国服务或服务提供者进入本国的贸易市场,并不等于赋予它们与本国同类服务和服务提供者一样的待遇。因此,《服务贸易总协定》中的国民待遇义务,仅限于列入承诺表的部门,并且要遵循其中所列的条件和资格。

三、WTO 的争端解决机制★★

世界贸易组织的争端解决机制,适用于除附件三《贸易政策审查机制》外,所有 WTO 协议引起的争端。

(一)争端解决机构(DSB)解决的争端类型

1. 违反性申诉。这是争端的主要类型。申诉方须证明被诉方违反了有关协议的条款。对这种争端的裁定,被诉方往往需要废除或修改有关措施。

2. 非违反性申诉。这种申诉,申诉方只需要证明其根据有关协议享有合理的预期利益且该合理预期利益因为被诉方的措施受损或丧失,而不需要证明被诉方违反了有关协议条款。被诉方也没有取消有关措施的义务,只需作出补偿。

(二)争端解决的程序

1. 磋商。磋商是争端解决的必经程序。

2. 专家组程序。提出磋商请求之日起 60 天内磋商没有解决争端时,申诉方可以申请成立专家组。专家组是争端解决机构的非常设性机构,它协助争端解决机构履行有关职责,作出裁决或提出建议。在争端解决程序中,专家组既审查案件事实,又审查适用法律,但其权限范围仅限于申请设立专家组的申请中所指明的具体争议措施和申诉的法律依据概要,未在申请书中指明的诉求,不属于专家组的权限范围。

3. 上诉机构审理。在专家组报告发布后的 60 天内,任何争端方都可以向上诉机构提起上诉。上诉机构是争端解决机构中的常设机构,它可以推翻、修改或撤销专家组的调查结果和结论,但是不可以将案件发回专家组重新审理。另外,上诉机构只审查专家组报告涉及的法律问题和专家组作出的法律解释,而不审查事实问题。

4. 争端解决报告的通过程序。争端解决机构通过专家组和上诉机构的报告采用的是"反向协商一致原则",即只有在全体成员一致不同意通过时才能否决该报告。由争端解决机构通过的报告即为最终的裁决或建议。

5. 裁决或建议的执行程序。被裁定违反了有关协议的一方应在合理时间内履行争端解决机构的裁定和建议。如果被诉方在合理期限内没有履行,原申诉方可以向争端解决机构申请授权报复,对被诉方中止减让或中止其他义务。

命题点拨 在 WTO 法律制度中,货物贸易领域最主要的内容是最惠国待遇、国民待遇、约束关税、取消数量限制和透明度原则。

第七章 国际经济法领域的其他法律制度

第一节 知识产权的国际保护

当前,对知识产权进行国际保护的三个最重要的公约是《保护工业产权巴黎公约》(以下简称《巴黎公约》)、《保护文学和艺术作品伯尔尼公约》(以下简称《伯尔尼公约》)和《与贸易有关的知识产权协议》(TRIPs)。

一、《巴黎公约》

(一)保护范围

《巴黎公约》的调整对象即保护范围是工业产权,包括专利、工业品外观设计、商标权、服务标记、厂商名称、原产地名称等。

(二)优先权原则★

优先权原则,是指成员国的国民向一个缔约国提出专利申请或注册商标申请后,在一定期限内(发明、实用新型规定为 12 个月,外观设计、商标为 6 个月)享有优先权。当成员国的国民向其他缔约国又提出同样的申请时,后来的申请视作是在第一申请提出的日期提出的。

(三)临时保护原则

公约成员国应按其本国法律对在公约各成员国领域内举办的官方或经官方认可的国际展览会上展出的产品所包含的专利和展出产品的商标提供临时法律保护。如展品所有人在临时保护期内申请了专利或商标注册,则申请案的优先权日是从展品公开展出之日起算,而非从第一次提交申请案时起算。

(四)独立性原则

外国人在一国申请专利,由该国根据本国法律作出决定,不应受原属国或其他人和国家就该申请作出的决定的影响。

(五)最低保护原则

公约对各成员国专利权、商标权及工业品外观设计、原产地名称、厂商名称等工业产权提出的具体保护要求属于最低要求。

(六)强制许可专利原则

公约规定,各成员国可以采取立法措施,规定在一定条件下可以核准强制许可,以防止专利权人可能对专利权的滥用。

二、《伯尔尼公约》★★

(一)国民待遇原则

有权享有国民待遇的国民包括:(1)公约成员国国民和在成员国有惯常居所的非成员国国民,其作品无论是否出版,均应在一切成员国中享有国民待遇。(2)非公约成员国国民,其作品只要是在任何一个成员国出版,或者在一个成员国和非成员国同时出版(30 天之内),也应在一切成员国中享有国民待遇。

(二)自动保护原则

自动保护原则要求享有及行使依国民待遇所提供的有关权利时,不需要履行任何手续,也无论作品在起源国是否受到保护,即应自动予以保护。

(三)独立保护原则

独立保护原则,是指享有国民待遇的人在公约任何成员国所得到的著作权保护,不依赖于其作品在来源国受到的保护。

(四)保护的对象

文学艺术作品、演绎作品、实用艺术作品和工业品外观设计是公约必须保护的对象。另外,成员国可以选择保护的作品包括:官方文件、讲演、演说和民间文学艺术作品。日常新闻或纯属报刊消息性质的社会新闻不在版权保护客体范围之内。

(五)保护的权利

公约要求保护署名权和保护作品完整权这两项精神权利。

三、TRIPs★

(一)TRIPs 与前几个国际公约的关系

TRIPs 并非要取代原来的国际知识产权公约,而是在吸收以前公约内容的基础上成为保护范围更广泛、标准更高、要求更严的公约。

(二)基本原则

国民待遇原则和最惠国待遇原则是 TRIPs 的基本原则。其中,最惠国待遇原则是首次在知识产权国际保护领域适用。

(三)知识产权的保护

1. 版权。TRIPs 的保护对象比《伯尔尼公约》增加了计算机程序和有独创性的数据汇编两项;权利内容增加了计算机程序和电影作品的出租权。

2. 商标。TRIPs 第一次给商标下了一个明确的定义,同时扩大了对驰名商标的特殊保护。

3. 地理标志。

4. 工业品外观设计。成员可以自行确定用工业产权法或版权法来保护工业品外观设计,但保护期至少 10 年。

5. 专利。TRIPs 规定,疾病的诊断方法、治疗方法和外科手术方法不授予专利,动植物新品种可不以专利形式保护。

6. 集成电路布图设计。TRIPs 将 1989 年《关于集成电路知识产权条约》的全部实体性规定吸收，并提高了保护水平。如不仅保护布图设计和含有布图设计的集成电路，而且开始保护含有受保护集成电路的物品。

7. 未披露信息。TRIPs 规定，未披露信息要得到保护的三个条件为：(1)信息是秘密的；(2)信息具有商业价值；(3)合法控制信息的人已采取了适当的保密措施。

第二节　国际投资法★★

国际投资法是调整国际私人直接投资关系的国内法律规范和国际法律规范的总称。国际直接投资，是指一国私人在外国投资经营企业，直接或间接地控制该企业的经营活动，如中外合资企业、中外合作企业、外商独资企业、国际合作开发与建设等。

一、多边投资担保机构(MIGA)★★

(一) MIGA 的目的

MIGA 对向发展中国家的私人直接投资进行保险，如果该投资被东道国(发展中国家)征收或出现了其他保险范围内的损失，该机构将对私人投保者予以补偿。MIGA 的目的是促进面向发展中国家的私人直接投资，以加快发展中国家的经济发展。

(二) 承保险种

1. 货币汇兑险。即东道国限制投保人将其收益兑换成可自由使用的货币或其可接受的另一种货币并汇出东道国境外的风险。

2. 征收和类似措施险。

3. 政府违约险。东道国政府不履行或违反与投保人签订的合同，且投保人面临东道国司法拒绝。

4. 战争和内乱险。保东道国境内任何军事行动或内乱而给投资者造成的损失。

5. 其他特定的政治风险。应投资者与东道国政府的联合申请，经 MIGA 董事会特别多数票通过，承保范围还可扩大到上述险别以外的其他非商业风险。

(三) 承保条件

1. 合格的投资者。符合下列条件的自然人和法人有资格取得机构的担保：

(1)具有东道国以外的会员国国籍的自然人；

(2)在东道国以外一会员国注册并设有主要营业点的法人；

(3)其多数股本为东道国以外一个或几个会员国所有或其国民所有的法人；

(4)根据投资者和东道国的联合申请，经 MIGA 董事会特别多数票通过，合格投资者也可以是东道国的自然人、在东道国注册的法人以及多数资本为东道国国民所有的法人。

2. 合格的东道国。即该投资必须投向发展中国家境内，且要求外资必须能够在这些发展中国家得到公正平等的待遇和法律保护。

3. 合格的投资。合格的投资需满足以下条件：

(1)投资在经济上具有合理性、发展性(对东道国的经济社会发展有所贡献或者与东道国的发展目标和重点一致)以及合法性；

(2)在时间上要求是新投资；

(3)种类上包括股权投资、非股权投资和 MIGA 董事会确定的其他形式的直接投资。

(四) 代位权

MIGA 一经向投保人支付或同意支付赔偿，即代位取得投保人对东道国或其他债务人所拥有的有关承保投资的各种权利或索赔权。

二、解决国际投资争端中心(ICSID)★

ICSID 的设立为以仲裁方式解决国家与外国投资者之间的争议提供了便利。

(一) ICSID 的管辖权

提交中心仲裁的投资争端必须符合下列条件：

1. 主体条件。争议当事人一方必须是缔约国政府，另一方必须是另一缔约国的国民；但如果双方均同意的，也受理东道国和受外国投资者控制的东道国法人之间的争端。

2. 主观条件。当事人双方必须以书面形式同意提交 ICSID 解决，并且不得单方面撤销其同意。这里要注意的是，除非另有说明，当事人选择仲裁后即视为同意排除其他任何救济方法，包括投资者本国的外交保护。

3. 争端性质。争端必须是因直接投资而产生的任何法律争端。

(二) 解决投资争端适用的法律

ICSID 仲裁庭应依据当事人双方协议的法律来处理争端；当事人未协议选择法律的，适用作为争端当事国的缔约国的法律(包括其冲突规范)以及可适用的国际法规则。此外，在双方同意时，仲裁庭也可以依据公平和善意原则进行仲裁。

第三节　国际融资法

国际融资法是调整不同国家主体之间国际资金融通关系的法律规范的总称。国际资金融通主要通过国际贷款、国际证券融资和国际融资租赁等几种方式实现。

国际贷款指不同国家当事人之间基于信用而进行的货币资金的有偿让渡，是资金使用权的跨国交易活动。国际证券是在国际证券市场上发行并销售流通的、以某种可兑换货币为面值的、证明或设立财产所有权的书面凭证。国际证券发行之后便进入流通程序，证券交易市场是买卖已发行证券的场所。国际融资租赁指由一国的出租人按照另一国承租人的要求购买租赁物并出租给承租人使用，而租赁物的维修和保养由承租人负责的一种租赁方式。

第四节　国 际 税 法★★★

一、税收管辖权

税收管辖权，是指一国政府对一定的人或对象征税的权力。

（一）居民税收管辖权

居民税收管辖权，是指一国政府对于本国税法上的居民纳税人来自境内及境外的全部财产和收入实行征税的权力。依此税收管辖权，纳税人承担的是无限纳税义务。

（二）来源地税收管辖权

来源地税收管辖权，是指一国政府针对非居民纳税人就其来源于该国境内的所得征税的权力。依此税收管辖权，纳税人承担的是有限纳税义务。

二、国际重复征税

国际重复征税，是指两个或两个以上国家各依自己的税收管辖权按同一税种对同一纳税人的同一征税对象在同一征税期限内同时征税。解决国际重复征税问题的方法包括以下几种。

（一）免税法

免税法，是指居住国政府对本国居民来源于国外的所得和位于国外的财产免予征税。

（二）抵免法

抵免法，是指纳税人可将已在收入来源国实际缴纳的所得税税款在应当向居住国缴纳的所得税税额内扣除，也称外国税收抵免。采用这种方法时，居住国按照居民纳税人的境外所得或一般财产价值的全额为基数计算其应纳税额，但对居民纳税人已在来源国缴纳的所得税或财产税额，允许从居住国应纳税额中扣除。

（三）扣除法

扣除法，是指居住国在对跨国纳税人征税时，允许本国居民将国外已纳税款视为一般费用支出从本国应纳税总所得中扣除。

三、国际重叠征税

国际重叠征税，是指两个或两个以上国家对同一笔所得在具有某种经济联系的不同纳税人手中各征一次税的现象。如在公司与股东之间就同一笔所得各征一次公司所得税和个人所得税即属于国际重叠征税。

命题点拨　知识产权国际保护中国民待遇原则、优先权原则和独立性原则是值得关注的内容。

民事诉讼法与仲裁制度

【复习指引】 民事诉讼法与仲裁制度是客观题考试中的重点科目。2023年《民事诉讼法》修正，在特别程序的适用案件中新增了“指定遗产管理人案件”，同时对涉外民事诉讼中的送达、调查取证等内容进行了较大幅度的修改。要注意结合法律法规变化学习本科目。民事诉讼法部分在客观题考查方面表现为“重者恒重，考点分布广”的特点。在备考时要加强对基本概念及其适用条件的记忆，注重对重点法条的理解。仲裁制度部分难度不大，主要考查基础知识。在备考时重点掌握历年试题中出现的考点。

第一编 导　论

第一章 民事诉讼与民事诉讼法

第一节 民 事 诉 讼

一、民事纠纷与民事诉讼

民事纠纷，是指平等主体之间因财产关系、人身关系所涉及的民事权益而发生的争议。民事诉讼，是指法院在所有诉讼参与人的参加下，按照法律规定的程序，审理和解决民事案件的诉讼活动以及在活动中产生的各种法律关系的总和。

二、民事诉讼的特征

1. 民事诉讼具有公权性。
2. 民事诉讼具有强制性。
3. 民事诉讼具有严格程序。

第二节 民事诉讼法

民事诉讼法的效力

（一）对人的效力

《民事诉讼法》第4条规定：凡在中华人民共和国领域内进行民事诉讼，必须遵守本法。这表明无论是中国的公民、法人或其他组织，还是外国人、无国籍人、外国的企业和组织，只要在我国法院进行民事诉讼，就必须适用我国的民事诉讼法。

（二）对事的效力

1. 因民事实体法调整的平等主体之间的财产关系和人身关系发生的民事案件，如房产纠纷、合同纠纷案件，侵害名誉权、肖像权案件等；

2. 因经济法、劳动法调整的社会关系发生的争议，法律规定适用民事诉讼程序审理的案件，如劳动合同纠纷等；

3. 适用特别程序审理的选民资格案件和宣告公民失踪、死亡等非讼案件；

4. 按照督促程序解决的债务案件；

5. 按照公示催告程序解决的宣告票据和有关事项无效的案件。

（三）空间上的效力

其空间效力范围及于整个中华人民共和国的领域。

但要注意的是，在我国香港特别行政区、澳门特别行政区、台湾地区不适用《民事诉讼法》。

（四）时间上的效力

现行《民事诉讼法》生效后，法院无论是审理生效前受理的案件，还是审理生效后受理的案件，均应适用新法。但新法生效前对已受理案件适用旧法进行的程序活动依然有效。新法与旧法关于某些行为的诉讼期间规定有所不同，这些诉讼期间的适用按照相关的司法解释处理。

命题点拨 本章重点在于理解民事诉讼的特点，并从不同的角度来理解民事诉讼法的属性。

第二章 民事诉讼法的基本原则与基本制度

第一节 基 本 原 则★★

一、民事诉讼法基本原则概述

民事诉讼法的基本原则，是在民事诉讼的整个过程中，或者在重要的诉讼阶段，起指导作用的准则。

二、当事人诉讼权利平等原则

1. 双方当事人的诉讼地位平等。

2. 人民法院平等地保障双方当事人行使诉讼

权利。

3. 对当事人在适用法律上一律平等。

三、同等原则和对等原则

我国法律对在人民法院进行民事诉讼的外国人、无国籍人、外国企业和组织，赋予他们同我国公民、法人和其他组织同等的诉讼权利义务，这就是同等原则。

所谓对等原则，即外国法院对我国公民、法人和其他组织的民事诉讼权利加以限制的，人民法院对该国公民、企业和组织的民事诉讼权利也采取相应措施，加以限制。

四、法院调解自愿和合法的原则

1. 人民法院受理民事案件后，应当重视调解解决。

2. 调解贯穿于诉讼的全过程，在一审、二审乃至再审程序中都可以进行调解。

3. 法院调解要在自愿和合法的基础上进行。

五、辩论原则

1. 当事人双方都享有辩论权，该权利当事人可以自己行使，也可以授权诉讼代理人行使。

2. 辩论权之行使贯穿于诉讼的整个过程。

3. 辩论的内容，既可以是程序方面的问题，也可以是实体方面的问题。

4. 辩论的表现形式及方式是多种多样的。辩论既可以通过口头形式进行，也可以运用书面形式表达。

5. 法院应当为当事人行使辩论权提供有效的保障。

六、诚信原则 ★

1. 当事人有真实陈述的义务，要求当事人在诉讼中陈述案件事实时应当符合真实案情，不得虚构事实。

2. 当事人有促进诉讼的义务，要求当事人在诉讼中不得实施迟延或拖延诉讼行为，或干扰诉讼的进行，应协助法院有效率地进行诉讼，完成审判。

3. 禁止以欺骗方法形成不正当诉讼状态，要求当事人不得以欺骗方法形成不正当的诉讼状态，从而获得不当法益。

4. 禁反言，是指一方当事人在诉讼外或诉讼中的言行已使对方当事人产生某种合理的期待，当对方按照此期待行动时，禁止一方当事人作出与此前自己的言行相反或相矛盾的言行。

5. 禁止滥用诉讼权利，要求当事人不得恶意或无根据地行使诉讼权利，防止当事人以此获得不当法益。

七、处分原则 ★

处分原则是指民事诉讼当事人有权在法律规定的范围内，处分自己的民事权利和诉讼权利。在民事诉讼中，当事人处分的权利分为两大类：一是对民事实体权利的处分；二是对民事诉讼权利的处分。

处分原则贯穿于诉讼的全过程：(1)纠纷发生后，当事人可依自己的意愿决定是否行使起诉权。只有在当事人起诉的情况下，诉讼程序才能开始。法院既不能强令当事人起诉，更不能在当事人不起诉的情况下主动审理“案件”。(2)在诉讼过程中，双方当事人都有权决定是否对法律赋予的权利予以行使。这些权利包括：原告的申请撤回起诉权、变更诉讼请求权，被告的承认诉讼请求或反驳诉讼请求权、反诉权，双方当事人的申请回避权、委托他人代理诉讼权、请求调解权、辩论权、上诉权、申请再审权、申请执行权等。

八、检察监督原则

《民事诉讼法》第 14 条规定：人民检察院有权对民事诉讼实行法律监督。

九、在线诉讼原则

《民事诉讼法》第 16 条第 1 款规定：经当事人同意，民事诉讼活动可以通过信息网络平台在线进行。按照《民事诉讼法》第 16 条第 2 款的规定，民事诉讼活动通过信息平台在线进行的，与线下活动具有同等的法律效力。

第二节　基 本 制 度

一、合议制度 ★

合议制度，是指由若干名审判人员组成合议庭对民事案件进行审理的制度。

(一)审判组织的概念

审判组织，是指代表法院行使审判权，对案件进行审理和作出裁判的组织机构。

(二)审判组织的形式类型及其适用

1. 合议庭。合议庭由 3 名以上的单数的审判人员组成。合议庭的组成有两种形式：一种是由审判员和人民陪审员共同组成，陪审员在人民法院参加审判期间与审判员有同等的权利。另一种是由审判员组成合议庭。在第二审程序中，合议庭只能由审判员组成；但需要说明的是，二审中裁定发回重审的案件，允许人民陪审员参与组庭，因为发回重审的案件须另行组成合议庭并适用第一审普通程序进行审理；在再审程序中，再审案件适用一审程序审理的，按一审普通程序的合议庭组成形式另行组成合议庭；再审案件适用二审程序的，按二审程序另行组成合议庭。在特别程序中，对案件的审理实行合议制的，合议庭都由审判员组成。在有陪审员参加的合议庭中，陪审员与法官具有同样的审判权力，但陪审员不可以担任审判长。审判长由院长或庭长担任；院长或庭长未参加审判的，由院长或庭长指定1名审判员担任。合议庭的审判工作，由审判长负责主持，但作为一个审判集体，合议庭的审判工作由合议庭的全体成员共同负责，合议庭成员中任何一人的行为，对当事人及其他诉讼参与人而言，都代表合议庭的行为。合议庭对外代表人民法院，其一切职权的行使和职责的履行，均以人民法院的名义，其审判权行使的后果也由人民法院承担。合议庭对内是人民法院的一个审判组织，应接受人民法院的领导，业务上受审判委员会的指导和监督。

合议庭评议，实行少数服从多数的原则。评议中的不同意见，必须如实记入评议笔录。

2. 独任庭。独任庭，是指由1名审判员代表法院行使审判权的审判组织形式。独任庭的审判人员必须是法院专职的审判人员即法官，陪审员不可以独任审判。

根据《民事诉讼法》的规定，独任庭的适用有一定的范围，具体来说，独任庭适用于：(1)适用简易程序审理的诉讼案件；(2)一般的非讼案件；(3)基层法院适用一审普通程序审理的基本事实清楚、权利义务关系明确的案件；(4)中级人民法院对第一审适用简易程序审结或者不服裁定提起上诉的第二审民事案件，事实清楚、权利义务关系明确的，经双方当事人同意，可以由审判员一人独任审理。

应当注意的是，发回重审的案件或者进行再审的案件，不适用独任庭审判，而需要按照一审合议庭的组成形式另行组成合议庭；适用二审程序再审的，按二审程序的合议庭形式另行组成合议庭。

二、回避制度★

(一)回避的适用对象

适用回避的人员包括：审判人员（包括审判员和人民陪审员）、法官助理、书记员、司法技术人员、翻译人员、鉴定人、勘验人等。应当注意的是，证人不属于回避的范围。

(二)回避的适用情形

《民诉解释》第43条规定："审判人员有下列情形之一的，应当自行回避，当事人有权申请其回避：(一)是本案当事人或者当事人近亲属的；(二)本人或者其近亲属与本案有利害关系的；(三)担任过本案的证人、鉴定人、辩护人、诉讼代理人、翻译人员的；(四)是本案诉讼代理人近亲属的；(五)本人或者其近亲属持有本案非上市公司当事人的股份或者股权的；(六)与本案当事人或者诉讼代理人有其他利害关系，可能影响公正审理的。"

《民诉解释》第44条规定："审判人员有下列情形之一的，当事人有权申请其回避：(一)接受本案当事人及其受托人宴请，或者参加由其支付费用的活动的；(二)索取、接受本案当事人及其受托人财物或者其他利益的；(三)违反规定会见本案当事人、诉讼代理人的；(四)为本案当事人推荐、介绍诉讼代理人，或者为律师、其他人员介绍代理本案的；(五)向本案当事人及其受托人借用款物的；(六)有其他不正当行为，可能影响公正审理的。"

《民诉解释》第45条规定："在一个审判程序中参与过本案审判工作的审判人员，不得再参与该案其他程序的审判。发回重审的案件，在一审法院作出裁判后又进入第二审程序的，原第二审程序中审判人员不受前款规定的限制。"

《民诉解释》第48条规定："民事诉讼法第四十七条所称的审判人员，包括参与本案审理的人民法院院长、副院长、审判委员会委员、庭长、副庭长、审判员和人民陪审员。"

《民诉解释》第49条规定："书记员和执行员适用审判人员回避的有关规定。"

(三)回避的程序

《民诉解释》第46条规定：审判人员有应当回避的情形，没有自行回避，当事人也没有申请其回避的，由院长或者审判委员会决定其回避。回避应当在案件开始审理时提出，人民法院应当依法告知当事人对合议庭组成人员、独任审判员和书记员等人员有申请回避的权利；回避事由在案件开始审理后知道的，可以在法庭辩论终结前提出。当事人提出回避申请应当说明理由。回避申请提出后，是否准许申请，由法院决定：审判人员、执行员和书记员的回避，由法院院长决定；院长担任审判长或者独任审判员的，其回避由审判委员会决定；其他人员的回避，由审判长或者独任审判员决定。具体程序为：法院对当事人提出的回避申请，应当在申请提出3日内，以口头或书面形式作出决定；申请人对决定不服的，可以在接到决定时申请复议一次，法院应当在接到申请后3日内作出复议决定并通知复议申请人。

(四)回避的法律后果

在当事人提出回避申请到法院作出是否同意申请的决定期间，除案件需要采取紧急措施的外，被申请回避的人员应暂停执行有关本案的职务。法院决定同意申请人回避申请的，被申请回避人退出本案的审判或诉讼；法院决定驳回回避申请而当事人申请复议的，复议期间，被申请回避的人员不停止参与本案的审判或诉讼。

三、公开审判制度

下列案件法定不公开审理：一是涉及国家秘密的案件，包括党的秘密、政府的秘密和军队的秘密；二是涉及个人隐私的案件；三是法律另有规定的案件。法定不公开审理的案件，是不附条件的不公开审理，机构或相关人员都无权决定公开审理。

下列案件当事人申请不公开审理的，可以不公开审理：一是离婚案件；二是涉及商业秘密的案件。所谓商业秘密，是指生产工艺、配方、贸易联系、购销渠道等当事人不愿公开的技术秘密、商业情报及信息。当事人申请不公开审理的案件，是否公开审理，由法院决定。无论是公开审理的案件，还是不公开审理的案件，宣判时一律公开。

四、两审终审制度

两审终审制度，是指一个民事案件经过两级人民法院审判后即告终结的制度。根据民事诉讼法的规定，适用小额诉讼程序、特别程序、督促程序、公示催告程序审理的案件，实行一审终审。

命题点拨 本章重点内容是各项民事诉讼基本原则和基本制度的具体内容及其在程序中的体现。

1. 在掌握民事诉讼法特有的基本原则与基本制度主要内容的基础上，要准确理解这些原则与制度在民事诉讼中的具体体现，理解这些原则与制度对民事诉讼具体制度的指导意义。

2. 在具体内容上，要认识到民事诉讼中：当事人诉讼地位的平等不等于当事人诉讼权利与义务的相同，当事人为未成年人的案件不属于法定不公开审理的案件，证人不属于回避的范畴。

3.《民诉解释》对回避制度的适用作了具体的说明。

第二章 诉

第一节 诉的概念与特征

民事诉讼中的诉，是指当事人就特定民事争议向法院提出的保护自己民事实体权益的请求。诉的特征有以下几个方面：第一，由当事人提出。第二，向法院提出。第三，诉是一种请求。

第二节 诉的要素

一、当事人

当事人是诉的主体，任何一个诉均有提起诉讼的一方与被诉的一方。

二、诉讼标的

诉讼标的，是指当事人之间发生争执并要求法院作出裁判的民事权利义务关系。

三、诉的理由

诉的理由，是原告起诉的事实和法律依据。

第三节 诉的分类★

一、确认之诉

确认之诉，是指原告请求法院确认与被告之间是否存在某种民事法律关系的诉。

二、给付之诉

给付之诉，是指原告请求法院判令被告向其履行某种特定给付义务的诉讼。

三、变更之诉

变更之诉，又称形成之诉，是指原告请求法院以判决改变或消灭既存的某种民事法律关系的诉。

第四节 反诉★★

一、反诉的概念与特征

反诉，是指在诉讼程序进行中，本诉被告针对本诉原告向法院提出的独立的反请求。

反诉具有以下特征：

1. 当事人的同一性与特定性。本诉的被告成为原告，本诉的原告则成为被告，但当事人是同一的。

2. 诉讼请求的独立性。它本身具有独立性，不因本诉的消灭而消灭。

3. 诉讼目的具有对抗性。

反诉不同于反驳。反驳是指被告针对原告提出的诉讼请求和理由，从实体上和程序上、从事实上和法律上予以否定或部分否定。

二、提起反诉的条件

1. 须由本诉的被告向本诉的原告提出。

2. 须在本诉进行中提出。

3. 须向受理本诉的法院提出，且受诉法院对反诉有管辖权。

4. 须与本诉适用同一诉讼程序。

5. 须反诉与本诉之间存在牵连关系。

三、反诉的审理

法院原则上应一并审理本诉与反诉，将两诉合并调查和辩论,并且对两诉一并作出裁判。

第五节 诉的合并与分离

一、诉的合并

诉的合并,是指法院将两个或两个以上彼此之间有牵连的诉合并到一个诉讼程序中审理和裁判。

二、诉的分离

诉的分离,是指法院将原先合并审理的几个诉,分开来进行审理。

命题点拨 本章重点是诉的基础理论,具体包括:

1. 诉讼标的是当事人之间实体上的法律关系,它既不同于当事人在诉讼中提出的具体的诉讼请求,也不同于争议的标的物。

2. 给付之诉的给付包括了给付金钱、财物和履行相关的行为,行为包括作为与不作为。

3. 反诉要求与本诉之间要有联系,这种联系既可以是法律上的,也可以是事实上的,但事实上的联系要表现为反诉的事实与本诉的事实有直接的关联,如反诉的事实是基于本诉的相关事实而发生的。

第二编 诉讼制度

第四章 主管与管辖

第一节 民事诉讼主管

《民事诉讼法》第3条规定:人民法院受理公民之间、法人之间、其他组织之间以及他们相互之间因财产关系和人身关系提起的民事诉讼,适用该法的规定。

第二节 管辖概述

一、管辖的概念

民事诉讼中的管辖,是指各级法院之间和同级法院之间受理第一审民事案件的分工和权限。

二、管辖恒定

管辖恒定,是指确定案件的管辖权,以起诉时为标准:起诉时对案件享有管辖权的法院,原则上不因确定管辖的相关因素在诉讼过程中发生变化而影响其管辖权。

三、专门法院的管辖★

(一)军事法院

当事人双方均是军人或军队单位的民事案件由军事法院管辖。在诸如级别管辖、地域管辖等具体的管辖规则上,参照民事诉讼法的一般规则适用。

(二)海事法院

我国海事法院受理当事人因海事侵权纠纷、海商合同纠纷(包括海上运输合同、海船租用合同、海上保赔合同、海船船员劳务合同等)及法律规定的其他海事纠纷提起的诉讼。

(三)铁路运输法院

我国铁路运输法院管辖的民事案件范围主要包括:(1)铁路运输合同纠纷和代办托运等铁路运输延伸服务合同、铁路运输保险合同纠纷;(2)与铁路建设有关的各类合同纠纷;(3)对铁路运输企业财产权属发生争议的纠纷;(4)因铁路运输造成的各类人身、财产、环境侵权纠纷以及对铁路造成损害的侵权纠纷。

(四)知识产权法院★

北京知识产权法院作为我国第一家知识产权法院,挂牌成立,随后广州、上海也相继成立知识产权法院。

知识产权法院的地位是中级人民法院,上诉案件由知识产权法院所在地的高级人民法院审理。有些案件的上诉案件由最高人民法院审理,包括:第一,当事人对发明专利、实用新型专利、植物新品种、集成电路布图设计、技术秘密、计算机软件、垄断等专业技术性较强的知识产权民事案件第一审判决、裁定不服,提起上诉的;第二,当事人对专利、植物新品种、集成电路布图设计、技术秘密、计算机软件、垄断等专业技术性较强的知识产权行政案件第一审判决、裁定不服,提起上诉的。

(五)金融法院

上海金融法院专门管辖上海金融法院设立之前由上海市中级人民法院管辖的金融民商事案件和涉金融行政案件。管辖案件的具体范围由最高人民法院确定。2021年和2022年,全国人大常委会又通过了《关于设立北京金融法院的决定》和《关于设立成渝金融法院的决定》。

(六)互联网法院

至2018年,我国在北京、广州和杭州设立有互联网法院。

第三节 级别管辖

一、级别管辖的概念与依据

级别管辖,是指按照一定的标准,划分上下级法院之间受理第一审民事案件的分工和权限。

二、各级人民法院管辖的第一审民事案件

(一)基层人民法院管辖的第一审民事案件

《民事诉讼法》第18条规定:基层人民法院管辖第一审民事案件,但该法另有规定的除外。

(二)中级人民法院管辖的第一审民事案件

1. 重大涉外案件。

2. 在本辖区有重大影响的案件。

3. 最高人民法院确定由中级人民法院管辖的案件。目前这类案件主要有:(1)海事、海商案件。(2)知识产权纠纷案件。(3)重大的涉港澳台民事案件。(4)诉讼标的金额较大的民事案件。(5)虚假陈述证券民事赔偿案件,由发行人住所地的省、自治区、直辖市人民政府所在的市、计划单列市和经济特区中级人民法院或者专门人民法院管辖。

(三)高级人民法院管辖的第一审民事案件

高级人民法院管辖在本辖区有重大影响的案件。在本辖区有重大影响的案件一般指的就是诉讼标的金额大的民事案件。

(四)最高人民法院管辖的第一审民事案件

最高人民法院管辖的第一审民事案件有两类:一类是在全国有重大影响的案件,另一类是最高人民法院认为应当由本院审理的案件。

第四节 地域管辖★★

一、地域管辖的概念

地域管辖,是指按照各法院的辖区和民事案件的隶属关系来划分诉讼管辖。

二、一般地域管辖

(一)原则规定——被告所在地法院管辖

1. 被告为公民,由被告住所地法院管辖;被告住所地与经常居住地不一致的,由经常居住地法院管辖。公民的住所地是指该公民的户籍所在地。经常居住地是指公民离开住所地至起诉时已连续居住满1年以上的地方,但公民住院就医的地方除外。

《民诉解释》中对下列情况作了补充规定:(1)原告、被告均被注销户籍的,由被告居住地人民法院管辖。(2)当事人的户籍迁出后尚未落户,有经常居住地的,由该地人民法院管辖;没有经常居住地的,由原户籍所在地人民法院管辖。(3)双方当事人都被监禁或被采取强制性教育措施的,由被告原住所地法院管辖。被告被监禁或被采取强制性教育措施1年以上的,由被告被监禁地或被采取强制性教育措施地法院管辖。(4)夫妻双方离开住所地超过1年,一方起诉离婚的案件,由被告经常居住地法院管辖;没有经常居住地的,由原告起诉时被告居住地人民法院管辖。

2. 被告为法人或其他组织,由被告住所地法院管辖。这里的住所地是指法人或其他组织的主要办事机构所在地。根据民事法律相关规定,依法需要办理法人登记的,应当将主要办事机构所在地登记为住所,因而对于注册登记的法人,其注册地或登记地可以被推定为主要办事机构所在地。

被告如为没有办事机构的个人合伙、合伙型联营体,则由注册登记地法院管辖;没有注册登记,几名被告又不在同一辖区的,被告住所地的法院都有管辖权。

(二)例外规定——原告所在地法院管辖

《民事诉讼法》规定的原告住所地法院管辖的情形是:(1)对不在中华人民共和国领域内居住的人提起的有关身份关系的诉讼;(2)对下落不明或者宣告失踪的人提起的有关身份关系的诉讼;(3)对被采取强制性教育措施的人提起的诉讼;(4)对被监禁的人提起的诉讼。上述规定中的身份关系,是指与人的身份相关的各种关系,如婚姻关系、亲子关系、收养关系等。

《民诉解释》规定的情形是:(1)被告被注销户籍的,由原告住所地法院管辖;原告住所地与经常居住地不一致的,由原告经常居住地法院管辖。(2)追索赡养费、扶养费、抚养费案件的几个被告的住所地不在同一辖区的,可以由原告住所地法院管辖。(3)夫妻一方离开住所地超过1年,另一方起诉离婚的案件,可以由原告住所地法院管辖。

(三)离婚诉讼管辖的特别规定

1. 在国内结婚并定居国外的华侨,如定居国法院以离婚诉讼须由婚姻缔结地法院管辖为由不予受理,当事人向人民法院提出离婚诉讼的,由婚姻缔结地或者一方在国内的最后居住地法院管辖。

2. 在国外结婚并定居国外的华侨,如定居国法院以离婚诉讼须由国籍所属国法院管辖为由不予受理,当事人向人民法院提出离婚诉讼的,由一方原住所地或者在国内的最后居住地法院管辖。

3. 中国公民一方居住在国外,一方居住在国内,无论哪一方向人民法院提起离婚诉讼,国内一方住所地的人民法院都有管辖权。国外一方在居住国法院起诉,国内一方向人民法院起诉的,受诉人民法院有管辖权。

4. 中国公民双方在国外但未定居,一方向人民法院起诉离婚的,应由原告或者被告原住所地的法院管辖。

5. 已经离婚的中国公民，双方均定居国外，仅就国内财产分割提起诉讼的，由主要财产所在地人民法院管辖。

三、特殊地域管辖★★★

1. 因合同纠纷提起的诉讼，由被告住所地或者合同履行地法院管辖。

2. 因保险合同纠纷提起的诉讼，由被告住所地或者保险标的物所在地法院管理。

3. 因票据纠纷提起的诉讼，由票据支付地或被告住所地法院管辖。

4. 因公司设立、确认股东资格、分配利润、解散等纠纷提起的诉讼，由公司住所地法院管辖。

5. 因铁路、公路、水上、航空运输和联合运输合同纠纷提起的诉讼，由运输始发地、目的地或被告住所地法院管辖。

6. 因侵权行为提起的诉讼，由侵权行为地或者被告住所地法院管辖。

7. 因铁路、公路、水上和航空事故请求损害赔偿提起的诉讼，由事故发生地或者车辆、船舶最先到达地、航空器最先降落地或者被告住所地法院管辖。

8. 因船舶碰撞或者其他海损事故请求损害赔偿提起的诉讼，由碰撞发生地、碰撞船舶最先到达地、加害船舶被扣留地或者被告住所地法院管辖。

9. 因海难救助费用提起的诉讼，由救助地或被救助船舶最先到达地法院管辖。

10. 因共同海损提起的诉讼，由船舶最先到达地、共同海损理算地或者航程终止地法院管辖。

四、专属管辖★★

（一）因不动产纠纷提起的诉讼

不动产诉讼专属不动产所在地法院管辖。

（二）因港口作业中发生纠纷提起的诉讼

港口作业引起的诉讼专属港口所在地法院管辖。

（三）因继承遗产纠纷提起的诉讼

继承遗产的诉讼专属于被继承人死亡时住所地或主要遗产所在地法院管辖。

五、共同管辖与选择管辖

共同管辖与选择管辖实际上是一个问题的两个方面。共同管辖是就法院角度而言的，指法律规定两个以上的法院对某类诉讼都有管辖权；选择管辖则是从当事人角度而言的，指当两个以上的法院对诉讼都有管辖权时，当事人可以选择其中一个法院提起诉讼。

六、协议管辖

协议管辖，又称合意管辖或约定管辖，是指双方当事人在民事纠纷发生之前或之后，以书面方式约定特定案件的管辖法院。根据《民事诉讼法》第35条的规定，诉讼中的协议管辖须具备以下条件：

1. 协议管辖只适用于合同纠纷或其他财产权益的纠纷，涉及当事人身份关系的民事纠纷不得协议管辖。

2. 协议管辖仅适用于合同纠纷或其他财产权益纠纷中的第一审案件，对二审案件当事人不得以协议方式选择管辖法院。

3. 协议管辖是要式行为，必须采用书面形式。

4. 当事人必须在法律规定的范围内选择管辖法院。法律规定的可供当事人选择的法院是原告住所地、被告住所地、合同签订地、合同履行地、标的物所在地的法院，这五个地点与合同或争议的财产具有较紧密的联系。

5. 当事人选择法院时，不得违反级别管辖和专属管辖的规定。

根据《民诉解释》，还得注意从以下几方面来理解协议管辖：

1. 根据管辖协议，起诉时能够确定管辖法院的，从其约定；不能确定的，依照民事诉讼法的相关规定确定管辖。

2. 管辖协议约定两个以上与争议有实际联系的地点的人民法院管辖，原告可以向其中一个人民法院起诉。

3. 经营者使用格式条款与消费者订立管辖协议，未采取合理方式提请消费者注意，消费者主张管辖协议无效的，人民法院应予支持。

4. 管辖协议约定由一方当事人住所地人民法院管辖，协议签订后当事人住所地变更的，由签订管辖协议时的住所地人民法院管辖，但当事人另有约定的除外。

5. 合同转让的，合同的管辖协议对合同受让人有效，但转让时受让人不知道有管辖协议，或者转让协议另有约定且原合同相对人同意的除外。

6. 当事人因同居或者在解除婚姻、收养关系后发生财产争议，约定管辖的，可以适用协议管辖制度。

七、应诉管辖

应诉管辖，是指原告起诉被法院受理后，被告未在答辩期内提出管辖异议并作出应诉答辩或者提出反诉的，视为受诉法院对案件享有管辖权的一种制度。

第五节　裁定管辖

一、移送管辖★

移送管辖，是指法院在受理民事案件后，发现自己对案件并无管辖权,依法将案件移送到有管辖权的法院审理。

根据《民事诉讼法》第 37 条的规定,移送管辖必须同时具备以下三个条件:(1)法院已受理了案件;(2)移送的法院对案件没有管辖权;(3)受移送的法院对案件有管辖权。

法院对符合上述三个条件的案件应当移送,但在下列三种情况下不得移送:

1. 受移送的法院即使认为本院对移送来的案件并无管辖权,也不得自行将案件移送到其他法院,而只能报请上级人民法院指定管辖。

2. 有管辖权的法院受理案件后,根据管辖恒定的原则,其管辖权不受行政区域变更、当事人住所地或居所地变更的影响,因此不得以上述理由移送案件。

3. 两个以上法院对案件都有管辖权时,应当由先立案的法院行使管辖权,先立案的法院不得将案件移送至另一有管辖权的法院。

二、指定管辖

指定管辖,是指上级人民法院以裁定方式指定其下级人民法院对某一案件行使管辖权。依据《民事诉讼法》第 37、38 条的规定,指定管辖适用于以下三种情形:

1. 受移送的法院认为自己对移送来的案件无管辖权,报上级法院指定管辖。

2. 有管辖权的法院由于特殊原因不能行使管辖权,报上级法院指定管辖。

3. 通过协商未能解决管辖争议,报共同的上级法院指定管辖。

三、管辖权转移

管辖权转移,是指依据上级法院的决定或同意,将案件的管辖权从原来有管辖权的法院转移至无管辖权的法院,使无管辖权的法院因此而取得管辖权。管辖权转移在上下级法院之间进行,通常在直接的上下级法院间进行,是对级别管辖的变通和个别调整。

第六节 管辖权异议★

一、管辖权异议的概念

管辖权异议,是指当事人向受诉法院提出的该院对案件无管辖权的主张。

二、管辖权异议的条件

当事人提出管辖权异议,必须符合下列条件:

1. 提出管辖权异议的主体须是本案的当事人。诉讼中的第三人无权提出管辖权异议。

2. 管辖权异议的客体是第一审民事案件的管辖权。

3. 提出管辖权异议的时间须在提交答辩状期间。

三、法院对管辖权异议的处理

受诉法院收到当事人提出的管辖权异议后,应当认真进行审查。经审查,如果认为异议成立,裁定将案件移送有管辖权的法院审理或者裁定驳回起诉;如果认为异议不能成立,应当裁定驳回异议。裁定应当送达双方当事人。当事人不服的,可以在 10 日内向上一级法院提出上诉。

命题点拨 本章的重点是各类管辖的具体内容。

1. 民事诉讼主管与其他纠纷解决机构主管范围的区别,体现了多元化民事纠纷解决体系的意义。

2. 级别管辖须注意四级法院各自管辖的案件范围,不是所有的涉外案件都由中级人民法院作为一审法院;高级人民法院管辖的只是在自己的辖区范围内的案件,不包括“认为应当由自己审理的案件”。

3. 地域管辖须注意:在一般地域管辖中根据原告所在地的法院确定管辖法院的仍然属于一般地域管辖,各类合同案件管辖权的确定,海难救助费用案件与共同海损案件未将被告所在地法院作为管辖法院,协议管辖和专属管辖的案件范围和适用条件。

4. 裁定管辖的三种类型各自适用的条件和法律后果,比较移送管辖与管辖权转移的区别。

5. 掌握管辖权异议的条件和程序,比较管辖权异议与相关制度如应诉管辖、执行中的管辖异议的区别。

本章的难点在于对各种具体管辖规则的全面细致掌握。

第五章 当 事 人

第一节 当事人概述

一、当事人的概念

民事诉讼中的当事人,是指因民事权利义务发生争议,以自己的名义进行诉讼,要求法院行使民事裁判权的人。

二、诉讼权利能力和诉讼行为能力★

(一)诉讼权利能力

诉讼权利能力,又称当事人诉讼权利能力或者当事人能力，是指成为民事诉讼当事人，享有民事诉讼权利和承担民事诉讼义务所必需的诉讼法上的资格。

公民的诉讼权利能力始于出生，终于死亡。法人和其他组织的诉讼权利能力，始于成立，终于终止。

（二）诉讼行为能力★

诉讼行为能力，又称诉讼能力，是指当事人可以亲自实施诉讼行为，并通过自己的行为，行使诉讼权利和承担诉讼义务的法律上的资格。

公民的民事行为能力采用三分法：完全民事行为能力、限制民事行为能力和无民事行为能力。在民事诉讼中，只有具有完全民事行为能力的公民才有诉讼行为能力。

三、当事人适格★★

（一）当事人适格的含义

当事人适格，又称正当当事人，是指对于具体的诉讼，有作为本案当事人起诉或应诉的资格。

（二）判断当事人适格与否的标准

一般来讲，只要是民事法律关系或民事权利的主体，以该民事法律关系或民事权利为诉讼标的进行诉讼，一般就是适格的当事人。

但在某些例外的情况下，非民事法律关系或民事权利的主体，也可以作为适格的当事人。这些例外的情况，主要可以分为以下三种：

1. 根据当事人的意思或法律的规定，依法对他人的民事法律关系或民事权利享有管理权的人或组织，如破产程序中的管理人、遗产管理人、遗嘱执行人等。

2. 在确认之诉中，对诉讼标的有确认利益的人或组织。

3. 在公益诉讼中，根据法律和司法解释的规定，环境保护法、消费者权益保护法等法律规定的机关和有关组织以及检察机关可以作为适格的原告提起诉讼。

四、当事人的诉讼权利和诉讼义务

（一）当事人的诉讼权利

当事人享有的诉讼权利主要包括：(1)起诉的权利、反驳的权利和提起反诉的权利；(2)委托诉讼代理人的权利；(3)申请回避的权利；(4)收集和提供证据的权利；(5)进行陈述、质证和辩论的权利；(6)选择调解的权利；(7)自行和解的权利；(8)申请保全和先予执行的权利；(9)申请顺延诉讼期间的权利；(10)提起上诉的权利；(11)申请再审的权利；(12)申请执行的权利；(13)查阅、复制本案有关材料的权利。

（二）当事人的诉讼义务

当事人承担的诉讼义务主要包括：(1)依法行使诉讼权利的义务；(2)遵守诉讼秩序的义务；(3)履行生效法律文书的义务。

五、当事人的变更

1. 在诉讼过程中，当事人死亡，发生诉讼继承时。

2. 因法人或其他组织合并或分立所发生的当事人变更。

发生法定的当事人变更的情况以后，新的当事人将继续原当事人的诉讼程序，而不是诉讼程序重新开始。

第二节　原告与被告★★

一、原告与被告的概念

原告，是指为维护自己或自己所管理的他人的民事权益，而以自己的名义向法院起诉，从而引起民事诉讼程序发生的人。

被告，是指被原告诉称侵犯原告民事权益或与原告发生民事争议，而由法院通知应诉的人。

二、原告和被告的类别

（一）公民

公民作为民事主体，在与他人发生民事争议时，可以自己的名义起诉或应诉，成为原告或被告。

根据《民诉解释》，公民作为诉讼当事人的情形，还包括：

1. 以接受劳务者身份作为当事人。公民为个体工商户的，应以营业执照上登记的经营者为当事人；有字号的，以营业执照上登记的字号为当事人，但应同时注明该字号经营者的基本信息。

2. 以行为人的身份作为当事人。法人或者其他组织应登记而未登记，行为人即以该法人或者其他组织名义进行民事活动的；行为人没有代理权、超越代理权或者代理权终止后以被代理人名义进行民事活动的，但相对人有理由相信行为人有代理权的除外；法人或者其他组织依法终止后，行为人仍以其名义进行民事活动的。

3. 当事人之间的纠纷经人民调解委员会或者其他依法设立的调解组织调解达成协议后，一方当事人不履行调解协议，另一方当事人向人民法院提起诉讼的，应以对方当事人为被告。

4. 对侵害死者遗体、遗骨以及姓名、肖像、名誉、荣誉、隐私等行为提起诉讼的，死者的近亲属为当事人。

（二）法人

法人也是民事主体，在与他人发生争议后，可以以自己的名义起诉或应诉,成为当事人。法人作为当事人,应由其法定代表人进行诉讼。法人的法定代表人以依法登记的为准,但法律另有规定的除外。

(三)其他组织(非法人组织)

根据《民诉解释》第52条的规定,其他组织包括:(1)依法登记领取营业执照的个人独资企业;(2)依法登记领取营业执照的合伙企业;(3)依法登记领取我国营业执照的中外合作经营企业、外资企业;(4)依法成立的社会团体的分支机构、代表机构;(5)依法设立并领取营业执照的法人的分支机构;(6)依法设立并领取营业执照的商业银行、政策性银行和非银行金融机构的分支机构;(7)经依法登记领取营业执照的乡镇企业、街道企业;(8)其他符合本条规定条件的组织。

(四)外国人、无国籍人

外国人、无国籍人成立的其他组织,只要具备相应的条件,即使不能作为民事主体,也可以作为当事人参加诉讼。

第三节　共同诉讼

一、必要共同诉讼★★★

(一)必要共同诉讼的特征

1. 当事人一方或双方为两人以上。
2. 诉讼标的具有同一性。
3. 人民法院必须合并审理、合一判决。

(二)必要共同诉讼人的内部关系

共同诉讼的一方当事人对诉讼标的有共同权利义务的,其中一人的诉讼行为经其他共同诉讼人承认,对其他共同诉讼人发生效力。例外:共同诉讼人中一人对判决不服提起上诉的,如果上诉后为不可分之诉,无论其他共同诉讼人是否承认该上诉行为,上诉的效力都及于共同诉讼人全体。

二、普通共同诉讼★★

(一)普通共同诉讼的特征

1. 普通共同诉讼的诉讼标的是同一种类的。
2. 普通共同诉讼中各共同诉讼人与对方当事人之间一定存在两个以上的诉讼请求。
3. 普通共同诉讼是一种可分之诉。
4. 法院对普通共同诉讼的各个请求不是合一确定,而是分别确定。

(二)普通共同诉讼的构成要件

1. 有两个以上属于同一种类的诉讼标的。
2. 由同一法院管辖,适用同一诉讼程序。
3. 符合合并审理的目的。
4. 法院认为可以合并审理,当事人也同意合并审理。

(三)普通共同诉讼人的内部关系

由于普通共同诉讼是可分之诉,因此普通共同诉讼人各自拥有独立的诉讼实施权。其中任何一个共同诉讼人的诉讼行为,对其他共同诉讼人均不发生效力。

第四节　诉讼代表人

一、诉讼代表人制度概述

诉讼代表人,是指由人数众多的一方当事人从本方当事人中推选出来,代表他们的利益实施诉讼行为的人。

二、诉讼代表人制度的适用

1. 诉讼代表人的条件:(1)是本案的当事人;(2)具有诉讼行为能力;(3)具有进行相应诉讼的相应能力;(4)能够善意地履行诉讼代表人职责。根据《民诉解释》第78条的规定,诉讼代表人的人数为2~5人,每位代表人可以委托1~2人作为诉讼代理人。

2. 在代表人诉讼中,诉讼代表人的权限相当于未被授予处分实体权利的诉讼代理人。具体来讲,诉讼代表人的诉讼行为,对其所代表的当事人发生法律效力。但在处分涉及被代表人的实体权利时,如变更、放弃诉讼请求或者承认对方当事人的诉讼请求,进行和解等,必须经被代表的当事人同意。

三、代表人诉讼的种类

(一)人数确定的代表人诉讼

它应符合以下四个条件:

1. 当事人一方人数众多。当事人一方人数众多,一般指10人以上。
2. 起诉时当事人人数已经确定。
3. 作为人数为多数一方的当事人之间具有同一的诉讼标的或具有同一种类的诉讼标的。
4. 当事人推选出代表人。

(二)人数不确定的代表人诉讼

它应符合以下几个条件:

1. 当事人一方人数众多,并于起诉时仍未确定。
2. 作为人数为多数一方的当事人之间的诉讼标的属同一种类。
3. 当事人推选出、协商或法院指定代表人。

四、人数不确定的代表人诉讼的特殊程序

(一)公告

法院在受理多数人诉讼时,发现起诉时一方当事人人数尚未确定的,可以发出公告,说明案件情况和诉讼请求,通知权利人在一定期间内向法院登记。

公告的期限，最少不得少于30日。

(二)登记

登记的目的在于确定当事人的人数，为案件的审理做准备。

(三)裁判效力

在人数不确定的代表人诉讼中，裁判的效力表现为两个方面：(1)对于已经登记的全体权利人有拘束力；(2)对未参加登记的权利人有预决效力，即未参加登记的权利人在诉讼时效期间内提起诉讼，法院认为其诉讼请求成立的，裁定适用法院已作出的判决、裁定，而无须另行裁判。

五、证券代表人诉讼

2019年《证券法》修改后，在第95条规定了证券代表人诉讼。其中第95条第1款和第2款是对《民事诉讼法》规定的两类代表人诉讼的重复，被称为普通证券代表人诉讼。而第95条第3款又规定了投资者保护机构可以作为代表人提起特别证券代表人诉讼。

第五节　第　三　人

一、第三人的特征

1. 参加到他人正在进行的诉讼中。
2. 第三人在诉讼中具有独立的诉讼地位。
3. 第三人是与案件有利害关系的人。

二、有独立请求权的第三人★★

(一)有独立请求权第三人的概念和诉讼地位

有独立请求权的第三人，是指对原告和被告争议的诉讼标的有独立的请求权，而参加诉讼的人。

(二)有独立请求权第三人参加诉讼的条件

1. 对本诉中的原告和被告争议的诉讼标的，主张独立的请求权。
2. 所参加的诉讼正在进行中。
3. 以起诉的方式参加。

三、无独立请求权的第三人★★★

(一)无独立请求权第三人的概念和诉讼地位

无独立请求权第三人，是指虽然对原告和被告之间争议的诉讼标的没有独立的请求权，但与案件的处理结果有法律上的利害关系而参加诉讼的人。

无独立请求权第三人是广义上的当事人，具有自己独立的诉讼地位，主要表现在以下几个方面：(1)无独立请求权第三人以自己名义参加诉讼；(2)无独立请求权第三人可以独立地行使诉讼权利，承担诉讼义务，不受他人制约；(3)在一审判决中，无独立请求权第三人承担实体义务的，享有上诉权；(4)本诉讼的原告和被告之间的调解涉及无独立请求权第三人承担实体义务时，应有该无独立请求权第三人参加；(5)无独立请求权的第三人无权提出管辖异议，无权放弃、变更诉讼请求或者申请撤诉。

(二)无独立请求权第三人参加诉讼的条件

1. 与案件处理结果有法律上的利害关系。
2. 所参加的诉讼正在进行。
3. 自己申请参加诉讼或由法院通知其参加诉讼。

命题点拨　本章重点内容是当事人的概念和当事人的确定。

1. 在具体个案中，正确确定当事人诉讼地位至关重要，特别是共同诉讼人诉讼地位的确定，与此相关联的还包括二审当事人诉讼地位的确定。

2. 当事人诉讼地位的确定首先取决于其在实体法律关系中的地位，但应当特别注意的是，诉讼目的与当事人的意愿对相关当事人诉讼地位的确定也有影响。

3. 要了解当事人的主要诉讼权利。结合其他章节的内容，掌握当事人行使权利的条件以及行使权利后产生的法律后果。权利行使的条件一般包括何人、何时、在何情况下以何方式实施相关行为。只有正当行使权利，相应的法律后果才会产生。

第六章　诉讼代理人

第一节　诉讼代理人概述

一、诉讼代理人的概念

诉讼代理人，是指根据法律规定或当事人的委托，代当事人进行民事诉讼活动的人。

二、诉讼代理人的特点

诉讼代理人具有以下特点：

1. 以被代理人的名义进行诉讼活动。
2. 诉讼代理人是有诉讼行为能力的人。
3. 在代理权限内实施诉讼行为。
4. 代理诉讼的法律后果由被代理人承担。
5. 在同一诉讼中，不能代理双方当事人。

第二节　法定诉讼代理人★

一、法定诉讼代理人的概念

法定诉讼代理人，是指根据法律规定，代理无诉讼行为能力的当事人进行民事诉讼活动的人。

法定诉讼代理人的被代理人,只限于无民事行为能力的人或限制民事行为能力的人。

二、法定诉讼代理人的诉讼地位

法定诉讼代理人可以按照自己的意志代理被代理人实施所有诉讼行为,如起诉、应诉、放弃或变更诉讼请求、进行调解、提起反诉等。同时,法定诉讼代理人也应履行当事人所应承担的一切诉讼义务。法定代理人无须被代理人的授权即可自由处分诉讼权利和实体权利。

三、法定诉讼代理权的取得和消灭

法定诉讼代理权产生的基础是实体法上的监护权。

法定诉讼代理权消灭的原因在于监护权的消灭,具体情况有以下几种:(1)无诉讼行为能力的被代理人具有或恢复了诉讼行为能力;(2)法定诉讼代理人本人丧失了诉讼行为能力;(3)基于收养或婚姻关系而发生的监护权,因收养或婚姻关系被解除,而导致法定诉讼代理权消灭;(4)法定诉讼代理人或被代理人死亡;(5)诉讼结束;(6)其他导致法定诉讼代理权消灭的情况。

第三节　委托诉讼代理人★★

一、委托诉讼代理人的概念和特点

委托诉讼代理人,是指根据当事人、法定代表人或法定代理人的委托,代为进行诉讼活动的人。

委托诉讼代理人具有以下特点:(1)诉讼代理权的发生是基于当事人、法定代表人或法定代理人的委托;(2)诉讼代理的权限范围和代理事项由被代理人决定;(3)委托诉讼代理人必须是具有诉讼行为能力的人。

二、委托诉讼代理人的范围

根据《民事诉讼法》第61条第2款的规定,我国的委托诉讼代理人包括律师、基层法律服务工作者,当事人的近亲属或者工作人员,当事人所在社区、单位以及有关社会团体推荐的公民。

根据《民诉解释》第85条的规定,可以当事人近亲属的名义作为诉讼代理人的人包括:与当事人有夫妻、直系血亲、三代以内旁系血亲、近姻亲关系以及其他有抚养、赡养关系的亲属。

有关社会团体推荐公民担任诉讼代理人的,应当符合下列条件:(1)社会团体属于依法登记设立或者依法免予登记设立的非营利性法人组织;(2)被代理人属于该社会团体的成员,或者当事人一方住所地位于该社会团体的活动地域;(3)代理事务属于该社会团体章程载明的业务范围;(4)被推荐的公民是该社会团体的负责人或者与该社会团体有合法劳动人事关系的工作人员。专利代理人经中华全国专利代理人协会推荐,可以在专利纠纷案件中担任诉讼代理人。

根据《民诉解释》第84条的规定,无民事行为能力人、限制民事行为能力人以及其他依法不能作为诉讼代理人的,当事人不得委托其作为诉讼代理人。

三、委托诉讼代理人的权限

委托诉讼代理人只能在被代理人授权的范围内实施诉讼行为。

命题点拨　本章的重点内容是诉讼代理人的类型和其具体制度。应注意:基于不同的代理目的,不同类别的诉讼代理人,代理权产生的基础不同,决定了他们的代理权限不同。因此,可以代理权产生的基础、代理的权限范围、代理权的行使、代理的后果、代理权的消灭为一个基本的线索来掌握本章的主要内容。

第七章　民事证据

第一节　民事证据概述

一、民事证据的概念

民事证据,是指在民事诉讼中能够证明案件事实真实情况的各种资料。

二、民事证据的特征

民事证据具有以下几个特征:第一,客观性,即民事证据必须是客观存在的事实。第二,关联性,即民事证据必须与待证的案件事实有内在的联系。第三,合法性。

三、民事证据的证明力

民事证据的证明力,又称证据力,是指民事证据对案件事实认定的影响力。

第二节　民事证据的种类★★

一、书证★

书证,是指以文字、符号、图案等表示的思想内容来证明案件待证事实的材料种类。

二、物证

物证,是指以其存在的外形、特征、质量、性能等来证明案件待证事实的物品或痕迹。

物证与书证有时候容易混淆。二者的区别方法在于,是需要运用人的阅读理解能力来提取、识别证据的思想内容,并通过思想内容证明案件的待证事实,还是只需通过感官判断证据的客观存在形态、物理特征,以此证明案件的待证事实。前者为书证,后者为物证。

三、视听资料

视听资料,是指以声音、图像及其他视听信息来证明案件待证事实的录像资料、录音资料等信息材料。

四、电子数据★

电子数据,是指通过电子邮件、电子数据交换、网上聊天记录、博客、微博客、手机短信、电子签名、域名等形成或者存储在电子介质中的信息。

五、证人证言★

证人证言,是指当事人之外了解案件有关情况的人向人民法院就自己知道的案件事实所作的陈述。

《民事诉讼法》第 75 条第 1 款规定,凡是知道案件情况的单位和个人,都有义务出庭作证,有关单位的负责人应当支持证人作证。证人确有困难不能出庭的,经人民法院许可,可以通过书面证言、视听传输技术或者视听资料等方式作证。书面证言应由法院的审判人员在法庭上宣读。所谓"证人确有困难不能出庭",根据《民事诉讼法》第 76 条的规定,是指以下情形:(1)因健康原因不能出庭的;(2)因路途遥远,交通不便不能出庭的;(3)因自然灾害等不可抗力不能出庭的;(4)其他正当理由不能出庭的。

根据《民事诉讼法》第 77 条的规定,证人因履行出庭作证义务而支出的交通、住宿、就餐等必要费用以及误工损失,由败诉一方当事人负担。必要费用按照机关事业单位工作人员差旅费用和补贴标准计算;误工损失按照国家上年度职工日平均工资标准计算。当事人申请证人作证的,由该当事人先行垫付;当事人没有申请,人民法院通知证人作证的,由人民法院先行垫付。

六、当事人陈述★

当事人陈述,是指当事人就案件事实向人民法院所作的陈述。

根据《证据规定》第 89 条的规定,当事人在诉讼过程中认可的证据,人民法院应当予以确认。但法律、司法解释另有规定的除外。

七、鉴定意见★

鉴定意见,是指鉴定人运用自己的专业知识对案件中的相关材料进行鉴别、检验,并就有关专门性问题发表意见。

证人、鉴定人与专家辅助人的比较如表所示:

比较项目	证　人	鉴定人	专家辅助人
功能	对事实问题发表意见(感知、记忆、表述)	对专门性问题提出鉴定意见	对鉴定意见及其他专门性问题发表意见
参诉方式	依申请或依职权通知	依申请或依职权	依申请
回避	不适用	适用	多数不适用
费用	谁申请、谁垫付,谁败诉、谁最终承担	谁申请、谁承担	谁申请、谁承担

八、勘验笔录

勘验笔录,是指勘验人员对被勘验的现场或物品所作的客观记录。

第三节　民事证据的分类★★

一、本证与反证

按照证据与当事人所主张事实的关系,可以把证据分为本证与反证。对当事人主张的事实有肯定性作用的证据,也即由对待证事实承担证明责任的一方当事人提交的证据,称为本证。而对对方当事人主张的事实予以否定的证据,也即由对待证事实不承担证明责任的一方当事人提交的证据,则为反证。

二、直接证据和间接证据

直接证据,是指能够单独地、直接地证明待证事实的证据。间接证据,是指单个证据无法直接证明待证事实,而得通过与其他证据联合在一起,方有可能证明待证事实的证据。

三、原始证据与传来证据

原始证据,是指直接源于案件事实的证据,即所谓的第一手资料。传来证据,是指从原始证据中派生出来的证据,又称派生证据。如合同的复印件、文件的抄本等。

第四节　证 据 保 全★

一、证据保全的概念

证据保全,是指在证据有可能毁损、灭失,或以后难以取得的情况下,人民法院采取措施对证据进行保护,以固定其证据内容及证明力的一项措施。

二、证据保全的条件

证据保全的条件有以下几个:第一,待保全的事实材料应当与案件所涉及的法律关系有关,第二,待保全的事实材料存在毁损、灭失或以后难以取得的可能性。第三,在时间上,证据保全既可以是在诉讼过程中,也可能是在诉讼(或仲裁程序)启动之前。

三、证据保全的程序

在诉讼过程中需要启动证据保全的,通常情况下是由当事人申请,但在有的情况下人民法院也可以依职权决定。

在提起诉讼前需要启动证据保全的,利害关系人可以向证据所在地、被申请人住所地或有管辖权的人民法院申请保全证据。当事人在申请证据保全的同时,还必须提供担保。人民法院应当在48小时内裁定是否保全。

四、证据保全的措施

人民法院进行证据保全,可以要求当事人或者诉讼代理人到场。根据当事人的申请和具体情况,人民法院可以采取查封、扣押、录音、录像、复制、鉴定、勘验等方法进行证据保全,并制作笔录。

命题点拨 本章重点内容是证据的概念和证据的类型。

1. 理论上证据的分类与法律上证据的种类是不同的,理论上的分类主要是从证据的对应关系来作划分,法律上的种类则注重证据的内容和形式,所以不应当将理论上的分类与法律上的种类简单对应。

2. 理论上是依据不同的标准对证据分类的,因此,依据不同标准划分出的证据,不可简单对应。

3. 各种证据种类中关于证据能力的具体规定,决定其能否进入诉讼,得到法院的审查和判断。

第八章　民事诉讼中的证明

第一节　证明对象

一、证明对象的范围

1. 当事人主张的具有民事实体法意义上的事实。

2. 当事人主张的具有程序上意义的事实。

3. 证据事实。

4. 外国法和地方性法规。

5. 不为一般人所知晓的经验法则。

二、免于证明的事实

1. 自然规律以及定理、定律。

2. 众所周知的事实。

3. 根据法律规定推定的事实。

4. 根据已知的事实和日常生活经验法则推定出的另一事实。

5. 已为人民法院发生法律效力的裁判所确认的事实。

6. 已为仲裁机构的生效裁决所证明的事实。

7. 已为有效公证书所证明的事实。

8. 自认的事实。

第二节　证明责任★★★★★

一、证明责任的概念

证明责任,是指当事人对自己提出的事实主张,有提出证据并加以证明的责任,如果当事人未能尽到上述责任,则有可能承担对其主张不利的法律后果。

二、证明责任的分配

《民诉解释》第91条对证明责任的分配作了原则性的规定:人民法院应当依照下列原则确定举证证明责任的承担,但法律另有规定的除外:(1)主张法律关系存在的当事人,应当对产生该法律关系的基本事实承担举证证明责任;(2)主张法律关系变更、消灭或者权利受到妨害的当事人,应当对该法律关系变更、消灭或者权利受到妨害的基本事实承担举证证明责任。

三、证明责任的特殊分配

在某些侵权案件中,由于案件事实的特殊性,法律在分配证明责任时,免除了原告对其主张的引起侵权损害赔偿请求权发生的相关事实进行证明的责任,而确定由被告对这些事实承担证明责任。

第三节　证明标准

所谓证明标准,是指法院在诉讼中认定案件事实所要达到的证明程度,是法院判断待证事实的基准。

第四节　证明程序

一、举证期限

举证期限的确定有两种情形:当事人协商和法院指定。人民法院确定举证期限,第一审普通程序案件不得少于15日,第二审案件当事人提供新的证据的不得少于10日。简易程序举证期限不得超过15日,小额诉讼案件的举证期限一般不得超过7日。举证期限届满后,当事人提供反驳证据或者对已经提供证据的来源、形式等方面的瑕疵进行补正的,人民法院可以酌情再次确定举证期限,该期限不受前述规定的限制。存在下列情形的，举证期限按照如下方式确定：(1)当事人依照《民事诉讼法》第130条规定提出管辖权异议的，举证期限中止，自驳回管辖权异议的裁定生效之日起恢复计算；(2)追加当事人、有独立请求权的第三人参加诉讼或者无独立请求权的第三人经人民法院通知参加诉讼的，人民法院应当依照《证据规定》第51条的规定为新参加诉讼的当事人确定举证期限，该举证期限适用于其他当事人；(3)发回重审的案件，第一审人民法院可以结合案件具体情况和发回重审的原因，酌情确定举证期限；(4)当事人增加、变更诉讼请求或者提出反诉的，人民法院应当根据案件具体情况重新确定举证期限；(5)公告送达的，举证期限自公告期届满之次日起计算。

当事人申请延长举证期限的，应当在举证期限届满前向人民法院提出书面申请。

二、证据交换

我国民事诉讼中的证据交换，是指于诉讼答辩期届满之后、开庭审理以前，在人民法院的主持下，当事人之间相互明示其持有证据的行为或过程。

三、人民法院调查收集证据

人民法院调查收集证据包括两种情形：一种是根据自己的需要依职权主动调查收集证据，另一种是根据当事人的申请调查收集证据。

(一)法院主动调查收集

依照《民诉解释》第96条第1款，“人民法院认为审理案件需要的证据”，是指以下情形：(1)涉及可能损害国家利益、社会公共利益的；(2)涉及身份关系的；(3)涉及《民事诉讼法》第59条规定的第三人撤销之诉的；(4)当事人有恶意串通损害他人合法权益可能的；(5)涉及依职权追加当事人、中止诉讼、终结诉讼、回避等程序性事项的。

(二)根据当事人申请调查收集证据

申请法院调查收集证据的条件是：

1. 实质要件方面必须属于以下几种情形之一：(1)证据由国家有关部门保存，当事人及其诉讼代理人无权查阅调取的；(2)涉及国家秘密、商业秘密或者个人隐私的；(3)当事人及其诉讼代理人因客观原因不能自行收集的其他证据。

2. 形式要件方面：(1)提出申请的人必须是当事人本人或其代理人。(2)须提交申请书。

四、质证

1. 人民法院可以对出庭的具有专门知识的人进行询问。经法庭准许，当事人可以对出庭的具有专门知识的人进行询问，当事人各自申请的具有专门知识的人可以就案件中的有关问题进行对质。具有专门知识的人不得参与专业问题之外的法庭审理活动。

2. 鉴定人依照《民事诉讼法》第81条的规定出庭作证的，人民法院应当在开庭审理3日前将出庭的时间、地点及要求通知鉴定人。委托机构鉴定的，应当由从事鉴定的人员代表机构出庭。鉴定人应当就鉴定事项如实答复当事人的异议和审判人员的询问。当庭答复确有困难的，经人民法院准许，可以在庭审结束后书面答复。人民法院应当及时将书面答复送交当事人，并听取当事人的意见。必要时，可以再次组织质证。

鉴定人拒不出庭作证的，鉴定意见不得作为认定案件事实的根据。

3. 证人应当出庭，接受审判人员和当事人的询问。但如果证人在审理前的准备阶段或者人民法院调查、询问等双方当事人在场时陈述证言的，视为出庭作证，可以不用再专门进行质证。

4. 对书证、物证、视听资料进行质证时，当事人有权要求出示证据的原件或者原物，但出示原件或者原物确有困难(不宜搬动或不易保存)，可以提供人民法院核对无异的复制件或者复制品的除外。

五、认证

所谓认证，是指法庭对经过质证或者当事人在证据交换中认可的各种证据材料作出审查判断，确认其能否作为认定案件事实的根据。

认证的目的是确认证据能否作为认定案件事实的依据，是正确认定案件事实的前提和基础。认证的具体内容是对作为认证对象的证据资料是否具有证明力及证明力大小进行审查确认。

按照《证据规定》第90条的规定，下列证据不能单独作为认定案件事实的依据：(1)当事人的陈述；(2)无民事行为能力人或者限制民事行为能力人所作的与其年龄、智力状况或者精神健康状况不相当的证言；(3)与一方当事人或者其代理人有利害关系的证人陈述的证言；(4)存有疑点的视听资料、电子数据；(5)无法与原件、原物核对的复制件、复制品。

命题点拨 本章重点是证明责任和自认制度。通过对这些重点内容的学习，梳理民事证明的线索。

1. 证明责任是本章的核心问题，对它的掌握，除了要准确认识它的基本内容外，还需要理解证明责任与证明对象、证明标准、证明程序之间的关系。

2. 自认制度可以从以下角度予以把握：自认的适用范围、自认的法律后果、自认与认诺的区别。

第九章　人民法院调解

第一节　人民法院调解概述

一、人民法院调解的概念

人民法院调解，又称诉讼中调解，是指在民事诉讼中双方当事人在法院审判人员的主持和协调下，就案件争议的问题进行协商，从而解决纠纷所进行的活动。

二、人民法院调解与诉讼外调解、诉讼中和解的区别

（一）人民法院调解与诉讼外调解的区别

与诉讼外调解相比较，人民法院调解有以下特点：

1. 人民法院调解发生在诉讼过程中。诉讼外调解发生在诉讼之外，当事人的行为无诉讼上的意义。

2. 人民法院调解是在人民法院审判人员的主持下进行的。诉讼外调解的主持者是人民调解委员会的委员、行政机关的官员、仲裁机构的仲裁员、行业调解协会的成员等，所进行的活动不属于审判活动，不具有司法的性质。

3. 人民法院调解要遵循一定的法律原则和程序。

4. 人民法院调解如果成功，其所形成的调解书或不需要制作调解书的调解协议生效后，与生效的判决书具有同等的法律效力。诉讼外调解，除仲裁机构制作的调解书对当事人有拘束力外，在其他机构调解人员主持下达成的调解协议，未经人民法院的司法确认，对当事人只有相当于合同的效力。

（二）人民法院调解与诉讼中和解的区别

1. 性质不同。前者含有法院行使审判权的性质，后者则是当事人在诉讼中对自己诉讼权利和实体权利的处分。

2. 参加的主体不同。前者有法院和双方当事人共同参加，后者由双方当事人自行参加。

3. 效力不同。根据人民法院调解达成协议制作的调解书生效后，诉讼归于终结，有给付内容的调解书具有执行力；当事人在诉讼中和解的，则应由原告申请撤诉，经法院裁定准许后结束诉讼，和解协议不具有执行力。

第二节　人民法院调解的原则

我国《民事诉讼法》第 9 条规定：人民法院审理民事案件，应当根据自愿和合法的原则进行调解；调解不成的，应当及时判决。

因此，人民法院的调解应当遵循以下原则：(1)当事人自愿原则；(2)查明事实与分清是非的原则；(3)合法原则。

第三节　人民法院调解的程序

一、调解的开始

1. 适用案件：所有有可能通过调解解决的民事案件，但适用特别程序、督促程序、公示催告程序的案件，婚姻等身份关系确认案件以及其他依案件性质不能进行调解的民事案件，不得调解。

2. 时间：人民法院调解在诉讼的各阶段、各审级中均可进行，甚至在起诉以后尚未立案之前，也可以进行调解。在一审、二审和再审的各个阶段均可以进行调解。

3. 提起方式：一般由当事人提出申请，法院也可以依职权主动提出建议，在征得当事人同意后开始调解。

二、调解的进行

1. 人民法院的调解在审判人员的主持下进行。调解工作既可以由合议庭共同主持，也可以由合议庭中的一个审判员主持。可以邀请有关单位和个人协助。

2. 当事人应当亲自出庭，当事人不能出庭的，经其特别授权，可由其委托代理人参加调解。离婚案件原则上应由当事人亲自参加调解，确有困难无法亲自参加调解的，除本人不能表达意志的以外，当事人应就离与不离问题出具书面意见。

3. 调解协议通常是在调解方案的基础上形成的。

4. 调解过程不公开，但当事人同意公开的或者为保护国家利益、社会利益、他人合法权益的除外。

三、调解的结束

当事人拒绝继续调解而未达成调解协议的，人民法院应当对案件继续审理，并及时作出裁判。调解达成协议的应要求双方当事人在调解协议上签名或者盖章，并根据情况决定是否制作调解书。

第四节　调解书及调解的效力

一、调解书

1. 原则上调解达成协议，法院应当制作调解书。

2. 可以不制作调解书的案件有：(1)调解和好的离婚案件；(2)调解维持收养关系的案件；(3)能够即时履行的案件；(4)其他不需要制作调解书的

案件。

3. 当事人自行和解或者调解达成协议后，请求人民法院按照和解协议或者调解协议的内容制作判决书的，人民法院不予准许。

4. 无民事行为能力人的离婚案件，由其法定代理人进行诉讼。法定代理人与对方达成协议要求发给判决书的，可根据协议内容制作判决书。

二、调解的法律效力

调解协议或调解书生效后，与生效判决具有同等的法律效力，具体表现在以下几个方面：

1. 诉讼结束，当事人不得以同一事实和理由再行起诉。换言之，生效调解书与生效判决书一样，禁止对同一案件重复起诉。

2. 一审的调解协议或调解书发生法律效力后，当事人不得上诉。

3. 当事人在诉讼中争议的法律关系中的争议归于消灭，当事人之间实体上的权利义务关系依调解协议的内容予以确定。

4. 具有给付内容的调解书，具有强制执行力。当负有履行调解书义务的一方当事人未按调解书履行义务时，权利人可以根据调解书向人民法院申请强制执行。

命题点拨 本章重点是人民法院调解制度在民事诉讼中的具体运用，包括相关的程序和法律后果。

1. 人民法院调解的基本原则。

2. 人民法院调解制度的核心在于调解中的具体制度规则，如调解的适用范围，调解运用时应当注意的问题，调解结案与判决结案的不同，调解的效力，等等。

第十章 民事诉讼保障制度

第一节 期 间

一、期间的概念

期间，是指法院、诉讼参与人进行或完成某种诉讼行为应遵守的时间。狭义的期间指的是期限，广义的期间包括期限和期日。

二、期间的种类

根据《民事诉讼法》第 85 条第 1 款的规定，期间包括法定期间和人民法院指定的期间。

三、期间的计算

根据《民事诉讼法》第 85 条的规定，期间按下列方法进行计算：

1. 期间以时、日、月、年作为表示单位。

2. 期间的起算，期间开始的时、日，不计算在期间内。例如，当事人于 2018 年 3 月 13 日接到一审判决书，上诉期为 15 日，其具体上诉期为 2018 年 3 月 14 日至 28 日。

3. 法定期间或指定期间的最后一日是法定休假日的，以法定休假日后的第一日为期间届满的日期。

4. 诉讼文书的在途期间不包括在期间内。

四、期间的耽误和延展

1. 法定事由：不可抗拒的事由或者其他正当理由耽误期限的。

2. 方式：需要当事人申请。

3. 申请时间：在障碍消除后的 10 日内。

4. 是否准许，由人民法院决定。

第二节 送 达

一、送达的概念

民事诉讼中的送达，是指法院依法定的程序和方式将诉讼文书和法律文书送交当事人及其他诉讼参与人的行为。

二、送达回证

送达回证，是指人民法院用以证明完成了送达行为的格式化的诉讼文书，其基本内容包括：送达法院的名称，受送达人，送达的诉讼文书的名称，送达的处所和时间，送达的基本情况，受送达人或有关见证人的签名或盖章。

三、送达方式

送达方式，是指法院进行送达所采用的方法。《民事诉讼法》第 87～95 条对送达方式作了规定，具体规定的送达方式有以下几种：

1. 直接送达。

直接送达，是指由法院的送达人员将需送达的诉讼文书、法律文书直接交给受送达人或他的同住成年家属、代收人、诉讼代理人的送达方式。

2. 电子送达。

电子送达，是指人民法院采用传真、电子邮件等信息化手段，将送达文书的电子版本发送至受送达人的接收终端的送达方式。

3. 留置送达。

留置送达，是指在向受送达人或有资格接受送达的人送交需送达的诉讼文书、法律文书时，受送达人或有资格接受送达的人拒绝签收，送达人依法将诉讼文书、法律文书留放在受送达人住所的送达方式。

4. 委托送达。

委托送达，是指受诉法院直接送达确有困难，而委托其他法院将需送达的诉讼文书、法律文书送交受送达人的送达方式。

5. 邮寄送达。

邮寄送达，是指受诉法院在直接送达有困难的情况下，通过邮局以挂号信、司法专递的方式将需送达的诉讼文书或法律文书邮寄给受送达人的送达方式。

6. 转交送达。

转交送达，是指受诉法院基于受送达人的有关情况而将需送达的诉讼文书、法律文书交有关机关、单位转交受送达人的送达方式。

7. 公告送达。

公告送达，是指受诉法院在受送达人下落不明或采取上述方法均无法送达时，而将需送达的诉讼文书、法律文书的主要内容予以公告，公告经过一定期限即产生送达后果的送达方式。

按照《民事诉讼法》第95条的规定，自发出公告之日起，经过30日，即视为送达。

四、送达的效力

送达的效力，是指诉讼文书或法律文书送达后所产生的法律后果。

1. 判决书、调解书的效力开始发生。比如，二审判决书，一审、二审的调解书送达后，判决书、调解书发生法律效力。

2. 有关的诉讼期限开始计算。例如，一审判决书送达后，当事人上诉期限从送达的次日起开始计算。

3. 当事人及其他诉讼参与人知晓应在何时参加某一诉讼活动，若不参加，将承担相应的法律后果。

4. 标志着有关诉讼法律关系的产生或消灭。

第三节 保 全★★

一、保全的种类

1. 诉前保全（在诉讼发生前）。条件是：（1）利害关系人与他人之间存在争议的法律关系所涉及的财产处于情况紧急的状态下，不立即采取财产保全措施将有可能使利害关系人的合法权益遭受不可弥补的现实危险。（2）必须由利害关系人向被保全财产所在地、被申请人住所地或者对案件有管辖权的人民法院提出申请，并提供担保。

2. 诉讼保全（在诉讼过程中）。条件是：（1）因一方当事人的行为或其他原因，可能使人民法院作出的判决难以执行或不能实现，或者可能使当事人的利益遭到不应有的损害。（2）在诉讼中由当事人向受诉法院提出申请，或由法院依职权决定；法院无论是接受申请还是依职权决定诉讼保全，应当根据案件的具体情况，决定当事人是否应当提供担保以及担保的数额。

二、保全的申请和裁定

无论是诉前保全还是诉讼保全，当事人、利害关系人都需要向法院提交申请书。申请书应当载明下列事项：（1）申请保全人与被保全人的身份、送达地址、联系方式；（2）请求事项和所根据的事实与理由；（3）请求保全数额或者争议标的；（4）明确的被保全财产信息或者具体的被保全财产线索；（5）为财产保全提供担保的财产信息或资信证明，或者不需要提供担保的理由；（6）其他需要载明的事项。

法院进行财产保全，由立案、审判机构作出裁定，一般应当移送执行机构实施。

法院接受财产保全申请后，应当在5日内作出裁定；需要提供担保的，应当在提供担保后5日内作出裁定；裁定采取保全措施的，应当在5日内开始执行。对情况紧急的，必须在48小时内作出裁定；裁定采取保全措施的，应当立即开始执行。要求申请人提供担保而申请人拒绝提供的，人民法院裁定驳回申请。

当事人对法院作出的保全裁定不服的，可以自收到裁定书之日起5日内向作出裁定的人民法院申请复议。人民法院应当在收到复议申请后10日内审查。裁定正确的，驳回当事人的申请；裁定不当的，变更或者撤销原裁定。复议期间不停止裁定的执行。

利害关系人对保全裁定不服申请复议的，由作出裁定的人民法院依照《民事诉讼法》第111条规定处理。

三、保全的担保

如上所述，进行诉前财产保全和诉讼保全，都可能涉及担保问题。

法院依照《民事诉讼法》第103条的规定责令申请保全人提供财产保全担保的，担保数额不超过请求保全数额的30%；申请保全的财产系争议标的的，担保数额不超过争议标的的价值的30%。利害关系人申请诉前财产保全的，应当提供相当于请求保全数额的担保；情况特殊的，人民法院可以酌情处理。

财产保全期间，申请保全人提供的担保不足以赔偿可能给被保全人造成的损失的，人民法院可以责令其追加相应的担保；拒不追加的，可以裁定解除或者部分解除保全。

申请保全人或第三人为财产保全提供财产担保的，应当向人民法院出具担保书。担保书应当载明担保人、担保方式、担保范围、担保财产及其价值、担保责任承担等内容，并附相关证据材料。

第三人为财产保全提供保证担保的，应当向人民法院提交保证书。保证书应当载明保证人、保证方式、保证范围、保证责任承担等内容，并附相关证据材料。

对财产保全担保，人民法院经审查，认为违反《民法典》《公司法》等有关法律禁止性规定的，应当责令申请保全人在指定期限内提供其他担保；逾期未提供的，裁定驳回申请。

针对司法实践中有保险人为申请保全人提供担保的情形，《财产保全规定》规定，保险人以其与申请保全人签订财产保全责任险合同的方式为财产保全提供担保的，应当向人民法院出具担保书。担保书应当载明，因申请财产保全错误，由保险人赔偿被保全人因保全所遭受的损失等内容，并附相关证据材料。

金融监管部门批准设立的金融机构以独立保函形式为财产保全提供担保的，人民法院应当依法准许。

不是所有案件进行财产保全都需要提供担保。当事人在诉讼中申请财产保全，有下列情形之一的，人民法院可以不要求提供担保：(1)追索赡养费、扶养费、抚养费、抚恤金、医疗费用、劳动报酬、工伤赔偿、交通事故人身损害赔偿的；(2)婚姻家庭纠纷案件中遭遇家庭暴力且经济困难的；(3)人民检察院提起的公益诉讼涉及损害赔偿的；(4)因见义勇为遭受侵害请求损害赔偿的；(5)案件事实清楚、权利义务关系明确，发生保全错误可能性较小的；(6)申请保全人为商业银行、保险公司等由金融监管部门批准设立的具有独立偿付债务能力的金融机构及其分支机构的。此外，法律文书生效后，进入执行程序前，债权人申请财产保全的，人民法院可以不要求提供担保。

无论是诉前保全还是诉讼保全，法院责令提供担保的，都应当书面通知。

四、保全的范围

1. 财产保全的范围：限于请求的范围或与本案有关的财物。

2. 行为保全的范围：限于金钱请求以外的请求，通常是请求相对人为一定的行为(作为)或不为一定行为(不作为)。

五、保全的措施

1. 财产保全的一般措施有：查封、扣押、冻结或法律规定的其他方法。财产已被查封、冻结的，其他任何单位不得重复查封、冻结。法院对抵押物、质押物、留置物可以采取财产保全措施，但抵押权人、质权人、留置权人有优先受偿权。

2. 行为保全的措施。法院作出行为保全裁定后，一般应当向被请求人发出命令或强制令，责令被请求人作为或不作为。如果被请求人不履行命令，人民法院可以采取强制措施，迫使其履行，或者采取替代性方式，确保权利人权利受到保护，相关费用由被请求人承担。

3. 财产保全措施的延续与解除。

(1)财产保全措施的延续，是指在某些情况下，财产保全的情态或争议解决的状态发生了变化，但基于一定的情形，原财产保全措施继续有效。财产保全措施的延续包括自动延续和申请人申请延续。

依据相关司法解释的规定，下列情形下，财产保全措施自动延续：利害关系人申请诉前财产保全，在法院采取保全措施后 30 日内依法提起诉讼或者申请仲裁的，诉前财产保全措施自动转为诉讼或仲裁中的保全措施；进入执行程序后，保全措施自动转为执行中的查封、扣押、冻结措施。自动转为诉讼、仲裁中的保全措施或者执行中的查封、扣押、冻结措施的，期限连续计算，人民法院无须重新制作裁定书。

财产保全措施的期限即将届满的，申请人可以申请延续。申请保全人申请续行财产保全的，应当在保全期限届满 7 日前向法院提出；逾期申请或者不申请的，自行承担不能续行保全的法律后果。

(2)财产保全措施的解除，是指法院采取财产保全措施后，案件的相关情形已经发生了变化，根据申请人、被申请人的申请而解除保全措施。

法院采取财产保全措施后，有下列情形之一的，申请保全人应当及时申请解除保全：

①采取诉前财产保全措施后 30 日内不依法提起诉讼或者申请仲裁的；②仲裁机构不予受理仲裁申请、准许撤回仲裁申请或者按撤回仲裁申请处理的；③仲裁申请或者请求被仲裁裁决驳回的；④其他人民法院对起诉不予受理、准许撤诉或者按撤诉处理的；⑤起诉或者诉讼请求被其他人民法院生效裁判驳回的；⑥申请保全人应当申请解除保全的其他情形。法院收到解除保全申请后，应当在 5 日内裁定解除保全；对情况紧急的，必须在 48 小时内裁定解除保全。被保全人申请解除保全，人民法院经

审查认为符合法律规定的,应当在5日内裁定解除保全;对情况紧急的,必须在48小时内裁定解除保全。

4. 行为保全的程序。行为保全的程序,与财产保全基本相同,可参照财产保全制度施行。但由于行为保全制度的目的不在保护财产,而在于保障权利,因此,行为保全措施不因被申请人提供担保而解除。

六、财产保全相关问题的处理

1. 当事人向采取诉前保全措施以外的其他有管辖权的人民法院起诉的,采取诉前保全措施的人民法院应当将保全手续移送受理案件的人民法院。诉前保全的裁定视为受移送人民法院作出的裁定。

2. 对当事人不服一审判决提起上诉的案件,在第二审人民法院接到报送的案件之前,当事人有转移、隐匿、出卖或者毁损财产等行为,必须采取保全措施的,由第一审人民法院依当事人申请或者依职权采取。第一审人民法院的保全裁定,应当及时报送第二审人民法院。

3. 第二审人民法院裁定对第一审人民法院采取的保全措施予以续保或者采取新的保全措施的,可以自行实施,也可以委托第一审人民法院实施。再审人民法院裁定对原保全措施予以续保或者采取新的保全措施的,可以自行实施,也可以委托原审人民法院或者执行法院实施。

4. 法律文书生效后,进入执行程序前,债权人因对方当事人转移财产等紧急情况,不申请保全将可能导致生效法律文书不能执行或者难以执行的,可以向执行法院申请采取保全措施。债权人在法律文书指定的履行期间届满后5日内不申请执行的,人民法院应当解除保全。

5. 对申请保全人或者他人提供的担保财产,人民法院应当依法办理查封、扣押、冻结等手续。

6. 人民法院裁定采取保全措施后,除作出保全裁定的人民法院自行解除或者其上级人民法院决定解除外,在保全期限内,任何单位不得解除保全措施。

7. 财产保全的被保全人提供其他等值担保财产且有利于执行的,人民法院可以裁定变更保全标的物为被保全人提供的担保财产。

8. 保全裁定未经人民法院依法撤销或者解除,进入执行程序后,自动转为执行中的查封、扣押、冻结措施,期限连续计算,执行法院无须重新制作裁定书,但查封、扣押、冻结期限届满的除外。

第四节　先予执行

一、先予执行的适用范围

1. 追索赡养费、扶养费、抚养费、抚恤金、医疗费用的案件。

2. 追索劳动报酬的案件。

3. 其他因情况紧急需要先予执行的案件。情况紧急是指:需要立即停止侵害,排除妨碍的;需要立即制止某项行为的;追索恢复生产、经营急需的保险理赔费的;需要立即返还社会保险金、社会救助资金的;不立即返还款项,将严重影响权利人生活和生产经营的。

二、先予执行的程序

1. 先予执行的申请。先予执行的申请由权利人向受诉法院以书面的形式提出,法院不能在没有权利人提出申请的情况下依职权主动采取措施。当事人申请先予执行,法院认为有必要让申请人提供担保的,可以责令申请人提供担保,当事人不提供担保的驳回申请。

2. 先予执行的裁定及执行。法院对当事人提出的先予执行的申请应当进行审查,审查的内容主要是两个方面:一是申请先予执行的案件是否属于先予执行的范围,二是申请是否符合先予执行的条件。法院对符合先予执行条件的申请,应当及时作出先予执行的裁定。

3. 先予执行裁定的最终处理。

权利人胜诉,先予执行正确的,法院应在判决中说明权利人应享有的权利在先予执行中已得到全部或部分的实现。权利人败诉,先予执行错误的,法院应在判决中指出先予执行是错误的,责令申请人返还因先予执行所取得的利益或裁定采取执行回转措施强制执行,被申请人因先予执行遭受损失的,申请人应当赔偿。

第五节　对妨害民事诉讼的强制措施

一、对妨害民事诉讼的强制措施的概念

对妨害民事诉讼的强制措施,是指在民事诉讼中,对有妨害民事诉讼秩序行为的行为人采取的排除其妨害行为的一种强制措施。

二、对妨害民事诉讼的强制措施的性质和特征

对妨害民事诉讼的强制措施制度,是一项保障民事诉讼正常进行的辅助性制度。

从性质上讲,它是一种排除妨害的强制性手段,是对行为人的一种教育手段;从目的上讲,是为了维

护民事诉讼秩序；从直接功能上讲，是对妨害民事诉讼的行为予以排除。

三、妨害民事诉讼行为的构成

1. 行为主体。既可以是案件的当事人，也可以是其他诉讼参与人，还可以是案外人。

2. 行为人实施了妨害民事诉讼的行为。行为人在诉讼中实施了具体的妨害民事诉讼秩序的行为，该行为在客观上妨碍和干扰了民事诉讼的正常进行，引起了妨害民事诉讼秩序的后果。

3. 行为人实施妨害民事诉讼的行为主观上是故意的。

4. 行为人实施妨害民事诉讼秩序的行为一般是在诉讼过程中。

四、妨害民事诉讼行为的种类

根据民事诉讼法的规定和最高人民法院的有关司法解释，妨害民事诉讼的行为有下列几种：

1. 必须到庭的当事人，经两次传票传唤，无正当理由拒不到庭。

2. 违反法庭规则、扰乱法庭秩序的行为。

3. 以暴力、威胁或者其他方法阻碍司法工作人员执行职务的行为。

4. 故意串通，非法勾结，利用诉讼程序和执行程序骗取文书，侵害他人权益、国家利益和社会公共利益的行为。

5. 有义务协助调查、执行的单位或组织拒不履行协助义务。

五、对妨害民事诉讼的强制措施的种类

1. 拘传。

2. 训诫。

3. 责令退出法庭。

4. 罚款。

5. 拘留。

六、对妨害民事诉讼的强制措施的适用

（一）拘传的适用

采取拘传措施应具备三个条件：（1）拘传的对象是法律规定或法院认为必须到庭才能查清案件基本事实的当事人；（2）该当事人必须经过传票传唤；（3）当事人无正当理由拒不到庭。

2017 年最高人民法院《关于认真贯彻实施民事诉讼法及相关司法解释有关规定的通知》对拘传措施的适用提出了具体的要求：

（1）在审理案件中，应当依法审慎适用拘传措施。对必须到庭的被告，人民法院适用拘传的，应当符合《民事诉讼法》第 112 条和《民诉解释》第 174 条规定，限于负有赡养、抚育、扶养义务或者是不到庭就无法查清案情的被告。有独立请求权的第三人参加的民事诉讼、被告提出反诉的诉讼，本诉原告相对于有独立请求权的第三人、反诉人处于被告地位，可以依照上述法律和司法解释规定适用拘传。

（2）对于原告经传票传唤无正当理由拒不到庭或者未经法庭许可中途退庭的，应当依照《民事诉讼法》第 146 条规定按撤诉处理。依照《民事诉讼法》第 148 条、《民诉解释》第 238 条规定，当事人有违反法律的行为需要依法处理，人民法院裁定不准撤诉或者不按撤诉处理的案件，原告经传票传唤无正当理由拒不到庭的，应当依照《民事诉讼法》第 148 条第 2 款规定缺席判决。属于《民事诉讼法》第 115 条规定的虚假诉讼或者第 58 条规定的公益诉讼案件，对不到庭就无法查明案件基本事实的原告，可以依照《民诉解释》第 174 条第 2 款规定适用拘传。

（3）在执行程序中适用《民诉解释》第 482 条采取拘传措施的，应当严格遵守法定的条件与程序。执行法院在采取拘传措施前必须经过依法传唤，对于无正当理由拒不到场的被执行人、被执行人的法定代表人、负责人或者实际控制人，应进行说服教育，经说服教育后仍拒不到场的，才能采取拘传措施。对于已经控制被执行人的财产且财产权属清晰、没有必要调查询问的被执行人、被执行人的法定代表人、负责人或者实际控制人，不宜采取拘传措施。

（二）训诫的适用

适用训诫措施，由合议庭或独任制审判员决定，以口头方式指出行为人的错误事实、性质及危害后果，并当庭责令妨害者立即改正。

（三）责令退出法庭的适用

适用责令退出法庭，由合议庭或独任审判员决定，由审判长或独任审判员口头宣布，责令行为人退出法庭。

（四）罚款和拘留的适用

1. 罚款和拘留是比较严厉的强制措施，直接涉及行为人的经济利益和人身自由，因而法律规定了较为严格的适用程序。

2. 罚款和拘留由合议庭或独任审判员提出处理意见，报请院长批准后执行，但紧急情况下可以先采取拘留措施，而后报告院长补办批准手续。

3. 法院决定罚款和拘留，应当制作决定书，并将此决定书正式通知或出示给行为人，并在采取拘留措施后 24 小时内通知其家属。

4. 当事人对罚款或拘留不服的，可以向上一级人民法院申请复议一次，但是，复议期间，不停止决定的执行。

命题点拨 本章的重点是重要的期间、送达、保全、先予执行、对妨害民事诉讼的强制措施的相关制度规则。

1. 应注意一些重要的期间的规定，如答辩期、上诉期、申请再审期等。

2. 应当知晓期间耽误的法律后果，法定期间与指定期间的区别。

3. 掌握各种送达方式的具体运用，包括适用的具体条件和送达后的法律后果。

4. 知晓对各类特定文书在送达方式上的限制，调解书不可适用留置送达和公告送达，支付令不可适用公告送达。

5. 保全的类型包括财产保全、行为保全和证据保全，要比较三者在适用条件上的差异。

第三编　诉讼程序

第十一章　普通程序

第一节　普通程序概述

普通程序，是指人民法院审理第一审民事案件通常所适用的程序。

普通程序的基本特征：(1)具有基础性。(2)具有完整性。(3)具有广泛的适用性。

第二节　普通程序的基本程序阶段

一、起诉、立案登记★

(一)起诉的条件、方式和起诉状的内容

起诉应当符合如下条件：(1)原告必须是与本案有直接利害关系的公民、法人或其他组织。(2)有明确的被告。(3)有具体的诉讼请求、事实和理由。(4)属于人民法院受理民事案件的范围和受诉人民法院管辖。

起诉的方式，以书面起诉为原则，以口头起诉为例外。

起诉状应当按照法律规定的内容书写，内容如有欠缺的，受诉人民法院应告知原告限期补正。

(二)人民法院对起诉的审查与立案登记

1. 审查。

(1)形式审查：起诉状有无遗漏或错误，若存在，应当通知当事人予以补充或补正；发现诉状中有谩骂和人身攻击言辞的，人民法院应当说服当事人修改；若起诉状中列写的被告信息不足以认定被告是明确的，人民法院可以告知原告补正。

(2)对起诉条件的审查。人民法院应当对原告起诉是否符合法定条件进行审查。

(3)先行调解：在立案审查时，法院认为适宜调解的，可以在立案前先行调解。

2. 审查后的处理。

(1)立案：起诉符合法定条件的，应当在7日内立案并通知当事人。

(2)裁定不予受理：起诉不符合法定条件的，应当在7日内裁定不予受理。原告对不予受理裁定不服的，可以在裁定送达之日起10日内提起上诉。

(3)裁定驳回起诉：法院在立案后发现起诉不符合法定条件的，应当裁定驳回起诉。当事人对驳回起诉的裁定不服的，可以在裁定送达之日起10日内提起上诉。

3. 起诉条件如表所示：

起诉的积极条件	起诉的消极条件
原告与本案有直接利害关系	主管：民诉案件、或裁或审、其他机关处理
有明确的被告	管辖：告知向有管辖权的法院起诉
具体的诉讼请求、事实和理由	重复诉讼：一事不再理/禁止重复起诉
属于人民法院主管和受诉人民法院管辖	禁诉期：调解和好及判决不准离婚的案件＋孕产妇特别保护＋撤诉或按撤诉处理的离婚案件

(三)对当事人起诉时几种特殊情况的处理

1. 对下列情形之一的起诉，人民法院不予受理：

(1)属于行政诉讼受案范围的，应当告知原告提起行政诉讼。

(2)双方当事人达成书面仲裁协议的，告知原告向仲裁机构申请仲裁。

(3)依照法律规定，应当由其他机关处理的争议，告知原告向有关机关申请解决。

(4)对不属于本院管辖的案件，告知原告向有管辖权的人民法院起诉。

(5)对判决、裁定、调解书已经发生法律效力的案件，当事人又起诉的，告知原告申请再审，但人民法院准许撤诉的裁定除外。

(6)依照法律规定，在一定期限内不得起诉的案件，在不得起诉的期限内起诉的，不予受理。

(7)判决不准离婚与调解和好的离婚案件，判决、调解维持收养关系的案件，没有新情况、新理由，原告在6个月内又起诉的，不予受理；原告撤诉或者按照撤诉处理的离婚案件，没有新情况、新理由，在6个月内又起诉的，不予受理。

(8)当事人重复起诉的,不予受理。根据《民诉解释》第247条的规定,当事人就已经提起诉讼的事项在诉讼过程中或者裁判生效后再次起诉构成重复诉讼的,法院裁定不予受理。构成重复起诉需要满足以下三个条件:①后诉与前诉的当事人相同;②后诉与前诉的诉讼标的相同;③后诉与前诉的诉讼请求相同,或者后诉的诉讼请求实质上否定前诉裁判结果。

2. 对下列情形之一的起诉,人民法院应当予以受理:

(1)裁定不予受理、驳回起诉的案件,原告再次起诉的,如果符合起诉条件的,人民法院应当予以受理;当事人撤诉或人民法院按撤诉处理后,当事人以同一诉讼请求再次起诉的,人民法院应当予以受理。但是,在第二审程序中或者在再审程序中,经其他当事人同意原审原告撤回起诉的除外。

(2)当事人达成的仲裁条款、仲裁协议无效、失效或者内容不明确无法执行的,人民法院有权依法受理当事人一方的起诉。当事人一方向人民法院起诉时未声明有仲裁协议,人民法院受理后,对方应诉答辩或提出反诉,且未在首次开庭前提出异议的,视为该人民法院有管辖权。

(3)夫妻一方下落不明,另一方诉至人民法院,只要求离婚,不申请宣告下落不明人失踪或者死亡的案件,法院应当受理,并对下落不明的人用公告送达诉讼文书。

(4)赡养费、扶养费、抚养费案件,裁判发生法律效力后,因新情况、新理由,一方当事人再行起诉要求增加或减少费用的,人民法院应当作为新案件处理。

(5)当事人超过诉讼时效期间起诉的,人民法院应予受理。受理后对方当事人提出诉讼时效抗辩,人民法院经审理认为抗辩事由成立的,判决驳回原告的诉讼请求。

(四)案件受理的法律后果

1. 受诉人民法院依法取得对本案的审判权。

2. 受诉人民法院对该案件的排他性管辖权由此形成。

3. 案件的利害关系人取得了本案诉讼当事人的地位。

4. 诉讼时效中断。

二、审理前的准备

1. 在法定期间内送达诉讼文书。向原告、被告送达案件受理通知书、应诉通知书和举证通知书。立案之日起5日内将起诉状副本发送被告。被告收到起诉状副本后,应当在15日内提出答辩状。人民法院在收到被告答辩状后,应当在5日内将答辩状副本发送原告。

2. 告知当事人诉讼权利义务及合议庭组成人员。人民法院应当在受理案件通知书和应诉通知书中向当事人告知其所享有的诉讼权利和承担的诉讼义务,或者口头告知。普通程序的审判组织应当采用合议制,为保障当事人充分行使申请回避的权利,合议庭组成后,法院应当在3日内把审判人员告知当事人。

3. 确定举证期限。人民法院指定或当事人协商并经人民法院同意。在第一审普通程序中,人民法院指定举证期限原则上不少于15日。

4. 召集庭前会议。(1)明确原告的诉讼请求和被告的答辩意见;(2)审查处理当事人增加、变更诉讼请求的申请和提出的反诉,以及第三人提出的与本案有关的诉讼请求;(3)根据当事人的申请决定调查收集证据,委托鉴定,要求当事人提供证据,进行勘验,进行证据保全;(4)组织交换证据;(5)归纳争议焦点;(6)进行调解。

5. 审阅诉讼材料,调查收集必要的证据。

6. 追加当事人。(1)共同诉讼中应当参加诉讼的当事人没有参加诉讼,应当通知其参加诉讼,或者由当事人向人民法院申请追加;(2)本案的处理结果如果与第三人存在法律上的利害关系,第三人可以申请参加诉讼,或由人民法院通知其参加诉讼。

7. 选择审理案件适用的程序。(1)转为督促程序。(2)庭前调解。(3)确定适用普通程序或简易程序审理案件。

三、开庭审理★

开庭审理的方式有两种:一是线下开庭方式,二是在线视频开庭方式。

1. 庭审准备。人民法院在确定开庭期日后,应当在开庭3日前告知当事人及其他诉讼参与人;当事人或其他诉讼参与人在外地的,应当留有必要的在途时间。对于公开开庭审理的案件,人民法院应当在开庭3日前发布公告,公告当事人的姓名、案由及开庭的时间和地点。

2. 开庭审理。

(1)宣布开庭。首先由书记员查明当事人和其他诉讼参与人是否到庭,并向审判长报告,同时向全体诉讼参与人和旁听群众宣布法庭纪律;其次由审判长或者独任审判员宣布开庭,核对当事人身份,宣布案由和审判人员、法官助理、书记员等的名单;最后告知当事人有关诉讼权利义务,并询问当事人是否提出回避申请。

(2)法庭调查。①当事人陈述:法庭调查首先由当事人对自己的诉讼请求及其所根据的事实和理由、反驳对方的事实和理由，加以陈述。在各当事人陈述之后，合议庭应当组织当事人围绕整理的争议焦点进行其他证据的调查。②证人出庭作证：证人因特殊原因不能出庭作证的，经法庭许可提交的书面证言、视听资料等证词材料，交由双方当事人质证。③出示书证、物证、视听资料和电子数据。④宣读鉴定意见。⑤宣读勘验笔录。

3. 法庭辩论。在法庭辩论中，审判人员应当为当事人提供平等的辩论机会，正确引导当事人围绕争议焦点进行辩论。法庭辩论应当按照法定顺序进行：(1)原告及其诉讼代理人发言；(2)被告及其诉讼代理人发言；(3)第三人及其诉讼代理人发言；(4)互相辩论。在法庭辩论过程中，审判人员应当认真听取、引导当事人进行辩论，但不得与当事人辩论。

法庭辩论终结，由审判长或者独任审判员按照原告、被告、第三人的先后顺序征询各方最后意见。审判长在征得各方当事人的同意后，可依法进行调解，调解不成的，应当及时进行判决。

4. 合议庭评议和宣判。(1)合议庭评议实行少数服从多数的原则。(2)合议庭评议应当保密。(3)判决的宣告，有当庭宣判和择日定期宣判两种形式：当庭宣判的，应当在10日内向当事人发送判决书；定期宣判的，宣判后立即向当事人发送判决书。

5. 审理期限。立案之日起6个月内审结。有特殊情况需要延长审限的，由本院院长批准，可以延长6个月；还需要延长的，报请上级人民法院批准。

6. 庭审笔录。庭审笔录应当当庭宣读，也可以告知当事人和其他诉讼参与人当庭或者在5日内阅读。庭审笔录应当由当事人和其他诉讼参与人签名或者盖章。拒绝签名盖章的，记明情况附卷。

第三节　撤诉和缺席判决★

一、撤诉★

1. 申请撤诉的条件：(1)申请撤诉必须有合格的主体。(2)申请撤诉必须是当事人自愿。(3)撤诉必须在法定期间内提出。(4)撤诉必须经法院审查同意。

2. 按撤诉处理的情形：(1)原告经传票传唤，无正当理由拒不到庭；(2)原告未经法庭许可中途退庭；(3)原告应预交而未预交案件受理费，人民法院应当通知其预交，通知后仍不交纳，或申请缓、减、免未获人民法院批准仍不交纳诉讼费用的，按撤诉处理；(4)无民事诉讼行为能力的原告的法定诉讼代理人，经法院传票传唤无正当理由拒不到庭的，可按撤诉处理；(5)有独立请求权的第三人经法院传票传唤，无正当理由拒不到庭的，或未经法庭许可中途退庭的，可按撤诉处理。

3. 对有独立请求权第三人参加诉讼后原告的撤诉问题。有独立请求权的第三人参加诉讼后，原告申请撤诉，人民法院依法准许原告撤诉后，有独立请求权的第三人作为另案原告，原案原告、被告作为另案被告，诉讼继续进行。

4. 原告撤回本诉对反诉的影响。在本诉撤回后，反诉应当作为一个独立的案件由人民法院继续审理。

5. 撤诉的法律后果：(1)终结诉讼程序。(2)诉讼费用由撤诉的当事人负担。(3)诉讼时效重新开始计算。

二、缺席判决

1. 原告不出庭或中途退庭按撤诉处理，被告提出反诉的。

2. 被告经传票传唤，无正当理由拒不到庭的，或未经法庭许可中途退庭的。

3. 法院裁定不准撤诉的，原告经传票传唤，无正当理由拒不到庭的。

4. 无民事诉讼行为能力被告方的法定代理人，经传票传唤无正当理由拒不到庭的。

5. 在借贷案件中，债权人起诉时，债务人下落不明或中途出走且经公告后仍不应诉，借贷关系明确的。

第四节　延期审理、诉讼中止和诉讼终结

一、延期审理

1. 必须到庭的当事人和其他诉讼参与人有正当理由没有到庭的。

2. 当事人临时提出回避申请的。

3. 需要通知新的证人到庭，调取新的证据，重新鉴定、勘验，或者需要补充调查的。

4. 其他应当延期的情形。

二、诉讼中止★

1. 一方当事人死亡，需要等待继承人表明是否参加诉讼的。

2. 一方当事人丧失诉讼行为能力，尚未确定法定代理人的。

3. 作为一方当事人的法人或者其他组织终止，尚未确定权利义务承受人的。

4. 一方当事人因不可抗拒的事由，不能参加诉

讼的。

5. 本案必须以另一案的审理结果为依据，而另一案尚未审结的。

6. 其他应当中止诉讼的情形。

三、诉讼终结★★

1. 原告死亡，没有继承人，或者继承人放弃诉讼权利的。

2. 被告死亡，没有遗产，也没有应当承担义务的人的。

3. 离婚案件中的一方当事人死亡的。

4. 追索赡养费、扶养费、抚养费以及解除收养关系案件的一方当事人死亡的。

人民法院以裁定的形式终结诉讼程序。诉讼终结的裁定既可以是书面的，也可以是口头的。诉讼终结的裁定一经作出即发生法律效力，当事人不得上诉，也不得申请复议，自裁定送达当事人之日起或宣布之日起发生法律效力。诉讼终结的案件，当事人不得以同一事实和理由，就同一诉讼标的再行起诉，法院也不得再行受理此案。

命题点拨 本章的重点为起诉与受理、基本程序阶段、诉的撤回、缺席判决等。

1. 起诉与受理：起诉是当事人实施的诉讼行为，需要符合法定条件；受理是法院经审查当事人起诉符合法定条件决定对案件予以审理的行为，受理将产生相应的法律后果。

2. 普通程序的基本程序阶段：起诉与立案登记、审理前的准备、开庭审理。

3. 诉的撤回。诉的撤回包括当事人申请撤诉和法院依法定情形视为当事人撤诉两种。当事人申请撤诉需要符合法律规定的条件，法院视为当事人撤诉需要具备法定情形。撤诉将产生相应的法律后果。

4. 缺席判决。缺席判决是相对于对席判决而言，其适用需要具备法定情形。

本章难点是准确区分延期审理、诉讼中止和诉讼终结。延期审理，是已经确定的开庭期日因特殊原因无法进行，待阻却事由消除后，另择期日开庭；诉讼中止是因出现了特定情况使诉讼程序暂时无法继续进行，待阻却诉讼程序的障碍消除后，再恢复诉讼；诉讼终结是因出现了特定情形，使诉讼继续进行已无意义，因而需要结束诉讼程序。要重点区别各种制度适用的法定情形，以及法律效果的差异。

第十二章 简易程序

第一节 简易程序的概念和适用范围★

一、简易程序的概念

简易程序，是指基层人民法院及其派出法庭审理简单民事案件所适用的简便易行的诉讼程序。

二、简易程序的适用范围

1. 适用简易程序的法院：基层人民法院及其派出法庭。

2. 适用简易程序审理的案件：事实清楚、权利义务关系明确、争议不大的第一审民事案件，或者当事人双方约定适用简易程序的案件。

3. 下列案件不得适用简易程序审理：(1)起诉时被告下落不明的案件；(2)发回重审的案件；(3)共同诉讼中当事人一方或者双方当事人人数众多的案件；(4)法律规定应当适用特别程序、审判监督程序、督促程序、公示催告程序和企业法人破产还债程序审理的案件；(5)涉及国家利益、社会公共利益的案件；(6)第三人起诉请求改变或者撤销生效判决、裁定、调解书的案件；(7)人民法院认为不宜适用简易程序审理的案件。

三、当事人对适用简易程序的异议及其处理

当事人对人民法院适用简易程序有权提出异议，异议成立的，应当将案件转为普通程序审理；异议不成立的，裁定驳回，裁定以口头方式作出的，应当记入笔录。人民法院在审理过程中发现不宜适用简易程序的，应当依职权将案件转为普通程序审理。

第二节 简易程序的具体适用★★★

一、起诉与答辩

原告起诉有两种方式：一是书面起诉方式，二是口头起诉方式。

在简易程序中，被告答辩的方式有两种：口头答辩与书面答辩。

二、审理前准备

(一)诉状送达的特别规定

1. 人民法院按照原告提供的被告的地址或者其他联系方式无法通知被告应诉的，按以下情况分别处理：(1)原告提供了被告准确的送达地址，但人民法院无法向被告直接送达或留置送达应诉通知书

的,应当将案件转为普通程序审理;(2)原告不能提供被告准确的送达地址的,人民法院经查证后仍不能确定被告送达地址的,可以以被告不明确为由裁定驳回原告起诉。

2. 被告到庭后拒绝提供自己的送达地址和联系方式的,人民法院应当告知其拒不提供送达地址的后果。经人民法院告知后被告仍不提供的,按下列方式处理:(1)被告是自然人的,以其户籍登记中的住所地或者经常居住地为送达地址;(2)被告是法人或者非法人组织的,应当以其在登记机关登记、备案中的住所为送达地址。

3. 因当事人自己提供的送达地址不准确、送达地址变更未及时告知人民法院,或者当事人拒不提供自己的送达地址而导致诉讼文书未能被当事人实际接收的,按下列方式处理:(1)邮寄送达的,以邮件回执上注明的退回之日视为送达之日;(2)直接送达的,送达人当场在送达回证上记明情况之日视为送达之日。

(二)举证期限的特别规定

适用简易程序审理的民事案件,举证期限由人民法院确定,也可以由当事人双方协商一致并经人民法院批准,但不得超过15日。

(三)审判组织

适用简易程序审理民事案件时,由审判员一人独任审理。

(四)开庭方式的选择

当事人双方可以就开庭方式进行选择并向法院提出申请,由人民法院决定是否准许。经双方当事人同意,可以采用视听传输技术等方式开庭。

三、开庭审理

1. 传唤当事人及其他诉讼参与人。简易程序采取了灵活多样的传唤方式通知当事人及证人出庭,可以采取捎口信、电话、传真、电子邮件等简便方式随时传唤双方当事人、证人。

2. 对当事人诉讼权利义务的告知。在简易程序中,开庭前已经书面或者口头告知当事人诉讼权利义务,或者当事人各方均委托律师代理诉讼的,审判人员除告知当事人申请回避的权利外,可以不再告知当事人其他的诉讼权利义务。

3. 法庭调查和辩论。在开庭审理时,审判人员可以根据当事人的诉讼请求和答辩意见归纳出争议焦点,经当事人确认后,由当事人围绕争议焦点举证、质证和辩论。本着简便易行的原则,法院在进行法庭调查、法庭辩论时,可以不按法定顺序进行。当事人对案件事实无争议的,审判人员可以在听取当事人就适用法律方面的辩论意见后径行判决、裁定。

4. 简易程序的审理期限。人民法院适用简易程序审理民事案件,应当在立案之日起3个月内审结。有特殊情况需要延长的,经本院院长批准,可以延长,但累计不得超过4个月。

四、宣判、判决书的送达与判决书的简化

1. 宣判方式:当庭宣判和定期宣判,除人民法院认为不宜当庭宣判的以外,均应当当庭宣判。

2. 判决书的送达。

(1)当庭宣判的案件,人民法院应当告知当事人或者诉讼代理人领取裁判文书的期间和地点以及逾期不领取的法律后果,当事人在指定期间内领取裁判文书之日即为送达之日;当事人在指定期间内未领取的,指定领取裁判文书期间届满之日即为送达之日。

(2)定期宣判的案件,宣判之日即为送达之日,当事人的上诉期自定期宣判的次日起开始计算。当事人在定期宣判的日期无正当理由未到庭的,不影响该裁判上诉期间的计算。

3. 判决书的简化。

下列情形之一的,人民法院在制作裁判文书时对认定事实或者判决理由部分可以适当简化:

(1)当事人达成调解协议并需要制作民事调解书的;

(2)一方当事人在诉讼过程中明确表示承认对方全部诉讼请求或者部分诉讼请求的;

(3)涉及自然人的隐私、个人信息或者商业秘密的案件,当事人一方要求简化裁判文书中的相关内容,人民法院认为理由正当的;

(4)当事人双方一致同意简化裁判文书的。

基层人民法院适用简易程序审理案件时,可以采取以下方式简化裁判文书:(1)对于能够概括出案件固定要素的,可以根据案件要素载明原告、被告意见、证据和法院认定理由、依据及裁判结果;(2)对于一方当事人明确表示承认对方全部或者主要诉讼请求的、当事人对案件事实没有争议或者争议不大的,裁判文书可以只包含当事人基本信息、诉讼请求、答辩意见、主要事实、简要裁判理由、裁判依据和裁判主文。

第三节 对小额案件审理的特别规定★★

1. 适用小额诉讼审理的条件:(1)属于简单民

事案件。即属于事实清楚、权利义务关系明确、争议不大的简单金钱给付民事案件,即案件是可以适用简易程序审理的案件,同时仅限于金钱给付的简单民事案件。(2)争议的标的数额小。即争议的标的数额应当在各省、自治区、直辖市上一年度就业人员平均工资50%以下。

2. 对于标的额超过各省、自治区、直辖市上年度就业人员年平均工资50%但2倍以下的案件,当事人双方也可以约定适用小额诉讼的程序。

3. 不适用小额诉讼程序审理的案件:(1)人身关系、财产确权案件;(2)涉外案件;(3)需要评估、鉴定或者对诉前评估、鉴定结果有异议的案件;(4)一方当事人下落不明的案件;(5)当事人提出反诉的案件;(6)其他不宜适用小额诉讼的程序审理的案件。

4. 小额案件审理程序的特别规定:(1)小额诉讼因采一审终审制,当事人对法院审理小额诉讼案件所作之裁判无上诉的权利。(2)审理小额诉讼案件,当事人的举证期限由人民法院确定,也可以由当事人双方协商一致并经人民法院准许,但一般不超过7日。被告要求书面答辩的,人民法院可以在征得被告同意的基础上合理确定答辩期间,但最长不得超过15日。(3)人民法院适用小额诉讼的程序审理案件,应当在立案之日起2个月内审结。有特殊情况需要延长的,经本院院长批准,可以延长1个月。(4)因当事人申请增加诉讼请求或者变更诉讼请求、提出反诉、追加当事人等,致使案件不符合适用小额诉讼程序条件的,或因当事人对法院按照小额诉讼案件审理提出有理由的异议的,人民法院应当适用简易程序的其他规定审理案件,或者裁定转为普通程序审理。(5)当事人对人民法院按照小额诉讼案件审理有异议的,应当在开庭前提出异议,经审查异议成立的,人民法院应当适用简易程序的其他规定审理案件,或者裁定转为普通程序审理;异议不成立的,裁定驳回。(6)裁判文书可以适当进行简化,主要记载当事人基本信息、诉讼请求、裁判主文等内容即可。

5. 裁判效力。

人民法院审理小额诉讼案件所作的裁判,实行一审终审,当事人不得提起上诉。这里既包括人民法院对小额案件实体所作的判决,也包括人民法院对当事人提出管辖权异议所作的裁定、当事人的起诉不符合《民事诉讼法》第122条规定的起诉条件而需要驳回起诉所作的裁定,均为一审终审。

命题点拨 本章的重点为简易程序的适用范围、简易程序特殊审理规则、小额诉讼审理规则。

1. 简易程序的适用范围:简易程序适用的法院为基层人民法院,适用的案件为简单民事案件、当事人协商适用简易程序的案件。

2. 简易程序的特殊审理规则:方便起诉与答辩、较短的举证期限、独任制、灵活的庭审程序等。

3. 小额诉讼审理规则:法院的告知义务、一审终审、当事人合意选择适用小额诉讼、当事人对法院适用小额诉讼的异议、小额诉讼程序的转换。

本章的难点在于准确理解和把握简易程序的适用问题。当事人对于简易程序的适用有选择权和异议权:一方面,当事人对原本应适用普通程序的案件可以协商并经法院同意适用简易程序审理;另一方面,当事人有权对法院依职权适用简易程序审理案件提出异议,若当事人的异议成立的,应当转为普通程序审理。

第十三章 第二审程序

第一节 第二审程序概述

一、第二审程序的概念

第二审程序,是指因当事人不服地方各级人民法院尚未生效的一审判决或裁定而依法向上一级人民法院提起上诉,要求撤销或变更原判决或裁定,上一级人民法院据此对案件进行审理所适用的程序。

二、第二审程序与第一审程序的联系与区别

1. 程序发生的根据不同。第一审程序是基于当事人的起诉权和第一审人民法院的管辖权而发生;第二审程序是基于当事人的上诉权和第二审人民法院的审判监督权而发生。

2. 程序性质不同。第一审程序是案件在第一审人民法院审理的程序,是初审;第二审程序是案件在第二审人民法院审理的程序,是续审。它们分别是两个审级的人民法院所适用的审理程序。

3. 审判组织不同。第一审程序包括普通程序和简易程序,分别实行的是合议制和独任制的审判组织形式。适用合议制时,合议庭可以由审判员组成,也可以由审判员与人民陪审员共同组成。第二审程序的审判组织通常是合议制的一种,只有特殊情况下独任,合议庭只能由审判员组成,不吸收人民陪审员参加。

4. 审理的对象不同。第一审是因当事人之间的

权利义务争议而引起，审理的对象是双方争议的事实及权利义务关系；第二审是因当事人不服一审裁判而引起，审理的对象是当事人上诉请求所涉及的一审法院认定的事实和适用的法律。

5. 审结期限不同。第一审普通程序的审结期限一般为6个月，简易程序为3个月。适用第二审程序审理案件，对判决不服的，审结期限为3个月；对裁定不服的，审结期限为30日。

6. 裁判的效力不同。地方各级人民法院所作出的第一审判决（小额诉讼判决除外）和法律准许上诉的裁定，在法定的上诉期内不发生法律效力；而第二审人民法院作出的判决、裁定，一经宣判和送达，即发生法律效力，是终审的判决和裁定。

第二节　上诉的提起与受理★

一、上诉的提起

1. 提起上诉的条件：(1) 有法定的上诉对象。(2) 有合法的上诉人和被上诉人。(3) 在法定期间内提起上诉。(4) 必须提交上诉状。

2. 提起上诉的途径：(1) 上诉状原则上应当通过原审人民法院提出，并且按照对方当事人或者代表人的人数提出副本。(2) 如果当事人直接向第二审人民法院提出上诉的，第二审人民法院应当在5日内将上诉状转交给原审人民法院。

二、上诉的受理

1. 诉讼文书的接收与送达。原审法院收到当事人的上诉状及副本后，应当在5日内将上诉状副本送达对方当事人。对方当事人收到上诉状副本后，应当在15日内提出答辩状。对方当事人提交答辩状的，原审人民法院应当在收到答辩状之日起5日内将答辩状副本送达上诉人。对方当事人不提出答辩状的，不影响人民法院对案件的审理。

2. 诉讼案卷和证据的移送。原审人民法院收到上诉状、答辩状后，应当在5日内连同全部案卷和证据，移送到第二审人民法院，以保证第二审人民法院对上诉案件的立案审查及审理。

3. 上诉的审查。第二审人民法院收到第一审人民法院移送的上诉材料及一审案件卷宗材料后，应当审查以下内容：(1) 当事人的上诉材料及一审法院案件卷宗材料是否齐备；(2) 上诉人递交的上诉状的时间是否是在法定上诉期限以内提出的；(3) 是否交纳了上诉费用等。第二审人民法院经审查有关材料无误的，应当予以立案，并向当事人发送案件受理通知书和上诉案件应诉通知书。

第三节　上诉案件的审理★★★★★

一、二审法院对上诉案件审理的范围

以当事人的上诉请求的范围为准，对所涉及的事实认定问题和适用法律问题进行审理。但原判决违反法律禁止性规定、侵害社会公共利益或者他人利益的除外。

二、第二审的审判组织形式

第二审法院审理上诉案件通常为合议制，特殊情况下才可以独任，而且二审合议庭只能由审判员组成，人民陪审员不参加。

三、上诉案件的审理方式及地点

第二审人民法院审理上诉案件，以开庭审理为原则。

第二审人民法院可以不开庭审理的案件包括：(1) 不服不予受理、驳回起诉和管辖权异议裁定的；(2) 当事人提出的上诉请求明显不能成立的；(3) 原判决、裁定认定事实清楚，但适用法律有错误的；(4) 原判决严重违反法定程序，需要发回重审的。

四、上诉案件的调解★★

1. 第二审人民法院审理上诉案件时，可根据自愿、合法原则，主持双方当事人进行调解。

2. 不能直接裁判的，也可以通过调解解决纠纷，以便提高诉讼的效率。这些情形包括：

(1) 当事人在第一审程序中已经提出的诉讼请求，原审人民法院未作审理、判决，第二审人民法院根据当事人自愿可以组织调解，调解不成的，应当裁定撤销原判，发回重审。

(2) 必须参加诉讼的当事人或者有独立请求权的第三人，在第一审程序中未参加诉讼，第二审人民法院根据当事人自愿可以组织调解，调解不成的，应当裁定撤销原判，发回重审。

(3) 一审判决不准离婚的案件，上诉后，第二审人民法院认为应当判决离婚，可以根据当事人自愿原则，与子女抚养、财产分割问题一并调解；调解不成，应当裁定撤销原判，发回重审。

(4) 二审程序中，原审原告增加独立的诉讼请求或者原审被告提出反诉，第二审人民法院可以根据当事人自愿原则就新增加的诉讼请求和反诉进行调解；调解不成的，告知当事人另行起诉。

五、上诉的撤回

1. 撤回上诉的条件：(1) 申请撤回上诉的主体只限于提起上诉的上诉人、上诉人的法定代理人，被上诉人无权申请撤回上诉；(2) 撤回上诉的申请必

须在第二审判决宣告前提出；(3)撤回上诉必须取得第二审人民法院的同意。

2. 撤回上诉产生的法律效果：(1)在对方当事人未上诉的情况下，二审程序终结；(2)在对方当事人未提起上诉的情况下，第一审裁判发生法律效力；(3)撤回上诉的当事人承担第二审的上诉费用，减半收取。

第四节 上诉案件的裁判

一、上诉案件的裁判★

(一)对第一审判决提起上诉案件的裁判

1. 原判对上诉请求所涉及的有关事实认定清楚、适用法律正确的，应当判决驳回上诉，维持原判。

2. 原判决认定事实错误或者适用法律错误的，应当以判决方式依法改判、撤销或者变更；如果认为原判决认定的基本事实不清的，可以查清事实后依法改判。

3. 原判决有下列情形之一的，应当裁定撤销原判，发回重审：(1)原判决认定基本事实不清的；(2)原判决遗漏当事人的；(3)原判决严重违反法定程序的。

(二)对第一审裁定提起上诉案件的裁定

1. 对于原裁定认定事实清楚、适用法律正确的，裁定驳回上诉，维持原裁定。

2. 第一审作出的不予受理裁定有错误的，应在撤销原裁定的同时，指令第一审人民法院立案。

3. 第一审人民法院作出的驳回起诉裁定有错误的，应在撤销原裁定的同时，指令第一审人民法院进行审理。

4. 第一审人民法院作出的管辖权异议裁定有错误的，应在撤销原裁定的同时，指令第一审人民法院继续审理或移送给有管辖权的人民法院进行审理。

二、第二审裁判的效力

1. 不得对裁判再行上诉。

2. 不得重新起诉。

3. 具有强制执行的效力。

三、第二审程序的审理期限

第二审法院审理不服判决的上诉案件，应当在第二审法院立案之日起3个月内审结。有特殊情况需要延长的，报请本院院长批准，由院长根据案件的具体情况，予以审批。第二审法院审理不服裁定的上诉案件，应当在二审法院立案之日起30日内作出终审裁定。

命题点拨 本章的重点为上诉的提起、上诉案件的审理、上诉的撤回、上诉案件的调解。

1. 上诉的提起：上诉提起的条件、上诉提起的途径。

2. 上诉案件的审理：上诉案件审判组织形式为由审判员组成的合议庭，上诉审理范围以当事人请求的范围为原则，上诉审理的方式以开庭审理为原则，以径行裁判为例外。

3. 上诉的撤回：撤回上诉的条件、撤回上诉的法律后果。

4. 上诉案件的调解：上诉调解由合议庭主持，调解达成协议的必须制作调解书，调解书送达生效后一审判决视为撤销。

第十四章 审判监督程序

第一节 审判监督程序概述

一、审判监督程序的概念

审判监督程序即再审程序，是指对已经发生法律效力的判决、裁定、调解书，人民法院认为确有错误，对案件再行审理的程序。

二、审判监督程序的特点

1. 审判监督程序是对已经发生法律效力的裁判进行再审的程序，它不是第一审、第二审程序的继续和发展，不是民事诉讼的必经程序。

2. 审判监督程序的设置目的主要是纠正已经生效的民事裁判文书中的错误，确保裁判的正确性和合法性，保护当事人的合法权益。

3. 审判监督程序分为两个阶段，即再审的提起阶段和再审的审理阶段。

4. 再审的提起阶段中主要的审理对象是原裁判是否存在足以启动再审的事由，因此其适用的直接法律依据是民事诉讼法中关于再审条件的规定。

第二节 基于审判监督权提起再审

一、人民法院提起再审的条件

(一)原审裁判确有错误

《民事诉讼法》对人民法院自行提起再审时原审裁判“确有错误”的具体类型未作明确规定，实质上赋予了人民法院较大的裁量空间，从解释学上看，应当认为原审裁判在事实认定、法律适用和程序运行中存在重大缺陷，导致裁判结果的不公正。

人民法院享有独立的审判监督权，在发现原生效裁判或调解协议有损害国家利益、社会公共利益等错误情形时，应当提起再审，不以当事人申请再审或人民检察院抗诉为前置条件，但当事人的申诉控告和人民检察院的检察建议，可以作为人民法院发现原审裁判是否存在错误的线索和凭据。

(二)由具有审判监督权的主体依法提起

对民事案件基于审判监督权提起再审的人或机关是：各级人民法院院长及审判委员会、上级人民法院及最高人民法院。

(三)提起再审的对象是人民法院制作的生效的民事判决书、裁定书、调解书

本级和下级人民法院经过诉讼程序制作的生效的民事判决书和民事调解书，只要确有错误，均是人民法院提起再审的对象。根据《民事诉讼法》和相关司法解释的规定，可以提起再审的民事裁定，仅限于不予受理的裁定、驳回起诉的裁定和按自动撤回上诉处理的裁定。

(四)提起再审的次数限制

人民法院基于审判监督权提起再审，不受时限的限制，只要发现原审法律文书确有错误后，均可以提起。但为了确保司法的终局性和安定性，根据司法解释的规定，在同一案件中，人民法院提起再审的次数，一般应当限于一次。

二、人民法院提起再审的程序

(一)本院院长及审判委员会对本院裁判提起再审

具体程序为：本院院长认为已发生法律效力的判决、裁定、调解书确有错误，需要再审的，应当提交审判委员会讨论。审判委员会认为符合再审条件，决定再审的案件，应当作出提起再审裁定书。

(二)上级人民法院提起再审★★

上级人民法院对下级人民法院已经发生法律效力的判决、裁定或调解书，发现确有错误的，有权提起再审。根据司法解释，上级人民法院提起再审后，应该自行提审。

上级人民法院对下级人民法院提起再审的程序较为简单。当上级人民法院发现下级人民法院已经生效的判决、裁定或调解书确有错误的，应予再审的，即可作出提起再审裁定书。

第三节　基于检察监督权的抗诉提起再审

一、抗诉和检察建议的启动

1. 人民检察院启动抗诉或检察建议的条件：认为人民法院的生效裁判确有错误。

2. 司法实践中，人民检察院发现错误裁判的途径有三：一是当事人向人民检察院提出检察监督申请；二是案外人向人民检察院控告举报；三是人民检察院依职权自行发现错误裁判，从而启动检察监督。

3. 当事人申请监督的情形：(1)人民法院驳回再审申请；(2)人民法院逾期未对再审申请作出裁定；(3)再审判决、裁定有明显错误。

4. 当事人申请监督的期间：应当在人民法院作出驳回再审申请裁定或者再审判决、裁定发生法律效力之日起6个月内提出。

5. 当事人申请监督的管辖检察院：当事人应当向作出原生效民事判决、裁定、调解书的法院所在地同级检察院提出监督申请。当事人向原审上级法院申请再审被驳回后，依然应当向原审同级检察院申请检察监督。当事人认为检察机关不依法受理其监督申请的，可以向上一级检察机关申请监督。上一级检察机关认为当事人监督申请符合受理条件的，应当指令下一级检察机关受理，必要时也可以直接受理。

6. 人民检察院的审查程序：人民检察院应当在3个月内审查当事人的申请，作出是否提出抗诉或检查建议的决定，在审查过程中，人民检察院享有调查权，可以调阅人民法院的诉讼卷宗，向当事人或者案外人调查核实有关情况；确有必要的，还可以组织当事人进行听证，组织专家咨询论证。

7. 当事人申请的次数限制：以一次为限。

二、抗诉和检察建议的事由★

(一)认定基本事实的证据或证明程序存在严重错误

1. 有新的证据，足以推翻原判决、裁定的。新的证据具体是指：(1)原审庭审结束前已客观存在但庭审结束后新发现的证据；(2)原审庭审结束前已经发现，但因客观原因无法取得或者在规定的期限内不能提供的证据；(3)原审庭审结束后原作出鉴定意见、勘验笔录者重新鉴定、勘验，推翻原意见的证据；(4)当事人在原审中提供的，原审未予质证、认证，但足以推翻原判决、裁定的主要证据。

2. 原判决、裁定认定的基本事实缺乏证据证明的。所谓基本事实，即对原判决、裁定的结果有实质影响、用以确定当事人主体资格、案件性质、具体权利义务和民事责任等主要内容所依据的事实。所谓“缺乏证据证明”，具体包括的情形主要有：(1)没有证据支持，或者认定的基本事实所依据的证据虚假、缺乏证明力的；(2)所依据的证据不合法的；(3)违反逻辑推理或者日常生活法则的。

3. 原判决、裁定认定事实的主要证据是伪造的。

4. 原判决、裁定认定事实的主要证据未经质证的。但当事人在原审中拒绝发表质证意见或者质证中未对证据发表质证意见的除外。

5. 对审理案件需要的主要证据，即人民法院认定案件基本事实所必需的证据，当事人因客观原因不能自行收集，书面申请人民法院调查收集，人民法院未调查收集的。

（二）原审审理程序存在严重错误

1. 审判组织的组成不合法或者依法应当回避的审判人员没有回避的。审判组织的组成不合法，具体情形有：(1)应当组成合议庭审理的案件独任审判的；(2)人民陪审员参与第二审案件审理的；(3)再审、发回重审的案件没有另行组成合议庭的；(4)审理案件的人员不具有审判资格的。

2. 无诉讼行为能力人未经法定代理人代为诉讼或者应当参加诉讼的当事人，因不能归责于本人或者其诉讼代理人的事由，未参加诉讼的。

3. 违反法律规定，剥夺当事人辩论权利的，具体是指：(1)不允许或严重限制当事人行使辩论权利的；(2)应当开庭审理而未开庭审理的；(3)违反法律规定送达起诉状副本或者上诉状副本，致使当事人无法行使辩论权利的；(4)违法剥夺当事人辩论权利的其他情形。

4. 未经传票传唤，缺席判决的。

5. 原判决、裁定遗漏或者超出诉讼请求的。但当事人未对一审判决、裁定遗漏或者超出诉讼请求提起上诉的除外。

（三）原判决、裁定适用法律确有错误

法律适用错误主要包括：(1)适用的法律与案件性质明显不符的；(2)认定法律关系主体、性质或者法律行为效力错误的；(3)确定民事责任明显违背当事人约定或者法律规定的；(4)适用已经失效或者尚未施行的法律的；(5)违反法律溯及力规定的；(6)违反法律适用规则的；(7)明显违背立法本意的；(8)适用诉讼时效规定错误的。

（四）据以作出原判决、裁定的法律文书被撤销或者变更

并非所有的公证文书被撤销都构成再审事由，这是因为一般的公证文书只具有较高的证明力，并非直接具备预决效力，因而司法解释只规定具有强制执行效力的公证债权文书被撤销后可以构成再审的理由。此外，行政机关作出的行政裁决书也仅仅具有证据的效力，而不构成本项中的法律文书。

（五）原审审判人员在审理该案时存在贪腐枉法行为

审判人员在审理该案件时有贪污受贿，徇私舞弊，枉法裁判行为，且该行为已经相关刑事法律文书或纪律处分决定确认的，将严重动摇案件审理的公正性，因此构成再审事由。

（六）调解书损害国家利益、社会公共利益

调解书是根据当事人的调解协议作出，原则上不构成检察监督的对象。因此，只有调解书损害国家利益和社会公共利益时，检察机关才能提起抗诉。

三、抗诉的程序

1. 抗诉的提出。

最高人民检察院对各级人民法院已经发生法律效力的判决、裁定，上级人民检察院对下级人民法院已经发生法律效力的判决、裁定，均可以提出抗诉。地方各级人民检察院对同级人民法院已发生法律效力的判决、裁定，不得直接提出抗诉，而只能提出检察建议，或者提请上级人民检察院提出抗诉。

2. 抗诉的方式。

人民检察院决定对人民法院的生效裁判提出抗诉的，应当制作抗诉书。有证据的，人民检察院向人民法院提交抗诉书的同时，可以向人民法院提供证据，或者证据来源。

3. 抗诉的对象。

人民法院已经生效的民事裁定书和民事判决书，以及损害国家利益、社会公共利益的调解书。

4. 人民法院对抗诉的接受。

根据民事诉讼法的规定，人民检察院提起抗诉，不受时间的限制。接受抗诉的人民法院应当自收到抗诉书之日起30日内作出提起再审的裁定，进入再审审理。

四、检察建议的审查程序

再审检察建议是同级人民检察院以检察建议书的方式，针对同级人民法院作出的生效裁判，向其提出的再审建议。

接受检察建议的人民法院应当参照抗诉审查的方式进行审查，如果符合法定的条件，且各项材料齐全的，应当受理。对于不符合条件的，可以建议人民检察院予以补正或者撤回；不予补正或者撤回的，应当函告人民检察院不予受理。

受理后，人民法院应当组成合议庭，在3个月内进行审查。

第四节　基于诉权的申请再审★

一、申请再审的条件

（一）申请再审的主体必须合法

有权提出申请再审的是原审中的当事人，即原审中的原告、被告、有独立请求权的第三人和判决其承担义务的无独立请求权的第三人以及上诉人和被上诉人。

此外,司法解释纳入了案外人申请再审的情形。

(二)申请再审的对象是已经发生法律效力的判决、裁定和调解书

当事人可以对已经发生法律效力的判决、裁定和调解书申请再审。

(三)申请再审必须符合法定的事由

《民事诉讼法》将当事人申请再审的事由与人民检察院提起抗诉的事由进行了统一处理,使二者完全一致。需要特别说明的是,如果申请人提供的新的证据,能够证明原判决、裁定认定基本事实或者裁判结果错误的,人民法院应当责令再审申请人说明其逾期提供该证据的理由;拒不说明理由或者理由不成立的,可以依法对其训诫、罚款。下列情形可以视为理由成立:(1)在原审庭审结束前已经存在,因客观原因于庭审结束后才发现的;(2)在原审庭审结束前已经发现,但因客观原因无法取得或者在规定的期限内不能提供的;(3)在原审庭审结束后形成,无法据此另行提起诉讼的。

(四)申请再审必须在法定期限内提出

当事人申请再审,应当在判决、裁定发生法律效力后6个月内提出。

(五)申请再审须向有管辖权的法院提出

当事人认为已经发生法律效力的判决、裁定和调解书有错误的,原则上应当向原审人民法院的上一级人民法院申请再审。但对于当事人一方人数众多或者当事人双方均为公民的案件,当事人也可以向原审人民法院申请再审。

(六)申请再审应当提交必要的材料

当事人申请再审的,应当提交再审申请书,已经发生法律效力的判决书、裁定书、调解书,身份证明及相关证据材料,并按对方当事人人数提供申请书副本。人民法院在收到再审申请书之日起5日内向再审申请人发送受理通知书,并将应诉通知书和再审申请书副本等材料发送对方当事人。

二、再审申请的审查程序

(一)审查的主体

人民法院审查再审申请时,应当由审判员组成合议庭,围绕再审事由是否成立进行审查。

(二)审查的方式

1. 径行裁定。这是指人民法院仅通过审查当事人或案外人提交的书面材料,就可以直接确定再审事由是否成立,作出是否再审的裁定。

2. 调卷审查。这是指人民法院通过调取、查阅原审卷宗,再认定再审申请事由是否成立。调卷审查是司法实践中最主要的审查方式。

3. 询问当事人。这是指人民法院在调阅卷宗的基础上,根据案情需要,可以通过采取询问当事人的方式,完成再审申请审查。

(三)审查的结果

1. 人民法院经过审查,如果认为申请再审事由不成立的,应当裁定驳回再审申请。

2. 人民法院经过审查,如果认为申请再审事由成立,应当作出提起再审裁定,并指定再审的审理法院。

3. 在审查过程中,如果申请人主动撤回再审申请,或经传票传唤,无正当理由拒不接受询问,人民法院可以裁定准予撤回再审申请,或按撤回再审申请处理,终结审查程序。

4. 在审查过程中,如果发生下列情形,人民法院可以裁定终结审查:(1)申请再审人死亡或者终止,无权利义务承受人或者权利义务承受人声明放弃再审申请;(2)在给付之诉中,负有给付义务的被申请人死亡或者终止,无可供执行的财产,也没有应当承担义务的人;(3)当事人达成执行和解协议且已履行完毕,但当事人在执行和解协议中声明不放弃申请再审权利的除外;(4)他人未经授权以当事人名义申请再审;(5)原审或上一级法院已经裁定再审;(6)不符合再审申请以一次为限的申请。

(四)审查中的竞合

1. 与检察监督权的竞合。在人民法院审查当事人的再审申请期间,人民检察院又对该案提出抗诉,由于抗诉必然启动再审审理,所以人民法院应终结对再审申请的审查,作出再审裁定。在再审审理时,应将申请再审人提出的具体再审请求纳入审理范围。

2. 与诉权的竞合。在人民法院审查一方当事人的再审申请期间,该案其他当事人也提出再审申请,人民法院应当将双方都列为申请再审人,对双方的再审申请一并审查。

(五)审查的期限

人民法院应在自收到再审申请书之日起3个月内审查完毕。如果有特殊情况无法在3个月内审查完毕,需要延长审查期的,须由本院院长批准。

第五节　再审案件的审判程序★★

一、再审审理的管辖法院

人民检察院抗诉启动再审和当事人申请再审时,应当分别满足下列条件,方可转移再审审理的管辖权:

1. 在人民检察院抗诉的情形下，唯有抗诉的事实和理由属于《民事诉讼法》第211条第1～5项时，即原审裁判系因为证据问题而导致事实认定出现不当或错误的，上级人民法院方可转移再审审理管辖权，将案件指令给原审人民法院，或指定给与原审人民法院同级的其他下级人民法院进行再审审理。

2. 在当事人或案外人申请再审的情形下，只有最高人民法院和高级人民法院在下列情形下，可以转移再审审理管辖权，将案件指令再审或指定再审：(1)依据《民事诉讼法》第207条第4、5、9项裁定再审的；(2)发生法律效力的判决、裁定、调解书是由第一审法院作出的；(3)当事人一方人数众多或者当事人双方为公民的；(4)经审判委员会讨论决定的其他情形。中级人民法院无权将案件指定或指令给基层人民法院再审。

3. 在下列情形下，即便符合上述转移管辖权的条件，上级法院也应当自行提审：(1)原判决、裁定系经原审人民法院再审审理后作出的；(2)原判决、裁定系经原审人民法院审判委员会讨论作出的；(3)原审审判人员在审理该案件时有贪污受贿，徇私舞弊，枉法裁判行为的；(4)原审人民法院对该案无再审管辖权的；(5)需要统一法律适用或裁量权行使标准的；(6)其他不宜指令原审人民法院再审的情形。

二、再审审理的审判程序★

1. 如果再审审理法院是原审法院或与原审法院同级的人民法院，案件原本是第一审法院审结的，再审时仍按第一审程序进行审理，审理后作出的裁判属于未确定的裁判，当事人不服的，可以提起上诉。案件原来是第二审法院审结的，再审时仍按第二审程序进行审理，审理后作出的裁判为终审裁判，当事人不得再提起上诉。

2. 如果再审审理法院是上级人民法院或最高人民法院，则一律适用二审程序进行审理。

三、再审审理的特殊性

1. 裁定中止原法律文书的执行。但是，对于追索赡养费、扶养费、抚养费、抚恤金、医疗费用、劳动报酬等案件，可以不中止执行。

2. 另行组成合议庭。

3. 再审审理范围。人民法院应当在具体的再审请求范围内审理再审案件。

(1)当事人超出原审范围增加、变更诉讼请求的，不属于再审审理范围。但涉及国家利益、社会公共利益，或者当事人在原审诉讼中已经依法要求增加、变更诉讼请求，原审未予审理且客观上不能形成其他诉讼的除外。

(2)当事人变更其在原审中的诉讼主张、质证及辩论意见的，应说明理由并提交相应的证据，理由不成立或证据不充分的，人民法院不予支持。也只有在下列情形时，才能申请变更、增加诉讼请求和提出反诉：①原审未合法传唤缺席判决，影响当事人行使诉讼权利的；②追加新的诉讼当事人的；③诉讼标的物灭失或者发生变化致使原诉讼请求无法实现的；④当事人申请变更、增加的诉讼请求或者提出的反诉，无法通过另诉解决的。

4. 再审审理时当事人的确定。

(1)原审案件当事人死亡或者终止的，其权利义务承受人可以申请再审并参加再审诉讼。

(2)如果审理过程中人民法院发现原审判决遗漏了应当参加的当事人的，如果适用一审普通程序再审，可以追加当事人，作出新判决；如果适用二审程序再审，可以根据当事人自愿的原则予以调解，调解不成的，裁定撤销一审、二审判决，发回原审人民法院重审。

(3)因案外人申请人民法院裁定再审的，需要根据再审的审理程序分别确定：①在按第一审程序再审时，应追加其为当事人，作出新的判决；②在按第二审程序再审时，经调解不能达成协议的，应撤销原判，发回重审，重审时应追加案外人为当事人。

5. 再审审理的方式。

再审审理一般应当采取开庭审理方式，但按照第二审程序审理的，双方当事人已经其他方式充分表达意见，且书面同意不开庭审理的除外。在开庭过程中，当事人应当明确其再审请求。

6. 撤回抗诉。

(1)人民检察院撤回抗诉的，人民法院应当准予。

(2)在再审过程中，申请抗诉的当事人经传票传唤，无正当理由拒不到庭的，或者未经法庭许可中途退庭的，在不损害国家利益、社会公共利益或第三人利益的条件下，人民法院应当裁定终结再审程序。

7. 撤回再审申请。

(1)申请再审人在再审期间撤回再审申请的，是否准许由人民法院裁定。裁定准许的，应终结再审程序。

(2)申请再审人经传票传唤，无正当理由拒不到庭的，或者未经法庭许可中途退庭的，可以裁定按自动撤回再审申请处理。再审申请撤回后，再审程序终结，并恢复原裁判文书的执行。

8. 撤回起诉。

这是指按照第一审程序审理再审案件时，一审原告申请撤回起诉的，是否准许由人民法院裁定。裁定准许的，应当同时裁定撤销原判决、裁定、调解书。一审原告在再审审理程序中撤回起诉后重复起诉的，人民法院不予受理。

9. 再审审理的裁判方式。

(1)对民事裁判文书的再审。可以依法作出裁判文书。如果双方当事人在再审中达成调解协议，人民法院在确认其不违背自愿和合法原则后，应当制作调解书。

(2)对民事调解书的再审。经过再审审理后，如果人民法院认为原调解协议违背自愿合法原则，可以作出新的裁判，消除纠纷；也可以再次调解，重新达成合法有效的调解协议，并据此作出调解书。

10. 裁定终结再审。

在再审中发生如下事项后，法院可以裁定终结再审：(1)再审申请人在再审期间撤回再审请求，人民法院准许的；(2)再审申请人经传票传唤，无正当理由拒不到庭的，或者未经法庭许可中途退庭，按撤回再审请求处理的；(3)人民检察院撤回抗诉的；(4)有《民诉解释》第400条第1~4项规定情形的。对于人民检察院提出抗诉裁定再审的案件，申请抗诉的当事人有前述情形，且不损害国家利益、社会公共利益或者他人合法权益，人民法院应当裁定终结再审程序。再审程序终结后，人民法院裁定中止执行的原生效判决自动恢复执行。

命题点拨 本章的重点是审判监督程序的启动和具体的审判程序。应注意审判监督程序的设置目的是纠正已经生效裁判的错误，因而在完整的审判监督程序中需要解决两个问题：第一，原审裁判是否确有错误，此即再审的启动阶段；第二，原审裁判应当如何纠正，此即再审的审理阶段。

1. 比较启动再审三种方式的关系，如当事人申诉、申请抗诉和申请再审三者之间不同的制度内涵和联系；

2. 比较再审审理程序与第一审、第二审程序的异同，再审审理程序本身需要借用第一审、第二审程序，但在审理范围、审理方式等方面又与之存在明显差异；

3. 比较案外人申请再审与执行程序中案外人执行标的异议制度、第三人撤销之诉等相关制度之间的关系。

第十五章　公益诉讼与第三人撤销之诉

第一节　公益诉讼

一、普通民事公益诉讼的程序设置★

普通民事公益诉讼，是指根据《民事诉讼法》第58条第1款的规定，由法律规定的机关和有关组织针对损害社会公共利益的行为提起的公益诉讼。其适用的法律依据还包括最高人民法院出台的相关司法解释。

1. 普通民事公益诉讼的适用范围和起诉主体。

根据《民事诉讼法》第58条第1款的规定，环境保护法、消费者权益保护法等法律规定的机关和有关组织对污染环境、侵害众多消费者合法权益等损害社会公共利益的行为，可以提起公益诉讼。由于存在法律的明确规定，目前我国普通民事公益诉讼的案件主要是环境民事公益诉讼和消费民事公益诉讼两种类型。相关的起诉主体主要是《环境保护法》第58条第1款规定的依法在设区的市级以上人民政府民政部门登记的专门从事环境保护公益活动连续五年以上且无违法记录的社会组织和《消费者权益保护法》第47条规定的中国消费者协会以及在省、自治区、直辖市设立的消费者协会。

2. 起诉受理条件。

根据司法解释，相关机构提起公益诉讼，应当满足下列条件，才能得到受理：(1)有明确的被告；(2)有具体的诉讼请求；(3)有社会公共利益受到损害的初步证据；(4)属于人民法院受理民事诉讼的范围和受诉人民法院管辖。

3. 审理程序。

(1)告知程序。《民诉解释》第284条人民法院受理公益诉讼案件后，应当在10日内书面告知相关行政主管部门。

(2)当事人的追加。《民诉解释》第285条规定，人民法院受理公益诉讼案件后，依法可以提起诉讼的其他机关和有关组织，可以在开庭前向人民法院申请参加诉讼。人民法院准许参加诉讼的，列为共同原告。

(3)和解、调解与撤诉。由于公益诉讼案件中当事人处理的是公共利益，因此其虽然可以和解、调解与撤诉，但处分权受到一定限制，要接受法院的广泛监督。《民诉解释》第287条第2、3款规定，当事人达成和解或者调解协议后，人民法院应当将和解或者调解协议进行公告。公告期间不得少于30日。

公告期满后，人民法院经审查，和解或者调解协议不违反社会公共利益的，应当出具调解书；和解或调解协议违反社会公共利益的，不予出具调解书，继续对案件进行审理并依法作出裁判。关于公益诉讼的撤诉，《民诉解释》第288条规定，公益诉讼案件的原告在法庭辩论终结后申请撤诉的，人民法院不予准许。

(4)反诉。公益诉讼案件审理过程中，被告以反诉方式提出诉讼请求的，人民法院不予受理。

4. 公益诉讼裁判效力。

(1)其他有权提起公益诉讼的主体，如果没有在诉讼中申请作为共同原告参加诉讼，而是在裁判生效后另行提起公益诉讼，法院不予准许。(2)侵权行为的受害人如果在公益诉讼提起或判决后，又以自己的名义提起私益诉讼，人民法院应当受理。

二、民事检察公益诉讼的程序设置

1. 案件范围。民事检察公益诉讼主要针对破坏生态环境和资源保护、食品药品安全领域侵害众多消费者合法权益等损害社会公共利益的行为。

2. 诉前公告。检察机关提起公益诉讼之前，应当依法公告，公告期间为30日。

3. 当事人地位。由于检察机关是法律监督机关，因此其在公益诉讼中一审的地位是公益诉讼起诉人，而并非原告，但在具体诉讼权利上，参照原告适用。

4. 刑事附带民事公益诉讼。人民检察院可以在对损害社会公共利益的犯罪行为提起刑事公诉时，向人民法院提起刑事附带民事公益诉讼，并应履行诉前公告程序。

第二节 第三人撤销之诉

第三人撤销之诉的程序设置★

1. 诉讼主体。有权提起第三人撤销之诉的必须是当事人以外的第三人，但并非一切案外人均有权启动该程序，其须对原案的诉讼标的享有独立的请求权或者与原案的裁判结果有法律上的利害关系。此外，启动主体还需满足程序性要求，即其未能参加原案的诉讼程序是因不能归责于己的事由。因不能归责于本人的事由未参加诉讼，是指没有被列为生效判决、裁定、调解书当事人，且无过错或者无明显过错的情形。包括：(1)不知道诉讼而未参加的；(2)申请参加未获准许的；(3)知道诉讼，但因客观原因无法参加的；(4)因其他不能归责于本人的事由未参加诉讼的。

2. 诉讼客体。依据我国现行法律的规定，第三人撤销之诉的客体为损害了第三人民事权益的发生法律效力的判决、裁定、调解书。

3. 提起诉讼的期限、条件与受理法院。第三人可以自知道或应当知道其民事权益受到损害之日起6个月内，向作出该判决、裁定、调解书的人民法院提起诉讼。

4. 审理方式与相关制度。人民法院对第三人撤销之诉案件，应当组成合议庭开庭审理。

命题点拨 本章的重点是公益诉讼和第三人撤销之诉的起诉受理条件、审理程序、裁判效力等与通常的民事诉讼程序不同之处。本章的难点在于，通过将特殊诉讼程序与其他类型的程序予以比较对照，厘清相关诉讼制度之间的区别和联系。

第十六章 民事裁判

第一节 民事裁判的概念

法院在审理民事案件的过程中，根据案件的事实和国家的法律，针对审理案件过程中发生的各种问题按法定程序所做的结果性的处理，通常称为民事裁判。

第二节 判 决

一、民事判决的种类

1. 民事判决就其所解决的诉的性质不同，可以分为给付判决、确认判决和形成判决。

2. 民事判决根据双方当事人是否出庭，分为对席判决和缺席判决。

3. 民事判决根据其案件的审理程序，可分为一审判决、二审判决和再审判决。

二、民事判决的内容

1. 案由、诉讼请求、争议的事实和理由。

2. 判决认定的事实、理由和适用的法律依据。

3. 判决结果和诉讼费用的负担。

4. 上诉期限和上诉法院。

三、民事判决的法律效力

(一)既判力

既判力，是指判决生效后所具有的确定效力，具体来说分为形式上的确定力和实质上的确定力。(1)形式上的确定力，是指判决一经生效，当事人就不得以此法律上的事实提起诉讼或者提起上诉。(2)实质上的确定力，是指生效判决确定的实体权利义务不得争执,不容改变。

(二)执行力

民事判决的执行力,是指原告胜诉的给付之诉的民事判决具有作为执行根据,从而进行强制执行的效力。执行力只是对于给付判决而言,没有给付内容的判决,不具有执行力。确认判决和形成判决不必执行,也不可能执行。

(三)形成力

民事判决的形成力,是指形成之诉的胜诉判决具有的直接变更、消灭涉案法律关系的效力。

第三节　裁　　定★★

一、民事裁定的概念

根据《民事诉讼法》第157条第1款的规定,裁定适用于下列范围:不予受理;对管辖权有异议的;驳回起诉;保全和先予执行;准许或者不准许撤诉;中止或者终结诉讼;补正判决书中的笔误;中止或者终结执行;撤销或者不予执行仲裁裁决;不予执行公证机关赋予强制执行效力的债权文书;其他需要裁定解决的事项。

裁定与判决有明显的区别,主要有:

1. 适用的事项不同。裁定解决的是程序性问题,判决解决的是当实体法律关系问题。

2. 作出的依据不同。裁定依据的是民事程序法,判决依据的是民事实体法。

3. 形式、上诉范围、上诉期限和法律效力不同。裁定可以采取口头形式或者书面形式,而判决必须采取书面形式。只有不予受理的、对管辖权有异议的和驳回起诉的裁定,根据民事诉讼法的规定,准许当事人在裁定后10日内上诉,其他裁定一经作出,立即生效;而判决允许上诉的范围比较广泛,地方各级法院作出的第一审判决,在判决作出后15日内准许上诉。裁定的效力及于程序,随程序性事实的改变,裁定可以相应改变,如对中止诉讼的裁定,在中止诉讼的原因消除后,应作出恢复诉讼程序的新裁定;而判决的效力及于实体,非经法定程序不得改变。

二、民事裁定的效力

1. 不予受理、对管辖权有异议和驳回起诉的一审裁定,当事人不服可以上诉,其他裁定一经法院作出即发生法律效力。

2. 民事裁定具有法律上的拘束力,当事人、诉讼参与人、审判人员应按裁定的规定为一定行为或不为一定行为。

3. 个别裁定还具有执行力,法院有权依权利人的申请或依职权强制执行。如诉讼保全和先行给付的裁定等。

4. 个别裁定还会因案件情况的变化而失去效力。如中止诉讼的裁定。

第四节　决　　定

一、民事决定的适用及特点

民事决定适用于两个方面:

1. 用于处理有关回避和对妨害民事诉讼的强制措施方面的问题,对这种决定准许与决定有直接利害关系的人申请复议一次。

2. 用于处理人民法院内部工作关系方面的问题,如有关审判组织事项的决定等,这类决定不涉及诉讼参与人的诉讼权利和民事权利,当事人不得申请复议。

民事决定适用的事项具有两个特点:

1. 被判定的事项具有亟须解决的紧急性,如不及时解决,民事诉讼就难以进行。

2. 被判定的事项,一般不属于诉讼程序本身的问题,但与诉讼程序有联系。

二、民事决定的效力

民事决定是对特定事项作出的职务判定,一经作出,立即发生法律效力。

根据民事诉讼法的规定,有些决定可以申请复议一次,但复议期间不停止案件的审理,不停止决定的执行。

命题点拨　本章的重点是民事判决、裁定、决定的不同功能。判决、裁定和决定分别是法院在诉讼中解决和处理不同问题所作出的意思表示,它们的区别不仅体现在解决问题的不同、表现形式的不同,而且在救济方式上也有很大的区别:决定都不许上诉,允许上诉的裁定包括不予受理、驳回起诉、管辖异议等情况,而诉讼案件的一审判决原则上都允许上诉。对裁定或决定进行复议的多数是作出裁定或决定的法院,少数是上级法院。

第十七章　涉外民事诉讼程序

第一节　涉外民事诉讼程序概述

一、涉外民事诉讼程序

涉外民事诉讼程序,是指人民法院审理具有涉外因素的民事案件所适用的程序。

所谓涉外因素,是指诉讼一方或双方当事人是外国人、无国籍人、外国企业或者组织,或经常居住地在我国领域以外的人,或者当事人之间民事法律关系发生、变更、消灭的事实发生在国外,或者当事人之间争议的标的物在国外。

二、涉外民事诉讼程序的一般原则

1. 适用我国民事诉讼法的原则。

2. 遵守我国缔结或参加的国际条约的原则。

3. 司法豁免原则。民事司法豁免是一种有限的豁免,即享有司法豁免权的人其所属国主管机关宣布放弃司法豁免的,或享有司法豁免权的人因私人事务涉及诉讼的,或享有司法豁免权的人向驻在国起诉引起反诉的,均不享有司法豁免权。

4. 委托中国律师代理诉讼的原则。

5. 使用我国通用的语言、文字的原则。

第二节　涉外民事诉讼管辖★

一、牵连管辖

因涉外民事纠纷,对在中华人民共和国领域内没有住所的被告提起除身份关系以外的诉讼,如果合同签订地、合同履行地、诉讼标的物所在地、可供扣押财产所在地、侵权行为地、代表机构住所地位于中华人民共和国领域内的,可以由合同签订地、合同履行地、诉讼标的物所在地、可供扣押财产所在地、侵权行为地、代表机构住所地人民法院管辖。除上述规定外,涉外民事纠纷与中华人民共和国存在其他适当联系的,可以由人民法院管辖。

二、协议管辖

涉外民事纠纷的当事人书面协议选择人民法院管辖的,可以由人民法院管辖。

三、应诉管辖

当事人未提出管辖异议,并应诉答辩或者提出反诉的,视为人民法院有管辖权。

四、专属管辖

下列民事案件,由人民法院专属管辖:(1)因在中华人民共和国领域内设立的法人或者其他组织的设立、解散、清算,以及该法人或者其他组织作出的决议的效力等纠纷提起的诉讼;(2)因与在中华人民共和国领域内审查授予的知识产权的有效性有关的纠纷提起的诉讼;(3)因在中华人民共和国领域内履行中外合资经营企业合同、中外合作经营企业合同、中外合作勘探开发自然资源合同发生纠纷提起的诉讼。

五、特殊情形

当事人之间的同一纠纷,一方当事人向外国法院起诉,另一方当事人向人民法院起诉,或者一方当事人既向外国法院起诉,又向人民法院起诉,人民法院依照本法有管辖权的,可以受理。当事人订立排他性管辖协议选择外国法院管辖且不违反本法对专属管辖的规定,不涉及中华人民共和国主权、安全或者社会公共利益的,人民法院可以裁定不予受理;已经受理的,裁定驳回起诉。

人民法院依据上述规定受理案件后,当事人以外国法院已经先于人民法院受理为由,书面申请人民法院中止诉讼的,人民法院可以裁定中止诉讼,但是存在下列情形之一的除外:(1)当事人协议选择人民法院管辖,或者纠纷属于人民法院专属管辖;(2)由人民法院审理明显更为方便。外国法院未采取必要措施审理案件,或者未在合理期限内审结的,依当事人的书面申请,人民法院应当恢复诉讼。外国法院作出的发生法律效力的判决、裁定,已经被人民法院全部或者部分承认,当事人对已经获得承认的部分又向人民法院起诉的,裁定不予受理;已经受理的,裁定驳回起诉。

六、驳回起诉

(一)适用情形

人民法院受理的涉外民事案件,被告提出管辖异议,且同时有下列情形的,可以裁定驳回起诉,告知原告向更为方便的外国法院提起诉讼:(1)案件争议的基本事实不是发生在中华人民共和国领域内,人民法院审理案件和当事人参加诉讼均明显不方便;(2)当事人之间不存在选择人民法院管辖的协议;(3)案件不属于人民法院专属管辖;(4)案件不涉及中华人民共和国主权、安全或者社会公共利益;(5)外国法院审理案件更为方便。

(二)适用后果

裁定驳回起诉后,外国法院对纠纷拒绝行使管辖权,或者未采取必要措施审理案件,或者未在合理期限内审结,当事人又向人民法院起诉的,人民法院应当受理。

第三节　涉外民事诉讼中的期间调查取证与送达★

一、涉外民事诉讼中的期间

1. 被告在我国领域内没有住所的,人民法院应当将起诉状副本送达被告,并通知被告在收到起诉状副本后30日内提出答辩状。

2. 在我国领域内没有住所的当事人,不服第一审人民法院判决、裁定的,有权在判决、裁定书送达之日起30日内提起上诉。

3. 人民法院审理涉外民事案件期间，不受民事诉讼法第一审普通程序审理期限、第二审程序审理期限和再审申请审查期限的限制。

二、涉外民事诉讼中的调查取证

证据在中国领域外，人民法院可以依照缔结或者共同参加的国际条约中规定的方式，或者通过外交途径调查收集。在所在国法律不禁止的情况下，人民法院可以采用下列方式调查收集：(1)对具有中国国籍的当事人、证人，可以委托中国驻当事人、证人所在国的使领馆代为取证；(2)经双方当事人同意，通过即时通讯工具取证；(3)以双方当事人同意的其他方式取证。

三、涉外民事诉讼中的送达

1. 依条约规定的方式送达。

2. 通过外交途径送达。

3. 由我国驻外国使领馆代为送达。

4. 向受送达人委托的人送达。

5. 向受送达人设在我国的代表机构等送达。

6. 向在中国领域内设立的相关法人或者其他组织送达；

7. 向在中国领域内的相关法定代表人或者主要负责人送达；

8. 邮寄送达。

9. 电子送达。

10. 其他方式送达。

11. 公告送达。公告送达的期间为60日。

第四节　司法协助

一、司法协助的概念

司法协助，是指不同国家的法院之间，根据本国缔结或者参加的国际条约，或者按照互惠的原则，在司法事务上相互协助，代为一定的诉讼行为。

二、一般司法协助

我国法院与外国法院之间的司法协助有两种途径：一是依照我国缔结或者参加的国际条约所规定的途径进行；二是没有条约关系的，通过外交途径进行。

此外，外国驻中国使领馆可以向该国公民送达文书和调查取证，但不得违反中国的法律，并不得采取强制措施。外国法院委托我国法院协助的事项不得有损于我国的主权、安全或社会公共利益。

外国法院请求我国法院提供司法协助的，应当提交请求书以及所附文件，并附有中文译本或者国际条约规定的其他文字文本。

三、对外国法院裁判的承认与执行

外国法院的裁判，需要在中国承认与执行的，可以通过两种渠道提出：一是直接由当事人向我国有管辖权的中级人民法院提出申请；二是由外国法院按照我国与外国间的条约关系或互惠关系向我国法院提出申请。

请求承认与执行的外国法院的裁判必须是发生法律效力的确定裁判，并且该裁判确实需要在中国领域内执行。

四、对外国仲裁裁决的承认与执行

外国仲裁裁决需要我国法院承认与执行的，由当事人直接向被执行人住所地或财产所在地的中级人民法院提出申请，人民法院依照我国缔结或参加的国际条约，或者按互惠原则办理。

五、我国法院裁判和仲裁裁决在国外的承认和执行

目前我国法院裁判和仲裁裁决在外国的承认和执行只能按照双边条约或互惠原则进行。

命题点拨　本章的重点是涉外民事诉讼程序中的重要制度。

1. 涉外民事诉讼程序与国内民事诉讼程序的区别：注意比较涉外民事诉讼程序在一般原则、管辖、期间、送达等诉讼制度上与国内民事诉讼程序的区别，尤其要注意某些名称相同的诉讼制度在涉外民事诉讼程序中有完全不同的含义，如专属管辖。

2. 涉外民事诉讼程序中特有的司法协助：应当结合国际私法的知识，注意把握特殊司法协助中的程序，比较仲裁裁决与司法判决在承认和执行上的差异。

第四编　非讼程序与执行程序

第十八章　特别程序

第一节　特别程序的概念、特点和适用范围

一、特别程序的概念和特点

1. 特别程序审理案件的目的特殊。适用特别程序审理的案件，其目的不是解决双方当事人之间的民事权益冲突，而是确认某种法律事实是否存在，权利状态的有无或公民是否享有某种资格，能否行使某种权利。

2. 特别程序通常没有对立当事人结构。除选民资格案件外，特别程序不存在对立当事人结构，即只有申请人一方当事人，没有对应的另一方当事人。

3. 启动特别程序的当事人比较特殊。特别程序的启动，有的是基于起诉人的起诉，有的是基于申请人的申请，但起诉人或者申请人不一定与本案有直接利害关系。

4. 审判组织特殊。适用特别程序审理案件，以独任制审判为原则，以合议制审判为补充，而且特别程序中的合议庭只能由审判员组成，人民陪审员不能参加。

5. 实行一审终审制度。判决书、裁定书一经送达，即发生法律效力，不得提起上诉。

6. 审理期限较短。除选民资格案件必须在选举日前审结之外，其他案件应当在立案之日起 30 日内或公告期满后 30 日内审结，有特殊情况需要延长的，由本院院长批准。

7. 不适用审判监督程序。适用特别程序审理的案件，在判决发生法律效力以后，如果出现了新情况，可以经本人或者利害关系人的申请，由原审法院依照特别程序查证属实后，撤销原判决，作出新判决。

8. 免交案件受理费。只需交纳诸如公告费、鉴定费等实际支出的费用。

二、特别程序的适用范围

1. 适用特别程序的法院：基层人民法院。

2. 适用特别程序的案件范围：(1) 选民资格案件；(2) 非讼案件，包括宣告失踪、宣告死亡案件，指定遗产管理人案件、认定公民无民事行为能力、限制民事行为能力案件，认定财产无主案件；(3) 确认调解协议案件；(4) 实现担保物权案件。

第二节　选民资格案件的审理

一、选民资格案件的起诉与管辖法院

1. 起诉。选民资格案件的起诉应当具备以下条件：(1) 申诉程序前置。公民对于公布的选民名单有不同意见的，可以在选民名单公布之日起 5 日内向选举委员会提出申诉。选举委员会对申诉意见，应在 3 日内作出处理决定。申诉人如果对处理决定不服，可向人民法院起诉。(2) 起诉人限定。起诉人既可以是与案件有利害关系的选民本人，也可以是其他公民，但不能是法人或者其他组织。(3) 在法定期间起诉。为了及时确认公民是否具有选举权利，便于公民行使选举权，起诉人应在选举日的 5 日以前向人民法院起诉。

2. 管辖法院：由选区所在地的基层人民法院管辖。

二、选民资格案件的审理与判决

人民法院审理选民资格案件应当组成合议庭审理，且只能由审判员组成合议庭。

人民法院经过审理，认为选民名单没有错误，应当判决维持选举委员会的处理决定，驳回起诉人的诉讼请求；人民法院认为选民名单和选举委员会的处理决定确有错误的，应当直接以判决的方式纠正错误，以保证选举按时和顺利进行。

第三节　宣告公民失踪案件的审理

一、申请宣告公民失踪的条件及管辖法院

申请宣告公民失踪应当符合下列条件：

1. 必须由利害关系人向人民法院申请。利害关系人，是指与被申请宣告失踪的公民之间存在身份关系或者民事权利义务关系的人，主要包括被申请宣告失踪公民的配偶、父母、子女、兄弟姐妹、祖父母、外祖父母、孙子女、外孙子女以及被申请宣告失踪公民的债权人、合伙人等。

2. 被申请宣告失踪的公民下落不明已满 2 年。下落不明，是指公民离开最后住所地后，去向不明，杳无音信，无法寻找。下落不明满 2 年，是指公民离开最后住所地并失去音讯之日起，连续计算已满 2 年。战争期间下落不明的，下落不明的时间自战争结束之日或者有关机关确定的下落不明之日起计算。

3. 申请人必须以书面形式向人民法院提出申请。申请书应当写明该公民失踪的事实、时间和请求，并附有公安机关或者其他机关关于该公民下落不明的书面证明。

申请宣告公民失踪案件，由下落不明人住所地基层人民法院管辖。

二、审理与判决

人民法院受理宣告公民失踪案件后，应当发出寻找下落不明人的公告，公告期间为 3 个月，从公告之日起计算，公告是人民法院审理宣告公民失踪案件的必经程序。

宣告公民失踪的判决生效后，人民法院应当同时为失踪人指定财产代管人。

三、宣告失踪判决的撤销

被宣告失踪的公民重新出现时，经该公民本人或者利害关系人的申请，人民法院在查证属实后，应当撤销原判决。原判决撤销后，财产代管关系中止，该公民有权要求财产代管人及时移交有关财产并报告财产代管情况，同时应当支付代管人因代管财产

而必需的费用。

第四节　宣告公民死亡案件的审理

一、申请宣告公民死亡的条件及管辖法院

1. 申请宣告公民死亡，应当符合以下条件：

(1)必须由利害关系人向人民法院提出申请。利害关系人是指被申请宣告死亡公民的近亲属如配偶、父母、子女等，以及其他有民事权利义务关系的人如债权人等。对同一自然人，有的利害关系人申请宣告死亡，有的利害关系人申请宣告失踪，符合法定的宣告死亡条件的，人民法院应当宣告死亡。

(2)公民失踪后，其生死不明的状态须达到法定期限。公民失踪的原因不同，要求达到的法定期限也不同。在正常情况下，公民下落不明须达到4年；因意外事件下落不明的须达到2年；因意外事件下落不明，经有关机关证明该公民不可能生存的，没有具体的时间限制。

(3)申请人必须向人民法院提交申请书。申请书应当写明该公民下落不明的事实、时间和请求，并附有公安机关或者其他机关关于该公民下落不明的书面证明。

2. 管辖法院：向下落不明人住所地的基层人民法院。

二、审理与判决

人民法院受理宣告公民死亡案件后，必须发布公告寻找下落不明人。公告期限为1年；因意外事故下落不明并经有关机关证明被申请人不可能生存的，公告期为3个月。

三、宣告公民死亡的法律后果

原有的婚姻关系随之消灭，继承因宣告死亡而开始。

四、宣告死亡判决的撤销

1. 宣告死亡的判决生效后，如果被宣告的公民出现，经本人或者利害关系人的申请，人民法院在对有关事实查证属实的前提下，应当撤销原判决，作出新判决，恢复被宣告死亡人的权利。

2. 法院撤销宣告死亡的判决后，该公民因死亡宣告而消灭的人身关系，有条件恢复的，可以恢复。原配偶在公民被宣告死亡期间尚未再婚的，夫妻关系从撤销宣告死亡判决之日起自行恢复，但以下情况除外：(1)配偶再婚且再婚关系依然存在的；(2)配偶再婚后又离婚的；(3)配偶再婚后其再婚配偶死亡的；(4)配偶向婚姻登记机关书面声明不愿恢复婚姻关系的。被宣告死亡人在被宣告死亡期间，其子女如被他人依法收养，宣告死亡判决撤销后，不得以未经本人同意为由主张收养关系无效。

3. 被撤销死亡宣告的人有权请求依照本法第六编取得财产的民事主体返还财产；无法返还的，应当给予适当的补偿。利害关系人隐瞒真实情况，使他人被宣告死亡而取得财产的，该利害关系人除返还财产外，还应当对由此造成的损失承担赔偿责任。

第五节　指定遗产管理人案件的审理★★★

1. 对遗产管理人的确定有争议，利害关系人申请指定遗产管理人的，向被继承人死亡时住所地或者主要遗产所在地基层人民法院提出。申请书应当写明被继承人死亡的时间、申请事由和具体请求，并附有被继承人死亡的相关证据。

2. 人民法院受理申请后，应当审查核实，并按照有利于遗产管理的原则，判决指定遗产管理人。被指定的遗产管理人死亡、终止、丧失民事行为能力或者存在其他无法继续履行遗产管理职责情形的，人民法院可以根据利害关系人或者本人的申请另行指定遗产管理人。

3. 遗产管理人违反遗产管理职责，严重侵害继承人、受遗赠人或者债权人合法权益的，人民法院可以根据利害关系人的申请，撤销其遗产管理人资格，并依法指定新的遗产管理人。

第六节　认定公民无民事行为能力、限制民事行为能力案件的审理

一、申请认定公民无民事行为能力、限制民事行为能力的条件及管辖法院

1. 必须由利害关系人或有关组织向人民法院申请。利害关系人，是指被申请人的近亲属和其他与被申请认定公民存在权利义务关系的人。

2. 申请的事由只能是被申请人由于病理上的原因导致其无民事行为能力、限制民事行为能力。

3. 申请人必须向人民法院提交申请书。

二、审理与判决

人民法院受理申请后，应当对被申请认定无民事行为能力或者限制民事行为能力的公民进行鉴定。

人民法院审理认定公民无民事行为能力或者限制民事行为能力案件，应当为该公民设定代理人，代理人由该公民的近亲属担任。

三、判决的撤销

人民法院根据被认定无民事行为能力人、限制民事行为能力人本人、利害关系人或者有关组织的申请,证实该公民无民事行为能力或者限制民事行为能力的原因已经消除的,应当作出新判决,撤销原判决。

第七节 认定财产无主案件的审理

一、申请认定财产无主的条件及管辖法院

1. 申请认定财产无主应具备以下条件:

(1)被认定的无主财产以有形财产为限,无形财产或精神财富不属于认定无主财产的范围。

(2)申请的理由是被认定财产的权利主体不明,主要包括财产所有权人不明确、所有权人不明的埋藏物、遗失物等。

(3)财产的所有权人不明的状态持续一定期间。不满法定期间的,即使所有权人不明的,也不能申请认定为无主财产。

(4)须由申请人提出书面申请。

2. 管辖法院:财产所在地的基层人民法院。

二、审理与判决

1. 人民法院受理认定财产无主案件以后,应当发出财产认领公告,公告期限为1年。

2. 在公告期间内,有人对该项财产主张权利并形成权利归属争议的,人民法院应当裁定终结特别程序,告知申请人另行起诉,适用普通程序进行审理。公告期间届满,无人认领财产的,人民法院应当判决认定该财产无主,并将该财产收归国家或者集体所有。

三、对原财产所有权人的救济

1. 判决认定财产无主后,原财产所有人或者其继承人出现,在《民法典》规定的诉讼时效期间可以对财产提出请求,人民法院审查属实后,应当作出新判决,撤销原判决。

2. 超过诉讼时效期间,原财产所有人或者继承人请求返还财产的,不予保护。

3. 原判决撤销后,财产由其原所有人或合法继承人认领,占有财产的单位应当返还原物,原物不存在的,应当作价赔偿。

第八节 确认调解协议案件的审理★★

1. 申请确认调解协议的条件:(1)双方当事人共同提出申请。(2)在法定期间提出申请。应当自调解协议生效之日起30日内提出申请。(3)以书面形式或者口头形式提出申请。

2. 确认调解协议案件的管辖法院

(1)人民法院邀请调解组织开展先行调解的,由作出邀请的人民法院管辖。

(2)调解组织自行开展调解的,由当事人住所地、标的物所在地、调解组织所在地的基层人民法院管辖;有两个以上调解组织参与的,各调解组织所在地人民法院均有管辖权。

(3)调解协议所涉纠纷应当由中级人民法院管辖的,向相应的中级人民法院提出。

3. 对确认调解协议申请的受理。人民法院在收到当事人确认调解协议申请书后,应当在3日内决定是否受理。

4. 当事人申请司法确认调解协议,有下列情形之一的,人民法院不予受理:(1)不属于人民法院受理民事案件的范围;(2)不属于收到申请的人民法院管辖的;(3)申请确认婚姻关系、亲子关系、收养关系等身份关系无效、有效或者解除的;(4)涉及适用其他特别程序、公示催告程序、破产程序审理的;(5)调解协议内容涉及物权、知识产权确权的。

5. 对确认调解协议案件的审理与裁定。

(1)人民法院审理确认调解协议案件,由一名审判员独任审理。

(2)经人民法院审查,当事人双方达成的调解协议符合法律规定的,裁定调解协议有效。人民法院经过审查后,认为当事人达成的调解协议不符合法律规定的,裁定驳回申请。

6. 具有下列情形之一的,人民法院不予确认调解协议的效力,裁定驳回申请:(1)违反法律强制性规定的;(2)损害国家利益、社会公共利益、他人合法权益的;(3)违背社会公序良俗的;(4)违反自愿原则的;(5)内容不明确的;(6)其他不能进行司法确认的情形。

第九节 实现担保物权案件的审理

1. 申请条件:(1)申请主体。申请人应当是担保物权人,包括抵押权人、质权人、留置权人以及其他有权请求实现担保物权的人,包括抵押人、出质人、财产被留置的债务人或者所有权人。(2)提出书面申请。(3)还应当向法院提交证明担保物权存在的材料等。

2. 管辖法院:担保财产所在地或者担保物权登

记地的基层人民法院。

3. 对申请实现担保物权案件的审理与裁定。

(1)实现担保物权案件一般由审判员一人独任审查,如果担保财产标的数额超过基层人民法院管辖范围的,应当组成合议庭进行审查。

(2)裁定准许拍卖、变卖担保财产。经审查,当事人实现担保物权的申请符合法律规定的,人民法院作出准许拍卖、变卖担保财产的裁定,当事人可以根据该裁定申请人民法院强制执行。

(3)裁定驳回申请。经审查,当事人实现担保物权的申请不符合法律规定的,或者当事人对实现担保物权有实质性争议的,人民法院应当裁定驳回申请。当事人可以就此案件另行向人民法院提起诉讼。

命题点拨 本章的重点为特别程序适用的范围、适用特别程序的各类案件审理的程序规则。

1. 特别程序适用的范围:适用特别程序审理案件的法院仅限于基层人民法院,适用特别程序审理的案件限于没有权利义务争议的非讼案件。

2. 适用特别程序的各类案件审理的程序规则:选民资格案件,宣告失踪案件,宣告死亡案件,指定遗产管理人案件,确认公民无民事行为能力、限制民事行为能力案件,认定财产无主案件,确认调解协议案件,实现担保物权案件等案件的特殊审理规则。

本章的难点在于准确理解特别程序的性质。特别程序属于非讼程序,其程序启动主要依利害关系人提起申请,特别程序只确认某种事实或者权利状态,并不解决纠纷。在案件审理中,如果发现存在权利义务争议,则要终结特别程序,告知当事人另行提起诉讼。在法院作出判决后,出现了新的事实或者判决所确认的事实与客观事实不符,则当事人、利害关系人可以向法院提出申请予以撤销,法院依特别程序审理查实,应撤销原判决,作出新判决。

第十九章 督促程序

第一节 督促程序概述★

一、督促程序的概念和特点

督促程序,是指人民法院根据债权人的申请,向债务人发出支付令,催促债务人在法定期限内向债权人清偿债务的法律程序。其具有以下特点:

1. 督促程序的适用范围仅限于特定的债权债务关系,即债务人给付标的限于金钱和有价证券。

2. 督促程序不解决当事人之间债权债务纠纷。

3. 督促程序是一种简便、快捷实现债权的程序。

二、督促程序的适用范围

根据我国《民事诉讼法》第225条及《民诉解释》的规定,督促程序仅适用于债权人请求债务人给付金钱、有价证券的案件。有价证券,是指设立并证明持券人有权取得一定财产权利的书面凭证,包括汇票、本票、支票以及股票、债券、国库券、可转让的存款单等。

督促程序仅适用于基层人民法院,中级以上的人民法院不能适用督促程序审理案件。

第二节 支付令的申请、审查和发出★★

一、申请支付令的条件

1. 债权人请求债务人给付的标的必须是金钱和汇票、本票、支票以及股票、债券、国库券、可转让的存款单等有价证券。金钱及有价证券以外的其他财产给付请求,不适用于督促程序。

2. 请求给付的金钱或有价证券已到期且数额确定,并写明了请求所根据的事实和证据。

3. 债权人没有对待给付义务。

4. 支付令必须能够送达债务人。

5. 债权人未向人民法院申请诉前保全。

二、管辖法院

根据《民事诉讼法》第225条第1款的规定,债权人申请支付令,可以向有管辖权的基层人民法院提出。

三、对支付令申请的审查和处理

1. 对申请形式上的审查:(1)申请人是否具备申请资格和申请能力;(2)申请是否符合法定条件和方式;(3)申请手续是否完备;(4)申请是否应由本法院管辖。这些审查都以申请人的请求及附属文件为基础,无须询问债务人。经过审查,如果认为申请符合要求的,应在收到申请后5日内通知债权人予以受理;不符合申请条件的,通知不予受理。

2. 对申请内容上的审查:(1)进一步查实申请人主张的事实和提供的证据;(2)债权债务关系是否明确;(3)债权债务关系是否合法。这种审查只采用书面方式,无须开庭审查。

四、支付令的发出

人民法院经过审查申请人的支付令申请,认为符合法定条件的,应当在受理申请之日起15日内向债务人发出支付令。

支付令送达后将会产生以下法律后果:(1)债务人应当自收到支付令之日起15日内清偿债务,或者向人民法院提出书面异议;(2)债务人在法定期间内既不提出异议又不依支付令履行清偿义务的,债权人可以向人民法院申请强制执行。

在人民法院发出支付令以前,申请人撤回申请的,人民法院应当准予撤回并裁定终结督促程序。

第三节 对支付令的异议★★★★

一、支付令异议的提出

1. 债务人应当自收到支付令之日起15日内向人民法院提出书面异议。债务人口头异议无效。

2. 人民法院只进行形式审查,不进行实体审查。

3. 人民法院对债务人提出的异议进行审查时,遇有下列情况的,按无效处理:(1)债务人对债务本身无异议,只是提出缺乏清偿能力的,不影响支付令效力。(2)债务人异议必须以书面形式,口头异议无效。(3)债务人收到支付令后,不在法定期间内提出书面异议,而向其他人民法院起诉的,也不影响支付令效力。(4)债权人有多项独立的支付请求,债务人仅就其中某一项请求提出异议的,其异议对其他支付请求无效。(5)债务人为多人的,其中一债务人提出异议,如果债务人是必要共同诉讼人,其异议经其他债务人同意承认,对其他债务人发生效力;如果债务人是普通共同诉讼人,债务人一人的异议对其他债务人不发生效力。人民法院认定异议无效,应以适当方式尽快告知债务人。因为异议不成立,支付令仍然有效,及时告知债务人可以督促其自行清偿债务,完成支付令指定的债务清偿义务。

二、异议成立的法律后果

1. 终结督促程序。裁定一经作出,即产生法律效力,债权人不得上诉。

2. 支付令自行失效。

3. 督促程序与诉讼程序的转换。支付令失效后,法院应当将案件转为诉讼程序审理,但申请支付令的一方当事人自收到终结督促程序裁定之日起7日内明确表示不同意提出诉讼的除外。

三、支付令错误的救济

人民法院院长发现本院已经发生法律效力的支付令确有错误,认为需要撤销的,应当提交本院审判委员会讨论决定后,裁定撤销支付令,驳回债权人的申请。

命题点拨 本章的重点为支付令的申请、支付令的发出和对支付令的异议等。

1. 支付令的申请:支付令的申请需要符合法定条件,由债务人住所地法院管辖。

2. 支付令的发出:人民法院对支付令申请仅对债权人提供的材料进行书面审查,支付令应直接送达债务人,债务人拒绝签收时可采取留置送达;支付令送达后将产生相应的法律后果,生效的支付令具有强制执行力。

3. 对支付令的异议:债务人对支付令提出异议需要具备法定条件,有效的支付令异议将导致支付令失效并终结督促程序。

4. 支付令错误的救济:对于发生法律效力但确有错误的支付令,可以通过法定程序予以撤销。

第二十章 公示催告程序

第一节 公示催告程序概述★

一、公示催告程序的概念和特点

公示催告程序,是指在票据持有人之票据被盗、遗失或者灭失的情况下,人民法院根据当事人的申请,以公告的方式催告利害关系人在一定期间内申报权利,如果逾期无人申报,根据申请人的申请,依法作出除权判决所适用的程序。

具有以下特点:

(1)程序开始方式的特殊性。(2)适用范围的特定性。(3)相对人的不确定。(4)审判程序的简略性。(5)程序结构的阶段性。(6)实行一审终审。

二、公示催告程序的适用范围

1. 公示催告程序的适用法院:仅适用于基层人民法院。

2. 适用公示催告程序的案件:(1)按照规定可以背书转让的票据被盗、遗失或灭失的;(2)依照法律规定可以申请公示催告的其他事项。

第二节 公示催告的申请和受理

一、公示催告的申请

当事人申请公示催告,必须符合下列条件:

1. 申请人必须是享有申请权的票据持有人。

2. 具有合法的申请对象。

3. 具有合法的事由。

4. 利害关系人是否存在处于不明确状态。

5. 应当向法院提交书面申请。公示催告案件由票据支付地的基层人民法院管辖。所谓票据支付地，是指票据载明的票据付款人的住所地。

二、公示催告申请的受理

人民法院收到公示催告的申请后，应当进行书面审查并在7日内决定是否受理。

第三节　公示催告案件的审理★★

一、止付与公告

1. 人民法院决定受理申请，应当同时通知支付人停止支付，并在3日内发出公告，催促利害关系人申报权利。

2. 停止支付。人民法院通知支付人停止支付，应当符合有关财产保全的规定。支付人收到停止支付通知后拒不止付的，除可依照民事诉讼法相关规定采取强制措施外，在判决后，支付人仍应承担付款义务。

3. 公告。人民法院受理公示催告申请后，应当在3日内发出公告。公示催告期间最短不得少于60日，且公示催告期间届满日不得早于票据付款日后15日。

二、申报权利

1. 受公示催告的利害关系人在指定期间内，向人民法院主张票据权利的行为。

2. 利害关系人所提出的票据与公示催告的票据一致的，人民法院应当裁定终结公示催告程序，并通知申请人和支付人。支付人收到人民法院公示催告程序终结的通知后，即应恢复支付；权利申报人出示的票据与申请人申请公示催告的票据不一致的，人民法院应当裁定驳回利害关系人的申报。

3. 公示催告程序因利害关系人申报权利而终结后，申请人或申报人可以按普通程序向人民法院起诉。

三、除权判决

1. 除权判决的概念，是指人民法院作出的宣告票据无效的判决。除权判决有两层含义：(1)宣告票据无效进而排除申请人以外的其他人对该票据享有权利，故称为"除权"；(2)根据在指定期间内无人申报权利的事实，推定票据权利归申请人所有。从这层意义上讲，除权判决也具有确权的性质。

2. 除权判决的条件：(1)在申报权利的期间内无人申报，或者申报被驳回；(2)申请人在公示催告期间届满之日起1个月内申请法院作出除权判决。

3. 除权判决的效力

除权判决自公告之日起发生法律效力，除权判决生效后，申请人以外的人对票据丧失权利。

四、公示催告程序的终结

1. 申请人在公示催告前撤回申请的，人民法院应予准许。

2. 利害关系人在公示催告期间或在申报权利期间届满后、除权判决作出之前申报权利的，人民法院应当裁定终结公示催告程序。

3. 在申报权利期间没有人申报权利，或者申报权利被驳回，而申请人在1个月的法定期间内未申请人民法院作出除权判决的，法院应当裁定终结公示催告程序。

五、对利害关系人的救济

利害关系人在除权判决生效后，自知道或者应当知道判决公告之日起1年内，可以向作出判决的法院起诉，人民法院可按票据纠纷适用普通程序审理。

命题点拨　本章重点内容为公示催告程序的适用范围、公示催告的申请、除权判决等。

1. 公示催告程序的适用范围：适用公示催告程序审理的案件为可以背书转让的票据以及法律规定可以适用公示催告的事项；公示催告程序仅适用于基层人民法院。

2. 公示催告的申请：申请公示催告需要具备法定条件，由票据支付地基层人民法院管辖。

3. 除权判决：申请除权判决需要满足法定条件，由法官组成合议庭审理，除权判决将导致被申请公示催告的票据失权并终结公示催告程序的法律后果。

第二十一章　执行程序

第一节　执行程序概述

一、执行和执行程序

执行，又称强制执行，是指人民法院的执行组织依照法定的程序，对发生法律效力的法律文书确定的给付内容，以国家的强制力为后盾，依法采取强制措施，迫使义务人履行义务的行为。

执行程序，是指保证具有执行效力的法律文书得以实施的程序。

二、执行的原则

1. 执行必须以生效的法律文书为根据。

2. 执行标的有限原则。

3. 人民法院执行与有关单位、个人协助执行相结合的原则。

4. 申请执行与移送执行相结合的原则。

5. 强制执行与说服教育相结合的原则。

6. 依法保护权利人的合法权益与适当照顾被执

行人的利益相结合的原则。

三、执行程序中的一般性制度

(一)执行机构

执行机构,根据民事诉讼法的规定,各级人民法院根据需要,都可以设立执行机构——执行庭或执行局。

(二)执行根据★

1. 人民法院制作的具有执行内容的生效法律文书,包括民事判决、裁定、调解书和支付令,刑事和行政裁判中的财产部分。

2. 其他机关制作的由人民法院执行的法律文书,包括公证机关依法赋予强制执行效力的债权文书,仲裁机构制作的依法由人民法院执行的仲裁裁决书和调解书,以及行政机关依法作出的应由人民法院执行的行政处罚决定和行政处理决定。

3. 人民法院制作的承认并执行外国法院判决、裁定或者外国仲裁机构裁决的裁定书。

(三)执行管辖

1. 发生法律效力的民事判决、裁定,以及刑事判决、裁定中的财产部分,由第一审人民法院或者与第一审人民法院同级的被执行的财产所在地人民法院执行。同时,根据司法解释,申请执行人向被执行的财产所在地人民法院申请执行的,应当提供该人民法院辖区有可供执行财产的证明材料。

2. 发生法律效力的调解书,如果需要执行,也应由第一审人民法院或者与第一审人民法院同级的被执行的财产所在地人民法院执行。

3. 发生法律效力的支付令和实现担保物权裁定、确认调解协议裁定,由制作执行根据的人民法院或同级的被执行财产所在地人民法院负责执行。

4. 法律规定的由人民法院执行的其他法律文书,由被执行人住所地或者被执行人的财产所在地人民法院执行。所谓其他法律文书,包括仲裁裁决书、公证债权文书和行政处理决定书、处罚决定书等。

(四)委托执行

被执行人或者被执行的财产在外地的,可以委托当地人民法院代为执行。受委托的人民法院收到委托函后,应当在7日内予以立案,并及时告知委托法院。

(五)执行和解★★

执行和解,是指在执行过程中,申请执行人和被执行人自愿协商,达成协议,并经人民法院审查批准后,结束执行程序的行为。

执行和解协议是双方当事人行使处分权达成的民事协议,并不具备法定的强制执行力,也不能变更原生效法律文书的执行力。因此,如果债务人不履行和解协议的,债权人要么向执行法院申请恢复对原执行根据的执行,要么就履行执行和解协议另行提起诉讼,一旦恢复执行,债权人不得就执行和解协议的履行提起诉讼,但可以就迟延履行和履行瑕疵提起相应的违约损害赔偿诉讼。

申请恢复执行原生效法律文书必须满足一定的条件:首先,当事人须遵守诚实信用原则。如果被执行人正在依照和解协议的约定履行义务或者已经履行完毕和解协议存在的义务,申请执行人不能要求恢复执行。其次,须在一定的期限内进行。一方面,申请恢复执行的期限适用申请执行期限的规定,并可适用中止、中断的情形。申请执行期限因达成执行中的和解协议而中断,其期限自和解协议所确定履行期限的最后一日起重新计算。当事人在法定的申请恢复执行时效内未提出申请,视为怠于行使权利,不得向人民法院再行申请执行。另一方面,申请恢复执行的期限必须是执行和解协议约定的履行期限已经届满。最后,申请执行人是因受欺诈、胁迫才与被执行人达成和解协议的,应当先通过诉讼程序撤销和解协议,然后再申请人民法院恢复执行。

人民法院恢复执行后,和解协议已履行的部分应当扣除。和解协议已经履行完毕的,人民法院应当裁定终结执行,不予恢复执行。当事人对于恢复执行或者不予恢复执行的裁定可以提出执行行为异议。

(六)执行担保★

1. 执行担保,是指在执行过程中,经执行权利人的同意,执行义务人或第三人(担保人)为实现法律文书所确定的权利而向人民法院提供保证,由人民法院决定暂缓执行的制度。

2. 执行担保的条件主要包括:(1)必须由执行义务人向人民法院提出申请。(2)担保的方式,可以是提供财产担保,也可以由第三人担保。(3)执行担保须征得执行权利人的同意。(4)须经人民法院许可。

3. 执行担保成立后,人民法院可以决定暂缓执行或暂缓执行的期限。有担保期限的,暂缓执行的期限应与担保期限一致,但最长期限不得超过1年。

4. 在暂缓执行期间,被执行人或担保人对担保的财产有转移、灭失行为的,人民法院可以恢复强制执行。

(七)执行承担★

1. 执行承担,是指在执行程序中由于出现法定情况,债权人的权利应由其他主体享有,或者债务人的义务应由其他主体履行,人民法院可以变更、追加相关主体进入执行程序。

2. 执行承担发生的原因主要有：(1)原执行根据确定的当事人已经失去权利能力，由相应的主体来承担其权利义务。(2)原执行根据确定的债权经法定程序转移给第三人，该第三人可以被申请变更为申请执行人。(3)依法应当对执行根据确定的义务承担清偿责任的人，在被执行人的财产不足以清偿债务时，可以被申请变更为被执行人。

3. 执行承担原则上应当以申请人申请为启动前提，执行法院一般应当组成合议庭审查并公开听证。经审查，理由成立的，裁定变更、追加；理由不成立的，裁定驳回。

(八)参与分配★

参与分配适用的条件包括：(1)被执行人的财产无法清偿所有债权。(2)被执行人为自然人或其他组织，而非法人。(3)有多个申请人对同一被申请人享有债权。(4)申请人必须取得生效的执行根据，起诉后尚未获得生效判决的债权人不具备参与分配的资格。(5)参与分配的债权只限于金钱债权。(6)参与分配必须发生在执行程序开始后，被执行人的财产执行终结之前。

根据《民诉解释》的规定，参与分配制度应当由申请执行人向法院提出申请，主持参与分配的法院应当是对债务人首先采取查封、扣押或冻结措施的法院。参与分配开始后，执行法院应当制作财产分配方案，并送达各债权人和被执行人。债权人或者被执行人对分配方案有异议的，应当自收到分配方案之日起15日内向执行法院提出书面异议。债权人或者被执行人对分配方案提出书面异议的，执行法院应当通知未提出异议的债权人或被执行人。未提出异议的债权人、被执行人收到通知之日起15日内未提出反对意见的，执行法院依异议人的意见对分配方案审查修正后进行分配；提出反对意见的，应当通知异议人。异议人可以自收到通知之日起15日内，以提出反对意见的债权人、被执行人为被告，向执行法院提起诉讼；异议人逾期未提起诉讼的，执行法院依原分配方案进行分配。诉讼期间进行分配的，执行法院应当提存与争议债权数额相应的款项。

(九)执行回转

执行回转，是指在执行完毕后，原据以执行的判决书、裁定书或其他法律文书因确有错误而被依法撤销，对已被执行的财产，人民法院重新采取措施，使其恢复执行程序开始前的状态。

三种情形：(1)人民法院制作的判决、裁定、调解书在执行完毕后，依审判监督程序被撤销；(2)人民法院制作的先予执行裁定在执行完毕后，被后续的生效判决所撤销；(3)其他制作的法律文书在执行完毕后，被制作机关及其上级机关或人民法院依法撤销。

执行回转必须满足下列条件：(1)必须具有对原已作为执行根据的法律文书作出明确否定的新的法律文书。(2)必须是原生效的法律文书已由人民法院按照执行程序执行完毕，原执行程序已经终结。(3)必须是根据新的法律文书已经获得执行所得的人不存在取得财产权利的根据，而又拒不返还其所得财产的。

第二节　执行开始

执行程序的开始，发生于两种情况：一是权利人申请执行；二是审判人员移送执行。

一、申请执行

1. 申请执行的条件是：(1)执行根据已经生效且已过执行根据确定的清偿期限；(2)申请执行人必须是执行根据确定的权利人或合法继承、承受该权利的继受人；(3)应当向有执行管辖权的法院申请执行；(4)应当在申请执行时效内提出申请。

2. 根据《民事诉讼法》第250条的规定，申请执行的期间为2年。

(1)申请执行时效的起算：从法律文书规定履行期间的最后一日起计算；法律文书规定分期履行的，从最后一期履行期限届满之日起计算；法律文书未规定履行期间的，从法律文书生效之日起计算；生效法律文书规定债务人负有不作为义务的，申请执行时效期间从债务人违反不作为义务之日起计算。

(2)申请执行时效的中止。在申请执行时效期间的最后6个月内，因不可抗力或者其他障碍不能行使请求权的，申请执行时效中止。从中止时效的原因消除之日起，申请执行时效期间继续计算。

(3)申请执行时效的中断。申请执行时效因申请执行、当事人双方达成和解协议、当事人一方提出履行要求或者同意履行义务而中断。从中断时起，申请执行时效期间重新计算。

(4)申请执行人超过申请执行时效期间向人民法院申请强制执行的，人民法院应予受理。被执行人对申请执行时效期间提出异议，人民法院经审查异议成立的，裁定不予执行。

(5)被执行人履行全部或者部分义务后，又以不知道申请执行时效期间届满为由请求执行回转的，人民法院不予支持。

二、移送执行

1. 移送执行，是指人民法院的裁判发生法律效力后,由审理该案的审判人员将案件直接交付执行人员执行,从而开始执行程序的行为。移送执行是对申请执行的补充。

2. 移送执行的案件主要有:(1)判决、裁定具有交付赡养费、抚养费、扶养费、医药费等内容的案件;(2)具有财产执行内容的刑事判决书、裁定书;(3)审判人员认为涉及国家、集体或者公民重大利益的案件。

三、执行通知和立即执行

人民法院的执行员接到申请执行书或移送执行书后10日内,应当向被执行人发出执行通知,责令其在指定的期间内履行义务;逾期不履行的,强制执行。但为了防止被执行人在接到执行通知后隐匿、转移财产,民事诉讼法通过两次修订,专门确立了立即执行制度。执行员有权不再指定履行期间,而是立即采取强制执行措施,并可在采取强制措施的同时,或者自采取强制执行措施之日起3日内,发送执行通知书。

第三节 执行措施★

一、对财产的执行措施

1. 扣押、冻结、划拨、变价被执行人的金融资产。

2. 扣留、提取被执行人的收入。

3. 查封、扣押、拍卖、变卖被执行人的财产。

4. 强制被执行人交付法律文书指定的财物或票证。

二、对行为的执行措施

1. 强制被执行人迁出房屋或退出土地。

2. 强制被执行人履行法律文书指定的行为。

(1)如果系可替代完成的作为,人民法院可以委托有关单位或他人完成,必要时可以通过招标方式确定代履行人。代履行所发生的费用,由债务人承担。拒不承担的,依照对财产执行的方法采取执行措施,迫使其履行。

(2)如果系不可替代的作为,人民法院可采取间接执行的方法,通过对被执行人罚款、拘留、强制支付迟延履行金等手段,促使其自动完成义务行为。

(3)如果系不作为义务,债务人因实施积极行为,违背法律文书的规定,人民法院应当消除积极行为产生的后果。

三、保障性执行措施★

1. 查询被执行人的身份信息和财产信息。

2. 搜查被执行人的财产。

3. 强制被执行人支付迟延履行期间债务利息及迟延履行金。

4. 办理财产权证照转移手续。

5. 被执行人报告财产。被执行人自收到执行通知之日前1年至当前财产发生变动的,应当对该变动情况进行报告。而被执行人报告财产后,其财产情况发生变动,影响申请执行人债权实现的,也应自财产变动之日起10日内向人民法院补充报告。

6. 限制出境。

7. 纳入失信名单,通报征信系统记录不履行义务信息。

8. 媒体公布不履行义务信息。

9. 限制被执行人消费。

四、代位执行

代位执行,实际是对被执行人对第三人生效债权的执行措施,具体是指在执行过程中,如果被执行人不能清偿债务,但对第三人享有到期债权,人民法院可以作出冻结债权的裁定,并向第三人发出履行到期债务的通知,第三人在指定期限内没有提出异议,又不履行债务的,人民法院有权对第三人采取强制执行措施。

第四节 执行救济

一、执行异议★★★

执行异议,是指执行当事人、利害关系人或案外人对法院执行行为申明不服或对执行标的主张权利提出的救济请求。

(一)当事人、利害关系人异议

1. 当事人、利害关系人提出异议的条件:

(1)异议的对象:应当以人民法院的执行行为在程序上违反法律法规或司法解释为由提出异议,具体可以提出异议的行为包括三类情况:第一,查封、扣押、冻结、拍卖、变卖、以物抵债、暂缓执行、中止执行、终结执行等执行措施中存在的程序违法行为;第二,执行的期间、顺序等未遵守法定程序;第三,法院作出的其他侵害当事人、利害关系人合法权益的行为。

(2)异议的提出主体:只限于案件的当事人和利害关系人,其中利害关系人是指当事人以外认为执行法院的程序性事项存在违法性且损害其利益的人。

(3)异议的管辖法院:应当向执行法院提出异议,执行法院应当在异议提出后3日内决定是否立案。执行法院拖延回复的,异议人可以向上一级法院提出异议。

2. 书面执行行为异议提出后,人民法院应当组成合议庭予以审查,并在执行终结前作出裁定。具体而言,应当自收到异议之日起15日内审查完毕作出裁定:理由不成立的,裁定驳回;理由成立的,裁定撤销或者变更执行行为,如果执行行为无撤销变更内容的,直接裁定异议成立。

3. 不服裁定的救济。当事人和利害关系人如果对裁定不服,还可以自裁定送达之日起 10 日内向上一级人民法院提出书面复议。上一级法院应当组成合议庭,自收到复议申请之日起 30 日内审查完毕,作出裁定。有特殊情况需要延长的,经本院院长批准,可以延长,延长的期限不得超过 30 日。

4. 执行异议审查和复议期间,不停止执行。

(二)案外人异议

1. 案外人异议,又称为案外人对执行标的的异议,是指在执行过程中,案外人对被执行的财产的全部或一部分主张实体权利并要求负责执行的法院停止并变更执行的书面请求。

2. 案外人提出执行标的异议的理由应当是执行行为将对其实体权利造成损害。

3. 根据民事诉讼法和司法解释的规定,对于案外人执行标的异议的审查程序,基本参照执行行为异议的审查机制。但在审查期间,只可以对财产采取查封、扣押、冻结等保全措施,不得进行处分。

4. 对案外人执行标的异议,人民法院应当审查下列内容:(1)案外人是否系权利人;(2)该权利的合法性与真实性;(3)该权利能否排除执行。人民法院在审查时应当以形式审查为原则,有登记的,按照登记机构的登记判断;无登记的,按照合同等证明财产权属或者权利人的证据判断。

5. 经过审查,会有下列两种处理情况:(1)如果异议理由不成立的,则裁定驳回异议,执行程序继续进行。(2)如果异议理由成立的,则应裁定中止执行。

6. 案外人、当事人如果对裁定不服,希望通过诉讼对相关标的的权利重新确认的,有两种可能:(1)原判决、裁定对执行标的的处分结果本身有误,则案外人或当事人可以按照审判监督程序向法院申请再审。(2)原判决、裁定并未直接涉及执行标的的权利归属,则案外人或申请执行人可以自裁定送达之日起 15 日内,向执行法院提起新的诉讼,即案外人异议之诉和许可执行之诉。

(三)分配方案异议

1. 分配方案异议,是指在金钱债权的执行中,当多个债权人对同一被执行人申请执行或者对执行财产申请参与分配时,债权人或被执行人对法院制作的财产分配方案提出的不服申请。

2. 债权人或者被执行人对分配方案有异议的,自收到分配方案之日起 15 日内向执行法院提出书面异议。

3. 债权人或者被执行人对分配方案提出书面异议的,执行法院应当通知未提出异议的债权人、被执行人。

二、执行异议之诉

1. 案外人异议之诉:

案外人异议之诉,是指案外人向执行法院提出的请求,通过对执行标的物实体权利归属作出判定,排除执行依据的执行力向该执行标的物执行的诉讼。

案外人异议之诉的程序规范是:(1)起诉的时间应当在收到执行法院对执行标的异议作出驳回裁定后 15 日内。(2)管辖法院为执行法院。(3)应当以案外人为原告,申请执行人为被告,如果被执行人反对案外人对执行标的所主张的实体权利的,则应当以申请执行人和被执行人为共同被告,如果被执行人不反对案外人主张,可以列其为第三人。(4)应当依照普通程序进行审理。(5)案外人异议之诉审理期间,人民法院不得对执行标的进行处分。申请执行人请求法院继续执行并提供相应担保的,人民法院可以准许。

经审理,认定案外人就执行标的享有足以排除强制执行的民事权益的,判决不得执行该执行标的,执行异议裁定失效;反之,判决驳回其诉讼请求。如果案外人同时提出确认其权利的诉讼请求的,人民法院可以在判决中一并作出裁判。

2. 许可执行之诉:

许可执行之诉,又称为申请执行人的执行异议之诉,是指申请执行人向执行法院提出审理请求,以决定是否可执行特定标的物的诉讼。

许可执行之诉的程序规范是:(1)起诉的时间应当在收到执行法院对执行标的异议作出中止裁定后 15 日内。(2)管辖法院为执行法院。(3)应当以申请执行人为原告,案外人为被告,如果被执行人反对申请执行人请求的,则应当以案外人和被执行人为共同被告;若被执行人不反对申请执行人请求的,则可以列被执行人为第三人。(4)应当依照普通程序进行审理。

经审理,案外人就执行标的享有足以排除强制执行的民事权益的,判决驳回诉讼请求,该判决生效后,执行法院应当裁定解除执行措施;反之,应当判决准许执行该执行标的,原执行异议裁定失效,执行法院可以根据申请执行人的申请或者依职权恢复执行。

3. 分配方案异议之诉:

分配方案异议之诉,也称分配表异议之诉,是指提出分配方案异议的债权人或被执行人,因不同意未提出异议的申请执行人或者被执行人的反对意见,而提起对其异议理由进行实体审理和裁判,以确定是否修改分配方案的诉讼。

参与分配异议之诉的程序包括：(1)原告是提出分配方案异议的债权人或者被执行人；(2)被告是对分配方案异议提出反对意见的债权人或者被执行人；(3)在收到未提出异议的债权人或被执行人提出的反对意见通知之日起15日内提起；(4)由执行法院管辖。

分配方案异议之诉由执行法院适用普通程序进行审理和裁判。经审理，分配方案异议理由成立，判决原告诉讼请求成立，并在判决结论中明确分配的修改方案，反之，则应判决驳回诉讼请求。当事人对于该判决可以提起上诉。在诉讼期间，法院应当将与争议债权数额相应的款项予以提存。

第五节　暂缓执行、执行中止和执行终结

一、暂缓执行

暂缓执行，是指在执行程序开始后，因法定事由的出现，人民法院决定暂时停止执行行为。主要包括：(1)因执行担保暂缓执行。(2)因司法监督引起的暂缓执行。

暂缓执行的期限一般不得超过3个月，因特殊事由需要延长的，可以适当延长。暂缓执行期限届满后，人民法院应当立即恢复执行；暂缓执行期限届满前，阴却事由消灭的，人民法院也应当作出决定，提前恢复执行。

二、执行中止

执行中止，是指在执行过程中，由于某种特殊情况的发生而暂时停止执行程序，待该情况消除后再恢复执行程序的制度。

有下列情形之一的，人民法院应当裁定中止执行：(1)申请人表示可以延期执行的。(2)案外人对执行标的提出确有理由的执行异议的。(3)作为一方当事人的公民死亡，需要等待继承人继承权利或承担义务的。(4)作为一方当事人的法人或其他组织终止，尚未确定权利义务承受人的。(5)人民法院认为应当中止执行的其他情形。根据司法解释的规定，主要包括：被执行人确无财产可供执行的；执行的标的物是其他法院或仲裁机构正在审理的案件争议标的物，需要等待该案件审理完毕确定权属的；一方当事人申请执行仲裁裁决，另一方当事人申请撤销仲裁裁决的；仲裁裁决的被申请人提出不予执行请求，并提供适当担保的；人民法院裁定对作为执行根据的裁判文书再审的。(6)在执行中，作为被执行人的企业法人符合《企业破产法》第2条第1款规定情形的，执行法院经申请执行人之一或者被执行人同意，应当裁定中止对该被执行人的执行。

三、执行终结

执行终结，是指在执行过程中，由于发生某些特殊情况，执行程序不可能或没有必要继续进行，从而结束执行程序的制度。

引起执行终结的情况有：(1)经过财产调查没有发现可供执行的财产，在申请执行人签字确认或者执行法院组成合议庭审查核实并经院长批准后，可以裁定终结本次执行程序。终结本次执行程序在适用上要严格限制，必须是穷尽财产调查措施后方能采取。嗣后申请执行人发现被执行人有可供执行财产的，可以再次申请执行。此时再次申请不受申请执行时效期间的限制。(2)申请人撤销执行申请的。如果申请人嗣后再次申请执行，必须在合法的申请执行时效期间内申请。(3)据以执行的法律文书被撤销的。(4)作为被申请执行人的公民死亡，无遗产可供执行，又无义务承担人的。(5)追索赡养费、扶养费、抚养费案件的权利人死亡的。(6)作为被执行人的公民因生活困难无力偿还借款，无收入来源，又丧失劳动能力的。(7)被执行人被人民法院裁定宣告破产的。(8)人民法院认为应当终结执行的其他情形。

命题点拨　本章的重点有三：第一，执行程序中的各种制度，如执行管辖、执行异议、执行担保等，需要从制度要件和效力结果两方面把握，尤其应当注意比较其与诉讼程序中相关制度的区别，如执行行为异议的复议与二审程序，执行标的异议及许可执行之诉与再审程序、第三人撤销之诉的关系；第二，执行程序的流程，即从执行开始到执行结束过程中的相关内容，主要注意引发执行程序发生、变更和终结的各类事项；第三，执行措施，要注意区别各种执行措施的适用条件，尤其应当注意近年来随社会经济发展而新增加和明确的执行措施，如对金融资产的执行措施、对迟延履行两种利息的区分计算；等等。

第五编　仲裁制度

第二十二章　仲裁与仲裁法概述

第一节　仲裁概述

一、仲裁的三要素

1. 仲裁是以双方当事人自愿协商为基础的争议解决制度和方式。

2. 仲裁是由双方当事人自愿选择的中立第三者进行裁判的争议解决制度和方式。

3. 仲裁裁决对双方当事人具有约束力。

二、仲裁的特点

(1)自愿性;(2)专业性;(3)灵活性;(4)保密性;(5)快捷性;(6)经济性;(7)独立性。

三、仲裁的类型

1. 国内仲裁与涉外仲裁。

2. 机构仲裁和临时仲裁。

3. 依法仲裁和友好仲裁。

四、仲裁与民事诉讼的关系★

(一)仲裁与民事诉讼的相同点

1. 仲裁与民事诉讼都是民商事纠纷解决程序的重要组成部分。

2. 仲裁与民事诉讼解决的部分纠纷性质相同。两者都解决平等主体当事人之间发生的合同纠纷和其他财产权益纠纷。

3. 仲裁与民事诉讼都是由第三方作为纠纷的公断人。

4. 仲裁与民事诉讼所遵循的某些原则和制度是一致的。例如处分原则、调解原则、回避制度等。

5. 仲裁裁决书、调解书和民事判决书、调解书具有同等的法律效力。

(二)仲裁与民事诉讼的区别

1. 仲裁与民事诉讼的性质不同。仲裁具有民间性,而民事诉讼是司法属性的纠纷解决方式。因此,对于与身份有关的纠纷,如婚姻、收养、监护、扶养、继承纠纷不能通过仲裁解决。

2. 仲裁机构与法院的性质不同。仲裁机构是民间机构,法院是司法审判机构。

3. 案件管辖权的基础不同。仲裁案件的管辖权建立在双方当事人达成的仲裁协议基础上,当事人之间只有签订合法有效的仲裁协议,才能将纠纷提交仲裁解决。而法院受理案件的管辖权来自法律的明确规定。

4. 仲裁与民事诉讼的具体程序不同。例如仲裁实行一裁终局制,而诉讼实行两审终审制。

(三)仲裁与民事诉讼的联系

1. 民事诉讼是保证仲裁裁决公正性必不可少的手段。我国仲裁法和民事诉讼法规定的撤销仲裁裁决制度和不予执行仲裁裁决制度是仲裁公正性的保障。

2. 仲裁与民事诉讼在法律渊源上具有联系性,反映了两种程序的一致性。

3. 仲裁裁决在义务人不履行义务的情况下通过民事诉讼程序中的执行程序来实现。

4. 仲裁程序所涉财产保全、行为保全和证据保全措施由法院行使。

第二节　仲裁法概述

一、仲裁范围

仲裁范围,即仲裁的适用范围:平等主体的公民、法人和其他组织之间发生的合同纠纷和其他财产权益纠纷,可以仲裁。

下列纠纷不能仲裁:(1)婚姻、收养、监护、扶养、继承纠纷;(2)依法应当由行政机关处理的行政争议。

可以仲裁但不适用仲裁法的事项:(1)劳动争议;(2)农业集体经济组织内部的农业承包合同纠纷的仲裁。

二、仲裁法的基本原则和基本制度

(一)基本原则

1. 自愿原则。主要体现在:(1)当事人是否将他们之间所发生的纠纷提交仲裁,由双方当事人自愿协商决定;(2)当事人将哪些争议事项提交仲裁,由双方当事人在法律规定的范围内自行约定;(3)当事人将他们之间的纠纷提交哪个仲裁委员会仲裁,由双方当事人自愿协商决定;(4)仲裁庭如何组成,由谁组成,由当事人自主选定;(5)双方当事人还可以自主约定仲裁的审理方式、开庭方式等有关的程序事项。

2. 根据事实、符合法律规定、公平合理解决纠纷的原则。

3. 独立仲裁原则。

(二)基本制度

1. 协议仲裁制度。

2. 或裁或审制度。

3. 一裁终局制度。仲裁实行一裁终局制度,裁决作出后,当事人就同一纠纷再申请仲裁或者

向人民法院起诉的，仲裁委员会或者人民法院不予受理。

命题点拨 本章的重点为仲裁与仲裁法的特点、仲裁的适用范围、仲裁与民事诉讼的关系和仲裁法的基本原则与制度等。

1. 仲裁的特点：仲裁具有自愿性、专业性、灵活性、保密性、快捷性、经济性和独立性的特点。

2. 我国仲裁法规定的内容体现了如下特点：机构仲裁、对涉外仲裁进行特别规定、仲裁和调解相结合。

3. 我国仲裁法规定的适用范围为：平等主体的公民、法人和其他组织之间发生的合同纠纷和其他财产权益纠纷。婚姻、收养、监护、扶养、继承纠纷以及依法应当由行政机关处理的行政争议不能仲裁。

4. 仲裁与民事诉讼的关系：仲裁与民事诉讼的相同点、区别和联系。

5. 仲裁法规定的基本原则和制度：自愿原则，根据事实、符合法律规定、公平合理解决纠纷原则，独立仲裁原则；协议仲裁制度、或裁或审制度和一裁终局制度。

第二十三章 仲裁委员会和仲裁协会

第一节 仲裁委员会

一、仲裁委员会应具备的条件

1. 有自己的名称、住所和章程。

2. 有必要的财产。

3. 有仲裁委员会的组成人员。仲裁委员会由主任1人、副主任2~4人和委员7~11人组成。仲裁委员会的主任、副主任和委员由法律、经济贸易专家和有实际工作经验的人员担任。仲裁委员会的组成人员中，法律、经济贸易专家不得少于2/3。

4. 有聘任的仲裁员。

二、仲裁员

我国《仲裁法》第13条对仲裁员资格的要求是：(1)通过国家统一法律职业资格考试取得法律职业资格，从事仲裁工作满8年的；(2)从事律师工作满8年的；(3)曾任法官满8年的；(4)从事法律研究、教学工作并具有高级职称的；(5)具有法律知识、从事经济贸易等专业工作并具有高级职称或者具有同等专业水平的。

公务员及参照实行公务员制度的机关工作人员符合《仲裁法》第13条规定的条件，并经所在单位同意，可以受聘为仲裁员，但不得因从事仲裁工作影响本职工作。

第二节 仲裁协会

中国仲裁协会是社会团体法人，是仲裁委员会的自律性组织。中国仲裁协会经民政部登记后成立，并取得社会团体法人资格。

仲裁协会监督、指导和协调仲裁委员会的工作；制定仲裁规则及其他规范性文件。

第三节 仲裁规则

一、仲裁规则的概念

仲裁规则，是指进行仲裁程序所应遵循和适用的规范。

二、仲裁规则的制定

1. 国内仲裁委员会的仲裁规则，由中国仲裁协会统一制定。

2. 涉外仲裁委员会的仲裁规则由中国国际商会制定。

三、仲裁规则的主要内容

仲裁规则主要包括以下内容：仲裁管辖；仲裁组织；仲裁的申请、答辩和反请求程序；仲裁庭的组成；仲裁的审理和裁决程序；仲裁委员会、仲裁庭和当事人的权利义务；仲裁语言、翻译、送达、费用等。

四、仲裁规则与仲裁法的关系及作用★

（一）仲裁规则与仲裁法的关系

1. 仲裁规则与仲裁法都是仲裁中的行为规范。

2. 仲裁规则不同于仲裁法，它可以由仲裁机构制定，有些内容还允许当事人自行约定。因此，仲裁规则是任意性较强的行为规范。

3. 仲裁规则不得违反仲裁法中的强制性规定。

（二）仲裁规则的作用

1. 为当事人提供一套科学、系统、明确的仲裁程序规则，便于双方当事人在仲裁程序中适用和遵循，以迅速、有效地解决纠纷。

2. 为仲裁委员会和仲裁庭受理、审理和裁决当事人提交仲裁的纠纷提供适用的程序规则，使当事人之间的纠纷能够得到公正、及时的解决。

3. 为仲裁员和当事人提供程序上的权利和义务规范。

4. 为支持、协助和监督仲裁提供依据。

命题点拨 本章的重点为仲裁委员会与仲裁协会的区别、仲裁法对仲裁员资格的要求，以及仲裁规则与仲裁法的关系。

1. 仲裁委员会是解决平等主体的自然人、法人和其他组织之间发生的合同纠纷和其他财产权益纠纷的仲裁机构，而仲裁协会是以仲裁委员会和仲裁员为成员的自律性、管理性的行业组织。

2. 我国仲裁法对仲裁员资格的要求：在思想品德方面应公道正派，同时要有较高的业务水平。具体条件是：(1)通过国家统一法律职业资格考试取得法律职业资格，从事仲裁工作满8年的；(2)从事律师工作满8年的；(3)曾任法官满8年的；(4)从事法律研究、教学工作并具有高级职称的；(5)具有法律知识、从事经济贸易等专业工作并具有高级职称或者具有同等专业水平的。

3. 仲裁规则与仲裁法的关系：仲裁规则与仲裁法都是仲裁中的行为规范，但仲裁规则不同于仲裁法，它可以由仲裁机构制定，有些内容还允许当事人自行约定。因此，仲裁规则是任意性较强的行为规范。仲裁规则不得违反仲裁法中的强制性规定。

第二十四章　仲 裁 协 议

第一节　仲裁协议概述

一、仲裁协议的概念

仲裁协议，是指双方当事人自愿将他们之间已经发生或者可能发生的争议提交仲裁解决的书面协议，是双方当事人所表达的采用仲裁方式解决纠纷意愿的法律文书。

二、仲裁协议的类型

1. 合同中的仲裁条款。

2. 仲裁协议书。

3. 其他书面形式的仲裁协议。

其他书面形式的仲裁协议，包括以合同书、信件和数据电文（包括电报、电传、传真、电子数据交换和电子邮件）等形式达成的请求仲裁的协议。

4. 当事人通过援引达成的仲裁协议。

三、仲裁协议的形式

仲裁协议作为仲裁的依据，必须具备法定的形式。

第二节　仲裁协议的内容

仲裁协议应当包括：

1. 请求仲裁的意思表示。

2. 仲裁事项。须可仲裁且明确。

3. 选定的仲裁委员会。选择须明确、具体，选择不受当事人住所地的限制。

(1)仲裁协议约定的仲裁委员会名称不准确，但能够推定出具体的仲裁委员会的，应当认定选定了仲裁委员会。

(2)仲裁协议中仅约定有纠纷适用的仲裁规则，没有约定具体的仲裁委员会的，根据《仲裁法解释》第4条的规定，应当视为未约定仲裁委员会，但当事人达成补充仲裁协议或者按照约定的仲裁规则能够确定仲裁委员会的除外。

(3)仲裁协议中约定两个以上仲裁委员会的情形，当事人可以协议选择其中的一个仲裁委员会申请仲裁；当事人不能就仲裁委员会的选择达成一致的，仲裁协议无效。仲裁协议约定由某地的仲裁委员会仲裁且该地仅有一个仲裁委员会的，该仲裁委员会视为约定的仲裁机构。

第三节　仲裁条款的独立性

一、仲裁条款独立性的含义

《仲裁法》第19条第1款规定，仲裁协议独立存在，合同的变更、解除、终止或者无效，不影响仲裁协议的效力。

二、仲裁条款独立性原则在实务中的适用

最高人民法院《关于适用〈中华人民共和国仲裁法〉若干问题的解释》对仲裁条款的独立性问题作出了如下规定：(1)合同未成立、成立后未生效或者被撤销的，不影响仲裁协议的效力。(2)当事人订立仲裁协议后合并、分立的，仲裁协议对其权利义务的继受人有效。当事人订立仲裁协议后死亡的，仲裁协议对承继其仲裁事项中的权利义务的继承人有效。但这两种情形，当事人订立仲裁协议时另有约定的除外。(3)债权债务全部或者部分转让的，仲裁协议对受让人有效，但当事人另有约定、在受让债权债务时受让人明确反对或者不知有单独仲裁协议的除外。

第四节　仲裁协议的效力★★★

一、仲裁协议的法律效力

1. 对双方当事人的法律效力——约束双方当事人对纠纷解决方式的选择权。

2. 对法院的法律效力——排除法院的司法管辖权。

3. 对仲裁机构的法律效力——授予仲裁机构仲裁管辖权并限定仲裁的范围。

二、仲裁协议效力的确认机构及程序★★★

(一)仲裁协议的确认机构

对仲裁协议法律效力的确认机构是仲裁委员会和人民法院。

1. 当事人对仲裁协议的效力有异议的,可以请求仲裁委员会作出决定或者请求人民法院作出裁定。一方请求仲裁委员会作出决定,另一方请求人民法院作出裁定的,由人民法院裁定。

2. 当事人对仲裁协议的效力有异议,一方当事人申请仲裁机构确认仲裁协议效力,另一方当事人请求人民法院确认仲裁协议无效,如果仲裁机构先于人民法院接受申请并已作出决定,人民法院不予受理;如果仲裁机构接受申请后尚未作出决定,人民法院应予受理,同时通知仲裁机构终止仲裁。

3. 当事人对仲裁协议的效力有异议,应当在仲裁庭首次开庭前提出。如果当事人在仲裁庭首次开庭前没有对仲裁协议的效力提出异议,而后向人民法院申请确认仲裁协议无效的,人民法院不予受理。

4. 根据最高人民法院《关于审理仲裁司法审查案件若干问题的规定》第 2 条的规定,申请确认仲裁协议效力的案件,由仲裁协议约定的仲裁机构所在地、仲裁协议签订地、申请人住所地、被申请人住所地的中级人民法院或者专门人民法院管辖。

(二)仲裁协议效力的确认程序

1. 当事人向仲裁机构请求确认仲裁协议的效力,由仲裁委员会按照仲裁规则规定的程序进行审查和确定。

2. 当事人向人民法院请求确认仲裁协议的效力,第一,最高人民法院《关于审理仲裁司法审查案件若干问题的规定》明确,申请人应当向有管辖权的人民法院提交申请书及仲裁协议正本或者经证明无误的副本。申请书应当载明下列事项:(1)申请人或者被申请人为自然人的,应当载明其姓名、性别、出生日期、国籍及住所;为法人或者其他组织的,应当载明其名称、住所以及法定代表人或者代表人的姓名和职务。(2)仲裁协议的内容。(3)具体的请求和理由。当事人提交的外文申请书、仲裁协议及其他文件,应当附有中文译本。第 7 条规定,申请人提交的文件不符合上述规定,经人民法院释明后提交的文件仍然不符合规定的,裁定不予受理。申请人向对案件不具有管辖权的人民法院提出申请,人民法院应当告知其向有管辖权的人民法院提出申请,申请人仍不变更申请的,裁定不予受理。人民法院立案后发现不符合受理条件的,裁定驳回申请。申请人对不予受理和驳回申请的裁定不服的,可以提起上诉。第二,最高人民法院《关于审理仲裁司法审查案件若干问题的规定》第 9 条规定,对于申请人的申请,人民法院应当在 7 日内审查决定是否受理。人民法院受理后,应当在 5 日内向申请人和被申请人发出通知书,告知其受理情况及相关的权利义务。第三,最高人民法院《关于审理仲裁司法审查案件若干问题的规定》第 10 条第 1 款规定,人民法院受理后,被申请人对管辖权有异议的,应当自收到人民法院通知之日起 15 日内提出。人民法院对被申请人提出的异议,应当审查并作出裁定。当事人对裁定不服的,可以提起上诉。第四,最高人民法院《关于审理仲裁司法审查案件若干问题的规定》第 11 条规定,人民法院审查仲裁司法审查案件,应当组成合议庭并询问当事人。第五,根据最高人民法院《关于仲裁司法审查案件报核问题的有关规定》,各中级人民法院或者专门人民法院经审查拟认定仲裁协议无效,应当向本辖区所属高级人民法院报核,待高级人民法院审核后,方可依高级人民法院的审核意见作出裁定。高级人民法院经审查拟同意中级人民法院或者专门人民法院以违背社会公共利益为由不予执行或者撤销我国内地仲裁机构的仲裁裁决的,应当向最高人民法院报核,待最高人民法院审核后,方可依最高人民法院的审核意见作出裁定。

人民法院对仲裁协议效力作出的裁定,除不予受理、驳回起诉、管辖权异议的裁定外,一经送达即发生法律效力。当事人申请复议、提出上诉或者申请再审的,人民法院不予受理,但法律和司法解释另有规定的除外。

第五节　仲裁协议的无效与失效

一、仲裁协议无效的法定情形

1. 以口头方式订立的仲裁协议无效。

2. 约定的仲裁事项超出法律规定的仲裁范围,仲裁协议无效。我国《仲裁法》第 2、3 条规定,平等主体之间的合同纠纷和其他财产权益纠纷可以仲裁,而婚姻、收养、监护、扶养、继承纠纷以及依法应当由行政机关处理的行政争议不能仲裁。

3. 无民事行为能力人或者限制民事行为能力人订立的仲裁协议无效。

4. 一方采取胁迫手段,迫使对方订立仲裁协议的,该仲裁协议无效。

5. 仲裁协议对仲裁事项没有约定或约定不明

确,或者仲裁协议对仲裁委员会没有约定或者约定不明确并无法加以确定的,当事人对此达不成补充协议,则仲裁协议无效。

二、仲裁协议的失效

1. 基于仲裁协议,仲裁庭作出的仲裁裁决已被当事人自觉履行或者被法院强制执行,即仲裁协议约定的提交仲裁的争议事项得到最终解决后,该仲裁协议因此而失效。

2. 因当事人协议放弃已签订的仲裁协议,而使该仲裁协议失效。

3. 附期限的仲裁协议因期限届满而失效,如当事人在仲裁协议中约定,该仲裁协议在签订后的6个月内有效,如果超过了6个月的约定期限,已签订的仲裁协议失效。

4. 基于仲裁协议,仲裁庭作出的仲裁裁决被法院裁定撤销或不予执行,该仲裁协议失效。

三、仲裁协议无效、失效的法律后果

仲裁协议的无效或者失效使仲裁协议不再具有法律约束力。

命题点拨 本章的重点为仲裁协议的特点及类型、仲裁协议的内容、仲裁条款的独立性和仲裁协议的效力,以及实务中如何认定仲裁协议的效力。

1. 仲裁协议的特点。仲裁协议是一种特殊类型的合同,其特点表现为:仲裁协议是双方当事人共同的意思表示;仲裁协议中双方当事人的权利义务具有同一性;仲裁协议的内容具有特殊性;仲裁协议具有广泛的约束力;仲裁协议具有严格的要式性。

2. 仲裁协议的类型:合同中的仲裁条款;仲裁协议书;其他书面形式的仲裁协议;当事人通过援引达成的仲裁协议。

3. 仲裁协议的内容:请求仲裁的意思表示;仲裁事项;选定的仲裁委员会。

4. 仲裁条款的独立性:仲裁条款具有可以与主合同的其他条款相分离而独立存在的属性。对仲裁条款的效力应当单独判断,即仲裁条款不因主合同的无效而无效,不因主合同的被撤销而失效,也不因合同未成立而影响其效力。

5. 仲裁协议的效力:仲裁协议约束双方当事人对纠纷解决方式的选择权、排除法院的司法管辖权、授予仲裁机构仲裁管辖权并限定仲裁的范围。违背法律规定的仲裁协议无效。基于特定条件的成就,仲裁协议产生失效的后果。仲裁委员会和人民法院具有对仲裁协议效力的确认权。

第二十五章 仲裁程序

第一节 仲裁当事人与代理人★

一、仲裁当事人

(一)仲裁当事人的含义

仲裁当事人,是指依据有效的仲裁协议,以自己的名义参加仲裁程序,并受仲裁裁决约束的公民、法人和其他组织。

(二)仲裁当事人的变更

仲裁当事人的变更,是指在仲裁程序中,由于特殊事由的发生,仲裁当事人由仲裁程序以外的人取代参加仲裁程序。主要有以下几种情形。

1. 当事人死亡。仲裁程序开始前,当事人死亡的,仲裁协议对承继死者权利义务的继承人有效,并对继承人具有约束力。

2. 当事人的合并、分立。合并后的当事人和分立后形成的多个当事人能否成为仲裁当事人,应适用民事实体法关于合同当事人变更的一般规定,即当事人订立合同后合并的,由合并后的当事人行使合同权利,履行合同义务。

3. 合同转让。合同转让,是指债权债务全部或者部分转让的,仲裁协议对受让人有效,但当事人另有约定、在受让债权债务时受让人明确反对或者不知有单独仲裁协议的除外。

二、仲裁代理人

仲裁代理人,是指依据法律规定或当事人授权,在仲裁程序中以被代理的仲裁当事人的名义进行仲裁活动的人。仲裁代理人包括法定仲裁代理人和委托仲裁代理人。

《仲裁法》第29条规定,当事人、法定代理人可以委托律师和其他代理人进行仲裁活动。

第二节 申请与受理

一、申请仲裁

1. 申请仲裁的条件:(1)存在有效的仲裁协议。(2)有具体的仲裁请求和事实、理由。(3)属于仲裁委员会的受理范围。

2. 申请仲裁的方式。

当事人申请仲裁,应当向仲裁委员会递交仲裁协议、仲裁申请书及副本。

二、审查与受理

1. 审查是否符合仲裁条件。

2. 仲裁委员会经过审查,对符合条件的仲裁申

请予以受理,不符合条件的不予受理。

第三节 仲裁保全★

一、财产保全和行为保全

(一)概念

1. 财产保全。财产保全包括仲裁前财产保全和仲裁中的财产保全。

仲裁前财产保全,是指在仲裁程序开始之前,因情况紧急,人民法院基于利害关系人的申请,对被申请人的财产所采取的强制性保护措施。

仲裁中的财产保全,是指仲裁机构在受理当事人仲裁申请后,仲裁庭对案件作出仲裁裁决前,为保证将来仲裁裁决得以实现,由法院对当事人的财产或争执标的物采取强制措施的制度。

财产保全的核心,是针对被申请人的财产所采取的强制措施。财产包括金钱和非金钱财产、有形财产和无形财产。财产保全的意义,在于保证将来仲裁裁决有得以实现的物质保障。

2. 行为保全。行为保全包括仲裁前行为保全和仲裁中的行为保全。

仲裁前行为保全,是指在仲裁程序开始之前,因情况紧急,人民法院基于利害关系人的申请,责令被申请人作出一定行为或禁止其作出一定行为的制度。

仲裁中的行为保全,是指仲裁机构在受理当事人仲裁申请后,仲裁庭对案件作出仲裁裁决前,为保证将来仲裁裁决得以实现,依据法定程序,由法院责令被申请人作出一定行为或禁止其作出一定行为的制度。

与财产保全不同,行为保全针对的是被申请人的行为,即责令被申请人作出一定行为或者禁止其作出一定行为。行为保全的意义,在于对既有权利的维护,确保该权利不受侵害。

(二)适用条件

1. 仲裁前保全的适用条件:(1)必须有采取仲裁前保全的紧迫性,即情况紧急,不立即采取相应的保全措施,将会使申请人的合法权益受到难以弥补的损失。(2)必须由利害关系人提出申请。仲裁前保全的申请人称为利害关系人。(3)申请人应当提供担保。(4)应当向有管辖权的人民法院提出申请。

2. 仲裁中保全的适用条件:(1)仲裁案件必须具有给付内容。(2)确有保全的必要。(3)仲裁中的保全申请,应当在仲裁机构受理仲裁案件之后提出。

(三)保全的范围及措施

1. 保全的范围。保全限于请求的范围,或者与本案有关的财物。

2. 保全的措施:(1)查封;(2)扣押;(3)冻结;(4)法律规定的其他方法。

(四)保全程序

1. 仲裁前保全的程序。

(1)利害关系人提出书面申请。

(2)利害关系人向民事诉讼法规定的被保全财产所在地、被申请人住所地人民法院递交保全申请书及相关材料。

(3)利害关系人提供担保。

(4)申请人应当在人民法院采取保全措施后30日内依法申请仲裁。

2. 仲裁中保全的程序。

(1)仲裁当事人提出书面申请。

(2)仲裁过程中,当事人申请保全的,应当通过仲裁机构向人民法院提交申请书及仲裁案件受理通知书等相关材料,而不能直接向人民法院申请。

(3)仲裁委员会将当事人的保全申请按照民事诉讼法的有关规定提交人民法院。

(4)人民法院依照民事诉讼法的规定对保全申请进行审查,如需责令申请人提供担保,应当书面通知,并决定是否采取财产保全措施以及采取何种措施。采取保全措施的裁定一经作出即生效,并交付执行。

(5)仲裁当事人对人民法院作出的保全裁定不服,可以向人民法院申请复议一次,复议期间不停止裁定的执行。

3. 保全的其他程序,参照适用民事诉讼法关于保全的相关规定。

(五)申请人的责任

根据《仲裁法》第28条第3款和《民事诉讼法》第108条的规定,申请有错误的,申请人应当赔偿被申请人因保全所遭受的损失。因此,申请人提出的保全申请错误的,应当赔偿被申请人因保全所遭受的损失。仲裁委员会不承担赔偿责任。

二、证据保全★

(一)适用条件

1. 仲裁前证据保全的条件。

仲裁前证据保全最重要的条件是情况紧急,这是区别于仲裁中证据保全的重要标志。所谓情况紧急,是指证据灭失或者以后难以取得成为迫在眉睫的危险,利害关系人只能在申请仲裁前请求对相关证据予以强制性保护。

2. 仲裁中证据保全的条件。

仲裁中证据保全必须符合下列条件:(1)证据有可能灭失的危险。(2)证据存在以后难以取得的情形。(3)申请保全的证据是决定仲裁案件事实的主要证据,如果不及时保全将影响仲裁案件的处理。(4)由当事人向仲裁委员会提出证据保全的申请,无论仲裁机构还是法院都无权直接采取证据保全措施。

(二)证据保全程序

1. 仲裁前证据保全程序。

(1)利害关系人书面申请。

(2)利害关系人向证据所在地、被申请人住所地人民法院递交证据保全申请。

(3)人民法院审查并作出裁定。

(4)对裁定保全的证据采取强制措施。

2. 仲裁中证据保全程序。

(1)当事人向仲裁委员会提出书面保全申请。证据保全程序的启动,从当事人提出书面证据保全申请开始。

(2)仲裁机构向法院提交当事人的证据保全申请。

(3)人民法院审查并作出裁定。

(4)采取保全措施。

3. 证据保全的其他程序,参照适用民事诉讼法关于保全的相关规定。

第四节　仲裁庭的组成

一、仲裁庭的组成形式★

仲裁庭可以由 3 名仲裁员或者 1 名仲裁员组成。

(一)合议仲裁庭

合议仲裁庭,是指由 3 名仲裁员组成的仲裁庭,即以集体合议的方式对争议案件进行审理并作出裁决。合议仲裁庭设首席仲裁员,首席仲裁员是合议仲裁庭的主持者,与其他仲裁员有同等的权利,但在裁决不能形成多数意见时,仲裁裁决应当按照首席仲裁员的意见作出。

(二)独任仲裁庭

独任仲裁庭,是指由 1 名仲裁员组成的仲裁庭,即由 1 名仲裁员组成仲裁庭对争议案件进行审理并作出裁决。

二、仲裁庭的组成程序

1. 约定仲裁庭的组成形式。对于仲裁庭的组成形式,当事人既可以约定由 3 名仲裁员组成合议仲裁庭,也可以约定由 1 名仲裁员组成独任仲裁庭。如果当事人没有在仲裁规则规定的期限内约定仲裁庭的组成形式的,由仲裁委员会主任指定。

2. 确定仲裁员。当事人约定由 3 名仲裁员组成仲裁庭的,应当各自选定或者各自委托仲裁委员会主任指定 1 名仲裁员,第 3 名仲裁员由当事人共同选定或者共同委托仲裁委员会主任指定,第 3 名仲裁员是首席仲裁员。当事人约定由 1 名仲裁员成立仲裁庭的,应当由当事人共同选定或者共同委托仲裁委员会主任指定仲裁员。当事人没有在仲裁规则规定的期限内选定仲裁员的,由仲裁委员会主任指定。

三、仲裁员的回避★

仲裁员的回避,是指符合法定回避情形的仲裁员退出仲裁案件审理的一项制度。

1. 仲裁员回避的法定情形:(1)是本案当事人或者当事人、代理人的近亲属;(2)与本案有利害关系;(3)与本案当事人、代理人有其他关系,可能影响公正仲裁的;(4)私自会见当事人、代理人,或者接受当事人、代理人的请客送礼的。

2. 回避的形式。根据法律的规定,仲裁员回避的形式包括自行回避和申请回避。

3. 回避的决定。仲裁员是否回避,由仲裁委员会主任决定;仲裁委员会主任的回避,由仲裁委员会集体决定。

4. 仲裁员回避的法律后果:(1)当事人可以请求已进行的仲裁程序重新进行,但是否准许,由仲裁庭决定。(2)仲裁庭也可以自行决定已进行的仲裁程序是否重新进行。

第五节　仲 裁 审 理

一、仲裁审理程序

1. 审理原则:仲裁程序不公开进行。

例外:当事人协议公开的,可以公开进行。但涉及国家秘密的除外。

2. 审理方式:仲裁应当开庭进行。

例外:当事人协议不开庭的,仲裁庭可以根据仲裁申请书、答辩书以及其他材料作出裁决。

二、视为撤回仲裁申请和缺席裁决的情形

《仲裁法》第 42 条第 1 款规定,申请人经书面通知,无正当理由不到庭或者未经仲裁庭许可中途退庭的,可以视为撤回仲裁申请。

《仲裁法》第 42 条第 2 款规定,被申请人经书面通知,无正当理由不到庭或者未经仲裁庭许可中途退庭的,可以缺席裁决。

第六节　仲裁中的和解、调解和裁决

一、仲裁和解

仲裁和解，是指仲裁当事人通过协商，自行解决已提交仲裁的争议事项的行为。仲裁和解是仲裁当事人行使处分权的表现。《仲裁法》第 49 条规定，当事人申请仲裁后，可以自行和解。

当事人达成和解协议的，可以请求仲裁庭根据和解协议作出裁决书，也可以撤回仲裁申请。如果当事人撤回仲裁申请后反悔的，则仍可以根据原仲裁协议申请仲裁。

二、仲裁调解★

仲裁中的调解是中国仲裁中的特有做法，体现了仲裁制度的仲裁与调解相结合的特色。仲裁调解是指在仲裁庭主持下，仲裁当事人在自愿协商、互谅互让基础上达成协议，从而解决纠纷的一种制度。《仲裁法》第 51 条第 1 款规定，仲裁庭在作出裁决前，可以先行调解。当事人自愿调解的，仲裁庭应当调解。调解不成的，应当及时作出裁决。

仲裁调解，应当遵循当事人自愿原则和合法原则。经仲裁庭调解，会产生两种结果：(1)经仲裁庭调解，双方当事人达成协议的，仲裁庭应当制作调解书。调解书要写明仲裁请求和当事人协议的结果，并由仲裁员签名，加盖仲裁委员会印章。仲裁调解书经双方当事人签收后即发生法律效力。如果在调解书签收前当事人反悔的，仲裁庭应当及时作出裁决。仲裁庭除了可以制作仲裁调解书之外，也可以根据协议的结果制作裁决书。调解书与裁决书具有同等的法律效力。(2)在仲裁庭主持下，当事人不能就争议解决达成一致协议，即调解不成，从而结束调解程序，仲裁庭应当及时作出裁决。

三、仲裁裁决★★

(一)裁决的作出

仲裁裁决应当按照多数仲裁员的意见作出，少数仲裁员的不同意见可以记入笔录。仲裁庭不能形成多数意见时，裁决应当按照首席仲裁员的意见作出。裁决书自作出之日起发生法律效力。

(二)裁决书

裁决书应当载明仲裁请求、争议事实、裁决理由、裁决结果、仲裁费用的负担和裁决日期。当事人协议不写明争议事实、裁决理由的，仲裁庭可以不写。裁决书由仲裁员签名，加盖仲裁委员会印章。对裁决持有不同意见的仲裁员，可以在裁决书上签名，也可以不签名。

(三)先行裁决

仲裁庭仲裁纠纷时，其中一部分事实已经清楚，可以就该部分先行裁决。

(四)裁决的补正

对裁决书中的文字、计算错误或者仲裁庭已经裁决但在裁决书中遗漏的事项，仲裁庭应当补正；当事人自收到裁决书之日起 30 日内，可以请求仲裁庭补正。

(五)仲裁裁决的效力

1. 当事人不得就已经裁决的事项再行申请仲裁，也不得就此提起诉讼。
2. 仲裁机构不得随意变更已生效的仲裁裁决。
3. 其他任何机关或个人均不得变更仲裁裁决。
4. 仲裁裁决具有执行力。

第七节　简易程序★

适用简易程序的条件：(1)争议标的金额在规定数额 500 万元以下；(2)案情简单；(3)经双方当事人默示或者书面同意。

第八节　仲裁时效

《仲裁法》第 74 条规定，法律对仲裁时效有规定的，适用该规定。法律对仲裁时效没有规定的，适用诉讼时效的规定。

仲裁时效分为普通仲裁时效和特殊仲裁时效。按照法律的规定，普通仲裁时效期间为 3 年，从知道或者应当知道权利被侵害以及义务人之日起计算，超过 20 年的，则不予保护。

命题点拨　本章的重点为仲裁当事人的特征、仲裁当事人的变更、仲裁保全、仲裁庭的组成形式和程序、仲裁审理方式、先行调解及裁决效力等，以及实务中对仲裁程序相关规定的运用。

第二十六章　申请撤销仲裁裁决

第一节　申请撤销仲裁裁决的概念和特征

一、申请撤销仲裁裁决的概念

仲裁庭作出仲裁裁决后，任何一方当事人均可以依据法定事由，向法院提出撤销仲裁裁决的申请。

二、申请撤销仲裁裁决的特征

1. 撤销仲裁裁决的申请必须由当事人提出，一般情形下人民法院不得依职权撤销仲裁裁决。

2. 撤销仲裁裁决是法院的职权，即只能由法院作出裁定予以撤销，任何其他机构和个人均无权撤销仲裁裁决。

3. 法院必须对当事人提出的撤销仲裁裁决的申请进行审查核实。

第二节 申请撤销仲裁裁决的条件和理由

一、申请撤销仲裁裁决的条件

1. 提出撤销仲裁裁决申请的主体必须是仲裁当事人。

2. 必须向有管辖权的人民法院提出撤销仲裁裁决的申请。

3. 必须在法定期限内提出撤销仲裁裁决的申请。根据我国《仲裁法》的规定，当事人申请撤销仲裁裁决的，应当自收到裁决书之日起6个月内提出。

4. 必须有证据证明仲裁裁决有法律规定的应予撤销的情形。

二、申请撤销仲裁裁决的理由

1. 没有仲裁协议。“没有仲裁协议”，是指当事人没有达成仲裁协议，而对于仲裁协议被认定无效或者被撤销的，则视为没有仲裁协议。

2. 仲裁的事项不属于仲裁协议的范围或者仲裁委员会无权仲裁。

3. 仲裁庭的组成或者仲裁程序违反法定程序。

4. 仲裁裁决所依据的证据是伪造的。

5. 对方当事人隐瞒了足以影响公正裁决的证据。

6. 仲裁员在仲裁该案时有索贿受贿、徇私舞弊、枉法裁决的行为。

当事人以不属于仲裁法规定的事由申请撤销仲裁裁决的，人民法院不予支持。因此，人民法院也不得超出法律规定的撤销事由撤销仲裁裁决。

第三节 法院对撤销仲裁裁决申请的处理及其法律后果

一、撤销仲裁裁决

1. 当事人提出的申请所依据的理由成立，即应当在2个月内裁定撤销该仲裁裁决。

2. 可以撤销部分仲裁裁决。条件是：(1)部分裁决具有法定被撤销的事由；(2)具有被撤销事由部分的仲裁裁决与其他部分可以分开。

3. 对于人民法院依法作出的撤销仲裁裁决的裁定，当事人不能上诉，不得申请再审，检察院也不能通过抗诉启动再审程序。

4. 当事人就该纠纷可以根据双方重新达成的仲裁协议申请仲裁，也可以向人民法院起诉。

二、驳回撤销仲裁裁决的申请

1. 撤销的理由成立的，应在受理撤销仲裁裁决申请之日起2个月内作出驳回申请的裁定。

2. 该裁定不能上诉。

3. 撤销仲裁裁决的申请被驳回后，双方当事人必须按照仲裁裁决所确定的权利义务自动履行。如果不自动履行仲裁裁决，权利方当事人可以向法院申请强制执行。

三、通知仲裁庭重新仲裁

1. 重新仲裁的适用范围：(1)仲裁裁决所根据的证据是伪造的；(2)对方当事人隐瞒了足以影响公正裁决的证据的。

2. 人民法院通知仲裁庭重新仲裁，应当在通知中说明要求重新仲裁的具体理由。

3. 仲裁庭既可以决定重新仲裁，也可以拒绝重新仲裁。仲裁庭在人民法院指定的期限内开始重新仲裁的，人民法院应当裁定终结撤销程序；未开始重新仲裁的，人民法院应当裁定恢复撤销程序，进而决定是否撤销仲裁裁决。

4. 仲裁庭重新仲裁无须另行组成仲裁庭。

命题点拨 申请撤销仲裁裁决的主体；撤销仲裁裁决和重新仲裁的界限。

第二十七章 仲裁裁决的执行与不予执行

第一节 仲裁裁决的执行

一、执行仲裁裁决的概念

对仲裁裁决的强制执行，是指人民法院经当事人申请，采取强制措施将仲裁裁决书中的内容付诸实现的行为和程序。

二、申请执行仲裁裁决的条件

1. 仲裁裁决书为有效执行根据。

2. 执行当事人适格。

3. 债务人拒绝履行债务。

4. 符合执行时效的规定。

5. 受申请的执行法院具有管辖权。对仲裁裁决的执行，由被执行人住所地或者被执行的财产所在地中级人民法院管辖。执行标的额符合基层人民法院一审民商事案件级别管辖受理范围，或者被执行人住所地或被执行的财产所在地在被指定的基层人民法院辖区内的，经上级人民法院批准，中级人民法院可以参照《民事诉讼法》第 38 条的规定指定基层人民法院管辖。

第二节　仲裁裁决的不予执行★★

一、仲裁裁决不予执行的理由

1. 当事人在合同中没有订有仲裁条款或者事后没有达成书面仲裁协议的。

2. 裁决的事项不属于仲裁协议的范围或者仲裁机构无权仲裁的。

3. 仲裁庭的组成或者仲裁的程序违反法定程序的。

4. 裁决所根据的证据是伪造的。

5. 对方当事人向仲裁机构隐瞒了足以影响公正裁决的证据的。

6. 仲裁员在仲裁该案时有贪污受贿、徇私舞弊、枉法裁决行为的。

7. 如果人民法院认定执行该裁决违背社会公共利益的。

二、不予执行仲裁裁决的程序

1. 被执行人、案外人对仲裁裁决执行案件申请不予执行的，负责执行的中级人民法院应当另行立案审查处理；执行案件已指定基层人民法院管辖的，应当于收到不予执行申请后 3 日内移送原执行法院另行立案审查处理。

2. 人民法院裁定中止执行，并组成合议庭进行审查。

3. 人民法院经过审查，认为仲裁裁决不符合法律规定的不予执行仲裁裁决的情形的，应当裁定驳回被申请执行人的申请，执行程序恢复进行。执行法院对拟不予执行的案件，应当向本辖区所属高级人民法院报核；待高级人民法院审核后，方可依高级人民法院的审核意见作出裁定。

三、不予执行仲裁裁决的法律后果

1. 执行仲裁裁决的程序终结。

2. 不予执行的裁定为终局裁定，不得申请再审。

3. 当事人重新选择纠纷解决方式。

第三节　仲裁裁决的中止执行、终结执行和恢复执行

一、仲裁裁决的中止执行

1. 被执行人申请撤销仲裁裁决并已由人民法院受理的，或者被执行人、案外人对仲裁裁决执行案件提出不予执行申请并提供适当担保的。

2. 申请人表示可以延期执行的。

3. 案外人对执行标的提出确有理由的异议的。

4. 作为一方当事人的公民死亡，需要等待继承人继承权利或者承担义务的。

5. 作为一方当事人的法人或者其他组织终止尚未确定权利义务承受人的。

6. 人民法院认为应当中止执行的其他情形。

二、仲裁裁决的恢复执行

1. 人民法院裁定驳回撤销仲裁裁决申请或者驳回不予执行仲裁裁决、仲裁调解书申请的，执行法院应当恢复执行。

2. 当导致中止执行的原因消失后，人民法院也应当裁定恢复对仲裁裁决的执行。

三、仲裁裁决的终结执行

1. 申请人撤销申请。

2. 据以执行的法律文书被撤销的。

3. 作为被执行人的公民死亡，无遗产可供执行，又无义务承担人的。

4. 作为被执行人的公民因生活困难无力偿还借款，无收入来源，又丧失劳动能力的。

5. 人民法院认为应当终结执行的其他情形。

命题点拨　本章的重点为申请撤销仲裁裁决的条件、理由和法律后果。

第二十八章　涉外仲裁

第一节　涉外仲裁的概念

涉外仲裁，是指当事人依据仲裁协议将涉外经济贸易、运输和海事中发生的纠纷提交仲裁机构进行审理并作出裁决的制度。

涉外因素：(1) 凡民事关系的一方或者双方当事人是外国公民、无国籍人、外国法人或其他组织的；(2) 当事人一方或双方的经常居所地在中华人民共和国领域外的；(3) 民事关系的标的物在外国领域内的；(4) 产生、变更或者消灭民事权利义务关系的法律事实发生在外国的。

涉外案件范围:涉外经济贸易、运输和海事中发生的纠纷。

第二节　涉外仲裁机构

一、涉外仲裁机构的设立

涉外仲裁委员会可以由中国国际商会组织设立。涉外仲裁委员会由主任1人、副主任若干人和委员若干人组成。

二、我国受理涉外仲裁案件的仲裁机构

1. 中国国际经济贸易仲裁委员会。

2. 海事仲裁委员会

3. 其他受理涉外案件的仲裁机构。

第三节　涉外仲裁程序

仲裁庭认为必要时,可以要求当事人提供所提交的各种文书和证明材料的中文译本或其他语文的译本。

当事人可以委托代理人,中国公民和外国公民均可担任仲裁代理人。

当事人申请财产保全,仲裁委员会应当提交法院裁定。

涉外仲裁审理以中文为正式语文,但当事人可以另行约定其他正式语文。

第四节　对涉外仲裁裁决的撤销和不予执行

一、对涉外仲裁裁决撤销和不予执行的法定事由

1. 当事人在合同中没有订有仲裁条款或者事后没有达成书面仲裁协议的。

2. 被申请人没有得到指定仲裁员或者进行仲裁程序的通知,或者由于其他不属于被申请人负责的原因未能陈述意见的。

3. 仲裁庭的组成或者仲裁的程序与仲裁规则不符的。

4. 裁决的事项不属于仲裁协议的范围或者仲裁机构无权仲裁的。

5. 人民法院认为裁决违背社会公共利益的。

二、对涉外仲裁裁决撤销和不予执行的程序

1. 条件。

(1)当事人申请。

(2)提出证据予以证明。

(3)人民法院组成合议庭审查核实。

(4)人民法院作出裁定。

2. 预先报告制度。

如果认为仲裁裁决应当被撤销或者不予执行,则必须遵守关于向最高人民法院报核制度的规定。各中级人民法院或者专门人民法院办理涉外涉港澳台仲裁司法审查案件,经审查拟认定仲裁协议无效,不予执行或者撤销我国内地仲裁机构的仲裁裁决,不予认可和执行香港特别行政区、澳门特别行政区、台湾地区仲裁裁决,不予承认和执行外国仲裁裁决,应当向本辖区所属高级人民法院报核;高级人民法院经审查拟同意的,应当向最高人民法院报核。待最高人民法院审核后,方可依最高人民法院的审核意见作出裁定。

第五节　对涉外仲裁裁决和外国仲裁裁决的执行

一、对涉外仲裁裁决的执行

(一)涉外仲裁裁决在中国的执行

对中国涉外仲裁机构作出的仲裁裁决,一方当事人不履行的,对方当事人可以向被申请人住所地或者财产所在地的中级人民法院申请执行。国际商事仲裁机构作出的仲裁裁决,当事人可以向国际商事法庭申请执行。

(二)涉外仲裁裁决在外国的承认和执行

在中国领域内依法作出的发生法律效力的仲裁裁决,当事人请求执行的,如果被执行人或者其财产不在中国领域内,当事人可以直接向有管辖权的外国法院申请承认和执行。

二、对外国仲裁裁决的承认与执行

外国仲裁裁决即国外仲裁机构作出的仲裁裁决。对外国仲裁裁决的承认与执行的具体内容包括如下方面:

1. 我国的保留条款。我国在参加《纽约公约》时作出了两项保留条款,即互惠保留和商事保留条款。第一,根据我国加入该公约时所作的互惠保留声明,我国仅对在另一缔约国领土内作出的仲裁裁决的承认和执行予以适用公约的规定。第二,根据我国加入该公约时所作的商事保留声明,我国仅对按照我国法律属于契约性和非契约性商事法律关系所引起的争议适用该公约。

2. 对需要我国法院执行的外国仲裁裁决,当事人应当先向人民法院申请承认。

3. 根据最高人民法院《关于审理仲裁司法审查案件若干问题的规定》,外国仲裁裁决与人民法院审理的案件存在关联,被申请人住所地、被申请人财产所在地均不在我国内地,申请人申请承认外国仲

裁裁决的，由受理关联案件的人民法院管辖。

4. 申请执行的期间为 2 年。当事人仅申请承认而未同时申请执行的，申请执行的期间自人民法院对承认申请作出的裁定生效之日起重新计算。

5. 需要人民法院承认和执行的，可以由当事人直接向被执行人住所地或者其财产所在地的中级人民法院申请。被执行人住所地或者其财产不在中华人民共和国领域内的，当事人可以向申请人住所地或者与裁决的纠纷有适当联系的地点的中级人民法院申请。

命题点拨 本章的重点为申请执行仲裁裁决的条件及仲裁裁决不予执行的法定事由、程序、法律后果和不予执行仲裁裁决与撤销仲裁裁决的关系。